für

Dr. Peter Bachmaier

+ [illegible]

1. VI. 2003

Egon Kapellari • Begegnungen unter

Egon Kapellari

Begegnungen unterwegs

Eine Nachlese

:STYRIA

Layout und Umbruch: Helmut Lenhart
Druck und Bindung: Druckerei Theiss GmbH, A-9431 St. Stefan
ISBN 3-222-13113-9

Inhaltsverzeichnis

ECCE MUNDUS – SEHT DA, DIE WELT!

ECCE ECCLESIA – SEHT DA, DIE KIRCHE!

Vorwort

Viele Wege führen durch die Landschaft des menschlichen Lebens. Es sind Reisewege, auf denen man sich physisch von einem Ort zu einem anderen bewegt, oder auch nur Denkwege, die ohne Ortsveränderung begangen werden. Auf diesen Wegen ereignen sich ersehnte, erfreuliche, aber auch unerwünschte, gefährliche, ja zerstörerische Begegnungen. Am Geglückten hat einen großen Anteil meist das Gespräch. In reifster Gestalt kommt es dann zustande, wenn wirklich von Herz zu Herz gesprochen wird. Mit Recht spricht man von einer „Kunst der Begegnung", die zu einem Teil auch erlernbar ist.

Die Gemeinschaft der Kirche ist auf allen Ebenen ihres Lebensvollzuges ein Raum der Begegnung zwischen Mensch und Gott, zwischen Mensch und Mensch. Die Texte dieses Buches beziehen sich auf solche Begegnungen und auf darauf bezogene Gedanken. Sie behandeln ein breites Spektrum von Themen, stammen mit wenigen Ausnahmen aus den letzten zehn Jahren und sind ein kleiner Teil dessen, was der Autor als Bischof im Dienst an Kirche und Gesellschaft zu verschiedensten Anlässen schriftlich erarbeitet hat. Es geht in diesen Texten nicht um autobiographische Erlebnisse des Verfassers, wie der Titel des Buches zunächst vielleicht erwarten lässt. Autobiographisches wurde – im Gegenteil – nach Möglichkeit ausgeklammert.

Die einzelnen Texte sind fünf umgreifenden Kapiteln zugeordnet. Das erste handelt von Schwellen, Wegen, Begegnungen und Gesprächen. Den folgenden vier Kapiteln hat der auf Jesus hinweisende Ruf des Pilatus „Ecce homo" – „Seht da, der Mensch" einen Teil ihres

Titels gegeben: „Ecce homo – ecce Deus – ecce mundus – ecce ecclesia“. Ins Deutsche übersetzt bedeutet dies: „Seht da, der Mensch – seht da, Gott – seht da, die Welt – seht da, die Kirche“.
Mensch und Gott, Welt und Kirche – das sind die umfassenden Themen, denen sich die Kirche von ihrem Wesen her beständig zuzuwenden hat. Diese Themen begegnen zumeist nicht in solcher Allgemeinheit, sondern vielgestaltig differenziert, wie dies auch in den Texten und Textfragmenten dieses Buches zum Ausdruck kommt. Der Verfasser hat der wiederholten Einladung des Verlagshauses Styria, Texte für diesen Nachlese-Band zur Verfügung zu stellen, nach längerem Zögern entsprochen in der Hoffnung, dass diese über den seinerzeit aktuellen Anlass hinaus hilfreich sein können.

+ Egon Kapellari
Diözesanbischof von Graz-Seckau

Am Fest der Darstellung Christi im Tempel
2. Februar 2003

Innerhalb der Kapitel sind die einzelnen Texte so gereiht, dass thematisch Verwandtes nebeneinander präsentiert wird.
Eine Mehrfachzitierung von Aussagen wurde nach Möglichkeit vermieden, konnte aber nicht zur Gänze ausbleiben, da das Sinngefüge mancher Texte nicht gestört werden sollte.

Schwellen – Wege – Begegnungen – Gespräche

Zuversicht an der Schwelle eines neuen Jahres

Gedanken aus den Silvesteransprachen 1990–2000 im Dom zu Klagenfurt

„Was ist die Uhr, Horatio?" fragt Shakespeares Hamlet während einer Nachtwache einen Freund. Der Beginn eines neuen Jahres drängt nachdenklichen Menschen allemal diese alte Frage auf. Die Antwort ergibt sich allerdings nicht durch einen Blick auf die Uhr, sondern durch einen Rückblick auf das alte Jahr und durch einen Rundblick auf das eigene Land und darüber hinaus auf die ganze Erde, so weit sie für einen Einzelnen überblickbar ist.

Wächter, wie spät ist es?

„Was ist die Uhr, Horatio?" – dieser Frage Hamlets entspricht die ältere Frage im Jesajabuch der Bibel: „Wächter, wie lang noch die Nacht?" (Jes 21,11) Die Neujahrsnacht ist ein guter Anlass, um diese biblische Frage an einen Wächter im fernen Edom zu wiederholen. Sie ist eine traurige Nacht für die Menschen in Flüchtlingslagern und anderen Armenhäusern der Welt. Sie ist zugleich eine lustige Nacht für die Gesunden und Wohlhabenden, denen die Freude daran gewiss nicht ausgetrieben werden soll. Sie ist auch eine Nacht inmitten jener westlichen Welt, der große Utopien abhanden gekommen sind und der große Entwürfe in Kultur, Philosophie und Politik fehlen, wenn auch das Konzept der Europäischen Union eine Herausforderung dazu ist und hoffentlich bleiben wird. Der Wächter im Jesajabuch, der vielleicht auf der Zinne einer Stadtmauer steht, mit den Sternen über ihm und den schlafenden oder feiernden

Menschen in der Stadt zu seinen Füßen – der Wächter sagt, dass er nicht weiß, wie lange die Nacht noch dauern wird. Aber der Morgen wird kommen, sagt er.

In der Bibel ist auch sonst oft von solchen Wächtern die Rede. Einer von ihnen ist der Apostel Paulus. In seinem Brief an die Römer findet sich ein trompetenhafter Weckruf: „Die Stunde ist gekommen, euch aus dem Schlaf zu erheben. Die Nacht ist vorgerückt, der Tag ist nahe. Lasst uns also abtun die Werke der Finsternis und anlegen die Waffen des Lichts“ (Röm 13,11.12). Das ist auch ein Wort für die Neujahrsnacht.

Wie antworten wir als Christen inmitten der heutigen Gesellschaft dem uns wachklopfenden Apostel? Die Antwort sollte darin bestehen, dass jeder unverdrossen Schritte tut auf einem dritten Weg zwischen den heute sich anbietenden Wegen der Bequemlichkeit einerseits und eines intoleranten, blinden Eifers andererseits. Den Broadway der bequemen bis faulen Kompromisse gehen viele. Den unbequemen Weg eines zornigen Eifers, der auf ein ruhiges Analysieren und ein ausgewogenes Urteilen verzichtet, gehen viel wenigere. Der dritte, noch viel unbequemere Weg sollte der unsere sein. Ihn gehen jene, die im Denken das Einfache suchen, ohne sich schreckliche Vereinfachungen zu gestatten; die im Urteilen und Verurteilen vorsichtig sind; die wissen, dass zum Glauben das Kreuztragen gehört, aber auch die Osterfreude; jene Christen, die Kirche und Welt sozusagen mit den Augen Gottes anschauen und so auch das viele noch unausgefaltete Gute sehen, das dort verborgen ist und auf Geburtshelfer in der Nachfolge Christi wartet. Schrittmacher auf diesem dritten Weg sind die Freude am Gebet, am Sakrament, an der Heiligen Schrift, an der Weitergabe des Glaubenswissens und besonders die Freude am täglichen Versuch, Gutes zu tun – all das führt auch zur Freude an der Kirche, mit ihren Wunden und mit ihrer Schönheit auch in der heutigen konkreten Gestalt.

„Du hast das Jahr mit deiner Güte bekrönt" (Ps 65,12), sagt der Beter eines der biblischen Psalmen angesichts der Ernte eines Jahres dankbar zu Gott. Sagen auch wir es trotz allem, was misslungen oder Fragment geblieben ist, bezogen auf das zu Ende gehende Jahr. Und hoffen wir, dass wir es auch am Ende des nächsten Jahres wieder werden sagen können.

Dauer im Wandel

„Alles fließt" hat im 5. Jahrhundert vor Christi Geburt der griechische Philosoph Heraklit gesagt. Christlicher Glaube verweigert sich dem Totalitätsanspruch dieses Wortes. Als Christen sind wir davon überzeugt, dass nicht alles fließt, sondern dass dem Strom der Zeit Bleibendes zugrundeliegt und dass Gottes ewig „grünes Nun" – so hat der deutsche Mystiker Meister Eckhart die Ewigkeit Gottes genannt – allem Werden und Vergehen überhoben ist.
Wenn es inmitten allen Wandels auch viel Dauerhaftes gibt, so wird dieses Beständige heute doch mehr denn je zugedeckt durch unablässige und rasche Veränderungen in fast allen Lebensbereichen. Die meisten Zeitgenossen erleben Zeit als „reißende Zeit" entsprechend einer Formulierung der Dichterin Marie Luise Kaschnitz. Daneben gibt es freilich für immer mehr einsame und kranke Menschen in ihrem letzten Lebensabschnitt die lähmende Erfahrung einer „bleiernen Zeit", von welcher schon Friedrich Hölderlin gesprochen hat.
Was bleibt? Das ist eine Frage, die sich vor allem am Nachmittag oder Abend des Lebens und dem Ende eines Jahres einstellt, oft auch aufdrängt. Eines der Weisheitsbücher der Bibel – das Buch Prediger oder Kohelet – handelt vor allem von dieser Frage. Mit poetischer Sprachkraft wird hier von der Vergänglichkeit der Früchte menschlichen Strebens und von vielgestaltiger Vergeblichkeit dieses Strebens überhaupt geredet: „Alles ist Eitelkeit" (Koh 1,2). „Alles ist aus Staub und kehrt zum Staub zurück" (Koh 3,20). Der Wind verweht

das beständig Scheinende, und das Wasser schwemmt es mit sich hinweg.
Was bleibt? Die elegische Traurigkeit des Buches Kohelet ist umgriffen und gezähmt durch die unzähligen Hoffnungsworte, die das Gewebe der Heiligen Schrift im Ganzen durchziehen.
Im Luftschutzkeller eines Hauses in Berlin hat ein dichterisch begabter Christ während des Zweiten Weltkrieges diese Hoffnung in einem Vers zum Ausdruck gebracht, der später auch Text für ein Lied geworden ist. Es ist ein Gebet, ein Wort an Gott und lautet: „Alles ist eitel, du aber bleibst und wen du ins Buch des Lebens schreibst."

Gestundete Zeit

Eines der frühen Gedichte Ingeborg Bachmanns trägt den Titel „Die gestundete Zeit". Es ist ein ernster Text, der mit der Ansage „Es kommen härtere Tage" beginnt und endet. Dieser Ansage folgen am Anfang des Gedichts die Worte: „Die auf Widerruf gestundete Zeit wird sichtbar am Horizont."
Das Wort von der gestundeten Zeit hat seinen Platz vor allem am Ende eines privaten Lebensjahres und am Ende eines gemeinsamen Kalenderjahres. Alle unsere Jahre sind ja eine gestundete Zeit. Sie sind uns von Gott geliehen oder, wie Nichtglaubende zu sagen pflegen, vom Schicksal eingeräumt. In einem der biblischen Psalmen sagt daher der Beter zu Gott: „Lehre uns, unsere Jahre zu zählen, damit wir zur Weisheit des Herzens gelangen" (Gen 35,16–20). Und der Apostel Paulus mahnt die Christen, sorgsam mit der ihnen geschenkten Zeit umzugehen: „Nützt sorgsam die gegebene Zeit" (Kol 4,5).

Das Jahr Benjamin

Ein neues Jahr wird oft mit einem Kind verglichen, weil es allemal das jüngste unserer Jahre ist. Die Heilige Schrift berichtet im ersten ihrer Bücher über ein Kind namens Benjamin. Es war der zwölfte und letzte

Sohn des Erzvaters Jakob und seiner Frau Rachel. Sie hatte eine schwere Geburt und spürte, dass sie daran sterben werde. Da wollte sie das Kind Benoni nennen; das bedeutet Sohn meines Unheils. Aber der Vater setzte dagegen ein Zeichen der Hoffnung, indem er den von der Mutter gegebenen Namen um weniges veränderte. Er nannte den Knaben Benjamin; das bedeutet Sohn des Glückes. In Bezug auf das neue Jahr können und sollen wir es halten wie Jakob, einer der Erzväter des biblischen Glaubens. Nennen wir dieses junge, dieses jüngste unserer Jahre Benjamin, Kind der Hoffnung, Kind des Segens, und beschenken wir einander mit dieser Hoffnung.

Ich will euch Zukunft und Hoffnung geben

Fröhliche Ausgelassenheit in der Neujahrsnacht ist nicht jedermanns Sache. Viele können nicht mitfeiern, weil sie krank sind, beladen mit einer besonderen Last auf Leib oder Seele, oder weil sie aus anderen Gründen keine Gemeinschaft zum Feiern gefunden haben. Sie sind wie Fremde angesichts des festlichen Treibens rings um den Beginn des neuen Jahres, wie Menschen im Exil. Auch ihnen gilt, was der Prophet Jeremias ungefähr 600 Jahre vor Christi Geburt in einem Brief aus der Stadt Jerusalem an Angehörige seines Volkes geschrieben hat, die infolge einer kriegerischen Auseinandersetzung nach Babylon verschleppt worden waren. Jeremias, der fast sprichwörtlich als Unheilsprophet gilt, verkündet in diesem Brief das Gegenteil. Er ist ein Appell zur Hoffnung, zu einer nüchternen Hoffnung freilich. Das Exil wird lange dauern, schreibt der Prophet. Die Verbannten sollen sich darauf einrichten und für das fremde Volk beten, in dessen Mitte sie leben. Sie sollen nicht falschen Propheten glauben, die einen billigen Optimismus verkünden. Wenn aber siebzig Jahre vorüber sind, dann werden sie heimkehren dürfen. Der Brief gipfelt in einem Spruch, einem Versprechen Gottes an die Verbannten: „Ich will euch Zukunft und Hoffnung geben“ (Jer 29,11).

Über den konkreten Anlass hinaus ist dieser Gottesspruch ein Anker der Hoffnung für alle, die in irgendeiner Form von Exil leben müssen und doch die Gnade des Glaubens bewahrt haben. Schließlich geschieht doch die Heimkehr aus Babylon nach Jerusalem. Der Psalm 126 sagt darüber: „Als der Herr das Schicksal Sions wendete, da waren wir wie Träumende ... Die mit Tränen säen, werden mit Jubel ernten."

Gott mit uns

Von einem Wendepunkt in der Geschichte Jerusalems 700 Jahre vor Christi Geburt erzählt das Jesajabuch der Bibel. Die Stadt ist in größter Gefahr. Es droht ihr die Umzingelung durch eine Koalition benachbarter Feinde. Gegen diese kleineren Feinde will der König von Juda einen noch gefährlicheren Feind, den Großkönig von Assyrien, zu Hilfe rufen. Die Hilfe aus Assur droht aber die Religion des biblischen Volkes synkretistisch zu verderben. Da tritt der Prophet Jesaja dem König Achaz entgegen. Diese Begegnung geschieht an einem symbolisch höchst bedeutsamen Platz, nämlich bei dem innerhalb der Stadtmauer gelegenen großen Wasserreservoir, das Jerusalem mit Wasser versorgt und in Zeiten der Belagerung das Überleben garantiert. Hier erinnert der Prophet den König an Gott als die Quelle letzter Zuversicht. Er ruft den König in die Bundestreue gegenüber Gott zurück und warnt ihn vor einem politischen Taktieren auf Kosten des biblischen Glaubens mit den dröhnenden Worten: „Glaubt ihr nicht, so bleibt ihr nicht!" Freier übersetzt: „Wenn ihr nicht glaubt, habt ihr keinen Bestand!" (Jes 7,1–9) Im weiteren Verlauf dieser Begegnung kündet Jesaja als Zeichen vom Himmel die Geburt eines Kindes an, das Emmanuel heißen wird. Das bedeutet „Gott ist mit uns" (Jes 7,10–15). Jahrhunderte später haben die ersten Christen in diesem Kind einer Jungfrau einen prophetischen Verweis auf das Christuskind gesehen.

„Gott ist mit uns", das ist ein Wort der Zuversicht, für das wir an einer Jahreswende gewiss besonders offen sind. Eine solche Zeitschwelle drängt ja trotz aller echten oder vorgetäuschten Fröhlichkeit beim Knallen der Sektpfropfen sehr ernste Fragen auf. Da ist einerseits die Frage, wie weit es im vergangenen Jahr aufwärts oder auch abwärts gegangen ist. Und dann die Frage, wie es weitergehen wird, weitergehen soll mit unserer individuellen und unserer gemeinsamen Existenz als Staatsbürger und als Christen. Wenn ihr glaubt, dann werdet ihr bestehen, sagt der Prophet Jesaja auch uns.

Aussaat und Ernte

Aussaat und Ernte bestimmen den Rhythmus des Jahres. Das gilt nicht nur für das Leben der Bauern, sondern für alle Berufsgruppen und Einzelmenschen. Sie benennen ihre Ernte allerdings eher mit dem weniger poetischen Wort Bilanz. In der Regel am Jahresende ziehen sie ökonomische, politische, pädagogische oder kulturelle Bilanz. Auch die Kirche versucht, am Ende eines Jahres Bilanz zu ziehen, freilich unter dem Vorbehalt, dass Gott allein ihre Fruchtbarkeit und Frucht ganz erkennen und bemessen kann.

An der Schwelle des neuen Jahres halten wir Erntedank. Wir übersehen aber auch nicht das Ungetane, das Nicht-Gelungene. Die Versuchung zur Ungeduld, zum Nörgeln oder zur Resignation kommt dann leicht auf. Die Jahresschwelle ist dennoch Einladung zu entschlossenem und geduldigem Weitergehen. Der Jakobusbrief des Neuen Testaments gibt uns ein Wort auf den Weg mit: „Brüder, haltet geduldig aus bis zur Ankunft des Herrn! Auch der Bauer wartet auf die kostbare Frucht der Erde, er wartet geduldig, bis im Herbst und im Frühjahr Regen fällt. Macht euer Herz stark“ (Jak 5,7–8).

Wie viel Zeit habe ich noch?

Silvesteransprache 2002 im Dom zu Graz

„Wie viel Zeit habe ich noch?“ – diese Frage stellte der damals 42-jährige und gesundheitlich stark beeinträchtigte Priester Carl Sonnenschein am Ende des Ersten Weltkrieges im Jahr 1918 seinem Arzt. „Zehn Jahre vielleicht“, lautete die Antwort. „Das genügt, um noch etwas Neues anzufangen“, sagte Sonnenschein und übersiedelte nach Berlin. Die deutsche Hauptstadt war damals nach dem verlorenen Krieg ebenso wie Wien ein Zentrum schwerster ökonomischer und kulturell-spiritueller Krisen. Sonnenschein lebte hier elf Jahre bis zu seinem Tod und war ein bei Christen, Juden und Nichtglaubenden ungemein angesehener Großstadtapostel, ein Nothelfer für unzählige Menschen. An die Hunderttausend kamen zu seinem Begräbnis. „Kauft die Zeit aus“, sagt der Apostel Paulus im Brief an die Epheser (Eph 5,16). Carl Sonnenschein hat dies in der Nachfolge Christi auf beispielhafte Weise getan.

„Wie viel Zeit habe ich noch?“ Diese Frage stellen sich viele Menschen am Ende eines Kalenderjahres, auch wenn es darauf keine präzise Antwort gibt. Dazu kommt dann meist auch die Frage: „Was soll ich in dieser Zeit vorrangig tun, soweit ich frei bin, sie zu gestalten?“ Das zu Ende gehende Jahr hat für jeden von uns einiges unverwechselbar *ihn* Beglückendes oder Belastendes gebracht. Anderes war gemeinsames Geschick in Familie, Freundeskreis und Berufsmilieu. Die Jahreschroniken in Zeitungen und Fernsehen berichten darüber hinaus von dem, was einem ganzen Land, einem Kontinent oder gar der ganzen global vernetzten Menschheit in diesem Jahr Hoffnung gegeben oder Sorgen bereitet und Leiden auferlegt hat. Auch dieses Jahr 2002 war ja eine Zeit erklärter oder einfach faktisch in Gang gesetzter Kriege, eine Zeit des Terrors im Nahen und Mittleren Osten, in Tschetschenien und im Baskenland. Es war eine Zeit rapid wachsender Verbreitung der Aidskrankheit in Afrika, eine Zeit der Naturkatastrophen in Gestalt von Dürre, Erdbeben oder Überschwemmungen. Und an der Schwelle zum neuen Jahr droht ein Präventivkrieg im Irak, vor dessen unabsehbaren Folgen viele kompetente Autoritäten gewarnt haben und warnen. Die Entwicklung vor allem im Bereich der Biotechnik und die jüngste Nachricht von der angeblichen Geburt eines geklonten Kindes haben die Frage verschärft, wie viel wir als Menschheit von dem tun sollen und dürfen, was wir technisch können. Diese Frage stellt sich ebenso der Wissenschaft wie der Politik, den Medien, der Kirche und anderen Sinn vermittelnden Instanzen und ruft nach einem verstärkten öffentlichen Diskurs unter breitester Beteiligung aller Gruppen unserer Gesellschaft und nach humanitären Allianzen.

Auch andere Fragen werden bedrängender: Wie gehen wir als Gesellschaft mit dem Leben um, zumal mit dem menschlichen Leben vor der Geburt? Wie entwickelt sich das so angefochtene „Prinzip Familie"? Was bedeutet die oft gehörte Redensart: „Ich schaffe mir ein Kind an" bzw. „Ich schaffe mir kein Kind an" in ihrer meist unausgeloteten Tiefe für Eltern, Kinder und für unsere ganze Gesellschaft? Welchen Idealen begegnet die Jugend in den Familien, in den Medien, in der Politik und in der Kirche? Wie verhalten wir uns angesichts einer immer größer werdenden Zahl von hochbetagten Menschen, die mehr und mehr Pflege brauchen, wie gehen wir mit ihnen bei ihrem Sterben um? Und wenn vom Umgang mit dem Leben die Rede ist, dann gilt das in einem erweiterten Sinn auch vom nichtmenschlichen Leben, ja von der gesamten Biosphäre, die nicht nur unsere bedrohte Umwelt ist, sondern als unsere Mitwelt begriffen und gestaltet werden soll?

Ein Blick auf diesen weiten Horizont von Problemen kann lähmen oder zur Verdrängung von Realität und zur Flucht in egoistische Privatheit verleiten. „Wo aber Gefahr ist, wächst das Rettende auch", hat der Dichter Hölderlin vor fast 200 Jahren in seiner Patmos-Hymne gesagt. Das ist keine Versicherung gegen Unglück als Folge menschlichen Versagens. Es ist aber für Christen ein Wort der Tröstung, vergleichbar dem Text eines unserer bekanntesten Kirchenlieder, in dem wir singend bekennen: „In wie viel Not hat nicht der gnädige Gott über uns Flügel gebreitet!" Wir sollten am Ende eines Jahres besonders auch an das viele Gute denken, das in der Bürgergesellschaft Europas wie in unserer Kirche gelungen ist, und wir sollten dafür danken. Die territoriale Erweiterung der Europäischen Union ist trotz allen sie begleitenden strukturellen Defiziten und anderen Kinderkrankheiten dieser Union ein großer Schritt zur Stabilisierung eines Großteils Europas inmitten eines weithin instabilen globalen Szenarios. Und unsere katholische Weltkirche hat auch in diesem Jahr inmitten der so genannten postmodernen Gesellschaft Europas unbeirrt Christus verkündet und hat Millionen von Glaubenden wie Nichtglaubenden in Christi Namen mitmenschliche Hilfe erwiesen.

In den deutschsprachigen Ländern sind die Katholische Kirche und auch die anderen christlichen Kirchen unübersehbaren Prozessen der Erosion, der Schrumpfung ausgesetzt, denen wir uns ehrlich stellen sollten. Unsere Kirche ist aber trotz alledem die größte Gemeinschaft in unserer so pluralen Gesellschaft, und sie trägt und beseelt gemeinsam mit anderen Kirchen einen großen Teil dieser Gesellschaft. In der öffentlichen Meinung wird diese Tatsache oft gedankenlos oder absichtlich einfach zugedeckt. Den ignoranten oder respektlosen Umgang mit dem spirituell-kulturellen christlichen Erbe seitens vieler Meinungsmacher in Europa hat der durchaus kirchenkritische und insofern unverdächtige Schriftsteller Adolf Holl vor kurzem treffend als „Verwahrlosung" bezeichnet. Man schneidet sich so Wurzeln ab, aus denen die säkuläre Gesellschaft auch heute mehr lebt, als sie weithin weiß. Gegen das große Defizit an Wissen betreffend das gemeinsame religiös-spirituelle Erbe sollte in einer Allianz zwischen Schule

und Medien angegangen werden. Das hat nichts mit Integralismus und Kreuzzugsmentalität zu tun, wie von oberflächlichen Kritikern leichtfertig unterstellt wird.
Bewusste Christen dürfen Minderungen des kirchlichen Lebens nicht als unabwendbares Schicksal ansehen und hinnehmen. Wir müssen als Kirche wieder missionarisch, wieder offensiv werden: nicht durch oberflächliche Propaganda, sondern durch ein fröhliches, geduldiges, sprachmächtiges Zeugnisgeben für Christus und durch eine weithin erkennbare Solidarität mit der ganzen Gesellschaft, ja mit der ganzen Menschheit in ihren Freuden und Nöten.
„Es ist Zeit, vom Schlaf aufzustehen", sagt der Apostel Paulus in seinem Römerbrief (Röm 13,11). Das ist ein Wort an jeden von uns am Beginn eines Jahres. „Christentum ist kein sitzender Beruf", hat jemand vor Jahren treffend gesagt. Christentum verlangt besonders auch ein Stehen und Knien vor Gott und ein Gehen, ein Sich-Bewegen nach innen und nach außen. Nach innen geht es dabei um Schritte auf Christus hin, der die Mitte der Kirche ist. Solche Schritte geschehen im Horchen auf das Wort Christi im Neuen Testament, im betenden Schweigen vor ihm und im Sprechen mit ihm, in der Begegnung mit ihm in der Eucharistie, die heute von vielen Katholiken leider nur oberflächlich verstanden wird. Vereinzelte Schritte bewirken da wenig. Wir brauchen vielmehr eine neue Einübung ins Christentum, wenn wir einigermaßen wetterfeste Christen sein wollen, und wir müssen dies besonders auch Kindern und Jugendlichen stärker zumuten als bisher: Zumuten bedeutet hier Mut zutrauen, bedeutet fördern auch durch Herausforderungen.
Wer wirklich zu Christus umgekehrt und bei ihm eingekehrt ist, der wird sich dann von Christus auch gesendet wissen hinaus vor die Tür einer bloß privaten Religiosität, hinaus ins Offene der Gesellschaft und ihrer Areopage. „Wenn die Jünger schweigen, werden die Steine reden", hat Jesus den Pharisäern gesagt. Und der Papst hat im Jahr

1988 beim Gottesdienst vor dem Gurker Dom mahnend gesagt: „Wenn die Christen in Europa stumm werden, dann werden die Steine reden, die Steine verlassener und zerfallener Kirchen."
In unserem Land Steiermark gibt es viel lebendiges Christentum: viele christlich glaubende, hoffende und liebende Frauen und Männer und junge Menschen. Ich erfahre dies jeden Tag, und dies bestärkt dabei, nicht müde zu werden inmitten einer Gesellschaft, die trotz aller innovativen Dynamik auch unübersehbare Zeichen einer Ermüdung als Signatur einer Spätzeit aufweist.
Wenn wir an dieser Jahreswende mit offenen Augen in die Welt schauen, dann kann uns leicht Furcht überkommen wegen so vieler offener Fragen und unbewältigter Krisen. Als Mittel gegen diese Furcht reicht Optimismus nicht aus. Wir brauchen Hoffnung, die im Glauben gründet. Davon spricht auf bewegende Weise ein Wort von Martin Luther King. Es findet sich auf einem Weihnachtsbillet, das mir vor einigen Tagen übermittelt worden ist. Luther King hat gesagt:

> „Fear knocked on the door.
> Faith answered.
> No one entered."

> „Die Furcht klopfte an die Tür.
> Der Glaube antwortete.
> Niemand trat ein."

Das bedeutet: Die Furcht meidet die Begegnung mit einem wirklich tiefen Glauben. Möge dieser Glaube an den Dreifaltigen Gott uns alle im neuen Jahr vor lähmender Furcht bewahren und uns helfen beim täglichen Versuch, ein wahrer Mensch, ein wahrer Christ zu sein.

Wendezeiten der Menschheit

Schlusswort beim Symposion Gigatrends „Erkundungen der Zukunft" im Zisterzienserstift Rein bei Graz am 16. September 1995

Eine Jahrtausendwende macht noch keine Wendezeit. Viele werden sie als bloß arbiträre Wegmarke am Strom der Zeit verstehen. Andererseits kann eine solche chronologische Schwelle mit soviel symbolischer Bedeutung befrachtet sein, dass daraus eine die Geschichte verändernde Dynamik entsteht. Dies war anscheinend beim ersten Millennium unserer Zeitrechnung der Fall, von welchem berichtet wird, es habe einerseits endzeitliche Ängste und Fieberschauer ausgelöst, während zugleich mit Papst Silvester II. ein Mann an der Spitze der Kirche stand, der vielen als unheimlicher Zauberer galt, weil er alle mathematisch-naturwissenschaftliche Gelehrsamkeit seiner Zeit in sich vereinigte und so eine in die Zukunft weisende Gestalt war.

Der Historiker Georges Duby vertritt die Auffassung, dass damals eine radikale Wandlung des westlichen Christentums eingeleitet worden sei durch den wieder erwachten Mut, dem menschgewordenen Gott ins Antlitz zu schauen. Für Jahrhunderte hätten hier die Siege des europäischen Denkens begonnen.

Michael Stürmer, ein anderer zeitgenössischer Historiker, hat in der Neuen Zürcher Zeitung die seit dem ersten Millennium geschehenen und Europa überschreitenden Zusammenbrüche, Umbrüche und Aufbrüche der Jahre 1492, 1648, 1789 und 1945 als Weltwenden bezeichnet und in Bezug auf die Ereignisse seit 1989 gesagt: „Dasselbe Erdbeben, das das mächtige Sowjetimperium zerriss, sendet noch immer Stoßwellen rund um den Globus (und) erschüttert politische Systeme und Axiome … Jetzt setzt sich nicht nur der Umbruch von 1990 fort, sondern es geht – noch einmal – um eine Weltenwende. Mit den Worten Jacob Burckhardts eine ‚welthistorische Crisis', wo Ereignisse, die sonst Jahrhunderte brauchen, sich in Jahren vollziehen; wo die Wirklichkeit jeder Prognose davoneilt; wo alle Treibenden zu Getriebenen werden und wo die Inseln der Stabilität sich gegen die Sturmflut der Regellosigkeit werden behaupten müssen."

Nicht kosmologische Spekulationen nach der Art von Fritjof Capras Kultbuch „Wendezeit" mit der dort proklamierten Ablösung des christlich dominierten und durch Spaltungen gekennzeichneten „Weltenmonats" der Fische durch das von Einheitsbewusstsein geprägte Zeitalter des Wassermanns, sondern nüchterne Versuche zu einer Gesamtschau auf die heutigen Megatrends der Entwicklung erlauben, von der Gegenwart als von einer neuen Wendezeit zu sprechen.

Der Franzose Lyotard und andere verwenden als Signatur für unsere Zeit im Westen, zumal in Europa, in Anwendung auf alle wirtschaftlichen, politischen und vor allem auf die kulturellen Bereiche den zum Modewort gewordenen Begriff „postmodern", was Kritiker wie Jacques Le Goff mit der Begründung ablehnen, dass schon der Begriff „modern" unklar gewesen sei, zumal es in Europa zahlreiche Modernen gegeben habe.

Unabhängig von der Etikette für den Zustand der Gesellschaft ist die These Lyotards von Bedeutung, dass die von ihm so genannten „Meta-Erzählungen" der Moderne, nämlich die fortschrittsorientierte Aufklärung, der auf das Individuum zentrierte Liberalismus, der wissenschaftsgeprägte Rationalismus und der um Gerechtigkeit und Emanzipation bemühte Sozialismus nun einer Revision ihrer Einschätzung unterworfen sind, weil ihre Verheißungen nicht erfüllt oder sogar ins Gegenteil verkehrt worden seien. Dies ermöglicht einen neuen, schier uferlosen Pluralismus als Nebeneinander verschiedenster Subkulturen, Lebensformen und Sprachspiele, was zunächst als Befreiung empfunden werden kann, aber die Gefahr einer massiven Desintegration der Gesellschaft in sich schließt.

Eine Wendezeit bringt die Frage mit sich, was an überkommenem geistigen und anderen Besitz unbedingt zu erhalten wäre. Theodor Haecker hat angesichts des heraufkommenden Nationalsozialismus gefragt, was aus den Gräueln kommender Verwüstung gerettet werden sollte, und hat geantwortet: „… zuerst das Kreuz, das wir immer noch schlagen können, ehe es uns erschlägt."

In ganz anderem, gar nicht tragischem, sondern eher spielerischem Kontext stand eine symbolische Aktion von Linzer Kunststudenten bezogen auf das nahe Millennium. Es ging dabei darum, einen Donauschleppkahn mit materiellen und ideellen Gütern zu beladen und damit stromabwärts zu fahren, allerdings nur bis Preßburg. Eine Reihe von Persönlichkeiten wurde von ihnen eingeladen, Frachtgut für dieses Gefährt zur Verfügung zu stellen und sich bei dessen Auswahl von folgenden Fragen leiten zu lassen: Was wollen wir ins nächste Jahrtausend retten? – Was ist uns wertvoll? – Was brauchen wir wirklich, wenn wir an Bord der Zukunft gehen?

Die Frage, was wir unbedingt in die Zukunft mitnehmen wollen, versetzt uns anscheinend in die Lage von Auswanderern in eine Neue Welt. Dies ist uns aber im Gegensatz zu unseren Vorfahren kollektiv nicht mehr möglich. Der Pariser Kardinal Jean Lustiger hat die Überzeugung vertreten, kein einziges Problem werde sich in Zukunft durch die Entdeckung einer neuen Gegend, einer neuen Kultur, einer neuen Geschichte lösen lassen. Wir sind nunmehr zurückgeworfen auf uns selbst, die unausweichlichen Fragen sind wirklich unausweichlich geworden. „Die Menschheit wird nur leben, wenn sie es will", so Lustiger, „in jedem Augenblick steht sie nun vor einem Jüngsten Gericht." Aber so groß, wie die Freiheit geworden sei, das Leben auf dem Planeten aus eigener Herrlichkeit heraus zu zerstören, so groß ist endlich die Freiheit, Christ sein zu wollen, ohne es zu müssen.

Was werden wir, was wollen wir mitnehmen in die Zukunft? Vergil erzählt in seiner „Aeneis", dass Aeneas aus dem brennenden Haus und der brennenden Stadt Troia seinen alten Vater, seinen kleinen Sohn und die Statuen der Penaten, der Hausgötter, gerettet habe. Vergangenheit in Gestalt des Vaters, Zukunft in Gestalt des Sohnes und Religio/Pietas in Gestalt der Hausgötter verbinden sich in dieser symbolisch stärkstens aufgeladenen Szene miteinander. Aeneas nimmt all das mit auf seine große Reise, die ihn nicht – wie den Odysseus – in eine alte Heimat führt, in ein Ithaka, sondern ins Offene eines Landes, wo er noch nie gewesen ist.

Noch einmal gefragt: Was wollen wir aus dieser Wendezeit in die Zukunft mitnehmen, wenngleich keineswegs gewiss ist, wieviel solches Wünschen auch hilft? Ich denke, es gibt eine breite Allianz dafür, dass das große Erbe der Aufklärung bewahrt bleibt: allerdings im Wissen um die Dialektik der Aufklärung und um die oftmalige Kompromittierung auch ihrer Ideale. Christen und Juden, die ihren Glauben ernst nehmen, werden darüber hinaus Allianzen – auch mit Nicht- und Andersglaubenden – suchen zur Bewahrung und Entfaltung dessen, was sich aus der Synthese zwischen Jerusalem, Athen und Rom ergeben hat und was ja auch Nährboden für die Aufklärung geworden ist. Einer solchen Allianz verdankt sich ein Wort von Michel Foucault über die Entfernung vieler heutiger Europäer von Gott. Foucault hat gesagt: „Es kann durchaus sein, dass Ihr Gott unter dem Gewicht all dessen, was Ihr sagt, getötet habt. Denkt aber nicht, dass Ihr aus all dem, was Ihr sagt, einen Menschen macht, der länger lebt als er."

An den Schluss des Schlusswortes für dieses Symposion über „Wendezeiten der Menschheit" setze ich einen Vers aus dem 126. Psalm der Bibel, der im Stundengebet des alten gastgebenden Zisterzienserklosters Rein in den mehr als 850 Jahren seiner Geschichte immer wieder gesprochen oder gesungen worden ist. Es ist eine dramatische Bitte um eine Wende zum Besseren. Sie lautet in lateinischer Sprache „Converte, Domine, captivitatem nostram, sicut torrens in Austro" – und in freier Übersetzung ins Deutsche – „Wende doch, Herr, unser Geschick, wie du die Wüstenbäche im Süden wieder mit Wasser füllst". Ich denke, das ist ein gutes Wort auf einen Weg, der mit Trends und zuweilen auch gegen Trends gegangen werden muss, wenn man glauben kann, dabei nicht nur auf die eigene Kraft vertrauen zu müssen.

Menschheit am Scheideweg

Silvesteransprache 1999 im Dom zu Klagenfurt

Die Erinnerung an ein Bild, das über Fernsehen und Weltpresse unzählige Menschen erreicht und berührt hat, sollte uns lange begleiten. Es war das Bild des greisen Papstes, der in der Weihnachtsnacht 1999 mit dem Kreuzstab in Händen und umhüllt von einem reich gefärbten Chormantel, einem Symbol für die Buntheit der Weltkirche, an der Schwelle der zum Inneren der Peterskirche hin geöffneten Jubiläumspforte des Heiligen Jahres 2000 kniete. Gebeugt durch die Last von Alter und Krankheit, aber mehr noch gebeugt in Demut vor Gott, zeigte der Nachfolger Petri der Weltöffentlichkeit das Bildnis des gekreuzigten Christus. In symbolhafter Verdichtung kam hier zum Ausdruck, was der Kirche unabhängig vom Wechsel der Zeiten und Kulturen aufgetragen ist: Das Hinzeigen auf Gott und das Hinzeigen auf den Menschen: „Ecce Deus" und „Ecce homo"; denn der gekreuzigte Christus auf dem Hirtenstab des Papstes ist nach christlicher Glaubensüberzeugung der größte aller Menschen und zugleich der menschgewordene, in Welt und Geschichte eingetretene Gott.

„Christus aber ist das Ende", hat der Dichter Friedrich Hölderlin vor 200 Jahren gesagt. Christlich verstanden bedeutet dies: Wer Christus sieht, der hat den Menschen schlechthin gesehen, den größten aller Menschen. Und er hat Gott gesehen: nicht nur in der Gestalt seiner schöpferischen Macht, sondern auch in der Gestalt seiner gekreuzigten Liebe, die sich im Osterereignis endgültig als siegreich erwiesen hat.

Das Kalenderjahr 1999 war weltweit im Erfreulichen wie im Schrecklichen den ihm unmittelbar vorausgehenden Jahren ziemlich ähnlich. Da war die Rede von den Kriegen in Ex-Jugoslawien und Russland, von Christenverfolgungen in China, Indien und im Sudan und vom Völkermord in Osttimor. Kontrapunktisch positiv berichteten Meinungsforscher von Jugendlichen, die sich in großer Mehrheit gegen soziales Unrecht und die Zerstörung der Umwelt einsetzen wollen, die dauerhafte Ehen und Familien erstreben und in Deutschland am häufigsten Mutter Teresa als ihr größtes Vorbild genannt haben. Ernüchternd war dagegen in Ländern wie Österreich ein Blick auf die geringe Zahl der Geburten und Eheschließungen und die Tatsache, dass jede dritte Ehe geschieden wird. „Dramatischer Anstieg des Durchschnittsalters in Österreich" lautete die Überschrift zu einer der vielen Nachrichten über dieses Problem. Erstmals hat hier ein höchstgerichtliches Urteil Eltern Schadenersatz für die unterbliebene Abtreibung eines behinderten Kindes zuerkannt. Auch die internationale Kontroverse über das Euthanasieproblem ist stärker geworden. Ein Gesetzesentwurf in Holland sieht vor, schon Kindern ab dem zwölften Lebensjahr das Recht auf Selbsttötung einzuräumen, während ihnen der öffentliche Konsum von Bier weiterhin versagt bleiben soll.

Im Gegentrend zum demographischen Winter in großen Teilen Europas ist die Weltbevölkerung in diesem Jahr – markiert durch die Geburt eines Kindes in Sarajevo – auf sechs Milliarden angestiegen. Niemand kann wünschen, dass die Erde überbevölkert wird. Länder wie Österreich entwickeln sich aber in die Gegenrichtung und werden zu einem demographischen Hohlraum. Eine starke Allianz für die Verjüngung unserer Gesellschaft wäre nötig: eine Allianz zwischen Politik, Kultur und Religion. Es geht dabei gewiss auch um finanzielle

Probleme, aber mehr noch um Spiritualität und Ethik gegen Egoismus und gegen ein In-den-Tag-Hineinleben.
Große Probleme ergeben sich auch durch die Entwicklung der Biotechnik. Der Herstellung geklonter menschlicher Embryonen für die verbrauchende Forschung und das Klonen von Menschen ist möglich und insgeheim wohl auch schon wirklich geworden. Massiver politischer Widerstand gegen solche antihumanen Grenzüberschreitungen wäre angezeigt, aber die öffentliche Meinung in Europa und Nordamerika ist dafür noch kaum motiviert.
Die Menschheit ist, wie der mythische Herakles, an einem Scheideweg angelangt. Sie ist radikal gefragt, wieviel sie von dem, was sie technisch tun kann, auch tun soll. Der britische Astrophysiker Stephen Hawking ist der Überzeugung, dass der Mensch sich im 3. Jahrtausend durch gezielte Veränderung seines Genmaterials neu erschaffen wird. Nicht naturwissenschaftlich stolz, sondern humanistisch erschrocken sagte hingegen der amerikanische Literat Tom Wolfe laut Bericht eines Nachrichtenmagazins: „Nietzsche schrieb, im 21. Jahrhundert würden wir den totalen Untergang aller Werte erleben, und der habe schlimmere Folgen als die Weltkriege des 20. Jahrhunderts, die er vorhersagte. Ich habe das Gefühl, er hat Recht. Es begann mit dem Tod Gottes oder wenigstens mit einer Art Atheismus unter den jungen Leuten. Wir sind an einem Punkt angekommen, an dem uns das moralische Kapital des 19. Jahrhunderts ausgeht. Es ist doch interessant, wie traditioneller Glaube – zum Beispiel die Idee, dass Abtreibung böse ist – heute als rechte Bigotterie belächelt wird.“ So weit Tom Wolfe.
Diese kurze „Tour d'Horizon“ durch gesellschaftliche Entwicklungen im zu Ende gehenden Jahr soll nicht lähmen, sondern Verantwortung wachrufen. Es gibt ja nicht nur Gefahren, sondern es gibt tausendfach – um wieder Hölderlin zu zitieren – „das Rettende auch“. Freilich ist es meist weniger auffallend als das Bedrohliche. Es

scheidungen der 1990er Jahre zum Prüfungswesen[71] und Schulrecht[72] sowie die in jüngerer Zeit entflammte Diskussion um das Regulierungsermessen.[73] Letzteres wird im Verlauf dieser Studie noch mehrfach unter die Lupe genommen werden.

bb) Feindifferenzierung und Typisierung

Ausgehend von der Unterscheidung zwischen eingeschränkt gerichtlich kontrollierbarem Rechtsfolgenermessen (§ 114 VwGO) und grundsätzlich unbeschränkt nachprüfbarem unbestimmtem Rechtsbegriff, für den nur ausnahmsweise ein tatbestandlicher Beurteilungsspielraum anzuerkennen ist, haben Rechtsprechung und Literatur das Feld behördlicher Entscheidungsspielräume in Deutschland immer weiter parzelliert. Mit der deutschen Spielraumlehre verhält es sich ein wenig wie mit einem impressionistischen Bild: Abstand tut not. Aus der Nähe betrachtet dominiert eine Fülle scheinbar zusammenhangloser Farbkleckse. Erst ab einer gewissen Entfernung werden übergeordnete Strukturen und sinnstiftende Zusammenhänge sichtbar.

Rn. 38 (juris), zugleich mit grundlegenden Aussagen zu normkonkretisierenden Verwaltungsvorschriften in Rn. 44. Aus der Literatur vgl. insbesondere *K.-H. Weber*, Regelungs- und Kontrolldichte im Atomrecht, 1984, S. 207 ff.; *P-T. Stoll*, Sicherheit als Aufgabe von Staat und Gesellschaft, 2003, S. 154 ff.

[71] BVerfG, Beschl. v. 27.11.1990, 1 BvR 402/87, BVerfGE 83, 130 – *Josefine Mutzenbacher* und Beschl. v. 17.4.1991, 1 BvR 419/81 u. a., BVerfGE 84, 34 – *Prüfungsentscheidungen*. Dazu *C. Koenig*, Zur gerichtlichen Kontrolle sogenannter Beurteilungsspielräume im Prüfungsrecht, VerwArch 83 (1992), S. 351 ff.; *K. Redeker*, Verfassungsrechtliche Vorgaben zur Kontrolldichte verwaltungsgerichtlicher Rechtsprechung, NVwZ 1992, S. 305 ff.; *J. Rozek*, Neubestimmung der Justitiabilität von Prüfungsentscheidungen, NVwZ 1992, S. 343 ff.; *W. Höfling*, Die Prüfungsentscheidungen des Bundesverfassungsgerichts und die Dogmatik des exekutiven Beurteilungsspielraums, RdJB 1995, S. 387 ff. Eingehend *M. Ibler*, Rechtspflegender Rechtsschutz im Verwaltungsrecht: zur Kontrolldichte bei wertenden Behördenentscheidungen, 1999, S. 371 ff. Zur zeitlich vorausliegenden Rechtsprechung ebd., S. 360 ff. sowie *H. Hummel*, Gerichtsschutz gegen Prüfungsbewertungen, Berlin 1969; *T. Schramm*, Beurteilungen im Prüfungs-, Schul- und Beamtenrecht: Grundsätze, Beurteilungsspielraum, Rechtsschutz, Köln 1975.

[72] BVerfG, Beschl. v. 16.12.1992, 1 BvR 167/87, BVerfGE 88, 40 – *Private Grundschulen*. Dazu *E. Schmidt-Aßmann/T. Groß*, Zur verwaltungsgerichtlichen Kontrolldichte nach der Privatgrundschul-Entscheidung des BVerfG, NVwZ 1993, S. 617 ff.

[73] Vgl. BVerfG, Beschl. v. 8.12.2011, 1 BvR 1932/08, NVwZ 2012, S. 694 – *Nachprüfbarkeit von Regulierungsverfügungen* sowie vorausgehend BVerwG, Urt. v. 28.11.2007, 6 C 42/06, BVerwGE 130, 39, Rn. 28 ff. (juris) sowie BVerwG, Urt. v. 2.4.2008, 6 C 15/07, BVerwGE 131, 41, Rn. 15 ff. u. 47 ff. (juris). Vgl. aus der Literatur *M. Eifert*, Die gerichtliche Kontrolle der Entscheidungen der Bundesnetzagentur, ZHR 174 (2010), S. 449 ff.; *C. Franzius*, Die Bundesnetzagentur zwischen politischer Steuerung und gerichtlicher Kontrolle, DÖV 2013, S. 714 ff.; *M. Ludwigs*, Die Bundesnetzagentur auf dem Weg zur Independent Agency?, DV 44 (2011), S. 41 ff.; *A. Proelß*, Das Regulierungsermessen – eine Ausprägung des behördlichen Letztentscheidungsrechts?, AöR 136 (2011), S. 402 ff. Speziell zur Rechtsfigur des Beurteilungsspielraumes *S.-P. Hwang*, Beurteilungsspielräume zugunsten außerrechtlicher Bewertung?, VerwArch 103 (2012), S. 365 ff.; *dies.*, Bestimmte Bindung unter Unbestimmtheitsbedingungen, 2014, S. 166 ff.

Gerade für den tatbestandlichen Beurteilungsspielraum wurden immer mehr und immer stärker aufgefächerte Fallgruppen erarbeitet.[74] Die unweigerlich drohende Zerfaserung der Rechtslandschaft kann bis zu einem gewissen Grad durch die Bildung von Typen eingedämmt werden. Sie bieten eine Orientierungshilfe auf mittlerem Abstraktionsniveau.[75] So kann im Sinne einer phänomenologischen Reihe unterschieden werden zwischen Beurteilungsermächtigungen im engeren Sine,[76] Einschätzungsprärogativen, Prognoseermächtigungen, Rezeptionsbegriffen und Technikklauseln.[77] Ferner kann im Sinne einer „legitimatorischen Reihe" nach den Sachgründen differenziert werden, welche die (gesetzliche) Begründung eines Beurteilungsspielraumes stützen.[78] Dazu zählen u.a. die besondere behördliche Fachkompetenz, persönliche Erfahrungswerte, die Komplexität und Volatilität der Wertungszusammenhänge sowie prognostische Unsicherheiten bei der Entscheidungsfindung.[79] Schließlich kann entlang der einzelnen grundrechtlichen Gesetzesvorbehalte eine grundrechtlich radizierte Reihe gebildet werden.[80] Auch können Beurteilungsspielräume mit Ermessensermächtigungen im Rahmen ein und derselben Norm kombiniert werden (sog. Koppelungsvorschriften).[81]

Andere Erscheinungsformen diskretionären Verwaltungshandelns lassen sich allerdings weder dem Ermessen noch dem Beurteilungsspielraum eindeutig zuordnen. Das gilt vor allem für das Planungsermessen. Hier hat die Verwaltung eine Vielzahl gegenläufiger Ziele und Belange im Rahmen eines umfassenden Abwägungsvorgangs miteinander in Einklang zu bringen und in hohem Maße wertende und prognostische Einschätzungen vorzunehmen.[82] Gesetzlich gesteuert wird die Verwaltung dabei im Wesentlichen nur durch final strukturierte Normprogramme.[83] Dementsprechend weist auch die gerichtliche Kon-

---

[74] Instruktive Übersicht bei *E. Pache*, Tatbestandliche Abwägung und Beurteilungsspielraum, 2001, S. 120ff.

[75] Besonders klar *M. Gerhardt*, in: Schoch/Schneider/Bier (Hrsg.), VwGO, § 114 (Grundwerk 1997), Rn. 58ff.

[76] Z.B. Prüfungsentscheidungen und beamtenrechtliche Leistungsbeurteilungen.

[77] Im Einzelnen *E. Schmidt-Aßmann*, in: Maunz/Dürig, GG, Art. 19 IV (72. EL 2014), Rn. 191–207.

[78] *M. Gerhardt*, a.a.O., Rn. 60.

[79] Ebd., Rn. 60.

[80] Ebd., Rn. 61.

[81] Dazu *E. Pache*, Tatbestandliche Abwägung und Beurteilungsspielraum, 2001, S. 49f. m.w.N.

[82] Zum Planungsermessen eingehend *H.-J. Koch*, Abwägungsvorgang und Abwägungsergebnis als Gegenstände gerichtlicher Plankontrolle, DVBl. 1989, S. 399ff. Zur Struktur der planerischen Abwägung – auch aus der Handlungsperspektive der Verwaltung – *E. Gassner*, Methoden und Maßstäbe für die planerische Abwägung, 1993 und *J. Dreier*, Die normative Steuerung der planerischen Abwägung, 1995, S. 55ff.

[83] Zum Unterschied von finaler und konditionaler gesetzlicher Steuerung vgl. *C. Franzius*, Modalitäten und Wirkungsfaktoren der Steuerung durch Recht, in: Hoffmann-Riem/Schmidt-Aßmann/Voßkuhle (Hrsg.), GVwR I, 2. Aufl. 2012, § 4, Rn. 13ff. sowie *R. Breuer*,

trolle Eigenheiten in einem Maße auf, das gegen eine klare Zuordnung zu entweder Ermessen oder Beurteilungsspielraum spricht.[84] Gleiches gilt für das Regulierungsermessen bzw. die regulierungsrechtlichen „Gestaltungsermächtigungen“,[85] die konzeptionell an das Planungsermessen angelehnt sind.[86]

Damit wird ein Grundproblem typisierender bzw. fallgruppenbezogener Zugänge sichtbar. Sie führen aufgrund ihres beobachtend-nachvollziehenden Zugriffs häufig zur Bildung von immer mehr und immer neuen Fallgruppen. Ihre – keinesfalls gering zu achtende – Systematisierungsleistung schöpft sich aus der Orientierung an der Vergangenheit. Anleitung für neue Herausforderungen können sie nur in begrenztem Umfang geben.[87]

b) Vereinheitlichungspfade

Das Bestreben nach Vorhersehbarkeit und Struktur der Spielraumdogmatik verbindet sich mit grundlegenden Zweifeln am Fundament der rechtsdogmatischen Trennung zwischen Ermessen und Beurteilungsspielraum. Diese Zweifel sind so alt wie die Trennungsthese selbst. Und nicht nur das. Die an ihr geübte Kritik ist mittlerweile in einer qualitativen Güte und in einem quantitativen Umfang erhoben worden, angesichts derer das Festhalten von Rechtsprechung und Ausbildungsliteratur an der als „herrschend“ apostrophierten Trennungsthese zumindest erstaunt.[88] Praxis und Ausbildung perpetuieren, wogegen sich viele gewichtige Stimmen seit Jahrzehnten mit schlagenden, wenn auch im Einzelnen unterschiedlich akzentuierten Argumenten wenden.

aa) Ursprung und Entwicklung der Einheitsthese

So wendet sich *Horst Ehmke* bereits im Jahr 1960 gegen die gerade zur vollen Entfaltung gebrachte Trennungsthese und betont die konzeptionelle Einheitlichkeit des Verwaltungsermessens. Dieses sei nicht lediglich ein „defizienter

Konditionale und finale Rechtssetzung, AöR 127 (2002), S. 523 ff., auch im rechtsvergleichenden Abgleich zu Frankreich.

[84] Vgl. die st. Rechtsprechung seit BVerwG, Urt. v. 14.2.1975, IV C 21/74, BVerwGE 48, 56, Rn. 37 (juris). Danach verlangt das planerische Abwägungsgebot, „dass – erstens – eine Abwägung überhaupt stattfindet, dass – zweitens – in die Abwägung an Belangen eingestellt wird, was nach Lage der Dinge in sie eingestellt werden muss, und dass – drittens – weder die Bedeutung der betroffenen öffentlichen und privaten Belange verkannt noch der Ausgleich zwischen ihnen in einer Weise vorgenommen wird, die zur objektiven Gewichtigkeit einzelner Belange außer Verhältnis steht.“

[85] So *C. Franzius*, Modalitäten und Wirkungsfaktoren der Steuerung durch Recht, in: Hoffmann-Riem/Schmidt-Aßmann/Voßkuhle (Hrsg.), GVwR I, 2. Aufl. 2012, § 4, Rn. 18 ff.

[86] So ausdrücklich BVerwG, Beschl. v. 5.5.2014, 6 B 47/13, NVwZ 2014, 1034, Rn. 9 (juris).

[87] *M. Eifert*, Letztentscheidungsbefugnisse der Verwaltung, ZJS 2008, S. 336.

[88] Vgl. *M. Jestaedt*, Maßstäbe des Verwaltungshandelns, in: Ehlers/Pünder (Hrsg.), Allgemeines Verwaltungsrecht, 15. Aufl. 2016, § 11, Rn. 13 (dort Fn. 48), der treffend bemerkt, dass die Trennungsthese „nahezu ausschließlich von der Rechtsprechung sowie der ganz auf die Bedürfnisse der Praxis ausgerichteten Ausbildungs- und Kommentarliteratur hochgehalten“ wird.

Modus der Gesetzesanwendung", sondern gehöre zum Wesen der Verwaltung, die vom Gesetzgeber beauftragt werde, die von ihm erlassenen Gesetze unter rechtsproduktivem Zutun im Einzelnen auszugestalten.[89] Ob diese Gestaltungskompetenz normstrukturell im Tatbestand oder der Rechtsfolge lokalisiert werde, spiele keine Rolle.[90]

In den 1970er Jahren knüpft *Hermann Soell* an diesen Befund an.[91] Einen besonderen Impuls erhält die Diskussion aber vor allem durch die beiden Referate von *Eberhard Schmidt-Aßmann*[92] und *Rupert Scholz*[93] anlässlich der Staatsrechtslehrertagung des Jahres 1975, im Zuge derer beide für eine Aufgabe der Trennungsthese plädieren.[94] Eine Relativierung der tradierten Gegenüberstellung von Ermessen und Beurteilungsspielraum sei nach *Schmidt-Aßmann* schon allein deshalb geboten, „um die gleitenden Übergänge in den Dichtegraden" gesetzlicher Vorgaben in den gerichtlichen Kontrollmechanismen hinreichend abbilden zu können.[95] *Scholz* zufolge habe sich die Trennungsthese letztlich als „Scheinlösung"[96] erwiesen. Die Rückkehr zu einem ganzheitlichen Spielraumverständnis und die damit verbundene Reintegration des Tatbestandsermessens in den Spielraumbegriff hole die Ermessensproblematik aus der Sackgasse eines eindimensionalen Strebens nach maximaler Justiziabilität heraus und führe sie zurück „in die Verantwortung des Gesetzgebers".[97] Diesem obliege es, der Verwaltung die Befugnis zur exekutiven Vervollständigung des gesetzlichen Normprogrammes zu delegieren.[98] In einer logisch-semantischen Studie aus dem Jahr 1979 zeigt *Hans-Joachim Koch* sodann auf, dass Ermessensermächtigungen durch Befugnisse zur Tatbestandsergänzung gesetzestechnisch austauschbar sind.[99]

---

[89] *H. Ehmke*, „Ermessen" und „unbestimmter Rechtsbegriff" im Verwaltungsrecht, 1960, S. 23 ff. u. 40 ff. (Zitat auf S. 45).

[90] Ebd., S. 40 ff.

[91] *H. Soell*, Das Ermessen der Eingriffsverwaltung, 1973, S. 205 ff.

[92] *E. Schmidt-Aßmann*, Verwaltungsverantwortung und Verwaltungsgerichtsbarkeit, VVDStRL 34 (1976), S. 221 (251 ff.).

[93] *R. Scholz*, Verwaltungsverantwortung und Verwaltungsgerichtsbarkeit, VVDStRL 34 (1976), S. 145 (164 ff.), der die „Anerkennung eines prinzipiell einheitlichen Verwaltungsermessens" (S. 167) und damit eine „Bereinigung der Ermessenslehre" (S. 168) vorschlägt. An einer *typologischen* Untergliederung in Tatbestands-, Rechtsfolgen- und Gestaltungsermessen könne aber festgehalten werden.

[94] Beide unter Bezugnahme auf *Ehmke* und *Soell.*

[95] *E. Schmidt-Aßmann*, a.a.O., S. 253

[96] *R. Scholz*, a.a.O., S. 167

[97] Ebd., S. 168.

[98] Ebd., S. 168.

[99] *H.-J. Koch*, Unbestimmte Rechtsbegriffe und Ermessensermächtigungen im Verwaltungsrecht, 1979, S. 172 f., der allerdings einen gesetzestechnischen Unterschied darin zu erkennen vermag, dass der unbestimmte Rechtsbegriff eine *disjunktive* Tatbestandsergänzung gestatte, während eine Ermessensermächtigung nur eine *konjunktive* Tatbestandsergänzung erlaube (S. 177). Im Übrigen setzt sich *Koch* deutlich von *Ehmke* ab (S. 117 ff.).

In den 1980er Jahren spricht sich namentlich *Martin Bullinger* mit einem grundlegenden Aufsatz für ein Ende der Verbannung des Ermessens auf die Rechtsfolgenseite aus.[100] Unter dem Eindruck der seitens des BVerfG für verfassungskonform erachteten administrativen Entscheidungsspielräume im Atomrecht[101] sieht er das Ermessen im Beginn eines konzeptionellen Ablösungsprozesses begriffen, der das Ermessen weg von seinem „Nachkriegscharakter einer im Rechtsstaat bedenklichen Gesetzeslücke" und hin zu einem „essentiellen Mittel flexibler, dynamischer Sicherung" von Individual- und Kollektivrechten zu führen habe.[102] Kernfunktion des Ermessens sei es, die gesetzlichen Leitlinien „durch ein Verwaltungsprogramm gestaltend zu konkretisieren", wobei dieses Verwaltungsprogramm sowohl auf Tatbestands- als auch auf Rechtsfolgenseite angesiedelt sein könne.[103]

Ab Mitte der 1990er Jahre werden die Auswirkungen der Europäisierung auf das deutsche Verwaltungsrecht in intensiver Weise erforscht. Dies erfolgt zum einen für das Gesamtsystem des nationalen Verwaltungsrechts, als dessen Teil auch das Ermessensproblem behandelt wird. Prägend sind bis heute die Arbeiten von *Thomas von Danwitz*[104] und *Stefan Kadelbach*.[105] Zum anderen wird die Überformung der nationalen Ermessenslehre(n) auch gezielt in den Blick genommen. So identifiziert *Michael Brenner* mit seiner 1996 erschienenen Studie spielraumbezogene Anpassungserfordernisse speziell im Bereich der Wirtschaftsverwaltung.[106] Ein Jahr später legt *Christoph Grabenwarter* eine rechtsvergleichend ausgerichtete Arbeit über die Einwirkungen von Art. 6 EMRK auf die verwaltungsgerichtliche Kontrolle, einschließlich der Spielraumkontrolle, vor.[107] Den Abschluss dieser Phase bildet die im Jahr 2001 erschienene Untersuchung von *Eckhard Pache*, in der eingehend die unionsrechtlichen, völkerrechtlichen und rechtsvergleichenden „Veränderungszwänge" aufgezeigt werden, die auf die deutsche Lehre des Beurteilungsspielraumes einwirken.[108] *Pache* plädiert für eine Weiterentwicklung der deutschen Spielraumlehre, ausgerichtet am Leitbild der konzeptionellen Einheitlichkeit administrativer Entscheidungs-

---

[100] *M. Bullinger*, Das Ermessen der öffentlichen Verwaltung, JZ 1984, S. 1001 (1006, 1009).

[101] Vgl. Fn. 70.

[102] *M. Bullinger*, a. a. O., S. 1006.

[103] Ebd.

[104] *T. v. Danwitz*, Verwaltungsrechtliches System und Europäische Integration, 1996, S. 326 ff. unter dem Gesichtspunkt der Kontrolldichte.

[105] *S. Kadelbach*, Allgemeines Verwaltungsrecht unter europäischem Einfluss, 1999, S. 443 ff.

[106] *M. Brenner*, Der Gestaltungsauftrag der Verwaltung in der Europäischen Union, 1996, S. 363 ff., der von einem binnenmarktrechtlichen Leitbild der „Homogenisierung" ausgehend ein „Gebot struktureller Anpassung für die deutsche Lehre vom Verwaltungsermessen und den administrativen Beurteilungsspielräumen" identifiziert (ebd., S. 397 f.).

[107] Umfassend *C. Grabenwarter*, Verfahrensgarantien in der Verwaltungsgerichtsbarkeit, 1997, S. 128 ff., 242 ff., 311 ff. auf rechtsvergleichender Basis für Frankreich, Deutschland und Österreich.

[108] *E. Pache*, Tatbestandliche Abwägung und Beurteilungsspielraum, 2001.

spielräume.[109] In das Zentrum der dogmatischen Neujustierung stellt er das Rechtsinstitut der Abwägung, in dem Rechtsfolgenermessen, Beurteilungsspielraum und Gestaltungsfreiraum konzeptionell zusammenfänden.[110]

In der Rückschau betrachtet konzentriert sich die Europäisierungsdiskussion – auch bedingt durch den damaligen Stand des Europarechts – in weiten Teilen noch auf die reaktive Anpassung des nationalen Rechts an europarechtliche, aber exogen gedachte Veränderungszwänge,[111] Einwirkungen[112] oder Harmonisierungserfordernisse.[113] Die ebenenübergreifende Verbundstruktur des (diskretionären) Verwaltungshandelns steht demgegenüber noch nicht im Vordergrund.[114] Der große Mehrwert der Europäisierungsdiskussion für die Spielraumdiskussion aber liegt in der (im besten Sinn des Wortes) Irritation der deutschen Spielraumlehre durch überstaatliche und rechtsvergleichende Ansätze.

bb) Facetten der Einheitlichkeit

Die vielleicht ganzheitlichste, weil die unterschiedlichen Begründungsansätze zusammenführende und zu einer holistischen Einheit verbindende Kritik an der Trennungsthese wird heute von *Matthias Jestaedt* vertreten.[115] Mit ihm lassen sich fünf Kernpunkte identifizieren: *Erstens* behaupte die Trennungsthese prinzipielle Unterschiede, wo – wie bereits von *Kelsen* und *Merkl* herausgearbeitet – allenfalls graduelle Stufungen und wechselseitig austauschbare Darstellungsformen bestehen; *zweitens* besitze die Trennungsthese nicht die Leistungsfähigkeit, praxisrelevante Spielraumformen wie das Planungs- und Regulierungsermessen rechtsdogmatisch zu integrieren; *drittens* koppele die Trennungsthese die exekutive Spielraumdogmatik unnötig von der legislativen und judikativen ab; *viertens* erschwere die Trennungsthese die europäische und internationale Anschlussfähigkeit der deutschen Spielraumlehre;[116] *fünftens*, und zugleich am wichtigsten, bekleide der unbestimmte Rechtsbegriff die ihm durch die Tren-

---

[109] Ebd., S. 192ff., 237ff. u. 302ff.

[110] Ebd., S. 453ff. u. 479ff. sowie zusammenfassend S. 519. Folge des *Pache*'schen Ansatzes ist eine signifikante Ausdehnung tatbestandslokalisierter Entscheidungsspielräume (S. 491ff.).

[111] So der zentrale Fokus von *Pache*, ebd., S. 147ff.

[112] *T. v. Danwitz*, Verwaltungsrechtliches System und Europäische Integration, 1996, S. 326ff.; *S. Kadelbach*, Allgemeines Verwaltungsrecht unter europäischem Einfluss, 1999, S. 453f.

[113] *M. Brenner*, Der Gestaltungsauftrag der Verwaltung in der Europäischen Union, 1996, S. 407.

[114] Darin spiegelt sich konkret, was allgemein als Übergang von der Europäisierungs- zur Verbundperspektive beschrieben werden kann. Dazu *M. Ruffert*, Von der Europäisierung des Verwaltungsrechts zum Europäischen Verwaltungsverbund, DÖV 2007, S. 761ff.

[115] *M. Jestaedt*, Maßstäbe des Verwaltungshandelns, in: Ehlers/Pünder (Hrsg.), Allgemeines Verwaltungsrecht, 15. Aufl. 2016, § 11, Rn. 12ff. Obgleich „nur" in einem Lehrbuch erschienen (ab der 13. Aufl. 2006), ist dieser Beitrag als einer der wichtigsten und zugleich prägnantesten wissenschaftlichen Beiträge zur Ermessensdiskussion überhaupt anzusehen.

[116] Ebd., Rn. 28.

nungsthese zugewiesene Hauptrolle zu Unrecht, weil ihm bei Lichte besehen weder eine besondere oder gar exklusive Beziehung zu tatbestandlichen Beurteilungsspielräumen eigen ist noch eine besondere Aussagekraft für die Begründung administrativer Entscheidungsspielräume zukomme.[117] Unbestimmte Rechtsbegriffe gibt es in der Tat sowohl auf Tatbestands- wie auch auf Rechtsfolgenseite, sowohl mit als auch ohne administratives Letztentscheidungsrecht, sowohl in konditional als auch in final strukturierten Normbestandteilen. Dem unbestimmten Rechtsbegriff kommt folglich keine relevante Abgrenzungsfunktion zu, er „integriert alles und trennt nichts".[118] Demgegenüber können als typusprägende Gemeinsamkeiten diskretionären Verwaltungshandelns die Befugnis zur administrativen Selbstprogrammierung (rechtsgewinnungstheoretische Perspektive), die Notwendigkeit einer normativen Ermächtigung (verfassungsrechtliche Perspektive)[119] sowie die Strukturparallelen der Abwägungskontrolle (rechtsdogmatische Perspektive) identifiziert werden.[120]

Schließlich wird die Schieflage der heutigen Lehre vom Beurteilungsspielraum auch mit Blick auf ihren historischen Zweck offenbar. Der unbestimmte Rechtsbegriff wurde im spätkonstitutionellen Österreich als Gegenkategorie zum freien Ermessen entwickelt, um eine möglichst große Justiziabilität des Verwaltungshandelns herzustellen. Überspitzt gesagt sollte die dezidiert weit gefasste Kategorie des unbestimmten Rechtsbegriffs die Frage der verwaltungsgerichtlichen Zuständigkeit möglichst häufig im Positiven beantworten und damit die Tür zur gerichtlichen Kontrolle des Verwaltungshandelns weit aufstoßen.[121] Heute findet sie sich aber in einen gänzlich anderen Normkontext verpflanzt. Ihre ursprüngliche Funktion ist mit Art. 19 Abs. 4 GG obsolet geworden. Einem Funktionswandel gleich soll die vormals als prinzipieller Trennbegriff entwickelte Figur des unbestimmten Rechtsbegriffs nunmehr unter der Ägide des GG für die graduelle Frage der gerichtlichen Kontrolldichte herhalten, zu deren Beantwortung sie keine tauglichen Kriterien bereitstellt. Denn ging es vormals um das prinzipielle Ob, geht es jetzt um das graduelle Wie der Kontrolle.[122]

Nach alledem kristallisiert sich das Problem administrativer Entscheidungsspielräume letztlich als ein im Kern einheitlich zu verstehendes *Kompetenzproblem* heraus, das in einem dreipoligen Verhältnis zwischen Legislative, Exe-

[117] Ebd., Rn. 13–28.

[118] Ebd., Rn. 20.

[119] Zur normativen Ermächtigungslehre nach *E. Schmidt-Aßmann* s. sogleich.

[120] *M. Jestaedt*, a. a. O., Rn. 30 ff.

[121] Vgl. *C. Grabenwarter*, Verfahrensgarantien in der Verwaltungsgerichtsbarkeit, 1997, S. 313, 315.

[122] Allerdings hat auch *Tezner* bereits gesehen, dass das Ermessensproblem nicht allein eines der Zuständigkeit, sondern auch der Kontrolldichte ist, jedenfalls wenn die Zuständigkeit über eine Generalklausel mit Ermessensrückausnahme begründet wird, vgl. *dens.*, Die deutschen Theorien der Verwaltungsrechtspflege, VerwArch 9 (1901), S. 159 (216 f.).

kutive und Judikative zu vermessen ist.[123] Aus Sicht der Verwaltung geht es in der Relation zum Gesetzgeber um die Balance zwischen legislativer Fremd- und administrativer Selbstprogrammierung (Konkretisierung), in der Relation zur Rechtsprechung um das Gleichgewicht zwischen judikativer Nachprüfung und administrativem Letztentscheidungsrecht (Letztkonkretisierung). Sowohl bei tatbestandlich als auch bei rechtsfolgenseitig oder beidseitig lokalisierbaren Entscheidungsspielräumen hat die Verwaltung die rechtlich verliehene Kompetenz, das vorgegebene Normprogramm anhand selbst gewählter, d.h. insbesondere außerrechtlicher Maßstäbe der Zweckmäßigkeit und Sachangemessenheit zu ergänzen.[124] Daher trifft auch die Behauptung nicht zu, dass bei der Ausfüllung eines Beurteilungsspielraums im Gegensatz zum Ermessen keine Orientierung an außerrechtlichen Kriterien erfolgen würde.[125] Das Gegenteil ist der Fall. Wie jeder administrative Entscheidungsspielraum beruht auch der tatbestandliche Beurteilungsspielraum auf einer normativen Ermächtigung der Verwaltung zur außerrechtlichen Norm*ergänzung*.[126]

Damit ist letztlich von einem *einheitlichen Begriff* des Verwaltungsermessens bzw. des administrativen Entscheidungsspielraumes auszugehen. Diese Einsicht soll weder den heuristischen Wert dogmatischer Fein- bzw. Binnendifferenzierungen[127] noch die im positiven Recht angelegte Differenzierung zwischen Tatbestand und Rechtsfolge[128] negieren. Beides kann dem Gesetzgeber nicht zuletzt legislative Strukturierungsoptionen an die Hand geben.[129] Bei der Betonung der Einheitlichkeit geht es vielmehr darum, das gemeinsame rechtsnormative Fundament und die übergreifenden Strukturparallelen herauszustellen. Diese Vergewisserung über das Einende dient gerade auch der dogmatischen Bewältigbarkeit künftiger Probleme, die, wie etwa die Problematik administrativer Entscheidungsspielräume im Regulierungsrecht zeigt, jedenfalls durch die Perpetuierung von Fallgruppen und ein Festhalten an vermeintlichen Dualismen nicht befriedigend gelöst werden können.

---

[123] *E. Schmidt-Aßmann*, in: Maunz/Dürig, GG, Art. 19 IV (72. EL 2014), Rn. 180.

[124] *ders.*, Das allgemeine Verwaltungsrecht als Ordnungsidee, 2. Aufl. 2004, Kap. 4, Rn. 49f.

[125] So aber *R. Poscher*, Geteilte Missverständnisse, in: FS Rainer Wahl, 2011, S. 527 (534ff.), weil die außerrechtlichen Kriterien sich „nicht in den juristischen Argumentationsraum übertragen" ließen (S. 538). Dagegen überzeugend *Jestaedt*, a.a.O., Rn. 8 (dort Fn. 29).

[126] Vgl. *W. Hoffmann-Riem*, Eigenständigkeit der Verwaltung, in: Hoffmann-Riem/Schmidt-Aßmann/Voßkuhle (Hrsg.), GVwR I, 2. Aufl. 2012, § 10, Rn. 85.

[127] Dies klar betonend auch *M. Jestaedt*, Maßstäbe des Verwaltungshandelns, in: Ehlers/Pünder (Hrsg.), Allgemeines Verwaltungsrecht, 15. Aufl. 2016, § 11, Rn. 29.

[128] Namentlich in § 114 VwGO und § 40 VwVfG, die sich nur auf das Rechtsfolgenermessen beziehen.

[129] So *F. Schoch*, Gerichtliche Verwaltungskontrollen, in: Hoffmann-Riem/Schmidt-Aßmann/Voßkuhle (Hrsg.), GVwR III, 2. Aufl. 2013, § 50, Rn. 262 unter besonderer Betonung des „Rationalitätengewinns" der dogmatischen Differenzierung zwischen rechtsfolgen- und tatbestandsseitigen Entscheidungsspielräumen.

3. Normative Ermächtigungslehre

Ist das Ermessensproblem als im Kern einheitlich zu denkendes Kompetenzproblem erkannt, stellt sich allem voran die Frage, wem die Kompetenzverteilung zwischen Exekutive und Judikative obliegt.

a) Grundaussagen und Verbreitung

Die maßgeblich von *Eberhard Schmidt-Aßmann* begründete sog. „normative Ermächtigungslehre" weist diese Entscheidungsbefugnis dem Gesetzgeber zu. Administrative Entscheidungsspielräume folgen danach nicht aus allgemeinen Erwägungen der Funktionalität oder dem wie auch immer gearteten Wesen der Verwaltung, sondern aus der im Gesetz[130] erteilten Ermächtigung zu letztverbindlicher administrativer Rechtskonkretisierung.[131] Das Gesetz ist der gemeinsame Handlungsmaßstab von Exekutive und Judikative, kann aber – und darin liegt die Besonderheit diskretionären Verwaltungshandelns – die prozeduralen Eigenheiten der Verwaltung dergestalt nutzen, dass es ihr die Befugnis zur Letztprogrammierung anhand ergänzender Maßstäbe zuerkennt.[132] Diese Zuweisung außerrechtlicher Entscheidungsmaßstäbe an die Verwaltung muss durch legislativ erzeugtes Recht erfolgen.[133]

Das Gesetz ist damit nicht mehr nur Grenze, sondern zugleich Auftrag und Vollmacht der diskretionär handelnden Verwaltung.[134] Dementsprechend sind administrative Entscheidungsspielräume im Positiven aus den Vorgaben des materiellen Rechts herzuleiten und dürfen nicht im Negativen auf das reduziert werden, was die gerichtliche Nachprüfung der Verwaltung als Optionenraum belassen hat.[135] Ausgangspunkt der Ermessensermittlung ist somit die „methodenbestimmte Arbeit am Gesetz".[136] Diesem Fokus auf das Gesetz korrespondiert ein Perspektivenwechsel weg von der gerichtlichen Kontroll- und hin zur

---

[130] Dabei kann es sich auch – bzw. ergänzend – um legislativ erzeugtes Recht der Unionsebene handeln. Auch verfassungsunmittelbar begründete Spielräume sind nicht ausgeschlossen.

[131] *E. Schmidt-Aßmann*, in: Maunz/Dürig, GG, Art. 19 Abs. 4 (72. EL 2014), Rn. 180f., 185ff. Vgl. bereits *R. Scholz*, Verwaltungsverantwortung und Verwaltungsgerichtsbarkeit, VVDStRL 34 (1976), S. 145 (168): „Denn jedes Verwaltungsermessen bedarf der rechtlich ermächtigenden Delegation: Der Gesetzgeber beruft die gesetzesanwendende Verwaltung zur konkretisierenden Vervollständigung einer in Tatbestand und/oder Rechtsfolge nicht kompletten (...) Gesetzesnorm."

[132] *C. Möllers*, Gewaltengliederung, 2005, S. 177 unter rechtsvergleichendem Bezug auf das US-amerikanische und deutsche Recht.

[133] Ebd., S. 164.

[134] So bereits *H. Ehmke*, „Ermessen" und „unbestimmter Rechtsbegriff" im Verwaltungsrecht, 1960, S. 41.

[135] *E. Schmidt-Aßmann*, Das allgemeine Verwaltungsrecht als Ordnungsidee, 2. Aufl. 2004, Kap. 4, Rn. 47.

[136] Ebd.

legislativen Steuerungs- und administrativen Handlungsperspektive.[137] Die darin liegende Erweiterung des methodologischen Horizonts verspricht insbesondere für die Fragen der Spielraumbegründung und -ausfüllung einen erheblichen Erkenntnisgewinn und wird daher im Rahmen der vorliegenden Untersuchung noch mehrfach aufzugreifen sein.

Die Voraussetzung einer rechtsnormativen Ermächtigung sichert die grundsätzlich bestehende, zuweilen aber eben nur rahmenhaft erfolgende Gesetzesdirigiertheit des Verwaltungshandelns auch und gerade dort ab, wo der Verwaltung Letztentscheidungsrechte verliehen werden. Darin liegt zugleich der zentrale legitimatorische Mehrwert der normativen Ermächtigungslehre.[138] Weite Teile der Wissenschaft haben sich ihr mittlerweile angeschlossen.[139] Auch in der Rechtspraxis ist das Ermächtigungserfordernis seit mehreren Jahrzehnten durch die Rechtsprechung von BVerfG[140] und BVerwG[141] gesichert, auf Länderebene mitunter sogar kodifiziert.[142]

---

[137] Zu letzterer ebd. In diesem Sinne auch *W. Hoffmann-Riem*, Eigenständigkeit der Verwaltung, in: Hoffmann-Riem/Schmidt-Aßmann/Voßkuhle (Hrsg.), GVwR I, 2. Aufl. 2012, § 10, Rn. 15; *A. Voßkuhle*, Neue Verwaltungsrechtswissenschaft, in: Hoffmann-Riem/Schmidt-Aßmann/Voßkuhle (Hrsg.), GVwR I, 2. Aufl. 2012, § 1, Rn. 15.

[138] Das schließt verfassungsunmittelbar konstituierte bzw. legitimierte Verwaltungsspielräume indes nicht von vornherein aus. Die Frage ausdrücklich offen lassend BVerfG, Beschl. v. 31.5.2011, 1 BvR 857/07, BVerfGE 129, 1 – *Investitionszulagengesetz I*, Rn. 76 (juris). Zur Verwaltung jenseits des Bereichs des Gesetzesvorbehaltes, vgl. *H. A. Wolff*, in: Sodan/Ziekow (Hrsg.), VwGO, 4. Aufl. 2014, § 114, Rn. 52 ff. u. 68 ff. sowie 72.

[139] Vgl. insbesondere *F. Schoch*, Gerichtliche Verwaltungskontrollen, in: Hoffmann-Riem/Schmidt-Aßmann/Voßkuhle (Hrsg.), GVwR III, 2. Aufl. 2013, § 50, Rn. 287 ff.; *M. Jestaedt*, Maßstäbe des Verwaltungshandelns, in: Ehlers/Pünder (Hrsg.), Allgemeines Verwaltungsrecht, 15. Aufl. 2016, § 11, Rn. 34 ff.; *E. Pache*, Tatbestandliche Abwägung und Beurteilungsspielraum, 2001, S. 69 f.; *M. Gerhardt*, in: Schoch/Schneider/Bier (Hrsg.), VwGO, Vorbem. § 113 (Grundwerk 1997), Rn. 22; *H. Schulze-Fielitz*, in: Dreier (Hrsg.), GG I, 3. Aufl. 2013, Art. 19 IV, Rn. 125; *H.-J. Papier*, Rechtsschutzgarantie gegen die öffentliche Gewalt, in: Isensee/Kirchhof (Hrsg.), HStR VIII, 3. Aufl. 2010, § 177, Rn. 74 ff.; jeweils m. w. N. Stärker funktionell-rechtliche Gesichtspunkte in den Vordergrund stellend *R. Wahl*, Risikobewertung der Exekutive und richterliche Kontrolldichte, NVwZ 1991, S. 409 (411). Für entbehrlich hält die „Ermächtigungsfiktion" indes *R. Poscher*, Geteilte Missverständnisse, in: FS Rainer Wahl, 2011, S. 527 (549 ff.). Kritisch auch *F. Ossenbühl*, Gedanken zur Kontrolldichte in der verwaltungsgerichtlichen Rechtsprechung, in: FS Redeker, 1993, S. 55 (63) und mit Blick auf Art. 19 Abs. 4 GG *C. D. Classen*, Die Europäisierung der Verwaltungsgerichtsbarkeit, 1996, S. 130.

[140] BVerfG, Urt. v. 8.7.1982, 2 BvR 1187/80, BVerfGE 61, 82 – *Sasbach*, Rn. 79 (juris); Beschl. v. 16.12.1992, 1 BvR 167/87, BVerfGE 88, 40 (61) – *Private Grundschulen*, Rn. 55 (juris); Urt. v. 20.02.2001, 2 BvR 1444/00, BVerfGE 103, 142 (156 f.) – *Gefahr im Verzug*, Rn. 51 (juris); Urt. v. 23.05.2006, 1 BvR 2530/04, BVerfGE 116, 1 (18) – *Insolvenzverwalter*, Rn. 47 (juris); Beschl. v. 31.5.2011, 1 BvR 857/07, BVerfGE 129, 1 – *Investitionszulagengesetz I*, Rn. 73 (juris); Beschl. v. 8.12.2011, 1 BvR 1932/08, NVwZ 2012, S. 694 – *Nachprüfbarkeit von Regulierungsverfügungen*, Rn. 23 (juris).

[141] BVerwG, Urt. v. 26.03.1981, 3 C 134/79, BVerwGE 62, 86, Rn. 50 (juris); Urt. v. 26.11.1992, 7 C 20/92, BVerwGE 91, 211, Rn. 16 (juris); Urt. v. 16.5.2007, 3 C 8/06, BVerwGE 129, 27, Rn. 26 (juris); Urt. v. Urt. v. 2.4.2008, 6 C 15/07, BVerwGE 131, 41, Rn. 20 (juris); Urt. v. 23.11.2011, 6 C 11/10, NVwZ 2012, 1047, Rn. 37 (juris).

[142] § 73 Abs. 1 des Allgemeinen Verwaltungsgesetzes für das Land Schleswig-Holstein lau-

b) Normative Ermächtigungslehre und Einheitsthese

Die Rechtsprechung verlangt eine normative Ermächtigung durch den Gesetzgeber ganz allgemein für „Gestaltungs-, Ermessens- und Beurteilungsspielräume".[143] Da sie aber an der Trennungsthese festhält, d.h. strikt zwischen gerichtlich eingeschränkt überprüfbarem Rechtsfolgenermessen und gerichtlich grundsätzlich voll überprüfbarem unbestimmtem Rechtsbegriff unterscheidet,[144] wird der konkrete Nachweis einer normativen Ermächtigung nach derzeitiger Rechtspraxis im Wesentlichen für tatbestandliche Beurteilungsspielräume relevant, die als Ausnahme zu dem aus Art. 19 Abs. 4 GG abgeleiteten Grundsatz umfassender gerichtlicher Kontrolle der Konkretisierung unbestimmter Rechtsbegriffe gelten.[145]

Nicht übersehen werden darf,[146] dass viele Protagonisten der Einheitsthese ebenfalls von der normativen Ermächtigungslehre ausgehen.[147] Dass sich sowohl Vertreter der Einheits- als auch der Trennungsthese auf die normative Ermächtigungslehre berufen, scheint daraufhin zu deuten, dass die Frage der kategorialen Einheit oder Getrenntheit administrativer Entscheidungsspielräume konzeptionell quer zum Erfordernis einer normativen Ermächtigung steht.

Denkt man die normative Ermächtigungslehre konsequent zu Ende, läuft sie jedoch auf eine einheitliche Ermessenskonzeption hinaus. Ihr relevantes Kriterium ist nicht die normstrukturelle Lokalisierung, sondern die *Fundierung* des Spielraums *im Gesetz*. Bezogen auf den unbestimmten Rechtsbegriff heißt das: Weder seine Tatbestandsbezogenheit noch seine Unbestimmtheit können für sich genommen ein Letztentscheidungsrecht der Verwaltung begründen.[148] Für dergleichen bedarf es stets einer normativen Ermächtigung, d.h. einer kompetenziellen *Verteilungsentscheidung* des Gesetzgebers. Diese kann aber, wie ge-

---

tet: „Die Behörde entscheidet, soweit Rechtsvorschriften nicht bestimmen, dass oder in welcher Weise sie tätig zu werden hat, im Rahmen der ihr erteilten Ermächtigung nach sachlichen Gesichtspunkten unter Abwägung der öffentlichen Belange und der Interessen der einzelnen Person über die von ihr zu treffenden Maßnahmen (pflichtgemäßes Ermessen)."

143 St. Rechtsprechung seit BVerfG, Urt. v. 8.7.1982, 2 BvR 1187/80, BVerfGE 61, 82 – *Sasbach*, Rn. 79 (juris). In jüngerer Zeit prägnant Beschl. v. 31.5.2011, 1 BvR 857/07, BVerfGE 129, 1 – *Investitionszulagengesetz I*, Rn. 73 (juris).

144 Siehe Fn. 48.

145 Vgl. die in Fn. 140 und Fn. 141 genannte Rechtsprechung.

146 So aber *M. W. Nell*, Beurteilungsspielräume zugunsten Privater, 2010, S. 163 ff.

147 Vgl. namentlich *E. Schmidt-Aßmann*, Das allgemeine Verwaltungsrecht als Ordnungsidee, 2. Aufl. 2004, Kap. 4, Rn. 47 ff.; *M. Jestaedt*, Maßstäbe des Verwaltungshandelns, in: Ehlers/Pünder (Hrsg.), Allgemeines Verwaltungsrecht, 15. Aufl. 2016, § 11, Rn. 12 ff. u. 34 ff.; *E. Pache*, Tatbestandliche Abwägung und Beurteilungsspielraum, 2001, S. 479 ff.; *W. Hoffmann-Riem*, Eigenständigkeit der Verwaltung, in: Hoffmann-Riem/Schmidt-Aßmann/Voßkuhle (Hrsg.), GVwR I, 2. Aufl. 2012, § 10, Rn. 78, 85, 90.

148 Vgl. *E. Pache*, Tatbestandliche Abwägung und Beurteilungsspielraum, 2001, S. 475; *E. Schmidt-Aßmann*, in: Maunz/Dürig, GG, Art. 19 IV (72. EL 2014), Rn. 183 f. Zum Verhältnis rechtlicher Unbestimmtheit und Kontrolldichte näher S. 377 ff.

sehen, in wechselseitig austauschbarer Weise sowohl tatbestands- als auch rechtsfolgenseitig getroffen werden. Aus Sicht der normativen Ermächtigungsgrundlage unterscheiden sich beide Normierungsvarianten also lediglich in ihrer dogmatischen Außenverkleidung, nicht aber in ihrem rechtsnormativen Fundament. Folgerichtig ist es daher, entweder vom Boden der normativen Ermächtigungslehre ausgehend administrative Entscheidungsspielräume als in ihrem Grunde kategorial einheitlich zu betrachten[149] oder – basierend auf der Behauptung eines rechtserheblichen Unterschieds zwischen Ermessen und Beurteilungsspielraum – das Ermächtigungserfordernis gleichsam für fiktiv und daher entbehrlich zu erklären.[150]

c) *Normativität – Funktionalität – Ermächtigungsgrenzen*

Die Stärke der normativen Ermächtigungslehre ist die Lokalisierung der Kompetenzverteilung zwischen Judikative und Exekutive im gesetzlichen Programm, ihre Schwäche die Schwierigkeit eines entsprechenden Nachweises.[151] Die methodischen Probleme, die gesetzliche Ermächtigung und die dahinter stehende gesetzgeberische Intention zur Begründung eines administrativen Entscheidungsspielraumes im Wege der Auslegung nachzuweisen, bilden deshalb den Kern der an der normativen Ermächtigungslehre geübten Kritik.[152]

Freilich darf das auszulegende Recht nicht allein auf die unmittelbar einschlägige Klausel des betreffenden Sachrechts begrenzt werden. Ein Entscheidungsspielraum kann sich, wie viele andere Rechtsinstitute auch, unter Umständen erst aus einer systematischen Zusammenschau unterschiedlicher Normenkomplexe ergeben, zu denen auch verfahrens- und organisationsrechtliche Vorschriften zählen.[153] Die kritisierten Auslegungsprobleme werden hierdurch bereits abgemildert, jedenfalls aber von der starren Fixierung auf den sachgegenständlichen Einzelparagrafen gelöst. Die verbleibenden – fraglos vorhandenen – *methodischen* Schwierigkeiten, die Ermächtigung im positiven Recht

---

[149] *E. Schmidt-Aßmann*, Das allgemeine Verwaltungsrecht als Ordnungsidee, 2. Aufl. 2004, Kap. 4, Rn. 47 ff.; *ders.*, in: Maunz/Dürig, GG, Art. 19 Abs. 4 (72. EL 2014), Rn. 186. Fehlgehend *M. W. Nell*, a. a. O., S. 163, demzufolge die normative Ermächtigungslehre die Dichotomie von Rechtsfolgen- und Tatbestandsseite voraussetze.

[150] So in sich folgerichtig *R. Poscher*, Geteilte Missverständnisse, in: FS Rainer Wahl, 2011, S. 527 (537 ff. u. 549 ff.). Denn unterstellt man die Trennungsthese, wäre die Konkretisierung unbestimmter Rechtsbegriffe innerhalb eines „spezifisch juristischen Argumentationsraumes" zu verorten, während eine Orientierung der Verwaltung an außerrechtlichen, opportunistischen Kriterien nur im Rahmen des Ermessens möglich erschiene.

[151] *W. Hoffmann-Riem*, Eigenständigkeit der Verwaltung, in: Hoffmann-Riem/Schmidt-Aßmann/Voßkuhle (Hrsg.), GVwR I, 2. Aufl. 2012, § 10, Rn. 78.

[152] Vgl. bereits *F. Ossenbühl*, Gedanken zur Kontrolldichte in der verwaltungsgerichtlichen Rechtsprechung, in: FS Redeker, 1993, S. 55 (63). Bilanzierend *E. Pache*, Tatbestandliche Abwägung und Beurteilungsspielraum, 2001, S. 75 f.

[153] *M. Jestaedt*, Maßstäbe des Verwaltungshandelns, in: Ehlers/Pünder (Hrsg.), Allgemeines Verwaltungsrecht, 15. Aufl. 2016, § 11, Rn. 36.

nachzuweisen, können allerdings die *rechtsnormative* Notwendigkeit ihres Nachweises nicht in Frage stellen.[154]

Der Erteilung einer normativen Ermächtigung wird der Gesetzgeber regelmäßig funktionale Erwägungen zugrunde legen. Die zwei Kernfragen lauten, ob die Verwaltung in ihrem jeweiligen Sach- und Aufgabenbereich mit Blick auf Fachkompetenz, Ressourcen und Verfahrensmodalitäten besser zur Letztkonkretisierung geeignet ist und – spiegelbildlich – ob die Judikative durch eine Vollkontrolle an ihre Funktionsgrenzen stieße.[155] Allerdings können derartige Erwägungen der Funktionalität für sich allein genommen einen Entscheidungsspielraum wiederum nicht begründen, sondern müssen mit der normativen Ermächtigung verknüpft sein.[156] Mit anderen Worten, die an funktionalen Gesichtspunkten orientierte Entscheidung über die Kompetenzverteilung muss auch tatsächlich so vom Gesetzgeber getroffen worden und positivrechtlich nachweisbar sein.[157] Bei der Auslegung kann funktionalen Erwägungen allenfalls eine Hilfs- bzw. Indizfunktion zukommen.[158] Mitunter wird deshalb auch von einer „argumentativen Arbeitsteilung" gesprochen.[159] Entscheidend bleibt aber auch dann, dass die Normakzessorietät des Entscheidungsspielraumes nicht durch den bloßen Verweis auf etwaige Sachgesetzlichkeiten ersetzt werden darf.

Bei seiner Verteilungsentscheidung muss der Gesetzgeber schließlich die ihm gezogenen verfassungsrechtlichen Grenzen einhalten. Diese folgen im Bereich der Spielraumbegründung u.a. aus dem Bestimmtheitsgrundsatz und den Grundrechten.[160] Die Rechtsprechung und große Teile der Literatur sehen das Verhältnis zwischen Exekutive und Judikative zudem durch Art. 19 Abs. 4 GG in Richtung eines grundsätzlichen Letztentscheidungsrechts der Verwaltungsgerichtsbarkeit präjudiziert. Will die Legislative von diesem Grundsatz zugunsten eines administrativen Letztentscheidungsrechts abweichen, muss sie hierzu

[154] Ebd., Rn. 35.

[155] *R. Wahl*, Risikobewertung der Exekutive und richterliche Kontrolldichte, NVwZ 1991, S. 409 (410f.).

[156] Dementsprechend ordnet *R. Wahl*, a. a. O. die funktionellen Gesichtspunkte der normativen Ermächtigungslehre zu. Zur Verbindung funktioneller Elemente mit der normativen Ermächtigungslehre vgl. speziell im Kontext des Regulierungsermessens *M. Ludwigs*, Das Regulierungsermessen als Herausforderung für die Letztentscheidungsdogmatik im Verwaltungsrecht, JZ 2009, S. 290 (295).

[157] Vgl. *F. Schoch*, Der unbestimmte Rechtsbegriff im Verwaltungsrecht, Jura 2004, S. 612 (616); *M. Jestaedt*, a. a. O., Rn. 35.

[158] Für solche Indizien vgl. im Bereich des Beurteilungsspielraums *M. Gerhardt*, in: Schoch/Schneider/Bier (Hrsg.), VwGO, § 114 (Grundwerk 1997), Rn. 58; *M. Jestaedt*, a. a. O., Rn- 36, 51 f. Kritisch *R. Poscher*, Geteilte Missverständnisse, in: FS Rainer Wahl, 2011, S. 527 (550, dort Fn. 82).

[159] *C. Möllers*, Gewaltengliederung, 2005, S. 177.

[160] Vgl. aus der Rechtsprechung BVerfG, Beschl. v. 8.8.1978, 2 BvL 8/77, BVerfGE 49, 89 – *Kalkar I*, Rn. 103 ff. (juris) und Beschl. v. 31.5.2011, 1 BvR 857/07, BVerfGE 129, 1 – *Investitionszulagengesetz I*, Rn. 75 (juris).

nicht nur eine normative Ermächtigung erteilen, sondern diese auch auf einen tragfähigen Sachgrund stützen, der die Abweichung vom postulierten Grundsatz umfassender gerichtlicher Nachprüfung rechtfertigt.[161] Die normative Ermächtigung ist dieser Lesart zufolge zwar eine notwendige, aber noch keine hinreichende Bedingung eines administrativen Entscheidungsspielraumes. Die jüngere Rechtsprechung des BVerfG zeigt, dass es beide Erfordernisse – das einer Ermächtigung ebenso wie das eines tragfähigen Sachgrundes – in der Praxis ernst nimmt und ihr Fehlen im Zweifel sanktioniert.[162] Man muss sich aber im Klaren darüber sein, dass über das (Rechtfertigungs-)Erfordernis eines tragfähigen Sachgrundes letztlich funktionale Erwägungen im Gewand des Verfassungsrechts reimportiert werden.[163]

II. Rechtsvergleichende Kontrastierung

Kontrastiert man das in Deutschland vorherrschende Ermessenskonzept mit den Spielraumlehren in anderen Verfassungsstaaten westlicher Prägung, treten seine konzeptionellen Eigenheiten deutlich hervor.

1. Verwaltungsermessen im Rechtsvergleich: eine Annäherung

Bei einem solchen Vergleich auf der horizontalen Ebene[164] ist zu berücksichtigen, dass die Ausgestaltung öffentlich-rechtlicher Rechtsinstitute regelmäßig stärker von historisch-politischen Entwicklungslinien abhängt als dies etwa bei zivilrechtlichen Rechtsfiguren der Fall ist.[165] Die gehobene zeithistorische und politische Kontextgebundenheit[166] erschwert die Identifizierung eines *tertium*

[161] Vgl. die Nachweise in Fn. 66. Näher zu diesem nicht unproblematischen Verständnis von Art. 19 Abs. 4 GG näher unter S. 410ff.

[162] BVerfG, Beschl. v. 31.5.2011, 1 BvR 857/07, BVerfGE 129, 1 – *Investitionszulagengesetz I*, Rn. 95ff. u. 99 (juris).

[163] Kritisch abermals *R. Poscher*, Geteilte Missverständnisse, in: FS Rainer Wahl, 2011, S. 527 (550, dort Fn. 82): „Re-entry der funktionalen Gesichtspunkte".

[164] Das Begriffspaar horizontal/vertikal impliziert hier kein normenhierarchisches Über- oder Unterordnungsverhältnis, sondern bezeichnet allein die Vergleichsebene, vgl. *K.-P. Sommermann*, Funktionen und Methoden der Grundrechtsvergleichung, in: D. Merten/H.-J. Papier (Hrsg.), Handbuch der Grundrechte in Deutschland und Europa, Bd. I (2004), S. 631 (633).

[165] Dementsprechend ist eine Orientierung an übergeordneten Rechtskreisen bzw. Rechtsfamilien in der Privatrechtsvergleichung ungleich stärker ausgeprägt, vgl. *K. Zweigert/H. Kötz*, Einführung in die Rechtsvergleichung (3. Aufl. 1996), S. 40ff.; *H. P. Glenn*, Comparative Legal Families and Comparative Legal Traditions, in: M. Reimann/ R. Zimmermann (Hrsg.), The Oxford Handbook of Comparative Law (2006), S. 421 (437f.). Zur Schwierigkeit einer Rechtskreisbildung im öffentlichen Recht *R. Grote*, Rechtskreise im öffentlichen Recht, AöR 126 (2001), S. 10 (20, 37).

[166] Dazu *J. Bell*, Comparing Public Law, in: A. Harding/E. Örücü (Hrsg.), Comparative

comparationis, d.h. eines methodisch tauglichen Vergleichsmaßstabs auf der Meta-Ebene.[167] Bei öffentlich-rechtlichen Kernprinzipien wie der Demokratie oder der Rechtsstaatlichkeit sind die methodischen Herausforderungen eines Vergleichs offensichtlich.[168] Aber auch scheinbar kleinformatigere Rechtsinstitute können sich, selbst wenn sie im Verlauf ihres Entstehungsprozesses ländergreifende Rezeptionsprozesse durchlaufen haben, aufgrund des anders gearteten Kontextes von Land zu Land recht unterschiedlich darstellen.[169] Hier besteht stets die Gefahr, am Ende Äpfel mit Birnen zu vergleichen.[170]

Das gilt auch für das Verwaltungsermessen. Rechtsvergleichende Studien zum Ermessensproblem beziehen deshalb regelmäßig nur einen Teilaspekt des vielschichtigen Phänomens in den (dann funktionell ausgerichteten)[171] Vergleich mit ein. Aus der deutschen Vergleichsperspektive dominiert, nicht weiter verwunderlich, zumeist die Rechtsschutzdimension, d.h. die Frage der gerichtlichen Kontrolldichte. Selbstredend ist das Ermessensproblem aber auch ein Rechtskonkretisierungsproblem im Verhältnis zur Legislative und als solches einem spezifischen Vergleich zugänglich.[172] Letztlich kommt es darauf an, den Vergleichsmaßstab während des dialektischen Vergleichsprozesses fortlaufend zu hinterfragen und ggf. nachzujustieren.[173]

Die rechtsvergleichende Literatur zum Verwaltungsermessen ist reichhaltig. Man kann sie grob in drei Formate unterteilen. Das erste Format ist die klassische länderspezifische Einzelstudie. Sie bleibt im Wesentlichen auf das Recht

---

Law in the 21st Century (2002), S. 235 (242 f.); *J. H. Kaiser*, Vergleichung im öffentlichen Recht, ZaöRV 24 (1964), S. 391 (403).

167 Zur methodologischen Bedeutung *tertium comparationis* in der öffentlich-rechtlichen Rechtsvergleichung *K.-P. Sommermann*, Die Bedeutung der Rechtsvergleichung für die Fortentwicklung des Staats- und Verwaltungsrechts in Europa, DÖV 52 (1999), S. 1017.

168 Vgl. *L. Heuschling, Luc*, Etat de droit, Rechtsstaat, Rule of Law, 2002; *Y. Vilain*, Verfassungsprinzipien, in: Marsch/Vilain/Wendel, Französisches und Deutsches Verfassungsrecht, 2015, § 3, Rn. 54 ff. und 118 ff.

169 Zum Problem allgemein *S. Choudhry*, Migration as a new metaphor in comparative constitutional law, in: ders. (Hrsg.), The Migration of Constitutional Ideas (2006), S. 1 ff. Für Rezeptionskanäle des deutschen Verwaltungsrechts in andere europäische Rechtsordnungen vgl. C. *Fraenkel-Haeberle*, Germania und Italia: Eine verwaltungsrechtliche Wahlverwandtschaft?, DV 48 (2015), S. 309 ff.; *P. Gonod*, Über den Rechtsexport des deutschen Verwaltungsrechts aus französischer Sicht, DV 48 (2015), S. 337 ff.; *I. Lipowicz*, Einfluss des deutschen Verwaltungsrechts auf die Lehre des Verwaltungsrechts in Polen, DV 48 (2015), S. 365 ff.; *F. Velasco*, Die Rezeption des deutschen Verwaltungsrechts in der spanischen Rechtsordnung, DV 48 (2015), S. 383 ff.

170 Was allenfalls dann aufschlussreich wäre, wenn es darum ginge, Gemeinsamkeiten und Unterschiede von Fallobst herauszuarbeiten.

171 Kritisch zur funktionellen Ausrichtung der Rechtsvergleichung indes *R. Michaels*, The Functional Method of Comparative Law, in: Reimann/Zimmermann (Hrsg.), The Oxford Handbook of Comparative Law (2006), S. 340 ff.

172 Siehe in rechtsvergleichender Perspektive *A. v. Bogdandy*, Gubernative Rechtsetzung, 2000, S. 346 ff.

173 Weiterführend *A. Tschentscher*, Dialektische Rechtsvergleichung, JZ 2007, S. 807 ff.

eines bestimmten Landes bzw. einer bestimmten Rechtsordnung konzentriert, wurde aber aus einem rechtsvergleichenden Erkenntnissinteresse[174] heraus verfasst und weist dementsprechend ein über die bloße Auslandsrechtskunde hinausgehendes Vergleichsmoment auf. Im Fokus solcher Studien standen bisher vor allem die Rechtsordnungen Frankreichs,[175] des Vereinigten Königreichs[176] und der USA.[177] Das zweite Format ist die kollektive Vergleichsstudie. Mittels einzelner Länderberichte, die häufig einem gemeinsamen Fragenkatalog folgen, bündelt sie das rechtliche und kontextuelle Spezialwissen der in unterschiedlichen Rechtsordnungen sozialisierten Berichterstatter und macht dieses Wissen dem Leserkreis zugänglich. Darüber hinaus erschließt die kollektive Vergleichsstudie im Wege eines oder mehrerer Generalberichte eine synthetische Vergleichsperspektive.[178] Drittens, und regelmäßig auf den beiden anderen For-

---

[174] Häufig der Kontrastierung mit der „Heimat-"Rechtsordnung.

[175] *V. Schlette*, Die verwaltungsgerichtliche Kontrolle von Ermessensakten in Frankreich, 1991; *R. Grote*, Ermessenslehre und Ermessenspraxis in Frankreich, NVwZ 1986, S. 269 ff.; *M. Fromont*, L'intensité du contrôle du juge sur les décisions administratives en France et en Allemagne, in: FS F. Moderne, 2004, S. 1117 ff.; *R. Hoffmann*, Das Ermessen der Verwaltungsbehörden in Frankreich, 1967. Wichtige Erkenntnisse zum Ermessensproblem enthalten zudem die Arbeiten von *N. Marsch*, Subjektivierung der gerichtlichen Verwaltungskontrolle in Frankreich, 2011, S. 77 ff. und 106 ff.; *C. D. Classen*, Die Europäisierung der Verwaltungsgerichtsbarkeit, 1996, S. 141 ff.; *C. Ladenburger*, Verfahrensfehlerfolgen im französischen und im deutschen Verwaltungsrecht, 1999, S. 173 ff.; *J.-M. Woehrling*, Die deutsche und die französische Verwaltungsgerichtsbarkeit an der Schwelle zum 21. Jahrhundert, NVwZ 1998, S. 462 (465 f.); *M. Fromont*, Rechtsschutz gegenüber der Verwaltung in Deutschland, Frankreich und dem Europäischen Gemeinschaftsrecht, 1969, *R. Rausch*, Die Kontrolle von Tatsachenfeststellungen und -würdigungen durch den Gerichtshof der Europäischen Gemeinschaften, 1994, S. 125 ff. sowie *J. Koch*, Verwaltungsrechtsschutz in Frankreich, 1998, S. 171 ff. Für eine Darstellung der geltenden Rechtslage vgl. *P.-L. Frier/J. Petit*, Droit administratif, 10. Aufl., 2015, Rn. 588, 934 ff.

[176] *R. Brinktrine*, Verwaltungsermessen in Deutschland und England, 1998. Für eine Darstellung der geltenden Rechtslage vgl. *W. Wade/C. Forsyth*, Administrative Law, 11. Aufl. 2014, S. 259 ff.

[177] *O. Lepsius*, Verwaltungsrecht unter dem Common Law, 1997, S. 166 ff. (der sowohl das Verhältnis der Exekutive zur Judikative als auch zur Legislative in den Blick nimmt); *K. C. Davis*, Discretionary Justice in Europe and America, The Annals of the American Academy of Political and Social Science, 1976, S. 134 ff.; *ders.*, Discretionary Justice: a Preliminary Inquiry, 1969, S. 3 ff.; *R. Dolzer*, Verwaltungsermessen und Verwaltungskontrolle in den Vereinigten Staaten, DÖV 1982, S. 578 ff. Speziell im Kontext des Regulierungsrechts vgl. *J. Masing*, Die US-amerikanische Tradition der Regulated Industries und die Herausbildung eines europäischen Regulierungsverwaltungsrechts, AöR 128 (2003), S. 558 ff.; *J. Oster*, Normative Ermächtigungen im Regulierungsrecht, 2010, S. 68 ff. Für eine Darstellung der geltenden Rechtslage vgl. *S. G. Breyer* u. a., Administrative Law and Regulatory Policy, 7. Aufl. 2011, 3. und 4. Kapitel.

[178] Vgl. M. Bullinger (Hrsg.), Verwaltungsermessen im modernen Staat, 1986, mit synthetischem Generalbericht von *C. Starck* (S. 15 ff.), basierend auf den Länderberichten von *R. A. Rhinow* zur Schweiz (S. 51 ff.), *P. Craig* zu Großbritannien (S. 79 ff.), *Y. Gaudamet* zu Frankreich (S. 113 ff.) und *M. Bullinger* zu Deutschland (S. 131 ff.). Siehe ferner J. A. Frowein (Hrsg.), Die Kontrolldichte bei der gerichtlichen Überprüfung von Handlungen der Verwaltung, 1993, mit synthetischen Vergleichsperspektiven von *C. Lerche* (Kontrolldichte bzgl. Tatsa-

maten aufbauend, ist die länderübergreifende Monographie zu nennen, die einen mehrere Rechtsordnungen umfassenden Vergleich, ggf. einschließlich vorgeschalteter Länderberichte, aus der Feder eines Autors bietet.[179]

2. *Ermessensbegriff*

Als erster Ertrag dieser umfangreichen Arbeiten lässt sich festhalten, dass der heute in Deutschland gebräuchliche Ermessensbegriff in seiner Verengung auf die Rechtsfolgenseite und in seiner strikten Abgrenzung vom tatbestandlichen Beurteilungsspielraum in keiner anderen Rechtsordnung gebräuchlich ist.[180] Zwar ist die dogmatische Unterteilung in Ansätzen in der Schweiz[181] und in Polen[182] sowie vor allem in Österreich geläufig. Aber selbst in Österreich, wo die Differenzierung ihren ideengeschichtlichen Ausgang nahm, kommt ihr weder die rechtspraktische noch die rechtsdogmatische Bedeutung zu wie in

chenfeststellungen, S. 249 ff.), *S. Oeter* (Kontrolldichte bzgl. Ermessen und Beurteilungsspielraum, S. 266 ff.) und *G. Nolte* (Wert formeller Kontrolldichtemaßstäbe, S. 278 ff.), basierend auf den Länderberichten von *C. Lerche* zu Frankreich (S. 1 ff.), *M. Herdegen* zu Großbritannien (S. 38 ff.), *M. Hartwig* zu Italien (S. 59 ff.), J. *Polakiewicz* zu Österreich (S. 80 ff.), *R. Hofmann* zu Schweden (S. 105 ff.), *S. Oeter* zur Schweiz (S. 121 ff.), *R. Hofmann* zu Spanien (S. 149 ff.), *G. Nolte* zu den USA (S. 172 ff.) und *M. Herdegen/S. Richter* zu den damaligen Europäischen Gemeinschaften (S. 209 ff.). Vgl. schließlich *C. Grabenwarter*, Ermessenslehren, in: v. Bogdandy/Cassese/Huber (Hrsg.), IPE V, 2014, § 90 sowie die vorausgehenden Einzelberichte von *W. Kahl* zu Deutschland (§ 74, Rn. 10, 127 ff.), *P. Gonod* zu Frankreich (§ 75, Rn. 86, 134 ff.), *P.-M. Efstratiou* zu Griechenland (§ 76, Rn. 89 ff.), *P. Craig* zu Großbritannien (§ 77, Rn. 97 ff.), *D. de Pretis* zu Italien (§ 78, Rn. 35 f., 172 ff.), *M. Holoubek* zu Österreich (§ 79, Rn. 16, 86 ff.), *S. Biernat/D. Dąbek* zu Polen (§ 80, Rn. 247 ff.), V. *Pereira da Silva/A. Salgado de Matos* zu Portugal (§ 81, Rn. 199 f.), *L. Marcusson* zu Schweden (§ 82, Rn. 58 f.), *T. Jaag* zur Schweiz (§ 83, Rn. 13, 147), *O. Mir* zu Spanien (§ 84, Rn. 144 f.), *Z. Szente* zu Ungarn (§ 85, Rn. 93).

179 *E. Pache*, Tatbestandliche Abwägung und Beurteilungsspielraum, 2001, S. 192–236; *J. Schwarze*, Europäisches Verwaltungsrecht, 2. Aufl. 2005, S. 246–279; *A. Bleckmann*, Ermessensfehlerlehre, 1997, S. 97 ff. u. 171 ff.; *M. Tonne*, Effektiver Rechtsschutz durch staatliche Gerichte als Forderung des Europäischen Gemeinschaftsrechts, 1997, S. 47–145. Vgl. zudem die länderbezogenen Passagen über die Kontrolldichte in *T. v. Danwitz*, Europäisches Verwaltungsrecht, 2008 zu Deutschland (S. 28 ff.), Großbritannien (S. 45 ff.), Frankreich (S. 65 ff.), Italien (S. 82 f.), Polen (S. 99 ff.) und Spanien (S. 120 f.).

180 So die einhellige Ansicht, vgl. statt aller nur *E. Pache*, Tatbestandliche Abwägung und Beurteilungsspielraum, 2001, S. 512; *P. M. Huber*, in: v. Mangoldt/Klein/Starck (Hrsg.), GG I, 6. Aufl. 2010, Art. 19, Rn. 547; *W. Hoffmann-Riem*, Eigenständigkeit der Verwaltung, in: Hoffmann-Riem/Schmidt-Aßmann/Voßkuhle (Hrsg.), GVwR I, 2. Aufl. 2012, § 10, Rn. 73; *E. Schmidt-Aßmann*, Das allgemeine Verwaltungsrecht als Ordnungsidee, 2. Aufl. 2004, Kap. 4, Rn. 46; *C. Grabenwarter*, Ermessenslehren, in: v. Bogdandy/Cassese/Huber (Hrsg.), IPE V, 2014, § 90, Rn. 74.

181 Hier wurde die deutsche Dogmatik in Ansätzen rezipiert, aber nicht in ihren umfassenden Konsequenzen in das schweizerische Verwaltungsrechtssystem überführt, vgl. *R. A. Rhinow*, Landesbericht Schweiz, in: Bullinger (Hrsg.), Verwaltungsermessen im modernen Staat, 1986, S. 51 (58 ff.); *B. Schindler*, Verwaltungsermessen, 2010, S. 187 ff.

182 *S. Biernat/D. Dąbek*, Grundzüge des Verwaltungsrechts in gemeineuropäischer Perspektive: Polen, in: v. Bogdandy/Cassese/Huber (Hrsg.), IPE V, 2014, § 80, Rn. 249.

Deutschland. Vielmehr wird dem auf Ebene des Verfassungsrechts positivierten Ermessensbegriff,[183] trotz manch strittiger Detailfrage, überwiegend das theoretische Fundament der Wiener Schule unterlegt, die gerade von einem einheitlichen Ermessensbegriff ausgeht.[184] Auch in verwaltungsrechtlichen Systemen, die eine besonders komplexe Spielraumlehre ausgebildet haben, wie etwa die italienische,[185] spielt jedenfalls die normstrukturelle Lokalisierung des Entscheidungsspielraumes keine zentrale Rolle für die Frage der Begründung und gerichtlichen Nachprüfung administrativer Entscheidungsspielräume. Allerdings werden in Italien unter dem Begriff des „technischen Ermessens" dem deutschen Beurteilungsspielraum durchaus funktionell äquivalente Gesichtspunkte diskutiert.[186]

a) Vergleich mit Frankreich

In Frankreich ist das Ermessensproblem in weiten Teilen gänzlich anders gelagert als in Deutschland. Das beginnt mit dem Verhältnis von parlamentarischem Gesetzgeber und Exekutive. Letztere nimmt in Frankreich bereits aus verfassungsstrukturellen Gründen eine wesentlich größere und eigenständigere Rolle in der Rechtsetzung ein.[187] Das deutsche Leitbild eines im Grundsatz durchgehend gesetzesdirigierten Verwaltungshandelns trifft auf das französische Recht schon im Ausgangspunkt nicht zu.[188] Dementsprechend steht auch die Rechtsfigur des Gesetzesvorbehalts in Frankreich weitaus weniger im Zentrum als in Deutschland.[189] Das Gesetz wird primär als Schranke, nicht als Grundlage des

[183] Seit 2014 in Art. 130 Abs. 3 des österreichischen Bundes-Verfassungsgesetzes (B-VG): „Außer in Verwaltungsstrafsachen und in den zur Zuständigkeit des Verwaltungsgerichtes des Bundes für Finanzen gehörenden Rechtssachen liegt Rechtswidrigkeit nicht vor, soweit das Gesetz der Verwaltungsbehörde Ermessen einräumt und sie dieses im Sinne des Gesetzes geübt hat." Die Vorgängernorm (Art. 130 Abs. 2 a. F.) tradierte noch den ursprünglichen Begriff des freien Ermessens: „Rechtswidrigkeit liegt nicht vor, soweit die Gesetzgebung von einer bindenden Regelung des Verhaltens der Verwaltungsbehörde absieht und die Bestimmung dieses Verhaltens der Behörde selbst überlässt, die Behörde aber von diesem freien Ermessen im Sinne des Gesetzes Gebrauch gemacht hat."

[184] Eingehend *C. Grabenwarter*, Verfahrensgarantien in der Verwaltungsgerichtsbarkeit, 1997, S. 318–325 m. w. N. sowie *ders.*, Ermessenslehren, in: v. Bogdandy/Cassese/Huber (Hrsg.), IPE V, 2014, § 90, Rn. 74 sowie zuvor Rn. 23 u. 40.

[185] Dazu *D. de Pretis*, Grundzüge des Verwaltungsrechts in gemeineuropäischer Perspektive: Italien, in: v. Bogdandy/Cassese/Huber (Hrsg.), IPE V, Heidelberg 2014, § 78, Rn. 173 ff.

[186] Dazu *C. Fraenkel-Haeberle*, Germania und Italia: Eine verwaltungsrechtliche Wahlverwandtschaft?, DV 48 (2015), S. 309 (314 ff.).

[187] Vgl. *P. Gonod*, Grundzüge des Verwaltungsrechts in gemeineuropäischer Perspektive: Frankreich, in: v. Bogdandy/Cassese/Huber (Hrsg.), IPE V, Heidelberg 2014, § 75, Rn. 82 ff. Speziell zur gubernativen Rechtsetzung *N. Marsch*, Rechtsetzung, in: Marsch/Vilain/Wendel, Französisches und Deutsches Verfassungsrecht, 2015, § 5, Rn. 16 ff.

[188] Vgl. *K.-P. Sommermann*, Prinzipien des Verwaltungsrechts, in: v. Bogdandy/Cassese/Huber (Hrsg.), IPE V, Heidelberg 2014, § 86, Rn. 30.

[189] Instruktiv der Rechtsvergleich bei *M. Fromont*, Droit administratif des Etats européens, 2006, S. 233 ff.

Verwaltungshandelns betrachtet.[190] Hinzu kommt, dass die Legitimation der Exekutive in Deutschland vor allem über das Parlament vermittelt wird, während die Verwaltungslegitimation im semipräsidentiellen System der V. Republik über zwei Stränge läuft, was ebenfalls Auswirkungen auf Art und Umfang administrativer Entscheidungsspielräume hat.[191]

Was das Verhältnis zwischen Exekutive und Judikative in Frankreich betrifft, erschließt sich der zentrale Begriff des *pouvoir discrétionnaire* zunächst einmal im Negativen über den Kontrastbegriff des *pouvoir lié*.[192] Dieser bezeichnet die rechtlich umfassende Determiniertheit des Verwaltungshandelns, die in rechtsempirischer Hinsicht eher den Ausnahmefall darstellt.[193] Anders gesagt, die Ermessensverwaltung gilt in Frankreich als Regelfall, was nicht zuletzt historische Gründe hat.[194] Dem sachlich weit gefassten Ermessensbegriff des französischen Rechts liegt eine einheitliche Ermessenskonzeption zugrunde, die den außerrechtlichen Bereich der *opportunité* vom rechtlich durchdrungenen Bereich der *légalité* abgrenzt.[195] Darum wird auch darauf hingewiesen, dass der *pouvoir discrétionnaire* im Gegensatz zum deutschen Ermessen gerade nicht als rechtsgebundener bzw. gesetzesdirigierter Bereich verstanden werden könne.[196] Ferner ist der französische Ermessensbegriff nach wie vor in vergleichsweise geringem Umfang verfassungsrechtlich vorgezeichnet.[197]

b) Vergleich mit UK und USA

Auch im anglo-amerikanischen Raum dominiert ein im Ausgangspunkt einheitliches Begriffsverständnis. So bildet der Begriff der *discretionary power* im Vereinigten Königreich die Rahmendenomination für alle nur denkbaren Phä-

190 Vgl. bereits *C. D. Classen*, Die Europäisierung der Verwaltungsgerichtsbarkeit, 1996, S. 142; *V. Schlette*, Die verwaltungsgerichtliche Kontrolle von Ermessensakten in Frankreich, 1991, S. 146 ff., dort auch zu konzeptionellen Unterschieden im Hinblick auf das *principe de légalité*.

191 So *E. Schmidt-Aßmann*/*S. Dagron*, Deutsches und französisches Verwaltungsrecht im Vergleich ihrer Ordnungsideen, ZaöRV 2007, S. 395 (398).

192 Bzw. *compétence liée*.

193 Vgl. die klassischen Definitionen bei *G. Braibant*/*B. Stirn*, Le droit administratif français, 7. Aufl. 2005, S. 237: „La compétence d'une autorité administrative est liée lorsque cette autorité est tenue d'agir dans un sens déterminé, sans disposer de possibilités d'appréciation ou de choix" sowie S. 239: „Le pouvoir discrétionnaire se définit pour l'administration par sa liberté d'appréciation, d'action et de décision."

194 Dazu *Y. Gaudemet*, Pouvoir discretionnaire de l'administration moderne – Landesbericht Frankreich, in: Bullinger (Hrsg.), Verwaltungsermessen im modernen Staat, 1986, S. 113 (115 ff.).

195 Vgl. *P.-L. Frier*/*J. Petit*, Droit administratif, 10. Aufl., 2015, Rn. 909.

196 *O. Jouanjan*, Diskussionsbeitrag, in: Frowein (Hrsg.), Die Kontrolldichte bei der gerichtlichen Überprüfung von Handlungen der Verwaltung, 1993, S. 309.

197 Allgemein zum Verhältnis von Verwaltungs- und Verfassungsrecht in Frankreich *L. Heuschling*, Verwaltungsrecht und Verfassungsrecht, in: v. Bogdandy/Cassese/Huber (Hrsg.), IPE III, 2010, § 54, Rn. 17 ff.

nomene administrativer Entscheidungsfreiheit, die *royal prerogative* eingeschlossen.[198] Das Ermessenskonzept wird dabei sowohl mit Blick auf die Begründung bzw. *delegation* als auch in Bezug auf die gerichtliche Kontrolle thematisiert.[199] Eine rechtserhebliche Unterscheidung zwischen rechtsfolgenseitigen und tatbestandsseitigen Spielräumen ist ihm fremd.[200] Eine der zentralen Eigenheiten des britischen öffentlichen Rechts sehen britische Autoren gerade in dem beachtlichen Maß an exekutiver und gubernativer Handlungsfreiheit, das sich deutlich vom Ansatz Deutschlands mit seiner gesetzlich detaillierten Ausformung und Steuerung des Verwaltungshandelns unterscheidet.[201]

Ebenso ist in den USA unter dem Topos *discretion* eine im Ausgangspunkt einheitlich gedachte Ermessenskonzeption vorherrschend, die nicht zwischen Rechtsfolgenermessen und Beurteilungsspielraum unterscheidet[202] und überdies Ermächtigungen zum Erlass von Rechtsverordnungen einschließt.[203] Neben der Frage der administrativen Setzung abstrakt-genereller Normen ist aber auch hier die Einzelfallgerechtigkeit als Motiv für die Begründung von *discretion* von großer Bedeutung.[204] Anders als der deutsche Ermessensbegriff geht es beim amerikanischen Konzept der *discretion* nicht um eine normativ delegierte Rechtsfolgenbestimmung, sondern um den von gesetzlichen Leitlinien freien, tendenziell ungebundenen Bereich.[205] Das Grundproblem des Nachweises eines administrativen Entscheidungsspielraumes besteht allerdings auch hier.[206]

---

[198] Vgl. *P. Craig*, Discretionary power in modern administration – Landesbericht Großbritannien, in: Bullinger (Hrsg.), Verwaltungsermessen im modernen Staat, Baden-Baden 1986, S. 79 ff.; *ders.*, Law, Fact and Discretion in the UK, EU and the USA, abrufbar unter http://www.sciencespo.fr/chaire-madp/sites/sciencespo.fr.chaire-madp/files/paul_craig.pdf, S. 14 ff. (30.10.2016).

[199] Eingehend *W. Wade/C. Forsyth*, Administrative Law, 11. Aufl. 2014, S. 259 ff. u. 286 ff.

[200] *R. Brinktrine*, Verwaltungsermessen in Deutschland und England, 1998, S. 187 ff.; *T. v. Danwitz*, Europäisches Verwaltungsrecht, 2008, S. 34.

[201] So u. a. *P. Birkinshaw*, European Public Law, 2003, S. 86.

[202] *G. Nolte*, Landesbericht Vereinigte Staaten von Amerika, in: Frowein (Hrsg.), Die Kontrolldichte bei der gerichtlichen Überprüfung von Handlungen der Verwaltung, 1993, S. 172 (184 f.).

[203] Vgl. *O. Lepsius*, Verwaltungsrecht unter dem Common Law, 1997, S. 167 f. Auch in anderen Staaten ist die Verordnungsbefugnis vom Ermessensbegriff umfasst, vgl. *A. v. Bogdandy*, Gubernative Rechtsetzung, 2000, S. 348.

[204] *K. C. Davis*, Discretionary Justice, 1969, S. 17.

[205] *O. Lepsius*, Verwaltungsrecht unter dem Common Law, 1997, S. 167 („Beigeschmack der Wahlfreiheit, Willkür und Unüberprüfbarkeit").

[206] Vgl. US Supreme Court, Urt. v. 25.6.1984 – *Chevron U.S.A. v. National Resource Defense Council*, 467 US 837 (1984) sowie jüngst US Supreme Court, Urt. v. 25.6.2015 – *King v. Burwell* 576 US ___ (2015).

3. Kontrolldichte

Auch unter dem Gesichtspunkt der Kontrolldichte hebt sich das deutsche Verwaltungsrecht trotz der erheblichen Unterschiede der einzelnen Kontrollsysteme untereinander[207] deutlich von seinen Pendants in Europa und den USA ab. Das beginnt bei der in Deutschland tradierten Skepsis gegenüber administrativen Letztentscheidungsrechten, die in diesem Maße wohl nur durch den historischen Hintergrund der nationalsozialistischen Willkürherrschaft erklärbar ist. Die von Rechtsprechung und herrschender Lehre aus Art. 19 Abs. 4 GG abgeleitete Weichenstellung in Richtung eines judikativen Letztentscheidungsrechts der Verwaltungsgerichtsbarkeit, stellt einen der charakteristischsten Bausteine der deutschen Ermessenskonzeption dar.[208] Diese verfassungsrechtliche Garantie einer grundsätzlich hohen Kontrolldichte gilt allerdings nur im Bereich subjektiver Rechte und korreliert entsprechend mit der ebenfalls für das deutsche Verwaltungsrecht charakteristischen Engführung der Klagebefugnis.[209]

a) Vergleich mit Frankreich

Setzt das deutsche Verwaltungsrecht auf einen subjektiv-rechtlich orientierten Rechtsschutz mit grundsätzlich hoher Kontrolldichte, folgen andere verwaltungsrechtliche Systeme, wie insbesondere das französische, dem Leitbild einer objektiv-rechtlichen Verwaltungskontrolle mit grundsätzlich niedriger Kontrolldichte. Das verwaltungsgerichtliche Kontrollsystem in Deutschland ist, überspitzt formuliert, vom Individuum her angelegt, während es in Frankreich vom Staate ausgeht.[210] Tradiert das deutsche öffentliche Recht eine gewisse Skepsis gegenüber der Verwaltung, begegnet man in Frankreich eher dem Richter und nicht dem *service public* mit Misstrauen. Freilich sind beide Systembeschreibungen vereinfachende Typisierungen. Weder das deutsche noch das französische Kontrollsystem verwirklichen den jeweiligen Typus in Reinform. Zunehmend zeichnen sich Konvergenzbewegungen zwischen beiden Ländern ab.[211] Potenzial hierfür besteht bereits systemimmanent, da subjektiv-rechtlicher Rechtsschutz zugleich der Wahrung objektiver Rechtssätze dient und objektiv-rechtliche Kontrollsysteme regelmäßig auch subjektive Rechte schüt-

207 Dazu *G. Biaggini*, Grundverständnisse von Staat und Verwaltung, in: v. Bogdandy/Cassese/Huber (Hrsg.), IPE III, 2010, §53, Rn. 37.

208 Vgl. die Nachweise in Fn. 66.

209 *R. Herzog*, Verfassung und Verwaltungsgerichte – zurück zu mehr Kontrolldichte?, NJW 1992, S. 2601 (2601 f.) spricht in Bezug auf Kontrolldichte und Klagebefugnis von einem Verhältnis kommunizierender Röhren.

210 So der ehemalige Präsident des tribunal administratif de Strasbourg *J.-M. Woehrling*, Die deutsche und die französische Verwaltungsgerichtsbarkeit an der Schwelle zum 21. Jahrhundert, NVwZ 1998, S. 462 (463).

211 Grundlegend *N. Marsch*, Subjektivierung der gerichtlichen Verwaltungskontrolle in Frankreich, 2011, S. 86 ff.

zen.[212] Französisches und deutsches System unterliegen zudem gleichermaßen den Einflüssen des Unionsrechts, das die bestehenden Annäherungsprozesse noch weiter katalysiert.[213]

Gleichwohl bleibt für die verwaltungsgerichtliche Kontrolle administrativer Entscheidungsspielräume in Frankreich der Befund festzuhalten, dass trotz einer sukzessiven Zunahme der Kontrolldichte in den vergangenen Jahren[214] nach wie vor ein erheblicher Unterschied zur Rechtslage in Deutschland besteht. Die gerichtliche Spielraumkontrolle durch die französischen Verwaltungsgerichte, einschließlich des *Conseil d'Etat*, fällt in der Gesamtschau deutlich zurückhaltender aus als die der deutschen Gerichte.[215] Das ist nicht allein auf die positivrechtlichen Normen des Prozessrechts zurückzuführen, sondern hat auch mit ihrer praktischen Handhabung zu tun. Hier entfalten die tradierten Verwaltungs(gerichts)kulturen[216] bzw. „Verwaltungsprofile"[217] eine nicht zu unterschätzende Wirkung. Möglicherweise hat der *Conseil d'Etat* als ein der Verwaltung strukturell nahe stehendes Organ auch ein ausgeprägteres Sensorium für die administrative Handlungsperspektive und die spezifische Leistungsfähigkeit der Verwaltung.[218]

---

212 Ebd., S. 86. Vgl. aus Sicht des deutschen Verwaltungsrechts zudem *J. Masing*, Die Mobilisierung des Bürgers für die Durchsetzung des Rechts, 1997, S. 181 ff.

213 Zu den unionsrechtlichen Herausforderungen vgl. aus deutscher Perspektive *K. Rennert*, Funktionswandel der Verwaltungsgerichtsbarkeit?, DVBl 2015, S. 793 ff.

214 Vgl. *M. Fromont*, L'intensité du contrôle du juge sur les décisions administratives en France et en Allemagne, in: FS F. Moderne, 2004, S. 1117 (1129 ff.) sowie bereits *J. Schwarze*, Grundlinien und neuere Entwicklungen des Verwaltungsrechtsschutzes in Frankreich und Deutschland, NVwZ 1996, S. 22 (25 ff.).

215 Vgl. *N. Marsch*, Subjektivierung der gerichtlichen Verwaltungskontrolle in Frankreich, 2011, S. 79; *J.-M. Woehrling*, Die deutsche und die französische Verwaltungsgerichtsbarkeit an der Schwelle zum 21. Jahrhundert, NVwZ 1998, S. 462 (463, 465 f.); *V. Schlette*, Die verwaltungsgerichtliche Kontrolle von Ermessensakten in Frankreich, 1991, S. 355.

216 Zum Begriff der Verwaltungskultur vgl. *K.-P. Sommermann*, Gemeineuropäische Verwaltungskultur als Gelingensbedingung europäischer Integration?, DÖV 2015, S. 449 ff.

217 Vergleichender Zugriff bei *S. Kuhlmann/H. Wollmann*, Verwaltung und Verwaltungsreformen in Europa: Einführung in die vergleichende Verwaltungswissenschaft, 2013, S. 25 ff., 61 ff., die zwischen „kontinentaleuropäisch-napoleonischen" (Frankreich, Italien), „kontinentaleuropäisch-föderalen" (Deutschland), skandinavischen (Schweden), angelsächsischen (UK) und mittel-osteuropäischen (Ungarn) Verwaltungsprofilen differenzieren. So wichtig das Bemühen um eine typologisch-komparative Erfassung ist, so sehr erscheint zumindest die letzte Kategorie mit Blick auf die höchst unterschiedlichen Verfassungs- und Verwaltungsstrukturen „der" mittel- und osteuropäischen Staaten zweifelhaft (zur verfassungsrechtlichen Heterogenität vgl. überblicksartig *H. Roggemann*, Einführung. Verfassungsentwicklung und Verfassungsrecht in Mittel- und Osteuropa, in: ders (Hrsg.), Die Verfassungen Mittel- und Osteuropas, 1999, S. 41 ff. sowie speziell bezogen auf die Beitrittsprozesse *A. Albi*, EU Enlargement and the Constitutions of Central and Eastern Europe, 2005, S. 24 ff.). Für die Zweifel an einer rechtskreisbasierten Vergleichsmethode im öffentlichen vgl. zudem die Nachweise in Fn. 165.

218 Vgl. *V. Schlette*, a. a. O., S. 356.

Das verwaltungsrechtliche Rechtsbehelfssystem in Frankreich ist komplex und nur vor dem Hintergrund seines historischen Entstehungskontextes zu verstehen.[219] Für das Ermessensproblem von prozessrechtlich herausragender Bedeutung ist die Klageart des *recours pour excès de pouvoir*, für den sich eine vielschichtige und im Einzelnen hoch umstrittene Lehre der Klagegründe (*moyens*) entwickelt hat.[220] Die *moyens* liegen allerdings konzeptionell quer zur Ermessenskontrolle, können sich also jedenfalls in Teilen sowohl auf die Kontrolle im Bereich des *pouvoir lié* als auch des *pouvoir discrétionnaire* beziehen.[221] Abstufungen in der Kontrollintensität gibt es dabei grundsätzlich nur im Bereich derjenigen Klagegründe, welche sich auf die sog. Entscheidungsgrundlagen (*motifs*) beziehen.[222] Hier gibt es, vereinfacht gesagt, drei[223] Intensitätsstufen: erstens die eingeschränkte Kontrolle (*contrôle restreint*), die sich insbesondere auf das Vorliegen eines offensichtlichen Beurteilungsfehlers (*erreur manifeste d'appréciation*) beschränkt und den klassischen Fall der Ermessenskontrolle darstellt; zweitens die Normalkontrolle (*contrôle normal*), die sich auf die gesamte Beurteilung im Sinne der juristischen Bewertung der Tatsachen (*qualification juridique des faits*) erstreckt; und – je nach Klassifikation – drittens die Maximalkontrolle (*contrôle maximal*), welche die intensivste Form der gerichtlichen Nachprüfung darstellt.[224] Wie stark sich die Kontrollintensität im Laufe der Zeit ändern kann, zeigt das Beispiel der Ausweisungsentscheidungen, die früher der eingeschränkten Kontrolle unterfielen, heute aber schon mit Blick auf Art. 8 EMRK einer Normalkontrolle unterstehen.[225] Unter dem Strich

[219] Instruktive Einführung bei *P. Gonod*, Grundzüge des Verwaltungsrechts in gemeineuropäischer Perspektive: Frankreich, in: v. Bogdandy/Cassese/Huber (Hrsg.), IPE V, Heidelberg 2014, § 75, Rn. 136 f.

[220] Vgl. den Überblick bei *P. Gonod*, a.a.O., Rn. 137 sowie eingehend *P.-L. Frier/J. Petit*, Droit administratif, 10. Aufl., 2015, Rn. 911 ff. Die *moyens* unterteilen sich zunächst in die *legalité externe* und die *légalité interne*. Während die *legalité externe* die formellen Gesichtspunkte der Zuständigkeit, des Verfahrens und der Form umfasst und immer voller gerichtlicher Kontrolle unterliegt, gehören zur *légalité interne* insbesondere der *erreur des motifs des faits* bzw. die *inexactitude matérielles des faits* (Fehler bei Tatsachenfeststellungen und Subsumtion), der *erreur des motifs de droit* (Fehler bei der Rechtsanwendung), die *violation directe de la règle de droit* (direkte Verletzung einer Rechtsregel) und der *détournement de pouvoir* (Ermessensmissbrauch, besser übersetzt mit Zweckverfehlung). Gerade hinsichtlich der genauen Klassifikation der *légalité interne* bestehen im Einzelnen erhebliche Unterschiede in der Literatur.

[221] Dementsprechend gibt es keine spezifische Nomenklatur der Ermessensfehler in Frankreich, vgl. *A. Bleckmann*, Ermessensfehlerlehre, 1997, S. 173.

[222] Näher *P. Gonod*, a.a.O., Rn. 138 und *P.-L. Frier/J. Petit*, a.a.O., Rn. 933 ff. Für alle anderen gilt eine umfassende gerichtliche Kontrolle.

[223] In ganz wenigen Einzelbereichen findet überhaupt keine substanzielle Kontrolle statt, wie etwa im Bereich von Prüfungsleistungen, vgl. *P.-L. Frier/J. Petit*, a.a.O., Rn. 936, 944.

[224] Eingehend *P.-L. Frier/J. Petit*, a.a.O., Rn. 933 ff., zusammenfassend dann Rn. 944. In rechtsvergleichender Perspektive *R. Rausch*, Die Kontrolle von Tatsachenfeststellungen und -würdigungen durch den Gerichtshof der Europäischen Gemeinschaften, 1994, S. 125 ff.

[225] Ebd., Rn. 948 sowie *N. Marsch*, Subjektivierung der gerichtlichen Verwaltungskontrolle in Frankreich, 2011, S. 79.

bleibt es aber dabei, dass die Dichte der Kontrolle diskretionären Verwaltungshandelns in Frankreich in der Regel niedriger ausfällt als in Deutschland.

b) Vergleich mit UK und USA

Dieses Fazit kann im Groben auch für den Vergleich Deutschlands mit dem anglo-amerikanischen Raum gezogen werden, obgleich sich die Frage der Kontrolldichte im Vereinigten Königreich und in den Vereinigten Staaten ihrerseits ganz anders darstellt als in Frankreich. Als gemeinsamer Nenner bleibt aber auch hier festzuhalten, dass eine Kontrollintensität wie in Deutschland nicht gewährleistet ist. Im Vereinigten Königreich hat sich mittlerweile eine weit verzweigte Kasuistik zur Frage der gerichtlichen Kontrolldichte entwickelt, wobei die Kontrolldichtereduktion auf die Frage der *unreasonableness* (Unvernünftigkeit) eine in der Praxis große Bedeutung erlangt hat.[226] In den Vereinigten Staaten kommt es für die Reduktion der gerichtlichen Kontrolldichte auf einen bloßen Vertretbarkeitstest (*test of permissibility*) nach der sog. *Chevron*-Doktrin[227] entscheidend darauf an, ob sich der Kongress zur streitentscheidenden Frage unmittelbar geäußert hat[228] und ob das Gesetz insoweit seine eindeutig geäußerte Absicht[229] erkennen lässt. In jüngerer Zeit hat der Supreme Court aber im Zuge der Rechtsstreitigkeiten um die US-amerikanische Gesundheitsreform (*Obamacare*) erkennen lassen, dass die bloße Ambiguität der gesetzlichen Regelung für sich allein jedenfalls dann nicht für eine Reduktion der Kontrolldichte ausreicht, wenn Fragen von grundlegender ökonomischer und politischer Bedeutung in Rede stehen.[230]

c) Annäherungsfaktor Verhältnismäßigkeit

Auch für zahlreiche andere europäische Rechtsordnungen lassen sich grundlegende Unterschiede zu Deutschland und der dort bereits von Verfassung wegen gewährleisteten hohen Kontrolldichte feststellen.[231]

---

[226] Grundlegend Court of Appeal (England and Wales), Urt. v. 10.11.1947 – *Associated Provincial Picture Houses v. Wednesbury Corporation*, [1948] 1 KB 223. Dazu *W. Wade/C. Forsyth*, Administrative Law, 11. Aufl. 2014, S. 302ff., 315ff. und *P. Craig*, Grundzüge des Verwaltungsrechts in gemeineuropäischer Perspektive: Großbritannien, in: v. Bogdandy/Cassese/Huber (Hrsg.), IPE V, Heidelberg 2014, §77, Rn. 98ff., auch zur weiteren Entwicklung.

[227] US Supreme Court, Urt. v. 25.6.1984 – *Chevron U.S.A. v. National Resource Defense Council*, 467 US 837 (1984). Dazu *D. Steiger*, A Constitutional Theory of Imperative Participation: Delegated Rulemaking, Citizens' Participation and the Separation of Powers Doctrine, Albany Law Review 79 (2015/16), S. 1 (51ff.).

[228] „...whether Congress has directly spoken to the precise question at issue".

[229] „unambiguously expressed intent".

[230] US Supreme Court, Urt. v. 25.6.2015 – *King v. Burwell* 576 US ___ (2015).

[231] Eingehend *M. Tonne*, Effektiver Rechtsschutz durch staatliche Gerichte als Forderung

Als Annäherungs- und Vereinheitlichungsfaktor fungiert allerdings zunehmend der Grundsatz der Verhältnismäßigkeit, der im Sinne eines „gemeineuropäischen Prinzips des Verwaltungsrechts"[232] jedenfalls in Europa universell als Schranke diskretionären Verwaltungshandelns anerkannt ist und von den Kontrollinstanzen auch entsprechend operationalisiert wird.[233]

III. Administrative Entscheidungsspielräume im Unionsrecht

Das Unionsrecht ist eine autonom geltende, aber zum nationalen Recht funktionell komplementäre und aus diesem rechtskulturell schöpfende Rechtsordnung. Diese Struktur bedingt eine Spielraumkonzeption, welche die Eigenständigkeit der unionalen Rechtsordnung zur Geltung bringen, zugleich aber eine Rückbindung an die Rechtstraditionen der Mitgliedstaaten wahren muss. Angesichts der erheblichen Divergenzen der nationalen Ermessenslehren ist dies nicht durchgehend möglich. Dass sich im vertikalen[234] Vergleich erhebliche Systemunterschiede zu Deutschland abzeichnen, kann angesichts der dort vorherrschenden dogmatischen Besonderheiten kaum überraschen. Das eigentliche Charakteristikum der unionalen Ermessenslehre aber liegt in der Notwendigkeit, die föderative Stufung des Normvollzugs im Europäischen Verwaltungsverbund adäquat abzubilden. Mit anderen Worten, die strukturellen Eigenheiten des Unionsrechts bedingen eine Konzeption diskretionären Verwaltungshandelns, die bereits in ihrem Grundansatz *föderativ ausdifferenziert* sein muss. Dementsprechend weist die unionale Ermessenslehre von Beginn an zwei Stoßrichtungen auf: eine *unionsimmanente* mit Blick auf die EU-Eigenverwaltung und eine *ebenenübergreifende* in Bezug auf den Vollzug des Unionsrechts durch die Mitgliedstaaten.

des Europäischen Gemeinschaftsrechts, 1997, S. 142 ff.; *E. Pache*, Tatbestandliche Abwägung und Beurteilungsspielraum, 2001, S. 233 ff.

[232] *K.-P. Sommermann*, Prinzipien des Verwaltungsrechts, in: v. Bogdandy/Cassese/Huber (Hrsg.), IPE V, Heidelberg 2014, § 86, Rn. 35.

[233] Vgl. exemplarische für Frankreich *P.-L. Frier/J. Petit*, Droit administratif, 10. Aufl., 2015, Rn. 941 f. sowie für das Vereinigte Königreich *W. Wade/C. Forsyth*, Administrative Law, 11. Aufl. 2014, S. 305 ff.

[234] Der Begriff „vertikal" impliziert hier keine normenhierarchische Relation, sondern bezeichnet allein die Vergleichsrichtung zwischen nationaler, supranationaler und internationaler Ebene, vgl. *K.-P. Sommermann*, Funktionen und Methoden der Grundrechtsvergleichung, in: D. Merten/H.-J. Papier (Hrsg.), Handbuch der Grundrechte in Deutschland und Europa, Bd. I (2004), S. 631 (633).

1. Ebenenimmanente Spielraumkonzeption (EU-Eigenverwaltung)

Ebenenimmanent hat die unionsrechtliche Spielraumkonzeption dem institutionellen Gleichgewicht der Unionsorgane hinreichend Rechnung zu tragen. Sie muss die spezifische Leistungsfähigkeit der vollziehenden EU-Eigenverwaltung gegenüber Unionsgesetzgeber und Unionsgerichtsbarkeit zur Geltung bringen und dabei im Rahmen des bestehenden Rechtsbehelfssystems einen möglichst effektiven Rechtsschutz gewährleisten.

Die unionsrechtliche Ermessenslehre, die ihren Ursprung in Art. 33 Abs. 1 S. 2 EGKSV findet[235] und sodann in erster Linie durch die Rechtsprechung des EuGH geprägt wird, geht von einem einheitlichen Ermessensbegriff aus, der im Gegensatz zum deutschen Recht[236] nicht nach der normstrukturellen Lokalisierung des Spielraums im Tatbestand oder in der Rechtsfolge unterscheidet.[237] Dementsprechend verwendet der Gerichtshof die Begriffe Ermessens- und Beurteilungsspielraum in den deutschen Sprachfassungen seiner Entscheidungen synonym,[238] während etwa in den französischen und englischen Sprachfassungen nahezu durchgängig von *pouvoir d'appréciation*[239] bzw. *discretion*[240] die Rede ist.[241]

---

[235] Dieser lautete: „Die Nachprüfung durch den Gerichtshof darf sich jedoch nicht auf die Würdigung der aus den wirtschaftlichen Tatsachen oder Umständen sich ergebenden Gesamtlage erstrecken, die zu den angefochtenen Entscheidungen oder Empfehlungen geführt hat, es sei denn, dass der Hohen Behörde der Vorwurf gemacht wird, sie habe ihr Ermessen missbraucht oder die Bestimmungen des Vertrages oder irgendeiner bei seiner Durchführung anzuwendenden Rechtsnorm offensichtlich verkannt."

[236] Für einen Vergleich der deutschen mit der (ursprünglichen) unionalen Ermessenslehre vgl. *W. A. Adam*, Die Kontrolldichte-Konzeption des EuGH und deutscher Gerichte, 1993, S. 193 ff. exemplarisch anhand des Dienst-, Außen- und Binnenwirtschaftsrechts.

[237] Vgl. zur unionsrechtlichen Ermessenskonzeption *P. Craig*, EU Administrative Law, 2. Aufl. 2012, S. 414 f.; *T. v. Danwitz*, Europäisches Verwaltungsrecht, 2008, S. 361 ff.; *J. Schwarze*, Europäisches Verwaltungsrecht, 2. Aufl. 2005, S. 280 ff.; *E. Pache*, Die Kontrolldichte in der Rechtsprechung des Gerichtshofs der Europäischen Gemeinschaften, DVBl. 1998, S. 380 ff.; *ders.*, Tatbestandliche Abwägung und Beurteilungsspielraum, 2001, S. 373 ff.; *A. Bleckmann*, Ermessensfehlerlehre, 1997, S. 21 ff., 59 ff.; *M. Herdegen/S. Richter*, Die Rechtslage in den Europäischen Gemeinschaften, in: Frowein (Hrsg.), Die Kontrolldichte bei der gerichtlichen Überprüfung von Handlungen der Verwaltung, 1993, S. 209 ff. Aus der Kommentarliteratur vgl. insbesondere *F. C. Mayer*, in: Grabitz/Hilf/Nettesheim (Hrsg.), Das Recht der EU, Art. 19 EUV (41. EGL 2010), Rn. 71. Für Entwicklungen in der jüngeren Rechtsprechung siehe *J. Mendes*, Discretion, care and public interests in the EU administration: Probing the limits of law, CMLRev. 53 (2016), S. 419 (427 ff.).

[238] Teilweise sogar in ein und derselben Entscheidung, vgl. EuGH, Urt. v. 15.2.2005, Rs. C-12/03 P – *Kommission/Tetra Laval*, Rn. 37–39. Soweit der EuGH in früheren Entscheidungen den Anschein einer begrifflichen Differenzierung erweckt haben mag (so etwa im Urt. v. 10.10.1985, Rs. 183/84 – *Rheingold*, Rn. 21 ff.), wurden an eine solche Differenzierung jedenfalls keine weiteren Folgen geknüpft.

[239] Seltener: *marge d'appréciation* bzw. *pouvoir discrétionnaire*.

[240] Seltener: *margin of discretion* bzw. *power of appraisal*.

[241] Vgl. nur EuGH, Urt. v. 11.7.1985, Rs. 42/84 – *Remia*, Rn. 48; Urt. v. 21.11.1991, Rs. C-269/90 – *Hauptzollamt München/TU München*, Rn. 13 f.; Urt. v. 21.1.1999, Rs. C-120/97 –

Für die evident fehlerhafte Ausfüllung eines administrativen Entscheidungsspielraums wird einheitlich der Terminus des „offensichtlichen *Beurteilungsfehlers*“ (*erreur manifeste d'appréciation* bzw. *manifest error of assessment*) verwendet,[242] ohne dass dies auf tatbestandsseitige Entscheidungsspielräume begrenzt wäre. Davon zu unterscheiden ist der in der deutschen Sprachfassung begrifflich irreführende „Ermessensmissbrauch“ i.S.d. Art. 263 Abs. 2 AEUV. Obwohl auch er zum gerichtlichen Prüfprogramm einer Spielraumkontrolle zählt,[243] handelt es sich, wie die französische Bezeichnung *détournement de pouvoir* und der englische Begriff *misuse of power* ungleich deutlicher zum Ausdruck bringen, gerade nicht um einen spielraumspezifischen Klagegrund.[244] Bezeichnet wird vielmehr der Missbrauch von Hoheitsbefugnis im Wege einer Ziel- bzw. Zweckverfehlung.[245] Deshalb bietet das unionsrechtliche Konzept des Ermessensmissbrauchs auch keinen Ausgangspunkt für die Bestimmung einer unionalen Ermessenslehre.[246]

In den unionsgerichtlichen Prüfungsmaßstäben wird unverkennbar die Orientierung am französischen Recht sichtbar. Für die Klagegründe des Art. 263 Abs. 2 AEUV und seiner Vorläufernormen standen die klassischen *moyens* des französischen Verwaltungsrechts Modell. Das wirkt sich unmittelbar auf die Kalibrierung der unionalen Spielraumkontrolle aus. Gleichwohl wäre es zu kurz gegriffen, die unionsrechtliche Ermessenskonzeption schlicht mit einer Übernahme des französischen Ansatzes gleichzusetzen.[247] Zum einen hat sich das französische Verwaltungsrecht gerade hinsichtlich der *moyens* immer stärker ausdifferenziert,[248] ohne dass das Unionsrecht dieser Entwicklung automa-

Upjohn II, Rn. 34; Urt. v. 15.2.2005, Rs. C-12/03 P – *Kommission/Tetra Laval*, Rn. 37–39; Urt. v. 10.9.2014, Rs. C-491/13 – *Ben Alaya*, Rn. 33; Urt. v. 16.6.2015, Rs. C-62/14 – *Gauweiler u.a.*, Rn. 68 f. u. 75.

242 St. Rspr., vgl. EuGH, Urt. v. 12.10.2016, Rs. C242/15 P – *Land Hessen*, Rn. 28; Urt. v. 2.9.2010, Rs. C290/07 P – *Kommission/Scott*, Rn. 66.

243 Zu diesem sogleich.

244 Vgl. in begrüßenswerter Klarheit *O. Dörr*, in: Grabitz/Hilf/Nettesheim (Hrsg.), Das Recht der EU, Art. 263 AEUV, Rn. 178 (49. EL 2012). Da die Rechtsprechung den Ermessensmissbrauch i.S.d. Art. 263 Abs. 2 AEUV traditionell eng fasst, fallen die meisten spielraumbezogenen „Ermessensfehler“ im Sinne des deutschen Sprachgebrauchs unionsrechtlich unter den Klagegrund der „Verletzung der Verträge oder einer bei ihrer Durchführung anzuwendenden Rechtsnorm“, vgl. *W. Cremer*, in: Calliess/Ruffert (Hrsg.), EUV/AEUV, 5. Aufl. 2016, Art. 263 AEUV, Rn. 94.

245 Vgl. *A. Bleckmann*, Ermessensfehlerlehre, 1997, S. 173, 215, der das französische Konzept des *détournement de pouvoir* treffend mit Zweck- bzw. Zielverfehlung übersetzt. Deutlich in diesem Sinne auch die Rechtsprechung, vgl. Zum Ermessensmissbrauch vgl. aus der Rechtsprechung, vgl. EuGH, Urt. v. 13.11.1990, Rs. C-331/88 – *Fedesa*, Rn. 24 sowie Urt. v. 16.11.2011, Rs. C548/09 P – *Bank Melli Iran*, Rn. 74 im Rückbezug auf die vom EuG vorgenommene Prüfung.

246 Vgl. *O. Dörr*, a.a.O.

247 Differenziert auch *J. Schwarze*, Europäisches Verwaltungsrecht, 2. Aufl. 2005, S. 280 f.

248 Zu deren fortlaufender Ausdifferenzierung im Lauf der Zeit instruktiv *P.-L. Frier/J. Petit*, Droit administratif, 10. Aufl., 2015, Rn. 911 ff.

tisch gefolgt wäre.[249] Zum anderen ist das verfassungsrechtliche Institutionengefüge beider Rechtsordnungen, einschließlich der Verwaltungslegitimation und der Gerichtsbarkeit, strukturell zu verschieden, als dass das französische Modell ungefiltert auf die Unionsebene übertragen werden könnte.

Aus deutscher Perspektive ist es wohl weniger die Kongruenz mit dem französischen als vielmehr die Differenz zum deutschen Recht, die bei Betrachtung der unionalen Ermessenslehre ins Auge sticht.[250] Denn die unionsrechtliche Spielraumkonzeption weicht von der deutschen in erheblichem Maße ab.[251]

Die Unterschiede beginnen bei Begründung und Umfang administrativer Entscheidungsspielräume. Im Gegensatz zu den deutschen Gerichten haben die Unionsgerichte der EU-Eigenverwaltung in zahlreichen Feldern weitreichende Entscheidungsspielräume zuerkannt. Dazu zählen klassischerweise, aber nicht ausschließlich, das Dienstrecht,[252] das Wettbewerbsrecht,[253] der Agrarsektor[254] und das Außenhandelsrecht.[255] Spielräume sind dort nicht die Ausnahme, sondern die Regel. In jüngerer Zeit kam u.a. der Bereich der Währungsunion hinzu.[256] Immer wieder ist betont worden, dass der Umfang administrativer Entscheidungsspielräume im Unionsrecht stark sachbereichsabhängig ist.[257] In der Tat variiert die Spielraumrechtsprechung des EuGH in Abhängigkeit von dem jeweiligen Politikbereich. Anders als das BVerwG ließ der EuGH für die Be-

---

[249] Parallelen bestehen allerdings insoweit, als für beide Systeme in der Gesamtschau eine Zunahme der gerichtlichen Kontrolldichte konstatiert wird.

[250] Vgl. bereits *U. Everling*, Auf dem Weg zu einem europäischen Verwaltungsrecht, NVwZ 1987, S. 1 (7): „Ein deutscher Richter würde im Gerichtshof einsam auf weiter Flur stehen, wenn er dafür eintreten würde, ähnlich wie deutsche Gerichte eine eigene Einschätzung und Beurteilung wirtschaftlicher und technischer Sachverhalte an Stelle der Verwaltung, also der Kommission, vorzunehmen, was ihm in der Regel ohne umfangreiche Anhörung von Sachverständigen nicht möglich wäre."

[251] Einhelliger Befund, vgl. pars pro toto *M. Brenner*, Der Gestaltungsauftrag der Verwaltung in der Europäischen Union, 1996, S. 389; *T. v. Danwitz*, Europäisches Verwaltungsrecht, 2008, S. 476ff.; *E. Pache*, Tatbestandliche Abwägung und Beurteilungsspielraum, 2001, S. 390ff.

[252] Dazu eingehend *W.A. Adam*, Die Kontrolldichte-Konzeption des EuGH und deutscher Gerichte, 1993, S. 27ff.; *J. Schwarze*, Europäisches Verwaltungsrecht, 2. Aufl. 2005, S. 287ff., jeweils m.w.N.

[253] *B. Widmer*, Verwaltungsermessen im Recht der Europäischen Union – veranschaulicht anhand des europäischen Kartell- und Gemeinschaftsmarkenrechts, 2014, S. 123ff. Speziell zum Bereich der Fusionskontrolle vgl. *L. Börger*, Die gerichtliche Kontrolldichte bei der Überprüfung von Entscheidungen der Europäischen Kommission auf dem Gebiet der Fusionskontrolle, 2015, jeweils m.w.N.

[254] EuGH, Urt. v. 14.3.1973, Rs. 57/72 – *Westzucker*, Rn. 14; Urt. v. 25.1.1979, Rs. 98/78 – *Racke*, Rn. 5; Urt. v. 11.3.1987, Rs. 265/85 – *Van den Bergh en Jurgens*, Rn 31; Urt. v. 8.4.1992 Rs. C256/90 – *Mignini*, Rn. 16; Urt. v. 19.2.1998, Rs. C4/96 – *NIFPO und Northern Ireland Fishermen's Federation*, Rn. 57.

[255] *J. Schwarze*, Europäisches Verwaltungsrecht, 2. Aufl. 2005, S. 374ff.

[256] EuGH, Urt. v. 16.6.2015, Rs. C-62/14 – *Gauweiler u. a.*, Rn. 68ff. in Bezug auf die EZB.

[257] Vgl. *W.A. Adam*, Die Kontrolldichte-Konzeption des EuGH und deutscher Gerichte, 1993, S. 193ff.; *J. Schwarze*, Europäisches Verwaltungsrecht, 2. Aufl. 2005, S. 286.

gründung administrativer Entscheidungsspielräume dabei regelmäßig abstrakte und generalisierende Topoi wie die Eigenart des betreffenden Rechtsgebiets,[258] die Komplexität bzw. Technizität der Beurteilung[259] sowie den prognostischen Einschlag[260] oder die Höchstpersönlichkeit[261] der Entscheidung genügen. Begründungstechnisch bestehen hier deutliche Parallelen zu den der Legislative zuerkannten Einschätzungsprärogativen.[262] In jüngeren Entscheidungen ist allerdings eine Tendenz zu differenzierten Einzelanalysen des einschlägigen Sekundärrechts und zum Nachweis der gesetzgeberischen Intention zur Begründung administrativer Entscheidungsspielräume erkennbar.[263]

Unterschiede zum deutschen Recht bestehen auch in Bezug auf die Spielraumkontrolle. Die Unionsgerichte legen hier traditionell eine vergleichsweise geringe Kontrolldichte zugrunde. Nach der klassischen Formel dürfen die Unionsgerichte die behördlichen Beurteilungen nicht durch ihre eigenen ersetzen, sondern haben sich in materieller Hinsicht auf die Prüfung zu beschränken, ob der kontrollierten Unionsverwaltung – häufig der Kommission – im Rahmen der Spielraumausfüllung „kein offensichtlicher Irrtum oder Ermessensmissbrauch unterlaufen ist oder ob sie die Grenzen ihres Ermessensspielraums nicht offensichtlich überschritten hat."[264] Umso klarer unterstrich der EuGH von Anfang an die Bedeutung der verfahrensrechtlichen Garantien, deren Einhaltung zum Ausgleich einer strikten Kontrolle unterworfen wird.[265] Zu diesen Garantien zählt der Gerichtshof die Gewährung von Anhörungsrechten, die

258 So vor allem für den Bereich des Agrarrechts, vgl. zusammenfassend EuG, Urt. v. 3.5.2007, T219/04 – *Spanien/Kommission*, Rn. 105.

259 Klassisch EuGH, Urt. v. 13.7.1966, verb. Rs. 56/64 u. 58/64 – *Consten und Grundig*, Slg. 1966 (DE), S. 322 (396); Urt. v. 22.1.1976, Rs. 55/75 – *Balkan-Import-Export*, Rn. 8. Zusammenfassend EuGH, Urt. v. 21.1.1999, Rs. C-120/97 – *Upjohn II*, Rn. 34 m. w. N. Die Argumentation unterscheidet sich insoweit kaum von der in Bezug auf den Unionsgesetzgeber, vgl. EuGH, Urt. v. 8.7.2010, Rs. C343/09 – *Afton Chemical*, Rn. 28; Urt. v. 17.10.2013, Rs. C203/12 – *Billerud Karlsborg u. a.*, Rn. 35.

260 EuGH, Urt. v. 16.6.2015, Rs. C-62/14 – *Gauweiler u. a.*, Rn. 68.

261 EuGH, Urt. v. 17.3.1971, Rs. 29/70 – *Marcato*, Rn. 6/8; Urt. v. 5.5.1983, Rs. 207/81 – *Ditterich*, Rn. 15.

262 Dazu EuGH, Urt. v. 30.6.2016, Rs. C134/15 – *Lidl*, Rn. 47; Urt. v. 30.6.2016, Rs. C96/15 – *Saint Louis Sucre*, Rn. 52 sowie zuvor bereits EuGH, Urt. v. 14.3.2013, Rs. C545/11 – *Agrargenossenschaft Neuzelle*, Rn. 43; Urt. v. 18.7.2010, Rs. C343/09, – *Afton Chemical*, Rn. 28 u. Urt. v. 17.10.2013, Rs. C203/12 – *Billerud Karlsborg und Billerud Skärblacka*, Rn. 35.

263 Dazu sogleich im Kontext der jüngeren Entwicklungstendenzen.

264 So die in der traditionellen Rechtsprechung am häufigsten gebräuchliche Formel nach EuGH, Urt. v. 22.1.1976, Rs. 55/75 – *Balkan-Import-Export*, Rn. 8; Urt. v. 25.1.1979, Rs. 98/78 – *Racke*, Rn. 5; EuGH, Urt. v. 21.1.1999, Rs. C-120/97 – *Upjohn II*, Rn. 34; Urt. v. 9.6.2005, verb. Rs. C211/03 u. a. – *HLH Warenvertrieb und Orthica*, Rn. 75. Ähnlich, aber nicht identisch EuGH, Urt. v. 14.3.1973, Rs. 57/72 – *Westzucker*, Rn. 14: Die Gerichte „müssen sich darauf beschränken, zu prüfen, ob jene Beurteilungen offensichtlich irrig oder mit einem Ermessensmissbrauch behaftet sind."

265 EuGH, Urt. v. 13.7.1966, verb. Rs. 56/64 u. 58/64 – *Consten und Grundig*, Slg. 1966 (DE), S. 322 (396).

sorgfältige und unparteiische Untersuchung aller relevanten Tatsachen und allen voran eine substantiierte Begründung, die eine notwendige Bedingung effektiver gerichtlicher Kontrolle ist.[266] Führt man formelle und materielle Maßstäbe zusammen, überprüfen die Unionsgerichte im Rahmen der Spielraumkontrolle somit, „ob die Vorschriften über das Verfahren und die Begründung eingehalten wurden, ob der Sachverhalt zutreffend festgestellt wurde und ob kein offensichtlicher Beurteilungsfehler oder Ermessensmissbrauch vorliegt."[267] Im Einzelnen kann die Kontrollintensität freilich auch in diesem Rahmen von Fall zu Fall und in Abhängigkeit vom materiellen Recht variieren.[268]

Besonders artikuliert prallten die unterschiedlichen Vorstellungen über Grund und Grenzen unionalen Verwaltungsermessens anlässlich der hoch umstrittenen Handlungen der Europäischen Zentralbank (EZB) im Zuge der Wirtschafts- und Finanzkrise aufeinander. Während das BVerfG in seinem historisch ersten Vorabentscheidungsersuchen den Luxemburger Kollegen in erstaunlicher Deutlichkeit eine gerichtliche Vollkontrolle in Bezug auf das von der EZB angekündigte OMT-Programm[269] nahelegte,[270] unterwarf der EuGH die Kompetenzmäßigkeit des Handelns der EZB mit Blick auf den Grundsatz begrenzter Einzelermächtigung zwar gerichtlicher Nachprüfung,[271] erkannte der EZB aber hinsichtlich der Beurteilung der Zieladäquanz des OMT-Programms einen Entscheidungsspielraum zu, dessen Ausübung nur am Maßstab einer klassischen Spielraumkontrolle überprüft wurde.[272] Die vom Gerichtshof durch-

---

[266] EuGH, Urt. v. 21.11.1991, Rs. C-269/90 – *Hauptzollamt München/TU München*, Rn. 14.

[267] St. Rspr., vgl. EuGH, Urt. v. 7.1.2004, verb. Rs. C-204/00 P u. a. – *Aalborg Portland u. a. (Zementkartell)*, Rn. 279; v. 6.10.2009, verb. Rs. C501/06 P u.a. – *GlaxoSmithKline* u.a., Rn. 85; Urt. v. 2.9.2010, Rs. C-399/08 P – *Deutsche Post*, Rn. 97; Urt. v. 2.9.2010, Rs. C290/07 P – *Kommission/Scott*, Rn. 66; Urt. v. 12.10.2016, Rs. C242/15 P – *Land Hessen*, Rn. 28. Vgl. mit leicht abweichender Formulierung bereits EuGH, Urt. v. 11.7.1985, Rs. 42/84 – *Remia u. a./Kommission*, Rn. 34 sowie Urt. v. 17.11.1987, verb. Rs. 142/84 u. a. – *BAT und Reynolds*, Rn. 62, wo statt offensichtlichem Beurteilungsfehler jeweils von „offensichtlich fehlerhafter Würdigung des Sachverhalts" die Rede ist.

[268] Dazu instruktiv *P. Craig*, EU Administrative Law, 2. Aufl. 2012, S. 408 ff., der zwischen drei Intensitätsgraden unterscheidet.

[269] OMT steht für Outright Monetary Transactions. Das OMT-Programm fußte auf einem per Pressemitteilung vom 6.9.2012 bekanntgegebenen, aber nie umgesetzten Beschluss des Rates der Europäischen Zentralbank.

[270] BVerfG, Beschl. v. 14.1.2014, BVerfGE 134, 366 – *OMT-Vorlage*, Rn. 58. Dazu *M. Wendel*, Kompetenzrechtliche Grenzgänge, ZaöRV 2014, S. 615 (662 ff.).

[271] EuGH, Urt. v. 16.6.2015, Rs. C-62/14 – *Gauweiler u. a.*, Rn. 41.

[272] Ebd., Rn. 68 f, 74 f. u. 80. Der EuGH begründet diesen Spielraum im Wesentlichen mit funktionellen Gesichtspunkten, konkret der Technizität, Komplexität und des prognostischen Einschlags der von der EZB zu treffenden Entscheidungen. Die Frage, ob das OMT-Programm geeignet war, zur Gewährleistung von Preisstabilität beizutragen, behandelte der EuGH indes nicht als Frage der tatbestandlichen Einschlägigkeit der (währungspolitischen) Rechtsgrundlagen, sondern im Rahmen der Kompetenzausübungsschranken. Das der EZB zuerkannte „weite Ermessen" ordnete der Gerichtshof folglich der Geeignetheitsprüfung im Rahmen der nach Art. 5 Abs. 4 EUV gebotenen Verhältnismäßigkeitsprüfung zu. Auch wenn die rechts-

geführte Prüfung sah das BVerfG aber schließlich als innerhalb der Plausibilitätstoleranz liegend an, welche es den Entscheidungen des EuGH zugesteht.[273]

Unionsrechtlich eng mit der Ermessensfrage verbunden, aber nicht im Zentrum der vorliegenden Untersuchung, ist die abstrakt-generelle Rechtsetzung der Kommission in Form von delegierten Rechtsakten gemäß Art. 290 Abs. 1 AEUV[274] bzw. von Durchführungsrechtsakten nach Art. 291 Abs. 2 AEUV.[275] Verbindungslinien bestehen ferner zu den Problemkreisen administrativer Verselbständigung[276] sowie der Delegation exekutiver Entscheidungsbefugnisse, die sich, stark vereinfacht gesagt, umgekehrt proportional zum Grad administrativer Entscheidungsspielräume verhält.[277]

2. *Ebenenübergreifende Spielraumkonzeption (Mitgliedstaatlicher Vollzug)*

Die zweite Dimension der unionalen Spielraumkonzeption bezieht sich auf das ebenenübergreifende Verhältnis zur nationalen Verwaltung.

a) Nationales Verfahrensrecht unter Effektivitäts- und Äquivalenzvorbehalt

Darunter fällt zunächst der klassische indirekte Vollzug, d.h. die dezentrale Durchführung des Unionsrechts durch die mitgliedstaatlichen Verwaltungsbehörden.[278] Soweit das Unionsrecht diesbezüglich keine eigenen Vorgaben trifft, muss es als systemisch übergreifende Rechtsebene den mitunter erheblichen

---

dogmatische Verortung des Spielraumes in den Kompetenzausübungsschranken Fragen aufwirft, überzeugt die Zuerkennung eines Beurteilungsspielraums jedenfalls im Ergebnis.

273 BVerfG, Urt. v. 21.6.2016, 2 BvR 2728/13 – *OMT-Endurteil*, Rn. 149, 158–161.

274 Trotz der Bestimmtheitsanforderungen an den ermächtigenden Gesetzgebungsakt verbleibt der Kommission hier regelmäßig ein substanzieller Gestaltungsspielraum, vgl. *M. Gellermann*, in: Streinz, EUV/AEUV, 2. Aufl. 2012, Art. 290 AEUV, Rn. 8.

275 Die Kontrolle der Kommission erfolgt hier im Wege des Komitologieverfahrens, vgl. *M. Ruffert*, in: Calliess/Ruffert (Hrsg.), EUV/AEUV, 5. Aufl. 2016, Art. 291 AEUV, Rn. 12 ff.

276 Das betrifft vor allem, aber nicht ausschließlich, die Errichtung von Agenturen. Weiterführend *E. Chiti*, The Emergence of a Community Administration: The Case of European Agencies, CMLRev. 37 (2000), S. 309 ff.; *ders.*, Administrative Proceedings Involving European Agencies, LCP 68-1 (2004), S. 219 ff. Speziell zur Frage der demokratischen Legitimation vgl. *T. Groß*, Unabhängige EU-Agenturen – eine Gefahr für die Demokratie?, JZ 2012, S. 1087 ff.; *M. Ruffert*, Die neue Unabhängigkeit: Zur demokratischen Legitimation von Agenturen im europäischen Verwaltungsrecht, in: FS *Scheuing*, 2011, S. 399 ff.

277 Klassisch EuGH, Urt. v. 13.6.1958, Rs. 9/56 – *Meroni*, Slg. 1958, S. 11 (47), wonach die Übertragung von Befugnissen auf externalisierte Einheiten primärrechtswidrig ist, soweit sie zu „weitreichenden Ermessensentscheidungen" führt. Daran in jüngerer Zeit anknüpfend EuGH, Urt. v. 22.1.2014, Rs. C270/12 – *UK/EP und Rat (Leerverkäufe)*, Rn. 41 ff. Während der unionsrechtsinterne Teil dieser Problemfelder nicht im Fokus dieser Studie steht, wird auf Prozesse administrativer Verselbständigung und Entkopplung aber insoweit zurückzukommen sein, als diese, wie insbesondere im Regulierungsrecht, ebenenübergreifend angestoßen werden, vgl. S. 265 ff.

278 Der indirekte Vollzug erfolgt unmittelbar bei unmittelbar anwendbarem Unionsrecht und mittelbar im Falle des Vollzugs innerstaatlicher, häufig legislativer Umsetzungsakte.

Unterschieden des nationalen Rechts einerseits mit Sensibilität und Zurückhaltung, andererseits mit einem unionsweiten Effektivitäts- und Gleichheitsversprechen begegnen. Beide Seiten im Gleichgewicht zu halten, ist mitunter eine schwierige Aufgabe. Traditionell beschränkt sich das Unionsrecht auf die Begrenzung des mitgliedstaatlichen Verfahrensrechts durch die Grundsätze der Effektivität und der Äquivalenz.[279] Aus dieser Perspektive betrachtet, geraten die nationalen Ermessenslehren gewissermaßen negativ, d.h. von ihren Grenzen her, in den Blick des Unionsrechts. Das bezieht sich sowohl auf die innerstaatlichen Bestimmungen des *Verwaltungs*verfahrens als auch des verwaltungs*gerichtlichen* Verfahrens.

Effektivitäts- und Äquivalenzgrundsatz leiten sich aus dem Gebot loyaler Zusammenarbeit i.S.d. Art.4 Abs.3 EUV ab.[280] Während der Äquivalenzgrundsatz den einschlägigen unionsrechtlichen Rechtspositionen jeweils nur dasjenige Verfahren zur Seite stellt, welches zur Durchsetzung funktionell äquivalenter Rechte der nationalen Ebene zur Anwendung gelangt, gehen vom Effektivitätsgrundsatz nicht selten systemmodifizierende Wirkungen aus. Typisches Anwendungsbeispiel im innerstaatlichen Verwaltungsverfahren ist die unionsrechtliche Überformung des Rücknahmeermessens nach §48 VwVfG, etwa zum Zweck einer effektiven Durchsetzung des Beihilfen-, Agrar- oder TK-Rechts.[281]

Im Verwaltungsprozessrecht stehen u.a. die innerstaatlichen Kontrolldichteerfordernisse unter Äquivalenz- und Effektivitätsvorbehalt. Über die Garantien des innerstaatlichen Rechtsschutzsystems hinausgehen und in diesem Sinne rechtsschutzverstärkend wirken kann dabei nur der Effektivitätsgrundsatz.[282] Unionsrechtlich fließen Rechtsschutzgarantien aber nicht allein aus dem Gebot loyaler Zusammenarbeit, sondern sind bereits seit mehreren Jahrzehnten als allgemeine Rechtsgrundsätze anerkannt[283] und heute über Art.47 GRCh grundrechtlich abgesichert. Die Frage etwaiger unionsrechtlicher Vorgaben für die

---

Zum Konzept des indirekten Vollzuges näher *T. v. Danwitz*, Verwaltungsrechtliches System und Europäische Integration, 1996, S.17ff.

[279] EuGH, Urt. v. 16.12.1976, Rs. 33/76 – *Rewe-Zentralfinanz eG* u.a., Rn.5.

[280] Vgl. *A. v. Bogdandy/S. Schill*, in: Grabitz/Hilf/Nettesheim (Hrsg.), Das Recht der EU, Art.4 EUV (51. EL 2013), Rn.84ff.; *C. Franzius*, in: Pechstein/Nowak/Häde, Frankfurter Kommentar, 2017 i.E., Art.4 EUV, Rn.124ff.

[281] Klassisch EuGH, Urt. v. 20.3.1997, Rs. C-24/95 – *Alcan*, Rn.27ff. Dazu *S. Kadelbach*, Allgemeines Verwaltungsrecht unter europäischem Einfluss, 1999, S.457ff. Vgl. zudem die Rechtsprechung zur Bestandskraftdurchbrechung, EuGH, Urt. v. 13.1.2004, Rs. C-453/00 – *Kühne & Heitz*; Urt. v. 19.9.2006, verb. Rs. C-392/04 u. C-422/04 – *i-21 Germany u. Arcor*; Urt. v. 12.2.2008, Rs. C-2/06 – *Kempter*. Dazu *R. Kanitz/M. Wendel*, Gemeinschaftsrechtlich gebotene Grenzen der Bestandskraftdurchbrechung im europäisierten Verwaltungsverfahren?, EuZW 2008, S.231ff.

[282] Als klassisches Beispiel jenseits der Ermessensfrage sei verwiesen auf EuGH, Urt. v. 19.6.1990, Rs. C-213/89 – *Factortame I*, Rn.19ff.

[283] EuGH, Urt. v. 15.5.1986, Rs. 222/84 – *Johnston*.

Intensität nationaler Spielraumkontrollen wird im Rahmen dieser Studie noch näher betrachtet werden.[284] Vorerst genügt die Feststellung, dass die ebenenübergreifend erhobenen Kontrolldichteanforderungen des Unionsrechts jedenfalls hinter denen des deutschen Rechts zurückbleiben. Das folgt daraus, dass der EuGH für die Kontrolldichte auf nationaler Ebene[285] grundsätzlich nicht mehr verlangt als auf unionaler Ebene.[286] Die Kontrollintensität der Unionsgerichte bleibt aber, wie gesehen, hinter derjenigen der deutschen Verwaltungsgerichte zurück. Regelmäßig überlässt der EuGH die Kontrolldichtebestimmung im Übrigen den mitgliedstaatlichen Gerichten.[287]

b) Föderative Differenzierungen und Abstufungen

Die eigentlichen Herausforderungen beginnen, wenn das Unionsrecht selbst, d. h. unmittelbar qua Verordnung oder mittelbar qua Richtlinie, Entscheidungsspielräume für nationale Verwaltungsbehörden eröffnet. Derlei diagonale[288] Zugriffe des Unionsgesetzgebers auf die nationalen Exekutiven werden anhand der Referenzgebiete des Migrations- und TK-Rechts eingehend unter die Lupe genommen, und zwar sowohl unter dem Blickwinkel der Spielraumbegründung als auch der Spielraumkontrolle.[289] Dabei ist genau darauf zu achten, ob der Unionsgesetzgeber nur das Konkretisierungsverhältnis zwischen nationaler Exekutive und Legislative regelt – etwa weil die Legislative an der abstrakt-generellen Vorstrukturierung gehindert werden soll –, oder ob er auch das Verhältnis von nationaler Exekutive und Judikative im Sinne eines administrativen Letztentscheidungsrechts präjudiziert. Ist Letzteres der Fall, stellt sich die Anschlussfrage, ob das Unionsrecht lediglich das „Ob" eines administrativen Entscheidungsspielraumes vorgibt oder darüber hinausgehend sogar das „Wie" der gerichtlichen Kontrolle, d. h. die Fehlerlehre, mitbeeinflusst.

Spätestens hier deutet sich an, dass es nicht mehr um eine genuin unionsrechtliche Ermessenskonzeption, sondern vielmehr um die richtige Abstimmung bzw. Verknüpfung nationaler und unionaler Ermessenslehren im Mehrebenensystem geht. Besonders komplex wird dies dort, wo sich der Vollzug nicht mehr mit den klassischen Modi des direkten und indirekten Vollzugs des Unionsrechts beschreiben lässt, sondern, wie häufig, im Rahmen einer transnational und supranational verkoppelten Verbundverwaltung erfolgt.[290]

---

284 Näher S. 407 ff.
285 Freilich im Bereich des indirekten Vollzugs.
286 EuGH, Urt. v. 21.1.1999, Rs. C-120/97 – *Upjohn II*.
287 EuGH, Urt. 24.4.2008, Rs. C55/06 – *Arcor*, Rn. 169.
288 Zum Begriff siehe S. 89 f.
289 Im Einzelnen S. 225, 237 ff. u. S. 415 ff.
290 Näher zur Verbunddimension S. 84 ff.

3. Tendenzen in jüngerer Zeit

Die klassische Rechtsprechung des EuGH kann sowohl in Bezug auf die EU-Eigenverwaltung als auch im ebenenübergreifenden Verhältnis zu den mitgliedstaatlichen Verwaltungsbehörden als vergleichsweise spielraumfreundlich bezeichnet werden. Allerdings befindet sich die Rechtsprechung im Fluss. Vor allem zwei Tendenzen zeichnen sich ab.

a) Gestiegene Bedeutung legislativer Verteilungsentscheidungen

Die erste Entwicklung bezieht sich auf die Begründung administrativer Entscheidungsspielräume. Hier lässt die Rechtsprechung eine gestiegene Bereitschaft erkennen, das materielle Recht gründlicher auf darin enthaltene Spielraumentscheidungen des Gesetzgebers zu untersuchen. Genügte nach der klassischen Rechtsprechung für die Annahme eines administrativen Letztentscheidungsrechts regelmäßig schon der pauschale Verweis auf funktionelle Sachgründe, leitet der EuGH das Bestehen administrativer Entscheidungsspielräume nunmehr verstärkt aus der konkreten Ausgestaltung des materiellen Rechts ab und führt zuweilen sogar explizit den Nachweis einer entsprechenden gesetzgeberischen Intention. Am deutlichsten ist insoweit eine Entscheidung der Großen Kammer aus dem Jahr 2013, in welcher der Gerichtshof eine umfangreiche Analyse des einschlägigen Sachrechts mit dem Nachweis einer „Absicht des Unionsgesetzgebers, den zuständigen Behörden einen weiten Beurteilungsspielraum zu lassen", verbindet.[291] Zwar stützt sich die Begründung auch hier auf funktionelle Erwägungen der Komplexität und des prognostischen Einschlags der vorzunehmenden Beurteilung.[292] Allerdings erfolgt dies nicht pauschal oder unter Hinweis auf das Rechtsgebiet als solches, sondern unter konkreter Rückbindung an die einzelnen Sachnormen und die darin im Einzelnen vorgegebenen Aufgabenstellung der Verwaltung.

Damit entspricht der EuGH – ohne freilich von seiner weiterhin spielraumfreundlichen Grundhaltung abzurücken – im Kern den Forderungen nach konkreter normativer Herleitung und Begrenzung administrativer Entscheidungsspielräume.[293] Eine solche Herleitung administrativer Entscheidungsspielräume unter Betonung der legislativen Verteilungsentscheidung ist auch unter legitimatorischen Gesichtspunkten von großem Gewicht, wenn man bedenkt, dass die Sekundärrechtsetzung heute in den allermeisten Fällen über das ordentliche Gesetzgebungsverfahren umfassend vom Europäischen Parlament mitverantwortet wird.[294] Andere Entscheidungen verbinden die herkömmlichen Pau-

---

[291] EuGH, 19.12.2013, Rs. C-84/12 – *Koushkaki*, Rn. 56 ff.

[292] Die föderative Komponente der Spielraumbegründung wird erst durch das BVerwG wirklich deutlich, vgl. BVerwG, Urt. v. 17.9.2015, 1 C 37/14, NVwZ 2016, 161, Rn. 20 (juris).

[293] So *T. v. Danwitz*, Europäisches Verwaltungsrecht, 2008, S. 371.

[294] Anders noch *M. Brenner*, Der Gestaltungsauftrag der Verwaltung in der Europäischen Union, 1996, S. 399, der auf Basis des Vertrags von Maastricht der europäischen Legislative „eine

schalbegründungen mit einer Auslegung des materiellen Rechts[295] oder begrenzen die anerkannten Spielräume entlang der legislativen Vorgaben.[296]

Dass der EuGH sich in jüngerer Zeit intensiv mit Grund und Grenzen administrativer Entscheidungsspielräume auseinandersetzen musste, geht in vielen Fällen auf Vorabentscheidungsersuchen nationaler Gerichte zurück. Der nationale Rechtskontext dieser Ersuchen ist dabei häufig von zentraler Bedeutung. Bestimmte Vorlagefragen lassen sich überhaupt nur vor dem Hintergrund einer ausdifferenzierten Spielraumdogmatik der nationalen Ebene und der ggf. daraus folgenden spielraumspezifischen Rechtsprobleme stellen. Daher verwundert es nicht, dass besonders deutsche Gerichte den EuGH mit Fragen zu administrativen Entscheidungsspielräumen befasst haben.[297] Dass sich der EuGH zur Beantwortung der Vorlagefragen mit den betreffenden Rechtsfragen näher auseinandersetzt, heißt freilich nicht, dass er sich deren rechtsdogmatische Prämissen zu eigen machen würde. So sollte etwa aus der Verwendung des in der deutschen Verwaltungsrechtsdogmatik spezifisch konnotierten Begriffs des „Beurteilungsspielraums" durch den EuGH nicht auf einen Import des Konzepts vom tatbestandlichen Beurteilungsspielraum in das Unionsrecht geschlossen werden.[298] Soweit die Argumentation des Gerichtshofs aber eine gesteigerte Begründungsbedürftigkeit administrativer Entscheidungsspielräume erkennen lässt, kann dies über den Einzelfall hinaus eine Signalwirkung für die Rechtsprechung generell entfalten, zumal wenn es sich um eine Entscheidung der Großen Kammer handelt. Es ist allerdings noch zu früh, um die neuen Rechtsprechungsimpulse in ihrer Gesamtwirkung auf die unionale Spielraumlehre einschätzen zu können.

b) Zunahme der Kontrolldichte

Zweitens ist in jüngerer Zeit eine Zunahme der gerichtlichen Kontrolldichte zu verzeichnen. Auch diese Entwicklung prägt die Spielraumrechtsprechung je-

---

originär eigenständige Rolle im Konzert der Gemeinschaftsgewalten nicht" zuerkennen wollte und davon ausging, dass die Union „eine eigenständige demokratische Legitimation nicht" kenne.

[295] So EuG, Urt. v. 13.11.2014, Rs. T-481/11 – *Spanien/Kommission*, Rn. 80, wo der Hinweis auf die gebietstypischen Besonderheiten ein bereits gefundenes Auslegungsergebnis lediglich in systematischer Hinsicht abstützt, nicht aber aus sich heraus begründet.

[296] Vgl. EuGH, Urt. v. 10.9.2014, Rs. C-491/13 – *Ben Alaya*, Rn. 33 ff. in Bezug auf die Aufenthaltsgewährung für Drittstaatsangehörige zum Zweck eines Studiums. Der EuGH erkennt mit dem Generalanwalt einen Beurteilungsspielraum nur für bestimmte Teilaspekte der Tatbestandsvoraussetzungen an, verwehrt den Behörden aber, weitere (ermessensbasierte) Zulassungsbedingungen aufzustellen.

[297] Sowohl das *Koushkaki*-Urteil als auch die *Ben Alaya*-Entscheidung gingen auf Vorlagen des VG Berlin zurück. Auch zahlreiche andere Entscheidungen zur Frage der Spielraumkontrolle wurden von deutschen Gerichten angestoßen, vgl. etwa *Balkan-Import-Export*, *Racke* und *Hauptzollamt München/TU München*.

[298] Zutreffend insoweit BVerwG, Urt. v. 17.9.2015, 1 C 37/14, NVwZ 2016, 161, Rn. 19 (juris).

doch nicht in ihrer Gesamtheit[299] und kann daher allenfalls als Tendenz hin zu mehr Konvergenz zwischen der traditionellen Großzügigkeit bzgl. administrativer Entscheidungsspielräume und der Notwendigkeit effektiven Rechtsschutzes beschrieben werden.[300]

Die Intensivierung zeigt sich zunächst in der Gründlichkeit, die der EuGH seit nunmehr einigen Jahren bei der Nachprüfung der Tatsachengrundlagen von Entscheidungen der EU-Eigenverwaltung und deren Untersuchungspflicht an den Tag legt. Grundlegend ist die Entscheidung *Tetra Laval* aus dem Bereich des Wettbewerbsrechts. Darin stellte der EuGH fest, dass die Reduktion der Kontrolldichte gerade nicht bedeute, dass der Unionsrichter eine „Kontrolle der Auslegung von Wirtschaftsdaten durch die Kommission" zu unterlassen habe.[301] Vielmehr müsse er „nicht nur die sachliche Richtigkeit der angeführten Beweise, ihre Zuverlässigkeit und ihre Kohärenz prüfen, sondern auch kontrollieren, ob diese Beweise alle relevanten Daten darstellen, die bei der Beurteilung einer komplexen Situation heranzuziehen waren, und ob sie die aus ihnen gezogenen Schlüsse zu stützen vermögen."[302] Das Urteil wird in der Literatur als Leitentscheidung für einen neuen Modus intensiver gerichtlicher Nachprüfung durch die Unionsgerichte geführt[303] und von der Rechtsprechung entsprechend in Bezug genommen.[304]

Ferner fordert der EuGH über den Grundsatz der Effektivität vermehrt eine intensive gerichtliche Kontrolle auf nationaler Ebene zur Durchsetzung unionsrechtlicher Rechtspositionen ein. Das gilt insbesondere für das Vergaberecht. Hier darf die unionsrechtlich für Fälle des Widerrufs öffentlicher Ausschreibungen geforderte Rechtsmäßigkeitskontrolle nicht auf eine bloße Willkürkontrolle beschränkt werden.[305]

Schließlich spielt Art. 47 GRCh eine immer größere Rolle in der unionalen Spielraumrechtsprechung. Das zeigt sich besonders eindrücklich bei der Kontrolle sicherheitspolitischer Entscheidungen.[306] Im Bereich des klassischen Ver-

---

[299] Wenig Bewegung ist etwa in der Rechtsprechung zum Agrarrecht zu beobachten, vgl. nur EuGH, Urt. v. 12.10.2016, Rs. C242/15 P – *Land Hessen*, Rn. 28 und Urt. v. 2.9.2010, Rs. C290/07 P – *Kommission/Scott*, Rn. 66.

[300] Solche Konvergenzbewegungen bereits identifizierend *T. v. Danwitz*, Europäisches Verwaltungsrecht, 2008, S. 371.

[301] EuGH, Urt. v. 15.2.2005, Rs. C-12/03 P – *Kommission/Tetra Laval*, Rn. 39.

[302] Ebd.

[303] Vgl. *P. Craig*, EU Administrative Law, 2. Aufl. 2012, S. 420 ff., der daneben auch EuG, Urt. v. 11.9.2002, Rs. T13/99 – *Pfizer Animal Health* aus dem Bereich der Risikoprognosen anführt.

[304] Vgl. etwa EuGH, Urt. v. 8.12.2011, Rs. C386/10 P – *Chalkor*, Rn. 54.

[305] EuGH, Urt. v. 11.12.2014, Rs. C-440/13 – *Croce Amica One*, Rn. 39–46 sowie vorausgehend Urt. v. 18.6.2002, Rs. C-92/00 – *HI*, Rn. 59 ff. (letzteres mit Bezug auf den Effektivitätsgrundsatz nur hinsichtlich des Zeitpunkts der Entscheidung). Eine über die Nachprüfung der Rechtmäßigkeit hinausgehende Kontrolle der Zweckmäßigkeit fordert der EuGH in *Croce Amica One* freilich nicht.

[306] EuGH, Urt. v. 3.9.2008, verb. Rs. C402/05 P und C415/05 P – *Kadi I*, Rn. 326 und v.

waltungsermessens wirkt sich die Norm in der Praxis vor allem im Bereich von Verwaltungssanktionen aus, für die auch der EGMR angesichts des Sanktionscharakters eine hohe Kontrolldichte einfordert.[307] Allerdings hat der EuGH mittlerweile mehrfach festgestellt, dass die im Rahmen von Art. 263 AEUV zum Tragen kommende Kontrolldichte den Anforderungen des Art. 47 GRCh – ausgelegt im Lichte von Art. 6 EMRK – genügt.[308] Die Rüge einer Verletzung von Art. 47 GRCh geht unter diesem Gesichtspunkt daher regelmäßig ins Leere.[309] Ein dem bundesverfassungsgerichtlichen Ansatz entsprechendes Konzept zur individualrechtlichen Bestimmung der gerichtlichen Kontrolldichte legt der EuGH bislang allerdings nicht zugrunde.[310] Angesichts der unterschiedlichen Rechtstraditionen steht dies auch nicht zu erwarten.

IV. Administrative Entscheidungsspielräume und Völkerrecht

Anders als das nationale Recht oder das Unionsrecht kennt das Völkerrecht keine übergeordnete Lehre *administrativer* Entscheidungsspielräume. Die vorhandenen Spielraumkonzeptionen sind grundsätzlich nicht in einem spezifischen Sinne auf die Verwaltung bezogen. Dergleichen existiert allenfalls in Einzelbereichen, wie dem Dienstrecht internationaler Organisationen. Spürbaren Einfluss nimmt das Völkerrecht aber durch menschenrechtliche Rechtsschutzgarantien. Von rechtspraktisch herausgehobener Bedeutung sind Art. 6 und Art. 13 EMRK, die in den nationalen, aber auch mittelbar in den supranationalen Rechtsraum hineinwirken.

1. Spielraumkonzepte im Völkerrecht

Die klassischen Spielraumkonzeptionen des Völkerrechts sind nicht auf die Verwaltung zugeschnitten, sondern beziehen sich in erster Linie auf internationale Gerichte. Sie seien deshalb lediglich in aller Kürze zum Zwecke eines ersten Überblicks über die völkerrechtlichen Spielraumkonzeptionen skizziert.

18.7.2013, verb. Rs. C584/10 P, C593/10 P u. C595/10 P – *Kadi II*, Rn. 97 ff. Dazu *H. Krieger*, Zur gerichtlichen Kontrolldichte bei sicherheitspolitischen Entscheidungen im Mehrebenensystem, DVBl 2009, S. 1469 (1472 ff.).

[307] EGMR, Urt. v. 27.9.2011, Nr. 43509/08 – *Menarini/Italien*, Rn. 57–67.

[308] Vgl. insbesondere EuGH, Urt. v. 8.12.2011, Rs. C386/10 P – *Chalkor*, Rn. 45–67 und Urt. v. 18.7.2013, Rs. C501/11 P – *Schindler Holding u. a.*, Rn. 30 ff. sowie aus dem Bereich des Dienstrechts EuGöD, Urt. v. 17.7.2012, Rs. F-54/11 – *BG*, Rn. 117. Näher zum Ganzen S. 402 ff.

[309] Vgl. auch *R. Stotz*, Effektiver Rechtsschutz in der Europäischen Union, in: Zentrum für Europäisches Wirtschaftsrecht (Hrsg.), Vorträge und Berichte – Nr. 206, 2013, S. 21 f.

[310] Ähnlich *K. Pabel*, Justizgrundrechte, in: Grabenwarter (Hrsg.), in: Grabenwarter (Hrsg.), EnzEuR II – Europäischer Grundrechteschutz, 2014, § 19, Rn. 46.

a) Billigkeit (Equity)

Die vielleicht grundlegendste Kategorie des Völkerrechts in diesem Bereich ist die Billigkeit (EN *equity*, FR *equité*).[311] Zwischen den unterschiedlichen Erscheinungsformen dieses allgemeinen Rechtsgrundsatzes ist genau zu differenzieren. Dem Ermessen konzeptionell am nächsten kommt die innerrechtliche Billigkeit (sog. *equity intra legem*). Auch wenn das Verhältnis zwischen Billigkeit und Ermessen ideengeschichtlich seit jeher umstritten ist,[312] bestehen Parallelen insoweit, als beide letztlich auf einer Befugnis zur einzelfallbezogenen Rechtskonkretisierung im Sinne einer Normergänzung beruhen. Die Billigkeit *intra legem* entfaltet sich innerhalb bestehender völkervertraglicher oder gewohnheitsrechtlicher Regelungen und zielt auf einen bestmöglichen Ausgleich der widerstreitenden Interessen im konkreten Einzelfall zur Vermeidung von Härten ab.[313] Das Konzept bewegt sich also – wie auch das Ermessen – innerhalb eines rechtlich gezogenen Rahmens. Der bei Ausübung der Billigkeitskompetenz anzulegende Konkretisierungsmaßstab weist allerdings inhaltlich eine besondere Nähe zum Grundsatz von Treu und Glauben auf.[314] Besondere Bedeutung in der völkerrechtlichen Praxis erlangt die Billigkeit klassischerweise bei der Abgrenzung von Seegebieten, was völkervertragsrechtlich seinen Niederschlag im Seerechtsübereinkommen (SRÜ)[315] gefunden hat. Dort wird in Art. 74 Abs. 1 hinsichtlich der Abgrenzung der ausschließlichen Wirtschaftszone und in Art. 83 Abs. 1 bzgl. der Abgrenzung des Festlandsockels das Ziel einer „der Billigkeit entsprechenden Lösung" (EN *equitable solution*, FR *solution équitable*) vorgegeben. Aus der Rechtsprechung des IGH sei in diesem Kontext insbesondere auf die *Nordsee-Festlandsockel-Fälle*[316] und den *Gulf-of-Maine*-Fall[317] verwiesen.

Von der innerrechtlichen Billigkeit zu unterscheiden sind die Billigkeit *praeter* und *contra legem*. Diesen im Einzelnen umstrittenen Konzepten kommt eine

---

311 Dazu grundlegend *M. Akehurst*, Equity and General Principles of Law, ICLQ 1976, S. 801 ff.; *E. Lauterpacht*, Equity, Evasion, Equivocation and Evolution in International Law, Proceedings of the American Branch of the ILA 1997/78, S. 33 ff.; *M. Villiger*, Die Billigkeit im Völkerrecht, AVR 25 (1987), S. 174 ff.

312 Eingehend *I. Pernice*, Billigkeit und Härteklauseln im öffentlichen Recht, 1991, S. 150 ff., der das Ermessen in Anlehnung an Horst Ehmke als rechtlich gebundene Billigkeitskompetenz kennzeichnet (ebd. 167 f.).

313 Vgl. *M. W. Janis*, Equity in International Law, in: Bernhardt (Hrsg.), EPIL II (1995), S. 109 f.; *F. Francioni*, Equity in International Law, in: Wolfrum (Hrsg.), MPEPIL 6/2013.

314 *A. v. Arnauld*, Völkerrecht, 3. Aufl. 2016, Rn. 292.

315 Seerechtsübereinkommen der Vereinten Nationen v. 10.12.1982, BGBl. 1994 II S. 1798.

316 IGH, Urt. v. 20.3.1969, ICJ Reports 1969, S. 3 – *Federal Republic of Germany v. Denmark and Netherlands (North Sea Continental Shelf Cases)* unter Verpflichtung der Parteien, eine der Billigkeit entsprechende Lösung im Verhandlungswege zu finden.

317 IGH, Urt. v. 12.10.1984, ICJ Reports 1984, S. 246 – *Canada v. USA (Delimitation of the Maritime Boundary in the Gulf of Maine Area Case)*. Auch hier ging es um die Abgrenzung von Seegebieten, wobei die Heranziehung von Billigkeitskriterien einen Kern der Entscheidung bildet.

lückenfüllende bzw. korrektive Funktion zu.[318] Ihr normativer Ausgangspunkt liegt jenseits des völkerrechtlich vorgegebenen Rahmens. Für eine Entscheidung am Maßstab einer dergestalt außerrechtlichen Billigkeit bedarf es grundsätzlich einer ausdrücklichen Ermächtigung des streitschlichtenden Organs.[319] Das bringt Art. 38 Abs. 2 des IGH-Status zum Ausdruck wenn er die Befugnis des Gerichtshofs unberührt lässt, „mit Zustimmung der Parteien *ex aequo et bono* zu entscheiden", also nach dem was gut und billig ist.[320] In der Praxis bleibt diese Form der Billigkeitskompetenz aber weitgehend bedeutungslos.

b) Unbestimmte Rechtsbegriffe

Weit verbreitet ist im Völkerrecht zudem der Einsatz unbestimmter Rechtsbegriffe. Schwierigkeiten aufwerfen kann ihre Konkretisierung sowohl völkervertraglich im Falle divergierender Interpretationen der Vertragsparteien als auch im Bereich des Satzungsrechts internationaler Organisationen.[321]

Ein klassisches Beispiel ist die Frage, inwieweit UN-Mitgliedern hinsichtlich der Entscheidung über die Zulassung neuer Mitglieder ein Entscheidungsspielraum im Rahmen der Abstimmung in der Generalversammlung[322] zukommt. Nach Art. 4 Abs. 1 UN-Charta können UN-Mitglied alle „friedliebenden Staaten werden, welche die Verpflichtungen aus dieser Charta übernehmen und nach dem Urteil der Organisation fähig und willens sind, diese Verpflichtungen zu erfüllen." Mit Blick auf die Unbestimmtheit und inhaltliche Offenheit dieser Aufnahmekriterien hat der IGH in einer berühmten *advisory opinion* den UN-Mitgliedern zwar eine weite Einschätzungsprärogative (*wide liberty of appreciation*) zuerkannt, dieser aber zugleich rechtliche Grenzen gezogen.[323] So hielt es der IGH für rechtlich ausgeschlossen, dass ein UN-Mitglied seine Zustimmung zur Aufnahme des Staates A unter den politischen Vorbehalt der gleichzeitigen Aufnahme von B stellt.[324]

Letztlich muss aber betont werden, dass die unter dem Stichwort des unbestimmten Rechtsbegriffs diskutierten Rechtsprobleme im Völkerrecht in aller Regel keinen Bezug zur gewaltenspezifischen Problematik des Verwaltungsermessens aufweisen.[325]

---

[318] Vgl. *W. Heintschel von Heinegg*, Quellenübergreifende Probleme, in: Ipsen (Hrsg.), Völkerrecht, 6. Aufl. 2014, § 19, Rn. 12 ff.

[319] Das gilt jedenfalls bei der *equity contra legem*. Umstritten sind Existenz und Reichweite des Ermächtigungserfordernisses hinsichtlich der *equity praeter legem*.

[320] Dazu eingehen *M. Kotzur*, Ex Aequo et Bono, in: Wolfrum (Hrsg.), MPEPIL 7/2009.

[321] Ausführlich *A. Bleckmann*, Ermessensfehlerlehre, 1997, S. 23 ff.

[322] Bzw. als Mitglied des Sicherheitsrates, der die Empfehlung zur Aufnahme ausspricht, zuvor im Sicherheitsrat.

[323] IGH, Rechtsgutachten v. 28.5.1948, ICJ Reports 1948 , S. 57 (62 f.) – *Conditions of Admission of a State to Membership in the United Nations.*

[324] Ebd. Ausführlich zum Problem *G. Jaehnicke*, Die Aufnahme neuer Mitglieder in die Organisation der Vereinten Nationen, ZaöRV 1950/51, S. 291 (330 ff.).

[325] Zum Recht des internationalen öffentlichen Dienstes s. sogleich.

c) Die Doktrin der margin of appreciation

Im Bereich der EMRK von grundlegender Bedeutung ist die Spielraumdoktrin der *margin of appreciation*. Sie ist eine föderative Maxime gerichtlicher Zurückhaltung zur möglichst weitgehenden Schonung staatlicher Regelungsautonomie. Rechtsdogmatischer Standort dieser speziellen Ausprägung des Subsidiaritätsprinzips[326] ist die Prüfung der Rechtfertigung eines staatlichen Eingriffs in ein Konventionsrecht. Die staatliche *margin of appreciation* bezieht sich hierbei regelmäßig auf die Beurteilung, ob der Eingriff als „in einer demokratischen Gesellschaft notwendig“ anzusehen ist, wie dies insbesondere die materiellen Gesetzesvorbehalte der Art. 8 Abs. 2, Art. 9 Abs. 2, Art. 10 Abs. 2 und Art. 11 Abs. 2 EMRK verlangen. Aber auch im Rahmen zahlreicher anderer Menschenrechte kommt die Doktrin zur Anwendung.[327] Im Kern stellt sie weniger eine Modifikation des Verhältnismäßigkeitsgrundsatzes als vielmehr eine Variation der gerichtlichen Kontrolldichte dar.[328]

Die Anerkennung einer *margin of appreciation* ist für die innerstaatliche Akzeptanz der externen Menschenrechtskontrolle ebenso wichtig wie für die Funktionsfähigkeit des Konventionssystems als Ganzes. Dessen zentrale Zielsetzung besteht in der Gewährung menschenrechtlicher Mindeststandards, nicht in der Feinjustierung widerstreitender gesellschaftlicher Interessenlagen und (vermeintlicher) Notwendigkeiten in den mitunter sehr verschiedenen Vertragsstaaten des Europarates. Dementsprechend begründet der EGMR die Doktrin der *margin of appreciation* im Kern mit dem subsidiären Charakter des Konventionssystems und dem in diesem Rahmen gesicherten primären Zugriff der Mitgliedstaaten.[329] Das 15. Zusatzprotokoll[330] wird diesen Aspekt der konventionsrechtlichen Subsidiarität künftig – d. h. im Falle seines Inkrafttretens[331] – noch stärker betonen. Danach soll die Präambel um einen Erwägungsgrund ergänzt werden, wonach

> „in Bekräftigung dessen, dass es nach dem Grundsatz der Subsidiarität in erster Linie Aufgabe der Hohen Vertragsparteien ist, die Achtung der in dieser Konvention und den

---

326 Gemeint ist das Subsidiaritätsprinzip in seinem allgemeinen, übergeordneten Sinne, nicht seine ebenfalls spezifische Ausprägung als Kompetenzausübungsschranke i. S. d. Art. 5 Abs.3 EUV.

327 Vgl. eingehend zu den weiteren Fallgruppen *E. Brems*, The Margin of Appreciation Doctrine in the Case-Law of the European Court of Human Rights, ZaöRV 1996, S. 240 (247 ff.).

328 Zutreffend *C. Grabenwarter/K. Pabel*, Europäische Menschenrechtskonvention, 6. Aufl. 2016, § 18, Rn. 20.

329 Soweit ersichtlich erstmals in EGMR, Urt. v. 7.12.1976, Nr. 5493/72 – *Handyside/UK*, Rn. 48.

330 Protokoll Nr. 15 zur Änderung die Konvention zum Schutze der Menschenrechte und Grundfreiheiten v. 24.6.2013.

331 Zum Stand der Unterzeichnungen und Ratifikationen s. http://www.coe.int/de/web/conventions/full-list/-/conventions/treaty/213/signatures?p_auth=Yewz4xbp (1.2.2017).

Protokollen dazu bestimmten Rechte und Freiheiten zu gewährleisten, und dass sie dabei über einen Ermessensspielraum verfügen, welcher der *Kontrolle* des durch diese Konvention errichteten Europäischen Gerichtshofs für Menschenrechte untersteht:"[332]

Von Beginn an hat der EGMR betont, dass die Zuerkennung eines Spielraumes keiner Freistellung von gerichtlicher Kontrolle gleichkommt, sondern vielmehr mit dieser Hand in Hand gehe.[333] Im Verhältnis zur nationalen Judikative sieht der EGMR seine Aufgabe nicht darin, sich an die Stelle der staatlichen Gerichte zu setzen, sondern allein die Grenzen des Spielraums zu prüfen, d.h. insbesondere „ob der angegriffene Eingriff verhältnismäßig zum verfolgten berechtigten Ziel war und ob die zu seiner Rechtfertigung angeführten Gründe stichhaltig und ausreichend gewesen sind."[334] Dabei ist die *margin of appreciation* in der Gesamtschau betrachtet nicht mehr als ein begriffliches Sammeletikett für unterschiedliche Formen der Kontrolldichtereduktion durch den EGMR. *Margin of appreciation* ist nicht gleich *margin of appreciation*. Die Intensität der Straßburger Kontrolle hängt u.a. von der Eingriffsintensität, der Schutzwürdigkeit der betroffenen Belange, der Art des Grundrechtsvorbehalts, etwaigen gemeineuropäischen Standards, der Klarheit der Faktenlage und der Berücksichtigung nationaler bzw. regionaler Besonderheiten ab.[335]

Föderative Spannungslagen drohen dabei umso mehr, je stärker der EGMR die Abwägung im Rahmen der Rechtfertigungsprüfung selbst an sich zieht und dabei den durch die nationalen Gerichte getroffenen Ausgleich der widerstreitenden Schutzgüter überspielt. Insbesondere in multipolaren Grundrechtsverhältnissen, in denen zwei oder mehrere grundrechtlich geschützte Positionen gegeneinander stehen, kann dies zu Dopplungen und Überlagerungen führen, die einem effektiven Grund- und Menschenrechtsschutz nicht unbedingt zuträglich sein müssen, wie die fast nicht enden wollende Justizsaga um *Caroline von Monaco* im Bereich von Pressefreiheit und Schutz der Privatheit zeigt.[336] Auch

---

332 EN: „…they enjoy a *margin of appreciation*, subject to the *supervisory jurisdiction* of the European Court of Human Rights…"; FR: „… elles jouissent d'une *marge d'appréciation*, *sous le contrôle* de la Cour européenne des Droits de l'Homme…".

333 Vgl. abermals grundlegend EGMR, Urt. v. 7.12.1976, Nr. 5493/72 – *Handyside/UK*, Rn. 49.

334 So in jüngerer Zeit im Kontext der Meinungsfreiheit EGMR, Urt. v. 17.4.2014, Nr. 5709/09 – *Brosa/Deutschland*, NJW 2014, 3501, Rn. 37.

335 Zusammenfassend EGMR, Urt. v. 3.12.2008, Nr. 30562/04 u.a. – *S. u. Marper/UK*, Rn. 102; Urt. v. 27.5.2004, Nr. 66746/01 – *Connors/UK*, Rn. 82. Zu den Faktoren ausführlich *J. Gerards*, Pluralism, Deference and the Margin of Appreciation Doctrine, ELJ 2011, S. 80 (107 ff.); *I. de la Rasilla del Moral*, The Increasingly Marginal Appreciation of the Margin-of-Appreciation Doctrine, GLJ 2006, S. 611 (615 ff.); *E. Brems*, The Margin of Appreciation Doctrine in the Case-Law of the European Court of Human Rights, ZaöRV 1996, S. 240 (247 ff.).

336 Vgl. einerseits EGMR (GK), Urt. v. 24.6.2005, Nr. 59320/00 – *von Hannover/Deutschland I* und Urt. v. 7.2.2012, Nr. 40660/08 u.a – *von Hannover/Deutschland II* sowie andererseits BVerfG, Urt. v. 15.12.1999, 1 BvR 653/96, BVerfGE 101, 361 – *Caroline von Monaco II* und Beschl. v. 26.2.2008, 1 BvR 1602 u.a., BVerfGE 120, 180 – *Caroline von Monaco III*. Zur Problematik *M. Hong*, Caroline von Hannover und die Folgen - Meinungsfreiheit im Mehrebenensystem zwischen Konflikt und Kohärenz, in: Matz-Lück/Hong (Hrsg.), Grundrechte

in anderen Bereichen sieht sich die Doktrin der *margin of appreciation* kritischen Einwänden ausgesetzt.[337]

In der zuweilen heftigen Auseinandersetzung um den richtigen Zuschnitt der Kontrolldichte des EGMR kommt freilich zum Ausdruck, dass es im Kern um eine grundlegende Kompetenzfrage im vertikalen Verhältnis der Ebenen geht, die nicht statisch einer Ideallösung zugeführt werden kann, sondern fortlaufend auszutarieren und neu zu verhandeln ist. Allerdings ist nochmals zu betonen, dass die Doktrin der *margin of appreciation* zwar ein prägnantes Beispiel für föderativ strukturierte Spielräume liefert, allerdings keinen spezifischen Bezug zur Verwaltung aufweist, sondern gewaltenneutral insbesondere auch die innerstaatliche Legislative und Judikative in den Blick nimmt.[338]

2. *Bereichsspezifische Elemente völkerrechtlichen Verwaltungsermessens*

Eine allgemeine Lehre internationalen Verwaltungsermessens kann sich schon angesichts der besonderen Struktur des Völkerrechts kaum herausbilden.[339] Allerdings bestehen im administrativen Binnenrecht internationaler Organisationen Ansätze für bereichsspezifische Ermessenslehren des Völkerrechts. Dergleichen wird vor allem dort relevant, wo die betreffenden Organisationen ermessensbasierte Verwaltungsentscheidungen gegenüber Einzelpersonen erlassen dürfen, gegen die der Rechtsweg vor einem speziellen Spruchkörper offen steht. Besonders ausgeprägt sind solche Strukturen im Recht des internationalen öffentlichen Dienstes.[340] Sie lassen sich exemplarisch anhand des Dienstrechts der Vereinten Nationen, der Internationalen Arbeitsorganisation (ILO) und der Weltbank illustrieren.

---

und Grundfreiheiten im Mehrebenensystem, Berlin u.a. 2012, S. 251 ff.; *G. Lübbe-Wolff*, Der Grundrechtsschutz nach der Europäischen Menschenrechtskonvention bei konfligierenden Individualrechten, in: FS Murswiek, 2010, S. 193 ff.

[337] *S.-I. Koutnatzis/K. Weilert*, Fragen der menschlichen Reproduktion vor dem EGMR – Zugleich eine kritische Würdigung der Lehre vom staatlichen Beurteilungsspielraum (Margin of Appreciation), AVR 2013, S. 72 ff.

[338] So von Beginn an ausdrücklich EGMR, Urt. v. 7.12.1976, Nr. 5493/72 – *Handyside/UK*, Rn. 48.

[339] Zu den Strukturen internationalen Verwaltungsrechts *N. Krisch*, The Pluralism of Global Administrative Law, EJIL 2006, S. 247 ff.; *S. Cassese*, The Challenge of Global Regulation, JILP 37 (2005), S. 663 ff.; *ders.*, Global Administrative Law: The State of the Art, ICON 2015, S. 465 ff.; *C. Harlow*, Global Administrative Law: The Quest for Principles and Values, EJIL 2006, S. 187 ff.; *B. Kingsbury/N. Krisch*, Introduction: Global Governance and Global Administrative Law in the International Legal Order, EJIL 2006, S. 1 ff.; *B. S. Chimni*, Co-Option and Resistance: Two Faces of Global Administrative Law, JILP 37 (2005), S. 799 ff.; *R. B. Stewart*, The normative dimensions and performance of global administrative law, ICON 2015, S. 499 ff.

[340] Dazu grundlegend *C. F. Amerasinghe*, The Law of the International Civil Service, 2. Aufl. 1994 (leider hinsichtlich Rechtsprechung und Jurisdiktionssystem nicht mehr auf dem neuesten Stand) sowie *G. Ullrich*, Das Dienstrecht der Internationalen Organisationen, 2009.

a) Verwaltungsrechtsprechung der UN

Die vor allem auf dienstrechtliche Fragen zugeschnittene Verwaltungsbarkeit der Vereinten Nationen wurde zum 1. Juli 2009 grundlegend reformiert.[341] Das fast 60 Jahre bestehende United Nations Administrative Tribunal wurde aufgelöst und durch eine zweizügige Gerichtsbarkeit ersetzt, die sich aus dem erstinstanzlichen United Nations Dispute Tribunal (UNDT) und dem berufungsinstanzlichen United Nations Appeals Tribunal (UNAT) zusammensetzt.[342] Das UNAT fungiert zudem auch als Berufungsinstanz für Entscheidungen anderer Spruchkörper bzw. Einrichtungen,[343] was seiner Rechtsprechung eine vereinheitlichende Wirkung im Rahmen des Dienstrechts der UN verleiht. Verhandelt werden dienstrechtliche Rechtsstreitigkeiten zwischen der UN-Verwaltung und ihren Angestellten. Verfahrensgegenstand sind häufig die Beendigung bzw. fehlende Verlängerung von Dienstverhältnissen, dienstbezogene und disziplinarrechtliche Maßnahmen oder Vergütungs- und Pensionsfragen.[344]

In der Gesamtschau gesteht die Rechtsprechung der UN-Verwaltung dabei vergleichsweise weit gesteckte Entscheidungsspielräume zu, die einer eingeschränkten Nachprüfung unterstellt sind. So werden etwa Verwaltungsentscheidungen über die Aufteilung von Pensionsansprüchen[345] nur daraufhin überprüft, ob die administrative Ermessensausübung unangemessen, willkürlich oder missbräuchlich erfolgte.[346] Auch mit Blick auf die Versetzung an eine andere Arbeitsstelle gesteht die Rechtsprechung der Verwaltung ein dienstliches Leitungsermessen („managerial discretion") zu, dessen Ausübung nur eingeschränkt gerichtlich überprüfbar ist.[347]

---

341 Grundlage ist die Resolution der Generalversammlung 62/228 v. 22.12.2007.

342 Dazu *A. Megzari*, The Internal Justice of the United Nations, 2015, S. 420ff.; *T.A. Shockley*, The Evolution of a New International System of Justice in the United Nations, San Diego International Law Journal 13 (2011/2012), S. 521ff.

343 U.a. für bestimmte Verwaltungsentscheidungen der International Civil Aviation Organization (ICAO), the International Court of Justice (ICJ), the International Maritime Organization (IMO), the International Seabed Authority (ISA) and the International Tribunal for the Law of the Sea (ITLOS). Vgl. zu den Zuständigkeitsvoraussetzungen Art. 2 Abs. 9 und 10 des UNAT-Statuts sowie den instruktiven Überblick unter http://www.un.org/en/oaj/appeals/jurisdiction.shtml (1.2.2017).

344 Zur Rechtsprechung vor der Reform vgl. *C.F. Amerasinghe*, Discretion in Disciplinary Cases, in: Ziadé (Hrsg.), Problems of International Administrative Law, 2008, S. S. 37ff.

345 Insbesondere unter mehreren (ehemaligen) Familienangehörigen eines Bezugsberechtigten.

346 UNAT, Urt. v. 16.3.2012, Nr. 2012-UNAT-189 – *Onogi u.a.*, Rn. 3, 5 u. 57: „unreasonable, capricious or an abuse of its discretion".

347 St. Rspr., vgl. UNAT, Urt. v. 17.10.2014, Nr. 2014-UNAT-556 – *Abdullah*, Rn. 59f., unter Feststellung einer Verletzung der Ermessensgrenzen: „the Appeals Tribunal has reiterated on numerous occasions that a decision of the Administration may be impugned if it is found to be arbitrary or capricious, motivated by prejudice or extraneous factors or was flawed by procedural irregularity or error of law." Vgl. vorausgehend UNAT, Urt. v. 16.3.2012, Nr. 2012-UNAT-

b) Verwaltungsrechtsprechung der ILO

Auch die International Labour Organisation (ILO) verfügt als Sonderorganisation der Vereinten Nationen über eine eigene Verwaltungsgerichtsbarkeit, das Administrative Tribunal of the International Labour Organisation (ILOAT). Die besondere Bedeutung seiner Rechtsprechung erwächst aus dem Umstand, dass sich mittlerweile 62 internationale Organisationen mit insgesamt 58.000 Bediensteten seiner Jurisdiktion unterworfen haben, darunter neben der ILO u.a. die Welthandelsorganisation (WTO), die Weltgesundheitsorganisation (WHO) und die UNESCO.[348] Dementsprechend kommt den Entscheidungen des Tribunals eine faktische Signal- und Ausstrahlungswirkung zu.

Auch hier sind Verfahrensgegenstand in aller Regel Rechtsstreitigkeiten über den Status des Dienstverhältnisses, die Arbeitsbedingungen, disziplinarische Maßnahmen oder dienstliche Anordnungen. Und auch hier wird die Kontrolldichte regelmäßig auf eine klassische Spielraumkontrolle begrenzt.[349] Besondere Vorsicht legt das Tribunal etwa in Bezug auf die Überprüfung abgelehnter Stellenverlängerungen an den Tag.[350] Aber auch hinsichtlich der Anrechnung vorausgehender Arbeitserfahrung[351] und der Kündigung wegen Wegfall der Stelle[352] kommt jeweils, wie die jüngste Rechtsprechung zeigt, eine Spielraumkontrolle zum Tragen. Dass eine Spielraumkontrolle im Falle einer Überschreitung der Ermessensgrenzen zur Aufhebung der angefochtenen Verwaltungsentscheidung führt, illustriert das ebenfalls in jüngster Zeit entschiedene Beispiel einer Konkurrentenklage.[353]

c) Verwaltungsrechtsprechung der Weltbank

Schließlich verfügt auch die Weltbank mit dem World Bank Administrative Tribunal (WBAT) über eine eigenständige Verwaltungsgerichtsbarkeit. Hinsichtlich Aufgaben- und Zuständigkeitsbereich entspricht diese im Wesentlichen den

194 – *Kamunyi*, Rn. 3 sowie Urt. v. 1.11.2012, Nr. 2012-UNAT-266 – *Rees*, Rn. 58 („properly motivated, and not tainted by improper motive, or taken in violation of mandatory procedures").

[348] Überblick abrufbar hier: http://www.ilo.org/dyn/triblex/triblexmain.byOrg (1.2.2017).

[349] Dazu *N. Valticos*, A propos du contrôle du pouvoir discrétionnaire par les tribunaux administratifs internationaux, in: Ziadé (Hrsg.), Problems of International Administrative Law, Leiden 2008, S. 31 ff.

[350] ILOAT, Urt. v. 14.7.1993, Nr. 1262 – *Scherer Saavedra/ESO*, Rn. 4: „The case law has made it consistently plain that a decision not to renew a fixed-term appointment, being discretionary, may be set aside only if it was taken without authority, or in breach of a rule of form or of procedure, or was based on a mistake of fact or of law, or if some essential fact was overlooked, or if clearly mistaken conclusions were drawn from the facts, or if there was abuse of authority." Vgl. in der Folge ILOAT, Urt. v. 13.7.1994, Nr. 1349 – *Zago/ESO*, Rn. 11; Urt. v. 1.2.1995, Nr. 1418 – *Morier/UPU*, Rn. 6; Urt. v. 6.2.2008, Nr. 2694 – *F.-R./ILO*, Rn. 4; Urt. v. 6.7.2011, Nr. 3005 – *D./EPO*, Rn. 10; Urt. v. 8.2.2017, Nr. 3772 – *B./ILO*, Rn. 5.

[351] ILOAT, Urt. v. 8.2.2017, Nr. 3784 – *C./EPO*, Rn. 6.

[352] ILOAT, Urt. v. 8.2.2017, Nr. 3751 – *F./WHO*, Rn. 7.

[353] ILOAT, Urt. v. 8.2.2017, Nr. 3742 – *K./FAO*, Rn. 3 ff.

beiden vorstehend erörterten. Wie bei diesen steht materiell-rechtlich das interne Dienstrecht im Vordergrund.

Bereits in seiner ersten Entscheidung aus dem Jahr 1981 setzte sich das WBAT eingehend mit der Reichweite administrativer Entscheidungsspielräume und ihrer gerichtlichen Kontrolle auseinander. Im Kontext der Frage, inwieweit die Weltbank im Nachhinein bestimmte Arbeitsbedingungen einseitig abändern darf, zog das Gericht eine kategoriale Trennlinie zwischen Arbeitsbedingungen, die sich angesichts ihres grundlegenden Charakters einer solchen Abänderung entziehen und solchen, deren nachträgliche und einseitige Abänderung insoweit im Ermessen der Weltbank steht.[354] Für Änderungsentscheidungen der zweiten Kategorie legte das WBAT eine verminderte Kontrolldichte zugrunde, betonte aber im gleichen Atemzug die rechtlichen Grenzen des Verwaltungsermessens.[355] Klassische Elemente verwaltungsrechtlicher Spielraumkontrolle wendet das WBAT auch auf die Beendigung des Dienstverhältnisses und der ihr vorausgehenden Evaluierungen durch den administrativen Dienstherren an. Die Prüfung wird hier auf die Frage beschränkt, ob die Verfahrensvorschriften eingehalten wurden, eine hinreichende Begründung vorliegt, ein Ermessensmissbrauch vorliegt oder die Ermessensausübung willkürlich oder diskriminierend war.[356] Dieses Prüfprogramm entspricht in seinen Maßstäben in etwa dem des EuGH. Auch hinsichtlich anderer Rechtsfragen rekurriert das WBAT auf die Maßstäbe der Spielraumkontrolle.[357]

d) Zwischenbefund

Damit ist unter dem Strich festzustellen, dass alle drei Verwaltungsgerichtsbarkeiten einen erheblichen Teil des Dienstrechts der internationalen Organisationen abdecken. Die Frage nach der gerichtlichen Kontrolldichte im Hinblick auf diskretionäres Verwaltungshandeln ist für alle drei Spruchkörper bzw. Rechts-

---

354 WBAT, Urt. v. 5.6.1981, Nr. 1 – *de Merode u. a.*, Rn. 45: „As has been stated, while the fundamental and essential elements of the conditions of employment may not be amended unilaterally, the non-fundamental and non-essential elements are subject to unilateral amendment. This power is discretionary and it is not for this Tribunal to substitute its own judgment for that of the competent organs of the Bank in exercising that discretion. However, the Bank's power to amend non-essential terms may be exercised subject only to certain limitations. Discretionary power is not absolute power."

355 Ebd. Dazu *M. Gentot,* Le contrôle du pouvoir discrétionnaire par les tribunaux administratifs internationaux, in: Ziadé (Hrsg.), Problems of International Administrative Law, 2008, S. 23 ff.

356 WBAT, Urt. v. 27.11.1981, Nr. 5 – *Saberi*, Rn. 24: „The Administration's appraisal in that respect is final, unless the decision constitutes an abuse of discretion, being arbitrary, discriminatory, improperly motivated or carried out in violation of a fair and reasonable procedure." Vgl. in der Folge Urt. v. 14.5.1996, Nr. 147, Rn. 36 sowie v. 29.10.2010, Nr. 437 – *AI II*, Rn. 19.

357 Vgl. *F. Orrego Vicua,* Le contrôle du pouvoir discrétionnaire de l'administration par les tribunaux administratifs internationaux, in: Ziadé (Hrsg.), Problems of International Administrative Law, 2008, S. 43 ff.

behelfssysteme von großer Bedeutung. Grundakkord der Rechtsprechung aller drei Gebiete ist eine weitreichende Zuerkennung administrativer Entscheidungsspielräume, der eine verminderte Kontrolldichte korrespondiert. Näher begründet wird diese Herangehensweise mit Ausnahme sporadischer Verweise auf funktionale Erwägungen in aller Regel nicht. Es dominieren apodiktische Feststellungen, dass diese oder jene Entscheidungsbefugnis im Ermessen der Verwaltung liege und insoweit nur eingeschränkt gerichtlich überprüfbar sei.

3. Menschenrechtliche Rechtsschutzgarantien

Ebenenübergreifend wirkt das Völkerrecht vor allem durch menschenrechtliche Rechtsschutzgarantien auf die Spielraumlehren der nationalen und unionalen Ebene ein. Von besonderem Gewicht sind Art. 6 EMRK und Art. 13 EMRK. Die Problematik der aus diesen Normen ableitbaren Mindestvorgaben für die nationale oder unionale Spielraumkontrolle wird angesichts ihres mehrebenenspezifischen Charakters eingehend im Kapitel über die Spielraumkontrolle erörtert.[358] Vorerst genügt der Hinweis, dass sowohl Art. 6 EMRK als auch Art. 13 EMRK in ihrem Anwendungsbereich begrenzt sind. Anders als Art. 19 Abs. 4 GG oder Art. 47 GRCh verbürgt keine der beiden Normen eine umfassende Rechtsschutzgarantie. Art. 13 EMRK ist streng akzessorisch, dient also allein der prozessualen Durchsetzbarkeit anderer EMRK-Rechte. Insoweit taugt die Norm bereits von ihrem Zuschnitt her nicht als Ausgangspunkt zur Formulierung differenzierter Vorgaben für die gerichtliche Durchsetzung und Kontrolle des einfachen Rechts. Art. 6 EMRK wiederum ist trotz der traditionell großzügigen Handhabung des Anwendungsbereichs durch die Rechtsprechung auf öffentlich-rechtliche Sachverhalte nicht durchgehend anwendbar. Trotz dieser Begrenzungen hat sich Art. 6 Abs. 1 EMRK zu einem auch im Verwaltungsverfahren zunehmend relevanten Mindeststandard entwickelt.[359] Über die in Art. 52 Abs. 3 GRCh vorgegebene Konformauslegung der Charta am Maßstab der EMRK kann Art. 6 EMRK zudem, vermittelt über das Unionsrecht, in Sachbereiche vordringen, die seinem Anwendungsbereich selbst nicht unterfallen.

In der Sache bleiben die aus der EMRK ableitbaren Vorgaben für die Intensität der gerichtlichen Kontrolle diskretionären Verwaltungshandelns naturgemäß auf Mindeststandards beschränkt. Aus Art. 6 Abs. 1 EMRK folgt im Rahmen seines Anwendungsbereichs jedenfalls die Pflicht, die Einhaltung der rechtlichen Spielraumgrenzen nachzuprüfen, was insbesondere den Grundsatz der Verhältnismäßigkeit und den Gleichheitssatz einschließt.[360] Soweit die kontrollierte Verwaltungsentscheidung strafäquivalenten Sanktionscharakter hat,

---

[358] Vgl. S. 384 ff.

[359] Im Einzelnen *I. Kraft*, Der Einfluss des Art 6 EMRK auf die deutsche Verwaltungsgerichtsbarkeit, EuGRZ 2014, S. 669 ff.

[360] Vgl. *C. Grabenwarter*, Verfahrensgarantien in der Verwaltungsgerichtsbarkeit, 1997,

muss das kontrollierende Gericht zudem befugt sein, die Sanktionsentscheidung im Hinblick auf die Festsetzung der Sanktion vollständig zu ersetzen.[361]

V. Fazit: Einheit im Grunde, Vielfalt in der Form

Zusammenfassend stellt sich das Ermessensproblem als konzeptionell einheitlich zu denkendes Kompetenzproblem dar, das aus unterschiedlichen Blickwinkeln betrachtet werden kann und erst durch diese Perspektivenvielfalt in seiner Gänze fassbar wird.

1. Konzeptionelle Einheitlichkeit

Trotz der erheblichen Unterschiede von Land zu Land und von Ebene zu Ebene kristallisiert sich das Ermessensproblem als ein im Kern einheitlich zu verstehendes Kompetenzproblem heraus, das mit *Eberhard Schmidt-Aßmann* in einem dreipoligen Verhältnis zwischen Exekutive, Legislative und Judikative zu vermessen ist. Diese Einsicht schließt rechtsdogmatische Binnendifferenzierungen, wie sie das deutsche Recht in Gestalt der Unterscheidung zwischen tatbestandlichem Beurteilungsspielraum und rechtsfolgenseitigem Ermessen kennt, nicht aus, spricht ihnen aber die ihnen zugewiesene Hauptrolle ab.

Wer die Einheitlichkeit administrativer Entscheidungsspielräume betont, lenkt den Blick auf das gemeinsame rechtsnormative Fundament und die übergreifenden Strukturparallelen. Verwaltungsermessen in diesem übergreifenden Sinne bezeichnet die Befugnis der Verwaltung zu letztverbindlicher Rechtskonkretisierung aufgrund einer normativen Ermächtigung und im Rahmen eingeschränkter, d. h. auf die Einhaltung der rechtlichen Spielraumgrenzen begrenzter gerichtlicher Nachprüfung.

2. Formenvielfalt

Die Erscheinungsformen administrativer Entscheidungsspielräume sind indes zahlreich. Mit Blick auf Begründung, Umfang, Ausübung, Kontrollierbarkeit und dogmatische Gestalt lassen sich im Einzelnen sehr unterschiedliche administrative Entscheidungsspielräume identifizieren. Diese Formenvielfalt wird durch den horizontalen und vertikalen Rechtsvergleich nochmals unterstrichen. Dabei zeigt die Kontrastierung zu den Spielraumlehren anderer Länder aber zugleich die rechtsdogmatische Singularität der deutschen Ermessenslehre

S. 438 ff.; *M. Tonne*, Effektiver Rechtsschutz durch staatliche Gerichte als Forderung des Europäischen Gemeinschaftsrechts, 1997, S. 170 f.

[361] Vgl. insbesondere EGMR, Urt. v. 27.9.2011, Nr. 43509/08 – *Menarini/Italien*, Rn. 59; Urt. v. 4.3.2004, Nr. 47650/99 – *Silvester's Horeca Service/Belgien*, Rn. 27.

auf. Jenseits des Grundgesetzes ist weder die Dichotomie Beurteilungsspielraum–Ermessen gebräuchlich noch können qualitativ vergleichbare, zumal verfassungsrechtlich radizierte Vorbehalte gegenüber administrativen Entscheidungsspielräumen identifiziert werden.

Dieser Ausgangsbefund gilt im Grundsatz auch im Verhältnis zum Unionsrecht. Auch hier besteht in Anlehnung an die französische Ermessenslehre grundsätzlich ein weiteres Anwendungsfeld für diskretionäres Verwaltungshandeln. Die Besonderheit der unionsrechtlichen Ermessenslehre liegt jedoch in der konzeptionellen Verarbeitung des föderativen Normvollzugs im Europäischen Verwaltungsverbund. Die unionale Ermessenslehre war von Beginn an föderativ ausdifferenziert, weil sie neben dem EU-Eigenverwaltungsrecht den dezentralen Vollzug durch die Mitgliedstaaten erfassen musste. Hinsichtlich beider Dimensionen – der unionsimmanenten ebenso wie der ebenenübergreifenden – lässt die jüngere Rechtsprechung wichtige Entwicklungstendenzen erkennen: Zum einen misst der EuGH der konkreten legislativen Ausgestaltung durch den Unionsgesetzgeber eine gestiegene Bedeutung bei der Begründung administrativer Entscheidungsspielräume bei, zum anderen kann in bestimmten Bereichen eine Intensivierung der Kontrolldichte verzeichnet werden.

Im Völkerrecht haben sich administrative Entscheidungsspielräume im Gegensatz zum nationalen und unionalen Recht indes allenfalls bereichsspezifisch und fragmentarisch entwickelt. Das gilt in erster Linie für das Dienstrecht der internationalen Organisationen. Die hierauf bezogene Rechtsprechung der jeweils zuständigen internationalen Verwaltungsgerichte greift die im nationalen Recht (jenseits Deutschlands) tradierten Grundsätze eingeschränkter Spielraumkontrollen auf. Einen zunehmenden Einfluss auf die Kontrolldichte im nationalen und supranationalen Raum entfalten aber die menschenrechtlichen Rechtsschutzgarantien.

3. Perspektivenvielfalt

Schließlich lässt sich das Rechtsinstitut des administrativen Entscheidungsspielraumes aus unterschiedlichen Perspektiven heraus erschließen. Erst in ihrer Zusammenschau wird das Ermessensproblem in all seinen Facetten sicht- und greifbar. Der klassische Zugriff erfolgt aus der judikativen Kontrollperspektive. Die meisten Spielraumlehren, nicht nur in Deutschland, konzipieren Verwaltungsermessen in erster Linie aus der Negation gegenüber der gerichtlichen Kontrolle. Verwaltungsermessen ist dann das, was von der gerichtlichen Nachprüfung nicht (voll) erfasst wird.

Obgleich die judikative Kontrollperspektive der natürliche Blickwinkel der Gerichte und deshalb von hoher Praxisrelevanz ist, greift sie – jedenfalls für sich allein genommen – zu kurz. Denn das unter dem Oberbegriff des Verwaltungsermessens firmierende Kompetenzproblem erstreckt sich nicht allein auf das

Verhältnis von Exekutive und Judikative, sondern auch auf das von Exekutive und Legislative. Deshalb ist die Einnahme der legislativen Steuerungsperspektive und die damit verbundene Akzentuierung der legislativen Verteilungsentscheidung in Bezug auf das Verhältnis von Verwaltung und Gerichten von grundlegender Bedeutung.

Hinzu kommt die administrative Handlungsperspektive, die das Ermessen aus dem Blickwinkel der agierenden, spielraumausfüllenden Verwaltung erfasst. Es ist eines der großen Verdienste der Neuen Verwaltungsrechtslehre, die vormalige Fixierung der Ermessensdiskussion auf die Kontrollperspektive zu lösen und das Perspektivenspektrum um die administrative Handlungsperspektive und die (wenn auch seltener explizit gemachte) legislative Steuerungsperspektive zu erweitern. Wichtig ist, diese unterschiedlichen Blickwinkel nicht mit falsch verstandenen Exklusivitätsansprüchen gegeneinander auszuspielen. Der entscheidende Erkenntnisgewinn liegt in ihrer Komplementarität.

§ 3 Föderativer Rahmen diskretionären Verwaltungshandelns

Die vorliegende Studie betrachtet die föderative Dimension *administrativer* Entscheidungsspielräume und damit einen Teilausschnitt des übergeordneten Phänomens rechtlicher Spielräume im Mehrebenensystem. Die besonderen Funktionen und Erscheinungsformen solcher föderativen Optionenräume sind deshalb zunächst in allgemeiner, d. h. über die Exekutive hinausgehender Weise zu skizzieren, um eine Einordnung des Untersuchungsgegenstandes in seinen mehrebenenspezifischen Gesamtzusammenhang zu ermöglichen (dazu I.). Im Anschluss daran sind in gebotener Kürze die prägenden Rahmenbedingungen diskretionären Verwaltungshandelns im Mehrebenensystem aufzuzeigen, d. h. zum einen die Strukturen des Verwaltungsvollzugs unter der Bedingung funktionell verschränkter Ebenen (dazu II.) sowie zum anderen die legitimatorischen Grundbedingungen angesichts mehrerer, sich in ihren Wirkungskreisen teilweise überlappender Rechtsetzungszentren (dazu III.). In der Gesamtschau stellt sich der föderative Rahmen diskretionären Verwaltungshandelns als komplexes Zusammenspiel rechtspluralistischer, vollzugsstruktureller und legitimatorischer Grundbedingungen dar (dazu IV.).

I. Spielräume als föderative Optionenräume

Föderative Optionenräume im hier zugrunde gelegten Sinne sind rechtlich begründete Befugnisse zu (teil-)autonomer Rechtskonkretisierung, die sich im mehrebenenspezifischen Spannungsfeld zwischen Einheit und Vielfalt bewegen. Es handelt sich, anders gesagt, um Spielräume, die auf das Verhältnis der einzelnen Ebenen zueinander bezogen sind, z. B. als legislativer Umsetzungsspielraum in der Relation der unionalen zur nationalen Ebene oder als judikative *margin of appreciation* im Verhältnis der internationalen zur nationalen Ebene. Im Mehrebenensystem kommt ihnen die Rolle einer Verbundtechnik zu.

1. Ordnungsbezogene Grundprämissen und Spezifizierung des Verbundbegriffs

Der Begriff des Verbunds verspricht Halt und ist doch schwer zu fassen. Mittlerweile vereint er ein bemerkenswertes Ensemble unterschiedlicher Ideenwelten der rechtsnormativen und institutionellen Verschränkung, Bündelung, Verklammerung, Aufeinanderbezogenheit, Amalgamierung oder Wechselwirkung im Mehrebenensystem auf sich. Mit seiner steigenden Verwendung einher geht eine Inflationierung seines Erklärungswertes, zuweilen auch eine Entfremdung von seinem ursprünglichen Bedeutungsgehalt. Die Deutungen sind vielfältig. Der Verbundbegriff kann deskriptiv oder normativ, unitaristisch oder pluralistisch, rechtsordnungs- oder institutionenbezogen sein und nicht zuletzt aus einer Kombination dieser Elemente bestehen. Auch stellt der Verbundbegriff durch seine Anknüpfung an den Begriff des Mehrebenensystems[1] die Verbindung zu anderen Disziplinen her, die mitunter eigenen theoretischen Prämissen bzw. Pfadabhängigkeiten folgen.[2]

Vielleicht ist die Ordnungsidee des Verbundes gerade aufgrund ihrer Eignung als Projektionsfläche für ganz unterschiedliche Deutungsfolien heute im Öffentlichen Recht nahezu allgegenwärtig. Für den Bereich des europäischen Verfassungsrechts hat sie sich mit dem von *Ingolf Pernice* geprägten Begriff des Europäischen Verfassungsverbundes zu einem wirkmächtigen Topos entwickelt.[3]

---

[1] Diese konzeptionelle Verknüpfung wäre an sich nicht zwingend, ist aber jedenfalls dann weiterführend, wenn über die bloße Beschreibung mehrerer, einander nicht hierarchisch zugeordneter Entscheidungsebenen hinausgehend deren Fähigkeit zu funktionellem Zusammenspiel und Einheitsbildung in den Fokus gerückt wird. Für eine solche Verknüpfung des Verbundbegriffs mit dem des Mehrebenensystems vgl. *I. Pernice*, Europäisches und nationales Verfassungsrecht, VVDStRL 60 (2001), 148 (173, 185); *A. Voßkuhle*, Der europäische Verfassungsgerichtsverbund, NVwZ 2010, S. 1 (3); *E. Pache*, Verantwortung und Effizienz in der Mehrebenenverwaltung, VVDStRL 66 (2007), S. 106 (107ff.). Zum Begriff des Mehrebenensystems aus juristischer Perspektive grundlegend *F. C. Mayer*, Kompetenzüberschreitung und Letztentscheidung, 2000, S. 31ff. sowie *C. Möllers*, Gewaltengliederung, 2005, S. 212f.

[2] Vgl. für die Verwaltung aus politikwissenschaftlicher Perspektive *A. Benz*, Verwaltung als Mehrebenensystem, in: Blanke u. a. (Hrsg.), Handbuch zur Verwaltungsreform, 4. Aufl. 2011, S. 11 (12f.). Im Bereich des Parlamentarismus bestehen wiederum enge Verknüpfungen zum Konzept des „Mehrebenenparlamentarismus", vgl. *G. Abels/A. Eppler*, Auf dem Weg zum „Mehrebenenparlamentarismus", in: dies. (Hrsg.), Auf dem Weg zum Mehrebenenparlamentarismus, 2011, S. 17 (28f.).

[3] Grundlegend *I. Pernice*, Bestandssicherungen der Verfassungen: Verfassungsrechtliche Mechanismen zur Wahrung der Verfassungsordnung, in: Bieber/Widmer (Hrsg.), L'espace constitutionnel européen, 1995, S. 225 (233ff.); *ders.*, Europäisches und nationales Verfassungsrecht, VVDStRL 60 (2001), S. 148ff.; *ders.*, The Treaty of Lisbon: Multilevel Constitutionalism in Action, ColJEL 15 (2009), S. 349ff. m. w. N. zur Rezeption des Konzepts. Kritisch insbesondere *M. Jestaedt*, Der europäische Verfassungsverbund – Verfassungstheoretischer Charme und rechtstheoretische Insuffizienz einer Unschärferelation, in: GS Blomeyer, 2004, S. 637ff. und *M. Loughlin*, In Defence of Staatslehre, Der Staat 48 (2009), S. 1 (19ff.). Für eine abweichende Konzeption des Verfassungsverbundes vgl. *P. M. Huber*, Europäisches und nationales Verfassungsrecht, VVDStRL 60 (2001), S. 194 (199ff.).

Im Hinblick auf das ebenenübergreifende Verhältnis der einzelnen Gewaltenzüge wurde der Verbundbegriff sukzessive sowohl zum Gerichtsverbund[4] als auch zum Parlamentsverbund[5] ausdifferenziert. Für das Verwaltungsrecht hat sich mittlerweile der Begriff des Europäischen Verwaltungsverbundes durchgesetzt.[6] Hier ist nicht der Ort, den unterschiedlichen Varianten des Verbundbegriffs und den gegen sie erhobenen Einwänden im Einzelnen nachzuspüren.[7] Mit Blick auf die der vorliegenden Untersuchung zugrunde liegenden rechtstheoretischen Prämissen seien indes die folgenden Eckpunkte festgehalten.

Allgemein gesprochen ist der Gedanke des Verbundes auf die Herstellung einer materiellen, funktionellen und institutionellen Einheit gerichtet, setzt aber die zumindest formelle Getrenntheit seiner Teile voraus.[8] Im Gedanken des Verbundes sind damit „Eigenständigkeit, Rücksichtnahme und Fähigkeit zu gemeinsamem Handeln gleichermaßen angelegt."[9] Auch eröffnet der Verbundbegriff einen Zugriff auf differenziertere Ordnungsgesichtspunkte als die des Bildes der klassischen Normen- oder Institutionenhierarchie.[10] Die für den europäischen Rechtsraum so charakteristische, nicht hierarchisch gegliederte Verbundstruktur besteht dabei aus unterschiedlichen strukturellen Komponen-

---

4 *A. Voßkuhle*, Der europäische Verfassungsgerichtsverbund, NVwZ 2010, S. 1 (3 ff.). Vgl. zuvor bereits *I. Pernice*, Die Dritte Gewalt im Europäischen Verfassungsverbund, EuR 1996, S. 27 ff.

5 Zum Begriff vgl. bereits *K.-P. Sommermann*, Europäische Rechtsetzung und mitgliedstaatliche Beteiligung, in: ders. (Hrsg.), Aktuelle Fragen zu Verfassung und Verwaltung im europäischen Mehrebenensystem, 2. Aufl. 2003, S. 87 (99 f.). Zu Möglichkeiten und Grenzen des Verbundmodells in Bezug auf die Parlamente vgl. *M. Wendel*, Potenziale und Grenzen des Verbundmodells im europäischen Parlamentarismus, in: Franzius/Mayer/Neyer (Hrsg.), Modelle des Parlamentarismus im 21. Jahrhundert, 2015, S. 229 ff.

6 Grundlegend *E. Schmidt-Aßmann*, Der Europäische Verwaltungsverbund und die Rolle des Europäischen Verwaltungsrechts, in: ders./Schöndorf-Haubold (Hrsg.), Der Europäische Verwaltungsverbund, 2005, S. 1 (7 ff.). Vgl. zum Begriff zuvor bereits *A. v. Bogdandy*, Beobachtungen zur Wissenschaft vom Europarecht, Der Staat 40 (2001), S. 3 (18).

7 Für das europäische Verfassungsrecht vgl. namentlich die Diskussion zwischen *I. Pernice*, Theorie und Praxis des Europäischen Verfassungsverbundes, in: Calliess (Hrsg.), Verfassungswandel im europäischen Staaten- und Verfassungsverbund, 2007, S. 61 ff. und *M. Jestaedt*, Der europäische Verfassungsverbund – Verfassungstheoretischer Charme und rechtstheoretische Insuffizienz einer Unschärferelation, in: GS Blomeyer, 2004, S. 637 ff. Vgl. auch *F. C. Mayer/M. Wendel*, Multilevel Constitutionalism and Constitutional Pluralism, in: Avbelj/Komárek (Hrs.), Constitutional Pluralism in the European Union and Beyond, Oxford 2012, S. 127 (131 ff.).

8 *I. Pernice*, ebd., S. 68: „Nationale und europäische Verfassungsebene sind zwar formal voneinander getrennt, bilden jedoch eine materielle Einheit. Europäische und nationale Verfassungen stehen nebeneinander, aber sie ergänzen einander, als komplementäre, aufeinander bezogene Ordnungen. (…) Der Gedanke des Verfassungsverbundes begründet die Offenheit der nationalen und supranationalen (Teil-)Verfassung für wechselseitige Einflüsse, die die materielle Einheit im Sinne der Konsistenz, Kohärenz und Stabilität der Gesamtordnung festigen."

9 *E. Schmidt-Aßmann*, a. a. O., S. 7.

10 Vgl. *A. Voßkuhle*, a. a. O., S. 3.

ten, wobei insbesondere zwischen rechtsnormativen und institutionellen Formen der Verbundenheit zu trennen ist.[11]

Im Folgenden wird ein *rechtsnormativer Verbundbegriff* zugrunde gelegt, der auf einer rechtspluralistischen Hypothese fußt.[12] Vorausgesetzt werden mehrere voneinander formell trennbare Rechtsordnungen (bzw. Rechtsebenen[13]), die jeweils für sich in Anspruch nehmen, auf einem autonomen Geltungsgrund zu beruhen.[14] Daraus folgt, dass die für den Verbund konstitutiven rechtlichen Verbundtechniken jeweils Teil des geschrieben oder ungeschrieben Rechts dieser – nationalen, unionsrechtlichen, völkerrechtlichen – Rechtsordnung sind.

Zwar kann das Verbundparadigma auch in einem heuristischen Sinne verstanden werden, soweit es von einer deskriptiven Meta-Ebene aus die Verzahnung der einzelnen Rechtsordnungen in einer Gesamtperspektive in den Blick nimmt. Dann ist das Verbundkonzept aber nicht mehr als eine bloße Deutungsfolie. Es macht die einheitsbildende Fähigkeit der polyzentrischen Ordnungswelt sichtbar. Wird das Verbundparadigma indes, wie hier, in einem normativen Sinne verstanden, erfolgt dies nicht vom Standpunkt einer Meta-Perspektive, sondern stets aus dem Blickwinkel der einzelnen Rechtsordnung. Soll die betreffende Ordnung verbundfähig sein, muss sie bestimmte Techniken vorhalten, die eine reflexive Einbeziehung des Anderen ermöglichen.[15]

Der Verbund ist das, was aus dem Zusammenwirken der jeweils rechtsordnungsintern – und nicht in einer übergeordneten Gesamtrechtsordnung – verankerten Verbundtechniken *emergiert*. So sehr die Ideengeschichte des Souveränitätsprinzips vor den Exzessen zentripetaler Herrschaftsverdichtung warnt, so sehr läuft das rechtspluralistische Modell umgekehrt Gefahr, das Recht in das Chaos zentrifugaler Zerstreuung zu führen. Auf die Überwindung dieser dem Rechtspluralismus inhärenten Gefahr sind die unterschiedlichen Verbundtechniken aus Perspektive ihrer jeweiligen Rechtsordnung heraus angelegt. Obwohl sie selbst Teil des Rechts einer bestimmten Rechtsordnung sind, zielen sie

---

[11] Differenziert zur Typologie von Verbundstrukturen *M. Nettesheim*, Europäischer Verfassungsverbund?, in: FS J. Isensee, 2007, S. 733 (736). Von „Mehrebenenrechtsverbund" spricht insoweit *M. Knauff*, Der Regelungsverbund: Recht und Soft Law im Mehrebenensystem, 2010, S. 7 ff. Für ein spezifisches Konzept der „Verbundnormativität" vgl. *D. Burchardt*, Die Rangfrage im europäischen Normverbund, 2015, S. 199 ff., 336 ff. (dort auch zu Unterschieden und Gemeinsamkeiten mit dem hier vertretenen kooperativen Verfassungspluralismus).

[12] Vgl. dazu eingehend bereits *M. Wendel*, Permeabilität im europäischen Verfassungsrecht, 2011, S. 14 ff., 40 ff.

[13] Dann verstanden als rechtswissenschaftliche, nicht rechtsdogmatische Kategorie, vgl. *C. Möllers*, Gewaltengliederung, 2005, S. 212 f.

[14] Zur Inkommensurabilität dieser Autonomiepostulate vgl. *A. Peters*, Elemente einer Theorie der Verfassung Europas, 2001, S. 268 ff.

[15] Vgl.d *A. Fischer-Lescano*, Monismus, Dualismus? – Pluralismus. Selbstbestimmung des Weltrechts bei Hans Kelsen und Niklas Luhmann, in: Brunkhorst/Voigt (Hrsg.), Rechts-Staat, 2007, S. 203 ff., abrufbar unter http://www.jura.uni-frankfurt.de/ifawz1/teubner/dokumente/Kelsen.pdf (1.9.2016), dort S. 14.

auf einen integrativen Effekt im Sinne einer auf die Herstellung eines *holistischen Ganzen* gerichteten Wirkung ab.

Vorausgesetzt wird folglich ein „kooperativer Verfassungspluralismus".[16] Er ist gekennzeichnet durch Elemente des Dialogs und der wechselseitigen Permeabilität,[17] Responsivität,[18] Rücksichtnahme und Kooperation sowie insbesondere auch durch die *gegenseitige Zuerkennung von Spielräumen*. Entsteht durch das Ineinandergreifen der Verbundmechanismen ein funktionelles Ganzes und basiert dieses, wie insbesondere im Europäischen Verwaltungsverbund, auf institutionellen Strukturen der Vollzugsverflechtung und Verwaltungskooperation[19] sowie einer territorialen Aufstufung der Aufgaben vom Regionalen über das Nationale hin zum Supranationalen und ggf. Internationalen, hat man es letztlich mit einer föderalen Struktur zu tun.[20]

In der Sache ist ein als kooperativ konzipierter Verfassungspluralismus somit zugleich eine spezifische, weil in ihren rechtstheoretischen Prämissen rechtspluralistisch fundierte Föderalismustheorie.[21] Würde die Begrifflichkeit des Föderalismus nicht Missverständnisse geradezu herausfordern, könnte es damit sein Bewenden haben. Nicht außer Acht gelassen werden darf jedoch, dass die Worte *föderal* im Deutschen und *federal* im Englischen eine gegensätzliche Bedeutung haben können, was gerade bei ebenenübergreifenden und rechtsvergleichenden Betrachtungen zum terminologischen Problem werden kann.[22] Vor allem aber läuft man durch die Verwendung der beiden Begriffe „Föderalismus" und „föderal" aufgrund ihrer historischen Kopplung an Staatlichkeit Gefahr, die fehlgehende Vorstellung eines staatlichen, auf einer Gesamtrechtsordnung fußenden Föderalsystems hervorzurufen.[23] Um dergleichen zu vermeiden, wird im Zuge dieser Arbeit der neutralere Begriff „föderativ" verwendet.[24]

---

[16] Eingehend *F. C. Mayer*, Verfassung im Nationalstaat: Von der Gesamtordnung zur europäischen Teilordnung?, VVDStRL 75 (2016), S. 7 (38 ff.).

[17] *M. Wendel*, a. a. O., S. 7 ff., 33 ff.

[18] Zum Begriff *L. Viellechner*, Responsiver Rechtspluralismus, Der Staat 2012, S. 559 (569 ff.).

[19] Eingehend *G. Sydow*, Verwaltungskooperation in der Europäischen Union, 2004, S. 118 ff.

[20] Vgl. für die Europäische Union im Grundsatz überzeugend, wenn auch im Einzelnen anders nuanciert *A. v. Bogdandy*, Supranationaler Föderalismus als Wirklichkeit und Idee einer neuen Herrschaftsform, 1999, S. 61 ff; *J. H. H. Weiler*, Federalism without Constitutionalism: Europe's *Sonderweg*, in: Nicolaidis/Howse (Hrsg.), The Federal Vision, 2001, S. 54 ff. m. w. N.; *R. Schütze*, From Dual to Cooperative Federalism, 2009, S. 345 ff.; *K. Lenaerts*, Federalism in 3D, in: Cloots/de Baere/Sottiaux (Hrsg.) Federalism in the European Union, 2012. S. 13 ff. (sowohl in vertikaler, horizontaler und diagonaler Hinsicht).

[21] Vgl. zum Verhältnis von Föderalismus und Verfassungspluralismus auch *R. Schütze*, Federalism as Constitutional Pluralism: „Letter from America", in: Avbelj/Komárek (Hrsg.), Constitutional Pluralism in the European Union and Beyond, 2012, S. 185 ff.

[22] Vgl. in Bezug auf das deutsche und amerikanische Verfassungsrecht *C. Möllers*, Gewaltengliederung, 2005, S. 218.

[23] Für die Ablösung der Föderalismustheorie vom Staatsbezug vgl. *O. Beaud*, Théorie de la fédération, 2. Aufl. 2009, S. 39 ff.

[24] Vgl. *M. Zuleeg*, Die föderativen Grundsätze der Europäischen Union, NJW 2000, S. 2846 ff.

2. Pluralisierung und Unitarisierung durch Spielräume

Spielräume können im Mehrebenensystem vor allem der Aufrechterhaltung von Vielfalt dienen. Mitunter kommt ihnen aber auch eine vereinheitlichende Wirkung zu.

a) Pluralisierung: Spielräume als Vielfaltsversprechen

Typische Erscheinungsform vielfaltswahrender Optionenräume sind Umsetzungsspielräume. Die übergreifende, d.h. die geografisch und hinsichtlich der Entscheidungsteilhabe breiter gespannte Ebene belässt der weniger ausgreifenden Ebene in bestimmtem Umfang Raum zur eigenständigen Rechtskonkretisierung. Klassischer Anwendungsfall ist die Richtlinie nach Art. 288 Abs. 3 AEUV, die für jeden Mitgliedstaat hinsichtlich des zu erreichenden Ziels verbindlich ist, den innerstaatlichen Stellen aber die Wahl der Form und der Mittel belässt. Die bis zum Jahr 2006 im Grundgesetz enthaltene[25] Kompetenzform der Rahmengesetzgebung illustriert, dass die Handlungsform des Rahmengesetzes[26] keineswegs eine Besonderheit des Unionsrechtes, sondern ganz allgemein ein Instrument zur föderativen Balance zwischen Einheit in der Zielstellung und Vielfalt in der Form darstellt. Nationale bzw. regionale Regelungsstrukturen sollen geschont und in ihrer Unterschiedlichkeit möglichst gewahrt, das Recht grundsätzlich nur harmonisiert, nicht aber vereinheitlicht werden.[27] Idealerweise gehen aus Perspektive der übergreifenden Ebene mit einer solchen föderativen Konkretisierungsverteilung zugleich Effektivitätssteigerungen und legitimationsentlastende Effekte einher, da die materiellen Zielvorgaben nicht nur passgenau in das nationale bzw. regionale Rechtssystem eingefügt werden können, sondern zugleich Raum für politische Ausgestaltung vor Ort belassen.[28] Das Leitbild einer föderativ gestuften Rechtskonkretisierung wird so durch das Instrument des Spielraums verwirklicht. Die in der Praxis erheblichen Differenzen in der Regelungsdichte von Richtlinien indizieren freilich, dass der Umfang der verbleibenden nationalen Konkretisierungsbefugnis im Einzelnen stark variieren kann.[29]

Ein weiteres Beispiel für den vielfaltswahrenden Einsatz von Spielräumen im Mehrebenensystem ist die Zuerkennung von Spielräumen hinsichtlich der Beurteilung bestimmter rechtlicher Voraussetzungen der Ebene A durch Ent-

---

[25] Art. 75 GG a.F. Zu den Problemen der Rahmengesetzgebung vgl. *S. Oeter*, Integration und Subsidiarität im deutschen Bundesstaatsrecht, 1998, S. 423 ff.

[26] Was nach dem Verfassungsvertrag im Übrigen die Bezeichnung für die Richtlinie gewesen wäre.

[27] Eingehend *M. Nettesheim*, in: Grabitz/Hilf/Nettesheim (Hrsg.), Das Recht der EU, Art. 288 AEUV (48. EL 2012), Rn. 104 ff.

[28] So für die Richtlinie *J. Bast*, Handlungsformen und Rechtsschutz, in: v. Bogdandy/Bast, Europäisches Verfassungsrecht, 2. Aufl. 2009, S. 489 (505).

[29] Vgl. ebd.

scheidungsträger der Ebene B. So spricht der EuGH den Mitgliedstaaten einen gewissen Beurteilungsspielraum hinsichtlich der Frage zu, was unter den Begriff der öffentlichen Ordnung als Rechtfertigungstatbestand in Beeinträchtigungen von Grundfreiheiten subsumiert werden kann.[30] Zwar bleibt es bei dem Grundsatz, dass die öffentliche Ordnung i.S.v. Art. 36, Art. 45 Abs. 3 und Art. 52 AEUV ein genuin unionsrechtlicher ist. Indes billigt der Gerichtshof den Mitgliedstaaten angesichts der bestehenden Unterschiede von Land zu Land eine gewisse Beurteilungsvarianz zu, deren Grenzen er seinerseits überwacht.[31] Damit beugt der EuGH einerseits einer unilateralen Vereinnahmung des Rechtfertigungstatbestandes der öffentlichen Ordnung durch die Mitgliedstaaten vor, ermöglicht aber andererseits die Artikulation spezifischer, unionsweit nicht einheitlich geteilter Wertungen einer nationalen Rechtsordnung innerhalb der Grenzen eines unionsrechtlich zuerkannten Spielraumes. Die verfassungsrechtliche Tiefendimension dieses vielfaltswahrenden Ansatzes wird dort besonders deutlich, wo der EuGH den Beurteilungsspielraum zusätzlich auf die Wahrung der nationalen Verfassungsidentität i.S.d. Art. 4 Abs. 2 EUV stützt.[32] Ein weiterer, speziell im Rahmen einer Rechtfertigungsprüfung lokalisierter Spielraum mit föderativer Stoßrichtung ist die bereits im Kontext der völkerrechtlichen Spielraumlehre angesprochene EGMR-Doktrin der *margin of appreciation*.[33]

In einem weiteren Sinne kann schließlich auch die föderative Ausgestaltung (administrativen) Normvollzuges als vielfaltswahrender Optionenraum verstanden werden. Denn auch Vollzugskompetenz ist letztlich nichts anderes als Rechtskonkretisierungskompetenz, mag der verbleibende Spielraum in Abhängigkeit von der Regelungsdichte des zu vollziehenden Rechts mitunter auch

---

[30] Grundlegend EuGH, Urt. v. 4.12.1974, Rs. 41/74 – *van Duyn*, Rn. 18/19: „Der Begriff der öffentlichen Ordnung ist im Gemeinschaftsrecht, namentlich, wenn er eine Ausnahme von dem wesentlichen Grundsatz der Freizügigkeit der Arbeitnehmer rechtfertigt, eng zu verstehen; daher darf seine Tragweite nicht von jedem Mitgliedstaat einseitig ohne Nachprüfung durch die Organe der Gemeinschaft bestimmt werden. Dennoch können die besonderen Umstände, die möglicherweise die Berufung auf den Begriff der öffentlichen Ordnung rechtfertigen, von Land zu Land und im zeitlichen Wechsel verschieden sein, so dass insoweit den zuständigen innerstaatlichen Behörden ein Beurteilungsspielraum innerhalb der durch den Vertrag gesetzten Grenzen zuzubilligen ist." In der Folgeentscheidung v. 14.3.2000, Rs. C54/99 – Église de scientologie, Rn. 17 führte der EuGH aus, die Mitgliedstaaten könnten „zwar im Wesentlichen weiterhin frei nach ihren nationalen Bedürfnissen bestimmen, was die öffentliche Ordnung und Sicherheit erfordern, doch sind diese Gründe im Gemeinschaftsrecht (...) eng zu verstehen, so dass ihre Tragweite nicht von jedem Mitgliedstaat einseitig ohne Nachprüfung durch die Organe der Gemeinschaft bestimmt werden kann."

[31] Ebd.

[32] EuGH, Urt. v. 22.12.2010, Rs. C-208/09 – *Sayn Wittgenstein*, Rn. 91 f.; v. 2.6.2016, Rs. C438/14 – *Bogendorff von Wolffersdorff*, Rn. 73. Der Sache nach bereits EuGH, Urt. v. 14.10.2004, Rs. C-36/02 – *Omega*, Rn. 31 ff. In der Stoßrichtung ähnlich, obgleich dogmatisch anders eingekleidet EuGH, Urt. v. 12.6.2014, Rs. C156/13 – *Digibet* u. a., Rn. 32, 34.

[33] Siehe S. 60 ff.

stark eingeschränkt sein.[34] Vielfaltswahrend wirkt eine föderative Ausgestaltung des Vollzugssystems im Falle von „Ebenenkopplungen“,[35] d.h. wenn das Recht der übergeordneten Ebene A durch rechtsanwendende Einrichtungen der Ebene B vollzogen wird. Einem solchen vollzugsföderativen Modell,[36] das als Gegensatz zum Modell des dualen, strikt nach Ebenen getrennten Vollzugs zu sehen ist,[37] folgt das deutsche Grundgesetz, wenn es in Art. 83 GG den Vollzug der Bundesgesetze durch die Länder als ländereigene Angelegenheit zum regelungssystematischen Grundsatz erhebt.[38] Auch das Unionsrecht baut auf einem vollzugsföderativen Ansatz auf, der den dezentralen Vollzug des Unionsrechts durch die Mitgliedstaaten als Regelfall vorsieht und darüber hinausgehend zunehmend durch vertikale und horizontale Vollzugsverflechtungen gekennzeichnet ist.[39] Letztlich ist die Maxime der Wahrung nationaler Regelungsautonomie aber in der gesamten Struktur der Union angelegt. Sie kommt insbesondere auch in den Kompetenzausübungsschranken der Subsidiarität[40] und der Verhältnismäßigkeit[41] zum Ausdruck.[42]

b) Unitarisierung: Spielräume als Einheitsschutz

Die Vorstellung einer Unitarisierung durch Spielräume erscheint nach dem Vorgenannten zunächst kontraintuitiv. Gleichwohl können Spielräume in bestimmten Fällen auch zum Zweck föderativer Einheits- bzw. Kohärenzwahrung eingeräumt werden. In diesen spezifischen Fallgestaltungen geht es darum, die mit dem Spielraum ausgestatteten Entscheidungsträger einerseits zu einer kohärenzbildenden Kooperation mit anderen, ebenenfremden Einrichtungen zu befähigen, sie andererseits aber gegenüber bestimmten ebeneninternen Einflüssen abzuschirmen.

So verpflichtet das Unionsrecht die Mitgliedstaaten in bestimmten Bereichen dazu, behördliche Einrichtungen vorzuhalten, die spielraumbasierte Entscheidungen in Kooperation mit supranationalen und anderen mitgliedstaatlichen Behörden treffen und dabei in der Sache nur eingeschränkt durch die nationale

---

34 Die Regelungsdichte schlägt dann regelmäßig auf die Kontrolldichte durch.

35 Zum Begriff *C. Möllers*, Gewaltengliederung, 2005, S. 331 ff.

36 Eingehend *S. Oeter*, Integration und Subsidiarität im deutschen Bundesstaatsrecht, 1998, S. 426 ff., 441 ff.

37 Dieser Ansatz prägte ursprünglich das US-amerikanische Recht, vgl. prägnant *R. Schütze*, From Dual to Cooperative Federalism, 2009, S. 28 f. Diese Trennungsprinzip wurde aber im Lauf der Zeit und insbesondere im Zuge des *New Deal* immer weiter zugunsten eines *cooperative federalism* aufgeweicht, vgl. ebd., S. 94 ff. u. 122 ff.

38 Im Einzelnen *G. Hermes*, in: Dreier (Hrsg.), GG III, 2. Aufl. 2008, Art. 83, Rn. 16, 31 ff.

39 Dazu sogleich eingehend S. 84 ff.

40 Art. 5 Abs. 3 EUV für den Bereich der nicht ausschließlichen Unionskompetenzen.

41 Art. 5 Abs. 4 EUV.

42 Wobei die Subsidiarität ihrerseits durch das Solidaritätsprinzip eingefangen wird, vgl. grundlegend *C. Calliess*, Subsidiaritäts- und Solidaritätsprinzip in der Europäischen Union, 2. Aufl. 1999, S. 185 ff.

Legislative gesteuert werden dürfen. Das Unionsrecht kann dabei u.U. zusätzlich steuernd auf die Spielraumausfüllung einwirken, etwa durch Zielvorgaben, Empfehlungen oder gar exekutive Eingriffsrechte. Solche Fallgestaltungen sind namentlich für den Regulierungsverbund im Bereich des TK-Rechts charakteristisch.[43]

3. Spielräume und letzte Worte

Eine der zentralen Herausforderungen einer rechtspluralistischen Prämisse ist die Einsicht, dass die Beanspruchung „letzter Worte" im Falle ebenenübergreifender Normenkollisionen[44] im Zweifel nicht weiterführt.[45] Eine Auflösung im Wege der Derogation ist nicht möglich, da es aufgrund der jeweils autonomen – und insoweit inkommensurablen[46] – Geltungspostulate der einzelnen Rechtsordnungen gerade nicht um ordnungsinterne Rechts*geltungs*konflikte, sondern ordnungsübergreifende Rechts*anwendungs*konflikte geht.[47] Im Normalfall werden solche Kollisionslagen durch spezielle Kollisionsregeln gelöst. Diese müssen allerdings in allen beteiligten Rechtsordnungen anerkannt sein. Hier liegt der Ursprung für die klassische Diskussion um die innerstaatliche Anerkennung des unionsrechtlichen Anwendungsvorrangs. Die daran anknüpfende Problematik ebenenübergreifender Jurisdiktionskonflikte wurde vielfach beschrieben, rechtstheoretisch durchdrungen und auch in verfassungsvergleichender Perspektive eingehend erschlossen.[48] Einer weiteren Vertiefung bedarf es an dieser Stelle nicht.

---

[43] Dazu näher S. 281 ff.

[44] Zu Begriff und Typologie von Normenkollisionen im Kontext der Europäisierung des Verwaltungsrechts vgl. *S. Kadelbach*, Allgemeines Verwaltungsrecht unter europäischem Einfluss, 1999, S. 23 ff., indes ohne Zugrundelegung einer rechtspluralistischen Hypothese.

[45] Vgl. statt aller *A. Stone Sweet*, A Cosmopolitan Legal Order: Constitutional Pluralism and Rights Adjudication in Europe, Global Constitutionalism 1 (2012), S. 53 (65).

[46] Vgl. *A. Peters*, Elemente einer Theorie der Verfassung Europas, 2001, S. 273.

[47] Näher für das Verhältnis von nationalem und unionalem Recht *M. Wendel*, Permeabilität im europäischen Verfassungsrecht, 2011, S. 18 f. Dezidiert anders *M. Jestaedt*, Der europäische Verfassungsverbund – Verfassungstheoretischer Charme und rechtstheoretische Insuffizienz einer Unschärferelation, in: GS Blomeyer, 2004, S. 637 (669), der ordnungsübergreifende „Verpflichtungskonflikte" allenfalls zwischen Recht und einer davon kategorial getrennten normativen Ordnung, nicht aber als kategorial *rechtlichen* Konflikt für möglich hält.

[48] Statt aller namentlich *A. Stone Sweet*, Constitutional Dialogues in the European Community, in: Slaughter/Stone Sweet/Weiler (Hrsg.), The European Court and National Courts, 1998, S. 305 ff.; *M. Poiares Maduro*, Contrapunctual Law: Europe's Constitutional Pluralism in Action, in: Walker (Hrsg.), Sovereignty in Transition, 2003, S. 501 ff.; *F. C. Mayer*, Wer soll Hüter der europäischen Verfassung sein?, AöR 129 (2004), S. 411 ff.; *M. Kumm*, The Jurisprudence of Constitutional Conflict: Constitutional Supremacy in Europe before and after the Constitutional Treaty, ELJ 11 (2005), 262 ff.; *I. Pernice*, Das Verhältnis europäischer zu nationalen Gerichten im europäischen Verfassungsverbund, 2006; *M. Claes*, The National Courts' Mandate in the European Constitution, 2006, S. 594 ff.; *H. Sauer*, Jurisdiktionskonflikte in

Dies gilt umso mehr, als aus der Perspektive von Verwaltung und Verwaltungsgerichtsbarkeit der offene Streit um das letzte Wort zwischen nationalen und europäischen Höchstgerichten einen rechtspraktisch äußert seltenen Fall darstellt. Dafür sind mehrere Gründe ausschlaggebend. Für die verwaltungsgerichtliche Rechtspraxis spielt diese Art des Jurisdiktionskonflikts schon deshalb eine geringe Rolle, weil aus prozessualen Gründen nur selten zwei oder gar drei Höchstgerichte verschiedener Ebenen im Rahmen ein und desselben verwaltungsrechtlichen Fallkomplexes angerufen werden. Ungleich häufiger entscheiden die Höchstgerichte der einzelnen Ebenen vergleichbar gelagerte Lebenssachverhalte im Rahmen unterschiedlicher Verfahren und am Maßstab ordnungsdifferierender Rechtsnormen. Dann stellt sich allen voran das materiell-rechtliche Problem, wie die mitunter inhaltlich divergierenden Maßstäbe aus Sicht der Verwaltung und der sie kontrollierenden Gerichte zusammenzuführen sind.[49] Konfliktvermeidend wirkt sich zudem der Umstand aus, dass das ebenenübergreifende Verhältnis der Höchstgerichte ein nicht-hierarchisch strukturiertes, auf wechselseitiger Rücksichtnahme basierendes Verbundgefüge ist. Den in seinem Rahmen eingesetzten – stets ordnungsintern normierten – Verbundtechniken in Gestalt von Loyalitäts-, Dialog- und Kooperationspflichten kommt eine präventive Wirkung zu. Der rechtstheoretisch wie politikwissenschaftlich[50] faszinierende Fall eines offen zu Tage tretenden Jurisdiktionskonfliktes bleibt daher nicht nur aus prozessualen Gründen, sondern gerade auch wegen der rechtsnormativen Vorgaben der einschlägigen Bezugsrechtsordnungen ein pathologischer Ausnahmefall, so aufschlussreich die ihm zugrunde liegenden Prämissen für die Bestimmung des Verhältnisses der Rechtsordnungen zueinander sind. Den grundrechtlichen, kompetenzrechtlichen und verfassungsidentitären Prüfungsvorbehalten nationaler Verfassungsgerichte[51] kommt letztlich die Rolle einer *ultima ratio* zu.

Wenn es zutrifft, dass einseitig postulierte „Notvorbehalte“ ihre Berechtigung gerade daraus ziehen, dass sie erst gar „nicht in Anspruch genommen werden müssen“,[52] erfüllen sie ihre Funktion als föderative *checks and balances* vor allem durch die ihrer eigentlichen Anwendung vorgelagerte Warn- und Signalwirkung. Die

---

Mehrebenensystemen, 2008, S. 179 ff.; *P. M. Huber*, Offene Staatlichkeit, in: v. Bogdandy/Cruz Villalón/Huber (Hrsg.), IPE II, 2008, § 26 Vergleich, Rn. 34 ff.; *M. Wendel*, Permeabilität im europäischen Verfassungsrecht, 2011, S. 434 ff.

[49] Die zentrale Herausforderung für die Verwaltung und die Verwaltungsgerichte besteht – im Gegensatz zu BVerfG, EuGH oder EGMR – dann auch gerade darin, dass für sie mitunter alle in Betracht kommenden Rechtsebenen zugleich rechtsmaßstäblich sein können.

[50] Zu dieser Perspektive namentlich *K. Alter*, The European Court's Political Power, 2009, S. 92 ff.

[51] Rechtsvergleichend *F. C. Mayer/M. Wendel*, Die verfassungsrechtlichen Grundlagen des Europarechts, in: Hatje/Müller-Graff (Hrsg.), EnzEuR I, 2014, § 4, Rn. 210 ff.

[52] So ausdrücklich *A. Voßkuhle*, Der europäische Verfassungsgerichtsverbund, NVwZ 2010, S. 1 (3, 7). Grundlegend bereits *I. Pernice*, Das Verhältnis europäischer zu nationalen Gerichten im europäischen Verfassungsverbund, 2006, S. 53 ff.

Pointe des grundrechtlichen Solange-Vorbehalts lag dementsprechend auch weniger in der Inaussichtstellung seiner Aktivierung nach innen, sondern vielmehr in dem Angebot eines kooperativen Kontrollverzichts und der daran geknüpften Forderung nach einem effektiven EU-Grundrechtsschutz nach außen.[53] Diese prospektive Anknüpfung an einen bestimmten Integrationsverlauf rückt in der jüngeren Rechtsprechung allerdings zunehmend in den Hintergrund.[54]

Neben Kontrollverzichten wie in *Solange* oder *Bosphorus*[55] manifestieren sich Kooperation und Rücksichtnahme aber gerade auch in der wechselseitigen Zuerkennung judikativer Spielräume bzw. „Korridore",[56] selbst wenn deren genaue Reichweite umstritten bleiben mag. Neben der bereits mehrfach erwähnten EGMR-Doktrin der *margin of appreciation* ist hier auch die „Fehlertoleranz" zu nennen, die das BVerfG dem EuGH im Rahmen der *Ultra-vires*-Kontrolle einräumt.[57] Diese Fehlertoleranz schließt insbesondere auch Rechtsprechungsergebnisse ein, zu denen der EuGH im Wege einer in ihrer Intensität reduzierten Spielraumkontrolle gelangt ist.[58]

Festzuhalten bleibt somit, dass sich die Frage des letzten Wortes als wenig zielführend erweist, wenn es um ebenenübergreifende Kollisionslagen geht. Davon zu unterscheiden ist die Frage der Letztentscheidungsproblematik, wie sie sich als Problem der horizontalen Gewaltenteilung insbesondere zwischen Exekutive und Judikative stellt. Denn ein administrativer Entscheidungsspielraum ist, wie gesehen, per definitionem eine Befugnis zur *letzt*verbindlichen Rechts-

---

[53] Das tatsächliche Ausmaß dieser Signalwirkung sei mit Blick auf die bereits vor Verkündung des *Solange-I*-Beschlusses (BVerfG, Beschl. v. 29.5.1974, BvL 52/71, BVerfGE 37, 271 – *Solange I*) einsetzende Grundrechtsprechung des EuGH einmal dahingestellt, vgl. nur EuGH, Urt. v. 12.11.1969, Rs. 29/69 – *Stauder*; v. 17.12.1970, Rs. 11/70 – *Internationale Handelsgesellschaft*, sowie v. 14.05.1974, Rs. 4/73 – *Nold*.

[54] Näher *T. Reinbacher/M. Wendel*, Menschenwürde und Europäischer Haftbefehl, EuGRZ 2016, S. 333 (334 ff.).

[55] Hinsichtlich des Verhältnisses von EGMR und EuGH, vgl. EGMR (GK), Urt. v. 30.6.2005, Nr. 45036/98, NJW 2006, 197 – *Bosphorus u. a./Ireland*. Dass es sich im Gegensatz zum *Solange-II*-Ansatz des BVerfG (BVerfG, Beschl. v. 22.10.1986, 2 BvR 197/83, BVerfGE 73, 339 – *Solange II*, konkretisiert durch BVerfG, Beschl. v. 7.6.2000, 2 BvL 1/97, BVerfGE 102, 147 – *Bananenmarktordnung*) um einen einzelfallbasierten Ansatz handelt, in dem die Vermutung hinreichender Grundrechtstreue nicht erst durch ein generelles Absinken des Grundrechtsstandards, sondern bereits im Einzelfall revidiert werden kann, zeigt EGMR, Urt. v. 6.12.2012, Nr. 12323/11, NJW 2013, 3423 – *Michaud/Frankreich*, Rn. 115. Für eine Fortschreibung der *Bosphorus*- und *Michaud*-Rechtsprechung im Kontext des unionsrechtlichen Grundsatzes gegenseitigen Vertrauens vgl. EGMR (GK), Urt. v. 23.5.2016, Nr. 17502/07 – *Avotiņš/Lettland*, Rn. 101-116.

[56] Vgl. *G. Lübbe-Wolff*, Der Grundrechtsschutz nach der Europäischen Menschenrechtskonvention bei konfligierenden Individualrechten – Plädoyer für eine Korridor-Lösung, in: FS Murswiek, 2010, S. 193 ff.

[57] BVerfG, Beschl. v. 6.7.2010, 2 BvR 2661/06 – *Honeywell*, Rn. 66; Urt. v. 21.6.2016, 2 BvR 2728/13 – *OMT-Endurteil*, Rn. 149 u. 159 ff.

[58] BVerfG, Urt. v. 21.6.2016, 2 BvR 2728/13 – *OMT-Endurteil*, Rn. 179 in Bezug auf die unionsgerichtliche Nachprüfung der Handlungen der EZB.

konkretisierung. Diese Kompetenzfrage wird entsprechend der oben aufgezeigten Grundsätze auf Grundlage einer (regelmäßig) legislativen Verteilungsentscheidung beantwortet, die ihrerseits höherrangigem Recht genügen muss.[59] Die mehrebenenspezifischen Probleme treten allerdings hinzu, wenn die administrative Rechtskonkretisierung ihrerseits vertikal aufgestuft oder horizontal verkoppelt erfolgt bzw. wenn die Verwaltung in einem „diagonalen"[60] Verhältnis zu anderen, ordnungsfremden Gewalten steht, kurzum, wenn die Frage des administrativen Letztentscheidungsrechts eine föderative Dimension erhält.

4. Spielräume als Trennkriterium konkurrierender Grundrechtsregime?

Eine besondere Rolle kommt Spielräumen schließlich auch im Bereich des europäischen Grundrechtspluralismus[61] zu. Dies gilt zunächst einmal für den klassischen Ansatz des BVerfG. Karlsruhes Rechtsprechung war über längere Zeit von der Vorstellung beherrscht, die nationale und die unionale Grundrechtssphäre ließen sich im Sinne eines gegenseitigen Ausschlussverhältnisse voneinander trennen. Mit Blick auf den Anwendungsvorrang der Unionsgrundrechte begrenzte das BVerfG die vorbehaltlose[62] Grundrechtskontrolle deutschen Umsetzungsrechts am Maßstab des GG auf diejenigen Bereiche, in denen dem Gesetzgeber ein Umsetzungsspielraum verblieben war.[63] Zugleich ging das BVerfG – zumindest implizit – von der Prämisse aus, dass die Grundrechtskontrolle innerhalb dieses Spielraumbereichs grundsätzlich *allein* anhand der nationalen Grundrechte zu erfolgen habe, was einem engen Verständnis von Art. 51 Abs. 1 S. 1 GRCh korrespondiert.[64] Als das BVerfG in seiner viel zu wenig beachteten Entscheidung zum Investitionszulagengesetz auch unterinstanzliche Fachgerichte unter bestimmten Voraussetzungen zur Einleitung von Vorabentscheidungsverfahren verpflichtete, um die Regelungsdichte des Unionsrechts durch den EuGH klären zu lassen (Spielraumtest),[65] tat es dies basierend auf der

---

[59] Vgl. S. 29ff. für das deutsche Recht und S. 54ff. für das Unionsrecht

[60] Vgl. *G. Sydow*, Verwaltungskooperation in der Europäischen Union, 2004, S. 4; *A. v. Bogdandy*, Die Informationsbeziehungen im europäischen Verwaltungsverbund, in: Hoffmann-Riem/Schmidt-Aßmann/Voßkuhle (Hrsg.), GVwR II, 2. Aufl. 2012, § 25, Rn. 85.

[61] Bzw. Grundrechtsföderalismus, vgl. *T. Kingreen*, Die Grundrechte des Grundgesetzes im europäischen Grundrechtsföderalismus, JZ 2013, S. 801 (806ff.).

[62] D.h. jenseits der durch *Solange-II* gezogenen Schwelle eines generellen Absinkens des Grundrechtsniveaus auf Unionsebene.

[63] BVerfG, Beschl. v. 13.3.2007, BVerfGE 118, 79 – *Treibhausgas I*, Rn. 69f.; Urt. v. Urt. v. 2.3.2010, BVerfGE 125, 260 – *Vorratsdatenspeicherung*, Rn. 181f. Vgl. zuvor bereits BVerfG, Urt. v. 18.7.2005, BVerfGE 113, 273 – *Europäischer Haftbefehl I*, Rn. 80.

[64] Vgl. *J. Masing*, Einheit und Vielfalt des europäischen Grundrechtsschutzes, JZ 2015, S. 477 (481f.): „Es läge hierin die konsequente Durchführung eines kompetenziell geteilten Grundrechtsschutzes in der klaren Alternativität eines Entweder/Oder: Ein stimmiges föderales Modell, das nicht auf Hierarchie, sondern auf Kompetenzabgrenzungen fußt."

[65] BVerfG, Beschl. v. 4.10.2011, 1 BvL 3/08, EuGRZ 2011, 658 – *Investitionszulagengesetz*.

Prämisse, für die Grundrechtskontrolle im Spielraumbereich allein zuständig zu sein.[66] Der Annahme eines Spielraums wäre somit zugleich eine sphärenscheidende Bedeutung zugekommen.

Diese Konzeption des BVerfG, die auf eine klare Trennung der Grundrechtssphären und damit zugleich der höchstgerichtlichen Zuständigkeiten angelegt war, hat sich allerdings nie durchsetzen lassen. Die ihr zugrunde liegende Dichotomie zwischen zwingendem und nicht-zwingendem Unionsrecht brachte von Beginn an die Schwierigkeit mit sich, die häufig nur graduellen Unterschiede in der Regelungsdichte des Unionsrechts in eine Abgrenzungsformel prinzipieller Ausrichtung überführen zu müssen.[67] Vor allem aber hat der EuGH den bundesverfassungsgerichtlichen Ansatz nie aufgegriffen, wie spätestens die vieldiskutierte Leitentscheidung Åkerberg-Fransson zeigte.[68] Den Bereich unionsrechtlich begründeter nationaler Umsetzungsspielräume überließ der Gerichtshof nicht allein den nationalen Grundrechten, sondern erklärte auch hier die Unionsrechte für anwendbar.[69] Dass sich der unionale Grundrechtsschutz *im Anwendungsbereich des Unionsrechts* nicht aus den mitgliedstaatlichen Umsetzungsspielräumen zurückziehen darf, ist im Grundsatz nicht nur wegen der in den Mitgliedstaaten sehr unterschiedlich ausgeprägten grundrechtlichen Schutzsysteme überzeugend,[70] sondern rechtfertigt sich insbesondere vor dem Hintergrund, dass das Unionsrecht auch im Bereich von nationalen (Umsetzungs-)Spielräumen regelmäßig Anlass und Rahmen für die innerstaatliche Rechtserzeugung setzt. Infolge der gestuften Rechtsetzung im Mehrebenensystem, überlagern sich die politische Entscheidungsverantwortung der nationalen und unionalen Ebene im Spielraumbereich. Wenn es aber zutrifft, dass Grundrechtsschutz stets „Annex zur politischen Entscheidungs-

---

[66] Eine Grundrechtskontrolle am Maßstab der Unionsgrundrechte durch Fachgerichte und EuGH wäre dann allein dem unionsrechtlich vollständig determinierten Bereich vorbehalten gewesen.

[67] Vgl. *M. Wendel*, Neue Akzente im europäischen Grundrechtsverbund, EuZW 2012, S. 213 (216).

[68] EuGH, Urt. v. 26.2.2013, Rs. C-617/10 – Åkerberg-Fransson, Rn. 19, 21. Zur Diskussion *H. Reestman/L. Besselink*, After *Åkerberg Fransson* and *Melloni*, EuConst 2013, S. 169 ff.; *T. Kingreen*, Ne bis in idem: Zum Gerichtswettbewerb um die Deutungshoheit über die Grundrechte, EuR 2013, S. 446 ff.; *ders.*, Die Grundrechte des Grundgesetzes im europäischen Grundrechtsföderalismus, JZ 2013, S. 801 ff.; *C. Franzius*, Zwischen Selbstbehauptungen und Selbstbeschränkungen der Rechtsordnungen und ihrer Gerichte, ZaöRV 2015, S. 383 ff.

[69] EuGH, Urt. v. 26.2.2013, Rs. C-617/10 – Åkerberg-Fransson, Rn. 19, 21. Dass der EuGH die Unionsgrundrechte in ihrem Anwendungsbereich auch auf Umsetzungs- bzw. Ermessensspielräume erstreckt, konnte aber auch zuvor mit Blick auf EuGH, Urt. v. 13.7.1989, Rs. 5/88 – *Wachauf*, Rn. 22 und EuGH, Urt. v. 21.12.2011, verb. Rs. C411/10 u. C493/10 – *N.S. u. a.*, Rn. 64 ff. nicht überraschen.

[70] In *Åkerberg Fransson* wäre trotz Eröffnung des unionsrechtlichen Anwendungsbereichs Grundrechtsschutz ansonsten überhaupt nicht gewährt worden. Vgl. zum Ganzen *K. Lenaerts*, In Vielfalt geeint – Grundrechte als Basis des europäischen Integrationsprozesses, EuGRZ 2015, 353 ff.

verantwortung" sein soll,[71] folgt daraus im Spielraumbereich ein entsprechend überlappender Grundrechtsschutz. Über die konkrete Reichweite dieses Ansatzes lässt sich im Einzelfall freilich trefflich streiten.[72]

Spielt es nach dem EuGH somit zwar für die Anwendbarkeit der Unionsgrundrechte grundsätzlich keine Rolle, ob das Unionsrecht der innerstaatlichen Ebene einen Spielraum einräumt oder nicht, holt den EuGH die Spielraumfrage jedoch spätestens bei der Grenzziehung wieder ein. Denn die parallele Anwendbarkeit unionaler und nationaler Grundrechte – einschließlich der Durchsetzung eines etwaigen höheren Schutzstandards des Rechts nach Art. 53 GRCh – endet nach dem *Melloni*-Urteil dort, wo Vorrang, Einheit und Wirksamkeit des Unionsrechts beeinträchtigt würden.[73] Das ist aber klassischerweise der Fall, wenn die Anwendung eines nationalen Grundrechts eine zwingende Vorgabe des Unionsrechts infrage stellen würde, die ihrerseits unionsgrundrechtlich Bestand hat.[74] Jedenfalls in der Negativabgrenzung behält die Spielraumfrage also auch unter der Prämisse der pluralistischen Grundrechtsschichtung Relevanz. Das würde aus Perspektive der deutschen Rechtsordnung im Übrigen auch dann gelten, wenn das BVerfG, wie in der Literatur zuweilen vorgeschlagen, künftig die GRCh zum Karlsruher Prüfungsmaßstab erheben bzw. indirekt in den grundgesetzlichen Prüfungsmaßstab einbeziehen würde.[75] Umgekehrt ist die Frage, ob die Anwendung der deutschen Grundrechte zwingenden Vorgaben des Unionsrechts widerspricht oder nicht, infolge der jüngeren Rechtsprechung des BVerfG aber im Bereich des Art. 1 Abs. 1 GG hinfällig geworden. Das BVerfG ging hier gewissermaßen zur Gegenbewegung über,[76] als es klarstellte, dass die Menschenwürdegarantie des GG[77] in Deutschland auch für Umsetzungsmaßnahmen im zwingenden Bereich sowie für Maßnahmen des Sekundärrechts maßstäblich ist.[78] Da es sich hierbei noch um absolute Aus-

---

[71] So *J. Masing*, a. a. O., S. 482 zur Begründung der von ihm präferierten Trennungsthese.

[72] Der EuGH verfolgt hier selbst einen differenzierten Ansatz, der keineswegs immer zur Anwendbarkeit der Unionsgrundrechte führt, vgl. etwa EuGH, Urt. v. 27.3.2014, C265/13 – *Torralbo Marcos*, Rn. 30 ff. m. w. N. sowie – höchst fraglich – EuGH, Urt. v. 7.3.2017, Rs. C638/16 PPU – *X und X*, Rn. 45.

[73] EuGH, Urt. v. 26.2.2013, Rs. C399/11 – *Melloni*, Rn. 60.

[74] Klassisch EuGH, Urt. v. 17.12.1970, Rs. 11/70 – *Internationale Handelsgesellschaft*, Rn. 4 ff.

[75] Vgl. *D. Thym*, Vereinigt die Grundrechte!, JZ 2015, S. 53 (57 f.); *M. Bäcker*, Das Grundgesetz als Implementationsgarant der Unionsgrundrechte, EuR 2015, S. 389 (410 f.). Allerdings wären die potenziellen Konfliktfelder dann aufgrund der materiell-rechtlichen Annäherung der Grundrechtsregime wohl kleiner.

[76] Vgl. auch *M. Nettesheim*, Anmerkung (zu BVerfG – Europäischer Haftbefehl II), JZ 2016, S. 424 (425).

[77] Zur normativen Funktion des Art. 1 Abs. 1 GG eingehend *C. Enders*, Die Menschenwürde in der Verfassungsordnung – Zur Dogmatik des Art. 1 GG, 1997, S. 377 ff.

[78] BVerfG, Beschl. v. 15.12.2015, EuGRZ 2016, 33 – *Europäischer Haftbefehl II*. Dazu im Einzelnen *T. Reinbacher/M. Wendel*, Menschenwürde und Europäischer Haftbefehl, EuGRZ 2016, S. 333 ff.

nahmefälle handeln dürfte,[79] bleibt es auf absehbare Zeit aber dabei, dass auch aus Perspektive des GG die schwierige Abgrenzung zwischen zwingenden und nicht zwingenden Vorgaben des Unionsrechts relevant bleibt.

II. Verwaltungsvollzugsrechtliche Rahmenbedingungen

Im Anschluss an die Umschau über die mehrebenenspezifischen Erscheinungsformen und Funktionen von Entscheidungsspielräumen im Allgemeinen, ist nun der Fokus auf die Verwaltung[80] im Besonderen zu richten, d.h. auf die föderativen Rahmenbedingungen *administrativer* Entscheidungsspielräume. Einen entscheidenden Faktor hierfür stellen zunächst die föderativen Verbundstrukturen des Verwaltungsvollzugs einschließlich ihrer kompetenzrechtlichen Grundlagen dar.[81]

1. Verwaltungsvollzug als Verbundaufgabe

Verwaltungsvollzug bedeutet Rechtskonkretisierung durch die Verwaltung. Wieviel Spielraum der Administrative in diesem Rahmen verbleibt, hängt von der Ausgestaltung des materiellen Rechts ab. Der Begriff des Spielraumes verweist nicht auf prinzipielle Trennlinien, sondern graduelle Übergänge. Die Besonderheit im „polyzentrischen Rechtsgefüge“[82] des Europäischen Verwaltungsverbunds liegt zum einen darin, dass die nationale Verwaltung das Recht mehrerer Ebenen gleichzeitig konkretisiert, nicht selten also eine „Abschlussentscheidung“[83] aus der Pluralität des Rechts heraus trifft.[84] Kennzeichnend

---

[79] Die Gefahr besteht freilich darin, dass das BVerfG fortan dazu übergeht, Art. 1 Abs. 1 GG mit anderen Grundrechten dergestalt zu verkoppeln, dass diesen sukzessive revisions- und integrationsfeste Menschenwürdekerne zugewiesen würden, welche vor dem BVerfG dann in das prozesstaktische Gewand einer Identitätskontrolle gekleidet, unilateral gegenüber dem Unionsrecht ins Feld geführt werden dürften.

[80] Dabei wird der Begriff der Verwaltung im Folgenden in einem funktionen- bzw. gewaltenbezogenen Sinne verwendet und nicht in einem organbezogenen, vgl. *C. Möllers*, Gewaltengliederung, 2005, S. 82.

[81] Dazu eingehend *G. Sydow*, Verwaltungskooperation in der Europäischen Union, 2004, S. 126 ff.; *T. Groß*, Verantwortung und Effizienz in der Mehrebenenverwaltung, VVDStRL 66 (2007), S. 152 (157 ff.).

[82] Vgl. *M. Ruffert*, Rechtsquellen und Rechtsschichten des Verwaltungsrechts, in: Hoffmann-Riem/Schmidt-Aßmann/Voßkuhle (Hrsg.), GVwR I, 2. Aufl. 2012, § 17, Rn. 26.

[83] Begriff nach *G. Sydow*, Verwaltungskooperation in der Europäischen Union, 2004, S. 125.

[84] Dies folgt aus der rechtspluralistischen Grundannahme. Ein Monist der Wiener Schule würde demgegenüber wohl behaupten, hier werde nur ein Recht – nämlich *das* kategorial notwendig als Einheit zu denkende Recht – konkretisiert, welches zwingend eine binnenhierarchisch gegliederte Gesamtrechtsordnung ausbilde, deren Geltungsgrund in einer Grundnorm als transzendental-logischer Voraussetzung liege. Vgl. für das Verhältnis von nationa-

sind zum anderen die qualitative Intensität und die quantitative Vielgestaltigkeit der ebenenübergreifenden Vollzugsverflechtungen. Handlungen der Verwaltung werden im Verwaltungsverbund „zu Handlungsgeflechten, Verfahren zu Verfahrensketten, die auf unterschiedlichen Ebenen und in unterschiedlichen Mitgliedstaaten durchlaufen werden".[85] Hierdurch können nicht zuletzt Zurechnungszusammenhänge verdunkelt werden, auf welche die Rechtsinstitute des Verwaltungsrechts klassischerweise angewiesen sind.[86] Erschwerend hinzu kommen die Pluralität[87] und die Trabantisierung[88] administrativer Akteure.

a) Vom isolierten Einzelvollzug (...)

Im europäischen Mehrebenensystem fußte der Verwaltungsvollzug ursprünglich nur auf den beiden Säulen des direkten Vollzugs durch die EU-Eigenverwaltung und des indirekten Vollzugs durch die mitgliedstaatlichen Behörden.[89] Kennzeichnendes Merkmal war die grundsätzliche Isolierung beider Vollzugsmodi voneinander.[90] Anders als bei einem Modell des dualen, strikt nach Ebenen getrennten Vollzugs, wie ihn im Ausgangspunkt das US-amerikanische Recht kannte,[91] war der indirekte Vollzug aber seiner Rechtsnatur nach ein vollzugsföderatives Modell, in dem das Recht der Ebene A (unional) von Behörden der Ebene B (national) vollzogen wird. Indes blieb der als Regelfall konzipierte indirekte Vollzug zunächst allein auf das Territorium und die Rechtsordnung des jeweils vollziehenden Mitgliedstaates begrenzt. Es handelte sich um ein Modell des „isoliert-einzelstaatlichen Vollzugs",[92] im Rahmen dessen die Mitgliedstaaten das Unionsrecht parallel und nach dem Grundsatz „jeder für sich"[93] vollziehen.

---

lem und unionalen Recht *M. Jestaedt*, Der europäische Verfassungsverbund – Verfassungstheoretischer Charme und rechtstheoretische Insuffizienz einer Unschärferelation, in: GS Blomeyer, 2004, S. 637 ff.

[85] *E. Schmidt-Aßmann*, Verfassungsprinzipien für den Europäischen Verwaltungsverbund, in: GVwR I, 2. Aufl. 2012, § 5, Rn. 11.

[86] Ebd.

[87] Dazu *W. Hoffmann-Riem*, Eigenständigkeit der Verwaltung, in: Hoffmann-Riem/Schmidt-Aßmann/Voßkuhle (Hrsg.), GVwR I, 2. Aufl. 2012, § 10, Rn. 17 ff.

[88] *G.F. Schuppert*, Verwaltungsorganisation und Verwaltungsorganisationsrecht als Steuerungsfaktoren, in: Hoffmann-Riem/Schmidt-Aßmann/Voßkuhle (Hrsg.), GVwR I, 2. Aufl. 2012, § 16, Rn. 72 ff., 96 ff.

[89] Hierzu eingehend *H.-W. Rengeling*, Rechtsgrundsätze beim Verwaltungsvollzug des Europäischen Gemeinschaftsrechts, 1977, S. 9 ff.; *T. v. Danwitz*, Verwaltungsrechtliches System und Europäische Integration, 1996, S. 17 ff.; *S. Kadelbach*, Allgemeines Verwaltungsrecht unter europäischem Einfluss, 1999, S. 18 f.; *J. Schwarze*, Europäisches Verwaltungsrecht, 2. Aufl. 2005, S. 33 ff.

[90] Vgl. *E. Pache*, Verantwortung und Effizienz in der Mehrebenenverwaltung, VVDStRL 66 (2007), S. 106 (108 f.).

[91] Siehe bereits Fn. 37.

[92] Vgl. *E. Schmidt-Aßmann*, Das allgemeine Verwaltungsrecht als Ordnungsidee, 2. Aufl. 2004, Kap. 7, Rn. 9.

[93] *G. Sydow*, Verwaltungskooperation in der Europäischen Union, 2004, S. 126 ff.

b) (…) zur vertikalen und horizontalen Vollzugsverflechtung

Im Laufe der Zeit wurde die klare Trennung zwischen direktem und indirektem Vollzug durch Hinzutreten immer neuer Formen der Vollzugsverflechtung bzw. „Mischverwaltung“[94] zunehmend aufgelöst. In der Gesamtschau lässt sich konstatieren, dass die Vollzugsmodi der europäischen Mehrebenenverwaltung heute weitaus weniger auf Separierung als auf Verschränkung und wechselseitige Komplementarität angelegt sind.[95]

Das für den Europäischen Verwaltungsverbund prägende Phänomen der Verwaltungskooperation ist ein Sammelbegriff für viele unterschiedliche Ausprägungen und Facetten vertikaler und horizontaler Vollzugsverflechtung. Mit *Gernot Sydow* lässt sich die Verwaltungskooperation anhand verschiedener Grundmodelle typisieren.[96] Ausgangspunkt ist das Einzelvollzugsmodell, das sich zunächst durch einfache Kopplungen mit Formen vertikaler Kooperation (wie z.B. die Einbeziehung der Europäischen Kommission) oder durch die Verknüpfung mit Typen horizontaler Koordinierung variieren lässt.[97]

Wo sich die horizontale Koordinierung bereits dergestalt verdichtet, dass die Verwaltungsentscheidung eines Mitgliedstaates als Referenzentscheidung in den anderen Mitgliedstaaten einem Anerkennungsverfahren unterworfen wird, also „einer vorab“ entscheidet, lässt sich aufgrund der besonderen transnationalen Qualität von einem „Referenzentscheidungsmodell“ sprechen.[98] Trotz des erhöhten Verflechtungsgrades behält hier aber jeder anerkennende Mitgliedstaat das Entscheidungsrecht, welches freilich wiederum durch kohärenzsichernde Mechanismen oder Ingerenzrechte eingegrenzt sein kann.

Ihre höchste Dichte erreicht die horizontale Verflechtung der Mitgliedstaaten untereinander dort, wo „einer für alle“ entscheidet, d.h. wo die Verwaltungsentscheidung des einen Mitgliedstaates ipso iure Rechtswirkungen für alle bzw.

---

[94] So *A. Hatje*, Die gemeinschaftsrechtliche Steuerung der Wirtschaftsverwaltung, 1998, S. 47ff.

[95] Treffend *E. Pache*, a.a.O., S. 135: „Damit durchziehen Kooperation und Verflechtung als Modi der Verantwortungswahrnehmung auf der Grundlage sekundärrechtlicher Vorgaben des Gemeinschaftsgesetzgebers sämtliche Formen des Verwaltens im Verhältnis von EU und Mitgliedstaaten. Die europäische Mehrebenenverwaltung ist nicht auf Trennung der Verwaltungskompetenzen und Betonung der organisatorischen Eigenständigkeit von EU und Mitgliedstaaten ausgerichtet, sondern betont durch die flexiblen sekundärrechtlichen Kompetenzzuweisungen und -verschränkungen die Variabilität der Aufgabenwahrnehmung im Mehrebenensystem und zugleich die funktionale Verbundenheit und Angewiesenheit der verschiedenen Ebenen aufeinander.“

[96] *G. Sydow*, Verwaltungskooperation in der Europäischen Union, 2004, S. 122ff.; *ders.*, Der Vollzug des europäischen Unionsrechts im Wege der Kooperation nationaler und europäischer Behörden, DÖV 2006, S. 66ff. Daran anknüpfend *T. Siegel*, Entscheidungsfindung im Verwaltungsverbund, 2009, S. 320ff. und *E. Pache*, Verantwortung und Effizienz in der Mehrebenenverwaltung, VVDStRL 66 (2007), S. 106 (126ff.).

[97] *G. Sydow*, a.a.O., S. 127ff.

[98] Ebd., S. 181ff.

in allen anderen Mitgliedstaaten entfaltet („Transnationalitätsmodell").[99] Die bekannteste Erscheinungsform dieses genuin transnationalen Verwaltungshandelns ist der transnationale Verwaltungsakt[100] bzw., rechtsdogmatisch neutraler, die transnationale Verwaltungsentscheidung.[101] Sie durchbricht die vorherrschende Vorstellung des klassischen Völkerrechts, dass ein ausländischer Hoheitsakt im Inland Rechtswirkungen grundsätzlich nur aufgrund eines entsprechenden innerstaatlichen Rechtsanwendungsbefehls entfalten kann.[102] Aus geltungstheoretischen Gründen ist sie vom Grundsatz gegenseitiger Anerkennung zu unterscheiden, was sich unionsrechtlich nicht zuletzt in der Wahl der Handlungsform spiegelt.[103] Die vom Einzelvollzugsmodell bis hin zum Transnationalitätsmodell zunehmende Intensität der Verflechtung zeigt, dass es sich bei diesen Grundmodellen – die letztlich ihrerseits Ausdifferenzierungen des indirekten Vollzugs sind – weniger um kategoriale Unterscheidungen als vielmehr um graduelle Abstufungen handelt.[104]

Gleiches gilt für die vertikalen Kooperationsformen. Ist der Verflechtungsgrad zwischen den supranationalen und den nationalen Verwaltungsbehörden sowohl im Grundmodus des direkten Vollzugs durch die EU-Eigenverwaltung als auch in der Reinform des indirekten Vollzugs allenfalls gering ausgeprägt, kann auch hier durch unterschiedlichste Formen von Informations-, Beteiligungs- und Entscheidungsrechten eine zunehmende Dichte an vertikaler Integration erreicht werden.[105] Mittlerweile gibt es sogar Konstellationen eines umgekehrt-vertikalen Vollzugs, d.h. eines Vollzugs dezentral erzeugten Rechts durch die Zentralorgane, was aber angesichts der Partikularität der Sachmaterie und der Schwere der damit aufgeworfenen Bedenken nur einen pathologischen Ausnahmefall bilden dürfte.[106]

---

[99] Ebd., S. 138ff.

[100] *E. Schmidt-Aßmann*, Deutsches und Europäische Verwaltungsrecht, DVBl. 1993, S. 924 (935ff.); *M. Ruffert*, Der transnationale Verwaltungsakt, DV 34 (2001), S. 453ff.; *J. Becker*, Der transnationale Verwaltungsakt, DVBl 2001, S. 855ff.; *V. Neßler*, Der transnationale Verwaltungsakt, NVwZ 1995, S. 863ff.

[101] Vgl. begrifflich *M. Kment*, Grenzüberschreitendes Verwaltungshandeln, 2010, S. 468.

[102] Dazu *C. Ohler*, Die Kollisionsordnung des Allgemeinen Verwaltungsrechts, 2005, S. 50ff.; *K. Vogel*, Administrative Law, International Aspects, in: Bernhardt (Hrsg.), EPIL I, 1992, S. 22ff. Zu den völkerrechtlichen Grundlagen transnationaler Wirkungen eingehend *M. Kment*, Grenzüberschreitendes Verwaltungshandeln, 2010, S. 54ff.

[103] Überzeugend *M. Schwarz*, Grundlinien der Anerkennung im Raum der Freiheit, der Sicherheit und des Rechts, 2016, S. 104ff. sowie zusammenfassend S. 149. Die Wahl der Verordnung indiziert grundsätzlich das Transnationalitätenmodell, weil der mitgliedstaatliche Vollzugsakt dann aufgrund unmittelbar anwendbaren Unionsrechts Geltung für bzw. in allen Mitgliedstaaten verlangt. Demgegenüber ist dies bei der Richtlinie grundsätzlich erst durch die Vermittlung durch das jeweilige nationale Recht der Fall.

[104] *G. Sydow*, Verwaltungskooperation in der Europäischen Union, 2004, S. 125.

[105] Instruktiv am Beispiel des Pflanzenschutz-, Kinderarznei- und Lebensmittelrecht *T. Siegel*, Entscheidungsfindung im Verwaltungsverbund, 2009, S. 338ff.

[106] Die Konstellation betrifft den Bereich der Bankenregulierung, wo Art. 4 Abs. 3 der sog.

Die Verflechtung ist dabei nicht nur in ihrem Grad skalierbar, sondern auch in ihrem Ebenenbezug variabel. So können vertikale und horizontale Vollzugsformen in unterschiedlichsten Konstellationen miteinander kombiniert werden, was die Formenvielfalt ebenenübergreifender Verwaltungskooperation nochmals erhöht und zugleich verdeutlicht, dass die Typisierung einzelner Vollzugsmodelle primär heuristischen Wert hat. Besonders komplex gestaltet sich die Verwaltungskooperation etwa im Bereich grenzüberschreitender Planungen.[107] Wo vertikale und horizontale Kooperationsstrukturen ineinander zu einem funktionellen Ganzen verzahnt sind, entstehen Verbundstrukturen, die durch die zunächst analytisch hilfreiche Unterscheidung von vertikalen und horizontalen Behördenbeziehungen sowie von direktem und indirektem Vollzug nicht mehr hinreichend erfasst werden können.[108] Aus dieser Verbindung vertikaler und horizontaler Kopplungsformen emergiert, der rechtspluralischen Grundannahme entsprechend, letztlich eine ebenenübergreifende Verbundverwaltung, die mehr ist als die Summe ihrer Teile.[109]

Wie noch näher zu zeigen sein wird, ist insbesondere das Regulierungsrecht durch Kopplungen sowohl in vertikaler als auch in horizontaler Hinsicht gekennzeichnet, die zu einer ebenenübergreifenden Verbundstruktur agglutinieren.[110] Demgegenüber ist das Migrationsrecht in besonderem Maße, wenn auch nicht ausschließlich, durch horizontale Kopplungen geprägt.[111] Während bisherige Studien die verschiedenen Formen ebenenübergreifender Verwaltungskooperation in einer allgemeinen, d.h. an Modelltypen oder Handlungsformen orientierten Weise untersucht haben, werden im Rahmen der vorliegenden Un-

---

SSM-Verordnung (VO 1024/2013) eine Anwendung nationalen (Umsetzungs-)Rechts durch die EZB vorgibt. Abgesehen davon, dass ein solches Vollzugsmodell in den Verträgen nicht vorgesehen ist, ergeben sich mit Blick auf Demokratie- und Subsidiaritätsprinzip erhebliche Bedenken. Das beginnt bei der Frage der Legitimation und Bindung von zentraler Hoheitsgewalt (EZB) durch dezentrale Legislativorgane (wie etwa den Bundestag) und setzt sich fort bei der personellen Legitimation der zentralen Verwaltung. Auch das Subsidiaritätsprinzip steht einem Vollzug dezentralen Rechts durch zentrale Organe von seiner Grundidee her entgegen. Man kann deshalb nach jetzigem Stand davon ausgehen, dass es sich bei diesem neuen Vollzugsmodus um eine Anomalie handelt, die ein Übergangsphänomen bleiben wird, bis einheitliche Regelungen zur Bankenaufsicht bereitstehen. Die institutionelle Reform in Gestalt der EZB-Aufsicht ging hier schneller als die Reform des materiellen Aufsichtsrechts, das nach wie vor primär durch Richtlinien und Verordnungen geprägt ist, die den Mitgliedstaaten Regelungsspielräume belassen.

[107] *M. Kment*, Grenzüberschreitendes Verwaltungshandeln, 2010, S. 533 ff.

[108] Zum (limitierten) Erklärungswert des Vollzugsbegriffes vgl. bereits *T. v. Danwitz*, Verwaltungsrechtliches System und Europäische Integration, 1996, S. 17 ff.

[109] Vgl. *G. Sydow*, Verwaltungskooperation in der Europäischen Union, 2004, S. 3 ff.; *T. Siegel*, Entscheidungsfindung im Verwaltungsverbund, 2009, S. 372 ff.

[110] Vgl. S. 281 ff. sowie *H.-H. Trute*, Der europäische Regulierungsverbund in der Telekommunikation: ein neues Modell europäisierter Verwaltung, in: FS P. Selmer, 2004, S. 565 ff.; *G. Britz*, Vom Europäischen Verwaltungsverbund zum Regulierungsverbund?, EuR 2006, S. 46 (48).

[111] Dazu näher S. 299 ff.

tersuchung administrative Vollzugsverflechtungen in ihrem spezifischen Bezug zu diskretionären Normstrukturen, d. h. zur Ausübung behördlicher Entscheidungsspielräume im Mehrebenensystem in den Blick genommen.

2. Diagonaler Zugriff und nationale Verfahrensautonomie

Eine für die Verbundstruktur administrativer Entscheidungsspielräume relevante Besonderheit des Mehrebenensystems liegt in der Möglichkeit diagonaler, d. h. *ebenen-* und zugleich *gewaltenübergreifender* Rechtsverhältnisse.[112] Zwar verhält sich die übergeordnete[113] Ebene gegenüber der jeweils untergeordneten Ebene regelmäßig gewaltenneutral, richtet sich also allgemein an deren Stellen oder Einrichtungen, nicht aber spezifisch an deren Exekutive.

Diese Gewaltenneutralität wird aber dort durchbrochen, wo das Recht der Ebene A Vorgaben über die Gewaltenzuordnung der Ebene B trifft. Im Europäischen Verwaltungsverbund ist das z. B. der Fall, wenn es der Unionsgesetzgeber selbst ist, der der nationalen Verwaltung Entscheidungsspielräume einräumt, sei es unmittelbar im Wege der Verordnung,[114] sei es mittelbar über die Verpflichtung der Mitgliedstaaten zur Gewährung administrativer Entscheidungsspielräume.[115] In einem solchen Fall schränkt das Unionsrecht die Mitgliedstaaten in ihrer Institutionenwahl ein,[116] regelt also die Organkompetenz (teilweise) mit.[117] Es sei nochmals betont, dass stets in jedem Einzelfall zu untersuchen ist, ob es sich bei dem in Rede stehenden Spielraum auch tatsächlich um ein sich gegenüber der Judikative entfaltendes administratives *Letzt*entscheidungsrecht handelt.

---

[112] Daneben kann der Begriff des Diagonalen auch für die Verschmelzung von vertikalen und horizontalen Kooperationsformen (vgl. *A. v. Bogdandy*, Die Informationsbeziehungen im europäischen Verwaltungsverbund, in: Hoffmann-Riem/Schmidt-Aßmann/Voßkuhle (Hrsg.), GVwR II, 2. Aufl. 2012, § 25, Rn. 85) oder für die Zusammenarbeit zwischen der Verwaltung eines Mitgliedstaates mit Gerichten eines anderen Mitgliedstaates verwendet werden, wenn beide funktionell äquivalent tätig werden (dazu *G. Sydow*, Verwaltungskooperation in der Europäischen Union, 2004, S. 4 m. w. N.).

[113] Was kein hierarchisches Verhältnis impliziert, sondern nur die geografisch und hinsichtlich der Entscheidungsteilhabe breiter gespannte Ebene meint.

[114] So etwa im Visumrecht, vgl. EuGH, 19.12.2013, Rs. C-84/12 – *Koushkaki*, Rn. 56 ff. sowie daran anknüpfend BVerwG, Urt. v. 17.9.2015, 1 C 37/14, NVwZ 2016, 161, Rn. 20 (juris).

[115] So etwa im TK-Recht, vgl. unter Bezugnahme auf das Unionsrecht BVerwG, Urt. v. 2.4.2008, 6 C 15/07, BVerwGE 131, 41, Rn. 17 (juris).

[116] Vgl. für den Bereich des TK-Rechts prägnant GA *M. Poiares Maduro*, Schlussanträge v. 23.4.2009, Rs. C-424/07 – *Kommission/Deutschland (Neue Märkte)*, Rn. 65. Ähnlich zuvor bereits auch EuGH, Urt. v. 6.3.2008, Rs. C-82/07 – *Comisión del Mercado de las Telecomunicaciones*, Rn. 24.

[117] Das klassische Begriffspaar Verbands- und Organkompetenz, mit dem die vertikale und horizontale Gewaltenteilung im Föderalstaat voneinander abgegrenzt werden, entfaltet für die vorliegenden Konstellationen aber allenfalls einen begrenzten dogmatischen Mehrwert.

Für einen diagonalen Zugriff, d. h. eine auf unionaler Ebene erfolgende legislative Grundentscheidung über die Begründung eines administrativen Letztentscheidungsrechts auf nationaler Ebene, bedarf es einer entsprechenden Kompetenzgrundlage. Über eine allgemeine Kompetenz zur Angleichung des nationalen Verwaltungsverfahrensrechts im Bereich des indirekten Vollzugs oder gar der Verwaltungsorganisation insgesamt verfügt die Union freilich nicht. Indes enthalten die einzelnen Rechtsetzungsbefugnisse mitunter beachtliche, wenn auch sektoriell begrenzte, verwaltungsverfahrensrechtliche „Kompetenzreserven".[118] Dazu gehört nicht zuletzt die binnenmarktrechtliche Harmonisierungskompetenz aus Art. 114 AEUV, die namentlich für den Bereich des TK-Rechts von zentraler Bedeutung ist. Obwohl die Norm keine Kompetenz zur umfassenden Regelung des nationalen Verwaltungsverfahrensrechts für die Durchführung von Unionsrecht verleiht,[119] ermächtigt sie – ggf. in Verbindung mit dem Gebot loyaler Zusammenarbeit nach Art. 4 Abs. 3 EUV[120] und innerhalb der Grenzen der Kompetenzausübungsschranken der Subsidiarität und der Verhältnismäßigkeit – zum Erlass von Rechtsakten, die das nationale Verwaltungsorganisations-, Verwaltungsverfahrens- und Verwaltungsprozessrecht betreffen.[121] Dementsprechend sind auch sekundärrechtliche Bestimmungen über vertikale und horizontale Formen der Verwaltungskooperation akzessorisch zur Sachgesetzgebung.[122]

Dem steht auch nicht der „Grundsatz" der nationalen Verfahrensautonomie entgegen. Denn die nationale Verfahrensautonomie wird durch das Unionsrecht, vor allem in Art. 291 Abs. 1 AEUV, lediglich als rechtsempirischer Normalfall vorausgesetzt, nicht aber als normative Vorgabe dergestalt statuiert, dass sie die Kompetenz zur verfahrensrechtlichen Regelung des Unionsrechtsvollzugs den Mitgliedstaaten mit konstitutiver Wirkung zuweisen würde.[123] Generalisierende Rückschlüsse auf die Reichweite der Regelungskompetenz des Unionsgesetzgebers in Bezug auf das innerstaatliche Vollzugsverfahren lässt sie nicht zu. Es

---

[118] Dies einräumend auch *T. v. Danwitz*, Europäisches Verwaltungsrecht 2008. S. 467 f., der die Reichweite von Art. 114 AEUV ansonsten für begrenzt hält (a. a. O., S. 467) und den Grundsatz der Verfahrensautonomie als normativen Grundsatz zu verstehen scheint, wenn er einen „Eingriff" in diesen als „rechtfertigungsbedürftig" bezeichnet (a. a. O., S. 304).

[119] Vgl. *C. Krönke*, Die Verfahrensautonomie der Mitgliedstaaten der Europäischen Union, 2013, S. 53.

[120] Zur Bedeutung des Loyalitätsgebots für die Kompetenz der Union zur (Mit-)Regelung des nationalen Verwaltungsverfahrens vgl. *E. Pache*, Tatbestandliche Abwägung und Beurteilungsspielraum, 2001, S. 320 ff.

[121] Vgl. *A. von Bogdandy/S. Schill*, in: Grabitz/Hilf/Nettesheim (Hrsg.), Das Recht der EU, Art. 4 EUV (51. EL 2013), Rn. 81. Darüber hinaus werden auf Art. 114 AEUV mittlerweile auch weitgehende administrative Verselbständigungsprozesse auf EU-Ebene gestützt, vgl. in jüngerer Zeit insbesondere EuGH, Urt. v. 22.1.2014, Rs. C270/12 – *UK/EP und Rat (Leerverkäufe)*, Rn. 88 ff.

[122] Vgl. *G. Sydow*, Verwaltungskooperation in der Europäischen Union, 2004, S. 43 ff.

[123] Vgl. *C. Krönke*, Die Verfahrensautonomie der Mitgliedstaaten der Europäischen Union, 2013, S. 62 f.

handelt sich um eine „tendenzbeschreibende Grundaussage", nicht aber eine Kompetenzsperre bzw. eine negative Kompetenzregelung.[124] Stets kommt es auf die Auslegung der einschlägigen Kompetenzgrundlage an, die – etwa im Fall von Art. 114 AEUV – durchaus den Erlass von unionsrechtlichen Gesetzgebungsakten stützen kann, sofern diese sachbereichlich eingegrenzte Anforderungen an die gerichtliche Kontrolldichte auf nationaler Ebene enthalten.

Dementsprechend steht die nationale Verfahrensautonomie in der Rechtsprechung des EuGH bereits früh unter unionsrechtlichem Regelungsvorbehalt. Nur *soweit* es an einer einschlägigen Verfahrensregelung des Unionsrechts fehlt, also „in Ermangelung einer einschlägigen unionsrechtlichen Regelung", ist die verfahrensrechtliche Ausgestaltung Sache der nationalen Rechtsebene.[125] Auch das BVerwG stellt in seiner Rechtsprechung mittlerweile deutlich heraus, dass es im Anwendungsbereich des Unionsrechts dem europäischen Gesetzgeber zusteht, das einschlägige Sachrecht entsprechend verfahrensrechtlich zu flankieren und dass speziell bei unionsrechtlicher Zuweisung eines Entscheidungsspielraumes an die nationale Verwaltung „kein Raum mehr" für die deutsche Spielraumlehre verbleibe.[126]

III. Legitimationsstrukturelle Rahmenbedingungen

Schließlich ist auch die Pluralität der Legitimationsstrukturen im Mehrebenensystem eine prägende, vor allem aber herausfordernde Rahmenbedingung administrativer Entscheidungsspielräume. Angesichts der Tiefe der Legitimationsthematik und der überaus feinen Ausdifferenzierung der Diskussion[127] kann es an dieser Stelle nur darum gehen, einen angemessenen Grad an Sensibilisierung zu erreichen, um im dritten Teil der Untersuchung die mehrebenenspezifischen Problemstellungen entsprechend ausleuchten zu können.

---

[124] *E. Pache*, Tatbestandliche Abwägung und Beurteilungsspielraum, 2001, S. 314, 346.

[125] Grundlegend EuGH, Urt. v. 16.12.1976, Rs. 33/76 – *Rewe-Zentralfinanz eG* u. a., Rn. 5. Zu dieser „Soweit"-Formel und ihrer Entwicklung eingehend *T. v. Danwitz*, Europäisches Verwaltungsrecht, 2008, S. 476 ff. Vgl. aus der jüngeren Rechtsprechung etwa EuGH, Urt. v. 12.2.2015, Rs. C-662/13 – *Surgicare*, Rn. 26.

[126] BVerwG, Urt. v. 17.9.2015, 1 C 37/14, NVwZ 2016, 161, Rn. 20 (juris).

[127] Eingehend *T. Groß*, Die Legitimation der polyzentralen EU-Verwaltung, 2015, S. 102 ff.; *H.-H. Trute*, Die demokratische Legitimation der Verwaltung, in: Hoffmann-Riem/Schmidt-Aßmann/Voßkuhle (Hrsg.), GVwR I, 2. Aufl. 2012, § 6, Rn. 15 ff.; *E. Schmidt-Aßmann*, Verwaltungslegitimation als Rechtsbegriff, AöR 116 (1991), S. 329 ff.; *G. Sydow*, Verwaltungskooperation in der Europäischen Union, 2004, S. 235 ff.; *C. Görisch*, Demokratische Verwaltung durch Unionsagenturen, 2008, S. 361 ff.; *C. D. Classen*, Demokratische Legitimation im offenen Rechtsstaat, 2009, S. 79 ff.

1. *Maßstabsvielfalt*

Hoheitliches Handeln bedarf der Legitimation. Mit *Christoph Möllers* lassen sich grundsätzlich zwei Legitimationsmodi unterscheiden: zum einen die *demokratische* Legitimation durch die Einrichtung demokratischer Verfahren, zum anderen die *individuelle* bzw. rechtsstaatliche Legitimation durch die Begründung und den Schutz von (subjektiven) Rechten.[128] Beide Modi schließen sich nicht aus, sondern stehen in einem Verhältnis gegenseitiger Bedingtheit, einem „wechselseitigen Ermöglichungszusammenhang".[129]

Unter dem Gesichtspunkt der Legitimation besteht die Besonderheit der Exekutive darin, dass sie im Gegensatz zu Legislative und Judikative keinem der beiden Legitimationsmodi in erster Linie zugeordnet werden kann. Während die Legislative dem demokratisch-kollektiven und die Judikative dem rechtsstaatlich-individuellen Modus zufällt, steht die Verwaltung legitimationstheoretisch vermittelnd zwischen beiden. Das kommt konkret auch darin zum Ausdruck, dass die Exekutive gleichermaßen „individualisierte und generalisierte Rechtserzeugungsfunktionen" wahrnimmt und diese miteinander verkoppelt.[130] Unter diesem Blickwinkel ist die Verwaltungslegitimation bereits für sich genommen in gesteigertem Maße voraussetzungsvoll.

Hinzu treten die mehrebenenspezifischen Komplexitäten. Eine besondere Herausforderung liegt in der regelmäßig auftretenden Maßstabsvielfalt. Kennzeichnendes Merkmal des Mehrebenensystems ist es gerade, dass sich die Wirkungskreise mehrerer Rechtserzeugungsorgane unterschiedlicher Ebenen überschneiden können. Der beschriebenen Schichtung von Grundrechtsgarantien äquivalent, kann es deshalb im Bereich überlappender politischer Entscheidungsverantwortungen auch zu einer Multiplikation der normativen Maßstäbe für die Legitimation des Verwaltungshandelns kommen. Im Hinblick auf den individuellen Legitimationsmodus fällt diese Problematik sogar dann mit der grundrechtlichen zusammen, wenn grundrechtlich gesicherte Verfahrensrechte in Rede stehen.[131] Im Hinblick auf den demokratischen Legitimationsmodus können insbesondere die Maßstäbe von Art. 20 Abs. 2 GG und Art. 10 EUV parallel zur Anwendung gelangen.[132] Die nicht unerheblichen Differenzen zwischen beiden Maßstäben können hier Schwierigkeiten bereiten. Virulent wird

---

[128] Näher zu diesen beiden Legitimationsmodi *C. Möllers*, Gewaltengliederung, 2005, S. 41 ff.

[129] Ebd., S. 56.

[130] Treffend ebd., S. 112.

[131] Zu Art. 6 EMRK, Art. 47 GRCh und Art. 19 Abs. 4 GG vgl. S. 382 ff.

[132] Zu diesen *M. Ruffert*, Die neue Unabhängigkeit: Zur demokratischen Legitimation von Agenturen im europäischen Verwaltungsrecht, in: FS Scheuing, 2011, S. 399 (409 f.) im Kontext der unionsrechtlich eingeforderten Unabhängigkeit nationaler Behörden. Vgl. auch EuGH, Urt. v. 9.3.2010, Rs. C-518/07 – *Kommission/Deutschland (Kontrollstellen für Datenschutz)*, Rn. 42.

diese Frage u.a. im Kontext der unionsrechtlich eingeforderten (politischen) Unabhängigkeit der nationalen Regulierungsbehörden – eine Problematik, auf die eingehend zurückzukommen ist.[133] Auch bzgl. der Schichtung von Maßstäben für die demokratische Legitimation des Verwaltungshandelns gilt, dass sich die nationalen Maßstäbe nur insoweit gegenüber den unionalen durchsetzen können, als Vorrang, Einheit und Wirksamkeit des Unionsrechts nicht beeinträchtigt werden. Als Verbundtechniken konfliktmildernd können unter diesem Gesichtspunkt aber z.B. unionsrechtliche Öffnungsklauseln wirken, die eine „Aufsicht im Einklang mit dem nationalen Verfassungsrecht" zulassen.[134] Die Annahme einer Verletzung von Art. 79 Abs. 3 GG[135] und die damit einhergehende Operationalisierung der bundesverfassungsgerichtlichen Identitätskontrolle sollten indes mit allergrößter Vorsicht und Zurückhaltung gehandhabt werden.[136]

2. *Eigenständigkeit der Verwaltung innerhalb der Legitimationsordnung(en)*

Angesichts der zunehmend vielfältigen Formen administrativer Vollzugsverflechtung, kooperativer Rechtskonkretisierung und organisatorischer Verselbständigung erweist sich die Idee einer zentralisierten Steuerung der Verwaltung durch Gesetzesbindung und hierarchische Struktur zunehmend als unzulänglich, um der Eigenständigkeit der Verwaltung bei gleichzeitiger Herstellung von Verantwortlichkeit hinreichend gerecht zu werden.[137] Dies gilt auf nationaler Ebene ebenso wie auf unionaler und internationaler.

a) In der Bundesrepublik Deutschland

Dem in Deutschland tradierten Legitimationsmodell zufolge soll die demokratische Legitimation des Verwaltungshandelns personell-organisatorisch durch eine ununterbrochene Legitimationskette der Amtswalter und sachlich-inhaltlich durch das parlamentarische Gesetz und die Weisungsbefugnis der parlamentarisch verantwortlichen Regierungsmitglieder bis hinab in die untersten Einheiten der hierarchisch binnenstrukturierten Verwaltung sichergestellt wer-

---

133 Näher S. 265 ff.

134 So im Hinblick auf die Vorgabe der politischen Unabhängigkeit der Regulierungsbehörden Art. 3 Abs. 3a S. 2 RRL.

135 So im noch näher zu erschließenden Kontext des Regulierungsrechts insbesondere *K. F. Gärditz*, Europäisches Regulierungsverwaltungsrecht auf Abwegen, AöR 135 (2010), S. 251 (283 ff.).

136 Im Ergebnis wie hier *M. Ruffert*, a.a.O., S. 410; *M. Eifert*, Gerichtliche Kontrolle der Entscheidungen der Bundesnetzagentur, ZHR 174 (2010), S. 449 (457).

137 *H.-H. Trute*, Die demokratische Legitimation der Verwaltung, in: Hoffmann-Riem/Schmidt-Aßmann/Voßkuhle (Hrsg.), GVwR I, 2. Aufl. 2012, § 6, Rn. 31 m. w. N.

den.[138] Die im Rahmen eines hierarchisch gestuften Entscheidungszuges weisungsbefugte Regierungsspitze wird in ihrer Verantwortung gegenüber dem Parlament deshalb zum entscheidenden Bindeglied demokratischer Verwaltungslegitimation stilisiert.[139]

Dieses für wichtige Teilbereiche des Verwaltungshandelns zweifellos leistungsfähige Modell bedarf indes der Ausdifferenzierung und Ergänzung. Die konkreten Anforderungen an eine hinreichende demokratische Rückbindung der Verwaltung müssen der Gewaltenspezifizität der in Art. 20 Abs. 2 S. 2 GG angelegten Legitimationsordnung Rechnung tragen.[140] Die grundgesetzlichen Vorgaben stellen sich dementsprechend differenzierter, offener und damit zugleich leistungsfähiger dar als die lineare Einförmigkeit des Legitimationskettenmodells. Die grundgesetzlich errichtete Legitimationsordnung zeichnet Legislative, Exekutive und Judikative in institutionell-funktioneller Hinsicht als eigenständig ausgeformte und mit jeweils spezifischen Aufgaben, Instrumenten und Leistungsfähigkeiten versehene Gewalten vor, erlegt dem Gesetzgeber aber eine legislative Konkretisierungsverantwortung für die Ausgestaltung der Verwaltungsorganisation und die in ihr angelegten Modi zur Verwirklichung der Verwaltungslegitimation auf.[141] Die Konkretisierung der aus dem Demokratieprinzip folgenden Anforderungen an die Verwaltungsorganisation ist mit anderen Worten eine Gestaltungsaufgabe.[142] Das Verhältnis der Verwaltung zu anderen Gewalten, insbesondere zur Gesetzgebung, ist darum auch kein schematisch fixierbares, sondern muss im Rahmen dieser gewaltenspezifisch ausgerichteten Legitimationsordnung je nach Sachbereich adäquat austariert werden.[143] Das zu

[138] Zum klassischen Modell vgl. statt vieler *E.-W. Böckenförde*, Demokratie als Verfassungsprinzip, in: Isensee/Kirchhof (Hrsg.), HStR II, 3. Aufl. 2004, § 24, Rn. 14 ff.; *ders.*, Demokratische Willensbildung und Repräsentation, in: Isensee/Kirchhof (Hrsg.), HStR III, 3. Aufl. 2005, § 34, Rn. 16 ff.; *W. Loschelder*, Weisungshierarchie und persönliche Verantwortung in der Exekutive, in: Isensee/Kirchhof (Hrsg.), HStR V, 3. Aufl. 2007, § 107; *B. Grzeszick*, in: Maunz/Dürig, GG, Art. 20 GG (57. EL 2010), Rn. 139 ff. Aus der Rechtsprechung s. BVerfG, Urt. v. 31.10.1990, 2 BvF 3/89, BVerfGE 83, 60 (66 ff.) – *Ausländerwahlrecht II*, Rn. 37 (juris); Urt. v. 24.5.1995, 2 BvF 1/92, BVerfGE 93, 37 (66) – *Personalvertretung*, Rn. 133 ff. (juris) sowie unter stärkerer Betonung der Offenheit des Demokratieprinzips BVerfG, Urt. v. 5.12.2002, 2 BvL 5/98, BVerfGE 107, 59 (91) – *Wasserverbände*, Rn. 143 (juris).

[139] Zu den Leistungsgrenzen des klassischen Modells vgl. *B.-O. Bryde*, Die bundesrepublikanische Volksdemokratie als Irrweg der Demokratietheorie, StWStP 1994, S. 505 (324); *T. Groß*, Das Kollegialprinzip in der Verwaltungsorganisation, 1999, S. 174 ff.; *ders.*, Die Legitimation der polyzentralen EU-Verwaltung, 2015, S. 102 ff. *C. D. Classen*, Demokratische Legitimation im offenen Rechtsstaat, 2009, S. 9 ff.

[140] *H.-H. Trute*, Die demokratische Legitimation der Verwaltung, in: Hoffmann-Riem/Schmidt-Aßmann/Voßkuhle (Hrsg.), GVwR I, 2. Aufl. 2012, § 6, Rn. 30 f.: „Gewaltenspezifische Legitimationsordnung". Grundlegend bereits *E. Schmidt-Aßmann*, Verwaltungsverantwortung und Verwaltungsgerichtsbarkeit, VVDStRL 34 (1976), S. 221 (f.).

[141] *H.-H. Trute*, a. a. O., Rn. 31 u. 58, der von „Legitimationsverantwortung" spricht.

[142] *T. Groß*, Die Legitimation der polyzentralen EU-Verwaltung, 2015, S. 103 f.

[143] *H.-H. Trute*, a. a. O., Rn. 33.

fordernde Legitimationsniveau[144] ist dabei jeweils im Rahmen einer Gesamtbetrachtung ver- und entkoppelnder Faktoren zu bestimmen.[145]

Dementsprechend ist das Fehlen eines bestimmten Elements, wie etwa im Zuge der „Ministerialfreiheit“,[146] nicht automatisch mit einem verfassungsrechtlichen Defizit gleichzusetzen, sondern kann ein vom Gesetzgeber oder gar der Verfassung funktionsspezifisch vorgegebenes Merkmal einer auf die Verwirklichung bestimmter Gemeinwohlziele hin ausgerichteten Verwaltung darstellen. Deren kontinuierliche Rückbindung an das Legitimationssubjekt muss dann freilich über andere „Legitimationsbausteine“[147] gewährleistet, d.h. „konkret erfahrbar und praktisch wirksam“[148] werden. Dazu zählen u.a. verstärkte (nachträgliche) parlamentarische Kontrollen,[149] Transparenz- und Berichtspflichten sowie die wechselseitig stabilisierende und kontrollierende Einbindung in einen ebenenübergreifenden Verwaltungsverbund, der eine verfahrensförmige Internalisierung der Externalitäten bewirken kann. Diese Mechanismen dürfen indes nicht beliebig miteinander kombiniert oder gegeneinander ausgetauscht werden, sondern haben in ihrem Zusammenspiel eine rechtsförmliche[150] und hinreichend transparente Zurechnungsstruktur zu wahren, die vom Gesetzgeber legislativ zu verantworten ist. Dies sicherzustellen, ist eine der großen Herausforderungen.

---

144 Auch nach dem BVerfG ist nicht die Form, sondern letztlich die Effektivität der demokratischen Legitimation entscheidend, vgl. Urt. v. 31.10.1990, 2 BvF 3/89, BVerfGE 83, 60 (71) – *Ausländerwahlrecht II*, Rn. 37 (juris); Urt. v. 24.5.1995, 2 BvF 1/92, BVerfGE 93, 37 (66) – *Personalvertretung*, Rn. 135 (juris).

145 *E. Schmidt-Aßmann*, Das allgemeine Verwaltungsrecht als Ordnungsidee, 2. Aufl. 2004, Kap. 5, Rn. 35.

146 Der Begriff ist äußerst facettenreich und daher kaum ohne begriffliche Vorabklärung verwendbar. Zu Begriff und Erscheinungsformen *C. P. Fichtmüller*, Zulässigkeit ministerialfreien Raums in der Bundesverwaltung, AöR 91 (1966), S. 297ff.; *E. Klein*, Die verfassungsrechtliche Problematik des ministerialfreien Raumes, 1974, S. 58ff.; *J. Oebbecke*, Weisungs- und unterrichtungsfreie Räume, 1986, S. 170ff.; *M. Jestaedt*, Demokratieprinzip und Kondominialverwaltung, 1993, S. 102ff.

147 *W. Hoffmann-Riem*, Eigenständigkeit der Verwaltung, in: Hoffmann-Riem/Schmidt-Aßmann/Voßkuhle (Hrsg.), GVwR I, 2. Aufl. 2012, § 10, Rn. 112.

148 Vgl. BVerfG, Urt. v. 5.12.2002, 2 BvL 5/98, BVerfGE 107, 59 (91) – *Wasserverbände*, Rn. 143 (juris), wo es in Bezug auf die Offenheit des Demokratieprinzips heißt: „Aufgrund seines Prinzipiencharakters ist Art. 20 Abs. 2 GG entwicklungsoffen. Das ‚Ausgehen der Staatsgewalt‘ vom Volk muss für das Volk wie auch die Staatsorgane jeweils konkret erfahrbar und praktisch wirksam sein. Bei veränderten Verhältnissen können Anpassungen notwendig werden“.

149 Diese sind gerade nicht durch den Grundsatz der Weisungsfreiheit auszuschließen, vgl. *W. Krebs*, Verwaltungsorganisation, in: Isensee/Kirchhof (Hrsg.), HStR V, 3. Aufl. 2007, § 108, Rn. 95.

150 Vgl. *E. Schmidt-Aßmann*, Verfassungsprinzipien für den Europäischen Verwaltungsverbund, in: Hoffmann-Riem/Schmidt-Aßmann/Voßkuhle (Hrsg.), GVwR I, 2. Aufl. 2012, § 5, Rn. 58.

b) Im Europäischen Verwaltungsverbund

Was sich im Bundesstaat bereits abzeichnet, wird im Europäischen Verwaltungsverbund vollends offenbar: Die Legitimationsstrukturen des Verwaltungshandelns fallen komplexer und vielschichtiger aus als es das Modell einer linearen, schon für den Bundesstaat selten zutreffenden Rückführbarkeit auf den zum Gesetz geronnenen Steuerungswillen eines einzigen Gesetzgebers abbildet. Mit *Hans-Heinrich Trute* lässt sich festhalten, dass eine horizontal wie vertikal zunehmend eng verflochtene und institutionell pluralisierte Mehrebenenverwaltung „auch unter methodischen Gesichtspunkten nicht mehr auf ein Zentrum ausgerichtet" werden kann.[151]

Die Herausforderungen sind naturgemäß noch vielfältiger als im innerstaatlichen Rechtsraum. Das beginnt mit dem verfassungsrechtlichen Rahmen. Das europäische Verfassungsrecht konstituiert mit dem Prinzip der repräsentativen Demokratie nach Art. 10 Abs. 1 und 2 EUV[152] eine bereits in ihrem Ursprung duale Legitimationsstruktur, in der zwei Legitimationsstränge komplementär zusammenlaufen:[153] zum einen die Repräsentation der Unionsbürger[154] durch das von ihnen unmittelbar gewählte Europäische Parlament; zum anderen die ihrerseits in demokratischer Weise den nationalen Parlamenten bzw. unmittelbar den Bürgern verantwortlichen Vertreter der Mitgliedstaaten im Rat bzw. im Europäischen Rat.[155] Dabei kann man dem Europäischen Parlament seine Repräsentationsfunktion als Bürgervertretung nicht aufgrund seiner degressiv-proportionalen Sitzverteilung absprechen,[156] ohne die mit dieser Verteilung bezweckte Auflösung der Prinzipienkonkurrenz von Staaten- und Bürgergleichheit zu übergehen[157] und bestehende Konstruktionsformen bundesstaatlicher Parlamente in rechtsvergleichender Hinsicht zu verkennen und sodann als

---

[151] *H.-H. Trute*, Die demokratische Legitimation der Verwaltung, in: Hoffmann-Riem/Schmidt-Aßmann/Voßkuhle (Hrsg.), GVwR I, 2. Aufl. 2012, § 6, Rn. 32.

[152] Ergänzt um Formen partizipatorischer, direkter oder assoziativer Demokratie, vgl. Art. 11 EUV.

[153] Dies soll und kann an dieser Stelle nicht vertieft werden. Eingehend *J. Habermas*, Zur Prinzipienkonkurrenz von Bürgergleichheit und Staatengleichheit im supranationalen Gemeinwesen, Der Staat 2014, S. 167 ff. Zur Komplementarität vgl. bereits *I. Pernice*, in Dreier (Hrsg.), Grundgesetz, 2. Aufl. 2006, Art. 23, Rn. 53.

[154] Soweit hier und im Folgenden die männliche Form verwendet wird, schließt dies die weibliche mit ein. Soweit die weibliche Form verwendet wird, schließt dies umgekehrt auch die männliche ein.

[155] Dies hängt von der verfassungsrechtlichen Ausgestaltung im Einzelnen ab. Vgl. exemplarisch für die Unterschiede zwischen dem französischen semipräsidentiellen System und dem deutschen parlamentarischen Regierungssystem *Y. Vilain/M. Wendel*, Parlament – Regierung – Staatspräsident, in Marsch/Vilain/Wendel (Hrsg.), Französisches und Deutsches Verfassungsrecht, 2015, § 4.

[156] BVerfG, 30.6.2009, 2 BvE 2/08 u.a., BVerfGE 123, 267 – *Lissabon*, Rn. 280 ff. sowie BVerfG, 09.11.2011, 2 BvC 4/10 u.a., BVerfGE 129, 300 – *Fünfprozentklausel EP-Wahlen*, Rn. 118 ff.

[157] Dazu überzeugend *J. Habermas*, a.a.O., S. 187 ff. *M. Ruffert*, in: Calliess/Ruffert,

verzerrten Idealmaßstab zugrunde zu legen.[158] Vielmehr kommt dem über das Europäische Parlament laufenden unmittelbaren Legitimationsstrang eine substanzielle legitimatorische Eigenkraft zu.[159]

Dem Kompetenzzuwachs des Europäischen Parlamentes, das mittlerweile die Sekundärrechtsetzung in den meisten Politikbereichen gemeinsam mit dem Rat legislativ verantwortet, kommt für die Legitimation der unmittelbar oder mittelbar auf dieser Grundlage handelnden Verwaltung mittlerweile erhebliches Gewicht zu. Das gilt nicht nur für den Vollzug durch die EU-Eigenverwaltung, sondern gerade auch für den dezentralen Vollzug und die sich um ihn gruppierenden Verflechtungsformen in vertikaler und horizontaler Hinsicht. Das Sekundärrecht kann die Verwaltung hier zwar regelmäßig nicht allein bzw. zentral steuern. Es dirigiert das Handeln der vollziehenden Exekutive aber gleichwohl in erheblichem Umfang mit, wobei der Grad an inhaltlich-sachlicher Vorstrukturierung mit Zunahme der Regelungsdichte steigt. Vor diesem Hintergrund rechtfertigt es nicht zuletzt auch das mit dem Vertrag von Lissabon erreichte Maß an Formalisierung des unionalen Gesetzgebungsverfahrens, das Steuerungspotenzial des Gesetzes auf Unionsebene jedenfalls stärker als bisher zu entfalten.[160]

Damit ist zugleich die wichtige Frage nach einer Konzeption des Gesetzesvorbehalts im Unionsrecht aufgeworfen.[161] Die Funktion eines zentralen Mediums, in dem die „Gewährleistungsanliegen von Rechtsstaats- und Demokratieprinzip" zusammenfinden,[162] kann das formelle Gesetz, also der „Gesetzgebungsakt" i.S.d. Art. 289 Abs. 3 AEUV, im Unionsrecht aus besagten verfassungsstrukturellen Gründen nicht in gleichem Umfang wie im deutschen Verfassungsrecht erfüllen.[163] Ein umfassender *Parlaments*vorbehalt lässt sich jedenfalls noch nicht feststellen – und zwar weder unionsimmanent noch föderativ gedacht, d.h. in Bezug auf die Mitgliedstaaten. Allerdings wird im Ergebnis vielfach eine (Mit-)Entscheidung des EP eingefordert. Der Gesetzesvorbehalt nach Art. 52 Abs. 1 GRCh vermag dies plastisch zu illustrieren.[164] Mit Blick

---

EUV/AEUV, 5. Aufl. 2016, Art. 9 EUV, Rn. 28 spricht vom „Gedanken eines föderalen Minderheitenschutzes".

[158] Zutreffend *C. Schönberger*, Die Europäische Union zwischen „Demokratiedefizit" und Bundesstaatsverbot, Der Staat 2009, S. 535 (548 ff.).

[159] Vgl. *M. Wendel*, Potenziale und Grenzen des Verbundmodells im europäischen Parlamentarismus, in: Franzius/Mayer/Neyer (Hrsg.), Modelle des Parlamentarismus im 21. Jahrhundert, 2015, S. 229 (238 ff.).

[160] So *E. Schmidt-Aßmann*, Verfassungsprinzipien für den Europäischen Verwaltungsverbund, in: Hoffmann-Riem/Schmidt-Aßmann/Voßkuhle (Hrsg.), GVwR I, 2. Aufl. 2012, § 5, Rn. 63.

[161] Dazu eingehend *H. Rieckhoff*, Der Vorbehalt des Gesetzes im Europarecht, 2007, S. 67 ff.

[162] Ebd.

[163] Vgl. zu den dogmatischen Umwälzungen im deutschen Recht aber eingehend *W. Hoffmann-Riem*, Gesetz und Gesetzesvorbehalt im Umbruch, AöR 130 (2005), S. 5 ff.

[164] Für andere Bereiche vgl. exemplarisch *H. Rieckhoff*, Der Vorbehalt des Gesetzes im Europarecht, 2007, S. 166 ff. u. 175 ff.

auf die *Mitgliedstaaten* meint Art. 52 Abs. 1 GRCh zunächst, ähnlich dem Recht der EMRK, lediglich einen denkbar weitgefassten Rechtsnormvorbehalt.[165] *Unionsrechtsintern* handelt es sich bei zutreffendem Verständnis aber grundsätzlich um das Erfordernis eines Gesetzgebungsaktes i.S.d. Art. 289 Abs. 3 AEUV.[166] In den wenigen verbliebenen Bereichen, in denen das EP noch kein Entscheidungsträger ist, folgt daraus zwar nur ein Ratsvorbehalt. In den anderen, zahlenmäßig weitaus größeren – und auch grundrechtswesentlichen – Politikfeldern erwächst aus dem formellen Gesetzesvorbehalt aber zugleich die Vorgabe einer (auch) parlamentarisch fundierten Grundentscheidung.[167] Innerhalb dieses Rahmens lassen sich dann auch in Ansätzen Elemente einer unionalen Wesentlichkeitslehre identifizieren.[168] Dies geht einher mit Anforderungen an die Regelungsdichte, was als Rechtsgedanke nicht zuletzt in Art. 290 Abs. 1 UAbs. 2 S. 1 AEUV zum Ausdruck kommt.[169]

Gleichwohl bleibt unter dem Gesichtspunkt der Verwaltungslegitimation der Befund festzuhalten, dass der Europäische Verwaltungsverbund gerade nicht durch eine zentrale Vorabsteuerung des Verwaltungshandelns geprägt ist, die durch hierarchische Strukturen kanalisiert würde.[170] Der darin liegenden Herausforderung ist mit *Thomas Groß* insbesondere durch eine Stärkung des Konzepts der Verantwortlichkeit durch nachträgliche Kontrolle (*accountability*) zu begegnen.[171] Dies kann vor allem in Gestalt parlamentarischer Kontrolle der

---

[165] Vgl. *M. Borowsky*, in Meyer (Hrsg.), Charta der Grundrechte der Europäischen Union, 4. Aufl. 2014, Rn. 20. Art. 52 Abs. 1 GRC trägt insoweit dem Umstand Rechnung, dass die Reichweite der parlamentarischen Rechtsetzungskompetenzen in einigen Mitgliedstaaten verfassungsrechtlich zugunsten gubernativer Rechtssetzung limitiert ist, wie etwa in Frankreich durch Art. 34 der französischen Verfassung.

[166] Vgl. *M. Cornils*, Schrankendogmatik, in: Grabenwarter (Hrsg.), EnzEuR II – Europäischer Grundrechteschutz, 2014, § 5, Rn. 92; *T. Kingreen*, in: Calliess/Ruffert (Hrsg.), EUV/AEUV, 5. Aufl. 2016, Art. 52 GRCh, Rn. 62, jeweils m. w. N.

[167] Ebd.

[168] Vgl. *T. v. Danwitz*, Verfassungsrechtliche Herausforderungen in der jüngeren Rechtsprechung des EuGH, EuGRZ 2013, S. 253 (257 f.); *S. Röder, Sonja*, Der Gesetzesvorbehalt der Charta der Grundrechte der Union im Lichte einer europäischen Wesentlichkeitstheorie, 2007, S. 154 ff.; *M. Borowsky*, in Meyer (Hrsg.), Charta der Grundrechte der Europäischen Union, 4. Aufl. 2014, Rn. 20a.

[169] Zutreffend *T. Kingreen*, in: Calliess/Ruffert (Hrsg.), EUV/AEUV, 5. Aufl. 2016, Art. 52 GRCh, Rn. 62.

[170] Speziell zur demokratischen Legitimation administrativer Netzwerke *N. Simantiras*, Netzwerke im europäischen Verwaltungsverbund, 2016, S. 47 ff. Eingehend zu Legitimationsproblemen des europäischen Regulierungsverbundes jüngst *E. Westermann*, Legitimation im europäischen Regulierungsverbund, 2017, S. 476 ff.

[171] *T. Groß*, Die Legitimation der polyzentralen EU-Verwaltung, 2015, S. 102. Zum Konzept der *accountability* vgl. im Kontext des europäischen Verwaltungsrechts eingehend *C. Harlow*, Accountability in the European Union, 2002, S. 6 ff.; *D. Curtin*, Holding (Quasi-) Autonomous EU Administrative Actors to Public Account, ELJ 13 (2007), S. 523 ff.; *M. Bovens*, Analysing and Assessing Accountability: A Conceptual Framework, ELJ 13 (2007), S. 447 ff.

betreffenden Verwaltungseinheiten erfolgen,[172] zumal wenn letztere aufgrund überstaatlicher Vorgaben als unabhängige Verwaltungsbehörden ausgestaltet sind, wie dies etwa bei den nationalen Regulierungsbehörden der Fall ist.[173]

Föderative Folgeprobleme können freilich dann entstehen, wenn exekutiver Vollzugsauftrag und parlamentarische Verantwortlichkeit zwischen den Ebenen auseinanderfallen, d.h., wenn die Exekutive von einer anderen Legislative programmiert wird als von der, die sie letztlich kontrolliert.[174] Das ist auch der Grund, warum ein Ausbau der Kompetenzen des Europäischen Parlamentes jedenfalls nicht unter allen Gesichtspunkten automatisch zu einer Stärkung der demokratischen Legitimation der Verwaltung führen muss.[175] Hinzu kommt schließlich, dass sich die unionale Konzeption im Europäischen Verwaltungsverbund sehr verschiedenen nationalen Traditionen gegenüber sieht,[176] hinsichtlich derer sie eine Anschlussfähigkeit bzw. Interoperabilität herstellen muss.

c) *Im internationalen Verwaltungsrecht*

Die Schwierigkeit der Errichtung angemessener Zurechnungszusammenhänge setzt sich im Bereich des internationalen Verwaltungsrechts fort.[177] Hier stellt sich erstens die Frage nach Legitimationsstrukturen der internationalen Verwaltung, also insbesondere dem Organisationsgefüge bzw. administrativen Unterbau internationaler Organisationen. Für diese lässt sich, bei aller Verschiedenheit im Detail, ein Grundmodell der Legitimationsvermittlung identifizieren.[178]

---

[172] Vgl. dazu in Bezug auf das Europäische Parlament *P. Dann*, Parlamente im Exekutivföderalismus, 2004, S. 330ff.

[173] *T. Groß*, a.a.O., S. 102 m.w.N.

[174] Zu diesem Problem *C. Möllers*, Gewaltengliederung, 2005, S. 350.

[175] Ebd., S. 351.

[176] Rechtsvergleichend zu den verschiedenen Modellen demokratischer Legitimation des Verwaltungshandelns auf nationaler Ebene *G. Marcou*, Die Verwaltung und das demokratische Prinzip, in: v. Bogdandy/Cassese/Huber (Hrsg.), IPE V, 2014, § 92, Rn. 8ff.; *M. Ruffert*, Comparative Perspectives of Administrative Legitimacy, in: ders. (Hrsg.), Legitimacy in European Administrative Law: Reform and Reconstruction, 2011, S. 351ff. ; *ders.*, Verselbständigte Verwaltungseinheiten: Ein europäischer Megatrend im Vergleich, in: Trute/Groß/Möllers/Röhl (Hrsg.), Allgemeines Verwaltungsrecht – zur Tragfähigkeit eines Konzepts, 2008, S. 431ff. sowie allgemein *P. Cruz Villalón*, Grundlagen und Grundzüge staatlichen Verfassungsrechts, in: v. Bogdandy/Cruz Villalón/Huber (Hrsg.), IPE I, 2007, § 13 Vergleich, Rn. 111ff.

[177] Dazu *B Kingsbury/N. Krisch/R. B. Stewart*, The Emergence of Global Administrative Law, LCP 68-3/4 (2005), S. 15ff.; *R. B. Stewart*, The normative dimensions and performance of global administrative law, ICON 2015, S. 499ff. Zu den historischen Entwicklungspfaden eines Konzeptes des internationalisierten Verwaltungshandelns im öffentlichen Recht *C. Tietje*, Internationalisiertes Verwaltungshandeln, 2001, S. 29ff.

[178] *M. Eifert*, Legitimationsstrukturen internationaler Verwaltung, in: Trute/Groß/Möllers/Röhl (Hrsg.), Allgemeines Verwaltungsrecht – zur Tragfähigkeit eines Konzepts, Tübingen 2008, S. 307 (313f.).

Danach nimmt ein Hauptorgan, typischerweise die Generalversammlung, primär eine Legislativ- und Steuerungsfunktion wahr, während nachgeordnete Organe der Mitgliedsvertreter und v.a. das Sekretariat als Exekutive fungieren.[179] Diese Struktur bedingt eine im Ausgangspunkt nationalstaatlich vermittelte Legitimation, die aber vor allem um Elemente deliberativer Legitimation angereichert wird, deren richtige Akzentuierung bzw. Kombination mit anderen Legitimationsbausteinen auch hier die zentrale Herausforderung darstellt.[180]

Zweitens stellt sich die Frage der Legitimation des Verwaltungshandelns insbesondere für die internationalen bzw. transnationalen Verwaltungsbeziehungen, also das Verwaltungshandeln regionaler, nationaler oder supranationaler Behörden auf internationalem Parkett. Auch hier hat sich ein vielfältiges Geflecht an unterschiedlichen Phänomenen grenzüberschreitender Zusammenarbeit etabliert, das von transnationalen Kooperationsformen (jenseits der vom Unionsrecht erfassten Bereiche) bis hin zu internationalen Verbundstrukturen reicht.[181] Die Problematik der Verwaltungslegitimation ist hier indes anders gelagert als im Europäischen Verwaltungsverbund, fehlt es doch jedenfalls an einem unmittelbar demokratisch legitimierten Rechtsetzungszentrum auf der internationalen Ebene. Dementsprechend verlagert sich die Diskussion auf Fragen der ordnungsinternen Inkorporation bzw. Selbstbindung. Das klassische Beispiel hierfür ist die unter Beteiligung nationaler Verwaltungsbehörden erfolgende Setzung von Standards auf internationaler Ebene, an die eine spätere Selbstbindung anknüpft.[182] Hier lassen sich innerstaatlich auch Überlegungen zu einem abgestuften Gesetzesvorbehalt anschließen, um die Verdünnung personeller Legitimation zu kompensieren.[183] Die Probleme zunehmender Sektoralisierung, mangelnder Transparenz der Entscheidungsprozesse und schwerer Abänderbarkeit der einmal fixierten Standards auf internationaler Ebene lassen sich mit einem dergestalt nachgelagerten Gesetzesvorbehalt allerdings nicht in den Griff bekommen.[184] Auch hier bedarf es letztlich des Hinzutretens ergänzender Legitimationsbausteine. Die Frage der demokratischen Legitimation stellt sich im Bereich der internationalen Verwaltungsbeziehungen zudem für die mittlerweile in Form und Umfang beachtliche völkerrechtliche Aktivität kommunaler Gebietskörperschaften, wobei auch hier differenzierte Ansätze unter Betonung der Rückbindung an das aus dem innerstaatlichen Recht ergebende demokratische Mandat dominieren.[185]

---

[179] Ebd.

[180] Ebd., S. 318 ff.

[181] Für eine Typenbildung vgl. *M.A. Glaser*, Internationale Verwaltungsbeziehungen, 2010, S. 27 ff.

[182] Eingehend *O. Lepsius*, Standardsetzung und Legitimation, in: Möllers/Voßkuhle/Walter (Hrsg.), Internationales Verwaltungsrecht, 2007, S. 345 (363 ff.).

[183] Näher *C. Möllers*, Transnationale Behördenkooperation, ZaöRV 2005, S. 351 (375 f.).

[184] Vgl. ebd., S. 379 m.w.N.

[185] Dazu *H. Aust*, Das Recht der globalen Stadt, 2017, S, 90 f. Vgl. zur flexiblen Zusammen-

IV. Fazit

Die föderativen Rahmenbedingungen diskretionären Verwaltungshandelns lassen sich im Wesentlichen in drei Bereiche einteilen: erstens das übergeordnete Phänomen rechtlicher Spielräume im Mehrebenensystem (föderative Optionenräume), zweitens die vollzugsrechtlichen Rahmenbedingungen und drittens die mehrebenenspezifischen Legitimationsstrukturen.

Föderative Optionenräume sind eine besondere Kategorie von Entscheidungsspielräumen, die sich im Verhältnis von Einheit und Vielfalt im Mehrebenensystem auswirken und unterschiedliche Erscheinungsformen ausbilden können, zu denen sowohl exekutive als auch legislative und judikative Spielräume zählen. Verwaltungsermessen ist in seiner föderativen Dimension daher nur eine besondere Ausprägung eines übergreifenden Phänomens.

Regelmäßig entfalten föderative Optionenräume eine vielfaltswahrende Funktion, etwa als Umsetzungsspielräume der Legislative oder als Beurteilungsspielräume der Judikative. Sie fungieren letztlich als spezifisches Instrument zur Verwirklichung eines Prozesses föderativ gestufter Rechtserzeugung. Hierbei belässt die geografisch und hinsichtlich der Entscheidungsteilhabe übergreifende Ebene der weniger ausgreifenden Ebene in bestimmtem Umfang eine Marge zu autonomer Rechtskonkretisierung. Insoweit besteht auch eine Nähe zum Subsidiaritätsprinzip. In speziellen Fällen können föderative Optionenräume aber auch eine vereinheitlichende Wirkung entfalten, etwa wenn Raum für Entscheidungen nach speziellen ebenenübergreifenden Kooperations- oder Verbundmodi freigehalten werden soll, die ihrerseits kohärenzstiftend sind.

In beiderlei Hinsicht wirken föderative Optionenräume als Verbundtechniken. Verbund wird hier als ein normatives Konzept verstanden, das auf der rechtspluralistischen Prämisse einer Getrenntheit der einzelnen Rechtsordnungen bzw. Ebenen fußt, aber deren funktionelles Zusammenspiel betont. Letzteres entsteht durch das Ineinandergreifen verschiedener Verbundtechniken, die ihrerseits ordnungsintern verankert sind. Die wechselseitige Zuerkennung von Spielräumen ist eines der Wesensmerkmale eines dergestalt pluralistisch konzipierten Verbundmodells. Eine besondere Bedeutung erlangen föderative Optionenräume insoweit auch im europäischen Grundrechtspluralismus – zwar nicht als klare Trennkategorie der Grundrechtssphären, jedoch zur Bestimmung der Reichweite einer parallelen Anwendbarkeit von Grundrechtsgarantien mehrerer Ebenen.

Mit Blick auf die *verwaltungsvollzugsrechtlichen Rahmenbedingungen* ist der Besonderheit Rechnung zu tragen, dass die nationale Verwaltung im Europäi-

---

stellung einzelner Legitimationsbausteine auch *M. Kotzur*, Grenznachbarschaftliche Zusammenarbeit in Europa, 2004, S. 254.

schen Verwaltungsverbund das Recht mehrerer Ebenen gleichzeitig konkretisiert und deshalb häufig eine verfahrensabschließende Entscheidung aus der Pluralität des Rechts heraus trifft. Für das Mehrebenensystem kennzeichnend sind hierbei insbesondere die qualitative Intensität und die quantitative Vielgestaltigkeit der ebenenübergreifenden Vollzugsverflechtungen. Die ursprünglich deutliche Trennung zwischen direktem und indirektem Vollzug wurde durch Hinzutreten immer neuer Formen vertikaler und horizontaler Verwaltungskooperation zunehmend durchlässig. In der Gesamtschau lässt sich konstatieren, dass die Vollzugsmodi der europäischen Mehrebenenverwaltung heute weitaus weniger auf Separierung als auf Verschränkung und wechselseitige Komplementarität angelegt sind. Die Verflechtung ist dabei nicht nur in ihrem Grad skalierbar, sondern auch in ihrem Ebenenbezug variabel. Dabei können vertikale und horizontale Vollzugsformen auf höchst vielfältige Weise miteinander kombiniert werden. Wo beides ineinander zu einem funktionellen Ganzen verzahnt ist, entstehen Verbundstrukturen, die durch die zunächst analytisch hilfreiche Unterscheidung von vertikalen und horizontalen Behördenbeziehungen sowie von direktem und indirektem Vollzug nicht mehr hinreichend erfassbar sind.

Diese Verflechtungen werden im Rahmen der Untersuchung in ihrem spezifischen Bezug zu diskretionären Normstrukturen in den Blick genommen. Eine für die Verbundstruktur administrativer Entscheidungsspielräume relevante Besonderheit des Mehrebenensystems liegt in der Möglichkeit diagonaler, d.h. ebenen- und zugleich gewaltenübergreifender Rechtsverhältnisse. Das Recht der Ebene A trifft Vorgaben über die Gewaltenzuordnung der Ebene B. Im Europäischen Verwaltungsverbund ist das der Fall, wenn der Unionsgesetzgeber der nationalen Verwaltung Entscheidungsspielräume unmittelbar qua Verordnung oder mittelbar qua Richtlinie verleiht und damit die Mitgliedstaaten in ihrer Institutionenwahl einschränkt. Die nationale Verfahrensautonomie kann dem grundsätzlich nicht entgegengehalten werden, da sie lediglich als rechtsempirischer Normalfall vorausgesetzt, nicht aber als normative Kompetenzschranke vorgegeben ist. Stets kommt es auf die Auslegung der Kompetenzgrundlage des einschlägigen Sachrechts an, wobei es dem Unionsgesetzgeber in den Grenzen der Kompetenzausübungsschranken grundsätzlich zusteht, das einschlägige Sachrecht verfahrensrechtlich zu flankieren.

Eine besondere Herausforderung für die Konzipierung administrativer Entscheidungsspielräume im Mehrebenensystem liegt schließlich in der Pluralisierung der *Legitimationsstrukturen*. Das beginnt bei der mehrebenentypischen Maßstabsvielfalt. Überschneiden sich die Wirkungskreise mehrerer ebenendifferierender Rechtserzeugungsorgane, kann es in diesem Bereich überlappender politischer Entscheidungsverantwortungen zu einer Multiplikation der (verfassungsrechtlichen) Maßstäbe für die Legitimation des Verwaltungshandelns kommen.

Angesichts der verstärkten Ausdifferenzierung der Mehrebenenverwaltung und der von ihr genutzten Vollzugsmodi stellt sich das Leitbild einer zentralen Steuerung der Verwaltung durch Gesetz und Hierarchie zunehmend als unzureichend dar. Schon für den Bundesstaat grundgesetzlicher Prägung erweist sich die Idee einer Rückführbarkeit auf den zum Gesetz geronnenen Steuerungswillen eines einzigen Gesetzgebers jedenfalls als ergänzungs- und differenzierungsbedürftig. Dabei ist vor allem dem Umstand Rechnung zu tragen, dass dem Gesetzgeber eine Konkretisierungsverantwortung für die Legitimationsordnung zukommt, diese also eine Gestaltungsaufgabe darstellt. Noch komplexer und klärungsbedürftiger nehmen sich die Legitimationsstrukturen im überstaatlichen Bereich aus. Das gilt vor allem für den Europäischen Verwaltungsverbund. Zwar ist hier auf die gestiegene Bedeutung des Europäischen Parlamentes für die Verwaltungslegitimation sowie die zunehmende Rolle der unionsrechtlichen Konzeption des Gesetzesvorbehaltes hinzuweisen. Indes ist das Bild auch hier gerade nicht von einer legislativen Zentralsteuerung des Verwaltungshandelns, sondern durch eine Vielzahl komplementärer Legitimationsbausteine geprägt, deren Verhältnis und Akzentuierung klärungsbedürftig sind. Allerdings spricht viel dafür, die Elemente der Verantwortlichkeit durch nachträgliche Kontrollen (*accountability*) zu stärken.

§ 4 Migrations- und TK-Recht als spielraumgeprägtes Mehrebenenrecht

Die Rechtsinstitute und Verfahren des Verwaltungsrechts variieren in Abhängigkeit von den Aufgaben der Verwaltung.[1] Dies gilt auch für den Einsatz behördlicher Entscheidungsspielräume. Ziel der nun folgenden Darstellung ist es, die spielraumrelevanten und föderativen Strukturen des Migrationsrechts (dazu I.) und des TK-Rechts (dazu II.) als der beiden hier untersuchten Referenzgebiete[2] unter besonderer Berücksichtigung der Aufgabenabhängigkeit der Verwaltung im Mehrebenensystem herauszuarbeiten. Eine solche Draufschau aus der Vogelperspektive setzt eine hinreichende Entfernung der Betrachtung voraus. Was in den folgenden Kapiteln im Lichte der jeweils leitenden Fragestellung im Detail unter die Lupe genommen werden wird, soll hier vorab aus der Ferne überblickt und in seinen Gesamtkontext gestellt werden. Damit wird zugleich eine erste Orientierung innerhalb der untersuchten Referenzgebiete vermittelt, die für die Zwecke der folgenden Einzelbetrachtungen im Hintergrund abrufbar bleibt.

I. Diskretionäre und föderative Strukturen des Migrationsrechts

Das Migrationsrecht ist für das faktische Einwanderungsland Deutschland[3] von gesellschaftlich herausragender Bedeutung. Hier laufen Grundentscheidungen über die Zugehörigkeit zu politischen Gemeinschaften, aufenthaltsrechtliche

---

[1] Vgl. *R. Wahl*, Die Aufgabenabhängigkeit der Verwaltung, in: Hoffmann-Riem/Schmidt-Aßmann/Schuppert (Hrsg.), Reform des allgemeinen Verwaltungsrechts – Grundfragen, 1993, S. 177 (190 ff.).

[2] Zur Arbeit mit Referenzgebieten methodologisch grundlegend *E. Schmidt-Aßmann*, Zur Reform des Allgemeinen Verwaltungsrechts, in: Hoffmann-Riem/Schmidt-Aßmann/Schuppert (Hrsg.), Reform des allgemeinen Verwaltungsrechts, 1993, S. 14 (26 ff.) sowie *A. Voßkuhle*, Neue Verwaltungsrechtswissenschaft, in: Hoffmann-Riem/Schmidt-Aßmann/Voßkuhle (Hrsg.), GVwR I, 2. Aufl. 2012, § 1, Rn. 43 ff.

[3] Nach dem Mikrozensus 2015 lebten in Deutschland 17,1 Mio. Menschen mit Migrationshintergrund (21,0 % der Gesamtbevölkerung). Dabei versteht das Statistische Bundesamt unter Menschen mit Migrationshintergrund „alle Ausländer und eingebürgerte ehemalige Ausländer, alle nach 1949 als Deutsche auf das heutige Gebiet der Bundesrepublik Deutschland Zugewanderte sowie alle in Deutschland als Deutsche Geborene mit zumindest einem zugewanderten oder als Ausländer in Deutschland geborenen Elternteil", vgl. Statistisches Bun

Statusfragen, ordnungsrechtliche Belange, Aspekte der familiären, sozialen und ökonomischen Integration sowie der Schutz grund- und menschenrechtlicher Elementargarantien zusammen. Mit dieser Vielfalt einher geht ein Grad an gebietsstruktureller Vielgesichtigkeit und rechtlicher Komplexität, der im Verwaltungsrecht seinesgleichen sucht. „Das" Migrationsrecht setzt sich aus einem zunehmend unübersichtlichen Konglomerat sachbereichsspezifischer und in Zielsetzung und Handlungsformen nicht durchgehend kohärenter Regelungswerke auf allen Rechtsebenen zusammen und unterliegt dabei gerade in jüngerer Zeit einem tiefgreifenden, mitunter erratisch anmutenden Wandel. Eine erste Orientierung bezüglich seiner Rechtsschichten und spielraumrelevanten Strukturen ist darum notgedrungen mit Verknappung und Selektion verbunden.

1. Begriff und spielraumrelevante Strukturmerkmale

Die Vielschichtigkeit der Materie erschwert die konzeptionelle Annäherung in gleichem Maße wie die Begriffsbildung. Unter Zugrundelegung eines ganzheitlichen, phänomenologischen Zugriffs lässt sich unter dem Begriff des Migrationsrechts mit *Daniel Thym* die Gesamtheit der Rechtsvorschriften des Aufenthalts-, Asyl-, EU-Freizügigkeits-, Staatsangehörigkeits- und Vertriebenenrechts bezeichnen, die den realen Vorgang der Zu- und Abwanderung rechtlich als Prozess eines „Statuswandels" strukturieren.[4] Aus einer steuerungsrechtlichen Perspektive betrachtet umfasst das Migrationsrecht im Anschluss an *Jürgen Bast* wiederum alle Regelungen, „deren Zweck darin besteht, mit den Mitteln des Rechts steuernd in das transnationale Migrationsgeschehen einzugreifen".[5] Auch das ist ein weites Feld, zumal unterschiedliche Steuerungsansätze miteinander konkurrieren.[6] Beide Zugriffe auf das Migrationsrecht schließen sich jedoch nicht gegenseitig aus, sondern legen dem Mosaik bunter Regelungsvielfalt jeweils eine spezifische Deutungsfolie auf, die als heuristisches Hilfsmittel jeweils bestimmte Strukturen betont. Übereinstimmung herrscht nicht zuletzt hinsichtlich der herausragenden Bedeutung des Aufenthaltsrechts bzw. der aufenthaltsrechtlichen Teilkomponenten der einzelnen Spezialgebiete für die Migrationssteuerung und den Prozess des sukzessiven Statuswandels.[7]

---

desamt, Bevölkerung und Erwerbstätigkeit – Ergebnisse des Mikrozensus 2015, abrufbar unter https://www.destatis.de/DE/Publikationen/Thematisch/Bevoelkerung/MigrationIntegration/Migrationshintergrund2010220157004.pdf?__blob=publicationFile (30.10.2016), S. 4 u. 7.

[4] *D. Thym*, Migrationsverwaltungsrecht, 2010, S. 11 u. 18. Zum nachgelagerten „Migrationsfolgenrecht" vgl. *dens.*, Migrationsfolgenrecht, VVDStRL 76 (2017), i. E. Zu den beiden Kerngebieten des Aufenthalts- und Asylrechts einschließlich ihrer ausdifferenzierten Regelungsregime *K. Hailbronner*, Asyl- und Ausländerrecht, 3. Aufl. 2013, S. 64 ff.

[5] *J. Bast*, Transnationale Verwaltung des europäischen Migrationsraums, Der Staat 46 (2007), S. 1 (3).

[6] Im Einzelnen *J. Bast*, Aufenthaltsrecht und Migrationssteuerung, 2011, S. 67 ff.

[7] Ebd., S. 51 sowie *D. Thym*, Migrationsverwaltungsrecht, 2010, S. 21.

Das deutsche Migrationsrecht ist schon lange kein bloßes „Fremdenpolizeirecht“ mehr, das Zu- und Abwanderung allein unter dem Gesichtspunkt der Gefahrenabwehr erfassen würde.[8] Der Weg hin zum modernen Migrationsrecht war allerdings ein steiniger. Die noch unter dem Nationalsozialismus im Jahr 1938 erlassene Ausländerpolizeiverordnung (APVO)[9] wurde erst im Jahr 1965 durch ein Ausländergesetz ersetzt.[10] Dieses löste zugleich die bis dato geltende Asylverordnung von 1953 ab,[11] bis im Jahr 1982 das Asylverfahrensgesetz als Spezialregelung in Kraft trat.[12] Das im Wesentlichen auf aufenthaltsrechtliche Grundfragen beschränkte AuslG (1965) wurde regelungstechnisch von Generalklauseln dominiert, die der Verwaltung weitreichende Ermessensspielräume hinsichtlich der Erteilung, Verfestigung, Beschränkung und Beendigung des Aufenthalts einräumten.[13] Die Ermessensentscheidung stellte damit das Grundinstrumentarium für nahezu alle wesentlichen ausländerrechtlichen Fragen dar.[14] Darin spiegelt sich ein länderübergreifendes Phänomen, wie der rechtsvergleichende Blick auf Frankreich zeigt.[15]

Die charakteristische Dominanz des Verwaltungsermessens bei gleichzeitiger generalklauselartiger Weite der Tatbestände wurde erst ein Vierteljahrhundert später zurückgedrängt – und dies auch nur in Teilen. Das Ausländerrecht könne sich, so die Überlegung des Bundesgesetzgebers im Jahre 1990, der verfassungsrechtlichen Vorgabe des Parlamentsvorbehalts nicht länger verschließen, „wichtige und weittragende“ Entscheidungen grundsätzlich im Wege des Parlamentsgesetzes zu treffen „und nicht der Gestaltungsfreiheit der Verwaltung oder Rechtsprechung zu überlassen“.[16] Dem korrespondiere die Notwendigkeit, „durch genauere und detailliertere gesetzliche Vorgaben die Ermessensspielräume der Verwaltung im Interesse sowohl der Rechts- und Erwartens-

---

[8] Bzw. – unterhalb der Schwelle einer Gefahr – unter dem Gesichtspunkt bloßer „Lästigkeit“. Vgl. dazu in historischer Perspektive am Beispiel des Ausweisungsrechts *A. Kießling*, Die Abwehr terroristischer und extremistischer Gefahren durch Ausweisung, 2012, S. 50 f.

[9] Ausländerpolizeiverordnung v. 22.8.1938, RGBl. I, S. 1053.

[10] Ausländergesetz v. 28.4.1965, BGBl. I, S. 353. Dazu *F. Franz*, Zur Reform des Ausländer-Polizeirechts, DVBl. 1963, S. 797 ff.

[11] Asylverordnung v. 6.1.1953, BGBl. I, S. 3.

[12] Das Asylverfahrensgesetz trat zum 1.8.1982 in Kraft, BGBl. 1982 I, S. 946.

[13] *K. Doehring*, Neuregelungen des deutschen Fremdenrechts durch das Ausländergesetz von 1965, ZaöRV 1965, S. 478 ff. (480, 485 ff.).

[14] Vgl. im Einzelnen *C. Gusy*, Ermessen und Ermessensbindung im Ausländerrecht, VBlBW 1984, S. 393 ff.; *E. Schüler*, Die Ermessensentscheidung der Ausländerbehörde, 1974, S. 42 ff. (Erteilung der Aufenthaltserlaubnis), S. 102 ff. u. 149 ff. (Erweiterung und Beschränkung der Aufenthaltserlaubnis), S. 204 ff. (Ausweisung). Zu Grenzen *H. Rittstieg*, Grenzen ausländerbehördlichen Ermessens, JZ 1971, S. 113 ff.

[15] Vgl. franz. Conseil d'Etat, Urt. v. 13.6.1952, Recueil 312 – *Meyer*; Urt. v. 3.2.1975, Recueil 83 – *Pardov*. Zusammenfassend *P.-L Frier/J. Petit*, Droit administratif, 10. Aufl. 2015, Rn. 936 f.

[16] Vgl. BT-Drs. 11/6321, S. 40.

sicherheit der Ausländer als auch einer einheitlichen Entscheidungsfindung einzugrenzen".[17]

Dementsprechend leitete der Bundesgesetzgeber mit dem Gesetz zur Neuregelung des Ausländerrechts vom 9. Juli 1990 einen Paradigmenwechsel ein.[18] Die vormals weiten Ermessensspielräume der Ausländerbehörden wurden zugunsten ausdifferenzierter legislativer Normprogramme im Bereich der Erteilung, Verfestigung, Beschränkung und Beendigung des Aufenthalts zunehmend eingegrenzt.[19] Das zeigt sich besonders deutlich im Ausweisungsrecht, wo die vormalige Generalklausel des § 10 AuslG (1965) durch ein legislativ abgestuftes Systems der Ist-, Regel- und Ermessensausweisung ersetzt wurde.[20] Aber auch in den Bereichen der Aufenthaltsbegründung und -verfestigung traten legislativ ausdifferenzierte Regelungen an die Stelle der alten Generalklauseln. Insbesondere sah das AuslG (1990) erstmals antragsgebundene Rechts*ansprüche* auf bestimmte Aufenthaltstitel vor.[21] Aus Sicht der Verwaltung ging mit dem Verlust an Gestaltungsfreiheit zugleich eine Entlastung von rechtspolitischen Grundsatzentscheidungen einher.[22]

Die nächsten grundlegenden Entwicklungsetappen durchschritt das deutsche Migrationsrecht mit den Reformen des Asylrechts im Jahr 1993[23] und des Staatsangehörigkeitsrechts im Jahr 2000.[24] Die bis heute tiefgreifendste Reform des Migrationsrechts seit Bestehen der Bundesrepublik aber erfolgte durch das am 1. Januar 2005 in Kraft getretene Zuwanderungsgesetz.[25] Dieses differenzierte die gesetzlichen Regelungskomplexe des Migrationsrechts weiter aus.[26]

---

17 Ebd.

18 Gesetz zur Neuregelung des Ausländerrechts v. 9.7.1990, BGBl 1990 I, S. 1354.

19 Im Detail *K. Hailbronner*, Das Gesetz zur Neuregelung des Ausländerrechts, NJW 1990, S. 2153 (2154 ff.).

20 §§ 45 ff. AuslG (1990).

21 Dazu *B. Huber*, Das neue Ausländerrecht, NVwZ 1990, S. 1113 (1114 ff.).

22 Ähnlich *D. Thym*, Migrationsverwaltungsrecht, 2010, S. 63 ff.

23 Gesetz zur Änderung des Grundgesetzes v. 28.6.1993, BGBl. 1993 I, S. 1002 (Neueinführung des Art. 16a GG) sowie Gesetz zur Änderung asylverfahrens-, ausländer- und staatsangehörigkeitsrechtlicher Vorschriften v. 30.6.1993, BGBl. 1993 I, S. 1062. Das BVerfG erklärte die Kernvorschriften der Reform mit Urt. v. 14.05.1996, BVerfGE 94, 49 – *Sichere Drittstaaten*, Rn. 199 ff. (juris) für verfassungskonform, d. h. insbesondere für mit Art. 79 Abs. 3 GG vereinbar. Zur Reform *C. D. Classen*, Sichere Drittstaaten – ein Beitrag zur Bewältigung des Asylproblems?, DVBl. 1993, S. 700 ff.; *A. Zimmermann*, Das neue Grundrecht auf Asyl, 1994; *C. Tomuschat*, Asylrecht in der Schieflage, EuGRZ 1996, S. 381 ff.

24 Durch das Gesetz zur Reform des Staatsangehörigkeitsrechts v. 15.7.1999, BGBl. 1999 I, S. 1618. Maßgebliche Neuerung war die Einführung eines auf dem *Jus-soli*-Prinzip fußenden Erwerbstatbestandes im Rahmen des sog. Optionsmodells, vgl. dazu *K. Hailbronner*, Die Reform des deutschen Staatsangehörigkeitsrechts, NVwZ 1999, S. 1273 (1274 ff.).

25 Gesetz zur Steuerung und Begrenzung der Zuwanderung und zur Regelung des Aufenthalts und der Integration von Unionsbürgern und Ausländern v. 20.6.2002, BGBl. 2002 I, S. 1946.

26 Im Einzelnen *U. Davy*, Das neue Zuwanderungsrecht, ZAR 2002, S. 171 ff.; *B. Huber*, Das Zuwanderungsgesetz, NVwZ 2005, S. 1 ff.

Die unionsbürgerschaftliche Freizügigkeit, die ohnehin von Beginn an eigenen Regeln unterlag, wurde nunmehr auch formell aus dem allgemeinen Aufenthaltsrecht ausgegliedert und mit dem Freizügigkeitsgesetz/EU (FreizügG/EU)[27] fortan einem gesetzlichen Spezialregime unterstellt, welches das unionsrechtliche Statusprivileg der Unionsbürgerschaft unmittelbar widerspiegelt. An die Stelle des AuslG trat das neue Aufenthaltsgesetz (AufenthG),[28] das zugleich eine inhaltliche Neuorientierung des Migrationsrechts markiert: Erstmals wurden ausdrücklich die *Steuerung der Migration*[29] sowie die *Integration von Ausländern*[30] in den Blick genommen und mit besonderen Regelungsinstrumenten, wie etwa den Integrationskursen (sog. „Grundangebot zur Integration") bedacht.[31] Für die Rechtswissenschaft öffnen sich damit in besonderem Maße Fenster in die Nachbardisziplinen.[32]

Trotz dieser Entwicklungsschübe, welche für die Erfüllung der Verwaltungsaufgaben nicht zuletzt eine verstärkte Kooperation mit Privaten verlangen[33] und zumindest in Ansätzen das normative Leitbild einer „progressiven Inklusion" aufscheinen lassen,[34] bleibt die *ordnungsrechtliche Aufgabenwahrnehmung* aber auch heute noch ein regelungssystematisch zentraler Modus des Migrationsrechts.[35]

---

[27] Eingeführt durch Art. 2 des Zuwanderungsgesetzes, vgl. Fn. 25.

[28] Eingeführt durch Art. 1 des Zuwanderungsgesetzes, vgl. Fn. 25.

[29] Neben der Begrenzung des Zuzugs eines der beiden in § 1 Abs. 1 S. 1 AufenthG genannten Hauptziele. Dazu eingehend *J. Bast*, Aufenthaltsrecht und Migrationssteuerung, 2011, S. 67 ff.

[30] Zum aufenthaltsrechtlichen Begriff der Integration grundlegend *J. Eichenhofer*, Begriff und Konzept der Integration im Aufenthaltsgesetz, 2013, S. 109 ff. Für ein Verständnis der Integration als gemeinsamer Aufgabe von Staat und Gesellschaft vgl. aus staatsrechtlicher Perspektive *A. Uhle*, Innere Integration, in: Isensee/Kirchhof (Hrsg.), HStR IV, 3. Aufl., Heidelberg 2006, § 82, Rn. 41 ff. Zu den verfassungsrechtlichen Grundlagen der Integration im Kontext der Flüchtlingskrise *ders.*, Integration als Staatsaufgabe, in: Depenheuer/Grabenwarter (Hrsg.), Der Staat in der Flüchtlingskrise, 2016, S. 250 ff.

[31] § 43 Abs. 2 S. 1 AufenthG.

[32] Vgl. *C. Langenfeld*, Integration und kulturelle Identität zugewanderter Minderheiten, 2001, S. 266 ff.; *W. Kluth*, Zum transdisziplinären Verständnis von Integration, ZAR 2016, S. 336 ff.; *J. Bast*, Aufenthaltsrecht und Migrationssteuerung, 2011, S. 93 ff.

[33] Speziell im Hinblick auf die Durchführung der Integrationskurse.

[34] Näher *A. Farahat*, Progressive Inklusion, 2011, S. 76 ff., die das Rechtsprinzip progressiver Inklusion dem Prinzip „statischer Zuordnung" entgegenstellt.

[35] *D. Thym*, Migrationsverwaltungsrecht, 2010, S. 36 f. („hoheitlich-imperative Aufgabenwahrnehmung"). Vgl. auch, kritisch konnotiert, *T. Groß*, Das Ausländerrecht zwischen obrigkeitsstaatlicher Tradition und menschenrechtlicher Herausforderung, AöR 139 (2014), S. 420 (423 ff.). Dies schließt freilich andere, nicht ordnungsrechtliche Handlungsformen der Verwaltung in diesem Bereich nicht aus. Für konkurrierende Perspektiven der rechtlichen Migrationssteuerung vgl. weiterführend *J. Bast*, Aufenthaltsrecht und Migrationssteuerung, 2011, S. 67 ff., der aber ebenfalls betont, dass die ordnungsrechtlichen Strukturen des Aufenthaltsrechts bis heute prägend sind (ebd., S. 75). Vgl. rechtsvergleichend *M. Schmid-Drüner*, Der Begriff der öffentlichen Sicherheit und Ordnung im Einwanderungsrecht ausgewählter EU-Mitgliedstaaten, 2007, S. 361 ff.

Das fremdenpolizeiliche Erbe[36] setzt sich so, wenn auch abgeschwächt, fort. Zur Sicherung individueller Freiheit ist der ordnungsrechtliche Handlungsradius der Exekutive im Rechtsstaat grundgesetzlicher Prägung aber bekanntermaßen durch die Grundsätze der Gesetzmäßigkeit der Verwaltung, des Gesetzes- bzw. Parlamentsvorbehalts und der Bestimmtheit eingehegt. Dem modernen Ordnungsrecht ist daher, überspitzt gesagt, eine gebietsstrukturelle „Abwehr und Abneigung gegen Generalklauseln und zu weite Ermessensbestimmungen" eigen.[37]

Entsprechend setzte auch das Zuwanderungsgesetz den Prozess einer beständig wachsenden legislativen Feinprogrammierung des Migrationsrechts fort, der in bestimmten Bereichen bis in die jüngste Zeit hinein anhält. So ist die gebundene Entscheidung in den rechtspraktisch überaus relevanten Feldern des Aufenthalts aus familiären und asylrechtlichen Gründen mittlerweile zur regelungstechnischen Grundform herangereift, während im Bereich der Wirtschaftsmigration und des Aufenthalts zu Zwecken der Ausbildung nach wie vor Ermessensentscheidungen dominieren.[38] Die „obrigkeitsstaatliche" Sonderstellung des Migrationsrechts gegenüber anderen Gebieten des besonderen Verwaltungsrechts, in denen für Genehmigungen im Kraftfeld von Grundrechten die gebundene Entscheidung als Standardmodus gilt (präventives Verbot mit gebundenem Erlaubnisvorbehalt), während für Betätigungen mit grundsätzlich gemeinwohlwidrigem Charakter die Ermessensentscheidung vorgesehen ist (repressives Verbot mit ermessensbasiertem Befreiungsvorbehalt),[39] hat sich so jedenfalls relativiert. Denn nicht nur fungiert die gebundene Entscheidung in wichtigen Bereichen der freiheitsgewährenden Aufenthaltsbegründung als gesetzessystematischer Grundmodus. Auch umgekehrt wurde die legislative Feinprogrammierung im Bereich der freiheitsverkürzenden Ausweisung zugunsten einer generalklauselartigen Normstruktur zurückgefahren, wie die zum 1. Januar 2016 in Kraft getretene Grundsatzreform des Ausweisungsrechts zeigt.[40] Freilich gibt die typisierte Zuordnung des Entscheidungsmodus (gebunden oder ermessensbasiert) zur individuellen Interessenlage (freiheitsgewährend oder -verkürzend) ohnehin nur grobe Anhaltspunkte. Stets kommt es auf die Rege-

---

[36] Zu Traditionslinien des Freizügigkeits- und Aufenthaltsrechts vor dem Grundgesetz vgl. *J. Ziekow*, Über Freizügigkeit und Aufenthalt, 1997, S. 330 ff.

[37] *R. Wahl*, Die Aufgabenabhängigkeit der Verwaltung, in: Hoffmann-Riem/Schmidt-Aßmann/Schuppert (Hrsg.), Reform des allgemeinen Verwaltungsrechts – Grundfragen, 1993, S. 177 (193).

[38] Dazu sogleich näher S. 139 f.

[39] So *T. Groß*, Das Ausländerrecht zwischen obrigkeitsstaatlicher Tradition und menschenrechtlicher Herausforderung, AöR 139 (2014), S. 420 (421 ff.).

[40] In deren Mittelpunkt steht die Einführung einer Generalklausel mit tatbestandlicher Abwägung (ohne Reduktion der gerichtlichen Kontrolldichte), vgl. Art. 1 Nr. 29 des Gesetzes zur Neubestimmung des Bleiberechts und der Aufenthaltsbeendigung v. 27.7.2015, BGBl. 2015 I, S. 1386 (1392 f.). Dazu näher S. 212 ff.

lung in ihrer konkreten Ausgestaltung an. So kann sich ein tatbestandlich eng gefasster Anspruch für den Bürger im Einzelnen nachteiliger darstellen als eine tatbestandlich weit gefasste Norm mit rechtsfolgenseitigem Ermessen.

Vor allem aber kann das mit Blick auf die Grundrechte ggf. notwendige Maß an Einzelfallgerechtigkeit u. U. erst durch eine administrative Rechtskonkretisierung hergestellt werden, die aus dem Flexibilitätsreservoir eines Entscheidungsspielraums schöpft. Dementsprechend typusprägend ist für das Ordnungsrecht zugleich die Ausrichtung des Verwaltungshandelns auf den Einzelfall. *Christoph Gusy* stellte bereits im Jahr 1984 fest, das charakteristische Merkmal des Migrationsrechts liege gerade in der Maßstabsverschiebung „von der Normgerechtigkeit zur Fallgerechtigkeit", wobei „Wesentlichkeitsvorbehalt einerseits und das Bedürfnis nach Reaktionsschnelligkeit und Flexibilität des politischen Handlungsinstrumentariums andererseits in ein unauflösbares Spannungsverhältnis" geraten.[41] Dieser Großkonflikt zwischen legislativer Programmierung einerseits und administrativer Einzelfallorientierung andererseits prägt das Migrationsrecht als einem verwaltungsrechtlichen Gebiet der „Massenverwaltung"[42] bis heute, auch wenn sich die Gewichte im Einzelnen verschoben haben zugunsten legislativer Programmierung in Teilbereichen der Aufenthaltsbegründung bei gleichzeitiger Rückkehr zum Ansatz einer Generalklausel im Ausweisungsrecht.

Auch heute noch kann das Migrationsrecht als „Paradigma ordnungsrechtlicher Ermessenslehre"[43] gelten, weil sich das ausgeprägte Bedürfnis nach Einzelfallgerechtigkeit – der Hauptgrund für die Eröffnung administrativer Entscheidungsspielräume schlechthin[44] – normstrukturell in zahlreichen Vorschriften Bahn bricht. Kurz gefasst, das klassische spielraumprägende Strukturmerkmal des Migrationsrechts besteht in seiner *Ausrichtung auf den Einzelfall.* Diese muss allerdings nicht zwangsläufig zu einem behördlichen *Letztentscheidungsrecht* mit reduzierter gerichtlicher Kontrolldichte führen, da Individualisierungsleistungen bei der Rechtsproduktion grundsätzlich auch durch die Gerichte erbracht werden können.[45] Insoweit kommt es letztlich entscheidend auf die jeweilige Ausgestaltung durch den Gesetzgeber an.

Ihre spezifisch *föderative Dimension* erhält die Frage behördlicher Entscheidungsspielräume im Migrationsrecht durch die Multiplikation politischer Ent-

---

[41] *C. Gusy*, Ermessen und Ermessensbindung im Ausländerrecht, VBlBW 1984, S. 393 (396 f.).

[42] Allgemein zum Begriff *E. Schmidt-Aßmann*, Das allgemeine Verwaltungsrecht als Ordnungsidee, 2. Aufl. 2004, Kap. 4, Rn. 41.

[43] *C. Gusy*, Ermessen und Ermessensbindung im Ausländerrecht, VBlBW 1984, S. 393 (393).

[44] Vgl. *O. Bachof*, Beurteilungsspielraum, Ermessen und unbestimmter Rechtsbegriff im Verwaltungsrecht, JZ 1955, S. 97 (98); *M. Bullinger*, Das Ermessen der öffentlichen Verwaltung, JZ 1984, S. 1001 (1007); *H. Maurer*, Allgemeines Verwaltungsrecht, 18. Aufl. 2011, § 7, Rn. 13; *E. Pache*, Tatbestandliche Abwägung und Beurteilungsspielraum, 2001, S. 23 f. jeweils m. w. N.

[45] *C. Möllers*, Gewaltengliederung, 2005, S. 96.

scheidungsebenen und die Diversifizierung von Grund- und Menschenrechtsstandards im Mehrebenensystem. Dem korrespondiert eine gesteigerte Komplexität. Internationalisierung, Europäisierung und Transnationalisierung des Migrationsrechts zeigen sich dabei in unterschiedlichen Spielarten. Zunächst wirken grund- und menschenrechtliche Kerngarantien der völker- und unionsrechtlichen Ebene verstärkt auf das Migrationsrecht ein, wobei der EMRK eine mittlerweile herausragende Bedeutung zukommt. So gehen zentrale der heute als Anspruch verbürgten Rechtspositionen im Bereich der Aufenthaltsbegründung aus familiären Gründen auf Art. 8 EMRK zurück, der in Teilen über den Schutzgehalt des Art. 6 GG hinausreicht.[46] Im Bereich des asylrechtlich radizierten Aufenthaltes wiederum schlagen die Vorgaben der Genfer Flüchtlingskonvention (GFK) sowie des Art. 3 EMRK durch. Gleichwohl gingen auch der jüngsten Reform des Ausweisungsrechts zahlreiche grund- und menschenrechtliche Impulse voraus, die das vormals legislativ feinprogrammierte Ausweisungsrecht zunehmend zugunsten der einzelfallbasierten Ermessensausweisung modifizierten.[47] Dieser vermehrte Zuschnitt der rechtlichen Grundlagen der Ausweisung auf ermessensbasierte Einzelfallentscheidungen schaffte nicht zuletzt das für die Berücksichtigung der rechtsordnungsdifferierenden Grund- und Menschenrechtsvorgaben notwendige Maß an Flexibilität.[48]

Ferner wird das Migrationsrecht mittlerweile weitflächig von legislativen Vorgaben des Unionsgesetzgebers (mit)bestimmt. Daraus resultieren ebenenübergreifende Herausforderungen in vertikaler Hinsicht zwischen Union und Mitgliedstaaten, zugleich in horizontaler Perspektive zwischen den Mitgliedstaaten untereinander. Die intensivste Form unionaler Programmierung erfolgt im Wege unmittelbar anwendbarer Verordnungen.[49] Dies gilt etwa für den Bereich des Visumrechts, der mittlerweile durch den Visakodex (VK)[50] supranational geregelt, aber weiterhin dezentral von den Schengen-Staaten[51] vollzogen wird. Die Erteilung des Schengen-Visums erfolgt durch einen einzigen Mitgliedstaat, entfaltet als transnationale Verwaltungsentscheidung jedoch Wirkung für alle anderen Schengen-Staaten. Die Besonderheit ist, dass die Rechtsprechung den nationalen Auslandsvertretungen einen Beurteilungsspielraum

46 *K. Dienelt*, in: Bergmann/Dienelt (Hrsg.), Ausländerrecht, 11. Aufl. 2016, § 27 AufenthG, Rn. 35. Zum Familienbegriff des Art. 8 EMRK vgl. im Einzelnen *J. Pätzold*, in: Karpenstein/Mayer (Hrsg.), EMRK, 2. Aufl. 2015, Art. 8, Rn. 40 ff.

47 BVerwG, Urt. v. 23.10.2007, 1 C 10/07, BVerwGE 129, 367 unter Verarbeitung der vorausgehenden Grundrechtsprechung von EGMR und EuGH. Dazu *Kraft*, Die Rechtsprechung des BVerwG zur Ausweisung im Ausländerrecht, DVBl. 2013, S. 1219 (1224 f.).

48 Dazu im Einzelnen S. 199 ff. u. 212 ff.

49 Art. 288 Abs. 2 S. 2 AEUV.

50 VO 810/2009 Des Europäischen Parlaments und des Rates v. 13.7.2009 über einen Visakodex der Gemeinschaft (Visakodex), zuletzt geändert VO 2016/399 des Europäischen Parlaments und des Rates v. 9.3.2016 über einen Gemeinschaftskodex für das Überschreiten der Grenzen durch Personen (Schengener Grenzkodex).

51 Vgl. zum Schengen-Gebiet sogleich unter S. 136 ff.

einräumt, welcher den kohärenzsichernden Effekten der transnationalen Behördenkooperation vor Ort Rechnung tragen soll.[52] Noch deutlicher wird die transnationale Dimension administrativer Entscheidungsspielräume bei der Zuständigkeitsverteilung im Asylbereich nach dem Dublin-System. Dies gilt namentlich für das von der Bundesrepublik Deutschland während der Flüchtlingskrise 2015/16 vielfach ausgeübte Ermessen, das Verfahren im Wege des Selbsteintritts an sich zu ziehen.[53] Hier stellt sich die Frage nach mehrebenenspezifischen Grenzen einer Ermessensausübung mit transnationalen Folgewirkungen.

Die unionsrechtliche Prägung des Migrationsrechts erfolgt in der Breite aber vor allem durch Richtlinien. Dies betrifft neben der Freizügigkeit der Unionsbürger, der Familienzusammenführung von Drittstaatsangehörigen, dem Daueraufenthaltsrecht für Drittstaatsangehörige, der Rückführung von Drittstaatsangehörigen insbesondere weite Teile des Asylrechts.[54] Trotz der zunehmenden Einflüsse durch Grund- und Menschenrechte zeichnet sich in den einschlägigen Rechtsetzungsgrundlagen[55] ein weiter Gestaltungsspielraum des Unionsgesetzgebers ab, dem eine besondere legislative Konkretisierungsverantwortung korrespondiert. Wie bereits das nationale Ausländer- und Asylrecht[56] ist auch das unional durchwirkte Migrationsrecht in besonderem Maße von den politischen Grundentscheidungen der Ersten Gewalt abhängig. Das schlägt obendrein auf die Frage der Steuerung durch: Was als adäquate Migrationssteuerung zu betrachten ist, muss letztlich Ergebnis eines politischen Prozesses, d.h. Folge demokratischer Verfahrensabläufe sein.[57] Unter dem Gesichtspunkt legislativer Spielraumbegründung ist dies, wie noch näher zu zeigen sein wird,[58] eine Feststellung von nicht zu unterschätzender Tragweite.

2. *Völkerrechtliche Vorgaben für das Migrationsrecht*

Völkerrechtlich wird das Migrationsrecht im Wesentlichen[59] durch zwei Rechtsregime geprägt: die Europäische Menschenrechtskonvention und das Flüchtlingsrecht auf Basis der Genfer Flüchtlingskonvention.

---

[52] BVerwG, Urt. v. 17.9.2015, 1 C 37/14, NVwZ 2016, 161, Rn. 20 (juris) im Anschluss an EuGH, 19.12.2013, Rs. C-84/12 – *Koushkaki*, Rn. 56ff.

[53] Näher zum Dublin-System unter S. 129ff.

[54] Für eine Einzeldarstellung s. sogleich unter S. 119ff.

[55] Vgl. insbesondere Art. 77 Abs. 2 AEUV (Visumpolitik, Außengrenze), Art. 78 Abs. 2 AEUV (Gemeinsames Europäisches Asylsystem), Art. 79 Abs. 2 AEUV (Gemeinsame Einwanderungspolitik), Art.

[56] Vgl. bereits *J. Isensee*, Die staatsrechtliche Stellung der Ausländer in der Bundesrepublik Deutschland, VVDStRL 32 (1974), S. 49 (101): „Die politischen Entscheidungsorgane haben das Wort." Speziell zum Asylrecht *D. Thym*, Migrationsverwaltungsrecht, 2010, S. 64f.

[57] *J. Bast*, Aufenthaltsrecht und Migrationssteuerung, 2011, S. 11f.

[58] Zur Spielraumbegründung eingehend S. 185ff.

[59] Für weitere Regelungsinstrumente auf völkerrechtlicher Ebene, einschließlich des

a) Menschenrechtliche Kerngarantien und Einzelfallerfordernisse

Obwohl der Europäische Gerichtshof für Menschenrechte (EGMR) stets betont, dass die Vertragsstaaten nach allgemeinen völkerrechtlichen Grundsätzen berechtigt sind, die Zuwanderung zu ihrem Territorium vorbehaltlich anderweitiger völkervertraglicher Verpflichtungen zu kontrollieren,[60] kommt der Europäischen Menschenrechtskonvention (EMRK) als Schranke migrationsrechtlichen Handelns der Vertragsstaaten mittlerweile eine tragende Rolle zu.[61] Das gilt für Art. 8 EMRK[62] und den darin verbürgten Schutz der Familieneinheit[63] und der, rechtsdogmatisch davon zu trennenden[64], sozialen Verbindungen im Inland[65] ebenso wie für das aus Art. 3 EMRK abgeleitete menschenrechtliche Verbot der Zurückweisung (*Non-Refoulement*), das nicht nur im Hinblick auf Drittstaaten,[66] sondern auch in innereuropäischen Fallkonstellationen[67] An-

---

Rechts der International Labour Organisation (ILO), vgl. U. Davy (Hrsg.), Die Integration von Einwanderern – Rechtliche Regelungen im europäischen Vergleich, 2001, S. 37 ff.

[60] Vgl., pars pro toto, EGMR (GK), Urt. v. 18.2.1991, Nr. 12313/86, EuGRZ 1993, S. 552 – *Moustaquim/Belgien*, Rn. 43 in Bezug auf Einreise, Aufenthalt und Ausweisung.

[61] Vgl. *A. Nußberger*, Menschenrechtsschutz im Ausländerrecht, NVwZ 2013, S. 1305 (1306 ff.). Für eine Rechtsprechungsübersicht über die jüngsten Judikate vgl. *M. Lehnert*, Menschenrechtliche Vorgaben an das Aufenthaltsrecht in der jüngeren Rechtsprechung des EGMR, NVwZ 2016, S. 896 (897 ff. u. 900 ff.).

[62] Aus der Literatur eingehend *C. Costello*, The Human Rights of Migrants and Refugees in European Law, 2016, S. 112 ff.; *D. Sanders*, Der Schutz des Aufenthalts durch Artikel 8 der Europäischen Menschenrechtskonvention, 2008, S. 51 ff.; *I. Bauer*, in: Bergmann/Dienelt (Hrsg.), Ausländerrecht, 11. Aufl. 2016, Vorb §§ 53–56 AufenthG, Rn. 95 ff.

[63] Grundlegend EGMR, Urt. v. 28.5.1985, Nr. 9214/80 u. a., EGMR-E 3, 80 – *Abdulaziz u. a./Vereinigtes Königreich*, Rn. 66 ff. unter Anerkennung einer weiten staatlichen *margin of appreciation*.

[64] Klargestellt in EGMR (GK), Urt. v. 9.10.2003, Nr. 48321/99 – *Slivenko/Lettland*, Rn. 94 ff., der die sozialen Verbindungen im Inland sowie den Daueraufenthalt dem Schutz des Privatlebens zuordnet.

[65] EGMR, Urt. v. 21.6.1988, Nr. 10730/84 – *Berrehab/Niederlande*, Rn. 22–27; EGMR, Urt. v. 2.8.2001, Nr. 54273/00, ZAR 2003, S. 366 – *Boultif/Schweiz*, Rn. 48 sowie EGMR (GK), Urt. v. 18.10.2006, Nr. 46410/99, NVwZ 2007, S. 1279 – Üner/Niederlande, Rn. 57 f.

[66] Grundlegend EGMR (Plenum), Urt. v. 7.7.1989, Nr. 14038/88, NJW 1990, S. 2183 ff. – *Soering/Vereinigtes Königreich*, Rn. 87 f. Dazu *H. Battjes*, The Soering Threshold: Why Only Fundamental Values Prohibit *Refoulement* in ECHR Case Law, EJML 11 (2009), S. 205 ff. Vgl. in der Folge insbesondere EGMR, Urt. v. 30.10.1991, Nr. 13163/87 u. a., NVwZ 1992, 869 – *Vilvarajah u. a./Vereinigtes Königreich*; EGMR, Urt. v. 17.12.1996, Nr. 25964/94, NVwZ 1997, 1100 ff. – *Ahmed/Österreich*; EGMR, Urt. v. 29.4.1997, Nr. 24573/94, NVwZ 1998, 163 ff. – *H. L. R./Frankreich*; EGMR, Urt. v. 11.7.2000, Nr. 40035/98, InfAuslR 2001, 57 ff. – *Jabari/Türkei*; EGMR, Urt. v. 11.1.2007, Nr. 1948/04) – *Salah Sheekh/Niederlande*; EGMR, Urt. v. 28.6.2011, Nr. 8319/07, NVwZ 2012, 681 – *Sufi u. Elmi/Vereinigtes Königreich*.

[67] Speziell für innereuropäische Überstellungsverbote *M. Wendel*, Menschenrechtliche Überstellungsverbote: Völkerrechtliche Grundlagen und verwaltungsrechtliche Konkretisierung, DVBl. 2015, S. 731 ff. sowie aus der Rechtsprechung EGMR (GK), Urt. v. 21.1.2011, Nr. 30696/09, NVwZ 2011, 413 – *M.S.S./Belgien u. Griechenland*, Rn. 249 ff.; EGMR (GK), Urt. v. 4.11.2014, Nr. 29217/12, DÖV 2015, 115 – *Tarakhel/Schweiz*; EGMR, Urt. v. 5.2.2015, Nr. 51428/10 – *A.M.E./Niederlande*, Rn. 34 ff.

wendung findet. Demgegenüber kommt den Verfahrensgarantien des Art. 6 und des Art. 13 EMRK angesichts ihres beschränkten Anwendungsbereichs nur marginale Bedeutung für das Migrationsrecht zu.[68] Als spielraumrelevante Faktoren wirken die grund- und menschenrechtlichen Mindeststandards der EMRK im Kontext des Migrationsrechts vor allem in zwei Richtungen.

Zum einen erlegen sie dem diskretionären Handeln auf staatlicher Ebene Schranken auf, fungieren also als klassische *Spielraumgrenzen*. Diese können sowohl direkt auf das diskretionäre Verwaltungshandeln als auch auf seine gesetzlichen Grundlagen limitierend einwirken. In Staaten, in denen die EMRK verfassungsrechtlichen[69] bzw. übergesetzlichen[70] Rang bekleidet, ist der Einfluss auf die innerstaatliche Gesetzgebung bereits aus normenhierarchischen Gründen besonders schlagkräftig. Aber auch in Deutschland, wo die EMRK als völkerrechtlicher Vertrag formell nur im Rang eines Bundesgesetzes steht,[71] entfaltet sie gemäß gefestigter Rechtsprechung des BVerfG eine interpretative Orientierungs- und Leitfunktion, die sich – obgleich weder unbegrenzt noch mit Anspruch auf schematische Parallelisierungen – über Art. 1 Abs. 2 GG sogar auf die Grundrechte des GG erstreckt.[72] Damit weist auch das Grundgesetz eine Verknüpfung mit der völkerrechtlichen „Nebenverfassung"[73] EMRK auf, die in Intensität und Wirkungsweise weit über das klassische Repertoire inner-

[68] So geht der EGMR in st. Rspr. davon aus, dass Art. 6 EMRK wegen seiner verfahrensgegenständlichen Limitierung (*criminal* und *civil limb*) grundsätzlich keine Anwendung auf das Asyl- und Aufenthaltsrecht findet, vgl. EGMR, Urt. v. 5.10.2000, Nr. 39652/98 – *Maaouia/Frankreich*, Rn. 35 ff. sowie zuletzt EGMR, Entsch. v. 24.3.2015, Nr. 37074/13, EuGRZ 2015, 464 – *Kerkez/Deutschland*, Rn. 40. Demgegenüber ist Art. 13 EMRK zwar nicht in verfahrensgegenständlicher Hinsicht, dafür aber durch seine Akzessorietät begrenzt. In migrationsrechtlichen Fallgestaltungen kann das durch Art. 13 EMRK gewährte Recht auf eine wirksame Beschwerde auch Art. 3 EMRK prozessual effektivieren, vgl. EGMR (GK), Urt. v. 21.1.2011, Nr. 30696/09, NVwZ 2011, 413 – *M.S.S./Belgien u. Griechenland*, Rn. 293.

[69] So in Österreich, vgl. *C. Grabenwarter*, Offene Staatlichkeit, in: v. Bogdandy/Cruz Villalón/Huber (Hrsg.) IPE II, 2008, § 20 Österreich, Rn. 59 ff.

[70] So u. a. in Frankreich, wo die EMRK im Rang unterhalb der Verfassung, aber oberhalb des einfachen Gesetzes steht vgl. Art. 55 der französischen Verfassung.

[71] Sie teilt den Rang des sie in die deutsche Rechtsordnung inkorporierenden Rechtsaktes, eines einfachen Gesetzes nach Art. 59 Abs. 2 S. 1 GG.

[72] BVerfG, Urt. v. 4.5.2011, BVerfGE 128, 326 – *Nachträgliche Sicherungsverwahrung II*, Rn. 87 ff. (juris), dazu *U. Volkmann*, Fremdbestimmung – Selbstbehauptung – Befreiung, JZ 2011, S. 835 ff. Wegweisend mit Blick auf die Verortung der menschenrechtlichen Konformauslegung in Art. 1 Abs. 2 GG *K.-P. Sommermann,* Völkerrechtlich garantierte Menschenrechte als Maßstab der Verfassungskonkretisierung, AöR 114 (1989), S. 391 ff. Zur Anerkennung der Orientierungsfunktion durch das BVerwG vgl. *E. Pache,* Die Europäische Menschenrechtskonvention und die deutsche Rechtsordnung, EuR 2004, S. 393 (407 f.).

[73] Grundlegend *C. Tomuschat*, Der Verfassungsstaat im Geflecht der internationalen Beziehungen, VVDStRL 36 (1978), S. 7 (51 f.). Vgl. für die konstitutionelle Dimension speziell der EMRK auch *C. Walter*, Die EMRK als Konstitutionalisierungsprozeß, ZaöRV 1999, S. 961 ff.; *F. Hoffmeister*, Die EMRK als Grundrechtsverfassung und ihre Bedeutung in Deutschland, Der Staat 40 (2001), S. 349 ff.

staatlicher Transformation hinausgeht.[74] Dementsprechend intensiv fällt die Rezeption von Art. 8 und Art. 3 EMRK in der Rechtsprechung des BVerwG aus.[75] Die substanzielle Bedeutung der EMRK als begrenzende Leitplanke des innerstaatlichen Migrationsrechts resultiert zudem aus ihrer Rückwirkung auf das Unionsrecht, das mit Art. 52 Abs. 3 GRCh eine interpretatorische Synchronisation der Chartarechte mit den ihnen korrespondierenden EMRK-Rechten vorgibt.[76] Von Bedeutung ist dies im Kontext des Migrationsrechts vor allem hinsichtlich Art. 4 und Art. 7 GRCh, die Art. 3 respektive Art. 8 EMRK entsprechen.[77] Im Anwendungsbereich des Unionsrechts, d.h. im vorliegenden Kontext im Bereich des Raums der Freiheit, der Sicherheit und des Rechts, wirken die Vorgaben der Art. 3 und Art. 8 EMRK somit auf die Auslegung der Unionsgrundrechte zurück und nehmen gegenüber den Mitgliedstaaten sogar an deren Anwendungsvorrang teil. Kann eine ebenenübergreifende Kohärenz der Schutzstandards trotz vorhandener Verbundtechniken nicht hergestellt werden, kann die Bestimmung der Spielraumgrenzen im Mehrebenensystem freilich Schwierigkeiten bereiten. Diese Problematik der Grenzziehung unter den Vorzeichen divergierender Schutzstandards auf verschiedenen Ebenen prägt im Besonderen den Bereich innereuropäischer Überstellungs- bzw. Auslieferungsverbote auf Grundlage der jeweils abwägungsfesten Art. 3 EMRK bzw. Art. 4 GRCh. Hierauf ist im Kontext der mehrebenenspezifischen Schichtung von Spielraumgrenzen im Einzelnen zu rekurrieren.[78] Im klassischen Bereich des Familiennachzuges nach Art. 8 EMRK wiederum verlangt der EGMR regelmäßig einen angemessenen Ausgleich der widerstreitenden privaten und öffentlichen Interessen,[79] gibt das Abwägungsergebnis aber nur selten in Ge-

---

[74] Für die dualistisch grundierte Transformationslehre vgl. grundlegend *W. Rudolf*, Völkerrecht und deutsches Recht, 1967, S. 150 ff. Für die monistisch konnotierten Adoptions- und Vollzugslehren vgl. demgegenüber respektive *W. Blackstone*, Commentaries on the Laws of England, Buch 4, Kapitel 5, 1769, abrufbar unter http://avalon.law.yale.edu/18th_century/blackstone_bk4ch5.asp (30.6.2016) und *K.J. Partsch*, Die Anwendung des Völkerrechts im innerstaatlichen Recht, 1964.

[75] Dazu eingehend *I. Kraft*, Vom Konflikt zur Konvergenz, NVwZ 2014, S. 969 (970 ff. u. 974 ff.).

[76] Im Einzelnen *H. Krämer*, in: Stern/Sachs (Hrsg.), GRCh, 2016, Art. 52 Abs. 3, Rn. 65 ff.; *M. Borowsky*, in: Meyer (Hrsg.), Charta der Grundrechte, 4. Aufl. 2014, Art. 52, Rn. 37. Bereits vor Inkrafttreten der GRCh legte der EuGH die Unionsgrundrechte im Lichte der EMRK aus, vgl. EuGH, Urt. v. 20.9.2002, Rs. C-94/00 – *Roquette Frères*, Rn. 29 mit Rezeption von EGMR, Urt. v. 16.12.1992, Nr. 13710/88, EuGRZ 1993, S. 65 – *Niemietz/Deutschland* und Abweichung von EuGH, Urt. v. 21.9.1989, verb. Rs. 46/87 u. 227/88 – *Hoechst*.

[77] Vgl. insoweit die Erläuterungen zur GRCh, die bei der Auslegung der Charta gebührend zu berücksichtigen sind, Art. 6 Abs. 1 UAbs. 3 EUV, Art. 52 Abs. 7 GRCh. Freilich darf die gebührende Berücksichtigung bei der Auslegung ihrerseits nicht überbewertet werden, vgl. *M. Wendel*, Renaissance der historischen Auslegungsmethode im europäischen Verfassungsrecht?, ZaöRV 2008, S. 803 (815 ff.).

[78] Im Einzelnen S. 330 ff.

[79] Klassisch etwa EGMR, Urt. v. 19.2.1996, Nr. 23218/94 – *Gül/Schweiz*, Rn. 38.

stalt einer menschenrechtlichen Pflicht zur Aufenthaltsgewährung vor.[80] Dementsprechend verbleibt den Vertragsstaaten ein beachtlicher Regelungsspielraum. In diesem Rahmen haben sich Unions- und Bundesgesetzgeber dafür entschieden, im Wege einer grund- und menschenrechtskonkretisierenden Gesetzgebung im Bereich der Familienzusammenführung zahlreiche individuelle Rechtsansprüche zu gewähren und behördliche Spielräume im Regelfall zurückzudrängen.[81]

Zum anderen können die menschenrechtlichen Garantien der EMRK aber auch spielraumbegründend bzw. spielraumerweiternd wirken. Das kann insbesondere der Fall sein, wenn grund- und menschenrechtliche Vorgaben eine Einzelfallprüfung in aufenthaltsrechtlichen Situationen erforderlich machen. Auch diese *spielraumeröffnende Dimension* der Menschenrechte weist im Mehrebenensystem einen besonderen Komplexitätsgrad auf. Für die Zwecke der vorliegenden Untersuchung besonders aufschlussreich sind unter diesem Gesichtspunkt die aus Art. 8 EMRK folgenden Anforderungen an Ausweisungsentscheidungen.[82] Vor allem für Personen, die trotz ausländischer Staatsangehörigkeit im betreffenden EMRK-Vertragsstaat besonders verwurzelt oder dort sogar geboren und aufgewachsen sind, entwickelte der EGMR einen nicht abschließenden Katalog von Abwägungsgesichtspunkten, deren hinreichende Berücksichtigung letztlich nur im Rahmen einer Einzelfallprüfung möglich ist.[83] In Deutschland wurde das vormals legislativ abgestufte und vorprogrammierte Ausweisungsrecht diesem Einzelfallerfordernis des Völker- und später Unionsrechts im Laufe der Zeit zunehmend weniger gerecht. Dies veranlasste zunächst die Rechtsprechung, den Anwendungsbereich der flexiblen Ermessensausweisung erheblich zu erweitern,[84] bevor der Gesetzgeber schließlich mit der Reform des Ausweisungsrechts im Jahr 2016 durch Einführung einer ergebnis-

---

[80] Vgl. *J. Bast*, Aufenthaltsrecht und Migrationssteuerung, 2011, S. 11 f. Als Beispielsfall sei verwiesen auf *EGMR*, Urt. v. 1.12.2005, Nr. 60665/00 – *Tuquabo-Tekle u. a./Niederlande*, Rn. 42.

[81] Vgl. bspw. Art. 4 Abs. 1 der Familienzusammenführungsrichtlinie (RL 2003/86) für den Familiennachzug zu Drittstaatsangehörigen sowie §§ 27 ff. AufenthG.

[82] Zur Eröffnung des Anwendungsbereichs von Art. 8 EMRK im Falle von Ausweisungen grundlegend EGMR, Urt. v. 21.6.1988, Nr. 10730/84 – *Berrehab/Niederlande*, Rn. 22 ff. sowie EGMR (GK), Urt. v. 18.2.1991, Nr. 12313/86, EuGRZ 1993, S. 552 – *Moustaquim/Belgien*, Rn. 34 ff.

[83] EGMR, Urt. v. 2.8.2001, Nr. 54273/00, ZAR 2003, S. 366 – *Boultif/Schweiz*, Rn. 48; EGMR (GK), Urt. v. 18.10.2006, Nr. 46410/99, NVwZ 2007, S. 1279 – Üner/Niederlande, Rn. 57 f.; EGMR, Urt. v. 10.7.2003, Nr. 53441/99 – *Benhebba/Frankreich*, Rn. 32 f.; EGMR (GK), Urt. v. 23.6.2008, Nr. 1638/03, DÖV 2009, S. 37 – *Maslov/Österreich*, Rn. 71; EGMR, Beschl. v. 22.1.2013, Nr. 66837/11 – *El-Habach/Deutschland*, Rn. 29 ff.; EGMR, Urt. v. 23.4. 2015, Nr. 38030/12 – *Khan/Deutschland*, Rn. 39.

[84] BVerwG, Urt. v. 23.10.2007, 1 C 10/07, BVerwGE 129, 367. Hierzu *D. Thym*, Abschied von Ist- und Regelausweisung bei Verwurzelung, DVBl. 2008, 1346 ff.; *K.-G. Mayer*, Systemwechsel im Ausweisungsrecht, VerwArch 2010, S. 482 ff.; I. Kraft, Die Rechtsprechung des BVerwG zur Ausweisung im Ausländerrecht, DVBl. 2013, S. 1219 (1224 f.).

offenen Generalklausel reagierte.[85] Auch hierauf wird im Einzelnen zurückzukommen sein.[86]

b) Flüchtlingsrecht – GFK

Der zweite völkerrechtliche Kernbereich mit Migrationsrelevanz ist das Flüchtlingsrecht nach der Genfer Flüchtlingskonvention (GFK)[87] einschließlich des sog. New Yorker Protokolls.[88] Kernvorschrift ist der in Art. 33 GFK niedergelegte Grundsatz der Nichtzurückweisung (*Non-Refoulement*). Er verbietet den Vertragsparteien, eine Person in einen anderen Staat auszuliefern, in dem dieser aufgrund bestimmter, in seiner Person begründeter Merkmale eine lebens- oder freiheitsbedrohende Verfolgung fürchten muss.[89] Insoweit ist der flüchtlingsrechtliche Grundsatz der Nichtzurückweisung nach Art. 33 GFK vom menschenrechtlichen Non-Refoulement nach Art. 3 EMRK zu unterscheiden.[90]

Über das Refoulementverbot hinaus verpflichtet die GFK die Vertragsstaaten, den bei ihnen aufhältigen Flüchtlingen grundlegende Rechtspositionen einzuräumen, wie u. a. das Vereinigungsrecht (Art. 15), den Zugang zu Gericht (Art. 16), den Zugang zum Arbeitsmarkt unter bestimmten Voraussetzungen (Art. 17) sowie die Inländerbehandlung in Bezug auf Entlohnung und bestimmte soziale Hilfsleistungen (Art. 23 f.).

In Deutschland gilt die GFK über Art. 59 Abs. 2 S. 1 GG im Rang eines einfachen Bundesgesetzes. Gleichwohl ging das BVerwG in einer Grundsatzentscheidung über die Gewährung von Sozialhilfe zutreffend von der Prämisse aus, der deutsche Gesetzgeber wolle grundsätzlich nicht von den Vorgaben der GFK abweichen, weshalb der Grundsatz der Inländerbehandlung nach Art. 23 GFK

[85] Deren Kernstück ist eine Generalklausel mit tatbestandlicher Abwägung, die jedoch gerichtlich voll überprüfbar sein soll.

[86] S. 196 ff.

[87] Abkommen über die Rechtsstellung der Flüchtlinge v. 28.7.1951, in Kraft getreten am 22.4.1954. Alle EU-Mitgliedstaaten sind Vertragsstaaten der GFK einschließlich des New Yorker Protokolls.

[88] Protokoll über die Rechtsstellung der Flüchtlinge vom 31.1.1967, in Kraft getreten am 4.10.1967. Zentraler Regelungsgegenstand des Protokolls ist zum einen die geographische Erweiterung über Europa hinaus und zum anderen die zeitliche Ausdehnung des Anwendungsbereichs der GFK auf Fälle, in denen die Flüchtlingseigenschaft auf Ereignisse nach dem 1.1.1951 (dem zeitlichen Stichtag der GFK) zurückgeht.

[89] Im Einzelnen *J. C. Hathaway/M. Foster*, The Law of Refugee Status, 2. Aufl. 2014, S. 91 ff.; *G. S. Goodwin-Gill/J. McAdam*, The Refugee in International Law, 3. Aufl. 2007, S. 51 ff.; *W. Kälin u. a.*, Article 33 para. 1, in: Zimmermann (Hrsg.), The 1951 Convention Relating to the Status of Refugees and its 1967 Protocol: A Commentary, 2011, S. 1327 ff.; *E. Lauterpacht/D. Bethlehem*, The Scope and Content of the Principle of non-refoulement, in: Feller u. a. (Hrsg.), Refugee protection in international law, 2003, S. 87 ff.

[90] Der Unterschied bezieht sich jedenfalls auf die Rechtsquellen und die einzelnen Voraussetzungen. Rechtsdogmatisch wird das Schutzsystem der GFK zuweilen auch in einem menschenrechtlichen Sinne rekonstruiert, vgl. namentlich *J. C. Hathaway/M. Foster*, The Law of Refugee Status, 2. Aufl. 2014, S. 196 f.

als speziellere Norm vorrangig gegenüber einer mit ihm kollidierenden Regelung des Sozialrechts anzuwenden sei.[91] Der Vorrang des späteren Gesetzes im Sinne der Lex-posterior-Regel könne „nur dann eingreifen, wenn der Gesetzgeber seinen Willen zur Derogation des transformierten völkervertraglichen Rechts mit aller Deutlichkeit herausgestellt" habe.[92] Wenn auch nicht explizit, so entspricht dies doch dem verfassungsrechtlichen Grundsatz der Völkerrechtsfreundlichkeit, wie ihn das BVerfG einige Jahre später auch im Verhältnis von Völkervertragsrecht und GG formulierte.[93] An sich wäre dies die rechtskonstruktive Basis für eine engere Verzahnung von GFK und deutschem Verfassungsrecht. Indessen hat sich das verfassungsunmittelbare Asylrecht aus Art. 16a GG im Laufe der vergangenen Jahrzehnte konzeptionell zunehmend von den ursprünglich gemeinsamen Wurzeln mit der GFK abgekoppelt.[94]

Ihre tragende Rolle erlangt die GFK heute in allererster Linie vermittelt über das Unionsrecht. Die in detaillierter Weise in den Vorschriften des AsylG und AufenthG umgesetzten sekundärrechtlichen Gewährleistungen – namentlich aus der Qualifikationsrichtlinie 2011/95 – finden ihren zentralen Referenzpunkt in der GFK. Dieser Rückbezug wird mit Art. 78 Abs. 1 S. 2 AEUV durch eine Norm des Primärrechts abgesichert. Zwar ist die Union als supranationale Organisation im Gegensatz zu ihren Mitgliedstaaten nicht selbst Vertragspartei der GFK. Art. 78 Abs. 1 S. 2 AEUV ordnet die GFK-Konformität des Gemeinsamen Europäischen Asylsystems aber ausdrücklich an. Diese konstitutive Selbstverpflichtung bindet die Organe der Union, insbesondere auch den Unionsgesetzgeber, soweit die Politik der Union in diesem Feld vorangeschritten ist.[95] Insofern besteht auch eine (indirekte) Auslegungskompetenz des EuGH für die GFK. Diese findet freilich dort ihre Grenzen, wo die mitgliedstaatlichen Regelungsbefugnisse beginnen.[96] Sie besteht nur „wenn und soweit" die Union selbst Zuständigkeiten übernommen hat, die zuvor von den Mitgliedstaaten im Anwendungsbereich der nicht von der EU geschlossenen GFK ausgeübt wurden, und die Bestimmungen der GFK damit für die Union bindend geworden sind.[97]

---

[91] BVerwG, Urt. v. 18.05.2000, BVerwGE 111, 200, Rn. 25, 27–29 (juris).

[92] Ebd., Rn. 27 (juris).

[93] Vgl. BVerfG, Beschl. v. 14.10.2004, BVerfGE 111, 307 – *Görgülü I*, Rn. 33 (juris) sowie grundlegend BVerfG, Urt. v. 4.5.2011, BVerfGE 128, 326 – *Nachträgliche Sicherungsverwahrung II*, Rn. 86 ff. (juris). Ebenso die Deutung bei *A. v. Arnauld*, Völkerrecht, 2012, Rn. 516.

[94] Näher *K. Schenk*, Die Entwicklung des Asylrechts in der 50-jährigen Rechtsprechung des BVerfG, NVwZ 2002, S. 801 ff. Zusammenfassend *J. Bast*, Aufenthaltsrecht und Migrationssteuerung, 2011, S. 186 f.

[95] S. *K. Hailbronner/D. Thym*, Chapter IV Asylum – Legal Framework for EU Asylum Policy, in: dies. (Hrsg.), EU Immigration and Asylum Law. Commentary, 2. Aufl. 2016, Rn. 10 u. 48.

[96] EuGH, Urt. v. 17.7.2014, Rs. C481/13, *Qurbani*, Rn. 24 in Bezug auf Art. 31 GFK.

[97] Ebd., Rn. 23.

3. EU-Migrationsrecht

Migrationsrechtliche Elemente waren von Beginn an feste Bestandteile des Rechts der europäischen Integration, bezogen sich zunächst jedoch allein auf die erwerbsbezogene Migration als Teil des Binnenmarktes[98] bzw. der Assoziierungsabkommen.[99] Die Initialzündung zu einer gemeinsamen Grenz-, Asyl- und Einwanderungspolitik, die speziell Drittstaatsangehörige in den Blick nimmt, erfolgte durch die Schengener Übereinkommen und den darin vorgesehenen schrittweisen Abbau der Kontrollen an den Binnengrenzen und dem Aufbau eines gemeinsamen Grenzregimes nach außen.[100] Mit dem Vertrag von Maastricht kamen erstmals Kompetenzen in den Bereichen Asyl-, Visum- und Zuwanderung hinzu, allerdings noch als Teil der intergouvernemental strukturierten Dritten Säule.[101] Der Vertrag von Amsterdam überführte („vergemeinschaftete") diese Bereiche in den supranationalen Bereich und weitete sie der Sache nach aus.[102] Mit dem Vertrag von Lissabon erreichte der Raum der Freiheit, der Sicherheit und des Rechts (RFSR) mit dem Politikbereich „Grenzkontrollen, Asyl und Einwanderung" und den darin verbürgten vertraglichen Grundlagen des unionalen Migrationsrechts sodann seinen vorerst konsolidierenden Schlusspunkt. Der RFSR erstreckt sich in seinem territorialen Anwendungsbereich grundsätzlich auf alle EU-Mitgliedstaaten, für die keine bereichsspezifischen Sonderregelungen bzw. Opt-Outs gelten,[103] wie namentlich für das Vereinigte Königreich, Irland und Dänemark.[104] Er umfasst einige der grundrechtssensibelsten Felder des Unionsrechts schlechthin und hat in Folge gesteigerter Rechtsetzungsaktivitäten und der ihnen folgenden administrativen und judikativen Konkretisierungsleistungen seit Inkrafttreten des Vertrages

[98] Arbeitnehmerfreizügigkeit (heute Art. 45 AEUV) sowie Niederlassungs- und Dienstleistungsfreiheit (heute Art. 49 u. 56 AEUV) in ihrer personellen Komponente.

[99] Insbesondere das Assoziierungsabkommen EWG/Türkei 64/733/EWG v. 12.9.1963, EU ABl. L 217 v. 29.12.1964, S. 3687, in Kraft getreten zum 1.12.1964, zuletzt geändert durch Zusatzprotokoll v. 29.7.2005, EU ABl. Nr. L 254 S. 58. Das Assoziationsabkommen wurde im Bereich der Personenfreizügigkeit insbesondere ergänzt um den Beschluss des Assoziationsrates EWG/Türkei 1/80 v. 19.9.1980, (kurz ARB 1/80). Zu letzterem grundlegend EuGH, Urt. v. 20.9.1990, Rs. C-192/89 – *Sevince*. Aus der Literatur eingehend die 140 Seiten umfassende Kommentierung von *K. Dienelt*, in: Bergmann/Dienelt (Hrsg.), Ausländerrecht, 11. Aufl. 2016, ARB 1/80.

[100] Vgl. zur historischen Entwicklung in Bezug auf den Schengen-Acquis *D. Thym*, in: Grabitz/Hilf/Nettesheim (Hrsg.), Das Recht der EU, Art. 77 AEUV (57. EGL 2015), Rn. 1 ff., Art. 78 AEUV (57. EGL 2015), Rn. 1 f. u. Art. 79 AEUV (57. EGL 2015), Rn. 1 f.

[101] Art. K.1 Nr. 1–3 i. V. m. Art. K.3 Abs. 2 EUV (Maastricht).

[102] Art. 61–69 EG (Amsterdam).

[103] Grundlegend zum Phänomen der Ungleichzeitigkeit im RFSR *D. Thym*, Ungleichzeitigkeit im europäischen Verfassungsrecht, 2004, S. 79 ff.

[104] Protokolle Nr. 21 (UK und Irland) und Nr. 22 (Dänemark) zum Vertrag von Lissabon. Anschauliche Übersicht bei *K. Hailbronner/D. Thym*, Chapter IV Asylum – Legal Framework for EU Asylum Policy, in: dies. (Hrsg.), EU Immigration and Asylum Law. Commentary, 2. Aufl. 2016, Rn. 7.

von Lissabon wie kaum ein anderes Feld an rechtsalltäglicher Relevanz gewonnen. Die folgenden Ausführungen stellen im Überblick die Kernbereiche und normstrukturellen Grundbausteine des unionalen Migrationsrechts vor. Dabei lässt sich analytisch zwischen vier Rechtsrahmen differenzieren: dem *freizügigkeitsrechtlichen*, dem *einwanderungsrechtlichen*, dem *asylrechtlichen* und dem *grenz- und visumrechtlichen*. Die hier nur in gröbsten Zügen skizzierten aufenthaltsrechtlichen Rechtspositionen des Unionsrechts durchzieht dabei eine grundlegende Statusunterscheidung zwischen Unionsbürgern (Freizügigkeit) und Drittstaatsangehörigen (Einwanderung, Asyl, Visum).

a) Unionsbürgerschaftliche Freizügigkeit

Seit den Römischen Verträgen war die innereuropäische Personenfreizügigkeit zunächst als Begleitrecht der innergemeinschaftlichen Mobilität von Produktionsfaktoren[105] an die Ausübung einer wirtschaftlichen Tätigkeit des „Marktbürgers" geknüpft.[106] Dies gilt für die primärrechtlichen Gewährleistungen der Arbeitnehmerfreizügigkeit sowie der Niederlassungs- und Dienstleistungsfreiheit in ihrer personellen Dimension ebenso wie für das zu ihrer Verwirklichung erlassene Sekundärrecht.[107] Nachdem legislative Vorstöße zur Einführung eines allgemeinen Aufenthaltsrechts mehrfach gescheitert waren,[108] erfolgte zu Beginn der 1990er Jahre eine erste Loslösung des Aufenthaltsrechts vom Kriterium der wirtschaftlichen Tätigkeit auf Ebene des Sekundärrechts. Auf Basis dreier bereichsspezifischer Richtlinien erkannte der europäische Gesetzgeber nunmehr auch Personen ohne Erwerbstätigkeit unter bestimmten Voraussetzungen ein unionsrechtliches Aufenthaltsrecht in anderen Mitgliedstaaten zu.[109]

Die primärrechtliche Initialzündung zur Begründung eines von der wirtschaftlichen Tätigkeit entkoppelten und an der freien Selbstbestimmung des

---

[105] Vgl. *C. Schönberger*, Unionsbürger – Europas föderales Bürgerrecht in vergleichender Sicht, 2005, S. 319; *A. Hatje*, in: Schwarze (Hrsg.), EU-Kommentar, 3. Aufl. 2012, Art. 21 AEUV, Rn. 1.

[106] So vor Inkrafttreten des Vertrages von Maastricht noch ausdrücklich EuGH, Urt. v. 5.2.1991, Rs. C-363/89 – *Roux*, Rn. 9.

[107] Für die Arbeitnehmerfreizügigkeit: VO 1612/68 (einschließlich eines Aufenthaltsrechts für Familienangehörige und Ehegatten in Art. 10 und 11), VO 1251/70 (Verbleiberecht) und RL 68/360. Für die Niederlassungs- und Dienstleistungsfreiheit: RL 73/148 und RL 75/34. Spezifisch zum *ordre-public*-Vorbehalt RL 64/221.

[108] Vgl. insbesondere den Vorschlag der Kommission für eine Richtlinie über ein allgemeines Aufenthaltsrecht v. 31.7.1979 (ABl. 1979, C 207/14), dem eine Initiative der Staats- und Regierungschefs im Jahr 1975 und eine Entschließung des Europäischen Parlamentes im Jahr 1977 vorausgingen und der trotz wiederholter Anpassung in der Folge letztlich nicht durchsetzbar war, vgl. *S. Magiera*, in: Streinz (Hrsg), EUV/AEUV, 2. Aufl. 2012, Art. 21 AEUV, Rn. 10.

[109] RL 90/365 für Rentner (bzw., genauer, aus dem Erwerbsleben ausgeschiedene Arbeitnehmer und selbständige Erwerbstätige); RL 93/96 für Studenten sowie RL 90/364 für alle übrigen Angehörigen der Mitgliedstaaten, „denen das Aufenthaltsrecht nicht aufgrund anderer Bestimmungen des [damaligen] Gemeinschaftsrechts zuerkannt" wurde.

Bürgers ausgerichteten Freizügigkeitsrechts erfolgte mit dem Vertrag von Maastricht.[110] Die heute zentrale Vorschrift des Art. 21 Abs. 1 AEUV geht textlich auf Art. 8a Abs. 1 EGV (Maastricht) und dessen wortgleichen Nachfolger Art. 18 Abs. 1 EG (Amsterdam und Nizza) zurück.[111] Im Zuge des Vertrages von Lissabon wurde das Freizügigkeitsrecht mit Art. 20 Abs. 2 UAbs. 1 S. 2 lit. a) AEUV nochmals an prominenter Stelle in der zentralen Vertragsnorm über die Unionsbürgerrechte herausgestellt und im Rahmen der nunmehr rechtsverbindlichen GRCh in Gestalt von Art. 45 Abs. 1 GRCh dupliziert.[112]

Das unionsbürgerschaftliche Freizügigkeitsrecht ist für das europäische Verfassungsgefüge von schlechthin herausragender Bedeutung.[113] Es nimmt nicht zuletzt deshalb eine Schlüsselstellung im Ensemble der Unionsbürgerrechte ein, weil es eine Grundbedingung für die Wahrnehmung anderer Unionsbürgerrechte darstellt.[114] Für die Konturierung der primärrechtlichen Gewährleistungsgehalte des Freizügigkeitsrechts entscheidend war die Rechtsprechung des EuGH. Sie sollte die ihr eigene Entwicklungsdynamik aber erst mehrere Jahre nach Inkrafttreten des Vertrags von Maastricht entfalten.[115] In seinen zentralen Leitentscheidungen erklärte der Gerichtshof Art. 21 Abs. 1 AEUV für unmittelbar anwendbar,[116] gewährte durch die Verknüpfung mit dem allgemeinen Gleichbehandlungsgrundsatz des Art. 18 AEUV einen „freizügigkeitsakzessorischen Inländerbehandlungsanspruch"[117] im Aufenthaltsstaat einschließlich des Zugangs zu Sozialleistungen,[118] machte Benachteiligungen rechtfertigungs-

[110] Kritisch indes noch *J. H. H. Weiler*, European Citizenship and Human Rights, in: Winter u. a. (Hrsg.), Reforming the Treaty on European Union, 1996, S. 57 (65 f.).

[111] Die einzige textliche Änderung erfolgte im Zuge des Vertrages von Lissabon und war redaktionellen Anpassungen geschuldet. Seither heißt es nicht mehr „vorbehaltlich der in diesem Vertrag", sondern „vorbehaltlich der in den Verträgen".

[112] Art. 45 Abs. 1 war bereits Bestandteil der ursprünglichen Version der Charta aus dem Jahr 2000 (ABl. 2000, C 364/01, 19) und wurde im Rahmen der Anpassungen an das Vertragswerk von Lissabon nochmals redaktionell überarbeitet, bevor die Charta 2007 neu proklamiert wurde. Sachliche Änderungen ergaben sich aus der Duplizierung in der GRCh nicht. Näher zur Rechtsquellendualität *M. Wendel*, Unionsbürgerrecht, in: Grabenwarter (Hrsg.), EnzEuR II – Europäischer Grundrechteschutz, 2014, § 18, Rn. 34 ff.

[113] Zur verfassungsrechtlichen Dimension der freizügigkeitsrechtlichen Rechtsprechung *M. Dougan*, The Constitutional Dimension of the Case Law on Union Citizenship, ELRev. 31 (2006), S. 613 ff.

[114] Vgl. *D. Rabenschlag*, Leitbilder der Unionsbürgerschaft, 2009, S. 157; *S. Magiera*, Der Rechtsstatus der Unionsbürger, in: FS J. Delbrück, 2005, S. 429 (436); *P. M. Huber*, Die gleiche Freiheit der Unionsbürger, ZaöRV 2008, S. 307 (313).

[115] Das Potenzial aufzeigend bereits *S. O'Leary*, The Relationship Between Community Citizenship and the Protection of Fundamental Rights in Community Law, CMLRev. 1995, S. 519 (526 ff.) sowie *U. Becker*, Freizügigkeit in der EU – auf dem Weg vom Begleitrecht zur Bürgerfreiheit, EuR 1999, S. 522 (527 ff.).

[116] EuGH, Urt. v. 17.09.2002, Rs. C-413/99 – *Baumbast*, Rn. 84 ff.

[117] *F. Wollenschläger*, Grundfreiheit ohne Markt, 2007, S. 224.

[118] EuGH, Urt. v. 20.09.2001, Rs. C-184/99 – *Grzelczyk*, Rn. 30 ff. Zu den Grenzen EuGH, Urt. v. 11.11.2014, Rs. C-333/13 – *Dano*, Rn. 61 ff.; Urt. v. 15.9.2015, Rs. C-67/14 – *Alimanovic*, Rn. 60 f.

bedürftig, die Unionsbürgern nach dem Recht ihres Heimatstaats wegen der Ausübung des Freizügigkeitsrechts entstehen können,[119] gewährte drittstaatsangehörigen Familienangehörigen ein der Freizügigkeit des mit ihnen verwandten Unionsbürgers dienendes Aufenthaltsrecht[120] und maß Art. 21 Abs. 1 AEUV darauf aufbauend zunehmend einen genuin freiheitsrechtlichen Gehalt bei.[121] Mit der Anerkennung eines geschützten „Kernbestandes" der Unionsbürgerrechte[122] hat der EuGH überdies eine an den Unionsbürgerstatus nach Art. 20 AEUV geknüpfte Rechtsprechungslinie begründet, die für die Frage des Aufenthaltsrechtes jedenfalls dazu führt, dass ein Unionsbürger nicht de facto gezwungen werden darf, das Gebiet der Union als Ganzes zu verlassen.[123]

Auf sekundärrechtlicher Ebene von überragender Bedeutung für die Ausgestaltung der aufenthaltsrechtlichen Rechtsstellung der Unionsbürger und ihrer Familienangehörigen ist die sog. *Freizügigkeitsrichtlinie* (RL 2004/38).[124] Sie hat die bis dato geltenden Rechtsakte fragmentarischer und bereichsspezifischer Art[125] zum ganz überwiegenden Teil[126] abgelöst und bildet seither den zentralen legislativen Regelungskorpus des allgemeinen Freizügigkeitsrechts. Zugleich wurden mit ihr Elemente der Rechtsprechung des EuGH kodifiziert, etwa die strengen Anforderungen an eine Rechtfertigung aus Gründen des *ordre public*.[127] Die innerstaatlich mit dem FreizügG/EU umgesetzte Richtlinie umfasst sowohl die erwerbsbezogenen als auch die erwerbsunabhängigen Formen der Freizügigkeit, behält jedoch sachliche Differenzierungen zwischen beiden bei.[128]

---

[119] EuGH, Urt. v. 11.07.2002, Rs. C-224/98 – *D'Hoop*, Rn. 30f.

[120] EuGH, Urt. v. 19.10.2004, Rs. C-200/02 – *Zhu und Chen*, Rn. 45f.

[121] EuGH, Urt. v. 18.07.2006, Rs. C-406/04 – *De Cuyper*, Rn. 39 ; Urt. v. 26.10.2006, Rs. C-192/05 – *Tas-Hagen und Tas*, Rn. 31f.; Urt. v. 23.10.2007, verb. Rs C-11/06 u. C-12/06 – *Morgan und Bucher*, Rn. 25; Urt. v. 22.10.2010, Rs. C-208/09 – *Sayn-Wittgenstein*, Rn. 53; Urt. v. 12.05.2011, Rs. C-391/09 – *Runevič-Vardyn*, Rn. 68.

[122] EuGH, Urt. v. 8.03.2011, Rs. C-34/09 – *Ruiz Zambrano*, Rn. 42ff.

[123] Die Rechtsprechung wird äußerst restriktiv gehandhabt und trägt eher die Züge einer Härtefallrechtsprechung. Dies lässt sich bereits daran erkennen, dass der Gerichtshof einen faktischen Ausreisezwang aus dem Gebiet der Union nur unter engsten Voraussetzungen bejaht. Weder wirtschaftliche Gründe noch der Wunsch des Unionsbürgers nach Aufrechterhaltung der Familiengemeinschaft rechtfertigen für sich allein genommen die Annahme eines solchen Ausreisezwanges im Falle der Verweigerung eines Aufenthaltsrechtes für die Angehörigen, vgl. EuGH, Urt. v. 15.11.2011, Rs. C-256/11 – *Dereci u. a.*, Rn. 68 u. v. 08.05.2013, Rs. C-87/12 – *Ymeraga*, Rn. 38f.

[124] Richtlinie 2004/38/EG des Europäischen Parlaments und des Rates v. 29.4.2004 über das Recht der Unionsbürger und ihrer Familienangehörigen, sich im Hoheitsgebiet der Mitgliedstaaten frei zu bewegen und aufzuhalten.

[125] So der 4. Erwägungsgrund der RL 2004/38.

[126] Die VO 1612/68 indes nur hinsichtlich ihrer Art. 10 und 11, vgl. Art. 38 RL 2004/38.

[127] Art. 27ff. RL.

[128] Beispielsweise gelten die Voraussetzungen hinreichender Existenzmittel und umfassenden Krankenversicherungsschutzes im Rahmen des Aufenthaltsrechts für mehr als drei Monate nur für Nichterwerbstätige, vgl. Art. 7 Abs. 1 lit. b) RL 2004/38.

Im Bereich der Aufenthaltsbegründung gibt die Freizügigkeits-RL den Mitgliedstaaten als regelungstechnischen Normalfall eine gebundene Entscheidung im Sinne eines Anspruchs auf Aufenthalt bei Vorliegen der jeweiligen Voraussetzungen vor,[129] was sich im deutschen FreizügG/EU unmittelbar widerspiegelt.[130] Demgegenüber stellt die RL eine Aufenthaltsbeschränkung aus Gründen der öffentlichen Ordnung, Sicherheit oder Gesundheit grundsätzlich in das Ermessen der Mitgliedstaaten, stellt hierfür allerdings hohe Hürden auf. So darf für die Aufenthaltsbeendigung ausschließlich das individuelle Verhalten des Betroffenen maßgeblich sein, das zugleich eine „tatsächliche, gegenwärtige und erhebliche Gefahr" darstellen muss, die „ein Grundinteresse der Gesellschaft" berührt.[131] Vom Einzelfall losgelöste generalpräventive Erwägungen sind demgegenüber nicht zulässig.[132] Ferner muss vor einer Ausweisung die individuelle Situation des Betroffenen anhand eines – dem vom EGMR aufgestellten Katalog nicht unähnlichen – Bündels an Kriterien berücksichtigt werden.[133] Damit erfordert auch das unionsrechtliche Ausweisungsregime letztlich eine Einzelfallprüfung, die sich einer legislativen Vorprogrammierung weitgehend entzieht und potenziell das Tor für weitreichende Entscheidungsspielräume der Verwaltung öffnet.[134]

Auch für den speziellen Bereich der Unionsbürgerschaft ist also die Grundtendenz erkennbar, dass die Frage der Aufenthaltsgewährung legislativ zunehmend als gebundene Entscheidung programmiert wird, während der Verwaltung im Bereich der Aufenthaltsbeendigung und insbesondere der Ausweisung Entscheidungsspielräume verbleiben.

b) Einwanderungsrechtlicher Rechtsrahmen

Für Angehörige bestimmter Drittstaaten, etwa der Türkei, der Schweiz oder Norwegens, bestehen besondere aufenthaltsrechtliche Rechtspositionen aufgrund von Assoziierungsabkommen bzw. dem Abkommen über den Europäischen Wirtschaftsraum (EWR).[135] Auch wenn die in diesem Rahmen verliehenen Rechtspositionen den Unionsbürgerrechten zuweilen angenähert sind, blei-

---

129 Vgl. insbesondere die Kernvorschriften Art. 6 Abs. 1 (Recht auf Aufenthalt bis zu drei Monaten), Art. 7 Abs. 1 (Recht auf Aufenthalt bis zu drei Monaten) und Art. 16 Abs. 1 (Daueraufenthalt).

130 § 2 Abs. 1–3 FreizügG/EU.

131 Art. 27 Abs. 2 RL 2004/38.

132 Ebd.

133 Art. 28 RL 2004/38: „die Dauer des Aufenthalts des Betroffenen im Hoheitsgebiet, sein Alter, seinen Gesundheitszustand, seine familiäre und wirtschaftliche Lage, seine soziale und kulturelle Integration im Aufnahmemitgliedstaat und das Ausmaß seiner Bindungen zum Herkunftsstaat."

134 Wobei dies nicht gleichermaßen zwingend zu einer verminderten gerichtlichen Kontrolldichte führen muss.

135 Bzgl. der Türkei vgl. bereits Fn. 99.

ben sie summa summarum doch substanziell dahinter zurück.[136] Gegenüber den Rechten, die Drittstaatsangehörigen generell etwa auf Grundlage der Daueraufenthaltsrichtlinie zuerkannt werden, können sich Unterschiede mit Blick auf die (fehlende) transnationale Wirkrichtung ergeben.[137] Speziell für drittstaatsangehörige Familienangehörige von Unionsbürgern enthält wiederum die Freizügigkeitsrichtlinie 2004/38 grundlegende aufenthaltsrechtliche Gewährleistungen.[138] Dabei handelt es sich um Rechte, die letztlich im Freizügigkeitsrecht der betreffenden Unionsbürger wurzeln, also abgeleitet sind. Solche derivativen Aufenthaltsrechte sind in der Rechtsprechung auch jenseits der sekundärrechtlich geregelten Rechte anerkannt.[139] Dies folgt der Überlegung, dass die betreffenden Unionsbürger anderenfalls davon abgehalten würden, von ihrem Freizügigkeitsrecht Gebrauch zu machen,[140] oder ihnen gar der tatsächliche Genuss des unionsbürgerrechtlichen Kernbestandes versagt würde.[141] Grenzen der Zuerkennung derivativer Aufenthaltsrechte hat der EuGH dementsprechend dort markiert, wo es entweder an einer Kernbestandsverletzung oder einer Beschränkung des Freizügigkeitsrechts fehlte.[142]

Das eigentliche Gravitationszentrum des aufenthaltsrechtlichen Regelungsrahmens für Drittstaatsangehörige aber ist die Gemeinsame Einwanderungspolitik i.S.d. Art. 79 AEUV (ehemals Art. 63 Abs. 1 Nr. 3 EG). Gestützt auf diese Rechtsetzungskompetenz hat der europäische Gesetzgeber zahlreiche Akte des Sekundärrechts erlassen, die einen veritablen „europäischen Migrationsraum" begründen.[143] Zu diesen Rechtsakten zählen insbesondere[144] die bereits er-

---

136 Näher *D. Thym*, Freizügigkeit in Europa als Modell?, EuR 2011, S. 487 (493 ff.).

137 Dazu *J. Bast*, Transnationale Verwaltung des europäischen Migrationsraums, Der Staat 46 (2007), S. 1 (18 f.) unter Abgleich der Daueraufenthaltsrichtlinie (Statusinhaber wird zum Erwerb eines Aufenthaltstitels in allen übrigen Mitgliedstaaten berechtigt) mit Art. 6 und 7 des Assoziationsrats-Beschlusses Nr. 1/80 (keine transnationale Wirkung).

138 Art. 6 Abs. 2 (Aufenthalt bis zu drei Monaten); Art. 7 Abs. 2 (Aufenthalt für mehr als drei Monate); Art. 16 Abs. 2 (Daueraufenthalt). Vgl. zudem die Regelungen über die Aufrechterhaltung des Aufenthaltsrechts nach Art. 12 (bei Tod oder Wegzug des Unionsbürgers); Art. 13 (Scheidung und ähnliche Fälle) und über die Inländergleichbehandlung im Falles des Daueraufenthalts nach Art. 24 Abs. 1 S. 1.

139 Vgl. im Einzelnen *M. Wendel*, Aufenthalt als Mittel zum Zweck: zu Grund und Grenzen derivativer Aufenthaltsrechte, DÖV 67 (2014), S. 133 ff.

140 EuGH, Urt. v. 19.10.2004, Rs. C-200/02 – *Zhu und Chen*, Rn. 45 sowie Urt. v. 25.06. 2008, Rs. C-127/08 – *Metock*, Rn. 68.

141 EuGH, Urt. v. 8.3.2011, Rs. C-34/09 – *Ruiz Zambrano*, Rn. 42 ff.

142 EuGH, Urt. v. 5.5.2011, Rs. C-434/09 – *McCarthy*, Rn. 49. Nach der Rechtsprechung kann es gegen eine Beschränkung sprechen, wenn dem Betroffenen die Rechtsstellung eines langfristig Aufenthaltsberechtigten nach der Richtlinie 2003/109 erteilt werden kann, vgl. EuGH, Urt. v. 8.11.2012, Rs. C-40/11 – *Iida*, Rn. 75.

143 *J. Bast*, Transnationale Verwaltung des europäischen Migrationsraums, Der Staat 46 (2007), S. 1 (6 ff.).

144 Siehe darüber hinaus RL 2004/81 (Opfer von Menschenhandel); RL 2005/71 (Studium und Forschung, mit Wirkung zum 24.5.2018 abgelöst durch RL 2016/801); RL 2009/52 (Beschäftigung ohne rechtmäßigen Aufenthalt).

wähnte RL 2003/86 betreffend das Recht auf Familienzusammenführung (*Familienzusammenführungs-RL*),[145] die RL 2003/109 für langfristig aufenthaltsberechtigte Drittstaatsangehörige (*Daueraufenthalts-RL*),[146] die RL 2009/50 über den Aufenthalt zur Ausübung einer hochqualifizierten Beschäftigung (*Hochqualifizierten-RL*),[147] die RL 2004/114 – künftig RL 2016/801 – betreffend Studium, Schüleraustausch und Freiwilligendienst (*Studenten- und Austausch-RL*)[148] sowie die RL 2008/115 zur Rückführung illegal aufhältiger Drittstaatsangehöriger (*Rückführungs-RL*)[149] und die RL 2001/40 über die gegenseitige Anerkennung von Rückführungsentscheidungen.[150] Die in diesem Rahmen konstituierten Rechte Drittstaatsangehöriger bleiben aber regelmäßig erkennbar hinter denjenigen der Unionsbürger zurück.[151]

Mit Blick auf administrative Entscheidungsspielräume erhärtet sich auch für das Aufenthaltsregime Drittstaatsangehöriger der Befund, dass der Unionsgesetzgeber mit Blick auf die Aufenthaltsbegründung – jedenfalls dem Grundsatz nach – zur Schaffung von (gebundenen) Rechtsansprüchen tendiert, während er hinsichtlich Aufenthaltsbeschränkungen zu flexiblen Lösungen neigt. So nehmen die Familienzusammenführungs-RL und die Daueraufenthalts-RL die Mitgliedstaaten in die Pflicht, bei Vorliegen bestimmter Voraussetzungen grundsätzlich individuelle Rechtsansprüche zu gewähren,[152] belassen den Mitgliedstaaten hinsichtlich der Aufenthaltsbeendigung jedoch einen vergleichsweise weiten Regelungsspielraum,[153] der innerstaatlich an die Verwaltung wei-

---

145 Richtlinie 2003/86 des Rates v. 22.9.2003 betreffend das Recht auf Familienzusammenführung.

146 Richtlinie 2003/109 des Rates v. 25.11.2003 betreffend die Rechtsstellung der langfristig aufenthaltsberechtigten Drittstaatsangehörigen.

147 Richtlinie 2009/50 des Rates v. 25.5.2009 über die Bedingungen für die Einreise und den Aufenthalt von Drittstaatsangehörigen zur Ausübung einer hochqualifizierten Beschäftigung.

148 Richtlinie 2004/114/EG des Rates v. 13.12.2004 über die Bedingungen für die Zulassung von Drittstaatsangehörigen zur Absolvierung eines Studiums oder zur Teilnahme an einem Schüleraustausch, einer unbezahlten Ausbildungsmaßnahme oder einem Freiwilligendienst. Diese Richtlinie wird mit Wirkung zum 24.5.2018 abgelöst durch die Richtlinie 2016/801.

149 Richtlinie 2008/115 des Europäischen Parlaments und des Rates v. 16.12.2008 über gemeinsame Normen und Verfahren in den Mitgliedstaaten zur Rückführung illegal aufhältiger Drittstaatsangehöriger.

150 Richtlinie 2001/40 des Rates v. 28.5.2001 über die gegenseitige Anerkennung von Entscheidungen über die Rückführung von Drittstaatsangehörigen.

151 Vgl. ebd., 16ff. am Beispiel der Daueraufenthaltsberechtigten.

152 Für die Familienzusammenführungs-RL vgl. Art. 4 Abs. 1, wobei Art. 4 Abs. 2 und 3 den Mitgliedstaaten hinsichtlich bestimmter Personen einen Regelungsspielraum gewähren. Für die Daueraufenthalts-RL vgl. Art. 4 Abs. 1 (Aufenthalt im Staat des Daueraufenthaltes) sowie Art. 14 (Aufenthalt in anderen Mitgliedstaaten), wobei auch hier wiederum den Mitgliedstaaten hinsichtlich bestimmter Erteilungsvoraussetzungen ein Regelungsspielraum gewährt wird, vgl. Art. 4 Abs. 3 UAbs. 3 und Art. 5 Abs. 2 respektive Art. 14 Abs. 3 u. 4 und Art. 15.

153 Vgl. für die Familienzusammenführungs-RL Art. 6 und 16 und für die Daueraufent-

tergereicht werden kann, aber nicht muss. Hierin liegt, wie noch zu spezifizieren sein wird, einer der wesentlichen Unterschiede zum TK-rechtlichen Regelungsrahmen. Denn dort nimmt die einschlägige Richtlinie die Mitgliedstaaten gerade in die Pflicht, eine Regulierungsverwaltung vorzuhalten, die über hinreichend gestalterischen Spielraum verfügt.[154]

c) Gemeinsames Europäisches Asylsystem

Der dritte Pfeiler des unionsrechtlichen Migrationsrechts ist das Gemeinsame Europäische Asylsystem (GEAS).[155]

aa) Grundstrukturen und Grundbegriffe

Der grundlegende primärrechtliche Handlungsauftrag zur Entwicklung einer gemeinsamen Asylpolitik folgt aus Art 78 Abs. 1 AEUV. Danach muss die gemeinsame Asylpolitik insbesondere im Einklang mit der Genfer Flüchtlingskonvention stehen. Der hier zum Ausdruck kommende Rückbezug auf das Völker(vertrags)recht ist eines der rechtsnormativ prägendsten Merkmale des GEAS[156] und wurde dementsprechend in ständiger Rechtsprechung durch den EuGH verarbeitet.[157]

Für die Errichtung des GEAS erteilt Art 78 Abs. 2 AEUV sodann weitreichende Rechtsetzungsbefugnisse.[158] Mit Inkrafttreten des Vertrages von Lissabon erfolgte nicht nur eine substanzielle Erweiterung des Kompetenzrahmens,[159] sondern durch die Einführung des ordentlichen Gesetzgebungsverfahrens zugleich ein verfahrensrechtlicher Evolutionsschub.[160] Der hieraus resultierende Gewinn an parlamentarischer Legitimation durch das die Unionsbürger unmittelbar repräsentierende Europäische Parlament (Art. 10 Abs. 2

---

halts-RL Art. 6, 9 und 12 (Aufenthalt im Staat des Daueraufenthaltes) sowie Art. 17, 18 u. 22 (Aufenthalt in anderen Mitgliedstaaten).

[154] S. 164 ff.

[155] Eingehend *K. Hailbronner/D. Thym*, Chapter IV Asylum – Legal Framework for EU Asylum Policy, in: dies. (Hrsg.), EU Immigration and Asylum Law – Commentary, 2. Aufl. 2016; *T. Tohidipur*, Europäisches Migrationsverwaltungsrecht, in: Terhechte (Hrsg.), Verwaltungsrecht der Europäischen Union, 2011, § 33, S. 1155 ff.

[156] Grundlegend *H. Battjes*, European Asylum Law and International Law, 2006.

[157] EuGH, Urt. v. 2.3.2010, verb. Rs. C175/08 u. a. – *Salahadin Abdulla u. a.*, Rn. 52 f.; Urt. v. 17.6.2010, C31/09 – *Bolbol*, Rn. 37 f.; Urt. v. 19.12.2012, Rs. C364/11 – *Abed El Karem El Kott*, Rn. 42 ff.

[158] Im Einzelnen *D. Thym*, in: Grabitz/Hilf/Nettesheim (Hrsg.), Das Recht der EU, Art. 78 AEUV (57. EL 2015), Rn. 21 ff.; *W. Weiß*, in: Streinz (Hrsg.), EUV/AEUV, 2. Aufl. 2012, Art. 78 AEUV, Rn. 9 ff.

[159] Zur Entwicklungsgeschichte instruktiv *D. Fröhlich*, Das Asylrecht im Rahmen des Unionsrechts, 2011, S. 130 ff. Zur Rechtslage auf dem Stand des Vertrages von Amsterdam *K. Hailbronner*, European Immigration and Asylum Law under the Amsterdam Treaty, CMLRev. 1998, S. 1047 ff.

[160] Art. 289 i. V. m. Art. 294 AEUV.

EUV)[161] ist als eine der grundlegendsten unionsverfassungsrechtlichen Neuerungen zu sehen.[162] Mit den seither erlassenen Gesetzgebungsakten, deren Entstehungskontext gemeinhin bezeichnet wird als „zweite Phase“ des GEAS,[163] werden – von der Öffentlichkeit weitgehend unbemerkt – nunmehr fast alle für dieses Gebiet zentralen Rechtsakte gemeinsam von Europäischem Parlament und Rat legislativ verantwortet.[164] Für die demokratische Fundierung der Rechtsetzung im Bereich des GEAS und die Legitimationsgrundlagen der auf dieser Grundlage handelnden und zumindest in Teilen, wenn auch nicht zentral normativ dirigierten Verwaltung ist dieser Umstand von fundamentaler Bedeutung.[165]

Einzig im Falle des Art. 78 Abs. 3 AEUV ist das Europäische Parlament auf ein bloßes Anhörungsrecht beschränkt.[166] Auf diese Rechtsgrundlage wurden im Zuge der Flüchtlingskrise u.a. die beiden Ratsbeschlüsse vom 14. und 22. September 2015 zur Umsiedelung (sog. *Relocation*)[167] von geplanten 160.000 Flüchtlingen gestützt.[168] Dass die Beschlussfassung gegen die Stimmen von vier mittel- und osteuropäischen Staaten zustande kam,[169] unterstreicht nicht nur die politischen Differenzen innerhalb der Union, sondern zugleich den mit dem Übergang zur qualifizierten Mehrheit in diesem Bereich erzielten Zuwachs an

---

161 Dazu bereits S. 96 ff.

162 In Teilen kam das Mitentscheidungsverfahren gemäß Art. 251 EG bereits vor Inkrafttreten des Vertrages von Lissabon zur Anwendung, da Art. 67 EGV einen entsprechenden verfahrensrechtlichen Übergang qua Ratsbeschluss für bestimmte Bereiche vorsah. So wurde etwa die sog. *Rückführungsrichtlinie* (RL 2008/115) bereits unter vollwertiger Beteiligung (Mitentscheidungsbefugnis) des EP erlassen.

163 Zur Einteilung in zwei Phasen vgl. den 6. Erwägungsgrund der Dublin-III VO sowie, dem entsprechend, die Erwägungsgründe 5–9 der Asylverfahrensrichtlinie und 4–6 der Aufnahmerichtlinie. Interessanter Überblick über den Normbestand der „ersten Phase“ bei *J. W. de Zwaan*, EU Asylum and Immigration Law and Policy, in: ders./Goudappel (Hrsg.), Freedom, Security and Justice in the European Union, 2006, S. 91 (99 ff.) sowie speziell für die rechtsangleichenden Rechtsakte *D. Fröhlich*, Das Asylrecht im Rahmen des Unionsrechts, 2011, S. 214 ff.

164 Eine Ausnahme bilden die allein vom Rat erlassene *Eurodac-Verordnung* (VO 2725/200) sowie die *Massenzustromrichtlinie* (RL 2001/55) und. Obwohl der ersten Phase entstammend, wurden beide bislang nicht durch einen Folgerechtsakt ersetzt. Die Massenzustromrichtlinie spielt in der Praxis bislang keine Rolle, da bis dato kein politischer Konsens zu ihrer Umsetzung besteht (dies würde eine qualifizierte Mehrheit im Rat voraussetzen).

165 Zu den Legitimationsstrukturen vgl. S. 91 ff.

166 Die Norm ermächtigt den Rat zum Erlass vorläufiger Maßnahmen zugunsten einzelner Mitgliedstaaten, wenn infolge eines plötzlichen Zustroms von Drittstaatsangehörigen eine Notlage eintritt.

167 Nicht zu verwechseln mit dem kontingentbezogenen *Resettlement* von Flüchtlingen aus Drittstaaten, wie dem Libanon oder der Türkei.

168 Beschluss 2015/1523 des Rates v. 14.9.2015 (Relocation von 40.000 Antragstellern) sowie Beschluss 2015/1601 des Rates v. 22.9.2015 (Relocation von 120.000 Antragstellern), jeweils von Griechenland und Italien in andere EU-Mitgliedstaaten.

169 Rumänien, die Slowakei, Tschechien und Ungarn stimmten dagegen, Finnland enthielt sich.

supranationaler Handlungsfähigkeit in der Rechtssetzung.[170] Die Umsetzung verlief indes schleppend.[171]

Inhaltlich erstreckt sich das GEAS insbesondere auf vier Themenkreise:[172] erstens die Regelung eines einheitlichen Status für internationalen Schutz (umgesetzt durch die sog. *Qualifikationsrichtlinie*[173]), zweitens die Einführung gemeinsamer Verfahren zu seiner Gewährung (umgesetzt durch die sog. *Asylverfahrensrichtlinie*[174]), drittens den Erlass von Normen über die Aufnahmebedingungen während des laufenden Verfahrens (umgesetzt durch die sog. *Aufnahmerichtlinie*[175]) und viertens die Festlegung von Kriterien und Verfahren für die Bestimmung des für die Prüfung von Anträgen auf internationalen Schutz zuständigen Mitgliedstaates (umgesetzt durch die sog. *Dublin-III-Verordnung*[176]).

Terminologisch geht das europäische Asylrecht von folgenden Begriffen aus. Der Begriff des *internationalen Schutzes* i. S. d. Qualifikationsrichtlinie, auf den die Dublin-III-VO ihrerseits Bezug nimmt,[177] umfasst zweierlei: zum einen den *Flüchtlingsschutz* i.S.d. GFK, d.h. den Schutz vor (diskriminierender) Verfolgung aus Gründen der Rasse, Religion, Nationalität, politischen Überzeugung oder Zugehörigkeit zu einer bestimmten sozialen Gruppe,[178] zum anderen den unionsrechtsspezifischen *subsidiären Schutz* für den Fall, dass dem Antragsteller in seinem Herkunftsland ein „ernsthafter Schaden" droht, wozu nicht nur Todesstrafe, Folter und unmenschliche oder erniedrigende Behandlung zählen, sondern auch eine ernsthafte individuelle Bedrohung des Lebens oder der Un-

---

170 EuGH, 6.9.2017, Rs. C-643/15 u.a. – *Slowakei u. Ungarn/Rat (Flüchtlingsumverteilung)* erklärte den Umverteilungsbeschluss 2015/1601 für gültig.

171 Vgl. http://ec.europa.eu/dgs/home-affairs/what-we-do/policies/european-agenda-migration/press-material/docs/state_of_play_-_relocation_en.pdf (27.11.2016).

172 Vgl. im Einzelnen Art. 78 Abs. 2 AEUV. Die Rechtssetzungskompetenzen erstrecken sich zudem auch auf den Erlass einer gemeinsamen Regelung für den vorübergehenden Schutz von Vertriebenen im Fall eines Massenzustroms und die Zusammenarbeit mit Drittstaaten.

173 Richtlinie 2011/95/EU des Europäischen Parlaments und des Rates v. 13.12.2011 über Normen für die Anerkennung von Drittstaatsangehörigen oder Staatenlosen als Personen mit Anspruch auf internationalen Schutz, für einen einheitlichen Status für Flüchtlinge oder für Personen mit Anrecht auf subsidiären Schutz und für den Inhalt des zu gewährenden Schutzes (Neufassung).

174 Richtlinie 2013/32/EU des Europäischen Parlaments und des Rates v. 26.6.2013 zu gemeinsamen Verfahren für die Zuerkennung und Aberkennung des internationalen Schutzes (Neufassung).

175 Richtlinie 2013/33/EU des Europäischen Parlaments und des Rates v. 26.6.2013 zur Festlegung von Normen für die Aufnahme von Personen, die internationalen Schutz beantragen (Neufassung).

176 Verordnung 604/2013 des Europäischen Parlaments und des Rates v. 26.6.2013 zur Festlegung der Kriterien und Verfahren zur Bestimmung des Mitgliedstaats, der für die Prüfung eines von einem Drittstaatsangehörigen oder Staatenlosen in einem Mitgliedstaat gestellten Antrags auf internationalen Schutz zuständig ist (Neufassung).

177 Art. 2 lit. b) Dublin-III-VO.

178 Art. 2 lit. d) der Qualifikationsrichtlinie.

versehrtheit einer Zivilperson infolge willkürlicher Gewalt (EN *indiscriminate violence*, FR *violence aveugle*) im Rahmen eines internationalen oder innerstaatlichen bewaffneten Konflikts.[179]

Obwohl die Qualifikationsrichtlinie (QRL) schon wegen Art. 78 Abs. 1 AEUV am Maßstab der GFK auszulegen ist und ihrer ausdrücklichen Zielsetzung nach die mitgliedstaatlichen Behörden „bei der Anwendung der GFK (...) leiten" soll,[180] geht sie in der Substanz in zweifacher Hinsicht deutlich über die Standards der GFK hinaus. Erstens schließt sie nichtstaatliche Akteure dezidiert als potenzielle Urheber der Fluchtgründe ein.[181] Zweitens greift das von der QRL vorgesehene Konzept des *subsidiären Schutzes* gerade auch, wenn eine Verfolgung im engeren Sinne nicht vorliegt. Obwohl in seiner menschenrechtlichen Radizierung von Art. 3 EMRK herrührend, geht der subsidiäre Schutz zudem über die EMRK hinaus, da er eben auch dann greift, wenn ein ernsthafter Schaden durch eine individuelle Bedrohung des Lebens oder der Unversehrtheit einer Zivilperson infolge willkürlicher Gewalt in Kriegs- oder Bürgerkriegssituationen zu befürchten steht.

bb) Das Dubliner Selbsteintrittsermessen im Kontext der Flüchtlingskrise

Die anhaltende Flüchtlingskrise hat das GEAS in den Brennpunkt einer zunehmend polarisierten Debatte gerückt, die in ihrer ideologischen Aufgeladenheit die notwendige Ausgewogenheit und Güte des Arguments allzu oft vermissen lässt. Ein Minimalkonsens herrscht zumindest dahingehend, dass sich das Dublin-System als besonderer Schwachpunkt des GEAS erwiesen hat. Für die Zwecke der vorliegenden Studie wird dem Dublin-System neben seiner realpolitischen Bedeutung[182] auch deshalb eine besondere Aufmerksamkeit zuteil, weil sich an ihm die transnationale Dimension mitgliedstaatlicher Ermessensausübung und die daran anknüpfenden Fragen der Spielraumbegrenzung im Mehrebenensystem in ihrer gesamten Komplexität aufzeigen lässt.[183]

Das Dublin-System zielt auf die der asylrechtlichen Sachprüfung vorgelagerte Bestimmung der mitgliedstaatlichen Zuständigkeit für das Asylverfahren

---

179 Art. 2 lit. f) i. V. m. Art. 15 der Qualifikationsrichtlinie.

180 23. Erwägungsgrund.

181 Vgl. Art. 6 lit. c) der Richtlinie. Der Schutz vor nichtstaatlicher Verfolgung ist im Rahmen der GFK zwar gut begründbar, aber im Einzelnen nicht unumstritten, vgl. *J. C. Hathaway/M. Foster*, The Law of Refugee Status, 2. Aufl. 2014, S. 303 ff. m. w. N. Die Qualifikationsrichtlinie schafft insoweit für den europäischen Rechtsrahmen Rechtsklarheit.

182 Allein Deutschland stellte im Jahr 2015 44.892 (Wieder-)Aufnahmeersuchen an andere Mitgliedstaaten, obwohl es das Dublin-Verfahren in Teilen ausgesetzt hatte, vgl. BAMF-Jahresbericht 2015, S. 42, abrufbar unter https://www.bamf.de/SharedDocs/Anlagen/DE/Publikationen/Broschueren/bundesamt-in-zahlen-2015.pdf?__blob=publicationFile (27.11.2016).

183 Vgl. S. 323 ff.

ab[184] und fußt auf der sog. *Dublin-III-Verordnung.*[185] Diese wird in ihren Durchführungsmodalitäten durch eine Kommissionsverordnung[186] konkretisiert und in erkennungsdienstlicher Hinsicht durch die sog. Eurodac-Verordnung[187] ergänzt.[188] Die Dublin-III-Verordnung löste zum 1. Januar 2014[189] die Dublin-II-Verordnung ab,[190] die im Jahr 2003 das völkerrechtliche Dubliner Übereinkommen (DÜ)[191] in den gemeinschaftsrechtlichen Acquis überführt hatte. Das DÜ hatte zuvor seinerseits Teile des Schengener Durchführungsabkommens ersetzt.[192] Die Entwicklung des Dublin-Systems steht deshalb zugleich exemplarisch für die etappenweise Supranationalisierung des RFSR. Den räumlichen Geltungsbereich betreffend entschieden sich das Vereinigte Königreich und Irland für,[193] Dänemark indes gegen[194] eine Beteiligung an der Dublin-III-VO. Damit gilt die Dublin-III-VO derzeit in allen EU-Mitgliedstaaten bis auf Dänemark, das aber über eine völkerrechtliche Konstruktion weiterhin in den Dublin-Raum angebunden bleibt und damit gemeinhin als Dublin-Staat

[184] Eingehend dazu *J. Bergmann*, Das Dublin-Asylsystem, ZAR 2015, S. 81 ff.; *C. Filzwieser/A. Sprung*, Dublin III, 2014; *M. Funke-Kaiser*, in: GK-AsylVfG, § 27a (103. EGL, Mai 2015), Rn. 23–286; *R. Marx*, AsylVfG, Kommentar, 8. Aufl. 2014, § 27a, Rn. 3 ff.

[185] Verordnung 604/2013 des Europäischen Parlaments und des Rates v. 26.6.2013 zur Festlegung der Kriterien und Verfahren zur Bestimmung des Mitgliedstaats, der für die Prüfung eines von einem Drittstaatsangehörigen oder Staatenlosen in einem Mitgliedstaat gestellten Antrags auf internationalen Schutz zuständig ist (Neufassung).

[186] VO 1560/2003 der Kommission, zuletzt geändert durch Durchführungsverordnung 118/2014 der Kommission.

[187] Verordnung 2725/2000 des Rates vom 11.12.2000 über die Einrichtung von „Eurodac" für den Vergleich von Fingerabdrücken zum Zwecke der effektiven Anwendung des Dubliner Übereinkommens.

[188] Deren Art. 9 verpflichtet die Mitgliedstaaten zur erkennungsdienstlichen Registrierung der Antragsteller – eine Vorgabe, die im Spätsommer und Herbst 2015 insbesondere von den Dublin-Staaten entlang der sog. Balkanfluchtroute vielfach nicht eingehalten wurde.

[189] Gemäß ihres Art. 49 Abs. 2 gilt die Dublin-III-VO für Anträge auf internationalen Schutz, die ab dem 1.1.2014 gestellt wurden. Zu den verfahrensrechtlichen Neuerungen s. *R. Marx*, Änderungen im Dublin-Verfahren nach der Dublin III-Verordnung, ZAR 2014, S. 5 ff. sowie *B. Huber,* Umsetzung ausländer- und flüchtlingsrechtlicher Richtlinien der EU und die neue Dublin III-VO, NVwZ 2014, S. 548 (552 ff.).

[190] Verordnung (EG) Nr. 343/2003 des Rates vom 18.2.2003 zur Festlegung der Kriterien und Verfahren zur Bestimmung des Mitgliedstaats, der für die Prüfung eines von einem Drittstaatsangehörigen in einem Mitgliedstaat gestellten Asylantrags zuständig ist. Instruktive Zusammenfassung der alten Rechtslage bei *M. Hermann*, Das Dublin System, 2008; *D. Fröhlich*, Das Asylrecht im Rahmen des Unionsrechts, 2011, S. 195–214; *M. Funke-Kaiser*, in: GK-AsylVfG, § 27a (94 EGL, Juni 2012), Rn. 23–281.

[191] Übereinkommen über die Bestimmung des zuständigen Staates für die Prüfung eines in einem Mitgliedstaat der Europäischen Gemeinschaften gestellten Asylantrags v. 15.6.1990, in Kraft getreten am 1.9.1997. Eingehend zu historischem Entstehungskontext und Regelungsgehalt *C. Filzwieser/A. Sprung*, Dublin III-Verordnung, 2014, S. 21–45; *C. Schmid/R. Bartels*, Handbuch zum Dubliner Übereinkommen, 2001, S. 19–144; *B. Schröder*, Das Dubliner Übereinkommen, 2003, S. 37–78.

[192] Das DÜ löste Art. 28 ff. des Schengener Durchführungsabkommens v. 19.6.1990 ab.

[193] 42. Erwägungsgrund der Dublin-III-VO.

[194] 41. Erwägungsgrund der Dublin-III-VO.

gilt.[195] Über die EU-Mitgliedstaaten hinaus sind zudem Norwegen, Island, Liechtenstein und die Schweiz völkerrechtlich an Dublin assoziiert.[196]

Das Dublin-System etabliert eine lückenlose Zuständigkeitsordnung für Verfahren auf internationalen Schutz. Es beruht auf dem in Art. 3 Abs. 1 S. 2 Dublin-III-VO normierten Grundsatz, dass innerhalb des Dublin-Raumes ein Antrag auf internationalen Schutz nur von einem einzigen Mitgliedstaat geprüft wird, der anhand der Zuständigkeitskriterien der Verordnung zu bestimmen ist. Der nach Dublin zuständige Mitgliedstaat ist nach Durchlaufen eines transnationalen Kooperationsverfahrens[197] verpflichtet, den Antragsteller aufzunehmen bzw. wiederaufzunehmen,[198] wobei die Wiederaufnahme der in der Praxis häufigste Fall ist.[199] Dieses „one chance only"-Prinzip soll zum einen dem Problem unionsweiten „Asylum Shoppings" vorbeugen und zum anderen die Zahl der „Flüchtlinge im Orbit", d. h. der erfolglos von einem Mitgliedstaaten zum anderen ziehenden Schutzsuchenden, reduzieren.[200] Oberstes Ziel des Dublin-Systems ist dementsprechend die Aufstellung klarer, praktikabler und „gerechter"[201] Zuständigkeitskriterien, die den Betroffenen einen effektiven und schnellen Zugang zur Sachprüfung eröffnen sollen und grundlegenden Prinzipien des Unions- und Völkerrechts, wie der Einheit der Familie und dem Wohl des Kindes, entsprechen müssen.[202] Der hierarchisch gegliederte Kriterienkatalog der Dublin-III-VO knüpft für die Bestimmung des zuständigen Mitgliedstaates dementsprechend in absteigender Relevanz an die Schutzbedürftigkeit unbegleiteter Minderjähriger, den Aufenthalt und Schutzstatus von Familien-

---

[195] Dänemark hatte das DÜ ratifiziert und sich darüber hinaus an die Dublin-II-VO im Wege eines völkerrechtlichen Abkommens gebunden (vgl. EU-ABl. L 66/38 v. 8.3.2006). Auch wenn ein vergleichbares Abkommen für die Dublin-III-VO bis dato fehlt (30.10.2016), bleibt diese völkerrechtliche Bindung an die Grundlagen des Dublin-Systems weiterhin bestehen.

[196] Sie bilden mit den (beteiligten) EU-Mitgliedstaaten den sog. „Dublin-Raum".

[197] S. für die Vorgaben bzgl. der Verwaltungskooperation im Allgemeinen (einschließlich des Schlichtungsverfahrens) Art. 34–37 sowie speziell für das Aufnahme- und Wiederaufnahmeverfahren Art. 20–25 und die Überstellung Art. 29–33.

[198] Art. 18 i. V. m. Art. 21–25 u. 29 Dublin-III-VO. Eine Wiederaufnahme kommt in Betracht, wenn der Antragsteller während der Prüfung seines Antrags zusätzlich in einem anderen Mitgliedstaat einen Antrag gestellt hat oder sich dort ohne Aufenthaltstitel aufhält (Art. 18 Abs. 1 lit. b), seinen Antrag während der Antragsprüfung zurückgezogen und in einem anderen Mitgliedstaat einen Antrag gestellt hat oder sich dort ohne Aufenthaltstitel aufhält (Art. 18 Abs. 1 lit. c) oder wenn sein Antrag abgelehnt wurde und er in einem anderen Mitgliedstaat einen Antrag gestellt hat oder sich dort ohne Aufenthaltstitel aufhält.

[199] Nach Angaben von Eurostat handelte es sich im Jahr 2014 bei mehr als ¾ der von Deutschland gestellten Ersuchen um Wiederaufnahmeersuchen (Bericht abrufbar unter http://ec.europa.eu/eurostat/en/web/products-datasets/-/MIGR_DUBR (30.11.2015). Dementsprechend praxisrelevant sind auch die Wiederaufnahmefristen, vgl. *J. Bergmann*, Das Dublin-Asylsystem, ZAR 2015, S. 81 (84).

[200] Zur Evaluierung dieser Zielstellungen vgl. bereits *B. Schröder*, Das Dubliner Übereinkommen, 2003, S. 207 ff. und 231 f.

[201] Individualrechtlich wie zwischenstaatlich.

[202] Vgl. Erwägungsgründe 4 ff.

angehörigen der Antragsteller,[203] die vorausgehende Erteilung eines Aufenthaltstitels bzw. Visums durch den Dublin-Staat sowie den Ort der ersten illegalen Einreise bzw. des illegalen Aufenthalts im Dublin-Raum an.[204] In der Praxis kommt jedoch dem Kriterium des illegalen Grenzübertritts über eine Schengen-Außengrenze eine disproportional große Bedeutung zu.[205] Nach dem Kriterienkatalog zuständig wären damit in aller Regel die Mitgliedstaaten an der südlichen bzw. südöstlichen Peripherie der Union, in welche die meisten Fluchtrouten nach Europa führen. Entgegen dem Grundsatz der Solidarität und der gerechten Aufteilung der Verantwortlichkeiten, wie ihn Art. 80 AEUV als föderatives Prinzip explizit für das GEAS vorschreibt,[206] vermag es die Dublin-III-VO nicht, eine faire Verantwortungs- und Lastenteilung herzustellen.[207] Daraus resultieren negative Anreizstrukturen.[208] Auf fehlende Solidarität folgt so zugleich fehlende Effizienz. Die Dysfunktionalität des Dublin-Systems wird zudem mit Blick auf die niedrigen Überstellungsquoten evident.[209] Erschwerend kommt hinzu, dass die Schutzstandards trotz der mittlerweile weitreichenden Harmonisierung nach wie vor von Mitgliedstaat zu Mitgliedstaat divergieren, was sich u.a. in höchst unterschiedlichen Schutzquoten niederschlägt.[210] Schließlich mangelt es in einigen Dublin-Staaten an der Einhaltung elementarer Verfahrens- und Unterbringungsstandards. Hierin wurzelt die grund- und menschenrechtliche Problematik des Dublin-Systems.

Bereits seit einigen Jahren werden die meisten Asylanträge, d.h. sowohl in absoluten Zahlen als auch in Relation zur Einwohnerzahl, gleichwohl nicht von den Ländern der südlichen und südöstlichen Peripherie in der Sache geprüft. Kriterienbasierte Zuständigkeitsverteilung und tatsächlicher Ort der Antragsprüfung fallen in hunderttausenden von Fällen auseinander. So hat allein die Bundesrepublik Deutschland im Jahr 2015 40% aller asylrechtlichen Sachentscheidungen innerhalb des Dublin-Raumes erlassen, obwohl die materiellen

---

[203] Dies kann jenseits der Diskussionen um Familiennachzug anerkannter Flüchtlinge Deutschland besonders relevant werden.

[204] S. zu den primären Zuständigkeitskriterien im Einzelnen Art. 8–15 sowie Art. 3 Abs. 2 Dublin-III-VO. Eingehende Kommentierung bei *M. Funke-Kaiser*, in: GK-AsylVfG, § 27a (103. EGL, Mai 2015), Rn. 23–286

[205] Vgl. *R. Marx*, AsylVfG, Kommentar, 8. Aufl. 2014, § 27a, Rn. 5 f., 37 ff.

[206] Weiterführend *Bast*, in: *Knodt/Tews* (Hrsg.), Solidarität in der EU, 2014, S. 143, 152 ff.

[207] Die Mitgliedstaaten der südlichen Peripherie hatten sich im Zuge der Aushandlung des Dubliner Übereinkommens (1990) mit dem Verteilungsmechanismus übrigens deswegen für einverstanden erklärt, weil zu diesem Zeitpunkt vor allem Fluchtbewegungen aus Mittel- und Osteuropa zu besorgen waren. Später verhinderten dann v.a. die mittel- und nordeuropäischen Mitgliedstaaten eine Anpassung des Verteilungssystems.

[208] Gerade für Staaten wie Italien oder Griechenland, die von den Antragstellern zuerst betreten werden, besteht keinerlei Anreiz, die Registrierungspflichten (Art. 9 Eurodac-VO) und die Anwendung der Dublin-III-VO ordnungsgemäß durchzuführen, weil genau dies den Nachweis für die Rechtspflicht zur (Wieder-)Aufnahme in tausenden von Fällen erbringen würde.

[209] BAMF-Jahresbericht 2015 (Fn. 182), S. 41.

[210] Ebd., S. 34 f.

Dubliner Zuständigkeitskriterien in vielen Fällen keine deutsche Zuständigkeit begründet hätten.[211] Das bedeutet entgegen landläufiger Meinung aber nicht per se einen Rechtsverstoß gegen Dublin.

Ausschlaggebend hierfür ist – jenseits der in der Praxis ebenfalls hochgradig relevanten Zuständigkeitsbegründung qua Fristablauf[212] – das sog. Selbsteintrittsrecht gemäß Art. 17 Abs. 1 Dublin-III-VO. Ohne dies an weitere materiell--rechtliche Voraussetzungen zu knüpfen,[213] ermächtigt die unmittelbar anwendbare Norm die Dublin-Staaten, einen bei ihnen gestellten Asylantrag in der Sache zu prüfen, auch wenn ihre Zuständigkeit nach dem Kriterienkatalog der Dublin-III-VO nicht gegeben wäre. Der Selbsteintritt begründet die Zuständigkeit des betreffenden Staates gegenüber allen anderen Dublin-Staaten mit transnationaler Wirkung. Deutschland hat von dieser Regelung in der zweiten Hälfte des Jahres 2015 vielfach Gebrauch gemacht.[214] Angesichts der transnationalen Folgewirkungen einer solchen Entscheidung stellt sich zwangsläufig die für die vorliegende Arbeit besonders interessierende Frage nach föderativen bzw. mehrebenenspezifischen Grenzen. Davon abgesehen ist das Dubliner Selbsteintrittsermessen angesichts seiner tatbestandlichen Weite aber auch zur rechtsdogmatischen Anlaufstelle für menschenrechtliche Korrekturen des Dublin-Systems geworden. Insbesondere in Fällen, in denen die Überstellung in einen anderen Dublin-Staat aus menschenrechtlichen Gründen ausfällt, stellt sich die Frage, ob dies nicht mit einer Selbsteintrittspflicht des prüfenden Staates korrelieren muss. Damit lassen sich anhand des Dubliner Selbsteintrittsermessens zugleich die Probleme einer etwaigen Ermessensreduktion auf Null im Mehrebenensystem diskutieren. Den Hintergrund der Problematik bilden die in diesem Bereich auseinanderfallenden Ansätze von EuGH und EGMR.[215]

cc) *Reformperspektiven*

Unabhängig davon, ob man ein lediglich auf das „Migrationsmanagement“ reduziertes funktionalistisches oder demgegenüber ein vom Gebot politischer Adressierbarkeit ausgehendes pluralistisches Steuerungsverständnis zugrunde

[211] 249.350 von insgesamt 624.935 Entscheidungen im Dublin-Raum (593.295 EU + 31.640 Nicht-EU), bezogen auf die erstinstanzlichen Entscheidungen, vgl. BAMF-Jahresbericht 2015 (Fn. 182), S. 33.

[212] Insbesondere nach Art. 21 Abs. 1 Dublin-III-VO (Dreimonatsfrist für Aufnahmegesuch), Art. 23 Abs. 2 und Abs. 3 Dublin-III-VO (Zwei- und Dreimonatsfrist für Wiederaufnahmegesuch) und Art. 29 Abs. 1 und Abs. 2 Dublin-III-VO (Sechs-, Zwölf- und Achtzehnmonatsfrist für Überstellungen). Zur Justiziabilität der Fristenregelungen vgl. EuGH (GK), Urt. v. 26.7.2017, C 670/16 – *Mengesteab*, Rn. 41 ff. und EuGH (GK), Urt. v. 25.10.2017, C 201/16 – *Shiri*, Rn. 35 ff.

[213] Bestätigt durch EuGH, Urt. v. 30.5.2013, Rs. C-528/11, *Halaf*, Rn. 36.

[214] Jedenfalls ist dies die rechtskonstruktive Deutung des als „Aussetzung“ des Dublin-Systems bezeichneten Vorgangs. Dazu im Einzelnen S. 357 ff.

[215] Dazu *M. Wendel*, Menschenrechtliche Überstellungsverbote: Völkerrechtliche Grundlagen und verwaltungsrechtliche Konkretisierung, DVBl. 2015, S. 731 (733 ff.).

legt,[216] sind die Steuerungsdefizite des Dublin-Systems jüngst in eklatanter Weise erkennbar geworden. Reformüberlegungen in der Literatur setzen dementsprechend bei einem finanziellen Lastenausgleich,[217] einer Rekalibrierung der Zuständigkeitskriterien[218] bzw. bei der Einführung Dublin-weiter Verteilungsquoten an, etwa in Anlehnung an den in Deutschland geltenden Königsteiner Schlüssel, wobei die Meinungen freilich im Einzelnen weit auseinandergehen.[219] Die Einführung verbindlicher Quoten – jenseits der bereits erwähnten *Relocation* innerhalb des Dublin-Raumes[220] – ginge freilich notwendig einher mit einer verstärkten Kontrolle der Schengen-Außengrenzen und der Einrichtung großangelegter Registrierungszentren (sog. „Hotspots“) in den Grenzstaaten, von denen ausgehend die Antragsteller in die Mitgliedstaaten verteilt würden. Andere Vorschläge konzentrieren sich auf jährlich festgelegte Flüchtlingskontingente im Rahmen sog. *Resettlement*-Programme, die in Kooperation mit dem UNHCR durchgeführt werden und eine direkte Aufnahme aus Flüchtlingslagern in Drittstaaten, wie etwa der Türkei oder dem Libanon, ermöglichen.[221] Wiederum andere Stimmen sprechen sich – dem Grunde nach überzeugend – für eine Grundsatzreform in Gestalt einer Vollharmonisierung der Schutzstandards bei gleichzeitiger Zentralisierung der Entscheidungskompetenz über die Schutzgewährung auf EU-Ebene aus.[222] Hierauf basierend könnten anerkannte Schutzberechtigte nach einem fairen Schlüssel auf alle EU-Mitgliedstaaten verteilt werden, die u. U. finanzielle Unterstützung aus einem EU-Fonds erhielten.[223] Noch weiter gehen Vorschläge, die anstelle der quotenmäßigen Verteilung die innereuropäische Freizügigkeit für anerkannte Schutzberechtigte setzen, was die einwanderungsbezogene Steuerungsfunktion von der Dubliner Zuständigkeitsordnung lösen solle.[224] Freilich wäre dann zu klären, wie eine Besserstellung von Drittstaatsangehörigen gegenüber Unions-

---

[216] Zu diesen Steuerungsverständnissen *J. Bast*, Aufenthaltsrecht und Migrationssteuerung, 2011, S. 9ff.

[217] Vgl. etwa *G. Noll*, Negotiating Asylum, 2000, S. 263ff.

[218] *R. Marx*, Ist die Verordnung (EG) Nr. 343/2003 (Dublin-II-VO) noch reformfähig?, ZAR 2012, S. 188 (191f.).

[219] Vgl. aus der Diskussion *D. Thym* et al., Ein „Königsteiner Schlüssel“ für die EU-Flüchtlingspolitik, VerfBlog v. 11.10.2013 und *A. Lübbe*, Dublin ist gescheitert: Thesen zum Umbau des europäischen Asylsystems, VerfBlog v. 19.05.2015.

[220] Diese stellt rechtstechnisch eine sekundärrechtliche Sonderzuständigkeit im Rahmen des Dublin-Systems dar.

[221] Vgl. bereits. Fn. 167.

[222] *H. Dörig/C. Langenfeld*, Vollharmonisierung des Flüchtlingsrechts in Europa, NJW 2016, S. 1 (3ff.), die zudem zutreffend darauf hinweisen, dass die Zentralisierung der Entscheidungskompetenz in der Sache einer Vertragsänderung bedürfte, die derzeit politisch kaum durchsetzbar scheint. Deswegen legt der Vorschlag u. a. besonderes Gewicht auf entsprechende, auf dezentralem Vollzug basierende Übergangsregelungen.

[223] Ebd.

[224] *J. Bast*, Solidarität im europäischen Einwanderungs- und Asylrecht, in: M. Knodt/A. Tews (Hrsg.), Solidarität in der EU, 2014, S. 143 (155f.), der die Quotenverteilung seiner-

bürgern verhindert werden könnte. Kompetenzrechtlich räumt Art. 78 Abs. 2 lit. e) AEUV dem europäischen Gesetzgeber insoweit weitreichende Gestaltungsmöglichkeiten ein, sei es einerseits mit Blick auf die Zuständigkeitskriterien und etwaige Verteilungsschlüssel, sei es andererseits mit Blick auf das Verfahren.[225]

Am 4. Mai 2016 hat die Kommission ein erstes Reformpaket vorgelegt, das die zahlreichen Defizite des GEAS überwinden und eine dritte Phase des GEAS einläuten könnte. Kern der Dublin-Reform[226] soll ein Fairness-Mechanismus sein, der ab Erreichen eines bestimmten, automatisch überwachten und anhand der Größe und Wirtschaftskraft des jeweiligen Dublin-Staates festgelegten Schwellenwertes von Asylbewerbern in einem bestimmten Mitgliedstaat eine Umverteilung der Asylantragsteller innerhalb des Dublin-Raumes in Gang setzt. Die Nichtbefolgung wird mit einem „Solidarbeitrag" von 250.000 € pro Asylbewerber geahndet.[227] In ihrem Vorschlag für die neue Dublin-IV-VO spricht sich die Kommission zugleich für eine Verengung des Selbsteintrittsrechts auf Fragen der Familienzusammenführung im weiteren Sinne aus[228] und nimmt damit einen erneuten Anlauf,[229] den Anwendungsbereich der Souveränitätsklausel zurückzufahren. Die hierfür notwendige politische Mehrheit im Rat zeichnet sich aber auch diesmal (noch) nicht ab.[230] Als weiteres wesentliches Element enthält das vorgeschlagene Reformpaket eine Neufassung der Eurodac-VO.[231] Auch soll das European Asylum Support Office (EASO) in eine Europäische Asylagentur umgewandelt werden. Die deutliche Zurückhaltung gegenüber einer supranationalen Migrationsverwaltung im Bereich des aus Sicht der Union weitgehend dezentral vollzogenen Migrationsrechts würde mit der Reform jedoch im Grundsatz nicht aufgehoben, sondern allenfalls in Teilbereichen relativiert werden. So hätte die Europäische Kommission auf Grundlage ihres am 4. Mai 2016 unterbreiteten Gesetzgebungsvorschlags zur Einrichtung einer europäischen Asylagentur[232] künftig u. a. das Recht, bestimmte Maßnah-

---

seits mit nicht von der Hand zu weisenden Argumenten als „planwirtschaftlich-bürokratisch" kritisiert.

[225] Vgl. *K. Hailbronner/D. Thym*, Chapter IV Asylum – Legal Framework for EU Asylum Policy, in: dies. (Hrsg.), EU Immigration and Asylum Law. Commentary, 2. Aufl. 2016, Rn. 28.

[226] Vorschlag der KOM v. 4.5.2016, COM(2016) 270 final (im Folgenden: „Dublin-IV-Entwurf").

[227] Art. 34 ff. des Dublin-IV-Entwurfs. Kritisch dazu der Bundesrat in seiner Stellungnahme vom 4.11.2016, BR-Drs. 390/16.

[228] Art. 19 des Dublin-IV-Entwurfs.

[229] Der Kommissionsvorschlag v. 3.12.2008, KOM(2008) 820 *endgültig* sah noch eine Einschränkung in Gestalt eines Regelbeispiels vor, wonach der Selbsteintritt „insbesondere aus humanitären Gründen oder in Härtefällen" erfolgen könne.

[230] Stand 31. Januar 2018.

[231] Vorschlag der KOM v. 4.5.2016, COM/2016/0272 final.

[232] Vorschlag der KOM v. 4.5.2016, COM(2016) 271 final. Die neue Agentur würde an die Stelle des EASO treten.

men der Agentur anzuordnen, wenn sich ein mitgliedstaatliches Asylsystem als so ineffektiv erweist, dass das Gemeinsame Europäische Asylsystem insgesamt als gefährdet anzusehen ist (Griechenland-Konstellation).[233] Auch eine diesen Vorschlag tragende politische Mehrheit der Mitgliedstaaten[234] ist derzeit nicht erkennbar.

Gleiches gilt für das zweite Reformpaket der Kommission, vorgelegt am 13. Juli 2016. Damit strebt die Kommission eine Vereinheitlichung der Verfahrens- und Qualifikationsvorschriften durch zwei neue – von den Mitgliedstaaten zu vollziehende – Verordnungen an,[235] welche die Qualifikations- und Verfahrensrichtlinie ersetzen würden.

d) Grenz- und visumrechtlicher Rechtsrahmen

Vierter und letzter Pfeiler des unionalen Migrationsrechts ist schließlich der grenz- und visumrechtliche Rechtsrahmen. Die zentralen Vorschriften über das grundsätzlich kontrollfreie Überschreiten der Binnengrenzen durch Personen sowie die Grenzkontrollen an den Außengrenzen finden sich als einer der Kernbestandteile des vergemeinschafteten Schengen-Besitzstands heute in der VO 2016/399, dem sog. *Schengener Grenzkodex* (kurz SGK).[236] Von migrationsrechtlicher Relevanz sind namentlich die in Art. 6 SGK (2016)[237] geregelten allgemeinen Einreisevoraussetzungen für Drittstaatsangehörige. Danach müssen Drittstaatsangehörige für einen Kurzaufenthalt von bis zu 90 Tagen[238] insbesondere im Besitz eines gültigen Reisedokuments und eines gültigen Visums sein, dürfen keine Gefahr für die öffentliche Ordnung, die innere Sicherheit, die öffentliche Gesundheit oder die internationalen Beziehungen eines Mitgliedstaats darstellen und müssen den Zweck und die Umstände des beabsichtigten Aufenthalts belegen sowie über ausreichende Existenzmittel für den geplanten Aufenthalt und für die Rückreise verfügen.[239] Die Voraussetzungen für die Ein-

233 Art. 22 Abs. 3 des Vorschlags. Die Norm ist in engem Zusammenhang mit dem neu vorgeschlagenen Mechanismus für die Kontrolle und Bewertung der Asyl- und Aufnahmesysteme zu sehen (Art. 13 ff.). In diesem Rahmen wäre die Kommission gemäß Art. 15 u. a. befugt, an den betreffenden Mitgliedstaat gerichtete Empfehlungen zur Behebung der schweren Mängel des innerstaatlichen Asylsystems zu richten und ggf. etwaige von der Agentur zu treffenden Maßnahmen zur Unterstützung dieses Mitgliedstaats festgelegt sind."

234 Die einschlägigen Rechtsgrundlagen des Unionsrechts setzen eine qualifizierte Mehrheit im Rat voraus, da das ordentliche Gesetzgebungsverfahren zur Anwendung gelangt, vgl. Art. 78 Abs. 2 u. Art. 79 Abs. 2 und 4 AEUV.

235 KOM, Vorschläge v. 13.7.2016, COM(2016) 466 final (Qualifikations-VO) sowie COM(2016) 467 final (Verfahrens-VO).

236 Verordnung 2016/399 des Europäischen Parlaments und des Rates v. 9.3.2016 über einen Gemeinschaftskodex für das Überschreiten der Grenzen durch Personen (Schengener Grenzkodex). Die VO 2016/399 löste die VO 562/2006 (SGK 2006) ab.

237 Ehemals Art. 5 SGK (2006).

238 Je Zeitraum von 180 Tagen.

239 Siehe im Einzelnen Art. 6 Abs. 1 SGK (2016).

reiseverweigerung finden sich in Art. 14 SGK (2016). Im Übrigen sieht der SGK (2016) detaillierte Regelungen für die Kontrollen der Außengrenzen und, als vorübergehenden Ausnahmefall,[240] der Binnengrenzen vor.

Von migrationsrechtlich herausragender Bedeutung ist ferner das Visumrecht. Dies gilt angesichts der Ausstellung mehrerer Millionen Schengen-Visa pro Jahr nicht nur in empirischer Hinsicht.[241] Auch regelungstechnisch erweist sich das Visumrecht in seiner Kombination aus Transnationalität und Spielraumgeprägtheit als bedeutende Referenz innerhalb des unionalen Migrationsrechts. Auch das Visumrecht ist wie das Schengener Grenzrecht Teil des Schengener Besitzstandes. Das heute geltende supranationale Regelwerk in Gestalt der unmittelbar anwendbaren VO 810/2009 – dem sog. *Visa-Kodex* (VK)[242] – geht auf das Schengener Durchführungsabkommens (SDÜ) vom 14. Juli 1985 zurück, das es in Teilen ersetzt.[243] Der VK betrifft das Aufenthaltsrecht Drittstaatsangehöriger, gehört als Rechtsakt über kurzfristige Aufenthaltstitel aber systematisch nicht dem Bereich der Einwanderungs-, sondern der Grenz- und Visumpolitik i.S.d. Art. 77 Abs. 2 AEUV an. Aber auch im Bereich der Einwanderungspolitik i.S.d. Art. 79 Abs. 2 AEUV und der auf dieser Grundlage ergangenen Richtlinien spielen Visa eine wichtige Rolle, z.B. für Studienaufenthalte.[244] Der VK stellt aber das praktisch bedeutsamste Rechtsinstrument des Visumrechts dar.

Der VK hält an dem tradierten Schengener Grundprinzip fest: Das Schengen-Visum wird durch einen einzigen Mitgliedstaat erteilt, gilt im Normalfall[245] aber für das gesamte Schengen-Gebiet.[246] Dazu zählen mittlerweile alle EU-Mitgliedstaaten bis auf Irland und das Vereinigte Königreich, zusätzlich die Schweiz, Norwegen, Island und Liechtenstein.[247] Die Entscheidung einer mitgliedstaatlichen Auslandsvertretung, ein Schengen-Visum nach Art. 5 VK zu

---

240 Vgl. Art. 25 ff. SGK (2016).

241 So wurden im Jahr 2016 Schengen-weit knapp 13 Mio. einheitliche Visa für Drittstaatsangehörige ausgestellt, davon allein 1,85 Mio. durch deutsche Konsularbehörden, vgl. http://www.schengenvisainfo.com/visa-statistics-2016/ (12.10.2017).

242 VO 810/2009 des Europäischen Parlaments und des Rates v. 13.7.2009 über einen Visakodex der Gemeinschaft (Visakodex), zuletzt geändert durch den SGK (2016).

243 Vgl. Art. 56 Abs. 1 VK. Zur Entwicklung *H. Winkelmann*, in: Bergmann/Dienelt (Hrsg.), Ausländerrecht, 11. Aufl. 2016, § 6 AufenthG, Rn. 13.

244 Geregelt in der Richtlinie 2004/114 v. 13.12.2004 über die Bedingungen für die Zulassung von Drittstaatsangehörigen zur Absolvierung eines Studiums oder zur Teilnahme an einem Schüleraustausch, einer unbezahlten Ausbildungsmaßnahme oder einem Freiwilligendienst. Diese Richtlinie wird mit Wirkung zum 24.5.2018 abgelöst durch die Richtlinie 2016/801.

245 Anders ist dies nur bei dem auf das Territorium des ausstellenden Staates begrenzten Visum nach Art. 25 VK.

246 Art. 1 Abs. 1 i.V.m. Art. 2 Nr. 3 VK.

247 Vgl. die Erwägungsgründe 31–37 des VK. Dänemark hat im Falle des VK von seinem Recht auf ein Opt-In Gebrauch gemacht, vgl. (indirekt) den 5. Erwägungsgrund des Durchführungsbeschlusses der Kommission vom 3.9.2014, C (2014) 6146 final.

erteilen, entfaltet somit eine transnationale Regelungswirkung für alle anderen Schengen-Staaten im Sinne einer „actio pro unione".[248] Um ein Mindestmaß an Kohärenz und Vorhersehbarkeit sowie die Gleichbehandlung der Antragsteller sicherzustellen, sieht der VK eine intensive Zusammenarbeit der mitgliedstaatlichen Auslandsvertretungen vor (Schengen-Zusammenarbeit vor Ort).[249] Diese transnationale Behördenkooperation ermöglicht nicht zuletzt die Generierung von ortsbezogenem Spezialwissen und eine Abstimmung der Visapraktiken. Auf diese Weise wird der dezentrale Vollzug des unmittelbar anwendbaren VK in Bahnen gehalten. Das wirkt sich unmittelbar auf die Frage der Eigenständigkeit der Verwaltung aus. So hat das BVerwG den deutschen Auslandsvertretungen bei der Prüfung materiell-rechtlicher Verweigerungsgründe[250] einen – auch gegenüber der Judikative bestehenden – Beurteilungsspielraum zuerkannt, weil die unitarisierenden Kooperations- und Koordinationseffekte der Schengen-Zusammenarbeit konterkariert würden, wenn die nationalen Gerichte befugt wären, ihre eigene Beurteilung umfänglich an die Stelle der behördlichen zu setzen.[251] Damit setzt das BVerwG die vorausgehende Rechtsprechung des EuGH auch im Verhältnis von Verwaltung und Gerichten um. Der EuGH hatte einen behördlichen Beurteilungsspielraum aufgrund der Komplexität und des prognostischen Einschlags der Entscheidung sowie der Ortsbezogenheit des ihr zugrunde zu legenden Wissens bejaht.[252] Hier besteht eine direkte Verbindung zwischen Migrations- und TK-Recht, weil das BVerwG zur Begründung des visumrechtlichen Spielraums unmittelbar auf seine spielraumbezogene Rechtsprechung zum TK-Recht rekurriert.[253] Das Visumrecht ist auch deshalb besonders aufschlussreich, weil der EuGH hier nicht nur ausdrücklich einen Beurteilungsspielraum der nationalen Verwaltung einforderte, sondern dies jüngst erstmals mit konkreten Vorgaben für die (eingeschränkte) gerichtliche Kontrolldichte auf nationaler Ebene verbunden hat.[254]

4. Deutsches Migrationsrecht

Einleitend wurden die spielraumrelevanten Struktur- und Wesensmerkmale des Migrationsrechts bereits primär aus der entwicklungsgeschichtlichen Perspek-

---

[248] Treffend *J. Bast*, Transnationale Verwaltung des europäischen Migrationsraums, Der Staat 46 (2007), S. 1 (12). Zum Transnationalitätsmodell („einer für alle") vgl. *G. Sydow*, Verwaltungskooperation in der Europäischen Union, 2004, S. 138 ff.

[249] Art. 48 VK.

[250] Art. 32 Abs. 1 und Art. 35 Abs. 6 VK.

[251] BVerwG, Urt. v. 17.9.2015, 1 C 37/14, NVwZ 2016, 161, Rn. 20 (juris).

[252] EuGH, Urt. v. 19.12.2013, Rs. C-84/12 – *Koushkaki*, Rn. 56.

[253] BVerwG, Urt. v. 17.9.2015, 1 C 37/14, NVwZ 2016, 161, Rn. 21 (juris) unter Rückbezug auf BVerwG, Urt. v. 23.11.2011, 6 C 11.10, NVwZ 2012, 1047, Rn. 38 (juris) und v. 25.9.2013, 6 C 13.12, BVerwGE 148, 48, Rn. 33 (juris).

[254] Wegweisend EuGH, Urt. v. 4.4.2017, Rs. C-544/15 – *Fahimian*, Rn. 45 f.

tive des deutschen Rechts aufgezeigt. Die folgenden Abschnitte geben einen Überblick über die beiden zentralen Regelungsbereiche des deutschen Migrationsrechts, das Aufenthalts- und das Asylrecht.

a) Aufenthaltsrecht

Im Zentrum des deutschen Aufenthaltsrechts steht das Aufenthaltsgesetz (AufenthG), das im Zuge des Zuwanderungsgesetzes[255] als Kernstück der zum 1. Januar 2005 in Kraft getretenen Reform das vormalige Ausländergesetz abgelöst hat. Es gilt grundsätzlich allein für Drittstaatsangehörige, es sei denn, das für die unionsbürgerschaftliche Freizügigkeit speziellere FreizügG/EU lässt ausnahmsweise seine Anwendung auf Unionsbürger zu.[256] Mit Blick auf die regelungstechnische Bedeutung behördlicher Entscheidungsspielräume empfiehlt sich – dies wurde einleitend bereits verdeutlicht – eine Differenzierung zwischen *aufenthaltsbegründenden* und *aufenthaltsbeendigenden* Regelungsbereichen.

aa) Aufenthaltsbegründung: Sukzessiver Rückzug des Verwaltungsermessens

Gemäß § 4 Abs. 1 AufenthG bedürfen Ausländer für die Einreise und den Aufenthalt im Bundesgebiet grundsätzlich eines Aufenthaltstitels. Dieser kann als Visum, Aufenthaltserlaubnis, Blaue Karte, Niederlassungserlaubnis oder Erlaubnis zum Daueraufenthalt gewährt werden. Für alle Formen von Aufenthaltstiteln gelten allgemeine Erteilungsvoraussetzungen, zu denen nach § 5 Abs. 1 Nr. 1 AufenthG in der Regel die Absicherung des Lebensunterhaltes zählt. Aufenthalt wird nach dem AufenthG aber nur zu bestimmten, enumerativ aufgelisteten Zwecken gewährt. Diese Aufenthaltszwecke sind in Kapitel 2 (Einreise und Aufenthalt) in den Abschnitten 3 bis 7 klassifiziert. Dabei handelt es sich im Einzelnen um den Aufenthalt zu Zwecken der Ausbildung,[257] zum Zweck der Erwerbstätigkeit,[258] aus völkerrechtlichen, humanitären oder politischen,[259] aus familiären Gründen[260] sowie aus besonderen Gründen.[261]

Im Zuge einer zunehmenden Tendenz legislativer Feinprogrammierung des Migrationsrechts[262] wurden die Rechtsansprüche von Drittstaatsangehörigen auf Aufenthalt seit dem AuslG (1990) sukzessive ausgeweitet. Die *gebundene Entscheidung* fungiert mittlerweile als regelungstechnische Grundform in den

---

255 Vgl. Fn. 25.

256 § 11 FreizügG/EU. Dazu im Einzelnen *K. Dienelt*, in: Bergmann/Dienelt (Hrsg.), Ausländerrecht, 11. Aufl. 2016, § 11 FreizügG/EU, Rn. 3 ff.

257 Abschnitt 3, §§ 16 bis 17a AufenthG.

258 Abschnitt 4, §§ 18 bis 21 AufenthG.

259 Abschnitt 5, §§ 22 bis 26 AufenthG.

260 Abschnitt 6, §§ 27 bis 36 AufenthG.

261 Abschnitt 7, §§ 37 bis 38 AufenthG.

262 Für einen entwicklungsgeschichtlichen Abriss vgl. *D. Thym*, Migrationsverwaltungsrecht, 2010, S. 63 ff.

rechtspraktisch hoch bedeutsamen Bereichen des Aufenthalts aus völkerrechtlichen, humanitären oder politischen Gründen,[263] des Aufenthalts aus familiären Gründen[264] sowie im Bereich der besonderen Aufenthaltsrechte.[265] Befugnisse der Verwaltung zur Entscheidung nach Ermessen beziehen sich hier in aller Regel nur noch auf Ausnahmefälle und Spezialkonstellationen.[266] Zuweilen sind auch Versagensgründe in das Ermessen der Behörden gestellt.[267] Die legislative

[263] Vgl. allen voran § 25 Abs. 1 AufenthG (Aufenthaltserlaubnis für Asylberechtigte) sowie – in der jüngeren Praxis von herausragender Bedeutung – § 25 Abs. 2 AufenthG (Aufenthaltserlaubnis für GFK-Flüchtlinge und subsidiär Schutzberechtigte), jeweils mit dem Anspruch auf eine Niederlassungserlaubnis nach drei Jahren Aufenthalt gemäß § 26 Abs. 3 AufenthG. Vgl. zudem § 24 Abs. 1 AufenthG (Aufenthaltsgewährung zum vorübergehenden Schutz). Eine Soll-Vorschrift mit Möglichkeit zur Abweichung nur in atypischen Fällen besteht nach § 25 Abs. 3 AufenthG im Hinblick auf ein Abschiebungsverbot nach § 60 Absatz 5 oder 7 AufenthG. In jüngerer Zeit kamen Soll-Vorschriften in folgenden Bereichen hinzu: § 25 Abs. 4a AufenthG (Opfer einer Straftat nach den §§ 232, 233 oder § 233a StGB), § 25a Abs. 1 AufenthG (gut integrierte Jugendlichen und Heranwachsende), § 25b Abs. 1 AufenthG (Aufenthaltsgewährung geduldeter Ausländer bei nachhaltiger Integration).

[264] § 28 Abs. 1 S. 1 u. Abs. 2 AufenthG (Familiennachzug zu Deutschen), § 29 Abs. 4 S. 1 AufenthG (Familiennachzug zu Ausländern), § 30 Abs. 1 AufenthG (Ehegattennachzug), § 31 Abs. 1 und Abs. 3 AufenthG (Eigenständiges Aufenthaltsrecht der Ehegatten), § 32 Abs. 1 bis Abs. 3 AufenthG (Kindernachzug), § 33 AufenthG (Geburt eines Kindes im Bundesgebiet), § 34 Abs. 1 und Abs. 2 AufenthG (Aufenthaltsrecht der Kinder) und § 35 Abs. 1 AufenthG (eigenständiges, unbefristetes Aufenthaltsrecht der Kinder), § 36 Abs. 1 AufenthG (Nachzug der Eltern und sonstiger Familienangehöriger).

[265] § 37 Abs. 1 und Abs. 5 AufenthG (Recht auf Wiederkehr), § 38 Abs. 1 AufenthG (Aufenthaltstitel für ehemalige Deutsche), § 38a Abs. 1 AufenthG (Aufenthaltserlaubnis für in anderen Mitgliedstaaten der Europäischen Union langfristig Aufenthaltsberechtigte).

[266] Für den *Aufenthalt aus völkerrechtlichen, humanitären oder politischen Gründen* vgl. insbesondere § 25 Abs. 5 AufenthG (Aufenthaltserlaubnis bei rechtlicher oder tatsächlicher Unmöglichkeit der Ausreise), § 26 Abs. 4 AufenthG (Niederlassungserlaubnis) sowie ferner § 22 AufenthG (Aufnahme aus dem Ausland), § 23 Abs. 1, 2 und 4 AufenthG (Aufenthaltsgewährung durch die obersten Landesbehörden; Aufnahme bei besonders gelagerten politischen Interessen; Neuansiedlung von Schutzsuchenden), § 23a Abs. 1 AufenthG (Aufenthaltsgewährung in Härtefällen), § 25 Abs. 4 AufenthG (vorübergehenden Aufenthalt aus dringenden humanitären oder persönlichen Gründen), § 25 Abs. 4b AufenthG (Opfer einer Straftat nach § 10 Abs. 1 oder § 11 Abs. 1 Nr. 3 des SchwarzarbeitsbekämpfungsG oder nach § 15a des ArbeitnehmerüberlassungsG), § 25a Abs. 2 AufenthG (Eltern oder personensorgeberechtigter Elternteil eines minderjährigen Ausländers i. S. d. § 25a Abs. 1 AufenthG). *Für den Aufenthalt aus familiären Gründen*: 28 Abs. 1 S. 4 AufenthG (Ausnahmeregelung im Bereich des Familiennachzugs zu Deutschen), § 30 Abs. 2 u. 3 AufenthG (Härtefall- bzw. Ausnahmeregelung im Bereich des Ehegattennachzugs), § 31 Abs. 4 S. 2 AufenthG (Ausnahmeregelung für die Verlängerung bei eigenständigem Aufenthaltsrecht der Ehegatten), § 32 Abs. 4 AufenthG (Härtefallregelung bei Kindernachzug), § 33 Abs. 1 AufenthG (Geburt eines Kindes im Bundesgebiet), § 36 Abs. 2 AufenthG (Nachzug sonstiger Familienangehöriger in Härtefällen). *Für den Bereich besonderer Aufenthaltsrechte*: § 37 Abs. 2 und 2a AufenthG (Recht auf Wiederkehr in Härtefällen und bei Nötigung zur Eingehung der Ehe), § 38 Abs. 2 und 3 AufenthG (Spezialregelungen für Aufenthaltstitel für ehemalige Deutsche).

[267] Wichtigster Anwendungsfall ist § 27 Abs. 3 S. 1 AufenthG, der die Versagung des Aufenthaltstitels aus familiären Gründen in das pflichtgemäße Ermessen der Behörden stellt. § 37 Abs. 3 AufenthG stellt es unter bestimmten Voraussetzungen zudem in das Ermessen der Behörde, die Erteilung einer Aufenthaltserlaubnis bei einem Recht auf Wiederkehr zu versagen.

Grundentscheidung zur Einführung individueller Rechtsansprüche in den Bereichen Familie und internationaler Schutz geht, wie gesehen, nur zum Teil auf zwingende Erfordernisse der Grund- und Menschenrechte auf völkerrechtlicher, unionaler und nationaler Ebene zurück, sondern ist nicht selten Folge einer Gestaltungsentscheidung des Unionsgesetzgebers – freilich einer Gestaltungsentscheidung mit grundrechtskonkretisierendem Charakter.

Umgekehrt stellt die *behördliche Ermessensentscheidung* nach wie vor das Grundmodell für den Aufenthalt zum Zweck der Ausbildung[268] und für den ebenfalls praktisch hoch bedeutsamen Bereich der Wirtschaftsmigration[269] dar. Hier sind wiederum Ansprüche auf die Erteilung bzw. die Verlängerung eines Aufenthaltstitels die regelungssystematische Ausnahme.[270] Soweit das Unionsrecht allerdings einen Aufenthaltsanspruch vorgibt, bleibt kein Raum mehr für nationales Verwaltungsermessen, wie der EuGH mit Blick auf § 16 AufenthG festgestellt hat.[271]

Die praktische Bedeutung behördlicher Entscheidungsspielräume im Migrationsrecht ist im Bereich der Wirtschaftsmigration besonders groß. Hier hat der Gesetzgeber der Arbeits- und Migrationsverwaltung weitreichende Entscheidungsspielräume eröffnet, deren Ausübung sich im Regelfall als sukzessive Normkonkretisierung durch die Verwaltung darstellt. Auf der ersten Stufe kann das Bundesministerium für Arbeit und Soziales den Arbeitsmarkt für bestimmte Personen- und Berufsgruppen auf Grundlage einer Rechtsverordnung, der sog. Beschäftigungsverordnung (BeschV),[272] in abstrakt-genereller Weise öffnen. Dabei kommt der Gubernative ein grundsätzlich weiter Gestaltungsspielraum zu, der bis hin zu einer generalisierten Arbeitsmarktöffnung reichen kann.[273] Besteht das (durch dic BcschV abdingbare) Erfordernis einer Zustim-

268 § 16 Abs. 1, 1a, 4, 5 u. 5b AufenthG (Studium; Sprachkurse; Schulbesuch), § 17 Abs. 1 u. 3 AufenthG (Sonstige Ausbildungszwecke), § 17a Abs. 1, 4 u. 5 AufenthG (Aufenthalt zum Zweck der Anerkennung ausländischer Berufsqualifikationen).

269 § 18 Abs. 2 AufenthG (Aufenthaltstitel zur Ausübung einer Beschäftigung), § 18a Abs. 1 AufenthG (Aufenthaltserlaubnis für qualifizierte Geduldete zum Zweck der Beschäftigung), § 18c Abs. 1 AufenthG (Aufenthaltserlaubnis zur Arbeitsplatzsuche für qualifizierte Fachkräfte), § 19 Abs. 1 AufenthG (Niederlassungserlaubnis für Hochqualifizierte), § 21 Abs. 1, 2 u. 2a, 4 (S. 2), 5 u. 6 AufenthG (Selbständige Tätigkeit).

270 *Für den Aufenthalt zum Zweck der Ausbildung:* § 16 Abs. 6 AufenthG (bei Erteilung eines Aufenthaltstitels durch einen anderen EU-Mitgliedstaat im Anwendungsbereich der Richtlinie 2004/114/EG bzw. künftig der Richtlinie 2016/801). *Für den Aufenthalt zum Zweck der Erwerbstätigkeit:* § 18b (Niederlassungserlaubnis für Absolventen deutscher Hochschulen), § 19a Abs. 1, 3 u. 6 AufenthG (Blaue Karte EU), § 20 Abs. 1 u. 4 AufenthG (Forschung). Für einen ermessensbasierten Versagensgrund vgl. aber wiederum § 18 Abs. 6 AufenthG.

271 EuGH, Urt. v. 10.9.2014, C-491/13 – *Ben Alaya*, Rn. 27, 35 f.

272 Verordnung über die Beschäftigung von Ausländerinnen und Ausländern v. 6.6.2013, BGBl I 2013, 1499, zuletzt geändert durch Verordnung v. 31.7.2016, BGBl. I 2016, 1953. Rechtsgrundlage ist § 42 Abs. 1 Nr. 2 AufenthG, der zudem die Zustimmung des Bundesrates verlangt.

273 Vgl. insbesondere § 2 Abs. 3 BeschV für alle Inhaber eines Hochschulabschlusses.

mung der Bundesagentur für Arbeit,[274] findet auf der zweiten Stufe eine auf den konkreten Arbeitsplatz bezogene Prüfung durch die Bundesagentur für Arbeit statt. Diese soll insbesondere sicherstellen, dass sich keine nachteiligen Auswirkungen auf den Arbeitsmarkt ergeben und dass für den Arbeitsplatz kein Inländer oder eine Inländern gleichgestellte Person zur Verfügung steht.[275] Auf der dritten Stufe erfolgt gemäß § 18 Abs. 2 S. 1 AufenthG die abschließende und ebenfalls einzelfallbezogene Ermessensentscheidung der Ausländerbehörden auf Länder- bzw. Kommunalebene, wobei keine arbeitsmarktpolitischen, sondern allein migrationsbezogene Erwägungen zum Tragen kommen.[276] Die administrative Rechtskonkretisierung ist damit in dreierlei Hinsicht ausdifferenziert: Sie ist, erstens, nach dem Konkretisierungsgrad abgestuft, soweit sie vom Abstrakt-Generellen zum Konkret-Individuellen verläuft; sie ist, zweitens, funktionell ausdifferenziert, da sowohl die Arbeits- als auch die Migrationsverwaltung ihren Beitrag leisten; und sie ist, drittens, auch föderativ gegliedert, weil die beteiligten Verwaltungseinheiten auf unterschiedlichen Ebenen innerhalb des Bundesstaates angesiedelt sind. Eine über den Ordnungsrahmen des Bundesstaates hinausgreifende ebenenübergreifende Problematik stellt sich im Rahmen der Wirtschaftsmigration indes nicht, da insbesondere das Unionsrecht insoweit kaum Vorgaben beisteuert und die grund- und menschenrechtliche Prägekraft ebenfalls gering ausfällt. Umgekehrt belegt aber auch das Wirtschaftsrecht, dass dort, wo der Unionsgesetzgeber von seinen Rechtsetzungskompetenzen Gebrauch gemacht hat, regelmäßig individuelle Ansprüche bestehen. Als Beispiel sei auf die Blaue Karte (EU) gemäß § 19a AufenthG verwiesen.[277]

bb) Aufenthaltsbeendigung: Erweiterung behördlicher Entscheidungsspielräume?

Das Recht der Aufenthaltsbeendigung ist demgegenüber in ungleich stärkerem Umfang von ebenenübergreifenden Spannungen im Kraftfeld administrativer Entscheidungsspielräume geprägt. Dies gilt allen voran für die Ausweisung als besonders invasiver Form der Begründung einer Ausreisepflicht.[278] Es gibt wohl

[274] § 39 Abs. 1 S. 1 AufenthG.

[275] § 39 Abs. 2 AufenthG.

[276] Dazu *A. Sußmann*, in: Bergmann/Dienelt (Hrsg.), Ausländerrecht, 11. Aufl. 2016, § 18 AufenthG, Rn. 54.

[277] § 19a AufenthG setzt die Hochqualifizierten-RL (RL 2009/50, vgl. Fn. 147) um. In der Praxis ist die Blaue Karte aber von untergeordneter Bedeutung. Im Jahr 2015 wurden in Deutschland lediglich 14.468 Blaue Karten erteilt, vgl. BAMF http://www.bamf.de/DE/Infothek/Statistiken/BlaueKarteEU/blaue-karte-eu-node.html (30.10.2016).

[278] Andere Formen des Erlöschens eines Aufenthaltstitels sind u. a. der Ablauf seiner Geltungsdauer, der Eintritt einer auflösenden Bedingung, die Rücknahme oder der Widerruf, vgl. § 51 Abs. 1 AufenthG. Für den Spezialfall der *Abschiebungsanordnung* nach § 58a AufenthG, die nach Rechtsauffassung des BVerwG „in ihren Wirkungen einer für sofort vollziehbar erklärten Ausweisung nebst Abschiebungsandrohung" ähnelt, vgl. BVerwG, Beschl. v. 21.03.2017, 1 VR 1/17 u. a., NVwZ 2017, 1057 und BVerwG, Beschl. v. 21.03.2017, 1 VR 2/17

kein zweites Regelungsfeld, das die Probleme und zugleich die Vielfalt administrativer Entscheidungsspielräume als instrumentelle Antwort auf Vorgaben unterschiedlicher Ebenen besser illustrieren könnte als das Ausweisungsrecht. Die rechtlichen Grundlagen der Ausweisung unterlagen in den vergangenen Jahrzehnten einem fortlaufenden und zugleich grundlegenden Wandel, in dessen Zuge das Spannungsverhältnis zwischen Flexibilitäts- und Einzelfallerfordernissen einerseits und Bestrebungen legislativer Programmierung andererseits immer wieder aufs Neue vermessen wurde. Damit änderten sich zugleich Reichweite und Gestaltform administrativer Entscheidungsspielräume im Mehrebenensystem.

Die Einzelheiten dieses Prozesses – einschließlich der dahinter stehenden Problematik der Begründung administrativer Entscheidungsspielräume im Mehrebenensystem – werden an gegebener Stelle eingehend analysiert werden.[279] An dieser Stelle seien die Entwicklungslinien lediglich zu Zwecken eines ersten Überblicks grob skizziert. Die Ausweisung war nach dem AuslG (1965) ursprünglich als tatbestandlich weitgefasste Generalklausel mit Ermessen auf der Rechtsfolgenseite geregelt.[280] Im Zuge der legislativen Feinprogrammierung des Ausländerrechts führte der Gesetzgeber im Jahr 1990 ein abgestuftes System der Ist-, Regel- und Ermessensausweisung ein und drängte das vormals dominierende Verwaltungsermessen zumindest in Teilen zurück.[281] Damit unternahm man letztlich nichts anderes als eine legislative Konkretisierung des Verhältnismäßigkeitsgrundsatzes,[282] der freilich schon zuvor in der Rechtsprechung als zentrale Schranke des behördlichen Ausweisungsermessens in Anschlag gebracht worden war.[283] Das Zuwanderungsgesetz übernahm den legislativ ausdifferenzierten Ansatz und überführte ihn ins AufenthG.[284] Die zunehmende Grund- und Menschenrechtsjudikatur, insbesondere die Rechtsprechung des EGMR und seine Rezeption durch die deutschen Verwaltungsgerichte, stellten die zuweilen starren (und damit zugleich bestimmten und vorhersehbaren) Vorgaben der gesetzlichen Ausweisungsregelung zunehmend in Frage. Das Bemühen um adäquate Verarbeitung der grund- und menschenrechtlichen Vorgaben veranlasste das BVerwG in der Folge, den Anwendungsbereich der rechtsfolgenseitig flexiblen Ermessensausweisung auszudehnen.[285]

u.a., DÖV 2017, 607 sowie in der Folge insbesondere BVerwG, Beschl. v. 13.7.2017, NVwZ 2017, 1531; BVerfG, Beschl. v. 24.7.2017, NVwZ 2017, 1526; BVerfG, Beschl. v. 26.7.2017, NVwZ 2017, 1530; EGMR, Urt. v. 30.11.2017, Nr. 54646/17 – *X/Deutschland*. Vgl. aus der Literatur *A. Kießling*, Ein „neues" Instrument der Terrorismusabwehr: die Auferstehung der Abschiebungsanordnung nach § 58a AufenthG, NVwZ 2017, S. 1019ff.

[279] Im Einzelnen S. 194ff.

[280] § 10 AuslG (1965).

[281] § 45ff. AuslG (1990).

[282] *I. Kraft*, Die Rechtsprechung des BVerwG zur Ausweisung im Ausländerrecht, DVBl. 2013, S. 1219 (1224).

[283] Grundlegend BVerwG, Urt. v. 16.6.1970, I C 47/69, BVerwGE 35, 291, Rn. 10 (juris).

[284] §§ 53ff. AufenthG (2005).

[285] BVerwG, Urt. v. 23.10.2007, 1 C 10/07, BVerwGE 129, 367 unter Verarbeitung der vor-

Damit drängten die völker- und unionsrechtlich induzierten Einzelfallerfordernisse ihrerseits die legislative Programmierung auf nationaler Ebene zurück. Angesichts einer zunehmend unübersichtlichen, mitunter willkürlich anmutenden Rechtslage entschied sich der Gesetzgeber sodann im Gefolge von Vorschlägen aus Praxis und Literatur,[286] das abgestufte System mit Wirkung zum 1. Januar 2016 wiederum durch eine Generalklausel zu ersetzen. Die Pointe an der neuen Generalklausel ist allerdings, dass sie – anders als ihre Vorgängerin aus dem Jahr 1965 – gerade kein rechtsfolgenseitiges Ermessen eröffnet, sondern die Ausweisung als Folge einer tatbestandlichen Abwägung zwischen öffentlichen Ausweisungs- und privaten Bleibeinteressen konzipiert.[287] Diese soll nach dem ausdrücklichen Willen des Gesetzgebers voll überprüfbar sein.[288] Alte und neue Rechtslage haben aber mehr miteinander gemeinsam als man aufgrund des rechtsdogmatischen Bruchs denken könnte. Dies bezieht sich auf verfahrensrechtliche Fragen ebenso wie auf den Aspekt der gerichtlichen Kontrolldichte.[289] Altes und neues Recht eint insbesondere, dass beide für die rechtlichen Grundlagen der Ausweisung ein Flexibilitätsreservoir zur Berücksichtigung rechtsordnungsdifferierender Maßstäbe erschließen. Der Abwägungsvorgang wird zum ebenenübergreifenden Konkordanzraum.

b) Asylrecht

Die zweite Kernmaterie des deutschen Migrationsrechts ist das Asylrecht. Dieses hat in den vergangenen Jahren mehrere grundlegende Umwälzungen erfahren, deren Darstellung den vorliegenden Rahmen sprengen würde. Erwähnt seien an dieser Stelle lediglich die Reformen im Zuge der Flüchtlingskrise in Gestalt der *Asylpakete I*[290] und *II*[291] sowie des *Integrationsgeset-*

---

ausgehenden Grundrechtsprechung von EGMR und EuGH. Aus der Literatur *D. Thym*, Abschied von Ist- und Regelausweisung bei Verwurzelung, DVBl. 2008, S. 1346 ff.; *W. Kluth*, Anwesenheit und Zugehörigkeit, ZAR 2009, S. 381 (382 ff.); *K.-G. Mayer*, Systemwechsel im Ausweisungsrecht, VerwArch 2010, S. 482 ff.; *I. Kraft*, Die Rechtsprechung des BVerwG zur Ausweisung im Ausländerrecht, DVBl. 2013, S. 1219 (1224 f.).

[286] Vgl. namentlich *H. Dörig*, Europarecht und deutsches Aufenthaltsrecht - Bestandsaufnahme und Ausblick, NVwZ 2010, S. 921, 922 f., und *J. Bergmann*, Abschied vom deutschen Ausländerrecht? – Europarechtliche Provokationen, ZAR 2013, S. 318, 323. Vgl. zudem den Expertenvorschlag beider Autoren aus dem Jahr 2014, abgedruckt im BDVR-Rundschreiben 1/2014, S. 3.

[287] § 53 AufenthG (2016).

[288] BT-Drs. 18/4097, S. 1, 23, 49. Dazu erhellend *I. Bauer*, in: Bergmann/Dienelt (Hrsg.), Ausländerrecht, 11. Aufl. 2016, § 53 AufenthG, Rn. 10.

[289] Vgl. im Einzelnen S. 216 ff.

[290] *Asylpaket I* in Gestalt des Asylverfahrensbeschleunigungsgesetzes v. 20.10.2015, BGBl. 2015 I, S. 1722 (1734). Dazu *W. Kluth*, Das Asylverfahrensbeschleunigungsgesetz – Zielsetzungen, wesentliche Inhalte, Kritikpunkte, ZAR 2015, S. 337 ff. und *D. Thym*, Schnellere und strengere Asylverfahren, NVwZ 2015, S. 1625 ff.

[291] *Asylpaket II* in Gestalt des Gesetzes zur erleichterten Ausweisung von straffälligen Ausländern und zum erweiterten Ausschluss der Flüchtlingsanerkennung bei straffälligen

zes.[292] Zentraler Rechtsakt des deutschen Asylrechts ist das Asylgesetz (AsylG), vormals Asylverfahrensgesetz (AsylVfG)[293], das in sozialrechtlicher Hinsicht vom Asylbewerberleistungsgesetz (AsylbLG) flankiert wird.

aa) Unionsrechtliche Prägung, Grundbegriffe, Eigenheiten

Das deutsche Asylrecht ist heute in seinen wesentlichen Teilen richtliniengeprägtes Recht. Besonders deutlich wird dies in der weitreichenden Reform des Asylrechts anlässlich der Umsetzung der Qualifikationsrichtlinie im Jahr 2011.[294] Dementsprechend nimmt das deutsche AsylG die Begrifflichkeiten der Qualifikationsrichtlinie für den internationalen Schutz (§ 1 Abs. 1 Nr. 2 AsylG), für den Flüchtlingsschutz (in § 3 AsylG) und für den subsidiären Schutz auf (in § 4 AsylG).

Darüber hinaus knüpft § 2 AsylG an den grundgesetzlich radizierten Begriff des Asyls im Sinne politischer Verfolgung an. Der verfassungsunmittelbare Asylstatus i. S. d. Art. 16a Abs. 1 GG ist in seinen tatbestandlichen Voraussetzungen wesentlich enger gezogen als der Flüchtlingsstatus i. S. d. § 3 AsylG,[295] auch wenn er diesem rechtsfolgenseitig kaum noch voraus ist.[296] Die Engführung geht auf die Grundsatzreform des Jahres 1993 zurück[297] und wurde vom BVerfG für vereinbar mit Art. 79 Abs. 3 GG erklärt.[298] Die damit verbundene Begrenzung kommt auch deutlich in den Schutzquoten zum Ausdruck. So waren weniger als 1,46 % aller Personen, denen in Deutschland im Jahr 2015 ein Schutzstatus zuerkannt wurde, Asylberechtigte i. S. d. Art. 16a GG.[299] Die zuweilen im öffentlichen Diskurs vorzufindende Fokussierung auf das deutsche Asylrecht im Kontext der gegenwärtigen Flüchtlingskrise geht deswegen fehl. Die verfassungsrechtliche Engführung des Asylrechts steht in unmittelbarem Zusammenhang mit dem Konzept sog. sicherer (Dritt-)Staaten. Während EU-Mitgliedstaaten nicht nur nach Unionsrecht, sondern auch aus Perspektive des GG ipso iure

---

Asylbewerbern v. 11.3.2016, BGBl. I 2016, S. 394 und des Gesetzes zur Einführung beschleunigter Asylverfahren v. 11.3.2016, BGBl. I 2016, S. 390. Dazu *W. Kluth*, Das Asylpaket II – eine Gesetzgebung im Spannungsfeld zwischen politischen Versprechen und rechtlich-administrativer Wirklichkeit, ZAR 2016, S. 121 ff.

292 Integrationsgesetz v. 31.7.2016, BGBl. I 2016, S. 1939.

293 Seine neue Bezeichnung erhielt das AsylG im Zuge des Asylpakets I.

294 Gesetz zur Umsetzung der Richtlinie 2011/95/EU v. 18.8.2013, BGBl. I 2013, S. 3474. Vgl. zuvor bereits das Gesetz zur Umsetzung aufenthalts- und asylrechtlicher Richtlinien der Europäischen Union v. 19.8.2007, BGBl. I 2007, S. 1970.

295 Im Einzelnen *M. Hoppe*, Eilrechtsschutz gegenüber Dublin II-Überstellungen, 2013, S. 248 f.; *M. Funke-Kaiser*, in: GK-AsylVfG, § 2 (103. EGL, Mai 2015), Rn. 36 ff.

296 Vgl. § 2 Abs. 1 und 2 AsylG. Zu verbleibenden Unterschieden s. *K. Hailbronner*, Asyl- und Ausländerrecht, 3. Aufl. 2013, Rn. 1207.

297 Zur damals v. a. um die Drittstaatenregelung intensiv geführten Diskussion s. *C. D. Classen*, Sichere Drittstaaten – ein Beitrag zur Bewältigung des Asylproblems?, DVBl. 1993, S. 700 ff.; *ders.*, Der Verweis auf Drittstaaten – eine offene Flanke der europäischen Asylrechtsabkommen?, AVR 33 (1995), S. 219 ff.

298 BVerfG, Urt. v. 14.5.1996, BVerfGE 94, 49 – *Sichere Drittstaaten*, Rn. 152 ff. (juris).

299 2.029 von 138.843 Personen, vgl. Jahresbericht des BAMF 2015 (Fn. 182), S. 47.

als sichere Staaten gelten (Art. 16a Abs. 2 S. 1, 1. Alt. GG), bedarf es für sichere Drittstaaten insoweit einer gesonderten Bestimmung qua Gesetz mit Zustimmung des Bundesrates (Art. 16a Abs. 2 S. 1, 2. Alt. i.V.m. S. 2 GG). Insoweit hat das BVerfG dem Gesetzgeber die verfassungsrechtliche Verpflichtung einer sog. „normativen Vergewisserung" auferlegt, wenn dieser Drittstaaten als sicher einstufen will. Diese normative Vergewisserung bezieht sich dem BVerfG zufolge darauf, dass der Drittstaat einem Betroffenen, der sein Gebiet als Flüchtling erreicht hat, den nach GFK und EMRK gebotenen Schutz gewährt.[300]

Jenseits des verfassungsunmittelbaren Asylrechts aus Art. 16a Abs. 1 GG wird der Begriff „Asyl" im deutschen Recht[301] aber auch als Oberbegriff für alle in Betracht kommenden Schutzformen verwendet. Dementsprechend bezeichnet der Begriff des „Asylantrags" i.S.d. § 13 Abs. 1 AsylG in denkbar allgemeiner Weise ein Schutzbegehren, das sich seinem Inhalt nach sowohl auf das Asyl i.S.d. Art. 16a GG als auch auf den Flüchtlingsschutz oder den subsidiären Schutz beziehen kann.[302] Dieses weite Begriffsverständnis liegt den in der vorliegenden Untersuchung regelmäßig verwendeten Begriffen „Asylantragsteller"[303] bzw. „Asylantrag" zugrunde.

bb) Aufenthaltsanspruch und Dublin-Überstellungen

Die drei Schutzstatūs führen nach deutschem Verwaltungsrecht zu einem Aufenthaltstitel aus humanitären Gründen i.S.d. § 25 AsylG. Rechtsgrundlage sind § 25 Abs. 1 u. Abs. 2 AufenthG, die entsprechend dem oben aufgezeigten Grundmuster einen individuellen Anspruch auf Aufenthalt gewähren. Flankiert wir die humanitäre Schutzgewährung durch Abschiebungsverbote nach § 60 AufenthG, wobei insbesondere § 60 Abs. 5 u. 7 AufenthG den Grundsatz der Nichtzurückweisung absichern.

Mit Blick auf das Dublin-Verfahren wiederholt das deutsche AsylG das unmittelbar und vorrangig anwendbare Sekundärrecht selbstredend nicht,[304] sondern

---

[300] Grundlegend BVerfG, Urt. v. 14.5.1996, BVerfGE 94, 49 – *Sichere Drittstaaten*, Rn. 181 ff. (juris). Zum Problem der Reichweite dieses Grundsatzes innerhalb des Anwendungsbereichs des Unionsrechts s. *F. Moll/C. Pohl*, Das Drittstaatenkonzept im unionsrechtlichen Kontext, ZAR 2012, S. 102 (104 ff.).

[301] Näher zu den begrifflichen Facetten im internationalen Raum s. *G.S. Goodwin-Gill/J. McAdam*, The Refugee in International Law, 3. Aufl. 2007, S. 355 ff.

[302] Ist der Asylantrag mangels Vorliegen der Voraussetzungen abzulehnen, hat das BAMF zudem von Amts wegen zu prüfen, ob ggf. ein Abschiebungsverbot gemäß § 60 Abs. 5 bzw. 7 AufenthG greift, wobei hierfür die Wertungen der EMRK in ihrer Auslegung durch den EGMR eine zentrale Rolle spielen.

[303] Dies schließt die weibliche Form stets mit ein.

[304] Dergleichen wäre unionsrechtlich auch problematisch, vgl. klassisch EuGH, Urt. v. 18.2.1970, Rs. 40/69 – *Bollmann*, Rn. 4; v. 10.10.1973, Rs. 34/73 – *Variola*, Rn. 10 f.; v. 31.1.1978, Rs. 94/77 – *Zerbone*, Rn. 22/27. Danach dürfen die mitgliedstaaten „keine handlungen vornehmen, durch die die gemeinschaftliche natur einer Rechtsvorschrift und die sich daraus ergebenden Wirkungen den einzelnen verborgen würden".

beschränkt sich in § 27a AsylG zutreffend auf eine dynamische Verweisung.[305] Danach ist ein in Deutschland gestellter Asylantrag unzulässig, wenn ein anderer Staat auf Grund von Rechtsvorschriften der Union oder eines völkerrechtlichen Vertrages – kurzum aufgrund des Dublin-Systems – für die Durchführung des Asylverfahrens zuständig ist. Art. 16 Abs. 5 GG flankiert dies von verfassungsrechtlicher Seite her im Sinne einer spezifischen Integrationsermächtigung. Für Dublin-Überstellungen, d.h. insbesondere[306] die Abschiebung einer Person in den zuständigen Dublin-Staat, sieht das deutsche Migrationsverwaltungsrecht mit § 34a Abs. 1 S. 1, 2. Alt. i. V. m. § 27a AsylG zudem eine ausdrückliche Rechtsgrundlage vor, die das BAMF zum Erlass von Abschiebungsanordnungen ermächtigt. Sie unterstreicht abermals das für das Migrationsverwaltungsrecht typische ordnungsrechtliche Gepräge.[307] Danach ordnet das BAMF im Falle einer Dublin-Überstellung die Abschiebung in den zuständigen Dublin-Staat an, sobald feststeht, dass die Abschiebung durchgeführt werden kann.[308] Der im Jahr 2013 reformierte § 34a Abs. 1 S. 2 AsylG stellt nunmehr klar, dass dies auch dann gilt, wenn der Antragsteller den Asylantrag in dem zuständigen Dublin-Staat gestellt oder vor der Entscheidung des BAMF zurückgenommen hat.[309]

---

[305] Zur Einordnung *J. Bergmann*, in: Bergmann/Dienelt (Hrsg.), Ausländerrecht, 11. Aufl. 2016, § 27a AsylG, Rn. 3.

[306] Nach BVerwG, Urt. v. 17.9.2015, 1 C 26/14, DÖV 2015, 1075, Rn. 13 ff. (juris). gibt die Dublin-VO keine Rangfolge hinsichtlich der drei von ihr vorgesehenen Überstellungsmodalitäten vor, wobei insbesondere „kein Vorrang zugunsten einer Überstellung auf eigene Initiative des Asylantragstellers" bestehe. Dementsprechend sieht das BVerwG § 34a Abs. 1 AsylVfG, wonach das BAMF allein die Abschiebung als Überstellungsmodalität anordnen kann, als mit Unionsrecht vereinbar an, da dem Verhältnismäßigkeitsgrundsatz durch die mit dem Vollzug der Abschiebung betrauten Ausländerbehörden Rechnung werden kann. Dies kann im Ausnahmefall eine Überstellung ohne Verwaltungszwang erforderlich machen.

[307] Früh und mit spezifischem Fokus auf das Verwaltungsermessen *C. Gusy*, Ermessen und Ermessensbindung im Ausländerrecht, VBlBW 1984, S. 393 unter treffender Beschreibung des damaligen Ausländerrechts als eines „Paradigma[s] ordnungsrechtlicher Ermessenslehre". Eingehend zum ordnungsrechtlichen Charakter des modernen Migrationsverwaltungsrechts *D. Thym*, Migrationsverwaltungsrecht, 2010, S. 36 f.; *T. Groß*, Das Ausländerrecht zwischen obrigkeitsstaatlicher Tradition und menschenrechtlicher Herausforderung, AöR 139 (2014), S. 420 (422 ff.). Dies schließt freilich andere, nicht imperativ-hoheitliche Handlungsformen nicht aus. Vgl. für konkurrierende Perspektiven der rechtlichen Migrationssteuerung dementsprechend *J. Bast*, Aufenthaltsrecht und Migrationssteuerung, 2011, S. 67 ff.

[308] Gemäß § 34a Abs. 2 AsylG *n. F.* ist gegen die Abschiebungsanordnung nunmehr auch Eilrechtsschutz im Wege des § 80 Abs. 5 VwGO binnen einer Woche ab Bekanntgabe möglich (gemäß § 75 AsylG entfalten Rechtsbehelfe gegen Abschiebungsanordnungen nach § 34a AsylG keine aufschiebende Wirkung). § 34a Abs. 2 *a. F.* AsylG hatte den Eilrechtsschutz noch explizit ausgeschlossen.

[309] Ausweislich BT-Drs 17/13556, S. 7 stellt § 34a Abs. 1 S. 2 AsylG eine „gesetzliche Aufgabenzuweisung" (für das BAMF) dar, die primär sog. „Aufgriffsfälle" erfassen soll. Das sind Fallgestaltungen, in denen ein in Deutschland angetroffener Ausländer in einem anderen Dublin-Staat, nicht aber in Deutschland, einen Asylantrag gestellt hat. Bis zur Neuregelung konnte das BAMF mangels Vorliegens eines (in Deutschlang gestellten und aufrecht erhaltenen) Asylantrags in diesen Fällen keine Entscheidung nach § 27a treffen, weswegen auch § 34a AsylG ausschied.

II. Diskretionäre und föderative Strukturen des TK-Regulierungsrechts

Das Recht der Regulierung des Telekommunikationssektors[310] unterscheidet sich in vielerlei Hinsicht strukturell grundlegend vom Migrationsrecht. Eine auffallende Parallele besteht indes in dem weitreichenden Einsatz behördlicher Entscheidungsspielräume, deren rechtsnormative Grundlagen sich gleichermaßen aus nationaler, unionaler und völkerrechtlicher Ebene speisen. Auch das TK-Regulierungsrecht ersteht als funktionsfähiges Rechtsgebiet erst aus einem Zusammenspiel ebenendifferierender Normen. Im Folgenden werden seine strukturellen Eigenheiten und Rechtsschichten überblicksartig skizziert und die ihm eigenen mehrebenenspezifischen Rahmenbedingungen für diskretionäre Normstrukturen nachgezeichnet.

1. Begriff und spielraumrelevante Strukturmerkmale

Der Begriff der Regulierung wird in unterschiedlichen Sinnzusammenhängen verwendet.[311] Sein konkreter Gehalt ist in besonderem Maße perspektivenabhängig, d.h. er variiert erheblich in Relation zu dem jeweils leitenden Erkenntnisinteresse. So kommt in den Politikwissenschaften ein denkbar weitgefasster Regulierungsbegriff zur Anwendung, der letztlich jede gewollte Beeinflussung sozialer Prozesse durch die öffentliche Gewalt umfasst und insoweit mit dem Begriff der Steuerung korreliert.[312] In den Wirtschaftswissenschaften wiederum ist der Regulierungsbegriff klassischerweise auf staatliche Marktinterventionen bezogen,[313] wie jüngst das Beispiel der „Regulierung" des Bankensektors zeigt.[314]

---

[310] Grundlegend zur Kommunikationswirtschaft als Referenzgebiet des Regulierungsrechts *J. Kühling*, Sektorspezifische Regulierung in den Netzwirtschaften, 2004, S. 66ff.; *ders.*, Europäisches Telekommunikationsverwaltungsrecht, in: Terhechte (Hrsg.), Verwaltungsrecht der Europäischen Union, 2011, § 24; *J.-P. Schneider*, Telekommunikation, in: Fehling/Ruffert (Hrsg.), Regulierungsrecht, 2010, § 8; *F.J. Säcker*, Systematische Einordnung des TKG in das allgemeine Wirtschaftsrecht, in: ders. (Hrsg.), TKG, 3. Aufl. 2013, Einl. I, Rn. 2ff.

[311] Für die Rechtswissenschaft eingehend *C. Berringer*, Regulierung als Erscheinungsform der Wirtschaftsaufsicht, 2004, S. 83ff.; *M. Ruffert*, Begriff, in: Fehling/Ruffert (Hrsg.), Regulierungsrecht, 2010, § 7, Rn. 1ff.; *M. Eifert*, Regulierungsstrategien, in: Hoffmann-Riem/Schmidt-Aßmann/Voßkuhle (Hrsg.), GVwR I, 2. Aufl. 2012, § 19, Rn. 1ff.

[312] *R. Mayntz*, Soziale Dynamik und politische Steuerung, 1997, S. 275. Ähnlich *R. Baldwin/M. Cave/M. Lodge*, Regulation: The Field and the Developing Agenda, in: dies. (Hrsg.), The Oxford Handbook of Regulation, 2010, S. 3ff. sowie *R. Baldwin/M. Cave*, Understanding Regulation, 1999, S. 2.

[313] Instruktiv *C. Veljanovski*, Economic Approaches to Regulation, in: Baldwin/Cave/Lodge (Hrsg.), The Oxford Handbook of Regulation, 2010, S. 17ff.; *G. Aschinger*, Regulierung und Deregulierung, Wirtschaftswissenschaftliches Studium 1985, S. 545.

[314] Vgl. *M. Fratzscher* u. a., Credit provision and banking stability after the Great Financial Crisis – The role of bank regulation and the quality of governance, Journal of International Money and Finance 2016, i. E.

Die Rechtswissenschaft greift die verschiedenen Konnotationen der Nachbardisziplinen auf und führt sie in unterschiedlichen Regulierungsbegriffen fort.[315] Diese schließen sich aber nicht gegenseitig aus, sondern sind jeweils der spezifischen Untersuchungsperspektive geschuldet. Geleitet von einem phänomenologisch offenen, auf die Identifizierung bereichsübergreifender Strukturen gerichteten Erkenntnisinteresse wird man mit *Martin Eifert* einen weiten Regulierungsbegriff zugrunde legen, der „jede gewollte staatliche Beeinflussung gesellschaftlicher Prozesse“ umfasst, sofern sie einen „über den Einzelfall hinausgehenden Ordnungszweck verfolgt und dabei im Recht zentrales Medium und Grenze findet“.[316] Der Regulierungsbegriff knüpft dann nahtlos an den rechtswissenschaftlichen Steuerungsbegriff an.[317] Für sich genommen ist er gebietsspezifisch kaum eingrenzbar, ja soll es nicht sein.

Will man demgegenüber speziell die hoheitlichen Interventionen in vormals monopolistisch geprägten und sodann sukzessiv liberalisierten Wirtschaftssektoren erfassen und hierzu rechtsvergleichend an das Konzept der US-amerikanischen *regulation* anknüpfen,[318] ist der Regulierungsbegriff enger zu fassen. Regulierung meint dann eine besondere Form der Wirtschaftslenkung in Gestalt der planvollen Einwirkung der öffentlichen Gewalt zum Zweck der Herstellung von Wettbewerb bei Gewährleistung einer flächendeckenden Grundversorgung in Sektoren, die durch ein strukturelles Marktversagen gekennzeichnet sind.[319] In diesem Sinne erfüllt Regulierungsrecht eine gleichermaßen ordnungs- wie gewährleistungsrechtliche Funktion und zielt auf die Überführung der Netzwirtschaften[320] in wettbewerblich funktionsfähige und sozialver-

---

315 Diese müssen sich nicht gegenseitig ausschließen.

316 *M. Eifert*, Regulierungsstrategien, in: Hoffmann-Riem/Schmidt-Aßmann/Voßkuhle (Hrsg.), GVwR I, 2. Aufl. 2012, § 19, Rn. 5 m. w. N.

317 Dazu *A. Voßkuhle*, Neue Verwaltungsrechtswissenschaft, in: Hoffmann-Riem/Schmidt-Aßmann/Voßkuhle (Hrsg.), GVwR I, 2. Aufl. 2012, § 1, Rn. 18 ff.; *H.-H. Trute*, Verwaltung und Verwaltungsrecht zwischen gesellschaftlicher Selbstregulierung und staatlicher Steuerung, DVBl. 1996, S. 950 ff.

318 *J. Masing*, Die US-amerikanische Tradition der Regulated Industries und die Herausbildung eines europäischen Regulierungsverwaltungsrechts, AöR 128 (2003), S. 558 (561 ff.); *O. Lepsius*, Regulierungsrecht in den USA: Vorläufer und Modell, in: Fehling/Ruffert (Hrsg.), Regulierungsrecht, Tübingen 2010, § 1. Methodologisch zur „Migration“ von Begriffen und Rechtsinstituten im Wege öffentlich-rechtlicher Rechtsvergleichung *S. Choudhry*, Migration as a new metaphor in comparative constitutional law, in: ders. (Hrsg.), The Migration of Constitutional Ideas (2006), S. 1 ff.

319 Vgl. *J.-P. Schneider*, Flexible Wirtschaftsregulierung durch unabhängige Behörden im deutschen und britischen Telekommunikationsrecht, ZHR 2000, S. 513 (516); *J. Kühling*, Sektorspezifische Regulierung in den Netzwirtschaften, 2004, S. 13 f.; *H. C. Röhl*, Soll das Recht der Regulierungsverwaltung übergreifend geregelt werden?, JZ 2006, S. 831 (832); *M. Schmidt-Preuß*, Regulierung – Reflexionen aus Anlass der Liberalisierung von Strom- und Gassektor, in: FS R. Schmidt, 2006, S. 547 (548 f.); *M. Ruffert*, Begriff, in: Fehling/Ruffert (Hrsg.), Regulierungsrecht, 2010, § 7, Rn. 19 ff.; *A. Proelß*, Das Regulierungsermessen – eine Ausprägung des behördlichen Letztentscheidungsrechts?, AöR 136 (2011), S. 402 (405).

320 Namentlich der leitungs- und schienengebundener Dienstleistungssektoren elektroni-

trägliche Märkte ab.[321] An diesen spezifischen, vormals auch im TKG selbst angelegten,[322] Regulierungsbegriff, der seinerseits eine Teilmenge des weiteren Regulierungsbegriffs darstellt, knüpft die vorliegende Untersuchung an. Das hier leitende Erkenntnisinteresse ist – in methodisch bewusster Kontrastierung zum Migrationsrecht – auf behördliche Entscheidungsspielräume als Instrumente öffentlichen Wirtschaftsrechts bzw. als Mechanismen einer *ebenenübergreifend normierten Wirtschafts- und Wettbewerbspolitik* gerichtet.

Obgleich nach wie vor sektorspezifisch ausgestaltet, bildet das so verstandene Regulierungsrecht einen rechtsdogmatisch wie institutionell zunehmend eigenständigen Teil des öffentlichen Wirtschaftsrechts.[323] Typusprägendes Grundmerkmal ist die Kombination von wettbewerbserzwingenden bzw. marktgestaltenden[324] Elementen mit Instrumenten sozialstaatlicher Gewährleistung.[325] Allerdings zeigt nicht zuletzt die Entwicklung des Energie- und des Eisenbahnrechts und die hier hervortretende Heterogenität der zum Einsatz kommenden Instrumente, dass sich ein einheitliches, gemeinsamen Regelungstechniken und Normstrukturen folgendes Regulierungsrecht bis dato nicht hat etablieren können.[326] Die vorliegende Studie konzentriert sich insoweit auf das TK-Recht als der nach wie vor rechtspraktisch wichtigsten und rechtsdogmatisch herausforderndsten, indes nicht alleinigen Form des (dann als Sammelbegriff zu verstehenden) Regulierungsrechts. Soweit der Begriff des „Regulierungsrechts" im dritten Teil dieser Studie verwendet wird, ist damit stets das Regulierungsrecht

sche Kommunikation, Gas, Elektrizität, Eisenbahnnetze, vgl. *F.J. Säcker*, Systematische Einordnung des TKG in das allgemeine Wirtschaftsrecht, in: ders. (Hrsg.), TKG, 3. Aufl. 2013, Einl. I, Rn. 1.

[321] Vgl. *M. Bullinger*, Regulierung als modernes Instrument zur Ordnung liberalisierter Wirtschaftszweige, DVBl. 2003, S. 1355 (1357 f.) auch unter Hervorhebung der gewährleistungsrechtlichen Dimension.

[322] Wenn auch etwas kryptisch, vgl. § 3 Nr. 13 TKG (1996), wonach unter Regulierung diejenigen Maßnahmen gefasst wurden, „die zur Erreichung der in § 2 Abs. 2 genannten Ziele ergriffen werden und durch die das Verhalten von Telekommunikationsunternehmen beim Angebot von Telekommunikationsdienstleistungen, von Endeinrichtungen oder von Funkanlagen geregelt werden, sowie die Maßnahmen, die zur Sicherstellung einer effizienten und störungsfreien Nutzung von Frequenzen ergriffen werden".

[323] Vgl. *J. Masing*, Grundstrukturen eines Regulierungsverwaltungsrechts, DV 36 (2003), S. 1 ff.

[324] Dazu *A. Schebstadt*, Sektorspezifische Regulierung – Im Grenzgebiet zwischen Marktaufsicht und Marktgestaltung, WuW 2005, S. 6 (9).

[325] Zur Gewährleistungsdimension grundlegend *C. Franzius*, Gewährleistung im Recht, 2009, S. 549 ff. sowie speziell für den TK-Sektor *M. Eifert*, Grundversorgung mit Telekommunikationsleistungen im Gewährleistungsstaat, 1998, S. 175 ff.

[326] Zur Frage des Bedarfs einer übergreifenden Regelung *I. Pernice*, Soll das Recht der Regulierungsverwaltung übergreifend geregelt werden? Europarechtliche Aspekte, WHI-Paper 3/06, S. 37 ff.; *J. Masing*, Soll das Recht der Regulierungsverwaltung übergreifend geregelt werden?, DJT 66 (2006), Gutachten D; *H. C. Röhl*, Soll das Recht der Regulierungsverwaltung übergreifend geregelt werden?, JZ 2006, S. 831 ff. Zu den Unterschieden vgl. im Einzelnen *T. Höppner*, Die Regulierung der Netzstruktur. Elektrizität, Gas, Eisenbahn, Telekommunikation, 2009.

in seiner konkreten und spezifischen Ausprägung durch das TK-Recht und nicht etwa ein vor die Klammer gezogener Allgemeiner Teil gemeint.

Ebenso wie die anderen Bereiche des Regulierungsrechts ist auch das TK-Recht ein binnenmarktrechtlich radiziertes Rechtsgebiet, das in weiten Teilen in den sachlichen Anwendungsbereich der – sachlich nach wie vor nicht voll verwirklichten – Dienstleistungsfreiheit fällt. So unterliegt der Telekommunikationssektor mittlerweile einer weitreichenden Harmonisierung, die von Europäischem Parlament und Rat gemeinsam legislativ verantwortet wird.[327] Nimmt man den normativen Anspruch von Art. 10 Abs. 2 EUV ernst und geht von einer substanziellen legitimatorischen Eigenkraft des Europäischen Parlamentes aus,[328] ist diese Feststellung für die Einordnung des TK-Rechts und die dort vorherrschenden Legitimationsstrukturen von grundlegender Bedeutung.

Während das Migrationsrecht auf einen Verwaltungsvollzug in tausenden von Einzelfällen ausgerichtet ist, erstreckt sich das TK-Regulierungsrecht auf einen Wirtschaftssektor, der trotz einer zunehmenden Zahl privatwirtschaftlicher Akteure i. d. R. von einem Unternehmen dominiert wird – in Deutschland der Deutschen Telekom AG.[329] Die hieraus resultierende Dysfunktionalität des Marktes sucht das TK-Recht durch den Einsatz adäquater Steuerungsinstrumente zu überwinden, die von einer personell wie institutionell speziell hierfür konzipierten und unabhängig ausgestalteten Regulierungsbehörde auf nationaler Ebene erlassen werden. In Deutschland nimmt diese Funktion die Bundesnetzagentur (BNetzA) wahr.[330] Das Maßnahmenspektrum nationaler Regulierungsbehörden ist vielfältig und umfasst die Befugnis zur Auferlegung unterschiedlichster Formen von Zugangsverpflichtungen oder preisbezogener Vorgaben. Instrumentell reicht der regulatorische Werkzeugkasten weit über die im klassischen Wettbewerbsrecht vorherrschende Missbrauchsaufsicht *ex post* hinaus und umfasst auch eine Steuerung bzw. aktive Marktbegleitung[331] *ex ante*. Diese lässt sich regelmäßig nicht auf einen bloßen Vollzug von (legislativ) Vorentschiedenem[332] reduzie-

[327] So sind sowohl die Rahmenrichtlinie als auch die Einzelrichtlinien des geltenden europäischen TK-Rechtsrahmens auf Art. 114 Abs. 1 AEUV gestützt, dazu sogleich näher.

[328] Vgl. bereits S. 96 ff. Anders noch *M. Brenner*, Der Gestaltungsauftrag der Verwaltung in der Europäischen Union, 1996, S. 399 demzufolge der europäischen Legislative selbst nach dem Vertrag von Maastricht „eine originär eigenständige Rolle im Konzert der Gemeinschaftsgewalten nicht“ zukomme, da es an einer eigenständigen demokratischen Legitimation fehle.

[329] Bzw. ihrer Tochterunternehmen, wie z. B. der Telekom Deutschland GmbH, vgl. im Einzelnen (soweit nicht geschwärzt) die Festlegungen der BNetzA zu den einzelnen TK-Märkten, abrufbar unter http://www.bundesnetzagentur.de (30.6.2016).

[330] Vollständig „Bundesnetzagentur für Elektrizität, Gas, Telekommunikation, Post und Eisenbahnen“; vormals Regulierungsbehörde für Telekommunikation und Post (RegTP). Dazu *C. Schmidt*, Von der RegTP zur Bundesnetzagentur – Der organisationsrechtliche Rahmen der neuen Regulierungsbehörde, DÖV 2005, S. 1025 ff.

[331] *M. Eifert*, Die gerichtliche Kontrolle der Entscheidungen der Bundesnetzagentur, ZHR, 174 (2010), S. 449 (463).

[332] Treffend für die klassische Vollzugsverwaltung insoweit *R. Wahl*, Die Aufgabenabhän-

ren, sondern verlangt eine im Kern *rechtsgestaltende Eigenleistung* der Verwaltung.[333] Rechtsnormativ fußt diese für das Regulierungsrecht in besonderem Maße charakteristische Gestaltungsaufgabe[334] auf final strukturierten, d.h. an Zielvorgaben ausgerichteten Rechtssätzen.[335] Einer konditionalen Programmierung ist sie demgegenüber nur bedingt zugänglich.[336] Der Sache nach bewegt sich die regulatorische Gestaltungsaufgabe in einem technisch komplexen, von multipolaren Interessen geprägten und stets im dynamischen Wandel befindlichen Umfeld, für das nicht nur die gegenwärtig vorherrschenden Marktverhältnisse zu evaluieren, sondern auch Prognosen in die Zukunft hinein zu erstellen sind. Dies begründet einen sachlich komplexen und dynamischen Prozess der Wissensproduktion, der prozedural gesteuert wird und ex post kaum reproduzierbar ist.[337]

Finaler Gestaltungsauftrag, komplexes Tatsachenumfeld, dynamische Wissensgenerierung und Multipolarität der zu berücksichtigenden Belange legen den Grundstein für einen weitreichenden Einsatz administrativer Entscheidungsspielräume,[338] angefangen von Marktdefinition und -analyse bis hin zur Auferlegung von Verpflichtungen im Rahmen der Zugangs- und Entgeltregulierung.[339] So hat das BVerwG in einer Grundsatzentscheidung aus dem Jahr 2007 festgestellt, dass die Regulierungsverfügung als zentrales Instrument der Regulierung „Ausdruck einer gesetzlich ausgeformten Gestaltungsfreiheit" ist, „die sich auf die Verwirklichung des gesetzlichen Regulierungsauftrags und die prospektive Bewältigung der damit zusammenhängenden Probleme erstreckt".[340]

---

gigkeit der Verwaltung, in: Hoffmann-Riem/Schmidt-Aßmann/Schuppert (Hrsg.), Reform des allgemeinen Verwaltungsrechts – Grundfragen, 1993, S. 177 (195).

[333] Dazu grundlegend *M. Brenner*, Der Gestaltungsauftrag der Verwaltung in der Europäischen Union, 1996, S. 373 ff. sowie speziell für die Rechtslage vor dem TKG 1996 S. 327 ff.

[334] Zur Gestaltungsaufgabe als Kerncharakteristikum des Regulierungsrechts *E. Schmidt-Aßmann*, Das allgemeine Verwaltungsrecht als Ordnungsidee, 2. Aufl. 2004, Kap. 3, Rn. 53; *M. Eifert*, Regulierungsstrategien, in: Hoffmann-Riem/Schmidt-Aßmann/Voßkuhle (Hrsg.), GVwR I, 2. Aufl. 2012, § 19, Rn. 136; *J. Kersten*, Herstellung von Wettbewerb als Verwaltungsaufgabe, VVDStRL 69 (2010), S. 288 (322).

[335] Vgl. namentlich die Regulierungsziele nach § 2 Abs. 2 TKG (zu unterscheiden von den Regulierungsgrundsätzen gem. § 2 Abs. 3 TKG).

[336] Zum Unterschied vgl. *C. Franzius*, Modalitäten und Wirkungsfaktoren der Steuerung durch Recht, in: Hoffmann-Riem/Schmidt-Aßmann/Voßkuhle (Hrsg.), GVwR I, 2. Aufl. 2012, § 4, Rn. 13 ff. sowie *R. Breuer*, Konditionale und finale Rechtssetzung, AöR 127 (2002), S. 523 ff.

[337] Vgl. *I. Augsberg*, Informationsverwaltungsrecht, 2014, S. 58 f.

[338] Vgl. *M. Eifert*, Die gerichtliche Kontrolle der Entscheidungen der Bundesnetzagentur, ZHR, 174 (2010), S. 449 (463 ff.). Kritisch *F. Schorkopf*, Regulierung nach den Grundsätzen des Rechtsstaates, JZ 2008, S. 20 (24), der eine Umkehr des Regel-Ausnahme-Verhältnisses feststellt, in der eine „szientistische Grundhaltung eines wissenschaftlich angeleiteten Rationalismus" zum Ausdruck komme, die das „nachlaufende gerichtliche Verfahren generell als Interferenz in eine wissenschaftlich informierte Expertenverwaltung" betrachte.

[339] Für eine Übersicht (auf dem Stand vor der TKG-Reform 2012) *J. Oster*, Normative Ermächtigungen im Regulierungsrecht, 2010, S. 171 ff.

[340] BVerwG, Urt. v. 28.11.2007, 6 C 42/06, BVerwGE 130, 39, Rn. 25 (juris).

Allerdings, dies sei hier gleich vorab betont, können die Typisierung des Verwaltungshandelns als „gestaltend" oder die Komplexität und Dynamik der Materie nicht den jeweils gebotenen Nachweis administrativer Entscheidungsspielräume im materiellen Recht ersetzen.[341] Stets kommt es auf eine differenzierte Einzelanalyse anhand der einschlägigen Regelungen und der in ihnen ggf. erteilten normativen Ermächtigung durch den Gesetzgeber an.[342]

Mit seiner Entscheidung aus dem Jahr 2007 erkannte das BVerwG erstmals auch die umstrittene Rechtsfigur des *Regulierungsermessens* an – eine an den planerischen Gestaltungsspielraum angelehnte, aber speziell auf das Regulierungsrecht zugeschnittene Spielraumfigur, die Tatbestands- und Rechtsfolgenseite gleichermaßen umfasst und insbesondere die Mehrebenenstruktur des TK-Rechts bereits mitdenkt.[343] Während die spezifische Bedeutung von behördlichen Entscheidungsspielräumen im Migrationsrecht im wissenschaftlichen Diskurs noch eher unterbelichtet erscheint, hat sich im Regulierungsrecht gerade am Regulierungsermessen eine intensive Diskussion entzündet.[344] Das liegt nicht zuletzt daran, dass die Rechtsprechung im TK-Recht bereits für eine gewisse Verfestigung des rechtlichen Normbestandes, einschließlich der damit verliehenen administrativen Entscheidungsspielräume gesorgt hat. So erachtete insbesondere das BVerfG die Zuerkennung weitreichender Spielräume durch das BVerwG für verfassungsrechtlich zulässig.[345] Und auch der EuGH sicherte in seiner Leitentscheidung zu den „Neuen Märkten" den Gestaltungsauftrag der BNetzA ab, indem er untersagte, dass die der BNetzA unionsrechtlich zugewiesene Befugnis zur diskretionären Marktevaluierung durch gesetzliche

---

[341] Vgl. *F. Schoch*, Gerichtliche Verwaltungskontrollen, in: Hoffmann-Riem/Schmidt-Aßmann/Voßkuhle (Hrsg.), GVwR III, 2. Aufl. 2013, § 50, Rn. 291 ff., der die Rechtsprechung des BVerwG als zu pauschal und begründungsarm kritisiert.

[342] Zur normativen Ermächtigungslehre vgl. bereits S. 29 ff.

[343] Näher S. 225 ff. u. 237 ff.

[344] Vgl. insbesondere *M. Ludwigs*, Das Regulierungsermessen als Herausforderung für die Letztentscheidungsdogmatik im Verwaltungsrecht, JZ 2009, S. 290 ff.; *C. Franzius*, Wer hat das letzte Wort im Telekommunikationsrecht?, DVBl. 2009, S. 409 ff.; *T. Attendorn*, Das „Regulierungsermessen" – Ein deutscher „Sonderweg" bei der gerichtlichen Kontrolle TK-rechtlicher Regulierungsentscheidungen?, MMR 2009, S. 238 ff.; *K.F. Gärditz*, „Regulierungsermessen" und verwaltungsgerichtliche Kontrolle, NVwZ 2009, S. 1005 ff.; *J. Oster*, Normative Ermächtigungen im Regulierungsrecht, 2010, S. 158 ff.; *M. Eifert*, Die gerichtliche Kontrolle der Entscheidungen der Bundesnetzagentur, ZHR 174 (2010), S. 449 ff.; *A. Proelß*, Das Regulierungsermessen – eine Ausprägung des behördlichen Letztentscheidungsrechts?, AöR 136 (2011), S. 402 ff.; *J. Wieland*, Regulierungsermessen im Spannungsverhältnis zwischen deutschem und Unionsrecht, DÖV 2011, S. 705 ff.; *M. Sachs*/*C. Jasper*, Regulierungsermessen und Beurteilungsspielräume – Verfassungsrechtliche Grundlagen, NVwZ 2012, S. 649 ff.; *T. Sasse*, Regulierungsermessen, VR 2014, S. 309 ff.

[345] BVerfG, Beschl. v. 8.12.2011, 1 BvR 1932/08, NVwZ 2012, S. 694 – *Nachprüfbarkeit von Regulierungsverfügungen*, Rn. 12 ff. (juris) in Bezug auf den Beurteilungsspielraum für Marktdefinition und Marktanalyse. Zuvor bereits indirekt BVerfG, Beschl. v. 27.5.2008, 1 BvR 478/08, MMR 2008, S. 590, Rn. 2 (juris).

Vorentscheidungen über die Regulierungsbedürftigkeit eines bestimmten Bereichs unterlaufen wird.[346]

Eng verknüpft, wenn auch nicht identisch mit der Frage behördlicher Entscheidungsspielräume ist die Ausgestaltung der nationalen Regulierungsbehörden als *unabhängige* Verwaltungseinheiten – ein weiteres Kernmerkmal des Regulierungsrechts, das den grundgesetzlichen Verfassungsstaat in seiner Einbindung in den Europäischen Verfassungsverbund vor (überwindbare) legitimatorische Herausforderungen stellt.[347] Organisationsrechtlich ist der TK-Sektor im Übrigen durch eng verzahnte Verbundstrukturen zwischen den Verwaltungen aller Ebenen im Sinne eines *Regulierungsverbundes* geprägt,[348] dessen Konsolidierungs- und Kooperationsmechanismen der EuGH in seinem *Vodafone*-Urteil vom 14. Januar 2016 noch weiter gestärkt hat.[349] In der ebenenübergreifend verschränkten Verbundverwaltung[350] liegt eine für die Ausübung von Beurteilungs- und Ermessensspielräumen im Mehrebenensystem organisationsrechtlich überaus bedeutsame Weichenstellung.[351]

2. *Völkerrecht: ITU und GATS*

In Forschungsarbeiten zum Global Administrative Law oder zum Internationalen Verwaltungsrecht taucht das TK-Regulierungsrecht in aller Regel nicht auf.[352]

---

[346] EuGH, Urt. v. 3.12.2009, Rs. C424/07 – *Kommission/Deutschland (Neue Märkte)* in Bezug auf den mittlerweile abgeschafften § 9a TKG, der den Grundsatz aufstellte, das neue Märkte grundsätzlich nicht der Regulierung unterliegen.

[347] Zur Problematik *J. Masing*, Unabhängige Behörden und ihr Aufgabenprofil, in: ders./Marcou (Hrsg.), Unabhängige Regulierungsbehörden, 2010, S. 181 (197 ff.); *T. Groß*, Ist die Wirtschaftskrise ein Katalysator für das Entstehen unabhängiger Behörden?, DV 47 (2014), S. 197 (200 ff.); *C. Franzius*, Die Bundesnetzagentur zwischen politischer Steuerung und gerichtlicher Kontrolle, DÖV 2013, S. 714 ff.; *M. Ludwigs*, Die Bundesnetzagentur auf dem Weg zur Independent Agency?, DV 44 (2011), S. 41 ff.; *M. Döhler*, Das Modell der unabhängigen Regulierungsbehörde im Kontext des deutschen Regierungs- und Verwaltungssystems, DV 34 (2001), S. 59 ff. Freilich sind Verselbständigungstendenzen auch im deutschen öffentlichen Recht kein gänzlich neues Phänomen, vgl. *G. F. Schuppert*, Die Erfüllung öffentlicher Aufgaben durch verselbständigte Verwaltungseinheiten, 1981; *H. Dreier*, Hierarchische Verwaltung im demokratischen Staat 1991, S. 296 ff.

[348] *H.-H. Trute*, Der europäische Regulierungsverbund in der Telekommunikation: ein neues Modell europäisierter Verwaltung, in: FS P. Selmer, 2004, S. 565 ff.; *K.-H. Ladeur/C. Möllers*, Der europäische Regulierungsverbund der Telekommunikation im deutschen Verwaltungsrecht, DVBl. 2005, S. 525 ff.; *G. Britz*, Vom Europäischen Verwaltungsverbund zum Regulierungsverbund?, EuR 2006, S. 46 (55 ff.).

[349] EuGH, Urt. v. 14.1.2016, C-395/14 – *Vodafone*, mit dem der Gerichtshof eine stets erneute Anwendung des Art. 7/7a-Verfahrens (dazu sogleich im Kontext des Unionsrechts) auch vor jeder binnenmarktrelevanten Genehmigung von Entgelten eines der Genehmigungspflicht unterworfenen Betreibers für notwendig erachtet hat.

[350] Vgl. für den Regulierungsverbund allgemein *J. Saurer*, Der Einzelne im europäischen Verwaltungsrecht, 2014, S. 419 ff.

[351] S. 70 ff.

[352] Vgl. die – ansonsten wegweisenden – Symposien zum Global Administrative Law in

Umgekehrt findet die völkerrechtliche Ebene in Studien zum TK-Regulierungsrecht häufig nur geringen Niederschlag.[353] Zu Unrecht. Die völkerrechtliche Prägung des TK-Regulierungsrechts erweist sich bei genauerem Hinsehen nicht nur als vergleichsweise weitreichend,[354] sondern auch als besonders aufschlussreiche Referenz für das Phänomen internationalisierten Verwaltungshandelns.[355] Seine völkerrechtlichen Grundlagen findet das TK-Regulierungsrecht zum einen im Recht der Internationalen Fernmeldeunion (*International Telecommunication Union – ITU*), zum anderen im Recht der Welthandelsorganisation (*World Trade Organization – WTO*) und dort konkret im Allgemeinen Abkommen über den Handel mit Dienstleistungen (*General Agreement on Trade in Services – GATS*).

a) Standardisierung und Verwaltungskooperation im Rahmen der ITU

Die ITU ist eine Sonderorganisation der Vereinten Nationen (UN)[356] mit Sitz in Genf, reicht in ihren historischen Wurzeln aber wesentlich weiter zurück als die UN. Hervorgegangen aus der bereits im Jahr 1865 gegründeten Internationalen Telegraphen-Union, ist sie nach dem Internationalen Komitee vom Roten Kreuz die zweitälteste internationale Organisation überhaupt.[357] Von Beginn an stand die technische Standardisierung mit dem Ziel länderübergreifender Konnektivität, Interoperabilität und Störungsfreiheit der Kommunikationsmittel im Vordergrund, angefangen vom Morse-Code über das einheitliche weltweite Telefonnummernschema bis hin zu modernen Schnittstellenstandards und Frequenzzuweisungen. Pläne, die Zuständigkeiten der ITU in größerem Umfang auf Strukturen der Datenkommunikation und der Internet-Governance auszuweiten, konnten sich aufgrund des Widerstands der USA und der EU indes bislang nicht global durchsetzen.[358]

LCP 68-3/4 (2005), S. 1 ff. und EJIL 2006, S. 1 ff. sowie Chiti/Mattarella (Hrsg.), Global Administrative and EU Administrative Law, Berlin u. a. 2011 und Cassese u. a. (Hrsg.), Global Administrative Law: The Casebook, 3. Aufl. 2012. Für das Internationale Verwaltungsrecht vgl. Möllers/Voßkuhle/Walter (Hrsg.), Internationales Verwaltungsrecht, Tübingen 2007.

353 Dies gilt namentlich für die – eben auch völkerrechtlich vorgeprägte – Frage der Unabhängigkeit nationaler Regulierungsbehörden, vgl. exemplarisch *K. Oertel*, Die Unabhängigkeit der Regulierungsbehörde nach §§ 66 ff. TKG, 2000; *T. Attendorn*, Die Regulierungsbehörde als freier Marktgestalter und Normsetzer?, 2008.

354 Eingehend *E. Elkettani*, Internationales Telekommunikationsrecht, in: Säcker (Hrsg.), TKG, 3. Aufl. 2013, Einl. III, Rn. 1 ff. (ITU) und 37 ff. (GATS).

355 Überzeugend *C. Tietje*, Internationalisiertes Verwaltungshandeln, 2001, S. 424 ff. (in bereichsübergreifender Betrachtung des internationalisierten TK- und Transportrechts).

356 United Nations Specialized Agency.

357 Zur Entwicklungsgeschichte *A. Tegge*, Die Internationale Telekommunikations-Union, 1994, S. 28 ff.

358 Vgl. zu den Gründen die Resolution des Europäischen Parlamentes v. 22.11.2012 , P7_TA(2012)0451 sowie die in Repräsentantenhaus und Senat einstimmig (sic) angenommene Resolution des US-Kongresses v. 22.9.2012, S. CON. RES. 50 (112th). Gründe für die rigoro-

Institutioneller Rahmen, Arbeitsweise und Grundregeln sind in der sog. Konstitution (*Constitution*) und der sie konkretisierenden Konvention (*Convention*) niedergelegt. Beide bilden zusammen das völkervertragliche Fundament der ITU. Die materiell-rechtlichen Grundregeln für die Bereiche Telekom und Funk werden in sog. Vollzugsordnungen (*Administrative Regulations*) spezifiziert, die ebenfalls internationale Übereinkünfte darstellen.[359] Sie stehen im Rang unterhalb der Konvention, die ihrerseits der Konstitution nachgeht.[360] Rechtlich wie institutionell ist die ITU ein bemerkenswert vielschichtiges Gebilde, das angesichts seiner technisch-koordinativen Aufgabenstellungen in besonderem Maße auf die internationale Verwaltungszusammenarbeit ausgerichtet ist,[361] in sein Governance-Modell aber neben Staaten und ihren explizit adressierten Verwaltungen auch nichtstaatliche und private Akteure einbindet.[362] Dazu gehören insbesondere die sog. „anerkannten Betriebsunternehmen", d.h. Unternehmen, die vom betreffenden Mitgliedstaat zur Erbringung grenzüberschreitender TK-Dienstleistungen ermächtigt und zur Einhaltung des ITU-Regelungsrahmens verpflichtet wurden.[363] Der im Regulierungskontext zentrale Übergang von staatlichen Monopolen zu regulierten Märkten spiegelt sich so auch auf internationaler Ebene wider.[364] Oberstes Organ der ITU ist die im vierjährigen Turnus einberufene Konferenz der Regierungsbevollmächtigten (*Plenipotentiary Conference*). Sie legt die Leitlinien der ITU mit Blick auf Handlungsstrategien, Finanz- und Personalfragen fest[365] und besitzt die Befugnis zur Änderung von Konstitution und Konvention.[366] Im Übrigen ist der

---

se Ablehnung sind der Wille zur Aufrechterhaltung des bis dato die Internetarchitektur prägenden „Multi-Stakeholder"-Ansatzes sowie eine befürchtete Gefährdung der Netzneutralität, u.a. durch verstärkte staatliche Aufsicht bzw. Repression.

[359] Vgl. Art. 54 Abs. 1 Konstitution.

[360] Art. 4 Abs. 4 Konstitution.

[361] Eingehend *C. Tietje*, Internationalisiertes Verwaltungshandeln, 2001, S. 434–443.

[362] Nicht aber supranationale Organisationen wie die EU. Freilich führt die Kompetenzverteilung zwischen EU und ihren Mitgliedstaaten im Innenverhältnis nicht selten dazu, dass letztere im Rahmen der ITU nach außen hin konzertiert als Block auftreten, vgl. exemplarisch die Mitteilung der Kommission v. 6.4.2011 KOM(2011)180 endg. im Vorfeld der ITU-Weltfunkkonferenz 2012 in Genf.

[363] Art. 6 Abs. 2 ITU-Konstitution. Zu Begriff und Rechtsstellung anerkannter Betriebsunternehmen vgl. im Einzelnen *E. Elkettani*, Internationales Telekommunikationsrecht, in: Säcker (Hrsg.), TKG, 3. Aufl. 2013, Einl. III, Rn. 11.

[364] Näher *P.F. Cowhey*, The International Telecommunications Regime: The Political Roots of Regimes for High Technology, International Organization 1990, S. 169ff.

[365] Art. 7 lit. a), Art. 8 ITU-Konstitution.

[366] Für die Änderung der Konstitution bedarf es einer 2/3-Mehrheit (Art. 55 Abs. 4 ITU-Konstitution), für die der Konvention einer einfachen Mehrheit (Art. 42 Abs. 4 ITU-Konvention). Überdies ist jeweils die Ratifikation, Annahme oder Genehmigung entsprechend der innerstaatlichen Vorgaben notwendig (Art. 55 Abs. 5 ITU-Konstitution; Art. 42 Abs. 6 ITU-Konvention). Geändert wurden Konstitution und Konvention zuletzt im Jahr 2010 anlässlich der Konferenz in *Guadalajara*. Keine Änderungen des Primärrechts brachte indes die Konferenz 2014 in *Busan*.

ITU-Rat, in dem maximal ein Viertel aller Mitglieder vertreten ist, das leitende Organ der ITU.[367]

Die Evaluierung und ggf. Anpassung der Vollzugsordnungen in den Kernbereichen Funk (*Radio Regulations – RRs*) und TK (*International Telecommunication Regulations – ITRs*) erfolgt im Rahmen sektorspezifischer Weltfunk- und Weltfernmeldekonferenzen.[368] Die im vorliegenden Kontext einschlägigen ITRs verpflichten als integraler Bestandteil des ITU-Vertragswerks dabei auch staatliche Unternehmen und anerkannte Betriebsunternehmen zur Gewährleistung einer Grundversorgung mit internationalen Fernmeldediensten.[369] Reformiert wurden die ITRs zuletzt anlässlich der Weltfernmeldekonferenz in Dubai im Jahre 2012. Eine Ausdehnung des ITU-Mandats auf Fragen der Internet-Governance ablehnend,[370] unterzeichnete eine ganze Reihe von Staaten die Neuregelungen jedoch nicht, darunter alle EU-Mitgliedstaaten, die USA, Australien, Indien, Japan, Kanada, Norwegen und die Schweiz.[371] Diese Staaten sind bis heute nicht an die Neufassung der ITRs gebunden.[372] Auch die im Oktober 2016 in Brasilia ausgerichtete Weltfernmeldekonferenz hat dies nicht ändern.[373]

Für die Arbeit der ITU zentral ist die Ausarbeitung weltweit einheitlicher Standards in den Sektoren Funk (ITU-R) und Telekommunikation (ITU-T).[374] Im hier interessierenden ITU-T-Sektor erstellt die ITU hierzu unter unmittelbarer Mitwirkung der nationalen Verwaltungen, die von Rechts wegen Mitglieder des Sektors sind,[375] Studien über technische, betriebliche und tarifliche Fragen und gibt Empfehlungen zu diesen Fragen ab.[376] Obgleich rechtlich unverbindlich, erlangen diese Empfehlungen eine in der Praxis herausragende Bedeu-

---

[367] Art. 7 lit. c), Art. 10 ITU-Konstitution; Art. 4 Abs. 2 ITU-Konvention.

[368] World Radiocommunication Conferences (WRCs) nach Art. 13 ITU-Konstitution und World Conferences on International Telecommunications (WCITs) nach Art. 18 ITU-Konstitution.

[369] *E. Elkettani*, Internationales Telekommunikationsrecht, in: Säcker (Hrsg.), TKG, 3. Aufl. 2013, Einl. III, Rn. 36.

[370] Für die Situation im Vorfeld der Konferenz vgl. *A. Spies*, ITU-Konferenz in Dubai 2012 – Regulierung des Internet?, MMR-Aktuell 23/2012, 339462.

[371] Signatar- und Nicht-Signatarstaaten können hier eingesehen werden: http://www.itu.int/osg/wcit-12/highlights/signatories.html (31.1.2018).

[372] Für sie gelten – auch im Verhältnis zu den bereits an die Neufassung gebundenen Staaten – die alten ITRs auf dem Stand von 1988. Zur Bindung an die Vollzugsordnungen vgl. Art. 54 Abs. 2–6 Konstitution. Die Frist für die Bindungsfiktion nach Art. 54 Abs. 6 Konstitution läuft im Fall der 2012er ITRs erst zum 31.12.2017 ab, da der Zeitpunkt des (vorläufigen) Inkrafttretens für die Signatarstaaten der 1.1.2015 war. Instruktiv http://www.itu.int/en/wcit-12/Pages/treaties-signing.aspx (31.1.2018).

[373] Vgl. http://www.wcit2016.org/schedule (31.1.2018).

[374] Daneben gibt es noch den Sektor Telekommunikationsentwicklung (ITU-D).

[375] Art. 17 Abs. 3 lit. a) ITU-Konstitution. Gleiches gilt freilich für ITU-R, vgl. Art. 21 Abs. 4 lit. a) ITU-Konstitution.

[376] Art. 17 Abs. 1 ITU-Konstitution.

tung.[377] Das resultiert zum einen aus der schlichten Notwendigkeit eines gemeinsamen technischen Nenners, ohne den eine länderübergreifende Telekommunikation nicht realisierbar wäre. Das Faktische induziert so das Normative.[378] Zum anderen können Bindungen vermittelt über normative Berücksichtigungspflichten entstehen, die sowohl in den Vollzugsordnungen als auch im Recht der WTO, der EU oder der betreffenden Mitgliedstaaten verankert sein können.[379] Hier greifen die unterschiedlichen Rechtsebenen funktionell ineinander. Im Übrigen dienen die Standards auch dazu, grenzüberschreitende Störungen zu verhindern und dadurch die (potenziell) negativen Externalitäten einzelstaatlichen Handelns einzudämmen. Dies erschließt zugleich ein besonderes Legitimationsreservoir des internationalen TK-Rechts im Mehrebenensystem.

b) Regulierungs- und Unabhängigkeitsgebote nach WTO – GATS

Während das Recht der ITU primär auf Standardsetzung und administrative Kooperation im Bereich der technischen Rahmenbedingungen abzielt, umfasst das WTO-Recht – hier in konkreter Gestalt des GATS[380] – auch Fragen der Marktregulierung im engeren Sinne. Die Komplexität des GATS resultiert im TK-Bereich u. a. daraus, dass die Vertragsparteien nicht einem einheitlichen Regelwerk unterliegen, sondern Verpflichtungen in unterschiedlichem Umfang eingehen können. Dabei haben sich die EU und ihre Mitgliedstaaten vergleichsweise weitreichenden Verpflichtungen zur Liberalisierung des TK-Sektors unterworfen. Im Einzelnen ergeben sich diese aus dem Vierten Protokoll zum GATS[381] über Basistelekommunikationsleistungen,[382] das sowohl von der EU[383] als auch von ihren Mitgliedstaaten entsprechend der Reichweite ihrer jeweiligen Kompetenzen im Innenverhältnis im Jahre 1997 als gemischtes Abkommen angenommen wurde.[384] Zu den für den TK-Bereich eingegangenen

[377] Vgl. *R. Ellger/T. S. Kluth*, Das Wirtschaftsrecht der Internationalen Telekommunikation in der Bundesrepublik Deutschland, 1992, S. 191.

[378] Vgl. *J. Hinricher*, The Law-Making of the International Telecommunication Union (ITU) – Providing a New Source of International Law?, ZaöRV 2004, S. 489 (494 f.) m. w. N.

[379] Näher *C. Tietje*, Internationalisiertes Verwaltungshandeln, 2001, S. 439 f.

[380] Einführend zum Dienstleistungssektor im Rahmen der WTO *C. Ohler*, in: Herrmann/Weiß/Ohler, Welthandelsrecht, 2. Aufl. 2007, § 18.

[381] Viertes Protokoll zum Allgemeinen Übereinkommen über den Handel mit Dienstleistungen v. 15.04.1997. Der genaue Umfang der Verpflichtungen ist für jede Vertragspartei in den sog. „Listen der spezifischen Verpflichtungen" festgelegt, auf die das Vierte Protokoll allgemein Bezug nimmt.

[382] Nach Ziff. 2 C der spezifischen Verpflichtungen sind Telekommunikationsdienstleistungen „der Transport von elektromagnetischen Signalen – Ton, Daten, Bild und jede Verbindung daraus, ausgenommen Rundfunk. Deshalb umfassen die Verpflichtungen in dieser Liste nicht die wirtschaftliche Tätigkeit der Bereitstellung von Inhalt, für dessen Transport Telekommunikationsdienstleistungen benötigt werden."

[383] Damals noch in Gestalt der EG.

[384] Vgl. den Genehmigungsbeschluss des Rates 97/838 v. 28.11.1997, ABl. v. 18.12.1997,

Verpflichtungen aus Art. II ff. GATS zählt insbesondere die Gewährleistung uneingeschränkten Marktzugangs für alle Basistelekommunikationsdienste.

Von großer Relevanz für den TK-Sektor sind zudem die Verpflichtungen aus dem sog. „Reference Paper" (RP), einem Anhang zum Vierten Protokoll, der für die EU und ihre Mitgliedstaaten, ebenso wie für zahlreiche Drittstaaten, verbindlich ist und unter der Bezeichnung „Zusätzliche Verpflichtungen" firmiert.[385] Zielstellung des RP ist eine über die bloße Marktzugangsgewährung hinausgehende Öffnung des TK-Marktes durch eine Kombination regulatorischer und klassisch wettbewerbsrechtlicher Instrumente.[386] So verpflichtet Ziff. 1 des RP die Vertragsparteien zur Verhinderung wettbewerbswidriger Praktiken in der Telekommunikation und benennt hierfür verschiedene Schutzregeln als Regelbeispiele – etwa das Verbot der Quersubventionierung.

In regulatorischer Hinsicht besonders bedeutsam sind v. a. die Verpflichtungen zur Zusammenschaltung. Nach Ziff. 2 haben die Vertragsparteien sicherzustellen, dass die Zusammenschaltung mit einem Hauptanbieter[387] im Rahmen des zulässigen Marktzugangs[388] an jedem technisch durchführbaren Punkt im Netz gewährleistet ist. Die Zusammenschaltung muss dabei insbesondere den Vorgaben der Nichtdiskriminierung, der Kostenorientierung, der Entbündelung sowie der Transparenz von Zusammenschaltungsverfahren und -bedingungen genügen.[389] Diese aus dem RP folgenden Vorgaben sind Grundbausteine des modernen TK-Regulierungsrechts und finden sich dementsprechend, wenn auch in ausdifferenzierter Form, sowohl im Unionsrecht als auch im nationalen Recht wieder. Dass es sich nicht lediglich um zahnlose Leitlinien, sondern um justiziable Vorgaben mit praktischer Relevanz handelt, zeigt das WTO-Streitbeilegungsverfahren in Sachen USA/Mexiko.[390] Das angerufene

---

L 347, S. 45 ff. sowie das Zustimmungsgesetz des Bundestages v. 20.11.1997, BGBl. 1997 II, Nr. 46, S. 1990 ff. Seit Inkrafttreten des Vertrags von Lissabon besteht für den Bereich der Gemeinsamen Handelspolitik eine ausschließliche Kompetenz der Union, die den Handel mit Dienstleistungen ausdrücklich umfasst, vgl. Art. 3 Abs. 1 lit. e) i. V. m. Art. 207 Abs. 1 AEUV. Zum Ganzen eingehend *C. Herrmann/T. Streinz*, Die EU als Mitglied der WTO, in: v. Arnauld (Hrsg.), EnzEuR X – Europäische Außenbeziehungen, 2014, § 11, Rn. 60 ff.

385 In deutscher Übersetzung abgedruckt in EG-ABl. v. 18.12.1997, L 347, S. 52 f. sowie (unvollständig) in BGBl. 1997 II, Nr. 46, S. 2000–2002.

386 Vgl. *E. Elkettani*, Internationales Telekommunikationsrecht, in: Säcker (Hrsg.), TKG, 3. Aufl. 2013, Einl. III, Rn. 37.

387 Nach den Begriffsbestimmungen des RP ist dies „ein Anbieter, der die Bedingungen für eine Beteiligung an dem entsprechenden Markt für Basistelekommunikationsdienstleistungen (hinsichtlich des Preises und der Erbringung) wesentlich beeinflussen kann," und zwar durch die Kontrolle der wesentlichen Einrichtungen oder die Nutzung seiner Marktstellung.

388 D. h. im Rahmen der Reichweite der von der Vertragspartei im Rahmen des GATS konkret eingegangenen „spezifischen Verpflichtungen".

389 Im Einzelnen *E. Elkettani*, Internationales Telekommunikationsrecht, in: Säcker (Hrsg.), TKG, 3. Aufl. 2013, Einl. III, Rn. 133 ff.

390 WTO-Panel Report v. 2.4.2004, WT/DS204/R – *Mexico – Measures Affecting Telecommunications Services.*

WTO-Panel stellte fest, dass Mexiko sowohl seinen Verpflichtungen aus Ziff. 1 zur Verhinderung wettbewerbswidriger Praktiken als auch aus Ziff. 2 zur Gewährleistung einer kostenorientierten Zusammenschaltung nicht in hinreichendem Maße nachgekommen war.[391]

Ferner stellt das RP den Vertragsparteien frei, den Unternehmen Verpflichtungen zur Bereitstellung von Universaldienstleistungen aufzuerlegen, soweit dabei die Grundsätze der Transparenz, Nichtdiskriminierung und Wettbewerbsneutralität sowie das Übermaßverbot hinreichend beachtet werden.[392] Auch die Anerkennung und rechtliche Rahmung eines Gewährleistungsmodells, hier in Gestalt eines Universaldienstmodells, ist eine zentrale Komponente des modernen Regulierungsrechts.[393]

Im vorliegenden Kontext von herausragender Bedeutung ist zudem, dass das RP konkrete Vorgaben für die Unabhängigkeit staatlicher Regulierungsbehörden trifft. Ziff. 5 RP schreibt eine strikte Trennung von Regulierungsbehörden und Anbietern von Basistelekommunikationsdienstleistungen vor. Auch dürfen die Regulierungsbehörden den Anbietern gegenüber nicht verantwortlich sein. Ferner gibt Ziff. 5 vor, dass Entscheidungen und Verfahren der staatlichen Regulierungsbehörden „im Hinblick auf alle Marktteilnehmer unparteiisch" sein müssen.[394] Damit trifft das WTO-Recht eine grundlegende Aussage über die funktionelle Unabhängigkeit staatlicher Regulierungsbehörden,[395] die auf nationales sowie unionales Recht einwirkt und, wie zu zeigen sein wird, für die Umsetzung des regulatorischen Gestaltungsauftrags der Verwaltung von höchstem Interesse ist.

Jenseits der spezifischen Regulierungs- und Unabhängigkeitsgebote aus dem Vierten Protokoll und vor allem dem RP bestehen schließlich allgemeine, d.h. für alle Vertragsparteien gleichermaßen geltende Vorgaben gemäß der dem GATS zugehörigen „Anlage zur Telekommunikation". Praktische Relevanz hat diese aber vor allem für solche Telekommunikationsdienste, die nicht den Basistelekommunikationsdiensten eines Hauptanbieters i.S.d. RP zuzurechnen sind.[396]

---

391 Ebd., S. 173ff. und 190ff. Dazu auch *E. Elkettani*, Internationales Telekommunikationsrecht, in: Säcker (Hrsg.), TKG, 3. Aufl. 2013, Einl. III, Rn. 84ff. und 135ff.

392 Ziff. 3 RP.

393 Grundlegend *C. Franzius*, Gewährleistung im Recht, 2009, S. 416ff., 566ff.

394 Die Norm lautet im vollen Wortlaut: „Unabhängige Regulierende Stellen – Die Regulierungsbehörde ist getrennt von jedem Anbieter von Basistelekommunikationsdienstleistungen und ist diesem nicht verantwortlich. Die Entscheidungen und Verfahren der regulierenden Stellen sind im Hinblick auf alle Marktteilnehmer unparteiisch."

395 Vgl. *M. Paulweber*, Regulierungszuständigkeiten in der Telekommunikation, 1999, S. 183ff.; *C. Tietje*, Internationalisiertes Verwaltungshandeln, 2001, S. 446; *M. Ruffert/ C. Schmidt*, in: Säcker (Hrsg.), TKG, 3. Aufl. 2013, § 116 TKG, Rn. 10.

396 *E. Elkettani*, Internationales Telekommunikationsrecht, in: Säcker (Hrsg.), TKG, 3. Aufl. 2013, Einl. III, Rn. 41 unter besonderem Hinweis auf Ziff 5 lit. a), die im Rahmen der Entgelte die Sicherstellung angemessener Tarife einfordert.

3. Unionsrecht: Der Gemeinsame Rechtsrahmen im Überblick

Das heutige TK-Regulierungsrecht ist in weiten Teilen unionsrechtlich radiziert. Von den Anfängen der Liberalisierung bis zu dem heute geltenden, hier lediglich vorab in seinen Grundzügen zu skizzierenden[397] Gemeinsamen Rechtsrahmen, unterlagen die unionsrechtlichen Regelungsstrukturen – einschließlich der Bedingungen für diskretionäre Normstrukturen – einem erheblichen Wandel.

a) Entwicklungslinien bis zum geltenden gemeinsamen Rechtsrahmen

Über mehrere Jahrzehnte hinweg war der Telekommunikationssektor in den Mitgliedstaaten der heutigen Europäischen Union durch staatliche Monopole auf Netze, Dienstleistungen und sogar Endgeräte geprägt. Erst im Jahr 1987 setzte die Europäische Kommission mit dem Grünbuch über die Entwicklung des gemeinsamen Marktes für Telekommunikationsdienstleistungen und -geräte[398] den Auftakt zu einer vollständigen Liberalisierung dieses Bereichs. Darauf aufbauend erließ die Kommission auf Grundlage des heutigen Art. 106 Abs. 3 AEUV[399] Schritt für Schritt ein ganzes Bündel bereichsspezifischer Richtlinien zur Erzwingung einer vollständigen Liberalisierung des TK-Sektors (sog. *Liberalisierungsrichtlinien*).[400] Zum 1. Januar 1998 wurden die TK-Märkte der meisten EU-Mitgliedstaaten vollständig harmonisiert.[401] Vollendet wurde der Liberalisierungsprozess schließlich durch die Öffnung der Ortsnetze für den Wettbewerb zum 1. Januar 2001.[402]

Parallel zur Liberalisierung, d.h. der Verpflichtung der Mitgliedstaaten zur Abschaffung ihrer Monopole, erfolgte eine sukzessive Harmonisierung zum Zweck eines effektiven und auf einheitlichen Bedingungen fußenden Marktzugangs. Gestützt auf die allgemeine, heute in Art. 114 AEUV verankerte Harmo-

[397] Instruktive Darstellung bei *R. Klotz*, Der Europäische Rechtsrahmen für die elektronische Kommunikation, in: Säcker (Hrsg.), TKG, 3. Aufl. 2013, Einl. II, Rn. 45ff.; *J. Kühling*, Telekommunikationsrecht, in: Ruffert (Hrsg.), EnzEuR V – Europäisches Sektorales Wirtschaftsrecht, 2012, § 4, Rn. 15ff.

[398] Grünbuch v. 30.6.1987, KOM(87) 290.

[399] Ex-Art. Art. 86 Abs. 3 EG.

[400] Dazu gehören insbesondere die RL 88/301 (sog. *Endgeräterichtlinie*) zum Aufbruch der staatlichen Monopolstrukturen in Bezug auf die Einfuhr, Einrichtung und Wartung von Endgeräten sowie die RL 90/388 (sog. *Diensterichtlinie*) zur Liberalisierung netzbasierter Telekommunikationsdienste (nicht jedoch Netzerrichtung und -betrieb), ergänzt um die Richtlinien 94/46 (Satellitenkommunikation), 95/51 (Kabelfernsehen), 96/2 (Mobilfunk) und 96/19 (vollständiger Wettbewerb auf den Telekommunikationsmärkten mit Ausnahme des Ortsnetzes) sowie die RL 1999/64 (strukturelle Trennung Kabelfernseh- und TK-Netze). Überblick bei *R. Klotz*, Der Europäische Rechtsrahmen für die elektronische Kommunikation, in: Säcker (Hrsg.), TKG, 3. Aufl. 2013, Einl. II, Rn. 6ff.

[401] Historischer Überblick bei *W.-D. Grussmann/R. Honekamp*, Europarechtliche Grundlagen, in: Geppert/Schütz (Hrsg.), TKG, 4. Aufl. 2013, Einleitung – B, Rn. 2ff.

[402] VO 2887/2000 über die Entbündelung der Ortsnetze.

nisierungskompetenz für den Binnenmarkt,[403] erließen Europäisches Parlament und Rat hierzu mehrere am Leitbild des offenen Netzzugangs ausgerichtete Richtlinien (sog. *Harmonisierungsrichtlinien*), auf deren Grundlage der TK-Sektor einer weitreichenden, zugleich aber technologiespezifischen Regulierung unterzogen wurde.[404] Neben Fragen der Zugangs- und Entgeltregulierung umfasste sie auch die Erbringung von Universaldiensten.[405]

Das (rechts-)technisch reichlich komplexe, gemessen an seinen Zielsetzungen aber überaus erfolgreiche Regelwerk wurde nach einem politisch kontrovers geführten Gesetzgebungsprozess auf EU-Ebene schließlich ab dem Jahr 2002 durch eine zweite Generation von Richtlinien und Verordnungen ersetzt, die das heute geltende Regelwerk bilden. Sie geben die zu erreichenden Regulierungsziele vor und ziehen einen gemeinsamen Rechtsrahmen für die Maßnahmen der nationalen Regulierungsbehörden im Allgemeinen bei gleichzeitiger Wahrung eines hinreichenden Maßes an Flexibilität im Besonderen. Die unübersehbaren Fortschritte des Binnenmarktes für elektronische Kommunikation indizieren, dass der europäische Gesetzgeber Uniformität und Diversität im Wesentlichen in ein gelungenes Verhältnis gesetzt hat.

Kernstück des geltenden Rechtsrahmens ist die im Jahr 2002 verabschiedete und im Jahr 2009 grundlegend reformierte[406] *Rahmenrichtlinie* (kurz RRL),[407] die durch sachspezifische Richtlinien, die sog. Einzelrichtlinien, ergänzt wird. Für die Marktregulierung von zentraler Bedeutung ist hierbei die *Zugangsrichtlinie* (kurz ZRL)[408], die entgegen ihrer Bezeichnung nicht nur die Zugangs-, sondern auch die Entgeltregulierung umfasst.[409] Hinzu kommt die *Universaldienstrichtlinie* (URL),[410] deren Ziel im Kern ein gewährleistungsrechtli-

[403] Vormals Art. 95 EG bzw. Art. 100a EGV.

[404] Zentral insoweit die RL 90/387 (Offener Netzzugang – ONP), komplettiert um die Richtlinien 92/44 bzw. 97/51 (Mietleitungen), 97/13 (Genehmigungen), 97/33 (Zusammenschaltung), 97/66 (Datenschutz), 98/10 (Sprachtelefondienst, Universalverpflichtungen) und 98/61 (Nummernportabilität).

[405] Dazu eingehend, auch in rechtsvergleichender Perspektive *K. Windthorst*, Der Universaldienst im Bereich der Telekommunikation, 2000.

[406] Zum Reformpaket *R. Klotz/A. Brandenberg*, Der novellierte EG-Rechtsrahmen für elektronische Kommunikation, MMR 2010, S. 147 ff.; *W.-D. Grussmann/R. Honekamp*, Europarechtliche Grundlagen, in: Geppert/Schütz (Hrsg.), TKG, 4. Aufl. 2013, Einleitung – B, Rn. 42a ff.

[407] RL 2002/21/EG des Europäischen Parlaments und des Rates v. 7.3.2002 über einen gemeinsamen Rechtsrahmen für elektronische Kommunikationsnetze und -dienste (Rahmenrichtlinie), zuletzt geändert durch die RL 2009/140/EG des Europäischen Parlaments und des Rates v. 25.11.2009.

[408] Richtlinie 2002/19 des Europäischen Parlamentes und des Rates v. 7.3.2002 über den Zugang zu elektronischen Kommunikationsnetzen und zugehörigen Einrichtungen sowie deren Zusammenschaltung (Zugangsrichtlinie), zuletzt geändert durch die Richtlinie 2009/140 des Europäischen Parlaments und des Rates v. 25.11.2009.

[409] Vgl. insbesondere Art. 13 ZRL.

[410] RL 2002/22 des Europäischen Parlaments und des Rates v. 7.3.2002 über den Universaldienst und Nutzerrechte bei elektronischen Kommunikationsnetzen und -diensten (Univer-

ches[411] ist, nämlich die Bereitstellung einer flächendeckenden Grundversorgung zu erschwinglichen Preisen.[412] Die *Genehmigungsrichtlinie* (GRL)[413] wiederum harmonisiert die Voraussetzungen, unter denen die Mitgliedstaaten die Erbringung von TK-Dienstleistungen von einer Genehmigung abhängig machen und insoweit die Dienstleistungsfreiheit einschränken dürfen.[414] Vervollständigt wird das Richtlinienensemble durch die TK-spezifische *Datenschutzrichtlinie*[415] und seit dem Jahr 2014 durch die *Breitbandrichtlinie*[416] über Maßnahmen zur Reduzierung der Kosten des Ausbaus von Hochgeschwindigkeitsnetzen. Wo den Richtlinien unmittelbare Wirkung auch in Drittschutzkonstellationen zuerkannt wird, wie jüngst im Hinblick auf Art. 12 und 13 der Universaldienstrichtlinie,[417] verhilft dies den Grundentscheidungen des Unionsgesetzgebers selbst dort zur Durchsetzung, wo es an einer korrekten Umsetzung in den Mitgliedstaaten fehlt.

Hinzu kommen ergänzend die *GEREK-Verordnung*,[418] die *Roaming-III-Verordnung*[419] sowie die auf Art. 106 Abs. 3 AEUV gestützte und alle bis dato geltenden Liberalisierungsrichtlinien ersetzende (einheitliche) Liberalisierungs- bzw. *Wettbewerbsrichtlinie* der Kommission.[420]

---

saldienstrichtlinie), zuletzt geändert durch die Richtlinie 2009/136 des Europäischen Parlaments und des Rates v. 25.11.2009 und Verordnung 2015/2120 des Europäischen Parlaments und des Rats v. 25.11.2015.

411 Zu den Modellen gewährleistungsrechtlicher Gemeinwohlverwirklichung grundlegend *C. Franzius*, Gewährleistung im Recht, 2009, S. 24 ff.

412 Für die grundgesetzliche Vorgabe einer Minimalversorgung als Gewährleistungskern vgl. *M. Eifert*, Grundversorgung mit Telekommunikationsleistungen im Gewährleistungsstaat, 1998, S. 192 ff.

413 RL 2002/20 des Europäischen Parlaments und des Rates v. 7.3.2002 über die Genehmigung elektronischer Kommunikationsnetze und -dienste (Genehmigungsrichtlinie), zuletzt geändert durch die Richtlinie 2009/140 des Europäischen Parlaments und des Rates v. 25.11.2009.

414 Die Richtlinie verfolgt dabei den Ansatz einer sog. Allgemeingenehmigung, vgl. Art. 3 GRL.

415 RL 2002/58 des Europäischen Parlaments und des Rates v. 12.7.2002 über die Verarbeitung personenbezogener Daten und den Schutz der Privatsphäre in der elektronischen Kommunikation (Datenschutzrichtlinie für elektronische Kommunikation), zuletzt geändert durch die Richtlinie 2009/136 des Europäischen Parlaments und des Rates v. 25.11.2009.

416 RL 2014/61 des Europäischen Parlaments und des Rates v. 15.5.2014 über Maßnahmen zur Reduzierung der Kosten des Ausbaus von Hochgeschwindigkeitsnetzen für die elektronische Kommunikation.

417 EuGH, Urt. v. 6.10.2015, Rs. C508/14 – Český telekomunikační úřad, Rn. 46–54 unter Konkretisierung der *Wells*-Rechtsprechung.

418 VO 1211/2009, dazu näher sogleich.

419 VO 531/2012 des Europäischen Parlaments und des Rates v. 13.6.2012 über das Roaming in öffentlichen Mobilfunknetzen in der Union (Neufassung), zuletzt geändert durch VO 2015/2120 des Europäischen Parlaments und des Rates v. 25.11. 2015 über Maßnahmen zum Zugang zum offenen Internet und zur Änderung der Richtlinie 2002/22/EG über den Universaldienst und Nutzerrechte bei elektronischen Kommunikationsnetzen und -diensten sowie der Verordnung (EU) Nr. 531/2012 über das Roaming in öffentlichen Mobilfunknetzen in der Union.

420 RL 2002/77 der Europäischen Kommission v. 16.9.2002 über den Wettbewerb auf den Märkten für elektronische Kommunikationsnetze und -dienste.

b) Regulatorischer Gestaltungsauftrag als zentraler Spielraumfaktor

Bei der Erarbeitung des heute geltenden Gemeinsamen Rechtsrahmens konnten Kommission und europäischer Gesetzgeber bereits auf den Liberalisierungs- und Regulierungserfolgen des ersten Maßnahmenpakets aufbauen. Entsprechend dem geänderten Realkontext unterscheidet sich der geltende Rechtsrahmen mitunter deutlich von seinem Vorgänger. Er basiert erstmals auf dem Grundsatz der Technologieneutralität,[421] unterscheidet also regelungstechnisch grundsätzlich nicht mehr nach der Art der Kommunikationsnetze oder der darin erbrachten Dienste.[422] Ob Fest- oder Mobilnetz, ob Übertragung von Sprache oder Daten, alle unterfallen einem einheitlichen Regelwerk.

Das bedeutet aber gerade nicht, dass die eigentliche Regulierung nach dem Uniformitätsprinzip erfolgen würde. Vielmehr verfolgt der geltende Rechtsrahmen einen flexiblen und *bedarfsorientierten* Ansatz, in dessen Zentrum der *regulatorische Gestaltungsauftrag der im ebenenübergreifenden Verbund agierenden Verwaltung* steht: Die zu regulierenden Bereiche werden nicht mehr vorab legislativ vorgegeben, sondern mit Blick auf den jeweils herrschenden Wettbewerbsgrad, also die konkrete Regulierungsbedürftigkeit, durch die nationalen Regulierungsbehörden in Kooperation mit der Europäischen Kommission bestimmt, analysiert, situationsangemessen mit Regulierungsmaßnahmen belegt und fortlaufend evaluiert. Die aus unionsrechtlicher Sicht dezentralisierte Regulierungsverwaltung erlaubt eine adäquate Berücksichtigung der unterschiedlichen Marktlagen vor Ort und wird normativ durch das Subsidiaritätsprinzip abgestützt.[423] Damit öffnet der geltende Rechtsrahmen perspektivisch auch die Tür zur Deregulierung der betreffenden Märkte, sobald sich dort wirksamer und selbsttragender Wettbewerb einstellt. Die Schlüsselrolle, die der gestaltenden Verwaltung nach diesem Regulierungsansatz zukommt, ist – neben dem dynamisch-komplexen Tatsachenumfeld und der Multipolarität und Ebenenpluralität der zu berücksichtigen Belange – einer der zentralen Sachgründe für den weitreichenden Einsatz behördlicher Entscheidungsspielräume seitens des Gesetzgebers.

---

[421] Vgl. auch Art. 8 Abs. 1 UAbs. 2 RRL.

[422] Vgl. *R. Klotz*, Der Europäische Rechtsrahmen für die elektronische Kommunikation, in: Säcker (Hrsg.), TKG, 3. Aufl. 2013, Einl. II, Rn. 58 f.

[423] Eingehend zu diesem Problem *A. Hombergs*, Europäisches Verwaltungskooperationsrecht auf dem Sektor der elektronischen Kommunikation, 2006, S. 244 ff., die eine zentralisierte, europäische Regulierungsbehörde für unvereinbar mit dem Subsidiaritätsprinzip hält. Freilich ist dies eine Frage, die nicht a priori beantwortet werden kann, sondern von den konkreten Umständen und den jeweiligen (rechtsnormativ gesetzten) Regulierungszielen abhängt. So könnte eine zentralisierte Regulierungsbehörde in einem künftigen, durch stärkere Konvergenz und gesicherten Wettbewerb gekennzeichneten Marktumfeld durchaus mit dem Subsidiaritätsprinzip vereinbar sein.

Die binnenmarktrechtlich radizierte,[424] gemeinsam von Europäischem Parlament und Rat verantwortete RRL bündelt Vorschriften von materiell- wie verfahrensrechtlich übergreifender Bedeutung und gibt neben zahlreichen Begriffsbestimmungen die unterschiedlichen, mitunter gegeneinander abzuwägenden Ziele der TK-Regulierung vor. Dazu zählen vor allem die Verwirklichung des Binnenmarktes, die Wettbewerbsförderung, die Gewährleistung von Universaldiensten, die Einheitlichkeit der Regulierungspraxis sowie der Verbraucher- und Datenschutz.[425] Neben den Regulierungszielen umreißt die RRL zudem die bei der Zielerreichung zu beachtenden „Regulierungsgrundsätze", zu denen Prinzipien wie Vorhersehbarkeit, Nichtdiskriminierung und Verhältnismäßigkeit gehören.[426]

Für die Architektur des geltenden TK-Regulierungsrechts von fundamentaler Bedeutung sind ferner die Vorschriften über die institutionelle Ausgestaltung und die materiellen Befugnisse der nationalen Regulierungsbehörden. Anders als in den klassischen Konstellationen des indirekten Vollzugs,[427] schränkt das Unionsrecht die Verfahrensautonomie der Mitgliedstaaten[428] hier schon von vornherein in einem wesentlichen Punkt, nämlich der Institutionenwahl, ein.[429] Sie können nicht frei darüber entscheiden, welche Institution bzw. welcher Gewaltenzug die Regulierung bewerkstelligt. Die RRL verpflichtet die Mitgliedstaaten, eine in ihren Wesensmerkmalen unionsrechtlich weitgehend vorgezeichnete Regulierungs*verwaltung* als Instrument der Regulierung einzusetzen, die von den politischen Entscheidungsträgern und marktbeherrschenden Unternehmen unabhängig sein muss. Die Ausgestaltungsbefugnis der Mitgliedstaaten ist hier im Wesentlichen auf die legislative Gewährleistung begrenzt, sodass die nationalen Regulierungsbehörden alle erforderlichen Maßnahmen zur Verfolgung der sekundärrechtlich fixierten Regulierungsziele treffen können.[430] Im Gegensatz zur gesetzlichen Determinierung exekutiv vollziehbarer Konditionalsätze setzt das Unionsrecht mit seinem Regulierungs-

---

[424] Gestützt auf ex-Art. 95 EG, heute Art. 114 AEUV.

[425] Art. 8 Abs. 2–4 RRL.

[426] Zum Unterschied von Regulierungszielen und Grundsätzen vgl. *F.J. Säcker*, Systematische Einordnung des TKG in das allgemeine Wirtschaftsrecht, in: ders. (Hrsg.), TKG, 3. Aufl. 2013, Einl. I, Rn. 5.

[427] Dazu *S. Kadelbach*, Allgemeines Verwaltungsrecht unter europäischem Einfluss, 1999, S. 18f. sowie *T. v. Danwitz*, Verwaltungsrechtliches System und Europäische Integration, 1996, S. 17ff., der zutreffend die begrenzte Aussagekraft des „Vollzugs"-Konzepts herausarbeitet.

[428] Zum Regelfall, wie er in Art. 291 AEUV vorausgesetzt, aber durch diese Norm nicht selbst kompetenzrechtlich begründet wird vgl. *C. Krönke*, Die Verfahrensautonomie der Mitgliedstaaten der Europäischen Union, 2013, S. 63ff.

[429] Vgl. EuGH, Urt. v. 6.3.2008, Rs. C-82/07 – *Comisión del Mercado de las Telecomunicaciones*, Rn. 24. Dazu besonders klar GA *M Poiares Maduro*, Schlussanträge v. 23.4.2009, Rs. C-424/07 – *Kommission/Deutschland (Neue Märkte)*, Rn. 65.

[430] St. Rspr. seit EuGH, Urt. v. 31.1.2008, Rs. C380/05 – *Centro Europa 7 Srl*, Rn. 81; Urt. v. 13.11.2008, Rs. C227/07 – *Kommission/Polen*, Rn. 40.

ansatz auf die *behördliche Rechtskonkretisierung legislativ offener Zielvorgaben*. Operativer Arm der legislativ nur final gesteuerten Regulierung ist die gestaltend tätige und im ebenenübergreifenden Verbund wirkende Verwaltung.

c) Entkopplung durch Unabhängigkeit – Verkopplung durch Verbundstrukturen

Dementsprechend viel Gewicht legt der unionsrechtliche Rechtsrahmen auf die organisations- und verfahrensrechtlichen Vorgaben für die nationale Verwaltung. Organisationsrechtlich umfasst sind sowohl ent- als auch verkoppelnde Elemente. Auf eine Entkopplung angelegt sind namentlich die in Art. 3 RRL normierten *Unabhängigkeitserfordernisse*. Sie wurden im Jahr 2009 nochmals verschärft,[431] um die nationalen Regulierungsbehörden noch wirksamer als bislang vom politischen Prozess der nationalen Ebene zu entkoppeln.[432] Diese Entkopplung strebt der europäische Gesetzgeber basierend auf der Prämisse an, dass sich „rechtssetzende Organe nicht dazu [eignen], als nationale Regulierungsbehörde nach dem Rechtsrahmen zu fungieren."[433] Die Gewaltenzuordnung zugunsten der Verwaltung wird somit *ebenenübergreifend* durch das Unionsrecht vorgegeben.[434] Die ebenenübergreifend wirkende, konzeptionell am US-amerikanischen Konzept sog. *independent agencies* angelehnte[435] Vorgabe behördlicher Unabhängigkeit stellt den grundgesetzlichen Verfassungsstaat vor organisationsrechtliche und legitimatorische Herausforderungen.[436] Auf die konzeptionelle Bedeutung administrativer Unabhängigkeit und die durch sie gewährleistete Entkopplung der Verwaltung vom politischen Prozess auf nationaler Ebene wird folglich noch genaueres Augenmerk zu richten sein.[437]

---

[431] Insbesondere um die nunmehr ausdrücklich verankerte Weisungsfreiheit sowie die Voraussetzungen an die Entlassung des Behördenleiters sowie die Vorgabe hinreichender personeller und finanzieller Mittel, vgl. Art. 3 Abs. 3 n. F. und Abs. 3a RRL.

[432] Vgl. Erwägungsgrund 13 der Änderungs-RL 2009/140.

[433] Ebd., wobei mit rechtsetzenden Organen das (mono- oder bikamerale) Parlament, aber auch die Gubernative oder exekutivföderale Organe wie der Bundesrat gemeint sein können. Das Unionsrecht ist mit Blick auf die Vielfalt des nationalen Verfassungsrechts insoweit offen.

[434] Vgl. GA *M Poiares Maduro*, Schlussanträge v. 23.4.2009, Rs. C-424/07 – *Kommission/Deutschland (Neue Märkte)*, Rn. 65. Zur ansonsten vorherrschenden ebenenübergreifenden Gewaltenneutralität vgl. S. 89 ff.

[435] Zu deren Entwicklungsgeschichte *O. Lepsius*, Verwaltungsrecht unter dem Common Law, 1997, S. 68 ff. Zu den partiellen Konvergenzen zwischen amerikanischer und europäischer Rechtsentwicklung überzeugend *J. Masing*, Die US-amerikanische Tradition der Regulated Industries und die Herausbildung eines europäischen Regulierungsverwaltungsrechts, AöR 128 (2003), S. 558 (584 ff., 602 ff.). Die Unterschiede zum amerikanischen Modell betonend *T. v. Danwitz*, Was ist eigentlich Regulierung?, DÖV 2004, S. 977 (978 f.) sowie, ihm folgend, *T. Attendorn*, Die Regulierungsbehörde als freier Marktgestalter und Normsetzer?, 2008, S. 239 ff. Zweifelnd an den Gemeinsamkeiten auch, jedenfalls mit Blick auf die Ableitung normativer Schlussfolgerungen, *A. Proelß*, Das Regulierungsermessen – eine Ausprägung des behördlichen Letztentscheidungsrechts?, AöR 136 (2011), S. 402 (411).

[436] Vgl. Fn. 347.

[437] Vgl. S. 265 ff.

Der unionsrechtliche Regelungsrahmen enthält aber nicht nur Vorgaben zur institutionellen Entkopplung nationaler Regulierungsbehörden, sondern verkoppelt diese untereinander und mit der Europäischen Kommission zu einem administrativen Regulierungsverbund in horizontaler wie vertikaler Hinsicht.[438] Den zentralen Knoten dieses Netzwerks[439] bildet das auf die Reform des Jahres 2009 zurückgehende[440] Gremium Europäischer Regulierungsstellen für elektronische Kommunikation (GEREK).[441] Von zentraler Bedeutung ist seine Befugnis, Stellungnahmen zu Maßnahmenentwürfen nationaler Regulierungsbehörden und bestimmten Rechtsaktsentwürfen der Kommission abzugeben, wobei diese Stellungnahmen von Kommission und nationalen Regulierungsbehörden weitestgehend zu berücksichtigen sind.[442] Das GEREK repräsentiert insoweit ein besonders weitgehendes Entwicklungsstadium der europäischen Verbundverwaltung, in der horizontale wie vertikale Kooperationsbeziehungen verschmelzen.[443] Diese engen Kooperationsbeziehungen stellen sicher, dass die Regulierung nicht allein länderbezogen bedarfsorientiert, sondern zugleich unionsweit kohärent erfolgt. Das „Flexibilitäts-Kohärenz-Dilemma"[444] kann auf diese Weise institutionell bewältigt werden.

Verfahrensrechtlich kommen die eng geflochtenen Verbund- bzw. Netzwerkstrukturen des TK-Regulierungsrechts am deutlichsten im sog. *Art. 7/7a-Verfahren* zum Ausdruck, das zuweilen auch als „Notifizierungsverfahren"[445] bezeichnet wird und seine Rechtsgrundlagen in Art. 7 RRL (Konsolidierungsverfahren)[446] und Art. 7a RRL (Verfahren zur einheitlichen Anwendung von Abhilfemaßnahmen) findet. In seinem Anwendungsbereich erstreckt sich das Art. 7/7a-Verfahren auf alle wichtigen Abschnitte des Regulierungsprozesses, angefangen bei Marktdefinition und -analyse bis hin zu Abhilfemaßnahmen

---

438 Dazu *H.-H. Trute*, Der europäische Regulierungsverbund in der Telekommunikation: ein neues Modell europäisierter Verwaltung, in: FS P. Selmer, 2004, S. 565 ff.; *K.-H. Ladeur/ C. Möllers,* Der europäische Regulierungsverbund der Telekommunikation im deutschen Verwaltungsrecht, DVBl. 2005, S. 525 ff.; *J. Kühling*, Telekommunikationsrecht, in: Ruffert (Hrsg.), EnzEuR V – Europäisches Sektorales Wirtschaftsrecht, 2012, § 4, Rn. 64 ff.

439 Zum Netzwerkbegriff im europäischen Verwaltungsrecht jüngst eingehend *N. Simantiras*, Netzwerke im europäischen Verwaltungsverbund, 2016, S. 19 ff. sowie *M. Schwind*, Netzwerke im Europäischen Verwaltungsrecht, 2017.

440 Formell löst das GEREK die Gruppe Europäischer Regulierungsstellen (ERG) ab, über die es mit Blick auf seine Befugnisse und die institutionell verfestigten Verbundstrukturen aber weit hinausgeht.

441 EN: Body of European Regulators of Electronic Communications (BEREC), http://berec.europa.eu/ (31.1.2018).

442 Vgl. Art. 3 Abs. 1 lit. a) VO 1211/2009 sowie Art. 3 Abs. 3c, Art. 7, Art. 7a und Art. 15 Abs. 1 RRL.

443 Näher hierzu S. 292 ff.

444 Dazu im Vorfeld der Errichtung des GEREK bereits *G. Britz*, Vom Europäischen Verwaltungsverbund zum Regulierungsverbund?, EuR 2006, S. 46 (55 ff.).

445 So insbesondere die Bezeichnung durch die BNetzA.

446 Nicht zu verwechseln mit dem nationalen Konsultationsverfahren nach Art. 6 RRL.

(*remedies*), denen insbesondere Regulierungsverpflichtungen im Rahmen der Zugangs- und Entgeltregulierung unterfallen. Kern des Verfahrens sind ebenenübergreifende Notifizierungs-, Abstimmungs- und Berücksichtigungspflichten der nationalen Regulierungsbehörden im Falle geplanter Regulierungsmaßnahmen. Sie formen den regulatorischen Gestaltungsauftrag der Verwaltung als Verbundaufgabe aus und tragen maßgeblich zur europaweiten Kohärenz der TK-Regulierung bei.[447]

Beabsichtigt eine nationale Regulierungsbehörde den Erlass einer binnenmarktrelevanten[448] Regulierungsmaßnahme, muss sie gemäß Art. 7 Abs. 3 RRL in einer ersten Verfahrensetappe (sog. *Phase I*) die Kommission, die anderen nationalen Regulierungsbehörden und das GEREK vorab konsultieren. Deren Stellungnahmen hat die nationale Regulierungsbehörde dabei weitestgehend zu berücksichtigen, Art. 7 Abs. 7 RRL.[449] Das Verfahren kann hier bereits zu einem Ende kommen.

Hält die Kommission den Maßnahmenentwurf indes für ein Binnenmarkthemmnis oder hegt sie ernsthafte Zweifel an seiner Unionsrechtskonformität, kann sie den Beschluss der Maßnahme aufschieben und damit die *Phase II* einleiten. Im Rahmen dieser zweiten Verfahrensetappe ist nach dem Verfahrensgegenstand zu differenzieren.[450] Beziehen sich die Beanstandungen der Kommission auf den Bereich der Marktdefinition oder -analyse und fallen damit in den Anwendungsbereich von Art. 7 Abs. 4 RRL als Teil des Konsolidierungsverfahrens, so reichen die Befugnisse der Kommission bis hin zu einem Vetorecht (Art. 7 Abs. 5 u. Abs. 6 RRL),[451] das den nationalen Regulierer bindet. Beanstandet die Kommission indes die von der Regulierungsbehörde festgelegten Abhilfemaßnahmen, greift das Verfahren zur einheitlichen Anwendung von Abhilfemaßnahmen nach Art. 7a RRL, das der Kommission zwar kein Veto, immerhin aber erweiterte Mitwirkungsrechte einräumt. Das Verfahren nach Art. 7a RRL wurde als Ergebnis eines politischen Kompromisses im Zuge der Reform des Jahres 2009 eingeführt und trat zum 25.5.2011 in Kraft. Mit ihrem ursprünglichen Vorschlag, das Vetorecht auch auf den Bereich der Abhilfemaß-

[447] Im Einzelnen *W.-D. Grussmann/R. Honekamp*, Europarechtliche Grundlagen, in: Geppert/Schütz (Hrsg.), TKG, 4. Aufl. 2013, Einleitung – B, Rn. 114 ff.; *R. Klotz*, Der Europäische Rechtsrahmen für die elektronische Kommunikation, in: Säcker (Hrsg.), TKG, 3. Aufl. 2013, Einl. II, Rn. 93 ff.

[448] D.h. wenn sie Auswirkungen auf den Handel zwischen Mitgliedstaaten hätte, vgl. Art. 7 Abs. 3 RRL.

[449] *J. Kühling*, Telekommunikationsrecht, in: Ruffert (Hrsg.), EnzEuR V – Europäisches Sektorales Wirtschaftsrecht, 2012, § 4, Rn. 65 spricht insoweit von „Berücksichtigungsverfahren".

[450] Eine anschauliche graphische Übersicht über beide Verfahrensstränge ist auf der Webpräsenz der Kommission abrufbar unter: http://europa.eu/rapid/press-release_MEMO-10-226_en.pdf (30.6.2016).

[451] Dabei muss die Kommission ihrerseits die Stellungnahme des GEREK weitestgehend berücksichtigen.

nahmen zu erstrecken,[452] konnte sich die Kommission nicht durchsetzen. Im Vorschlag der Kommission vom 14. September 2016 für den neuen Rechtsrahmen in Gestalt eines europäischen Kodex für elektronische Kommunikation ist eine solche Vetoposition aber wieder enthalten.[453] Ob sich die Kommission damit gegenüber dem Rat politisch durchsetzen wird, bleibt abzuwarten.

d) Spielraumgeprägte Regelungsbereiche

Auch für die einzelnen Teilbereiche der Regulierung stellt die RRL den übergreifenden rechtlichen Rahmen bereit.

aa) Marktdefinition und Marktanalyse

Erster Baustein des Regulierungsprozesses ist das in Art. 15 RRL geregelte Verfahren der *Marktdefinition*, d.h. die behördliche Festlegung des jeweiligen Marktes in sachlicher und geografischer Hinsicht. Auch dieser Prozess erfolgt durch die funktionell zum administrativen Verbund verklammerte Verwaltung der nationalen und europäischen Ebene. Die eigentliche Markdefinition wird gemäß Art. 15 Abs. 3 RRL von den nationalen Regulierungsbehörden „entsprechend den nationalen Gegebenheiten" vorgenommen. Dabei ist die im Einklang mit wettbewerbsrechtlichen Grundsätzen erlassene Marktempfehlung der Kommission[454] weitestgehend zu berücksichtigen, die ihrerseits unter weitestgehender Berücksichtigung der Stellungnahme des GEREK erlassen wird (Art. 15 Abs. 1 RRL). Nach dem Ansatz der Kommission kommt ein Markt für eine Vorabregulierung bei kumulativer Erfüllung von drei Kriterien in Betracht. Dieser sog. *Drei-Kriterien-Test*[455] ist erfüllt, wenn erstens beträchtliche und anhaltende Marktzutrittsschranken bestehen, zweitens eine Marktstruktur innerhalb eines bestimmten Zeitraums nicht zu wirksamem Wettbewerb tendiert und drittens dem betreffenden Marktversagen mit wettbewerbsrechtlichen Mitteln allein nicht angemessen entgegengewirkt werden kann, die Instrumentarien des Wettbewerbsrechts also nicht ausreichen.[456] In der bis dato jüngsten Märkteempfehlung vom 9. Oktober 2014 hat die Kommission die Tendenz zu mehr Deregulierung fortgesetzt und die Anzahl der als „relevant" i.S.d.

---

452 Vgl. KOM(2007) 697 endg., S. 32.

453 Vorschlag v. 14.9.2016, COM(2016) 590 final, S. 160 in Gestalt von Art. 33 Abs. 5 lit. c) n.F.

454 Sowie die Leitlinien der KOM, die sich aber primär auf die Marktanalyse beziehen, Art. 15 Abs. 2 RRL.

455 Im Einzelnen zum Drei-Kriterien-Test und seiner Anwendung auf nationaler Ebene vgl. *A. Holdampf-Wendel/E. Elkettani*, in: Säcker (Hrsg.), TKG, 3. Aufl. 2013, Vor § 9, Rn. 9ff.

456 Vgl. den 11. Erwägungsgrund der Empfehlung der KOM 2014/710 v. 9.10.2014, ABl. v. 11.10.2014, L 295/79.

Art. 15 Abs. 1 RRL eingestuften Produkt- und Dienstmärkte von vorher sieben auf nunmehr vier reduziert.[457]

In untrennbarem Zusammenhang mit der Marktdefinition steht die *Marktanalyse* nach Art. 14 u. 16 RRL. Auch hier operiert die regulierende Verwaltung im ebenenübergreifenden Verbund. Die nationalen Regulierungsbehörden führen die Marktanalyse durch, d.h. die Evaluierung der konkreten Wettbewerbsverhältnisse auf dem betreffenden Markt vor Ort einschließlich der Ermittlung von Unternehmen mit beträchtlicher Marktmacht. Dabei haben sie aber wiederum die „Leitlinien der Kommission zur Marktanalyse und zur Bewertung beträchtlicher Marktmacht" weitestgehend zu berücksichtigen und der Märkteempfehlung Rechnung zu tragen, Art. 16 Abs. 1 i.V.m. Art. 14 Abs. 2 UAbs. 2 RRL. Als Unternehmen mit beträchtlicher Marktmacht gilt gemäß Art. 14 Abs. 2 RRL ein Unternehmen, das allein oder zusammen mit anderen eine wirtschaftlich derart starke Stellung einnimmt, dass es in beträchtlichem Umfang letztlich unabhängig von Wettbewerbern, Kunden und Verbrauchern operieren kann. Dem Gestaltungsauftrag der Regulierungsverwaltung entspricht die weitreichende Zuerkennung behördlicher Entscheidungsspielräume – in Deutschland in Gestalt eines Beurteilungsspielraums.[458]

bb) Abhilfemaßnahmen, insbesondere Zugangs- und Entgeltregulierung

Mit Blick auf die *Abhilfemaßnahmen* (*remedies*), d.h. insbesondere die Verpflichtung marktbeherrschender Unternehmen zu bestimmten zugangs- oder preisbezogenen Maßnahmen, räumen Art. 8 Abs. 2 u. 4 ZRL i.V.m. Art. 8 und Art. 16 Abs. 4 RRL den nationalen Regulierungsbehörden zwar nicht hinsichtlich des Ob, wohl aber in Bezug auf das Wie einen weiten behördlichen Entscheidungsspielraum ein. Stellt die nationale Regulierungsbehörde die Dysfunktionalität des betreffenden Marktes fest, muss sie Abhilfemaßnahmen ergreifen, verfügt dabei aber über ein weites *Auswahl*ermessen.[459] Abermals gibt das Unionsrecht dem nationalen Gesetzgeber also vor, bestimmte Entscheidungen – hier die Auswahl der adäquaten Abhilfemaßnahmen – in das Ermessen der nationalen Regulierungsbehörden zu stellen.[460] Dabei geht Art. 16 Abs. 4 RRL vom Grundsatz der asymmetrischen Regulierung aus, da grundsätzlich nur Unternehmen mit beträchtlicher Marktmacht Adressat der Regulierungs-

---

457 KOM, Empfehlung 2014/710 v. 9.10.2014, ABl. v. 11.10.2014, L 295/79. Von der Kommission als nicht mehr regulierungsbedürftig angesehen werden insbesondere der Endkundenmarkt für den Zugang zum Telefonfestnetz (ehemals Markt 1 der Märkteempfehlung von 2007) sowie der Vorleistungsmarkt für den Verbindungsaufbau an festen Standorten (ehemals Markt 2).

458 Dazu sogleich.

459 Vgl. *W.-D. Grussmann/R. Honekamp*, Europarechtliche Grundlagen, in: Geppert/Schütz (Hrsg.), TKG, 4. Aufl. 2013, Einleitung – B, Rn. 113.

460 Vgl. *R. Klotz*, Der Europäische Rechtsrahmen für die elektronische Kommunikation, in: Säcker (Hrsg.), TKG, 3. Aufl. 2013, Einl. II, Rn. 156.

maßnahmen werden sollen.[461] Die ZRL knüpft insoweit nahtlos an die RRL an, wenn sie den nationalen Gesetzgeber in ihrem Art. 8 Abs. 1 verpflichtet, die Regulierungsbehörden mit der Rechtsmacht zur Vornahme der in Art. 9 bis 13a ZRL genannten Abhilfemaßnahmen auszustatten und in ihrem Art. 8 Abs. 2 u. 4 eine behördliche Regulierungspflicht im Falle eines dysfunktionalen Marktes bei gleichzeitiger Zuerkennung eines Spielraums über Art und Umfang der Abhilfemaßnahmen statuiert.

Herausragende Bedeutung im Rahmen der Abhilfemaßnahmen erlangen die Verpflichtungen im Bereich der Zugangs- und Entgeltregulierung nach Art. 12 und 13 ZRL. Im Rahmen der *Zugangsregulierung* i. S. d. Art. 12 ZRL spielen in der Praxis insbesondere die Verpflichtungen zur (Netz-)Zugangsgewährung sowie zur Zusammenschaltung eine entscheidende Rolle. Die Zugangsgewährung ZRL kann in Abhängigkeit von Marktlage und technischen Gegebenheiten durch unterschiedliche Maßnahmen erfolgen und dient vor allem dazu, privaten Anbietern von Kommunikationsdiensten, die selbst nicht Netzbetreiber sind, den Zugriff auf die technische Infrastruktur als notwendige Bedingung der Dienstleistungserbringung zu ermöglichen. Hinzu kommt die Zusammenschaltung von Kommunikationsnetzen mit dem Ziel der Interkonnektivität, insbesondere um Nutzern eines bestimmten Unternehmens die reibungslose Kommunikation mit Nutzern anderer Unternehmen zu ermöglichen.[462] Die Zugangsregulierung wird darum auch als das Herzstück des Regulierungsrechts bezeichnet.[463]

Zweite tragende Säule der *remedies* sind die Maßnahmen der *Entgeltregulierung*[464] auf Grundlage von Art. 13 ZRL. Stellt die nationale Regulierungsbehörde im Rahmen der Marktanalyse fest, dass fehlender Wettbewerb zu überhöhten Preisen durch das Unternehmen mit beträchtlicher Marktmacht führt, kann sie diesem Unternehmen Verpflichtungen betreffend die Kostendeckung und die Preiskontrolle einschließlich kostenorientierter Preise auferlegen und ggf. Auflagen in Bezug auf Kostenrechnungsmethoden erteilen. Auch die Entgeltregulierung dient letztlich der Herstellung und Sicherung des Marktzugangs, weil überhöhte Preise für die Inanspruchnahme von netzbezogenen Zugangsleistungen im Ergebnis eine ähnliche wettbewerbshindernde Wirkung entfalten können wie eine unmittelbare Verweigerung des Zugangs. Wie bei der Zugangsregulierung gibt das Unionsrecht auch hier kein Konditionalprogramm

461 Eine Ausnahme besteht insbesondere für Betreiber öffentlicher TK-Netze, die den Zugang zu den Endkunden kontrollieren, vgl. Art. 5 Abs. 1 lit. a) ZRL sowie § 18 TKG, vgl. *N. Nolte*, in: Säcker (Hrsg.), TKG, 3. Aufl. 2013, § 18, Rn. 1.

462 Zu diesem Bereich der Regulierung eingehend *M. Röhl*, Die Regulierung der Zusammenschaltung, 2002.

463 Die Zugangsregulierung als Herzstück der Regulierung der Netzwirtschaften bezeichnend *J. Kühling*, Sektorspezifische Regulierung in den Netzwirtschaften, 2004, S. 182.

464 Bereichsübergreifend zum Konzept der Entgeltregulierung *H. Gersdorf*, Regulierung von Entgelten und Gebühren in Netzwirtschaften, ZWeR 2016, 113 ff.

vor, sondern verpflichtet den nationalen Gesetzgeber als Regelungsadressaten, die nationalen Regulierungsbehörden mit der Rechtsmacht zum diskretionären Einsatz bestimmter Abhilfemaßnahmen auszustatten. Dazu gehört insbesondere auch die Möglichkeit, die von Betreibern mit beträchtlicher Marktmacht erhobenen Entgelte der (Vorab-)Genehmigung durch die nationale Regulierungsbehörde zu unterwerfen.[465]

Auch für den Bereich der Entgeltregulierung ist das Art. 7/7a-Verfahren von hoher praktischer Relevanz, zumal der EuGH seinen Anwendungsbereich weit auslegt. So hat er mit Urteil vom 14. Januar 2016 auf Vorlage des BVerwG hin entschieden, dass eine nationale Regulierungsbehörde wie die deutsche BNetzA verpflichtet ist, das Notifizierungsverfahren vor jeder binnenmarktrelevanten Genehmigung von Entgelten eines der Genehmigungspflicht unterworfenen Betreibers erneut durchzuführen.[466] Damit greift der in Art. 7 und Art. 7a RRL angelegte Modus der Verbundverwaltung auch hinsichtlich der Genehmigung konkret bezifferter Entgelte und nicht nur hinsichtlich der „Grundentscheidung", die Entgelte der Genehmigung zu unterwerfen.

e) Ausblick: Europäischer Kodex für elektronische Kommunikation

Am 14. September 2016 hat die Kommission als Ergebnis des „Review 2016"-Prozesses ihren Vorschlag für einen Rechtsrahmen in Gestalt des künftigen „Europäischen Kodex für elektronische Kommunikation" vorgelegt.[467] Dieser soll die vier regulierungsbezogenen Richtlinien des geltenden Rechtsrahmens, also die RRL, die ZRL, die GRL und die URL, unter weitgehender Fortführung ihrer Ziele, Grundprinzipien und Funktionsweisen zu einem einheitlichen Rechtsakt in Gestalt einer auf Art. 114 AEUV gestützten Richtlinie zusammenführen, aber auch einige neue Akzente setzen. Das betrifft vor allem die präzisere Vorgabe der Befugnisse der nationalen Regulierungsbehörden.[468] Der Trend zur unionalen Festlegung der Aufgabenbereiche und Kompetenzen der innerstaatlichen Verwaltung im Regulierungsbereich setzt sich also fort. Zudem versucht die Kommission – wie bereits zuvor im Rahmen des 2009er Rechtsrahmens – Interventionsrechte, also namentlich ein Vetorecht, auch auf den Bereich von Abhilfemaßnahmen zu erstrecken.[469] Im Lichte der intensiven rechtspolitischen Diskussionen ist es im Zuge der letzten TK-Review spannend zu sehen, inwieweit sich die Kommission diesmal mit diesem Vorschlag durchsetzen wird. Flankiert wird der Kommissionsvorschlag für den neuen „Europä-

---

[465] In Deutschland auf Grundlage von § 30 Abs. 1 S. 1 TKG, dazu sogleich näher.

[466] EuGH, Urt. v. 14.1.2016, C-395/14 – *Vodafone*. Diese Entscheidung qua richtlinienkonformer Rechtsfortbildung umsetzend BVerwG, Urt. v. 31.1.2017, BVerwGE 157, 249, Rn. 29 ff. (juris).

[467] Vorschlag v. 14.9.2016, COM(2016) 590 final.

[468] Art. 5 des Vorschlags.

[469] Art. 33 Abs. 5 des Vorschlags.

ischen Kodex für elektronische Kommunikation" von einem Vorschlag zur Neufassung der GEREK-Verordnung.[470]

4. Deutsches TKG: Spielraumgeprägte Regelungsbereiche im Überblick

Behördliche Entscheidungsspielräume sind im deutschen Telekommunikationsgesetz (TKG) an zahlreichen Stellen vorgesehen, vor allem aber auf den Bereich der Marktregulierung konzentriert (§§ 9–43 TKG). Dieser für die Zwecke der vorliegenden Arbeit besonders aussagekräftige Teil des TKG ist seiner Struktur nach unmittelbar am sekundärrechtlichen Regelungsrahmen ausgerichtet. Im Folgenden werden die in besonderem Maße durch behördliche Entscheidungsspielräume geprägten Teilbereiche der Marktregulierung lediglich kursorisch vorgestellt. Eine eingehendere Betrachtung ihrer Mehrebenenstruktur erfolgt an späterer Stelle sukzessive unter den Gesichtspunkten der Begründung,[471] Ausübung[472] und Begrenzung[473] von Verwaltungsspielräumen im Mehrebenensystem sowie der besonders intensiv diskutierten Frage der Kontrolldichte.[474]

a) Entwicklungslinien und Grundsatz der Marktregulierung

Ebenso wie das internationale und europäische Telekommunikationsrecht unterlag auch das deutsche TKG in den vergangenen Jahrzehnten einem gravierenden Wandel.[475] Für die Umsetzung des unionsrechtlichen Regelungsrahmens in Gestalt der RRL und Einzelrichtlinien bedurfte es einer derart tiefgreifenden Umgestaltung, dass sich der Gesetzgeber im Jahr 2004 für eine Neufassung des TKG entschied.[476] Auch seither ist der Bereich durch fortlaufende Anpassungsprozesse geprägt, wie die Novellen der vergangenen Jahre zeigen.[477] Die umfangreichste Reform seit der TKG-Neufassung des Jahres 2004 erfolgte zum Jahr 2012 und stellte, wenn auch zeitlich verspätet,[478] die Umsetzung des unionsrechtlichen Reformpaketes des Jahres 2009[479] in das deutsche Recht sicher.[480]

---

470 Vorschlag v. 14.9.2016, COM/2016/0591 final.

471 S. 223 ff.

472 S. 290 ff.

473 S. 367 ff.

474 S. 421 ff.

475 Zur historischen Entwicklung vom Fernmeldeanlagengesetz über das TKG-1996 und TKG-2004 bis hin zum geltenden TKG-2012 *M. Cornils*, Geschichte und Entwicklung des deutschen Telekommunikationsrechts, in: Geppert/Schütz (Hrsg.), TKG, 4. Aufl. 2013, Einleitung – A, Rn. 26 ff.

476 BGBl I 2004, S. 1190, gültig ab dem 26.6.2004, zuletzt geändert durch Art. 14 des Gesetzes v. 24.5.2016, BGBl. I 2016, S. 1217. Dazu *T. Mayen*, Marktregulierung nach dem novellierten TKG, CR 2005, S. 21 ff.

477 Überblick bei *F. J. Säcker*, Systematische Einordnung des TKG in das allgemeine Wirtschaftsrecht, in: ders. (Hrsg.), TKG, 3. Aufl. 2013, Einl. I, Rn. 2 ff.

478 Die Umsetzungsfrist war bereits zum 25.5.2011 abgelaufen, vgl. Art. 5 RL 2009/140.

479 Vgl. Fn. 406.

480 Zur Reform *J. Scherer/C. Heinickel*, Die TKG-Novelle 2012, NVwZ 2012, S. 585 (586 ff.).

Der sekundärrechtlich vorgegebene Ansatz bedarfsorientierter Regulierung durch die gestaltend tätige Verwaltung spiegelt sich im deutschen Recht in der Grundsatznorm des § 9 TKG wider. Nach § 9 Abs. 1 TKG unterliegen diejenigen Märkte einer Marktregulierung, welche im Zuge einer ordnungsgemäßen Marktdefinition i. S. d. § 10 TKG durch die BNetzA bestimmt worden sind und deren Analyse nach § 11 TKG ergeben hat, dass kein wirksamer Wettbewerb besteht. Es kommt also auf die *Feststellung der konkreten Regulierungsbedürftigkeit durch die Verwaltung* an. Nach § 13 Abs. 5 TKG ergehen Marktdefinition und -analyse zusammen mit der Auferlegung der konkreten Regulierungsverpflichtungen als einheitlicher Verwaltungsakt. Dieser setzt freilich nur den Schlusspunkt auf einen der Sache nach mehrstufigen Prozesses der Rechtskonkretisierung im Rahmen des europäischen Regulierungsverbundes, der supranationale und transnationale Einwirkungen einbezieht.[481]

b) Marktdefinition und Marktanalyse

Die weitgespannten behördlichen Entscheidungsspielräume der BNetzA setzen bereits bei der *Marktdefinition* an. Nach § 10 Abs. 1 TKG legt die BNetzA unter Berücksichtigung der in § 2 TKG aufgeführten Regulierungsziele die für eine Regulierung in Betracht kommenden sachlich und räumlich relevanten Märkte fest. Hierzu schreibt § 10 Abs. 2 TKG den von der Europäischen Kommission entwickelten Drei-Kriterien-Test (beträchtliche und anhaltende Marktzutrittsschranke, längerfristig fehlende Tendenz zu wirksamem Wettbewerb, Insuffizienz des allgemeinen Wettbewerbsrechts) als verbindlichen Maßstab vor. Für die Marktdefinition räumt § 10 Abs. 2 S. 2 TKG der BNetzA sodann ausdrücklich einen (tatbestandlichen) Beurteilungsspielraum ein. Die Norm ist eines der seltenen Beispiele für eine dem Gesetzeswortlaut unmittelbar zu entnehmende Beurteilungsermächtigung.

Das BVerwG erstreckt den der BNetzA zuerkannten Beurteilungsspielraum[482] aber über den Wortlaut des § 10 Abs. 2 S. 2 TKG hinaus überzeugend auch auf die *Marktanalyse* nach § 11 TKG, da Marktdefinition und -analyse in ihrer wechselseitigen Aufeinanderbezogenheit letztlich zu einem untrennbaren Gesamtkomplex verschmolzen sind.[483] Der die Beurteilungsermächtigung in § 10 Abs. 2 S. 2 TKG (mit)begründende[484] prognostische Charakter der behörd-

---

[481] Vgl. *J. Saurer*, Der Einzelne im europäischen Verwaltungsrecht, 2014, S. 427.

[482] Zu dessen Grundlegung bereits im Vorfeld wegweisend *K.-H. Ladeur/C. Möllers*, Der europäische Regulierungsverbund der Telekommunikation im deutschen Verwaltungsrecht, DVBl. 2005, S. 525 (531 ff.).

[483] Grundlegend für die Ebene des deutschen Regulierungsrechts BVerwG, Urt. v. 2.4.2008, 6 C 15/07, BVerwGE 131, 41, Rn. 14 ff. (juris), bestätigt durch BVerfG, Urt. v. 8.12.2011, 1 BvR 1932/08, NVwZ 2012, 694, Rn. 27 ff. (juris) und BVerfG, Urt. v. 21.12.2011, 1 BvR 1933/08. Kritisch indes *H. Gersdorf*, in: Spindler/Schuster (Hrsg.), Recht der elektronischen Medien, 3. Aufl. 2015, § 10 TKG, Rn. 67 f.

[484] Vgl. BT-Drs. 15/2316 v. 9.1.2004, S. 61.

lichen Regulierungsentscheidung beschränkt sich nicht allein auf den Drei-Kriterien-Test i.S.d. § 10 Abs. 2 S. 1 TKG, sondern bezieht sich ebenso auf die Marktabgrenzung i.S.d. § 10 Abs. 1 TKG sowie die Marktanalyse i.S.d. § 11 TKG.[485] Der gesamtheitlich verstandene Beurteilungsspielraum dient aus Sicht des BVerwG zugleich als Absicherung der ebenenübergreifenden Verwaltungskooperation und -koordination gegenüber der Judikative.[486]

c) Abhilfemaßnahmen und Entscheidungsspielräume

Aufbauend auf einer rechtmäßigen Marktdefinition und -analyse ordnen § 9 Abs. 2 und § 13 Abs. 1 u. 5 TKG in Umsetzung von Art. 16 Abs. 4 RRL sodann die zwingende Auferlegung von Regulierungsverpflichtungen für Unternehmen mit beträchtlicher Marktmacht durch die BNetzA an. In Übereinstimmung mit den unionsrechtlichen Vorgaben erstrecken sich die behördlichen Entscheidungsspielräume demnach nicht auf das Ob, sondern das Wie der Abhilfemaßnahmen.[487] § 14 TKG stellt insoweit die fortlaufende Evaluierung sicher.

aa) Zugangsregulierung und Regulierungsermessen

Einen rechtsnormativen wie rechtspraktischen Schwerpunkt der behördlichen Regulierungsbefugnisse der BNetzA bildet dabei das Recht der *Zugangsregulierung* (§§ 16–26 TKG). Seine wichtigsten Rechtsgrundlagen sind § 18 TKG und § 21 TKG. Während § 18 TKG Regulierungsverpflichtungen für Unternehmen betrifft, die den Zugang zu Endnutzern kontrollieren (ohne insoweit über eine beträchtliche Marktmacht verfügen zu müssen),[488] ermächtigt § 21 TKG die BNetzA, den Unternehmen mit beträchtlicher Marktmacht Zugangsverpflichtungen zugunsten der Wettbewerber aufzuerlegen. Während § 21 Abs. 2 TKG als klassische Kann-Vorschrift ausgestaltet ist, in der die möglichen Zugangsverpflichtungen lediglich beispielhaft aufgezählt werden („unter anderem"), ist § 21 Abs. 3 TKG als Soll-Vorschrift konzipiert. Die darin regelungssystematisch angelegte legislative Vorstrukturierung – strikte Bindung im Regelfall bei Abweichungsmöglichkeit in atypischen Fällen – hat das BVerwG zu Recht als unzulässige Verengung des in Art. 12 i.V.m. Art. 8 ZRL unionsrechtlich geforderten behördlichen Entscheidungsspielraums eingestuft.[489] Auch hier zeigt sich die für das Regulierungsrecht typische Autonomisierung der Regulierungsverwaltung gegenüber dem (nationalen) Gesetzgeber.

---

485 BVerwG, Urt. v. 2.4.2008, 6 C 15/07, BVerwGE 131, 41, Rn. 16 (juris).

486 Ebd., Rn. 18 (juris).

487 Vgl. BVerwG, Urt. v. 28.11.2007, 6 C 42/06, BVerwGE 130, 39, Rn. 28 (juris).

488 Darum stellt § 18 TKG eine Ausnahme zum Grundsatz der asymmetrischen Regulierung dar, vgl. Fn. 461.

489 BVerwG, Urt. v. 27.1.2010, 6 C 22/08, NVwZ 2010, S. 1359, Rn. 15 (juris). Zur Problematik *A. Neumann/K. Thomaschki*, in: Säcker (Hrsg.), TKG, 3. Aufl. 2013, § 21 TKG, Rn. 200 ff.; *T. Mayen*, in: Scheurle/Mayen (Hrsg.), TKG, 3. Aufl. 2017 i.E., § 21, Rn. 68 ff.

Die Autonomisierung wirkt aber auch gegenüber der Judikative.[490] Die Zugangsregulierung ist der erste und zugleich zentrale Bereich der Marktregulierung, für den das BVerwG ausdrücklich die Rechtsfigur des Regulierungsermessens anerkannt hat.[491] Die Entscheidung über die Auferlegung von Regulierungsverpflichtungen charakterisiert das BVerwG seither als Ergebnis einer „umfassenden und komplexen Abwägung, bei der gegenläufige öffentliche und private Belange einzustellen, zu gewichten und auszugleichen" sind.[492] Bei der Frage, welche Abhilfemaßnahmen konkret zu ergreifen sind, steht der BNetzA nach dem BVerwG ein „umfassender Auswahl- und Ausgestaltungsspielraum" zu, dessen behördliche Ausfüllung sich an den Regulierungszielen des § 2 Abs. 2 TKG auszurichten hat.[493] Im Bereich der Zugangsregulierungen sind die Abwägungsbelange dabei noch umfassender ausdifferenziert, da die BNetzA hier einen zusätzlichen Katalog von Abwägungsgesichtspunkten zu berücksichtigen hat, § 21 Abs. 1 S. 2 TKG. Diese Normstruktur schließt es aus, die durch zahlreiche unbestimmte Rechtsbegriffe gesteuerte Abwägung auf Tatbestandsseite von einer Ermessensbetätigung auf Rechtsfolgenseite zu trennen und nur hinsichtlich letzterer die Kontrolldichte zurückzunehmen.[494] Beide gingen vielmehr in der ganzheitlich konzipierten Figur des Regulierungsermessens auf.[495]

bb) Entgeltregulierung

Der zweite in besonderem Maße spielraumgeprägte Bereich betrifft die *Entgeltregulierung* (§§ 27–39 TKG).[496] Sie fußt unionsrechtlich auf Art. 13 ZRL und verfolgt ausweislich § 27 Abs. 1 TKG das Ziel, „eine missbräuchliche Ausbeutung, Behinderung oder Diskriminierung von Wettbewerbern durch preispolitische Maßnahmen des marktmächtigen Unternehmens zu verhindern".[497] Zentralnorm ist § 30 TKG. Die Norm unterscheidet grundsätzlich zwischen der (aus Unternehmenssicht) invasiveren Ex-ante- und der weniger einschneidenden Ex-post-Entgeltregulierung.[498] Dabei sieht § 30 Abs. 1 S. 1 TKG die Ex-

---

[490] Näher S. 421 ff.

[491] BVerwG, Urt. v. 28.11.2007, 6 C 42/06, BVerwGE 130, 39. Zuvor noch ausdrücklich offen gelassen in BVerwG, Urt. v. 31.3.2004, 6 C 11/03, BVerwGE 120, 263, Rn. 16 (juris).

[492] BVerwG, Urt. v. 28.11.2007, 6 C 42/06, BVerwGE 130, 39, Rn. 28 (juris), seither ständ. Rechtsprechung, vgl. zusammenfassend BVerwG, Beschl. v. 5.5.2014, 6 B 46/13, NVwZ 2014, 1034, Rn. 9 f. (juris).

[493] BVerwG, Urt. v. 28.11.2007, 6 C 42/06, BVerwGE 130, 39, Rn. 28 (juris).

[494] Überzeugend ebd., Rn. 29 (juris).

[495] Ebd.

[496] Für eine gebietsbergreifende Darstellung des Entgeltregulierungskonzepts vgl. jüngst *H. Gersdorf*, Regulierung von Entgelten und Gebühren in Netzwirtschaften, ZWeR 2016, 113 ff.

[497] Eingehend zu den Grundzügen der Entgeltregulierung (noch auf Basis des TKG 1996) *B. Stamm*, Die Entgeltregulierung im Telekommunikationsgesetz, 2001, S. 155 ff.

[498] Schematische Übersicht über den komplexen Tatbestand bei *A. Groebel*, in: Säcker (Hrsg.), TKG, 3. Aufl. 2013, § 30, Rn. 7d.

ante-Regulierung nach dem Maßstab der Kosten der effizienten Leistungsbereitstellung (KeL)[499] für Entgelte von Zugangsleistungen gemäß § 21 TKG als Regelfall vor, während es § 30 Abs. 1 S. 2 TKG der BNetzA freistellt, im Ermessenswege die weniger invasive Ex-post-Regulierung zu wählen, falls dies ausreicht, um die Regulierungsziele nach § 2 zu erreichen. Umgekehrt geht § 30 Abs. 2 S. 1 i. V. m. § 38 TKG vom Grundsatz der Ex-Post-Regulierung für den Bereich des § 18 TKG und Zugangsleistungen jenseits des Anwendungsbereichs von § 21 TKG aus, während es § 30 Abs. 2 S. 2 TKG wiederum in das Ermessen der BNetzA stellt, die invasivere Ex-ante-Regulierung zu wählen, soweit dies für die Erreichung der Regulierungsziele erforderlich ist. Durch die Einführung der Kann-Vorschriften als Ermessensausnahmen zum jeweiligen Grundtatbestand wurde anlässlich der Novelle des TKG im Jahr 2012 das behördliche Ermessen erweitert.[500] Ziel war, der BNetzA einen möglichst weiten, durch eine gesetzliche Vorstrukturierung nicht vorab eingeschränkten Ermessensspielraum in Bezug auf die Angemessenheit der aufzuerlegenden Entgeltregulierungsverpflichtung zukommen zu lassen.[501] Der Gesetzgeber wählte damit einen Weg, den die Rechtsprechung des BVerwG bereits durch eine unionsrechtskonforme Auslegung konkret vorgezeichnet hatte.[502]

Im Bereich der Entgeltregulierung hat das BVerwG administrative Entscheidungsspielräume der BNetzA ferner anerkannt für die Bestimmung der Kosten der effizienten Leistungsbereitstellung (KeL) i. S. d. § 31 Abs. 1 S. 1 TKG[503] sowie für die Vergleichsmarktbetrachtung i. S. d. § 35 Abs. 1 S. 1 Nr. 1 TKG als Ermittlungsmethode im Rahmen des Verfahrens der Entgeltgenehmigung.[504]

Im Brennpunkt der Rechtsprechung stand das Verfahren der Entgeltregulierung in jüngster Zeit aber auch deshalb, weil das BVerwG Zweifel an seiner Vereinbarkeit mit Art. 19 Abs. 4 GG bekundete und deshalb das BVerfG im

---

499 Vgl. § 32 TKG.

500 Anstelle der jetzigen Kann-Vorschrift stand im Falle von § 30 Abs. 1 S. 2 TKG eine Soll-Vorschrift. § 30 Abs. 2 S. 2 TKG wurde gänzlich umgearbeitet. Überdies wurde mit der Novelle klargestellt, dass eine doppelte Marktbeherrschung, wie sie § 30 Abs. 1 TKG a. F. mit Blick auf die Marktbeherrschung sowohl des definierten Vorleistungsmarktes als auch des nachgelagerten Endkundenmarktes nahelegte, nicht als Voraussetzung aufgestellt werden darf.

501 Näher *A. Groebel*, in: Säcker (Hrsg.), TKG, 3. Aufl. 2013, § 30, Rn. 44 ff. sowie *dies.*, a. a. O., § 27, Rn. 12c.

502 BVerwG, Urt. v. 28.1.2009, 6 C 39/07, DÖV 2009, 1154, Rn. 38 (juris), bestätigt durch BVerwG, Urt. v. 14.12.2011, 6 C 36/10, DVBl 2012, 357, Rn. 10 (juris).

503 Konkret für die Auswahl der Methode der Berechnung des Anlagevermögens als Grundlage für die Ermittlung von Zinsen und Abschreibungen. Diese Ermittlung ist Teil der Bestimmung des Entgeltmaßstabs der Kosten der effizienten Leistungsbereitstellung, vgl. BVerwG, Urt. v. 25.9.2013, 6 C 13/12, BVerwGE 148, 48, Rn. 31 (juris) sowie zuvor bereits BVerwG, Urt. v. 23.11.2011, 6 C 11/10, NVwZ 2012, 1047, Rn. 30 (juris).

504 BVerwG, Beschl. v. 10.12.2014, 6 C 18/13, BVerwGE 151, 56, Rn. 30 ff. (juris) mit der rechtsdogmatischen Klassifizierung als Beurteilungsspielraum. Vgl. – dem folgend – jüngst auch BVerwG, Urt. v. 29.11.2017, DVBl. 2018, 447, Rn. 20 (juris).

Wege der konkreten Normenkontrolle nach Art. 100 Abs. 1 GG anrief.[505] Gegenstand der verfassungsrechtlichen Bedenken war die verfahrensmäßige Ausgestaltung der wirtschaftlich überaus bedeutenden Rückwirkung regulierungsbehördlicher Entgeltgenehmigungen. Nach § 35 Abs. 5 TKG wirken Entgeltgenehmigungen, soweit sie sich als privatrechtsgestaltende Verwaltungsakte[506] auf ein zwischen marktbeherrschendem Unternehmen und Anbieter vertraglich bereits vereinbartes Entgelt beziehen, auf den Zeitpunkt der erstmaligen Leistungsbereitstellung durch das marktbeherrschende Unternehmen zurück. Dabei kann das marktbeherrschende Unternehmen im Wege der Verpflichtungsklage auch höhere als die ursprünglich durch die BNetzA genehmigten Entgelte einklagen. Rückwirkung entfalten solche gerichtlich eingeklagten Genehmigungen gemäß § 35 Abs. 5 S. 3 TKG zum Schutz der Wettbewerber aber nur dann, wenn zuvor ein § 123 VwGO modifizierendes Eilverfahren erfolgreich durchlaufen wurde, d. h., wenn das im Eilverfahren vom marktbeherrschenden Unternehmen angerufene VG Köln zuvor eine vorläufige Zahlung des beantragten höheren Entgelts anordnete, weil es von der überwiegenden Wahrscheinlichkeit ausgehen durfte, dass ein Anspruch auf die Genehmigung des höheren Entgelts besteht. Das Eilverfahren könne nach Auffassung des BVerwG aber schon *a priori* nicht zum Erfolg führen, wenn infolge eines Entscheidungsspielraums der BNetzA – etwa hinsichtlich der Vergleichsmarktbetrachtung – die Spruchreife fehle, im Hauptsacheverfahren also nur ein Bescheidungsurteil ergehen und gerichtlich keine Genehmigung eines höheren Entgelts ausgesprochen werden dürfe.[507]

In seiner Entscheidung vom 22. November 2016 bestätigte das BVerfG die Rechtsauffassung des BVerwG indes nicht umfänglich.[508] Aufgrund einer verfassungskonformen Auslegung sei dem Eilverfahren bereits dann Erfolg beschieden, wenn das VG es für überwiegend wahrscheinlich halte, dass die BNetzA *aufgrund eines Bescheidungsurteils* in der Hauptsache ein höheres Entgelt *in Ausfüllung ihres Entscheidungsspielraumes* genehmigen werde.[509] Allerdings stellt auch das BVerfG im Ergebnis die Verfassungswidrigkeit von § 35 Abs. 5 Satz 2 und 3 TKG fest. Die Norm sei infolge des geänderten, nunmehr

---

505 Ebd., Rn. 75 ff. Vgl. zudem BVerwG, Beschl. v. 25.2.2015, 6 C 33/13, NVwZ 2015, 1143.

506 Vgl. *U. Berger-Kögler/M. Cornils*, in: Geppert/Schütz (Hrsg.), TKG, 4. Aufl. 2013, § 35, Rn. 107.

507 BVerwG, Beschl. v. 10.12.2014, 6 C 18/13, BVerwGE 151, 56, Rn. 83 (juris).

508 BVerfG, Beschl. v. 22.11.2016, 1 BvL 6/14 u. a., NVwZ 2017, S. 305.

509 Ebd., Rn. 43 ff., was insoweit merkwürdig ist, als dann die Entscheidungsbefugnisse des VG im Eilrechtsschutz über die im Hauptsacheverfahren hinausgehen und sich auch auf die – gerichtlich nicht nachprüfbaren Bereiche – erstrecken würden. Nach dem BVerfG sei dies aber durch die Sonderregelung des § 35 Abs. 5 S. 2 TKG vorgegeben. Darin liege auch „keine verfassungsrechtlich bedenkliche Anmaßung exekutiver Kompetenzen" durch das VG, da dieses „in einem solchen Fall grundsätzlich nur die bei Einhaltung der Grenzen des Beurteilungsspielraums überwiegend wahrscheinliche Behördenentscheidung" prognostiziere, deren Spielraum aber nicht selbst ausfülle (ebd., Rn. 45).

wesentlich heterogeneren Marktumfeldes verfassungswidrig geworden, weil sie nicht hinreichend nach der Schutzwürdigkeit der Wettbewerber differenziere, sondern stattdessen pauschal allen Wettbewerbern das Privileg eines eingeschränkten Rechtsschutzes des marktbeherrschenden Unternehmens zu Teil werden lasse.[510] Das gab dem Gesetzgeber unter Anordnung der zwischenzeitlichen Fortgeltung der bisherigen Normen den Erlass einer Neuregelung bis spätestens 31. Juli 2018 vor.[511] Das BVerwG wiederum stellte in der Folge die Unionsrechtskonformität der befristeten Fortgeltung der verfassungswidrig gewordenen Regelung – ohne Vorlage an den EuGH – fest.[512]

cc) Ausdifferenzierung der regulierungsrechtlichen Spielräume

Jenseits der Zugangs- und Entgeltregulierung, die durch eine besondere Dichte und Qualität behördlicher Entscheidungsspielräume geprägt sind, gibt es eine beachtliche Zahl weiterer diskretionärer Normstrukturen, die über das gesamte TKG verstreut sind. „Einfallstore" für Spielräume können neben den klassischen Beurteilungs- oder Ermessensermächtigungen u.a. Normstrukturen sein, die in spezifischer Weise eine Prognose verlangen oder unter Bezugnahme auf die Regulierungsziele eine Abwägung erfordern.[513] Verallgemeinerungen sind hier aber mit Vorsicht zu genießen, da es stets auf die Analyse der konkret in Rede stehenden Rechtsnorm ankommt.

Während der in Regulierungsfragen zuständige Sechste Senat des BVerwG durch die Einführung des Regulierungsermessens die Grenzen zwischen tatbestandlichem Beurteilungsspielraum und rechtsfolgenseitigem Ermessen zunächst in Teilen aufhob, betont die jüngere Rechtsprechung wieder deutlicher die rechtsdogmatischen Unterschiede und setzt das Regulierungsermessen akzentuierter sowohl vom rechtsfolgenseitigen Ermessen[514] als auch vom tatbestandlichen Beurteilungsspielraum[515] ab, wobei es zuweilen etwas nebulös von

---

510 Ebd., Rn. 56 ff. („Differenzierungsmangel").

511 Ebd.

512 BVerwG, Urt. v. 29.3.2017, BVerwGE 158, 301, Rn. 20 ff. (juris). Für die regulierten Unternehmen sah das BVerwG Rechtsschutz gegen zu niedrig festgesetzte Entgelte für abgelaufene Genehmigungszeiträume im Hauptsacheverfahren ohne vorhergehenden Erfolg im Eilverfahren nur im Rahmen einer Fortsetzungsfeststellungsklage als eröffnet an.

513 Vgl. *J. Oster*, Normative Ermächtigungen im Regulierungsrecht, 2010, S. 171 ff. Dabei kann die Formulierung „Rechtfertigen Tatsachen die Annahme" allerdings nicht automatisch als Auslöser einer Entscheidungsprärogative angesehen werden, vgl. *M. Eifert*, Gerichtliche Kontrolle der Entscheidungen der Bundesnetzagentur, ZHR 174 (2010), S. 449 (470).

514 BVerwG, Beschl. v. 5.5.2014, 6 B 47/13, NVwZ 2014, 1034, Rn. 9 (juris).

515 BVerwG, Urt. v. 25.2.2015, BVerwGE 151, 268, Rn. 36, 41 (juris); Urt. v. 1.4.2015, C 38/13, MMR 2015, 556, Rn. 36, 41 ff. (juris); Urt. v. 29.11.2017, DVBl 2018, 447, Rn. 20 (juris), jeweils in Bezug auf die Vergleichsmarktbetrachtung nach § 35 Abs. 1 S. 1 Nr. 1 und S. 2 TKG: tatbestandlicher *Beurteilungsspielraum* im Hinblick auf die Entscheidung, welche Märkte die BNetzA als Vergleichsbasis heranzieht sowie für die Entscheidung, ob und gegebenenfalls in welcher Höhe unter Berücksichtigung der Besonderheiten der Vergleichsmärkte Abschläge

einem Beurteilungsspielraum mit „besonderer Nähe zum Regulierungsermessen" spricht.[516] Diese Abschichtungen erfolgen freilich nicht ohne Hinweis darauf, dass sich die Kontrollmaßstäbe letztlich eher in der Denomination und weniger in der Sache unterscheiden.[517] Dabei sucht das BVerwG die Rückbindung an die allgemeinen Grundsätze seiner Spielraumlehre sowohl im Hinblick auf die Maßstäbe der Abwägungskontrolle[518] als auch die Anforderungen an die Entscheidungsbegründung,[519] die Fehlerfolgenlehre[520] und in prozessrechtlicher Hinsicht den Drittschutz.[521]

III. Fazit: Diskretionäre und föderative Prägung des Migrations- und TK-Rechts

Zusammenfassend ist zu konstatieren, dass sowohl das Migrations- als auch das TK-Recht in vielfältiger und doch zugleich sehr unterschiedlicher Weise durch administrative Entscheidungsspielräume geprägt sind. Während im Migrationsrecht nach wie vor eine ordnungsrechtliche Orientierung am Einzelfall vorherrscht, steht im TK-Recht der behördliche Gestaltungsauftrag im Vordergrund. Ferner unterscheiden sich beide Rechtsgebiete hinsichtlich Art und Intensität ihrer Grund- und Menschenrechtsprägung. Auch mit Blick auf die Aufgabenabhängigkeit sind Differenzen augenfällig, geht es im Bereich des Migrationsrechts doch um Massenverwaltung, während die TK-rechtlichen Regulierungsverfügungen der BNetzA in einem technisch komplexen und in dynamischer Entwicklung begriffenen Umfeld erfolgen, in dem die Anzahl potenzieller Regelungsadressaten vergleichsweise überschaubar ist.

---

bzw. Zuschläge auf das Vergleichsentgelt anzusetzen sind; *Rechtsfolgenermessen* indes bei einer auf § 35 Abs. 1 S. 2 TKG gestützten Entgeltregulierung im Hinblick auf die Auswahl der in § 35 Abs. 1 S. 1 TKG genannten Methoden der Vergleichsmarktbetrachtung (Nr. 1) und des Kostenmodells (Nr. 2).

[516] So BVerwG, Urt. v. 23.11.2011, 6 C 11/10, NVwZ 2012, 1047, Rn. 38 (juris); Urt. v. 25.9.2013, 6 C 13/12, BVerwGE 148, 48, Rn. 34, 36 (juris).

[517] Besonders deutlich BVerwG, Urt. v. 23.11.2011, 6 C 11/10, NVwZ 2012, 1047, Rn. 38 (juris).

[518] Vgl. insbesondere BVerwG, Urt. v. 12.6.2013, 6 C 10/12, Rn. 38 ff. (juris). Zuvor bereits BVerwG, Urt. v. 28.1.2009, DÖV 2009, 1154, Rn. 39 (juris) unter Annahme eines Abwägungsausfalls bei unionsrechtskonformer Auslegung des § 30 Abs. 1 TKG a. F. als einer spielraumgewährenden Norm; Urt. v. 27.1.2010, 6 C 22/08, NVwZ 2010, 1359, Rn. 15 (juris) in Bezug auf eine vorsorgliche Ausübung des Regulierungsermessens bei einer unionsrechtskonform als Ermessensnorm zu interpretierenden Soll-Vorschrift; Urt. v. 14.12.2011, 6 C 36/10, DVBl 2012, 357, Rn. 39 ff. (juris): Abwägungsdefizit mit Blick auf den Zeitpunkt der einbezogenen Tatsachen.

[519] BVerwG, Urt. v. 25.9.2013, 6 C 13/12, BVerwGE 148, 48, Rn. 34 f., 37 ff. (juris); BVerwG, Urt. v. 11.12.2013, 6 C 24/12, NVwZ 2014, 942, Rn. 52 (juris).

[520] BVerwG, Urt. v. 29.10.2008, 6 C 38/07, NVwZ 2009, 653, Rn. 41 f. (juris) in Bezug auf § 46 VwVfG.

[521] BVerwG, Urt. v. 11.12.2013, 6 C 24/12, NVwZ 2014, 942, Rn. 29 ff. (juris).

Anders als es die in Deutschland (noch) herrschende rechtsdogmatische Differenzierung zwischen rechtsfolgenseitigem Ermessen und tatbestandlichem Beurteilungsspielraum erwarten ließe, schlagen die Unterschiede in der Zwecksetzung (Einzelfallgerechtigkeit v. Gestaltung) und im Aufgabenprofil (Massenverwaltung v. Marktregulierung) jedoch nicht dergestalt auf die Art behördlicher Entscheidungsspielräume durch, dass im Migrationsrecht Ermessens- und im TK-Recht Beurteilungsspielräume dominieren würden. Vielmehr finden sich beide Rechtsinstitute auf beide Rechtsgebiete verteilt. Dabei zeigt das Ausweisungsrecht, wie ein vormals ermessensbasiertes System durch eine Generalklausel mit tatbestandlicher Abwägung ersetzt werden kann, während die TK-rechtliche Rechtsfigur des Regulierungsermessens die konzeptionelle Durchlässigkeit beider Spielraumtypen akzentuiert. In beiden Fällen scheint als Hintergrundwertung ein gesamtheitliches Verständnis des Rechtsinstituts des Entscheidungsspielraums auf.

Das Migrationsrecht betreffend, zeigt der Überblick eine Fülle unterschiedlicher Regelungsgegenstände, -ziele und -instrumente auf. Unter dem Gesichtspunkt administrativer Entscheidungsspielräume kann als verbindendes Element das klassische Spannungsfeld zwischen spielraumeröffnender Einzelfallgerechtigkeit und spielraumbegrenzender legislativer Programmierung identifiziert werden, das durch die ausgeprägte Grundrechtssensibilität der Materie eine besondere Brisanz erfährt. Verbindet man das diskretionäre Moment mit der diese Untersuchung leitenden föderativen Perspektive, kristallisieren sich mehrere Regelungsbereiche des Migrationsrechts als besonders gewinnbringend für das Verständnis der Mehrebenenstruktur behördlicher Entscheidungsspielräume heraus. Diesen Regelungsbereichen wird im Zuge der folgenden Kapitel besondere Aufmerksamkeit zuteil. Diskretionäre und föderative Dimension laufen im Bereich der Aufenthaltsbegründung besonders plastisch im Visumrecht zusammen, für das die jüngere Rechtsprechung nunmehr in überzeugender Weise der mehrebenenspezifischen Begründung administrativer Entscheidungsspielräume Rechnung getragen hat. Auch das Recht der Wirtschaftsmigration, welches ebenfalls dem Bereich der Aufenthaltsbegründung zuzuordnen ist, illustriert die föderative Dimension autonomer administrativer Rechtskonkretisierung, die hier sogar in ihrem Konkretisierungsgrad abgestuft und funktionell ausdifferenziert erfolgt. Allerdings reicht die föderative Einbettung nicht über den Bundesstaat und damit die nationale Ebene hinaus. Aus dem Bereich der Aufenthaltsbeendigung liefert das Ausweisungsrecht das wohl prägnanteste Beispiel für die Frage nach der zulässigen Reichweite und der adäquaten Gestaltform administrativer Entscheidungsspielräume im Mehrebenensystem unter den Vorzeichen divergierender Vorgaben aus unterschiedlichen Rechtsebenen. Schließlich zeigt das Dubliner Selbsteintrittsermessen die transnationale Dimension der Ermessensausübung einschließlich der Schwierigkeit föderativer Grenzziehungen auf. Diese Regelungsbereiche decken zugleich unterschiedliche Vollzugsformen ab, was die Verallgemeinerungsfähigkeit der anhand der Referenzgebiete getroffenen Aussagen tendenziell erhöht. So handelt es sich im Falle des VK und der Dublin-III-VO um unmittelbar anwendbares Verordnungsrecht, während das Ausweisungsrecht nationales Recht darstellt, das durch völker- und unionsrechtliche Kerngarantien überformt ist.

Komplementär hierzu deckt das TK-Recht den Vollzug richtliniengeprägten nationalen Rechts ab. Die Besonderheit besteht hier zum einen darin, dass die RRL die Mitgliedstaaten dazu verpflichtet, eine unabhängige und mit hinreichendem Gestaltungsspielraum ausgestattete Regulierungsverwaltung vorzuhalten und dadurch unmittelbar Einfluss auf die Gewaltenzuteilung der nationalen Ebene nimmt. Zum anderen erfolgt die Normkonkretisierung im Rahmen eines vertikal wie horizontal ausgreifenden Regulierungsverbunds, der die formelle Trennung der einzelnen Rechtsebenen funktionell überwindet. Die Intensität der Spielraumgeprägtheit ebenso wie die Zahl an Erscheinungsformen administrativer Entscheidungsspielräume ist im TK-Recht besonders hoch. Ihren mehrebenenspezifisch eingebetteten Gestaltungsauftrag setzt die deutsche BNetzA durch klassische Beurteilungs- und Ermessenspielräume ebenso um wie durch die spezifischen Formen des Regulierungsermessens oder des „Beurteilungsspielraums mit Nähe zum Regulierungsermessen". Stärker noch als im Migrationsrecht führt die Eigenständigkeit der Verwaltung hier auch zu ihrer partiellen Autonomisierung gegenüber der Judikative, was für die Frage der Kontrolldichte von entscheidender Bedeutung ist. Hierzu werden im Folgenden sowohl die Bereiche der Marktdefinition und -analyse als auch der Zugangs- und Entgeltregulierung näher in den Blick genommen.

Teil 2

Zur Verbundstruktur administrativer Entscheidungsspielräume

§ 5 Spielraumbegründung im Mehrebenensystem

Die Frage nach der Verbundstruktur behördlicher Entscheidungsspielräume nimmt ihren Ausgangspunkt bei der rechtlichen Begründung diskretionären Verwaltungshandelns. Sofern die Eigenständigkeit der Verwaltung im Mehrebenensystem durch behördliche Entscheidungsspielräume zur Entfaltung gebracht werden soll, sind diese in ihrer Konstruktion an der Pluralität des Ordnungsrahmens auszurichten. Herausforderungen und Komplexitätszuwächse bringen unter diesem Blickwinkel nicht allein die Vervielfältigung und potenzielle Überlagerung der rechtlichen Spielraumgrundlagen, sondern insbesondere die Pluralisierung der Spielraumfunktionen und öffentlichen Interessen mit sich (dazu I.).

Die Begründung administrativer Entscheidungsspielräume im Mehrebenensystem wird im Folgenden anhand zweier Kernmaterien der untersuchungsgegenständlichen Referenzgebiete ausgeleuchtet: dem Ausweisungsrecht und der Marktregulierung des Telekommunikationssektors. Das vorwiegend ordnungsrechtlich geprägte Ausweisungsrecht wird heute in weitreichendem Umfang von völkerrechtlichen und unionsrechtlichen Flexibilitätserfordernissen dominiert, die auf die Notwendigkeit einer ebenenübergreifenden Herstellung von Einzelfallgerechtigkeit verweisen. Bis in die jüngste Zeit hinein hat das Recht der Ausweisung einen tiefgreifenden Transformationsprozess durchlaufen, der auf Impulse aus unterschiedlichen Rechtsschichten zurückgeht und im Kern die Reichweite, Bauart und Funktion diskretionärer Normstrukturen im Mehrebenensystem betrifft. Anhand der im Ausweisungsrecht zu beobachtenden Spielraummetamorphosen lassen sich nicht nur die Gründe für, sondern auch gegen den Einsatz administrativer Entscheidungsspielräume als Instrument ebenenübergreifender Einzelfallgerechtigkeit illustrieren (dazu II.).

Im Kontrast hierzu veranschaulicht das Recht der Regulierung der Telekommunikationsmärkte die Rolle administrativer Entscheidungsspielräume als Gelingensbedingung eines ebenenübergreifenden behördlichen Gestaltungsauftrags. Zweckrichtung und Eigenart der im TK-Recht weit verbreiteten diskretionären Normstrukturen sind hier auf die Ermöglichung einer marktgestalterischen Entscheidungsbefugnis der im ebenenübergreifenden Verbund handelnden Verwaltung angelegt (dazu III.).

Die so gewonnenen Erkenntnisse verdeutlichen in einer abschließenden Gesamtperspektive, dass der Einsatz administrativer Entscheidungsspielräume im

Mehrebenensystem eine spezifische Antwort auf die Pluralisierung der öffentlichen Interessen und Belange bereithalten kann. Einer mehrebenenspezifischen Sensibilisierung der normativen Ermächtigungslehre bedarf es vor allen Dingen dort, wo sich die Legislativen der verschiedenen Ebenen in ihren Wirkungskreisen überschneiden. Dies gilt für die Frage der zulässigen Reichweite legislativer Vorstrukturierung des Verwaltungshandelns – und damit das Verhältnis der Verwaltung zu der bzw. den Legislative(n) – ebenso wie für die Frage der Reichweite der gerichtlichen Kontrolle und damit das Verhältnis zur Judikative (dazu IV.).

I. Problemaufriss: Normative Ermächtigung(en) und Mehrebenensystem

Ein administrativer Entscheidungsspielraum im hier zugrunde gelegten Sinne ist eine stets *durch Recht* begründete, d.h. der Verwaltung rechtsnormativ verliehene Befugnis zur autonomen (Letzt-)Konkretisierung von Recht.[1] Dass Handlungsbefugnisse der Verwaltung im Mehrebenensystem durch Rechtsnormen unterschiedlicher Rechtsordnungszugehörigkeit konstituiert werden können, modifiziert die Ausgangsprämisse administrativer Rechtsbindung in ihrer Gestalt, nicht jedoch in ihrem Grund. Auch im Europäischen Verwaltungsverbund bedarf die Einräumung behördlicher Entscheidungsspielräume stets einer rechtlichen Grundlage, selbst wenn diese sich erst aus der Zusammenschau mehrerer Rechtsschichten ergibt.[2] Mit dieser Festlegung ist die dieses Kapitel leitende Frage keineswegs schon beantwortet, sondern überhaupt erst gestellt: Wie ist die Begründung administrativer Entscheidungsspielräume ebenenübergreifend zu konzipieren? Und aus der besonderen Perspektive der deutschen

---

[1] In diesem Sinne grundlegend *H. Kelsen*, Hauptprobleme der Staatsrechtslehre, 2. Aufl. 1923 (Nachdr. 1984), S. 499f. u. 503ff.; *ders.*, Allgemeine Staatslehre, 1925, S. 243f.; *A. Merkl*, Allgemeines Verwaltungsrecht, 1927 (Nachdr. 1999), S. 142ff., beide in Wendung gegen die von einem Gegensatz von freier und gebundener Tätigkeit ausgehende Lehre vom „freien Ermessen", *R. Laun*, Das freie Ermessen und seine Grenzen, 1910, S. 1f. u. 257ff.; *F. Stier-Somlo*, Das freie Ermessen in Rechtsprechung und Verwaltung, in: FS Paul Laband, Bd. 2, 1908, S. 445 (500 sowie im Einzelnen 451ff.); *F. Fleiner*, Institutionen des Deutschen Verwaltungsrechts, 8. Aufl. 1928, S. 142ff. m.w.N.; *G. Jellinek*, Allgemeine Staatslehre, 3. Aufl. 1929 (Nachdr.), S. 616. Vgl. für die frühe Bundesrepublik Deutschland *O. Bachof*, Beurteilungsspielraum, Ermessen und unbestimmter Rechtsbegriff im Verwaltungsrecht, JZ 1955, S. 97 (98) sowie prägnant *H. Ehmke*, „Ermessen" und „unbestimmter Rechtsbegriff" im Verwaltungsrecht, 1960, S. 41: „Seit dem Übergang zum Grundsatz der Gesetzmäßigkeit der Verwaltung (...) ist das Gesetz aber nicht mehr nur Grenze, sondern auch Auftrag und Vollmacht der Verwaltung." Daran anknüpfend *K. Stern*, Ermessen und unzulässige Ermessensausübung, 1964, S. 15.

[2] Zu den legitimatorischen Rahmenbedingungen, insbesondere der Rechts- und Gesetzesbindung im Mehrebenensystem vgl. bereits S. 91ff.

Spielraumdogmatik heraus gefragt: Bedarf die normative Ermächtigungslehre insoweit einer mehrebenenspezifischen Anpassung bzw. Sensibilisierung?

1. Pluralisierung der Spielraumfunktionen und öffentlichen Interessen

Allgemein gesprochen wird der Verwaltung mit der rechtsnormativen Begründung eines behördlichen Entscheidungsspielraums die Befugnis verliehen, das gesetzlich vorgegebene Normenprogramm um selbst gewählte Maßstäbe zu ergänzen und sich so in begrenztem Umfang selbst zu programmieren.[3] Mit *Eberhard Schmidt-Aßmann* eröffnet ein behördlicher Entscheidungsspielraum damit „ein durch den Gesetzeszweck angeleitetes administratives Abwägen von Richtigkeitskriterien"[4] und folglich eine besondere Form der Rechtskonkretisierung. Dem Spektrum legitimer Richtigkeitskriterien können insbesondere auch außerrechtliche Maßstäbe angehören.[5] Von einer späteren (gerichtlichen) Rechtmäßigkeitskontrolle sind diese jedoch grundsätzlich nicht, jedenfalls nicht unmittelbar[6] erfasst. Eine Vielzahl von Verwaltungsentscheidungen muss nicht allein rechtmäßig, sie soll darüber hinaus auch „zweckmäßig" sein, d.h. einer Form der Sachangemessenheit genügen, die aus Perspektive der Verwaltung nicht schon heteronom durch die sie bindenden rechtlichen Vorgaben bestimmt ist, sondern der sie sich autonom unterstellt, wenn auch stets angeleitet durch den Gesetzeszweck und damit stets aufgrund und in den Grenzen des Rechts.[7] Im Bereich eines Spielraums ist die Verwaltung ermächtigt, das Gesetz, welches das betreffende Verwaltungsverhältnis nicht restlos determiniert – und

[3] Klassisch bereits *O. Mayer*, Deutsches Verwaltungsrecht I, 3. Aufl. 1924 (Nachdr. 2004), S. 99. Danach könne das Gesetz der Verwaltung anheimstellen, dass „sie durch ihren Entschluss den Akt ins Werk setze oder schöpferisch ergänze, nicht um zu sagen, was es selbst hier gewollt hat, sondern was sie, die Behörde für richtig hält ... Hier ist es dann nicht mehr eine, wenn auch noch so weitgehende Auslegung des Gesetzes, was dem zu äußernden Staatswillen den Inhalt gibt, sondern eigene Erwägung des öffentlichen Interesses (‚öffentliche Interessen'), der Billigkeit, der Zweckmäßigkeit." Für die Gegenwart vgl. statt vieler *E. Pache*, Tatbestandliche Abwägung und Beurteilungsspielraum, 2001, S. 24, 480f.; *W. Hoffmann-Riem*, Eigenständigkeit der Verwaltung, in: Hoffmann-Riem/Schmidt-Aßmann/Voßkuhle (Hrsg.), GVwR I, 2. Aufl. 2012, § 10, Rn. 85. Für eine logisch-semantische Auseinandersetzung mit dem Konzept der (Tatbestands-)Ergänzung vgl. *H.-J. Koch*, Unbestimmte Rechtsbegriffe und Ermessensermächtigungen im Verwaltungsrecht, 1979, S. 126ff.

[4] *E. Schmidt-Aßmann*, Das allgemeine Verwaltungsrecht als Ordnungsidee, 2. Aufl. 2004, Kap. 4, Rn. 49.

[5] Zum Problem *M. Fehling*, Das Verhältnis von Recht und außerrechtlichen Maßstäben, in: Trute/Groß/Möllers/Röhl (Hrsg.), Allgemeines Verwaltungsrecht – zur Tragfähigkeit eines Konzepts, Tübingen 2008, S. 461 (475, 486f.).

[6] Zur Funktion des Verhältnismäßigkeitsgrundsatzes als Scharnier zwischen Recht- und Zweckmäßigkeit vgl. *N. Achterberg*, Allgemeines Verwaltungsrecht, 2. Aufl. 1986, § 19, Rn. 18; *R. Pitschas*, Maßstäbe des Verwaltungshandelns, in: Hoffmann-Riem/Schmidt-Aßmann/Voßkuhle (Hrsg.), GVwR II, 2. Aufl. 2012, § 42, Rn. 27.

[7] Vgl. *M. Jestaedt*, Maßstäbe des Verwaltungshandelns, in: Ehlers/Pünder (Hrsg.), Allgemeines Verwaltungsrecht, 15. Aufl. 2016, § 11, Rn. 2. Zur Unterscheidung von heteronomer

dies auch nicht soll – im Wege eines fachspezifischen Verwaltungsprogramms „gestaltend zu konkretisieren".[8] Diese Maßstabsergänzung kann je nach Konkretisierungsebene einzelfallbezogen oder abstrakt-generell erfolgen.[9]

In ihren Zielstellungen sind behördliche Entscheidungsspielräume ebenso vielfältig wie rechtsdogmatisch formenreich. Häufig steht die besondere Sach-, Orts-, und Zeitnähe der handelnden Verwaltung im Vordergrund, etwa dort, wo der Gesetzgeber situationsadäquate Aktionen oder Reaktionen durch die Verwaltung im Einzelfall für erforderlich hält, deren „Richtigkeit" er aber nicht allein anhand rechtlicher Parameter bestimmt wissen will, sondern eine Ausrichtung am Leitbild der „Einzelfallgerechtigkeit" unter Heranziehung von Zweckmäßigkeits- und ggf. Billigkeitserwägungen verlangt.[10] In anderen Bereichen soll der spezifischen Fachkompetenz der Verwaltung einschließlich ihrer ggf. überlegenen Fähigkeit zu Wissensgenerierung und -verarbeitung Rechnung getragen werden. Dies gilt namentlich für technisch komplexe und volatile Lebenszusammenhänge, im Rahmen derer Entscheidungen auf Basis von Prognosen oder Risikoanalysen getroffen werden müssen[11] oder deren Bedingungen als im Nachhinein nicht mehr reproduzierbar gelten.[12] In wiederum anderen Bereichen – so insbesondere im Regulierungsrecht – herrscht ein hohes Maß an fachspezifischem Gestaltungsbedarf[13] vor, der mit einem weitreichenden Einsatz finaler Normstrukturen korreliert.[14] Alle Fallgruppen, so verschieden sie der Sache nach auch sein mögen, eint die Prämisse, dass es in rechtlicher Hinsicht stets mehrere richtige Entscheidungen gibt[15] und der Verwaltung insoweit

---

und autonomer Dteremination vgl. bereits *A. Merkl*, Allgemeines Verwaltungsrecht, 1927 (Nachdr. 1999), S. 142.

[8] Prägnant *M. Bullinger*, Das Ermessen der öffentlichen Verwaltung, JZ 1984, S. 1001 (1006).

[9] *W. Hoffmann-Riem*, Eigenständigkeit der Verwaltung, in: Hoffmann-Riem/Schmidt-Aßmann/Voßkuhle (Hrsg.), GVwR I, 2. Aufl. 2012, § 10, Rn. 85 unter Hinweis auf (abstrakt-generelle) Ermessensdirektiven in Verwaltungsvorschriften, (kommunalen) Satzungen, Konzepten oder Strategien.

[10] Grundlegend zu den Konturen der Billigkeitskompetenz der Verwaltung *I. Pernice*, Billigkeit und Härteklauseln im öffentlichen Recht, 1991, S. 539 ff.

[11] Vgl. exemplarisch anhand der Beurteilungsspielräume bei arzneimittelrechtlichen Entscheidungen *U. Di Fabio*, Risikoentscheidungen im Rechtsstaat, 1994, S. 265 ff. Aus der Rechtsprechung vgl. insbesondere die *Wyhl*-Entscheidung des BVerwG, Urt. v. 19.12.1985, 7 C 65/82, BVerwGE 72, 300 – *Wyhl*, Rn. 38 (juris).

[12] Wie bei der klassischen Fallgruppe der Prüfungsentscheidungen, vgl. dazu *M. Ibler*, Rechtspflegender Rechtsschutz im Verwaltungsrecht: zur Kontrolldichte bei wertenden Behördenentscheidungen, 1999, S. 359 ff. unter Verarbeitung der rechtshistorisch gespeicherten Erfahrungsschätze.

[13] Grundlegend zum Gestaltungsauftrag der Verwaltung auf nationaler und unionaler Ebene *M. Brenner*, Der Gestaltungsauftrag der Verwaltung in der Europäischen Union, 1996, S. 373 ff.

[14] Dazu sogleich im Einzelnen.

[15] Wobei freilich vorauszusetzen ist, dass es schon auf Ebene der Normauslegung rechtlich keine „einzigartige", sondern allenfalls eine methodenbezogen „relative" Richtigkeit ge-

die Befugnis zu einer gerichtlich nur bedingt nachprüfbaren Selbstprogrammierung übertragen wurde, sei dies nun von Fall zu Fall oder abstrakt-generell.

Eine erste Besonderheit hält die Begründung behördlicher Entscheidungsspielräume im Mehrebenensystem bereit, wenn sie mit Blick auf *föderative Motivlagen* erfolgt bzw. wenn sie die klassischen Zielsetzungen mit einer ebenenübergreifenden Stoßrichtung verbindet. Im Rahmen der vorliegenden Untersuchung relevant wird die Spielraumbegründung zwecks administrativer Selbstprogrammierung mit anderen Worten dort, wo behördliche Letztkonkretisierungsbefugnisse aus mehrebenenspezifischen Sachgründen heraus konstituiert werden.

Das kann insbesondere der Fall sein, wenn die Spielraumeröffnung zur Verwirklichung eines behördlichen Gestaltungsauftrags beitragen soll, der gerade im ebenenübergreifenden Zusammenwirken mit Verwaltungseinheiten anderer Ebenen zu erfüllen ist. Die Verwirklichung eines derartigen Gestaltungsauftrags verleiht der gestaltenden Tätigkeit der Verwaltung eine föderative Dimension. Sie kann sich als kooperative Rechtskonkretisierung mit Verwaltungsträgern anderer Staaten (horizontal bzw. transnational) und/oder mit überstaatlichen Verwaltungseinrichtungen (vertikal bzw. supranational oder international) darstellen. Die der Verwaltung zuerkannten Entscheidungsspielräume zielen dann darauf ab, ebenenübergreifende Kooperationseffekte bei der behördlichen Rechtskonkretisierung zu ermöglichen[16] und ggf. gegenüber dem Zugriff anderer Gewalten abzusichern. In anderen Bereichen steht, wie das Ausweisungsrecht als „Paradigma ordnungsrechtlicher Ermessenslehre“[17] zeigt, die ebenenübergreifende Herstellung von Einzelfallgerechtigkeit im Vordergrund. Dann werden Normstrukturen in den Brennpunkt gerückt, die im Sinne eines ebenenübergreifenden Abwägungs- und Konkordanzraumes auf den Ausgleich von Belangen unterschiedlicher Ebenen angelegt sind.

Die besondere Schwierigkeit des Mehrebenensystems besteht dabei in der Pluralisierung des öffentlichen Interesses, das sich, wie *Stefan Kadelbach* treffend bemerkt, aus „Belangen verschiedenen, nämlich teils nationalen, teils gemeinschaftlichen Ursprungs zusammensetzt, die zuweilen voneinander abweichen und nicht notwendig als Einheit wahrnehmbar werden“.[18] Das Bild gewinnt noch zusätzlich an Heterogenität, rechnet man die potenziellen Differenzen der öffentlichen Interessen zwischen den Mitgliedstaaten in transnationaler Hinsicht ebenso hinzu wie die wiederum ggf. hiervon abweichenden

---

ben kann, vgl. *W. Hoffmann-Riem*, Eigenständigkeit der Verwaltung, in: Hoffmann-Riem/Schmidt-Aßmann/Voßkuhle (Hrsg.), GVwR I, 2. Aufl. 2012, § 10, Rn. 63 m. w. N.

[16] Wegweisend *K.-H. Ladeur/C. Möllers*, Der europäische Regulierungsverbund der Telekommunikation im deutschen Verwaltungsrecht, DVBl. 2005, S. 525 (533).

[17] *C. Gusy*, Ermessen und Ermessensbindung im Ausländerrecht, VBlBW 1984, S. 393.

[18] Treffend *S. Kadelbach*, Allgemeines Verwaltungsrecht unter europäischem Einfluss, 1999, S. 443.

Belange internationalen Ursprungs. Eine der zentralen Herausforderungen für die Spielraumlehre besteht deshalb darin, diese Pluralisierung der öffentlichen Interessen und Belange rechtsinstrumentell zu verarbeiten.

2. *Pluralisierung der normativen Ermächtigungen*

Zentrales Axiom der das deutsche Recht prägenden normativen Ermächtigungslehre ist die Rückführung administrativer Entscheidungsspielräume auf das Gesetz und damit die Ermächtigung durch die Legislative.[19] Damit werden die Gesetzes*dirigiertheit* und die demokratische Legitimation des Verwaltungshandelns auch im Bereich diskretionären Verwaltungshandelns gesichert.[20]

Welche Spielraumlehre aber kommt im Mehrebenensystem unter dem Gesichtspunkt der Spielraumbegründung[21] wann zur Anwendung? Vorstehend wurde bereits dargelegt, dass die (steuerungs-)rechtlichen Bedingungen des Verwaltungshandelns im Mehrebenensystem komplexer und vielschichtiger ausfallen als die lineare, schon für den Bundesstaat selten zutreffende Rückführbarkeit auf den zum Gesetz geronnenen Steuerungswillen eines einzigen Gesetzgebers.[22] Charakteristikum des Mehrebenensystems ist es gerade, dass sich mehrere ordnungsfremde Rechtsetzungszentren in ihren Wirkungskreisen überschneiden. Die Stellung der Legislative innerhalb des Gewaltengefüges ihrer jeweiligen Rechtsordnung kann dabei von Ordnung zu Ordnung erheblich variieren.[23]

---

[19] Dazu bereits S. 29ff. Aus der Literatur *E. Schmidt-Aßmann*, in: Maunz/Dürig, GG, Art. 19 Abs. 4 (72. EL 2014), Rn. 180f., 185ff.; *H.-J. Papier*, Rechtsschutzgarantie gegen die öffentliche Gewalt, in: Isensee/Kirchhof (Hrsg.), HStR VIII, 3. Aufl. 2010, § 177, Rn. 74ff.; *M. Gerhardt*, in: Schoch/Schneider/Bier (Hrsg.), VwGO, Vorbem. § 113 (Grundwerk 1997), Rn. 22; *E. Pache*, Tatbestandliche Abwägung und Beurteilungsspielraum, 2001, S. 69f. m. w. N. Vgl. aus der Rechtsprechung des BVerfG grundlegend BVerfG, Urt. v. 8.7.1982, 2 BvR 1187/80, BVerfGE 61, 82 – *Sasbach*, Rn. 79 (juris); Beschl. v. 16.12.1992, 1 BvR 167/87, BVerfGE 88, 40 (61) – *Private Grundschulen*, Rn. 55 (juris); Urt. v. 20.02.2001, 2 BvR 1444/00, BVerfGE 103, 142 (156f.) – *Gefahr im Verzug*, Rn. 51 (juris); Urt. v. 23.05.2006, 1 BvR 2530/04, BVerfGE 116, 1 (18) – *Insolvenzverwalter*, Rn. 47 (juris); Beschl. v. 31.5.2011, 1 BvR 857/07, BVerfGE 129, 1 – *Investitionszulagengesetz I*, Rn. 73 (juris); Beschl. v. 8.12.2011, 1 BvR 1932/08, NVwZ 2012, S. 694 – *Nachprüfbarkeit von Regulierungsverfügungen*, Rn. 23 (juris). Aus der Rechtsprechung des BVerwG vgl. namentlich BVerwG, Urt. v. 26.03.1981, 3 C 134/79, BVerwGE 62, 86, Rn. 50 (juris); Urt. v. 26.11.1992, 7 C 20/92, BVerwGE 91, 211, Rn. 16 (juris); Urt. v. 16.5.2007, 3 C 8/06, BVerwGE 129, 27, Rn. 26 (juris); Urt. v. Urt. v. 2.4.2008, 6 C 15/07, BVerwGE 131, 41, Rn. 20 (juris); Urt. v. 23.11.2011, 6 C 11/10, NVwZ 2012, 1047, Rn. 37 (juris).

[20] Das schließt verfassungsunmittelbar konstituierte bzw. legitimierte Verwaltungsspielräume indes nicht von vornherein aus. Die Frage ausdrücklich offen lassend BVerfG, Beschl. v. 31.5.2011, 1 BvR 857/07, BVerfGE 129, 1 – *Investitionszulagengesetz I*, Rn. 76 (juris). Zur Verwaltung jenseits des Bereichs des Gesetzesvorbehaltes, vgl. *H.A. Wolff*, in: Sodan/Ziekow (Hrsg.), VwGO, 4. Aufl. 2014, § 114, Rn. 52ff. u. 68ff. sowie 72.

[21] Die Frage stellt sich insbesondere auch mit Blick auf die Kontrollparameter, vgl. S. 374ff.

[22] Vgl. bereits S. 93ff.

[23] Vgl. aus dem Blickwinkel der Rechtsetzungsbefugnisse der Gubernative *A. v. Bogdandy*, Gubernative Rechtsetzung, 2000, S. 261ff.

Allerdings besteht auch im Rahmen eines Mehrebenensystems jedenfalls dann die Notwendigkeit einer rechtsnormativen Ermächtigung, wenn die jeweiligen (Teil-)Ordnungen für sich genommen eine Gewalten- und Legitimationsordnung ausbilden, die grundsätzlich der *Legislative* den ersten Zugriff auf die Entscheidung über Art und Ausmaß behördlicher Selbstprogrammierung zuweist. In den untersuchungsgegenständlichen Rechtsgebieten ist dies, trotz Abweichungen im Detail, grundsätzlich der Fall. Das gilt zunächst einmal für Deutschland. Hier fordert das *BVerfG* zumindest im Ausgangspunkt eine ausdrückliche oder jedenfalls durch Auslegung zu ermittelnde gesetzliche Grundlage für ein administratives Letztentscheidungsrecht, auch wenn es die damit einhergehende Gestaltungsmacht des Gesetzgebers im gleichen Atemzug durch die Rechtsschutzgarantie des Art. 19 Abs. 4 S. 1 GG in verfassungsrechtliche Schranken verweist.[24] Aber auch der *EuGH* rückt bei der Anerkennung administrativer Entscheidungsspielräume in jüngerer Zeit zunehmend – und ausdrücklich – die gesetzgeberische Gestaltungsentscheidung und die dahinter stehende „Absicht des Unionsgesetzgebers“ ins Zentrum seiner Argumentation.[25] Funktionelle oder effektivitätsbezogene Argumente treten demgegenüber in den Hintergrund.

Die Schwierigkeiten beginnen freilich dort, wo „Ebenenkopplungen“ im Sinne von arbeitsteiligen, ggf. aber auch konkurrierenden Strukturen entstehen, aufgrund derer legislative, exekutive und judikative Formen der Rechtserzeugung nicht auf jeder Ebene jeweils neu bzw. vollständig durchlaufen werden müssen.[26] Mit Blick auf die Spielraumbegründung relevant wird ein dergestalt arbeitsteiliges, potenziell aber in Konkurrenz umschlagendes Zusammenwirken vor allem im Bereich gestufter Rechtsetzung durch die auf unterschiedlichen Ebenen angesiedelten rechtsetzenden Organe.[27] Im Europäischen Verwaltungsverbund ist dies insbesondere im Rahmen der geteilten Kompetenzen i. S. d. Art. 2 Abs. 2 i. V. m. Art. 4 AEUV der Fall, denen sowohl der migrationsrechtlich einschlägige Raum der Freiheit, der Sicherheit und des Rechts[28] als auch der regulierungsrechtlich zentrale Binnenmarktbereich[29] unterfallen.

[24] BVerfG, Beschl. v. 31.5.2011, 1 BvR 857/07, BVerfGE 129, 1 – *Investitionszulagengesetz I*, Rn. 74 f. (juris). Näher zu Art. 19 Abs. 4 GG S. 410 ff.

[25] So EuGH, Urt. v. 19.12.2013, Rs. C-84/12 – *Koushkaki*, Rn. 61 für den Bereich des Visumrechts.

[26] *C. Möllers*, Gewaltengliederung, 2005, S. 331.

[27] Dass dies nicht zwingend die Legislative sein muss, veranschaulicht das Beispiel Frankreichs, vgl. *N. Marsch*, Rechtsetzung, in: ders./Vilain/Wendel (Hrsg.), Französisches und Deutsches Verfassungsrecht, 2015, § 5, Rn. 9 ff.

[28] Art. 4 Abs. 2 lit. j) AEUV.

[29] Art. 4 Abs. 2 lit. a) AEUV.

Die Rechtsquellenpluralität verstärkt zunächst das der normativen Ermächtigungslehre von Beginn an vorgehaltene,[30] freilich handhabbare[31] *Methodenproblem*, die gesetzgeberische Intention im Wege der Auslegung zu ermitteln. Ist die Annahme eines ermessensbegründenden gesetzgeberischen Willens bereits im innerstaatlichen Raum häufig nicht weit von Konstruktion entfernt, droht sie im Mehrebenensystem, so scheint es zumindest auf den ersten flüchtigen Blick, gänzlich zur Fiktion zu werden. Hinzu treten Herausforderungen, die sich innerhalb des ordnungsstiftenden Rahmens einer einzigen Rechtsordnung in dieser Form nicht stellen. Welche Rechtsschicht erweist sich am Ende als determinierend für den Verwaltungsspielraum bzw. die Spielraumbegründung? Dabei muss es nicht zwingend um die Relation von legislativ erzeugtem Recht unterschiedlicher Ebenen gehen. Auch normative Einwirkungen anderer Art, etwa durch die EMRK oder Unionsgrundrechte, können unter dem Gesichtspunkt der Spielraumbegründung Relevanz gewinnen. Im Übrigen ist genau zwischen den einzelnen Vollzugsmodi zu trennen, d.h. zu klären, ob unmittelbar anwendbares Unionsrecht vollzogen wird oder ob es sich um den Vollzug eines nationalen Umsetzungsrechtsaktes handelt, der seinerseits in Umsetzung von unions- bzw. völkerrechtlichen Vorgaben erlassen wurde.

Neben dem Methoden- weist schließlich auch das *Kompetenzproblem* eine gesteigerte Komplexität auf. Das gilt insbesondere dort, wo die ansonsten regelmäßig vorherrschende Gewaltenneutralität zwischen den Ebenen durchbrochen wird, d.h., wo das Recht der Ebene A unmittelbare oder mittelbare Vorgaben über die Gewaltenzuordnung der Ebene B trifft. So stellt beispielsweise der Unionsgesetzgeber explizite organisations- und befugnisbezogene Vorgaben für die nationale Regulierungsverwaltung auf und beschränkt damit gleichzeitig den Gestaltungsrahmen der nationalen Legislative.[32] In bestimmten Fällen treten das Erfordernis einer reduzierten Kontrolldichte und damit die (partielle) Abschirmung der nationalen Verwaltung gegenüber der Judikative hinzu. Auf diese Weise wirkt die Legislative der EU-Ebene gewissermaßen diagonal, weil zugleich gewalten- und ebenenübergreifend, auf das innerstaatliche Verhältnis zwischen Exekutive und Legislative bzw. Exekutive und Judikative ein. Dies kann entweder im direkten Zugriff durch eine unmittelbar anwendbare Verordnung erfolgen oder durch eine Richtlinie – und damit vermittelt über den nationalen Gesetzgeber. Gleich ist beiden Konstellationen allerdings, dass die legislative Grundentscheidung über die Zuerkennung eines administrativen Letztentscheidungsrechts bereits auf unionaler Ebene erfolgt. Hier hilft auch der

[30] So namentlich *F. Ossenbühl*, Gedanken zur Kontrolldichte in der verwaltungsgerichtlichen Rechtsprechung, in: FS Redeker, 1993, S. 55 (63). Bilanzierend *E. Pache*, Tatbestandliche Abwägung und Beurteilungsspielraum, 2001, S. 75f.

[31] *M. Jestaedt*, Maßstäbe des Verwaltungshandelns, in: Ehlers/Pünder (Hrsg.), Allgemeines Verwaltungsrecht, 15. Aufl. 2016, § 11, Rn. 35f.

[32] Im Einzelnen S. 225ff. und 237ff.

Verweis auf die nationale Verfahrensautonomie nicht weiter, da diese unionsrechtlich lediglich als rechtsempirischer Normalfall vorausgesetzt, nicht aber als normativer Grundsatz präskriptiv vorgegeben wird.[33] Insoweit kommt es auf eine genaue Prüfung des kompetenzrechtlichen Rahmens und des auf dieser Grundlage legislativ erzeugten Rechts an.

All dies führt zu Herausforderungen und Komplexitätszuwächsen, die im Folgenden zunächst mit Blick auf die ebenenübergreifende Herstellung von Einzelfallgerechtigkeit am Beispiel des Ausweisungsrechts und anschließend in Bezug auf die mehrebenenspezifische Verwirklichung des behördlichen Gestaltungsauftrags am Beispiel des TK-Rechts erörtert werden.

II. Ebenenübergreifende Herstellung von Einzelfallgerechtigkeit

Die erste klassische Stoßrichtung administrativer Entscheidungsspielräume liegt in der Herstellung von *Einzelfallgerechtigkeit*, genauer, von konkret-individueller Rechtserzeugung im Einzelfall.[34] In den ordnungsrechtlich geprägten Teilen des Migrationsverwaltungsrechts ist die Ausrichtung auf die Einzelfallentscheidung und die damit in den Worten von *Christoph Gusy* einhergehende Maßstabsverschiebung „von der Normgerechtigkeit zur Fallgerechtigkeit"[35] schlechthin tragendes Motiv für den weitreichenden Einsatz diskretionärer Normstrukturen.[36] Gleichermaßen zeichnen sich in diesem Rechtsgebiet aber

[33] Vgl. S. 89ff.

[34] Klassisch *A. Merkl*, Allgemeines Verwaltungsrecht, 1927 (Nachdr. 1999), S. 152 („den besonderen Bedürfnissen des Einzelfalles Rechnung ... tragen"). Zuvor in Ansätzen bereits *O. Mayer*, Deutsches Verwaltungsrecht I, 3. Aufl. 1924 (Nachdr. 2004), S. 99, indes unter Rekurs auf einen außerrechtlich konnotierten Billigkeitsbegriff. Zu diesem näher *I. Pernice*, Billigkeit und Härteklauseln im öffentlichen Recht, 1991, S. 154. Für das europäische Verwaltungsrecht *J. Schwarze*, Europäisches Verwaltungsrecht, 2. Aufl. 2005, S. 437; *T. v. Danwitz*, Europäisches Verwaltungsrecht, 2008, S. 363. Aus der Literatur der Bundesrepublik vgl. namentlich *O. Bachof*, Beurteilungsspielraum, Ermessen und unbestimmter Rechtsbegriff im Verwaltungsrecht, JZ 1955, S. 97 (98); *M. Bullinger*, Das Ermessen der öffentlichen Verwaltung, JZ 1984, S. 1001 (1007); *H. Maurer*, Allgemeines Verwaltungsrecht, 18. Aufl. 2011, § 7, Rn. 13; *E. Pache*, Tatbestandliche Abwägung und Beurteilungsspielraum, 2001, S. 23f., jeweils m.w.N. Für das amerikanische Verfassungsrecht vgl. *K.C. Davis*, Discretionary Justice, 1969, S. 17. Aus der Rechtsprechung in Deutschland besonders prononciert BVerwG, Beschl. v. 5.5.2014, 6 B 47/13, NVwZ 2014, 1034, Rn. 8 (juris) im Kontext des Regulierungsrechts: „Hierbei handelt es sich um den typischen Fall eines auf den Rechtsfolgenausspruch bezogenen sogenannten allgemeinen Ermessens, das vor allem der Einzelfallgerechtigkeit dient. Der Bundesnetzagentur soll ermöglicht werden, unter Berücksichtigung des Gesetzeszwecks einerseits und der konkreten Umstände andererseits eine dem Einzelfall angemessene und sachgerechte Entscheidung zu treffen, in die insbesondere auch Zweckmäßigkeits- und Billigkeitserwägungen einfließen können."

[35] *C. Gusy*, Ermessen und Ermessensbindung im Ausländerrecht, VBlBW 1984, S. 393 (396): „Nicht abstrakte Regelgerechtigkeit, sondern konkrete Einzelfallgerechtigkeit ist das oberste Kriterium jeder Entscheidung".

[36] Für die historische Entwicklung der Regelungsdichte im Migrationsverwaltungsrecht

auch die mehrebenenspezifischen Herausforderungen und Grenzen einer Spielraumbegründung zum Zweck *ebenenübergreifender* Einzelfallgerechtigkeit ab.

1. Spielraummetamorphosen im Recht der Ausweisung

Innerhalb des Migrationsverwaltungsrechts lässt sich die Mehrebenenproblematik administrativer Einzelfallgerechtigkeit anhand keines Beispiels so prägnant veranschaulichen, wie anhand des Rechts der Ausweisung. Obgleich zahlreiche andere Kernregelungen des deutschen Migrationsverwaltungsrechts ebenfalls durch administrative Entscheidungsspielräume geprägt werden,[37] sind die Regelungstechniken des deutschen Ausweisungsrechts in ihrer Entwicklungsgeschichte wie in keinem anderen Bereich durch einen fortlaufenden und zugleich signifikanten Wandel gekennzeichnet.

Diese Spielraummetamorphosen gehen in beträchtlichem Umfang auf die Verarbeitung ebenenübergreifender Rechtsimpulse zurück. Für das Anliegen der vorliegenden Untersuchung besonders aufschlussreich ist, dass der Einsatz administrativer Entscheidungsspielräume im Ausweisungsrecht nahezu alle denkbaren Stadien bzw. Regelungsmodelle durchlaufen hat: zunächst regelungstechnische Dominanz der Ermessensentscheidung, sodann sektorielles Zurückweichen durch ein gesetzlich vorstrukturiertes Stufensystem, gefolgt von mehrebenenspezifischen Ermessenserweiterungen seitens der Rechtsprechung bis hin zur Ablösung durch ein Modell tatbestandlicher Abwägung im Jahr 2016. Die Geschichte des Ausweisungsrechts ist eine Geschichte von Abschieden und Neuanfängen, ein Prozess von *trial and error.* Sie gibt zugleich Einblicke in die jeweils gesetzgeberisch verfolgten Zielstellungen und lässt retrospektiv Rückschlüsse auf die Funktionsadäquanz der gewählten Regelungstechniken zu. Einen besonderen Erkenntnisgewinn verspricht ihre Analyse namentlich dort, wo es um die Eignung administrativer Entscheidungsspielräume als Instrument der Einzelfallgerechtigkeit in einem durch rechtliche Vorgaben unterschiedlicher Rechtsordnungszugehörigkeit geprägten Ordnungsrahmen geht.

2. Generalklauselmodell als Ausgangspunkt

Seinen historischen Ausgangspunkt nimmt das moderne Recht der Ausweisung in Deutschland in § 10 Abs. 1 des Ausländergesetzes von 1965.[38] Die als klassische „Kann-Vorschrift" ausgestaltete Norm ermächtigte die Ausländerbehörden zur Ausweisung von Ausländern, wenn bestimmte Tatbestandsvorausset-

---

einschl. der gewandelten Bedeutung administrativer Entscheidungsspielräume vgl. *D. Thym*, Migrationsverwaltungsrecht, 2010, S. 63 ff.

[37] Vgl. bereits S. 104 ff.

[38] Ausländergesetz v. 28.4.1965, BGBl. I, S. 353. Dazu *K. Doehring*, Neuregelungen des deutschen Fremdenrechts durch das Ausländergesetz von 1965, ZaöRV 1965, S. 478 ff.; *F. Franz*,

zungen erfüllt waren, u.a. wenn die betreffende Person die freiheitlich demokratische Grundordnung oder die Sicherheit der Bundesrepublik Deutschland gefährdete, wenn sie wegen einer Straftat verurteilt worden war oder wenn ihre Anwesenheit „erhebliche Belange der Bundesrepublik Deutschland aus anderen Gründen" beeinträchtigte.[39] Kennzeichnendes Merkmal war die Ausgestaltung der Ausweisung als ermessensbasierte Generalklausel[40] mit geringer Regelungsintensität und einem dementsprechend weiten Ermessensspielraum der deutschen Ausländerbehörden.[41]

Darin spiegelte sich die für das damalige Ausländerrecht generell charakteristische Dominanz des rechtsfolgenseitigen Verwaltungsermessens.[42] In vier zentralen, generalklauselartig konzipierten Bestimmungen ermächtigte das AuslG die Verwaltung, über die Erteilung, Verlängerung, Verfestigung und Beschränkung des Aufenthalts nach pflichtgemäßem Ermessen zu entscheiden.[43] Dementsprechend früh übertrug das BVerwG die allgemeinen verwaltungsrechtlichen Ermessensgrundsätze auf das Ausweisungsrecht und stellte fest, eine pflichtgemäße Ermessensausübung erfordere, dass „die Ausländerbehörde die für und gegen eine Ausweisung sprechenden Gründe gegeneinander abwägt".[44] Damit stellte das BVerwG von Beginn an die Abwägung von Ausweisungs- und Bleibeinteressen als zentralen Kern der Ausweisungsentscheidung heraus, wobei es ausdrücklich auch generalpräventive Erwägungen zu den legitimerweise heranzuziehenden Abwägungsgesichtspunkten zählte.[45]

Zur Reform des Ausländer-Polizeirechts, DVBl. 1963, S. 797 ff. Zuvor galt noch die Ausländerpolizeiverordnung (APVO) v. 22.8.1938, RGBl. I, S. 1053, in welcher die Ausweisung ebenfalls als Ermessensnorm ausgestaltet war. Näher zur Entwicklungsgeschichte des Ausweisungsrechts *J. Ziekow*, Über Freizügigkeit und Aufenthalt, 1997, S. 308 ff. sowie *A. Kießling*, Die Abwehr terroristischer und extremistischer Gefahren durch Ausweisung, 2012, S. 57 ff., auch unter Hinweis auf Kontinuitätslinien zu den vorausgehenden Regelungssystemen.

39 Zur verfassungsrechtlichen Problematik der hinreichenden Bestimmtheit des Begriffs „erhebliche Belange der Bundesrepublik Deutschland" vgl. (die Verfassungskonformität) bejahend BVerfG, Beschl. v. 18.7.1973, 1 BvR 23, 155/73, BVerfGE 35, 382 (400) – *Palästinenserbeschluss*, Rn. 62 (juris).

40 Näher zum Begriff *H. Wißmann,* Generalklauseln. Verwaltungsbefugnisse zwischen Gesetzmäßigkeit und offenen Normen, 2008, S. 1 ff.

41 Vgl. im Rückblick *K. Hailbronner*, Das Gesetz zur Neuregelung des Ausländerrechts, NJW 1990, S. 2153 (2157).

42 Dazu im Einzelnen *E. Schüler,* Die Ermessensentscheidung der Ausländerbehörde, 1974, S. 204 ff. (speziell in Bezug auf die Ausweisung) sowie *K. Doehring*, Neuregelungen des deutschen Fremdenrechts durch das Ausländergesetz von 1965, ZaöRV 1965, S. 478 (485 ff.). Zu Grenzen *H. Rittstieg*, Grenzen ausländerbehördlichen Ermessens, JZ 1971, S. 113 ff.

43 So die Analyse des Reformgesetzgebers im Jahr 1990, vgl. BT-Drs. 11/6321, S. 40.

44 BVerwG, Urt. v. 5.3.1968, I C 64/66.

45 BVerwG, Urt. v. 16.6.1970, I C 47/69, BVerwGE 35, 291 (293 f.), Rn. 10 (juris), wobei es die Rechtsauffassung der Vorinstanzen bestätigte, dass die Ausländerbehörde ihr Ermessen im konkreten Fall fehlerhaft ausgeübt hatte (ebd., Rn. 15 f.). Die Zulässigkeit generalpräventiver Ausweisungen wurde in der Folge immer wieder bestätigt, vgl. aus der jüngeren Zeit insbesondere BVerwG, Urt. v. 14.2.2012, 1 C 7/11, BVerwGE 142, 29, Rn. 17 ff. Auch das BVerfG bestätigte die Ermessensausweisung aus generalpräventiven Gründen, vgl. BVerfG, Urt. v.

3. Legislatives Stufenmodell der Ist-, Regel- und Ermessensausweisung

Der berechtigten Kritik, die Legislative dürfe derart grundlegende Bereiche des Migrationsrechts mit Blick auf Wesentlichkeitslehre und Parlamentsvorbehalt nicht weitgehend der Verwaltung überlassen[46] und müsse die „lakonische Knappheit“ des AuslG überwinden[47] begegnete der Bundesgesetzgeber im Jahr 1990 – auch unter Gesichtspunkten der Rechtssicherheit und Bundeseinheitlichkeit[48] – mit der Einführung eines abgestuften Systems der *Ist-, Regel- und Ermessensausweisung*. Dieses stellte in seiner legislativen Vorstrukturierung letztlich eine Ausprägung abstrakt-genereller Verhältnismäßigkeitserwägungen dar.[49] Das zunächst in den §§45 des AuslG von 1990 niedergelegte System[50] wurde zum 1. Januar 2005 durch das Regelungspaket des Zuwanderungsgesetzes[51] in die §§53 des AufenthG überführt. Auch mit Blick auf die Umsetzung der einschlägigen unionsrechtlichen Richtlinien hielt der Gesetzgeber im Jahr 2007 bewusst daran fest.[52]

Kern des Stufensystems ist die Verknüpfung bestimmter, gesetzlich vorgewichteter Ausweisungsgründe mit einem abgestuften Rechtsfolgenregime.[53] Die Abwägung zwischen Ausweisungs- und Bleibeinteressen wurde in Teilbereichen typisiert vorweggenommen, das vormals dominierende Verwaltungsermessen in diesem Umfang zurückgedrängt. Am entschiedensten erfolgte die legislative Programmierung durch das Instrument der *zwingenden Ausweisung* bzw. *Ist-Ausweisung* (§ 53 AufenthG a.F.). Mit ihr knüpfte der Gesetzgeber aus spezial- bzw. generalpräventiven Gründen an Tatbestände von besonderer Schwere eine zwingende Ausweisung auf Rechtsfolgenseite und beließ der Ausländerbehörde insoweit keinen Raum mehr für eine eigenständige Gefahren-

---

17.1.1979, 1 BvR 241/77, BVerfGE 50, 166 (175f.), Rn. 43f. (juris) Freilich ist die Ausweisung aus generalpräventiven Gründen seit jeher umstritten, vgl. *S. Beichel*, Ausweisungsschutz und Verfassung, 2001, S. 50f.; *I. Bauer*, in: Bergmann/Dienelt (Hrsg.), Ausländerrecht, 11. Aufl. 2016, Vorb §§53–56 AufenthG, Rn. 3, jeweils m.w.N.

[46] Allgemein für das Ausländerrecht *C. Gusy*, Ermessen und Ermessensbindung im Ausländerrecht, VBlBW 1984, S. 393 (397).

[47] Vgl. BT-Drs. 11/6321, S. 40.

[48] Ebd., S. 1.

[49] *I. Kraft*, Die Rechtsprechung des BVerwG zur Ausweisung im Ausländerrecht, DVBl. 2013, S. 1219 (1224).

[50] Gesetz zur Neuregelung des Ausländerrechts v. 9.7.1990, BGBl 1990 I, S. 1354. Näher zum Ausweisungsregime *B. Huber*, Das neue Ausländerrecht, NVwZ 1990, S. 1113 (1118f.) *K. Hailbronner*, Das Gesetz zur Neuregelung des Ausländerrechts, NJW 1990, S. 2153 (2157ff.).

[51] Gesetz zur Steuerung und Begrenzung der Zuwanderung und zur Regelung des Aufenthalts und der Integration von Unionsbürgern und Ausländern v. 20.6.2002, BGBl. I S. 1946. Zur Reform *B. Huber*, Das Zuwanderungsgesetz, NVwZ 2005, S. 1ff. Speziell unter steuerungsrechtlichem Blickwinkel *J. Bast*, Aufenthaltsrecht und Migrationssteuerung, 2011, S. 6ff.

[52] BGBl. 2007 I, S. 1970 (1982) unter Erweiterung des besonderen Ausweisungsschutzes für Personen mit Daueraufenthaltsrecht nach der RL 2003/109. Zum Konzept des besonderen Ausweisungsschutzes s. sogleich.

[53] Vgl. BT-Drs. 11/6231, S. 50.

prognose[54] bzw. Interessenabwägung.[55] Wer beispielsweise wegen einer oder mehrerer vorsätzlicher Straftaten rechtskräftig zu einer Freiheitsstrafe von mindestens drei Jahren verurteilt worden war, *war* nach § 53 Nr. 1 AufenthG a. F. auszuweisen. Die gesetzliche Gewichtung des Ausweisungsinteresses schlug insoweit zwingend auf die Rechtsfolgenseite durch.

Die zweite Stufe bildete die *Ausweisung im Regelfall* (§ 54 AufenthG a. F.). In ihren Anwendungsbereich fielen Ausweisungsgründe, die der Gesetzgeber zwar als schwerwiegend, gleichwohl aber als weniger gravierend wie die Tatbestände des § 55 AufenthG a. F. eingestuft hatte. Wie bei der Ist-Ausweisung nahm der Gesetzgeber die Gefahrenprognose bzw. die Gewichtung der Ausweisung- und Bleibegründe insoweit selbst vorweg, beschränkte sich rechtsfolgenseitig aber darauf, dass die betreffenden Person nur „in der Regel" auszuweisen war.[56] Der Ausländerbehörde verblieb demzufolge die – gerichtlich voll überprüfbare[57] – Entscheidung über das Vorliegen eines Ausnahmefalles. Einen solchen nahm das BVerwG klassischerweise in zwei Fallgruppen an: zum einen bei Vorliegen atypischer Umstände, die als so bedeutsam anzusehen waren, dass sie das ansonsten ausschlaggebende Gewicht der gesetzlichen Regelung beseitigten; zum anderen, wenn der Ausweisung – auch unter Berücksichtigung des besonderen Ausweisungsschutzes[58] – höherrangiges Recht entgegenstand.[59]

Auf der dritten Stufe schließlich stand als „Grundtatbestand"[60] der Ausweisung die sog. *Ermessensausweisung* (§ 55 AufenthG a. F.). Die Norm erlaubte die Ausweisung unter bestimmten, in ihrem Abs. 2 nicht abschließend aufgezählten Gesichtspunkten auf Grundlage einer pflichtgemäßen behördlichen Ermessensausübung unter Einbeziehung aller Umstände des Einzelfalles.[61] Durch die Flexibilität auf Rechtsfolgenseite war die Ermessensausweisung nach dem Willen des Gesetzgebers die Herstellung von Einzelfallgerechtigkeit unter Einbeziehung aller konkreten Umstände des individuellen Falles gerichtet.[62] Als

---

54 Soweit die Grundsätze des Gefahrenabwehrrechts greifen. Zur Reichweite polizeirechtlicher Strukturen im Ausweisungsrecht vgl. jüngst *A. Kießling*, Fremdenpolizeirecht im Rechtsstaat(?) – Zu Herkunft und Zukunft des Ausweisungsrechts, ZAR 2016, S. 45 (46 ff.).

55 *I. Bauer*, in: Bergmann/Dienelt (Hrsg.), Ausländerrecht. Kommentar, 11. Aufl. 2016, Vorb §§ 53–56 AufenthG, Rn. 2.

56 Ebd., Rn. 5.

57 Ständ. Rspr., vgl. BVerwG, Urt. v. 19.11.1996, 1 C 25/94, DVBl. 1997, S. 899, Rn. 34 (juris): „Rechtsfrage"; Urt. v. 26.2.2002, 1 C 21/00, BVerwGE 116, 55 (64 f.), Rn. 24 (juris); Urt. v. 23.10.2007, 1 C 10/07, BVerwGE 129, 367, Rn. 23 (juris).

58 Dazu sogleich.

59 BVerwG, Urt. v. 29.9.1998, 1 C 8/96, Rn. 24 (juris); BVerwG, Urt. v. 26.2.2002, 1 C 21/00, BVerwGE 116, 55 (64 f.), Rn. 24 (juris). In der Rückschau auch BVerwG, Urt. v. 23.10.2007, 1 C 10/07, BVerwGE 129, 367, Rn. 23 f. (juris).

60 Die Gesetzesbegründung spricht insoweit von „Grundtatbestand", BT-Drs. 11/6321, S. 50.

61 BVerwG, Urt. v. 19.11.1999, 1 C 6/95, BVerwGE 102, 249 (253), Rn. 26 (juris).

62 BT-Drs. 11/6321, S. 50 („unter Berücksichtigung aller Umstände des Einzelfalles").

Ermessensschranken erlangten in der Praxis insbesondere familiäre Belange (Art. 6 GG, Art. 8 EMRK, Art. 7 GRCh)[63] sowie selbstredend der Verhältnismäßigkeitsgrundsatz[64] herausragende Bedeutung.[65]

Einen wichtigen Baustein des Stufensystems bildete ferner der *besondere Ausweisungsschutz* (§ 56 AufenthG a. F.). Dieses Instrument gewährte Personengruppen mit verfestigtem Aufenthaltsstaus, besonderen familiären Bindungen oder besonderer Schutzbedürftigkeit[66] sowohl eine Privilegierung auf Tatbestandsseite durch das zusätzliche Erfordernis schwerwiegender Gründe als auch auf Rechtsfolgenseite durch Verschiebung auf die jeweils nächstniedrigere und damit weniger strenge Ausweisungsstufe.[67] Waren die Voraussetzungen der zwingenden Ausweisung erfüllt, erfolgte im Anwendungsbereich des besonderen Ausweisungsschutzes nur eine Ausweisung im Regelfall (§ 56 Abs. 1 S. 4 AufenthG a. F.). Lagen die Voraussetzungen der Regelausweisung vor, durfte die Ausweisung für die betreffenden Personengruppen allein nach Ermessen erfolgen (§ 56 Abs. 1 S. 5 AufenthG a. F.). Der besondere Ausweisungsschutz stellte damit eine weitere, abermals unter abstrakt-generellen Verhältnismäßigkeitsgesichtspunkten zu verstehende, Ausdifferenzierung des Stufensystems dar.

Zusammenfassend lässt sich festhalten, dass die einzelnen Stufen des Ausweisungsrechts durch einen jeweils unterschiedlichen Grad an Normdichte bzw. „Normverknüpfung"[68] gekennzeichnet waren. Im Ergebnis wurde die vormals alles dominierende Ermessensausweisung in wichtigen Fallgestaltungen zugunsten einer gebundenen Entscheidung bzw. einer Regelentscheidung zurück-

---

63 Die Rechtsprechung beginnt hier bereits im Jahre 1956, vgl. BVerwG, Urt. v. 25.10.1956, 1 C 58/56. Für einen Überblick über die vgl. *I. Kraft*, Die Rechtsprechung des BVerwG zur Ausweisung im Ausländerrecht, DVBl. 2013, S. 1219 (1223).

64 Vgl. bereits für die alte Rechtslage der APVO BVerwG, Urt. v. 27.1.1959, 1 C 192/58.

65 Beides fällt rechtsdogmatisch freilich regelmäßig zusammen, vgl. etwa BVerwG, Urt. v. 27.8.1996, 1 C 8/94, BVerwGE 102, 12 (19f.), Rn. 35ff. (juris) in Bezug auf eine Versagung der Verlängerung der Aufenthaltserlaubnis.

66 In den Anwendungsbereich der Norm fielen Ausländer, die (1) eine Niederlassungserlaubnis besaßen und sich seit mindestens fünf Jahren rechtmäßig im Bundesgebiet aufgehalten hatten, (1a) eine Erlaubnis zum Daueraufenthalt-EU besaßen, (2) eine Aufenthaltserlaubnis besaßen und im Bundesgebiet geboren oder als Minderjähriger in das Bundesgebiet eingereist ist und sich mindestens fünf Jahre rechtmäßig im Bundesgebiet aufgehalten hatten, (3) eine Aufenthaltserlaubnis besaßen, sich mindestens fünf Jahre rechtmäßig im Bundesgebiet aufgehalten hatten und mit einem der in den Nummern 1 bis 2 bezeichneten Ausländer in ehelicher oder lebenspartnerschaftlicher Lebensgemeinschaft lebten, (4) mit einem deutschen Familienangehörigen oder Lebenspartner in familiärer oder lebenspartnerschaftlicher Lebensgemeinschaft lebten, (5) als Asylberechtigter anerkannt waren, im Bundesgebiet die Rechtsstellung eines ausländischen Flüchtlings genossen oder einen von einer deutschen Behörde ausgestellten Reiseausweis nach der GFK besaßen.

67 Vgl. *I. Bauer*, in: Bergmann/Dienelt (Hrsg.), Ausländerrecht, 11. Aufl. 2016, Vorb §§ 53–56 AufenthG, Rn. 8. Für eine gleichwohl kritische Einschätzung vgl. *S. Beichel*, Ausweisungsschutz und Verfassung, 2001, S. 115ff.

68 Vgl. *I. Kraft*, Neuere Rechtsprechung des Bundesverwaltungsgerichts zum Ausländer- und Asylrecht, ZAR 2009, S. 41 (43).

gedrängt. Wie deutlich aus der Gesetzesbegründung hervorgeht, bezweckte dieser Schritt eine legislative Eindämmung von administrativen Entscheidungsspielräumen. Aus Sicht des Gesetzgebers bestand die „Notwendigkeit, durch genauere und detailliertere gesetzliche Vorgaben die Ermessensspielräume der Verwaltung im Interesse sowohl der Rechts- und Erwartenssicherheit der Ausländer als auch einer einheitlichen Entscheidungsfindung einzugrenzen.“[69] Administrative Entscheidungsfreiheit[70] wich gesetzgeberischer Programmierung.

4. *Mehrebenenspezifische Überformung des Ermessensmodells*

In der Folge wurde dieses abgestufte System dem im Völker- und Unionsrecht zunehmend ausgeprägten Erfordernis von Einzelfallprüfungen immer weniger gerecht. Die gesetzliche Typisierung lief der Vorgabe einer Einzelfallprüfung in Teilen geradezu diametral zuwider. Die primär vom EGMR ausgehenden und vom BVerfG sodann für die deutsche Rechtsordnung verfassungsrechtlich gefilterten Rufe nach Einzelfallprüfungen in bestimmten Ausweisungskonstellationen veranlassten das BVerwG im Jahr 2007 zu einer judikativen Korrektur, in deren Zuge die Ermessensausweisung als Modus der Einzelfallgerechtigkeit signifikant in ihrem Anwendungsbereich erweitert wurde.[71] Wurde der vorausgehende legislative Evolutionsschub in Gestalt der Einführung des Stufensystems hauptsächlich auf innerstaatliche Erwägungen gestützt,[72] ging diese judikative Reform vor allem auf materielle Vorgaben des Völker- und Unionsrechts zurück, war also im Kern eine mehrebenenspezifisch motivierte. Diese ebenenübergreifenden Impulse gingen indes – dieser wichtige und für die Erkenntnisgewinnung der Untersuchung höchst aufschlussreiche Unterschied zum Regulierungsrecht sei gleich vorab benannt – weniger von legislativ erzeugtem Recht der übergeordneten (völkerrechtlichen bzw. unionsrechtlichen) Ebene als vielmehr von grund- und menschenrechtlichen Elementargarantien in ihrer Auslegung durch die Rechtsprechung aus.

---

[69] BT-Drs. 11/6321, S. 40. Vgl. zudem ebd., S. 1 (wonach „das Ermessen, soweit wie möglich und vertretbar, ausgeschlossen werden“ soll) und S. 43 („Ermessensbeschränkungen“).

[70] Freilich nicht verstanden als umfassende, sondern stets rechtlich gerahmte.

[71] BVerwG, Urt. v. 23.10.2007, 1 C 10/07, BVerwGE 129, 367. Hierzu *D. Thym*, Abschied von Ist- und Regelausweisung bei Verwurzelung, DVBl. 2008, 1346 ff.; *M. Hoppe*, Neuere Tendenzen in der Rechtsprechung zur Aufenthaltsbeendigung?, ZAR 2008, S. 251 ff.; *W. Kluth*, Anwesenheit und Zugehörigkeit, ZAR 2009, S. 381 (382 ff.); *T. Roeser*, Die Rechtsprechung des Bundesverfassungsgerichts zum Grundrecht auf Asyl zum Ausländerrecht (einschließlich Auslieferungsrecht) in den Jahren 2007 und 2008, EuGRZ 2009, S. 177 ff.; *K.-G. Mayer*, Systemwechsel im Ausweisungsrecht, VerwArch 2010, S. 482 ff.; I. Kraft, Die Rechtsprechung des BVerwG zur Ausweisung im Ausländerrecht, DVBl. 2013, S. 1219 (1224 f.).

[72] BT-Drs. 11/6321, S. 1, 40 ff. Wie gesehen (Fn. 52), diente das Stufensystem aber auch der Umsetzung von Unionsrecht.

a) Menschenrechtliches Einzelfallerfordernis als Wertungshintergrund

Die judikative Korrektur durch das BVerwG steht in untrennbarem Zusammenhang mit dem Bedeutungszuwachs menschenrechtlicher Kerngarantien im Bereich des Migrationsrechts[73] und der damit einhergehenden Internationalisierungsimpulse.[74] Dies gilt allen voran für Art. 8 EMRK. Den Auftakt setzte der EGMR mit seinen Leitentscheidungen *Berrehab/Niederlande* und *Moustaquim/Belgien*. Hier entschied Straßburg erstmals, dass eine Ausweisung dem Anwendungsbereich von Art. 8 EMRK unterfalle und am Grundsatz der Verhältnismäßigkeit zu messen sei, auch wenn die Vertragsstaaten grundsätzlich das Recht behielten, Einreise und Aufenthalt fremder Staatsbürger in ihrem Hoheitsgebiet zu regeln.[75] In der Folge entwickelte der EGMR seine Artikel-8-Rechtsprechung in zunehmend kasuistisch verzweigter Weise fort.[76] Eine Ausdifferenzierung erfuhr der Anwendungsbereich zum einen, indem die aufenthaltsrechtlichen Implikationen des Schutzes der Kernfamilie klarer von denen des Privatlebens abgeschichtet wurden, wobei dem Privatleben fortan auch der Daueraufenthalt zugeordnet wurde.[77] Zum anderen – und für den vorliegenden Kontext zentral – konturierte der EGMR in seinen Leitentscheidungen *Boultif/Schweiz* und Üner/Niederlande die Anforderungen an die Verhältnismäßigkeit einer staatlichen Ausweisung näher und in durchaus voraussetzungsvoller Weise.[78] Konkret gab er einen Katalog von „Kriterien" – genauer: rechtsnormativ erheblichen Belangen – vor, die im Rahmen der Rechtfertigungsprü-

---

[73] Dazu *A. Nußberger*, Menschenrechtsschutz im Ausländerrecht, NVwZ 2013, S. 1305 ff.; *J. Bast*, Aufenthaltsrecht und Migrationssteuerung, 2011, S. 176 ff.

[74] Vgl. *J. Bast*, Internationalisierung und De-Internationalisierung der Migrationsverwaltung, in: Möllers/Voßkuhle/Walter (Hrsg.), Internationales Verwaltungsrecht, Tübingen 2007, S. 279 (299 ff.), der aber zutreffend zugleich eine De-Internationalisierung durch Europäisierungstendenzen beobachtet (ebd., S. 307 ff.).

[75] EGMR, Urt. v. 21.6.1988, Nr. 10730/84 – *Berrehab/Niederlande*, Rn. 22–27 mit der Feststellung, dass die scheidungsbedingte Aufenthaltsbeendigung eines ausländischen Ehegatten angesichts des tatsächlich ausgeübten Umgangsrechts mit seiner minderjährigen Tochter unverhältnismäßig sei; EGMR (GK), Urt. v. 18.2.1991, Nr. 12313/86, EuGRZ 1993, S. 552 – *Moustaquim/Belgien*, Rn. 34–46 mit der Feststellung eines unverhältnismäßigen Eingriffs in das Familienleben in Bezug auf einen in Belgien aufgewachsenen 21-jährigen Marokkaner, dessen Familienangehörige in Belgien lebten und der in Marokko keine sozialen Kontakte hatte.

[76] Im Einzelnen *M. Eckertz-Höfer*, Neuere Entwicklungen in Gesetzgebung und Rechtsprechung zum Schutz des Privatlebens, ZAR 2008, S. 41 ff. und 93 ff.; *J. Bast*, Aufenthaltsrecht und Migrationssteuerung, 2011, S. 197 ff.; *I. Kraft*, Vom Konflikt zur Konvergenz, NVwZ 2014, S. 969 (970 ff.); *I. Bauer*, in: Bergmann/Dienelt (Hrsg.), Ausländerrecht, 11. Aufl. 2016, Vorb §§ 53–56 AufenthG, Rn. 95 ff.

[77] EGMR (GK), Urt. v. 9.10.2003, Nr. 48321/99 – *Slivenko/Lettland*, Rn. 94 ff. Dazu *D. Thym*, Menschenrecht auf Legalisierung des Aufenthalts?, EuGRZ 2006, S. 541 (542 ff.). Vgl. in der Folge EGMR, Urt. v . 14.6.2011, Nr. 38058/09, NVwZ 2012, S. 947 – *Osman*, Rn. 55.

[78] Prägend EGMR, Urt. v. 2.8.2001, Nr. 54273/00, ZAR 2003, S. 366 – *Boultif/Schweiz*, Rn. 48 sowie EGMR (GK), Urt. v. 18.10.2006, Nr. 46410/99, NVwZ 2007, S. 1279 – Üner/Niederlande, Rn. 57 f.

fung nach Art. 8 Abs. 2 EMRK zu berücksichtigen sind. Speziell für die praktisch relevante Personengruppe faktischer Inländer bzw. im Inland sozial Verwurzelter[79] verlangt die EGMR-Rechtsprechung seither die Einbeziehung eines ganzen Straußes von Abwägungsgesichtspunkten in die Verhältnismäßigkeitsprüfung.[80]

Im Anwendungsbereich des Unionsrechts wirken diese Vorgaben über Art. 52 Abs. 3 GRCh auf die Auslegung des korrespondierenden Unionsgrundrechts in Gestalt von Art. 7 GRCh zurück[81] und nehmen so an dessen Anwendungsvorrang teil. Relevant wird dies vor allem dort, wo sekundärrechtliche Bedingungen für Ausweisungen normiert werden, wie insbesondere in Art. 12 RL 2003/109 in Bezug auf daueraufhältige Drittstaatsangehörige[82] und Art. 28 RL 2004/38 im Hinblick auf Unionsbürger. Letztere unterfallen zwar grundsätzlich nicht mehr dem allgemeinen Ausweisungsregime des AufenthG, da dieses weitgehend von den spezielleren Vorschriften des FreizügG zur Umsetzung der Unionsbürgerrechte verdrängt wird.[83] Allerdings bauen auch die besonderen unionsbürgerschaftlichen Rechtspositionen nach der insoweit expliziten Rechtsprechung des EuGH auf den Vorgaben der EMRK auf.[84]

Art und Umfang der jeweils nicht als abschließend zu verstehenden Straßburger bzw. Luxemburger Abwägungskriterien zeigen, dass ihre hinreichende Berücksichtigung letztlich nur im Wege einer *Prüfung unter Würdigung und Abwägung aller konkreten Umstände des Einzelfalles* zu bewerkstelligen ist. Dieser ebenenübergreifende Impuls in Richtung Einzelfallprüfung erreichte in Deutschland noch vor dem BVerwG das BVerfG, welches die Straßburger Artikel-8-Judikatur in zwei Schritten[85] rezipierte.

---

[79] D.h. Personen, die trotz ausländischer Staatsangehörigkeit im betreffenden EMRK-Vertragsstaat geboren bzw. aufgewachsen waren und kaum Verbindung zum Land ihrer Staatsangehörigkeit hatten.

[80] Vgl. EGMR, Urt. v. 10.7.2003, Nr. 53441/99 – *Benhebba/Frankreich*, Rn. 32f. sowie EGMR (GK), Urt. v. 23.6.2008, Nr. 1638/03, DÖV 2009, S. 37 – *Maslov/Österreich*, Rn. 71 und EGMR, Beschl. v. 22.1.2013, Nr. 66837/11 – *El-Habach/Deutschland*, Rn. 29ff.; EGMR, Urt. v. 23.4.2015, Nr. 38030/12 – *Khan/Deutschland*, Rn. 39.

[81] Vgl. jüngst Schlussanträge des GA *M. Szpunar* v. 4.2.2016, Rs. C-165/14 und C304/14 – *Rendón Marín* u.a., Rn. 172ff. sowie zuvor EuGH, Urt. v. 23.11.2010, Rs. C-145/09 – *Tsakouridis*, Rn. 52.

[82] Vgl. EuGH, Urt. v. 8.12.2011, Rs. C371/08 – *Ziebell*, Rn. 79f. im Sinne eines Mindestschutzes.

[83] § 1 Abs. 2 Nr. 1 AufenthG, § 11 Abs. 1 und 2 FreizügG/EU. Zu den Einzelheiten vgl. *K. Dienelt*, in: Bergmann/Dienelt (Hrsg.), Ausländerrecht, 11. Aufl. 2016, § 6 FreizügG/EU, Rn. 9f. sowie *I. Bauer*, ebd., Vorb §§ 53–56 AufenthG, Rn. 54f.

[84] EuGH, Urt. v. 23.11.2010, Rs. C-145/09 – *Tsakouridis*, Rn. 51–55 m.w.N. und unter ausdrücklicher Einbeziehung des *Maslov*-Urteils (s.o. Fn. 80). Allerdings sind die Vorgaben für Unionsbürger insoweit nochmals strenger als die für Drittstaatsangehörige – eingeschlossen türkische Staatsangehörige, die unter den Assoziationsratsbeschluss 1/80 fallen, EuGH, Urt. v. 8.12.2011, Rs. C371/08 – *Ziebell*, Rn. 69ff.

[85] Vgl. *D. Thym*, Migrationsverwaltungsrecht, 2010, S. 242.

Im ersten Schritt hielt das BVerfG die Verwaltungsgerichte bei verfestigtem Aufenthalt der Betroffenen zu einer gründlicheren Berücksichtigung der EMRK als (unmittelbaren) Prüfungsmaßstab an und verpflichtete sie, auch im Rahmen einer Regel-Ausweisung zu prüfen, ob ein verhältnismäßiger Eingriff in das Recht auf Achtung seines Privatlebens im Sinne des Art. 8 Abs. 2 EMRK vorliege.[86] Anderenfalls sei von einem Ausnahmefall auszugehen.[87] Insbesondere verbiete sich eine Praxis der Anwendung des gesetzlichen Stufensystems und des besonderen Ausweisungsschutzes, „die diejenigen tatsächlichen Umstände, die die Gewährung besonderen Ausweisungsschutzes begründen, nicht mehr dem Grundsatz der Verhältnismäßigkeit entsprechend individuell würdigt, sondern schematisierend ausblendet."[88]

Im zweiten Schritt ließ das BVerfG die Straßburger Rechtsprechung sodann gefiltert in die *deutsche Grundrechtsdogmatik* einfließen, d.h. konkret in die Prüfung der Rechtfertigung eines Eingriffs in die allgemeine Handlungsfreiheit, Art. 2 Abs. 1 GG.[89] Durch die auf Konvergenz gerichtete Auslegung der deutschen Grundrechte am Maßstab der EMRK[90] nahm das BVerfG damit vom Ansatz her bereits seine Leitentscheidung aus dem Jahr 2011 zur nachträglichen Sicherungsverwahrung vorweg.[91] Die Abwägungsvorgaben des Art. 8 EMRK erhielten so letztlich eine verfassungsrechtliche Einkleidung.[92] Ähnlich wie zuvor der EGMR[93] stellte das BVerfG – am Maßstab des im Lichte der EMRK ausgelegten GG – einerseits die grundsätzliche Verfassungskonformität des gestuften Ausweisungssystems fest,[94] unterstrich aber andererseits, dass

[86] BVerfG, Beschl. v. 10.5.2007, 2 BvR 304/07, NVwZ 2007, 946 – *Ausweisungsbeschluss I*, Rn. 38 (juris).

[87] Ebd.

[88] Ebd., Rn. 41.

[89] BVerfG, Beschl. v. 10.8.2007, 2 BvR 535/06, NVwZ 2007, 1300 – *Ausweisungsbeschluss II*, Rn. 19 f. (juris).

[90] Grundlegend *K.-P. Sommermann*, Völkerrechtlich garantierte Menschenrechte als Maßstab der Verfassungskonkretisierung, AöR 114 (1989), S. 391 ff.

[91] BVerfG, Urt. v. 4.5.2011, 2 BvR 2365/09 u.a., BVerfGE 128, 326 (366 ff.) – *Nachträgliche Sicherungsverwahrung II*. Dazu brillant *U. Volkmann*, Fremdbestimmung – Selbstbehauptung – Befreiung, JZ 2011, S. 835 ff.

[92] Zur Bedeutung der EMRK als völkerrechtliche Nebenverfassung grundlegend *C. Tomuschat*, Der Verfassungsstaat im Geflecht der internationalen Beziehungen, VVDStRL 36 (1978), S. 7 (51 f.). Für die innerstaatliche Stellung und konstitutionelle Dimension der EMRK vgl. *C. Walter*, Die EMRK als Konstitutionalisierungsprozeß, ZaöRV 1999, S. 961 ff.; *F. Hoffmeister*, Die EMRK als Grundrechtsverfassung und ihre Bedeutung in Deutschland, Der Staat 40 (2001), S. 349 ff.; *C. Langenfeld*, Die Stellung der EMRK im nationalen Verfassungsrecht der BRD, in: Bröhmer (Hrsg.), Der Grundrechtsschutz in Europa, 2002, S. 95 (96).

[93] EGMR, Urt. v. 6.12.2007, Nr. 69735/01, InfAuslR 2008, S. 111 – *Chair u.a./Deutschland*, Rn. 24, 60 ff. unter Aufrechterhaltung einer generalpräventiv veranlassten Ausweisung. S. zuvor bereits mit Blick auf die Befristungsregelungen EGMR, Urt. v. 28.6.2007, Nr. 31753/02, InfAuslR 2007, S. 325 – *Kaya/Deutschland*, Rn. 68 ff.

[94] BVerfG, Beschl. v. 10.8.2007, 2 BvR 535/06, NVwZ 2007, 1300 – *Ausweisungsbeschluss II*, Rn. 18 (juris).

die Anwendung dieses Systems Behörden und Gerichte nicht davon entbinden dürfe, eine Einzelfallprüfung vorzunehmen. Allein eine solche stelle sicher, dass die Verhältnismäßigkeit hinsichtlich der konkreten Lebenssituation der Betroffenen gewahrt werde.[95] Nach Auffassung des BVerfG konnten die typisierenden Bestimmungen, „wie es die gesetzlich ausgeformten Ausweisungstatbestände zwangsläufig sein müssen", bestimmte Umstände des Einzelfalles, im Besonderen soziale bzw. familiäre Bleibeinteressen, nicht oder nur unzureichend erfassen.[96] Auf dieser hybriden, weil aus Völkerrecht und Verfassungsrecht gemeinsam geformten Grundlage hielt Karlsruhe die Behörden und Gerichte im Ergebnis zur Durchführung einer Einzelfallprüfung jenseits der vom Gesetzgeber vorgegebenen Abstufungen an.[97] Dies kommt letztlich einem partiellen Verbot legislativer Vorstrukturierung durch den nationalen Gesetzgeber gleich, das ebenenübergreifend wirkt.

b) Ermessen als Instrument ebenenübergreifender Einzelfallgerechtigkeit

Das BVerwG nahm diese Rechtsprechungsentwicklung zum Anlass, den Anwendungsbereich der behördlichen Ermessensausweisung erheblich auszudehnen, ohne aber den rechtsdogmatischen Rahmen des gesetzlichen Stufensystems gänzlich zu sprengen.[98] Der Leipziger Leitentscheidung lag, wie den vorausgehenden Entscheidungen des EGMR und des BVerfG, die klassische Fallkonstellation eines im Inland geborenen und dort sozial „verwurzelten" Ausländers zugrunde. Die angesichts mehrerer strafrechtlicher Verurteilungen tatbestandlich erfüllte Ist-Ausweisung war wegen des besonderen Ausweisungsschutzes zur Regel-Ausweisung herabgestuft, was folglich die Frage nach dem Vorliegen eines Ausnahmefalles aufwarf. Mit Blick auf die aus Sicht des BVerwG nunmehr „erkennbar gewachsene Bedeutung" von Art. 8 EMRK im Rahmen der Verhältnismäßigkeitsprüfung senkte das BVerwG die Voraussetzungen für die Annahme eines Ausnahmefalles ab und forderte im konkreten Fall eine Ermessensbetätigung der zuständigen Ausländerbehörde ein. Ein Ausnahmefall und damit die „Notwendigkeit einer behördlichen Ermessensentscheidung" seien bereits dann anzunehmen, wenn Belange des Ausländers, die durch höherrangiges Recht oder Vorschriften der EMRK geschützt werden, „eine Einzelfallwürdigung unter Berücksichtigung der Gesamtumstände des Falles gebieten."[99] Nur durch eine behördliche Ermessensentscheidung könne das gesamte Spektrum betroffener Belange im Hinblick auf die vorgegebene Einzelfallgerechtigkeit in hinreichendem Maße einbezogen und abgewogen werden.[100] Diese für Auslän-

[95] Ebd., Rn. 19 (juris), Hervorh. hinzugefügt.
[96] Ebd., Rn. 19 (juris), Hervorh. hinzugefügt.
[97] Im Ergebnis auch *W. Kluth*, Anwesenheit und Zugehörigkeit, ZAR 2009, S. 381 (383 ff.).
[98] BVerwG, Urt. v. 23.10.2007, 1 C 10/07, BVerwGE 129, 367.
[99] Ebd., Rn. 24, Hervorh. hinzugefügt.
[100] Ebd., Rn. 25.

der ohne unionsbürgerschaftliches Freizügigkeitsrecht entwickelte[101] Argumentation lag auf einer Linie mit der vorausgehenden Rechtsprechung zur Ausweisung von Unionsbürgern, mit der das BVerwG – noch auf Basis der alten Rechtslage vor Inkrafttreten des FreizügG/EU – ausdrücklich die Unanwendbarkeit von Ist- und Regelausweisung auf Unionsbürger festgestellt hatte.[102]

Rechtsdogmatisch erfolgte die Ausdehnung der Ermessensausweisung durch die judikative Anerkennung einer dritten Kategorie von Ausnahmefällen, in deren Zuge sich die von der Ist-Ausweisung herabgestufte Regel-Ausweisung „zur Fassade einer Ermessensausweisung" wandelte.[103] Aus Sicht des BVerwG reichten die beiden bis dato anerkannten Fallgruppen (atypischer Sachverhalt und Unvereinbarkeit mit höherrangigem Recht) nicht aus, um das Erfordernis einer Einzelfallprüfung zufriedenstellend umzusetzen. Dass insbesondere die klassische Fallgruppe der „Unvereinbarkeit mit höherrangigem Recht" danach zu kurz griff, überrascht nur auf den ersten Blick. Denn sie umfasste lediglich Konstellationen, in denen eine Ausweisung wegen höherrangigen Rechts *ausgeschlossen*, die Entscheidung also im Ergebnis bereits negativ vorgezeichnet war.[104] Im Rahmen der neu eingeführten dritten Fallgruppe wurde indes eine Ermessensentscheidung eröffnet, deren Ergebnis gerade nicht negativ präjudiziert war. Den Ausweisungsgründen wurde lediglich das ihnen vom Gesetzgeber für den Regelfall verliehene Gewicht genommen und somit eine grundsätzlich *ergebnisoffene Abwägung* eröffnet.[105]

Nach dem neuen Ansatz des BVerwG erlangte die Verwaltung über die Eröffnung einer ergebnisoffenen Ermessensentscheidung das notwendige Maß an „Flexibilität", um dem gesamten Spektrum an rechtsnormativ relevanten Belangen im Einzelfall ausreichend Rechnung tragen zu können.[106] Spiegelbildlich hierzu sollte die schematisierende Ausblendung derjenigen Abwägungsgesichtspunkte verhindert werden, welche nach EGMR und BVerfG im Rahmen der Abwägung zu berücksichtigen, aber nicht hinreichend in den gesetzlichen Tatbeständen des deutschen Stufensystems abgebildet waren.[107] Auch in Leitentscheidungen zu anderen Bereichen des Ausweisungsrechts bestätigt das BVerwG diesen Ansatz, die Vorgaben der unterschiedlichen Rechtsebenen im Rahmen

[101] Ebd., Rn. 21 a. E.

[102] BVerwG, Urt. v. 3.8.2004, 1 C 30/02, BVerwGE 121, 297 (302) für die alte Rechtslage nach dem AufenthG/EWG und unter ausdrücklicher Verarbeitung von EuGH, Urt. v. 29.4.2004, verb. Rs. C-482/01 u. C-493/01 – *Orfanopoulos u. a.*, Rn. 66 ff.

[103] Treffend *D. Thym*, Abschied von Ist- und Regelausweisung bei Verwurzelung, DVBl. 2008, 1346 (1352).

[104] *I. Kraft*, Die Rechtsprechung des BVerwG zur Ausweisung im Ausländerrecht, DVBl. 2013, S. 1219 (1225).

[105] BVerwG, Urt. v. 23.10.2007, 1 C 10/07, BVerwGE 129, 367, Rn. 27 (juris).

[106] Ebd., Rn. 27 (juris).

[107] Ebd., Rn. 25 (juris).

einer „wertenden Eigenleistung“[108] zusammenzuführen und in das deutsche Ausweisungsrecht einzupassen. Dies gilt für die Befristung der Wirkungen der Ausweisung[109] ebenso wie für die Bestimmung des maßgeblichen Zeitpunkts der Sach- und Rechtslage.[110]

c) *Erschließung eines ebenenübergreifenden Flexibilitätsreservoirs*

Das Ausweisungsrecht spiegelt damit die Verarbeitung der im Mehrebenensystem zunehmend multipolaren bzw. pluralisierten Vorgaben und Belange über das Instrument des administrativen Entscheidungsspielraums in besonders plastischer Weise wider. Die Besonderheit dieser Spielraumbegründung liegt in ihrer ebenenübergreifenden Dimension. Die Ausdehnung der Ermessensausweisung soll ein *Flexibilitätsreservoir für die Berücksichtigung ordnungsfremder Maßstäbe* erschließen. Sie zielt auf die Eröffnung eines Abwägungsvorgangs, im Rahmen dessen die auf unterschiedlichen Ebenen als berücksichtigungspflichtig eingestuften und ggf. normativ vorgewichteten Belange einzelfallbezogen zu würdigen und gegeneinander abzuwägen sind. Die Eröffnung des administrativen Entscheidungsspielraums dient insoweit dem Ziel einer ebenenübergreifenden Rechtskonkretisierung im Einzelfall durch den Mechanismus einer ergebnisoffenen Abwägung. Für die Frage nach der Spielraumbegründung im Mehrebenensystem ergibt sich demzufolge ein grundlegender Befund: Das Verwaltungsermessen wird zum *ebenenübergreifend bzw. polyzentrisch strukturierten Abwägungs- und Konkordanzraum.*

Aus Sicht der Verwaltung erschließt sich die ihr rechtsnormativ zuerkannte Kompetenz zur Rechtskonkretisierung methodisch am klarsten aus der administrativen Handlungsperspektive heraus.[111] Das Ausweisungsrecht als Teil des Migrationsverwaltungsrechts veranschaulicht hier im Konkreten, was für das Verwaltungsrecht im Allgemeinen konstatiert wird, nämlich dass die „passiv formulierte Rechtsgebundenheit der Verwaltung“ letztlich „aktiv als Auftrag zu bewusster, methodengeleiteter Rechtskonkretisierung“ zu verstehen ist.[112]

---

108 *D. Thym*, Abschied von Ist- und Regelausweisung bei Verwurzelung, DVBl. 2008, 1346 (1352).

109 BVerwG, Urt. v. 4.9.2007, 1 C 21/07, BVerwGE 129, 243, bestätigt durch BVerwG, Urt. v. 25.3.2015, 1 C 18/14, BVerwGE 151, 361 (jeweils für die Altausweisung eines Unionsbürgers), sowie ähnlich BVerwG, Urt. v. 4.9.2007, 1 C 43/06, BVerwGE 129, 226, Rn. 28 (juris) (für Drittstaatsangehörige). Vgl. zudem BVerwG, Urt. v. 10.7.2012, 1 C 19/11, BVerwGE 143, 277, Rn. 30 ff. (juris).

110 BVerwG, Urt. v. 15.11.2007, 1 C 45/06, BVerwGE 130, 20, Rn. 14 ff. (juris).

111 Für ein entsprechendes methodenbezogenes Plädoyer vgl. *W. Hoffmann-Riem*, Eigenständigkeit der Verwaltung, in: Hoffmann-Riem/Schmidt-Aßmann/Voßkuhle (Hrsg.), GVwR I, 2. Aufl. 2012, § 10, Rn. 13; *A. Voßkuhle*, Neue Verwaltungsrechtswissenschaft, in: Hoffmann-Riem/Schmidt-Aßmann/Voßkuhle (Hrsg.), GVwR I, 2. Aufl. 2012, § 1, Rn. 15.

112 *E. Schmidt-Aßmann*, Das allgemeine Verwaltungsrecht als Ordnungsidee, 2. Aufl. 2004, Kap. 2, Rn. 19.

Ist Verwaltungsermessen allgemein eine Form legitimer Maßstabskompetenz der Verwaltung im Sinne eines „rechtlich vorgeformten Gehäuses", in dem „Maßstabskonflikte" im Wege eines Optimierungsvorgangs auszutarieren sind,[113] so ist es speziell im Ausweisungsrecht als *Mehrebenenraum* ausgebildet, in dem Direktiven unterschiedlicher Ebenen zur einzelfallbezogenen Rechtsproduktion qua Abwägung zusammenlaufen. Auch hier erfüllt der administrative Abwägungsvorgang eine Vermittlungsfunktion[114] – freilich nicht mehr (allein) bezogen auf die Vermittlung rechtlicher und außerrechtlicher Maßstäbe, sondern auf die Zusammenführung ebenendifferierender Maßstäbe und Belange. Auf die Modalitäten und Herausforderungen einer dergestalt ebenenübergreifenden Rechtskonkretisierung qua administrativer Spielraumausfüllung wird im folgenden Kapitel genauer zurückzukommen sein.[115] Vorerst genügt die Feststellung, dass eine der Besonderheiten der Spielraumbegründung im Mehrebenensystem darin besteht, auf die Herstellung eines ebenenübergreifenden Abwägungsvorganges und die damit einhergehende Maßstabskompetenz der Verwaltung gerichtet zu sein.

Im konkreten Fall des Ausweisungsrechts wurzelt diese Zielvorgabe in einem Einzelfall- bzw. Flexibilitätsverlangen, das sich seinerseits erst aus einer Zusammenschau der unterschiedlichen Rechtsebenen ergibt. Freilich forderten im Beispielsfall weder das Völker- noch das Unionsrecht konkret eine Ausdehnung der Ermessensausweisung im Sinne der deutschen Ausweisungsdogmatik. Die EMRK überlässt die konkrete Einkleidung ihrer Vorgaben in das rechtsdogmatische Gewand des nationalen Rechts grundsätzlich den innerstaatlichen Einrichtungen.[116] Auch die Vorgaben des Unionsrechts zum Ausweisungsrecht sind insoweit primär ergebnisbezogen.[117] Während der erste Zugriff zur innerstaatlichen Verarbeitung dieser Vorgaben dem Gesetzgeber zukommt, bleibt das von ihm erlassene Gesetzesrecht gleichwohl mit Blick auf die vorrangig anzuwendenden bzw. von einer verfassungsrechtlichen Berücksichtigungspflicht beförderten Vorgaben des supranationalen und internationalen Rechts *dynamisch überlagert*.

---

[113] Treffend *R. Pitschas*, Maßstäbe des Verwaltungshandelns, in: Hoffmann-Riem/Schmidt-Aßmann/Voßkuhle (Hrsg.), GVwR II, 2. Aufl. 2012, § 42, Rn. 41 ff. in Bezug auf das Zusammenfließen rechtlicher und außerrechtlicher Maßstäbe. Vgl. auch *R. Wahl*, Verwaltungsverfahren zwischen Verwaltungseffizienz und Rechtsschutzauftrag, VVDStRL 41 (1983), S. 151 (157) mit Blick auf die Erfüllung unterschiedlicher (rechtlicher und außerrechtlicher) Maßstäbe als „Optimierungsproblem".

[114] *R. Pitschas*, a. a. O., Rn. 43 („Vermittlungsnorm").

[115] S. 262 ff.

[116] Vgl. namentlich EGMR, Urt. v. 15.1.2007, Nr. 60654/00, NVwZ 2008, S. 979 – *Sisojeva/Lettland*, Rn. 90 f. Danach gilt auch im Migrationsrecht, dass die Konvention entsprechend dem subsidiären Charakter ihres Schutzsystems den Vertragsstaaten grundsätzlich nicht vorschreibt, wie sie die in ihr garantierten Rechte und Freiheiten in ihren Rechtsordnungen umsetzen müssen.

[117] Vgl. EuGH, Urt. v. 29.4.2004, verb. Rs. C-482/01 u. C-493/01 – *Orfanopoulos u. a.*, Rn. 70 f.; EuGH, Urt. v. 23.11.2010, Rs. C-145/09 – *Tsakouridis*, Rn. 49 ff., jeweils m. w. N.

Folglich kommt den „rechtsanwendenden“ Gewalten Exekutive und Judikative, gewissermaßen im zweiten Zugriff, eine besondere Eigenverantwortung bei der Zusammenstellung des einschlägigen Normprogramms zu.[118] Diese – unter weitestgehender Wahrung der legislativen Vorgaben auszuübende – Verantwortung kann im speziellen Kontext des Mehrebenensystems als *maßstabsbezogene Kompetenz zur Konkretisierung rechtsordnungsdifferierender Vorgaben* bezeichnet werden. Auch für die mehrebenenspezifische Konstellation gilt der allgemeine Grundsatz, dass die Zusammenstellung des Bindungsprogramms „nicht voreilig in eine allgemeine Abwägung aufgelöst werden [darf], in der vorrangiges und nachrangiges, spezielles und allgemeines Recht durcheinander gemischt werden“.[119]

Dementsprechend sorgfältig destilliert das BVerwG im Fall des Ausweisungsrechts die normative Zielvorgabe einer ebenenübergreifenden Abwägung aus den Vorgaben der einzelnen Rechtsebenen heraus. Auch dieser für die (Re-) Konstruktion der Spielraumbegründung entscheidende Schritt geht über einen hermeneutischen Nachvollzug, ein lediglich richtiges „Erkennen“ der rechtlichen Vorgaben auf verschiedenen Ebenen hinaus und beinhaltet einen Akt eigenverantwortlicher Rechtskonkretisierung. Als letztinstanzlich judizierendes Fachgericht nimmt das BVerwG gegenüber BVerfG, EuGH und EGMR eine Schlüsselstellung ein, weil einzig bei ihm alle Rechtsmaßstäbe der unterschiedlichen Ebenen zusammenlaufen.[120] Die deutschen Verwaltungsgerichte und allen voran das BVerwG sind demnach zu ebenenpluralen Fachgerichten herangewachsen, denen eine besondere Verantwortung für die Rechtskonkretisierung im Europäischen Verwaltungsverbund zukommt. Speziell aus Sicht des BVerwG geht es hierbei um eine möglichst funktionsadäquate Einpassung der ebenendifferierenden Vorgaben in das innerstaatliche Rechtsgefüge unter weitestgehender Aufrechterhaltung des gesetzlich vorstrukturierten Regelungssystems. Anzustreben ist die Herstellung *ebenenübergreifender Konkordanz* im Sinne der bestmöglichen Optimierung der den unterschiedlichen Rechtsebenen entstammenden Vorgaben. Diese Vorgaben meinte das BVerwG von den zur Verfügung stehenden Instrumentarien am besten mit der Ermessensausweisung umsetzen zu können.

Die ebenenübergreifende Rechtskonkretisierung durch Organe der einen Ebene – hier durch die nationale Verwaltung und die sie kontrollierenden Gerichte – muss, will sie im Verbund wirksam sein, ihrerseits Akzeptanz durch die ebenenfremden Kontroll- bzw. Konkretisierungsorgane finden. Dies gelingt in

---

[118] S für das Recht der Ausweisung *D. Thym*, Abschied von Ist- und Regelausweisung bei Verwurzelung, DVBl. 2008, 1346 (1351 f.).

[119] So in Bezug auf die administrative Rechtskonkretisierung *E. Schmidt-Aßmann*, Das allgemeine Verwaltungsrecht als Ordnungsidee, 2. Aufl. 2004, Kap. 2, Rn. 19.

[120] Zu dieser Schlüsselstellung im Migrationsrecht näher *D. Thym*, Migrationsverwaltungsrecht, 2010, S. 245 ff.

aller Regel nur dann, wenn Verbundmechanismen unterschiedlicher Ebenen zusammenwirken. Rechtskonkretisierung im Mehrebenensystem ist, dies zeigt sich hier abermals, eine dialogisch eingebettete. Konkret kann sich der EGMR etwa im Zuge der *Margin-of-appreciation*-Doktrin auf eine verfahrensbezogene Rahmenkontrolle beschränken.[121] Ein einschlägiges Beispiel aus dem Ausweisungsrecht liefert die Entscheidung *Khan/Deutschland*, in der Straßburg im Jahr 2015 anerkannte, dass die deutschen Behörden und Gerichte bei Anwendung des deutschen Ausweisungsrechts die konventionsrechtlich vorgegebenen Abwägungsbelange hinreichend einbezogen und gewürdigt hatten und sich mit der „Bewertung des Gewichts, das jedem dieser Faktoren beizumessen ist, innerhalb ihres Beurteilungsspielraums" bewegten.[122] Der EuGH wiederum kann sich im Rahmen von Vorabentscheidungsverfahren auf die Vorgabe abstrakt-genereller Maßstäbe beschränken und die konkrete Durchführung der Abwägung dem vorlegenden Gericht überlassen. Auch hierfür gibt es konkrete Beispiele im Kontext des deutschen Ausweisungsrechts.[123]

d) Aufweichung der Normverknüpfung und hohe Kontrolldichte

Mit der normativen Ermächtigung zur administrativen Rechtskonkretisierung ist indes noch nicht gesagt, ob und ggf. inwieweit die Verwaltung von gerichtlicher Kontrolle freizustellen ist, also ob und ggf. inwieweit also eine Ermächtigung zur administrativen *Letzt*konkretisierung besteht.[124] Im konkreten Beispiel gibt die mit der Ausdehnung der Ermessensausweisung verbundene Befugnis – und zugleich Inpflichtnahme – der Verwaltung zur ebenenübergreifenden Einzelfallabwägung für sich genommen noch keinen genaueren Hinweis auf die Kontrolldichte. Freilich gelten auch hier die allgemeinen Regeln. Gemäß § 114 S. 1 VwGO erstreckt sich die Nachprüfungskompetenz der Verwaltungsgerichte auf die Frage, ob die gesetzlichen Grenzen des Ermessens überschritten wurden oder von dem Ermessen in einer dem Zweck der Ermächtigung nicht entsprechenden Weise Gebrauch gemacht wurde.[125] Dementsprechend erklärte

---

[121] Zur Doktrin der *margin of appreciation* vgl. bereits S. 60 ff.

[122] EGMR, Urt. v. 23.4.2015, Nr. 38030/12 – *Khan/Deutschland*, Rn. 55 f. Vgl. auch das Verständnis des BVerwG zur Art. 8-EMRK-Rechtsprechung des EGMR in BVerwG, Beschl. v. 3.9.2013, 10 B 14/13, Rn. 5 (in Bezug auf den Ehegattennachzug).

[123] So im Bereich des Ausweisungsrechts insbesondere EuGH, Urt. v. 23.11.2010, Rs. C-145/09 – *Tsakouridis*, Rn. 55.

[124] Zur rechtsdogmatischen Trennung zwischen Konkretisierungs- und Kontrollebene prägnant *M. Jestaedt*, Maßstäbe des Verwaltungshandelns, in: Ehlers/Pünder (Hrsg.), Allgemeines Verwaltungsrecht, 15. Aufl. 2016, § 11, Rn. 21.

[125] Zu den verschiedenen Kategorien von Ermessensfehlern eingehend *M. Gerhardt*, in: Schoch/Schneider/Bier (Hrsg.), VwGO, § 114 (Grundwerk 1997), Rn. 4 u. 15 ff.; *K. Rennert*, in: Eyermann, VwGO, 14. Aufl. 2014, § 114, Rn. 16 ff.; *H. A. Wolff*, in: Sodan/Ziekow (Hrsg.), VwGO, 4. Aufl. 2014, § 114, Rn. 114a ff.; *M. Redeker*, in: Redeker/von Oertzen (Begr.), VwGO, 16. Aufl. 2014, § 114, Rn. 11 ff.; *A. Decker*, in: Posser/Wolff (Hrsg.), Beck'scher Online-Kommentar VwGO, 36. Edition, § 114, Rn. 13 ff.

das BVerwG in seiner Leitentscheidung zur Ausdehnung der Ermessensausweisung die Ausweisungsverfügung für rechtswidrig, weil mangels behördlicher Abwägung ein Ermessensausfall vorlag.[126] Das BVerfG hatte zuvor festgestellt, dass die einzelfallbezogene Abwägung der Ausweisungs- und Bleibeinteressen, unter „Einschränkungen, die sich aus der begrenzten gerichtlichen Überprüfbarkeit behördlicher Ermessensausübung ergeben", den Verwaltungsgerichten obliege.[127] Konkret lässt sich das Ausmaß dieser „Einschränkungen" des gerichtlichen Zugriffs aber, wie auch sonst, erst anhand des materiellen Rechts bestimmen.[128]

Für das Ausweisungsrecht sieht es *Ingo Kraft* als kennzeichnend an, dass die Verwaltungsgerichte eine vergleichsweise intensive Kontrolldichte zugrunde legen.[129] Die Rechtsprechung nutze das Verwaltungsermessen in erster Linie „als Mittel zur Aufweichung der Normverknüpfung", ohne jedoch, gewissermaßen als Kehrseite des klassischen Verwaltungsermessens, der Exekutive insoweit einen veritablen Entscheidungsspielraum zuzubilligen, der nur eingeschränkt gerichtlich kontrollierbar wäre.[130] Anders gesagt, die Ausdehnung der Ermessensausweisung soll nach der Konzeption des BVerwG primär der hinreichenden Berücksichtigungsfähigkeit bestimmter, auf unterschiedlichen Ebenen geschützter Belange dienen, insbesondere der Bleibeinteressen, ohne dass es hierbei gewaltenspezifisch auf ein Letztentscheidungsrecht der *Verwaltung* ankäme. Die über das Ausweisungsermessen eröffnete einzelfallbezogene Abwägung wird zwar im Erstzugriff von der Verwaltung vorgenommen, unterliegt jedoch am Ende weitgehend gerichtlicher Kontrolle.

Für eine intensive gerichtliche Kontrolldichte spricht der Sache nach, dass die meisten der hier gegeneinander abzuwägenden Belange im Kern grund- und menschenrechtlich abgesicherte Elementargarantien sind und nicht auf die reine Zweckmäßigkeit bezogene Belange.[131] Aus grundgesetzlicher Perspektive bricht sich hier die Lesart Bahn, dass grundrechtliche Grenzen der Einräumung administrativer Entscheidungsspielräume weniger aus Art. 19 Abs. 4 GG als aus den materiell-rechtlichen Grundrechtspositionen folgen.[132] Freilich setzt das grundrechtlich induzierte Erfordernis einer umfassenden Kontrolldichte – das nicht

[126] BVerwG, Urt. v. 23.10.2007, 1 C 10/07, BVerwGE 129, 367, Rn. 29 (juris).

[127] BVerfG, Beschl. v. 10.8.2007, 2 BvR 535/06, NVwZ 2007, 1300 – *Ausweisungsbeschluss II*, Rn. 20 (juris), wiederholt von BVerwG, Urt. v. 15.11.2007, 1 C 45/06, BVerwGE 130, 20, Rn. 16 (juris).

[128] S. zur Frage der Kontrollregime im Einzelnen unter S. 372 ff.

[129] *I. Kraft*, Neuere Rechtsprechung des Bundesverwaltungsgerichts zum Ausländer- und Asylrecht, ZAR 2009, S. 41 (44).

[130] *I. Kraft*, Die Rechtsprechung des BVerwG zur Ausweisung im Ausländerrecht, DVBl. 2013, S. 1219 (1225).

[131] Für die unterschiedlichen Abwägungsformen vgl. insoweit *E. Schmidt-Aßmann*, Das allgemeine Verwaltungsrecht als Ordnungsidee, 2. Aufl. 2004, Kap. 4, Rn. 50.

[132] *F. Schoch*, Der unbestimmte Rechtsbegriff im Verwaltungsrecht, Jura 2004, S. 612 (615); *M. Jestaedt*, Maßstäbe des Verwaltungshandelns, in: Ehlers/Pünder (Hrsg.), Allgemei-

mit der stets vollumfänglich durch das Gericht vorzunehmenden Grundrechtsprüfung selbst zu verwechseln ist – mehr voraus als eine lediglich periphere Grundrechtsbezogenheit, die im Grunde jede Verwaltungsentscheidung aufweist. Hinzukommen muss vielmehr eine die Materie in spezifischer Weise prägende Eingriffsintensität bzw. Form der Betroffenheit.[133] Eine solche ist bei einer Ausweisung anzunehmen, was, wie gesehen, sowohl in der Rechtsprechung des EGMR als auch der des BVerfG zum Ausdruck kommt.[134] Dementsprechend betont auch *Kraft* den Zusammenhang zwischen dem Gewicht der Grundrechtseingriffe und der intensiven Kontrolldichte.[135] Entsprechende Tendenzen lassen sich auch in anderen Rechtsordnungen nachweisen, etwa der französischen.[136]

e) Vergerichtlichung

Freilich ist der Schluss von der grundrechtlichen Eingriffs- auf die gerichtliche Kontrollintensität nicht zuletzt mit Blick auf entstehende Rechtsunsicherheiten stets mit Vorsicht zu genießen.[137] Für das Ausländerrecht kommt jedoch hinzu, dass die Judikative gerade wegen ihrer organisations- und verfahrensrechtlichen Spezifika wie Unabhängigkeit, Neutralität und Gewährleistung von Waffengleichheit und umfassender Artikulationsmöglichkeiten zugleich eine erhöhte Richtigkeitsgewähr bietet.[138] Insofern befördert die zunehmende menschenrechtliche Aufladung des Migrationsrechts jedenfalls im deutschen Verwaltungsrecht zugleich seine „Vergerichtlichung" – zumindest soweit dem Gesetzgeber eine Vorstrukturierung infolge ebenenübergreifender Einzelfallerfordernisse verwehrt ist.

---

nes Verwaltungsrecht, 15. Aufl. 2016, § 11, Rn. 39; *H. A. Wolff*, in: Sodan/Ziekow (Hrsg.) VwGO, § 114, Rn. 297.

[133] So hebt das BVerfG in seinem Beschluss zur Kontrolldichte in Bezug auf Prüfungsentscheidungen den Eingriff in die Berufs*wahl* hervor, vgl. BVerfG, Beschl. v. 17.4.1991, 1 BvR 419/81 u. a., BVerfGE 84, 34 (49 f.) – *Prüfungsentscheidungen*, Rn. 50 u. 57 (juris).

[134] Auf die Grund- und Menschenrechtsgarantien des Völker- und Unionsrechts wird man den Schluss vom materiellen auf das prozessuale nicht ungefiltert übertragen können. Vgl. für die EMRK aber spezifisch Art. 13 EMRK, dazu S. 385 ff.

[135] *I. Kraft*, Neuere Rechtsprechung des Bundesverwaltungsgerichts zum Ausländer- und Asylrecht, ZAR 2009, S. 41 (44).

[136] Obgleich in zentralen Parametern nach wie vor nicht mit dem deutschen Verwaltungsrechts vergleichbar, ist hier bereits seit Längerem eine Intensivierung der gerichtlichen Kontrolldichte speziell im Ausländerrecht zu beobachten, vgl. *N. Marsch*, Subjektivierung der gerichtlichen Verwaltungskontrolle in Frankreich, 2011, S. 79 f.; *M. Fromont*, L'intensité du contrôle du juge sur les décisions administratives en France et en Allemagne, in: FS F. Moderne, 2004, S. 1117 (1129 ff.); *J. Schwarze*, Die Entwicklung der französischen Verwaltungsgerichtsbarkeit aus deutscher Sicht, DVBl. 1999, S. 261 (267).

[137] Zu den Abgrenzungsschwierigkeiten und Rechtsunsicherheiten *K. Redeker*, Verfassungsrechtliche Vorgaben zur Kontrolldichte verwaltungsgerichtlicher Rechtsprechung, NVwZ 1992, S. 305 (309).

[138] Dazu allgemein *E. Schmidt-Aßmann*, Das allgemeine Verwaltungsrecht als Ordnungsidee, 2. Aufl. 2004, Kap. 4, Rn. 81.

Festzuhalten bleibt, dass sich im Ausweisungsrecht administrative Einzelfallabwägung und gerichtliche Prüfung der Verhältnismäßigkeit – letztere als Ermessensschranke gerichtlich stets voll überprüfbar – weitgehend in ihren Maßstäben decken. Weil die Abwägung der ebenenübergreifenden Belange primär auf (grund-)*rechtliche* Belange bezogen ist, steht eine ansonsten drohende Auszehrung der genuin administrativen Zweckmäßigkeitsmaßstäbe durch überzogene judikative Verhältnismäßigkeitskontrollen[139] hier tendenziell weniger zu befürchten. Völker- und unionsrechtlich ist die innerstaatliche Verantwortungsverlagerung auf die Judikative insoweit unbedenklich, als das international wie supranational aufgestellte Erfordernis von Einzelfallgerechtigkeit grundsätzlich gewaltenneutral[140] erfolgt. Es besteht ebenenübergreifend zwar die Vorgabe einer Einzelfallprüfung unter Einbeziehung aller berücksichtigungspflichtigen Belange, nicht jedoch das spezifische Erfordernis einer administrativen Letztkonkretisierungskompetenz verbunden mit einer verminderten gerichtlichen Kontrolldichte. Dem Verbot legislativer Vorstrukturierung korreliert also nicht zugleich ein Gebot gerichtlicher Kontrollreduktion.

Kennzeichnend für die gerichtliche Kontrolle von Ausweisungsverfügungen ist im Verhältnis zwischen Exekutive und Judikative damit eine hohe Kontrolldichte, die den Ausländerbehörden vergleichsweise wenig Raum für eine letztverantwortliche Rechtskonkretisierung belässt. Dennoch verbleibt den Ausländerbehörden im Rahmen des ihnen zukommenden Entschließungsermessens ein gewisser Raum für Zweckmäßigkeitserwägungen.

Es ist damit nicht ohne Ironie, dass sich die Judikative qua rechtstechnischer Erweiterung eines administrativen Entscheidungsspielraums in die zentrale Position des ausweisungsrechtlichen Gewaltengefüges manövriert. Im Verhältnis zur Legislative werden zum einen infolge des menschenrechtlich radizierten Einzelfallerfordernisses die gesetzlichen Wertungen und Gewichtungen überformt und damit die Direktionskraft des Gesetzes zurückgedrängt, die durch die Einführung des Stufensystems gerade gestärkt werden sollte. Zum anderen hält die Judikative – mit sachlich durchaus überzeugenden Argumenten – aber auch die Verwaltung in Schach, weil das dieser zuerkannte Rechtsfolgenermessen in der Substanz nur begrenzten administrativen Eigenraum eröffnet. Darum handelt es sich bei der Ausdehnung der Ermessenserweiterung bei genauerem Hinsehen auch nicht unbedingt um eine Annäherung an die ursprüngliche Konzeption der Ermessensausweisung als Generalklausel nach § 10 AuslG (1965).[141] Hier deutet sich bereits an, dass die auf den ersten Blick als radikaler Neuansatz anmutende Reform des Jahres 2016 am *status quo ante* vergleichsweise wenig geändert hat.

---

139 Ebd., Kap. 4, Rn. 23.

140 Zur Frage der Gewaltenneutralität s. allgemein S. 89 ff.

141 Abermals *I. Kraft*, Neuere Rechtsprechung des Bundesverwaltungsgerichts zum Ausländer- und Asylrecht, ZAR 2009, S. 41 (44) sowie *ders.*, Die Rechtsprechung des BVerwG zur Ausweisung im Ausländerrecht, DVBl. 2013, S. 1219 (1225).

5. Modell tatbestandlicher Abwägung

Mit der zum 1. Januar 2016 in Kraft getretenen[142] und kurz darauf mit Wirkung zum 17. März 2016 im Zuge des sog. „Asylpakets II" nochmals nachjustierten[143] Reform ersetzte der Bundesgesetzgeber das dreistufige Ausweisungssystem durch ein tatbestandliches Abwägungsmodell. Seither gibt es nur noch einen einzigen Ausweisungstatbestand, der die Ausweisung als Ergebnis einer auf Tatbestandsebene vorzunehmenden Abwägung von Ausweisungs- und Bleibeinteressen als rechtsfolgenseitig gebundene Entscheidung normiert. Mit dieser grundlegenden Neuordnung verband der Gesetzgeber erklärtermaßen das Ziel, die mit Blick auf Art. 8 EMRK erfolgten judikativen Impulse aufzunehmen und bestehende Rechtsunsicherheiten zu beseitigen.[144] In der Tat hatte das bis dato geltende Ausweisungsrecht angesichts zahlreicher Überformungen einen Grad an textlicher Normfremde erreicht, der von Praxis und Schrifttum gleichermaßen als reformbedürftig angesehen wurde.[145] Die mit Einführung des Stufensystems ursprünglich einmal bezweckte Vorhersehbarkeit und Transparenz hatte sich in ihr Gegenteil verkehrt.[146] Dementsprechend wurden die Rufe immer dringlicher, die „hoch-komplexen und flächendeckend europarechtlich durchlöcherten" Ausweisungsvorschriften, wie überhaupt weite Teile des deutschen Aufenthaltsrechts, „durch schlanke Ermessens- bzw. Verhältnismäßigkeitsnormen mit dynamischer Verweisung auf das jeweils einschlägige Europa- und Völkerrecht" zu ersetzen.[147] Dies mündete in einen im Jahr 2014 unterbreiteten Expertenvorschlag der Richter *Bergmann* und *Dörig*, die für ein tatbestandliches Abwägungsmodell plädierten.[148]

---

142 Eingeführt durch Art. 1 Nr. 29 des Gesetzes zur Neubestimmung des Bleiberechts und der Aufenthaltsbeendigung v. 27.7.2015, BGBl. 2015 I, S. 1386 (1392f.), modifiziert durch Art. 13 Nr. 1 des Asylverfahrensbeschleunigungsgesetzes (sog. *Asylpaket I*) v. 20.10.2015, BGBl. 2015 I, S. 1722 (1734).

143 Mit Art. 1 Nr. 1 des Gesetzes zur erleichterten Ausweisung von straffälligen Ausländern und zum erweiterten Ausschluss der Flüchtlingsanerkennung bei straffälligen Asylbewerbern (Teil des sog. *Asylpakets II*) v. 11.3.2016, BGBl. I, S. 394 wurde § 53 Abs. 2 um die Wendung „sowie die Tatsache, ob sich der Ausländer rechtstreu verhalten hat" ergänzt. Weitere Ergänzungen erfolgten insbesondere mit § 54 Abs. 1 Nr. 1a und Abs. 2 Nr. 1a AufenthG.

144 BT-Drs. 18/4097, S. 23, 49.

145 Vgl. namentlich die Plädoyers zur Vereinfachung des Ausweisungsrechts anlässlich der Verwaltungsgerichtstage 2010 , vgl. *H. Dörig*, Europarecht und deutsches Aufenthaltsrecht - Bestandsaufnahme und Ausblick, NVwZ 2010, S. 921, 922f., und 2013, *J. Bergmann*, Abschied vom deutschen Ausländerrecht? – Europarechtliche Provokationen, ZAR 2013, S. 318, 323.

146 So *U. Berlit*, Ausländerrecht im Wandel – Neuere Rechtsprechung zum Ausländerrecht, ZAR 2014, S. 261 (275).

147 *J. Bergmann*, a. a. O., S. 323.

148 Abgedruckt im BDVR-Rundschreiben 1/2014, S. 3. Der Vorschlag für § 53 AufenthG n. F. lautete: „(1) Ein Ausländer, dessen Aufenthalt die öffentliche Sicherheit und Ordnung, die freiheitliche demokratische Grundordnung oder sonstige erhebliche Interessen der Bundesrepublik Deutschland beeinträchtigt oder gefährdet, wird ausgewiesen, wenn die vom

a) Grundkonzeption: Ergebnisoffene Abwägung auf Tatbestandsseite

Der Gesetzgeber griff die Leitidee des tatbestandlichen Abwägungsmodells auf, ohne jedoch alle Einzelelemente des Vorschlags in geltendes Recht zu überführen.[149] Zugleich wurde die Reform zum Anlass genommen, zahlreiche neue Akzente auf Wertungsebene zu setzen. Die zentrale Ermächtigungsgrundlage für behördliche Ausweisungsverfügungen findet sich seither im komplett neu gestalteten § 53 AufenthG. Seine Absätze 1 und 2 lauten im vollen Wortlaut:

„(1) Ein Ausländer, dessen Aufenthalt die öffentliche Sicherheit und Ordnung, die freiheitliche demokratische Grundordnung oder sonstige erhebliche Interessen der Bundesrepublik Deutschland gefährdet, *wird* ausgewiesen, wenn die *unter Berücksichtigung aller Umstände des Einzelfalles vorzunehmende Abwägung* der Interessen an der Ausreise mit den Interessen an einem weiteren Verbleib des Ausländers im Bundesgebiet ergibt, dass das öffentliche Interesse an der Ausreise überwiegt.

(2) Bei der Abwägung nach Absatz 1 sind nach den Umständen des Einzelfalles *insbesondere* die Dauer seines Aufenthalts, seine persönlichen, wirtschaftlichen und sonstigen Bindungen im Bundesgebiet und im Herkunftsstaat oder in einem anderen zur Aufnahme bereiten Staat, die Folgen der Ausweisung für Familienangehörige und Lebenspartner sowie die Tatsache, ob sich der Ausländer rechtstreu verhalten hat, zu berücksichtigen.“[150]

Mit der Ermächtigungsgrundlage des § 53 Abs. 1 AufenthG rückt der Bundesgesetzgeber das ebenenübergreifend bestehende Erfordernis einer individuellen Einzelfallabwägung von Ausweisungs- und Bleibeinteressen nunmehr auch gesetzessystematisch in das Zentrum des Ausweisungsrechts – allerdings ausdrücklich auf Seiten des Tatbestandes und nicht der Rechtsfolge.[151] Die Abwä-

---

Grundsatz der Verhältnismäßigkeit geleitete Abwägung der öffentlichen Interessen an der Ausreise mit den privaten Interessen an einem weiteren Verbleib des Ausländers im Bundesgebiet ergibt, dass die öffentlichen Interessen überwiegen; anderenfalls darf eine Ausweisung nicht verfügt werden. Die europa-, völker- und verfassungsrechtlichen Vorgaben sind bei der Abwägung zu beachten. (2) Die Wirkungen der Ausweisung sind gemäß § 11 zu befristen. Eine Befristung in Fällen des § 11 Abs. 1 Satz 7 soll fünf Jahre überschreiten. (3) Zur Herstellung der Verhältnismäßigkeit kann ein Recht auf Wiederkehr im Sinne von § 37 gewährt werden.“ Die §§ 54 und 55 enthielten sodann Spezifizierungen der Bleibe- und Ausweisungsinteressen unter wertungsneutraler Übernahme der bisherigen Tatbestandskataloge (§§ 53, 54, 56 AufenthG a. F.), da die Bewertung ihrer Angemessenheit bewusst den politischen Entscheidungsträgern überlassen bleiben sollte.

[149] Vgl. im Einzelnen *I. Bauer*, in: Bergmann/Dienelt (Hrsg.), Ausländerrecht, 11. Aufl. 2016, Vorb §§ 53–56 AufenthG, Rn. 14. Insbesondere wurde ein ausdrückliches Recht auf Wiederkehr nicht normiert und § 37 Abs. 3 Nr. 1 AufenthG, der eine ausweisungsbedingte Versagung des Aufenthaltstitels sogar nach Ablauf der Sperrfrist ermöglicht, nicht abgeändert.

[150] Hervorh. hinzugefügt.

[151] BT-Drs. 18/4097, S. 23 und, noch deutlicher, S. 29: „...Umstellung des Ausweisungsrechts auf eine umfassende Abwägung der Umstände des Einzelfalles auf Tatbestandsseite“. Fehlgehend darum *R. Marx*, Zur Reform des Ausweisungsrechts, ZAR 2015, S. 245 (246 f., 249), demzufolge die gesetzliche Zielvorgabe einer Abwägung aller Umstände des Einzelfalls „nur dahingehend verstanden werden [könne], dass eine Ausweisung stets eine Ermessensprüfung erfordert.“

gung ist der Kern des neuen Doppeltatbestandes, der zum einen die Gefährdung eines der dort aufgeführten Schutzgüter,[152] zum anderen ein Überwiegen der Ausweisungs- gegenüber den Bleibeinteressen verlangt. Das in Abs. 2 niedergelegte, nicht abschließende Kriterienbündel verarbeitet nach den Einlassungen des Gesetzgebers die Abwägungskriterien des EGMR.[153]

Flankiert werden § 53 Abs. 1 und 2 AufenthG durch gesetzlich vertypte Vorgewichtungen bestimmter Ausweisungs- und Bleibeinteressen. Dabei geht § 54 Abs. 1 AufenthG mit der Kategorie „besonders schwer wiegender" Ausweisungsinteressen weit über die Tatbestände der ehemals zwingenden Ausweisung hinaus. Eine besondere Schwere ist bereits bei einer rechtskräftigen Verurteilung wegen Begehung vorsätzlicher Straftaten zu einer Freiheitsstrafe von mindestens zwei Jahren (Nr. 1) bzw. im Zuge des Asylpakets II in bestimmten Fällen sogar von nur mindestens einem Jahr (Nr. 1a) gegeben.[154] Als besonders schwerwiegend wurden zudem Tatbestände eingestuft, die in ähnlicher Form zuvor der Regelausweisung (Nr. 2–4) bzw. sogar nur der Ermessensausweisung (Nr. 5) zugeordnet waren. § 54 Abs. 2 AufenthG normiert sodann Ausweisungsinteressen, die nach der gesetzlichen Vorgewichtung „schwer wiegen". Darunter finden sich Tatbestände, die zuvor eine Regel- oder eine Ermessensausweisung eröffneten. Eine Auffangfunktion soll § 54 Abs. 2 Nr. 9 AufenthG erfüllen.[155] Danach ist ein schwer wiegendes Ausweisungsinteresse bereits bei einem „nicht nur vereinzelten oder geringfügigen Verstoß gegen Rechtsvorschriften oder gerichtliche oder behördliche Entscheidungen oder Verfügungen" anzunehmen.[156] Gleiches gilt bei Handlungen, die außerhalb des Bundesgebietes begangen wurden, hier aber als vorsätzliche schwere Straftat anzusehen sind.[157]

§ 55 AufenthG nimmt ferner gesetzliche Vorgewichtungen bestimmter Bleibeinteressen vor. Dabei greift Abs. 1 mit den „besonders schwer wiegenden" Bleibeinteressen Personengruppen mit einer erheblichen Aufenthaltsverfestigung, Verwurzelung oder Schutzbedürftigkeit auf, während Abs. 2 in nicht ab-

[152] Hier besteht, gerade was den Gefahrbegriff anbelangt, eine weitreichende Konvergenz mit dem allgemeinen Polizei- und Ordnungsrecht, vgl. BT-Drs. 18/4097, S. 49. Zu verbleibenden Unterschieden s. aber *A. Kießling*, Fremdenpolizeirecht im Rechtsstaat(?) – Zu Herkunft und Zukunft des Ausweisungsrechts, ZAR 2016, S. 45 (46 ff.).

[153] BT-Drs. 18/4097, S. 50 unter ausdrücklicher Bezugnahme auf EGMR, Beschl. v. 22.1.2013, Nr. 66837/11 – *El-Habach/Deutschland* (vgl. bereits Fn. 80). Das Kriterium der Rechtstreue wurde mit dem Asylpaket II eingeführt (vgl. bereits Fn. 143).

[154] Nach § 53 Nr. 1 AufenthG a. F. waren es mindestens drei Jahre.

[155] BT-Drs. 18/4097, S. 52.

[156] Für eine Typenkorrektur innerhalb des Tatbestandes, um ansonsten drohende Wertungswidersprüche (insbesondere zu „ 54 Abs. 2 Nr. 1–3) zu vermeiden, *I. Bauer*, in: Bergmann/Dienelt (Hrsg.), Ausländerrecht, 11. Aufl. 2016, § 54 AufenthG, Rn. 76.

[157] Nach der Gesetzesbegründung, BT-Drs. 18/4097, S. 52, soll damit „ein Handeln, das im Ausland, z. B. aufgrund erheblicher kultureller Unterschiede, nicht als Straftat gilt, aber nach der deutschen Rechtsordnung eine vorsätzliche Straftat begründet" ein schwer wiegendes Ausweisungsinteresse begründet, z. B. eine im Ausland nicht strafbewehrte „Züchtigung der Ehefrau".

schließender Weise[158] „schwer wiegende" Bleibeinteressen aufzählt, etwa im Falle Minderjähriger. Im Übrigen schließt § 53 Abs. 3 AufenthG in Umsetzung des einschlägigen Sekundärrechts und der EuGH-Rechtsprechung generalpräventiv motivierte Ausweisungen für bestimmte Personengruppen aus. Danach dürfen anerkannte Asylberechtigte und Flüchtlinge[159] sowie Personen mit einem Aufenthaltsrecht nach dem Assoziationsabkommen EWG/Türkei oder einer Erlaubnis zum Daueraufenthalt nur ausgewiesen werden, wenn ihr persönliches Verhalten gegenwärtig eine schwerwiegende Gefahr für die öffentliche Sicherheit und Ordnung darstellt, die ein Grundinteresse der Gesellschaft berührt und die Ausweisung für die Wahrung dieses Interesses unerlässlich ist. § 53 Abs. 4 AufenthG sieht darüber hinaus Spezialregelungen für Asylantragsteller[160] vor.

Für die Systematik des neuen Ausweisungsrechts ist von grundlegender Bedeutung, dass die gesetzliche Vorgewichtung einzelner Ausweisungs- und Bleibeinteressen in den §§ 54 und 55 AufenthG das Entscheidungsergebnis allenfalls mittelbar zu determinieren vermag. Im Gegensatz zum früheren Stufensystem ist das neue Ausweisungssystem bereits von Gesetzes wegen auf Ergebnisoffenheit angelegt, die vornehmlich mit Blick auf den Bestimmtheitsgrundsatz nicht unproblematisch ist.[161] Diese Offenheit resultiert zum einen aus der Natur der tatbestandlichen Abwägung als einzelfallbezogenem Entscheidungsprozess, zum anderen aus dem nicht abschließenden Charakter des Katalogs berücksichtigungsfähiger Belange.[162] So führt die Gesetzesbegrün-

---

[158] Was durch die Wendung „insbesondere" zum Ausdruck kommen soll.

[159] Nach Unionsrecht muss dies aber auch für subsidiär Schutzberechtigte gelten.

[160] Näher zum Begriff im Kontext des Dublin-Verfahrens S. 337 f.

[161] Zum Problem nunmehr *A. Funke*, Die Normstruktur im neuen Ausweisungsrecht, ZAR 2016, S. 209 (215 ff.), der für eine Modifikation des Tatbestandes dergestalt plädiert, dass der Ausländer nur ausgewiesen werden *dürfe*, wenn die Ausweisungsinteressen die Bleibeinteressen überwiegen. *Funke* meint, hierdurch eine „Schließung" des Tatbestandes zu erreichen, die sicherstelle, dass die Abwägung einen „nachvollziehenden und nicht einen gestaltenden Charakter" erhalte (ebd., S. 217). Die Offenheit der tatbestandlichen Abwägung resultiert aber weniger aus dem Umstand, dass ihr Wortlaut nicht eindeutig klärt, was im Falle eines Gleichgewichts der Ausweisungs- und Bleibeinteressen geschehen soll, sondern aus der Rechtsnatur der Abwägung selbst und insbesondere dem nicht abschließenden Charakter des Katalogs berücksichtigungsfähiger Belange. Die Abwägung ist stets ein gestalterischer und in diesem Sinne „offener", weil nicht linear nachvollziehbarer Vorgang der Rechtsproduktion und verliert diese Eigenschaft nicht dadurch, dass die Rechtsfolgen für den Fall eines Interessenpatts eindeutig vorgegeben werden. Dass nach dem Willen des Bundesgesetzgebers eine umfassende gerichtliche Kontrolle der Abwägungsentscheidung zu erfolgen hat, ist dementsprechend auch nicht dem Umstand geschuldet, dass die Abwägung nicht als „offen" ausgestaltet wäre, sondern dass der Gesetzgeber eine *Kompetenzentscheidung* getroffen hat, derzufolge die Judikative ermächtigt sein soll, die Entscheidung der Verwaltung umfassend durch ihre eigene Entscheidung zu ersetzen.

[162] Die Gewichtungstatbestände der §§ 54 f. erfüllen insoweit letztlich eine Doppelfunktion, weil sie nicht nur eine vertypte Gewichtung vornehmen, sondern – dieser Gewichtung logisch vorausliegend – bestimmte Ausweisungs- und Bleibeinteressen überhaupt konkreti-

dung ausdrücklich an, dass jenseits der nunmehr katalogisierten Belange weitere Bleibe- oder Ausweisungsinteressen denkbar seien, deren Berücksichtigung durch die §§ 54 und 55 AufenthG gerade nicht ausgeschlossen sein soll.[163] Dies ergibt sich letztlich aus der Grundkonzeption des § 53 Abs. 1 AufenthG.[164]

Trotz der gesetzessystematischen Offenheitskonstruktion kommt der vertypten Vorgewichtung der katalogisierten Abwägungsbelange eine nicht zu unterschätzende legislative Steuerungsfunktion zu. Durch sie misst der Gesetzgeber den betreffenden Belangen ein bestimmtes, demokratisch verantwortetes (auch abänderbares) Gewicht bei, dass zwar in atypischen Fällen höher oder niedriger ausfallen kann, im Normalfall aber mit der durch den Gesetzgeber bestimmten Schwere in die Abwägung einzustellen ist. Damit prägt der Gesetzgeber die Ausweisungsentscheidung bis zu einem gewissen Grade (mittelbar) vor, ohne den Grundmechanismus einer flexiblen und ergebnisoffenen Abwägung selbst in Frage zu stellen. Die Umsetzung des ebenenübergreifenden Flexibilitätserfordernisses bei gleichzeitigem Streben nach möglichst weitreichender legislativer Steuerung kommt freilich einem Spagat gleich. Auf der einen Seite wurzelt die Finalität gesetzlicher Programmierung in der verfassungsrechtlichen Wesentlichkeitslehre und dem darauf fußenden Parlamentsvorbehalt. Dem demokratisch gewählten Parlament ist auch in völker- und unionsrechtlich durchwirkten Bereichen eine primäre Konkretisierungsverantwortung auferlegt, zumal wenn es sich um grund- und menschenrechtssensible Bereiche handelt. Auf der anderen Seite stößt die legislative und damit stets abstrakt-generelle Programmierung notgedrungen dort an Grenzen, wo Völker- und Unionsrecht gerade eine einzelfallbezogene Flexibilität einfordern. Damit rücken abermals Exekutive und Judikative als rechtskonkretisierende Gewalten in den Fokus.

b) Weitgehende Austauschbarkeit mit Ermessensmodell

Mit der Neugestaltung des Ausweisungsrechts scheint sich der Gesetzgeber auf den ersten Blick deutlich von der bisherigen Rechtslage distanziert zu haben. An die Stelle des Stufensystems und der in der Praxis zunehmend bedeutenden Ermessensausweisung setzt er ein Modell tatbestandlicher Abwägung mit rechtsfolgenseitig gebundener Entscheidung. Nach den insoweit eindeutigen

sieren. Kritisch zu dieser „Doppelverwertung" speziell in Bezug auf die Ausweisungsgründe *K. Neundorf, Kathleen/T. Brings*, Neubestimmung des Bleiberechts und der Aufenthaltsbeendigung, ZRP 2015, S. 145 ff. Überzeugend dagegen *I. Bauer*, in: Bergmann/Dienelt (Hrsg.), Ausländerrecht, 11. Aufl. 2016, § 53 AufenthG, Rn. 13, derzufolge die in § 54 AufenthG katalogisierten Ausweisungsinteressen zugleich die in § 53 Abs. 1 AufenthG genannten Schutzgüter (bzw. deren Gefährdung) konkretisieren.

[163] BT-Drs. 18/4097, S. 49 sowie in der Folge BT-Drs. 18/4262, S. 7 f., unter Hinweis, dass dies „für die schweren, aufgrund der Vielgestaltigkeit der Lebenssituationen bewusst nicht abschließend aufgezählten Bleibeinteressen in § 55 Absatz 2 *nochmals ausdrücklich* normiert" sei (Hervorh. hinzugefügt).

[164] Ebd.

Ausführungen der Gesetzesbegründung soll diese Abwägung auf Tatbestandsseite „gerichtlich voll überprüfbar" sein,[165] ein administratives Letztentscheidungsrecht in Gestalt eines tatbestandlichen Beurteilungsspielraumes mithin nicht bestehen. Die Folie der deutschen Verwaltungsrechtsdogmatik mit ihrer scharfen Trennung zwischen gerichtlich eingeschränkt überprüfbarem Ermessen auf Rechtsfolgenseite und grundsätzlich voll überprüfbarem unbestimmtem Rechtsbegriff auf Tatbestandsseite verstärkt den Eindruck eines Paradigmenwechsels noch zusätzlich.

Bei genauerem Hinsehen bestimmt indes nicht Differenz, sondern Kontinuität das Bild. Die Reform des deutschen Ausweisungsrechts liefert das in jüngerer Zeit vielleicht sogar prägnanteste Anschauungsbeispiel für die weitgehende Austauschbarkeit von tatbestandlichem und rechtsfolgenseitigem Abwägungsmodell. Nicht nur dienen beide demselben Zweck in Gestalt der ebenenübergreifenden Herstellung von Einzelfallgerechtigkeit. Auch hinsichtlich des Verwaltungsverfahrens und der gerichtlichen Kontrolldichte unterscheiden sich beide Ansätze kaum.

Diese Gesamteinschätzung will bestehende Unterschiede, die sich etwa in verfahrensrechtlicher Hinsicht abzeichnen, keineswegs negieren. Eines der zentralen Reformmotive bestand ja gerade in der Verfahrensbeschleunigung. Im Gegensatz zu einer Ermessensentscheidung könne es mit einer tatbestandlichen Abwägung, so der Gesetzgeber, „keine gerichtliche Verpflichtung der ausweisenden Behörde zur Neubescheidung unter Beachtung der Rechtsauffassung des Gerichts" mehr geben, da die gerichtliche Entscheidung das behördliche Ergebnis ersetze oder bestätige.[166] Diese Erwägung ist zwar insoweit unzutreffend als ein Bescheidungsurteil im Sinne des § 113 Abs. 5 S. 2 VwGO prozess rechtlich allein auf eine Verpflichtungsklage hin ergehen kann, während gegen eine Ausweisung als belastender Verwaltungsakt allein die Anfechtungsklage statthaft war, ist und bleibt. Wie die Bundesregierung in einer Antwort auf eine Kleine Anfrage dementsprechend einräumt, sollte die Gesetzesbegründung dann auch lediglich zum Ausdruck bringen, dass die Gerichte künftig eine Ausweisungsentscheidung „umfänglich und abschließend und nicht mehr nur auf Ermessensfehler" hin überprüfen dürfen, also fortan befugt sind, die behördliche Abwägung durch ihre eigene zu ersetzen und so abschließend in der Sache zu entscheiden.[167] Dadurch soll die Situation vermieden werden, dass die Ausländerbehörde die Ausweisung wegen eines Ermessensfehlers aufgehoben bekommt und im Rahmen eines erneuten Verwaltungsverfahrens über die Ausweisung entscheiden muss.[168] Diese Neuerung kann nach Auffassung des Ge-

[165] BT-Drs. 18/4097, S. 1, 23, 49.

[166] BT Drs. 18/4097, S. 49f.

[167] BT Drs. 18/4262, S. 8.

[168] Prägnant *I. Bauer*, in: Bergmann/Dienelt (Hrsg.), Ausländerrecht, 11. Aufl. 2016, § 53 AufenthG, Rn. 6.

setzgebers zu einer Beschleunigung des Verfahrens und einer schnelleren Erlangung von Rechtssicherheit führen.[169] Die Kehrseite ist freilich, dass infolge der gerichtlichen Verpflichtung, die Sache spruchreif zu machen, eine unzureichende Sachverhaltsermittlung und -bewertung durch die Verwaltung für diese kaum noch Folgen hat, zumal der Anwendungsbereich des § 113 Abs. 3 VwGO begrenzt ist.[170] Der geringeren Belastung der Verwaltung dürfte insoweit eine stärkere Inanspruchnahme der Gerichte gegenüberstehen. Zwar liegt in dieser Verlagerung ein gewisser Unterschied zur bisherigen Rechtslage. Ob dieser die erhofften Beschleunigungseffekte bewirkt, ist indes mehr als fraglich. Vor allem ändert auch die neue Rechtssituation nichts daran, dass bei Änderung der Sachlage oder Eintreten neuer Umstände – etwa einer (erneuten) Verurteilung zu einer Freiheitsstrafe – eine Person, deren Ausweisung in der Vergangenheit gerichtlich für rechtswidrig erklärt wurde, im Wege eines neuen Ausweisungsverfahren abermals ausgewiesen werden kann. Der Systemwechsel bewirkt somit zwar verfahrensrechtliche Änderungen, allerdings solche von eher randständiger Natur.

Als marginal erweisen sich die Unterschiede zudem mit Blick auf die grundlegende Frage der Kontrolldichte.[171] Wie dargestellt, legten die deutschen Verwaltungsgerichte bereits der alten Rechtslage schon deshalb eine „hohe" Kontrolldichte zugrunde, weil sich im stark grund- und menschenrechtlich durchwirkten Ausweisungsrecht administrative Einzelfallabwägung und gerichtliche Prüfung der Verhältnismäßigkeit weitgehend in ihren Maßstäben decken.

Im Übrigen greift selbst das neue Ausweisungsrecht an anderer Stelle auf das Instrument des Rechtsfolgenermessens zurück. Dies gilt besonders für die Befristung des mit einer Ausweisung einhergehenden Einreise- und Aufenthaltsverbots, der sog. Sperrwirkung. In das Ermessen der Verwaltungsbehörden gestellt ist hier zum einen die Festlegung der Länge der Befristung (§ 11 Abs. 3 S. 1 AufenthG) und zum anderen der Erlass von Nebenbestimmungen zu einer Befristung aus Gründen der öffentlichen Sicherheit und Ordnung (§ 11 Abs. 2 S. 5 AufenthG).[172] Ziel der gemäß § 11 Abs. 2 S. 1 AufenthG von Amts wegen vorzunehmenden Befristung ist die Verhältnismäßigkeit der mit der Ausweisung einhergehenden Wirkungen. Gerade auch in der EGMR-Rechtsprechung spielt die Befristung eine wichtige Rolle im Rahmen der Verhältnismäßigkeitsprüfung.[173] Durch die in das behördliche Ermessen gestellte Festlegung von Befristungslänge und etwaigen Bedingungen können die Vorgaben der unterschied-

---

[169] BT Drs. 18/4097, S. 29, 50; BT Drs. 18/4262, S. 8.

[170] Ebd., Rn. 9.

[171] Spezifisch zu dieser Fragestellung S. 419 ff.

[172] Etwa durch die Bedingung des Nachweises der Drogenfreiheit. Für den Fall, dass die Bedingung nicht erfüllt wird, ist gemäß § 11 Abs. 2 S. 6 bereits vorab eine längere Frist zu bestimmen, die bedingungsunabhängig gilt.

[173] Vgl. aus der Rechtsprechung insbesondere EGMR, Urt. v. 28.6.2007, Nr. 31753/02, InfAuslR 2007, S. 325 – *Kaya/Deutschland*, Rn. 68 m. w. N.

lichen Ebenen insoweit flexibel verarbeitet werden. Unter der Prämisse einer weitgehenden Austauschbarkeit von tatbestandlichem und rechtsfolgenseitigem Modell erscheint es darum auch keineswegs als systemwidrig, die Entscheidung über die Ausweisung als gebundene Entscheidung auf Grundlage einer tatbestandlichen Abwägung zu konzipieren, die Modalitäten ihrer Befristung, die letztlich auch der Verhältnismäßigkeit dienen, aber behördlichem Ermessen zu unterstellen.[174] Durch den hohen Grad an grund- und menschenrechtlicher Prägung bleibt auch dieses Ermessen der Sache nach höchst begrenzt.[175] Die Kontrolldichte korreliert insoweit nicht mit der Zuordnung zu Tatbestands- oder Ermessensmodell, sondern mit dem – hier hohen – Grad an (grund-)rechtlicher Determinierung.

Summa summarum bleibt der Kern des neuen Ausweisungsrechts, obgleich nunmehr gesetzlich in ein dogmatisch tatbestandsbezogenes Gewand gekleidet, im Wesentlichen identisch mit dem seines Vorgängers: eine administrative Abwägung im Einzelfall, die einer intensiven gerichtlichen Kontrolle unterliegt. Folgerichtig begründen auch die Gesetzesmaterialien das Fehlen eines zusätzlichen Erfüllungsaufwands mit Kontinuität und nicht mit Differenz.[176]

c) Ausweisungsentscheidung als ebenenübergreifender Abwägungs- und Konkordanzraum

Durch die Reform schreibt der deutsche Gesetzgeber nunmehr ausdrücklich die Abwägung als zentralen Entscheidungsmodus des Ausweisungsrechts fest. Das Motiv für die legislative Einführung des tatbestandlichen Abwägungsmodells deckt sich im Kern mit den Beweggründen des BVerwG zur Ausdehnung des rechtsfolgenseitigen Ermessensmodells. Beide zielen auf die Eröffnung eines ebenenübergreifenden Abwägungs- und Konkordanzraumes ab, in dem die rechtsordnungsdifferierenden Belange einzelfallbezogen zu würdigen und gegeneinander abzuwägen sind. Ähnlich wie zuvor das BVerwG begründet auch der Gesetzgeber die Einführung der Abwägungslösung mit ebenenübergreifenden Flexibilitäts- und Einzelfallerfordernis, das einer Zusammenschau der Vorgaben auf den unterschiedlichen Ebenen entnommen wird.[177]

Allgemein ist eine Ermächtigung der Verwaltung zur tatbestandlichen Abwägung mit *Eckhard Pache* dann anzunehmen, wenn sich der durch Auslegung zu bestimmende Inhalt des materiellen Rechts darauf beschränkt, „der Verwaltung aufzugeben, eine im Hinblick auf die relevanten Abwägungsgesichtspunk-

---

174 So aber *I. Bauer*, in: Bergmann/Dienelt (Hrsg.), Ausländerrecht, 11. Aufl. 2016, § 11 AufenthG, Rn. 29.

175 So wiederum auch *I. Bauer*, a.a.O., Rn. 31, die von einem „intendierten Ermessen" ausgeht.

176 Bereits in der Vergangenheit habe bei einem Großteil der Ausweisungen eine einzelfallbezogene Prüfung erfolgen müssen, vgl. BT-Drs. 18/4097, S. 29, 66 f.

177 Ebd., S. 23, 49.

te, auf die Gewichtung dieser Gesichtspunkte oder auf den eigentlichen Abwägungsvorgang offene Abwägungsentscheidung zu treffen", sodass „nicht das Ergebnis, sondern der Prozess der normativ geforderten Entscheidung der Verwaltung gesteuert"[178] wird. Eine Besonderheit des neuen Ausweisungsrechts besteht unter diesem Blickwinkel schon darin, dass es die Notwendigkeit einer tatbestandlichen Abwägung durch die Verwaltung in § 53 Abs. 1 AufenthG ausdrücklich benennt.

Die eigentliche Bedeutung des tatbestandlichen Abwägungsmodells erschließt sich jedoch erst im Kontext des Mehrebenensystems, in den das moderne Ausweisungsrecht gestellt ist. Einerseits hat einen hat der Gesetzgeber das reformierte Ausweisungsrecht als dynamische Rezeptionsstelle für völker- und europarechtliche Vorgaben konzipiert. Der nicht abschließende Charakter der in §§ 53 ff. AufenthG genannten Belange erlaubt die Berücksichtigung künftig geänderter bzw. erst postulierter Kriterien. Damit hält das deutsche Recht bereits von seiner gesetzessystematischen Anlage her mit den Anforderungen des Unionsrechts und der EMRK Schritt. Deutlicher, wenn auch nur deklaratorisch, wäre dies freilich im Expertenvorschlag zum Ausdruck gekommen, der einen ausdrücklichen dynamischen Verweis auf die völker-, unions- und verfassungsrechtlich zu beachtenden Vorgaben enthielt.[179] Andererseits – und wesentlich bedeutsamer – eröffnet die als „ergebnisoffene Abwägung"[180] angelegte Ausweisungsentscheidung einen Prozess der ebenenübergreifenden Herstellung von Einzelfallgerechtigkeit.

An sich würde die Annahme einer derart „inhaltskonkretisierenden offenen Abwägung"[181] durch die Verwaltung auf einen administrativen Beurteilungsspielraum mit reduzierter gerichtlicher Kontrolle schließen lassen.[182] Der Gesetzgeber hat seine Intention, die Ausweisungsentscheidung umfassender gerichtlicher Nachprüfung zu unterstellen, jedoch mehrfach deutlich artikuliert.[183] Mit der vom Gesetzgeber vorgegebenen „umfassenden gerichtlichen Kontrolle" kann bei verständiger Würdigung aber nur gemeint sein, dass sich die gerichtliche Kontrolle umfassend auf die *Rechts*maßstäbe erstrecken soll, d. h. so weit – aber eben auch nur so weit – reichen soll, wie die für das Verwaltungshandeln geltenden Maßstäbe verrechtlicht sind.[184] Im Ausweisungsrecht

---

178 *E. Pache*, Tatbestandliche Abwägung und Beurteilungsspielraum, 2001, S. 490.

179 Abgedruckt in Fn. 148. Mit Blick auf die rein deklaratorische Wirkung hätte der Verweis freilich allein transparenzsichernde Funktion gehabt, was mit Blick auf die Rechtspraxis nicht zu unterschätzen ist.

180 So wörtlich BT-Drs. 18/4097, S. 49.

181 Begriff nach *E. Pache*, Tatbestandliche Abwägung und Beurteilungsspielraum, 2001, S. 490.

182 Vgl. ebd.

183 Vgl. Fn. 165.

184 Auf diese Akzessorietät wird nochmals im Kontext der Kontrolldichte zurückzukommen sein, vgl. S. 419 ff.

schlägt der hohe Grad an grund- und menschenrechtlicher Prägung dabei unmittelbar auf die Kontrolldichte durch. Nicht der Vorzug des tatbestandlichen Abwägungsmodells gegenüber einer rechtsfolgenseitigen Ermessenslösung, sondern dieser hohe Grad an *rechtlicher* Determinierung ist der Grund für die – bereits nach alter Rechtslage – hohe Kontrolldichte.

Die Feststellung einer hohen gerichtlichen Kontrolldichte darf allerdings nicht zur Fehlannahme verleiten, den Ausländerbehörden käme für die ebenenübergreifende Rechtskonkretisierung im Ausweisungsrecht eine nur noch untergeordnete Bedeutung zu. Denn der Verwaltung ist als „Erstanwender"[185] der Primärzugriff auf die Rechtskonkretisierung übertragen. Die Aufgabenverteilung zwischen Exekutive und Judikative stellt sich im neuen Ausweisungsrecht folgerichtig so dar, dass die Würdigung und Abwägung gegenläufiger Belange primär durch die Ausländerbehörden zu erfolgen haben, wobei die gesetzlich vertypte Gewichtung der Ausweisungs- und Bleibeinteressen nicht etwa in einem linearen Gesetzesvollzug nachzeichenbar wäre, sondern die Entscheidung vielmehr auf den Einzelfall zugeschnittene Wertungen erforderlich macht.[186] Auch wenn der Verwaltung insoweit kein Recht zur Letztentscheidung zukommt, so doch ein Recht des ersten Zugriffs. Ihre Aufgabe ist es, die aus unterschiedlichen Ebenen zusammenlaufenden Belange als erste zu würdigen und gegeneinander abzuwägen. Die gerichtliche Kontrolle ist hier auf eine Abwägungskontrolle beschränkt, die aufgrund des Verrechtlichungsgrades der abzuwägenden Belange aber auf eine hohe Kontrolldichte hinausläuft. Darauf wird im Kontext der Kontrolldichte zurückzukommen sein.[187]

6. *Zwischenfazit und Abgleich zum Visumrecht*

Für die Frage nach der Spielraumbegründung im Mehrebenensystem liefert das deutsche Ausweisungsrecht somit zwei wesentliche Befunde. Erstens gibt es ein überaus prägnantes Beispiel dafür ab, wie eine völker-, unions- und verfassungsrechtliche Vorgabe der Einzelfallgerechtigkeit über den Modus einer *ebenenübergreifend angelegten Abwägung* verarbeitet wird, in deren Rahmen rechtsordnungsdifferierende Belange einzelfallbezogen zu würdigen und gegeneinander abzuwägen sind. Die Ausweisungsentscheidung stellt sich rechtsdogmatisch insofern als ebenenübergreifender Abwägungs- und Konkordanzraum und damit als eine spezifische Form der Bewältigung der Pluralisierung der öffentlichen Interessen und Belange im Mehrebenensystem dar.

---

185 Dazu prägnant *P. Kirchhof*, Richterliche Rechtsfindung, gebunden an ‚Gesetz und Recht', NJW 1986, S. 2275 (2279).

186 Vgl. *I. Bauer*, in: Bergmann/Dienelt (Hrsg.), Ausländerrecht, 11. Aufl. 2016, § 53 AufenthG, Rn. 7.

187 S. 419 ff.

Zweitens lässt sich anhand des Ausweisungsrechts und seiner intensiven Grund- und Menschenrechtsprägung aufzeigen, dass ein ebenenübergreifend erhobenes Einzelfallerfordernis instrumentell nicht zwingend der Umsetzung durch ein behördliches *Letzt*entscheidungsrecht bedarf. Im Zuge der Reform des Ausweisungsrechts entschied sich der Bundesgesetzgeber insoweit vielmehr für eine intensive gerichtliche Kontrolldichte. An der bereits vorher geltenden Rechtslage änderte dies freilich wenig. Denn zwei wesentliche Prärogativen verbleiben der Verwaltung trotz der hohen Kontrolldichte auch nach dem neuen Ausweisungsrecht: erstens die Fähigkeit zur Eigeninitiative in Gestalt des Entschließungsermessens und zweitens das Recht des ersten Zugriffs auf die Ausweisungsabwägung. Die weitgehende Maßstabsgleichheit von vorausgehender administrativer Abwägung und nachgehender gerichtlicher Verhältnismäßigkeitsprüfung, die auf den hohen Verrechtlichungsgrad durch die Grund- und Menschenrechte zurückgeht, reduziert den Unterschied zwischen Exekutive und Judikative aber nicht auf die bloße Entscheidungsreihenfolge. Denn der Satz, dass derselbe materielle Entscheidungsmaßstab angesichts der grundlegenden verfahrens- und organisationsstrukturellen Unterschiede zwischen Verwaltung und Gerichten im Allgemeinen nicht dieselbe Entscheidung erzeugt,[188] gilt auch im Besonderen für das Ausweisungsrecht.

Für die Frage nach der Verbundstruktur behördlicher Entscheidungsspielräume ist das Ausweisungsrecht aber vor allem deshalb aufschlussreich, weil die Entscheidungen über die Reichweite der legislativen Vorstrukturierung einerseits und die der gerichtlichen Kontrolldichte andererseits auf verschiedenen Ebenen fallen. Das völker- und unionsrechtliche Einzelfallerfordernis schränkt den Regelungsspielraum des (nationalen) Gesetzgebers erheblich ein, da es die Möglichkeit gesetzlicher Vorstrukturierung begrenzt. Das betrifft aber nur das Verhältnis der Verwaltung zur Legislative, welches insoweit ebenenübergreifend vordeterminiert wird. Mit Blick auf das Verhältnis der Verwaltung zur Judikative ist der (innerstaatlichen) Legislative aber weiterhin freigestellt, das anzulegende Maß an gerichtlicher Kontrolldichte nach innerstaatlichem Recht festzulegen.[189] Darin unterscheidet sich das Ausweisungsrecht etwa vom Visumsrecht, wo das BVerwG in einer, an späterer Stelle noch näher darzulegenden Leitentscheidung gerade deshalb von einem Beurteilungsspielraum der zuständigen Behörden ausging, weil es zumindest die Grundentscheidung über die gerichtliche Kontrolldichte bereits als durch das Unionsrecht getroffen ansah.[190] Im Kern fußt diese migrationsrechtliche Entscheidung interessanterwei-

188 *C. Möllers*, Gewaltengliederung, 2005, S. 163 f.

189 Wobei etwaige verfassungsrechtliche Grenzen zu beachten sind.

190 BVerwG, Urt. v. 17.9.2015, 1 C 37/14, NVwZ 2016, 161, Rn. 20, welches nach zutreffender Auslegung das „Ob“ des Entscheidungsspielraumes als vom Unionsrecht in der Auslegung des EuGH als entschieden ansieht, die konkrete Ausgestaltung der Kontrollmaßstäbe im Sinne des „Wie“ aber dem nationalen Recht entnimmt. Ähnlich zuvor bereits OVG Berlin/

se auf Überlegungen zur Verbundstruktur behördlicher Entscheidungsspielräume, die das BVerwG im Kontext der Regulierung der Telekommunikationsmärkte entwickelt hat.

III. Verwirklichung eines ebenenübergreifenden behördlichen Gestaltungsauftrags

Das Recht der Regulierung des Telekommunikationssektors eignet sich wie wohl kein zweites Rechtsgebiet dazu, den Einsatz administrativer Entscheidungsspielräume zur Verwirklichung eines ebenenübergreifenden behördlichen Gestaltungsauftrags zu veranschaulichen. Seine zahlreichen diskretionären Normstrukturen sind spezifisch auf die Absicherung einer marktgestalterischen Entscheidungsbefugnis der im ebenenübergreifenden Verbund handelnden Verwaltung angelegt.

1. Behördlicher Gestaltungsauftrag im TK-Recht

Das aus Rechtsschichten der internationalen, unionalen und nationalen Ebene zusammengesetzte TK-Recht stellt den regulatorischen Gestaltungsauftrag[191] der im ebenenübergreifenden Verbund[192] agierenden Verwaltung in den Mittelpunkt.[193] Bereits das WTO-Recht trifft in Ziff. 5 des Reference Papers[194] konkrete Vorgaben für die funktionelle Unabhängigkeit und Unparteilichkeit der Regulierungsverwaltung. Diese Vorgaben[195] greift der unionale Gemeinsame Rechts-

---

Brandenburg, Urt. v. 19.11.2014, OVG 6 B 20/14, Rn. 27 (juris). Zum Ganzen näher unter S. 301 ff. und 416 ff.

[191] Grundlegend, auch jenseits des TK-Rechts, *M. Brenner*, Der Gestaltungsauftrag der Verwaltung in der Europäischen Union, 1996, S. 363 ff.

[192] Zu den Verbundstrukturen *H.-H. Trute*, Der europäische Regulierungsverbund in der Telekommunikation: ein neues Modell europäisierter Verwaltung, in: FS P. Selmer, 2004, S. 565 ff.; *K.-H. Ladeur/C. Möllers*, Der europäische Regulierungsverbund der Telekommunikation im deutschen Verwaltungsrecht, DVBl. 2005, S. 525 ff.; *G. Britz*, Vom Europäischen Verwaltungsverbund zum Regulierungsverbund?, EuR 2006, S. 46 (55 ff.).

[193] Zur Bedeutung gestaltender Elemente im Regulierungsrecht *E. Schmidt-Aßmann*, Das allgemeine Verwaltungsrecht als Ordnungsidee, 2. Aufl. 2004, Kap. 3, Rn. 53; *M. Eifert*, Regulierungsstrategien, in: Hoffmann-Riem/Schmidt-Aßmann/Voßkuhle (Hrsg.), GVwR I, 2. Aufl. 2012, § 19, Rn. 136; *J. Masing*, Grundstrukturen eines Regulierungsverwaltungsrechts, DV 36 (2003), S. 1 (5 ff.).

[194] Einem Anhang zum Vierten GATS-Protokoll, in deutscher Übersetzung abgedruckt in EG-ABl. v. 18.12.1997, L 347, S. 52 f. Vgl. bereits S. 158 ff.

[195] Ebenso wie die vergleichsweise detaillierten WTO-rechtlichen Erfordernisse im Bereich der Marktzugangsgewährung, etwa für den Bereich der Zusammenschaltung (Nichtdiskriminierung, Kostenorientierung, Entbündelung und Transparenz), vgl. *E. Elkettani*, Internationales Telekommunikationsrecht, in: Säcker (Hrsg.), TKG, 3. Aufl. 2013, Einl. III, Rn. 133 ff.

rahmen[196] im Rahmen seines bedarfsorientiert-flexiblen Regulierungsansatzes auf. Das unionale TK-Recht verpflichtet die EU-Mitgliedstaaten zur Errichtung von unabhängigen und mit spezifischem Sachverstand ausgestatteten nationalen Regulierungsbehörden. Diesen nationalen, funktional aber zugleich *europäischen* Regulierungsbehörden überträgt das Unionsrecht weitreichende und über eine wettbewerbsrechtliche Missbrauchsaufsicht hinausgehende Befugnisse „aktiver Marktbegleitung".[197] Steuerungstechnisch setzt das unionale TK-Recht dabei auf die regulierungsbehördliche Konkretisierung offener Zielvorgaben,[198] während die legislative Fixierung exekutiv vollziehbarer Konditionalsätze in den Hintergrund tritt.[199] Die finale Normstruktur und die Multipolarität der gegeneinander abzuwägenden Interessen rücken das Regulierungsrecht partiell in die Nähe des Planungsrechts.[200] Als Charakteristikum hinzu treten das dynamisch-komplexe, stets auf Veränderungen hin zu evaluierende Tatsachenumfeld des technikgeprägten TK-Sektors[201] und die daraus folgende prognostisch-wertende Eigenart der zu treffenden Regulierungsentscheidungen.[202]

Diese strukturellen Eigenheiten deuten bereits an, warum behördliche Gestaltungsbefugnisse als strukturprägendes Merkmal des Regulierungsrechts gelten. Den Einzelnachweis der durch den Gesetzgeber jeweils konkret erteilten normativen Ermächtigungen zur administrativen Letztkonkretisierung ersetzt ein Hinweis auf derlei Besonderheiten freilich nicht.[203] Vielfach ist dieser Nachweis erst im Wege der Auslegung zu erbringen, wobei Vorgaben dreier Rechtsebenen zu würdigen sind. Dementsprechend intensiv hat sich die Rechtsprechung des BVerwG in den vergangenen Jahren mit Grund, Gestalt und Grenzen diskretionären Verwaltungshandelns im TK-Recht auseinanderge-

---

196 Instruktiver Überblick bei *R. Klotz*, Der Europäische Rechtsrahmen für die elektronische Kommunikation, in: Säcker (Hrsg.), TKG, 3. Aufl. 2013, Einl. II, Rn. 45 ff. und *J. Kühling*, Telekommunikationsrecht, in: Ruffert (Hrsg.), EnzEuR V – Europäisches Sektorales Wirtschaftsrecht, 2012, § 4, Rn. 30 ff.

197 *M. Eifert*, Die gerichtliche Kontrolle der Entscheidungen der Bundesnetzagentur, ZHR, 174 (2010), S. 449 (463).

198 Vgl. insbesondere § 2 Abs. 2 TKG und die darauf gerichteten normativen Bezugnahmen, etwa in § 21 Abs. 1 S. 2 (Zugangsregulierung) und § 30 Abs. 1 S. 2 (Entgeltregulierung).

199 Wobei auch in einem „bloßen" Nachvollzug stets ein schöpferischer Akt der Rechtsproduktion durch die Verwaltung steckt, wenn auch graduell schwächer ausgeprägt, vgl. bereits *H. Ehmke*, „Ermessen" und „unbestimmter Rechtsbegriff" im Verwaltungsrecht, 1960, S. 40.

200 *R. Wahl*, Die Aufgabenabhängigkeit der Verwaltung, in: Hoffmann-Riem/Schmidt-Aßmann/Schuppert (Hrsg.), Reform des allgemeinen Verwaltungsrechts – Grundfragen, 1993, S. 177 (197 f.).

201 Vgl. *M. Eifert*, Die gerichtliche Kontrolle der Entscheidungen der Bundesnetzagentur, ZHR, 174 (2010), S. 449 (463 ff.).

202 So explizit der Bundesgesetzgeber in Bezug auf die Marktdefinition, vgl. BT-Drs. 15/2316 v. 9.1.2004, S. 61.

203 Vgl. *F. Schoch*, Gerichtliche Verwaltungskontrollen, in: Hoffmann-Riem/Schmidt-Aßmann/Voßkuhle (Hrsg.), GVwR III, 2. Aufl. 2013, § 50, Rn. 291.

setzt.[204] Dabei griff das BVerwG auch mehrfach korrigierend – im Sinne von spielraumerweiternd – ein, soweit der deutsche Gesetzgeber die legislative Vorstrukturierung behördlicher Entscheidungsspielräume entgegen den Vorgaben des unionalen Gesetzgebers zu weit betrieben hat. Wie im Migrationsrecht steht das BVerwG auch im TK-Recht als letztinstanzliches Fachgericht an der Schnittstelle der verschiedenen Rechtsordnungen, deren Maßstäbe es in kohärenter Weise zusammenführen muss.

2. Ebenenübergreifende Einforderung administrativer Marktdefinition und -analyse

Für die Begründung administrativer Entscheidungsspielräume genügt ein Hinweis auf allgemeine Gesichtspunkte der Funktionenordnung oder rechtsstrukturelle Besonderheiten der Sachmaterie nicht.[205] Auch die Vorgabe behördlicher Unabhängigkeit kann für sich allein genommen die Annahme eines behördlichen Entscheidungsspielraumes nicht begründen.[206] Es bedarf einer entsprechenden, im positiven Recht nachweisbaren Entscheidung des Gesetzgebers, die zudem im Einklang mit vorrangigem Recht stehen muss. Dementsprechend beziehen sich sowohl der EuGH als auch das BVerwG auf das konkrete Regelungsarrangement des Unions- bzw. Bundesgesetzgebers.[207] Das wirft die Frage auf, welche *mehrebenenspezifischen* Sachgründe die Legislative zum Einsatz behördlicher Gestaltungsbefugnisse veranlassen können. Ein erster Regelungskomplex des TK-Rechts, anhand dessen die Problematik besonders deutlich wird, ist der Bereich behördlicher Marktdefinition und -analyse.

a) Rechtlicher Rahmen

Die einschlägigen Rechtsgrundlagen seien kurz in Erinnerung gerufen.[208] Unional sind die Kompetenzen der nationalen Regulierungsbehörden für die Bereiche Marktdefinition und -abgrenzung in Art. 15 Abs. 3 und Art. 16 RRL niedergelegt.[209] Die ausdrücklich an die nationalen Regulierungsbehörden gerich-

---

[204] Für eine Übersicht über die in der Rechtsprechung anerkannten Entscheidungsspielräume vgl. *J. Oster*, Normative Ermächtigungen im Regulierungsrecht, 2010, S. 171 ff.

[205] Vgl. bereits S. 29 ff.

[206] Näher S. 268 ff.

[207] Vgl. EuGH, Urt. v. 3.12.2009, Rs. C424/07 – *Kommission/Deutschland (Neue Märkte)*, Rn. 53–61, 74–78 u. 89–93 in Bezug auf den unzulässigen Übergriff des nationalen Gesetzgeber in die unionsrechtlich begründeten Verwaltungsspielräume der nationalen Regulierungsbehörden sowie BVerwG, Urt. v. 2.4.2008, 6 C 15/07, BVerwGE 131, 41, Rn. 18 f. (juris), bestätigt durch BVerfG, Urt. v. 8.12.2011, 1 BvR 1932/08, NVwZ 2012, 694, Rn. 37 f. (juris).

[208] Vgl. bereits S. 169 f. u. S. 174 ff.

[209] Eingehend *J. Kühling*, Telekommunikationsrecht, in: Ruffert (Hrsg.), EnzEuR V – Europäisches Sektorales Wirtschaftsrecht, 2012, § 4, Rn. 32 ff. u. 43 ff.; *R. Klotz*, Der Europä-

teten Vorschriften[210] verleihen diesen die Befugnis, die relevanten Märkte zu definieren und zu analysieren und legen ihnen hierzu weitreichende Kooperations- und Berücksichtigungsverpflichtungen in vertikaler wie horizontaler Perspektive auf. Nach dem von der Europäischen Kommission zugrunde gelegten Drei-Kriterien-Test kommt ein Markt für eine Vorabregulierung in Betracht, wenn die drei Voraussetzungen, nämlich beträchtliche und anhaltende Marktzutrittsschranken (1), längerfristig fehlende Tendenz zu wirksamem Wettbewerb (2) und Insuffizienz des allgemeinen Wettbewerbsrechts (3) kumulativ erfüllt sind.[211] Im Rahmen der Marktanalyse hat sodann eine Evaluierung der konkreten Wettbewerbsverhältnisse zu erfolgen, was insbesondere die Ermittlung von Unternehmen mit beträchtlicher Marktmacht bedeutet.[212]

Das deutsche TK-Recht setzt die unionsrechtlichen Vorgaben in § 10 TKG (Marktdefinition) und § 11 TKG (Marktanalyse) um. Nach § 10 Abs. 1 TKG legt die BNetzA unter Berücksichtigung der Regulierungsziele die für eine Regulierung in Betracht kommenden Märkte in sachlicher und räumlicher Hinsicht fest, wobei § 10 Abs. 2 S. 1 TKG den Drei-Kriterien-Test und § 10 Abs. 2 S. 3 TKG die behördlichen Berücksichtigungspflichten aufgreift. Darüber hinausgehend räumt der deutsche Gesetzgeber der BNetzA in § 10 Abs. 2 S. 2 TKG ausdrücklich einen (tatbestandlichen) Beurteilungsspielraum für die Marktdefinition ein.[213] § 11 TKG regelt das Verfahren der Marktanalyse, ebenfalls unter Statuierung der mehrschichtigen Berücksichtigungspflichten.

b) Ebenenübergreifende Beschränkung gesetzlicher Vorstrukturierung

Nach dem geltenden Gemeinsamen Rechtsrahmen sind es die Regulierungsbehörden, die im Verbund mit Kommission und anderen Regulierern die Märkte in Ansehung des jeweils konkret vorherrschenden Wettbewerbsgrades definieren, analysieren, situationsangemessen regulieren und fortlaufend evaluieren sollen. Der Unionsgesetzgeber beschränkt sich bei der Steuerung im Kern auf die Statuierung offener Zielvorgaben und setzt als rechtsgestaltende Operatoren die Regulierungs*verwaltung* als Teil des europäischen Regulierungsverbunds ein. Art. 8 Abs. 1 RRL bringt dies zum Ausdruck, wenn er einerseits die Mitgliedstaaten dazu verpflichtet zu gewährleisten, dass die nationalen Regu-

ische Rechtsrahmen für die elektronische Kommunikation, in: Säcker (Hrsg.), TKG, 3. Aufl. 2013, Einl. II, Rn. 70 ff.

210 So explizit der EuGH, Urt. v. 3.12.2009, Rs. C424/07 – *Kommission/Deutschland (Neue Märkte)*, Rn. 75 und Urt. v. 12.5.2011, Rs. C410/09 – *Polska Telefonia Cyfrowa*, Rn. 31.

211 11. Erwägungsgrund der Empfehlung der KOM 2014/710 v. 9.10.2014, EU-ABl. v. 11.10.2014, L 295/79.

212 Gemäß Art. 14 Abs. 2 RRL ein Unternehmen, das allein oder zusammen mit anderen eine wirtschaftlich derart starke Stellung einnimmt, dass es in beträchtlichem Umfang letztlich unabhängig von Wettbewerbern, Kunden und Verbrauchern operieren kann.

213 Der vom BVerwG überzeugend auch auf die Marktanalyse ausgedehnt wird, dazu sogleich.

lierer bei der Wahrnehmung der ihnen unionsrechtlich zugewiesenen regulatorischen Aufgaben alle zur Verwirklichung der Regulierungsziele angezeigten Maßnahmen (EN *reasonable measures*, FR *mesures raisonnables*) treffen können sollen und andererseits die verschiedenen, mitunter strukturell konträren Ziele in Art. 8 Abs. 2 bis 4 RRL auflistet und in Abs. 5 um Regulierungsgrundsätze komplettiert.[214]

aa) Föderative Dimension des unionalen Regulierungsansatzes

Angesichts der bewusst gering gehaltenen Regelungsdichte des Unionsrechts stellt sich auf einer ersten Stufe zwangsläufig die Frage, ob der nationale Gesetzgeber in diese Lücke stoßen und der nationalen Regulierungsverwaltung konkretisierte Vorgaben über die Regulierungsbedürftigkeit bestimmter Marktsegmente machen oder einzelne Regulierungsziele vorgewichten darf. Kann der nationale Gesetzgeber z.B. vorgeben, dass der unternehmerischen Investition in die Infrastruktur, wie etwa das Breitbandnetz, ein besonderes Gewicht beizumessen ist? Darf er die Regulierungsbedürftigkeit bestimmter Märkte vorab einschränken, um Infrastrukturinvestitionen durch das marktbeherrschende Unternehmen zu begünstigen? Darin liegt eine für das Verhältnis von Verwaltung und Gesetzgeber im TK-Bereich grundlegende Frage.[215] Sie erfährt durch die föderative Dimension und die damit einhergehende „Ebenenkopplung“[216] (hier: die Legislative der EU-Ebene trifft Vorgaben für die Exekutive der nationalen Ebene und schränkt dabei gleichzeitig den Gestaltungsrahmen der nationalen Legislative ein) zudem eine besondere Komplexität.

In seiner für das Regulierungsrecht wegweisenden Neue-Märkte-Entscheidung legte der EuGH die Lesart zugrunde, dass der Unionsgesetzgeber die aufgeworfenen Fragen für den streitgegenständlichen Bereich bereits im Negativen beantwortet hatte. Gegenstand des Vertragsverletzungsverfahrens war eine (mittlerweile abgeschaffte) Regelung[217] des TKG, mit der der Bundesgesetzgeber sog. „neue Märkte“ als grundsätzlich nicht regulierungsbedürftig einstufen und die BNetzA für den gesetzessystematischen Ausnahmefall, dass doch eine Regulierung angezeigt war,[218] dazu anhalten wollte, dem „Ziel der Förderung

[214] Dazu zählen Prinzipien wie Vorhersehbarkeit, Nichtdiskriminierung und Verhältnismäßigkeit. Zum Unterschied von Regulierungszielen und Grundsätzen vgl. *F.J. Säcker*, Systematische Einordnung des TKG in das allgemeine Wirtschaftsrecht, in: ders. (Hrsg.), TKG, 3. Aufl. 2013, Einl. I, Rn. 5.

[215] Vergleichbare Fragen stellen sich auch in anderen Bereichen des Verwaltungsrechts. Vgl. zum Umweltrecht am Beispiel der Luftqualitätsrichtlinie (RL 2008/50) *E. M. Lohse*, Einräumung von Verwaltungsermessen durch unionsrechtliche Richtlinien, DV 46 (2013), S. 221 (224 ff. u. 232 ff.), indes unter Reduktion der Fragestellung auf ein Interpretationsproblem und völliger Überdogmatisierung der Regelungsstrukturen unionaler Rechtsharmonisierung.

[216] Begriffsprägend *C. Möllers*, Gewaltengliederung, 2005, S. 331 ff.

[217] § 9a TKG a.F.

[218] Nach § 9a Abs. 2 S. 1 TKG a.F. war die Regulierung eines neuen Marktes unter der

von effizienten Infrastrukturinvestitionen und die Unterstützung von Innovationen" besonderes Gewicht beizumessen. Der Rechtsauffassung der Kommission folgend erklärte der EuGH diese gesetzliche Vorstrukturierung für unionsrechtswidrig, da sie in die den nationalen Regulierern durch das Sekundärrecht verliehenen Befugnisse eingriff, in einzelfallbasierter Weise Regulierungsmaßnahmen zu treffen.[219] In überzeugender Auslegung des Unionsrechts stellte der EuGH in Übereinstimmung mit Generalanwalt *Poiares Maduro* heraus, das Regulierungskonzept des Unionsgesetzgebers bestehe gerade darin, die Beurteilung der Regulierungsbedürftigkeit von Märkten *den nationalen Regulierungsbehörden* zu übertragen und nicht dem nationalen Gesetzgeber.[220] Zu den Befugnissen, die gemäß den unionsrechtlichen Vorgaben der nationalen Regulierungsverwaltung zukommen müssen, zählt nach dem EuGH ausdrücklich auch die Frage der Abwägung der widerstreitenden Regulierungsziele.[221]

bb) Gewaltenzuordnung und nationale Verfahrensautonomie

Darin liegt nichts weniger als eine unionsrechtlich vorgegebene und durch das nationale Recht umzusetzende *Gewaltenzuordnung* zugunsten der Exekutive.[222] Das Unionsrecht schränkt die Mitgliedstaaten, d.h. insbesondere ihre rechtsetzenden Organe,[223] letztlich hinsichtlich der Institutionenwahl ein, indem es ihnen die Verpflichtung auferlegt, die nationale Regulierungsverwaltung zur Wahrnehmung einer gestaltenden Regulierungsaufgabe zu befähigen.[224] Spiegelbildlich schränkt es die Möglichkeit zur legislativen Vorstrukturierung der Materie durch den nationalen Gesetzgeber ein.

---

engen Voraussetzung möglich, dass Tatsachen die Annahme rechtfertigten, „dass bei fehlender Regulierung die Entwicklung eines nachhaltig wettbewerbsorientierten Marktes im Bereich der Telekommunikationsdienste oder -netze langfristig behindert" werde.

[219] EuGH, Urt. v. 3.12.2009, Rs. C424/07 – *Kommission/Deutschland (Neue Märkte)*, Rn. 78. Hier zeigt sich im Übrigen abermals der enge Zusammenhang zwischen administrativen Gestaltungsbefugnissen und Einzelfallgerechtigkeit.

[220] Ebd., Rn. 74.

[221] Ebd., Rn. 93. Vgl. bereits im Vorfeld der Entscheidung *H.-H. Trute*, Der europäische Regulierungsverbund in der Telekommunikation: ein neues Modell europäisierter Verwaltung, in: FS P. Selmer, 2004, S. 565 (578ff.); *G. Britz*, Vom Europäischen Verwaltungsverbund zum Regulierungsverbund?, EuR 2006, S. 46 (56). Kritisch *K.F. Gärditz*, Gestaltungsspielräume und Gestaltungsverantwortung des nationalen Gesetzgebers im europäischen Telekommunikationsregulierungsrecht, N&R Beilage 2/2011, S. 1 (10ff.).

[222] Dies sollte aber, um Missverständnissen vorzubeugen, nicht als „Ermessen im Verhältnis zur Legislative" bezeichnet werden – so aber *M. Ludwigs*, Die Bundesnetzagentur auf dem Weg zur Independent Agency?, DV 44 (2011), S. 41 (69) –, da der Ermessensbegriff eine administrative Letztentscheidungskompetenz bezeichnet, die sowohl gegenüber der Legislative als auch der Judikative besteht.

[223] Die je nach Verfassungssystem unterschiedlich ausgestaltet sein können.

[224] Besonders klar in diesem Sinne GA *M. Poiares Maduro*, Schlussanträge v. 23.4.2009, Rs. C-424/07 – *Kommission/Deutschland (Neue Märkte)*, Rn. 65. Ähnlich zuvor bereits auch EuGH, Urt. v. 6.3.2008, Rs. C-82/07 – *Comisión del Mercado de las Telecomunicaciones*, Rn. 24.

Dem kann auch nicht der Grundsatz der nationalen Verfahrensautonomie entgegengehalten werden, die unionsrechtlich lediglich als rechtsempirischer Normalfall vorausgesetzt, nicht aber als normative Vorgabe statuiert wird.[225] Im Falle des Regulierungsrechts hat sich der Unionsgesetzgeber, gestützt auf Art. 114 AEUV für ein Modell entschieden, in dem die Mitgliedstaaten sicherzustellen haben, dass die nationalen Regulierungsbehörden – in ihrer Existenz als unabhängige Behörden ebenfalls unionsrechtlich vorgegeben – rechtsnormativ befugt und tatsächlich in der Lage sind, die Regulierungsbedürftigkeit der Märkte zu bestimmen und daran anknüpfend alle angezeigten Maßnahmen zur Verfolgung der sekundärrechtlich fixierten Regulierungsziele zu treffen.[226] Die gleichen Überlegungen gelten im Übrigen auch hinsichtlich der diagonalen Einwirkung des Unionsgesetzgebers auf das Verhältnis von nationaler Exekutive und Judikative.

cc) Normative Ermächtigungslehre und Mehrstufigkeit

Mit Blick auf die normative Ermächtigungslehre ist die Entscheidung des EuGH schon deshalb bedeutsam, weil sie auf die Notwendigkeit verweist, in einem ersten Schritt die ebenenübergreifende Einwirkung der unionalen Legislative auf das innerstaatliche Verhältnis der Verwaltung zur nationalen Legislative in den Blick zu nehmen. Methodologisch gewendet geht es um die *Einnahme der legislativen Steuerungsperspektive im Mehrebenensystem.* Denn möglicherweise ist der nationalen Legislative dort, wo sie das Verwaltungshandeln näher programmieren wollte, eine Vorstrukturierung gerade deshalb verwehrt, weil der Unionsgesetzgeber konzeptionell auf eine (Letzt-)Konkretisierungsbefugnis durch die Verwaltung setzt. Auf die gesetzgeberische Ausgestaltung auf nationaler Ebene kommt es dann eventuell gar nicht mehr an. Anders gesagt, die unionsrechtlich erteilte normative Ermächtigung schlägt ggf. unmittelbar auf die Begründung des administrativen Entscheidungsspielraums durch. Maßgebend hierfür ist stets die konkrete legislative Ausgestaltung durch den Unionsgesetzgeber, die sich freilich innerhalb des unionalen Kompetenzrahmens bewegen muss.

Folgerichtig stützt der EuGH seine Schlussfolgerung, dass die nationale Regulierungsverwaltung in den genannten Fällen unionsrechtlich zur Selbstprogrammierung ermächtigt ist, auch weniger auf funktionelle oder effektivitätsbezogene Argumente, die an primärrechtliche Grundsätze rückgebunden wären, sondern primär auf die *legislative, d.h. sekundärrechtliche Ausgestaltung der Sachmaterie* durch den Unionsgesetzgeber. Darin spiegelt sich die mittlerweile signifikant gestiegene und nach wie vor unterschätzte oder ausgeblende-

[225] Vgl. bereits S. 89ff.

[226] So in Bezug auf Art. 8 ZRL st. Rspr. seit EuGH, Urt. v. 31.1.2008, Rs. C380/05 – *Centro Europa 7,* Rn. 81; Urt. v. 13.11.2008, Rs. C227/07 – *Kommission/Polen,* Rn. 40.

te[227] Rolle der unionalen Gesetzgebung im Verfassungsgefüge der Union – und ihre Achtung durch die Rechtsprechung – wider, die auch in anderen Bereichen des Unionsrechts jenseits der Frage administrativer Entscheidungsspielräume zunehmend zu beobachten ist.[228]

c) *Mehrebenenspezifisches Erfordernis reduzierter Kontrolldichte*

Die normative Ermächtigungslehre verlangt für die Annahme eines behördlichen Entscheidungsspielraumes aber nicht allein die teilweise Freistellung von vorausgehender legislativer Vorstrukturierung, sondern zugleich eine gesetzgeberische Ermächtigung zur teilweisen Freistellung von nachgehender gerichtlicher Kontrolle.[229] Die gerichtliche Kontrolldichte muss insoweit reduziert bzw. in spielraumadäquater Weise modifiziert sein.[230] Während im Ausweisungsrecht dem ebenenübergreifenden Verbot legislativer Vorstrukturierung in weiten Teilen gerade kein Gebot gerichtlicher Kontrollreduktion korreliert,[231] ist das Regulierungsrecht demgegenüber durch eine signifikante Reduktion bzw. Modifikation der gerichtlichen Kontrolldichte gekennzeichnet. Dafür sprechen insbesondere mehrebenenspezifische Sachgründe.

aa) *Ausgangspunkt: Spielraumtest durch BVerwG*

Obgleich die Neue-Märkte-Entscheidung des EuGH die Anerkennung eines administrativen Entscheidungsspielraumes bereits indirekt nahelegt,[232] ließ der Gerichtshof diese Frage mangels Entscheidungserheblichkeit letztlich unbeantwortet und äußerte sich allein zum Verhältnis zwischen Gesetzgeber und Verwaltung.

Den Spielraumtest[233] hatte zuvor bereits das BVerwG in seiner Grundsatzentscheidung vom 2. April 2008 durchgeführt und unter eingehender Würdi-

---

[227] So etwa bei *K. F. Gärditz*, Die Rolle des parlamentarischen Gesetzgebers im Regulierungsrecht, in: Kurth/Schmoeckel (Hrsg.), Regulierung im Telekommunikationssektor, 2012, S. 67 ff.

[228] Vgl. für den Bereich der Unionsbürgerschaft etwa EuGH, Urt. v. 11.11.2014, Rs. C-333/13 – *Dano*, Rn. 61 ff.; Urt. v. 15.9.2015, Rs. C-67/14 – *Alimanovic*, Rn. 60 f. Die Konkretisierungsprärogative des Unionsgesetzgebers für diesen Bereich bereits zuvor betonend *D. Rabenschlag*, Leitbilder der Unionsbürgerschaft, 2009, S. 174 f.

[229] Pointiert *M. Jestaedt*, Maßstäbe des Verwaltungshandelns, in: Ehlers/Pünder (Hrsg.), Allgemeines Verwaltungsrecht, 15. Aufl. 2016, § 11, Rn. 33, dort nunmehr auch in überzeugender Auseinandersetzung mit *R. Poscher*, Geteilte Missverständnisse, in: FS Rainer Wahl, 2011, S. 527 (532 ff.).

[230] Zur Spielraumadäquanz der Kontrolldichte unter dem Gesichtspunkt der Rechtsschutzgarantie näher S. 422 ff.

[231] Vgl. S. 208 ff.

[232] Jedenfalls soweit das unionsrechtliche Verbot national-gesetzlicher Vorstrukturierung auf die Kontrolldichte durchschlägt, vgl. *M. Eifert*, Gerichtliche Kontrolle der Entscheidungen der Bundesnetzagentur, ZHR 174 (2010), S. 449 (456 f.).

[233] Zu den Kontrollregimen im Mehrebenensystem näher S. 376 ff.

gung der *unionsrechtlichen* Vorgaben – ohne Vorlage an den EuGH – im Positiven beantwortet.[234] Dabei war das BVerwG im Hinblick auf die Marktdefinition mit einem der rechtsempirisch eher seltenen[235] Fälle konfrontiert, in denen der Gesetzgeber bereits durch den Wortlaut der einschlägigen Norm vergleichsweise deutlich zu erkennen gibt, der Verwaltung einen Beurteilungsspielraum einräumen zu wollen, § 10 Abs. 2 S. 2 TKG. Unter zutreffender Annahme, dass Marktdefinition und -analyse einen untrennbar miteinander verschmolzenen Gesamtkomplex bilden, erstreckte das BVerwG diesen Beurteilungsspielraum über den Wortlaut der Norm hinaus auch auf den Bereich der Marktanalyse.[236] Zur Begründung stellte das BVerwG eine Reihe wegweisender Erwägungen an, die in ihrer Bedeutung weit über den Fall hinausgehen und die Rechtsprechung im Grundsatz bis heute prägen.

bb) Klassische Spielraumrechtsprechung und dynamische Wissensproduktion

Mit Blick auf die grundgesetzlichen, also die von BVerfG und Teilen der Literatur aus Art. 19 Abs. 4 GG abgeleiteten[237] Vorgaben rekapituliert das BVerwG den bundesverfassungsgerichtlich tradierten Kernsatz der Akzessorietät gerichtlicher Kontrolldichte zur materiell-rechtlichen Bindung der Verwaltung. Danach endet die judikative Nachprüfung dort, wo das materiell-rechtliche[238] Entscheidungsprogramm das Verwaltungshandeln in verfassungsrechtlich nicht zu beanstandender Weise nicht vollständig determiniert.[239] Diesen Grundsatz unter Verarbeitung seiner eigenen Spielraumrechtsprechung auf das Regulierungsrecht anwendend, trifft das BVerwG eine grundlegende Aussage, die sowohl für das bei Erlass von Regulierungsverfügungen eröffnete Regulierungsermessen als auch für den Beurteilungsspielraum im Rahmen von Marktdefinition und -analyse gilt. Danach ist ein administrativer Entscheidungsspielraum[240] u. a. anzunehmen, wenn der Verwaltungsentscheidung

---

234 BVerwG, Urt. v. 2.4.2008, 6 C 15/07, BVerwGE 131, 41, sowie die drei Parallelentscheidungen vom selben Tag 6 C 14/07, 6 C 16/07 u. 6 C 17/07.

235 Für den Seltenheitswert dieser Fallkonstellation im deutschen Verwaltungsrecht vgl. *M. Gerhardt*, in: Schoch/Schneider/Bier (Hrsg.), VwGO, § 114 (Grundwerk 1997), Rn. 57.

236 BVerwG, Urt. v. 2.4.2008, 6 C 15/07, BVerwGE 131, 41, Rn. 15 f. (juris). Wie hier zustimmend *C. Franzius*, Wer hat das letzte Wort im Telekommunikationsrecht?, DVBl. 2009, S. 409 ff. Kritisch zur Ausdehnung des Beurteilungsspielraums über den Drei-Kriterien-Test hinaus auch auf die Marktabgrenzung *H. Gersdorf*, in: Spindler/Schuster (Hrsg.), Recht der elektronischen Medien, 3. Aufl. 2015, § 10 TKG, Rn. 67 f.

237 Zur Problematik dieses Ansatzes vgl. S. 382 f. und 410 ff.

238 D. h. in aller Regel, aber nicht zwingend: das gesetzliche.

239 BVerwG, Urt. v. 28.11.2007, 6 C 42/06, BVerwGE 130, 39, Rn. 29 f. (juris) BVerwG, Urt. v. 2.4.2008, 6 C 15/07, BVerwGE 131, 41, Rn. 15 f. (juris) unter Bezugnahme auf die Entscheidungen des BVerfG, Beschl. v. 16.12.1992, 1 BvR 167/87, BVerfGE 88, 40 (61) – *Private Grundschulen*, Rn. 55 (juris) und Urt. v. 20.02.2001, 2 BvR 1444/00, BVerfGE 103, 142 (156 f.) – *Gefahr im Verzug*, Rn. 51 (juris).

240 Hier konkret ein Beurteilungsspielraum bzw. eine Beurteilungsermächtigung.

„in hohem Maße wertende Elemente anhaften und das Gesetz für sie deshalb ein besonderes Verwaltungsorgan für zuständig erklärt, das mit besonderer fachlicher Legitimation in einem besonderen Verfahren entscheidet, zumal wenn es sich um ein Kollegialorgan handelt, das mögliche Auffassungsunterschiede bereits in sich zum Ausgleich bringt und die Entscheidung damit zugleich versachlicht. (...) Das ist hier der Fall. Die Mitglieder der Beschlusskammern der Bundesnetzagentur, deren Sachkunde durch fortlaufende wissenschaftliche Unterstützung institutionell abgesichert ist (§ 125 Abs. 2 TKG), nehmen im Rahmen eines mit besonderen Antrags- und Beteiligungsrechten ausgestatteten, förmlichen Verwaltungsverfahrens (§§ 132 ff. TKG) eine gestaltende Aufgabe wahr, deren Ergebnis weitgehend frei ist von festen normativen Vorgaben und eine prognostische Beurteilung darüber voraussetzt, wie die unterschiedlichen Ziele der Regulierung unter Berücksichtigung aller abwägungserheblichen öffentlichen und privaten Belange bestmöglich zu erreichen sind."[241]

Diese in der Folge vom BVerfG bestätigte[242] Begründung fußt auf zwei Säulen der klassischen Rechtsprechung zum tatbestandlichen Beurteilungsspielraum. Zum einen betont das BVerwG den gestaltenden und prognostischen[243] Charakter der legislativ kaum vorgesteuerten Entscheidung, die im Grunde einen „verfahrensrechtlich gesteuerten kognitiven Zugriff auf die Zukunft"[244] verlangt. Die normativen Grundlagen der Entscheidung sind wesentlich durch Zielvorgaben geprägt und auf eine Abwägung multipolarer Belange ausgerichtet. Die Nähe zum klassischen Planungsermessen[245] wird hier offenkundig.[246]

Zum anderen stellt das BVerwG die legitimationsstiftende Funktion besonderer verfahrensrechtlicher und institutioneller Vorkehrungen heraus, die ein Maß an (außerrechtlicher) Richtigkeitsgewähr der Entscheidung sicherstellen

[241] So in Bezug auf das Regulierungsermessen BVerwG, Urt. v. 28.11.2007, 6 C 42/06, BVerwGE 130, 39, Rn. 29 f. (juris). Aufgegriffen sodann im Hinblick auf Marktdefinition und -analyse nach §§ 10 und 11 TKG von BVerwG, Urt. v. 2.4.2008, 6 C 15/07, BVerwGE 131, 41, Rn. 20 (juris).

[242] BVerfG, Urt. v. 8.12.2011, 1 BvR 1932/08, NVwZ 2012, 694 (in Bezug auf BVerwG, 6 C 16/07) sowie BVerfG, Urt. v. 21.12.2011, 1 BvR 1933/08 (in Bezug auf BVerwG, 6 C 17/07). Kritisch *W. Durner*, Anmerkung zur Entscheidung des BVerfG vom 08.12.2011(1 BvR 1932/08, DVBl 2012, 229), DVBl 2012, S. 299 ff.; *F. Schoch*, Gerichtliche Verwaltungskontrollen, in: Hoffmann-Riem/Schmidt-Aßmann/Voßkuhle (Hrsg.), GVwR III, 2. Aufl. 2013, § 50, Rn. 293d; *M. Sachs/C. Jasper*, Regulierungsermessen und Beurteilungsspielräume – Verfassungsrechtliche Grundlagen, NVwZ 2012, S. 649 ff.

[243] Dieses Element hatte vor allem der Bundesgesetzgeber als Sachgrund für die Spielraumbegründung angeführt, vgl. BT-Drs. 15/2316 v. 9.1.2004, S. 61.

[244] Treffend *I. Augsberg*, Informationsverwaltungsrecht, 2014, S. 58.

[245] Zum Planungsermessen eingehend *H.-J. Koch*, Abwägungsvorgang und Abwägungsergebnis als Gegenstände gerichtlicher Plankontrolle, DVBl. 1989, S. 399 ff.; *K. Rennert*, in: Eyermann, VwGO, 14. Aufl. 2014, § 114, Rn. 33 ff.; *M. Gerhardt*, in: Schoch/Schneider/Bier (Hrsg.), VwGO, § 114 (Grundwerk 1997), Rn. 28 ff. Zur Struktur der planerischen Abwägung auch aus der Handlungsperspektive der Verwaltung vgl. *E. Gassner*, Methoden und Maßstäbe für die planerische Abwägung, 1993 und *J. Dreier*, Die normative Steuerung der planerischen Abwägung, 1995, S. 55 ff.

[246] Vgl. *T. Mayen*, Das planungsrechtliche Abwägungsgebot im Telekommunikationsrecht, NVwZ 2008, S. 835 (837 ff.).

sollen, das durch eine Gerichtsentscheidung strukturbedingt nicht erreicht werden kann.[247] Dieser Argumentationsstrang schließt unmittelbar an die überkommene Rechtsprechung zu den Beurteilungsspielräumen der Bundesprüfstelle für jugendgefährdende Schriften (BjS)[248] sowie anderer spezialisierter Fachkommissionen[249] an.

Freilich ist für die Begründung eines administrativen Entscheidungsspielraums mehr erforderlich als das bloße Vorhandensein behördlicher Expertise. Fachwissen kann vor Gericht grundsätzlich auch über die Hinzuziehung von Sachverständigen eingeholt und *ex post* reproduziert werden. Das ist allerdings umso weniger möglich, je komplexer, volatiler und situationsspezifischer das entscheidungsnotwendige Wissen ist, je stärker der Verwaltungsentscheidung also ein dynamisches Wissenskonzept zugrunde liegt, das eine fortlaufende Überprüfung und Anpassung erfordert.[250]

In diesem Punkt unterscheidet sich das Regulierungsrecht qualitativ deutlich von den klassischen Fallgruppen. Denn die BNetzA verfügt aufgrund ihrer organisations- und verfahrensrechtlichen Gesamtstruktur über eine überlegende Fähigkeit zur Generierung und Fortschreibung von „Regulierungswissen", die von einem Sachverständigen weder erzeugt noch unter Rekurs auf allgemeingültige und halbwegs stabile Fachwissensbestände abgerufen werden könnte.[251] Unionales und nationales TK-Recht erteilen der BNetzA unter diesem Blickwinkel einen prozedural gesteuerten *Auftrag zu dynamischer Wissensproduktion*.[252] Dem korrespondiert ein Auseinanderfallen von administrativem Entscheidungs- und gerichtlichem Kontrollwissen.[253]

---

247 Vgl. dazu bereits *N. Luhmann*, Legitimation durch Verfahren, 1983, S. 203 ff.

248 BVerwG, Urt. v. 26.11.1992, 7 C 20/92, BVerwGE 91, 211, Rn. 16 (juris) im Zuge von BVerfG, Beschl. v. 27.11.1990, 1 BvR 402/87, BVerfGE 83, 130 – *Josefine Mutzenbacher*, Rn. 55 f. (juris). Zur Übertragung auf die regulierte Selbstregulierung vgl. *M. W. Nell*, Beurteilungsspielräume zugunsten Privater, 2010, S. 221 ff.

249 BVerwG, Urt. v. 16.5.2007, 3 C 8/06, BVerwGE 129, 27 in Bezug auf eine Weinprüfungskommission.

250 Dazu *C. Quabeck*, Dienende Funktion des Verwaltungsverfahrens und Prozeduralisierung, 2010, S. 193.

251 Überzeugend *M. Eifert*, Gerichtliche Kontrolle der Entscheidungen der Bundesnetzagentur, ZHR 174 (2010), S. 449 (467 ff.); *ders.*, Telekommunikationsrecht in: Ehlers/Fehling/Pünder (Hrsg.), Besonderes Verwaltungsrecht I, 3. Aufl. 2012, § 23, Rn. 148; *W. Schulz*, Beurteilungsspielräume als Wissensproblem, RW 2012, S. 330 (346); *C. Franzius*, Die Bundesnetzagentur zwischen politischer Steuerung und gerichtlicher Kontrolle, DÖV 2013, S. 714 (718). Daran anknüpfend auch *F. Schoch*, Gerichtliche Verwaltungskontrollen, in: Hoffmann-Riem/Schmidt-Aßmann/Voßkuhle (Hrsg.), GVwR III, 2. Aufl. 2013, § 50, Rn. 294. A. A. *K. F. Gärditz*, „Regulierungsermessen" und verwaltungsgerichtliche Kontrolle, NVwZ 2009, S. 1005 (1007); *P. Helmes*, Wirksamer und effizienter Rechtsschutz vor den Verwaltungsgerichten in Marktregulierungsverfahren?, CR 2006, S. 583 (585).

252 Vgl. *I. Augsberg*, Informationsverwaltungsrecht, 2014, S. 52 u. 58 f., der gesetzlich gebotene Marktanalysen als „explizite Aufträge zur Wissensproduktion" bezeichnet.

253 Ebd., S. 54: „Auseinandergehen von Entscheidungs- und Kontrollwissen".

cc) Ebenenübergreifende, perspektivenplurale Entscheidungsfindung

Es kommt im TK-Regulierungsrecht aber noch ein entscheidendes, im vorliegenden Kontext besonders interessierendes Moment hinzu: Der Entscheidungsspielraum der BNetzA sichert den spezifisch *föderativen* Charakter der Rechtskonkretisierung durch die Regulierungsverwaltung ab. Diese föderative Dimension bringen BVerwG und, zumindest im Ansatz, Bundesgesetzgeber[254] dadurch zum Ausdruck, dass sie die Verbunddimension der Regulierungsverwaltung in einen direkten Zusammenhang zur Begründung behördlicher Entscheidungsspielräume stellen. Unter Rekurs auf die bereits früh von *Karl-Heinz Ladeur* und *Christoph Möllers* vertretene Transnationalisierungsthese[255] charakterisiert der Sechste Senat des BVerwG das Ergebnis des Marktdefinitions- und Marktanalyseverfahrens als

> „eine ‚Entscheidung über Märkte mit transnationaler Ausstrahlung' (...), die in einem gestuften Verfahren der grenzüberschreitenden Abstimmung und Interventionsmöglichkeiten der Europäischen Kommission unterliegt. (...) Dieses besondere Verfahren, welches durch § 12 Abs. 2 TKG in nationales Recht umgesetzt worden ist, dient der *wechselseitigen Durchlässigkeit nationaler Entscheidungen für transnationale Interessen auf der Grundlage vereinheitlichender Vorgaben durch die Kommission* und lässt die Eröffnung eines Beurteilungsspielraums europarechtlich notwendig erscheinen, da eine uneingeschränkte gerichtliche Kontrolle der genannten unbestimmten Rechtsbegriffe den von der Rahmenrichtlinie erstrebten *Kooperations- und Koordinationseffekt* ... bei der Festlegung und Analyse der Märkte gefährden würde".[256]

Dahinter steht zunächst die Einsicht, dass das für den Bereich der Marktdefinition und -analyse zur Anwendung kommende Konsolidierungsverfahren nach Art. 7 RRL bzw. § 12 Abs. 2 TKG letztlich eine Form der Vollzugsverflechtung darstellt, die den drohenden Kohärenzeinbußen des flexiblen Regulierungsansatzes entgegenwirkt.[257] Dies gilt für den Bereich der Marktdefini-

[254] BT-Drs. 15/2316 v. 9.1.2004, S. 61: „Welche Märkte die Reg TP aufgrund des Fehlens funktionsfähigen Wettbewerbs als regulierungsbedürftig erachtet, unterliegt ihrem Beurteilungsspielraum und ist daher gerichtlich nur eingeschränkt überprüfbar. Bei dieser Frage handelt [es] sich um eine Prognoseentscheidung, die unter umfassender Beteiligung der Betroffenen (Unternehmen, Kommission, Regulierungsbehörden der Mitgliedstaaten, Monopolkommission) und im Einvernehmen mit dem Bundeskartellamt getroffen wird und wegen ihres wertenden Inhalts fachlich von den Gerichten im Einzelnen nicht nachvollzogen werden kann. Daher ist es sachgerecht, hier nur eine (auf Beurteilungsfehler) beschränkte gerichtliche Überprüfbarkeit vorzusehen, wie dies auch für andere wertende Entscheidungen im Bereich des Umwelt- und Wirtschaftsverwaltungsrechts anerkannt ist. Die Reg TP hat den ihr eingeräumten Beurteilungsspielraum unter weitestgehender Berücksichtigung der Empfehlung auszufüllen, deren Kriterien somit den Rahmen für die von ihr vorzunehmende Bewertung der Funktionsfähigkeit von Märkten vorgeben."

[255] *K.-H. Ladeur/C. Möllers*, Der europäische Regulierungsverbund der Telekommunikation im deutschen Verwaltungsrecht, DVBl. 2005, S. 525 (533).

[256] BVerwG, Urt. v. 2.4.2008, 6 C 15/07, BVerwGE 131, 41, Rn. 17f. (juris), Hervorh. hinzugefügt.

[257] Vgl. *H.-H. Trute*, Der europäische Regulierungsverbund in der Telekommunikation:

tion und -analyse, für den allein Art. 7 RRL zur Anwendung kommt, im Grundsatz ebenso wie für den Bereich der Abhilfemaßnahmen, für den in Phase II das abweichende Verfahren nach Art. 7a RRL greift. Trotz der jeweils unterschiedlichen Einwirkungsrechte der Kommission sind beide Verfahrensstränge auf eine durch Kooperation und Koordination erwirkte Kohärenz angelegt.[258]

Während die dezentrale Verlagerung der Entscheidungskompetenz auf die nationalen Regulierer eine differenzierte Würdigung der unterschiedlichen Marktlagen vor Ort erlaubt und damit die Grundlage der gewünschten bedarfsorientierten Flexibilität des unionalen Regulierungsansatzes schafft, hält die Verkopplung der Regulierer im europäischen Regulierungsverbund die potenziellen Fliehkräfte in Schach. Geschützt wird ein bestimmtes Maß an vertikaler und horizontaler Kohärenz. Ihre Herstellung erfolgt durch die Pflicht der Regulierer zur weitestgehenden Berücksichtigung der Empfehlungen und Leitlinien der Kommission (Art. 15 Abs. 3, Art. 16 Abs. 1 RRL) sowie im Zuge des Konsolidierungsverfahrens nach Art. 7 RRL insbesondere den Stellungnahmen von Kommission, GEREK und den anderen Regulierungsbehörden (Art. 7 Abs. 3 u. Abs. 7 RRL). Dabei geht die Bedeutung der Verkopplung über eine *supranationale* Angleichungsvorgabe binnenmarktrechtlicher Prägung hinaus.[259] Denn sie trägt zugleich der Einbeziehung von Interessen anderer Mitgliedstaaten in *transnationaler* Hinsicht Rechnung, deren Stellungnahmen ebenfalls, wie auch die des GEREK, hinreichend zu berücksichtigen sind.[260] Dem wohnt ein kooperatives, auf wechselseitige Rücksichtnahme gerichtetes Element inne. Rechtsnormativ wird aus Sicht der betreffenden nationalen Rechtsordnung insoweit eine Form der Permeabilität[261] bzw. der Responsivität[262] in transnationaler wie supranationaler Hinsicht hergestellt.

Der unionsrechtlich gewollte und über das Konsolidierungsverfahren prozeduralisierte Vorgang transnationaler und supranationaler Kooperation verlangt eine wechselseitige Einbeziehung der Belange des jeweils „anderen", d. h. Ordnungsfremden, und setzt für diese föderative Form der Rechtskonkretisierung damit denknotwendig einen gegenüber den Gerichten zu behauptenden Spielraum voraus. Instrumentell kommt dies schon darin zum Ausdruck, dass der an die Regulierungsverwaltung delegierte Auftrag zur Rechtskonkretisierung eine

ein neues Modell europäisierter Verwaltung, in: FS P. Selmer, 2004, S. 565 (570 ff.); *G. Britz*, Vom Europäischen Verwaltungsverbund zum Regulierungsverbund?, EuR 2006, S. 46 (56 f.).

258 Zum Verfahren vgl. bereits S. 166 ff.

259 Dies verkennt *K. Bosch*, Die Kontrolldichte der gerichtlichen Überprüfung von Marktregulierungsentscheidungen der Bundesnetzagentur nach dem Telekommunikationsgesetz, 2010, S. 148 ff., der mit Blick auf die Marktabgrenzung für eine uneingeschränkte gerichtliche Kontrolle plädiert.

260 Besonders klar *K.-H. Ladeur/C. Möllers*, Der europäische Regulierungsverbund der Telekommunikation im deutschen Verwaltungsrecht, DVBl. 2005, S. 525 (533).

261 Zum Begriff *M. Wendel*, Permeabilität im europäischen Verfassungsrecht, 2011, S. 5 ff.

262 *L. Viellechner*, Responsiver Rechtspluralismus, Der Staat 2012, S. 559 (569 ff.).

„weitestgehende Berücksichtigung" und nicht etwa eine strikte – und damit zugleich umfassend gerichtlich nachprüfbare – Befolgung der Stellungnahmen der Kommission und anderer Regulierungsbehörden bzw. des GEREK verlangt.[263]

In erster Linie aber bezweckt die Pflicht zur wechselseitigen Einbeziehung der jeweils ordnungsfremden Belange und ihre prozedurale Absicherung durch die wechselseitige Abgabe und Berücksichtigung von Stellungnahmen eine *Perspektivenvielfalt*, welche die Grundlage der ebenenübergreifenden Wissensproduktion in einem komplexen und dynamischen Regulierungsumfeld bildet.[264] Dahinter verbirgt sich nichts weniger als die Frage der *Ebenenadäquanz* des zu erzeugenden Wissens, die hier im Sinne eines alle Ebenen einbeziehenden Modells beantwortet wurde. Anders gesagt, der „pluralisitische Mehrwert der Entscheidung"[265] bzw. die regulierungsrechtlich eingesetzten Mechanismen der „Fremd- und Parallelbeobachtung"[266] sind mehrebenenspezifischer Art. Das für die Entscheidung notwendige Regulierungswissen ist nicht nur dynamisch, sondern zugleich *ebenenübergreifend zu erzeugen*.

Eine „uneingeschränkte" – d.h. genau genommen: eine die Behördenentscheidung in all ihren Teilen ersetzende – Nachprüfung durch ein nationales Verwaltungsgericht würde diese Vorgabe infrage stellen, wenn nicht die Richter in funktionswidriger Weise selbst und anstelle der Verwaltung in den ebenenübergreifenden und dialogisch strukturierten Kooperations- und Koordinierungsprozess einbezogen würden. Eine uneingeschränkte Gerichtskontrolle auf nationaler Ebene gefährdete insofern den unionsrechtlich geforderten ebenenübergreifenden Abstimmungseffekt. Dem kann, wie im Kontext der Spielraumkontrolle noch näher zu zeigen sein wird,[267] auch nicht die unionsrechtliche Rechtsschutzgarantie entgegengehalten werden,[268] bleibt doch die Einhaltung der Spielraumgrenzen stets gerichtlich kontrollierbar.[269]

---

263 Wobei der Kommission im Rahmen der Phase II ein Vetorecht zusteht, Art. 7 Abs. 5 u. Abs. 6 RRL. Die Rechtswidrigkeit einer solchen Vetoentscheidung könnte von einem deutschen Verwaltungsgericht nicht ohne Vorlage an den EuGH als rechtswidrig unterstellt werden, vgl. klassisch EuGH, Urt. v. 22.10.1987, Rs. 314/85 – *Foto Frost*, Rn. 15 ff.

264 Vgl. *C. Franzius*, Die Bundesnetzagentur zwischen politischer Steuerung und gerichtlicher Kontrolle, DÖV 2013, S. 714 (718); *W. Schulz*, Beurteilungsspielräume als Wissensproblem, RW 2012, S. 330 (346).

265 So *M. Jestaedt*, Maßstäbe des Verwaltungshandelns, in: Ehlers/Pünder (Hrsg.), Allgemeines Verwaltungsrecht, 15. Aufl. 2016, § 11, Rn. 49 für die klassische Fallgruppe der pluralistisch zusammengesetzten (Fach-)Kommissionen.

266 Treffend abermals *M. Eifert*, Gerichtliche Kontrolle der Entscheidungen der Bundesnetzagentur, ZHR 174 (2010), S. 449 (467).

267 Näher S. 422 ff.

268 So aber *K.F. Gärditz*, „Regulierungsermessen" und verwaltungsgerichtliche Kontrolle, NVwZ 2009, S. 1005 (1007 f.) sowie, ihm folgend, *M. Ludwigs*, Die Bundesnetzagentur auf dem Weg zur Independent Agency?, DV 44 (2011), S. 41 (71).

269 Mit Blick auf die Kontrolle der Einhaltung der (ihrerseits mehrschichtigen) Spielraumgrenzen erfüllen auch die nationalen Verwaltungsgerichte eine sowohl nationale als auch europäische, ggf. sogar internationale Funktion.

Damit zeigt sich in der Gesamtschau, dass der für den Komplex der Marktdefinition und -analyse eröffnete Beurteilungsspielraum letztlich eine spezifische Antwort auf die Pluralisierung öffentlicher Interessen im Mehrebenensystem ist.[270] Das diskretionäre Moment sichert, ja ermöglicht eine *ebenenübergreifende, perspektivenplurale Entscheidungsfindung* durch die im Verbund agierende Verwaltung.

3. *Ebenenübergreifende Einforderung administrativer Marktintervention*

Die mehrebenenspezische Fundierung behördlicher Entscheidungsspielräume nimmt zudem eine zentrale Rolle bei der Marktintervention[271] durch Maßnahmen der Zugangs- und Entgeltregulierung ein. Für diesen operativen Kernbereich des TK-Regulierungsrechts, der auf das Engste mit dem Prozess der Marktdefinition und -analyse verwoben ist (§ 13 Abs. 5 TKG),[272] hat das BVerwG das Konzept des Regulierungsermessens entwickelt, dabei in jüngerer Zeit aber auch verstärkt rechtsdogmatische Abschichtungen gegenüber den klassischen Rechtsinstituten des Beurteilungsspielraums und des Rechtsfolgenermessens vorgenommen.[273] Die Formenvielfalt administrativer Entscheidungsspielräume ist im Bereich der Zugangs- und Entgeltregulierung schon deshalb eine größere, weil die einschlägigen rechtsnormativen Grundlagen detailreicher und ausdifferenzierter ausfallen als im Bereich Marktdefinition und -analyse. Indes bleiben die tragenden, soeben dargestellten Sachgründe für die Zuerkennung administrativer Entscheidungsspielräume aber im Wesentlichen die gleichen. Das zeigt sich schon daran, dass das BVerwG die für die Spielraumbegründung tragenden Erwägungen von Beginn an sowohl im Kontext der Marktdefinition und -analyse als auch der Abhilfemaßnahmen entwickelt und wechselseitig aufeinander bezogen hat.[274] Sichtbare Ausdifferenzierungen

---

270 Vgl. *K.-H. Ladeur/C. Möllers*, Der europäische Regulierungsverbund der Telekommunikation im deutschen Verwaltungsrecht, DVBl. 2005, S. 525 (533).

271 Die ihrerseits nur ein, wenn auch zentraler, Teilbereich der umfassenden regulatorischen Marktbegleitung ist.

272 Nach § 13 Abs. 5 TKG ergehen u.a. die Entscheidungen nach § 21 TKG (Zugangsverpflichtungen) und § 30 TKG (Entgeltregulierung) als zusammen mit den Ergebnissen der Verfahren nach den §§ 10 und 11 TKG (Marktdefinition und -analyse) als einheitlicher Verwaltungsakt. Dabei handelt es sich aber letztlich um einen dem Adressaten gegenüber konsolidierenden Schlusspunkt eines mehrstufigen Verfahrens, vgl. *J. Saurer*, Der Einzelne im europäischen Verwaltungsrecht, 2014, S. 427.

273 Gegenüber dem tatbestandlichen Beurteilungsspielraum BVerwG, Urt. v. 25.2.2015, BVerwGE 151, 268, Rn. 36, 41 (juris) sowie Urt. v. 1.4.2015, C 38/13, MMR 2015, 556, Rn. 36, 41 ff. (juris); gegenüber dem Rechtsfolgenermessen BVerwG, Beschl. v. 5.5.2014, 6 B 47/13, NVwZ 2014, 1034, Rn. 9 (juris) sowie Beschl. v. 10.12.2014, 6 C 18/13, BVerwGE 151, 56, Rn. 32 (juris). Für den speziellen Fall des Beurteilungsspielraums „mit besonderer Nähe zum Regulierungsermessen" vgl. BVerwG, Urt. v. 23.11.2011, 6 C 11/10, NVwZ 2012, 1047, Rn. 38 (juris); Urt. v. 25.9.2013, 6 C 13/12, BVerwGE 148, 48, Rn. 34, 36 (juris).

274 Für die *Zugangsregulierung* zunächst BVerwG, Urt. v. 28.11.2007, 6 C 42/06, BVerwGE

bestehen demgegenüber vor allem hinsichtlich der zulässigen Reichweite gesetzlicher Vorstrukturierung und mit Blick auf die konkret anzulegenden Kontrollmaßstäbe und -parameter. Dementsprechend wird auf die Zugangs- und die Entgeltregulierung im Kontext der Spielraumkontrolle zurückzukommen sein,[275] während im Folgenden allein die spezifisch unter dem Blickwinkel der Spielraumbegründung relevanten Gesichtspunkte zu erörtern sind, soweit sie nicht bereits im Kontext von Marktdefinition und -analyse behandelt wurden.

a) Rechtlicher Rahmen

Auch hier seien die bereits skizzierten[276] rechtlichen Rahmenbedingungen kurz in Erinnerung gerufen. Unionsrechtlich müssen die Mitgliedstaaten gemäß Art. 16 Abs. 4 u. 2 RRL i. V. m. Art. 8 Abs. 2 ZRL sicherstellen, dass die nationalen Regulierungsbehörden, wenn sie die Regulierungsbedürftigkeit des jeweiligen Marktes festgestellt haben, „geeignete spezifische"[277] Abhilfemaßnahmen treffen, d. h. den marktbeherrschenden Unternehmen „im erforderlichen Umfang"[278] Regulierungsverpflichtungen i. S. d. Artikel 9–13 ZRL auferlegen. Das setzt voraus, dass die nationalen Regulierungsbehörden über entsprechende (diskretionäre) Befugnisse verfügen, Art. 8 Abs. 1 ZRL. Im deutschen Recht umgesetzt wird die unionsrechtliche Kombination aus zwingender Pflicht zur Regulierung bei Marktversagen und Auswahlermessen[279] hinsichtlich der konkret zu verhängenden Abhilfemaßnahmen durch § 9 Abs. 2, § 13 Abs. 1 u. Abs. 5 TKG i. V. m. den einzelnen Ermächtigungsgrundlagen für den Erlass von Abhilfemaßnahmen.[280] § 21 TKG (Zugangsverpflichtungen) und § 30 TKG (Entgeltregulierung) kommen hier nach wie vor eine überragende Bedeutung in der Praxis zu.

130, 39, Rn. 29 f. (juris); sodann im Hinblick auf *Marktdefinition und -analyse* BVerwG, Urt. v. 2.4.2008, 6 C 15/07, BVerwGE 131, 41, Rn. 20 (juris); sowie schließlich wiederum für die *Entgeltregulierung* BVerwG, Urt. v. 28.1.2009, DÖV 2009, 1154, Rn. 37 f. (juris).

[275] Näher S. 421 ff.

[276] Überblick über das Unionsrecht unter S. 169 ff. und über das TKG unter S. 175 ff.

[277] EN *appropriate specific*, FR *spécifiques appropriées.*

[278] EN *impose the obligations set out in Articles 9 to 13 of this Directive as appropriate*, FR *imposent les obligations énumérées aux articles 9 à 13 de la présente directive, selon le cas.*

[279] Vgl. BVerwG, Urt. v. 28.11.2007, 6 C 42/06, BVerwGE 130, 39, Rn. 28 (juris) sowie aus der Literatur *E. Gurlit*, in: Säcker (Hrsg.), TKG, 3. Aufl. 2013, § 13, Rn. 43 f.; *H. Gersdorf*, in: Spindler/Schuster (Hrsg.), Recht der elektronischen Medien, 3. Aufl. 2015, § 9 TKG, Rn. 41; *D. Grussmann/R. Honekamp*, Europarechtliche Grundlagen, in: Geppert/Schütz (Hrsg.), TKG, 4. Aufl. 2013, Einleitung – B, Rn. 113.

[280] Für eine Übersicht (auf dem Stand vor der TKG-Reform 2012) vgl. *J. Oster*, Normative Ermächtigungen im Regulierungsrecht, 2010, S. 205 ff. u. 240 ff.

b) Ebenenübergreifende Beschränkung gesetzlicher Vorstrukturierung

Aus den gleichen Gründen wie im Bereich der Marktdefinition und -analyse schränkt das Unionsrecht die Rechtsmacht des nationalen Gesetzgebers zur legislativen Vorstrukturierung auch hinsichtlich der Zugangs- und Entgeltregulierung ein. Die unionale gibt der nationalen Legislative[281] vor, die Auswahl der situationsadäquaten *remedies* in das Ermessen der nationalen Regulierungsverwaltung zu stellen.[282] Die Bestrebungen des Bundesgesetzgebers, gleichwohl bestimmte Teile der Zugangs- und Entgeltregulierung gesetzlich vorzustrukturieren, wurden vom BVerwG entsprechend korrigiert.

aa) Zugangsregulierung: Aus Soll werde Kann

Ein besonders anschauliches Beispiel bietet hierfür die unionsrechtskonforme Auslegung des als Soll-Vorschrift konzipierten § 21 Abs. 3 TKG.[283] Nach dem Willen des deutschen Gesetzgebers müsste die BNetzA dem marktbeherrschenden Unternehmen die in dieser Norm aufgelisteten Zugangsverpflichtungen im Regelfall auferlegen, darunter die praktisch hoch relevanten Verpflichtungen zur Gewährung vollständig entbündelten Zugangs zum Teilnehmeranschluss sowie gemeinsamen Zugangs zum Teilnehmeranschluss (Nr. 2), zur Zusammenschaltung von Telekommunikationsnetzen (Nr. 3) und zur Kollokation (Nr. 5).

Eine solche Vorgabe zur Auferlegung der enumerativ aufgelisteten Verpflichtungen im Regelfall bei Abweichungsmöglichkeit allein im Falle atypischer Umstände würde die unionsrechtlich geforderte Abwägung durch die Regulierungsbehörde im Einzelfall konterkarieren.[284] Dementsprechend muss auch im Rahmen von § 21 Abs. 3 TKG eine umfassende Abwägung unter Einbeziehung aller in § 21 Abs. 1 S. 2 TKG genannten Belange durch die BNetzA erfolgen, wie dies auch im Anwendungsbereich des § 21 Abs. 2 TKG (Kann-Vorschrift) der Fall ist.[285] Denn nach dem durch den EuGH bestätigten Regulierungskonzept des Unionsgesetzgebers ist die Abwägung der Regulierungsziele im Einzelfall der Regulierungsverwaltung vorbehalten.[286]

281 Bzw. den entsprechenden rechtsetzenden Organen.

282 Vgl. *R. Klotz*, Der Europäische Rechtsrahmen für die elektronische Kommunikation, in: Säcker (Hrsg.), TKG, 3. Aufl. 2013, Einl. II, Rn. 156.

283 Zum Problem eingehend *A. Neumann/K. Thomaschki*, in: Säcker (Hrsg.), TKG, 3. Aufl. 2013, § 21 TKG, Rn. 200 ff.; *T. Mayen*, in: Scheurle/Mayen (Hrsg.), TKG, 3. Aufl. 2017 i. E., § 21, Rn. 68 f.

284 BVerwG, Urt. v. 27.1.2010, 6 C 22/08, NVwZ 2010, S. 1359, Rn. 15 (juris). A. A., vor Ergehen des Urteils, *K. Bosch*, Die Kontrolldichte der gerichtlichen Überprüfung von Marktregulierungsentscheidungen der Bundesnetzagentur nach dem Telekommunikationsgesetz, 2010, S. 229 f. m. w. N.

285 Dies entspricht seither ständiger Praxis der BNetzA, vgl. etwa BNetzA, Beschl. v. 21.3. 2011, BK 3g-09/85, S. 22.

286 EuGH, Urt. v. 3.12.2009, Rs. C424/07 – *Kommission/Deutschland (Neue Märkte)*, Rn. 91, 93 in Bezug auf Marktdefinition und -analyse.

Dem kann auch nicht die Intention des deutschen Gesetzgebers entgegengehalten werden.[287] Zwar trifft es zu, dass der Bundesgesetzgeber das regulierungsbehördliche Ermessen für die Auferlegung von Zugangsverpflichtungen „deutlich" reduzieren wollte.[288] Auch hat er die ermessenserweiternde Rechtsprechung des BVerwG in der TKG-Novelle 2012 nicht kodifiziert, obwohl er in Bezug auf §30 TKG eine entsprechende Anpassung vornahm.[289] Allerdings war der verbleibende Regelungsspielraum des deutschen Gesetzgebers infolge der bereits getroffenen Grundentscheidung des Unionsgesetzgebers eingeschränkt. Der unionsrechtlich zugrunde liegende Art. 12 Abs. 1 ZRL nimmt gerade keine Unterscheidung zwischen den in §21 Abs. 2 und 3 TKG getrennt aufgelisteten Regulierungsverpflichtungen vor. Gleiches gilt für die regulierungsbehördliche Abwägung, die in Art. 12 Abs. 2 ZRL für das gesamte Spektrum von Abhilfemaßnahmen eingefordert wird und nicht nur für einen Teilbereich. Schließlich spricht auch die nationale Verfahrensautonomie, wie gesehen,[290] nicht gegen die ebenenübergreifende Beschränkung der gesetzlichen Vorstrukturierung. Rechtsdogmatische Folge ist eine Annäherung der Soll-Vorschrift (§21 Abs. 3 TKG) an die Kann-Vorschrift (§21 Abs. 2 TKG) im Wege unionsrechtskonformer Auslegung.

Umgekehrt hat das BVerwG in seiner jüngeren Rechtsprechung aber auch Bereiche erschlossen, in denen eine ermessensverengende gesetzliche Vorstrukturierung durch den Bundesgesetzgeber unionsrechtlich zulässig ist. So hat der Sechste Senat mit Urteil vom 12. Juni 2013 festgestellt, dass aus der Zuerkennung eines grundsätzlich umfassenden „Auswahl- und Ausgestaltungsspielraums" hinsichtlich der Festlegung von Abhilfemaßnahmen nicht automatisch die Unzulässigkeit der gesetzlichen Einschränkung des Regulierungsermessens folgt.[291] Überzeugend weist das BVerwG darauf hin, dass eine normative Vorsteuerung durch die nationale Legislative jedenfalls insoweit unbedenklich ist, als das nationale Recht lediglich eine bereits im Unionsrecht selbst angelegte Spielraumdirektive nachvollzieht.[292] Eine derart erlaubte, weil unmittelbar im Unionsrecht selbst vorgezeichnete Vorsteuerung sieht das BVerwG insbesondere in §21 Abs. 2 Nr. 3 TKG.[293] Die von Beginn an politisch umstrittene[294]

---

[287] So aber *A. Neumann/K. Thomaschki*, in: Säcker (Hrsg.), TKG, 3. Aufl. 2013, §21 TKG, Rn. 202f.

[288] BT-Drs. 15/2316, S. 65 (noch zu §19 des TKG-2004-Entwurfs): „Absatz 3 ist als Soll-Vorschrift ausgestaltet und reduziert das Ermessen der Reg TP zur Auferlegung von Zugangsverpflichtungen deutlich."

[289] Dazu sogleich.

[290] Vgl. bereits S. 226f.

[291] BVerwG, Urt. v. 12.6.2013, 6 C 10/12, NVwZ 2013, 1352, Rn. 41ff. (juris).

[292] Ebd., Rn. 42.

[293] Ebd., Rn. 49 (juris).

[294] Vgl. *T. Attendorn/M. Geppert*, in: Geppert/Schütz (Hrsg.), TKG, 4. Aufl. 2013, §21, Rn. 102ff.; *T. Mayen*, in: Scheurle/Mayen (Hrsg.), TKG, 3. Aufl. 2017 i.E., §21, Rn. 97.

Norm ermächtigt die BNetzA, marktbeherrschende Unternehmen zu verpflichten, anderen Anbietern den Zugang zu bestimmten TK-Diensten zu Zwecken der Weiterveräußerung zu gewähren (sog. Anschluss-Resale) und hierbei Großhandelsbedingungen zugrunde zu legen. Die Einschränkung, dass ein Anschluss-Resale grundsätzlich zu Großhandelsbedingungen zu gewähren ist, die für die auf den Markt drängenden Reseller wirtschaftlich günstiger sind, ist aber in Art. 12 Abs. 1 S. 2 lit. b) ZRL selbst angelegt.[295] Da aber sowohl Art. 12 Abs. 1 ZRL als auch § 21 Abs. 2 TKG keinen abschließenden Katalog an Regulierungsverpflichtungen enthalten („unter anderem"), verbleibt für Ausnahmefälle durchaus die Möglichkeit, einem marktbeherrschenden Unternehmen die Verpflichtung zum Angebot von Anschluss-Resales aufzuerlegen, ohne dabei Großhandelsbedingungen zugrunde zu legen. Dann aber unterliegt die BNetzA infolge der unionsrechtlich zulässigen gesetzlichen Vorsteuerung erhöhten Begründungsanforderungen.[296]

Dass die Grenzen dieser Rechtsprechung eng gezogen sind, hat das BVerwG kurz darauf mit Urteil vom 11. Dezember 2013 klargestellt. Eine Vorstrukturierung durch den nationalen Gesetzgeber wird im Bereich der Zugangsregulierung allein dort als zulässig betrachtet, wo das Unionsrecht diese positiv vorgibt. Enthält das Unionsrecht demgegenüber keine ausdrückliche Aussage zu einer der in § 21 TKG katalogartig aufgeführten Zugangsverpflichtungen, z. B. hinsichtlich § 21 Abs. 2 Nr. 6 TKG, bleibt es bei der Vorgabe eines „grundsätzlich umfassenden Auswahl- und Ausgestaltungsspielraum(s) in Bezug auf die aufzuerlegenden Regulierungsverpflichtungen", was im Kern aus Art. 8 Abs. 4 S. 1 ZRL i. V. m. Art. 8 RRL folgt.[297] Damit ist auch im Bereich der Zugangsregulierung die Möglichkeit einer gesetzlichen Vorstrukturierung durch den nationalen Gesetzgeber stark zugunsten regulatorischer Gestaltungsbefugnisse limitiert.

bb) Entgeltregulierung: Gesetzliche Ermessenserweiterung

Parallele Entwicklungen sind schließlich im Bereich der Entgeltregulierung festzustellen. Zentrale unionsrechtliche Rechtsgrundlage ist Art. 13 Abs. 1 ZRL. Danach kann die nationale Regulierungsbehörde einem marktbeherrschenden Unternehmen Verpflichtungen hinsichtlich Kostendeckung und Preiskontrolle einschließlich kostenorientierter Preise auferlegen und Auflagen in Bezug auf Kostenrechnungsmethoden erteilen. Normstrukturell gibt das Unionsrecht auch in diesem Falle vor, dass die nationale Regulierungsverwaltung über einen Auswahl- und Ausgestaltungsspielraum hinsichtlich der entgeltregulatorischen Abhilfemaßnahmen verfügen muss.

---

[295] Die Norm verknüpft die Zugangsgewährung zu Resale-Zwecken mit der Gewährung von Großhandelsbedingungen.

[296] BVerwG, Urt. v. 12.6.2013, 6 C 10/12, NVwZ 2013, 1352, Rn. 49 (juris).

[297] BVerwG, Urt. v. 11.12.2013, 6 C 24/12, NVwZ 2014, 942, Rn. 49 (juris).

Im deutschen Recht setzte § 30 TKG a. F.[298] diese Vorgabe zunächst nur unzureichend um, weshalb das BVerwG auch hier korrigierend eingriff. Weil die nationale Regulierungsverwaltung stets befugt sein müsse, über das Ob[299] und das Wie der Entgeltregulierung zu entscheiden, sei eine gesetzliche Vorstrukturierung richtlinienwidrig, wenn sie, wie im Falle des § 30 TKG a. F., eine generelle Genehmigungspflicht statuiere, von der nur in Ausnahmefällen abgewichen werden dürfe.[300] Ein Ausschluss jeglicher administrativer Abwägung für bestimmte Fallgruppen verletze die Grenzen des dem nationalen Gesetzgeber belassenen Umsetzungsspielraums.[301]

Dementsprechend ersetzte der Bundesgesetzgeber im Zuge der TKG-Novelle 2012 den vormals als Soll-Vorschrift konzipierten § 30 Abs. 1 S. 2 TKG a. F.[302] durch die heute geltende Kann-Vorschrift und gestaltete § 30 Abs. 2 TKG komplett um. Als Konstante bleibt, dass auch die Neufassung[303] in § 30 Abs. 1 S. 1 TKG die invasivere Ex-ante-Regulierung nach dem Maßstab der Kosten der effizienten Leistungsbereitstellung (KeL, § 32 TKG) grundsätzlich für Entgelte von Zugangsleistungen gemäß § 21 TKG anordnet, während § 30 Abs. 2 S. 1 TKG umgekehrt vom Grundsatz der weniger invasiven Ex-Post-Regulierung für den Bereich des § 18 TKG[304] und für Zugangsleistungen jenseits des Anwendungsbereichs von § 21 TKG ausgeht. Beide Normen sehen aber in ihrem S. 2 jeweils eine ermessensbasierte Ausnahmeregelung vor, die der BNetzA freistellt, die jeweils andere Form der Entgeltregulierung zu wählen, wenn dies (im Falle der Herabstufung zur Ex-Post-Regulierung, § 30 Abs. 1 S. 2 TKG) *ausreicht* oder (im Falle der Hochstufung zur Ex-Ante-Regulierung, § 30 Abs. 2 S. 2 TKG) *erforderlich* ist, um die Regulierungsziele des § 2 TKG zu erreichen.

Letztlich kommt es also auf eine Abwägung der Regulierungsziele im Einzelfall an. Die Novelle des Jahres 2012 hat die gesetzliche Vorstrukturierung entsprechend dem vom BVerwG vorgezeichneten Weg signifikant zurückgenommen und der BNetzA einen möglichst weiten Entscheidungsspielraum in Bezug

---

298 Anstelle der jetzigen Kann-Vorschriften standen zuvor Soll-Vorschriften.

299 Die Entscheidung über das „Ob" der Entgeltregulierung ist ihrerseits Teil des übergeordneten *Auswahlermessens*, das der Behörde in Bezug auf Art und Umfang der Abhilfemaßnahmen zusteht. Demgegenüber steht der BNetzA ein Entschließungsermessen mit Blick auf das „Ob" der Vornahme von Abhilfemaßnahmen nicht zu.

300 BVerwG, Urt. v. 28.1.2009, 6 C 39/07, DÖV 2009, 1154, Rn. 38 f. (juris), bestätigt durch BVerwG, Urt. v. 14.12.2011, 6 C 36/10, DVBl 2012, 357, Rn. 10 (juris).

301 Ebd.

302 Die Norm lautete vom 24.02.2007 bis 09.05.2012: „Abweichend von Satz 1 *soll* die Bundesnetzagentur solche Entgelte dann einer nachträglichen Regulierung nach § 38 Abs. 2 bis 4 unterwerfen, wenn ...".

303 Instruktive Übersicht bei *A. Groebel*, in: Säcker (Hrsg.), TKG, 3. Aufl. 2013, § 30, Rn. 7d sowie zu den Vorläufernormen Rn. 6 u. 7b.

304 § 18 TKG betrifft den Zugang zu Endnutzern und durchbricht den Grundsatz der asymmetrischen Regulierung insoweit, als er eine Regulierung unabhängig von einer marktbeherrschenden Stellung des betreffenden Betreibers erlaubt, vgl. *N. Nolte*, in: Säcker (Hrsg.), TKG, 3. Aufl. 2013, § 18, Rn. 1.

auf die Angemessenheit der aufzuerlegenden Entgeltregulierungsverpflichtung eingeräumt.[305]

Schließlich wurde mit der Novelle klargestellt, dass eine doppelte Marktbeherrschung, wie sie § 30 Abs. 1 TKG a. F. mit Blick auf die Marktbeherrschung sowohl des definierten Vorleistungsmarktes als auch des nachgelagerten Endkundenmarktes forderte, nicht als Voraussetzung aufgestellt werden darf. Anderenfalls würde der behördliche Entscheidungsspielraum wiederum in unzulässiger Weise gesetzlich verengt und die Regulierung der Vorleistungsmärkte über Gebühr eingeschränkt.[306] Das bereits eingeleitete Vertragsverletzungsverfahren[307] stellte die Kommission daraufhin ein.

c) Mehrebenenspezifisches Erfordernis reduzierter Kontrolldichte

Auch im Bereich der Zugangs- und Entgeltregulierung bleibt es nicht allein bei der ebenenübergreifenden Beschränkung legislativer Vorstrukturierung. Die Eigenständigkeit der Regulierungsverwaltung entfaltet sich mehrebenenspezifisch gerade auch gegenüber der Judikative. Die Gründe für die Reduktion – bzw. spielraumadäquate Modifikation – der Kontrolldichte decken sich, trotz aller Abweichungen im Detail, weitgehend mit den bereits im Kontext der Marktdefinition und -analyse beschriebenen. Das kommt auch in der Rechtsprechung des BVerwG deutlich zum Ausdruck.[308] In beiden Bereichen sollen die der Regulierungsverwaltung zuerkannten administrativen Entscheidungsräume die *Mehrebenenstruktur* und *Perspektivenvielfalt* der Entscheidungsfindung ermöglichen und damit der Pluralisierung der Belange im Mehrebenensystem Rechnung tragen.[309] Der von der Rahmenrichtlinie erstrebte ebenenübergreifende „Kooperations- und Koordinationseffekt" ist auch und gerade im Bereich der Abhilfemaßnahmen zu sichern, für den in Phase I ebenfalls Art. 7 Abs. 3 RRL und für Phase II das spezielle Verfahren nach Art. 7a RRL gilt, das den nationalen Regulierungsbehörden mangels Vetorecht der Kommission sogar umfassendere Freiheiten belässt als das klassische Konsolidierungsverfahren. Von Beginn an betonte das BVerwG dementsprechend die im ebenenübergreifenden Verbund zu erfüllende Gestaltungsaufgabe der Regulierungsverwaltung.[310] Ferner wird die für das Regulierungsrecht insgesamt typische *Verschleifung von dynamischer Wissensgenerierung und Rechtskonkretisierung*

---

305 Näher *A. Groebel*, in: Säcker (Hrsg.), TKG, 3. Aufl. 2013, § 30, Rn. 44 ff. sowie *dies.*, a. a. O., § 27, Rn. 12c.

306 Vgl. *R. Klotz*, Der Europäische Rechtsrahmen für die elektronische Kommunikation, in: Säcker (Hrsg.), TKG, 3. Aufl. 2013, Einl. II, Rn. 164.

307 Vgl. MEMO/07/255 der Kommission v. 27.6.2007.

308 S.o., Fn. 274.

309 Vgl. S. 234 ff.

310 Prägend BVerwG, Urt. v. 28.11.2007, 6 C 42/06, BVerwGE 130, 39, Rn. 30 (juris), noch vor Einführung des Art. 7a RRL und § 13 Abs. 4 TKG n. F.

im Bereich der Abhilfemaßnahmen rechtsdogmatisch besonders deutlich abgebildet.

aa) Das Regulierungsermessen

Rechtsdogmatische Zentralfigur der bundesverwaltungsgerichtlichen Rechtsprechung zu den regulierungsrechtlichen Abhilfemaßnahmen ist das in Konzeption und Reichweite nach wie vor umstrittene „Regulierungsermessen".[311] Der dem Planungsermessen entlehnte,[312] aber gleichwohl als dogmatisch eigenständig gehandelte Spielraumtyp umgreift sowohl die Tatbestands- als auch die Rechtsfolgenseite und bringt durch die ihm eigene Mehrebenenstruktur die Eigenständigkeit der Regulierungsverwaltung in spezifisch föderativer Weise zur Entfaltung.

Soweit ersichtlich, wurde der Begriff des Regulierungsermessens im Jahr 1999 von *Jens-Peter Schneider* im Kontext des Energierechts begriffsprägend in die Diskussion eingeführt.[313] Im Bereich des deutschen TK-Rechts erhielt das Konzept seine nähere Bestimmung im Jahr 2002 durch *Matthias Röhl*, der es – unter Rückbezug auf den allgemeiner gehaltenen Begriff des „Regulierungsspielraums" nach *Hans-Heinrich Trute*[314] – im Kontext der Regulierung der Zusammenschaltung als eine „Mischform von Ermessen und unbestimmten Rechtsbegriffen" umschrieb.[315] Das BVerwG griff den Begriff des Regulierungsermessens erstmals im Jahr 2004 auf, ließ die Frage seiner konzeptionellen Anerkennung allerdings noch offen.[316] Diese erfolgte erst durch die Leitent-

---

[311] Zur Diskussion eingehend *C. Franzius*, Wer hat das letzte Wort im Telekommunikationsrecht?, DVBl. 2009, S. 409 ff.; *K. F. Gärditz*, „Regulierungsermessen" und verwaltungsgerichtliche Kontrolle, NVwZ 2009, S. 1005 ff.; *M. Ludwigs*, Das Regulierungsermessen als Herausforderung für die Letztentscheidungsdogmatik im Verwaltungsrecht, JZ 2009, S. 290 ff.; *T. Attendorn*, Das „Regulierungsermessen" – Ein deutscher „Sonderweg" bei der gerichtlichen Kontrolle TK-rechtlicher Regulierungsentscheidungen?, MMR 2009, S. 238 ff.; *M. Eifert*, Die gerichtliche Kontrolle der Entscheidungen der Bundesnetzagentur, ZHR 174 (2010), S. 449 ff.; *J. Oster*, Normative Ermächtigungen im Regulierungsrecht, 2010, S. 158 ff.; *A. Proelß*, Das Regulierungsermessen – eine Ausprägung des behördlichen Letztentscheidungsrechts?, AöR 136 (2011), S. 402 ff.; *J. Wieland*, Regulierungsermessen im Spannungsverhältnis zwischen deutschem und Unionsrecht, DÖV 2011, S. 705 ff.; *M. Sachs/C. Jasper*, Regulierungsermessen und Beurteilungsspielräume – Verfassungsrechtliche Grundlagen, NVwZ 2012, S. 649 ff.; *T. Sasse*, Regulierungsermessen, VR 2014, S. 309 ff.

[312] Vgl. *T. Mayen*, Das planungsrechtliche Abwägungsgebot im Telekommunikationsrecht, NVwZ 2008, S. 835 (837 ff.).

[313] *J.-P. Schneider*, Liberalisierung der Stromwirtschaft durch regulative Marktorganisation, 1999, S. 261 ff. in Bezug auf die Rechtslage im Vereinigten Königreich.

[314] *H.-H. Trute*, in: ders./Spoerr/Bosch (Hrsg.), TKG, 2001, § 1, Rn. 13.

[315] *M. Röhl*, Die Regulierung der Zusammenschaltung, 2002, S. 193 (noch auf Grundlage des TKG-1996), der allerdings die Regulierungsziele noch der Rechtsfolgenseite zuordnet (vgl. S. 191 f.).

[316] BVerwG, Urt. v. 31.3.2004, 6 C 11/03, BVerwGE 120, 263, Rn. 16 (juris).

scheidung vom 28. November 2007,[317] gefolgt von der Bestätigung durch das BVerfG im Jahr 2011.[318]

Es verwundert nicht, dass das BVerwG das Rechtsinstitut des Regulierungsermessens gerade im Kontext der Zugangsregulierung erstmals anerkannt und näher konturiert hat, sind hier die in die Abwägung einzustellenden Belange und öffentlichen Interessen doch in besonderem Maße ausdifferenziert. So hat die BNetzA bei der Prüfung, ob die Auferlegung einer bestimmten Zugangsverpflichtung gerechtfertigt ist und in einem angemessenen Verhältnis zu den Regulierungszielen des § 2 TKG steht, gemäß § 21 Abs. 1 S. 2 TKG einen zusätzlichen „Katalog von Abwägungsgesichtspunkten"[319] zu berücksichtigen. Rechtsdogmatisch liegt darin eine Ermächtigung zur behördlichen Abwägung auf der Tatbestandsseite. Diese wird in § 21 Abs. 1 S. 1 TKG und den soeben erörterten § 21 Abs. 2 und Abs. 3 TKG wiederum mit Ermessensermächtigungen[320] auf der Rechtsfolgenseite verklammert.[321] Mit dem BVerwG schließt es diese Normstruktur aus,

„die durch zahlreiche unbestimmte Rechtsbegriffe gesteuerte Abwägung von einer sich etwa daran erst anschließenden Ermessensbetätigung zu trennen und erstere der vollen gerichtlichen Kontrolle zu unterwerfen. Vielmehr ist die Abwägung ein untrennbarer Bestandteil des Regulierungsermessens selbst, das der Bundesnetzagentur bei zweckentsprechender Auslegung des Gesetzes insoweit eingeräumt ist."[322]

Mit dem BVerwG ist die Ausübung des rechtsfolgenseitigen Ermessens und der tatbestandlichen Abwägung der Regulierungsziele als ein einheitlicher Vorgang anzusehen. Der BNetzA steht hinsichtlich der Frage, welche Abhilfemaßnahmen konkret zu ergreifen sind, insoweit ein „umfassender Auswahl- und Ausgestaltungsspielraum" zu, der die unionsrechtlich vorgegebene ebenenübergreifende Kooperation und Koordination absichert und den mehrebenenspezifischen Gestaltungsauftrag der Regulierungsverwaltung operationalisiert.

Seine Rechtsprechung zum Regulierungsermessen hat das BVerwG in einer Grundsatzentscheidung vom 5. Mai 2014 zu den Anordnungsbefugnissen der

---

317 Grundlegend BVerwG, Urt. v. 28.11.2007, 6 C 42/06, BVerwGE 130, 39, Rn. 28 ff. (juris) sowie BVerwG, Urt. v. 2.4.2008, 6 C 15/07, BVerwGE 131, 41, Rn. 15 ff. u. 47 ff. (juris).

318 BVerfG, Beschl. v. 8.12.2011, 1 BvR 1932/08, NVwZ 2012, 694, Rn. 12 ff. (juris). Zuvor bereits indirekt BVerfG, Beschl. v. 27.5.2008, 1 BvR 478/08, MMR 2008, 590, Rn. 2 (juris).

319 So die Bezeichnung von BVerwG, Urt. v. 27.1.2010, 6 C 22/08, NVwZ 2010, S. 1359, Rn. 16 (juris).

320 Zur unionsrechtlich gebotenen Annäherung von § 21 Abs. 3 TKG (Soll-Vorschrift) an eine Kann-Vorschrift s. soeben S. 239 f.

321 Wegen dieser Verklammerung kann das Regulierungsermessen auch in die Nähe der Koppelungsvorschriften gerückt werden (so insbesondere *M. Ludwigs*, Das Regulierungsermessen als Herausforderung für die Letztentscheidungsdogmatik im Verwaltungsrecht, JZ 2009, S. 290, 291), solange hierdurch nicht seine mehrebenenspezifischen Besonderheiten ausgeblendet werden.

322 Grundlegend abermals BVerwG, Urt. v. 28.11.2007, 6 C 42/06, BVerwGE 130, 39, Rn. 29 (juris).

BNetzA im Bereich der Zugangsregulierung (sog. Zugangsanordnung, § 25 TKG[323]) prägnant wie folgt zusammengefasst:

„Mit der Entwicklung der Kategorie des Regulierungsermessens hat die Rechtsprechung auf den Umstand reagiert, dass das Telekommunikationsgesetz neben klassischen Ermessensermächtigungen und der Einräumung von Beurteilungsspielräumen auf der Tatbestandsseite (vgl. z. B. § 10 Abs. 2 Satz 2 TKG) Normen enthält, die der Regulierungsbehörde Entscheidungsspielräume einräumen, die sich keiner dieser Kategorien eindeutig zuordnen lassen. Von dem allgemeinen Ermessen unterscheiden sich diese Entscheidungsspielräume dadurch, dass der Behörde ein umfassender Auswahl- und Ausgestaltungsspielraum auf der Rechtsfolgenseite zusteht, der untrennbar mit einer durch zahlreiche unbestimmte Rechtsbegriffe gesteuerten Abwägung verbunden ist. Die zu konkretisierenden unbestimmten Rechtsbegriffe weisen in hohem Maße wertende und prognostische Elemente auf. Im Rahmen der Abwägung sind eine Vielzahl zum Teil gegenläufiger Regulierungsziele sowie sonstiger öffentlicher und privater Belange zu gewichten und auszugleichen. Der Senat hat diese Kategorie komplexer behördlicher Entscheidungsspielräume bei der Auferlegung von Regulierungsverpflichtungen nach § 13 TKG mit dem Begriff des Regulierungsermessens gekennzeichnet und in Anlehnung an das Planungsermessen behandelt."[324]

Die Konzeption des Regulierungsermessens hat jüngst auch der Kartellsenat des BGH im Bereich des Energierechts aufgegriffen.[325] In rechtsvergleichender Perspektive ist die Rechtsprechung des österreichischen Verwaltungsgerichtshofes besonders interessant, verfolgt dieser doch unter dem identischen Begriff des Regulierungsermessens und unter ausdrücklicher rechtsvergleichender Bezugnahme auf die Rechtsprechung des BVerwG einen in der Sache sehr ähnlichen Ansatz.[326]

bb) Rechtsdogmatische Abschichtungen

In jüngerer Zeit hat sich die Rechtsprechung des in Regulierungsfragen zuständigen Sechsten Senats des BVerwG immer weiter ausdifferenziert. Deutlicher als zuvor hat das BVerwG das Regulierungsermessen von den beiden klassischen Rechtsinstituten des rechtsfolgenseitigen Ermessens einerseits[327] und des tatbestandlichen Beurteilungsspielraums andererseits[328] abgegrenzt, zuweilen aber

[323] Zu den Inhalten von Zugangsanordnungen gemäß § 25 Abs. 5 TKG im Einzelnen *J. Kühling/A. Neumann*, in: Säcker (Hrsg.), TKG, 3. Aufl. 2013, § 25, Rn. 39 ff.

[324] BVerwG, Beschl. v. 5.5.2014, 6 B 47/13, NVwZ 2014, 1034, Rn. 9 (juris).

[325] BGH Kartellsenat, Beschl. v. 7.6.2016, EnVR 62/14, Rn. 25 (juris), auch in Abgrenzung zum klassischen Beurteilungsspielraum. Vgl. zuvor bereits BGH Kartellsenat, Beschl. v. 21.1.2014, EnVR 12/12, RdE 2014, 276, Rn. 27 (juris) und v. 22.7.2014, EnVR 59/12, RdE 2014, 495, Rn. 25 (juris). Kritisch einmal mehr *K.F. Gärditz*, Regulierungsermessen im Energierecht, DVBl 2016, S. 399 (403 ff.).

[326] Öst. VwGH, Erk. v. 16.12.2015, 2013/03/0138 sowie Erk. v. 23.10.2013, 2010/03/0175, Letzteres unter Verweis auf die Rechtsprechung des deutschen BVerwG.

[327] BVerwG, Beschl. v. 5.5.2014, 6 B 47/13, NVwZ 2014, 1034, Rn. 9 (juris).

[328] BVerwG, Urt. v. 25.2.2015, BVerwGE 151, 268, Rn. 36, 41 (juris); Urt. v. 1.4.2015, C

auch rechtsdogmatische Abstufungen dergestalt vorgenommen, dass es für bestimmte Bereiche von einem Beurteilungsspielraum mit „besonderer Nähe zum Regulierungsermessen" gesprochen hat.[329] Dabei ordnet das BVerwG das klassische Rechtsfolgenermessen der Herstellung von Einzelfallgerechtigkeit zu, was insbesondere die Einbeziehung von Zweckmäßigkeits- und Billigkeitserwägungen bedeute, anders als beim Regulierungsermessen aber gerade keine Konfliktbewältigung durch Abwägung einer Vielzahl von Belangen erfordere.[330] Darin ist freilich kein kategorialer, sondern ein gradueller Unterschied zu sehen.[331]

Alles in allem kann aber auch die Abgrenzung von bzw. die Zuordnung zu den überkommenen Spielraumtypen und den in ihnen geronnenen Erfahrungswerten bestenfalls begründungsentlastend wirken, eine eigenständige Begründung im Einzelfall aber nicht ersetzen.[332] In der Gesamtschau kann der Leipziger Rechtsprechung entnommen werden, dass die überkommenen Spielraumkategorien und insbesondere die Unterscheidung zwischen Beurteilungsspielraum und Ermessen begrifflich zwar nicht aufgegeben, in ihrem dogmatischen Gehalt aber auch nicht überbewertet werden sollten. So hat der Sechste Senat in einem *obiter dictum* ausdrücklich vermerkt, dass sich die Kontrollmaßstäbe der einzelnen Spielraumkategorien zwar „jedenfalls verbal", indes „weniger in der Sache" unterscheiden.[333]

Die bisher umrissenen rechtsdogmatischen Abschichtungen betreffen im TK-Recht vornehmlich[334] Bereiche der Entgeltregulierung, in denen die für das Regulierungsermessen charakteristische Verkopplung von rechtsfolgenseitigem und tatbestandlichem Spielraum für sich genommen fehlt bzw. weniger stark ausgeprägt ist. Das betrifft namentlich die Vergleichsmarktbetrachtung nach

38/13, MMR 2015, 556, Rn. 36, 41 ff. (juris); Urt. v. 29.11.2017, DVBl 2018, 447, Rn. 20 (juris), jeweils in Bezug auf die Vergleichsmarktbetrachtung nach § 35 Abs. 1 S. 1 Nr. 1 und S. 2 TKG: *tatbestandlicher Beurteilungsspielraum* im Hinblick auf die Entscheidung, welche Märkte die BNetzA als Vergleichsbasis heranzieht sowie für die Entscheidung, ob und gegebenenfalls in welcher Höhe unter Berücksichtigung der Besonderheiten der Vergleichsmärkte Abschläge bzw. Zuschläge auf das Vergleichsentgelt anzusetzen sind; *Rechtsfolgenermessen* indes bei einer auf § 35 Abs. 1 S. 2 TKG gestützten Entgeltregulierung im Hinblick auf die Auswahl der in § 35 Abs. 1 S. 1 TKG genannten Methoden der Vergleichsmarktbetrachtung (Nr. 1) und des Kostenmodells (Nr. 2).

329 So BVerwG, Urt. v. 23.11.2011, 6 C 11/10, NVwZ 2012, 1047, Rn. 38 (juris); Urt. v. 25.9.2013, 6 C 13/12, BVerwGE 148, 48, Rn. 34, 36 (juris).

330 BVerwG, Beschl. v. 5.5.2014, 6 B 47/13, NVwZ 2014, 1034, Rn. 8–10 (juris).

331 Vgl. allgemein *E. Pache*, Tatbestandliche Abwägung und Beurteilungsspielraum, 2001, S. 489 f. Gegen eine kategoriale Unterscheidbarkeit nach dem Einräumungszweck auch *M. Jestaedt*, Maßstäbe des Verwaltungshandelns, in: Ehlers/Pünder (Hrsg.), Allgemeines Verwaltungsrecht, 15. Aufl. 2016, § 11, Rn. 15.

332 Vgl. *M. Eifert*, Die gerichtliche Kontrolle der Entscheidungen der Bundesnetzagentur, ZHR 174 (2010), S. 449 (460).

333 BVerwG, Urt. v. 23.11.2011, 6 C 11/10, NVwZ 2012, 1047, Rn. 38 (juris).

334 Neben der Entscheidung über die Festlegung der Bedingungen einer Zugangsanordnung nach § 25 Abs. 5 S. 1 u. 2 TKG, vgl. Fn. 327.

§ 35 Abs. 1 S. 1 Nr. 1 und S. 2 TKG[335] sowie die Bestimmung der Kosten der effizienten Leistungsbereitstellung (KeL) nach § 31 Abs. 1 S. 1 Nr. 1 TKG.[336] Für letztere hatte der EuGH im Kontext des alten Rechtsrahmens noch ausdrücklich festgehalten, dass das Unionsrecht den Mitgliedstaaten keine Vorgaben für die gerichtliche Kontrolldichte mache.[337] Da sich der alte Rechtsrahmen in zentralen – und zugleich spielraumrelevanten – Punkten ganz erheblich vom geltenden Rechtsrahmen unterscheidet,[338] darf diese Aussage freilich nicht ungefiltert auf den geltenden Rechtsrahmen übertragen und die Frage der Kontrolldichte nicht unter Betonung der nationalen Verfahrensautonomie (allein) dem innerstaatlichen Bereich zugewiesen werden.

cc) Systematische Parallelen zum Visumrecht

Auf den ersten Blick scheint sich das BVerwG in jüngerer Zeit aber genau in diese Richtung, d. h. in Richtung der Annahme, dass das Unionsrecht dem Verhältnis von Verwaltung und Judikative insoweit indifferent gegenüberstehe, zu bewegen. In seinem Urteil vom 25. September 2013 führt es im Kontext der Entgeltregulierung aus, das Unionsrecht gebe „der Regulierungsbehörde lediglich einen Entscheidungsspielraum vor, mach[e] darüber hinaus jedoch keine Vorgaben für den Umfang der gerichtlichen Kontrolle."[339]

Diese Formel bedarf der Präzisierung. Bezieht sich der unionsrechtlich vorgegebene „Entscheidungsspielraum" nach Auffassung des BVerwG allein auf das Verhältnis zwischen Exekutive und Legislative?[340] Oder verlangt das Unionsrecht im konkreten Fall ein sich auch gegenüber der Judikative behauptendes *Letzt*entscheidungsrecht der Regulierungsverwaltung, überlässt die konkrete Bestimmung der gerichtlichen Kontrollparameter „darüber hinaus" aber dem

[335] Beurteilungsspielraum bzw. Ermessen, vgl. Fn. 328.

[336] Beurteilungsspielraum mit Nähe zum Regulierungsermessen, vgl. Fn. 329.

[337] EuGH, Urt. v. 24.4.2008, Rs. C55/06 – *Arcor*, Rn. 163–170.

[338] Dies betrifft neben dem bedarfsorientierten, flexiblen Grundansatz insbesondere die ebenenübergreifende Kooperation und Koordinierung nach dem Art. 7/7a-Verfahren.

[339] BVerwG, Urt. v. 25.9.2013, 6 C 13/12, BVerwGE 148, 48, Rn. 31 (juris). Vgl. zuvor bereits, allerdings noch bezogen auf die alte Rechtslage, BVerwG, Urt. v. 23.11.2011, 6 C 11/10, NVwZ 2012, 1047, Rn. 38 (juris).

[340] In diesem Sinne wohl *K. F. Gärditz*, Entwicklungen und Entwicklungsperspektiven des Verwaltungsprozessrechts zwischen konstitutioneller Beharrung und unionsrechtlicher Dynamisierung, DV 46 (2013), S. 257 (273), der eine „stille Kehrtwende" bereits in der – noch auf die alte Rechtslage bezogenen – Vorgängerentscheidung identifiziert (Urt. v. 23.11.2011, 6 C 11/10, NVwZ 2012, 1047), dabei allerdings zu Recht anmahnt, dass die deutschen Verwaltungsgerichte, gerade auch mit Blick auf die Auslegung der unionsrechtlichen Rechtsschutzgarantie (Art. 47 GRCh bzw. Art. 4 RRL) zu selten den Weg zum EuGH suchen. Der gleiche berechtigte Vorwurf trifft auch das BVerfG, das sich insbesondere in seinem Beschl. v. 8.12.2011 „krampfhaft [bemühe], alle relevanten Rechtsfragen trotz des durchweg unionsrechtlich determinierten Kontextes ‚einzudeutschen', um eine Vorlage an den EuGH zu vermeiden, wie die Grenzen des unionsrechtlich Vorgegebenen zu ziehen und damit die Entfaltungsräume für das nationale (Verfassungs-)Recht zu bestimmen sind" (*K. F. Gärditz*, a. a. O., S. 275).

nationalen Recht? Überzeugender ist die zweite Lesart. Jenseits terminologischer Stringenz[341] und dem Umstand, dass das BVerwG im konkreten Fall einen sich auch gegenüber der Judikative entfaltenden tatbestandlichen Beurteilungsspielraum (mit Nähe zum Regulierungsermessen) gerade *wegen* einer unionsrechtlichen Vorgabe, nämlich Art. 13 ZRL, annimmt,[342] sprechen hierfür vor allem systematische Gesichtspunkte.

Unter explizitem Rückverweis auf seine TK-rechtliche Rechtsprechung hat das BVerwG die fragliche Formel mit Urteil vom 17. September 2015 nämlich auf den Bereich des Migrationsrechts übertragen.[343] In dieser Leitentscheidung zum Visumrecht, die auch im Kontext der Spielraumausfüllung und der Spielraumkontrolle nochmals aufgegriffen werden wird,[344] geht es aber ausdrücklich – und der Sache nach überzeugend – um eine unionsrechtlich induzierte „*Letzt*entscheidungskompetenz" der nationalen Verwaltung,[345] was sich auch mit der jüngsten EuGH-Rechtsprechung deckt.[346] Im vorliegenden Kontext sind die Parallelen zum Visumrecht in zweierlei Hinsicht aufschlussreich.

Einerseits fußt die Zuerkennung des administrativen Letztentscheidungsrechts auch hier auf einem *mehrebenenspezifischen Sachgrund*. Dem einschlägigen Sekundärrecht in Gestalt des als Verordnung unmittelbar anwendbaren Visakodex (VK)[347] entnimmt das BVerwG dementsprechend nicht allein deshalb einen Beurteilungsspielraum, weil die von den Auslandsvertretungen vorzunehmende Prüfung der Visumvoraussetzungen mit komplexen und prognostischen Bewertungen verbunden ist, die ein besonderes, vor Ort zu generierendes Wissen über den Wohnsitzstaat und die Authentizität von Dokumenten voraussetzen.[348] Nach dem BVerwG ist ein Beurteilungsspielraum vor allem

---

341 Nach der Terminologie von BVerfG und BVerwG ist ein administrativer Entscheidungsspielraum per definitionem ein sich (auch) gegenüber der Judikative behauptendes Letztentscheidungsrecht, vgl. BVerfG, Beschl. v. 31.5.2011, 1 BvR 857/07, BVerfGE 129, 1 – *Investitionszulagengesetz I*, Rn. 73 (juris) m. w. N. sowie BVerwG, Beschl. v. 5.5.2014, 6 B 47/13, NVwZ 2014, 1034, Rn. 9 (juris); BVerfG, Urt. v. 10.12.2014, 6 C 18/13, BVerwGE 151, 56, Rn. 31 (juris).

342 BVerwG, Urt. v. 25.9.2013, 6 C 13/12, BVerwGE 148, 48, Rn. 31 (juris).

343 BVerwG, Urt. v. 17.9.2015, 1 C 37/14, NVwZ 2016, 161, Rn. 21 (juris).

344 Siehe S. 304 ff. und 416 ff.

345 BVerwG, Urt. v. 17.9.2015, 1 C 37/14, NVwZ 2016, 161, Rn. 20 (juris), Hervorh. hinzugefügt. Im Ergebnis ähnlich, aber ohne Bezug auf den mehrebenenspezifischen Sachgrund OVG Berlin/Brandenburg, Urt. v. 19.11.2014, OVG 6 B 20/14, Rn. 22 ff. (juris). A. A. zuvor VG Berlin, Urt. v. 18.11.2014, 24 K 33/14 V, Rn. 26 ff. (juris).

346 Vgl. EuGH, Urt. v. 4.4.2017, Rs. C-544/15 – *Fahimian*, Rn. 41–46 in Bezug auf (richtlinienbasierte) Studentenvisa, aber unter ausdrücklichem Rekurs auf das vorausgehende *Koushkaki*-Urteil zum Visakodex, an das seinerseits das BVerwG anknüpft.

347 VO 810/2009 Des Europäischen Parlaments und des Rates v. 13.7.2009 über einen Visakodex der Gemeinschaft (Visakodex), zuletzt geändert VO 2016/399 des Europäischen Parlaments und des Rates v. 9.3.2016 über einen Gemeinschaftskodex für das Überschreiten der Grenzen durch Personen (Schengener Grenzkodex).

348 BVerwG, Urt. v. 17.9.2015, 1 C 37/14, NVwZ 2016, 161, Rn. 18 (juris) unter Bezugnahme auf EuGH, Urt. v. 19.12.2013, Rs. C-84/12 – *Koushkaki*, Rn. 56 f.

deshalb anzuerkennen, weil sowohl die Einheitlichkeit der mitgliedstaatlich-dezentral vollzogenen Visumpolitik als auch die Gleichbehandlung der drittstaatsangehörigen Antragsteller eine *transnationale Behördenkooperation* in Form einer örtlichen Abstimmung der mitgliedstaatlichen Auslandsvertretungen untereinander erforderlich machen, die konterkariert würde, dürften die Gerichte der einzelnen Mitgliedstaaten ihre eigene Bewertung im Rahmen einer späteren Nachprüfung umfänglich an die Stelle der behördlichen setzen.[349] Das diskretionäre Moment sichert die transnationale Behördenkooperation als föderative Grundlage der administrativen Entscheidungsfindung ab.

Andererseits verdeutlicht das BVerwG mit seiner Leitentscheidung zum Visumrecht, dass es zwischen der Vorgabe eines behördlichen Letztentscheidungsrechts (dem „Ob" verminderter Kontrolldichte) und der Bestimmung der gerichtlichen Kontrollmaßstäbe bzw. Fehlerlehre im Einzelnen (dem „Wie" verminderter Kontrolldichte) zu differenzieren weiß. Demnach nimmt das Unionsrecht durch die Vorgabe eines behördlichen Entscheidungsspielraumes grundsätzlich auch das Verhältnis zwischen Verwaltung und Judikative in den Blick. Dementsprechend führt das BVerwG in begrüßenswerter Klarheit aus, dass die tradierten Grundsätze des deutschen Rechts über die Annahme behördlicher Entscheidungsspielräume insoweit durch das Unionsrecht überlagert und die nach deutscher Spielraumlehre aus Art. 19 Abs. 4 GG abgeleiteten Grenzen für die Begründung tatbestandlicher Beurteilungsspielräume verdrängt werden, als das Unionsrecht einen Entscheidungsspielraum vorgibt.[350] Gleichzeitig stellt das BVerwG heraus, dass dort, wo das Unionsrecht keine näheren Vorgaben für den Umfang der gerichtlichen Kontrolle trifft,[351] die Fehlerlehre nach nationalem Recht bestimmt wird.[352]

Dass nach dem Verständnis des BVerwG das Unionsrecht das „Ob" eines (auch gegenüber der Judikative bestehenden) behördlichen Letztentscheidungsrechts vorgeben, dem nationalen Recht aber gleichzeitig das „Wie" im Sinne der Bestimmung des gerichtlichen Prüfungsprogrammes überlassen kann, liegt desgleichen der Rechtsprechung zur Entgeltregulierung zugrunde. Auch in diesem Fall war weniger die Existenz des behördlichen Letztentscheidungsrechts als vielmehr die konkrete Bestimmung der in diesem Rahmen anzulegenden Kontrollmaßstäbe bzw. Fehlerkategorien umstritten, nämlich die genaue Reichweite der von der BNetzA zu beachtenden Begründungserfordernisse. Das BVerwG kam dabei unter Anknüpfung an sein vorausgehendes Urteil vom 23. November 2011 zu

[349] BVerwG, Urt. v. 17.9.2015, 1 C 37/14, NVwZ 2016, 161, Rn. 20 (juris).

[350] Ebd.

[351] Dergleichen ist bislang die Ausnahme, vgl. jüngst aber aus dem Bereich des Einwanderungsrechts EuGH, Urt. v. 4.4.2017, Rs. C-544/15 – *Fahimian*, Rn. 45 f.

[352] BVerwG, Urt. v. 17.9.2015, 1 C 37/14, NVwZ 2016, 161, Rn. 21 (juris) unter Hinweis auf die einzuhaltenden Grundsätze der Äquivalenz und Effektivität als Schranken der Verfahrensautonomie der Mitgliedstaaten. Näher zum Problemkomplex der Fehlerlehre im Mehrebenensystem S. 415 f.

dem Ergebnis, dass für die einschlägige Kategorie des „Beurteilungsspielraums mit besonderer Nähe zum Regulierungsermessen“ sowohl die für die Kontrolle eines klassischen Beurteilungsspielraums als auch von (Regulierungs-)Ermessen heranzuziehenden Maßstäbe kumulativ zur Anwendung kämen.[353] Eine Absenkung der daraus resultierenden Begründungserfordernisse, wie sie insbesondere von der BNetzA vertreten wurde, sei im vorliegenden Fall nicht gerechtfertigt.[354]

dd) Abermals: Absicherung föderativer Perspektivenpluralität

Auch im Kontext der regulierungsrechtlichen Abhilfemaßnahmen – hier insbesondere der Entgeltregulierung – sind mit Blick auf die Spielraumbegründung aber letztlich die verfahrensrechtlichen Pflichten zur ebenenübergreifenden Kooperation nach Art. 7/7a RRL entscheidend, die auch für diesen Bereich zur Anwendung gelangen.[355] Nach dem *Vodafone*-Urteil des EuGH vom 14. Januar 2016 muss das Art. 7/7a-Verfahren sogar vor jeder konkreten Entgeltgenehmigung erneut durchgeführt werden, soweit sie binnenmarktrelevant ist.[356] Das BVerwG hat diese Rechtsprechung mittels einer richtlinienkonformen Rechtsfortbildung umgesetzt.[357]

Die hiermit bezweckte Befähigung der nationalen Regulierungsverwaltungen, „zur Entwicklung des Binnenmarkts beizutragen, indem sie miteinander und mit der Kommission auf transparente Weise kooperieren, um in allen Mitgliedstaaten eine kohärente Anwendung der Bestimmungen dieser Richtlinie und der Einzelrichtlinien zu gewährleisten,“[358] würde durch die unbeschränkte gerichtliche Kontroll- und Ersetzungsbefugnis seitens eines einzelstaatlichen Gerichts konterkariert. Insoweit gilt nichts anderes als das bereits im Zuge von Marktdefinition und -analyse Gesagte: Die behördlichen Entscheidungsspielräume sollen die föderative Perspektivenpluralität der Entscheidungsfindung auf der Grundlage wechselseitiger Berücksichtigungspflichten und ebenenübergreifender Wissensproduktion absichern.[359] Auch mit Blick auf den „Grundsatz“ nationaler Verfahrensautonomie kann für das Verhältnis von Verwaltung und Judikative auf das bereits zum Verhältnis von Verwaltung und Legislative Festgestellte verwiesen werden.[360]

---

353 Ebd., Rn. 34–36 (juris).

354 Ebd., Rn. 37 ff. (juris).

355 Das folgt schon aus Art. 13 u. Art. 8 ZRL i.V.m. Art. 7 Abs. 3 u. Art. 7a RRL sowie dem intrinsischen Bezug der §§ 31 und 35 TKG zu § 30 TKG. Mit Blick auf das Art. 7/7a-Verfahren ist sogar eine Anpassung der Fristenregelung in § 31 Abs. 4 S. 3 u. 4 TKG notwendig geworden, vgl. *A. Groebel*, in: Säcker (Hrsg.), TKG, 3. Aufl. 2013, § 31, Rn. 1, 37.

356 EuGH, Urt. v. 14.1.2016, C-395/14 – *Vodafone*, Rn. 30–58.

357 BVerwG, Urt. v. 31.1.2017, BVerwGE 157, 249, Rn. 29 ff. (juris) in methodischer Anlehnung an die Rechtsprechung des BGH.

358 EuGH, Urt. v. 14.1.2016, C-395/14 – *Vodafone*, Rn. 48.

359 Vgl. S. 234 ff.

360 Vgl. S. 228 ff.

IV. Fazit

Gestützt auf die vorstehenden Überlegungen lassen sich die folgenden Schlüsse ziehen.

1. Normative Ermächtigungslehre und Mehrebenensystem

Kernaussage der normativen Ermächtigungslehre ist, dass innerhalb der durch höherrangiges Recht gezogenen Grenzen die Begründung eines administrativen Entscheidungsspielraums und damit die Entscheidung über die Kompetenzverteilung zwischen Verwaltung und Gerichten dem Gesetzgeber obliegen.[361] Die kompetenzscheidende Funktion des legislativ erzeugten Rechts wird so unterstrichen, das materielle Recht als Produkt der gesetzgeberischen Entscheidung über die Kompetenzverteilung in den Fokus gerückt. Anderenfalls wären Exekutive und Judikative in der Lage, die Kompetenzgrenzen eigenmächtig zu verschieben.[362] Wie gesehen, gehen nicht nur die Rechtsprechung von BVerwG und BVerfG von dieser Grundprämisse aus, sondern zunehmend auch der EuGH. Sowohl das TK-Recht als auch das Visumrecht zeigen, dass für den Gerichtshof die gesetzgeberische Ausformung des materiellen Rechts im Mittelpunkt steht, wenn es um die Frage geht, ob das Unionsrecht ein administratives Letztentscheidungsrecht verlangt. Am deutlichsten ist diesbezüglich das *Koushkaki*-Urteil zum Visumrecht.[363]

Für die Übertragung der normativen Ermächtigungslehre auf das europäische Mehrebenensystem erweist sich zunächst eine genaue Bestimmung des ebenenübergreifenden Verhältnisses der Legislativen als essenziell. Unerlässlich ist eine solche Bestimmung dort, wo sich die Wirkungskreise der Rechtsetzungszentren unterschiedlicher Ebenen überschneiden und das Recht der Ebene A unmittelbare oder mittelbare Vorgaben für das Verhältnis der Gewalten der Ebene B trifft. Die Regelungsoptionen der Legislative der Ebene B zur Programmierung des Verwaltungshandelns sind durch die Festlegungen der Legislative der Ebene A mitunter erheblich eingeschränkt, was im Gegenzug erweiterte Entscheidungsspielräume der Verwaltung eröffnen kann.[364] Dies ist die klassische Konstellation im TK-Recht: Der Unionsgesetzgeber schränkt die mitgliedstaatlichen Legislativen in ihrem Regelungsspielraum erheblich ein, wenn er die Mitgliedstaaten zur Vorhaltung einer unabhängigen Regulierungs-

---

361 *E. Schmidt-Aßmann*, in: Maunz/Dürig, GG, Art. 19 IV (72. EL 2014), Rn. 184. Zu den verfassungsrechtlichen Grenzen näher im Kontext der Kontrolldichte, vgl. S. 382 ff.

362 So BVerfG, Beschl. v. 31.5.2011, 1 BvR 857/07, BVerfGE 129, 1 – *Investitionszulagengesetz I*, Rn. 74 (juris).

363 EuGH, Urt. v. 19.12.2013, Rs. C-84/12 – *Koushkaki*, Rn. 60 ff.

364 Aber nicht muss.

verwaltung verpflichtet, die als operativer Arm der Marktregulierung über weitgefasste administrative Entscheidungsspielräume verfügen soll.

Darin liegt letztlich eine diagonale Einwirkung der unionalen Legislative auf das innerstaatliche Verhältnis von Exekutive und Legislative bzw., soweit auch die gerichtliche Kontrolldichte reduziert ist, von Exekutive und Judikative. Dieser mehrebenenspezifischen Problemstellung darf nicht schon im Ausgangspunkt durch eine Flucht in vermeintlich allgemeingültige Grundsätze, wie etwa die nationale Verfahrensautonomie, ausgewichen werden. So können die unionsrechtlichen Sachkompetenzen – namentlich die Kompetenz zur Harmonisierung des Binnenmarktes nach Art. 114 AEUV – durchaus eine, wenn auch nicht unbegrenzte Kompetenz der Union zur Mitregelung einzelner Aspekte des innerstaatlichen Verwaltungsverfahrens enthalten. Die Frage der Spielraumbegründung im Mehrebenensystem ist so gesehen auch eine Frage der „Gewaltengliederung in Ebenenkopplungen".[365] Anders gesagt, *ebenenübergreifende Einwirkungen auf das Gewaltengefüge* sind die Begleiterscheinung eines Modells, das den Verwaltungsvollzug nicht auf Trennung, sondern auf Verschränkung hin ausrichtet. Hier zeigt sich einmal mehr, dass die konzeptionellen Herausforderungen des europäischen Mehrebenensystems vor allem in Phänomenen des Ineinandergreifens und der Überlappung liegen.

Im Lichte der normativen Ermächtigungslehre ist die für die Spielraumbegründung zentrale Frage einer ebenenübergreifenden (legislativen) Einwirkung auf das Verhältnis der Verwaltung zu den beiden anderen Gewalten folglich in zwei Bereiche bzw. *zwei Stufen* zu unterteilen. Die erste Stufe betrifft das Verhältnis der Verwaltung zur Legislative, die zweite die zur Judikative.

2. Überstaatliche Flexibilitätserfordernisse v. legislative Steuerungsansprüche

Die *erste Stufe* bezieht sich auf ebenenübergreifende Einwirkungen auf das Verhältnis der Verwaltung zur Legislative. Es betrifft damit die Reichweite der zulässigen legislativen Vorsteuerung. Soweit der Vollzug, wie häufig, über die nationale Ebene erfolgt, lässt sich dies auf die Frage zuspitzen, wieviel Raum Völker- und Unionsrecht dem nationalen Gesetzgeber zur Programmierung des Verwaltungshandelns belassen oder, umgekehrt, inwieweit sie Konkretisierungsbefugnisse der Verwaltung einfordern. Regelmäßig wird die nationale Legislative bestrebt, im Bereich des nationalen Parlamentsvorbehalts ggf. verpflichtet sein, den Einsatz administrativer Entscheidungsspielräume auf ein Minimum zu beschränken und durch legislative Programmierungen einzuhegen.

Die der nationalen Legislative hierbei gezogenen Grenzen werden am Beispiel des TK-Rechts besonders deutlich. Das gilt zunächst für die Beurteilung

---

365 Begriff nach *C. Möllers*, Gewaltengliederung, 2005, S. 331 ff.

der Regulierungsbedürftigkeit der TK-Märkte. Diese Beurteilung weist der Unionsgesetzgeber der Regulierungsverwaltung zu und entzieht sie damit zugleich der nationalen Legislative. Der EuGH hat insoweit zutreffend herausgearbeitet, dass dem nationalen Gesetzgeber die Regelung der Regulierungsbedürftigkeit neuer Märkte gerade deshalb verwehrt wird, weil der Unionsgesetzgeber in diesem Punkt konzeptionell auf die Gestaltungsleistung der nationalen Regulierungs*verwaltung* setzt. Mit Blick auf die Anwendbarkeit der normativen Ermächtigungslehre in unionsrechtlich (teil-)determinierten Sachbereichen ist besonders aufschlussreich, dass der EuGH hier argumentativ weniger funktionelle oder effektivitätsbezogene Argumente bemüht, sondern das Erfordernis administrativer Entscheidungsspielräume im Kern aus der *legislativen Ausgestaltung der Sachmaterie durch den Unionsgesetzgeber* ableitet und damit die unionale Gesetzgebung in den Mittelpunkt rückt. Allerdings misst der EuGH – anders als es das BVerfG tun würde – diese legislative Entscheidung ihrerseits nicht an der Rechtsschutzgarantie des Art. 47 GRCh.

Auch im Bereich der Zugangs- und Entgeltregulierung schränkt der Unionsgesetzgeber die Rechtsmacht des nationalen Gesetzgebers zur Programmierung bzw. Vorstrukturierung des Verwaltungshandelns in vielfacher Weise ein. Vereinfacht gesagt besteht auch hier das ebenenübergreifende Erfordernis, die Auswahl der situationsadäquaten Abhilfemaßnahmen in das Ermessen der Regulierungsverwaltung zu stellen. Dementsprechend hat das BVerwG in jüngerer Zeit zahlreiche Bestrebungen des Bundesgesetzgebers korrigiert, die darauf abzielten, bestimmte Teile der Zugangs- und Entgeltregulierung gesetzlich vorzustrukturieren. Dies gilt für die Annäherung von Soll-Vorschriften (§ 21 Abs. 3 TKG) an Kann-Vorschriften (§ 21 Abs. 2 TKG) im Wege unionsrechtskonformer Auslegung ebenso wie für die vom Bundesgesetzgeber in § 30 TKG n.F. letztlich übernommene Vorgabe, der BNetzA einen möglichst weiten Entscheidungsspielraum in Bezug auf die Angemessenheit der aufzuerlegenden Entgeltregulierungsverpflichtung einzuräumen. Umgekehrt hat das BVerwG in seiner jüngeren Rechtsprechung aber auch Bereiche aufgezeigt, in denen eine legislative Vorstrukturierung durch den Bundesgesetzgeber nach wie vor zulässig ist, etwa wenn damit, wie in § 21 Abs. 2 Nr. 3 TKG erfolgt, eine im Unionsrecht selbst vorgezeichnete Vorsteuerung nachgezeichnet wird.

Auch im Ausweisungsrecht ist als Ausgangspunkt eine begrenzte Steuerungskraft der nationalen Legislative zu konstatieren. Im Unterschied zum TK-Regulierungsrecht geht diese allerdings nicht von einer (politischen) Grundentscheidung des Unionsgesetzgebers aus, berührt also nicht das ebenenübergreifende Verhältnis verschiedener Legislativen, sondern folgt aus völker- und unionsrechtlichen Kerngarantien. Der im grundrechtssensiblen Bereich an sich primär zur Grundrechtskonkretisierung berufene Gesetzgeber ist in seinem Aktionsradius begrenzt, weil die ebenenübergreifende Vorgabe gerade in der Gewährleistung einer Einzelfallprüfung besteht. Diese entzieht sich naturgemäß einer abstrakt-generellen Steuerung, wie sie der Gesetzgeber vornehmen kann. Aus der (innerstaatlichen) Perspektive der Wesentlichkeitslehre betrachtet, führt das menschenrechtliche Flexibilitätsverlangen den Gesetzgeber somit in ein Paradox: Trotz der Grundrechtssensibilität der Materie und der verfassungsrechtlich daraus folgenden Notwendigkeit legislativer Konkretisierung ist dem Gesetzgeber eine solche verwehrt, weil sie das grund- und menschenrechtliche Flexibilitätserfordernis geradezu konterkarieren würde. Allenfalls kann der Gesetzgeber, wie mit §§ 54 f. AufenthG geschehen, vertypte Gewichtungen der in die Einzelfallabwägung einzustellenden Belange vornehmen und so mittelbar die Abwägungsentscheidung mitsteuern. Damit einher geht, sofern nicht der Unionsgesetzgeber in diese Lücke stoßen kann, ein Verlust an demokratischer Steuerungsfähigkeit.[366] Bei einer legitimatorischen Gesamtbetrachtung kann dieses Defizit aber insoweit aufgefangen werden, als der rechtsstaatliche bzw. individualisierende Legitimationstypus im Rahmen einer Entscheidung, die – wie hier – am unteren Ende der administrativen Binnenhierarchie ergeht und von geringer Allgemeinheit und hoher materiell-rechtlicher Regelungsdichte gekennzeichnet ist,[367] besonders ausgeprägt ist. Damit ist bereits das Verhältnis der Exekutive zur Judikative aufgerufen.

3. Ebenenübergreifende Erfordernisse verminderter Kontrolldichte

Auf einer *zweiten Stufe* sind die ebenenübergreifenden Einwirkungen auf das Verhältnis zwischen Verwaltung und Judikative zu betrachten. Auch hier gilt es, das Problem nicht bereits im Ansatz durch den Rekurs auf den „Grundsatz" nationaler Verfahrensautonomie zu verneinen. Dieser wird zwar im Unionsrecht als rechtsempirischer Normalfall vorausgesetzt, nicht jedoch als normatives Leitbild oder als Kompetenzschranke gegenüber der Union vorgegeben. Mit Blick auf die gerichtliche Kontrolldichte ist zunächst zu beachten, dass ebenenübergreifende Beschränkungen der legislativen Vorstrukturierung regelmäßig auf die Reichweite der gerichtlichen Kontrolle durchschlagen, weil gerichtliche Kontrolle grundsätzlich nur so weit reichen kann wie das für sie maßstäbliche materielle Recht.[368] Besonders ausgeprägt sind die funktionellen Unterschiede zwischen administrativer und judikativer Rechtskonkretisierung dort, wo der Grad rechtlicher Determinierung gering ausfällt und infolge der Entscheidung des Gesetzgebers eine Einbeziehung außerrechtlicher Entscheidungsrationalitäten durch die Verwaltung erfolgen soll. Diese Forderung kann aus einem spezifisch mehrebenenbedingten Kontext heraus erhoben werden.

366 Vgl. auch *I. Kraft*, Neuere Rechtsprechung des Bundesverwaltungsgerichts zum Ausländer- und Asylrecht, ZAR 2009, S. 41 (44).

367 Zu diesem Typus *C. Möllers*, Gewaltengliederung, 2005, S. 113 (im Kontext der Exekutive) und zuvor S. 95 ff. (im Kontext der Judikative).

368 Was nicht heißt, dass die gerichtliche Kontrolle vor den unbestimmten Teilen des materiellen Rechts Halt machen würde, dazu näher S. 377 ff.

a) Föderative Perspektivenpluralität der Entscheidungsfindung

Das Beispiel des TK-Regulierungsrechts verdeutlicht, dass die Einräumung behördlicher Entscheidungsspielräume im Mehrebenensystem insbesondere der föderativen Perspektivenpluralität der Entscheidungsfindung dienen kann. Die der Verwaltung verliehenen Entscheidungsspielräume sichern die *föderative Dimension administrativer Rechtskonkretisierung* ab. Im Bereich der Marktdefinition und -analyse sowie der Zugangs- und Entgeltregulierung zielen diskretionäre Normstrukturen auf eine perspektivenplurale Entscheidungsfindung durch die im ebenenübergreifenden Verbund agierende Verwaltung. Gegenüber der Judikative abgeschirmt wird hierbei zum einen der im europäischen Regulierungsverbund bezweckte administrative „Kooperations- und Koordinationseffekt".[369] Die Marktregulierung soll zwar im Ausgangspunkt dezentralisiert von der jeweiligen nationalen Regulierungsbehörde erfolgen, aber mit Blick auf die Einbeziehung transnationaler und supranationaler öffentlicher Interessen unter weitestgehender Berücksichtigung der Stellungnahmen – und damit der artikulierten Interessen – der Kommission, des GEREK und der anderen Regulierungsbehörden. Hier kommt die Eigenschaft behördlicher Entscheidungsspielräume als spezifischer Modus der Verarbeitung pluralisierter öffentlicher Interessen im Mehrebenensystem besonders deutlich zum Ausdruck. Zugleich kann dieses einen Weg aufzeigen, die ansonsten produzierten Externalitäten zu internalisieren. Demgegenüber würde eine die Verwaltungsentscheidung in all ihren Teilen ersetzende Nachprüfung durch ein nationales Gericht diese spezifische, vom Unionsgesetzgeber gewollte Form ebenenübergreifender Rechtskonkretisierung unter wechselseitiger Einbeziehung unterschiedlicher (ebenenfremder) Interessen aushebeln.

Die gleiche Ratio liegt der Rechtsprechung im Visumrecht zugrunde, wenn das BVerwG einen Beurteilungsspielraum der deutschen Auslandsvertretungen hinsichtlich bestimmter Verweigerungsgründe für die Visaerteilung namentlich deshalb anerkennt, weil das Unionsrecht eine transnationale Behördenkooperation in Form einer örtlichen Abstimmung der mitgliedstaatlichen Auslandsvertretungen untereinander erforderlich macht, die durch eine umfassende Befugnis der nationalen Gerichte zur Nachprüfung und Ersetzung der Behördenentscheidung konterkariert würde. Auch hier dominiert die föderative Funktion des administrativen Entscheidungsspielraumes in konkreter Gestalt der Abschirmung der transnationalen Behördenkooperation bei der Rechtskonkretisierung gegenüber der Judikative. Diese gebietsübergreifende, weil so unterschiedliche Rechtsgebiete wie das TK-Recht und das Migrationsrecht gleichermaßen prägende Absicherung transnationaler Behördenkooperation als Instrument einer föderativen Perspektivenvielfalt der administrativen Entschei-

[369] Vgl. abermals BVerwG, Urt. v. 2.4.2008, 6 C 15/07, BVerwGE 131, 41, Rn. 17 (juris).

dungsfindung, deutet auf die Verallgemeinerungsfähigkeit dieses Rechtsgedankens hin.

Installiert der Gesetzgeber also einen Modus administrativer Entscheidungsfindung, der in spezifischer Weise eine wechselseitige Internalisierung der Externalitäten und damit letztlich eine föderative Perspektivenpluralität herstellen soll, spricht viel für die Annahme, dass er damit zugleich eine Entscheidung für eine reduzierte Kontrolldichte trifft. Die daran anschließende Frage nach der genauen Bestimmung der Kontrollparameter ist im Kapitel zur Kontrolldichte näher zu beleuchten.[370]

b) Föderative Wissensproduktion

Ein weiteres, eng mit dem vorstehenden verknüpftes mehrebenenspezifisches Motiv für die Einräumung administrativer Entscheidungsspielräume ist die Absicherung einer *föderativ organisierten Wissensproduktion* durch die Verwaltung gegenüber dem Kontrollzugriff durch die Gerichte. Auch in dieser Hinsicht wird eine mehrebenenspezifische Perspektivenpluralität gesichert, hier indes in Bezug auf die Generierung entscheidungserheblichen Wissens.

So sichert die Einräumung administrativer Letztentscheidungsrechte im TK-Recht die Wissensproduktion durch die im Rahmen eines supranational wie transnational ausgreifenden Verbundes agierende Regulierungsverwaltung ab. Bereits für sich genommen besitzt die nationale Regulierungsverwaltung eine besondere Fähigkeit zur Generierung und Fortschreibung des entscheidungsnotwendigen Wissens, das von einem vor Gericht hinzugezogenen Sachverständigen weder erzeugt noch unter Rekurs auf einen festen Kanon an Fachwissen abgerufen werden könnte. Das für die Entscheidung notwendige Regulierungswissen soll aber nicht nur dynamisch und zukunftsgerichtet, sondern – mit Blick auf die transnationalen und supranationalen Implikationen der Entscheidung – gerade auch *ebenenübergreifend* erzeugt werden.

Verallgemeinert gesprochen sind administrative Entscheidungsspielräume also auch dort anzunehmen, wo der (bzw. die) Gesetzgeber die für die Entscheidung notwendige Wissensproduktion der Verwaltung im Rahmen eines ebenenübergreifenden Prozesses, der eine durch Sachverständige nicht reproduzierbare Perspektivenpluralität erlaubt, generiert wissen will (bzw. wollen)

c) Grenzen föderativer Spielraumbegründung

Stellt sich die Frage nach ebenenübergreifenden Spielraumerfordernissen, ist ein gehobenes Maß an Aufmerksamkeit darauf zu richten, inwieweit sich die betreffende Vorgabe administrativer Eigenständigkeit auch auf das Verhältnis der Verwaltung zur Judikative erstreckt.

---

[370] S. 372 ff.

Ein Beispiel für einen lediglich begrenzten ebenenübergreifenden Zugriff auf das Verhältnis von Verwaltung und Rechtsprechung liefert das Ausweisungsrecht. Das einschlägige Völker- und Unionsrecht verhält sich in diesem Punkt gewaltenneutral. Vorgegeben wird die Gewährleistung von Einzelfallgerechtigkeit, nicht aber eine Präferenz, durch welchen Gewaltenzug diese herzustellen und zu verantworten ist. Das hängt schon damit zusammen, dass eine legislative Ausgestaltung des Ausweisungsrechts durch den Unionsgesetzgeber – jenseits der von der unionsbürgerschaftlichen Freizügigkeit erfassten Fälle und der RL 2001/40[371] – weitgehend fehlt. Ein administratives Letztentscheidungsrecht ist damit nach Völker- und Unionsrecht einerseits grundsätzlich zulässig,[372] andererseits aber auch nicht geboten.

Dementsprechend bleibt die Befugnis des nationalen Gesetzgebers zur Ausgestaltung des Verhältnisses der Verwaltung zu den Gerichten weitgehend unangetastet. Für das deutsche Ausweisungsrecht hat sich der Bundesgesetzgeber schon vor dem Hintergrund der intensiven Grundrechtsprägung der abzuwägenden Belange ausdrücklich für eine intensive gerichtliche Kontrolle entschieden. Dieses hohe Maß an gerichtlicher Kontrolldichte kann nicht allein aus der Schwere der in Rede stehenden Grundrechtseingriffe abgeleitet werden.[373] Rechtsstaatliche Freiheitssicherung pauschal durch eine hohe gerichtliche Kontrolldichte erreichen zu wollen, würde schon deshalb zu kurz greifen,[374] weil auch das eine Ausweisung bestätigende Gerichtsurteil nicht weniger in die Grundrechte des Betroffenen eingreift als die Ausweisungsverfügung selbst. Eine besondere freiheitssichernde Funktion kann gerichtliche Kontrolle aber überall dort erfüllen, wo die Judikative wegen ihrer organisations- und verfahrensrechtlichen Spezifika der Unabhängigkeit, Neutralität und Gewährleistung von Waffengleichheit und umfassender Artikulationsmöglichkeiten eine erhöhte Richtigkeitsgewähr bietet.[375] Während diese Annahme für das Migrationsverwaltungsrecht mit seinem hohen Grad an materiell-rechtlicher Prägung zutrifft, gilt dies für andere Gebiete des Verwaltungsrechts nicht in gleichem Maße. Zu beobachten ist eine Varianz in Abhängigkeit von Sachlage und Rechtsgebiet. Das adäquate Maß an Freiheitssicherung wird deshalb primär durch die sachangemessene *legislative Verteilung* der Letztentscheidungskom-

[371] Deren Anwendungsbereich erstreckt sich gemäß ihres Art. 1 Abs. 1 nur auf die gegenseitige Anerkennung einer Ausweisungsentscheidung, die von einem Mitgliedstaat gegenüber einem Drittstaatsangehörigen erlassen wurde, der sich in einem anderen Mitgliedstaat aufhält.

[372] Zu etwaigen Ausnahmen vgl. S. 377 ff.

[373] Vgl. *M. Gerhardt*, in: Schoch/Schneider/Bier (Hrsg.), VwGO, § 114 (Grundwerk 1997), Rn. 61.

[374] Vgl. – im Kontext des Regulierungsrechts – *M. Eifert*, Gerichtliche Kontrolle der Entscheidungen der Bundesnetzagentur, ZHR 174 (2010), S. 449 (454).

[375] *E. Schmidt-Aßmann*, Das allgemeine Verwaltungsrecht als Ordnungsidee, 2. Aufl. 2004, Kap. 4, Rn. 81.

petenzen auf Judikative oder Exekutive, nicht aber eine pauschale Maximierung der Gerichtskontrolle erreicht.[376] Für das Ausweisungsrecht hat der Gesetzgeber insoweit deutlich seine Präferenz für ein hohes Maß an gerichtlicher Kontrolldichte zum Ausdruck gebracht. Obgleich an einer materiell-rechtlichen Vorstrukturierung weitgehend gehindert, verbleibt der Legislative für die ebenenimmanente Frage der Gewaltenzuordnung zwischen Judikative und Exekutive eine wichtige Entscheidungsbefugnis. Damit fallen im Ausweisungsrecht die Entscheidungen über die Reichweite der legislativen Vorstrukturierung und über die gerichtliche Kontrolldichte jeweils auf verschiedenen Ebenen.

Die vom Bundesgesetzgeber vorgesehene umfassende Kontrollbefugnis der Gerichte führt dazu, dass das Verwaltungsgericht die von der Ausländerbehörde vorgenommene Abwägung durch seine eigene ersetzen kann. Die weitgehende Maßstabsgleichheit von administrativer Abwägung und (retrospektiver) gerichtlicher Verhältnismäßigkeitsprüfung, die auf den hohen Verrechtlichungsgrad durch die grund- und menschenrechtlichen Gewährleistungen zurückgeht, reduziert den Unterschied zwischen exekutiver und judikativer Abwägung aber nicht auf die bloße Reihenfolge der Entscheidung. Denn es verbleiben grundlegende verfahrens- und organisationsstrukturelle Unterschiede zwischen der Entscheidungsfindung durch die Verwaltung und die Gerichte. Allerdings veranschaulicht das Ausweisungsrecht, dass ein ebenenübergreifend erhobenes Einzelfallerfordernis instrumentell nicht zwingend der Umsetzung durch ein behördliches Letztentscheidungsrecht bedarf. Unter legitimationstheoretischen Gesichtspunkten ist dies insoweit schlüssig, als die Exekutive im Einzelfallmodus bei hoher Regelungsdichte primär dem rechtsstaatlichen bzw. individuellen Legitimationsmodus zugeordnet und damit funktionell der Judikative angenähert werden kann.[377]

4. *Diskretionäre Verarbeitung pluralisierter öffentlicher Interessen*

Diskretionäre Normstrukturen leisten im Mehrebenensystem einen spezifischen Beitrag zur Verarbeitung der Pluralisierung öffentlicher Interessen.[378] Sowohl das ordnungsrechtlich grundierte Ausweisungsrecht als auch das TK-Recht veranschaulichen, wie die Eigenständigkeit der Verwaltung durch administrative Entscheidungsspielräume in föderativer Weise zur Entfaltung gebracht werden kann.

Anhand der diskretionären Normstrukturen des TK-Rechts lässt sich dies plastisch illustrieren. Die nationale Regulierungsverwaltung – durch ihr euro-

[376] Vgl. abermals *M. Eifert*, Gerichtliche Kontrolle der Entscheidungen der Bundesnetzagentur, ZHR 174 (2010), S. 449 (453 f.).

[377] Vgl. Fn. 367.

[378] Vgl. früh für das TK-Recht *K.-H. Ladeur/C. Möllers*, Der europäische Regulierungsverbund der Telekommunikation im deutschen Verwaltungsrecht, DVBl. 2005, S. 525 (533).

päisches Mandat funktionell immer auch eine europäische – ist hier zur Verwirklichung eines ebenenübergreifenden behördlichen Gestaltungsauftrags verpflichtet. Dessen Besonderheit liegt, wie es das BVerwG nennt, in „der wechselseitigen Durchlässigkeit nationaler Entscheidungen für transnationale Interessen auf der Grundlage vereinheitlichender Vorgaben durch die Kommission".[379] Die nationale Regulierungsverwaltung soll im Verbund mit der Kommission, dem GEREK und den Regulierungsbehörden der jeweils anderen Mitgliedstaaten die Marktregulierung bedarfsorientiert und flexibel vornehmen. Die Verkopplung verlangt eine wechselseitige Einbeziehung der jeweils ordnungsfremden Belange und trägt transnational der Einbeziehung der Interessen anderer Mitgliedstaaten sowie supranational den durch die Kommission vertretenen Unionsinteressen Rechnung. Damit wird innerhalb des komplexen und dynamischen Regulierungsumfeldes zugleich eine Perspektivenvielfalt als Basis administrativer Wissensproduktion generiert. Die behördlichen Entscheidungsspielräume des TK-Rechts ermöglichen in ihrer Mehrebenenstruktur somit eine perspektivenplurale Entscheidungsfindung durch die im ebenenübergreifenden Verbund agierende Verwaltung. Sie leisten auf diese Weise rechtsinstrumentell einen Beitrag zur Verarbeitung der pluralisierten Interessen und damit der gestuften Gemeinwohlkonkretisierung im Mehrebenensystem.

Im Kontrast hierzu ist das Ausweisungsrecht gerade durch das Fehlen einer behördlichen Letztentscheidungsbefugnis gegenüber der Judikative gekennzeichnet. Gleichwohl lässt sich anhand des Ausweisungsrechts illustrieren, wie ein ebenenübergreifend aufgestelltes Erfordernis von Einzelfallgerechtigkeit über den Modus einer offenen Abwägung verarbeitet wird, in deren Rahmen rechtsordnungsdifferierende Belange einzustellen und miteinander in Einklang zu bringen sind. Rechtsdogmatisch stellt sich die Ausweisungsentscheidung demnach als ebenenübergreifender Abwägungs- und Konkordanzraum dar. Ihre Einzelfallbezogenheit und die gesetzlich gerade nicht abschließend vorgenommene Katalogisierung berücksichtigungsfähiger Belange verleihen ihr hinreichend Flexibilität für die Würdigung der widerstreitenden Vorgaben ebenendifferierender Herkunft. Für die vorliegende Untersuchung hat sich das Ausweisungsrecht vor allem auch deswegen als gewinnbringend erwiesen, weil dort seit mehreren Jahren ein offener Feldversuch über die richtigen Modi der Herstellung ebenenübergreifender Einzelfallgerechtigkeit stattfindet. Nach der graduellen Ausweitung der ermessensbasierten Ausweisung zu Zwecken des vor allem völker- und unionsrechtlich erhobenen Einzelfallerfordernisses hat sich der Bundesgesetzgeber nunmehr für ein Modell tatbestandlicher Abwägung entschieden, das die administrative Ausweisungsentscheidung als Ergebnis einer tatbestandlichen Abwägung der Bleibe- und Ausweisungsinteressen statuiert, die nur rudimentär durch legislative Vorstrukturierungen bzw. -gewich-

379 BVerwG, Urt. v. 2.4.2008, 6 C 15/07, BVerwGE 131, 41, Rn. 17f. (juris).

tungen eingehegt ist. Während der Bundesgesetzgeber der Verwaltung aufgrund völker- und unionsrechtlicher Vorgaben insoweit einen vergleichsweise weiten Aktionsradius belassen muss, verbleibt ihm hinsichtlich des Verhältnisses der Verwaltung zur Judikative ein Regelungsspielraum. Im Falle des Ausweisungsrechts hat der Bundesgesetzgeber insofern für eine umfassende gerichtliche Nachprüfung der tatbestandlichen Abwägung optiert.

5. Austauschbarkeit von Tatbestands- und Rechtsfolgenmodell

Als rechtsdogmatischer Schlusspunkt bleibt zudem festzuhalten: Sowohl im Ausweisungs- als auch im TK-Recht erhärtet sich die bereits allgemein hergeleitete These,[380] dass Tatbestands- und Rechtsfolgenmodell rechtstechnisch weitgehend austauschbar sind.

Im TK-Regulierungsrecht bezeugt die Figur des Regulierungsermessens, dass es einer Verschmelzung beider Modelle bedarf, um dem als einheitlich verstandenen Vorgang von Ermessensausübung und Abwägung überhaupt konzeptionell Rechnung tragen zu können.[381] Eine solche Verschmelzung ist aber nur denkbar, wenn sich die beiden Modelle nicht kategorial, sondern allenfalls graduell unterscheiden. Auch wenn das BVerwG in seiner jüngeren Rechtsprechung zu erkennen gibt, die überkommenen Spielraumkategorien und insbesondere die Unterscheidung zwischen Beurteilungsspielraum und Ermessen begrifflich nicht aufzugeben, räumt es doch offen ein, dass diese Unterschiede eher begrifflich tradiert als konzeptionell folgenreich sind.[382]

Im Ausweisungsrecht illustrieren die Spielraummetamorphosen der vergangenen Jahre – im Besonderen die mehrebenenspezifische Ausdehnung der Ermessensausweisung sowie ihre Ablösung durch das Modell tatbestandlicher Abwägung – die weitgehende Austauschbarkeit von rechtsfolgenseitigem und tatbestandlichem Spielraummodell. Zwar verbleiben verfahrensrechtliche Unterschiede. Diese sind in der Gesamtschau jedoch weitaus geringer als es die in Deutschland rechtsdogmatisch tradierte Dichotomie von rechtsfolgenseitigem Ermessen und tatbestandlichem Beurteilungsspielraum erwarten ließe. Entgegen des ersten Eindrucks, der Bundesgesetzgeber habe den *von Kirchmann*'schen Federstrich zur Hand genommen und das Ausweisungsrecht zum Jahr 2016 durch die Ersetzung des rechtsfolgeseitigen Ausweisungsermessens durch ein tatbestandliches Abwägungsmodell grundlegend umgestaltet, ist das Bild vielmehr von Kontinuität bestimmt.

---

380 S. 23 ff.

381 Zusammenfassend BVerwG, Beschl. v. 5.5.2014, 6 B 47/13, NVwZ 2014, 1034, Rn. 9 (juris).

382 BVerwG, Urt. v. 23.11.2011, 6 C 11/10, NVwZ 2012, 1047, Rn. 38 (juris).

§ 6 Spielraumausfüllung zwischen föderativer Ent- und Verkopplung

Die Spielraumausfüllung im Mehrebenensystem bewegt sich in einem Spannungsfeld zwischen föderativer Ent- und Verkopplung. So ist die Verwaltung unter bestimmten Bedingungen verpflichtet, die ihr verliehene Kompetenz zur (letztverbindlichen) Rechtskonkretisierung im Zusammenwirken mit Verwaltungseinheiten überstaatlicher Organisationen oder anderer Staaten auszuüben. Umgekehrt bestehen mitunter föderativ motivierte Vorgaben, die Verwaltung bei der Rechtskonkretisierung dem Zugriff bestimmter Organe zu entziehen und sie solchermaßen von dem politischen Kräftefeld einer bestimmten Ebene, insbesondere der nationalen, abzuschirmen. (dazu I.).

Die Problematik administrativer Entkopplung bei der Spielraumausfüllung lässt sich dabei besonders anschaulich anhand des Regulierungsrechts illustrieren. Hier unterliegt die nationale Regulierungsverwaltung weitreichenden völkerrechtlichen und unionsrechtlichen Unabhängigkeitserfordernissen, die auf eine Entkopplung der Regulierungsverwaltung sowohl von den marktbeherrschenden Unternehmen als auch – gewichtiger – vom politischen Prozess der nationalen Ebene abzielen (dazu II.).

Umgekehrt zeichnet sich die Spielraumausfüllung im Mehrebenensystem gerade dadurch aus, dass die Verwaltung für den Prozess der Rechtskonkretisierung mitunter in einen transnational wie supranational ausgreifenden Verbund administrativer Entscheidungsträger eingebunden ist. Auch hier liefert das Regulierungsrecht, gewissermaßen als zweite Seite derselben Medaille, ein prägnantes Beispiel dafür, wie die Verwaltung die ihr eingeräumten Entscheidungsspielräume in ebenenübergreifender Kooperation auszufüllen hat. Anhand des Migrationsrechts lassen sich wiederum die transnationalen Dimensionen der Spielraumausfüllung erkenntnisfördernd darstellen. Dies gilt für die behördlichen Beurteilungsspielräume im Visumrecht als Anwendungsfall migrationsrechtlicher Aufenthaltsbegründung ebenso wie für das Selbsteintrittsermessen im Rahmen des Dublin-Systems als Anschauungsbeispiel transnationaler Zuständigkeitsverteilung (dazu III.).

Darauf aufbauend lassen sich schließlich allgemeine Schlussfolgerungen über die föderativen Formen der Spielraumausfüllung als Modi kooperativer Rechtskonkretisierung im Mehrebenensystem ziehen (dazu IV.).

I. Problemaufriss: Föderative Spannungslagen bei der Spielraumausfüllung

Die Ausfüllung von Entscheidungsspielräumen durch die Verwaltung ist eine bestimmte Form der Rechtskonkretisierung, deren charakteristisches Merkmal in einer gesetzlich angeleiteten, aber nicht umfänglich determinierten Abwägung von Richtigkeitskriterien liegt.[1] Es bedarf eines schöpferischen, rechtproduktiven Zutuns der Verwaltung, das zwar auf Grundlage einer rechtsnormativen Ermächtigung ergehen und die rechtlich gezogenen Grenzen einhalten muss, durch das Recht aber nicht vollständig programmiert wird.[2] Die Einnahme der administrativen Handlungsperspektive ist für die Frage der Spielraumausfüllung deshalb von essenzieller Bedeutung.[3] Erst sie erlaubt es, die Spielraumproblematik in ihren Tiefen auszuleuchten und diskretionäres Verwaltungshandeln nicht auf eine bloße Kontrastfigur gegenüber gerichtlich kontrollierbarem Verwaltungshandeln zu reduzieren, sondern das rechtsschöpferische Moment administrativer Rechtsproduktion in den Blick zu nehmen.[4] Das gilt im Mehrebenensystem umso mehr, soweit die Verwaltung hier in einen ebenenübergreifenden Verbund kooperativer Rechtskonkretisierung eingebunden ist, der auf wechselseitigen Berücksichtigungspflichten beruht, deren Umsetzung nur aus Perspektive der rechtskonkretisierenden Verwaltung(en) verständlich wird.

Föderative Spannungslagen können bei der Spielraumausfüllung dort entstehen, wo die Verwaltung einer Ebene das Recht einer anderen Ebene oder mehrerer Ebenen vollzieht.[5] Besteht im Rahmen einer solchen „Ebenenkopplung"[6] die Gefahr, dass die behördliche Rechtskonkretisierung einseitig zugunsten bestimmter Belange erfolgt – im Binnenmarktbereich etwa durch eine Tendenz zur Bevorzugung heimischer Unternehmen –, sind geeignete Vorkeh-

---

[1] Vgl. *E. Schmidt-Aßmann*, Das allgemeine Verwaltungsrecht als Ordnungsidee, 2. Aufl. 2004, Kap. 4, Rn. 49; *E. Pache*, Tatbestandliche Abwägung und Beurteilungsspielraum, 2001, S. 490.

[2] *H. Ehmke*, „Ermessen" und „unbestimmter Rechtsbegriff" im Verwaltungsrecht, 1960, S. 40; *K. Stern*, Ermessen und unzulässige Ermessensausübung, 1964, S. 22; *M. Bullinger*, Das Ermessen der öffentlichen Verwaltung, JZ 1984, S. 1001 (1006); *M. Jestaedt*, Maßstäbe des Verwaltungshandelns, in: Ehlers/Pünder (Hrsg.), Allgemeines Verwaltungsrecht, 15. Aufl. 2016, § 11, Rn. 9.

[3] Vgl. *W. Hoffmann-Riem*, Eigenständigkeit der Verwaltung, in: Hoffmann-Riem/Schmidt-Aßmann/Voßkuhle (Hrsg.), GVwR I, 2. Aufl. 2012, § 10, Rn. 15. Bereichsübergreifend *A. Voßkuhle*, Neue Verwaltungsrechtswissenschaft, in: Hoffmann-Riem/Schmidt-Aßmann/Voßkuhle (Hrsg.), GVwR I, 2. Aufl. 2012, § 1, Rn. 15.

[4] Vgl. abermals *E. Schmidt-Aßmann*, Das allgemeine Verwaltungsrecht als Ordnungsidee, 2. Aufl. 2004, Kap. 4, Rn. 47.

[5] Die denkbaren Fallgestaltungen gehen hier weit über die klassische Konstellation des indirekten Vollzugs hinaus.

[6] *C. Möllers*, Gewaltengliederung, 2005, S. 331 ff.

rungen zu treffen, dieser ebeneninternen Voreingenommenheit bzw. Schieflage entgegenzuwirken. Vollzugsseitig fallen darunter zunächst allgemeine föderative Prinzipien wie die Grundsätze der Effektivität und der Äquivalenz.[7] Diese errichten aber allein verfahrensrechtliche Leitplanken und setzen stets den Bestand einer entsprechenden materiell-rechtlichen Rechtsposition voraus. In der Sache ist das Verwaltungshandeln daher auch in ebenenübergreifenden Konstellationen in erster Linie durch die entsprechende Ausgestaltung des materiellen Rechts durch den Gesetzgeber bzw. die rechtsetzenden Organe zu steuern. Für das Verhältnis von unionaler und nationaler Rechtsebene kann dies konkret bedeuten, dass der Unionsgesetzgeber durch Vorgabe präziser Determinanten das Handeln der vollziehenden nationalen Verwaltung bereits hinreichend vorsteuert.[8]

Soll das materielle Recht aber eine nur begrenze Steuerungskraft entfalten und die Verwaltung in gehobenem Maße zur letztverbindlichen Rechtskonkretisierung ermächtigt werden, greift dieser Ansatz ins Leere. Eine mögliche Antwort kann dann in der organisationsrechtlichen Ausgestaltung der Verwaltung liegen, infolge derer die Verwaltung von denjenigen Faktoren oder Einrichtungen entkoppelt wird, die den besagten ebenenspezifischen Bias verursachen oder befördern. Im Regulierungsrecht wird dies namentlich mit der ebenenübergreifend erhobenen Vorgabe politischer Unabhängigkeit bezweckt, mit der die Regulierungsverwaltung aus dem innerstaatlichen politischen Prozess herausgelöst werden soll. Indes durchbricht die politische Unabhängigkeit Zurechnungszusammenhänge gerade dann, wenn diese nach klassischer Konzeption gefordert werden. So weicht das ebenenübergreifend erhobene Unabhängigkeitserfordernis vom organisationsrechtlichen und legitimatorischen Grundmodell des grundgesetzlichen Verfassungsstaates ab und verleiht der Frage nach Art und Umfang demokratischer Legitimation der Verwaltung im öffentlichen Wirtschaftsrecht eine besondere Dringlichkeit.[9] Die Einrichtung unabhängi-

[7] Für den Bereich des TK-Rechts vgl. etwa EuGH, Urt. v. 19.9.2006, verb. Rs. C-392/04 u. C-422/04 – *i-21 Germany u. Arcor*, Rn. 57 ff.

[8] Dies ist dort am ehesten möglich, wo der Unionsgesetzgeber sowohl kompetenziell die Rechtsmacht als auch rechtspolitisch das Momentum hat, unmittelbar anwendbares und durch eine hohe Regelungsdichte gekennzeichnetes Recht zu erlassen. Im Bereich gestufter Rechtsetzung ist die Steuerung der nationalen Verwaltung durch das materielle Unionsrecht bereits strukturell limitiert.

[9] Zur Problematik *J. Masing*, Unabhängige Behörden und ihr Aufgabenprofil, in: ders./Marcou (Hrsg.), Unabhängige Regulierungsbehörden, 2010, S. 181 (197 ff.); *C. Franzius*, Die Bundesnetzagentur zwischen politischer Steuerung und gerichtlicher Kontrolle, DÖV 2013, S. 714 ff.; *M. Ludwigs*, Die Bundesnetzagentur auf dem Weg zur Independent Agency?, DV 44 (2011), S. 41 ff.; *M. Döhler*, Das Modell der unabhängigen Regulierungsbehörde im Kontext des deutschen Regierungs- und Verwaltungssystems, DV 34 (2001), S. 59 ff.; *T. Groß*, Ist die Wirtschaftskrise ein Katalysator für das Entstehen unabhängiger Behörden?, DV 2014, S. 197 (200 ff.); *S. Bredt*, Die demokratische Legitimation unabhängiger Institutionen, 2006, S. 89 ff., 122 ff., 151 ff.; *M. Pöcker*, Unabhängige Regulierungsbehörden und die Fortentwicklung des Demokratieprinzips, VerwArch 99 (2008), S. 388 ff.

ger Verwaltungseinheiten und die damit zusammenhängende Legitimationsproblematik stellen ein länder- und ebenenübergreifendes Phänomen dar.[10] Für den vorliegenden Kontext besonders aufschlussreich ist, dass die administrativen Verselbständigungsprozesse in Europa in besonderem Maße auf unionsrechtlich erhobene Entkopplungsvorgaben zurückgehen, die ihrerseits wiederum katalysierend auf rechtsvergleichende Rezeptionsprozesse wirken.[11]

Herausforderungen bringt dagegen auch die umgekehrte Konstellation in Gestalt einer föderativen Verkopplung der Verwaltung mit sich. Gleichfalls stellt sich hier die Frage nach Zurechnungszusammenhängen. Darüber hinaus ist zu klären, wie die Spielraumausfüllung als ebenenübergreifender Verbundakt konzipiert werden kann. Die klassischen Modelle des direkten und indirekten Vollzuges gelangen jedenfalls dort an ihre konzeptionellen Grenzen, wo die Verwaltung einer Ebene im kooperativen Zusammenwirken mit den Verwaltungen anderer Ebenen rechtskonkretisierend tätig wird. Im Regulierungsrecht gestaltet sich die ebenenübergreifende Verkopplung besonders weitreichend und komplex, weil hier supranationale und transnationale Kooperationsformen unmittelbar zusammenlaufen. Der europäische Regulierungsverbund zeitigt unmittelbare Auswirkungen auf die Art und Weise der Spielraumausfüllung.

Das Migrationsrecht wiederum hält Fallgestaltungen parat, in denen diskretionäres Verwaltungshandeln transnationale Folgewirkungen bewirkt. Hier geht es neben der Frage der ebenenübergreifenden Behördenkooperation im Stadium der Spielraumausfüllung auch um die transnationalen Rückkopplungen von Ermessensentscheidungen aus Perspektive ebenenfremder Verwaltungen. Spannungsfelder ergeben sich vor allen Dingen im grundrechtssensiblen Raum der Freiheit, der Sicherheit und des Rechts.

II. Entkopplung durch administrative Unabhängigkeit

Im Folgenden wird in einem ersten Schritt das Phänomen administrativer Unabhängigkeit als Form der Entkopplung der Verwaltung bei der Spielraumausfüllung im Mehrebenensystem beleuchtet.

---

[10] Rechtsvergleichend *M. Ruffert*, Verselbständigte Verwaltungseinheiten: Ein europäischer Megatrend im Vergleich, in: Trute/Groß/Möllers/Röhl (Hrsg.), Allgemeines Verwaltungsrecht – zur Tragfähigkeit eines Konzepts, 2008, S. 431 ff. Speziell für Frankreich *Y. Vilain*, Demokratische Legitimität und Verfassungsmäßigkeit unabhängiger Regulierungsbehörden, in: Masing/Marcou (Hrsg.), Unabhängige Regulierungsbehörden, 2010, S. 9 ff.

[11] Zur rechtsvergleichenden Dimension *S. Rose-Ackerman*, The Regulatory State, in: Rosenfeld/Sajó (Hrsg.), The Oxford Handbook of Comparative Constitutional Law, 2012, S. 671 (676 ff.); *O. Lepsius*, Regulierungsrecht in den USA: Vorläufer und Modell, in: Fehling/Ruffert (Hrsg.), Regulierungsrecht, 2010, § 1; *M. Schmoeckel*, Von den independent regulatory agencies zur Regulierungsbehörde, in: Kurth/Schmoeckel (Hrsg.), Regulierung im Telekommunikationssektor, 2012, S. 5 (24 ff.).

1. Behördliche Unabhängigkeit im Regulierungs- und Migrationsrecht

Die Entkopplung der Verwaltung durch die Vorgabe administrativer Unabhängigkeit ist ein in besonderem Maße das TK-Recht prägendes Rechtsproblem. Als Herzstück des unionsrechtlichen Regelungsrahmens verpflichtet die Rahmenrichtlinie (RRL) die EU-Mitgliedstaaten dazu, als operativen Arm der legislativ lediglich final gesteuerten Regulierung eine in ihren Wesensmerkmalen unionsrechtlich vorgezeichnete Regulierungsverwaltung vorzuhalten, die gleichermaßen von politischen Entscheidungsträgern wie marktbeherrschenden Unternehmen unabhängig sein soll.

Die Grundidee unabhängiger Regulierungsbehörden ist dem US-amerikanischen Konzept der *independent agencies* entlehnt, auch wenn die organisationsrechtliche Ausgestaltung der nationalen Regulierungsverwaltung in Europa hiervon in mehreren Punkten abweicht.[12] Innerhalb der EU geht ein nicht zu vernachlässigender Impuls ferner von dem Modell unabhängiger Verwaltungsbehörden des französischen Rechts aus.[13] Verselbständigungstendenzen sind indessen auch im deutschen öffentlichen Recht keineswegs ein neues Phänomen,[14] obgleich ihre Bedeutung dort in den vergangenen Jahren zugenommen hat. Im institutionellen Zentrum des deutschen TK-Regulierungsrechts steht die BNetzA, die gemäß § 1 S. 2 des Gesetzes über die Bundesnetzagentur (BEGTPG)[15] als Bundesoberbehörde im Geschäftsbereich des Bundesministeriums für Wirtschaft und Energie (BMWi)[16] ausgestaltet ist. Eine Aufspaltung der Regulierungszuständigkeiten zwischen Bund und Ländern und die daraus resultierenden Problemlagen[17] gibt es im TK-Bereich nicht.[18]

---

[12] Zu diesen Unterschieden *J. Masing*, Die US-amerikanische Tradition der Regulated Industries und die Herausbildung eines europäischen Regulierungsverwaltungsrechts, AöR 128 (2003), S. 558 (561 ff.).

[13] Zu diesen *G. Marcou*, Verwaltungsbehörden und die Einflussnahme der öffentlichen Hand, in: Masing/Marcou (Hrsg.), Unabhängige Regulierungsbehörden, Tübingen 2010, S. 99 (115 ff.) sowie speziell zum Problem ihrer demokratischen Legitimation *Y. Vilain*, Demokratische Legitimität und Verfassungsmäßigkeit unabhängiger Regulierungsbehörden, ebd., S. 9 (13 ff.).

[14] Grundlegend *G. F. Schuppert*, Die Erfüllung öffentlicher Aufgaben durch verselbständigte Verwaltungseinheiten, 1981; *ders.*, Verwaltungsorganisation und Verwaltungsorganisationsrecht als Steuerungsfaktoren, in: Hoffmann-Riem/Schmidt-Aßmann/Voßkuhle (Hrsg.), GVwR I, 2. Aufl. 2012, § 16, Rn. 72 ff., 96 ff. („Trabantisierung"); *H. Dreier*, Hierarchische Verwaltung im demokratischen Staat 1991, S. 296 ff.

[15] Gesetz über die Bundesnetzagentur für Elektrizität, Gas, Telekommunikation, Post und Eisenbahnen v. 7.7.2005, BGBl I 2005, 1970, 2009. Aufgrund der Unterschiede in den einzelnen Regulierungssektoren wäre freilich auch nicht zu erwarten gewesen, dass die Unabhängigkeit der BNetzA im BEGTPG vor die Klammer gezogen wird.

[16] Ehemals Bundesministerium für Wirtschaft und Technologie.

[17] Anders im Energiebereich, § 54 Abs. 2 EnWG. Zu den Schwierigkeiten *C. Schmidt*, Neustrukturierung der Bundesnetzagentur – Verfassungs- und verwaltungsrechtliche Probleme, NVwZ 2006, S. 907.

[18] Der TK-Bereich ist Gegenstand der ausschließlichen Gesetzgebungskompetenz des Bundes, Art. 73 Nr. 7, 2. Alt. GG.

Im Bereich der Migrationsverwaltung gibt es qualitativ vergleichbare Unabhängigkeitsvorgaben bislang nicht. Innerstaatlich gilt dies für die Ausländerbehörden auf Länder- bzw. Kommunalebene ebenso wie für das BAMF auf Bundesebene. Obwohl das BAMF und auch die BNetzA als Bundesoberbehörden ausgestaltet sind, unterscheiden sich beide grundlegend in puncto Unabhängigkeit. Im Gegensatz zur BNetzA wird für das BAMF insbesondere keine politische Unabhängigkeit eingefordert.[19] Im Übrigen finden sich im Bereich des Migrationsrechts auch auf Unionsebene keine Unabhängigkeitserfordernisse, die unter der hier eingenommenen Forschungsperspektive relevant würden. Zwar ist das European Asylum Support Office (EASO) seiner Rechtsform nach als Agentur ausgestaltet und damit, wie viele andere Agenturen, aus der Kommission ausgegliedert.[20] Außerdem stellt das zugrunde liegende Sekundärrecht die Unabhängigkeit des EASO mehrfach heraus.[21] Indes beschränken sich seine Aufgaben auf Unterstützung, Informationssammlung und Koordination. Bis dato ist auch die Eigenverantwortlichkeit des EASO bei der operativen Unterstützung der Mitgliedstaaten stark eingeschränkt.[22] Vor allem aber verfügt das EASO gemäß Art. 2 Abs. 6 VO 439/2010 nicht über Rechtsbefugnisse, die ihm einen materiellen Einfluss auf die Entscheidungen der mitgliedstaatlichen Asylverwaltung über Anträge auf internationalen Schutz sichern würden.

---

[19] Das BAMF ist eine Bundesoberbehörde im Geschäftsbereich des BMI. Das BMI bestellt den Leiter des BAMF und kann diesem Weisungen erteilen, wobei der Leiter seinerseits weisungsbefugt gegenüber den Bediensteten des BAMF ist, vgl. § 5 Abs. 2 und Abs. 4 S. 2 AsylG. Durch die Abschaffung der Weisungsfreiheit der Entscheider in Bezug auf die Entscheidungsfindung zum 1.9.2004 unterliegt der BAMF-Leiter insoweit keinen gegenständlichen oder inhaltlichen Einschränkungen mehr, vgl. *J. Bergmann*, in: Bergmann/Dienelt (Hrsg.), Ausländerrecht, 11. Aufl. 2016, § 5 AsylG, Rn. 9 u. 19f.

[20] Rechtsgrundlage ist die VO 439/2010, die ihrerseits auf Art. 74 u. Art. 78 Abs. 1 u. 2 AEUV gestützt ist.

[21] Vgl. insbesondere Art. 2 Abs. 4 VO 439/2010: „Das Unterstützungsbüro erfüllt seinen Auftrag unter Bedingungen, die es ihm ermöglichen, aufgrund seiner Unabhängigkeit, der fachlichen und technischen Qualität seiner Unterstützung und der von ihm verbreiteten Informationen, der Transparenz seiner Arbeitsweise und seiner Verfahren, seines Engagements bei der Wahrnehmung der ihm übertragenen Aufgaben sowie der für die Erfüllung seines Mandats erforderlichen IT-Ausstattung als Bezugspunkt zu dienen."

[22] Nach den Reformvorschlägen der Kommission v. 4.5.2016, COM(2016) 271 final, würde das EASO in eine europäische „Asylagentur" umgewandelt, die nach Art. 22 des Entwurfs auch auf eigene Initiative hin operative und technische Maßnahmen „organisieren und koordinieren" dürfte, wenn das Asylsystem eines Mitgliedstaates unter unverhältnismäßigem Druck steht. Ferner hätte die Kommission das Recht, qua Durchführungsrechtsakt bestimmte Maßnahmen der Agentur anzuordnen, wenn das mitgliedstaatliche Asylsystem so ineffektiv ist, dass das GEAS insgesamt gefährdet wird („Griechenland-Konstellation").

2. *Entscheidungsspielräume und Unabhängigkeit: Eine Verhältnisbestimmung*

Die Ausübung behördlicher Entscheidungsspielräume kann in einer besonderen Wechselwirkung zu Strukturen administrativer Entkopplung im Sinne einer Unabhängigkeit der Verwaltung stehen. Gleichwohl dürfen beide Rechtsinstitute – behördlicher Entscheidungsspielraum und administrative Unabhängigkeit – weder einander gleichgesetzt noch im Sinne einer Kausalbeziehung miteinander verknüpft werden. Das gibt Anlass zu einer Verhältnisbestimmung.

a) Schnittmengen

Administrative Entscheidungsspielräume können zunächst selbst als eine bestimmte Ausprägung von Unabhängigkeit verstanden werden, genauer: als eine sich sowohl gegenüber der Legislative als auch der Judikative manifestierende (relative) Unabhängigkeit bei der Rechtskonkretisierung.[23] Besteht ein Entscheidungsspielraum, ist die Verwaltung gesetzlich ermächtigt, ein in seiner Regelungsdichte begrenztes legislatives Normprogramm unter Heranziehung selbst gewählter Maßstäbe zu komplettieren. Dabei ist sie einer nur eingeschränkten gerichtlichen Kontrolle unterstellt. So gesehen begründet ein administrativer Entscheidungsspielraum eine „doppelte", weil sich in zwei Rechtsverhältnissen entfaltende Unabhängigkeit – nämlich sowohl gegenüber der Legislative als auch gegenüber der Judikative.[24] Treffender, weil dem Selbststand der Verwaltung bei der Rechtskonkretisierung angemessener Rechnung tragend, sind allerdings die Begriffe der *Eigenständigkeit* bzw. *Autonomie*.[25]

b) Unterschiede

Jenseits dieser Schnittmengen sind behördliche Entscheidungsspielräume und administrative Unabhängigkeit aber konzeptionell auseinanderzuhalten. So ist der Begriff der Unabhängigkeit wesentlich weiter und unspezifischer gefasst als der des Entscheidungsspielraums. Während letzterer allein eine administrative Letztkonkretisierungsbefugnis bezeichnet, erstreckt sich der Unabhängigkeitsbegriff auf die Entkopplung von Rechtfertigungs- und Verantwortungszusammenhängen ebenso wie auf Independenzen institutioneller, prozeduraler, personeller und ressourcenbezogener Art. Ist die Verwaltung „unabhängig", heißt dies noch nicht zwingend, dass ihr in der fraglichen Angelegenheit ein Entscheidungsspielraum zusteht. Steht ihr umgekehrt ein solcher zu, lassen sich daraus nur eingeschränkt Rückschlüsse auf Art und Umfang ihrer Unabhängigkeit ziehen.

---

[23] Da rechtsnormative Grundlage des Spielraums das Gesetz ist, besteht hinsichtlich des rechtlichen Fundaments freilich immer eine „Abhängigkeit" von der Legislative.

[24] So *M. Bullinger*, Das Ermessen der öffentlichen Verwaltung, JZ 1984, S. 1001.

[25] Die freilich immer nur eine relative sein kann.

Ferner bezieht sich das Konzept administrativer Unabhängigkeit gerade auch auf Rechtsbeziehungen der Verwaltung zu anderen Akteuren als der Legislative und der Judikative. So zielt die administrative Unabhängigkeit im TK-Regulierungsrecht, wie sogleich näher zu zeigen ist, auf die Separierung der Regulierungsbehörden von den marktbeherrschenden Unternehmen (funktionelle Unabhängigkeit) sowie die Entkopplung der Regulierer von der politischen Leitungsebene der Gubernative (politische Unabhängigkeit) ab.[26] Freilich bestehen auch unter diesem Blickwinkel wiederum bedeutende Querbezüge zum Rechtsinstitut des Entscheidungsspielraumes. Denn infolge der politischen Unabhängigkeit der Regulierungsbehörden ist es der nationalen Ministerialverwaltung grundsätzlich verwehrt, im Wege der Weisung auf den Prozess der administrativen Spielraumausfüllung politisch Einfluss zu nehmen, was im TK-Regulierungsrecht vor allem beim Erlass von Regulierungsverfügungen relevant wird. Sind die Spitzen der Gubernative ihrerseits unmittelbar dem Parlament verantwortlich, wie dies in Deutschland der Fall ist,[27] fordert eine solche – im TK-Recht allerdings nicht unbedingte[28] – Weisungsfreiheit der Regulierungsverwaltung das klassische Modell der demokratischen Rückbindung der Verwaltung an das Parlament heraus. Die politische Unabhängigkeit steht folglich im Zentrum der Diskussion um die zulässige Reichweite administrativer Verselbständigung, auf die sogleich zurückzukommen ist.[29]

Auch im besonders vielschichtigen Verhältnis von Verwaltung und Gesetzgeber[30] verbleibt ein zentraler Unterschied zwischen behördlichen Entscheidungsspielräumen und administrativer Unabhängigkeit: Während die Einräumung eines behördlichen Entscheidungsspielraums aus Sicht der rechtsetzenden Organe[31] einen partiellen Verzicht auf die rechtliche Vorstrukturierung des Verwaltungshandelns bedeutet (bzw. Ausdruck ihrer sachlichen Unmöglichkeit

---

[26] Vgl. Art. 3 Abs. 2–3a RRL. Zu den unterschiedlichen Facetten der Unabhängigkeit siehe *K. Oertel*, Die Unabhängigkeit der Regulierungsbehörde nach §§ 66 ff. TKG, 2000, S. 104 ff. und 187 ff.; *T. Mayen*, Verwaltung durch unabhängige Einrichtungen, DÖV 2004, S. 45 ff.; *M. Ruffert/C. Schmidt*, in: Säcker (Hrsg.), TKG, 3. Aufl. 2013, § 116 TKG, Rn. 13 ff.; *T. Attendorn/M. Geppert*, in: Geppert/Schütz (Hrsg.), TKG, 4. Aufl. 2013, § 116, Rn. 17 f.

[27] In einem semi-präsidentiellen System, wie insbesondere dem französischen, ist die Lage mitunter komplexer, vgl. *Y. Vilain/M. Wendel*, Parlament – Präsident – Regierung, in: Marsch/Vilain/Wendel (Hrsg.), Französisches und Deutsches Verfassungsrecht, 2015, § 4, Rn. 175 ff.

[28] Art. 3 Abs. 3a S. 2 RRL lässt aber explizit eine Aufsicht im Einklang mit nationalem Verfassungsrecht zu.

[29] Vgl. S. 274 ff.

[30] Dazu ideengeschichtlich *K. Loewenstein*, The Balance between Legislative and Executive Power: A Study in Comparative Constitutional Law, U.Chi.L.Rev. 5 (1938), S. 566 (578 ff.). Für das Staatsrecht der Bundesrepublik klassisch *K. Vogel*, Gesetzgeber und Verwaltung, VVDStRL 24 (1966), S. 125 ff.; *R. Herzog*, Gesetzgeber und Verwaltung, ebd., S. 183 ff.

[31] Was insbesondere das Parlament, aber auch die Gubernative oder exekutivföderale Organe wie der Bundesrat sein können. Für die Bedeutung der Gubernative als rechtssetzendes Organ s. rechtsvergleichend *A. v. Bogdandy*, Gubernative Rechtsetzung, 2000, S. 261 ff. sowie speziell für den Abgleich von Frankreich und Deutschland *N. Marsch*, Rechtsetzung, in:

ist), führt die politische Unabhängigkeit der Verwaltung im Kern zu einer Minderung bzw. einem Erlöschen des politischen Einflusses der ihrerseits parlamentarisch verantwortlichen Ministerialspitzen. Darin muss freilich, dies sei bereits vorausgeschickt, keine Verletzung des (nationalen) Demokratieprinzips liegen, sofern anderweitig ein substantieller Zurechnungszusammenhang in rechtsförmiger und nicht lediglich gewillkürter Weise hergestellt werden kann.

c) Komplementarität, keine Konditionalität

Im Übrigen können trotz aller kategorialen Unterschiede dieselben Sachgründe gleichermaßen für die Schaffung administrativer Unabhängigkeit wie für die Zuerkennung behördlicher Entscheidungsspielräume streiten.[32] Dies gilt namentlich im Hinblick auf den im Regulierungsrecht so zentralen Gestaltungsauftrag der im ebenenübergreifenden Verbund wirkenden Regulierungsverwaltung. Hier stehen behördliche Entscheidungsspielräume und administrative Unabhängigkeit in einem Verhältnis der Komplementarität: Sie ergänzen und verstärken sich wechselseitig im Hinblick auf die Verwirklichung des Gestaltungsauftrags der Regulierungsverwaltung. Allerdings besteht ein solcher Zusammenhang zwischen Unabhängigkeit und Entscheidungsspielräumen wiederum nicht generell. Vor allem geht die Wechselbeziehung nicht so weit, dass man von einer Konditionalität sprechen könnte. Administrative Unabhängigkeit und behördliche Entscheidungsspielräume bedingen sich nicht gegenseitig. Weder kann aus einem Unabhängigkeitserfordernis die Notwendigkeit eines Entscheidungsspielraumes abgeleitet werden, noch folgen aus einem Entscheidungsspielraum Formen der Unabhängigkeit jenseits der spielraumbedingten Autonomie bei der Rechtskonkretisierung. Auch im Negativen sind beide Konzepte nicht konditional miteinander verknüpft. Insbesondere ist behördliche Unabhängigkeit in legitimatorischer Hinsicht nicht pauschal als kompensationsbedürftig anzusehen, ist also nicht generell durch eine erhöhte rechtliche Regelungs- und Kontrolldichte aufzuwiegen.[33]

d) Legislative Grundentscheidung

Die genaue Festlegung von Art und Umfang behördlicher Autonomie obliegt letztlich dem Gesetzgeber auf nationaler und/oder unionaler Ebene. Steht zu entscheiden, ob ein administrativer Entscheidungsspielraum vorliegt, ist dem-

---

Marsch/Vilain/Wendel (Hrsg.), Französisches und Deutsches Verfassungsrecht, 2015, § 5, Rn. 13 ff.

[32] Zu diesem Befund vgl. *M. Eifert*, Gerichtliche Kontrolle der Entscheidungen der Bundesnetzagentur, ZHR 174 (2010), S. 449 (453 f., dort Fn. 24).

[33] Aus dem Demokratieprinzip lassen sich keine generalisierten Rückschlüsse auf die Frage der Kontrolldichte ziehen, vgl. *C. Möllers*, Materielles Recht – Verfahrensrecht – Organisationsrecht, in: Trute/Groß/Möllers/Röhl (Hrsg.), Allgemeines Verwaltungsrecht – zur Tragfähigkeit eines Konzepts, 2008, S. 489 (508).

entsprechend bei der Auslegung des einschlägigen Rechts zu berücksichtigen, dass aus der Entscheidung des Gesetzgebers für administrative Unabhängigkeit für sich allein genommen noch nicht auf eine normative Ermächtigung für einen Entscheidungsspielraum geschlossen werden darf. *Behördliche Unabhängigkeit allein vermag die Annahme eines Entscheidungsspielraumes nicht zu begründen.* Es bedarf vielmehr weiterer Anhaltspunkte und vom Gesetzgeber zum Ausdruck gebrachter Sachgründe für eine administrative Letztkonkretisierungsbefugnis.

Das wird durch die Rechtspraxis bestätigt. Im Mutterland des modernen Regulierungsrechts, den USA, lässt sich ein unmittelbarer (Kausal-)Zusammenhang zwischen administrativer Unabhängigkeit und behördlichen Entscheidungsspielräumen eben nicht herstellen.[34] Auch der EuGH leitet administrative Entscheidungsspielräume nicht primär aus Unabhängigkeitserfordernissen ab, sondern bezieht sich in erster Linie auf das konkrete Regelungsarrangement des Unionsgesetzgebers bzw. des Primärrechts. Dies gilt sowohl im Hinblick auf unabhängige Stellen bzw. Organe auf EU-Ebene[35] als auch in Bezug auf unabhängige Verwaltungsbehörden auf nationaler Ebene.[36] Auch das BVerwG stützt die Annahme administrativer Entscheidungsspielräume nicht auf die funktionelle oder politische Unabhängigkeit der BNetzA, sondern auf gesetzlich manifestierte Sachgründe.[37] Diese sind indes nicht als Rechtfertigung einer Abweichung von einem vermeintlichen Normalfall legislativer Feinstrukturierung und gerichtlicher Vollkontrolle, sondern als genuiner Ausdruck einer Ausgestaltung des betreffenden Regelungsbereichs durch den Gesetzgeber der verschiedenen Ebenen zu verstehen.

---

[34] Vgl. *J. Oster*, Normative Ermächtigungen im Regulierungsrecht, 2010, S. 140.

[35] So in Bezug auf die EZB EuGH, Urt. v. 16.6.2015, Rs. C-62/14 – *Gauweiler u. a.*, Rn. 68 unter Hinweis darauf, dass die EZB „Entscheidungen technischer Natur treffen und komplexe Prognosen und Beurteilungen vornehmen muss". Gemäß Art. 13 Abs. 1 UAbs. 2 EUV genießt die EZB Organstatus.

[36] EuGH, Urt. v. 3.12.2009, Rs. C424/07 – *Kommission/Deutschland (Neue Märkte)*, Rn. 53–61, 74–78 u. 89–93 in Bezug auf den unzulässigen Übergriff des nationalen Gesetzgebers in die unionsrechtlich begründeten Verwaltungsspielräume der nationalen Regulierungsbehörden. Der EuGH äußert sich dabei nicht unmittelbar zur gerichtlichen Kontrolldichte, sondern spricht den nationalen Gesetzgeber an. Diesem ist es unionsrechtlich untersagt, die Gestaltungsbefugnisse, die der Unionsgesetzgeber den nationalen Regulierungsbehörden übertragen hat, durch eine legislative Vorstrukturierung zu verengen. Dies schlägt dann freilich auf die Kontrolldichte durch, soweit determinationskräftige Rechtsmaßstäbe auf Ebene des gerichtlich kontrollierbaren Gesetzesrechts zugunsten administrativer Gestaltungsfreiheit verhindert werden, vgl. *M. Eifert*, Gerichtliche Kontrolle der Entscheidungen der Bundesnetzagentur, ZHR 174 (2010), S. 449 (456).

[37] Grundlegend BVerwG, Urt. v. 2.4.2008, 6 C 15/07, BVerwGE 131, 41, Rn. 18 f. (juris), bestätigt durch BVerfG, Urt. v. 8.12.2011, 1 BvR 1932/08, NVwZ 2012, 694, Rn. 37 f. (juris).

3. Dimensionen der Entkopplung durch administrative Unabhängigkeit

Der Begriff der Unabhängigkeit ist ein organisationsrechtlicher Begriff, der sowohl kategorial als auch relational der Ausdifferenzierung bedarf. Kategorial kann zwischen funktioneller, politischer, personeller, prozeduraler und ressourcenbezogener Unabhängigkeit unterschieden werden.[38] Gewaltenrelational ist zu differenzieren zwischen dem Verhältnis der Behörde zu privaten Akteuren (wie insbesondere den marktbeherrschenden Unternehmen), anderen Verwaltungseinheiten, der Legislative und der Judikative. Dementsprechend vielschichtig kann die Entkopplung der Verwaltung qua Unabhängigkeit im Einzelnen ausgestaltet sein.

a) Funktionelle Unabhängigkeit

Die erste Entkopplungsdimension firmiert unter dem Begriff der funktionellen Unabhängigkeit und bezieht sich auf das Verhältnis des Regulierers zum Regulierungsadressat, d.h. dem marktbeherrschenden Unternehmen. Im Regulierungsrecht meint funktionelle Unabhängigkeit in erster Linie die Trennung der regulatorisch-hoheitlichen von der betrieblich-unternehmensbezogenen Tätigkeit.[39] Relevant wird dies, wenn die Mitgliedstaaten noch ganz oder teilweise an den jeweils marktbeherrschenden Unternehmen beteiligt sind. Funktionelle Unabhängigkeit und institutionelle Trennung von Regulierungsbehörde und TK-Dienstleister gehen insoweit Hand in Hand.[40] Für die regulierungsrechtliche Zielstellung der Wettbewerbsermöglichung in einem dysfunktionalen, weil ursprünglich monopolgeprägten Marktumfeld ist diese Form der Entkopplung auf nationaler Ebene schlechthin essenziell. Das Unabhängigkeitserfordernis dient hier der Vermeidung innerstaatlicher Interessenkonflikte zwischen den konfligierenden Gemeinwohlbelangen der finanziellen Wertschöpfung (Staat als Wirtschaftssubjekt)[41] und der wettbewerbserzwingenden, marktgestaltenden Regulierung (Staat als Regulierer).[42] Gerade weil das Regulierungsrecht in

---

[38] Wie hier *M. Ruffert/C. Schmidt*, in: Säcker (Hrsg.), TKG, 3. Aufl. 2013, § 116 TKG, Rn. 9ff.; *T. Attendorn/M. Geppert*, in: Geppert/Schütz (Hrsg.), TKG, 4. Aufl. 2013, § 116, Rn. 18; *T. Fademrecht/T. Fetzer*, in: Arndt u.a. (Hrsg.), TKG, 2. Aufl. 2015, § 116, Rn. 8ff. Leicht abweichende Kategorisierung demgegenüber bei *K. Oertel*, Die Unabhängigkeit der Regulierungsbehörde nach §§ 66ff. TKG, 2000, S. 155ff. u. 187ff., der auf erster Ebene zwischen politischer und funktioneller Unabhängigkeit trennt und letzterer auf zweiter Ebene die institutionelle, personelle und verfahrensrechtliche zuordnet.

[39] Vgl. *K. Oertel*, Die Unabhängigkeit der Regulierungsbehörde nach §§ 66ff. TKG, 2000, S. 104.

[40] *T. Attendorn/M. Geppert*, in: Geppert/Schütz (Hrsg.), TKG, 4. Aufl. 2013, § 116, Rn. 17f.

[41] Die ihrerseits wieder mit dem Demokratieprinzip in Konflikt geraten können, vgl. *H. Gersdorf*, Öffentliche Unternehmen im Spannungsfeld zwischen Demokratie und Wirtschaftlichkeitsprinzip 2000, S. 476ff.

[42] *J. Masing*, Unabhängige Behörden und ihr Aufgabenprofil, in: ders./Marcou (Hrsg.), Unabhängige Regulierungsbehörden, 2010, S. 181 (197f.).

intensivem Maße durch behördliche Gestaltungsspielräume geprägt ist und in wesentlichen Bereichen allein einer final strukturierten Vorsteuerung durch die Legislative unterliegt, ist das Erfordernis funktioneller Unabhängigkeit als Strukturbedingung so bedeutsam. Die dem Regulierungsauftrag gegenläufigen Interessen, etwa die finanzielle Wertschöpfung, sollen nicht in die Ausübung der regulatorischen Gestaltungsbefugnisse hineinwirken.

Rechtsnormativ findet die funktionelle Unabhängigkeit ihre Grundlage auf allen drei Rechtsebenen. Völkerrechtlich besteht über das Basistelekommunikationsabkommen im Rahmen des GATS eine Verpflichtung der EU und ihrer Mitgliedstaaten zur Errichtung funktionell unabhängiger Regulierungsbehörden.[43] Auf Ebene des Unionsrechts hatte der EuGH ein allgemeines Trennungsgebot bereits den Vorgängern der heutigen Art. 102 u. 106 AEUV entnommen.[44] Konkretisiert wurde das Unabhängigkeitserfordernis sodann aber vor allem sekundärrechtlich. So ordnet die Rahmenrichtlinie (RRL) in ihrem Art. 3 Abs. 2 S. 1 ausdrücklich an, dass die nationalen Regulierungsbehörden „rechtlich und funktional" von allen Geräte- Netz- und Diensteanbietern unabhängig gestellt werden müssen. Für den Fall einer staatlichen Unternehmensbeteiligung verlangt Art. 3 Abs. 2 S. 2 RRL ferner eine „wirksame strukturelle Trennung" von hoheitlicher und erwerbswirtschaftlicher Tätigkeit.[45] Innerstaatlich ist schließlich Art. 87f GG die Schlüsselnorm.[46] Sie normiert nicht nur das regulierungsrechtlich grundlegende Privatisierungsgebot,[47] sondern erteilt daran anknüpfend einen „Wettbewerbsherstellungsauftrag".[48] Darin enthalten ist das Erfordernis funktioneller Unabhängigkeit im Sinne der Trennung von Regulierungs- und Betreiberfunktion.[49] Folglich greifen alle drei Rechtsebenen mit Blick auf die funktionelle Unabhängigkeit ineinanderand.

---

[43] Vgl. bereits S. 154 f.

[44] So untersagte es der EuGH den Mitgliedstaaten, einer Gesellschaft, die ein öffentliches Fernmeldenetz betreibt, „die Befugnis zu übertragen, Normen für Fernsprechgeräte zu erlassen und deren Einhaltung durch die Wirtschaftsteilnehmer zu überwachen, wenn diese Gesellschaft gleichzeitig auf dem Markt für diese Geräte im Wettbewerb mit den Wirtschaftsteilnehmern steht", EuGH, Urt. v. 13.12.1991, Rs. C-18/88 – *RTT/GB-Inno-BM*, Rn. 28.

[45] Was u.a. eine gesonderte Buchführung und Rechnungslegung voraussetzt, *M. Ruffert/C. Schmidt*, in: Säcker (Hrsg.), TKG, 3. Aufl. 2013, § 116 TKG, Rn. 13.

[46] Umfassend *H. Gersdorf*, in: v. Mangoldt/Klein/Starck (Hrsg.), GG III, 6. Aufl. 2010, Art. 87f, Rn. 1 ff.

[47] Dazu *M. Möstl*, in: Maunz/Dürig, GG, Art. 87f (60. EL 2010), Rn. 36 f.

[48] Vgl. *W. Wegmann*, Regulierte Marktöffnung in der Telekommunikation, 2001, S. 180; *J. Kühling*, Sektorspezifische Regulierung in den Netzwirtschaften, 2004, S. 576. Dies aufgreifend auch *T. Attendorn*, Die Regulierungsbehörde als freier Marktgestalter und Normsetzer?, 2008, S. 36.

[49] Überzeugend *K. Oertel*, Die Unabhängigkeit der Regulierungsbehörde nach §§ 66 ff. TKG, 2000, S. 108 ff.

b) Politische Unabhängigkeit

Abgesichert werden soll der regulatorische Gestaltungsauftrag der Verwaltung aber vor allem durch die politische Unabhängigkeit der Regulierer, d.h. ihre Entkopplung vom politischen Prozess und vom Interessenpartikularismus auf nationaler Ebene. Dementsprechend steht die politische Unabhängigkeit im Zentrum der anhaltenden Diskussion um die Unabhängigkeit der nationalen Regulierungsbehörden.[50] Zugleich ist sie unter dem Gesichtspunkt der Spielraumausfüllung die wichtigste Entkopplungsform des Regulierungsrechts, da sie die binnenhierarchische Rückbindung der Regulierungsverwaltung an die politische Leitungsebene der Gubernative durchbricht.

aa) Bedingte Weisungsfreiheit

Anders als die funktionelle Unabhängigkeit, wurde die Vorgabe politischer Unabhängigkeit unionsrechtlich erst in jüngerer Zeit ausdrücklich in den Kanon der TK-rechtlichen Grundsatznormen aufgenommen. Mit dem im Jahr 2009 eingeführten Art. 3 Abs. 3a S. 1 RRL verpflichtet das Unionsrecht die Mitgliedstaaten seither,[51] die Weisungsfreiheit der Regulierer sicherzustellen. Im Zusammenhang mit der laufenden Erfüllung ihrer Aufgaben dürfen die Regulierungsbehörden Weisungen einer anderen – privaten oder öffentlichen – Stelle weder einholen noch entgegennehmen. Erklärtes Ziel der Reform war es, durch das Entkopplungserfordernis die Effizienz der Regulierung zu erhöhen. Das nationale Recht solle gewährleisten, dass die Regulierer „vor äußerer Einflussnahme und politischem Druck" geschützt werden.[52] Zugleich gab der Unionsgesetzgeber ausdrücklich zu Protokoll, dass sich „nationale rechtssetzende Organe"[53] seiner Auffassung nach nicht als Regulierungsbehörden eignen.[54]

Mit der Vorgabe einer politisch unabhängigen Regulierungsverwaltung wird die innerstaatliche Gewaltenzuordnung in erheblichem Umfang ebenenüber-

[50] In Bezug auf die Reform des Jahres 2009 *M. Ludwigs*, Die Bundesnetzagentur auf dem Weg zur Independent Agency?, DV 44 (2011), S. 41 (42 ff.); *C. Franzius*, Die Bundesnetzagentur zwischen politischer Steuerung und gerichtlicher Kontrolle, DÖV 2013, S. 714 (715 ff.). Im Vorfeld des Reformprozesses bereits eingehend zum Problem *K. Oertel*, Die Unabhängigkeit der Regulierungsbehörde nach §§ 66 ff. TKG, 2000, S. 187 ff.; *M. Döhler*, Das Modell der unabhängigen Regulierungsbehörde im Kontext des deutschen Regierungs- und Verwaltungssystems, DV 34 (2001), S. 59 ff; *S. Bredt*, Die demokratische Legitimation unabhängiger Institutionen, 2006, S. 89 ff., 122 ff., 151 ff.; *J. Masing*, Die Regulierungsbehörde im Spannungsfeld von Unabhängigkeit und parlamentarischer Verantwortung, in: FS R. Schmidt, 2006, S. 521 ff.; *M. Pöcker*, Unabhängige Regulierungsbehörden und die Fortentwicklung des Demokratieprinzips, VerwArch 99 (2008), S. 388 ff.

[51] Die Umsetzungsfrist lief zum 25. Mai 2011 ab.

[52] Erwägungsgrund 13 der Änderungs-RL 2009/140.

[53] Was insbesondere das Parlament, aber auch die Gubernative oder exekutivföderale Organe wie der Bundesrat sein können.

[54] Erwägungsgrund 13 der Änderungs-RL 2009/140.

greifend durch das Unionsrecht vorgezeichnet. Gleichwohl hat es der deutsche Gesetzgeber entgegen der ausdrücklichen Empfehlung des Unionsgesetzgebers[55] vermieden, die Weisungsfreiheit der BNetzA explizit zu normieren.[56] Das allgemeine BEGTPG erweist sich unter diesem Gesichtspunkt als ebenso unergiebig wie das TKG. Letzteres setzt Befugnisse des BMWi zur Erteilung von Weisungen sogar voraus, wenn es in § 117 TKG eine Pflicht zu deren Veröffentlichung statuiert.

bb) Nationales Demokratieprinzip und föderative Öffnungsklausel

Die Vorgabe politischer Unabhängigkeit ist einer der zentralen Streitpunkte der Diskussion um Grund und Grenzen unabhängiger Verwaltungsbehörden. Das Gebot der politischen Entkopplung fordert das in Deutschland tradierte klassische Legitimationsmodell heraus.[57] Dieses will die demokratische Legitimation des Verwaltungshandelns in personell-organisatorischer Hinsicht durch eine ununterbrochene Legitimationskette der Organe bzw. Amtswalter und in sachlich-inhaltlich Hinsicht durch das parlamentarische Gesetz sowie die parlamentarische Verantwortlichkeit der weisungsbefugten Regierungsmitglieder bis hinab in die untersten Einheiten der hierarchisch strukturierten Verwaltung gewährleistet wissen.[58] Eine verfassungsrechtliche Spezialklausel, die den Bereich der Regulierungsverwaltung von den allgemeinen Grundsätzen ausnimmt, sieht das Grundgesetz nicht vor. Weder wird die Unabhängigkeit ausdrücklich verfassungsrechtlich legitimiert,[59] wie dies in Art. 88 S. 2 GG in Bezug auf die EZB erfolgt,[60] noch den Mitgliedern der Regulierungsverwaltung

---

55 Ebd.

56 Bereits vor der Reform des unionsrechtlichen Regelungsrahmens waren Existenz und Umfang der Weisungsfreiheit umstritten, vgl. *K. Oertel*, Die Unabhängigkeit der Regulierungsbehörde nach §§ 66 ff. TKG, 2000, S. 238 f. m. w. N.

57 Demokratiespezifische Herausforderungen bringt im Übrigen auch die Steuerung der (von der Regulierungsfunktion abgekoppelten) öffentlichen Unternehmen mit sich, vgl. *H. Gersdorf*, Öffentliche Unternehmen im Spannungsfeld zwischen Demokratie und Wirtschaftlichkeitsprinzip 2000, S. 476 ff.

58 Vgl. namentlich *E.-W. Böckenförde*, Demokratie als Verfassungsprinzip, in: Isensee/Kirchhof (Hrsg.), HStR II, 3. Aufl. 2004, § 24, Rn. 14 ff.; *W. Loschelder*, Weisungshierarchie und persönliche Verantwortung in der Exekutive, in: Isensee/Kirchhof (Hrsg.), HStR V, 3. Aufl. 2007, § 107; *B. Grzeszick*, in: Maunz/Dürig, GG, Art. 20 GG (57. EL 2010), Rn. 139 ff. Aus der Rechtsprechung s. BVerfG, Urt. v. 31.10.1990, 2 BvF 3/89, BVerfGE 83, 60 (66 ff.) – *Ausländerwahlrecht II*, Rn. 37 (juris); Urt. v. 24.5.1995, 2 BvF 1/92, BVerfGE 93, 37 (66) – *Personalvertretung*, Rn. 133 ff. (juris) sowie unter stärkerer Betonung der Offenheit des Demokratieprinzips BVerfG, Urt. v. 5.12.2002, 2 BvL 5/98, BVerfGE 107, 59 (91) – *Wasserverbände*, Rn. 143 (juris).

59 Für argumentative Ansätze, Art. 87f Abs. 2 i. V. m. Art. 143b Abs. 1 S. 1 GG ein „Distanzierungsgebot“ zu entnehmen vgl. *K. Oertel*, Die Unabhängigkeit der Regulierungsbehörde nach §§ 66 ff. TKG, 2000, S. 272 ff.

60 Der wesentliche normative Gehalt von Art. 88 S. 2 GG liegt neben der Ermächtigung zur Übertragung von Hoheitsrechten im Bereich der Währungspolitik (sachbereichsspezifi-

richterliche Unabhängigkeit verliehen, wie etwa den Angehörigen des Bundesrechnungshofes.[61]

Gleichwohl verletzt das unionsrechtliche Erfordernis der Weisungsfreiheit nicht das grundgesetzliche Demokratieprinzip.[62] Das folgt bereits aus der begrenzten Reichweite des Entkopplungsgebots. Das Unionsrecht verlangt keine unbedingte Weisungsfreiheit, sondern lässt in Art. 3 Abs. 3a S. 2 RRL ausdrücklich eine „Aufsicht im Einklang mit dem nationalen Verfassungsrecht" zu. Mit dieser Öffnungsklausel erteilt der Unionsgesetzgeber den Mitgliedstaaten zwar keinen Freibrief, gesteht ihnen aber – übrigens auf ausdrücklichen Wunsch Deutschlands hin[63] – einen föderativ-vielfaltswahrenden Spielraum in Bezug auf die Anwendung verfassungsrechtlich gebotener Aufsichtsverfahren zu. Die unionsrechtlichen Grenzen dieses Spielraums beginnen wiederum dort, wo die Regulierungsentscheidungen durch politische Einflussnahme beeinträchtigt, die nationalen Regulierungsbehörden also mit den Worten des Unionsgesetzgebers „an der *unabhängigen Beurteilung* der von ihnen bearbeiteten Angelegenheiten" gehindert werden könnten.[64]

Deshalb ist die in § 117 TKG vorausgesetzte Weisungsbefugnis des BMWi jedenfalls dahingehend unionsrechtskonform zu begrenzen, dass eine fachaufsichtliche Einflussnahme auf regulierungsrechtliche Entscheidungen ausgeschlossen ist.[65] Wo genau Art. 3 Abs. 3a S. 2 RRL die Grenze zieht, ist losgelöst

sche Integrationsermächtigung) in seiner Legitimationsfunktion mit Blick auf die politische Unabhängigkeit der EZB, vgl. *I. Pernice*, in: Dreier (Hrsg.), GG III, 2. Aufl. 2008, Art. 88 GG, Rn. 26. Bereits im *Maastricht*-Urteil hatte das BVerfG die Norm deshalb als eine – mit Art. 79 Abs. 3 GG vereinbare – Modifikation des Demokratieprinzips eingeordnet, deren Sachgrund in der „in der deutschen Rechtsordnung erprobten und, auch aus wissenschaftlicher Sicht, bewährten" Annahme liege, dass eine unabhängige Zentralbank den Geldwert eher sichert als die Politik, BVerfG, Urt. v. 12.10.1993, BVerfGE 89, 155 (208) – *Maastricht*, Rn. 154 (juris). An diese Rechtsprechung knüpft BVerfG, Urt. v. 21.6.2016, 2 BvR 2728/13 u.a. – *OMT (Endurteil)*, Rn. 189 (juris) an, verlangt aber kompensatorisch „eine restriktive Auslegung des währungspolitischen Mandates der Europäischen Zentralbank und eine strenge gerichtliche Kontrolle seiner Einhaltung, um das abgesenkte demokratische Legitimationsniveau ihres Handelns zumindest auf das unbedingt Erforderliche zu beschränken."

[61] Art. 114 Abs. 2 S. 1 GG, dazu *W. Heun*, in: Dreier (Hrsg.), GG III, 2. Aufl. 2008, Art. 114 GG, Rn. 21 f.

[62] So im Ergebnis auch *J.-P. Schneider*, Telekommunikation, in: Fehling/Ruffert (Hrsg.), Regulierungsrecht, 2010, § 8, Rn. 82 f.; *M. Ruffert/C. Schmidt*, in: Säcker (Hrsg.), TKG, 3. Aufl. 2013, § 116 TKG, Rn. 18 u. § 117 TKG, Rn. 3; *C. Franzius*, Die Bundesnetzagentur zwischen politischer Steuerung und gerichtlicher Kontrolle, DÖV 2013, S. 714 (715 f.) sowie – zumindest in der Tendenz – auch *M. Ludwigs*, Die Bundesnetzagentur auf dem Weg zur Independent Agency?, DV 44 (2011), S. 41 (54), dem das geforderte Legitimationsniveau als „insgesamt erreichbar" erscheint. A.A. *K.F. Gärditz*, Europäisches Regulierungsverwaltungsrecht auf Abwegen, AöR 135 (2010), S. 251 (283 ff.).

[63] Vgl. *J. Kühling*, Telekommunikationsrecht, in: Ruffert (Hrsg.), EnzEuR V – Europäisches Sektorales Wirtschaftsrecht, 2012, § 4, Rn. 56.

[64] Vgl. abermals Erwägungsgrund 13 der Änderungs-RL 2009/140 (Hervorh. hinzugefügt).

[65] So auch *M. Ruffert/C. Schmidt*, in: Säcker (Hrsg.), TKG, 3. Aufl. 2013, § 116 TKG, Rn. 18 sowie § 117 TKG, Rn. 3.

vom konkreten mitgliedstaatlichen Regelungskontext jedoch nur schwer bestimmbar. Die Norm lässt aber umgekehrt zumindest eine behördliche Rechtsaufsicht und u. U. auch regulierungsferne Maßnahmen der Fachaufsicht zu.[66] Einschränkend ist freilich darauf hinzuweisen, dass gemäß Art. 3 Abs. 3a S. 3 RRL allein unabhängige Beschwerdestellen i. S. d. Art. 4 RRL über die Rechtsmacht verfügen dürfen, einmal getroffene Entscheidungen der nationalen Regulierungsbehörden auszusetzen oder aufzuheben.[67]

Mit der Feststellung, dass eine dergestalt begrenzte Weisungsfreiheit nicht gegen das grundgesetzliche Demokratieprinzip verstößt, ist indes nicht gesagt, dass ein unionsrechtliches Entkopplungsgebot ohne föderative Öffnungsklausel mit Art. 20 Abs. 2 S. 1 u. 2 GG per se unvereinbar wäre. Denn die grundgesetzlichen Anforderungen an einen hinreichend wirksamen demokratischen Zurechnungszusammenhang lassen sich nicht allein auf die Vorgabe eines hierarchisch gestuften Entscheidungszuges mit parlamentarisch verantwortlichen und nach unten weisungsbefugten Ministerialspitzen reduzieren.[68] Einmal abgesehen davon, dass der Durchgriff der Top-Level-Verwaltung qua Weisung auf die Einzelfallentscheidung unter legitimationstheoretischen Gesichtspunkten sogar als Pathologie begriffen werden kann,[69] errichtet das Grundgesetz mit Art. 20 Abs. 2 S. 2 GG eine differenziertere und zugleich leistungsfähigere Legitimationsordnung als es die Reduktion auf das klassische Hierarchiemodell vermag. Diese Legitimationsordnung zeichnet die drei Gewalten als eigenständig, d. h. versehen mit je spezifischen Aufgaben, Handlungsinstrumenten und Leistungsprofilen vor.[70] Das Fehlen eines Elements wie des Weisungsrechts muss deshalb nicht zwingend ein verfassungsrechtlich bedenklicher Mangel sein. Die demokratische Rückbindung der Verwaltung muss dann über andere Mechanismen „konkret erfahrbar und praktisch wirksam"[71] gemacht werden.

---

[66] Ebd.

[67] In Deutschland sind dies die Verwaltungsgerichte, erstinstanzlich das VG Köln. Da eine behördliche Rechtsaufsicht regelmäßig bereits im Vorfeld des (außenwirksamen) Erlasses einer Regulierungsverfügung ansetzen würde, kann Art. 3 Abs. 3a S. 3 RRL aber nicht als Argument gegen die grundsätzliche Zulässigkeit einer behördlichen Rechtsaufsicht ins Feld geführt werden. So aber *M. Ludwigs*, Die Bundesnetzagentur auf dem Weg zur Independent Agency?, DV 44 (2011), S. 41 (46).

[68] Zu den Leistungsgrenzen des klassischen Modells vgl. bereits S. 91 ff. sowie insbesondere *T. Groß*, Das Kollegialprinzip in der Verwaltungsorganisation, 1999, S. 174 ff.; *C. D. Classen*, Demokratische Legitimation im offenen Rechtsstaat, 2009, S. 9 ff.

[69] *C. Möllers*, Gewaltengliederung, 2005, S. 113 unter Hinweis darauf, dass der Eingriff qua ministerialer Einzelweisung „eine individualisierte Entscheidung durch eine allgemein demokratisch verantwortliche Ebene dar[stellt], die die funktional geforderte stufenweise Konkretisierungsleistung gerade überspringt".

[70] *H.-H. Trute*, Die demokratische Legitimation der Verwaltung, in: Hoffmann-Riem/Schmidt-Aßmann/Voßkuhle (Hrsg.), GVwR I, 2. Aufl. 2012, § 6, Rn. 30 ff.

[71] BVerfG, Urt. v. 5.12.2002, 2 BvL 5/98, BVerfGE 107, 59 (91) – *Wasserverbände*, Rn. 143 (juris).

Im TK-Regulierungsrecht zählen jenseits der zulässigen Rechtsaufsicht (und ggf. regulierungsfernen Weisungen) hierzu u.a. die Berichtspflichten gemäß § 122 Abs. 1 TKG, der Vorhabenplan auf Grundlage von § 122 Abs. 2 TKG und insbesondere auch die Einwirkungsmöglichkeiten des paritätisch aus Mitgliedern von Bundestag und Bundesrat besetzten Beirates[72] nach § 120 TKG.[73] Ferner kann in Anlehnung an das anglo-amerikanische, zunehmend aber auch unional zum Tragen kommende Konzept der *accountability*[74] eine „Legitimation durch Verantwortlichkeit" bewirkt werden.[75] Mit Blick auf die BNetzA kann über die Kontrollfunktionen des Beirates hinaus vor allem an eine verstärkte Kontrolle durch einen Bundestagsausschuss gedacht werden.[76] Eine solche parlamentarische Ex-post-Kontrolle[77] wird durch den Grundsatz der Weisungsfreiheit gerade nicht ausgeschlossen.[78] Auch der EuGH weist in seiner Rechtsprechung zur Vereinbarkeit von Demokratieprinzip und unabhängigen Verwaltungsbehörden ausdrücklich auf die Möglichkeit einer parlamentarischen Kontrolle hin.[79]

cc) Unionales Demokratieprinzip und föderativer Schutzzweck

Wenn der EuGH betont, das Demokratieprinzip schließe unabhängige Verwaltungseinheiten außerhalb des klassischen hierarchischen Verwaltungsaufbaus nicht aus, ist dies eigens auf den *unionsrechtlichen* Grundsatz der repräsentativen Demokratie i.S.d. Art. 10 EUV in seiner Rückbindung an die gemeinsamen Verfassungsüberlieferungen der Mitgliedstaaten bezogen.[80] Die Rechtsprechung des EuGH erinnert in ihrem normativen Bezugspunkt daran, dass die

---

72 § 5 BEGTPG.

73 Vgl. *H.-H. Trute*, Die demokratische Legitimation der Verwaltung, in: Hoffmann-Riem/Schmidt-Aßmann/Voßkuhle (Hrsg.), GVwR I, 2. Aufl. 2012, § 6, Rn. 68.

74 Eingehend *C. Harlow*, Accountability in the European Union, 2002, S. 6ff.; *G. Majone*, Regulatory Legitimacy in the United States and the European Union, in: Nicolaidis/Howse (Hrsg.), The Federal Vision: Legitimacy and Levels of Governance in the United States and in the European Union, 2001, S. 252ff.; *D. Curtin*, Holding (Quasi-)Autonomous EU Administrative Actors to Public Account, ELJ 13 (2007), S. 523ff.; *M. Bovens*, Analysing and Assessing Accountability: A Conceptual Framework, ELJ 13 (2007), S. 447ff.

75 Im Einzelnen *T. Groß*, Die Legitimation der polyzentralen EU-Verwaltung, 2015, S. 102ff.

76 *M. Ludwigs*, Die Bundesnetzagentur auf dem Weg zur Independent Agency?, DV 44 (2011), S. 41 (52ff.).

77 Zu ihrer Legitimationsfunktion eingehend *J. Schmidt*, Die demokratische Legitimationsfunktion der parlamentarischen Kontrolle, 2007, S. 121ff.

78 Zutreffend bereits *W. Krebs*, Kontrolle in staatlichen Entscheidungsprozessen, 1984, S. 120ff.; *ders.*, Verwaltungsorganisation, in: Isensee/Kirchhof (Hrsg.), HStR V, 3. Aufl. 2007, § 108, Rn. 95; *J. Oebbecke*, Weisungs- und unterrichtungsfreie Räume, 1986, S. 102f. Anders noch *E. Klein*, Die verfassungsrechtliche Problematik des ministerialfreien Raumes, 1974, S. 37.

79 EuGH, Urt. v. 9.3.2010, Rs. C-518/07 – *Kommission/Deutschland (Kontrollstellen für Datenschutz)*, Rn. 40ff.

80 Ebd., Rn. 42.

Diskussion um die Verwaltungslegitimation im Mehrebenensystem nicht auf das innerstaatliche Demokratieprinzip verengt werden darf, sondern das unionale notwendig einzubeziehen hat.[81] Denn im Anwendungsbereich des Unionsrechts kommen die Vorgaben des unionalen Demokratieprinzips als Maßstab für die Ausübung öffentlicher Gewalt zur Anwendung – im Bereich eines Umsetzungsspielraums parallel zu den nationalen.[82]

Letztendlich findet das Entkopplungsgebot seinen sachlichen Grund auch in einem *föderativen Schutzzweck*: Die unionsrechtlich angeordnete politische Unabhängigkeit zielt darauf ab, die Regulierer speziell aus dem *innerstaatlichen* politischen Prozess herauszulösen. Sie sollen im Hinblick auf eine sachverständige Aufgabenerledigung nicht nur von allgemeinen tagespolitischen Einflüssen abgeschirmt werden,[83] die ggf. auf wahltaktischen Beweggründen beruhen oder Teil der Verhandlungsmasse in einem bereichsübergreifenden politischen Kräftespiel sind, in dem nicht selten mit „Paketlösungen" operiert wird. Es geht auch und gerade darum, die Regulierer von „situativ-standortbezogenen" Entscheidungen zu entkoppeln.[84] Das beruht auf der Einsicht, dass die wirtschaftspolitischen Vorgaben nationaler Gubernativen strukturbedingt zum Nationalen hin neigen werden, d.h. zur latenten Bevorzugung nationaler Unternehmen zu Lasten von unionsweitem Wettbewerb und Binnenmarkt. Hier wird deutlich, dass die politische Unabhängigkeit letztlich ein Instrument darstellt, den ebenenspezifischen (hier nationalen) Bias im Bereich eines diskretionär geprägten Gestaltungsauftrags der Verwaltung zurückzudrängen.

Die nationalen Regulierungsbehörden sind das zentrale Instrument einer im Kern supranational verantworteten Binnenmarkt- und Wettbewerbspolitik. Diese setzt auf den Gestaltungsauftrag der im ebenenübergreifenden Verbund wirkenden Verwaltung.[85] Trotz ihrer nationalen Rechtsförmigkeit sind die Regulierer funktional zu einem erheblichen Teil Behörden mit *europäischem Handlungsauftrag*. Die Europafunktion der Regulierungsverwaltung wird durch das unionsrechtliche Entkopplungsgebot abgesichert. Die Abschirmung der Regulierer von der innerstaatlichen Gubernative bzw. Ministerialverwaltung trägt zugleich zur europaweiten Kohärenz der Regulierung bei. Eine mit-

---

[81] Vgl. *M. Ruffert*, Die neue Unabhängigkeit: Zur demokratischen Legitimation von Agenturen im europäischen Verwaltungsrecht, in: FS Scheuing 2011, S. 399 (404 ff.). Allgemein in diesem Sinne auch *A. v. Bogdandy*, Supranationaler Föderalismus als Wirklichkeit und Idee einer neuen Herrschaftsform, 1999, S. 53 ff.; *M. Kotzur*, Die Demokratiedebatte in der deutschen Verfassungsrechtslehre, in: Bauer/Huber/Sommermann (Hrsg.), Demokratie in Europa, Tübingen 2005, S. 351 (371 f.).

[82] Dazu bereits S. 92 ff.

[83] Zu diesem gleichwohl wichtigen Aspekt *M. Eifert*, Gerichtliche Kontrolle der Entscheidungen der Bundesnetzagentur, ZHR 174 (2010), S. 449 (467).

[84] *C. Franzius*, Die Bundesnetzagentur zwischen politischer Steuerung und gerichtlicher Kontrolle, DÖV 2013, S. 714 (715).

[85] Vgl. bereits S. 164 f.

gliedstaatliche Verfahrensautonomie besteht hier schon deshalb nur höchst eingeschränkt, weil das Unionsrecht die Institutionenwahl in Gestalt einer unabhängigen Regulierungsverwaltung unmittelbar vorgibt.[86] Auch in verfahrensrechtlicher Hinsicht werden zentrale Vorkehrungen nicht den Mitgliedstaaten überlassen, sondern vom Unionsgesetzgeber selbst getroffen.[87]

c) Prozedurale, personelle und ressourcenbezogene Unabhängigkeit

Der Vollständigkeit halber sei noch kurz auf komplettierende Formen der Unabhängigkeit hingewiesen, die für die Funktionsfähigkeit der BNetzA von wichtiger Bedeutung sind, im vorliegenden Kontext aber keiner vertieften Erörterung bedürfen. Die *prozedurale* oder auch verfahrensmäßige Unabhängigkeit der BNetzA wird durch die Entscheidungsfindung in Beschlusskammern sichergestellt.[88] Dieser justizförmige Modus transformiert die Regulierungsverwaltung zwar nicht in eine justizäquivalente Behörde, verstärkt aber sowohl ihre Abkopplung vom tagespolitischen Geschäft als auch die funktionelle Trennung von den Unternehmen.[89] Auch die völkerrechtlich geforderte Unparteilichkeit[90] wird so letztlich gesichert. Inwieweit dem direkt durch die Bundesregierung benannten Präsidenten der BNetzA dabei ein in die Beschlusskammern hineinwirkendes, innerbehördliches Weisungsrecht zusteht, ist umstritten,[91] für die Frage eines hinreichenden demokratischen Legitimationsniveaus aber nicht entscheidend. Dieses kann selbst nach rein nationalen Maßstäben auch ohne behördeninternes Weisungsrecht des Präsidenten erreicht werden. Ferner muss die BNetzA auch in *personeller* Hinsicht unabhängig gegenüber den Unternehmen und der politischen Ebene sein, was insbesondere durch Inkompatibilitätsregeln (§ 4 BEGTPG) sichergestellt werden soll.[92] Schließlich ist auch die

---

[86] Ebd.

[87] Man denke etwa an das Art. 7/7a-Verfahren.

[88] Eingehend dazu *M. Bosman*, Die Beschlußkammern der Regulierungsbehörde für Telekommunikation und Post, 2003; *K. Oertel*, Die Unabhängigkeit der Regulierungsbehörde nach §§ 66 ff. TKG, 2000, S. 382 ff.

[89] *M. Ruffert/C. Schmidt*, in: Säcker (Hrsg.), TKG, 3. Aufl. 2013, § 116 TKG, Rn. 25.

[90] Ziffer 5 des Reference Paper, EG-ABl. v. 18.12.1997, L 347, S. 53, lautet: „Die Entscheidungen und Verfahren der regulierenden Stellen sind im Hinblick auf alle Marktteilnehmer unparteiisch."

[91] Bejahend – und damit zugleich ein erhöhtes Maß an personeller Legitimation annehmend – *M. Fehling*, Verwaltung zwischen Unparteilichkeit und Gestaltungsaufgabe, 2001, S. 277; *M. Ludwigs*, Die Bundesnetzagentur auf dem Weg zur Independent Agency?, DV 44 (2011), S. 41 (50); *C. Franzius*, Die Bundesnetzagentur zwischen politischer Steuerung und gerichtlicher Kontrolle, DÖV 2013, S. 714 (716). A. A. mit Blick auf das Kollegialitätsprinzip indes *H.-H. Trute*, in: ders./Spoerr/Bosch (Hrsg.), TKG, 2001, § 66, Rn. 19. Für einen differenzierten Ansatz vgl. *J. Masing*, Soll das Recht der Regulierungsverwaltung übergreifend geregelt werden?, DJT 66 (2006), Gutachten D, S. 96 ff.

[92] Vgl. *T. Attendorn/M. Geppert*, in: Geppert/Schütz (Hrsg.), TKG, 4. Aufl. 2013, § 116, Rn. 18.

ressourcenbezogene Unabhängigkeit zu gewährleisten. Art. 3 Abs. 3 und Abs. 3a UAbs. 3 RRL verpflichten die Mitgliedstaaten, die Regulierungsbehörden finanziell und personell so auszustatten, dass sie die ihnen übertragenen Aufgaben auch erfüllen können.

III. Verkopplung durch kooperative Rechtskonkretisierung

In einem zweiten Schritt ist nunmehr das gegenläufige Phänomen administrativer Verkopplung durch Formen kooperativer Rechtskonkretisierung bei der Spielraumausfüllung zu eruieren. Es wurde bereits gezeigt, dass sich die Verwaltungskooperation im europäischen Mehrebenensystem anhand verschiedener Grundmodelle typisieren lässt, wobei die Verflechtung sowohl in ihrem Grad skalierbar als auch in ihrem Ebenenbezug variabel ist.[93] Vertikale und horizontale Vollzugsformen können voneinander getrennt oder in kombinierter Form auftreten, bis hin zu Verbundstrukturen, in denen vertikale und horizontale Kopplungen zu einem funktionellen Ganzen verschmelzen. Während solche Verbundstrukturen ein Charakteristikum des TK-Regulierungsrechts sind, setzt das Migrationsrecht demgegenüber vor allem auf Formen horizontaler Kopplungen. Im Folgenden werden diese administrativen Verflechtungen indes nicht in allgemeiner Weise, sondern unter dem Blickwinkel ihrer konkreten Auswirkung auf die Ausübung diskretionären Verwaltungshandelns analysiert.

1. Modi kooperativer Spielraumausfüllung am Beispiel des Regulierungsverbundes

Im TK-Regulierungsrecht erfolgt eine intensive Verkopplung durch supranationale und transnationale Modi wechselseitiger Berücksichtigung und Einflussnahme, die über das Art. 7/7a-Verfahren zur Gesamtstruktur eines europäischen Regulierungsverbundes[94] verschmelzen. Diese intensive Verkopplung bildet das komplementäre Gegenstück zur Entkopplung vom politischen Prozess der nationalen Ebene. Aus der besonderen Kombination von ent- und verkoppelnden Elementen erwächst der Regulierungsverwaltung erst der ihr eigene Standort als funktionell gleichermaßen nationale und unionale Verwaltung im Mehrebenensystem.

---

[93] Vgl. S. 84 ff.

[94] Zum Begriff *H.-H. Trute*, Der europäische Regulierungsverbund in der Telekommunikation: ein neues Modell europäisierter Verwaltung, in: FS P. Selmer, 2004, S. 565 ff.; *K.-H. Ladeur/C. Möllers*, Der europäische Regulierungsverbund der Telekommunikation im deutschen Verwaltungsrecht, DVBl. 2005, S. 525 ff.; *G. Britz*, Vom Europäischen Verwaltungsverbund zum Regulierungsverbund?, EuR 2006, S. 46 (55 ff.).

a) Vertikale Verkopplung als föderative Grundform

Die im Rahmen eines föderativen Gebildes zunächst nahe liegende Kopplung bei der Spielraumausfüllung ist vertikaler Art. Die Rechtskonkretisierung verläuft dann deszendent von der in ihrem (territorialen) Anwendungsbereich am weitesten ausgreifenden Ebene zu den jeweils lokaleren Ebenen hin.

aa) Vertikale Konkretisierungsstufen

Durch eine vertikale Struktur kann innerhalb der Exekutive eine „von oben nach unten fortschreitende Konkretheit und Verrechtlichung exekutiver Rechtserzeugung“[95] erreicht werden.[96] Der vom Allgemeinen zum Konkreten fortschreitende Prozess der Rechtskonkretisierung lässt sich dann zugleich in einzelnen *Konkretisierungsstufen* abbilden. Versinnbildlicht kann man auch von einem Kaskadenmodell mit nach unten zunehmender Regelungsdichte sprechen. Darin liegt eine besondere Ausprägung des allgemein zu treffenden Befundes, dass Entscheidungsprobleme durch Verfahrensstufungen strukturiert werden können.[97] Konkretisierungsstufen sind ihrer Konzeption nach freilich von föderativen Rahmenbedingungen unabhängig und können auch innerhalb eines zentralistischen Systems gedacht werden. Eine spezifisch föderative Komponente erhält der Prozess exekutiver Rechtskonkretisierung aber dort, wo die einzelnen Konkretisierungsstufen auf unterschiedliche Rechtsebenen verteilt werden.

(1) Vertikale Vorstrukturierung mittleren Abstraktionsgrades

Klassisches Beispiel für Vorstrukturierungen auf der mittleren Konkretisierungsstufe zwischen Gesetz und Einzelentscheidung sind ermessensdirigierende Verwaltungsvorschriften.[98] Eine föderative Dimension kann hier aus Zustimmungsrechten an der exekutiven Rechtsproduktion folgen, wie sie im Bundesstaat grundgesetzlicher Prägung seit langem erprobt sind. So muss der Bundesrat auf Grundlage von Art. 84 Abs. 2 GG in einer Vielzahl von Fällen dem Erlass von Verwaltungsvorschriften durch die Bundesregierung zustimmen.[99] Vergleichbares gilt nach Art. 80 Abs. 2 GG für Rechtsverordnungen. Trotz der starken Rückkopplung an das jeweilige politische Machtgefüge in den

---

[95] *C. Möllers*, Gewaltengliederung, 2005, S. 113.

[96] Zur vertikalen Entscheidungsstufung vgl. allgemein auch *T. Siegel*, Entscheidungsfindung im Verwaltungsverbund, 2009, S. 367 ff.

[97] Für das TK-Recht *J.-P. Schneider*, Telekommunikation, in: Fehling/Ruffert (Hrsg.), Regulierungsrecht, 2010, § 8, Rn. 102 ff.

[98] Im Einzelnen *H. A. Wolff*, in: Sodan/Ziekow (Hrsg.), VwGO, 4. Aufl. 2014, § 114, Rn. 88 ff.; *M. Gerhardt*, in: Schoch/Schneider/Bier (Hrsg.), VwGO, § 114 (Grundwerk 1997), Rn. 22.

[99] Eingehend *G. Hermes*, in: Dreier (Hrsg.), GG III, 2. Aufl. 2008, Art. 84, Rn. 73 ff.; *F. Kirchhof*, in: Maunz/Dürig, GG, Art. 84 (61. EL 2011), Rn. 170 ff.

Ländern sowie die dortigen Ministerialbürokratien ist der Bundesrat seiner Struktur nach aber ein kollegiales Verfassungsorgan des Bundes und nicht etwa ein Organ der Länder zur gesamten Hand.[100] Über den Bundesrat werden die Länderinteressen also – aus Sicht des Bundes – *ebenenimmanent* mediatisiert.

Dagegen besteht ein charakteristisches Merkmal des europäischen Regulierungsverbundes namentlich darin, dass einzelne *Konkretisierungsstufen auf unterschiedliche Ebenen verteilt* werden. Eine Vorstrukturierung mittleren Abstraktionsgrades erfolgt dabei insbesondere durch die Europäische Kommission in Gestalt von Empfehlungen und Leitlinien. Im Bereich der Marktdefinition und -analyse ist die auf Art. 15 Abs. 1 RRL gestützte und unter Beachtung des Komitologieverfahrens nach Art. 22 Abs. 2 RRL zustande gekommene Kommissionsempfehlung über die relevanten „Produkt- und Dienstmärkte“ in der Praxis von herausragender Bedeutung.[101] Gemäß Art. 15 Abs. 3 RRL muss sie von den nationalen Regulierungsbehörden bei der Marktdefinition weitestgehend berücksichtigt werden. Hinzu kommen die auf Grundlage von Art. 15 Abs. 2 RRL erlassenen Leitlinien zur Marktanalyse und zur Bewertung beträchtlicher Marktmacht. Sie sollen die von der nationalen Regulierungsverwaltung bei der Marktanalyse heranzuziehenden Grundsätze näher umschreiben und sind gemäß Art. 15 Abs. 3 und Art. 16 Abs. 1 RRL bei Marktdefinition und -analyse ebenfalls weitestgehend zu berücksichtigen.[102]

Für den Bereich der Abhilfemaßnahmen ist Art. 19 RRL zentral. Basierend auf dieser Rechtsgrundlage kann die Kommission Empfehlungen „über die harmonisierte Anwendung“ der Rahmenrichtlinie und der Einzelrichtlinien erteilen, wenn sie der Auffassung ist, dass die Unterschiede bei der mitgliedstaatlichen Umsetzung des TK-rechtlichen Rechtsrahmens zu Binnenmarkthindernissen führen können. Für den Erlass solcher Harmonisierungsmaßnahmen findet gemäß Art. 19 Abs. 2 RRL das Komitologieverfahren nach Art. 22 Abs. 2 RRL Anwendung.[103] In der Praxis haben die Kommissionsempfehlungen im Bereich der Abhilfemaßnahmen zunehmend an Bedeutung gewonnen. Zu diesen „weichen“ Harmonisierungsmaßnahmen zählt beispielsweise die Empfehlung über die Regulierung der Festnetz- und Mobilfunk-Zustellungsentgelte.[104]

---

100 BVerfGE 106, 310 (330) – Zuwanderungsgesetz.

101 Eingehende empirische Analyse *A. Holdampf-Wendel/E. Elkettani*, in: Säcker (Hrsg.), TKG, 3. Aufl. 2013, Vor § 9, Rn. 35–142 (noch auf Basis der Empfehlung 2007).

102 Leitlinien der Kommission zur Marktanalyse und Ermittlung beträchtlicher Marktmacht nach dem gemeinsamen Rechtsrahmen für elektronische Kommunikationsnetze und -dienste (2002/C 165/03) EU-ABl. v. 11.7.2002, C 165/6.

103 Zu den Einzelheiten *J. Kühling*, Telekommunikationsrecht, in: Ruffert (Hrsg.), EnzEuR V – Europäisches Sektorales Wirtschaftsrecht, 2012, § 4, Rn. 78 f.

104 Empfehlung 2009/396 der Kommission über die Regulierung der Festnetz- und Mobilfunk-Zustellungsentgelte v. 7.5.2009. Hier ist allerdings für die zweite Jahreshälfte 2017 eine Entscheidung der Kommission geplant, vgl. https://ec.europa.eu/digital-single-market/en/news/commission-reports-public-consultation-termination-rates-recommendation (1.2.2017).

Sowohl die Empfehlungen als auch die Leitlinien der Kommission ziehen der Spielraumausfüllung durch die nationalen Regulierungsbehörden einen Rahmen mit ermessenslenkender Wirkung. Ihre primäre Zielrichtung liegt in der Herstellung eines Mindestmaßes an Kohärenz bei der Anwendung des TK-rechtlichen Rechtsrahmens durch die EU-Mitgliedstaaten. Erreicht werden soll eine Vereinheitlichung nicht nur in einem inneradministrativen, sondern in einem spezifisch föderativen Sinne. Wenn hier von Ermessensdirektiven die Rede ist, bedarf dies freilich einer Präzisierung: Weder die Empfehlungen noch die Leitlinien entfalten als Handlungsformen Rechtsverbindlichkeit.[105] Allerdings kommt ihnen über die qualifizierten Berücksichtigungspflichten eine Lenkungsfunktion zu, auf deren herausragenden Stellenwert sogleich im Kontext der ebenenübergreifenden Einwirkungsmodi zurückzukommen ist.

Die Vorstrukturierung mittlerer Abstraktion durch die Exekutive ist im europäischen Regulierungsverbund jedoch nicht allein der unionalen Rechtsebene zugewiesen. Mit dem im Zuge der TKG-Novelle im Jahr 2012 eingeführten § 15a gibt das TKG seine frühere Zurückhaltung in diesem Bereich auf[106] und ermächtigt die BNetzA zur Verfolgung einheitlicher *Regulierungskonzepte* in Form von Verwaltungsvorschriften.[107] Diese Konzepte umfassen die Herangehensweisen und Methoden der BNetzA für die Marktdefinition und -analyse sowie die Regulierungsverpflichtungen in generalisierter Weise und für einen bestimmten, mehrere Marktregulierungszyklen umfassenden Zeitraum. Allgemein gesprochen bietet ein solches Konzept eine „Kompensation für die wegfallende Stabilisierungswirkung des Gesetzes".[108] Nicht nur Rationalität, Transparenz und Vorhersehbarkeit des Verwaltungshandelns können so gestärkt,[109] insbesondere kann auch eine Vergleichbarkeit von Einzelentscheidungen anhand verwaltungsautonom gesetzter Maßstäbe hergestellt werden, die zugleich Anknüpfungspunkte für eine spätere gerichtliche Kontrolle sind.[110] In ihrem Konkretisierungsgrad bewegen sich die Regulierungskonzepte, obgleich ebenfalls abstrakt-generell, grundsätzlich unterhalb der Empfehlungen und Leitlinien der Kommission.

---

[105] Vgl. Art. 288 Abs. 5 AEUV.

[106] Jenseits generalisierender Zwischenschritte innerhalb des Marktregulierungsverfahrens selbst waren Instrumente wie etwa „Festlegungen" nur für bestimmte Bereiche der Entgeltregulierung vorgesehen, vgl. *M. Eifert*, Gerichtliche Kontrolle der Entscheidungen der Bundesnetzagentur, ZHR 174 (2010), S. 449 (471).

[107] Eingehend zur Frage der Konzepte *K. Herzmann*, Was sind administrative Konzepte?, VerwArch 104 (2013), S. 429 ff.

[108] *H. C. Röhl*, Ausgewählte Verwaltungsverfahren, in: Hoffmann-Riem/Schmidt-Aßmann/Voßkuhle (Hrsg.), GVwR II, 2. Aufl. 2012, § 30, Rn. 37.

[109] Ebd.

[110] *C. Franzius*, Modalitäten und Wirkungsfaktoren der Steuerung durch Recht, in: Hoffmann-Riem/Schmidt-Aßmann/Voßkuhle (Hrsg.), GVwR I, 2. Aufl. 2012, § 4, Rn. 21; *ders.*, Die Bundesnetzagentur zwischen politischer Steuerung und gerichtlicher Kontrolle, DÖV 2013, 714 (720); *H. H. Trute*, Methodik der Herstellung und Darstellung veraltungsrechtlicher Entscheidungen, in: Schmidt-Aßmann/Hoffmann-Riem (Hrsg.), 2004, S. 293 (317 ff.).

(2) Vertikale Konkretisierungsbeiträge einzelfallbezogener Art

Im europäischen Regulierungsverbund erfolgt die konkret-individuelle Rechtskonkretisierung primär auf nationaler Ebene durch Maßnahmen der Regulierungsverwaltung, in Deutschland durch Regulierungsverfügungen der BNetzA. Gleichwohl besteht auch hier hinsichtlich der föderativen Zuordnung keine Ebenenexklusivität. Vielmehr werden der Kommission im Rahmen des Art. 7/7a-Verfahrens gegenüber den nationalen Regulierungsbehörden Rechte zur Stellungnahme im Einzelfall, in bestimmten Fallkonstellationen auch zum Erlass eines Beschlusses (ehemals Entscheidung)[111] zuerkannt. Anders gesagt, die kohärenzwahrenden Mechanismen des geltenden Regulierungsansatzes schließen auch einzelfallbezogene Interventionen der Kommission ein.

Diese Intervention kann sich in einer Stellungnahme im Rahmen der stets zu durchlaufenden Phase I (Art. 7 Abs. 3 RRL) erschöpfen. Darüber hinausgehend kann die Kommission die Phase II einleiten, indem sie erklärt, dass der Maßnahmenentwurf ihrer Auffassung nach ein Hemmnis für den Binnenmarkt schaffen würde oder ernsthafte Zweifel an seiner Unionsrechtskonformität bestehen (Art. 7 Abs. 4, Art. 7a Abs. 1 RRL). Basierend hierauf kann sie hinsichtlich Marktdefinition und -analyse ein rechtsverbindliches Veto einlegen (Art. 7 Abs. 4 bis 6 RRL) und in Bezug auf Abhilfemaßnahmen immerhin eine konkrete, wenn auch unverbindliche Empfehlung abgeben (Art. 7a Abs. 5 RRL). In seiner *Vodafone*-Entscheidung vom 14. Januar 2016 hat der EuGH den Anwendungsbereich des Art. 7/7a-Verfahrens – und vor allem der einzelfallbezogenen Stellungnahmen der Kommission in Phase I – im Bereich der Entgeltregulierung weit ausgelegt, indem er das erneute Durchlaufen des Verfahrens vor jeder konkreten Entgeltgenehmigung verlangte.[112]

Die umfassenden Stellungnahmerechte sollen Sorge tragen, dass eine supranationale Interessenartikulation bei der exekutiven Rechtsproduktion auch auf der unteren Konkretisierungsstufe erfolgen kann. In dieser föderativen Zwecksetzung der Intervention liegt unter legitimationstheoretischen Gesichtspunk-

---

[111] Das einschlägige Sekundärrecht verwendet noch den Begriff der „Entscheidung". Mit Inkrafttreten des Vertrages von Lissabon wurde die Handlungsform i. S. v. Art. 288 Abs. 4 AEUV in Beschluss umbenannt.

[112] EuGH, Urt. v. 14.1.2016, C-395/14 – *Vodafone*, Rn. 30–58. Damit widersprach der EuGH der Rechtsauffassung der BNetzA, derzufolge das Verfahren nur vor der „Grundentscheidung", die Entgelte der Genehmigung zu unterwerfen, zu durchlaufen sei. Das Urteil bezieht sich in Teilen noch auf die alte Rechtslage vor Einführung des für Abhilfemaßnahmen einschlägigen Art. 7a-Verfahrems. Aber auch dieses setzt gemäß Art. 7a Abs. 1 i. V. m. Art. 7 Abs. 3 RRL voraus, dass Phase I durchlaufen wurde. Das spiegelt im Übrigen auch § 13 Abs. 1 S. 2 TKG durch seinen Rückverweis auf § 12 Abs. 2 Nr. 1, 2 u. 4 TKG wieder. Das BVerwG, Urt. v. 31.1.2017, BVerwGE 157, 249, Rn. 29 ff. (juris) implementierte das EuGH-Urteil im Wege der richtlinienkonformen Rechtsfortbildung.

ten im Übrigen der Hauptunterschied zum innerstaatlichen ministeriellen Durchgriff qua Weisung.[113]

bb) Einwirkungsintensität

Hinsichtlich der ebenenübergreifenden Einwirkungsintensität auf den Prozess der Rechtskonkretisierung ist im Regulierungsrecht zwischen qualifizierten Berücksichtigungspflichten und rechtsverbindlichen Veto- bzw. Entscheidungsrechten zu unterscheiden.

(1) Qualifizierte Berücksichtigungspflichten und Vermutungsregeln

Weder die Empfehlungen und Leitlinien der Kommission als Konkretisierungsstufen mittleren Abstraktionsgrades noch die Stellungnahmen als einzelfallbezogene Konkretisierungsimpulse sind rechtsverbindlich. Gleichwohl müssen sie aufgrund der unionsrechtlichen Vorgaben[114] von den nationalen Regulierungsbehörden „weitestgehend" berücksichtigt werden. Im TKG umgesetzt wurden diese qualifizierten Berücksichtigungspflichten in §10 Abs. 2 S. 3 (Marktdefinition), §11 Abs. 3 S. 1 (Marktanalyse), §12 Abs. 2 Nr. 2 ggf. i.V.m. §13 Abs. 1 (Art. 7/7a-Verfahren), §41a Abs. 2 S. 3 (Netzneutralität) und §123a Abs. 3 (Harmonisierungsempfehlungen nach Art. 19 RRL). In der Praxis ist die ermessenslenkende Wirkung der vertikalen Verfahrensbeiträge der Kommission auf den Prozess der Spielraumausfüllung seitens der nationalen Regulierungsbehörden von herausragender Bedeutung. So hat die Kommission in der derzeit geltenden Märkteempfehlung vom 9. Oktober 2014 insgesamt vier Märkte als relevant i.S.d. Art. 15 Abs. 1 RRL identifiziert.[115] In der ganz überwiegenden Zahl der Fälle folgen die nationalen Regulierungsbehörden der Kommissionsempfehlung mit Blick auf die Marktdefinition und stufen diese, was freilich von der konkreten Wettbewerbslage vor Ort abhängig ist, auch häufig als regulierungsbedürftig ein.[116] Dass eine Regulierungsbehörde einen Markt definiert, der weder in der aktuellen noch in früheren Empfehlungen der Kommission als relevant eingestuft wurde, stellt den Ausnahmefall dar.[117] Dif-

[113] Hinzu kommt, dass sich Kommission und Ministerialverwaltung in Art und Umfang ihrer parlamentarischen Verantwortlichkeit unterscheiden, auch wenn man die Verantwortlichkeit der Kommission gegenüber dem EP insoweit nicht pauschal unterbewerten sollte.

[114] Namentlich Art. 7f., Art. 15 Abs. 3, Art. 16 Abs. 1, Art. 19 Abs. 2 RRL.

[115] Empfehlung 2014/710 der Kommission v. 9.10.2014, EU-ABl. v. 11.10.2014, L 295/79.

[116] Vgl. die Verfahrensübersicht der Europäischen Kommission, abrufbar unter https://ec.europa.eu/digital-single-market/en/news/definition-and-analysis-relevant-markets (Stand: 30.9.2016). Je nach Wettbewerbssituation werden dabei nicht selten auch Märkte weiter reguliert, welche die Kommission in einer früheren Empfehlung als relevant eingestuft, diese Einschätzung in der geltenden Empfehlung aber bereits revidiert hat.

[117] Für das Beispiel des Marktes für SMS-Dienste auf Vorleistungsebene vgl. *A. Holdampf-Wendel/E. Elkettani*, in: Säcker (Hrsg.), TKG, 3. Aufl. 2013, Vor §9, Rn. 171ff.

ferenzierter sieht das Bild freilich auf Ebene der Abhilfemaßnahmen aus, wobei auch hier den Empfehlungen der Kommission eine grundsätzliche Orientierungsfunktion zukommt.[118]

Die Pflicht zu weitestgehender Berücksichtigung rangiert als Beachtlichkeitsvorgabe aber gleichwohl unterhalb der Schwelle der Rechtsbindung. Sie setzt eine dialogische Offenheit für die Einbeziehung ebenenfremder – hier supranationaler – Interessen und Belange voraus, die nur im Rahmen eines Entscheidungsspielraums überhaupt hinreichend zur Entfaltung gebracht werden kann. Das diskretionäre Moment sichert die durch die Einhaltung der Berücksichtigungspflichten generierte Perspektivenpluralität der Entscheidungsfindung ab. Eine gerichtliche Befugnis, die Verwaltungsentscheidung in all ihren Teilen zu ersetzen, würde diesen unionsrechtlich geforderten Kooperations- und Koordinationsprozess konterkarieren.[119]

Die Pflicht zur weitestgehenden Berücksichtigung supranationaler Verfahrensbeiträge ist somit durch eine charakteristische Offenheit gekennzeichnet. Das BVerwG hat diesem Umstand Rechnung zu tragen gesucht, indem es die qualifizierten Berücksichtigungspflichten rechtsdogmatisch als *gesetzliche Vermutungsregel* übersetzt. Im Bereich der Marktdefinition folgt daraus „eine nachvollziehende Bewertung anhand der Marktabgrenzungskriterien des europäischen Wettbewerbsrechts, die einerseits die von der Vermutungswirkung ausgehende Vorprägung der [regulierungsbehördlichen] Entscheidung durch die Festlegung der Kommission, andererseits aber auch und insbesondere etwaige vom europäischen Standard abweichende nationale Besonderheiten angemessen berücksichtigt."[120] Im Kontext der Entgeltregulierung hat das BVerwG aus der Konstruktion der „nachvollziehenden Bewertung" geschlossen, dass seitens der BNetzA stets eine eigenständige Prüfung und Begründung erforderlich sei.[121]

Die rechtsdogmatische Konzeption der widerleglichen Vermutung ist ambivalent. Positiv anzumerken ist zunächst, dass sie die Begrenztheit der ermessensleitenden Wirkung durch ein qualifiziertes Regel-Ausnahmeverhältnis mit föderativer Stoßrichtung rechtsdogmatisch abbildet: Es besteht eine Abweichungsmöglichkeit aufgrund nationaler Besonderheiten. Zutreffend erkannt wird auch, dass die Spielraumausfüllung durch die nationalen Regulierungsbehörden stets einer eigenständigen und umfassenden Begründung bedarf. Die

---

118 Für den Ausnahmefall, d.h. die Abweichung der Regulierungsbehörde von der Kommissionsempfehlung, vgl. am Beispiel der Entscheidungen der BNetzA über die Genehmigung der Mobilfunkterminierungsentgelte *A. Groebel*, in: Säcker (Hrsg.), TKG, 3. Aufl. 2013, § 123a, Rn. 12.

119 Zum Ganzen bereits S. 234 ff.

120 BVerwG, Urt. v. 2.4.2008, 6 C 15/07, BVerwGE 131, 41, Rn. 25 (juris). Daran anknüpfend BVerwG, Urt. v. 29.10.2008, 6 C 38/07, NVwZ 2009, 653, Rn. 24 (juris) und Urt. v. 1.9., 6 C 13/09, NVwZ 2011, 563, Rn. 19.

121 BVerwG, Urt. v. 25.9.2013, 6 C 13/12, BVerwGE 148, 48, Rn. 47 (juris.).

darin erfolgende Nachzeichnung des Rechtskonkretisierungsvorgangs ist zugleich der zentrale Anknüpfungspunkt für die (eingeschränkte) gerichtliche Kontrolle.[122] Problematisch erscheint indes, dass das der Rechtsfigur der widerleglichen Vermutung zugrunde liegende Regel-Ausnahmeverhältnis in seiner Schematisierung dem dialogischen Element der ebenenübergreifenden Rechtskonkretisierung nicht ausreichend Rechnung trägt. Jedenfalls im Bereich der Abhilfemaßnahmen lassen sich die supranationalen Verfahrensbeiträge in ihrem Einfluss nicht auf das Gegensatzpaar „Befolgung – Nichtbefolgung" reduzieren, sondern fließen in einen dialogischen, ebenenübergreifenden Prozesses gestaltender Rechtskonkretisierung ein, an dessen Ende nicht selten Kompromisslösungen stehen.

Ein im Kontext der supranationalen Verkopplung durch ermessensleitende Verfahrensbeiträge der Kommission durchaus kurioses Sonderproblem stellte sich in Polen. Weil die zum Entscheidungszeitpunkt (und auch heute noch) geltenden Leitlinien im Amtsblatt der EU nicht in polnischer Sprache veröffentlicht wurden, zweifelte der polnische Oberste Gerichtshof an der Rechtsbefugnis der polnischen Regulierungsbehörde, sich auf die Kommissionsleitlinien zu beziehen. Der EuGH hielt deren fehlende Veröffentlichung in polnischer Sprache jedoch im Ergebnis u.a. deshalb für unschädlich, weil die Leitlinien den nationalen Regulierungsbehörden zwar Orientierung böten, indes keine Verpflichtungen enthielten, die „unmittelbar oder mittelbar Einzelnen auferlegt werden" könnten. [123] Zwar kommt in dieser Argumentation zutreffend die fehlende Rechtsverbindlichkeit der Leitlinien zum Ausdruck.[124] Gleichwohl ist anzumerken, dass die faktische Orientierungsfunktion der Leitlinien in der Praxis so gewichtig ist, dass der Ruf nach einer offiziellen Sprachfassung nicht nur in praktischer Hinsicht verständlich, sondern in unionsverfassungsrechtlicher Hinsicht plausibel erscheint.[125]

(2) Vertikale Ingerenzrechte

Die besondere Intensität der supranationalen Verkopplung nationaler Regulierungsbehörden mit der Europäischen Kommission zeigt sich in den Ingerenzrechten, die das Unionsrecht der Kommission in verschiedenen Fallkonstellationen verleiht. Die intensivste Form des vertikalen Durchgriffs ist das Veto. Das praktisch bedeutendste Vetorecht folgt aus Art. 7 Abs. 5 lit. b) u. Abs. 6 RRL und verleiht der Kommission im Rahmen von Phase II des Art. 7-Verfahrens hinsichtlich Marktdefinition und -analyse die Befugnis, die betreffende natio-

---

[122] Vgl. zu den Begründungserfordernissen im Kontext der Spielraumkontrolle S. 424 ff.

[123] EuGH, Urt. v. 12.5.2011, Rs. C410/09 – *Polska Telefonia Cyfrowa*, Rn. 34.

[124] Vgl. auch ebd., Rn. 35.

[125] Allerdings weist der EuGH im Konkreten zu Recht daraufhin, dass die Leitlinien bereits vor dem Beitritt Polens veröffentlicht und in der Zwischenzeit durch mehrere Mitteilungen der Kommission in polnischer Sprache ergänzt wurden.

nale Regulierungsbehörde qua Beschluss (ehemals Entscheidung)[126] zur Rücknahme des Maßnahmenentwurfes zu zwingen. Auch kann die Kommission auf Grundlage von Art. 15 Abs. 4 RRL einen Beschluss zur Festlegung länderübergreifender Märkte erlassen.

Mit ihrem Versuch, die Vetoposition über den Bereich von Marktdefinition und -analyse hinaus auch auf den Bereich der Abhilfemaßnahmen auszudehnen, konnte sich die Kommission politisch gegenüber dem Rat nicht durchsetzen.[127] Im Rahmen des 2009 erzielten Kompromisses hatte die Kommission ein im Vergleich zum Bereich der Marktdefinition und -analyse gesteigertes Maß an nationaler Autonomie bei der Regulierungsentscheidung zu akzeptieren.[128] Im Anwendungsbereich des Art. 7a RRL stehen der Kommission aber immerhin erweiterte Möglichkeiten des Verfahrensinputs zu.[129] Will eine nationale Regulierungsbehörde zudem atypische Abhilfemaßnahmen jenseits von Art. 9 bis 13 ZRL erlassen, unterliegt dies gemäß Art. 8 Abs. 3 UAbs. 2 ZRL dem Vorbehalt einer Genehmigung durch die Kommission. Ferner kann die Kommission im Bereich der Abhilfemaßnahmen Harmonisierungsmaßnahmen erlassen, zu denen nicht nur die bereits erwähnten Empfehlungen, sondern alternativ auch rechtsverbindliche Beschlüsse zählen. Dabei handelt es sich jedoch nicht um ein einzelfallbezogenes, d. h. auf einen konkreten Maßnahmenentwurf einer nationalen Regulierungsbehörde bezogenes Veto- bzw. Entscheidungsrecht, sondern eine Rechtsetzungskompetenz zum Erlass von Vorgaben für die harmonisierte Anwendung der RRL und der Einzelrichtlinien. Diese Befugnis ist gemäß Art. 19 Abs. 3 RRL nicht nur sachbereichlich stark eingegrenzt, sondern soll sich ferner auch nur auf die ordnungspolitischen Grundsätze, Ansätze und Methoden erstrecken.[130]

Soweit der Kommission ein Vetorecht zusteht, hat sie die Möglichkeit zur vertikalen Intervention im Einzelfall. Diese Interventionsmöglichkeit kann rechtsdogmatisch durchaus als funktionelles Äquivalent zum innerstaatlichen Durchgriff qua Weisung bzw. einer inneradministrativen Verwaltungskontrolle verstanden werden.[131] Allerdings ist seine spezifisch *föderative Stoßrichtung* zu

[126] Vgl. Fn. 111.

[127] Auch im neuen Kommissionsvorschlag zur Reform des TK-Rechts aus dem Jahr 2016 ist eine Ausdehnung des Vetorechts auf Abhilfemaßnahmen enthalten, vgl. Art. 33 Abs. 5 lit. c) des Vorschlages über einen TK-Kodex v. 14.9.2016, COM(2016) 590 final.

[128] Dazu im Einzelnen *R. Klotz*, Der Europäische Rechtsrahmen für die elektronische Kommunikation, in: Säcker (Hrsg.), TKG, 3. Aufl. 2013, Einl. II, Rn. 53 f.

[129] Ob der erhebliche bürokratische Mehraufwand zu einem regulierungspolitischen Nutzen beiträgt, bleibt fraglich, vgl. *I. Henseler-Unger*, Harmonisierung und Wettbewerb der Systeme: Regulierung der Netzwirtschaften in Europa, WiVerw 2010, S. 111 (113); *J. Scherer/C. Heinickel*, Die TKG-Novelle 2012, NVwZ 2012, S. 585 (587); *H. Engelhardt*, Regulierung des Telekommunikationssektors, 2013, S. 24; *E. Gurlit*, in: Säcker (Hrsg.), TKG, 3. Aufl. 2013, § 13, Rn. 36.

[130] Vgl. den 58. Erwägungsgrund der RL 2009/140.

[131] Im begrifflichen Gegensatz zur „verwaltungsexternen" Kontrolle durch Judikative oder Legislative, vgl. insoweit *S. Kadelbach*, Verwaltungskontrollen im Mehrebenen-System

berücksichtigen, da der vertikale Durchgriff seitens der Kommission gerade der Gewährung eines hinreichenden Maßes an binnenmarktrechtlicher Kohärenz dient. Im Übrigen handelt es sich insoweit um ein „konstruktives" Veto, als die Kommission zugleich in die Pflicht genommen wird, Umgestaltungsvorschläge zu unterbreiten.[132] Allerdings bedingen die vertikalen Interventionsrechte nicht zuletzt eine bedeutende Vorfeldwirkung. Denn dort, wo die Kommission zum Vetorecht befugt ist, kommt auch ihren nicht rechtsverbindlichen Instrumenten, wie insbesondere den Empfehlungen, Leitlinien und Stellungnahmen, größeres Gewicht zu. So geht die Kommission im Hinblick auf die Leitlinien selbst davon aus, dass deren weitestgehende Berücksichtigung ein „entscheidender Faktor bei der Beurteilung der Rechtmäßigkeit und Verhältnismäßigkeit der von den NRB vorgeschlagenen Maßnahmen durch die Kommission" sei.[133]

b) Horizontale bzw. transnationale Verkopplung

Die eigentliche Besonderheit des europäischen Regulierungsverbundes liegt hingegen darin, dass das Unionsrecht die nationalen Behörden bei der Ausfüllung der ihnen eingeräumten Gestaltungsspielräume nicht allein vertikal mit der Kommission, sondern zugleich horizontal bzw. transnational untereinander vernetzt.[134]

Das wird zunächst daran ersichtlich, dass die mitgliedstaatlichen Regulierungsbehörden ihre Maßnahmenentwürfe gemäß Art. 7 Abs. 3 u. 7 RRL bzw. Art. 7a Abs. 1 UAbs. 2 RRL auch den jeweils anderen Regulierungsbehörden notifizieren und deren Stellungnahmen, so vorhanden, weitestgehend Rechnung tragen müssen. Im deutschen Recht findet diese horizontale Dimension des europäischen Regulierungsverbundes ihren Widerhall in § 12 Abs. 1 Nr. 1 u. 2 i. V. m. § 13 Abs. 1 S. 2 TKG. Hinsichtlich der Art der Verfahrensbeiträge sind die nationalen Regulierungsbehörden untereinander auf einzelfallbezogene Stellungnahmen begrenzt, die weitestgehend zu berücksichtigen, aber nicht rechtsverbindlich sind. Für die auch vom BVerwG konstatierte „Durchlässigkeit nationaler Entscheidungen für transnationale Interessen"[135] ist die *Wechselseitigkeit* dieser qualifizierten Berücksichtigungspflichten von grundlegender Bedeutung.[136] Sie spiegelt das für das nicht-hierarchisch strukturierte Mehrebenensystem typische Element des Dialogs und der Permeabilität.

---

der Europäischen Gemeinschaft, in: Schmidt-Aßmann/Hoffmann-Riem (Hrsg.), Verwaltungskontrolle, 2001, S. 205 (207, 209 ff.).

[132] *J. Kühling*, Telekommunikationsrecht, in: Ruffert (Hrsg.), EnzEuR V – Europäisches Sektorales Wirtschaftsrecht, 2012, § 4, Rn. 72.

[133] Leitlinien der Kommission (Fn. 102), Ziff. 1.1–7.

[134] Zum Modus horizontaler Entscheidungsvernetzung allgemein *T. Siegel*, Entscheidungsfindung im Verwaltungsverbund, 2009, S. 362 ff.

[135] BVerwG, Urt. v. 2.4.2008, 6 C 15/07, BVerwGE 131, 41, Rn. 18 (juris).

[136] *K.-H. Ladeur/C. Möllers*, Der europäische Regulierungsverbund der Telekommunikation im deutschen Verwaltungsrecht, DVBl. 2005, S. 525 (534).

Der europäische Regulierungsverbund geht aber über wechselseitige Verfahrensinputs der Regulierungsbehörden untereinander hinaus, wenn er als zentralen Knoten des transnational ausgreifenden Netzwerks das auf die Reform des Jahres 2009 zurückgehende[137] Gremium Europäischer Regulierungsstellen für elektronische Kommunikation (GEREK) errichtet.[138] Seine sekundärrechtliche Grundlage findet das GEREK in der Verordnung 1211/2009.[139] Institutionell setzt es sich im Wesentlichen aus dem sog. Regulierungsrat zusammen, dem die Leiter[140] jeder nationalen Regulierungsbehörde sowie ein Vertreter der Kommission mit Beobachterstatus angehören[141] und dem ein Büro mit eigener Rechtspersönlichkeit beigeordnet ist.[142] Hauptaufgabe des GEREK ist die Förderung der Zusammenarbeit der nationalen Regulierungsbehörden untereinander und mit der Europäischen Kommission. Hinzu kommen die Bündelung von Fachwissen und die Ausübung beratender Tätigkeiten. Für den vorliegenden Kontext der Spielraumausfüllung von besonderem Gewicht sind die vielfältigen, enumerativ in Art. 3 Abs. 1 VO 1211/2009 aufgelisteten Rechte des GEREK zur Abgabe von Stellungnahmen. Dazu zählen zum einen Stellungnahmen zu Maßnahmenentwürfen der nationalen Regulierungsbehörden (Art. 3 Abs. 3c, Art. 7 Abs. 3 u. Abs.7, Art. 7a Abs. 1 UAbs. 2 u. Abs. 4 RRL). Das GEREK wirkt so als transnationales Gremium auf die Spielraumausfüllung durch die nationalen Regulierungsbehörden ein.[143] Zum anderen – und hierin liegt eine entscheidende Neuerung – ist das GEREK auch befugt, Stellungnahmen zu Rechtsaktsentwürfen der Kommission abzugeben, die von dieser weitestgehend zu berücksichtigen sind. Dies kommt in Bezug auf die Entscheidungs- bzw. Einwirkungsrechte der Kommission im Rahmen des Art. 7/7a-Verfahrens (Art. 7 Abs. 5 UAbs. 2 und Art. 7a Abs. 2–5 RRL) ebenso zum Tragen wie hinsichtlich der Märkteempfehlung bzw. -entscheidung auf Grundlage von Art. 15 Abs. 1 u. Abs. 4 RRL oder den Harmonisierungsmaßnahmen der Kommission nach Art. 19 Abs. 1 RRL. Das GEREK mediatisiert die Interessen der nationalen Regulierer auf Unionsebene und erlaubt dort, wo sich diese Interes-

---

[137] Formell löst das GEREK die Gruppe Europäischer Regulierungsstellen (ERG) ab, über die es mit Blick auf seine Befugnisse und die institutionell verfestigten Verbundstrukturen aber weit hinausgeht.

[138] EN: Body of European Regulators of Electronic Communications (BEREC).

[139] VO 1211/2009 des Europäischen Parlaments und des Rates v. 25.11.2009 zur Einrichtung des Gremiums Europäischer Regulierungsstellen für elektronische Kommunikation (GEREK) und des Büros. Auf diese VO verweist ihrerseits die RRL in Art. 3 Abs. 3a UAbs. 3, Abs. 3b u. Abs. 3c RRL. Parallel zu ihrem Vorschlag über einen „Europäischen Kodex für elektronische Kommunikation" hat die Kommission am 14.9.2016 einen Vorschlag zur Neufassung der GEREK-Verordnung vorgelegt, vgl. COM/2016/0591 final.

[140] Alternativ ein hochrangiger Vertreter.

[141] S. im Einzelnen Art. 4 und 6 VO 1211/2009.

[142] Art. 6 VO 1211/2009.

[143] Vgl. *C. Franzius*, Die Bundesnetzagentur zwischen politischer Steuerung und gerichtlicher Kontrolle, DÖV 2013, 714 (720).

sen hinreichend mehrheitsfähig verdichten[144] eine gebündelte Interessenvertretung gegenüber der Kommission. Auch wenn das GEREK entgegen früherer Pläne letztlich keine regulierungsrelevanten Entscheidungsbefugnisse erhalten hat und nur unverbindliche Stellungnahmen abgeben darf,[145] stellt es doch ein föderatives Gegengewicht zur Kommission dar. Durch seine Verfahrensbeiträge und die korrespondierende Pflicht der Kommission zu ihrer weitestgehenden Berücksichtigung unterliegt die Kommission ihrerseits einer Rückkopplung.

c) Emergenz eines Regulierungsverbundes: Spielraumausfüllung als Verbundakt

Die soeben beschriebene Komplettierung des regulatorischen Beziehungsgeflechts um Formen der Einflussnahme eines im Kern transnationalen Gremiums auf die Kommission deutet bereits an, dass sich horizontale und vertikale Elemente im Regulierungsverbund miteinander verschränken. Daraus *emergiert* eine Verbundstruktur,[146] die mehr ist als die bloße Summe ihrer Teile[147] und sowohl eine verfahrensrechtliche als auch eine legitimatorische Seite aufweist.

aa) Verfahrensrechtliche Verschmelzung

Bereits die allgemeinen Kooperationspflichten zwischen nationalen Regulierungsbehörden, GEREK und Kommission aus Art. 7 Abs. 2 und Art. 8 Abs. 3 lit. d) RRL belegen die Verschmelzung vertikaler und horizontaler Verkopplungsstrukturen zu einem Verbundgefüge. Am klarsten aber emergiert der Verbund aus den einzelnen Komponenten bzw. Teilstufen des Art. 7/7a-Verfahrens. Aus der administrativen Handlungsperspektive betrachtet hat die nationale Regulierungsverwaltung im Rahmen der Spielraumausfüllung vertikale,[148] horizontal mediatisierte[149] und rein horizontale Verfahrensbeiträge[150] zu verarbeiten. Dieses auf wechselseitige Berücksichtigung und Perspektivenvielfalt angelegte Entscheidungsarrangement lässt sich in seiner Komplexität durch die

---

[144] Gemäß Art. 4 Abs. 9 VO 1211/2009 beschließt der Regulierungsrat mit Zweidrittelmehrheit aller seiner Mitglieder, sofern sich aus der VO, der RRL oder den Einzelrichtlinien nichts anderes ergibt.

[145] Der ursprüngliche Vorschlag der Kommission v. 13.11.2007, KOM(2007) 699 endgültig, für die TK-Review 2009 enthielt die Gründung einer „Europäische Behörde für die Märkte der elektronischen Kommunikation". Dazu *B. Holznagel/P. Schumacher*, Europäischer Regulierer für den Telekommunikations- und Energiewirtschaftssektor?, DVBl. 2007, S. 409 ff.

[146] Zum Begriff der Emergenz bei der Herausbildung rechtlicher Verbundstrukturen auf rechtspluralistischer Prämisse näher *M. Wendel*, Permeabilität im europäischen Verfassungsrecht, 2011, S. 34, 530.

[147] Vgl. zur Kombination der verschiedenen Modelle der Entscheidungsabschichtung *T. Siegel*, Entscheidungsfindung im Verwaltungsverbund, 2009, S. 375.

[148] Empfehlung, Leitlinien bzw. Stellungnahmen der Kommission.

[149] Stellungnahme des GEREK.

[150] Stellungnahmen anderer Regulierungsbehörden.

klassischen Begriffe des direkten und indirekten Vollzugs nicht mehr abbilden. Die wechselseitige Verklammerung und Aufeinanderbezogenheit der Verfahrensbeiträge unterschiedlicher Ebenenherkunft lässt sich nur durch einen ebenenübergreifenden Verbundansatz hinreichend abbilden, im Rahmen dessen mitgliedstaatliche Verwaltungseinheiten und Verfahrensrechte Teil einer funktionell übergreifenden Verwaltung eines Gemeinschaftsraumes konzipiert werden, der letztlich Wesenszüge einer Mischverwaltung trägt.[151]

In der Gesamtbetrachtung formt das Art. 7/7a-Verfahren den regulatorischen Gestaltungsauftrag der Verwaltung als Verbundaufgabe aus. Für die europaweite Kohärenz der TK-Regulierung im Sinne eines hinreichenden Gleichklangs im Großen bei adäquater Diversität im Kleinen,[152] ist das Verfahren von entscheidender Bedeutung. Es trägt dem binnenmarktbezogenen Kohärenzerfordernis Rechnung, indem es den zunächst dezentralisierten, weil operativ den nationalen Regulierungsbehörden übertragenen Gestaltungsauftrag in eine Verbundstruktur einbindet, welche die administrative Spielraumausfüllung durch die nationale Verwaltung gleichermaßen horizontal wie vertikal einfängt. Diese Einbindung der Spielraumausfüllung hat der europäische Gesetzgeber im Blick gehabt, als er anlässlich der Reform des unionsrechtlichen TK-Regulierungsrahmens des Jahres 2009 hervorhob, die den nationalen Regulierungsbehörden zustehenden Entscheidungsspielräume seien mit einer kohärenten Regulierungspraxis und einer einheitlichen Anwendung des Rechtsrahmens in Einklang zu bringen, um einen wirksamen Beitrag zur Weiterentwicklung und Vollendung des Binnenmarkts leisten zu können.[153]

Nach der Konzeption des deutschen TKG erfolgen Marktdefinition und -analyse zusammen mit der Auferlegung der jeweiligen Regulierungsverpflichtungen als einheitlicher Verwaltungsakt, § 13 Abs. 5 TKG. Freilich zeigt sich die Regulierungsverfügung bei näherer Betrachtung, wie *Johannes Saurer* treffend bemerkt, „nur auf ihrer zum Regulierungsadressaten hin gewandten Seite als einheitliches rechtliches Erzeugnis" der BNetzA, fungiert sie doch tatsächlich „als rechtliche Klammer und konsolidierender Schlusspunkt eines mehrstufigen Rechtserzeugungsprozesses, der maßgeblich aus Verfahrensbeiträgen gespeist wird, die den vertikal und horizontal verflochtenen Verwaltungsbezie-

---

[151] Vgl. *E. Schmidt-Aßmann*, Das allgemeine Verwaltungsrecht als Ordnungsidee, 2. Aufl. 2004, Kap. 3, Rn. 54; *G. Sydow*, Verwaltungskooperation in der Europäischen Union, 2004, S. 3 ff.; *M. Ruffert*, Verwaltungsrecht im Europäischen Verwaltungsverbund, DV 48 (2015), S. 547 ff. Zutreffend die die begrenzte Aussagekraft des „Vollzugs"-Konzepts herausarbeitend bereits *T. v. Danwitz*, Verwaltungsrechtliches System und Europäische Integration, 1996, S. 17 ff.

[152] Zur Bewältigung des regulatorischen „Flexibilitäts-Kohärenz-Dilemmas" im Vorfeld der Errichtung des GEREK bereits *G. Britz*, Vom Europäischen Verwaltungsverbund zum Regulierungsverbund?, EuR 2006, S. 46 (55 ff.).

[153] Erwägungsgrund 18 der RL 2009/140.

hungen des Regulierungsverbunds der Telekommunikation entstammen."[154] Denn hinter der „Außenfassade" eines einheitlichen Verwaltungsaktes nach § 13 Abs. 5 TKG ist die Marktregulierung gerade mit Blick auf das Art. 7/7a-Verfahren durch eine „verbundmäßige Verklammerung" auf horizontaler und vertikaler Ebene gekennzeichnet, die über das gesamte Verfahrens hinweg zum Tragen kommt.[155]

Die Verbundstruktur zeigt sich unter dem Blickwinkel administrativer Spielraumausfüllung aber nicht allein in Gestalt miteinander verzahnter vertikaler und horizontaler Kopplungen, sondern auch in der Verteilung der einzelnen Konkretisierungsstufen auf unterschiedliche Ebenen. Dabei ist die Konkretisierung mittleren Abstraktionsgrades, wie gesehen, nicht allein der unionalen Ebene vorbehalten. Im Wege von Regulierungskonzepten darf auch die nationale Verwaltung die Spielraumausfüllung abstrakt vorstrukturieren. Umgekehrt steht Kommission, GEREK und Regulierungsbehörden das Recht zu, durch weitestgehend zu berücksichtigende Stellungnahmen Einfluss auf die konkret-individuelle Rechtserzeugung einer bestimmten nationalen Regulierungsverwaltung zu nehmen.

bb) Legitimatorische Dimension der Verbundstruktur

Die Verkopplung der Verwaltung im europäischen Regulierungsverbund ist mit Blick auf seine legitimationsstiftende Struktur auch unter dem Gesichtspunkt der Verwaltungslegitimation von großer Bedeutung. Denn wo bei rein nationaler Betrachtung die Legitimationsvermittlung infolge der Entkopplung von Regulierer und politischer Leitungsebene der Ministerialverwaltung zunächst verdünnt oder gar unterbrochen erscheint, besteht in europäischer Gesamtperspektive eine in zweifacher Hinsicht legitimationsvermittelnde Kopplung.[156]

Erstens wird die Legitimation der nationalen Regulierungsbehörden durch deren horizontale Verkopplung in gesamteuropäischer Perspektive gestärkt. Beabsichtigt eine nationale Regulierungsbehörde den Erlass einer Regulierungsmaßnahme, die Auswirkungen auf den Handel zwischen den Mitgliedstaaten hat und damit über den eigenen Wirkungskreis hinausweist, greift die Pflicht zur Konsultation und weitestgehenden Berücksichtigung der Stellungnahmen anderer Regulierungsbehörden sowie des GEREK.[157] Die Regulierer unterliegen somit einer wechselseitigen „peer review",[158] die mehr ist als ledig-

---

[154] *J. Saurer*, Der Einzelne im europäischen Verwaltungsrecht, 2014, S. 427.

[155] Vgl. ebd.

[156] Diese ist freilich durch das nationale Recht kategorial nicht erfassbar, liegt ihr normativer Bezugspunkt doch in Art. 10 Abs. 1 und 2 EUV.

[157] Dazu überblicksartig bereits S. 166 f. Daneben müssen auch Kommission und GEREK konsultiert werden.

[158] Treffend *H.-H. Trute*, Die demokratische Legitimation der Verwaltung, in: Hoffmann-Riem/Schmidt-Aßmann/Voßkuhle (Hrsg.), GVwR I, 2. Aufl. 2012, § 6, Rn. 68.

lich ein fachlich-inhaltlicher Input. Vielmehr erlauben die transnationalen Verfahrensbeiträge eine verfahrensförmige Internalisierung der Externalitäten. Die Regulierer der anderen Staaten, die von den grenzüberschreitenden Wirkungen bzw. externen Effekten der geplanten Regulierungsmaßnahme potenziell betroffen sind, werden in das Entscheidungsverfahren eingebunden. In einem rein innerstaatlich organisierten Verfahren ließe sich dieser sachlich-inhaltliche Legitimationsgewinn in gesamteuropäischer Perspektive nicht bewerkstelligen.

Zweitens entfaltet auch die vertikale Verkopplung der Regulierer mit der Kommission eine legitimationsstiftende Wirkung. Durch die Pflicht zur weitestgehenden Berücksichtigung von Empfehlungen, Leitlinien und Stellungnahmen unterliegen die Regulierer einer Rückbindung an die Kommission, welche die supranationalen Interessen[159] in den Entscheidungsprozess einspeisen kann. Soweit es bei einer Entscheidung durch die nationalen Regulierungsbehörden und damit – bezogen auf die Entscheidungsebene – deren Verantwortlichkeit bleibt,[160] sichert die vertikale Verkopplung eine Verfahrensbeteiligung der supranationalen Exekutive ab, was unter verfahrensrechtlichen Gesichtspunkten ebenfalls als Legitimationszuwachs in sachlich-inhaltlicher Hinsicht zu verbuchen ist. Belässt es die Kommission indes nicht bei unverbindlichen Vorstrukturierungen bzw. Stellungnahmen, sondern macht von ihren Veto- bzw. Entscheidungsbefugnissen im Sinne eines Durchgriffs Gebrauch, findet ein Wechsel der Verantwortlichkeit von den nationalen Regulierern auf die Kommission statt,[161] die als Kollegium ihrerseits dem unmittelbar von den Unionsbürgern gewählten Europäischen Parlament verantwortlich ist, Art. 18 Abs. 8 S. 1 EUV.[162] Hier hat aber die Kommission wiederum den Verfahrensinput des GEREK zu berücksichtigen.

159 Welches hier ein wettbewerbs- und binnenmarktrechtliches ist.

160 Für die einzelnen Verfahrensbeiträge bleibt, bei isolierter Betrachtung, freilich jede Regulierungsbehörde bzw. die Kommission selbst verantwortlich.

161 Der Kommission erwächst aus Art. 7 Abs. 5 RRL jedoch kein Recht, selbst eine Regulierungsverfügung zu erlassen. Sie kann die nationale Regulierungsbehörde nur zwingen, den Entwurf zurückzuziehen, Art. 7 Abs. 6 RRL. Allerdings unterliegt dieser Beschluss der Kommission dann ggf. gerichtlicher und parlamentarischer Kontrolle.

162 Obwohl die Europäische Kommission auch nach dem Vertrag von Lissabon nicht mit einfacher Mehrheit des Europäischen Parlaments abgesetzt und in ihrer parlamentarischen Verantwortlichkeit nicht mit einer Regierung in einem parlamentarischen Regierungssystem gleichgestellt werden kann, weist sie in ihrer institutionellen Stellung doch zumindest einige Strukturähnlichkeiten mit einer solchen auf und wird in vielfältiger Weise durch das Europäische Parlament kontrolliert. Vgl. dazu *T. Groß*, Die Legitimation der polyzentralen EU-Verwaltung, 2015, S. 102 ff.; *A. Wille*, The European Commission's Accountability Paradox, in: Bovens/Curtin/'t Hart (Hrsg.), The Real World of EU Accountability: What Deficit?, 2010, S. 63 ff.

2. *Kopplungsformen am Beispiel des Migrationsrechts*

Das Migrationsrecht aller Rechtsebenen wird nahezu vollständig von der staatlichen Verwaltung vollzogen. Deshalb stellt sich auch hier die Frage, wie der administrative Vollzug des materiell in weiten Teilen völker- und unionsrechtlich durchwirkten Rechtsgebiets einerseits dezentral durch nationale Verwaltungsbehörden, andererseits aber mit möglichst wenig Einbußen in puncto Kohärenz und Effektivität organisiert werden kann. Vor diesem Hintergrund erklärt sich die besondere Prägung des europäischen Migrationsraums durch transnationale Regelungsarrangements.[163] Diese wirken sich in den Bereichen diskretionären Verwaltungshandelns auch auf die Spielraumausfüllung aus. Demgegenüber sind vertikale Verwaltungsverflechtungen im Migrationsrecht vergleichsweise schwach ausgebildet.

a) Vertikale Konkretisierungsstufen im Bundesstaat: die Wirtschaftsmigration

In Bezug auf die untersuchungsgegenständlichen Kernbereiche des Migrationsrechts – Aufenthaltsbegründung und -beendigung sowie Zuständigkeitsverteilung – fehlt es an einem dem Regulierungsrecht vergleichbaren Grad an supranationaler Verkopplung bei der Spielraumausfüllung.[164] Das gilt zunächst für die Europäische Kommission. Auch wenn sie den dezentralen Verwaltungsvollzug durch den Erlass von Durchführungsbestimmungen zuweilen in nicht unerheblichem Maße vorstrukturieren kann,[165] fehlt es ihr doch an Ingerenzrechten, d.h. an einzelfallbezogenen Zugriffsmöglichkeiten auf die individuelle Entscheidungsfindung. Dergleichen wäre freilich auch im Bereich der Massenverwaltung schwer bis kaum durchführbar. Aber auch über bereichsspezifische Spezialeinrichtungen wird kein dem Regulierungsrecht vergleichbares Maß an vertikaler Kopplung hergestellt. So ist insbesondere das EASO im Asylbereich

[163] Vgl. *J. Bast*, Transnationale Verwaltung des europäischen Migrationsraums, Der Staat 46 (2007), S. 1 ff.

[164] Auch in anderen, hier nicht der Einzelbetrachtung unterzogenen, Bereichen des Migrationsverwaltungsrechts fehlt es an einer entsprechenden vertikalen Verkopplung. So beschränken sich die Wirkungsmöglichkeiten der EU im Bereich der Integrationsförderung – nicht zuletzt vor dem Hintergrund des Harmonisierungsausschlusses in Art. 79 Abs. 4 AEUV – auf informationelle und finanzielle Einwirkungen, vgl. *D. Thym*, Migrationsverwaltungsrecht, 2010, S. 284 f. Auch hinsichtlich des Datenaustausches im Rahmen des Schengener Informationssystems (ebd. S. 359) und schließlich im Bereich des Grenzschutzes dominiert das transnationale Paradigma, da selbst die Grenzagentur FRONTEX (seit Inkrafttreten der VO 2016/1624 nunmehr „*Europäische Grenz- und Küstenwache*") trotz ihrer zunehmenden operativen Bedeutung letztlich auf unterstützende und koordinierende Funktionen beschränkt bleibt (ebd., S. 371). Näher zu den Kooperationsformen im Aktionsradius von FRONTEX *M. Lehnert*, Frontex und operative Maßnahmen an den europäischen Außengrenzen, 2014, S. 160 ff.

[165] Dem Verwaltungsvollzug vorgelagert, kommt der Kommission angesichts ihres Initiativmonopols zudem eine herausragende Rolle im Gesetzgebungsprozess zu, der seinerseits am Beginn der legislativen Steuerung der Verwaltung steht.

auf Unterstützungs- und Koordinationsmaßnahmen beschränkt und besitzt nach der ausdrücklichen Festlegung des europäischen Gesetzgebers keine Rechtsbefugnisse, um Einfluss auf die Entscheidungen der mitgliedstaatlichen Asylverwaltung über Anträge auf internationalen Schutz zu nehmen.[166] Darin kommt die im Rat artikulierte politische Grundentscheidung der Mitgliedstaaten zum Ausdruck, trotz zunehmender Europäisierung der materiell-rechtlichen Grundlagen des Migrationsrechts[167] die Migrationsverwaltung weitestgehend auf nationaler Ebene zu belassen. Die Zurückhaltung gegenüber einer supranationalen Migrationsverwaltung würde auch mit der aktuell diskutierten Neuausrichtung des europäischen Migrationsrechts nicht grundsätzlich aufgehoben, allerdings in Teilbereichen relativiert werden.[168] Die hierfür notwendige politische Mehrheit der Mitgliedstaaten zeichnet sich derzeit jedoch nicht ab.

Dass die Interaktion der mitgliedstaatlichen Migrationsverwaltung mit der Kommission oder anderen supranationalen Einrichtungen bei der Rechtskonkretisierung schwächer ausgeprägt ist als etwa im TK-Recht bedeutet freilich kein gänzliches Fehlen vertikaler Kopplungen. Diese können durch exekutive Durchführungsbestimmungen oder Informationspflichten hergestellt werden, wie sogleich am Beispiel des Visumrechts dargelegt wird.

Soweit der betreffende Mitgliedstaat eine föderativ gegliederte Vollzugsstruktur kennt, können vertikale Kopplungen zudem auf die innerstaatliche Ebene verlagert sein. Im deutschen Bundesstaat ist das prägnantestes Beispiel für vertikale Konkretisierungsstufen im diskretionären Bereich des Migrationsverwaltungsrechts die Steuerung der Wirtschaftsmigration durch das Aufenthaltsrecht zum Zweck der Erwerbstätigkeit (§§ 18 ff. AufenthG). Falls nicht gesetzliche Spezialvorschriften greifen,[169] erfolgt die exekutive Normkonkretisierung hier in

---

166 Allerdings kann das EASO gemäß Art. 10 Abs. 1 lit. a) VO 439/2010 im Falle, dass ein Mitgliedstaat einem besonderen „Asyldruck" ausgesetzt ist, Maßnahmen koordinieren, die eine erste Analyse der (später von der Asylverwaltung dieses Mitgliedstaats rechtsverbindlich zu entscheidenden) Asylanträge erleichtern sollen und hierzu gemäß Art. 13 ff. VO 439/2010 Unterstützungsteams zusammenstellen und koordinieren, die aus Beamten anderer Mitgliedstaaten zusammengesetzt sind. Solche Unterstützungsteams sind bzw. waren u. a. auf mehreren griechischen Inseln im Einsatz, um in den dortigen Auffanglagern („Hotspots") persönliche Anhörungen durchzuführen und protokollierten Interviews samt Empfehlung an die griechischen Asylentscheider zu übergeben.

167 Vgl. S. 119 ff.

168 So hätte die Europäische Kommission auf Grundlage ihres am 4. Mai 2016 unterbreiteten Gesetzgebungsvorschlags (COM(2016) 271 final) zur Einrichtung einer an die Stelle des EASO tretenden europäischen Asylagentur künftig u. a. das Recht, bestimmte Maßnahmen der Agentur anzuordnen, wenn sich ein mitgliedstaatliches Asylsystem als so ineffektiv erweist, dass das Gemeinsame Europäische Asylsystem insgesamt als gefährdet anzusehen ist (Griechenland-Konstellation), vgl. Art. 22 Abs. 3 des Vorschlags.

169 Wie z. B. für qualifizierte Geduldete (§ 18a AufenthG), Absolventen deutscher Hochschulen (§ 18b AufenthG), qualifizierte Arbeitskräfte auf der Arbeitssuche (§ 18c AufenthG) oder Hochqualifizierte (§ 19 AufenthG).

drei Stufen.[170] Auf der ersten Stufe öffnet das Bundesministerium für Arbeit und Soziales den Arbeitsmarkt für bestimmte Personen- und Berufsgruppen auf Grundlage einer Rechtsverordnung mit Zustimmung des Bundesrates, § 42 Abs. 1 Nr. 2 AufenthG. Die auf dieser gesetzlichen Grundlage erlassene abstrakt-generelle Beschäftigungsverordnung (BeschV)[171] unterstreicht als zentrales Steuerungsinstrument der Zuwanderung drittstaatsangehöriger Arbeitskräfte die Bedeutung gubernativer Rechtsetzung im Bereich der Wirtschaftsmigration.[172] Mit der BeschV legt die Gubernative der Bundesebene (mit Zustimmung des Bundesrates) fest, in welchen Bereichen der Arbeitsmarkt geöffnet, also wo die Erteilung einer Aufenthaltserlaubnis zur Ausübung einer Beschäftigung zulässig ist.[173] Sofern der Gesetzgeber nicht einzelne Bereiche speziell im AufenthG vorgeregelt hat,[174] kommt dem Verordnungsgeber ein weiter Gestaltungsspielraum zu.[175] Dabei steht ihm auch die Option einer generalisierten Arbeitsmarktöffnung offen, wie sie in § 2 Abs. 3 BeschV für alle Inhaber eines Hochschulabschlusses und in § 6 BeschV unter Einhaltung bestimmter Voraussetzungen auch für Personen mit mittlerer Qualifikation erfolgt ist. Die BeschV regelt zudem, ob die Erteilung des Aufenthaltstitels gemäß dem Grundsatz des § 39 Abs. 1 S. 1 AufenthG von einer Zustimmung durch die Bundesagentur für Arbeit abhängt oder ob von diesem Zustimmungserfordernis abzusehen ist.[176]

Besteht keine Befreiung von dem Zustimmungsvorbehalt, findet auf der zweiten Stufe eine auf den konkreten Arbeitsplatz bezogene Prüfung durch die Bundesagentur für Arbeit statt. Diese Prüfung hat gemäß § 39 Abs. 2 S. 1 Nr. 1 AufenthG sicherzustellen, dass sich durch die Beschäftigung keine nachteiligen Auswirkungen auf den Arbeitsmarkt ergeben und dass für den Arbeitsplatz kein Inländer oder eine Inländern gleichgestellte Person zur Verfügung steht (sog. Vorrangprüfung) oder dass gemäß § 39 Abs. 2 S. 1 Nr. 2 AufenthG die Besetzung der offenen Stellen mit drittstaatsangehörigen Bewerbern arbeitsmarkt- und integrationspolitisch verantwortbar ist. Ferner darf der Drittstaatsangehörige nicht zu ungünstigeren Arbeitsbedingungen als vergleichbare inländische Arbeitnehmer beschäftigt werden, § 39 Abs. 2 S. 1, 2. HS AufenthG.

---

[170] Vgl. *D. Thym*, Migrationsverwaltungsrecht, 2010, S. 143 ff.

[171] Verordnung über die Beschäftigung von Ausländerinnen und Ausländern v. 6.6.2013, BGBl I 2013, 1499, zuletzt geändert durch Verordnung v. 31.7.2016, BGBl. I 2016, 1953.

[172] Allgemein zur Bedeutung gubernativer Rechtsetzung als abstrakt-generelle Stufe im Prozess exekutiver Rechtskonkretisierung *A. v. Bogdandy*, Gubernative Rechtsetzung, 2000, S. 243 ff.

[173] Dabei differenziert § 18 AufenthG in Abs. 3 und 4 danach, ob für die Beschäftigung eine qualifizierte Berufsausbildung notwendig ist. Vgl. im Einzelnen *A. Sußmann*, in: Bergmann/Dienelt (Hrsg.), Ausländerrecht, 11. Aufl. 2016, § 18 AufenthG, Rn. 23 ff. u. 36 ff.

[174] Vgl. Fn. 169.

[175] Zu den verschiedenen Dimensionen verordnungsgeberischer Gestaltungsfreiheit grundlegend *T. v. Danwitz*, Die Gestaltungsfreiheit des Verordnungsgebers, 1989, S. 179 ff.

[176] Vgl. § 39 Abs. 1 AufenthG i. V. m. § 1 Abs. 1 Nr. 1 u. 2 BeschV sowie den Einzelvorschriften der BeschV.

Eine abschließende Entscheidung erfolgt auf der dritten Stufe durch die Ausländerbehörden auf Länder- bzw. Kommunalebene. Diese Entscheidung, im Rahmen derer auch die allgemeinen Erteilungsvoraussetzungen nach § 5 AufenthG geprüft werden, bezieht sich allein auf die migrationsrechtlichen Fragen und steht im Ermessen der Behörde, § 18 Abs. 2 S. 1 AufenthG. Dieses ist unter Berücksichtigung der ermessenslenkenden Zielsetzungen der §§ 1, 18 Abs. 1 AufenthG auszuüben.[177]

Die administrative Rechtserzeugung ist somit nicht allein nach dem Konkretisierungsgrad abgestuft[178] und funktionell nach Arbeits- und Migrationsverwaltung ausdifferenziert, sondern weist zugleich eine föderative Komponente auf, da die Arbeitsverwaltung auf Ebene des Bundes und die Migrationsverwaltung auf Ebene der Länder und Kommunen angesiedelt ist. Während die Migrationsverwaltung gemäß dem sog. „One-Stop-Government"-Ansatz nach außen hin als alleiniger Ansprechpartner für die Antragsteller fungiert, ist das Verfahren in seiner Gesamtheit letztlich als Kopplung mehrerer Verfahrensbeiträge ausgestaltet, die sich nach Konkretisierungsgrad, Funktion und Ebene unterscheiden.[179] Obgleich auch das Recht der Wirtschaftsmigration mittlerweile in Teilbereichen unionsrechtlich geprägt ist,[180] fehlt es, wie eingangs erwähnt, aber an entsprechenden Verkopplungen mit der supranationalen Verwaltung.

b) Horizontale Kopplungen

Die wissenschaftliche Aufarbeitung transnationaler Verwaltungsstrukturen im Bereich des Raums der Freiheit, der Sicherheit und des Rechts ist noch vergleichsweise jung. Das gilt für die (in ihrem Ursprung binnenmarktrechtliche)[181] Rechtsfigur der gegenseitigen Anerkennung[182] ebenso wie für den eng mit ihr

---

177 Vgl. *A. Sußmann*, in: Bergmann/Dienelt (Hrsg.), Ausländerrecht, 11. Aufl. 2016, § 18 AufenthG, Rn. 54 unter Hinweis darauf, dass angesichts des demografischen Wandels sowie des zunehmenden Fachkräftemangels kaum ein öffentliches Interesse an der Zuwanderungsbegrenzung von Fachkräften i. S. d. BeschV bestehen dürfte.

178 Von abstrakt-generell bis konkret-individuell.

179 Vgl. *D. Thym*, Migrationsverwaltungsrecht, 2010, S. 153.

180 Einschlägig ist insbesondere die sog. „Hochbegabten-Richtlinie" (RL 2009/50 v. 25.5. 2009 über die Bedingungen für die Einreise und den Aufenthalt von Drittstaatsangehörigen zur Ausübung einer hochqualifizierten Beschäftigung), die das in § 19a AufenthG umgesetzte Konzept der „Blauen Karte" einführte.

181 EuGH, Urt. v. 20.2.1979, Rs. 120/78 – *REWE-Zentral (Cassis de Dijon)*, Rn. 14. Aus der Literatur *K. Armstrong*, Mutual Recognition, in: Barnard/Scott (Hrsg.), The Law of the Single European Market, 2002, S. 225 ff.; *S. Michaels*, Anerkennungspflichten im Wirtschaftsverwaltungsrecht der Europäischen Gemeinschaft und der Bundesrepublik Deutschlands, 2004, S. 399 ff.; *H. C. Röhl*, Akkreditierung und Zertifizierung im Produktsicherheitsrecht, 2000; S. 38 ff.; *V. Götz*, Der Grundsatz der gegenseitigen Anerkennung im europäischen Binnenmarkt in: FS Jaenicke, 1998, S. 763 ff.

182 Grundlegend jetzt *M. Schwarz*, Grundlinien der Anerkennung im Raum der Freiheit, der Sicherheit und des Rechts, 2016, S. 104 ff. u. 205 ff. Vgl. zuvor *I. Pernice*, Die horizontale Dimension des Europäischen Verfassungsverbundes, in: FS Meyer, 2005, S. 359 ff.; *S. Alegre/*

verbundenen Grundsatz gegenseitigen Vertrauens,[183] der sowohl in der justiziellen Zusammenarbeit in Strafsachen[184] als auch im Asylrecht[185] zunehmend an Bedeutung gewinnt. Gerade im Bereich des Migrationsrechts sind die transnationalen Kopplungen erst in jüngerer Zeit in den Fokus des wissenschaftlichen Interesses gerückt.[186] Die Anwendungsfelder sind indes vielfältig. Unionsrechtlichen Pflichten zur gegenseitigen Anerkennung unterliegen die Mitgliedstaaten etwa in Bezug auf Rückführungsentscheidungen.[187] Im rechtspraktisch zunehmend relevanten Bereich des Daueraufenthaltsrechts für Drittstaatsangehörige[188] wiederum entfaltet die Erteilung eines Aufenthaltstitels durch einen Mitgliedstaat ganz im Sinne des Grundsatzes „Einer für alle" eine transnationale Tatbestandswirkung für alle anderen Mitgliedstaaten.[189] Allerdings ist das diskretionäre Moment hier schwach ausgeprägt.[190] Zusammen finden transnationale Kooperation und diskretionäres Handeln der Verwaltung demgegenüber verstärkt im Visumrecht und im Bereich der transnationalen Zuständigkeitsverteilung in Asylfragen nach dem Dublin-System.

M. Leaf, Mutual Recognition in European Judicial Cooperation, ELJ 10 (2004), S. 200 ff.; *V. Mitsilegas*, The Constitutional Implications of Mutual Recognition in Criminal Matters in the EU, CMLR 43 (2006), S. 1277 ff.; *M. Poiares Maduro*, So Close and Yet So Far: The Paradoxes of Mutual Recognition, JEPP 14 (2007), S. 814 ff.; *M. Böse*, Der Grundsatz der gegenseitigen Anerkennung unter dem Vertrag von Lissabon, in: Ambos (Hrsg.), Europäisches Strafrecht post-Lissabon, 2011, S. 57 ff.; *C. Janssens*, The Principle of Mutual Recognition in EU Law, 2013, S. 213 ff.

[183] *V. Mitsilegas*, The Limits of Mutual Trust in Europe's Area of Freedom, Security and Justice: From Automatic Inter-State Cooperation to the Slow Emergence of the Individual, YEL 31 (2012), S. 319 ff.; *A.-K. Kaufhold*, Gegenseitiges Vertrauen, EuR 2012, S. 408 ff.; *I. Canor*, Solange horizontal – Der Schutz der EU-Grundrechte zwischen Mitgliedstaaten, ZaöRV 2013, 249 (269 ff.); *C. D. Classen*, Gegenseitige Anerkennung und gegenseitiges Vertrauen im europäischen Rechtsraum, in: FS Schwarze 2014, S. 556 ff.

[184] *T. Reinbacher/M. Wendel*, Menschenwürde und Europäischer Haftbefehl, EuGRZ 2016, S. 333 (340 ff.).

[185] *K. Hailbronner/D. Thym*, Vertrauen im europäischen Asylsystem, NVwZ 2012, S. 406 ff.

[186] Grundlegend *J. Bast*, Transnationale Verwaltung des europäischen Migrationsraums, Der Staat 46 (2007), S. 1 (8 ff.). Vgl. sektorspezifisch zudem *D. Thym*, Migrationsverwaltungsrecht, 2010, S. 280 ff. u. 347 ff.; *M. Lehnert*, Frontex und operative Maßnahmen an den europäischen Außengrenzen, 2014, S. 130 ff.

[187] Nach der Richtlinie 2001/40 des Rates v. 28.5.2001 über die gegenseitige Anerkennung von Entscheidungen über die Rückführung von Drittstaatsangehörigen. Gemäß Art. 1 Abs. 1 erstreckt sich die RL aber nur auf die gegenseitige Anerkennung von Ausweisungsentscheidungen, die von einem Mitgliedstaat gegenüber einem Drittstaatsangehörigen erlassen wurden, der sich *in einem anderen Mitgliedstaat aufhält*.

[188] Harmonisiert durch die Richtlinie 2003/109 des Rates v. 25.11.2003 betreffend die Rechtsstellung der langfristig aufenthaltsberechtigten Drittstaatsangehörigen, zuletzt geändert durch Richtlinie 2011/51 des Europäischen Parlaments und des Rates v. 11.5.2011.

[189] *J. Bast*, Transnationale Verwaltung des europäischen Migrationsraums, Der Staat 46 (2007), S. 1 (19).

[190] Ebd., S. 20.

aa) Transnationalität und Spielraumausfüllung am Beispiel des Visumrechts

Das einheitliche Schengen-Visum ist eines der klassischen Beispiele für einen transnationalen Verwaltungsakt.[191] Zudem kommt ihm in der Praxis herausragende Bedeutung zu. Schengen-weit wurden allein im Jahr 2016 knapp 14 Mio. einheitliche Visa für Drittstaatsangehörige ausgestellt, davon allein 1,85 Mio. durch deutsche Konsularbehörden.[192] Ähnlich lauten die Zahlen für das Jahr 2017.[193] Ursprünglich fußte das Schengen-Visum auf Art. 10 des Schengener Durchführungsabkommens (SDÜ). Im Zuge der Fortentwicklung des Schengener Rechts und seiner sukzessiven Überführung in das Unionsrecht wurden die einschlägigen Vorschriften des SDÜ durch den sog. Visa-Kodex (VK)[194] ersetzt.[195] § 6 Abs. 1 und Abs. 2 AufenthG enthalten insoweit lediglich eine dynamische Verweisung.

(1) Das Schengen-Visum als transnationale Verwaltungsentscheidung

Nach Art. 1 Abs. 1 i. V. m. Art. 2 Nr. 3 VK wird das Schengen-Visum durch einen einzigen Mitgliedstaat erteilt, gilt als einheitliches Visum aber grundsätzlich[196] für das gesamte Schengen-Gebiet.[197] Rechtsdogmatisch ist die Ausstellung eines Schengen-Visums durch die Konsularbehörden des nach Art. 5 VK zuständigen Mitgliedstaates demzufolge eine „actio pro unione".[198] Ganz im Sinne des Transnationalitätsmodells entscheidet „einer für alle" [199] auf Grundlage einer transnationalen Verwaltungsentscheidung. Es handelt sich um eine genuine bzw. unmittelbare Form der Transnationalität. Davon zu unterscheiden sind mittelbare

---

[191] Vgl. bereits nach alter Rechtslage unter dem SDÜ *M. Ruffert*, Der transnationale Verwaltungsakt, DV 34 (2001), S. 453 (462); *G. Sydow*, Verwaltungskooperation in der Europäischen Union, 2004, S. 145; *C. Ohler*, Die Kollisionsordnung des Allgemeinen Verwaltungsrechts, 2005, S. 50ff.

[192] Vgl. http://www.schengenvisainfo.com/visa-statistics-2016/ (12.10.2017).

[193] 14,6 Mio. Schengen-Visa insgesamt, davon 1,86 von deutschen Konsularbehörden ausgestellt.

[194] VO 810/2009 des Europäischen Parlaments und des Rates v. 13.7.2009 über einen Visakodex der Gemeinschaft (Visakodex), zuletzt geändert durch den SGK (2016).

[195] Vgl. Art. 56 Abs. 1 VK. Zur Entwicklung *H. Winkelmann*, in: Bergmann/Dienelt (Hrsg.), Ausländerrecht, 11. Aufl. 2016, § 6 AufenthG, Rn. 13.

[196] Anders ist dies nur bei dem auf das Territorium des ausstellenden Staates begrenzten Visum nach Art. 25 VK.

[197] Zum Schengen-Gebiet (vgl. die Erwägungsgründe 31–37 des VK) zählen die Schweiz, Norwegen, Island und Liechtenstein sowie alle EU-Mitgliedstaaten bis auf Irland und das Vereinigte Königreich. Dänemark hat im Falle des VK von seinem Recht auf ein Opt-in Gebrauch gemacht, vgl. indirekt den 5. Erwägungsgrund des Durchführungsbeschlusses der Kommission vom 3.9.2014, C(2014) 6146 final.

[198] Treffend *J. Bast*, Transnationale Verwaltung des europäischen Migrationsraums, Der Staat 46 (2007), S. 1 (12).

[199] Zum Transnationalitätsmodell *G. Sydow*, Verwaltungskooperation in der Europäischen Union, 2004, S. 138ff. sowie bereits S. 86ff.

Formen, zu denen insbesondere die gegenseitige Anerkennung zählt.[200] Dass die Entscheidung zur Erteilung eines einheitlichen Schengen-Visums über den Geltungsbereich der betreffenden nationalen Rechtsordnung hinaus Rechtswirkungen (rechtliche Externalitäten bzw. „Überwirkungen"[201]) entfaltet, geht auf die gewählte Handlungsform der Verordnung zurück, die nach Art. 288 Abs. 2 AEUV allgemeine Geltung in allen Mitgliedstaaten hat.[202] Im Gegensatz zur gegenseitigen Anerkennung bedarf es keines hinzutretenden rechtskonstitutiven Aktes der Anerkennung seitens anderer (anerkennender) Mitgliedstaaten. Die transnationale Rechtswirkung tritt vielmehr ipso iure ein. Mit anderen Worten, die Reichweite des Schengen-Visums perpetuiert den Geltungsbereich ihrer Rechtsgrundlage in Gestalt des Visakodexes.

Konsequenterweise kann das Schengen-Visum gemäß Art. 34 Abs. 1 S. 3 und Abs. 2 S. 3 VK auch von einem anderen Staat als dem Erteilungsstaat annulliert bzw. aufgehoben werden.[203] Aus dieser Rechtsbefugnis hat der EuGH u. a. gefolgert, dass die in Art. 32 Abs. 1 und Art. 35 Abs. 6 VK genannten Gründe für die Visumverweigerung abschließend sein müssen und den Mitgliedstaaten insoweit kein Ermessensspielraum mehr verbleibt, das Visum aufgrund anderer als im VK aufgeführter Gründe zu verweigern.[204] Anderenfalls könnte – weil die Annullierung eines Visums gemäß Art. 34 Abs. 1 VK das Fehlen der Erteilungsvoraussetzungen zum Zeitpunkt der Erteilung voraussetzt[205] – Mitgliedstaat A ein vom Erteilungsmitgliedstaat B ausgestelltes Visum aus Gründen annullieren, die B dem Antragsteller seinerseits nicht entgegenhalten durfte.[206] Anders gesagt, die weit ausgreifende Transnationalität setzt eine hinreichende Uniformität der materiell-rechtlichen Erteilungs- und Ablehnungskriterien voraus. Konsequenterweise sind Abweichungen nur möglich, soweit Visa mit räumlich beschränkter Geltung erteilt werden (Art. 25 VK). Folge der transnationalen Konzeption des einheitlichen Visums ist ferner, dass sich der Verweigerungsgrund der öffentlichen Ordnung und inneren Sicherheit ebenso wie die Wahrung der öffentlichen Interessen auf das gesamte Schengen-Gebiet beziehen.[207]

---

[200] Zur Unterscheidung der beiden Rechtsinstitute eingehend *M. Schwarz*, Grundlinien der Anerkennung im Raum der Freiheit, der Sicherheit und des Rechts, 2016, S. 104 ff. u. 149.

[201] Terminologisch, soweit ersichtlich, erstmals verwendet von *K. Neumeyer*, Internationales Verwaltungsrecht IV – Allgemeiner Teil, 1936 (Nachdr. 1980), S. 295 ff.

[202] Soweit die Rechtsverbindlichkeit des VK für Nicht-EU-Staaten auf völkerrechtlichen Sonderabkommen beruht bzw. umgekehrt eine Bindung für EU-Staaten gerade nicht besteht (vgl. Fn. 197), kann freilich nicht von einer genuinen Transnationalität gesprochen werden, da diese entweder eine abgeleitete ist oder schlicht nicht besteht.

[203] Dies löst transnationale Unterrichtungspflichten aus.

[204] EuGH, 19.12.2013, Rs. C-84/12 – *Koushkaki*, Rn. 44 ff. Vgl. vor Inkrafttreten des VK bereits EuGH, Urt. v. 31.1.2006, Rs. C503/03 – *Kommission/Spanien*, Rn. 37.

[205] Bei einer Aufhebung ist der Grund nachträglich entfallen, Art. 34 Abs. 2 VK.

[206] EuGH, 19.12.2013, Rs. C-84/12 – *Koushkaki*, Rn. 46.

[207] Vgl. *H. Winkelmann*, in: Bergmann/Dienelt (Hrsg.), Ausländerrecht, 11. Aufl. 2016, § 6 AufenthG, Rn. 31 f.

(2) Schengen-Zusammenarbeit vor Ort

Eine derart weitreichende Verantwortung des Einzelnen für das Gesamte setzt notwendigerweise kohärenzstiftende Mechanismen voraus. Indes sind die vertikalen Einflussmöglichkeiten der Kommission im Visumrecht – wie im Migrationsrecht generell – schwächer ausgeprägt als etwa im TK-Recht. Zwar kann die Kommission unter Anwendung des Komitologieverfahrens Durchführungsbestimmungen erlassen und damit in nicht unerheblichem Umfang administrative Vorstrukturierungen vornehmen,[208] die im Anwendungsbereich diskretionärer Normstrukturen zugleich als Ermessensdirektiven fungieren. Auch unterliegen die mitgliedstaatlichen Konsularbehörden zahlreichen Informationspflichten, durch welche die Kommission informatorisch in die Lage versetzt wird, die Mitgliedstaaten bei der Durchführung des Unionsrechts entsprechend zu überwachen.[209] Es fehlt jedoch an vertikalen Ingerenzrechten in Bezug auf die konkret-individuelle Entscheidungsfindung. Eine einzelfallbezogene Einflussnahme der Kommission auf die Spielraumausübung seitens der nationalen Visastellen ist gerade nicht vorgesehen.

Einen Ausgleich hierfür sucht der europäische Gesetzgeber erstens durch eine besondere Dichte an organisations-, verfahrens- und materiell-rechtlichen Vorgaben herzustellen. Erstaunlich detailliert fallen etwa die Anforderungen aus, die das Unionsrecht in Art. 37 ff. VK an Organisation und Ausstattung der nationalen Visastellen in den Auslandsvertretungen stellt. Die Vorschriften reichen bis hin zu sicherheitsmotivierten Vorgaben zur Raumgestaltung und legen den Mitgliedstaaten sogar die Einführung eines personellen Rotationssystems nahe, um Ermüdungserscheinungen und einer damit einhergehenden „Abnahme der Kontrollintensität" vorzubeugen.[210] Vor allem aber werden das Verfahren und die materiell-rechtlichen Voraussetzungen zur Erteilung und zur Annullierung bzw. Aufhebung in allen Einzelheiten durch den VK fixiert. Diese weitreichende unionsgesetzliche Steuerung, die nicht zuletzt in dem abschließenden Charakter der Verweigerungskriterien zum Ausdruck kommt, ist ein grundlegender Beitrag zur Kohärenzsicherung beim dezentralen Vollzug des Visumrechts.

Zweitens normiert der VK eine intensive horizontale Behördenkooperation in Gestalt der sog. „Schengen-Zusammenarbeit vor Ort". Im Rahmen dieser

[208] Art. 52 VK i. V. m. Art. 48 Abs. 1 S. 2, Art. 50 u. Art. 51 VK, wobei letzterer auch (An) Weisungen zur praktischen Anwendung (EN *Operational instructions on the practical application*, FR *instructions relatives à la mise en œuvre pratique*) erlaubt. Innerhalb des betreffenden Mitgliedstaates wiederum können die in der Terminologie des VK „zentrale Stellen" – in Deutschland das Auswärtige Amt – wiederum Vortsrukturierungen vornehmen. Zu den entsprechenden Richtlinien des Auswärtigen Amts vgl. *H. Winkelmann*, in: Bergmann/Dienelt (Hrsg.), Ausländerrecht, 11. Aufl. 2016, § 6 AufenthG, Rn. 35.

[209] Vgl. insbesondere Art. 2 Abs. 2, Art. 8 Abs. 7 und 8, Art. 14 Abs. 4, Art. 22 Abs. 3, Art. 31 Abs. 2, Art. 33 Abs. 5, Art. 40 Abs. 5, Art. 43 Abs. 13 u. Art. 53 Abs. 1 VK.

[210] Vgl. Art. 37 Abs. 1 und 2 VK.

Zusammenarbeit der mitgliedstaatlichen Konsulate kann gemäß Art. 48 Abs. 1 VK zunächst ein einheitliches Vorgehen für bestimmte Bereiche festgelegt werden.[211] Da diese aber sachbereichlich stark eingegrenzt sind,[212] bildet die behördenübergreifende Generierung länder- und ortsspezifischen Wissens den eigentlichen Kern der horizontalen Kooperation. Hierzu unterwirft Art. 48 Abs. 3 VK die mitgliedstaatlichen Konsularbehörden einer umfassenden Verpflichtung zum gegenseitigen Austausch entscheidungserheblichen Wissens. Dabei handelt es sich um Informationen, die namentlich für die Beurteilung von Migrations- und Sicherheitsrisiken relevant sein können und die sich u. a. auf die sozioökonomische Struktur des Gastlandes, die Verwendung gefälschter Dokumente, die Routen der rechtswidrigen Einwanderung oder Fälle erfolgter Visumverweigerung beziehen. Auch Informationsquellen wie Sozial- und Krankenversicherungssysteme sowie Steuer-, Einreise- und Ausreiseregister sollen einbezogen und Kenntnisse ausgetauscht werden.[213] Die hinter dieser informationellen Vernetzung stehende Ratio hat der Unionsgesetzgeber im 18. Erwägungsgrund des VK näher dargelegt. Danach ist die Schengen-Kooperation vor Ort für die einheitliche Anwendung der unionsrechtlichen Rechtsvorschriften und außerdem für eine angemessene Risikoanalyse „von entscheidender Bedeutung". Mit Blick auf die mitunter erheblichen Unterschiede der Gastländer trage die kohärenzstiftende Behördenkooperation ferner zur Verhinderung von „Visa-Shopping" oder Ungleichbehandlungen von Visumantragstellern bei.

(3) Spielraumausfüllung und Schengen-Zusammenarbeit

Von grundlegender Bedeutung ist die Schengen-Zusammenarbeit auch für die Frage der Ausfüllung behördlicher Entscheidungsspielräume. Das hat das BVerwG zutreffend erkannt, als es in seiner Grundsatzentscheidung vom 17. September 2015 den bereits vom EuGH abstrakt vorgegebenen Entscheidungsspielraum der Konsulate bei der Prüfung materiell-rechtlicher Verweigerungsgründe[214] rechtsdogmatisch als (tatbestandlichen) Beurteilungsspielraum in das

---

[211] Genau besehen handelt es sich dabei letztlich um nichts anderes als die Möglichkeit zum Erlass von Durchführungsrechtsakten durch die Kommission im Rahmen des Komitologierverfahrens.

[212] Die für ein einheitliches Vorgehen vor Ort i. S. d. Art. 48 Abs. 1 VK in Betracht kommenden Sachbereiche erstrecken sich jedoch allein auf die Befreiung von der Visumgebühr, Fragen im Zusammenhang mit der Übersetzung des Antragsformulars und die Möglichkeit einer gemeinsamen Liste der vom Gastland ausgestellten Reisedokumente bzw. einer einheitlichen Liste der vom Antragsteller einzureichenden Belege. Als Beispiel für letzteres sei verweisen auf den Durchführungsbeschluss der Kommission vom 3.9.2014 – C(2014) 6146 final – über eine einheitliche Liste der einzureichenden Belege von Antragstellern auf den Kapverdischen Inseln, in Kenia und auf den Philippinen.

[213] Vgl. im Einzelnen Art. 48 Abs. 3 lit. b).

[214] EuGH, 19.12.2013, Rs. C-84/12 – *Koushkaki*, Rn. 56 ff.

deutsche Recht übersetzte und damit die administrative Rechtskonkretisierung durch eine Absenkung der gerichtlichen Kontrolldichte auch teilweise gegenüber der Judikative abschirmte.[215]

Die in Art. 32 Abs. 1 und Art. 35 Abs. 6 VK aufgeführten Verweigerungsgründe räumen wegen ihres abschließenden Charakters den prüfenden Behörden zwar kein Ermessen auf Rechtsfolgenseite ein,[216] eröffnen aber einen Beurteilungsspielraum auf Tatbestandsseite, der nur eingeschränkt gerichtlich überprüfbar ist. Das folgt freilich noch nicht aus dem Umstand, dass der EuGH den – unionsrechtlich unspezifischen – Begriff des „Beurteilungsspielraumes" verwendet.[217] Der Gerichtshof stellt aber heraus, dass die Beurteilung der individuellen Situation eines Antragstellers „mit komplexen Bewertungen verbunden" ist, die sich u.a. auf die Persönlichkeit des Antragstellers, seine Integration in dem betreffenden Drittland, die politische, soziale und wirtschaftliche Lage dieses Landes sowie etwaige einreisebedingte Gefahren beziehen.[218] Erforderlich sind nicht nur prognostische Erwägungen über das künftige Verhalten des Betroffenen, sondern auch vertiefte Kenntnisse über das Gastland, ferner die Überprüfung zahlreicher Dokumente sowie die Glaubhaftigkeit der Aussagen des Antragstellers.[219] Der EuGH hat diese Argumentation mittlerweile auf den Bereich des – richtliniengestützten – Einwanderungsrechts übertragen und zugleich klargestellt, dass der den nationalen Visabehörden zuerkannte „weite" Beurteilungsspielraum nur eingeschränkter gerichtlicher Kontrolle unterliegen darf.[220]

Während der EuGH die Annahme des Beurteilungsspielraumes also in erster Linie auf die Komplexität und den prognostischen Charakter der Einzelfallprüfung stützt, die ortspezifische Spezialkenntnisse erfordert, stellt das BVerwG einen *föderativen Sachgrund* in das Zentrum seiner Argumentation.[221] Danach findet der gerichtlich nur eingeschränkt überprüfbare Beurteilungsspielraum

---

[215] BVerwG, Urt. v. 17.9.2015, 1 C 37/14, NVwZ 2016, 161, Rn. 20 (juris). Die Frage war zuvor auf unterinstanzlicher Ebene (d.h. hier: innerhalb des für auswärtige Fragen örtlich zuständigen VG Berlin) umstritten. Einen Überblick über den Streitstand gibt VG Berlin, Urt. v. 4.11.2014, 28 K 355/13 V, Rn. 18 (juris) m.w.N. Während sich insbesondere die 24. Kammer des VG Berlin mit Urt. v. 18.11.2014, 24 K 33.14 V, Rn. 26 ff. (juris) gegen die Annahme eines administrativen Entscheidungsspielraumes aussprach, entschied das OVG Berlin/Brandenburg mit Urt. v. 19.11.2014, OVG 6 B 20/14, Rn. 22 ff. (juris) in der Folge aber im Ergebnis überzeugend im Sinne der Annahme eines tatbestandlichen Beurteilungsspielraumes.

[216] D.h. die Behörde darf den Visumantrag in Ermangelung eines Verweigerungsgrundes nicht ablehnen, vgl. EuGH, 19.12.2013, Rs. C-84/12 – *Koushkaki*, Rn. 26–55.

[217] Ebd., Rn. 60 f. Trotz der Bezeichnung als „Beurteilungsspielraum" wurde der Entscheidungsspielraum vom EuGH nicht weiter rechtsdogmatisch klassifiziert. Wie bereits mehrfach hervorgehoben, ist dem Unionsrecht eine kategoriale Unterscheidung zwischen tatbestandlichem Beurteilungsspielraum und rechtsfolgenseitigem Ermessen fremd, vgl. S. 45 ff.

[218] EuGH, Urt. v. 19.12.2013, Rs. C-84/12 – *Koushkaki*, Rn. 56.

[219] Ebd., Rn. 57.

[220] EuGH, Urt. v. 4.4.2017, Rs. C-544/15 – *Fahimian*, Rn. 41–46.

[221] Das übersieht VG Berlin, Urt. v. 18.11.2014, 24 K 33/14 V, Rn. 26 ff. (juris), das ansons-

seine Rechtfertigung in der behördlichen Schengen-Zusammenarbeit vor Ort, die sowohl für die Einheitlichkeit der mitgliedstaatlich-dezentral vollzogenen Visumpolitik als auch zur Vermeidung von Ungleichbehandlungen und Visum-Shopping erforderlich ist. Wären die einzelstaatlichen Gerichte ermächtigt, im Nachhinein ihre eigene Bewertung umfänglich an die Stelle der behördlichen Beurteilung zu setzen, würden die transnationale Zusammenarbeit und die damit unionsrechtlich bezweckten Kooperations- und Koordinationseffekte als Grundlage der Entscheidungsfindung konterkariert:

„Wenn die örtlich abgestimmte Anwendung der Vorschriften aus dem Visakodex durch die Auslandsvertretungen der Schengen-Staaten und die sich daraus ergebenden Bewertungen hinsichtlich der Rückkehrbereitschaft durch die eigenen Bewertungen der mitgliedstaatlichen Gerichte ersetzt würden, würde dies eine einheitliche Anwendung des europäischen Visumrechts unmöglich machen bzw. erheblich erschweren. Die Einräumung eines Beurteilungsspielraums ist daher auch notwendig, um dem im 18. Erwägungsgrund des Visakodex genannten Ziel, eine einheitliche Anwendung der Visumvorschriften sicherzustellen, zur praktischen Wirksamkeit (‚effet utile') zu verhelfen"[222]

Aus der administrativen Handlungsperspektive betrachtet, haben die mitgliedstaatlichen Konsularbehörden bei der Ausfüllung des ihnen eingeräumten Beurteilungsspielraums ausdrücklich der föderativen Zweckbestimmung dieses Spielraums Rechnung zu tragen: Sie müssen die Entscheidung unter Einbeziehung der – vor allem informationellen – Kooperationsbeiträge der anderen Behörden treffen. Im Gegensatz zum TK-Recht gibt es dabei kein Verfahren, das den anderen Konsularbehörden etwa ein Stellungnahmerecht im Hinblick auf die visabezogenen Einzelfallentscheidungen einräumen würde, was angesichts des Charakters des Visumrechts als Massenverwaltung auch nicht praktikabel wäre. Die Kooperation ist vielmehr auf die der konkreten Entscheidungsfindung vor- und nachgelagerten Prozesse der Wissensproduktion bezogen, aus der die Entscheidungsfindung durch die jeweils zuständige Visabehörde schöpfen muss.

bb) Transnationalität und Spielraumausfüllung am Beispiel des Dublin-Systems

Deutlich ausgeprägt sind transnationale Verwaltungsstrukturen auch im Dublin-System, das in seinen Grundzügen bereits vorgestellt wurde[223] und als migrationsrechtlicher Referenzbereich im Mittelpunkt des nachfolgenden Kapitels stehen wird. Zuvor sei lediglich ein Blick auf die besondere Verbindung von transnationaler Verkopplung und behördlicher Spielraumausfüllung geworfen.

---

ten jedenfalls dahingehend zu überzeugen vermag dass Komplexität allein noch keinen hinreichenden Sachgrund für eine Reduktion der Kontrolldichte darstellt.

[222] BVerwG, Urt. v. 17.9.2015, 1 C 37/14, NVwZ 2016, 161, Rn. 20 (juris).

[223] Vgl. S. 129ff.

(1) Transnationalitätsmodus

Das heute auf der Dublin-III-Verordnung[224] beruhende System betrifft als Teil des Gemeinsamen Europäischen Asylsystems die Zuständigkeitsverteilung für die Prüfung von Asylanträgen.[225] Ausgehend von der Idee eines einheitlichen europäischen Asylraumes begründet das Dublin-System eine lückenlose Zuständigkeitsordnung, die supranational normiert und national vollzogen wird.[226] Für sie gilt der Grundsatz, dass innerhalb des Dublin-Raumes ein Antrag auf internationalen Schutz nur von einem einzigen, nach der Dublin-III-VO zuständigen Mitgliedstaat geprüft wird (Art. 3 Abs. 1 S. 2 Dublin-III-VO). Auch hier ist das Prinzip „einer für alle" der prägende Transnationalitätsmodus.[227] Für die an Dublin beteiligten Staaten tritt er an die Stelle der kaum entwickelten internationalen Ordnung, in der die Vertragsparteien der Genfer Flüchtlingskonvention (GFK) nicht an die Feststellungen der anderen Staaten mit Blick auf den Flüchtlingsschutz gebunden sind.[228] Dabei setzt das Dublin-System allerdings nicht bei einer gegenseitigen Anerkennung bzw. einer transnationalen Wirkung der asylrechtlichen Sachentscheidung an, sondern ermöglicht eine transnationale Verfahrenspräklusion,[229] d. h. die Verweigerung des Zugangs zum Asylverfahren, wenn bereits ein Verfahren durch einen Dublin-Staat durchgeführt wurde. Das deutsche Asylrecht spiegelt dies in § 71a AsylG wider.

Auch im Dublin-System wird die Verantwortung des Einzelnen für das Gesamte durch zahlreiche Vorschriften zur transnationalen Behördenkooperation eingefangen. Der durch die dezentrale Anwendung der Dublin-Kriterien als zuständig bestimmte Mitgliedstaat ist erst nach Durchlaufen eines transnationalen Kooperationsverfahrens zur Aufnahme bzw. Wiederaufnahme der betreffenden Antragsteller verpflichtet. Hierzu stellt die Dublin-III-VO detaillierte Regelungen über die behördliche Zusammenarbeit hinsichtlich der Aufnahme und Wiederaufnahme (Art. 21–25) und Überstellung in den zuständigen Staat (Art. 29–33) auf. In ihrer Intensität geht die Behördenkooperation hier schon allein deshalb über die soeben im Bereich des Visumrechts dargestellte hinaus, weil im Rahmen des praktisch hoch relevanten Aufnahme- bzw. Wie-

[224] Verordnung 604/2013 des Europäischen Parlaments und des Rates v. 26.6.2013 zur Festlegung der Kriterien und Verfahren zur Bestimmung des Mitgliedstaats, der für die Prüfung eines von einem Drittstaatsangehörigen oder Staatenlosen in einem Mitgliedstaat gestellten Antrags auf internationalen Schutz zuständig ist (Neufassung).

[225] Der Begriff „Asylantrag" wird hier im weiteren Sinne, d. h. im Sinne eines Antrages auf internationalen Schutz verwendet.

[226] Im Einzelnen *J. Bergmann*, Das Dublin-Asylsystem, ZAR 2015, S. 81 ff.; *C. Filzwieser/ A. Sprung*, Dublin III-Verordnung, 2014, S. 21 ff.; *M. Funke-Kaiser*, in: GK-AsylVfG, § 27a (103. EGL, Mai 2015), Rn. 23–286; *R. Marx*, AsylVfG, Kommentar, 8. Aufl. 2014, § 27a, Rn. 3 ff.

[227] Vgl. zum Transnationalitätsmodus abermals *G. Sydow*, Verwaltungskooperation in der Europäischen Union, 2004, S. 123, 138 ff.

[228] *J. Bast*, Transnationale Verwaltung des europäischen Migrationsraums, Der Staat 46 (2007), S. 1 (24).

[229] Treffend ebd., S. 24.

deraufnahmeverfahrens sowohl der ersuchende Staat A[230] als auch der ersuchte Staat B[231] beteiligt sind. Die eigentliche Zuständigkeitsbegründung erfolgt hier grundsätzlich erst durch die Annahme des Ersuchens seitens B,[232] wenn nicht seine Zuständigkeit durch Fristablauf fingiert wird.[233] Anders gesagt, die Zuständigkeitsbestimmung nach der Dublin-III-VO setzt eine direkte und anlassbezogene länderübergreifende Zusammenarbeit voraus. Ergänzt werden diese verfahrensrechtlichen Kooperationserfordernisse um ein besonderes Schlichtungsverfahren für zwischenstaatliche Streitfälle (Art. 37) und allgemeine Vorgaben für die Verwaltungskooperation (Art. 34–37). Vergleichbar dem Visumrecht legt der Unionsgesetzgeber hier großen Wert auf einen intensiven Informationsaustausch. Eine weitere Parallele zum Visumrecht besteht in den fehlenden Ingerenzrechten der Kommission bei gleichzeitiger Rechtsmacht zum Erlass von Durchführungsmaßnahmen.[234]

(2) Auswirkungen auf die Spielraumausfüllung

Es wurde bereits dargelegt, dass die Anwendung der materiellen Dubliner Zuständigkeitskriterien eine überproportionale und damit die primärrechtliche Vorgabe gerechter Verantwortungsteilung (Art. 80 AEUV) verfehlende Inpflichtnahme der Mitgliedstaaten mit EU-Außengrenze bedeuten würde.[235] Bei der gegenwärtigen Weltlage zuständig wären vor allem die Mitgliedstaaten an der südöstlichen Peripherie der EU, in welche die meisten Fluchtrouten aus Drittstaaten führen. Dass kriterienbasierte und tatsächliche Zuständigkeitsverteilung gleichwohl häufig auseinanderfallen und etwa Deutschland in den vergangenen Jahren hunderttausende Asylanträge geprüft hat, ohne hierfür nach dem materiellen Kriterienkatalog zuständig gewesen zu sein, geht – abgesehen von der ebenfalls häufigen Zuständigkeitsbegründung qua Fristablauf[236] – in erster Linie auf das mitgliedstaatliche Selbsteintrittsrecht in Art. 17 Abs. 1 Dublin-III-VO zurück. Die Norm räumt jedem Mitgliedstaat Ermessen dahingehend ein, einen bei ihm gestellten Asylantrag in der Sache zu prüfen, auch wenn nach dem Kriterienkatalog der Dublin-III-VO ein anderer Mitgliedstaat zustän-

[230] D. h. der Staat, der aufgrund der Prüfung der Dublin-Kriterien zu dem Ergebnis kommt, nicht selbst für die Sachprüfung zuständig zu sein, Art. 21 bzw. Art. 23 f. Dublin-III-VO.

[231] Der vom ersuchenden Staat für zuständig gehaltene Staat.

[232] Art. 22 Abs. 1 u. Art. 25 Abs. 1 Dublin-III-VO.

[233] Art. 22 Abs. 7 u. Art. 25 Abs. 2 Dublin-III-VO. Umgekehrt wird der ersuchende Staat zuständig, wenn er das Ersuchen nicht innerhalb eines bestimmten Zeitraums stellt, Art. 21 Abs. 1 S. 3 u. Art. 24 Abs. 3 Dublin-III-VO.

[234] Vgl. insbesondere Art. 21 Abs. 3, Art. 22 Abs. 3, Art. 23 Abs. 4 u. Art. 24 Abs. 5 sowie Art. 8 Abs. 6 u. Art. 16 Abs. 4, wenn es sich bei den Antragstellern um Minderjähriger oder abhängige Personen handelt. Auch hier kommt ein Komitologieverfahren zur Anwendung, vgl. Art. 44 Dublin-III-VO.

[235] Vgl. S. 129 ff.

[236] Insbesondere nach Art. 21 Abs. 1 Dublin-III-VO, Art. 23 Abs. 2 und Abs. 3 Dublin-III-VO und Art. 29 Abs. 1 und Abs. 2 Dublin-III-VO.

dig wäre. Der Selbsteintritt begründet die Zuständigkeit des betreffenden Mitgliedstaates mit transnationaler Wirkung für alle anderen Mitgliedstaaten mit der Folge, dass diese dem Antragsteller einen (weiteren) Zugang zum Asylsystem verweigern können.[237] Die Zuständigkeitsbegründung qua Selbsteintritt setzt gemäß Art 17 Abs. 1 UAbs. 2 und 3 Dublin-III-VO transnationale Informationspflichten in Gang. Ansonsten indiziert das bewusste Fehlen jeglicher materiellrechtlicher Kriterien für die Aktivierung von Art. 17 Abs. 1 Dublin-III-VO,[238] dass die Mitgliedstaaten das Selbsteintrittsrecht zu unterschiedlichsten Zwecken nutzen können.[239] Das bedeutet aber gerade nicht, dass ein Mitgliedstaat bei der Ausübung des Selbsteintrittsermessens aus dem System transnationaler Behördenkooperation, das durch die Dublin-III-VO konstituiert wird, herausfallen würde. Trotz der klassischen Bezeichnung als „Souveränitätsklausel" handelt es sich bei dem Selbsteintrittsrecht gerade nicht um einen Ausdruck bzw. Reflex nationaler Regelungshoheit außerhalb des unionsrechtlichen Rechtsrahmens.[240] Dementsprechend kann die Ausübung des Selbsteintrittsrechts nicht nur an grund- und menschenrechtliche Grenzen, sondern auch systemimmanente Grenzen stoßen, die in der Sicherung transnationaler Behördenkooperation bzw. – allgemeiner – föderativen Grundsätzen wie der loyalen Zusammenarbeit dienen. Damit ist bereits die Frage nach Spielraumgrenzen aufgeworfen, die den Gegenstand des folgenden Kapitels bildet.

IV. Fazit

Die konzeptionellen Herausforderungen der Spielraumausfüllung im Mehrebenensystem sind im Kern solche der Ebenenverschränkung bzw. Ebenenkopplung. Im Ausgangspunkt vollzieht die Verwaltung der einen Ebene das Recht einer anderen bzw. mehrerer Ebenen. Ist sie im Bereich diskretionären Verwaltungshandelns hierbei mit ebenenfremden Verwaltungseinheiten föderativ verkoppelt, wird die administrative Rechtsproduktion, aus der Handlungsperspektive der Verwaltung betrachtet, zur Verbundaufgabe. Umgekehrt unterliegt die Verwaltung mitunter föderativ motivierten Entkopplungserfordernissen, die sie gerade im Falle einer geringen legislativen Vorsteuerung vor bestimmten (politischen) Einflüssen bei der gestaltenden Rechtskonkretisierung immunisieren sollen.

237 Was aber nicht ausschließt, dass ein anderer Mitgliedstaat ebenfalls von seinem Selbsteintrittsrecht Gebrauch macht.

238 Vgl. EuGH, Urt. v. 30.5.2013, Rs. C-528/11, *Halaf*, Rn. 36.

239 Nach dem Vorschlag der Kommission v. 4.5.2016, COM(2016) 270 final, würde der Anwendungsbereich der Klausel (Art. 19 des Entwurfs) erheblich verengt und fortan nur noch Fragen der Familienzusammenführung im weiteren Sinne umfassen. Auch wäre ein Rückgriff auf das Selbsteintrittsrecht ausgeschlossen, wenn zuvor bereits ein zuständiger Staat bestimmt wurde.

240 Weswegen der EuGH auch die Anwendbarkeit der GRCh bejaht, vgl. EuGH, Urt. v. 21.12.2011, verb. Rs. C411/10 u. C493/10 – *N.S. u.a.*, Rn. 64–69.

1. Verkopplung: Spielraumausfüllung als Verbundaufgabe

Die Besonderheit des TK-Rechts besteht unter diesem Blickwinkel darin, dass beide Faktoren zusammen auf die nationalen Regulierungsbehörden einwirken. Die Herauslösung aus dem nationalen Interessenpartikularismus und die gleichzeitige Eingliederung in einen mehrdimensionalen Verbund mit der Fähigkeit zum vertikalen und horizontalen Interessenausgleich verleihen der Regulierungsverwaltung ihre im Gefüge des Mehrebenensystems besondere Stellung als funktionell nationale und europäische Verwaltung mit regulatorischem Gestaltungsauftrag: Den Vorgaben des Völker- und Unionsrechts folgend, ist die BNetzA sowohl als unabhängige Verwaltungsbehörde ausgestaltet (entkoppelt) als auch in einen horizontalen wie vertikal eng verwobenen Regulierungsverbund eingebunden (verkoppelt). Im Migrationsrecht dominieren demgegenüber Formen der horizontalen Verkopplung. Die transnationale Dimension der Spielraumausfüllung zeigt sich hier besonders plastisch in den Beurteilungsspielräumen der nationalen Konsularbehörden im Visumrecht sowie dem Selbsteintrittsermessen im Rahmen des Dublin-Systems. Neben der Auswirkung transnationaler Behördenkooperation auf die Spielraumausfüllung sind insbesondere die extraterritorialen Effekte diskretionären Verwaltungshandelns zu berücksichtigen.

a) Vertikale Konkretisierungsstufen und Einwirkungsmodi

Der Prozess administrativer Rechtskonkretisierung verläuft vom Abstrakten zum Konkreten hin. Ein föderatives Moment tritt hinzu, wenn die Konkretisierungsstufen formell auf unterschiedliche Rechtsebenen verteilt, aber funktional miteinander verzahnt sind. So können der ermessensbasierten Einzelfallentscheidung einer nationalen Behörde exekutive Vorstrukturierungen mittleren Abstraktionsgrades vorgelagert sein, die auf einer anderen Rechtsebene erlassen wurden. Im ebenenübergreifenden Verhältnis von supranationaler und nationaler Verwaltung ist das klassische Instrument der Erlass von Durchführungsrechtsakten nach Art. 291 Abs. 2 AEUV, wie die Beispiele des Visum- und Dublin-Rechts illustrieren. Gleichwohl bleibt der Einfluss der supranationalen Exekutive auf den nationalen Normvollzug im Migrationsrecht vergleichsweise begrenzt. Stärker fällt er im TK-Regulierungsrecht aus. Hier nimmt die Kommission abstrakt-generelle Vorstrukturierungen in Gestalt von Empfehlungen und Leitlinien vor, welche die Spielraumausfüllung durch die nationalen Regulierungsbehörden kanalisieren und ein Mindestmaß an Kohärenz bezwecken. Zwar sind diese Instrumente nicht rechtsverbindlich, erlangen aber durch qualifizierte Berücksichtigungspflichten eine in der Praxis herausragende Bedeutung. Dabei ist die Befugnis zur administrativen Vorstrukturierung abstrakt-genereller Art im TK-Recht nicht allein der supranationalen Ebene vorbehalten, wie der neue § 15a TKG mit Blick auf die dort niedergelegte Kompetenz der

BNetzA zum Erlass von Regulierungskonzepten zeigt. Auf der untersten Stufe der Normkonkretisierung erfolgt schließlich die konkrete Einzelfallentscheidung. Im europäischen Regulierungsverbund ist die konkret-individuelle Rechtskonkretisierung qua spielraumbasierter Regulierungsverfügung primär der nationalen Verwaltung vorbehalten. Aber auch hier gilt keine Ebenenexklusivität, da die Kommission im Wege von Stellungnahmen und in Teilbereichen sogar per Veto-Entscheidung in den Prozess der konkret-individuellen Entscheidungsfindung vertikal eingreifen kann. Diese Ingerenzrechte sollen sicherstellen, dass eine supranationale Interessenartikulation bei der exekutiven Rechtsproduktion auch auf der unteren Konkretisierungsstufe möglich wird, worin abermals die föderative Zwecksetzung zutage tritt. Vergleichbare Ingerenzrechte kennt das Migrationsrecht bis dato nicht.

Was die Intensität der vertikalen Verfahrensbeiträge anbelangt, hält das TK-Recht einen ausdifferenzierten Instrumentenkasten bereit, der von „weitestgehend" zu berücksichtigenden Empfehlungen, Leitlinien und Stellungnahmen bis hin zu rechtsverbindlichen Veto- bzw. Entscheidungsrechten reicht. Die Pflicht zur weitestgehenden Berücksichtigung reicht als Beachtlichkeitsvorgabe zwar nicht an eine Rechtsbindung heran, entfaltet gleichwohl aber für die Rechtspraxis eine herausragende Bedeutung. Sie verlangt im Kern eine dialogische Offenheit für die Einbeziehung ebenenfremder Interessen und Belange. Die durch die Einhaltung der Berücksichtigungspflichten generierte Perspektivenpluralität der Entscheidungsfindung wird durch den diskretionären Rahmen abgesichert. Die Spielraumausfüllung ist dementsprechend an diesem spezifisch föderativen Zweck auszurichten. Wenn das BVerwG die typusprägende Offenheit der regulatorischen Entscheidungsfindung durch eine gesetzliche Vermutungsregel umzusetzen versucht, wird damit nicht nur ein praktisch wichtiges Regel-Ausnahmeverhältnis statuiert, sondern über die damit verbundenen Begründungspflichten der Verwaltung zugleich der Anknüpfungspunkt für eine effektive (wenn auch in ihrer Kontrolldichte reduzierte) gerichtliche Kontrolle geschaffen. Gleichwohl ist die in der Rechtsfigur angelegte Schematisierung nicht unproblematisch, weil sie dem dialogischen Element der Rechtskonkretisierung nicht hinreichend Rechnung trägt. Die intensivste Form der vertikalen Einflussnahme ist der Durchgriff der Kommission qua Beschluss, der freilich als konstruktives Vetorecht an die Pflicht zur Unterbreitung von Änderungsvorschlägen genknüpft ist.

b) Horizontale Konkretisierungsbeiträge und Einwirkungsmodi

Die Verwaltung kann bei der Spielraumausfüllung aber auch in transnationale Verwaltungsstrukturen eingebunden sein. Im Migrationsrecht sind diese Strukturen als Teil des Raums der Freiheit, der Sicherheit und des Rechts besonders ausgeprägt. Hier kommt insbesondere das Instrument der transnationalen Verwaltungsentscheidung zum Einsatz, mit der ein Mitgliedstaat eine *ipso iure* für alle anderen Mitgliedstaaten wirkende Entscheidung fällt. So wird das Schengen-Visum von der Auslandsvertretung eines Mitgliedstaats ausgestellt, gilt als einheitliches Visum aber für das gesamte Schengen-Gebiet. Eine solch weitreichende Wirkung des Einzelnen für das Ganze setzt ein Mindestmaß an Abstimmung und Kohärenz voraus. Diese werden im Visumrecht – neben dem hohen Grad an legislativer Regelungsdichte – auf exekutiver Seite namentlich durch die Schengen-Zusammenarbeit vor Ort hergestellt. Der gerichtlich nur eingeschränkt überprüfbare Beurteilungsspielraum bei der behördlichen Prüfung von visabezogenen Verweigerungsgründen findet nach zutreffender Auffassung des BVerwG seinen Grund in dieser transnationalen Behördenkooperation, welche einerseits die Einheitlichkeit der mitgliedstaatlich-dezentral vollzogenen Visumpolitik absichert und andererseits Ungleichbehandlungen und Visum-Shopping vermeidet. Dieser föderativen Zweckbestimmung Rechnung zu tragen, heißt die Entscheidung unter Einbeziehung der Kooperationsbeiträge anderer Auslandsvertretungen zu treffen, die im Kern auf die der konkreten Entscheidungsfindung vor- und zugleich nachgelagerten Prozesse der Wissensproduktion bezogen sind. Dass die Verantwortung des Einzelnen für das Gesamte im Rahmen der Ermessensausübung durch Vorgaben zur transnationalen Behördenkooperation einzufangen ist, zeigt sich deutlich auch im Dublin-System.

Anders, obgleich ebenfalls intensiv, stellt sich die horizontale Vernetzung der Verwaltung im Bereich des TK-Regulierungsrechts dar. Hier sind die Regulierungsbehörden wechselseitig und dialogisch mittelbar in den diskretionären Rechtskonkretisierungsprozess ihrer jeweiligen Pendants eingebunden. Mitgliedstaatliche Regulierungsbehörden haben ihre Entwürfe zu konkret-individuellen Regulierungsmaßnahmen den jeweils anderen Regulierungsbehörden zu notifizieren und deren Stellungnahmen weitestgehend zu berücksichtigen. Mit Blick auf die Qualität der Berücksichtigungspflicht gilt das oben Gesagte. Ein zentrales Merkmal ist zudem die Wechselseitigkeit dieser Pflicht, die ein typisches Dialogelement im Rahmen eines nicht-hierarchisch strukturierten Mehrebenensystems darstellt. Der europäische Regulierungsverbund reicht aber über wechselseitige Verfahrensinputs der einzelnen Regulierungsbehörden hinaus. Als zentralen Knoten des transnational ausgreifenden Netzwerks konstituiert er das GEREK, welches die Interessen der nationalen Regulierer auf Unionsebene mediatisiert und als transnationales Gremium auf die Spielraumausfüllung durch die nationalen Regulierungsbehörden einwirkt.

c) Verbunddimension

Sind vertikale und horizontale Formen der Behördenkooperation funktional aufeinander bezogen, emergiert aus dem ebenenübergreifenden Zusammenwirken der Verwaltungsbehörden eine umfassende Verbundstruktur, die auch die diskretionären Normbereiche prägt. Demgemäß formt das im TK-Recht zentrale Art. 7/7a-Verfahren den regulatorischen Gestaltungsauftrag der Verwaltung letztlich als Verbundaufgabe aus. Die nationale Regulierungsverwaltung hat im Zuge der Spielraumausfüllung vertikale, horizontal mediatisierte und rein horizontale Verfahrensbeiträge in einem auf wechselseitige Berücksichtigung und Perspektivenvielfalt ausgerichteten Entscheidungsprozess zu verarbeiten. Die administrative Spielraumausfüllung durch die nationale Verwaltung wird in dieser Weise durch eine verfahrensrechtlich abgesicherte Möglichkeit der Interessenartikulation gleichermaßen horizontal wie vertikal eingefangen. Die gegenüber dem Regulierungsadressaten ergehende Entscheidung bildet lediglich den Abschluss eines mehrstufigen Rechtskonkretisierungsprozesses, der Verfahrensbeiträge aus unterschiedlichen Rechtsebenen zusammenführt.

2. *Entkopplung als negatives Steuerungsinstrument*

Entfaltet das legislativ gesetzte Recht eine nur begrenze Steuerungskraft, soll das diskretionäre Handeln der Verwaltung gleichwohl in bestimmten Bahnen gehalten werden, kommen neben der abstrakt-generellen Vorstrukturierung durch die Exekutive insbesondere organisations- und verfahrensrechtliche Regelungen als Steuerungsfaktor in Betracht. Dies gilt hauptsächlich dort, wo die Verwaltung einer Ebene einem spezifischen, ebenenimmanenten Einfluss gegenüber abgeschirmt werden soll. Im Bereich des binnenmarktrechtlich radizierten Regulierungsrechts etwa sollen die nationalen Regulierungsbehörden insbesondere vor dem politischen Kräftefeld auf nationaler Ebene und dem damit ggf. einhergehenden nationalen „Bias" in Gestalt einer latenten Bevorzugung inländischer Unternehmen abgeschirmt werden. Das Entkopplungserfordernis entfaltet eine „negative" Steuerungswirkung in dem Sinne, dass es bestimmte Steuerungsfaktoren bewusst ausschließt.

a) Entkopplung und Unabhängigkeit

Die Entkopplung wird durch Formen administrativer Unabhängigkeit hergestellt. Zwischen dem Rechtsinstitut des administrativen Entscheidungsspielraumes und der administrativen Unabhängigkeit bestehen innere Zusammenhänge, aber auch grundlegende Unterschiede. Zunächst kommt ein administrativer Entscheidungsspielraum einer doppelten Unabhängigkeit bei der Rechtskonkretisierung gleich, nämlich sowohl gegenüber der Legislative als auch gegenüber der Judikative. Davon abgesehen geht das Konzept administrativer Unabhängigkeit aber weit über die Frage der Rechtskonkretisierung hinaus und umfasst unterschiedlichste Formen der Entkopplung von Rechtfertigungs- und Verantwortungszusammenhängen. Aus administrativer Unabhängigkeit lässt sich nicht zwingend auf einen Entscheidungsspielraum schließen, während ein

Entscheidungsspielraum umgekehrt nur in begrenztem Umfang Rückschlüsse auf Art und Umfang administrativer Unabhängigkeit erlaubt. Beide Konzepte stehen folglich nicht in einem Konditionalitätsverhältnis zueinander, können sich aber wechselseitig ergänzen. Eine solche Komplementarität herrscht im Regulierungsrecht im Hinblick auf die Verwirklichung des Gestaltungsauftrags der Regulierungsverwaltung vor.

b) Abschirmungsfunktion

Administrative Unabhängigkeit kennt unterschiedliche Formen. Sie kann u.a. unmittelbar auf den Prozess der Spielraumausfüllung gerichtet sein. Im Falle des TK-Rechts soll die Verwaltung gerade dort, wo ihr der Gesetzgeber einen weit gefassten Gestaltungsspielraum gewährt, von bestimmten, die Spielraumausfüllung beeinflussenden Faktoren abgekoppelt werden. Angesichts der ehemaligen Monopolstruktur wurde im TK-Recht deshalb zunächst eine Abschirmung der Verwaltung gegenüber den marktbeherrschenden für notwendig erachtet, die häufig weiterhin im Besitz der Mitgliedstaaten waren bzw. sind. Dem Regulierungsauftrag gegenläufige Interessen, wie etwa die finanzielle Wertschöpfung, sollen nicht in die Ausübung der regulatorischen Gestaltungsbefugnisse hineinwirken. Die Vorgabe funktioneller Unabhängigkeit findet sich dabei auf allen drei Rechtsebenen, angefangen beim völkerrechtlichen Basistelekommunikationsabkommen im Rahmen des GATS, über die unionsrechtliche Rahmenrichtlinie bis hin zu Art. 87f GG.

Von entscheidender Bedeutung aber ist die politische Unabhängigkeit der Regulierungsbehörden. Sie ist unter dem Gesichtspunkt der Spielraumausfüllung die wichtigste Entkopplungsform des Regulierungsrechts, da sie (sachlich indes nicht unbegrenzt) die binnenhierarchische Rückbindung der Regulierungsverwaltung an die politische Leitungsebene der Gubernative durchbricht. Der Unionsgesetzgeber setzt die nationale Regulierungsverwaltung als Instrument einer bedarfsorientiert-flexiblen Regulierungsstrategie ein und entzieht sie dabei bewusst dem innerstaatlichen politischen Kräftefeld. Die Regulierer sollen bei der Ausfüllung der ihnen rechtsnormativ eingeräumten Entscheidungsspielräume nicht dem (politischen) Zugriff durch die nationale Gubernative unterliegen. Da die Regulierer speziell aus dem innerstaatlichen politischen Prozess herausgeöst werden sollen, beruht das Entkopplungsgebot letztlich auf einem föderativen Schutzzweck. Es geht um eine Entkopplung von nationalen bzw. lokalen Partikularinteressen, die als ebenenspezifische Voreingenommenheiten nicht in den diskretionär geprägten Gestaltungsauftrags der Verwaltung hineinwirken sollen. Damit sichert die Entkopplung vom nationalen politischen Prozess nicht nur die Neutralität und fachlich-inhaltliche Güte der Regulierungsentscheidungen, sondern auch das *europäische Mandat* bzw. die Europafunktion der nationalen Regulierungsverwaltung ab.

3. Ent- und Verkopplung als Legitimationsfallen?

Verkopplung und Entkopplung werfen die Frage nach Zurechnungszusammenhängen auf. Die vorstehenden Überlegungen haben gezeigt, dass beide Phänomene jedoch keineswegs in eine Legitimationsfalle münden müssen. Zwar durchbricht ein ebenenübergreifend erhobenes Erfordernis politischer Unabhängigkeit die Legitimationsketten gerade dort, wo sie nach klassischer Konzeption Bestand haben sollen. Abhilfe kann hier jedoch durch Öffnungsklauseln geschaffen werden, die eine Aufsicht nach nationalem Verfassungsrecht erlauben. Das ist der im TK-Regulierungsrecht beschrittene Weg. Aber selbst wo eine solche Öffnungsklausel fehlt, kann das nach nationalen Maßstäben geforderte Legitimationsniveau durch die vorhandenen Mechanismen parlamentarischer Verantwortlichkeit und Kontrolle in hinreichendem Maße hergestellt werden. Im Übrigen bildet das nationale Demokratieprinzip, was häufig übersehen wird, nicht den alleinigen Maßstab für die demokratische Legitimität des regulatorischen Verwaltungshandelns. Im Anwendungsbereich des Unionsrechts kommt als Maßstab vielmehr (auch) das unionale Demokratieprinzip zur Anwendung, das im Bereich eines Umsetzungsspielraumes parallel zum nationalen gilt.

Vor diesem Hintergrund sind gerade auch die verkoppelnden Strukturen von Gewicht. Wo die Legitimationsvermittlung als Folge administrativer Unabhängigkeit zunächst verdünnt oder gar unterbrochen erscheint, besteht in europäischer Gesamtperspektive sowohl in vertikaler als auch in horizontaler Hinsicht eine legitimationsstiftende Verkopplung. So werden im TK-Regulierungsrecht die Behörden der von den extraterritorialen Effekten einer geplanten Regulierungsmaßnahme potenziell betroffenen Mitgliedstaaten in das Entscheidungsverfahren eingebunden. Die Möglichkeit zur Interessenartikulation, verbunden mit der wechselseitigen Pflicht zur weitestgehenden Berücksichtigung der jeweiligen Stellungnahmen, ermöglichen eine verfahrensförmige Internalisierung der Externalitäten, der ein Zuwachs an sachlich-inhaltlicher Legitimation des Verwaltungshandelns korrespondiert. Die vertikale Verkopplung sichert wiederum die Verfahrensbeteiligung der supranationalen Exekutive ab – ebenfalls ein Legitimationszuwachs in sachlich-inhaltlicher Hinsicht. Die Verkopplung führt letztlich auch nicht zu einer Verwischung der Verantwortlichkeiten, weil die Entscheidungsbefugnis bei der jeweiligen nationalen Behörde verbleibt. Diese unterliegt sowohl parlamentarischer als auch gerichtlicher Kontrolle, auch wenn letztere auf die Einhaltung der rechtlichen Spielraumgrenzen begrenzt ist. Macht die Kommission demgegenüber von ihren Entscheidungsrechten Gebrauch, sind diese ihrerseits Anknüpfungspunkt für eine parlamentarische und/oder eine gerichtliche Kontrolle. Während es auf der Entscheidungsebene also bei einer klaren Zuordnung bleibt und gerade keine komplexitätsbedingte Verflüchtigung oder Vermischung von Verantwortlichkeiten erfolgt, ist mit Blick auf die Verfahrensinputs in gesamteuropäischer Perspektive ein Zuwachs an sachlich-inhaltlicher Legitimation zu verzeichnen.

§ 7 Spielraumbegrenzung: Pluralität der Grenzen und Grenzen der Pluralität

Die rechtlichen Grenzen administrativer Entscheidungsspielräume markieren das Ende der Kompetenz administrativer Selbstprogrammierung und damit zugleich den Beginn der rechtlichen Fremdprogrammierung durch den Gesetzgeber. Ein administrativer Entscheidungsspielraum ist nicht nur eine durch Recht begründete, sondern auch durch Recht begrenzte Entscheidungsfreiheit.[1] Das Erfordernis einer rechtsnormativen Ermächtigung benennt die Grundlage administrativer Entscheidungsspielräume im Sinne ihrer rechtlichen Bedingtheit, trifft aber noch keine hinreichende Aussage über ihre konkrete Reichweite.[2] Diese ist erst anhand der Vorgaben des einschlägigen materiellen Rechts aller Ebenen bestimmbar, wozu auch spielraumverkürzende Normen zählen.

Erste Grenzen folgen aus der Ermächtigung selbst. Durch sie gibt der Gesetzgeber nicht nur die Zweckbestimmung, d. h. das Spektrum legitimerweise heranzuziehender Maßstäbe im Positiven vor, sondern umgrenzt die administrative Konkretisierungsbefugnis zugleich im Negativen.[3] Ungeachtet der im Mehrebenensystem potenzierten Schwierigkeiten, Zwecksetzung und negative Reichweite im Wege der Auslegung zu ermitteln, bleiben die konkreten Handlungsdirektiven der Ermächtigung somit auch für mehrstufig strukturierte Entscheidungsspielräume zentraler Ausgangspunkt jeder rechtlichen Rekonstruktion.[4] Neben die konkreten inhaltlichen Vorgaben der Ermächtigung – bzw. diese überlagernd – treten zusätzliche rechtliche Ermessensdeterminanten. Von besonderer Bedeutung sind die individualrechtlichen Kerngarantien der völkerrechtlichen, unionalen und nationalen Rechtsebene, die begrenzend auf den administrativen Entscheidungsspielraum einwirken können.[5]

Der im Folgenden vorgenommene Zugriff von diesen materiell-rechtlichen Grenzen her erschließt mehrebenenspezifische Problemlagen dort, wo Verwal-

---

[1] Zu dieser Doppelfunktionalität der Ermächtigungsgrundlage bereits *H. Ehmke*, „Ermessen" und „unbestimmter Rechtsbegriff" im Verwaltungsrecht, 1960, S. 41.

[2] *M. Jestaedt*, Maßstäbe des Verwaltungshandelns, in: Ehlers/Pünder (Hrsg.), Allgemeines Verwaltungsrecht, 15. Aufl. 2016, § 11, Rn. 38.

[3] Vgl. *E. Schmidt-Aßmann*, Das allgemeine Verwaltungsrecht als Ordnungsidee, 2. Aufl. 2004, Kap. 4, Rn. 50.

[4] Näher S. 186 ff. sowie für den legitimationstheoretischen Rahmen zuvor bereits S. 91 ff.

[5] Für den umgekehrten Fall einer grund- und menschenrechtsinduzierten Ermessensbegründung vgl. indes S. 199 ff.

tung und Verwaltungsgerichte mit einer Schichtung ebenendifferierender und zugleich sachlich divergierender Spielraumgrenzen konfrontiert sind oder wo die Ermessensausübung an spezifisch föderative Spielraumgrenzen stößt (dazu I.).

Die erste Leitfrage bezieht sich demzufolge auf die *konkurrierende Schichtung von Spielraumgrenzen*, insbesondere in Gestalt grund- und menschenrechtlicher Vorgaben der internationalen, unionalen und nationalen Rechtsebene. Gerade unter den Vorzeichen divergierender Schutzstandards auf verschiedenen Ebenen erweist sich eine widerspruchsfreie Bestimmung der Grenzen administrativer Entscheidungsspielräume sowohl für die Verwaltung als auch die sie kontrollierenden Gerichte als rechtskonstruktiv anspruchsvoll. Verschärft wird dies noch, wenn der fragliche Entscheidungsspielraum, wie etwa im Fall des Dubliner Selbsteintrittsermessens, in Abhängigkeit von der rechtlichen Bezugsebene in unterschiedlicher Weise als Instrument zur Grund- bzw. Menschenrechtsdurchsetzung operationalisiert wird. Rechtsdogmatisch gewendet geht es darum, die Voraussetzungen einer mehrebenenbedingten Ermessensreduktion auf Null zu bestimmen (dazu II.)

Die zweite Leitfrage ist auf Bestand und Inhalt *mehrebenenspezifischer Schranken* administrativer Entscheidungsspielräume bezogen. Die Besonderheit solcher föderativen Grenzziehungen liegt darin, dass sie darauf ausgerichtet sind, extraterritoriale Effekte administrativer Ermessensausübung einzuhegen bzw. ein Mindestmaß an Kohärenz herzustellen (dazu III.).

Abschließend gilt es, die gebietsübergreifende Bedeutung der ergründeten Problemfelder herauszudestillieren und Lösungshorizonte aufzuzeigen. Von zentraler Bedeutung ist hierbei die Verantwortung des Gesetzgebers, im Rahmen des ihm zustehenden Gestaltungsauftrags bestehendes Konfliktpotenzial durch *grundrechts- bzw. prinzipienkonkretisierende Rechtsetzung* abzumildern und die mehrebenenspezifischen Schranken legislativ vorzuzeichnen (dazu IV.).

I. Problemaufriss

Im Zentrum der nunmehr zu entwickelnden Überlegungen steht die *föderative Prägung des äußeren Ermessensrahmens*. Dabei geht es um die Pluralität der normativen Ermessensgrenzen ebenso wie um rechtliche Grenzen der Pluralität im Rahmen der Spielraumausübung. Weder § 40 VwVfG, wonach die Behörde bei der Ausübung des ihr eingeräumten Rechtsfolgenermessens materiell-rechtlich „die gesetzlichen Grenzen des Ermessens einzuhalten" hat, noch § 114 S. 1 VwGO, der die Entscheidungsbefugnis darüber, ob „die gesetzlichen Grenzen des Ermessens überschritten" wurden, prozessual den Verwaltungsgerichten zuweist, bilden diese Mehrebenendimension auch nur im Ansatz begrifflich ab.[6]

[6] Die Einhaltung der „gesetzlichen Grenzen" i.S.v. § 40 VwVfG und § 114 S. 1 VwGO

1. Methodische Zugriffe und Blickwinkel auf Spielraumgrenzen

Dass die richterliche Spruchpraxis das Phänomen administrativer Entscheidungsspielräume häufig von seinen materiell-rechtlichen Grenzen her zu bestimmen sucht, kann nicht überraschen. Dieser Zugriff lässt sich leicht mit dem kontroll- bzw. rechtsschutzzentrierten Denken verbinden, das die gerichtliche Perspektive systemimmanent anleitet. Mit den materiellen Spielraumgrenzen wird zugleich der Bereich gerichtlicher Vollkontrolle abgesteckt.[7] Besonders wichtig ist dies im Bereich der Grund- und Menschenrechte. Für die Erschließung der Mehrstufigkeit administrativer Entscheidungsspielräume würde die judikative Kontrollperspektive für sich allein genommen dagegen zu kurz greifen. Wie in den beiden vorstehenden Kapiteln dargelegt, kommt gerade der Einnahme der exekutiven Handlungsperspektive eine wichtige Erkenntnisfunktion zu. Darin spiegelt sich im Besonderen, was die reformorientierte Verwaltungsrechtswissenschaft im Allgemeinen als methodische Leitlinie formuliert.[8]

Die Einsicht in die Bedeutung der exekutiven Handlungsperspektive macht einen negativen, d.h. von den äußeren *materiell-rechtlichen* Grenzen her erfolgenden Zugriff auf die Verbundstruktur administrativer Entscheidungsspielräume aber nicht obsolet. Gerade aus Perspektive der im Mehrebenensystem handelnden Verwaltung sind die Grenzen des Entscheidungsspielraumes als verbindliche Rechtsmaßstäbe notwendigerweise in ihrer Mehrstufigkeit zu rekonstruieren. Der negative Zugriff ist mit anderen Worten nicht allein der Kontrollperspektive vorbehalten, sondern ebenso aus der Handlungsperspektive heraus vorzunehmen. Seine gegenläufige Blickrichtung lässt eine ganzheitliche Erfassung der rechtlich gestuften Ermessensdeterminanten und damit des Phänomens mehrstufiger Spielräume überhaupt erst gelingen. Es geht insoweit um eine hinreichende Komplementarität: Positive Zweckbestimmung (nach innen) und negative Grenzziehung (nach außen)[9] gehen nicht nur in materiell-recht-

---

bezieht sich dabei auf die Einhaltung sowohl der konkreten Vorgaben der Ermächtigungsnorm als auch aller sonstigen einschlägigen Rechtsnormen, vgl. statt aller *M. Sachs*, in: Stelkens/Bonk/Sachs (Hrsg.), VwVfG, 8. Aufl. 2014, § 40, Rn. 82 („ferner alle überhaupt irgendwie einschlägigen Rechtsnormen") und *M. Gerhardt*, in: Schoch/Schneider/Bier (Hrsg.), VwGO, § 114 (Grundwerk 1997), Rn. 16f. („Beachtung zwingenden Rechts"). Zu dem „sonstigen" Recht ist stets auch das anwendbare ebenendifferierende Recht hinzurechnen, vgl. bspw. BVerwG, Urt. v. 22.10.2009, 1 C 26/08, BVerwGE 135, 137, Rn. 28f. (juris).

[7] Vgl. § 114 S. 1 VwGO, der freilich Art und konkrete Reichweite der Grenzen nicht selbst bestimmt, sondern seinerseits durch einen Verweis auf das materielle Recht voraussetzt, s. nur *M. Redeker*, in: Redeker/von Oertzen, VwGO, 16. Aufl. 2014, § 114, Rn. 16.

[8] Namentlich *W. Hoffmann-Riem*, Eigenständigkeit der Verwaltung, in: Hoffmann-Riem/Schmidt-Aßmann/Voßkuhle (Hrsg.), GVwR I, 2. Aufl. 2012, § 10, Rn. 13; *E. Schmidt-Aßmann*, Das allgemeine Verwaltungsrecht als Ordnungsidee, 2. Aufl. 2004, Kap. 4, Rn. 47; *A. Voßkuhle*, Neue Verwaltungsrechtswissenschaft, in: Hoffmann-Riem/Schmidt-Aßmann/Voßkuhle (Hrsg.), GVwR I, 2. Aufl. 2012, § 1, Rn. 15.

[9] Für die Verwendung des Begriffspaares innen/außen im Kontext der Ermessensfehlerlehre vgl. BVerwG, Urt. v. 27.05.1981, 8 C 51/79, BVerwGE 62, 230 (242) – *Fehlbelegungsabgabe*,

licher Hinsicht Hand in Hand, sondern sind methodisch sowohl im Rahmen der exekutiven Handlungs- als auch der judikativen Kontrollperspektive zu berücksichtigen.[10]

Eine gewichtige methodische Relevanz erlangt die von den materiell-rechtlichen Grenzen her erfolgende Annäherung an mehrstufig strukturierte Spielräume vor allem, wenn das Verwaltungshandeln ordnungsrechtliche Züge trägt und in gesteigertem Maße durch grund- und menschenrechtliche Garantien in die Schranken gewiesen wird. Im Europäischen Verwaltungsverbund findet man ein derart hoheitlich-imperativ modelliertes Verwaltungshandeln vorwiegend im Raum der Freiheit, der Sicherheit und des Rechts (RFSR) vor. Die vom RFSR umfassten Politikfelder bedürfen angesichts ihrer spezifischen Grundrechtssensibilität in besonderem Maße einer rechtlichen Erschließung von den grund- und menschenrechtlichen Grenzziehungen her.[11] Als Untersuchungsgegenstand macht sie dies im vorliegenden Kontext besonders attraktiv. Hinzu kommt ihre gesellschaftliche Relevanz. Namentlich der Bereich Grenzkontrollen, Asyl und Einwanderung – vertragssystematisch das zweite Kapitel des RFSR[12] – hat durch die Zunahme flucht- und wirtschaftsbedingter Migrationsbewegungen nach Europa im Allgemeinen und Deutschland im Besonderen einen präzedenzlosen Bedeutungszuwachs erfahren. Bereits im Vorfeld dieser Entwicklungen (und der sie begleitenden medialen Dramatisierungsamplituden) ließ sich eine deutlich gestiegene Rechtsetzungsaktivität von Europäischem Parlament und Rat beobachten, an die bedeutende administrative und judikative Konkretisierungsleistungen anschlossen. Regelungstechnisch spielen administrative Entscheidungsspielräume hier eine zentrale Rolle.

Für das TK-Recht wiederum erlangt die methodische Annäherung von den Spielraumgrenzen her zwar keine qualitativ vergleichbare Bedeutung wie im Migrationsverwaltungsrecht. Allerdings stoßen die im TK-Bereich vorgegebenen Prozesse administrativer Verselbständigung ihrerseits an verfassungsrechtliche Grenzen, etwa das Demokratieprinzip.[13] Auch schälen sich hier besonders deutlich mehrebenenspezifische Grenzen der Spielraumausfüllung heraus.

Rn. 43 (juris): Ermessensfehlgebrauch als Zweckverfehlung nach innen und Ermessensüberschreitung als Überschreiten des äußeren Ermessensrahmens. Freilich handelt es sich dabei um eine Unterscheidung mit allenfalls heuristischem Wert, vgl. *H. A. Wolff*, in: Sodan/Ziekow (Hrsg.), VwGO, 4. Aufl. 2014, § 114, Rn. 122, auch mit Hinweis auf die bereits bei *R. v. Lau*, Das freie Ermessen und seine Grenzen, 1910, S. 175 ff., 262 vorzufindende Unterscheidung.

[10] Dies zeigt sich im Übrigen daran, dass gemäß § 144 S. 1 VwGO auch die Frage, ob die Verwaltung „von dem Ermessen in einer dem Zweck der Ermächtigung nicht entsprechender Weise Gebrauch gemacht" hat, der gerichtlichen Kontrollbefugnis vollumfänglich unterfällt.

[11] Zu den verfassungsrechtlichen Grundparametern des RFSR vgl. *M. Ruffert*, Die unionsverfassungsrechtlichen Grundlagen des Raums der Freiheit, der Sicherheit und des Rechts, in: Pache (Hrsg.), Die Europäische Union – Ein Raum der Freiheit, der Sicherheit und des Rechts?, 2005, S. 14 ff.

[12] Art. 77–79 AEUV.

[13] Dazu eingehend bereits S. 223 ff.

2. *Spielraumgrenzen an der Kreuzung der Grundrechtsordnungen*

Soweit im Folgenden den Grund- und Menschenrechten in ihrer Funktion als Spielraumgrenzen besondere Beachtung zu Teil wird, ist die für den europäischen Grundrechtspluralismus[14] bedeutsame Rolle von Spielräumen im Allgemeinen[15] nunmehr unter dem spezifischen Gesichtspunkt der Eigenständigkeit der Verwaltung zu beleuchten. Auch im Mehrebenensystem fungieren Grund- und Menschenrechte als umfassend justiziable Ermessensschranken und verengen die administrative Entscheidungsbefugnis im Einzelfall dergestalt, dass von ihr nur mehr in einer einzigen Weise im Sinne einer „Ermessensreduktion auf Null" Gebrauch gemacht werden darf.[16] Wie genau aber ist eine solche Ermessensschrumpfung unter den Vorzeichen sich wechselseitig überlagernder und ggf. inhaltlich unterschiedlicher Ermessensgrenzen zu (re-)konstruieren und rechtspraktisch zu bewältigen? Inwieweit sind darüber hinaus mehrebenenspezifische Grenzen zu beachten?

Mit dem Feld des europäischen Grundrechtspluralismus betritt man zugleich das unsichere Terrain konkurrierender Autonomie- und Letztentscheidungsansprüche. Während im (unitarischen)[17] Bundesstaat eine Überlagerung sich widersprechender Kontrollmaßstäbe ordnungsintern als Normgeltungskonflikt aufgelöst wird,[18] konfrontiert das Mehrebenensystem die vollziehende Verwaltung und die sie kontrollierenden Gerichte mit der so charakteristischen, aus der rechtspluralistischen Annahme folgenden Schwebelage mehrerer autonomer Geltungspostulate[19] und den potenziell daraus folgenden Kollisionen. Ein offener Jurisdiktionskonflikt bleibt freilich die Ausnahme. In der ungleich häufiger zu beobachtenden – prozessrechtlich als Regelfall vorgezeichneten –

---

[14] Bzw. Grundrechtsföderalismus. Zum Begriff *T. Kingreen*, Die Grundrechte des Grundgesetzes im europäischen Grundrechtsföderalismus, JZ 2013, S. 801 (806 ff.).

[15] Dazu S. 81 ff.

[16] Abermals prägnant für den innerstaatlichen Rechtsrahmen *M. Jestaedt*, Maßstäbe des Verwaltungshandelns, in: Ehlers/Pünder (Hrsg.), Allgemeines Verwaltungsrecht, 15. Aufl. 2016, § 11, Rn. 40. Dogmatische Vermessung bei, *U. Di Fabio*, Die Ermessensreduzierung, VerwArch. 86 (1995), S. 214 ff.

[17] Begriffsprägend *K. Hesse*, Der unitarische Bundesstaat, 1962, S. 14 ff.

[18] Art. 31 GG.

[19] Für das Völker(vertrags)recht gilt dies freilich nicht in gleichem Maße wie für das Unionsrecht, welches einen umfassend autonomen Selbststand postuliert (anders unter Rückbezug auf den ordnungsinternen Rechtsanwendungsbefehl freilich BVerfG, Urt. v. 30.6.2009, 2 BvE 2/08 u.a., BVerfGE 123, 267 (402) – *Lissabon*, Rn. 343). So steht etwa die EMRK in Deutschland infolge Art. 59 Abs. 2 S. 1 GG im Rang eines einfachen Bundesgesetzes, da in Gestalt der sog. Transformation eine ordnungsinterne *Um*-Setzung stattgefunden hat. Indes misst das BVerfG der EMRK eine Orientierungs- und Leitfunktion selbst für die Grundrechte des GG zu, die ihrerseits aus dem (abermals ordnungsinternen) Grundsatz der Völkerrechtsfreundlichkeit des GG in seiner konkreten Ausprägung in Art. 1 Abs. 2 GG folgt, vgl. BVerfG, Urt. v. 4.5.2011, BVerfGE 128, 326 (367 ff.) – *Nachträgliche Sicherungsverwahrung II*, Rn. 88 ff. (juris). Wegweisend zuvor *K.-P. Sommermann*, Völkerrechtlich garantierte Menschenrechte als Maßstab der Verfassungskonkretisierung, AöR 114 (1989), S. 391 ff.

Konstellation entscheiden die Letztentscheidungsorgane der jeweiligen Ebenen vielmehr ähnlich gelagerte Lebenssachverhalte im Rahmen unterschiedlicher Verfahren und am Maßstab ordnungsdifferierender Rechtsnormen.

Mehrebenenspezifische Problemlagen bereitet dies aber dort, wo sich die rechtsmaßstäblichen Normen – etwa aus Grundgesetz, Grundrechtecharta und EMRK – in ihren Anwendungsbereichen überschneiden, wie dies gerade im Bereich von Spielräumen der Fall ist. Die auf diese Überlappungsszenarien zugeschnittenen Verbundtechniken in Gestalt kohärenzsichernder Auslegungsvorgaben oder permeabler Normstrukturen können materielle Unterschiede der Rechtsmaßstäbe nicht immer ausgleichen. Spätestens dann wird die zentrale Herausforderung sichtbar, vor die sowohl die Verwaltung als auch die sie kontrollierenden Verwaltungsgerichte gestellt sind: Im Gegensatz zu BVerfG, EuGH und EGMR sind für sie mitunter alle Rechtsschichten nebeneinander rechtsmaßstäblich.

Mit anderen Worten, funktionell ist die Verwaltung zu einer *ebenenpluralen Verwaltung* und sind die Verwaltungsgerichte zu *ebenenpluralen Fachgerichten* herangewachsen, bei denen die rechtlichen Prüfungsmaßstäbe der nationalen, unionalen und völkerrechtlichen Ebene zusammenlaufen. Gerade im Bereich des grundrechtssensiblen und spielraumgeprägten Migrationsverwaltungsrechts sind es dementsprechend zuvörderst die Verwaltung sowie die sie kontrollierenden Gerichte, die mit Blick auf Zuständigkeit und Prüfungsmaßstab vor die Aufgabe gestellt sind, „an der Kreuzung der verschiedenen Rechtsordnungen den Verkehr zu lenken".[20] Die besondere Herausforderung liegt darin, die rechtliche Pluralität in möglichst kohärenter Weise im Sinne eines kooperativen Rechtspluralismus[21] zu verarbeiten.[22] Als problematisch erweist sich dabei die Bestimmung derjenigen Prinzipien und Verbundtechniken, welche die Rechtskonkretisierung ebenendifferierender Ermessensdeterminanten mit dem Ziel der Herstellung von Kohärenz[23] anleiten sollen – nunmehr von den äußeren Ermessensgrenzen her gedacht. Zugleich müssen Grenzen beachtet und konkretisiert werden, die der spezifischen Struktur des Mehrebenensystems Rechnung tragen, zumal wenn es um die Bewältigung ebenenübergreifender bzw. externer Effekte der Ausübung administrativer Entscheidungsspielräume geht. Obwohl der Verwaltung und der Judikative – in Deutschland namentlich dem BVerwG – hier eine wichtige Koordinationsaufgabe zukommt,

---

[20] Treffend *D. Thym*, Abschied von Ist- und Regelausweisung bei Verwurzelung, DVBl. 2008, S. 1346 (1352).

[21] Vgl. *F. Mayer*, Verfassung im Nationalstaat: Von der Gesamtordnung zur europäischen Teilordnung?, VVDStRL 75 (2016), S. 7 (37 ff.) sowie bereits S. 71 ff.

[22] Die normative Vorgabe von Widerspruchsfreiheit und Kohärenz entstammt dabei wiederum nicht einer übergeordneten Gesamtrechtsordnung, sondern folgt aus der jeweiligen Bezugsrechtsordnung und den darin verankerten Verbundtechniken.

[23] Zur Kohärenz als Maßstabsproblem *E. Schmidt-Aßmann*, Einheit und Kohärenz der europäischen Mehrebenenrechtsordnung, EuGRZ 2016, S. 85 (88).

stoßen sie diesbezüglich an gewaltenimmanente Grenzen, die, wie noch näher zu zeigen sein wird, einzig der (europäische) Gesetzgeber überwinden kann.

Strukturell spannungsreich und für die Zwecke dieser Untersuchung besonders aufschlussreich stellt sich die Schichtung von Ermessensgrenzen im Asyl- und Flüchtlingsrecht dar, das unter spezifischer Berücksichtigung des Dublin-Systems im Folgenden als primärer Referenzrahmen für die Erschließung der übergeordneten Problematik dienen wird. Rechtsdogmatische Anlaufstelle für die aufgeworfenen Fragen ist das sog. Dubliner Selbsteintrittsrecht. Dieses föderativ konzipierte Verwaltungsermessen stellt den Mitgliedstaaten frei, entgegen der durch die Zuständigkeitskriterien des Dublin-Systems grundsätzlich vorgegebenen transnationalen Zuständigkeitsverteilung das Asylverfahren an sich zu ziehen.[24]

3. Föderative Grenzziehungen und Einhegung von Externalitäten

Neben der Schichtung ebenendifferierender Ermessensgrenzen besteht die zweite Herausforderung in der Bestimmung derjenigen Spielraumgrenzen, welche aus der spezifischen Natur des Mehrebenensystems folgen. Hier entfaltet die Spielraumbegrenzung eine föderative Stoßrichtung.

Dabei geht es zum einen um die Begrenzung diskretionären Verwaltungshandelns durch grundlegende Verbundprinzipien – vornehmlich den Grundsatz loyaler Zusammenarbeit. Dieser nimmt nicht allein für das vertikale Verhältnis der nationalen und supranationalen Verwaltung, sondern auch für das horizontale Verhältnis der nationalen Verwaltungsbehörden untereinander eine zentrale Rolle ein.[25] Die föderative Spielraumbegrenzung ist vor allem dort von Bedeutung, wo der Verwaltungsvollzug durch Verschränkungen bzw. Kopplungen der Ebenen geprägt ist, wo also legislative, exekutive und judikative Formen nicht auf jeder Ebene jeweils vollständig durchlaufen werden müssen.[26] Vollziehen die nationalen Verwaltungsbehörden Recht einer anderen Ebene (etwa Unionsrecht) oder mehrerer Ebenen gleichzeitig (nationales Recht, Unionsrecht, ggf. Völkerrecht) und füllen hierbei die ihnen durch das Recht der jeweiligen Ebene(n) eingeräumten Entscheidungsspielräume aus, sind sie hierbei durch föderative Grenzziehungen in die Schranken gewiesen. Diese Grenzziehungen sind in besonderem Maße relevant, wenn das diskretionäre Verwaltungshandeln der (nationalen) Verwaltung extraterritoriale Effekte bzw. *Exter-*

---

[24] Art. 17 Abs. 1 Dublin-III-VO.

[25] Vgl. *A. v. Bogdandy/S. Schill*, in: Grabitz/Hilf/Nettesheim (Hrsg.), Das Recht der EU, Art. 4 EUV (51. EL 2013), Rn. 80ff. u. 92f.; *W. Kahl*, in: Calliess/Ruffert (Hrsg.), EUV/AEUV, 5. Aufl. 2016, Art. 4 EUV, Rn. 61ff. u. 116ff.; *R. Streinz*, in: Streinz (Hrsg.), EUV/AEUV, 2. Aufl. 2012, Art. 4 EUV, Rn. 50ff.

[26] Vgl. abermals *C. Möllers*, Gewaltengliederung, 2005, S. 331.

nalitäten in anderen Mitgliedstaaten produziert.[27] Auch diese Problematik lässt sich plastisch anhand des Dubliner Selbsteintrittsermessens veranschaulichen. An diesem Punkt geht es um die föderativen Grenzen, die der Ausübung des ermessensbasierten Selbsteintrittsrechts mit Blick auf seine extraterritorialen Effekte gezogen sind. Konkret gestellt hat sich diese Frage wegen der generalisierten Ausübung des Selbsteintrittsrechts durch die deutschen Behörden auf dem Höhepunkt der Flüchtlingskrise im Jahr 2015.

Zum anderen können föderative Grenzziehungen eine *kohärenzsichernde Funktion* erfüllen, wenn sie auf die Einhaltung eines Mindestmaßes an Stimmigkeit und Zusammenhalt gerichtet sind.[28] Dabei muss es sich nicht zwingend um feste Vorgaben handeln. Vielmehr kann die Kohärenzsicherung im Wege der Prozeduralisierung erfolgen, etwa durch Beteiligungs- oder Ingerenzrechte in horizontaler oder vertikaler Perspektive. Dies kann wiederum erhellend anhand des europäischen Regulierungsverbunds nachvollzogen werden.

II. Pluralität der Grenzen: Schichtung grund- und menschenrechtlicher Spielraumgrenzen

Die übergeordneten Fragen nach der Schichtung ermessensverengender Rechtsmaßstäbe sowie nach Bestand und Reichweite mehrebenenspezifischer Spielraumgrenzen werden im Folgenden primär anhand des Dublin-Systems exemplifiziert.[29] Die rechtlichen Problemstellungen gehen hier einher mit einer in den vergangenen Jahren beständig gewachsenen Flucht- und Armutsmigration, deren humanitäre Rahmenbedingungen prekär sind. Eine der rechtlichen Kernfragen betrifft die grund- und menschenrechtlichen Einwirkungen auf das Dublin-System einschließlich der darin gewährten administrativen Entscheidungsspielräume. Dabei hat sich das tatbestandlich weit gefasste Selbsteintrittsrecht in Art. 17 Abs. 1 der Dublin-III-Verordnung zunehmend zur Projektionsfläche für Forderungen nach einer menschenrechtskonformen Ausformung des Dublin-Systems entwickelt. Eine solche würde sich rechtsdogmatisch v.a. als

[27] Zu extraterritorialen Effekten von Verwaltungshandeln allgemein *M. Kment*, Grenzüberschreitendes Verwaltungshandeln, 2010, S. 269 ff.; *J. Menzel*, Internationales Öffentliches Recht, 2011, S. 159; *G. Sydow*, Verwaltungskooperation in der Europäischen Union, 2004, S. 143 ff.; *M. Schwarz*, Grundlinien der Anerkennung im Raum der Freiheit, der Sicherheit und des Rechts, 2016, S. 26 f. Unter Verwendung des Begriffs der „Überwirkung" früh zur Problematik *K. Neumeyer*, Internationales Verwaltungsrecht IV – Allgemeiner Teil, 1936 (Nachdr. 1980), S. 295 ff.

[28] Abgrenzung von Kohärenz und Einheit(lichkeit) *E. Schmidt-Aßmann*, Einheit und Kohärenz der europäischen Mehrebenenrechtsordnung, EuGRZ 2016, S. 85 (86 f.).

[29] Vgl. für Teilergebnisse vorab bereits *M. Wendel*, Menschenrechtliche Überstellungsverbote: Völkerrechtliche Grundlagen und verwaltungsrechtliche Konkretisierung, DVBl 2015, S. 732 ff.

Ermessensreduktion auf Null im Sinne einer Selbsteintritts*pflicht* übersetzen lassen. Eine solche erweist sich aber deshalb als problematisch, weil die einschlägigen Kerngarantien in ihrer jeweiligen judikativen Auslegung erheblich voneinander abweichen. Dementsprechend kontrovers wird die Frage der Reichweite einer etwaigen grund- und menschenrechtsbedingten Ermessensreduktion diskutiert.

1. Ebenenübergreifende Spielraumbegrenzung am Beispiel des Dublin-Systems

Das Dublin-System wurde in seinen Grundzügen bereits vorgestellt.[30] Es sei an dieser Stelle lediglich in Erinnerung gerufen, dass Dublin das Ziel einer lückenlosen Zuständigkeitsordnung für Verfahren auf internationalen Schutz verfolgt. Gemäß Art. 3 Abs. 1 S. 2 Dublin-III-VO wird ein Antrag auf internationalen Schutz innerhalb des Dublin-Raumes nur von einem einzigen Mitgliedstaat geprüft, der anhand der Zuständigkeitskriterien der Verordnung zu bestimmen ist („one chance only"-Prinzip). Allerdings räumt die Dublin-III-VO den Mitgliedstaaten einen weiten Ermessensspielraum dahingehend ein, das Verfahren ungeachtet des Zuständigkeitskatalogs im Wege des Selbsteintritts an sich zu ziehen.

a) Selbsteintrittsermessen

Seine Rechtsgrundlage findet das Selbsteintrittsrecht heute in Art. 17 Abs. 1 der Dublin-III-VO. Danach kann jeder Mitgliedstaat ungeachtet des Dubliner Kriterienkatalogs beschließen, einen bei ihm gestellten Antrag auf internationalen Schutz selbst zu prüfen und so das Asylverfahren an sich zu ziehen. Das ermessensbasierte Selbsteintrittsrecht bildete von Beginn an einen festen Bestandteil des Dublin-Systems.[31] Inhaltlich blieb die Vorschrift weitgehend unverändert.[32] Allerdings hat sich ihr Legitimationsrahmen seit den Anfängen entscheidend verändert. Denn im Gegensatz zu dem ursprünglich rein völkerrechtlichen bzw. intergouvernementalen Schengen-Recht wurde die Dublin-III-VO – und mit ihr das Selbsteintrittsrecht – im ordentlichen Gesetzgebungsverfahren unter voller Mitentscheidungsbefugnis des Europäischen Parlamentes erlassen.

Neu ist der in der Dublin-III-VO erstmals unmittelbar hergestellte systematische Zusammenhang zur sog. humanitären Klausel, die sich nun in Art. 17 Abs. 2 Dublin-III-VO findet. Artikel 17 stellt mit seiner Legalbezeichnung „Er-

[30] Vgl. dazu S. 120 ff.

[31] Die Vorläufer der heutigen Norm finden sich in Art. 3 Abs. 2 Dublin-II-VO und in Art. 3 Abs. 4 des Dubliner Übereinkommens (DÜ).

[32] Im Gegensatz zur Dublin-II- und Dublin-III-VO hing das Selbsteintrittsrecht im DÜ allerdings noch von der Zustimmung des Antragstellers ab, vgl. auch Fn. 40.

messensklauseln" bereits die Spielraumstruktur beider Instrumente deutlich heraus. Nach der Rechtsprechung EuGH handelt es sich bei Art. 17 Abs. 1 und Abs. 2 Dublin-III-VO „um fakultative Bestimmungen", die den EU-Mitgliedstaaten ein „weites Ermessen" einräumen.[33]

Die in Art. 17 Abs. 2 Dublin-III-VO[34] niedergelegte *humanitäre Klausel* erlaubt ein Abweichen von dem Zuständigkeitskatalog nur zum Zweck der Familienzusammenführung. Im Gegensatz zum Selbsteintrittsrecht setzt sie eine schriftliche Zustimmung des Antragstellers voraus.[35] Vor allem aber gestattet sie dem prüfenden (oder zuständigen) Staat lediglich, einen nach dem Zuständigkeitskatalog an sich nicht zuständigen Staat um Aufnahme zu ersuchen. Den ersuchten Staat trifft dabei keine Aufnahme- sondern lediglich eine Begründungspflicht im Falle der Ablehnung.[36] Dublin-Staat A kann demzufolge durch die Ausübung des ihm nach Art. 17 Abs. 2 Dublin-III-VO eingeräumten Ersuchensermessens nicht mit transnationaler Wirkung die Zuständigkeit eines katalogmäßig nicht zuständigen Dublin-Staates B begründen.[37]

Demgegenüber setzt das *Selbsteintrittsrecht* in seiner derzeitigen Fassung[38] tatbestandlich keinerlei materiell-rechtliche Kriterien voraus.[39] Art. 17 Abs. 1 Dublin-III-VO beschränkt sich auf die Einräumung des mitgliedstaatlichen Selbsteintrittsermessens und auf die Normierung der Rechtsfolgen seiner Ausübung. Eine Zustimmung des Antragstellers ist für die Aktivierung des Selbsteintrittsrechts nicht mehr notwendig.[40] Durch den Selbsteintritt, d.h. die behördliche Entscheidung, das Asylverfahren durch Einstieg in die Sachprüfung des Antrags auf internationalen Schutz an sich zu ziehen, wird der prüfende Staat gemäß Art. 17 Abs. 1 UAbs. 2 Dublin-III-VO „zum zuständigen Mitglied-

---

33 EuGH, Urt. v. 10.12.2013, Rs. C394/12, *Abdullahi*, Rn. 57 für die Vorläufernormen der Dublin-II-VO. Für die humanitäre Klausel vgl. zuvor bereits EuGH, Urt. v. 6.11.2012, C245/11, *K.*, Rn. 27.

34 Vormals Art. 15 Dublin-II-VO.

35 *Schmid/Bartels*, Handbuch zum Dubliner Übereinkommen, 2001, S. 92 sprechen in Bezug auf die alte Rechtslage insoweit vom „Ermessen" des betroffenen Asylbewerbers. Rechtsdogmatisch vermag dies freilich nicht zu überzeugen.

36 Art. 17 Abs. 2 Uabs. 3 Dublin-III-VO.

37 Eine solche Zuständigkeitsbegründung erfolgt allein durch eine Stattgabe seitens des ersuchten Staates B, dem insoweit seinerseits ein Ermessen zusteht, vgl. auch *C. Filzwieser/ A. Sprung*, Dublin III-Verordnung, 2014, Art. 17, K17.

38 In ihrem Gesetzgebungsvorschlag vom 4.5.2016 – COM(2016) 270 final, S. 49 (Art. 19 n. F.) – spricht sich die Kommission indes für eine deutliche Begrenzung des Tatbestandes des Selbsteintrittsrechts aus, das nur noch mit Blick auf familiäre Gründe ausgeübt werden dürfe. Eine Zustimmung des Rates zeichnet sich in diesem Punkt derzeit allerdings nicht ab.

39 So ausdrücklich auch EuGH, Urt. v. 30.5.2013, Rs. C-528/11, *Halaf*, Rn. 36.

40 Anders noch Art. 3 Abs. 4 DÜ: „Jeder Mitgliedstaat hat unter der Voraussetzung, dass der Asylbewerber diesem Vorgehen zustimmt, das Recht, einen von einem Ausländer gestellten Asylantrag auch dann zu prüfen , wenn er aufgrund der in diesem Übereinkommen definierten Kriterien nicht zuständig ist." Auch der ursprüngliche Vorschlag der Kommission zur Dublin-III-VO – KOM(2008) 820 endgültig – sah noch ein Zustimmungsrecht vor.

staat und übernimmt die mit dieser Zuständigkeit einhergehenden Verpflichtungen". Diesen durch das Unionsrecht aufgestellten Rechtsfolgenrahmen hat der EuGH zutreffend als Grund für die Eröffnung des Anwendungsbereichs der Grundrechtecharta gemäß Art. 51 Abs. 1 S. 1 GRCh identifiziert.[41] Jenseits der zuständigkeitsbezogenen Rechtsfolgen zieht der Selbsteintritt horizontale Informationspflichten nach sich.[42] Wann genau der Selbsteintritt als ausgeübt gilt, ist im Einzelnen freilich umstritten.[43]

Trotz der zunehmenden Einklagbarkeit der Dubliner Zuständigkeits- und Verfahrensregeln[44] hat ein Antragsteller nach der Rechtsprechung aber nach wie vor grundsätzlich *keinen* einklagbaren Anspruch auf die staatliche Ausübung des Selbsteintrittsermessens.[45] Dies hängt in erster Linie damit zusammen, dass der EuGH – anders als der EGMR – das Selbsteintrittsrecht gerade nicht als generelle Rezeptionsstelle für die Verarbeitung grund- und menschenrechtlicher Vorgaben konzipiert.[46] In dieser Differenz wurzelt ein für den vorliegenden Kontext zentraler Konfliktherd.

b) Transnationale Wirkung der Ermessensausübung

Die Ausübung des Selbsteintrittsermessens ist rechtsdogmatisch zunächst als Fall des indirekten Vollzuges zu klassifizieren. Besondere Probleme einer

---

[41] EuGH, Urt. v. 21.12.2011, verb. Rs. C411/10 u. C493/10 – *N.S. u. a.*, Rn. 64–69.

[42] Art 17 Abs. 1 UAbs. 2 und 3 Dublin-III-VO. Vgl. S. 308 ff.

[43] Umstritten ist z. B., welche Anforderungen an eine konkludente Ausübung zu stellen sind. Zur Problematik des konkludenten Selbsteintritts vgl. insbesondere *R. Marx*, Änderungen im Dublin-Verfahren nach der Dublin III-Verordnung, ZAR 2014, S. 5 (9); *C. Filzwieser/A. Sprung*, Dublin III-Verordnung, 2014, Art. 17, K12; *M. Funke-Kaiser*, in: GK-AsylVfG, § 27a (103. EGL, Mai 2015), Rn. 177.

[44] Vgl. – unter Betonung der Unterschiede zwischen Dublin-II und Dublin-III namentlich EuGH, Urt. v. 7.6.2016, Rs. C-63/15 – *Ghezelbash*, Rn. 34 ff.; Urt. v. 26.7.2017, Rs. C490/16 – *A.S.*, Rn. 24 ff.; Urt. v. 26.7.2017, Rs. C-670/16 – *Mengesteab*, Rn. 41 ff.; Urt. v. 25.10.2017, C- 201/16 – *Shiri*, Rn. 35 ff.

[45] Anzumerken ist, dass sich der EuGH – vom Hessischen Verwaltungsgerichtshof explizit nach der Existenz eines subjektiven Rechts gefragt – nicht die deutsche Dogmatik subjektiver Rechte zu eigen macht, sondern allgemein die materiell-rechtliche Frage nach einer etwaigen, aus Art. 4 GRCh folgenden Verpflichtung des Mitgliedstaates zum Selbsteintritt verneint, vgl. EuGH, Urt. v. 14.11.2013, Rs. C-4/11 – *Puid*, Rn. 37 (noch zu Dublin-II) sowie später auf eine Vorabentscheidungsersuchen des Obersten Gerichtshofs Sloweniens hin Urt. v. 16.2.2017, Rs. C-578/16 PPU – *C.K.*, Rn. 88 a. E. und Rn. 97 (zu Dublin-III). Die hier zugrunde gelegte Deutung der EuGH-Rechtsprechung teilend *D. Thym*, Entscheidungsanmerkung (Puid), NVwZ 2014, S. 130 (131); *J. Bergmann*, Das Dublin-System, ZAR 2015, S. 81 (85); *M. Funke-Kaiser*, in: GK-AsylVfG, § 27a (103. EGL, Mai 2015), Rn. 52. A. A. indes *R. Marx*, AsylVfG, Kommentar, 8. Aufl. 2014, § 27a, Rn. 13–15 sowie 58. Zur Problematik des (deutschen) Verwaltungsrechtsschutzes gegen Dublin-Überstellungen eingehend *L. Römer*, Europäisierter und internationalisierter Verwaltungsrechtsschutz gegen Überstellungen nach der Dublin III-Verordnung, 2015.

[46] Eine Ermessensreduktion kann sich aber im Einzelfall ggf. aus einer überlangen Verfahrensdauer ergeben, vgl. abermals EuGH, Urt. v. 14.11.2013, Rs. C-4/11 – *Puid*, Rn. 35.

rechtsnormativen Schichtung der Spielraumermächtigungen[47] stellen sich nicht. Das rechtsfolgenseitige Selbsteintrittsermessen wird auf Ebene des Unionsrechts durch eine unmittelbar anwendbare Verordnung begründet und durch die Verwaltungsbehörden der Mitgliedstaaten auf nationaler Ebene vollzogen. Dementsprechend sieht das deutsche Asylgesetz in § 27a AsylG lediglich eine dynamische Verweisung auf das unmittelbar anwendbare Unionsrecht vor.

Zur Ausübung des Ermessens berechtigt sind nach dem Wortlaut des als Kann-Vorschrift ausgestalteten Art. 17 Abs. 1 Dublin-III-VO zunächst ganz allgemein die Mitgliedstaaten. Der Normzusammenhang verdeutlicht indes, dass die Norm ein spezifisch den nationalen Behörden eingeräumtes *Verwaltungs*ermessen eröffnet. Dies folgt bereits aus der Ausgestaltung des Dublin-Verfahrens als vollzugsorientiertes Verwaltungsverfahren und dem hierauf abgestimmten Kapitel über die „Verwaltungskooperation".[48] Dementsprechend verlangt die Dublin-III-VO für ihre Durchführung explizit die Bereitstellung hinreichend ausgestatteter nationaler Behörden zum exekutiven Normvollzug,[49] welche die Durchführung der VO sicherzustellen haben und über deren Existenz die Mitgliedstaaten berichtspflichtig sind. Daran anknüpfend ist das Selbsteintrittsrecht verfahrenstechnisch auf eine einzelfallbezogene, behördliche Zuständigkeitsentscheidung gerichtet, die einen konkreten Antrag auf internationalen Schutz durch einen Drittstaatsangehörigen voraussetzt. In Deutschland zuständig ist mit dem BAMF eine Bundesoberbehörde im Geschäftsbereich des Bundesministeriums des Inneren, die über zahlreiche Außenstellen in den Ländern verfügt.[50] Auch in allen anderen Dublin-Staaten wird die Dublin-III-VO von exekutiven Einrichtungen vollzogen, nicht selten von der nationalen Ministerialverwaltung.[51]

Mit Blick auf den transnationalen Wirkungsmodus ist daran zu erinnern, dass die Zuständigkeitsbegründung qua mitgliedstaatlicher Ausübung des Selbsteintrittsermessens eine transnationale Wirkung für alle anderen Mitgliedstaaten entfaltet und damit dem „Transnationalitätsmodell" im Sinne eines Entschei-

---

47 Dazu eingehend S. 185 ff.

48 Kapitel 7 der Dublin-III-VO (Art. 34 ff.).

49 Art. 35 Dublin-III-VO: DE „für die Durchführung dieser Verordnung zuständigen Behörden"; EN „authorities responsible for fulfilling the obligations"; FR „autorités chargées ... de l'exécution".

50 § 5 AsylG. Das BMI bestellt den Leiter des BAMF und kann diesem Weisungen erteilen, wobei der Leiter seinerseits weisungsbefugt gegenüber den Bediensteten des BAMF ist, vgl. § 5 Abs. 2 und Abs. 4 S. 2 AsylG. Gemäß § 5 Abs. 3 AsylG soll der Leiter des BAMF bei jeder Zentralen Aufnahmeeinrichtung für Asylbewerber mit mindestens 500 Unterbringungsplätzen eine Außenstelle einrichten. Zudem kann er in Abstimmung mit den Ländern weitere Außenstellen einrichten. Eingehend zur Organisation *J. Bergmann*, in: Bergmann/Dienelt (Hrsg.), Ausländerrecht, 11. Aufl. 2016, § 5 AsylG, Rn. 9 ff.

51 Vgl. die nach Art. 35 II Dublin-III-VO von der KOM zu veröffentlichende Liste, ABl. v. 14.2.2015, 2015/C 55/05.

dungsmodus „einer für alle" zuzuordnen ist.[52] Dass der Ausübung des Selbsteintrittsermessens eine transnationale Wirkung zukommt, weil die Dublin-III-VO insoweit die Vollzugskompetenz auf einen Mitgliedstaat konzentriert,[53] deutet bereits an, dass die Ausübung des Selbsteintrittsrechts jenseits etwaiger grund- und menschenrechtlicher Vorgaben zugleich bestimmten Grenzen unterliegen muss, die aus föderativen Grundprinzipien der Union resultieren.[54]

c) Ermessenszwecke und föderativ-vielfaltswahrende Zielrichtung

Die fehlende tatbestandliche Eingrenzung des Selbsteintrittsrechts ermöglicht seinen Einsatz zu unterschiedlichsten Zwecken. Das unterstreicht auch ein Blick auf die Entstehungsmaterialien. In ihrem Vorschlag zum Erlass der Dublin-II-VO erläuterte die Kommission, dass sich der vom Selbsteintrittsrecht Gebrauch machende Mitgliedstaat sowohl von politischen und humanitären als auch von praktischen Erwägungen leiten lassen könne.[55] Für die nachfolgende Dublin-III-VO verfolgte die Kommission zunächst einen enger gefassten Ansatz, der humanitäre Gründe und Härtefälle als tatbestandliche Regelbeispiele hervorgehoben hätte, konnte sich damit aber letztlich nicht durchsetzen.[56] Dessen ungeachtet behält das Selbsteintrittsrecht eine bedeutende Funktion als Härtefallklausel.[57] Denn die humanitäre Klausel in Art. 17 Abs. 2 Dublin-III-VO ist gerade nicht als allgemeine Bestimmung für Härtefälle konzipiert, sondern tatbestandlich auf Aspekte der Familienzusammenführung begrenzt.[58] Das Selbsteintrittsrecht kann neben humanitären Gründen aber auch schlicht aus pragmatischen Erwägungen oder zur Verfahrensbeschleunigung herangezogen werden.[59]

Der primäre Grund für die Verankerung des Selbsteintrittsrechts aber war von Beginn an die Wahrung mitgliedstaatlicher Handlungsautonomie, namentlich die Rücksichtnahme auf zuweilen parallel bestehende individuelle Asylrechte, u.a. in Frankreich und Deutschland.[60] In Frankreich greift Art. 53-1

---

[52] Dazu bereits S. 307 ff.

[53] *G. Sydow*, Verwaltungskooperation in der Europäischen Union, 2004, S. 139.

[54] Im Einzelnen S. 353 ff.

[55] KOM[2001] 447 endgültig, S. 11. Darauf Bezug nehmend EuGH, Urt. v. 30.5.2013, Rs. C-528/11, *Halaf*, Rn. 37.

[56] Der im Vorschlag enthaltene Halbsatz „insbesondere aus humanitären Gründen oder in Härtefällen" (KOM(2008) 820 endgültig) wurde im Verlauf des Gesetzgebungsverfahrens gestrichen.

[57] Eingehend zur Kategorie der Härte(fall)klausel *I. Pernice*, Billigkeit und Härteklauseln im öffentlichen Recht, 1991, S. 214 ff.

[58] Vgl. *C. Filzwieser/A. Sprung*, Dublin III-Verordnung, 2014, Art. 17, K14.

[59] Vgl. in der Vergangenheit den Evaluationsbericht der Kommission SEC(2007) 742, S. 21, dem Rat überreicht am 8.6.2007.

[60] *K. Hailbronner/C. Thierry*, Schengen II und Dublin – Der zuständige Asylstaat in Europa, ZAR 1997, S. 51 (56); *B. Schröder*, Das Dubliner Übereinkommen, 2003, S. 63. Zum

Abs. 2 der Französischen Verfassung das Selbsteintrittsrecht sogar ausdrücklich auf. Danach können die zuständigen französischen Behörden auch im Falle der Unzuständigkeit nach einem internationalen bzw. europäischen Zuständigkeitssystem wie Dublin beschließen, „jedem Ausländer, der wegen seines Einsatzes für die Freiheit verfolgt wird oder aus einem anderen Grunde Frankreich um Schutz bittet, Asyl zu gewähren". Die Regelung ist im Wesentlichen als deklaratorische Spiegelung des bereits unmittelbar durch die Dublin-III-VO eingeräumten Selbsteintrittsermessens anzusehen.[61]

Aus der ursprünglichen Zwecksetzung, mitgliedstaatliche Handlungsspielräume zu wahren, rührt auch die klassische und noch heute regelmäßig verwendete Bezeichnung „Souveränitätsklausel" her. Der Begriff ist freilich missverständlich. Denn bei dem zuständigkeitsbezogenen „Opt-In" geht es weniger um nationale Abwehrreflexe, als vielmehr um die für notwendig befundene Flexibilität, den Zugang zum Asylverfahren im eigenen Staat aus Gründen der (politischen) Opportunität zu ermöglichen.[62] Die darin liegende Zweckbestimmung zielt nicht zuletzt auf *föderative Vielfaltswahrung*: Das Selbsteintrittsrecht soll den Weg zu nationalen Asylerwägungen offen halten und den Mitgliedstaaten die Möglichkeit erhalten, das Verfahren abweichend von unionalen Zuständigkeitszuweisungen an sich zu ziehen.[63] Dieser föderative Zweck des Dubliner Selbsteintrittsermessens korreliert mit dem Fortbestand nationaler Asylsysteme. Die Kommission, die bereits bei der letzten Dublin-Novelle für eine Einschränkung des Anwendungsbereichs des Selbsteintrittsrechts plädierte[64] sprach sich in ihrem Vorschlag zur Reform des Dublin-Systems vom 4.5.2016 für eine Verengung des Anwendungsbereichs auf Fragen der Familienzusammenführung im weiteren Sinne aus.[65]

---

[61] Substanziell ergibt sich das verfassungsrechtlich gewährleistete Asylrecht in Frankreich aus dem vierten Absatz der Präambel der Verfassung von 1946, die auch im Rahmen der geltenden Verfassung der V. Republik zum verbindlichen Verfassungsrecht gehört: „Jedermann, der auf Grund seiner Tätigkeit für die Freiheit verfolgt wird, hat in den Gebieten der Republik Asylrecht." Die Einzelheiten ergeben sich aus dem Gesetzbuch über die Einreise und den Aufenthalt von Ausländern und das Asylrecht (CESEDA). Siehe in rechtsvergleichender Perspektive *C. D. Classen*, Asylrecht in Frankreich: Zur Bedeutung der verfassungs- und völkerrechtlichen Vorgaben, DÖV 1993, S. 227 ff.

[62] Zutreffend *C. Schmid/R. Bartels*, Handbuch zum Dubliner Übereinkommen, 2001, S. 92 sowie *K. Hailbronner*, AuslR, § 27a AsylVfG (B2, 67. EL 2010), Rn. 62.

[63] Vgl. auch EuGH, Urt. v. 10.12.2013, Rs. C394/12 – *Abdullahi*, Rn. 57.

[64] Der Kommissionsvorschlag v. 3.12.2008, KOM(2008) 820 endgültig, sah noch eine Einschränkung in Gestalt eines Regelbeispiels vor, wonach der Selbsteintritt „insbesondere aus humanitären Gründen oder in Härtefällen" erfolgen könne.

[65] Nach dem Vorschlag der Kommission v. 4.5.2016, COM(2016) 270 final (Art. 19 des Entwurfs).

2. Pluralität der Schutzgarantien im migrationsrechtlichen „Drei-Ebenen-System"

Aufgrund seiner tatbestandlichen Weite scheint sich das Selbsteintrittsrecht als Ventil für eine menschenrechtliche Korrektur des Dublin-Systems geradezu anzubieten. Zwar brechen sich die Grund- und Menschenrechte in zahlreichend Regelungsstrukturen des Dublin-Systems Bahn, etwa den Verfahrens- und Rechtsschutzbestimmungen sowie der Achtung der Familieneinheit und der Rücksichtnahme auf die spezifische Gefährdungslage bestimmter Personengruppen. Gleichwohl ist damit nur ein Teil der grundrechtsrelevanten Bereiche angesprochen. Besondere Brisanz hat in jüngster Zeit vor allem die Frage erlangt, unter welchen Bedingungen eine drohende (bzw. anhaltende) Verletzung von Grund- und Menschenrechten durch einen Dublin-Staat zur partiellen Aussetzung des Dublin-Systems führen muss und ob bzw. inwieweit ein anderer, die Zuständigkeit prüfender Dublin-Staat hierdurch im Wege einer Selbsteintrittspflicht in die Verantwortung zu nehmen ist. Typischerweise nehmen diese transnationalen Fallgestaltungen ihren Ausgangspunkt in einer (geplanten) Dublin-Überstellung von Schutzsuchenden aus dem prüfenden Dublin-Staat in den nach dem Kriterienkatalog zuständigen Staat. Mit der Rechtmäßigkeit von Dublin-Überstellungen haben sich nicht nur die Verwaltungsgerichte in tausenden von Einzelfällen, sondern auch EuGH, EGMR und BVerfG sowie insbesondere das BVerwG wiederholt befasst. Auch der Unionsgesetzgeber hat sich bei Erlass der Dublin-III-VO im Jahr 2013 der Problematik zumindest in Teilen angenommen und einzelne Elemente der bis dato ergangenen Rechtsprechung kodifiziert.[66]

Indes sah sich die Rechtsprechung seither mit zahlreichen neuen Herausforderungen konfrontiert. Materiell-rechtlich stehen dabei die im Folgenden zu skizzierenden Kerngarantien im Mittelpunkt. Sie sind Ausprägungen des völkerrechtlichen Grundsatzes der Nichtzurückweisung und untersagen dem staatlichen Regelungsadressat, eine Person im Wege aufenthaltsverwehrender bzw. -beendender Maßnahmen einer Situation der Verfolgung oder unmenschlicher bzw. erniedrigender Behandlung auszusetzen.[67] Diese grundlegenden Kerngarantien sind – typisch für das migrationsrechtliche „Drei-Ebenen-System"[68] – auf völkerrechtlicher, unionaler und nationaler Ebene verankert und mit Blick auf ihre normativen Grundlagen, Schutzgehalte und Ausnahmeregime im Einzelnen recht unterschiedlich ausgestaltet. Ihre konzeptionelle Aus-

[66] Insbesondere in Art. 3 Abs. 2 UAbs. 2, dazu sogleich.

[67] Vgl. *J. Bast*, Aufenthaltsrecht und Migrationssteuerung, 2011, S. 184.

[68] *J. Bast*, Internationalisierung und De-Internationalisierung der Migrationsverwaltung, in: Möllers/Voßkuhle/Walter (Hrsg.), Internationales Verwaltungsrecht, Tübingen 2007, S. 279 (307).

richtung lässt sich grundsätzlich nach flüchtlingsrechtlicher und menschenrechtlicher Radizierung unterscheiden.

a) Völkerrechtliche Refoulementverbote

Im Völkerrecht ist der Grundsatz des „Non-Refoulement" (von *franz.* refouler – zurückweisen) in mehreren Abkommen niedergelegt und nach überwiegender Meinung auch völkergewohnheitsrechtlich anerkannt.[69]

aa) Flüchtlingsrechtliches Non-Refoulement nach GFK

Seine flüchtlingsrechtliche Fundierung erfährt der Grundsatz der Nichtzurückweisung in der Genfer Flüchtlingskonvention (GFK).[70] Sie bildet das Herzstück des internationalen Flüchtlingsrechts und erfuhr durch das New Yorker Protokoll im Jahr 1967 eine bedeutende Ausdehnung in zeitlicher und räumlicher Hinsicht.[71] An ihre tragende Rolle in unionaler und innerstaatlicher Hinsicht sei hier lediglich nochmals erinnert.[72]

Zentrale Norm ist Art. 33 Abs. 1 GFK.[73] Danach darf keiner der vertragschließenden Staaten „einen Flüchtling auf irgendeine Weise über die Grenzen von Gebieten ausweisen oder zurückweisen, in denen sein Leben oder seine Freiheit wegen seiner Rasse, Religion, Staatsangehörigkeit, seiner Zugehörigkeit zu einer bestimmten sozialen Gruppe oder wegen seiner politischen Überzeugung bedroht sein würde."

Der Artikel stellt das zentrale Kriterium der Schutzgewährung klar heraus: Es geht um einen Schutz vor *Verfolgung* aufgrund bestimmter, der betreffenden

---

[69] Näher *N. Coleman*, Renewed review of the status of the principle of non-refoulement as customary international law, European Journal of Migration and Law 2003, S. 23 ff. m. w. N. In der Regel wird sich dies aber auf den menschenrechtlichen Kern des Non-Refoulement-Grundsatzes beziehen, vgl. *R. Alleweldt*, Schutz vor Abschiebung bei drohender Folter oder unmenschlicher oder erniedrigender Behandlung oder Strafe, 1996, S. 10–103. Instruktiv ist zudem der als Antwort auf eine Anfrage des BVerfG in 2 BvR 1938/93 u. a. verfasste Bericht des UNHCR, The Principle of Non-Refoulement as a Norm of Customary International Law, abrufbar unter http://www.refworld.org/docid/437b6db64.html (30.11.2015). Kritisch zum Status als Völkergewohnheitsrecht *W. Kälin*, Das Prinzip des non-refoulement, 1982, S. 59 ff. und *A. Randelzhofer*, in: Maunz/Dürig, GG, Art. 16a (49. EL 2007), Rn. 22.

[70] Abkommen über die Rechtsstellung der Flüchtlinge v. 28.7.1951, in Kraft getreten am 22.4.1954. Alle EU-Mitgliedstaaten sind Vertragsstaaten der GFK einschließlich des New Yorker Protokolls.

[71] Protokoll über die Rechtsstellung der Flüchtlinge vom 31.1.1967, in Kraft getreten am 4.10.1967. Zentraler Regelungsgegenstand des Protokolls ist zum einen die geographische Erweiterung über Europa hinaus und zum anderen die zeitliche Ausdehnung des Anwendungsbereichs der GFK auf Fälle, in denen die Flüchtlingseigenschaft auf Ereignisse nach dem 1.1.1951 (dem zeitlichen Stichtag der GFK) zurückgeht.

[72] Vgl. bereits S. 117 f.

[73] Eingehend zu Entstehungskontext und Anwendungsbereich *G. S. Goodwin-Gill/ J. McAdam*, The Refugee in International Law, 3. Aufl. 2007, S. 201 ff. und 232 ff.

Person zuordenbarer Merkmale.[74] Was genau unter eine in diesem Sinne diskriminierende Verfolgung fällt, ist im Einzelnen außerordentlich umstritten.[75] Schwierig erweist sich insbesondere die rechtliche Einordnung von (Bürger-) Kriegsflüchtlingen,[76] wobei hier jedenfalls im Anwendungsbereich des Unionsrechts der subsidiäre Schutz greift.[77] Die Diskussion um den Begriff der Verfolgung zeigt ferner, dass das Schutzsystem der GFK auch in einem menschenrechtlichen Sinne rekonstruierbar ist, obgleich dies nicht zwingend ist.[78]

bb) UN-Anti-Folterkonvention

Zu den weiteren völkerrechtlichen Quellen, in denen der Grundsatz des Non-Refoulement verankert ist, gehört vor allem die UN-Anti-Folterkonvention.[79] Nach ihrem Art. 3 darf ein Vertragsstaat „eine Person nicht in einen anderen Staat ausweisen, abschieben oder an diesen ausliefern, wenn stichhaltige Gründe für die Annahme bestehen, dass sie dort Gefahr liefe, gefoltert zu werden", wobei von den nationalen Behörden alle maßgeblichen faktischen Entwicklungen zu berücksichtigen sind, einschließlich des Umstands, dass in dem betreffenden Staat eine „ständige Praxis grober, offenkundiger oder massenhafter Verletzungen der Menschenrechte" herrscht.[80]

cc) Menschenrechtliches Refoulementverbot nach Art. 3 EMRK

Die in menschenrechtlicher Hinsicht wichtigste Ausprägung des Non-Refoulement-Grundsatzes folgt, jedenfalls für Europa, aus Art. 3 EMRK.[81] Der Zweck

---

[74] Grundlegend zu den Voraussetzungen des Flüchtlingsstatus nach der GFK *J. C. Hathaway/M. Foster*, The Law of Refugee Status, 2. Aufl. 2014, S. 91 ff.; *G. S. Goodwin-Gill/J. McAdam*, The Refugee in International Law, 3. Aufl. 2007, S. 51 ff.; *G.-H. Gornig*, Das Refoulement-Verbot im Völkerrecht, 1987, S. 45 ff.; *C. W. Wouters*, International Legal Standards for the Protection from Refoulement 2009; *E. Lauterpacht/D. Bethlehem*, The Scope and Content of the Principle of non-refoulement, in: Feller u. a. (Hrsg.), Refugee protection in international law, 2003, S. 87 ff.; *G. S. Goodwin-Gill*, The International Law of Refugee Protection, in: Fiddian-Qasmiyeh u. a. (Hrsg.), The Oxford Handbook of Refugee and Forced Migration Studies, 2014, S. 36 (38 ff.); *W. Kälin u. a.*, Article 33 para. 1, in: Zimmermann (Hrsg.), The 1951 Convention Relating to the Status of Refugees and its 1967 Protocol: A Commentary, 2011, S. 1327 ff.

[75] Ebd., jeweils m. w. N.

[76] Eingehend *N. Markard*, Kriegsflüchtlinge, 2012, S. 141 ff. und 303 ff.

[77] Dazu sogleich unter S. 337 f.

[78] Für eine menschenrechtliche Konzipierung vgl. *J. C. Hathaway/M. Foster*, The Law of Refugee Status, 2. Aufl. 2014, S. 196 f.; *N. Markard*, Ein neues Schutzkonzept? Der Einfluss der Menschenrechte auf den internationalen Schutz, ZAR 2015, S. 56 (57).

[79] United Nations Convention against Torture and Other Cruel, Inhuman or Degrading Treatment or Punishment (CAT) v. 10.12.1984, in Kraft getreten am 26.6.1987.

[80] Zu Einzelheiten s. *G. S. Goodwin-Gill/J. McAdam*, The Refugee in International Law, 3. Aufl. 2007, S. 208 ff.

[81] Eingehend *C. Costello*, The Human Rights of Migrants and Refugees in European Law, 2016, S. 180 ff.

dieses menschenrechtlich radizierten Verbotes besteht in einer im Ergebnis *präventiv wirkenden Vorverlagerung des Schutzes* der in Art. 3 EMRK[82] in absoluter Weise[83] geschützten Kerngarantien.[84]

Der überstellende Staat verletzt die Konvention nicht etwa deshalb, weil er unmenschliche oder erniedrigende Behandlungen unmittelbar selbst vornähme. Seine völkerrechtliche Verantwortlichkeit erwächst vielmehr aus dem Umstand, dass er sehenden Auges einen Menschen durch dessen Überstellung ein einen anderen Staat einem *dort drohenden* echten Risiko unmenschlicher oder erniedrigender Behandlung aussetzt (EN *real risk of exposure*, FR *risquerait de subir*).[85] Der überstellende Staat A trägt so letztlich eine völkerrechtliche „Folgenverantwortung",[86] soweit substantiierte Anhaltspunkte dafür vorliegen, dass die zu überstellende Person *im Zielstaat* eine unmenschliche oder erniedrigende Behandlung wird erleiden müssen. Erstmals auf diese Weise um Auslieferungs- bzw. Überstellungshandlungen verlängert wurde die menschenrechtliche Zurechnungskette durch die Leitentscheidung *Soering* mit Blick auf den Schutz vor dem Todestrakt-Phänomen in den USA.[87]

Konzeptionell voraussetzungsvoll ist die von Art. 3 EMRK ausgehende Schutzvorverlagerung mindestens auf zwei Ebenen. Erstens besteht ein potenzielles Spannungsfeld zu Art. 1 EMRK, der für die Eröffnung des Anwendungsbereichs der Konvention bekanntlich verlangt, dass die betreffenden Individuen der Hoheitsgewalt des in Verantwortung genommenen Konventions-

---

[82] Für andere Menschenrechte gilt dies nur in höchst besonderen Ausnahmefällen. Für eine Übersicht vgl. *C. Costello/M. Mouzourakis*, Reflections on reading Tarakhel, Asiel- en Migrantenrecht 2014, 404 (406 f.).

[83] In dieser Absolutheit der Schutzgewährung liegt zugleich ein entscheidender Unterschied zum flüchtlingsrechtlichen Refoulementverbot des Art. 33 Abs. 1 GFK.

[84] EGMR (Plenum), Urt. v. 7.7.1989, Nr. 14038/88, NJW 1990, S. 2183 ff. – *Soering/Vereinigtes Königreich*, Rn. 87 f. Vgl. aus der Folgerechtsprechung zur Abschiebung in Drittstaaten insbesondere EGMR, Urt. v. 30.10.1991, Nr. 13163/87 u. a., NVwZ 1992, 869 – *Vilvarajah u. a./Vereinigtes Königreich*; EGMR, Urt. v. 17.12.1996, Nr. 25964/94, NVwZ 1997, 1100 ff. – *Ahmed/Österreich*; EGMR, Urt. v. 29.4.1997, Nr. 24573/94, NVwZ 1998, 163 ff. – *H. L. R./Frankreich*; EGMR, Urt. v. 11.7.2000, Nr. 40035/98, InfAuslR 2001, 57 ff. – *Jabari/Türkei*; EGMR, Urt. v. 11.1.2007, Nr. 1948/04) – *Salah Sheekh/Niederlande*; EGMR, Urt. v. 28.6.2011, Nr. 8319/07, NVwZ 2012, 681 – *Sufi u. Elmi/Vereinigtes Königreich.*

[85] Grundlegend EGMR (Plenum), Urt. v. 7.7.1989, Nr. 14038/88, NJW 1990, S. 2183 ff. – *Soering/Vereinigtes Königreich*, Rn. 88 a. E. Zu den Folgefragen des Verhältnisses von Nichtzurückweisungsgrundsatz (non-refoulement) und völkerrechtlichem Beihilfeverbot vgl. eingehend *H. Aust*, Complicity and the Law of State Responsibility, 2011, S. 393 ff. Die Entscheidung EGMR (GK), Urt. v. 13.12.2012, Nr. 39630/09, *El-Masri/Mazedonien* kann dementsprechend dahingehend verstanden werden, dass der Non-Refoulement-Grundsatz lex specialis zum völkerrechtlichen Beihilfeverbot ist.

[86] Vgl. *I. Kraft*, Vom Konflikt zur Konvergenz – Zur Rezeption der ausländerrechtlichen Rechtsprechung des EGMR durch die deutschen Verwaltungsgerichte, NVwZ 2014, S. 969 (974).

[87] EGMR (Plenum), Urt. v. 7.7.1989, Nr. 14038/88, NJW 1990, S. 2183 ff. – *Soering/Vereinigtes Königreich.* Zur Problematik *R. A. Lorz/H. Sauer*, Wann genau steht Art. 3 EMRK einer Auslieferung oder Ausweisung entgegen?, EuGRZ 2010, S. 389 ff.

staates unterstehen müssen (EN *within their jurisdiction*, FR *relevant de leur juridiction*). In Bezug auf Drittstaaten stellte der EGMR deshalb von Anfang an klar, dass die EMRK weder deren Handlungen regelt noch die Konventionsstaaten ihrerseits dazu anweist, Drittstaaten den Konventionsstandard aufzuzwingen.[88] Soweit die „jurisdiction" eines Konventionsstaates aber begründbar ist, verstößt dieser gegen Art. 3 EMRK, wenn er eine Person durch die Überstellung an einen Drittstaat einem echten Risiko unmenschlicher oder erniedrigender Behandlung aussetzt. Dieser Verantwortung entkommen die Vertragsstaaten auch durch Zurückweisungsaktionen (sog. *Push-Backs*) auf Hoher See nicht. So hat der EGMR in seinem vielbeachteten *Hirsi*-Urteil vom 13. Februar 2012 das Aufbringen eines Flüchtlingsbootes durch die italienische Marine außerhalb der italienischen Hoheitsgewässer überzeugend als Hoheitsgewalt i. S. d. Art. 1 EMRK eingestuft und in der unmittelbar an die Aufbringung anschließenden Verbringung nach Libyen zu Recht einen Verstoß gegen Art. 3 EMRK gesehen.[89] Sofern der Zielstaat aber – wie in den im Folgenden interessierenden innereuropäischen Fällen – als Vertragsstaat *selbst* an die EMRK gebunden ist, besteht die Notwendigkeit einer derart präventiven Vorverlagerung des Menschenrechtsschutzes nicht in gleichem Umfang. Denn anders als gegenüber Drittstaaten steht gegen Rechtsverletzungen durch einen europäischen Zielstaat stets der Rechtsweg vor dem EGMR offen. Diesen Unterschied hat eine adäquate Konzeptualisierung von Überstellungsverboten abzubilden.

Zweitens hängt die Vorverlagerung der völkerrechtlichen Verantwortlichkeit auf den überstellenden Staat letztlich von einer Prognose über den Menschenrechtsschutz im Zielstaat ab. Für die Verantwortlichkeit des überstellenden Staates bedarf es einer hinreichend substanziellen und erkennbaren Gefährdung des Betroffenen im Zielstaat zum Zeitpunkt der Überstellung. Die durch den überstellenden Staat, d. h. seine Verwaltung und die sie ggf. kontrollierenden Verwaltungsgerichte, vorzunehmende Prognose über das Ausmaß der Menschenrechtstreue des Zielstaats ist allerdings nicht nur ein (hinzunehmendes) rechtspraktisches Problem. Auch über die Bestimmung der dieser Prognose zugrunde zu legenden Kriterien können die Meinungen auseinander gehen.

Vergleichsweise klar lagen die Dinge im Falle Griechenlands, wo über einen längeren Zeitraum hinweg von einem geordneten Asylsystem schlechthin nicht

[88] Ebd., Rn. 86. Dies betrifft nicht bzw. allenfalls mittelbar das klassische Problem der extraterritorialen Anwendbarkeit der EMRK. Dazu *S. Besson*, The Extraterritoriality of the European Convention on Human Rights: Why Human Rights Depend on Jurisdiction and What Jurisdiction Amounts to, LJIL 2012, S. 857 ff.; F. Coomans/M. T. Kamminga (Hrsg.), Extraterritorial application of human rights treaties, 2004; *M. Milanovic*, Extraterritorial application of human rights treaties: law, principles and policy, 2011.

[89] EGMR (GK), Urt. v. 23.2.2012, Nr. 27765/09, NVwZ 2012, 809 – *Hirsi Jamaa u. a./Italien*, Rn. 70 ff. u. 113 ff. Dazu *M. Lehnert/N. Markard*, Mittelmeerroulette – Das Hirsi-Urteil des EGMR und die europäische Grenzschutzpolitik auf See, ZAR 2012, S. 194 (196 ff.); *A. Weber*, Menschenrechtlicher Schutz von Bootsflüchtlingen, ZAR 2012, S. 265 (266 ff.).

die Rede sein konnte. Den faktischen Zusammenbruch des griechischen Asylsystems stellte der EGMR in seiner Leitentscheidung *M.S.S.* unter umfassendem Rückgriff auf die Dokumentationen von UNHCR und Nichtregierungsorganisationen fest.[90] Eine Verletzung von Art. 3 EMRK sah der EGMR aber nicht nur im Verhalten der griechischen Behörden,[91] sondern zutreffend auch in der Rücküberstellung des Beschwerdeführers *durch die belgischen Behörden* nach Griechenland.[92]

In seiner späteren Rechtsprechung stellte der EGMR jedoch klar, dass es ihm bei der Bestimmung der Menschenrechtstreue des Zielstaates allenfalls ergänzend auf die Evaluation des dort herrschenden Allgemeinzustandes ankommt, da für ihn die individuelle Einzelfallbetrachtung entscheidend ist. Als Lackmustest dienten Überstellungen in das ebenfalls überlastete Italien. Im Grundsatzurteil *Tarakhel* stellte die Große Kammer des EGMR im Jahr 2014 klar, dass die Überstellung einer Familie mit Kleinkindern nach Italien dann gegen das Verbot unmenschlicher oder erniedrigender Behandlung aus Art. 3 EMRK verstieße, wenn der überstellende Staat nicht zuvor individuelle Garantien von den italienischen Behörden dahingehend eingeholt habe, dass die Familieneinheit gewahrt und einer kindgerechten Unterbringung Rechnung getragen werde.[93] Mit diesem Urteilsspruch sprach sich der EGMR erstmals dezidiert für ein (hier auflösend bedingtes) Verbot innereuropäischer Dublin-Überstellungen aus, ohne dass das Asylsystem Italiens an vergleichbar systemischen Mängeln gelitten hätte, wie sie dem griechischen System attestiert worden waren.[94]

---

[90] EGMR (GK), Urt. v. 21.1.2011, Nr. 30696/09, NVwZ 2011, 413 – *M.S.S./Belgien u. Griechenland.* Dazu eingehend *D. Thym*, Menschenrechtliche Feinjustierung des Dublin-Systems zur Asylzuständigkeitsabgrenzung, ZAR 2011, S. 368 ff.

[91] EGMR (GK), Urt. v. 21.1.2011, Nr. 30696/09, NVwZ 2011, 413 – *M.S.S./Belgien u. Griechenland*, Rn. 249 ff. Die griechischen Behörden hatten den Beschwerdeführer monatelang der Obdachlosigkeit ausgesetzt und damit einer erniedrigen Behandlung unterzogen.

[92] Ebd., Rn. 338 ff.

[93] EGMR (GK), Urt. v. 4.11.2014, Nr. 29217/12, DÖV 2015, 115 – *Tarakhel/Schweiz.*

[94] Stellvertretend für tausende von Einzelfällen nahm die Rechtssache ihren Ausgangspunkt auf einer der zahlreichen Fluchtrouten über das Mittelmeer. Nach Aufenthalten in Pakistan, Iran und in der Türkei landete das afghanische Ehepaar *Tarakhel* zusammen mit seinen noch minderjährigen Kindern im Sommer 2011 an der kalabrischen Küste an. Die ihnen zugewiesene Aufnahmeeinrichtung verließen sie alsbald wieder, nach eigenen Angaben wegen des Fehlens angemessener Sanitäreinrichtungen und hinreichender Privatsphäre sowie einem Klima der Gewalt unter den Bewohnern. Über Österreich reiste die Familie weiter in die Schweiz, wo das Schweizer Bundesamt für Migration den gestellten Asylantrag ablehnte und die Abschiebung in die gemäß Dublin zuständige Italienische Republik anordnete. Zur Begründung führte das Bundesamt u. a. aus, dass ein Risiko der Verletzung menschenrechtlicher Kerngarantien im Falle einer Überstellung nach Italien nicht bestehe. Nach erfolglosem Durchlaufen des innerstaatlichen Rechtswegs rief die Familie *Tarakhel* den EGMR an, dessen Große Kammer schließlich mit 14:3 Stimmen im besagten Sinne entschied.

b) Unionsrechtliche Überstellungsverbote

Die unionsrechtliche Kerngarantie des Art. 4 GRCh ist mit Art. 3 EMRK wortgleich. Zudem bezweckt die in Art. 52 Abs. 3 GRCh angelegte dynamische Verweisung auf die EMRK eine inhaltliche Synchronisation im Rahmen der Normauslegung.[95] Ausdrücklich bestätigt wird dies in den Erläuterungen zur GRCh, die gemäß Art. 6 Abs. 1 UAbs. 3 EUV, Art. 52 Abs. 7 GRCh bei der Auslegung der Charta gebührend zu berücksichtigen sind.[96] Wie sein EMRK-Pendant gewährleistet Art. 4 GRCh dementsprechend einen absoluten Schutz.[97] Dementsprechend hat der EuGH auch aus Art. 4 GRCh ein Überstellungsverbot abgeleitet. Hierbei rezipierte der EuGH explizit das *M.S.S.*-Urteil und stellte aufgrund der systemischen Mängel des griechischen Asylsystems die Unionsgrundrechtswidrigkeit von Dublin-Überstellungen nach Griechenland fest.[98] Dies schien zunächst auf eine materielle Deckung der ebenendifferierenden Schutzregime hinzudeuten.

Der grundlegende Unterschied zur Rechtsprechung des EGMR ergibt sich aber aus der Bedeutung, die der EuGH dem Kriterium der systemischen Mängel im Kontext von Überstellungsverboten auf Grundlage von Art. 4 GRCh beimisst. Wie sogleich näher zu zeigen ist, sucht der EuGH mit diesem Kriterium einen Ausgleich zwischen dem Grundsatz gegenseitigen Vertrauens und der präventiven Vorverlagerung des Menschenrechtsschutzes auf den überstellenden Staat herzustellen. Im Kern geht es um die Wahrung der Union als föderativ-autonomer Einheit im RFSR. Danach wird nicht jede (vereinzelte) Grundrechtsverletzung im EU-Zielstaat als hinreichend angesehen, das Vertrauen in seine prinzipielle Grundrechtstreue erschüttern und die unionsrechtlichen Pflichten zwischen den Mitgliedstaaten aufzukündigen, zumal Rechtsschutz gegen die konkrete Verletzung stets unmittelbar gegen den verletzenden Zielstaat garantiert ist.[99]

Anders als die EMRK enthält die GRCh neben Art. 4 GRCh aber auch ein explizites Refoulementverbot. Nach Art. 19 Abs. 2 GRCh darf niemand „in einen Staat abgeschoben oder ausgewiesen oder an einen Staat ausgeliefert werden, in dem für sie oder ihn das ernsthafte Risiko der Todesstrafe, der Folter oder einer anderen unmenschlichen oder erniedrigenden Strafe oder Behandlung besteht." Bislang hat der EuGH diesen Artikel in den einschlägigen innereuropäischen Fällen interessanterweise nicht herangezogen. Das überrascht

---

[95] Vgl. *M. Borowsky*, in: Meyer (Hrsg.), Charta der Grundrechte, 4. Aufl. 2014, Art. 52, Rn. 37.

[96] Was nicht dazu verleiten darf, die Bedeutung der Erläuterungen überzubewerten, s. *M. Wendel*, Renaissance der historischen Auslegungsmethode im europäischen Verfassungsrecht?, ZaöRV 2008, S. 803 (815 ff.).

[97] Vgl. *C. Calliess*, in: Calliess/Ruffert (Hrsg.), EUV/AEUV, 5. Aufl. 2016, Art. 4 GRCh, Rn. 19; *M. Borowsky*, in: Meyer (Hrsg.), Charta der Grundrechte, 4. Aufl. 2014, Art. 4, Rn. 21.

[98] EuGH, Urt. v. 21.12.2011, verb. Rs. C411/10 u. C493/10 – *N.S. u. a.*

[99] Ebd., Rn. 82 f. Dazu sogleich näher.

umso mehr, als mit Art. 19 Abs. 2 GRCh just die EGMR-Rechtsprechung zum menschenrechtlichen Refoulementverbot für das Unionsrecht kodifiziert wurde.[100] Möglicherweise will der EuGH Art. 19 Abs. 2 GRCh ausschließlich auf Fälle mit Drittstaatenbezug anwenden.[101] Weder Wortlaut noch Entstehungsgeschichte[102] geben hierzu jedoch hinreichend Anlass.

Eine weitere Grundsatznorm findet sich in Art. 18 GRCh. Danach wird das Recht auf Asyl „nach Maßgabe" der GFK und der Verträge „gewährleistet". Bislang ist jedoch auch diese Vorschrift in ihrem Anwendungsprofil blass geblieben.[103] Weitere Bezugnahmen auf die GFK finden sich, wie bereits erwähnt, in Art. 78 Abs. 1 S. 2 AEUV als Leitlinie für das GEAS. Art. 78 Abs. 1 S. 1 AEUV nimmt dabei sogar ausdrücklich auf den Grundsatz des Non-Refoulement Bezug.

Der Unionsgesetzgeber hat die Rechtsprechung des EuGH zu Überstellungsverboten – einschließlich der Voraussetzung systemischer Schwachstellen – in Art. 3 Abs. 2 UAbs. 2 Dublin-III-VO kodifiziert. Sekundärrechtlich werden die Mitgliedstaaten schließlich sowohl durch Art. 21 der Qualifikationsrichtlinie (QRL)[104] als auch Art. 5 der Rückführungsrichtlinie (RL 2008/115) auf die Einhaltung des Grundsatzes der Nichtzurückweisung verpflichtet. Für die Dublin-III-VO ergibt sich eine ähnliche (wegen Art. 78 Abs. 1 S. 1 AEUV aber im Wesentlichen deklaratorische[105]) Leitlinie aus dem dritten Erwägungsgrund.

c) Der Zurückweisungsgrundsatz im deutschen Asylrecht

Auch im deutschen Asylrecht ist der Zurückweisungsgrundsatz fest verankert, selbst wenn seine rechtsdogmatische Konzeption im Einzelnen variiert. So hat das BVerfG im Hinblick auf die gesetzliche Einstufung anderer Staaten als sichere Drittstaaten aus Art. 16a Abs. 2 GG[106] die Notwendigkeit einer „norma-

---

[100] Vgl. *N. Bernsdorff*, in: Meyer (Hrsg.), Charta der Grundrechte, 4. Aufl. 2014, Art. 19, Rn. 17 f.

[101] Vgl. dementsprechend Urt. v. 18.12.2014, C562/13, *Abdida*, Rn. 46 ff.; EuGH, Urt. v. 17.12.205, C239/14, *Tall*, Rn. 53 ff.

[102] *N. Bernsdorff*, in: Meyer (Hrsg.), Charta der Grundrechte, 4. Aufl. 2014, Art. 19, Rn. 10–12.

[103] Ähnlich *J. Bast*, Aufenthaltsrecht und Migrationssteuerung, 2011, S. 188, der darauf hinweist, dass schon offen ist, ob es sich lediglich um einen „Grundsatz" i. S. d. Art. 52 Abs. 2 GRCh oder um ein (konkretisierungsbedürftiges) Grundrecht handele.

[104] Richtlinie 2011/95/EU des Europäischen Parlaments und des Rates v. 13.12.2011 über Normen für die Anerkennung von Drittstaatsangehörigen oder Staatenlosen als Personen mit Anspruch auf internationalen Schutz, für einen einheitlichen Status für Flüchtlinge oder für Personen mit Anrecht auf subsidiären Schutz und für den Inhalt des zu gewährenden Schutzes (Neufassung).

[105] Primärer Adressat von Art. 78 Abs. 1 S. 1 AEUV ist aber die Union, während die Richtlinien sich explizit an die Mitgliedstaaten richten.

[106] Davon zu unterscheiden ist das grundsätzliche Verbot der Auslieferung deutscher Staatsangehöriger nach Art. 16 Abs. 2 GG, das mit Blick auf den Europäischen Haftbefehl

tiven Vergewisserung" seitens des Gesetzgebers abgeleitet und damit den Grundsatz der Nichtzurückweisung verfassungsrechtlich abgesichert.[107] Daneben hat das BVerfG Refoulementverbote aber auch direkt in Art. 1 Abs. 1 i. V. m. Art. 2 Abs. 2 S. 1 GG verortet,[108] ein Gedanke, den man zu einem umfassenderen, am Menschenwürdekern der einzelnen Grundrechte[109] des GG ansetzenden Refoulementverbot fortentwickeln kann.[110]

Die drei Schutzstatūs – Asylstatus, GFK-Status und subsidiärer Schutz – führen zu einem Aufenthaltstitel aus humanitären Gründen, § 25 Abs. 1 u. 2 AufenthG. Überdies sichern § 60 Abs. 5 u. 7 AufenthG den Non-Refoulement-Grundsatz im Wege eines Abschiebungsschutzes zusätzlich ab: Während § 60 Abs. 5 AufenthG als zielstaatsbezogenes Abschiebungsverbot die Fälle des Art. 3 EMRK erfasst, greift die Soll-Vorschrift („gebundenes" Ermessen) des § 60 Abs. 7 AufenthG unter der Voraussetzung, dass für die betroffene Person bei individueller Betrachtung[111] eine erhebliche konkrete Gefahr für Leib, Leben oder Freiheit besteht. Beide Normen weisen damit große Schnittmengen zum subsidiären Schutz auf, sind aber nicht mit diesem deckungsgleich. Im Gegensatz zum subsidiären Schutz unterliegt § 60 Abs. 5 AufenthG nicht den Ausschlussgründen des § 4 AsylG. Ferner kann § 60 Abs. 7 AufenthG auch dann Anwendung finden, wenn die erhebliche konkrete Gefahr nicht (unmittelbar) auf menschlichem Handeln beruht.[112]

Speziell für Dublin-Überstellungen sieht das deutsche Verwaltungsrecht mit § 27a i. V. m. § 34a AsylG eine spezielle Rechtsgrundlage vor, welche die ohnehin unmittelbar anwendbaren Vorschriften der Dublin-III-VO aus Perspektive des deutschen Verwaltungsrechts flankiert bzw. komplettiert. Mit Blick auf die materiell-rechtlichen Voraussetzungen eines Überstellungsverbotes innerhalb des Dublin-Raumes wendete das BVerwG in einer Grundsatzentscheidung vom 19. März 2014 das vom EuGH entwickelte und später vom europäischen Ge-

---

oder den IStGH durchbrochen wurde, wobei aber auch hier rechtsstaatliche Grundsätze zu wahren sind. Näher zu Art. 16 Abs. 2 GG *A. Uhle*, Auslieferung und Grundgesetz – Anmerkungen zu Art. 16 Abs. 2 GG, NJW 2001, S. 1889 (1891 ff.).

[107] BVerfG, Urt. v. 14.5.1996, BVerfGE 94, 49 – *Sichere Drittstaaten*, Rn. 181 ff. (juris). Vgl. bereits S. 144 ff.

[108] BVerfG, K-Beschl. v. 3.4.1992, 2 BvR 1837/91, NVwZ 1992, 660, Rn. 18–21 (juris).

[109] Zur dogmatischen Begründung rechtlicher Freiheit aus der Menschenwürde grundlegend *C. Enders*, Die Menschenwürde in der Verfassungsordnung – Zur Dogmatik des Art. 1 GG, 1997, S. 442 ff.

[110] So *M. Hong*, Asylgrundrecht und Refoulementverbot, 2008, S. 193 ff.

[111] Nach § 60 Abs. 7 S. 2 AufenthG sind Gefahren i. S. d. S. 1, denen die Bevölkerung oder die Bevölkerungsgruppe, der der Ausländer angehört, allgemein ausgesetzt ist, bei Anordnungen nach § 60a Abs. 1 Satz 1 zu berücksichtigen. Nach § 60a Abs. 1 AufenthG oberste Landesbehörde kann aus völkerrechtlichen oder humanitären Gründen oder zur Wahrung politischer Interessen der Bundesrepublik Deutschland anordnen, dass die Abschiebung von Ausländern aus bestimmten Staaten oder von in sonstiger Weise bestimmten Ausländergruppen allgemein oder in bestimmte Staaten für längstens drei Monate ausgesetzt wird.

[112] Instruktiv *P. Tiedemann*, Flüchtlingsrecht, 2015, S. 76 ff.

setzgeber in Art. 3 Abs. 2 UAbs. 2 Dublin-III-VO kodifizierte Kriterium der systemischen Mängel an.[113]

d) Zwischenbefund

Als Zwischenbefund ist damit festzuhalten, dass der Grundsatz des Non-Refoulement auf Ebene des Völkerrechts, Unionsrechts und nationalen Rechts mehrfach verankert ist. Unterschiede bestehen neben der rechtsdogmatischen Einkleidung namentlich hinsichtlich der genauen Tatbestandsvoraussetzungen und ggf. Ausschlusstatbestände sowie hinsichtlich der unterschiedlichen statusrechtlichen Folgen des Refoulementverbots im Aufenthaltsrecht.[114]

3. Schichtung menschenrechtlicher Überstellungsverbote

Legt man die Schutzgarantien der einzelnen Ebenen übereinander, zeichnen sich nicht unerhebliche materiell-rechtliche Unterschiede ab. Für die Frage nach der Bestimmung der Spielraumgrenzen im Mehrebenensystem ist dieser Ausgangsbefund von großer Bedeutung. Letztlich geht es darum, aus Perspektive der Verwaltung und der sie kontrollierenden Verwaltungsgerichtsbarkeit die ebenendifferierenden Vorgaben bei der Rechtskonkretisierung zusammenzuführen. Die grundsätzliche Frage lautet, wie die im Völkerrecht wurzelnde Rechtsfigur des menschenrechtlichen Überstellungsverbotes im Zusammenspiel der verschiedenen Rechtsschichten zu systematisieren und mit Blick auf die einzufordernde Rechtssicherheit in vorhersehbarer Weise verwaltungsrechtlich zu konkretisieren ist.[115]

a) Übereinstimmung: Systemische Mängel als grundsätzlich hinreichende Bedingung

Übereinstimmung herrscht für den Fall, dass das Asylsystem des Zielstaates tatsächlich an systemischen Mängeln leidet. Zwischen EGMR und EuGH besteht Einigkeit, dass ein EU-Mitgliedstaat *jedenfalls* dann seine Verpflichtungen aus Art. 3 EMRK bzw. Art. 4 GRCh verletzt, wenn er einen Asylantragsteller in einen EU-Zielstaat überstellt, dessen Asylsystem die menschenrechtlichen Mindeststandards aus Art. 3 EMRK bzw. Art. 4 GRCh in einem Maße verfehlt, wie das griechische Asylsystem im Jahr 2011.[116]

---

113 BVerwG, Beschl. v. 19.03.2014, NVwZ 2014, 1039, Rn. 5–9. Allerdings erging diese Entscheidung vor dem *Tarakhel*-Urteil des EGMR.

114 Vgl. *J. Bast*, Aufenthaltsrecht und Migrationssteuerung, 2011, S. 185.

115 Zur Systematik menschenrechtlicher Überstellungsverbote im Einzelnen bereits *M. Wendel*, Menschenrechtliche Überstellungsverbote: Völkerrechtliche Grundlagen und verwaltungsrechtliche Konkretisierung, DVBl. 2015, S. 731 (732 ff.).

116 EGMR (GK), Urt. v. 21.1.2011, Nr. 30696/09, NVwZ 2011, 413 – *M.S.S./Belgien u.*

Dann greift ein generelles Überstellungsverbot. Solange und soweit derartige Mängel fortbestehen, sind grundsätzlich[117] alle Überstellungen in den betreffenden Zielstaat unzulässig, weshalb von einem Generalverbot gesprochen werden kann. Prozessrechtlich steht dahinter im Kern eine Erleichterung der Beweislast für den Beschwerdeführer.[118]

b) Föderativer Ansatz: systemische Mängel als notwendige Bedingung

Während allgemein anerkannt ist, dass das Kriterium der systemischen Mängel grundsätzlich[119] eine *hinreichende* Bedingung für ein innereuropäisches Überstellungsverbot darstellt, gehen die Meinungen darüber auseinander, ob es hierfür auch eine *notwendige* Bedingung sein soll.

Hierzu ist ein genauerer Blick auf den Begriff der „systemischen Mängel" (EN *systemic deficiencies* bzw. *flaws*, FR *défaillances systémiques*) und seine Herkunft erforderlich. Er geht auf das *N.S.*-Urteil des EuGH zurück. Nach *N.S.* verletzt ein EU-Mitgliedstaat Art. 4 GRCh, wenn ihm „nicht unbekannt sein kann, dass die systemischen Mängel des Asylverfahrens und der Aufnahmebedingungen für Asylbewerber [im EU-Zielstaat] ernsthafte und durch Tatsachen bestätigte Gründe für die Annahme darstellen, dass der Antragsteller tatsächlich Gefahr läuft, einer unmenschlichen oder erniedrigenden Behandlung im Sinne von Art. 4 der Charta ausgesetzt zu werden."[120] Im Jahr 2013 wurde das Kriterium in Art. 3 Abs. 2 UAbs. 2 Dublin-III-VO unter dem leicht abweichenden Begriff der „systemischen Schwachstellen" kodifiziert.

Während der EuGH in *N.S.* nicht weiter geklärt hatte, ob das Unionsrecht Überstellungsverbote auch unterhalb der Schwelle systemischer Mängel zulässt, verneinte die Große Kammer diese Frage im Fall *Abdullahi*.[121] Zwar bezog sich das Urteil primär auf die Ablehnung der (subjektiven) Einklagbarkeit der Zuständigkeits- und Verfahrensregelungen der damaligen Dublin-II-Rege-

---

Griechenland und – ihm folgend – EuGH, Urt. v. 21.12.2011, verb. Rs. C411/10 u. C493/10 – *N.S. u.a.*, Rn. 94.

[117] Jedenfalls im beweisrechtlichen Sinne. Wäre erwiesen, dass eine Person trotz systemischer Mängel im Zielstaat dort aufgrund individueller Umstände gleichwohl keinem ernsten Risiko einer Verletzung von Art. 3 EMRK bzw. Art. 4 GRCh ausgesetzt ist (etwa weil im konkreten Fall die Einhaltung der Minimalstandards garantiert wäre), wäre dies anders.

[118] So explizit EGMR (GK), Urt. v. 21.1.2011, Nr. 30696/09, NVwZ 2011, 413 – *M.S.S./Belgien u. Griechenland*, Rn. 352 sowie für das Unionsrecht Vgl. *R. Bank/C. Hruschka*, Die EuGH-Entscheidung zu Überstellungen nach Griechenland und ihre Folgen für Dublin-Verfahren (nicht nur) in Deutschland, ZAR 2012, S. 182 (185).

[119] Vgl. Fn. 117.

[120] EuGH, Urt. v. 21.12.2011, verb. Rs. C411/10 u. C493/10 – *N.S. u.a.*, Rn. 94.

[121] EuGH, Urt. v. 10.12.2013, Rs. C394/12 – *Abdullahi*, Rn. 60 für die Situation, dass die Behörden im Zielstaat dem Überstellungsgesuch i.S.d. Art. 19 Abs. 1 Dublin-II-VO (jetzt Art. 26 Abs. 1 Dublin-III-VO) zugestimmt haben. Danach darf ein Asylbewerber bei Heranziehung der Zuständigkeitskriterien durch den prüfenden EU-Mitgliedstaat einzig die Geltendmachung systemischer Mängel im Zielstaat entgegenhalten.

lungen – ein Punkt, hinsichtlich dessen der EuGH seine Rechtsprechung unter Betonung der Neuerungen in der Dublin-III-Verordnung mittlerweile geändert hat.[122] Allerdings machte der EuGH auch in materiell-rechtlicher Hinsicht deutlich, dass gegen eine Dublin-Überstellung[123] kein anderer Einwand durchgreifen kann als die Geltendmachung systemischer Mängel im Zielstaat, deren Vorliegen er im Hinblick auf den hier fraglichen Zielstaat (Ungarn) verneinte.[124] Daran hat auch das Urteil der Fünften Kammer im Fall *C.K.* im Grundsatz nichts geändert.[125] Zwar zieht der EuGH das Kriterium der systemischen Mängel hier ausdrücklich nicht heran.[126] Das ist aber deshalb keine Abweichung von der bisherigen Rechtsprechung, weil es um eine ganz andere Konstellation geht, nämlich einen Fall, in dem die ernsthafte Gefahr einer Verletzung von Art. 4 GRCh gerade in der Überstellungshandlung durch den *ersuchenden Staates selbst* (hier Slowenien) begründet ist und nicht aus der zu prognostizierenden Lage im Zielstaat (hier Kroatien) resultiert. Konkret bestand die Gefahr, dass die geplante Außerlandesbringung der Antragstellerin ihren Gesundheitszustand massiv verschlechtern könnte. Das aber ist ein Fall, in dem es von vornherein allein um die Verantwortlichkeit des überstellenden Staates geht, ohne dass es auf die Lage im Zielstaat ankäme, auf die das Kriterium der systemischen Mängel zugeschnitten ist. Anders gesagt, das Kriterium systemischer Mängel betraf von vornherein – und denklogisch – nur zielstaatsbezogene, nicht aber inlandsbezogene Transferhindernisse.[127] Dass die Große Kammer des EuGH in einem späteren *obiter dictum* auf *C.K.* und nicht auf *N.S.* und *Abdullahi* verweist, bedeutet darum ebenfalls (noch) keine Abkehr.[128] Eine Entscheidung, die ein Überstellungsverbot wegen der Gefährdung von

[122] EuGH, Urt. v. 7.6.2016, Rs. C-63/15 – *Ghezelbash*, Rn. 34 ff.; Urt. v. 26.7.2017, Rs. C490/16 – *A.S.*, Rn. 24 ff.; Urt. v. 26.7.2017, Rs. C-670/16 – *Mengesteab*, Rn. 41 ff.; Urt. v. 25.10.2017, C- 201/16 – *Shiri*, Rn. 35 ff.

[123] Im Ausgangsfall hatte der ersuchte Staat (Ungarn) dem Ersuchen des überstellenden Staates (Österreich) zugestimmt.

[124] EuGH, Urt. v. 10.12.2013, Rs. C394/12 – *Abdullahi*, Rn. 60 f. Im Lichte der englischen, wiederum weniger aber der französischen Sprachfassung lässt sich *Abdullahi* allerdings auch dahingehend verstehen, dass der Gerichtshof den Akten lediglich nicht entnehmen konnte, dass sich die Klägerin des Ausgangsverfahrens explizit auf das Vorliegen systemischer Mängel im Zielstaat (hier Ungarn) berufen hätte (was für den EuGH in *Abdullahi* noch eine notwendige Voraussetzung für die Aussetzung der Überstellung darstellte).

[125] EuGH, Urt. v. 16.2.2017, Rs. C-578/16 PPU – *C.K.*

[126] Ebd., Rn. 91 ff.

[127] Zur Unterscheidung *A. Lübbe*, „Mutual trust" und die Folgen des Aufenthaltsbeendigungshandelns, NVwZ 2017, S. 674 (676 ff.).

[128] EuGH, Urt. v. 26.7.2017, Rs. C-646/16 – *Jafari*, Rn. 101, zumal der EuGH hier wiederum für die zielstaatsbezogene Konstellation klarstellt, dass eine Überstellung „nicht vorgenommen werden [könnte], wenn im zuständigen Mitgliedstaat *infolge der Ankunft einer außergewöhnlich hohen Zahl* internationalen Schutz begehrender Drittstaatsangehöriger eine" Gefahr einer Verletzung von Art. 4 GRCh besteht, was wiederum nahe am Kriterium der systemischen Mängel im Sinne einer allgemeinen Problemsituation im zielstaatlichen Asylsystem liegt.

Art. 4 EMRK durch künftiges zielstaatliches Handeln anerkennt, ohne dass dieses (beweislastig) aus systemischen Mängeln resultierte, gibt es bis dato nicht.[129] Und auch in der unter zentralen Gesichtspunkten strukturparallelen Rechtsprechung zum Europäischen Haftbefehl hält der EuGH am Kriterium der systemischen Mängel hinsichtlich zielstaatsbezogener Transferhindernisse ausdrücklich fest.[130]

Bis dato bleibt es dabei: Der EuGH verlangt das Vorliegen systemischer Mängel im Zielstaat, soweit es um die Fallgruppe zielstaatsbezogener Transferhindernisse geht. Das ist auch normativ überzeugend. Denn im Kern schützt das eingezogene Kriterium der systemischen Mängel den föderativen Grundsatz gegenseitigen Vertrauens innerhalb der EU. Dieser Grundsatz ist für den RFSR sowohl im Sinne einer Wirksamkeitsbedingung als auch eines Rechtsprinzips von elementarer Bedeutung[131] und konkretisiert sich zu einer Vermutung grundrechtskonformen Verhaltens aller EU-Mitgliedstaaten.[132] Diese Vermutung, hinsichtlich derer sich die Union nicht von anderen rechtsstaatlich ausgerichteten föderativen Systemen unterscheidet, findet ihren rechtsnormativen Ursprung nicht zuletzt in dem Umstand, dass die Union einen supranationalen Grundrechtsschutz bereithält, der bei der Durchführung des Unionsrechts i. S. d. Art. 51 Abs. 1 S. 1 GRCh auch gegenüber jedem Mitgliedstaat aktivierbar ist. Zugleich sind alle EU-Mitgliedstaaten Vertragsstaaten der EMRK und damit einer externen Menschenrechtskontrolle unterworfen. Das Problem, dass die Einhaltung von Grund- und Menschenrechten im Zielstaat nicht einklagbar wäre, stellt sich bei innereuropäischen Fallgestaltungen nicht. Auch das BVerfG erkennt dies im Grundsatz an.[133]

Der Ansatz des EuGH ist letztlich ein ausbalancierter Mittelweg, der die grundsätzliche Vermutung grundrechtskonformen Verhaltens einerseits für widerlegbar erklärt, diese Widerlegbarkeit aber andererseits an das voraussetzungsvolle Kriterium „systemischer Mängel" knüpft.[134] Dieser in der Literatur treffend als horizontaler Solange-Mechanismus bezeichnete[135] Ansatz erlaubt

---

[129] EuGH, Urt. v. 16.2.2017, Rs. C-578/16 PPU – *C.K.* hielte allerdings in Rn. 93 das hierfür notwendige Argument parat, soweit auf den absoluten Charakter von Art. 4 GRCh abgestellt wird.

[130] EuGH, Urt. v. 5.4.2016, verb. Rs. C-405/15 u. a. – *Aranyosi u. a.*, Rn. 89. Näher *T. Reinbacher/M. Wendel*, Menschenwürde und Europäischer Haftbefehl, EuGRZ 2016, S. 333 (341 f.).

[131] Eingehend *A.-K. Kaufhold*, Gegenseitiges Vertrauen, EuR 2012, 408 (417 ff. und 426 ff.).

[132] Übertragen wird die Vermutung freilich auch auf Dublin-assoziierte Staaten wie u. a. die Schweiz.

[133] BVerfG, 26.1.2016, 2 BvR 2735/14 – *Europäischer Haftbefehl II*, Rn. 73, sodann aber zu den Grenzen Rn. 74, 83, 92, 105.

[134] EuGH, Urt. v. 21.12.2011, verb. Rs. C411/10 u. C493/10 – *N.S. u. a.*; Urt. v. 10.12.2013, Rs. C394/12 – *Abdullahi*; Urt. v. 14.11.2013, Rs. C-4/11 – *Puid*. Zur Problematik *K. Hailbronner/D. Thym*, Vertrauen im europäischen Asylsystem, NVwZ 2012, S. 406 ff.; *I. Canor*, Solange horizontal – Der Schutz der EU-Grundrechte zwischen Mitgliedstaaten, ZaöRV 2013, S. 249 ff.

[135] *I. Canor*, a. a. O., S. 264 ff. mit kritischer Würdigung.

es, die mitgliedstaatlichen Gerichte bei der Kontrolle der transnational wirkenden Tätigkeit der Verwaltung auch hinsichtlich der Einhaltung der Unionsgrundrechte in anderen Mitgliedstaaten bis zu einem bestimmten Grade in die Pflicht zu nehmen. Damit folgt der EuGH zugleich der Systemlogik eines institutionellen Pluralismus.[136]

In gewissen Grenzen gestattet, ja verlangt er von einem nationalen Gericht, die Einhaltung fundamentaler Grundrechtsgarantien durch einen anderen Mitgliedstaat zu prüfen und im Sinne eines präventiven Grundrechtsschutzes die sekundärrechtlichen Dublin-Verpflichtungen (im Dialog mit dem EuGH) zu suspendieren,[137] wenn systemische Mängel vorliegen. Gerade die darin bedingte arbeitsteilige Grundrechtskonkretisierung ist eine Möglichkeit, in einem rechtspluralistischen Kontext das normative Versprechen des Konstitutionalismus einzulösen.[138] Umgekehrt darf die wechselseitige Vermutung mitgliedstaatlicher Grundrechtstreue, d.h. der grundsätzlichen Einhaltung der *Unions*grundrechte,[139] nach dem EuGH aber nicht bereits durch jede im Einzelfall registrierte Verletzung eines Grundrechts im Zielstaat als widerlegt angesehen werden. Vielmehr bedarf es dazu eines *qualifizierten Grades an Schwere und Vorhersehbarkeit*, den das Kriterium der systemischen Mängel begrifflich abbilden soll.[140] Hierin liegt die eigentliche *Balance von gegenseitigem Vertrauen und präventiv vorverlagertem Grundrechtsschutz*. Der EuGH tritt auf diese Weise der Gefahr entgegen, dass die mitgliedstaatlichen Gerichte in jedem Einzelfall in eine Wächterrolle bzgl. der Grundrechtstreue anderer EU-Mitgliedstaaten hineingedrängt werden. Ein deutscher Asylrichter soll eben nach Unionsrecht gerade kein „ungarischer Oberhaftrichter" werden.[141]

Bei alledem sollte nicht aus den Augen verloren werden, dass die europarechtlich eingezogene Schwelle der systemischen Mängel nicht den Menschenrechtsschutz (und den ggf. daran gekoppelten Eilrechtsschutz)[142] an sich blockieren will. Allein seine präventive und prognosebasierte Vorverlagerung auf den überstellenden Staat soll eingedämmt, die *grundrechtliche Primärzuständigkeit* dem europäischen Zielstaat zugewiesen werden – jedenfalls soweit es um Ge-

---

[136] Ebd., S. 249 (293). Daran anknüpfend *C. Franzius*, Grundrechtsschutz in Europa, ZaöRV 2015, S. 383 (410).

[137] Vgl. für den Europäischen Haftbefehl BVerfG, 26.1.2016, 2 BvR 2735/14 – *Europäischer Haftbefehl II*, Rn. 105, allerdings mit einem einzelfallbezogenen Ansatz.

[138] Treffend *I. Canor*, a.a.O.

[139] Und nicht etwa der nationalen Grundrechte, vgl. treffend *C. Franzius*, Grundrechtsschutz in Europa, ZaöRV 2015, S. 383 (407).

[140] Vgl. eingehend EuGH, Urt. v. 21.12.2011, verb. Rs. C411/10 u. C493/10 – *N.S. u.a.*, Rn. 83ff. Insoweit könnte man das Kriterium der systemischen Mängel an sich auch in die EGMR-Rechtsprechung hineinlesen (so insbesondere *A. Lübbe*, „Systemische Mängel" in Dublin-Verfahren, ZAR 2014, S. 105, 107ff.), hätte der EGMR dies nicht in *Tarakhel* vergleichsweise deutlich zurückgewiesen.

[141] *J. Bergmann*, Das Dublin-Asylsystem, ZAR 2015, S. 81 (86).

[142] Art. 39 VerfO-EGMR.

fährdungen geht, die aus zielstaatlichem Handeln resultieren. Es geht also nicht um das „Ob“ des Unionsgrundrechtsschutzes, sondern um das „Wo“ innerhalb einer föderativ strukturierten Union.

Das BVerwG betont in seiner Leitentscheidung vom 19. März 2014 daher völlig zu Recht die Bedeutung der systemischen Mängel als Rahmenkriterium für die zu erlangende Überzeugungsgewissheit des Tatrichters i. S. d. § 108 Abs. 1 S. 1 VwGO. Der Begriff ziele letztlich auf einen bestimmten Grad an Vorhersehbarkeit ab, da sich systemische Mängel „wegen ihrer systemimmanenten Regelhaftigkeit verlässlich prognostizieren“ ließen und „nicht unvorhersehbar oder schicksalhaft“ einträten.[143] Die Widerlegung der Vermutung grundrechtskonformen Verhaltens innerhalb der EU setze deshalb voraus, dass „das Asylverfahren oder die Aufnahmebedingungen im zuständigen Mitgliedstaat aufgrund größerer Funktionsstörungen regelhaft so defizitär sind, dass anzunehmen ist, dass dort auch dem Asylbewerber im konkret zu entscheidenden Einzelfall mit beachtlicher Wahrscheinlichkeit eine unmenschliche oder erniedrigende Behandlung droht“.[144] Nachdem die unterinstanzlichen Verwaltungsgerichte in Deutschland hierzu sehr unterschiedliche Urteile gefällt hatten,[145] erklärte das BVerwG dementsprechend auch Dublin-Überstellungen nach Italien mangels Vorliegens systemischer Mängel für rechtmäßig.[146] Dementsprechend richtete sich die zunächst uneinheitliche Rechtsprechung der deutschen Verwaltungsgerichte an dem Kriterium systemischer Mängel aus. Das BVerfG wiederum ließ die Frage des tatsächlichen Vorliegens systemischer Mängel in Italien bislang offen,[147] gab im Kontext des Europäischen Haftbefehls aber zu erkennen, den Grundsatz gegenseitigen Vertrauens als *im Einzelfall* widerlegbar zu betrachten.[148] Das leitet über zum Ansatz des EGMR.

---

[143] BVerwG, Beschl. v. 19.03.2014, NVwZ 2014, 1039, Rn. 9 (juris).

[144] Ebd.

[145] Bejaht wurde ein Überstellungsverbot wegen des Vorliegens systemischer Mängel in Italien z. B. vom VG Frankfurt, Urt. v. 9.7.2013, 7 K 560/11.F.A. sowie vom VG Magdeburg, Urt. v. 10.12.2012, 1 A 167/12 MD. Zur Problematik *D. Thym*, Zulässigkeit von Dublin-Überstellungen nach Italien, ZAR 2013, S. 331 ff.

[146] BVerwG, Beschl. v. 19.03.2014, NVwZ 2014, 1039, Rn. 3–9 (juris). Genau genommen wies das BVerwG die vom Kläger gegen die Nichtzulassung der Revision erhobenen Beschwerde als unbegründet ab und bestätigte damit die Rechtsauffassung des OVG Sachsen-Anhalt, welches eine Überstellung nach Italien mangels Vorliegens systemischer Mängel für rechtmäßig befunden und die Klage abgewiesen hatte. Für die nachfolgende Rechtsprechung vgl. BVerwG, Beschl. v. 6.6.2014, 10 B 35/14, DÖV 2014, S. 851, Rn. 6.

[147] BVerfG, Beschl. v. 17.09.2014, 2 BvR 1795/14, Rn. 7 (juris). Das BVerfG nahm letztlich aber die gegen die Überstellung nach Italien erhobene Verfassungsbeschwerde mangels Erfolgsaussicht nicht zur Entscheidung an, neigt aber in der Tendenz eher dem Ansatz des EGMR zu. Im Ergebnis verlangt das BVerfG, „in Abstimmung mit den Behörden des Zielstaats sicherzustellen“, dass eine Familie mit Kleinkindern eine gesicherte Unterkunft erhält. Weitere Klärung könnten die Rechtssachen 2 BvR 602/15 und 2 BvR 3024/14 u. a. bringen, für die bislang (30.10.2017) nur Eilentscheidungen vorliegen.

[148] BVerfG, 26.1.2016, 2 BvR 2735/14 – *Europäischer Haftbefehl II*, Rn. 74, 83, 105.

c) Einzelfallbasierter Ansatz unabhängig von systemischen Mängeln

Auch in der Rechtsprechung des EGMR spielte der Begriff der systemischen Mängel zunächst eine zentrale Rolle.[149] Wiederholt lehnte Straßburg Konventionsverstöße durch Dublin-Überstellungen nach Italien unter Betonung des Fehlens systemischer Mängel ab, insbesondere auch für Personen, die einen subsidiären Schutz beantragten.[150] Dagegen sprach sich die Große Kammer in *Tarakhel* ausdrücklich für die Möglichkeit von (zielstaatsbezogenen) Überstellungsverboten auch unterhalb der Schwelle „systemischer Mängel" im Zielstaat aus.[151] In seinen Ausführungen zum Prüfungsmaßstab stellte der EGMR ausdrücklich klar, dass nach der EMRK auch in innereuropäischen Sachverhalten ein einzelfallbezogener Ansatz zugrunde zu legen sei.[152]

Entscheidendes Tatbestandsmerkmal aller aus Art. 3 EMRK folgenden menschenrechtlichen Überstellungsverbote bleibt demnach das Vorliegen eines „echten Risikos" menschenunwürdiger Behandlung im Zielstaat. Für den EGMR ist die Quelle dieses Risikos unerheblich und kann den betreffenden Konventionsstaat nicht davon entbinden, eine „sorgfältige und individualisierte Prüfung" vorzunehmen.[153] Folglich ist das Vorliegen systemischer Mängel im Zielstaat auch in innereuropäischen Fallkonstellationen zwar eine hinreichende, nicht aber eine notwendige Bedingung für die Annahme eines Überstellungsverbotes nach Art. 3 EMRK.[154] In *Tarakhel* bestätigte der EGMR insofern ausdrücklich den einzelfallorientierten Ansatz des UK Supreme Court, der sich in einer vorausgehenden Entscheidung dezidiert vom EuGH abgegrenzt hatte.[155] Dass der EGMR nicht auf die Möglichkeit einer präventiven Einzelfall-

---

[149] Konkret wird von „systemischem Versagen" (EN *systemic failure*) gesprochen.

[150] EGMR, Beschl. v. 2.4.2013 (III. Sektion), Nr. 27725/10, ZAR 2013, 336 – *Mohammed Hussein u. a./Niederlande u. Italien*, Rn. 78; Beschl. v. 4.6.2013 (I. Sektion), Nr. 6198/12 – *Daytbegova/Österreich*, Rn. 66; Beschl. v. 18.6.2013 (I. Sektion), Nr. 53852/11, ZAR 2013, 338 – *Halimi/Österreich u. Italien*, Rn. 68; Beschl. v. 18.6.2013 (I. Sektion), Nr. 73874/11 – *Abubeker/Österreich u. Italien*; Beschl. v. 27.8.2013, Nr. 9053/10 (III. Sektion) – *Miruts Hagos/Niederlande und Italien*; Beschl. v. 27.8.2013 (III. Sektion), Nr. 40524/10 – *Mohammed Hassan/Niederlande u. Italien*, Rn. 176; Beschl. v. 10.9.2013 (III. Sektion), Nr. 2314/10 – *Hussein Diirshi/Niederlande und Italien*, Rn. 138. Zu diesen Entscheidungen *D. Thym*, Zulässigkeit von Dublin-Überstellungen nach Italien, ZAR 2013, S. 331 ff.

[151] EGMR, Urt. v. 4.11.2014 (GK), Nr. 29217/12, DÖV 2015, 115 – *Tarakhel/Schweiz*.

[152] Ebd., Rn. 103–105.

[153] Ebd., Rn. 104: EN *thorough and individualised examination*, FR *examiner de manière approfondie et individualisée*. Bestätigt in EGMR (GK), Urt. v. 13.12.2016, Nr. 41738/10 – *Paposhvili/Belgien*, Rn. 187 in Bezug auf schwerkranke Personen.

[154] Zustimmend *P. Tiedemann*, Rückführung von Asylbewerbern nach Italien, NVwZ 2015, S. 121 (123). Zuvor bereits in diesem Sinne *R. Marx*, Solidarität im grundrechtskonformen europäischen Asylsystem, NVwZ 2012, S. 409 (411 f.) sowie *R. Bank/C. Hruschka*, Die EuGH-Entscheidung zu Überstellungen nach Griechenland und ihre Folgen für Dublin-Verfahren (nicht nur) in Deutschland, ZAR 2012, S. 182 (186).

[155] EGMR (GK), Urt. v. 4.11.2014, Nr. 29217/12, DÖV 2015, 115 – *Tarakhel/Schweiz*, Rn. 104 unter Bezug auf UK Supreme Court, Urt. v. 19.02.204 [2014] UKSC 12.

kontrolle verzichtet, liegt in der Logik einer vom Individuum her gedachten und institutionell externalisierten Menschenrechtskontrolle. Eine individuelle Perspektive war dementsprechend sowohl in *Soering* präsent[156] als auch in *M.S.S.* zumindest angelegt.[157] Letztlich lassen sich in der Rückschau auch die Entscheidungen des EGMR aus dem Jahr 2013 in diese Lesart einordnen, da auch sie eine Würdigung der individuellen Situation der Betroffenen zumindest nicht außen vor ließen.[158]

Aus der einzelfallbasierten Perspektive des EGMR betrachtet ist die vom EuGH vorgenommene Engführung entweder abzulehnen[159] oder durch eine Lesart zu überwinden, die den Begriff der systemischen Mängel entgegen seiner abstrakt-generellen Ausrichtung auch auf besondere Umstände des Einzelfalles erstreckt.[160] Luxemburg registrierte die jüngste Rechtsprechungsentwicklung in Straßburg dementsprechend mit Besorgnis.[161] Nach Auffassung des EuGH griffe der bis zum Jahr 2013 ausgehandelte Beitritt der Union zur EMRK[162] gerade deshalb in das innerunionale Gleichgewicht und die Autonomie des Unionsrechts ein,[163] weil die EMRK unter bestimmten Umständen von einem Mit-

---

[156] EGMR (Plenum), Urt. v. 7.7.1989, Nr. 14038/88, NJW 1990, 2183 – *Soering/Vereinigtes Königreich*, Rn. 105 ff.

[157] EGMR (GK), Urt. v. 21.1.2011, Nr. 30696/09, NVwZ 2011, 413 – *M.S.S./Belgien u. Griechenland*, Rn. 366.

[158] Bestätigt wird dieser Befund selbst durch das Sondervotum zu *Tarakhel*, das kategorial unterscheidet zwischen einem Generalverbot (EN *blanket ban*, FR *interdiction globale*) auf Grundlage einer abstrakt-generellen Würdigung der Gesamtsituation und einem individuellen Überstellungsverbot infolge eines im Rahmen einer Einzelfallprüfung erwiesenen konkreten Risikos, vgl. Sondervotum zu EGMR (GK), Urt. v. 4.11.2014, Nr. 29217/12, DÖV 2015, 115 – *Tarakhel/Schweiz*, Rn. 6–8 (generelle Gesamtsituation) und Rn. 9 ff. (individuelle Situation).

[159] So insbesondere (und zeitlich bereits vor *Abdullahi*) *R. Marx*, Solidarität im grundrechtskonformen europäischen Asylsystem, NVwZ 2012, S. 409 (412) sowie *C. Costello*, Courting Access to Asylum in Europe: Recent Supranational Jurisprudence Explored, HRL-Rev. 2012, S. 287 (331).

[160] So *A. Lübbe*, „Systemische Mängel" in Dublin-Verfahren, ZAR 2014, S. 105 (107 ff.). In der Tendenz auch VGH Baden-Württemberg, Urt. v. 10.11.2014, A 11 S 1636/14: „Dabei ist der Begriff der systemischen Schwachstelle nicht in einer engen Weise derart zu verstehen, dass er geeignet sein muss, sich auf eine unüberschaubare Vielzahl von Antragstellern auszuwirken. Vielmehr kann ein systemischer Mangel auch dann vorliegen, wenn er von vornherein lediglich eine geringe Zahl von Asylbewerbern betreffen kann, sofern er sich nur vorhersehbar und regelhaft realisieren wird und nicht gewissermaßen dem Zufall oder einer Verkettung unglücklicher Umstände bzw. Fehlleistungen von in das Verfahren involvierten Akteuren geschuldet ist."

[161] EuGH, 18.12.2014, Gutachten 2/13 – *EMRK-Beitritt II*. Kritisch hierzu *M. Wendel*, Der EMRK-Beitritt als Unionsrechtsverstoß, NJW 2015, S. 921 (925).

[162] Enthalten im Abschlussbericht des Lenkungsausschusses Menschenrecht des Europarates v. 10.6.2013, Doc. 47+1(2013)008rev2.

[163] Zur Problematik bereits *T. Lock*, Walking on a tightrope: The draft ECHR accession agreement and the autonomy of the EU legal order, CMLRev. 2011, S. 1025 (1033 ff.); *R. Uerpmann-Wittzack*, Rechtsfragen und Rechtsfolgen des Beitritts der Europäischen Union zur EMRK, EuR-Bei 2/2012, S. 167 (176 ff.).

gliedstaat verlange, „die Beachtung der Grundrechte durch einen anderen Mitgliedstaat zu prüfen, obwohl das Unionsrecht diese Mitgliedstaaten zu gegenseitigem Vertrauen verpflichtet".[164] In seinen auf den RFSR bezogenen Passagen liest sich das Gutachten des EuGH dementsprechend wie eine Zurückweisung des einzelfallbezogenen Kurses des EGMR, dessen die vom EuGH angestrebte Balance zwischen dem föderativen Grundsatz gegenseitigen Vertrauens und der präventiven Vorverlagerung des Menschenrechtsschutzes zu verschieben droht.

d) Zwischenergebnis: Dublin-Lotterie

Die soeben herausgearbeiteten Divergenzen sind ein Beispiel dafür, dass selbst in Bezug auf fundamentalste Rechtsgüter wie Art. 3 EMRK und Art. 4 GRCh, die sogar über eine Auslegungsregel dynamisch aneinander gekoppelt sind,[165] nicht unerhebliche Unterschiede zwischen den Rechtsebenen bestehen können.

Es bedarf keiner großen Phantasie für die Feststellung, dass sich die Rechtskonkretisierung angesichts derart divergierenden grund- und menschenrechtlichen Vorgaben auf drei Rechtsebenen als eine besondere Herausforderung erweist. Auf dem Höhepunkt der Flüchtlingskrise wurde hier sogar von einer „Dublin-Lotterie" gesprochen.[166] Daraus resultiert eine besondere Verantwortung der rechtsetzenden, vollziehenden und rechtsprechenden Akteure.

4. Grund- und menschenrechtlich gebotene Ermessensreduktion auf Null?

Für die hier interessierende Frage der Ermessensgrenzen bieten die soeben herausgearbeiteten Inkohärenzen ein plastisches Beispiel für die Schwierigkeit, die Ermessensgrenzen gerade im Mehrebenensystem mit annähernder Sicherheit und Vorhersehbarkeit zu bestimmen. Die Schichtung widersprüchlicher grund- und menschenrechtlicher Vorgaben der einzelnen Rechtsebenen schafft ein spezifisches Ermessensproblem, wenn den ebenendifferierenden Vorgaben zugleich ermessensbegrenzende Funktion zukommt.[167] Speziell für Dublin-Fallgestaltungen stellt sich die Frage, ob sich das der nationalen Verwaltung einge-

---

[164] EuGH, 18.12.2014, Gutachten 2/13, *EMRK-Beitritt II*, Rn. 194.

[165] Nach Art. 52 Abs. 3 GRCh hat sich die Auslegung von Art. 4 GRCh durch den EuGH grundsätzlich dynamisch an der Auslegung des Art. 3 EMRK durch den EGMR zu orientieren.

[166] *J. Bergmann*, Das Dublin-Asylsystem, ZAR 2015, S. 81 (87). Verstärkt wurde die Uneinheitlichkeit in Deutschland zudem durch den Ausfall obergerichtlicher Vereinheitlichung im Falle unanfechtbarer Einzelrichterentscheidungen im Eilverfahren (§§ 76, 80 AsylG). Zum Reformbedarf vgl. *S. Neidhardt/T. Ehrbeck*, Das BVerfG als Beschwerdeinstanz in Dublin-Eilsachen? Zur aktuellen Reformdebatte im Asylprozessrecht, NVwZ 2015, S. 761 (762 f.). Für die Frage, ob in Ungarn systemische Mängel vorliegen vgl. (bejahend) VGH BW, Urt. v. 13.10.2016, A 11 S 1596/16.

[167] Dies kann freilich aber immer nur dort der Fall sein, wo ein Spielraum auch rechtsnormativ besteht.

räumte Selbsteintrittsermessen aus grund- und menschenrechtlichen Gründen auf Null reduziert, sich also zu einer Selbsteintrittspflicht wandelt.[168]

a) EMRK-Perspektive: Selbsteintrittsermessen als menschenrechtliches Einfallstor

Im europäischen Grundrechtspluralismus ist die Existenz von Spielräumen für den Anwendungsbereich der sich in Teilen überlagernden grund- und menschenrechtlichen Kontrollregime mitunter als Zuordnungskriterium konstitutiv.[169] Die Reichweite der den Mitgliedstaaten unionsrechtlich eingeräumten (Umsetzungs-)Spielräume bestimmt hier zugleich die Reichweite der Grundrechtskontrolle durch BVerfG und EGMR mit. Funktionelles Äquivalent der Karlsruher *Solange*-Rechtsprechung ist insoweit das Straßburger *Bosphorus*-Urteil. Darin stellte der EGMR eine Vermutung gleichwertigen Schutzes durch das Unionsrecht auf, soweit es um die Umsetzung zwingender Verpflichtungen des Unionsrechts durch die Mitgliedstaaten geht. Gegenüber unionsrechtlich determiniertem nationalem Recht nimmt der EGMR seinen Kontrollanspruch grundsätzlich zurück.[170] Die Vermutung der Konventionskonformität gilt nur dann als widerlegt, wenn der Schutz von Konventionsrechten „offensichtlich unzureichend" *(manifestly deficient)* ist.[171] Dieser Maßstab gilt nach der insoweit ausdrücklichen Rechtsprechung des EGMR auch im Kontext des unionsrechtlichen Grundsatzes gegenseitigen Vertrauens.[172] Soweit das Handeln der Mitgliedstaaten aber innerhalb des Spielraumbereichs liegt, kommt die EMRK voll zur Anwendung.

Für die Dublin-Fälle ist dies von höchster Relevanz. Da die Dublin-III-VO unmittelbar anwendbares Unionsrecht ist, welches das mitgliedstaatliche Verwaltungshandeln weitgehend determiniert, bleibt der Zugriff des EGMR an sich weitgehend begrenzt, soweit nicht die Vermutung der unionalen Menschenrechtstreue als widerlegt gilt.

Der EGMR eröffnet sich den vollen Kontrollzugriff aber durch eine spezielle Lesart des Selbsteintrittsrechts. Da die EU-Mitgliedstaaten nach dem Dublin-Regime „davon Abstand nehmen können, den Beschwerdeführer abzuschieben",[173] komme die *Bosphorus*-Vermutung konventionskonformen Handelns erst gar nicht zur Anwendung. Die mitgliedstaatliche Anwendung der Dub-

---

168 Hierzu bereits *M. Wendel*, Menschenrechtliche Überstellungsverbote: Völkerrechtliche Grundlagen und verwaltungsrechtliche Konkretisierung, DVBl. 2015, S. 731 (738 ff.).

169 Vgl. S. 81 ff.

170 EGMR (GK), Urt. v. 30.6.2005, Nr. 45036/98, NJW 2006, 197 – *Bosphorus u. a./Ireland*, Rn. 152–157. Genau genommen führt die Anwendung der *Bosphorus*-Rechtsprechung zu einer Rechtfertigung des mitgliedstaatlichen Handelns unter der Konvention.

171 Ebd., Rn. 156.

172 Vgl. EGMR (GK), Urt. v. 23.5.2016, Nr. 17502/07 – *Avotiņš/Lettland*, Rn. 116.

173 EGMR (GK), Urt. v. 21.1.2011, Nr. 30696/09, NVwZ 2011, 413 – *M.S.S./Belgien u. Griechenland*, Rn. 340.

lin-Kriterien und die daraus resultierenden Überstellungen sieht der EGMR als „nicht strikt“ unter die unionsrechtlichen Pflichten des betreffenden Mitgliedstaates fallende Verpflichtungen an.[174]

Dies führt zurück zur Problematik des Spielraumtests, d.h. der Frage, welches Organ im Zusammenspiel der Rechtsebenen über Bestand, Zweck und Reichweite des Spielraums entscheidet. Aus kompetenzrechtlichen wie legitimatorischen Gründen erfolgt der Spielraumtest dabei grundsätzlich ebenenimmanent.[175] So entscheidet der EuGH über das Vorliegen der Spielräume, die das Unionsrecht gewährt, während die innerstaatlichen Gerichte über die Spielräume nationalen Rechts entscheiden, usf. Wo die Auslegung des Rechts einer Rechtsordnung aber zugleich Auswirkungen auf die Anwendbarkeit der Kontrollregime einer anderen Rechtsordnung hat, wie dies im europäischen Grundrechtspluralismus der Fall ist, erfolgen mitunter interpretatorische Übergriffe seitens der Kontrollorgane.[176] So nimmt der EGMR, die eigene Kontrollreichweite im Blick, letztlich eine Eigeninterpretation des unionalen Selbsteintrittsrechts vor, obwohl dieses dem Auslegungsmonopol des EuGH unterfällt.[177]

Die Konsequenz ist für den vorliegenden Kontext entscheidend. Denn soweit der EGMR eine Überstellung als menschenrechtswidrig betrachtet, gelangt er über den Dreh- und Angelpunkt des Selbsteintrittsrechts notwendig zu einer menschenrechtlich induzierten Ermessensreduktion auf Null, d.h. einer mitgliedstaatlichen Selbsteintrittspflicht.

b) Unionsrechtliche Perspektive: Keine Ermessensreduktion

Die unionsrechtliche Konzeption des Selbsteintrittsermessens ist indes eine andere. Zwar spielt auch in der EuGH-Rechtsprechung das mitgliedstaatliche Selbsteintrittsrecht eine wichtige Rolle, etwa soweit er die Mitgliedstaaten auch bei Ausübung des Selbsteintrittsermessens gemäß Art. 51 Abs. 1 S. 1 GRCh an die Unionsgrundrechte gebunden sieht.[178] Das konnte für sich allein genommen

[174] Ebd., Rn. 340 sowie dem folgend EGMR (GK), Urt. v. 4.11.2014, Nr. 29217/12, DÖV 2015, 115 – *Tarakhel/Schweiz*, Rn. 90.

[175] Vgl. S. 376 ff.

[176] Allgemein zur Problematik von Auslegungskonkurrenzen am Beispiel von Normenkollisionen zwischen Grundfreiheiten und nationalen Gesetzen *M. Desens*, Auslegungskonkurrenzen im europäischen Mehrebenensystem, in: Matz-Lück/Hong (Hrsg.), Grundrechte und Grundfreiheiten im Mehrebenensystem, 2012, S. 203 ff.

[177] Ein direktes dialogisches Verfahren zwischen dem EuGH und dem EGMR, im Rahmen dessen der Spielraumtest der zuständigen Ebene zugeleitet werden könnte, gibt es bis heute nicht.

[178] EuGH, Urt. v. 21.12.2011, verb. Rs. C411/10 u. C493/10 – *N.S. u.a.*, Rn. 64 ff. Dies konnte schon mit Blick auf die *Wachauf*-Rechtsprechung nicht wirklich überraschen, vgl. EuGH, Urt. v. 13.7.1989, Rs. 5/88 – *Wachauf*, Rn. 22 (überzeugende Anknüpfung bereits bei GA *V. Trstenjak*, Schlussanträge v. 22.9.2011, Rs. C411/10 – *N.S.*, Rn. 77 ff.). Spätestens seit dem zwei Jahre später entschiedenen Urteil Åkerberg-Fransson gehört dergleichen zudem

noch den Eindruck erwecken, die grundrechtskonforme Anwendung des Dublin-Systems laufe auf eine Ermessensreduktion beim Selbsteintritt hinaus.[179]

Wie der EuGH aber im Fall *Puid* klargestellt[180] und jüngst bekräftigt hat,[181] führt die drohende Verletzung von Art. 4 GRCh im zuständigen Zielstaat gerade *nicht zwingend zu einer Selbsteintrittspflicht* des prüfenden Staates. Vielmehr hat der prüfende Mitgliedstaat – unbeschadet der weiterhin bestehenden Möglichkeit zum Selbsteintritt – die Zuständigkeitsprüfung fortzusetzen.[182] Das kann zur Überstellung an einen weiteren Mitgliedstaat oder aber zur Aktivierung der Auffangzuständigkeit nach Art. 3 Abs. 2 UAbs. 3 Dublin-III-VO führen. Diese in der EuGH-Rechtsprechung vorgezeichnete Vorgehensweise hat der Unionsgesetzgeber in Art. 3 Abs. 2 UAbs. 2 Dublin-III-VO ausdrücklich kodifiziert.[183] Konsequenterweise wurden auch die mit Dublin-III neu gefassten Ermessensklauseln in Art. 17 Dublin-III-VO gesetzessystematisch außerhalb der Kapitel über die allgemeinen Grundsätze und die Zuständigkeitskriterien platziert.

Damit ist die Selbsteintrittsklausel nach dem Unionsrecht grundsätzlich von der Frage menschenrechtlicher Überstellungsverbote entkoppelt. Die grundrechtskonforme Ausgestaltung des Dublin-Systems erfolgt durch ein spezielles unionsrechtliches Normprogramm, das nach der Grundrechtsprechung des EuGH und ihrer Kodifikation in der Dublin-III-VO tatbestandlich das Vorliegen systemischer Mängel bzw. „Schwachstellen" voraussetzt und auf Rechtsfolgenseite zu einem Ausschluss des an sich zuständigen Zielstaates und der Fortführung der Zuständigkeitsprüfung führt. Art. 3 Abs. 2 UAbs. 2 Dublin-III-VO sieht zudem ausdrücklich vor, dass die Prüfung weitergeführt wird. Darin kommt der gesetzgeberische Wille zum Ausdruck, das Dubliner Zuständigkeitsregime so weit wie möglich aufrecht zu erhalten.

Das heißt nicht, dass das Selbsteintrittsrecht als sekundärrechtlicher Rechtssatz einer grundrechtskonformen Auslegung nicht weiter zugänglich wäre. So

---

zum unionsrechtlich gesicherten *acquis*, vgl. EuGH, Urt. v. 26.2.2013, Rs. C-617/10 – Åkerberg-Fransson, Rn. 17 ff.

[179] Vgl. *K. Hailbronner/D. Thym*, Vertrauen im europäischen Asylsystem, NVwZ 2012, S. 406 (407) sowie *J. Bergmann*, in: Renner/Bergmann/Dienelt (Hrsg.), Ausländerrecht, 10. Aufl. 2013, § 27a AsylVfG, Rn. 5, die jeweils von „Selbsteintrittspflicht" sprechen. Unter Einbeziehung der jüngeren Rechtsprechung dann aber in der Neuauflage differenziert *J. Bergmann*, in: Bergmann/Dienelt (Hrsg.), Ausländerrecht, 11. Aufl. 2016, § 34a AsylG, Rn. 13–15 sowie Art. 47 GRCh, Rn. 4.

[180] EuGH, Urt. v. 14.11.2013, Rs. C-4/11 – *Puid*, Rn. 33–37.

[181] EuGH, Urt. v. 16.2.2017, Rs. C-578/16 PPU – *C.K.*, Rn. 97. Auch EuGH, Urt. v. 26.7.2017, Rs. C-646/16 – *Jafari*, Rn. 100 spricht im Kontext eines Massenzustroms nur davon, dass andere Mitgliedstaaten im Geist der Solidarität das Selbsteintrittsrecht ausüben können, statuiert aber auch hier gerade keine Selbsteintrittspflicht.

[182] So bereits früh die zutreffende Deutung bei *R. Bank/C. Hruschka*, Die EuGH-Entscheidung zu Überstellungen nach Griechenland und ihre Folgen für Dublin-Verfahren (nicht nur) in Deutschland, ZAR 2012, S. 182 (186 f.).

[183] Art. 3 Abs. 2 UAbs. 2 Dublin-III-VO.

kann sich eine Ermessensreduktion etwa bei einer unangemessen langen Verfahrensdauer ergeben,[184] was bereits seinen Weg in die deutsche Verwaltungsrechtsprechung gefunden hat.[185] Darüber hinaus sind weitere Konstellationen denkbar, in denen aus der spezifischen Situation des Falles eine Selbsteintrittspflicht des prüfenden Staates erwachsen kann.[186] Das Selbsteintrittsrecht gewährt diesbezüglich genügend Flexibilität. Den präventiven Schutz des Art. 4 GRCh aber setzen EuGH und europäischer Gesetzgeber gerade *nicht durch einen zwingenden Selbsteintritt* um. Dem korrespondiert die Überlegung, dass das Selbsteintrittsrecht eine Ausnahmevorschrift darstellt, deren Anwendung trotz des grundsätzlich „weiten Ermessens"[187] der Mitgliedstaaten die praktische Wirksamkeit der Zuständigkeitsregeln nicht vollständig aushebeln darf.[188] Mit anderen Worten, das Selbsteintrittsrecht darf nicht zur Generalklausel für eine Zuständigkeitsübernahme überformt werden.[189] Diese dem Selbsteintritt gegenläufige, unionsrechtlich gezogene Ermessensgrenze spielt, wie noch eingehender zu zeigen sein wird, eine bedeutende Rolle unter dem Gesichtspunkt föderativer Grenzziehungen.

Der Ansatz des EuGH verhilft dem präventiven Grundrechtsschutz zum Durchbruch, lässt aber das vom Gesetzgeber normierte Zuständigkeitssystem so weit wie möglich unangetastet. Für den Ausnahmefall der Gefahr einer unmenschlichen oder entwürdigenden Behandlung im Zielstaat sieht das Unionsrecht ausdrücklich und in bewusster Verarbeitung der EuGH-Rechtsprechung den Ausschluss des an sich zuständigen Mitgliedstaates und die Fortführung der Prüfung der Zuständigkeitskriterien vor, falls systemische Mängel im Zielstaat bestehen. Dieses Normprogramm lässt das Selbsteintrittsrecht natürlich unberührt. Für eine Ermessensgrenze im Sinne einer zwingenden Selbsteintrittspflicht unterhalb der Schwelle systemischer Mängel verbleibt indes kein Raum. Anderenfalls würde das Kriterium der systemischen Mängel unterlaufen, das, wie gesehen, gerade einen Ausgleich zwischen gegenseitigem Vertrauen und EMRK-induzierter grundrechtlicher Prüfungsbefugnis der mitgliedstaatlichen Gerichte untereinander bezweckt.

Kurzum, eine Lösung, die den prüfenden Staat in den genannten Fällen stets zum Selbsteintritt verpflichtete, wie dies die logische Konsequenz des über das Selbsteintrittsrecht eröffneten Ansatz des EGMR darstellt, ist mit dem derzeit geltenden Unionsrecht nicht vereinbar. Hätte der EGMR die unionsrechtlichen Überstellungsverbote in den streitgegenständlichen Fallkonstellationen als im

---

[184] Insoweit klar EuGH, Urt. v. 14.11.2013, Rs. C-4/11 – *Puid*, Rn. 35.

[185] Vgl. VG Düsseldorf, Urt. v. 15.8.2014, 13 K 1117/14.A, Rn. 37ff.

[186] Für Beispiele vgl. etwa *C. Filzwieser/A. Sprung*, Dublin III-Verordnung, 2014, Art. 17, K4.

[187] EuGH, Urt. v. 10.12.2013, Rs. C394/12 – *Abdullahi*, Rn. 34.

[188] Vgl. *D. Thym*, Entscheidungsanmerkung (Puid), NVwZ 2014, S. 123 (131); *C. Filzwieser/A. Sprung*, Dublin III-Verordnung, 2014, Art. 17, K2.

[189] Vgl. *K. Hailbronner*, AuslR, § 27a AsylVfG (B2, 67. EL 2010), Rn. 62f.

Bereich des Art. 3 EMRK grundsätzlich abschließendes Regelungssystem betrachtet, hätte er konsequenterweise die *Bosphorus*-Rechtsprechung anwenden müssen. Entweder wäre dann die Aufrechterhaltung der Vermutung eines äquivalenten Schutzstandards durch das Unionsrecht mit der Folge eines kooperativen Kontrollverzichts auszusprechen gewesen, oder der EGMR hätte die Äquivalenzvermutung, wie im Präzendenzfall *Michaud*,[190] als widerlegt ansehen müssen[191] – dann mit dem Argument, dass die unionsrechtliche Verengung des präventiven Menschenrechtsschutzes auf Fälle systemischer Mängel keinen äquivalenten Mindestschutz biete.

5. *Alternativen und Annäherungen*

Freilich gibt es Möglichkeiten, die herausgearbeiteten Divergenzen künftig zu überwinden. Der vom EGMR geforderte Einzelfallansatz könnte mit dem Grundsatz gegenseitigen Vertrauens etwa dergestalt in Einklang gebracht werden, dass er auf eng umgrenzte Ausnahmefälle zurückgeführt würde.[192] Eine solche Engführung legt Art. 3 EMRK bereits materiell-rechtlich nahe. Umgekehrt könnte die Konvergenz zur Rechtsprechung des EGMR durch eine Rechtsprechungsanpassung des EuGH bewerkstelligt werden, im Zuge derer die präventive Vorverlagerung des Schutzes von Art. 4 GRCh innerhalb der EU bereits unterhalb der Schwelle systemischer Mängel möglich wäre bzw. derzufolge der Begriff der systemischen Mängel weiter konzipiert würde als bisher.[193] Entscheidend wäre aus Sicht des EGMR jedenfalls, dass eine einzelfallbezogene Prüfung der Mitgliedstaaten untereinander erlaubt ist. Zwar nährt das EuGH-Gutachten zum EMRK-Beitritt nach wie vor Zweifel, dass der EuGH dem EGMR in diesem Punkt tatsächlich umfassend Folge leisten wird. Jüngste Einlassungen des Präsidenten des EuGH deuten aber daraufhin, dass die Zeichen zunehmend auf Entspannung stehen.[194]

Freilich bleibt es dabei, dass die präventive Vorverlagerung des Menschenrechtsschutzes auf Staaten, welche für die Zustände des zielstaatlichen Asylsystems nicht unmittelbar verantwortlich zeichnen, nicht überdehnt werden darf.

---

[190] EGMR, Urt. v. 6.12.2012, Nr. 12323/11, NJW 2013, 3423 – *Michaud/Frankreich*, Rn. 115, der zeigt, dass die Widerlegung der Vermutung – anders als nach dem Solange-II-Ansatz des BVerfG – im Einzelfall möglich ist.

[191] Anders *C. Costello/M. Mouzourakis*, Reflections on reading Tarakhel, Asiel- en Migrantenrecht 2014, 404 (406).

[192] In Deutschland dürften solche Härtefälle ohnehin unter die inlandsbezogenen Vollstreckungshindernisse fallen, die ihrerseits EMRK-konform auszulegen sind, vgl. *J. Bergmann*, Das Dublin-Asylsystem, ZAR 2015, S. 81 (86).

[193] So *A. Lübbe*, „Systemische Mängel" in Dublin-Verfahren, ZAR 2014, S. 105 (107 ff.).

[194] *K. Lenaerts*, La vie après l'avis: Exploring the Principle of Mutual (yet not blind) Trust, CMLRev. 54 (2017), S. 805 (831 ff.) mit einer entsprechenden Deutung der jüngeren Rechtsprechung.

Das gilt ausdrücklich, wenn der Zielstaat selbst EU-Mitgliedstaat ist und gegen ihn Grund- und Menschenrechtsschutz offen steht. Diesem Staat muss insoweit die Primärverantwortlichkeit unter der GRCh und der Konvention obliegen, während dem überstellenden Staat lediglich eine subsidiäre Sekundärverantwortlichkeit zukommen darf. Dies verweist im Übrigen zurück auf die Frage der negativen Anreizstrukturen des Dublin-Systems. Zur Bereinigung der derzeit festgefahrenen Situation ist vor allem der Gesetzgeber berufen, der durch eine (weitere) legislative Konkretisierung den Auftakt zu einer kohärenten Grundrechtsverwirklichung setzen könnte.

Selbst wenn sich die Positionen im Interesse aller Beteiligten künftig aufeinander zubewegen, bleibt die bisherige mehrebenenspezifische Divergenz grund- und menschenrechtlicher Garantien in einem so fundamentalen Bereich wie Art. 3 EMRK und Art. 4 GRCh doch eine eindrückliche Referenz für die Problematik der potenziellen Schichtung ebenendifferierender Ermessensgrenzen.

III. Grenzen der Pluralität: Föderative Spielraumgrenzen

Eine Besonderheit mitgliedstaatlicher Spielraumausübung im Mehrebenensystem besteht darin, dass ihre rechtliche Rahmung über die herkömmlichen Spielraumgrenzen hinaus zugleich durch föderative Grenzen erfolgt. Diese mehrebenenspezifischen Ermessensgrenzen beziehen sich nicht auf das klassische – ebenenimmanente – Verhältnis von nationaler Verwaltung und nationalem Gesetzgeber bzw. nationaler Judikative, sondern bestimmen das ebenenübergreifende Verhältnis der nationalen Verwaltung zu den Verwaltungen anderer Mitgliedstaaten („horizontal") bzw. der überstaatlichen Ebenen („vertikal"). Während vorstehend die Problematik der grund- und menschenrechtlichen Ermessensreduktion auf Null als zentraler Anwendungsfall der Mehrschichtigkeit von Spielraumgrenzen im Fokus stand, sind nunmehr spezifisch föderative Grenzen der Spielraumausübung zu betrachten.

1. Das Loyalitätsprinzip als föderative Spielraumgrenze

Als föderative Spielraumgrenze kommt dem Grundsatz loyaler Zusammenarbeit nach Art. 4 Abs. 3 EUV eine entscheidende Bedeutung im Europäischen Verwaltungsverbund zu. Er ist eines der tragenden Verbundprinzipien, aus dem Rücksichtnahme- und Kooperationspflichten sowohl vertikal zwischen Union und Mitgliedstaaten als auch horizontal zwischen den Mitgliedstaaten fließen.[195]

[195] Ausdrücklich zur horizontalen Dimension des Grundsatzes loyaler Zusammenarbeit EuGH, Urt. v. 22.3.1983, Rs. 42/82 – *Kommission/Frankreich,* Rn. 36 (Unterrichtungspflichten bei Änderung der Verwaltungspraxis); Urt. v. 11.6.1991, Rs. C-251/89 – *Athanasopoulos,* Rn. 57 (horizontale Kooperation im Bereich der Systeme sozialer Sicherheit, hier in Bezug auf

Diese Pflichten können wiederum Gegenstand legislativer Konkretisierung auf Ebene des Sekundärrechts sein.[196]

Zugleich ist der Grundsatz loyaler Zusammenarbeit normativer Ausgangspunkt für das dezentrale Mandat nationaler Behörden und Gerichte zur effektiven und (verfahrensrechtlich) nichtdiskriminierenden Durchsetzung unionsrechtlicher Rechtspositionen.[197] Als solcher wirkt er u.U. auf die Ausübung innerstaatlicher Ermessensvorschriften ein.[198] Ebenso aber kann der Grundsatz loyaler Zusammenarbeit als föderative Grenze auf die Ausübung eines unmittelbar unionsrechtlich verliehenen administrativen Entscheidungsspielraums Einfluss nehmen. Auch unter diesem Blickwinkel ist das europäisierte Asylrecht in Zeiten der Flüchtlingskrise ein ausgesprochen anschauliches Beispiel zur Illustration der übergeordneten Problematik.[199]

a) Das Beispiel Dublin: Grenzen transnational wirkender Ermessensausübung

Das gilt abermals für das Selbsteintrittsrecht nach Art. 17 Abs. 1 der Dublin-III-Verordnung. In rechtsdogmatischer Umkehrung zur bereits diskutierten Fragestellung geht es nicht mehr um die Voraussetzungen etwaiger Selbsteintrittspflichten, sondern um die Bestimmung von Grenzen, die einer *positiven Ausübung des Selbsteintrittsrechts* Einhalt gebieten. Das lässt sich konkret in der Frage einfangen, ob und ggf. inwieweit eine generalisierte Ausübung des Selbst-

---

Kindergeldansprüche); Urt. v. 22.11.2012, Rs. C-116/11 – *Bank Handlowy*, Rn. 62 (transnationale Koordinierungspflichten in Bezug auf Haupt- und Sekundärinsolvenzverfahren). Zu den von Art. 4 Abs. 3 EUV erfassten Rechtsverhältnissen s. im Einzelnen *A. v. Bogdandy/ S. Schill*, in: Grabitz/Hilf/Nettesheim (Hrsg.), Das Recht der EU, Art. 4 EUV (51. EL 2013), Rn. 52; *C. Franzius*, in: Pechstein/Nowak/Häde, Frankfurter Kommentar, 2017 i.E., Art. 4 EUV, Rn. 92ff.

[196] Dies zeigt sich auch deutlich in der in Fn. 195 in Bezug genommenen Rechtsprechung, fungiert der Grundsatz loyaler Zusammenarbeit hier doch stets als Wertungshintergrund sekundärrechtlicher Regelungen bzw. als deren primärrechtliche Funktionsbedingung.

[197] Darauf wird im Kontext der Garantie effektiven Rechtsschutzes noch näher einzugehen sein S. 401 ff. Grundlegend EuGH, Urt. v. 16.12.1976, Rs. 33/76 – *Rewe-Zentralfinanz eG u.a.*; Urt. v. 19.6.1990, Rs. C-213/89 – *Factortame I*, Rn. 19ff.; Urt. v. 14.12.1995, Rs. C-312/93 – *Peterbroeck*, Rn. 12; Urt. v. 14.12.1995, verb. Rs. C-430/93 und C-431/93 – *Van Schijndel u.a.*, Rn. 17; Urt. v. 13.3.2007, Rs. C-432/05 – *Unibet*, Rn. 43; Urt. v. 8.3.2011, Rs. C-240/09 – *Lesoochranárske zoskupenie (Braunbärfall)*, Rn. 47ff.; Urt. v. 3.10.2013, Rs. C583/11 P – *Inuit u.a.*, Rn. 100ff.

[198] Siehe bereits S. 51 ff. Als Beispiel für eine unionsrechtlich induzierte Ermessensreduktion auf Null vgl. im Zusammenhang mit der Durchbrechung der Bestandskraft von Verwaltungsakten EuGH, Urt. v. 13.1.2004, Rs. C-453/00 – *Kühne & Heitz*, Rn. 25ff.; v. 19.9.2006 – verb. Rs. C-392/04 u. C-422/04 – *i-21 Germany u. Arcor*, Rn. 57ff.; sowie v. 12.2.2008 – Rs. C-2/06 – *Kempter*, Rn. 34ff. u. 57ff. Dazu *R. Kanitz/ M. Wendel*, Gemeinschaftsrechtlich gebotene Grenzen der Bestandskraftdurchbrechung im europäisierten Verwaltungsverfahren?, EuZW 2008, S. 231 ff.

[199] Vgl. für Teilergebnisse vorab bereits *M. Wendel*, Asylrechtlicher Selbsteintritt und Flüchtlingskrise, JZ 2016, S. 332ff.

eintrittsrechts – wie im Spätsommer 2015 von Deutschland praktiziert – durch den Grundsatz loyaler Zusammenarbeit begrenzt wird.

Für die vorliegende Untersuchung ist diese Fragestellung vor allem deshalb bedeutsam, weil sie die rechtliche Reaktion auf transnationale Wirkungen der mitgliedstaatlichen Ermessensausübung adressiert. Anhand des Dublin-Systems lässt sich mit anderen Worten die Problematik der durch eine Ermessensausübung produzierten *extraterritorialen Effekte* (auch Externalitäten bzw. Überwirkungen) diskutieren.

In rechtlicher Hinsicht folgt die transnationale Wirkung des Selbsteintritts nach Art. 17 Abs. 1 Dublin-III-VO unmittelbar aus der Regelungsarchitektur des Dublin-Systems, das auf die abschließende Bestimmung eines für die Prüfung von Anträgen auf internationalen Schutz zuständigen Mitgliedstaates gerichtet ist. Die Ausübung des Selbsteintrittsermessens führt zur Begründung einer Zuständigkeit des ermessensausübenden Staates *mit Wirkung für alle anderen* Dublin-Staaten im Sinne eines Entscheidungsmodus „einer für alle".[200] Für den vorliegenden Kontext von Interesse sind mit Blick auf das Loyalitätsprinzip aber nicht mehr allein die rechtlichen, sondern zugleich die faktischen Externalitäten,[201] d. h. die tatsächlichen Wirkungen, welche die Ausübung des Selbsteintrittsermessens durch einen Dublin-Staat für bzw. in anderen Dublin-Staaten zeitigt.

Wählt man die sog. Flüchtlingskrise des Jahres 2015/2016 als Beispiel, so wartet eine rechtliche Analyse schon deswegen mit nicht unerheblichen Schwierigkeiten auf, weil die Rechtsförmigkeit des Handelns der deutschen Exekutive nicht immer klar rekonstruierbar ist. So vollzog das Bundesamt für Migration und Flüchtlinge (BAMF) ab dem 21. August 2015 eine als solche bezeichnete „Aussetzung" des Dublin-Verfahrens für Antragsteller syrischer Staatsangehörigkeit, um die an anderer Stelle dringend benötigten Verwaltungskapazitäten für die Bearbeitung der Anträge in der Sache freizusetzen.[202] In den Leitmedien wurde dieser Schritt regelmäßig als Bruch mit dem Dublin-System kommuniziert.[203]

Bei verständiger Würdigung ist in dieser „Aussetzung" aber letztlich eine generalisierte Ausübung des Selbsteintrittsrechts zu sehen, was wohl auch der

---

200 S. bereits S. 326 f.

201 Für die einzelnen Facetten extraterritorial wirkender Verwaltungsakte vgl. *M. Kment*, Grenzüberschreitendes Verwaltungshandeln, 2010, S. 269 ff.

202 Vgl. dazu die interne „Verfahrensregelung zur Aussetzung des Dublin-Verfahrens für syrische Staatsangehörige" v. 21.8.2015, Az. 411 – 93605/Syrien/2015. Die Kehrtwende erfolgte qua Weisung des Bundesinnenministeriums vom 21.10.2015.

203 Exemplarisch FAZ v. 25.8.2015, http://www.faz.net/agenturmeldungen/dpa/dublin-pruefung-fuer-syrische-fluechtlinge-ausgesetzt-13768817.html; ZEIT-Online v. 25.8.2015, http://www.zeit.de/politik/ausland/2015-08/fluechtlinge-dublin-eu-asyl; Spiegel-Online v. 25.8.2015, http://www.spiegel.de/politik/deutschland/syrien-fluechtlinge-deutschland-setzt-dublin-verfahren-aus-a-1049639.html.

Sichtweise der Bundesregierung entspricht.[204] Ganz unproblematisch ist diese rechtskonstruktive Deutung allerdings nicht. Denn eine Ausübung des Selbsteintrittsrechts hätte nach der Dublin-III-VO transnationale Informations- und Unterrichtungspflichten ausgelöst,[205] denen das BAMF jedenfalls nicht in dem gebotenen Umfang nachkam.[206]

Als weitgehend gesichert gelten kann jedoch, dass die Bundesrepublik Deutschland ab der zweiten Hälfte des Jahres 2015 zahlreiche Schutzsuchende unter Berufung auf das Selbsteintrittsrecht aufgenommen hat. In rein verfassungsrechtlicher Perspektive wird angezweifelt, ob eine solche Entscheidung angesichts ihrer materiellen Tragweite überhaupt von der Exekutive getroffen werden darf oder nicht vielmehr dem Parlamentsvorbehalt unterliegt.[207] Inwieweit Art. 17 Abs. 1 Dublin-III-VO Raum für eine solche parlamentarische Grundsatzentscheidung auf *nationaler* Ebene belässt, braucht im Rahmen der vorliegenden Untersuchung angesichts ihres Fokus auf die mehrebenenspezifischen Problemstellungen nicht abschließend beantwortet zu werden. Überdies könnte der etwaige Parlamentsvorbehalt allenfalls insoweit zum Zuge kommen, als ein genereller Selbsteintritt unionsrechtlich zulässig wäre.[208] An der von der Bundesregierung vertretenen Rechtsauffassung, das Selbsteintrittsrecht räume

---

[204] Vgl. die Pressekonferenz v. 26.8.2015 mit den Einlassungen des BMI-Pressesprechers *Dimroth*, abrufbar unter https://www.bundesregierung.de/Content/DE/Mitschrift/Pressekonferenzen/2015/08/2015-08-26-regpk.html (30.9.2016): „Das ist aber kein sozusagen rechtlich bindender Akt – keine Vorgabe, keine Aussetzung von Dublin –; vielmehr ist es eine Leitlinie, eine Richtlinie für die Verwaltungspraxis im Bundesamt für Migration und Flüchtlinge. Diese wird – das ist richtig – dazu führen, dass in der Regel bei Menschen, die aus Syrien zu uns kommen, keine Verfahren nach Dublin mehr durchgeführt werden. (...) Das lassen die Verträge und die Verordnungen nach Dublin zu; das ist das sogenannte Selbsteintrittsrecht. Es steht jedem Land völlig frei, in jedem einzelnen Fall ein Verfahren selbst durchzuführen, auch wenn Indizien dafür vorliegen, dass der Betroffene in einem EU-Mitgliedstaat erstmalig europäischen Boden betreten hat."

[205] Vgl. Art. 17 Abs. 1 UAbs. 2 und 3 Dublin-III-VO.

[206] So beschränkt sich die in Fn. 202 zitierte Verfahrensregelung für zahlreiche Verfahrensstadien allein auf die Anordnung, das „nationale Asylverfahren durchzuführen", ohne die aus dem Selbsteintritt folgenden Informationspflichten gegenüber anderen Mitgliedstaaten auch nur zu erwähnen. Die Information anderer Mitgliedstaaten wurde allein hinsichtlich des Verfahrensstadiums der Rechtshängigkeit eines Dublin-Verfahrens vor dem VG erwähnt. Nach der unmittelbar und vorrangig anwendbaren Dublin-III-VO haben die Informationspflichten aber in jedem Fall der Ausübung des Selbsteintrittsrechts zu erfolgen.

[207] Bejahend *M. Kloepfer* a. a. O. sowie *M. Nettesheim*, Ein Vakuum darf nicht hingenommen werden, FAZ v. 29.10.2015. Zum innerstaatlichen Parlamentsvorbehalt s. auch *U. Di Fabio*, Migrationskrise als föderales Verfassungsproblem, Gutachten im Auftrag des Freistaates Bayern v. 8.1.2016, S. 95 ff., abrufbar unter http://bayern.de/Gutachten_Prof_Di_Fabio, allerdings im Kontext einer fragwürdigen staatstheoretischen Herleitung einer Pflicht des Bundes gegenüber den Ländern auf wirksame Einreisekontrollen. Kritisch zu letzterem *J. Bast/ C. Möllers*, Dem Freistaat zum Gefallen: über Udo Di Fabios Gutachten zur staatsrechtlichen Beurteilung der Flüchtlingskrise, VerfBlog v. 16.1.2016.

[208] Dies gilt freilich nur, soweit am Grundsatz des unionsrechtlichen Anwendungsvorrangs festgehalten und nicht etwa auf eine etwaige Identitätsverletzung rekurriert wird.

jedem Mitgliedstaat insoweit „ein völlig freies Ermessen" ein,[209] bestehen jedoch schon aus systematischen Gründen Zweifel.

b) Loyalitätsspezifische Grenzen ermessensbedingter Externalitäten

Ermessensbedingte Externalitäten, d.h. extraterritoriale Auswirkungen, die durch die mitgliedstaatliche Ausübung eines Entscheidungsspielraumes in einem oder mehreren anderen Mitgliedstaaten auftreten, werden durch den Grundsatz loyaler Zusammenarbeit begrenzt. Die mögliche Relevanz solcher loyalitätsspezifischer Grenzen zeigt der im Herbst 2015 von der Bundesregierung praktizierte generalisierte Selbsteintritt. Es spricht vieles dafür, dass eine solche „Flexibilität"[210] auf Grundlage des Selbsteintrittsermessens jedenfalls dort an föderative Grenzen zu stoßen droht, wo substanzielle Grundentscheidungen allein der nationalen Exekutive überantwortet oder als nationaler Alleingang gestaltet würden.

aa) Flüchtlingskrise 2015: Die These vom Rechtsbruch

Was die Rechtmäßigkeit der Handhabung des Dublin-Systems durch die deutsche Exekutive im Herbst 2015 betrifft, spiegelt sich die Polarisierung der öffentlichen Diskussion auch in der rechtswissenschaftlichen Diskussion wider.[211] Auf der einen Seite wird ein offener Rechtsbruch durch die Bundesrepublik unterstellt, da die Anwendung geltenden Unionsrechts unter den Vorbehalt politischer Opportunität gestellt sei.[212] Auf der anderen Seite wird der generalisierte Selbsteintritt für vereinbar mit Wortlaut und Geist der Dublin-III-VO erklärt, da deren primäres Ziel der Bestimmung eines einzigen zuständigen Staates auch bei einem General-Selbsteintritt erreicht werde.[213] Während die erste Rechts-

---

[209] So der Pressesprecher des BMI *J. Dimroth* in der Pressekonferenz v. 26.8.2015, Fn. 204.

[210] Die Bundesregierung spricht in einer PM v. 31.8.2015 von „deutsche[r] Flexibilität", abrufbar unter http://www.bundesregierung.de/Content/DE/Artikel/2015/08/2015-08-31-sommer-pk-der-kanzlerin-fluechtlinge.html.

[211] Eingehend zur Problematik nunmehr die Beiträge in R. Lehner/U Wapler (Hrsg.), Die herausgeforderte Rechtsordnung – Aktuelle Probleme der Flüchtlingspolitik, 2017; A. Uhle (Hrsg), Migration und Integration – Die Migrationskrise als Herausforderung des Rechts, 2017; O. Depenheuer/C. Grabenwarter (Hrsg.) Der Staat in der Flüchtlingskrise – Zwischen gutem Willen und geltendem Recht, 2016.

[212] Vgl. *H.-J. Papier*, Handelsblatt v. 16.1.2016 („Die engen Leitplanken des deutschen und europäischen Asylrechts sind gesprengt worden."). Vgl. auch *A. Peukert/C. Hillgruber/U. Foerste/H. Putzke*, Die Flüchtlingskrise kann rechtsstaatlich bewältigt werden, FAZ v. 9.2.2016 („Eine Rückkehr zum Recht ist geboten"). Drastisch *U. Vosgerau*, Herrschaft des Unrechts, Cicero 12/2015, 92 (93): „staatlich initiierter Rechtsbruch".

[213] So *J. Bast/C. Möllers*, Dem Freistaat zum Gefallen: über Udo Di Fabios Gutachten zur staatsrechtlichen Beurteilung der Flüchtlingskrise, VerfBlog v. 16.1.2016: „Kein Krisensymptom oder gar einen Rechtsverstoß stellt es dar, dass Deutschland im Jahr 2015 in erheblichem Umfang in die inhaltliche Prüfung von Asylanträgen eingetreten ist, statt sich um die Klärung der Zuständigkeit anderer Mitgliedstaaten zu bemühen. Ein solcher Selbsteintritt aus pragma-

auffassung das exekutive Selbsteintrittsrecht ganz oder weitgehend ausblendet, überdehnt die zweite Auffassung seine rechtsnormativen Grenzen.

Die These vom „eklatanten" Rechtsbruch durch die deutsche Exekutive vermag schon deshalb nicht zu überzeugen, weil das Selbsteintrittsrecht, soweit einschlägig,[214] sekundärrechtlich an keine materiellen Bedingungen geknüpft ist. Der Exekutive bleibt ein erheblicher Entscheidungsspielraum, im Rahmen dessen das Verwaltungshandeln von diversen Zweckmäßigkeitserwägungen angeleitet werden darf. In einer für die betroffenen Menschen mitunter lebensbedrohlichen Notlage, wie sie sich an den Grenzen Ungarns Anfang September 2015 für mehrere zehntausend Schutzsuchende abzeichnete, können humanitäre Erwägungen ohne weiteres einen Selbsteintritt begründen – selbstredend in dem situationsspezifisch gebotenen Umfang. In die gleiche Richtung weist der Gedanke der zwischenstaatlichen Solidarität. Durch den Selbsteintritt eines oder mehrerer nach den Dublin-Kriterien nicht zuständiger Staaten kann der dem Dublin-System inhärente Mangel an Solidarität durch Entlastungseffekte in gewissem Maße abgefedert werden, wie nunmehr auch der EuGH betont.[215] Rechtsdogmatisch gewendet liegt darin eine Form der primärrechtskonformen, weil an Art. 80 AEUV orientierten Anwendung der Dublin-III-VO.

Eine solche, an Art. 80 AEUV orientierte Anwendung kann aber freilich keine faire Lastenverteilung für den Dublin-Raum insgesamt herstellen, wie Art. 80 AEUV sie als Leitlinie für die Legislative vorgibt. Hierzu bedürfte es einer gesamteuropäischen Koordinierungsanstrengung. Eine solche ist auf Grundlage des geltenden Systems bislang schon an der unterschiedlichen Interessenlage der einzelnen Mitgliedstaaten gescheitert. Manche Mitgliedstaaten verweigern die Zusammenarbeit sogar gegen geltendes Unionsrecht.[216] Eine an Art. 80 AEUV orientierte Korrektur der Dublin-III-VO im Wege der Rechtsanwendung stößt aber auch auf normative Grenzen. Denn der sich primär an die europäische Legislative wendende Art. 80 AEUV erteilt der mitgliedstaatlichen Verwaltung gerade keine Handlungsfreiheit zur umfassenden Aushebelung des gesetzlich vorgegebenen Zuständigkeitssystems. Gegen die Ausdehnung des Selbsteintrittsrechts zur exekutiven Generalklausel spricht mit anderen Worten die unionsgesetzgeberische Ausformung des Zuständigkeitssystems, die nicht

---

tischen Gründen ist von der Dublin-III-Verordnung ausdrücklich vorgesehen. Die Priorität des Dublin-Systems liegt darauf, dass ein Asylsuchender *überhaupt* in einem Staat ein faires Asylverfahren erhält, in dem er oder sie die Fluchtgründe vorbringen kann."

[214] Zuständigkeitsbegründend kann in verschiedenen Fällen auch ein Fristablauf wirken, vgl. Art. 21 Abs. 1 Dublin-III-VO (Dreimonatsfrist für Aufnahmegesuch), Art. 23 Abs. 2 und Abs. 3 Dublin-III-VO (Zwei- und Dreimonatsfrist für Wiederaufnahmegesuch) und Art. 29 Abs. 1 und Abs. 2 Dublin-III-VO (Sechs-, Zwölf- und Achtzehnmonatsfrist für Überstellungen).

[215] EuGH, Urt. v. 26.7.2017, Rs. C-646/16 – *Jafari*, Rn. 100.

[216] Vgl. etwa den Rechtsstreit um den Umverteilungsbeschluss, EuGH, Urt. v. 6.9.2017, verb. Rs. C-643/15 u. a. – *Slowakei u. Ungarn/Rat (Flüchtlingsumverteilung)*.

völlig unterlaufen werden darf.[217] Aus den erheblichen Steuerungs- und Vollzugsdefiziten des Dublin-Systems allein erwächst noch keine Rechtsmacht der Exekutive (bzw. Gubernative), die Gestaltungsentscheidung zu substituieren, die das Primärrecht nach Art. 78 Abs. 2 AEUV dem Gesetzgeber zuweist. Anders gesagt, eine Systementscheidung im Sinne einer substanziellen Reform des Dublin-Systems mit Wirkung für alle beteiligten Staaten darf nicht im Wege einer exekutiven Entscheidung auf nationaler Ebene herbeigeführt werden, noch dazu im Alleingang durch einen Mitgliedstaat. Sie verlangt vielmehr eine Intervention des Unionsgesetzgebers.[218] Auch der EuGH hat mittlerweile festgestellt, dass das geltende Dublin-Recht nicht einfach unter Hinweis auf eine Krisensituation *de facto* ausgesetzt werden darf.[219]

bb) Transnationale Rücksichtnahme und Abstimmung

Die Ausübung von Verwaltungsermessen kann im Mehrebenensystem extraterritoriale Effekte auslösen, die ihrerseits durch *loyalitätsspezifische* Grenzziehungen eingehegt sein können. Nach dem Grundsatz loyaler Zusammenarbeit sind die EU-Mitgliedstaaten auf horizontaler Ebene zur Zusammenarbeit, Rücksichtnahme und Solidarität verpflichtet.[220] Dementsprechend muss Art. 4 Abs. 3 EUV einer mitgliedstaatlichen Ermessensausübung im indirekten Vollzug dort Grenzen setzen, wo die Ermessensausübung droht, Partnerstaaten unverhältnismäßigen Folgewirkungen auszusetzen. Für das Selbsteintrittsermessen im Kontext der Flüchtlingskrise heißt das: Seine Ausübung würde jedenfalls dort an unionsrechtliche Grenzen stoßen, wo sie Migrationsbewegungen in einem Ausmaß kanalisierte bzw. potenzierte, das für andere Mitgliedstaaten nicht mehr oder nur unter unverhältnismäßigem Aufwand zu bewältigen wäre oder gar ihre Befolgungsbereitschaft in Bezug auf geltendes Recht unterminierte.

(1) Externalitäten am Beispiel der Flüchtlingskrise

Bei der empirischen Nachweisführung solcher Effekte ist freilich Vorsicht geboten. So sollte bereits zwischen der fluchtbedingten Migration nach Europa

---

217 Vgl. im Sinne eines *effet utile*-Arguments *C. Filzwieser/A. Sprung*, Dublin III-Verordnung, 2014, Art. 17, K2; *D. Thym*, Urteilsanmerkung (Puid), NVwZ 2014, S. 123 (131).

218 Sowie eine bessere Durchsetzung der bereits unter Solidaritätsgesichtspunkten getroffenen legislativen Maßnahmen, konkret der beiden *Relocation*-Beschlüsse v. Sept. 2015 (Fn. 167).

219 EuGH, Urt. v. 26.7.2017, Rs. C-646/16 – *Jafari*, Rn. 83 ff. (entgegen GA *Sharpston*). Zu etwaigen Grenzen einer mit Blick auf Art. 80 AEUV „solidarisch" erfolgenden generalisierten Ausübung des Selbsteintrittsrecht hat sich der EuGH indes nicht geäußert (ebd., Rn. 100).

220 Vgl. *W. Kahl*, in: Calliess/Ruffert (Hrsg.), EUV/AEUV, 5. Aufl. 2016, Art. 4 EUV, Rn. 116; *R. Streinz*, in: Streinz (Hrsg.), EUV/AEUV, 2. Aufl. 2012, Art. 4 EUV, Rn. 50 ff.; *A. v. Bogdandy/S. Schill*, in: Grabitz/Hilf/Nettesheim (Hrsg.), Das Recht der EU, Art. 4 EUV (51. EL 2013), Rn. 92 f.

insgesamt und der Migrationsverteilung innerhalb Europas differenziert werden.[221] Was die fluchtbedingte Migration der vergangenen Jahre anbelangt, bleibt festzuhalten, dass ihr Hauptgrund im Sinne eines „Push-Faktors" die anhaltende Bedrohungslage und Perspektivlosigkeit in den Heimatländern waren, allen voran im Bürgerkriegsland Syrien. Im Spätsommer 2015 hinzu kamen erhebliche Versorgungsengpässe bei Nahrungsmitteln in konfliktnahen Flüchtlingslagern infolge gekürzter staatlicher Finanzhilfen.[222]

Im Krisenjahr 2015 sind mit registrierten 890.000 Personen in absoluten Zahlen die mit Abstand meisten Schutzsuchenden nach Deutschland eingereist.[223] Auch in relativen Zahlen hatte Deutschland einen signifikant hohen Zuzug zu verzeichnen.[224] Mehrere Umstände deuten darauf hin, dass die Flüchtlingspolitik der Bundesregierung an dieser Kanalisierung zumindest ihren Anteil hatte. Von allgemeinen Faktoren, wie der im europäischen Vergleich soliden materiellen Grundsicherung, abgesehen, beginnt dies bei Art und Umfang des generalisierten Selbsteintritts. Die öffentlich gemachte „Aussetzung" des Dublin-Verfahrens stellte syrischen Staatsangehörigen vorbehaltlos – und unabhängig von etwaigen Überstellungsverboten – eine Prüfung ihres Asylantrags in Deutschland in Aussicht, solange sie nur dort ankämen. Die Sachprüfung erfolgte ihrerseits unter erleichterten Verfahrensbedingungen. So erkannte das BAMF bereits seit Ende 2014 verschiedenen Gruppen von Schutzsuchenden, darunter v.a. Syrern, allein auf Basis eines kurzen schriftlichen Fragebogens und ohne mündliche Anhörung pauschal den GFK-Flüchtlingsstatus zu,[225] also

[221] Vgl. *T. Spijkerboer*, Fact Check: Did 'Wir Schaffen Das' Lead to Uncontrolled Mass Migration?, Border Criminologies Blog (Sept. 28, 2016), https://www.law.ox.ac.uk/research-subject-groups/centre-criminology/centreborder-criminologies/blog/2016/09/fact-check-did-, der es auf Grundlage einer Datenauswertung für plausibel erachtet, dass die Flüchtlingspolitik der Bundesregierung im Herbst 2015 zu einer Kanalisierung der Migrationsströme nach Deutschland beigetragen hat, es aber für unplausibel hält, dass sie einen signifikanten Einfluss auf die Zahl der nach Europa kommenden Schutzsuchenden hatte.

[222] Vgl. dazu das Interview mit dem stellvertretenden Direktor des UN-Welternährungsprogramms (WFP) *R. Egendal* v. 30.9.2015, abrufbar unter http://www.zeit.de/wirtschaft/2015-09/fluechtlinge-syrien-wfp-rasmus-egendal-nachbarlaender (31.3.2016).

[223] Vgl. BMI, Pressemitteilung v. 30.9.2016, abrufbar unter http://www.bmi.bund.de/SharedDocs/Pressemitteilungen/DE/2016/09/asylsuchende-2015.html. Zuvor war längere Zeit von 1,1 Mio Personen ausgegangen worden, vgl. BMI, Pressemitteilung v. 6.1.2016, abrufbar unter http://www.bmi.bund.de/SharedDocs/Pressemitteilungen/DE/2016/01/asylantraege-dezember-2015.html, erhoben auf Basis der Registrierungen im sog. EASY-System, was zum einen Mehrfachregistrierungen nicht ausschließt, zum anderen aber die Zahl der Nichtregistrierten nicht abbildet.

[224] Gemeinsam mit Schweden, Ungarn und Österreich, vgl. BAMF Asylgeschäftsstatistik 3/2016, S. 10.

[225] Das vereinfachte Asylverfahren hatte das BAMF zum 18.11.2014 für Syrer und Angehörige irakischer religiöser Minderheiten eingeführt, zum 25.06.2015 auf Eritreer erweitert und Anfang 2016 wieder eingestellt. Die den GFK-Status begründende (wenn bejahte) Frage des Bogens lautete für Syrer im vollen Wortlaut: „Ich befürchte in Syrien Verfolgung wegen meiner Rasse, Religion, Nationalität, politischen Überzeugung oder Zugehörigkeit zu einer

einen Schutzstatus, der an sich den Nachweis einer Verfolgung aufgrund individueller Merkmale voraussetzt und daher Kriegsflüchtlinge[226] häufig nicht erfasst. Aus Sicht dieser Personengruppen bestand damit die Perspektive, in der Bundesrepublik ohne nähere Einzelfallprüfung den GFK-Schutzstatuts erhalten zu können, zumal dieser weitreichender ist als der speziell auf willkürliche Gewalt in (Bürger-)Kriegssituationen zugeschnittene subsidiäre Schutzstatus.[227] Die GFK-Anerkennungsquote für Syrer betrug in Deutschland zwischen Januar und Dezember 2015 dementsprechend 94.7 %, während die Anerkennungsquote für subsidiären Schutz bei 0,1 % lag.[228] Seit der Rückkehr zum ordentlichen Verfahren (einschließlich persönlicher Anhörungen) im Frühjahr 2016, fiel die GFK-Anerkennungsquote kontinuierlich. Sie pendelt sich seither bei einem Wert um 34 % ein, während die Anerkennungsquote für subsidiären Schutz proportional anstieg und bei etwa 58 % liegt.[229]

Hinzu trat die mediale Flankierung durch eine Kommunikationspolitik der Bundesregierung, welche die Unbegrenztheit der Schutzgewährung zumindest suggerierte[230] und bei beachtlicher Resonanz in den sozialen Netzwerken[231] nach außen hin mitunter den Eindruck einer Einladung entstehen ließ.[232] Die

---

bestimmten sozialen Gruppe und beantrage daher die Zuerkennung des Flüchtlingsstatus in Deutschland." Die Zuerkennung des GFK-Status infolge dieses Procederes ist nicht zuletzt mit Blick auf die Missbrauchsanfälligkeit bedenklich.

226 Zur Problematik ihrer rechtlichen Einordnung *N. Markard*, Kriegsflüchtlinge, 2012, S. 141 ff. und 303 ff., indes mit einer erweiterten Lesart.

227 Dies betrifft namentlich den Familiennachzug, den Art. 9 ff. RL 2003/86 nur für GFK-Flüchtlinge vorschreiben. Allerdings hatte der Bundesgesetzgeber zunächst mit der Novelle von § 29 Abs. 2 S. 2 AufenthG (in Kraft zum 1.8.2015) subsidiär Schutzberechtigte den GFK-Flüchtlingen gleichgestellt, bevor Ende 2015 die Kehrtwende eingeleitet wurde. Näher *D. Thym*, Schnellere und strengere Asylverfahren, NVwZ 2015, S. 1625 (1632).

228 BAMF, Asylgeschäftsstatistik 12/2015, S. 7 (im Hinblick auf Erstanträge). Die GFK-Anerkennungsquote lag damit weit über dem EU-Durchschnitt von 75 %, der aber seinerseits bereits erheblich von der quantitativ hohen Spruchpraxis in Deutschland mitbestimmt ist (Eurostat, Asylum Quarterly Report 3/2015, tables 6, 9). In anderen Mitgliedstaaten, insbesondere in Schweden, wird wesentlich häufiger auf subsidiären Schutz erkannt.

229 Vgl. BAMF. Asylgeschäftsbericht für September 2017: Von Januar bis einschließlich September 2017 wurden 33,9 % der syrischen Antragsteller der GFK-Status zuerkannt und 58,3 % der subsidiäre Schutzstatus.

230 Vgl. die programmatischen Sätze von Bundeskanzlerin *A. Merkel* „Das Grundrecht auf Asyl für politisch Verfolgte kennt keine Obergrenze; das gilt auch für die Flüchtlinge, die aus der Hölle eines Bürgerkriegs zu uns kommen" (erstmals im Interview mit der Rheinischen Post, http://www.rp-online.de/politik/deutschland/angela-merkel-das-grundrecht-auf-asyl-kennt-keine-obergrenze-aid-1.5383275) sowie „Das Motiv, mit dem wir an diese Dinge herangehen, muss sein: Wir haben so vieles geschafft, wir schaffen das" (Sommerpressekonferenz v. 31.8.2015 http://www.bundesregierung.de/Content/DE/Mitschrift/Pressekonferenzen/2015/08/2015-08-31-pk-merkel.html).

231 Vgl. u. a. die arabischsprachige Facebook-Seite „Mama-Merkel", https://www.facebook.com/mamamirkl.

232 So zumindest die Kritik des franz. Premierminister *M. Valls*, BBC-Interview v. 22.1.2016, abrufbar unter http://www.bbc.com/news/world-europe-35391084 (30.1.2016).

ursprünglich als Ausnahme für die in Ungarn gestrandeten Schutzsuchenden gedachte Entscheidung bekam so zunehmend den Anschein einer neuen Normalität. Schenkt man schließlich einer nicht unbedeutenden Strömung der modernen Migrationsforschung Glauben, entwickeln sich Migrationsbewegungen zunehmend im Rahmen sog. transnationaler Migrationssysteme oder Migrationsnetzwerke,[233] die, einmal etabliert, einen selbstverstärkenden Effekt aufweisen.[234]

Unter dem Strich hat man es aber mit einer äußerst komplexen Lage zu tun, deren Wirkungszusammenhänge kaum mit letzter Sicherheit bestimmbar sind. Darum wäre es einerseits verfehlt, die Fluchtmigration in Richtung Deutschland als monokausal durch die behördlichen Entscheidungen veranlasst zu charakterisieren. Andererseits deuten mehrere Hinweise darauf hin, dass der von Deutschland kommunizierte und sodann praktizierte General-Selbsteintritt zumindest faktische Auswirkungen und transnationale Folgewirkungen in einer Größenordnung zeitigte, die unter dem Gesichtspunkt loyaler Zusammenarbeit rechtsnormativ relevant werden können.

(2) Normative Grenzen

Mit Blick auf die hier interessierende Frage nach den normativen Grenzen der Ermessensausübung im Mehrebenensystem ist hinsichtlich des Grundsatzes loyaler Zusammenarbeit zweierlei festzuhalten.

Erstens darf ein EU-Mitgliedstaat seine EU-Partner nicht mit einer groß angelegten Selbsteintrittspolitik vor vollendete Tatsachen stellen. Ein Selbsteintritt in einer Vielzahl von Fällen setzt eine intensive und fortlaufende Abstimmung sowie eine weitestgehende Rücksichtnahme auf die Interessen der europäischen Partnerländer voraus.[235] Die extraterritorialen Wirkungen des

---

[233] Die einzelnen Erklärungsansätze unterscheiden sich freilich wiederum hinsichtlich der ihnen zugrunde gelegten Prämissen bzw. empirischen Methoden, vgl. überblicksartig *F. Düvell*, Europäische und internationale Migration, 2006, S. 93ff. m. w. N.

[234] So insbesondere die sog. Theorie der kumulativen Verursachung, vgl. *D. Massey*, Economic Development and International Migration in Comparative Perspective, Population and Development Review 1988, S. 383 (396ff.): „Migration may begin for a variety of reasons, but once the number of migrants reaches a critical threshold, expanding networks cause the costs of movement to fall and the probability of migration to rise; these trends reinforce one another ...“. Zur sog. Kettenmigration s. *S. Haug*, Soziales Kapital und Kettenmigration, 2000, S. 107ff. Eine selbstverstärkende Wirkung attestierte der deutschen Flüchtlingspolitik 2015 etwa der amerikanische Migrationsforscher *Demetrios Papademetriou* in einem Interview mit der Zeit v. 22.11.2015, abrufbar unter http://www.zeit.de/2015/45/migration-fluecht linge-grenzen-grenzsicherung-interview (31.3.2016). Die empirische Bestandsanalyse in Reformvorschläge für das internationale Schutzsystem überführend *ders.*, Beyond Asylum: Rethinking Protection Policies to Meet Sharply Escalating Needs, Migration Policy Institute 2015, abrufbar unter http://www.migrationpolicy.org/research/beyond-asylum-rethinking-protection-policies-meet-sharply-escalating-needs-transatlantic (31.6.2016).

[235] Darum bedarf der Satz des EuGH, dass in einer Situation des Massenzustroms in einen

Selbsteintritts können auf diese Weise bis zu einem gewissen Grad kompensiert bzw. abgefedert werden. Mit Blick auf Deutschland bestehen hier zumindest Zweifel daran, dass die deutsche Bundesregierung ihren aus dem Loyalitätsgebot fließenden Abstimmungspflichten in hinreichendem Maße nachgekommen ist. Gewiss ist der nationalen Exekutive mit Blick auf die konkrete Art der Abstimmung unionsrechtlich ein Beurteilungsspielraum zuzuerkennen. Im Lichte der Reaktionen anderer Mitgliedstaaten, darunter nicht zuletzt der französischen Regierung,[236] vermittelt das Handeln der Bundesregierung indes eher den Eindruck eines wenig koordinierten nationalen Alleingangs.[237]

Zweitens darf eine generalisierte Ausübung des Selbsteintrittsrechts nicht andernorts die rechtliche Befolgungsbereitschaft unterminieren oder gar einen kollektiven Rechtsbruch katalysieren, etwa in Gestalt eines flächendeckenden Aussetzens von Schengen, Dublin oder Eurodac. Rechtsverletzungen waren hier freilich schon vor dem deutschen General-Selbsteintritt an der Tagesordnung, in erster Linie in Griechenland und Italien. Die – eine Einreise nicht legalisierende[238] – Politik des systematischen Durchwinkens entlang der Balkan-Route und die damit entstehende Situation einer faktischen Wahlmöglichkeit des Asylstaates, begann im großen Umfang allerdings erst nach bzw. im Hinblick auf den deutschen General-Selbsteintritt.[239]

Reichen bloße Kooperations- und Rücksichtnahmepflichten nicht mehr aus, um die Wirkungen auf die Partnerländer abzufedern, stößt das Selbsteintrittsermessen an rechtliche Grenzen. Dann bleibt als legitimer Weg abermals allein die supranationale Gesetzgebung. Denselben Weg weisen im Übrigen auch demokratietheoretische Überlegungen. Auch unter diesem Gesichtspunkt stellt sich die Frage der Verarbeitung extraterritorialer Effekte nationalen Handelns – hier allerdings konkret mit Blick auf die zu erbringenden Repräsentationsleistungen. Ausgangspunkt der Überlegung sind das strukturelle Defizit national organisierte Verfassungsstaaten, die von ihren innerstaatlich getroffenen Entscheidungen im europäischen Ausland Betroffenen in die Wahlverfahren einzubeziehen sowie umgekehrt die fehlende Möglichkeit für Bürger, diejenigen politischen Akteure im europäischen Ausland zur Verantwortung zu ziehen, die

---

Mitgliedstaat andere Staaten „einseitig oder in Abstimmung mit dem betreffenden Mitgliedstaat" das Selbsteintrittsrecht ausüben dürfen (Urt. v. 26.7.2017, Rs. C-646/16 – *Jafari*, Rn. 100) zumindest der Präzisierung.

[236] Vgl. Interview der BBC v. 22.1.2016 mit dem franz. Premierminister *M. Valls*, abrufbar unter http://www.bbc.com/news/world-europe-35391084 (31.3.2016).

[237] Die (einmalige) telefonische Abstimmung mit den Regierungschefs Österreichs und Ungarns reicht als Koordinationsleistung insoweit allenfalls für die Bewältigung der konkreten Notlage an der ungarischen Grenze, nicht aber für den zahlenmäßig weit darüber hinaus reichenden Selbsteintritt.

[238] Vgl. EuGH, Urt. v. 26.7.2017, Rs. C-646/16 – *Jafari*, Rn. 40 ff., 59 ff.

[239] Vgl. zur Problematik des Durchwinkens das „Sondertreffen" zur Balkan-Route v. 24./25.10.2015 und den daraus hervorgehenden „17-Punkte-Plan", IP/15/5904 (KOM).

über Belange (mit)entscheiden.[240] Eine hinreichende Repräsentation der betroffenen Unionsbürger – und damit eine die extraterritorialen Effekte legitimierende Internalisierung der Externalitäten – lässt sich hier im Einklang mit Art. 10 Abs. 1 und Abs. 2 EUV nur durch die Einbindung des europäischen Gesetzgebers, einschließlich des Europäischen Parlamentes,[241] erreichen.[242] Die wegen Art. 10 EUV auf europäischer Ebene gebotene Repräsentationsleistung zeigt damit zugleich, dass die innerstaatliche Diskussion um einen national-verfassungsrechtlichen Parlamentsvorbehalt zu kurz greift. Er könnte allenfalls dort greifen, wo ein expansiver Gebrauch des Selbsteintrittsrechts unionsrechtlich zulässig wäre.

c) *Transnationales venire contra factum proprium*

Der Grundsatz loyaler Zusammenarbeit kann im Mehrebenensystem zudem im Sinne eines transnationalen *venire contra factum proprium* wirken, d. h. als Verbot der staatenübergreifenden Perpetuierung mitgliedstaatlicher Rechtsverstöße. Die Folgen eines Rechtsverstoßes durch einen Mitgliedstaat dürfen nicht transnational an einen anderen Mitgliedstaat weitergereicht oder diesem gar entgegengehalten werden.

Auch hier liefert die Flüchtlingskrise ein prägnantes Anschauungsbeispiel. Soweit die Bestimmung der Zuständigkeit nach Dublin nämlich durch Rechtsverstöße der Transit-Länder erschwert bzw. verunmöglicht wird – insbesondere durch unterlassene Eurodac-Registrierungen oder die Verletzung des Schengener Grenzkodex[243] –, darf dies wegen des Grundsatzes loyaler Zusammenarbeit nicht zu Lasten desjenigen Mitgliedstaates gehen, der das Dublin-Verfahren betreibt.

Der Grundsatz loyaler Zusammenarbeit beschränkt hier das von zahlreichen EU-Mitgliedstaaten – darunter auch Deutschland – praktizierte „Durchwinken" von Schutzsuchenden. Damit ist die aktive oder passive Durchleitung von Schutzsuchenden in Richtung anderer Dublin-Staaten (aus Sicht Deutschlands

---

[240] *C. Joerges*, Integration durch Entrechtlichung?, in: Schuppert/Zürn (Hrsg.), Governance in einer sich wandelnden Welt, PVS Sonderheft 41/2008, S. 213 (224 ff.).

[241] Vgl. Art. 78 Abs. 2 AEUV (ordentliches Gesetzgebungsverfahren).

[242] Über die Prämissen einer Legitimation durch Betroffene lässt sich im Allgemeinen freilich trefflich streiten. Hier geht es indes allein um den spezifischen Kontext der Europäischen Union, die – anders als in den klassischen Drittstaatenkontexten – mit der Unionsbürgerschaft bereits ein über den Staat hinausweisendes bürgerschaftliches Fundament der Demokratie kennt.

[243] VO 562/2006. Für den Fall, dass keine Pflicht zur Registrierung nach Art. 9 Abs. 1 der Eurodac-VO besteht, weil die betreffende Person keinen Antrag auf internationalen Schutz gestellt hat, greifen jedenfalls die Art. 6 ff. VO 562/2006 über die Grenzkontrollen an den Außengrenzen und die Einreiseverweigerung. Insbesondere ist gemäß Art. 13 einem Drittstaatsangehörigen, der nicht alle Einreisevoraussetzungen (vgl. Art. 5 Abs. 1) erfüllt und der nicht zu dem in Art. 5 Abs. 4 genannten Personenkreis gehört, die Einreise in das Hoheitsgebiet der Mitgliedstaaten zu verweigern.

z.B. in Richtung Schweden) gemeint, *ohne* dass ein Asylantrag gestellt und/oder eine behördliche Registrierung erfolgen würde. Entgegen weitverbreiteter Ansicht stellt es dabei materiell-rechtlich noch keinen Rechtsverstoß dar, wenn Schutzsuchende – sofern sie sich auf internationalen Schutz berufen – von der Bundespolizei nicht schon an der Grenze in den Transitstaat, z.B. Österreich, zurückgewiesen werden. Zwar ist gemäß Art. 14 Abs. 1 S. 1 des Schengener Grenzkodex (SGK)[244] einem Drittstaatsangehörigen, der nicht alle Einreisevoraussetzungen (Art. 6 Abs. 1 SGK) erfüllt,[245] die Einreise in das Hoheitsgebiet der Mitgliedstaaten zu verweigern.[246] Dies gilt aber gemäß Art. 14 Abs. 1 S. 2 SGK dann nicht, wenn die speziellen Vorschriften zu Asyl und internationalem Schutz greifen, d.h., wenn die Person einen Antrag auf internationalen Schutz stellt.[247] Auch das deutsche AsylG erlaubt in § 18 AsylG Zurückweisungen nur unter engen Voraussetzungen. Sie sind u.a. zulässig, wenn Anhaltspunkte dafür vorliegen, dass ein anderer Dublin-Staat für die Durchführung des Asylverfahrens zuständig ist und ein Auf- oder Wiederaufnahmeverfahren eingeleitet wird (§ 18 Abs. 2 Nr. 2 AsylG) oder wenn die schutzsuchende Person aus einem sicheren Drittstaat eingereist ist (§ 18 Abs. 2 Nr. 1, Abs. 4 i.V.m. § 26a AsylG). Im ersten Fall ist eine Zurückweisung an die zumindest kursorische[248] Prüfung der Dublin-Zuständigkeit sowie eine anschließende Einleitung des Dubliner (Wieder-)Aufnahmeverfahrens geknüpft.[249] Auch im zweiten Fall – Einreise aus einem sicheren Drittstaat – kann Deutschland nicht einfach das Dublin-Verfahren überspringen. Eine sofortige Zurückweisung ist hier wegen § 18 Abs. 4 Nr. 1 AsylG ausgeschlossen, wenn Deutschland nach dem Dublin-System zuständig ist, was wiederum nur im Wege der Durchführung des Dublin-Verfahrens ermittelt werden kann. Damit hat der etwaigen Zurückweisung oder Zurückschiebung in beiden Fallvarianten eine Durchführung des Dublin-Verfah-

[244] VO 2016/399.

[245] Und nicht zu dem in Art. 6 Abs. 5 SGK genannten Personenkreis gehört.

[246] Was seit Januar 2016 an der deutsch-österreichischen Grenze auch wieder in Bezug auf Schutzsuchende erfolgt, die sich nicht auf Asyl berufen, sondern angeben, sie wollten (etwa nach Schweden) weiterreisen.

[247] Diese Vorschrift blenden *Peukert* et al. (Fn. 212) aus, wenn sie auf Grundlage von Art. 14 Abs. 1 S. 1 SGK ein Recht zur Einreiseverweigerung unterstellen, infolge dessen ein an der deutsch-österreichischen Grenze gegenüber den deutschen Grenzbehörden gestellter Asylantrag abweichend von Art. 3 Abs. 1 Dublin-III-VO als im Hoheitsgebiet Österreichs gestellt zu gelten habe, sodass Österreich nach Art. 20 Abs. 4 Dublin-III-VO zuständig werde. Im Übrigen überzeugt auch die von den Autoren angeführte historische Auslegung des Art. 20 Abs. 4 Dublin-III-VO nicht, vgl. näher *R. Lehner*, Grenze zu, dank Art. 20 Abs. 4 Dublin-III-VO? Eine Replik, VerfBlog v. 26.2.2016.

[248] Vgl. *H. Winkelmann, in:* Bergmann/Dienelt (Hrsg.), Ausländerrecht, 11. Aufl. 2016, § 18 AsylG, Rn. 23 („Dublin-Kurzprüfung").

[249] Instruktiv hierzu *R. Lehner*, Grenze auf, Grenze zu? Die transnationale Wirkung von Rechtsverstößen im Dublin-System, VerfBlog v. 30.10.2015. Gleiches gilt im Übrigen für eine Zurückschiebung i.S.d. § 57 AufenthG.

rens vorauszugehen.[250] Dies entspricht der – vorrangig anzuwendenden und entgegenstehendes nationales Recht verdrängenden – Dublin-III-VO, deren Art. 3 Abs. 1 i. V. m. Art. 20 Abs. 1 Dublin-III-VO den Mitgliedstaat, an dessen Grenze erstmals ein Antrag auf internationalen Schutz gestellt wird, zur Durchführung des Dublin-Verfahrens verpflichtet.[251] Während der Durchführung dieses Verfahrens ist eine Zurückweisung des Antragstellers unzulässig.[252]

Aus dem Grundsatz loyaler Zusammenarbeit folgt aber, dass die Transitstaaten den von ihnen selbst begangenen Rechtsverstoß in Gestalt der Verletzung der Eurodac-VO bzw. des Schengener Grenzkodex nicht dem die Zuständigkeit prüfenden Mitgliedstaat entgegenhalten dürfen. Dies gilt jedenfalls dann, wenn der Transitstaat seine unionalen Rechtspflichten systematisch durch eine Politik des „Durchwinkens" verletzt. Der Rechtsbruch des Transitstaates darf dann nicht auf einen anderen Mitgliedstaat durchschlagen.[253] Konkret ist es dem Transitstaat also verwehrt, sich im Rahmen eines (Wieder-)Aufnahmeverfahrens gegenüber dem die Zuständigkeit prüfenden Dublin-Staat darauf zu berufen, dass die genaue Fluchtroute infolge mangelnder Registrierungen nicht feststellbar sei. Der Grundsatz loyaler Zusammenarbeit muss insoweit zu einer Umkehr der Beweislast nach Art. 22 Dublin-III-VO führen.[254]

2. *Föderative Kohärenzsicherung durch Prozeduralisierung*

Sind behördliche Entscheidungsspielräume im Mehrebenensystem potenziell immer auch ein Vielfalts- bzw. ein Subsidiaritätsversprechen, so stößt dieses an Grenzen, wo föderative Schutzvorkehrungen die Einhaltung eines bestimmten Grades an Uniformität bzw. jedenfalls Kohärenz[255] verlangen.

---

[250] Vgl. *R. Lehner*, ebd. Deshalb liefe auch eine Anordnung nach § 18 Abs. 4 Nr. 2 AsylG weitgehend ins Leere. Anders *C. Hillgruber*, FAZ v. 21.1.2016: „Ohne eine solche Anordnung wäre die ungehinderte Einreise der vielen (syrischen) Flüchtlinge offensichtlich gesetzeswidrig".

[251] Ebenso *J. Bast/C. Möllers*, Dem Freistaat zum Gefallen: über Udo Di Fabios Gutachten zur staatsrechtlichen Beurteilung der Flüchtlingskrise, VerfBlog v. 16.1.2016. Für die Diskussion zu Art. 20 Abs. 4 Dublin-III-VO vgl. Fn. 247.

[252] Was sich schon im Umkehrschluss aus den Vorschriften über das (Wieder-)Aufnahmeverfahren und die Überstellung ergibt

[253] Tendenziell anders *R. Lehner*, Grenze auf, Grenze zu? Die transnationale Wirkung von Rechtsverstößen im Dublin-System, VerfBlog v. 30.10.2015, der ein transnationales Durchschlagen der Rechtsverstöße anderer Mitgliedstaaten zumindest auf der faktischen Ebene bejaht.

[254] Die Vorschrift verwendet den Begriff der Beweislast nicht. Aus den Regelungen des Art. 22 Abs. 2–5 geht aber hervor, dass die Beweisführung im Wege von förmlichen Beweismitteln und Indizien dem ersuchenden Staat obliegt.

[255] Zum Begriff der Kohärenz im Sinne eines spezifischen Verbundbegriffs *E. Schmidt-Aßmann*, Einheit und Kohärenz der europäischen Mehrebenenrechtsordnung, EuGRZ 2016, S. 85 (86 f.).

a) Kohärenz im europäischen Regulierungsverbund

Kohärenzsichernde Spielraumgrenzen zeichnen sich besonders deutlich im europäischen Regulierungsverbund ab. Sowohl im Kontext der Spielraumbegründung als auch der Spielraumausfüllung wurde bereits dargelegt, dass die dezentrale Verlagerung der regulatorischen Entscheidungs- und Gestaltungskompetenz auf die nationalen Verwaltungsbehörden den Grundstein der bedarfsorientierten Flexibilität des Regulierungsansatzes legt, während die vertikalen und horizontalen Formen der Verkopplung der Regulierer im europäischen Regulierungsverbund die potenziellen Fliehkräfte in Schach halten. Die Notwendigkeit eines bestimmten Maßes an Kohärenz folgt letztlich aus dem übergeordneten Ziel der Errichtung und des Funktionierens des Binnenmarktes.[256] Das binnenmarktrechtlich notwendige Maß an Kohärenz wird im TK-Regulierungsrecht durch eine besondere Intensität der Vollzugsverflechtung gesichert. Die möglichen Kohärenzdefizite einer situationsspezifischen Ausübung der behördlichen Gestaltungsspielräume auf nationaler Ebene werden durch die Verbundstruktur eingefangen.[257]

b) Prozeduralisierung des Kohärenzschutzes

Die Besonderheit dieser Grenzziehung liegt in ihrem verfahrensrechtlichen Charakter. Die kohärenzsichernden Grenzen diskretionären Verwaltungshandelns folgen weniger aus starren materiell-rechtlichen Vorgaben. Vielmehr setzt das Regulierungsrecht auf institutionelle *checks and balances*, die durch verfahrensrechtliche Beteiligungs- bzw. Ingerenzrechte ermöglicht werden. Das jeweils notwendige Maß an Kohärenzsicherung wird damit bis zu einem gewissen Grad stets neu verhandelt, auch wenn die abstrakt-generellen Verfahrensbeiträge der Kommission – insbesondere in Gestalt der Märkteempfehlungen und Leitlinien – zur Vorhersehbarkeit beitragen.

Dieses Element der Prozeduralisierung, das die Spielraumausfüllung in einem dialogischen Prozess begrenzt, bildet das prägende Merkmal des regulierungsrechtlichen Kohärenzschutzes. Die richtige Balance zwischen situationsspezifischer Partikularität vor Ort und binnenmarktrechtlichem Gleichklang in der Gesamtschau wird nicht vorab fixiert, sondern stets dynamisch austariert. Zentrales Instrument für dieses dynamische Gleichgewicht ist das Art. 7/7a-Verfahren, das die binnenmarktrechtliche Kohärenzsicherung mit Elementen der vertikalen und horizontalen Interessenartikulation und wechselseitiger Rücksichtnahme verbindet. Die Sensibilität dieser föderativen Balance wird durch das Ringen um die Reform des unionsrechtlichen TK-Rechtsrahmens im Jahr

---

[256] Was bereits in der Rechtsgrundlage des TK-rechtlichen Regelungsrahmens, Art. 114 AEUV, zum Ausdruck kommt.

[257] *G. Britz*, Vom Europäischen Verwaltungsverbund zum Regulierungsverbund?, EuR 2006, S. 46 (55 f.).

2009 illustriert. Die Kommission konnte sich mit ihrem Vorschlag, ihre Vetorechte auf den Bereich der Abhilfemaßnahmen auszudehnen,[258] vor allem deswegen nicht durchsetzen, weil dies das dynamische Gleichgewicht einseitig zulasten der Mitgliedstaaten verändert hätte.

IV. Fazit

Als Fazit bleibt die Erkenntnis, dass die Frage nach der Mehrstufigkeit von Spielraumgrenzen im Wesentlichen auf zwei Problemkomplexe verweist.

1. Föderative Spielraumgrenzen

Der erste Problemkomplex dreht sich um Bestand und Reichweite genuin föderativer bzw. mehrebenenspezifischer Spielraumgrenzen, also die Einhegung der transnationalen Wirkungen administrativer Spielraumausfüllung. Im Mehrebenensystem ist die Ausübung administrativer Handlungsspielräume jenseits der klassischen materiell-rechtlichen Spielraumgrenzen durch föderative bzw. mehrebenenspezifische Grenzen umrahmt. Im Europäischen Verwaltungsverbund kommt hierbei dem Grundsatz loyaler Zusammenarbeit eine zentrale Bedeutung zu. Dies gilt neben dem „vertikalen" Verhältnis zwischen nationaler und unionaler Verwaltung insbesondere auch für das „horizontale" Verhältnis der nationalen Verwaltungen untereinander.

Loyalitätsspezifische Grenzen bestehen hier zum einen in Gestalt der rechtlichen Einhegung extraterritorialer Effekte der Ermessensausübung. Im Kern stecken diese Grenzen den äußersten Aktionsradius der Spielraumausfüllung im Bereich des (indirekten) Vollzuges von Unionsrecht mit transnationaler Wirkung für andere Mitgliedstaaten ab. Im Bereich des Dublin-Systems droht eine Flexibilisierung auf Grundlage des Selbsteintrittsermessens jedenfalls dort an föderative Grenzen zu stoßen, wo substanzielle Grundentscheidungen allein der nationalen Exekutive überantwortet oder als nationaler Alleingang gestaltet werden. Im Übrigen folgt aus dem Loyalitätsprinzip ein Verbot der transnationalen Perpetuierung mitgliedstaatlicher Rechtsverstöße. Auch dies lässt sich anhand des Dublin-Systems und dem in diesem Rahmen rechtswidrig praktizierten „Durchwinkens" exemplifizieren.

Zum anderen können Spielraumgrenzen im Mehrebenensystem eine kohärenzwahrende Funktion erfüllen, soweit sie die im Wege dezentraler Ermessensausübung entstehenden Zentrifugalkräfte beschränken. Das Beispiel des europäischen Regulierungsverbundes illustriert, dass die Kohärenzwahrung

[258] *R. Klotz*, Der Europäische Rechtsrahmen für die elektronische Kommunikation, in: Säcker (Hrsg.), TKG, 3. Aufl. 2013, Einl. II, Rn. 53f.

keineswegs über starre materiell-rechtliche Vorgaben erfolgen muss, sondern im Sinne eines dynamischen, stets neu zu verhandelnden Gleichgewichts im Wege der Prozeduralisierung erreichbar ist.

2. *Spielraumbegrenzung als Schichtungsproblem*

Als grundlegendes Problem der Spielraumbegrenzung im Mehrebenensystem erweist sich zweitens die Schichtung ebenendifferierender Grenzen. Fallen ebenenfremde Spielraumschranken bei gleichzeitiger Anwendbarkeit auf einen Fall inhaltlich auseinander, mündet dies, der rechtspluralistischen Prämisse folgend, in eine potenziell unauflösbare Normenkollision. Als besonders schwerwiegend stellt sich die Auswirkungen einer solchen Kollision im Bereich der Grund- und Menschenreche dar. Das Dublin-System veranschaulicht dies in allen Schattierungen anhand der unterschiedlichen Ausprägungen, welche die menschenrechtlich radizierten Überstellungsverbote auf den einzelnen Rechtsebenen erfahren haben. Aus Sicht der vollziehenden Verwaltung und der sie kontrollierenden Gerichte ist es in diesem Bereich kaum noch möglich, die negativen Grenzziehungen der sekundärrechtlich begründeten administrativen Entscheidungsspielräume in widerspruchsfreier und vorhersehbarer Weise zu bestimmen. In der Praxis mündet dies in eine hochgradig erratische Einzelfalljudikatur, die unter der denkwürdigen Bezeichnung „Dublin-Lotterie" firmiert. Greifen auf Ebene der Höchstgerichte kohärenzstiftende Verbundmechanismen, wie etwa die Auslegungsregel des Art. 52 Abs. 3 GRCh, nicht, kann die Verwaltung kaum kohärenzbildend tätig werden, ohne die Verletzung des Rechts der einen oder der anderen Rechtsebene in Kauf nehmen zu müssen.

Das Problem verstärkt sich noch, wenn der fragliche administrative Entscheidungsspielraum – wie im Falle des Selbsteintrittsermessens – in Abhängigkeit von der Bezugsebene in unterschiedlicher Weise als Instrument zur Grundrechtsdurchsetzung operationalisiert und so als Einfallstor unterschiedlicher Grundrechtspolitiken genutzt wird.[259] So würde die Umsetzung der am Selbsteintrittsermessen ansetzenden Rechtsprechung des EGMR in bestimmten Fällen konkret zu einer Selbsteintrittspflicht der prüfenden Verwaltung führen, obwohl die im Unionsrecht für Überstellungsverbote eingezogene Hürde systemischer Mängel gerade nicht genommen wurde: Instrumentell setzt das Unionsrecht eben nicht auf den administrativen Selbsteintritt, sondern auf die Aussetzung der Überstellung in den Zielstaat bei gleichzeitiger Fortführung der Dublin-Prüfung. Ganz allgemein gesprochen sieht sich die Verwaltung in einer solchen Situation einem rechtsstaatlich prekären Dilemma gegenüber, das nach Lösungsansätzen jenseits administrativer Rechtskonkretisierung im Einzelfall verlangt.

[259] Was freilich auch jenseits administrativer oder legislativer Spielräume möglich ist.

3. Kooperative Konkretisierungsverantwortung der Legislative

Lösungswege könnten theoretisch bei allen drei Gewaltenzügen ansetzen. Der Verwaltung die letztverbindliche Rechtskonkretisierung zu überlassen, scheidet allerdings dort aus, wo es – wie in den hier diskutierten Problemfeldern – um die rechtlichen Grenzen behördlicher Entscheidungsspielräume geht. In diesem Bereich aber darf die Verwaltung per definitionem nicht von Kontrolle freigestellt werden. Eine rechtskonkretisierende Wahlbefugnis in Bezug auf die eigenen Spielraumschranken steht ihr nicht zu, zumal wenn es um grund- und menschenrechtliche Kerngarantien geht. Auch für den Problemkomplex der transnationalen Wirkungen staatlicher Ermessensausübung geht der Verweis auf eine administrative Letztentscheidungsbefugnis jedenfalls dort ins Leere, wo dieser Befugnis Grenzen aus dem Grundsatz der Loyalität bzw. dem (unionalen) Demokratieprinzip gezogen werden.

Zur Rolle der Verwaltungsgerichtsbarkeit, ist Folgendes festzuhalten: In Bezug auf die Schichtung grund- und menschenrechtlicher Ermessensgrenzen sind die innerstaatlichen Verwaltungsgerichte an der besagten Kreuzung der Rechtsordnungen[260] jedenfalls dann nicht hinreichend in der Lage, den „Rechtsverkehr" zu lenken, wenn die materiell-rechtlichen Garantien in ihrer Auslegung durch EGMR, EuGH und ggf. nationale Verfassungsgerichte derart deutlich divergieren, wie dies in den untersuchten Beispielsfällen zu Tage getreten ist. Gerade die begrüßenswerte Dublin-Rechtsprechung des BVerwG zeigt zwar nachdrücklich das verwaltungsgerichtliche Bemühen um eine materielle Zusammenführung der verfassungsrechtlichen, unionsrechtlichen und völkerrechtlichen Vorgaben. Die Dichotomie zwischen dem unionsrechtlich-föderativen Ansatz systemischer Mängel und dem konventionsrechtlich-einzelfallbezogenen Ansatz kann aber auch sie letztlich nicht auflösen. Zu weit liegen beide Systemlogiken auseinander. Auch ist die Judikative diesbezüglich vor ein Legitimationsproblem gestellt. Zwar könnte sie sich aufgrund des unionsrechtlichen Anwendungsvorrangs für die vorrangige Durchsetzung des Unionsrechts im innerstaatlichen Raum aussprechen, was angesichts der normhierarchischen Stellung der EMRK als einfaches Bundesgesetz rein normlogisch als konsequent erschiene. Das aber hätte zur Folge, dass die Verwaltungsgerichte die Bundesrepublik in den durch die EGMR-Rechtsprechung vorgezeichneten Einzelfällen sehenden Auges einer Konventionsverletzung aussetzen würden, was verfassungsrechtlich wiederum mit Blick auf den Grundsatz der Völkerrechtsfreundlichkeit problematisch wäre.[261] Hinzu kommt, dass die Entscheidung für oder wider einen der konkurrierenden Maßstäbe nicht das Problem unions-

[260] *D. Thym*, Abschied von Ist- und Regelausweisung bei Verwurzelung, DVBl. 2008, S. 1346 (1352).

[261] Der freilich seinerseits nicht unbegrenzt ist, vgl. BVerfG, Urt. v. 4.5.2011, BVerfGE 128, 326 – *Nachträgliche Sicherungsverwahrung II*, Rn. 93 ff. (juris).

weiter Rechtsprechungsdivergenz beseitigt. Geht es wiederum um die rechtliche Einhegung der transnationalen Wirkungen staatlicher Ermessensausübung, kommt den Verwaltungsgerichten im Dialog mit dem EuGH wohl eine wichtige Funktion der Konturierung der Ermessensgrenzen zu. Sind diese Möglichkeiten judikativer Konkretisierung jedoch erschöpft, ist abermals der Gesetzgeber gefordert.

Im Lichte der vorstehenden Erwägungen hebt sich die Verantwortung des Gesetzgebers somit unter unterschiedlichsten Blickwinkeln ab. Ganz allgemein gilt, dass dem Gesetzgeber im Bereich der – ggf. grund- und menschenrechtlich geprägten – Spielraumgrenzen eine fundamentale Konkretisierungsfunktion zukommt. Dies gilt umso mehr im Mehrebenensystem, wo die mitunter divergierenden Maßstäbe und Vorgaben durch eine legislative Entscheidung zusammenzuführen und auszutarieren sind.[262] Die Konkretisierungsaufgabe kann je nach Sachmaterie und Kompetenzverteilung dem nationalen oder dem europäischen oder auch beiden in abgestufter Weise zukommen.

Für das konkrete Beispiel des Dublin-Systems steht der Unionsgesetzgeber dabei in besonderer Verantwortung. Bei der Umsetzung des ihm durch Art. 78 Abs. 2 AEUV verliehenen Gesetzgebungsauftrags ist er nicht nur umfassend an die Unionsgrundrechte, sondern nach Art. 78 Abs. 1 S. 2 AEUV auch ausdrücklich an die Einhaltung der völkerrechtlichen Vorgaben gebunden.[263] Die legislative Konkretisierung erlangt als *grundrechtskonkretisierende Gesetzgebung* für die Grundrechtsverwirklichung insoweit zentrale Bedeutung.[264] Vorstellbar und in gewissem Umfang auch rechtspolitisch wünschenswert wäre, dass der europäische Gesetzgeber im Rahmen einer Novelle Anwendungsmodalitäten und Grenzen, denen das Selbsteintrittsrecht unterliegt,[265] präziser vorzeichnete. Daneben könnte auch an eine Reform des Art. 3 Abs. 2 UAbs. 2 Dublin-III-VO gedacht werden. Im Übrigen könnte eine solche Novelle zugleich Anlass bieten, den Grundsatz der loyalen Zusammenarbeit für das Verhältnis der Dublin-Staaten untereinander näher auszubuchstabieren.[266]

---

[262] Das Kohärenzgebot im Sinne einer Verbundtechnik findet seine rechtsnormative Grundlage aber wiederum in der jeweiligen (nationalen, europäischen, völkerrechtlichen) Rechtsordnung, nicht indes in einer die einzelnen Rechtsordnungen (all)umfassenden Meta- oder Gesamtordnung. Dies ist Folge der rechtspluralistischen Prämisse.

[263] Dazu gehört auch die EMRK, was sich aber ohnehin aus Art. 4 GRCh i. V. m. Art. 52 Abs. 3 GRCh, Art. 3 EMRK ergeben würde.

[264] *J. Bast*, Aufenthaltsrecht und Migrationssteuerung, 2011, S. 189.

[265] Nach dem nunmehr vorliegenden Vorschlag der Kommission vom 4.5.2016 – COM(2016) 270 final, S. 49 (Art. 19 n. F.) – würde das Selbsteintrittsrecht in seinem Anwendungsbereich erheblich eingeschränkt werden und fortan nur noch familiäre Gründe umfassen.

[266] Dabei handelt es sich aber nicht um ein Problem der Schichtung ebenenübergreifender Standards, sondern die Auflösung einer innerunionsrechtlichen Prinzipienkollision. Mehrebenenspezifisch sind in dieser Fallkonstellation aber vor allem die transnationalen Wirkungen, die von der Ermessensausübung ausgehen.

In Bezug auf die Handhabung des Dubliner Selbsteintrittsermessens in der Flüchtlingskrise lässt sich festhalten, dass das Selbsteintrittsrecht der nationalen Exekutive jedenfalls keine Befugnisse systemischen Ausmaßes verleiht, zumal nicht im nationalen Alleingang. Wo die der Verwaltung eingeräumten Entscheidungsspielräume an Grenzen stoßen, ist eine Intervention des Unionsgesetzgebers erforderlich, der zugleich die notwendige Repräsentationsleistung auf europäischer Ebene zu erbringen hat – durch Europäisches Parlament und Rat. Das Politische findet hier seinen Ort. Die Achtung gegenüber der legislativen Gestaltungsprärogative des Unionsgesetzgebers zeigt überdies, dass die innerstaatliche Diskussion um einen national-verfassungsrechtlichen Parlamentsvorbehalt zu kurz greift.

Die rechtliche Gestaltungswirkung der grund- und menschenrechtskonkretisierenden Gesetzgebung hängt allerdings entscheidend davon ab, dass sowohl EuGH als auch EGMR dem Unionsgesetzgeber ihrerseits eine hinreichende Einschätzungsprärogative zubilligen. Hier zeigt sich abermals die Notwendigkeit einer wechselseitigen Zuerkennung von Spielräumen im Mehrebenensystem im Sinne eines Zusammenwirkens unterschiedlicher, jeweils ordnungsintern verankerter Verbundtechniken.[267] Die Zuerkennung gesetzgeberischer Einschätzungsprärogativen im besagten Sinne setzt eine entsprechende Sensibilität und Ausdifferenzierung der Spielraumdogmatik voraus, für die sich in der Rechtsprechung des EGMR durchaus Anhaltspunkte finden lassen.[268]

Eine dergestalt ebenenübergreifende kooperative Rechtskonkretisierung, die dem Gesetzgeber[269] eine zentrale Mitverantwortung für die Ausbuchstabierung der aus vielfältigen Quellen fließenden Grund- und Menschenrechtsstandards zubilligte, wäre zweifelsohne ein Gewinn für den Grundrechtsschutz in seiner Funktion als negative Grenze administrativer Entscheidungsspielräume im Mehrebenensystem.

[267] Seitens des EGMR könnte dergleichen in Bezug auf Unionsrecht vor einem Beitritt der EU zur EMRK freilich nur indirekt erfolgen. Insbesondere im Rahmen einer gegen einen EU-Mitgliedstaaten gerichteten Individualbeschwerde, soweit der EGMR seine Prüfungsbefugnis innerhalb des Spielraums (d.h. außerhalb des Anwendungsbereichs von *Bosphorus*) bejaht oder durch Bestätigung der *Bosphorus*-Vermutung implizit einen hinreichenden Grundrechtsstandard attestiert.

[268] Vgl. exemplarisch für die Kontrolldichte des EGMR im Kontext staatlicher Schutzpflichten *H. Krieger*, Positive Verpflichtungen unter der EMRK: Unentbehrliches Element einer gemeineuropäischen Grundrechtsdogmatik, leeres Versprechen oder Grenze der Justitiabilität?, ZaöRV 2014, S. 187 (209ff.).

[269] Dies könnte innerhalb eines unionsrechtlich eingeräumten, legislativen Spielraums auch der nationale Gesetzgeber sein.

§ 8 Spielraumkontrolle und Kontrolldichte

Die Frage nach der gerichtlichen[1] Kontrollierbarkeit[2] diskretionären Verwaltungshandelns beherrschte die Diskussion um behördliche Entscheidungsspielräume zumindest in Deutschland über Jahrzehnte hinweg. Auch heute noch kommt der judikativen Kontrollperspektive eine zentrale Rolle zu. Sie ist nicht nur der natürliche Blickwinkel der Rechtspraxis, sondern liegt in Deutschland auch aus verfassungsrechtlichen Gründen nahe. Denn Rechtsprechung und weite Teile der Literatur entnehmen der Rechtsschutzgarantie des Art. 19 Abs. 4 GG eine verfassungsrechtliche Weichenstellung zugunsten einer grundsätzlich umfassenden gerichtlichen Nachprüfung des Verwaltungshandelns im Wirkungskreis subjektiver Rechte.[3] Dem korrespondieren verfassungsrechtliche Rechtfertigungserfordernisse bei der (legislativen) Begründung administrativer Entscheidungsspielräume. Dass diskretionäres Verwaltungshandeln allerdings nicht auf eine „Restkategorie" dessen reduziert werden darf, was die gerichtliche Nachprüfung der Verwaltung als Optionenraum belässt,[4] haben die vorstehenden Kapitel aus der administrativen Handlungsperspektive heraus

---

[1] Andere Formen der Kontrolle sollen hier nicht untersucht werden. Zum (weiten) Kontrollbegriff vgl. *W. Kahl*, Begriff, Funktionen und Konzepte von Kontrolle, in: Hoffmann-Riem/Schmidt-Aßmann/Voßkuhle (Hrsg.), GVwR III, 2. Aufl. 2013, § 47 sowie rechtsvergleichend *M. Kayser*, Rechtsschutz und Kontrolle, in: v. Bogdandy/Cassese/Huber (Hrsg.), IPE V, 2014, § 91, Rn. 13 ff. Zu den Modi der Selbstkontrolle der Verwaltung eingehend *S. Schiedermair*, Selbstkontrollen der Verwaltung, in: Hoffmann-Riem/Schmidt-Aßmann/Voßkuhle (Hrsg.), GVwR III, 2. Aufl., § 48.

[2] Zu den unterschiedlichen Facetten des Kontrollbegriffs eingehend *S. Kempny*, Verwaltungskontrolle, 2017, S. 10 ff.

[3] Vgl. aus der Rechtsprechung insbesondere BVerfG, vgl. Beschl. v. 31.5.2011, 1 BvR 857/07, BVerfGE 129, 1 – *Investitionszulagengesetz I*, Rn. 75 (juris) sowie aus der Literatur *H. Schulze-Fielitz*, in: Dreier (Hrsg.), GG I, 3. Aufl. 2013, Art. 19 IV, Rn. 116; *E. Schmidt-Aßmann*, in: Maunz/Dürig, GG, Art. 19 IV (72. EL 2014), Rn. 183; *M. Gerhardt*, in: Schoch/Schneider/Bier (Hrsg.), VwGO, Vorbem. § 113 (Grundwerk 1997), Rn. 19; *P. M. Huber*, in: v. Mangoldt/Klein/Starck (Hrsg.), GG I, 6. Aufl. 2010, Art. 19, Rn. 509 ff.; *M. Sachs*, in: ders. (Hrsg), GG Kommentar, 7. Aufl. 2014, Art. 19, Rn. 143 ff.; *H.-J. Papier*, Rechtsschutzgarantie gegen die öffentliche Gewalt, in: Isensee/Kirchhof (Hrsg.), HStR VIII, 3. Aufl. 2010, § 177, Rn. 68 ff.

[4] So treffend *E. Schmidt-Aßmann*, Das allgemeine Verwaltungsrecht als Ordnungsidee, 2. Aufl. 2004, Kap. 4, Rn. 47 unter Betonung der administrativen Handlungsperspektive. In diesem Sinne auch *W. Hoffmann-Riem*, Eigenständigkeit der Verwaltung, in: Hoffmann-Riem/Schmidt-Aßmann/Voßkuhle (Hrsg.), GVwR I, 2. Aufl. 2012, § 10, Rn. 15; *A. Voßkuhle*, Neue Verwaltungsrechtswissenschaft, in: Hoffmann-Riem/Schmidt-Aßmann/Voßkuhle (Hrsg.), GVwR I, 2. Aufl. 2012, § 1, Rn. 15.

gezeigt.[5] Das Gesamtbild erschließt sich am Ende erst durch die Kombination der unterschiedlichen Betrachtungsweisen.

Im modernen Rechtsstaat bzw. der überstaatlichen Rechtsgemeinschaft ist diskretionäres Verwaltungshandeln stets auf ein rechtsnormatives Richtmaß bezogen. Ob hieran richtig gemessen wurde, bildet den Gegenstand der gerichtlichen Kontrolle. Sie hat mit *Klaus Stern* „die Befugnis zur Kassation, aber eben nicht zur Reformation".[6] Die Frage der Kontrolldichte beschreibt dabei das „Maß der Kontrollfreistellung"[7] bzw. den Grad an kontrollierendem Zugriff der Judikative auf die Exekutive. Es geht nicht mehr um das *Ob* des behördlichen Letztentscheidungsrechts, sondern um das *Wie* seiner gerichtlichen Kontrolle. Die Bestimmung der Kontrolldichte entspricht aber nicht einem numerischen Mehr oder Weniger an gerichtlicher Nachprüfung, sondern betrifft letztlich die Adäquanz bzw. *Sachangemessenheit der gerichtlichen Kontrollmaßstäbe.* Damit ist zugleich die Akzessorietät zum materiellen Recht angesprochen. Durch dieses legt der Gesetzgeber – seinerseits in den Grenzen des höherrangigen Rechts – die einschlägigen Kontrollmaßstäbe fest.

Auch die gerichtliche Spielraumkontrolle begegnet im Mehrebenensystem besonderen Herausforderungen (dazu I.). Ausgangspunkt der Kontrolldichtebestimmung bleibt das materielle Recht, das selbstredend auf unterschiedlichen Ebenen erzeugt worden bzw. aus unterschiedlichen Rechtssetzungszentren hervorgegangen sein kann (dazu II.). Einen wichtigen, in seiner normativen Prägekraft indes nicht überzubewertenden Faktor bei der Bestimmung der Kontrolldichte stellen die grund- und menschenrechtlichen Garantien effektiven Rechtsschutzes dar, aus denen mit unterschiedlicher Reichweite Vorgaben für ein Mindestmaß an gerichtlicher Nachprüfung abgeleitet werden (dazu III.). Eine charakteristische Besonderheit der Spielraumkontrolle im Mehrebenensystem besteht in der möglichen föderativen Aufstufung der Kontrolldichtebestimmung. Dabei verbleibt die Bestimmung der einzelnen Fehlertopoi jedoch in aller Regel auf nationaler Ebene, wenn u.U. auch mehrebenenspezifisch modifiziert (dazu IV.).

I. Problemaufriss: Gerichtliche Spielraumkontrolle als föderatives Problem

Eine adäquate gerichtliche Nachprüfung behördlicher Entscheidungsspielräume hat das individualrechtliche Rechtsschutzinteresse mit dem kollektiven In-

[5] Siehe S. 205 ff., 263 ff. und 318 ff.

[6] *K. Stern*, Ermessen und unzulässige Ermessensausübung, 1964, S. 22.

[7] Vgl. *M. Jestaedt*, Maßstäbe des Verwaltungshandelns, in: Ehlers/Pünder (Hrsg.), Allgemeines Verwaltungsrecht, 15. Aufl. 2016, § 11, Rn. 22. Zum Unterschied von Konkretisierungs- und Kontrollperspektive ebd., Rn. 21.

teresse an einer leistungsfähigen Verwaltung in Einklang zu bringen. Das Ziel verwaltungsgerichtlicher Kontrolle muss mit *Horst Ehmke* „nicht ein Maximum, sondern ein Optimum an Kontrolle sein".[8] Auch im europäischen Mehrebenensystem geht es darum, diesem Optimum an Verantwortungsteilung zwischen Exekutive und der sie kontrollierenden Judikative möglichst nahe zu kommen.

1. Vielfalt der Kontrollmaßstäbe

Ausgangspunkt der Kontrolldichtebestimmung ist auch im Mehrebenensystem das materielle Recht. Der Pluralismus der im Mehrebenensystem bereitstehenden Rechtsmaßstäbe kann bei der Bestimmung der konkret anzulegenden Kontrollmaßstäbe hingegen Probleme bereiten. Gerade im Bereich mehrstufiger Rechtsetzung ist stets genau zu bestimmen, welche Rechtsebene das Kontrollverhältnis von Judikative und Exekutive in welchem Umfang determiniert. Das ist nicht nur deshalb schwierig, weil die betreffenden Normen dazu häufig schweigen. Auch können u. U. verschiedene Spielraum- und Kontrolllehren anzulegen und ggf. miteinander zu kombinieren sein.

Hinzu kommt die Überformung durch die individualrechtlichen Garantien effektiven Rechtsschutzes. Auf völkerrechtlicher, unionsrechtlicher und verfassungsrechtlicher Ebene verankert, stellen sie unterschiedliche Anforderungen an das Maß gerichtlicher Kontrolle. Auch wenn ihre normative Prägekraft nicht überschätzt werden darf, bildet gerade ihre Pluralität einen mehrebenenspezifischen Faktor, der die Bestimmung der Kontrolldichte erschwert.

2. Föderative Stufung und Modifikation der Fehlerlehren?

Steht fest, dass der Verwaltung ein Letztentscheidungsrecht zusteht, verlagert sich die Frage auf die Bestimmung der konkret anzulegenden Fehlerlehre. Welche Fehlerlehre welcher Ebene aber kommt zum Zug? Kann dies allein davon abhängen, welchen Ursprungs die exekutiv zu vollziehende Norm ist, wie in der Literatur zuweilen vorgeschlagen wird?[9]

Bei näherer Betrachtung besteht die Besonderheit des Mehrebenensystems gerade darin, dass die Entscheidung über das „Ob" eines administrativen Letztentscheidungsrechts und über das „Wie" seiner Kontrolle auseinanderfallen, d. h. auf verschiedene Rechtsebenen verteilt sein können. Ein solches Auseinanderfallen ist etwa dort möglich, wo der Unionsgesetzgeber der nationalen Exekutive im diagonalen Zugriff ein Letztentscheidungsrecht zuerkennt, jedoch

[8] *H. Ehmke*, „Ermessen" und „unbestimmter Rechtsbegriff" im Verwaltungsrecht, 1960, S. 47.

[9] *S. Kadelbach*, Allgemeines Verwaltungsrecht unter europäischem Einfluss, 1999, S. 453.

keine Vorgaben für die Fehlerlehre trifft, die von den kontrollierenden Gerichten heranzuziehen ist. Ist mangels überstaatlicher Vorgaben grundsätzlich von der nationalen Fehlerlehre auszugehen, schließt sich die Folgefrage an, ob die nationale Fehlerlehre mehrebenenspezifisch zu modifizieren ist.

3. Spielraumtests und Kontrollverhältnisse im Mehrebenensystem

Zu beantworten ist schließlich auch die Frage, wer innerhalb der Judikative über das Vorliegen eines legislativ begründeten Entscheidungsspielraumes erkennen darf. Welches Gericht entscheidet über Existenz und Umfang der – auf eine normative Ermächtigung hin – verminderten Kontrolldichte? Wer führt den Spielraumtest durch?

Eine erste Antwort lautet, dass grundsätzlich das für die Auslegung des Rechts der jeweiligen Bezugsrechtsordnung zuständige, ebenenimmanente Organ auch den Spielraumtest durchführen muss, wenn man von pathologischen Fallgestaltungen absieht, wie etwa der Ultra-vires-Kontrolle.[10] Bei genauerer Betrachtung aber ist zu erkennen, dass der Spielraumtest nicht zwingend ein ebenenimmanenter sein muss. Gerade den nationalen Verwaltungsgerichten in ihrer Rolle als funktionell europäische Gerichte kommt eine besondere Auslegungsverantwortung für das Unionsrecht zu, die im Dialog mit dem EuGH wahrzunehmen ist. Dementsprechend wird auch der EuGH zunehmend nach Existenz und Umfang unionsrechtlich begründeter, ggf. national zu vollziehender administrativer Entscheidungsspielräume gefragt.[11] Sollte die durch den EuGH vorgenommene Auslegung aber erweisen, dass das Unionsrecht lediglich das Verhältnis von Exekutive und Legislative regelt, erfolgt die Vermessung des Verhältnisses von Exekutive und Judikative erst durch die nationalen Gerichte unter Auslegung des nationalen Rechts einschließlich der nationalen Spielraumlehren. Die Aufstufung der materiell-rechtlichen Entscheidung über das Ob des behördlichen Entscheidungsspielraumes und das Wie seiner gerichtlichen Kontrolle setzt sich so institutionell fort.

Schließlich können judikative Kontrollprobleme aus „Zurechnungsvieldeutigkeiten" resultieren, etwa wenn inhaltliche Definitionsmacht und formelle Entscheidungsbefugnis im Rahmen von Legislative und/oder Exekutive auseinanderfallen.[12]

---

[10] Vgl. im Hinblick auf die EZB BVerfG, Beschl. v. 14.1.2014, 2 BvR 2728/13 u.a., BVerfGE 134, 366 – *OMT-Vorlage*, freilich die Frage nach der Rechtmäßigkeit des Handelns der EZB in eine Vorlagefrage überführend.

[11] Vgl. exemplarisch die Vorlage des VG Berlin, führend zu EuGH, 19.12.2013, Rs. C-84/12 – *Koushkaki*, Rn. 26 ff.

[12] *C. Möllers*, Gewaltengliederung, 2005, S. 352 für den Fall der nationalen Umsetzungsgesetzgebung ohne verbleibenden Regelungsspielraum.

II. Akzessorietät der Kontrolldichte zum materiellen Recht

Die Kontrolldichte ist akzessorisch zum Kontrollmaßstab, dem materiellen Recht.[13] Sie kann nicht über die materiell-rechtliche Bindung der kontrollierten Verwaltung hinausgehen und endet dementsprechend dort, wo das materielle Recht die Entscheidung – im Einklang mit höherrangigem Recht – „nicht vollständig determiniert".[14]

1. Die Bestimmung der Kontrolldichte als Kompetenzfrage

Damit ist indes nicht gesagt, dass die gerichtliche Kontrolle vor den unbestimmten Teilen einer Rechtsnorm generell Halt machte.[15] Die bloße *Unbestimmtheit* des materiellen Rechts kann eine reduzierte Kontrolldichte des Verwaltungshandelns für sich genommen nicht begründen.[16] Jede rechtliche Regelung ist mehr oder weniger auslegungs- und konkretisierungsbedürftig, wobei die Konkretisierung stets einen Akt der Rechtsproduktion darstellt und damit ein rechtsproduktives Zutun verlangt.[17] Entscheidend ist allein, wem – und durch

---

[13] Hierüber besteht im Grundsatz weitgehend Einigkeit, auch wenn im Einzelnen Unterschiede hinsichtlich Reichweite und Begründung der Akzessorietät vorherrschen, vgl. für das Unionsrecht *T. v. Danwitz*, Europäisches Verwaltungsrecht, 2008, S. 364 sowie für den deutschen Rechtsraum statt aller *F. Schoch*, Gerichtliche Verwaltungskontrollen, in: Hoffmann-Riem/Schmidt-Aßmann/Voßkuhle (Hrsg.), GVwR III, 2. Aufl. 2013, § 50, Rn. 261 („inhaltliches Korrespondenzverhältnis"); *P. M. Huber*, in: v. Mangoldt/Klein/Starck (Hrsg.), GG I, 6. Aufl. 2010, Art. 19, Rn. 513 ff.; *E. Schmidt-Aßmann*, in: Maunz/Dürig, GG, Art. 19 IV (72. EL 2014), Rn. 180 ff.; *M. Jestaedt*, Maßstäbe des Verwaltungshandelns, in: Ehlers/Pünder (Hrsg.), Allgemeines Verwaltungsrecht, 15. Aufl. 2016, § 11, Rn. 38 ff.; *E. Pache*, Tatbestandliche Abwägung und Beurteilungsspielraum, 2001, S. 474 ff.; *M. Gerhardt*, in: Schoch/Schneider/Bier (Hrsg.), VwGO, Vorbem. § 113 (Grundwerk 1997), Rn. 19 ff.; *H. Schulze-Fielitz*, in: Dreier (Hrsg.), GG I, 3. Aufl. 2013, Art. 19 IV, Rn. 116 ff.

[14] So die in jüngerer Zeit verwendete Terminologie des BVerfG, vgl. Beschl. v. 31.5.2011, 1 BvR 857/07, BVerfGE 129, 1 – *Investitionszulagengesetz I*, Rn. 73 (juris); Beschl. v. 8.12.2011, 1 BvR 1932/08, NVwZ 2012, S. 694 – *Nachprüfbarkeit von Regulierungsverfügungen*, Rn. 23 (juris). Vgl. unter Verwendung abweichender Begriffe zuvor bereits BVerfG, Beschl. v. 16.12.1992, 1 BvR 167/87, BVerfGE 88, 40 (61) – *Private Grundschulen*, Rn. 55 (juris); Urt. v. 20.02.2001, 2 BvR 1444/00, BVerfGE 103, 142 (156 f.) – *Gefahr im Verzug*, Rn. 51 (juris); Urt. v. 23.05.2006, 1 BvR 2530/04, BVerfGE 116, 1 (18) – *Insolvenzverwalter*, Rn. 47 (juris).

[15] Dieses Verständnis unterstellt aber *R. Poscher*, Geteilte Missverständnisse, in: FS R. Wahl, 2011, S. 527 (530 ff.) bei seiner Kritik an der normativen Ermächtigungslehre.

[16] Vgl. *E. Pache*, Tatbestandliche Abwägung und Beurteilungsspielraum, 2001, S. 475; *E. Schmidt-Aßmann*, in: Maunz/Dürig, GG, Art. 19 IV (72. EL 2014), Rn. 183 f.

[17] Zur Unterscheidbarkeit von Interpretations- und Konkretisierungsperspektive *M. Jestaedt*, Maßstäbe des Verwaltungshandelns, in: Ehlers/Pünder (Hrsg.), Allgemeines Verwaltungsrecht, 15. Aufl. 2016, § 11, Rn. 21 u. 26. Die zentrale Aussage bleibt auch hier, dass die Gesetzesanwendung „eben nicht nur Wiederholung dessen, was das Gesetz bereits festgesetzt hat", sei, sondern „in der einen oder anderen Hinsicht des (rechts-)produktiven Zutuns des Gesetzesanwenders" bedürfe. Das Gesetz „dirigier[e] zwar die Verwaltung, es determinier[e] diese aber „keinesfalls umfänglich" (ebd., Rn. 9).

wen – die Kompetenz verliehen wird, diese Konkretisierung in Letztverantwortung vorzunehmen. Auch bei der Bestimmung der Kontrolldichte handelt es sich letztlich um eine *Kompetenzfrage.*

In einem gewaltengegliederten Staat bzw. einer auf ein institutionelles Gleichgewicht hin ausgerichteten föderativen Rechtsgemeinschaft wird die Kompetenz zur Letztkonkretisierung unbestimmter Rechtsbegriffe zwar regelmäßig der Judikative zugewiesen sein. Die „dogmatische Bewältigung rechtlicher Unbestimmtheit" mag insoweit als „genuine" Aufgabe der Judikative gelten.[18] Die konkrete Entscheidung über das Letztentscheidungsrecht – und damit die Kompetenzverteilung zwischen Judikative und Exekutive – ist aber jedenfalls im ersten Zugriff durch den *Gesetzgeber* zu treffen.

Es ist das maßgebliche Verdienst der normativen Ermächtigungslehre, diese kompetenzscheidende Funktion des Gesetzes herauszustellen. Demnach bildet die vom Gesetzgeber erteilte normative Ermächtigung die rechtliche Grundlage des Entscheidungsspielraums.[19] Das materielle Recht rückt so als Medium der Kompetenzverteilung in den Fokus. Dies ist auch gerade deshalb geboten, weil Verwaltung und Gerichte anderenfalls die Kompetenzgrenze in eigener Sache verschieben könnten, wie nunmehr auch das BVerfG in begrüßenswerter Klarheit herausstellt.[20]

Die Rückführung der Letztkonkretisierungsbefugnis auf das legislativ erzeugte Recht ist aber nicht (mehr) auf Deutschland beschränkt. Auch der EuGH bemüht für die Begründung administrativer Entscheidungsspielräume in jüngerer Zeit weniger funktionelle oder effektivitätsbezogene Argumente, sondern stellt die legislative Ausgestaltung der Sachmaterie durch den Unionsgesetzgeber und damit die, so wörtlich, „Absicht des Unionsgesetzgebers" in den Mittelpunkt.[21] Dies entspricht der gesteigerten, aber nach wie vor in der Literatur unterschätzten Bedeutung legislativer Rechtserzeugung im Unionsrecht.[22]

Hat die bloße Unbestimmtheit des rechtsmaßstäblichen materiellen Rechts zwar keine kompetenzscheidende Funktion, bleibt ihr doch ein heuristischer Wert.[23] Gestaltet der Gesetzgeber einerseits die Regelung – wie häufig – so aus, dass sie sich als konkretisierbar innerhalb eines in Praxis und Lehre anerkannten, d.h. von besonderen Pfadabhängigkeiten, Konsistenzerfordernissen und Plausibilitätsanforderungen geprägten „rechtsdogmatischen Argumentations-

---

[18] So *R. Poscher*, Geteilte Missverständnisse, in: FS R. Wahl, 2011, S. 527 (537).

[19] *E. Schmidt-Aßmann*, in: Maunz/Dürig, GG, Art. 19 IV (72. EL 2014), Rn. 184.

[20] So BVerfG, Beschl. v. 31.5.2011, 1 BvR 857/07, BVerfGE 129, 1 – *Investitionszulagengesetz I*, Rn. 74 (juris).

[21] So EuGH, 19.12.2013, Rs. C-84/12 – *Koushkaki*, Rn. 61 für den Bereich des Visumrechts.

[22] Vgl. dazu bereits S. 229f. und S. 248ff.

[23] *E. Schmidt-Aßmann*, a.a.O., Rn. 184f. sowie *M. Jestaedt*, Maßstäbe des Verwaltungshandelns, in: Ehlers/Pünder (Hrsg.), Allgemeines Verwaltungsrecht, 15. Aufl. 2016, § 11, Rn. 26, der dem unbestimmten Rechtsbegriff einen heuristischen Wert als „Kontrastfigur" zuerkennt.

raumes" darstellt,[24] spricht dies zugleich für eine Entscheidung des Gesetzgebers zugunsten der Letztkonkretisierungskompetenz der Gerichte. In diesem Sinne kann mit dem BVerfG von einem *rechtlich* „vollständig determinierten"[25] bzw. *determinierbaren* Entscheidungsverhalten der Verwaltung gesprochen werden. Gestaltet der Gesetzgeber das materielle Recht andererseits derart aus, dass die Konkretisierung jedenfalls zum Teil jenseits dieses rechtsdogmatischen Argumentationsraumes vorgenommen werden soll, d.h. anhand außerrechtlicher Maßstäbe wie der Zweckmäßigkeit oder der Wirtschaftlichkeit, so spricht dies grundsätzlich für eine gesetzgeberische Entscheidung zugunsten einer Letztentscheidungsbefugnis der Verwaltung. Dabei macht es keinen Unterschied, ob diese auf Tatbestands- oder Rechtsfolgenseite angesiedelt ist.[26]

Dieser Zusammenhang zwischen legislativer Regelungs- und judikativer Kontrolldichte ist freilich seinerseits nicht mehr als ein methodischer Rückschluss vom materiellen Recht auf eine (implizit) vom Gesetzgeber getroffene Entscheidung über die Verteilung der Letztentscheidungsbefugnisse. Das zentrale und zuweilen schwierig nachweisbare[27] Fundament der Kompetenzverteilung zwischen Judikative und Exekutive bleibt diese legislative Entscheidung und nicht die Unbestimmtheit des betreffenden materiellen Rechts.

2. *Mehrpoligkeit der Kompetenzfrage im Mehrebenensystem*

Bereits für den innerstaatlichen Rechtsraum folgt aus dem Vorstehenden, dass sich die kompetenzrechtliche Frage nach der Kontrolldichte in einem dreipoligen Verhältnis zwischen Exekutive, Judikative und Legislative stellt.[28] Im Mehrebenensystem tritt die Schwierigkeit hinzu, dass die *Branches* ihrerseits über mehrere Ebenen vertikal aufgegliedert sind, sodass diagonale Relationen entstehen, d.h. ebenenübergreifende Verhältnisse zwischen unterschiedlichen Gewaltenzügen innerhalb der (holistisch als Einheit gedachten) Verbundstruktur. Die kompetenzrechtliche Frage nach der Kontrolldichte weist insoweit eine mehrebenenspezifische *Mehrpoligkeit* auf.

---

[24] Vgl. abermals *R. Poscher*, Geteilte Missverständnisse, in: FS R. Wahl, 2011, S. 527 (534f.).

[25] Vgl. Fn. 14.

[26] Wie hier dezidiert *M. Jestaedt*, Maßstäbe des Verwaltungshandelns, in: Ehlers/Pünder (Hrsg.), Allgemeines Verwaltungsrecht, 15. Aufl. 2016, § 11, Rn. 26. Anders *R. Poscher*, Geteilte Missverständnisse, in: FS Rainer Wahl, 2011, S. 527 (538).

[27] Die Kernkritik an der normativen Ermächtigungslehre zielt darum auch weniger auf ihr rechtsnormatives Fundament als die mit ihr verbundenen methodischen Schwierigkeiten ab, vgl. bereits Vgl. namentlich *F. Ossenbühl*, Gedanken zur Kontrolldichte in der verwaltungsgerichtlichen Rechtsprechung, in: FS Redeker, 1993, S. 55 (63) sowie *R. Poscher*, Geteilte Missverständnisse, in: FS Rainer Wahl, 2011, S. 527 (549f., dort auch Fn. 82), der von einer „Ermächtigungsfiktion" spricht.

[28] Vgl. bereits S. 26ff. *E. Schmidt-Aßmann*, in: Maunz/Dürig, GG, Art. 19 IV (72. EL 2014), Rn. 180.

Wird zutreffend erkannt, dass die Frage der Letztkonkretisierungskompetenz im ersten Zugriff durch den Gesetzgeber beantwortet wird, stellt sich für den Rechtsanwender im Mehrebenensystem die Anschlussfrage, auf welcher Ebene – und jeweils inwieweit – diese Frage bereits legislativ beantwortet wurde. Am Beispiel des TK-Rechts und des Visumrechts ist vorstehend gezeigt worden, dass der Unionsgesetzgeber durchaus eine Zuteilung des Letztentscheidungsrechts zugunsten der Verwaltung auf nationaler Ebene vornimmt – sei es im unmittelbaren diagonalen Zugriff über eine Verordnung, sei es vermittelt durch die nationale Gesetzgebung über eine Richtlinie.[29] Die unionsrechtlich als rechtsempirischer Normalfall vorausgesetzte nationale Verfahrensautonomie steht dem nicht entgegen.[30]

Allerdings muss genau danach differenziert werden, ob das materielle Unionsrecht auch tatsächlich das Verhältnis der Exekutive zur Judikative regelt oder demgegenüber nur das Verhältnis zwischen Exekutive und Legislative in den Blick nimmt, etwa durch eine Begrenzung der Rechtsmacht des nationalen Gesetzgebers zur legislativen Vorstrukturierung der Materie. Aufgrund des aufgezeigten Zusammenhangs zwischen legislativer Regelungs- und judikativer Kontrolldichte wird die unionsgesetzgeberische Vorgabe einer verminderten Regelungsdichte des legislativ erzeugten Rechts (der nationalen Ebene) aber jedenfalls dann zugleich eine verminderte gerichtliche Kontrolldichte implizieren, wenn der Zweck der reduzierten Regelungsdichte in der Zuerkennung eigenverantwortlicher Gestaltungsspielräume der Verwaltung (der nationalen Ebene) liegt, wie das Beispiel der Marktanalyse im TK-Recht belegt hat.[31] In einem solchen Fall schlägt die Grundentscheidung zu zurückhaltender legislativer Vorstrukturierung auf die gerichtliche Kontrolldichte durch. Denn dieselben Sachgründe, die den (Unions-)Gesetzgeber dazu bewegen, den Grad normativer Durchdringung vergleichsweise gering zu halten und Kompetenzen zur Normergänzung bzw. Konkretisierung der Exekutive zu überantworten, können ihn auch zur Verleihung eines Letztentscheidungsrechts im Verhältnis zur Judikative veranlassen.[32] Auch hier kommt es letztlich auf die *konkret getroffene Entscheidung des Gesetzgebers* an.

Das Methodenproblem, diese Entscheidung dem häufig zur Kompetenzfrage schweigenden materiellen Recht zu entnehmen, potenziert sich im Mehrebenensystem noch zusätzlich, wenn das einschlägige Recht verschiedenen Rechtsordnungen entstammt, wie etwa im Bereich gestufter Rechtsetzung durch unionale Richtlinie und nationales Umsetzungsgesetz. Zu häufig bleibt der vom

---

[29] Näher S. 230ff. und 248ff.

[30] Dazu S. 228f. a. E.

[31] Siehe abermals S. 230ff.

[32] Vgl. im Kontext der *Wyhl*-Entscheidung *R. Wahl*, Risikobewertung der Exekutive und richterliche Kontrolldichte – Auswirkungen auf das Verwaltungs- und das gerichtliche Verfahren, NVwZ 1991, S. 409 (411).

EuGH vorzunehmende Spielraumtest aufgrund einer zögerlichen, von einer überdehnten Handhabung der *CILFIT*-Rechtsprechung[33] begleiteten, Vorlagepraxis nationaler Verwaltungsgerichte aus.[34] Die hierzu entwickelten Gegenstrategien auf völkerrechtlicher[35] und verfassungsrechtlicher Ebene[36] reichen in aller Regel nicht aus, um die Vorlagepflicht zu effektivieren. Die Folge kann eine nicht verallgemeinerungsfähige Eigendeutung des Unionsrechts durch die Brille nationaler Gerichte sein. Die Gefahr perspektivischer Verzerrungen nimmt dabei umso mehr zu, je stärker die Fachgerichte dem Unionsrecht ihre innerstaatliche Dogmatik als Deutungsfolie auflegen. Im Bereich administrativer Entscheidungsspielräume ist diese Gefahr infolge der erheblichen Unterschiede in den mitgliedstaatlichen Spielraumlehren durchaus erheblich.

Die eigentliche Besonderheit des Mehrebenensystems aber liegt in der Möglichkeit einer *föderativen Aufstufung* der Kontrolldichteentscheidung seitens der verschiedenen, ebenendifferierenden Gesetzgeber: Die legislative Grundentscheidung über den Bestand eines administrativen Letztentscheidungsrechts und die konkrete Ausgestaltung der in diesem Rahmen anzulegenden Kontrollmaßstäbe bzw. Fehlertopoi können auseinanderfallen. Die Entscheidung über das Ob und über das Wie der verminderten Kontrolldichte werden dann auf unterschiedlichen Ebenen getroffen. Dort, wo das Unionsrecht der nationalen Exekutive ein Letztentscheidungsrecht verleiht, ist dies sogar der Regelfall, wie sogleich im Rahmen der Fallstudie näher aufzuzeigen ist. Denn das Unionsrecht beschränkt sich hier in aller Regel auf das „Ob“ und überlässt dem innerstaatlichen Recht das „Wie“ in Gestalt der Fehlerlehre.

---

33 EuGH, Urt. v. 6.10.1982, Rs. 283/81 – *CILFIT*, Rn. 21.

34 Exemplarisch hierfür steht die (in der Sache gleichwohl überzeugende) Grundlagenentscheidung des BVerwG zum Beurteilungsspielraum der BNetzA im Bereich der Marktdefinition und -analyse, die trotz Entscheidungserheblichkeit des einschlägigen unionsrechtlichen TK-Rechts ohne Vorlage an den EuGH erging, BVerwG, Urt. v. 2.4.2008, 6 C 15/07, BVerwGE 131, 41, Rn. 17 ff. (juris).

35 Insbesondere über Art. 6 EMRK im Hinblick auf Nichtvorlagen letztinstanzlicher Gerichte, vgl. EGMR, Urt. v. 6.12.2012, Nr. 12323/11, NJW 2013, 3423 – *Michaud/Frankreich*, Rn. 115 sowie zuvor bereits Urt. v. 1.2.2005, Nr. 73711/01 – *Matheis/Deutschland* und Urt. v. 20.9.2011, Nr. 3989/07 u. a. – *Ullens de Schooten u. a./Belgien*.

36 In Deutschland Art. 101 Abs. 1 S. 1 GG im Hinblick auf Nichtvorlagen letztinstanzlicher Gerichte (vgl. zuletzt und konsolidierend BVerfG, Beschl. v. 29.4.2014, 2 BvR 1572/10 – *Fertigpackungen*, NJW 2014, 2489, Rn. 18 ff.) oder die verfassungsprozessuale Verpflichtung zur Spielraumtest-Vorlage an den EuGH über Art. 100 Abs. 1 GG auch für unterinstanzliche Fachgerichte nach BVerfG, Beschl. v. 4.10.2011, 1 BvL 3/08, EuZW 2012, 232 – *Investitionszulagengesetz II* (dazu *M. Wendel*, Neue Akzente im europäischen Grundrechtsverbund, EuZW 2012, S. 213 ff.).

III. Rechtsschutzgarantien als Determinanten der Kontrolldichte?

Der Gesetzgeber ist bei der Ausgestaltung des Verhältnisses zwischen Exekutive und Judikative nicht frei, sondern unterliegt den durch höherrangiges Recht gezogenen Grenzen. Schranken der legislativen Befugnis zur Regelung der Kompetenzbeziehungen von Exekutive und Judikative folgen etwa aus dem Bestimmtheitsgrundsatz und materiellen Grundrechten.[37] Eine besondere Bedeutung für die Bestimmung der Kontrolldichte messen Rechtsprechung und weite Teile der Literatur der Garantie effektiven Rechtsschutzes bei. Inwieweit aber kann die gerichtliche Kontrolldichte anhand der – auf unterschiedlichen Ebenen verankerten – Rechtsschutzgarantien bestimmt werden? Diese Frage lenkt den Blick weg vom einfachen Recht hin zum Verfassungsrecht bzw. zu überstaatlich verankerten Grund- und Menschenrechten. Dabei interessiert im vorliegenden Kontext in erster Linie, inwieweit Kontrolldichteerfordernisse bei *ebenenübergreifenden* Fallgestaltungen aus den Rechtsschutzgarantien ableitbar sind.

1. Vorüberlegung: Effektiver Rechtsschutz und Kontrolldichte

Ist die Akzessorietät gerichtlicher Kontrolldichte zum materiellen Recht einmal erkannt und rückt das materielle Recht daher als Maßstab für die Bestimmung der Kontrolldichte in den Mittelpunkt, ergeben sich Vorbehalte gegenüber einer konzeptionellen Aufladung der Garantie effektiven Rechtsschutzes zum übergreifenden Kontrolldichtemaßstab. Wer die Rechtsschutzgarantie zum normativen Referenzpunkt für die Bestimmung des gebotenen Maßes an Kontrolldichte stilisiert, drängt die kompetenzscheidende Funktion des Gesetzes und damit die Gestaltungsbefugnis des Gesetzgebers zurück.

Gewiss ist es die ureigenste Aufgabe von Grundrechten, die öffentliche Gewalt in die Schranken zu weisen, die Gesetzgebung eingeschlossen. Bei der Rechtsschutzgarantie tritt indes eine Besonderheit hinzu. Der von ihr vermittelte prozessuale Schutz setzt denknotwendig eine materielle Ausgestaltung der zu schützenden Rechtsposition voraus.[38] Effektiver Rechtsschutz sichert bestehende Rechte, kreiert diese aber nicht selbst. Dementsprechend bezieht sich die nach deutschem Verfassungsrecht in Art. 19 Abs. 4 GG geforderte Vollumfänglichkeit der gerichtliche Kontrolle auf den Prüfungs*maßstab* in Gestalt der Rechtmäßigkeit, nicht aber auf den Prüfungs*gegenstand* in Gestalt der Verwal-

---

[37] Vgl. für den innerstaatlichen Bereich BVerfG, Beschl. v. 8.8.1978, 2 BvL 8/77, BVerfGE 49, 89 – *Kalkar I*, Rn. 103ff. (ohne dass die Grenzen des Bestimmtheitsgrundsatzes überschritten worden wären) und Beschl. v. 31.5.2011, 1 BvR 857/07, BVerfGE 129, 1 – *Investitionszulagengesetz I*, Rn. 75 (juris).

[38] Vgl. *M. Herdegen*, Beurteilungsspielraum und Ermessen im strukturellen Vergleich, JZ 1991, S. 747 (751).

tungsentscheidung.[39] Sofern der Weg zu den Verwaltungsgerichten über die Rüge der Verletzung eines subjektiven Rechts offen steht,[40] sichert die gerichtliche Nachprüfung die Gesetzes- und Rechtsbindung der Verwaltung umfänglich ab. Das bedeutet bei zutreffendem Verständnis aber nichts anderes als dass die Einhaltung der Rechtmäßigkeit im Sinne des durch das materielle Recht rechtlich determinierten Richtigkeitsmaßstabs sichergestellt wird, wobei „rechtlich determiniert", wie gesehen, genau genommen heißen muss: innerhalb eines anerkannten rechtsdogmatischen Argumentationsraumes in methodisch zulässiger Weise konkretisierbar.

Geht man davon aus, dass dieser Vorausbezug der Rechtsschutzgarantie nicht nur die Inhaltsbestimmung des geschützten (subjektiven) Rechts, sondern zugleich die damit verbundene Verteilungsentscheidung des Gesetzgebers über die Letztkonkretisierungskompetenz umfasst, bezieht sich das von der Rechtsschutzgarantie verliehene Recht lediglich auf die judikative Nachprüfung, ob die exekutive Konkretisierungsleistung *fehlerfrei*, d.h. ohne Verletzung der *rechtlich* gezogenen Grenzen der Selbstprogrammierung erfolgt. Erteilt der Gesetzgeber die Ermächtigung, dass die Verwaltung die fragliche Norm anhand selbst gewählter außerrechtlicher Maßstäbe ergänzen darf, besteht das von der Rechtsschutzgewährleistung prozessual effektivierte materielle Recht mit anderen Worten nur darin, dass die Exekutive ihr Letztentscheidungsrecht in einer ermessensfehler- bzw. beurteilungsfehlerfreien Weise ausübt.[41] Die Frage der Kontrolldichte bzw. der „Umfänglichkeit" der gerichtlichen Nachprüfung fällt aus diesem Blickwinkel mit der Frage der Reichweite des rechtlichen *Kontrollmaßstabes* zusammen.[42]

Dessen ungeachtet entnehmen die höchstrichterliche Rechtsprechung und der überwiegende Teil der Lehre in Deutschland – die meisten Protagonisten der normativen Ermächtigungslehre eingeschlossen – Art. 19 Abs. 4 GG eine verfassungsrechtliche Regelentscheidung zugunsten einer vollumfänglichen gerichtlichen Kontrolle, von der der Gesetzgeber nur unter bestimmten Voraussetzungen

---

[39] So zutreffend *M. Jestaedt*, Maßstäbe des Verwaltungshandelns, in: Ehlers/Pünder (Hrsg.), Allgemeines Verwaltungsrecht, 15. Aufl. 2016, § 11, Rn. 38. Krtitisch indes *F. Schoch*, Gerichtliche Verwaltungskontrollen, in: Hoffmann-Riem/Schmidt-Aßmann/Voßkuhle (Hrsg.), GVwR III, 2. Aufl. 2013, § 50, Rn. 258 (dort Fn. 1444).

[40] Was den Zugang zu Gericht erheblich einschränkt und damit überhaupt erst das hohe Maß an Kontrolldichte ermöglicht, welches von deutschen Verwaltungsgerichten zugrunde gelegt wird. Zu diesem Zusammenhang vgl. *R. Herzog*, Verfassung und Verwaltungsgerichte – zurück zu mehr Kontrolldichte?, NJW 1992, S. 2601 (2601 f.). Zu den unionsrechtlichen Herausforderungen für subjektivrechtlich radizierten deutschen Verwaltungsrechtsschutz vgl. *K. Rennert*, Funktionswandel der Verwaltungsgerichtsbarkeit?, DVBl 2015, S. 793 ff.

[41] *M. Jestaedt*, Maßstäbe des Verwaltungshandelns, in: Ehlers/Pünder (Hrsg.), Allgemeines Verwaltungsrecht, 15. Aufl. 2016, § 11, Rn. 38.

[42] Vgl. *M. Jestaedt*, Verfassungsrecht und einfaches Recht – Verfassungsgerichtsbarkeit und Fachgerichtsbarkeit, DVBl. 2001, S. 1309 (1315 ff.).

abweichen darf.[43] Die Begründung einer administrativen Letztkonkretisierungskompetenz wird so qua Verfassung zum rechtfertigungsbedürftigen Ausnahmefall. In anderen Mitgliedstaaten ist diese spezifisch verfassungsrechtliche Radizierung der Kontrolldichte ungleich schwächer ausgeprägt.[44]

Der genaue Gehalt der Rechtsschutzgarantie hängt von der konkreten Ausgestaltung und dem Regelungskontext der betreffenden Norm der jeweiligen Ebene ab. Unter diesem Blickwinkel zeigen sich mitunter deutliche Unterschiede zwischen den Ebenen.

2. *Völkerrechtlich: Art. 6 Abs. 1 und Art. 13 EMRK*

Das Völkerrecht hält eine Reihe von Garantien effektiven Rechtsschutzes bereit. Dazu zählen Art. 8 der Allgemeinen Erklärung der Menschenrechte (AEMR) ebenso wie Art. 14 Abs. 1 und Art. 2 Abs. 3 lit. a) des Internationalen Paktes über bürgerliche und politische Rechte (IPbpR).[45] Seine menschenrechtlich wichtigste Ausprägung, obgleich nur regional, findet die Gewähr effektiven Rechtsschutzes in Art. 6 Abs. 1 und Art. 13 EMRK. Ureigenster Zweck der Konvention und des durch sie errichteten Systems gerichtlicher Kontrolle ist die Gewährleistung menschenrechtlicher Mindeststandards einschließlich ihrer Effektivierung im Wege einer externen[46] Menschenrechtskontrolle. Besonders in Österreich, wo der EMRK Verfassungsrang zukommt,[47] und in Frankreich, wo sie im Rang unterhalb der Verfassung, aber oberhalb der Gesetze steht,[48] kommt der Konvention bereits seit mehreren Jahrzehnten eine rechtspraktisch herausragende Bedeutung als gerichtlicher Prüfungsmaßstab zu.[49] In Deutsch-

---

[43] Dazu sogleich näher im Kontext von Art. 19 Abs. 4 GG, S. 410 ff.

[44] Siehe die vergleichenden Darstellungen von *G. Nolte*, Der Wert formeller Kontrolldichtemaßstäbe, in: Frowein (Hrsg.), Die Kontrolldichte bei der gerichtlichen Überprüfung von Handlungen der Verwaltung, 1993, S. 278 ff.; *S. Oeter*, Die Kontrolldichte hinsichtlich unbestimmter Rechtsbegriffe und des Ermessens, a. a. O., S. 266 ff.; *M. Tonne*, Effektiver Rechtsschutz durch staatliche Gerichte als Forderung des Europäischen Gemeinschaftsrechts, 1997, S. 47 ff.; *E. Pache*, Tatbestandliche Abwägung und Beurteilungsspielraum, 2001, S. 192 ff.; *C. Grabenwarter*, Ermessenslehren, in: v. Bogdandy/Cassese/Huber (Hrsg.), IPE V, 2014, § 90, Rn. 58 ff.

[45] Eingehend *E. Pache*, Tatbestandliche Abwägung und Beurteilungsspielraum, 2001, S. 241 ff.

[46] Aus Sicht der Vertragsstaaten.

[47] *C. Grabenwarter*, Offene Staatlichkeit, in: v. Bogdandy/Cruz Villalón/Huber (Hrsg.) IPE II, 2008, § 20 Österreich, Rn. 59 ff.

[48] Art. 55 der Verfassung.

[49] In Frankreich sind hierfür auch Besonderheiten des (Verfassungs-)Prozessrechts verantwortlich, infolge derer den Fachgerichten eine besondere Rolle bei der Kontrolle der Konventionskonformität zukommt. Näher *M. Wendel*, Verfassungsrecht – Völkerrecht – Europarecht, in: Marsch/Vilain/Wendel (Hrsg.), Französisches und Deutsches Verfassungsrecht, 2015, § 8, Rn. 27. Für einen geschichtlichen Abriss vgl. *C. Haguenau-Moizard*, Offene Staatlichkeit, in: v. Bogdandy/Cruz Villalón/Huber (Hrsg.), IPE II, 2008, § 15 Frankreich, Rn. 37 ff.

land steht die EMRK als völkerrechtlicher Vertrag zwar formell nur im Rang eines Bundesgesetzes,[50] entfaltet über Art. 1 Abs. 2 GG aber eine interpretative Orientierungs- und Leitfunktion, die auch auf die Grundrechte des GG bezogen ist.[51] Nicht zuletzt für das Verwaltungsrecht gehen von der EMRK wirkmächtige Impulse in den innerstaatlichen Rechtsraum aus, wie die Rechtsprechung des EGMR zu Art. 8 EMRK im Bereich des Ausweisungsrechts gezeigt hat.[52] Eine mindestens ebenso bedeutsame Wirkung entfaltet die EMRK für das Unionsrecht, wo Art. 52 Abs. 3 GRCh einen Gleichlauf der Chartarechte mit den ihnen korrespondierenden EMRK-Rechten anordnet.[53]

a) Begrenzter Zugriff auf Spielraumkontrollen

Im Gegensatz zu GG und GRCh kennt die EMRK keine umfassende Rechtsschutzgarantie. Art. 6 Abs. 1 EMRK und Art. 13 EMRK sind in ihrem Anwendungsbereich begrenzt, was sich in mehrfacher Hinsicht limitierend auf die Formulierbarkeit rechtsschutzbasierter Kontrolldichteanforderungen auswirkt.

aa) Art. 13 EMRK: Konventionsrechtliche Akzessorietät

Art. 13 EMRK sichert die materiellen Garantien der EMRK prozessual ab, indem er dem Einzelnen ein Recht auf eine wirksame Beschwerde vor einer innerstaatlichen Instanz verleiht. Die streng akzessorische Norm hält somit keine selbständigen, d. h. aus sich heraus aktivierbaren Gewährleistungsinhalte bereit, sondern kann nur in Verbindung mit einem anderen Recht der EMRK bzw. der Zusatzprotokolle geltend gemacht werden, dessen Verletzung vom Beschwerdeführer substantiiert zu rügen ist.[54] Art. 13 EMRK geht damit Hand in Hand mit dem Erfordernis innerstaatlicher Rechtswegerschöpfung nach Art. 35 EMRK, das als Ausdruck der Subsidiarität des konventionsrechtlichen Schutzsystems dafür sorgen soll, dass Rechtsschutz gegen Menschenrechtsverletzungen zunächst und zuvörderst auf nationaler Ebene erfolgt.[55] Ohne eine Sicherung der innerstaatlichen Durchsetzbarkeit der Konventionsrechte wäre es nicht ge-

---

[50] Sie teilt den Rang des sie in die deutsche Rechtsordnung inkorporierenden Rechtsaktes, eines einfachen Gesetzes nach Art. 59 Abs. 2 S. 1 GG.

[51] BVerfG, Urt. v. 4.5.2011, BVerfGE 128, 326 – *Nachträgliche Sicherungsverwahrung II*, Rn. 90 f. (juris). Wegweisend zuvor *K.-P. Sommermann*, Völkerrechtlich garantierte Menschenrechte als Maßstab der Verfassungskonkretisierung, AöR 114 (1989), S. 391 ff.

[52] Vgl. dazu S. 113 ff.

[53] Dazu eingehend *H. Krämer*, in: Stern/Sachs (Hrsg.), GRCh, 2016, Art. 52 Abs. 3, Rn. 65 ff.

[54] Vgl. EGMR, Urt. v. 6.9.1978, Nr. 5029/71, NJW 1979, 1755 – *Klass u. a./Deutschland*, Rn. 64; Urt. v. 19.2.1998, Nr. 22729/93 – *Kaya/Türkei*, Rn. 106; Urt. v. 14.6.2002, Nr. 46477/99, *Edwards/Vereinigtes Königreich*, Rn. 96; Urt. v. 7.7.2009, Nr. 58447/00 – *Zavoloka*, Rn. 35.

[55] EGMR (GK), Urt. v. 26.10.2000, Nr. 30210/96, NJW 2001, 2694 – *Kudła/Polen*, Rn. 152.

rechtfertigt, dem Beschwerdeführer die Ausschöpfung des innerstaatlichen Rechtswegs abzuverlangen.[56]

Die Akzessorietät schränkt den durch Art. 13 EMRK gewährten Schutz in der Sache erheblich ein. Im Hinblick auf die Formulierbarkeit von Kontrolldichteanforderungen für die gerichtliche Nachprüfung diskretionären Verwaltungshandelns zeigt sich diese Limitation in zweierlei Hinsicht. Zum einen variiert Art. 13 EMRK in seiner Reichweite je nach der mit ihm verknüpften materiellen Rechtsposition.[57] Für bestimmte EMRK-Rechte wird eine Kontrolle durch ein Organ der Judikative gar nicht immer als erforderlich betrachtet.[58] Zum anderen ziehen die materiellen Mindeststandards, die von Art. 13 EMRK prozessual effektuiert werden, der Begründung und Ausübung administrativer Entscheidungsspielräume äußere Grenzen. Die Einhaltung dieses menschenrechtlichen Rahmens – in migrationsrechtlichen Fällen häufig Art. 8 EMRK – ist gerichtlich stets voll überprüfbar. Infolge der Akzessorietät sind aus Art. 13 EMRK deshalb keine Anforderungen an die Kontrolldichte formulierbar, soweit es um eine Kontrolle am Maßstab des einfachen Rechts geht.[59]

Zusammengefasst lässt sich daher sagen, dass differenzierte Vorgaben für die *gerichtliche* Kontrolle *administrativer Entscheidungsspielräume* aus Art. 13 EMRK kaum ableitbar sind. Folgerichtig adressiert die EGMR-Rechtsprechung zu Art. 13 EMRK das Problem der gerichtlichen Kontrolldichte in Bezug auf diskretionäres Verwaltungshandeln auch allenfalls sporadisch. In der Sache kann sie die aus Art. 13 EMRK folgenden Kontrollanforderungen regelmäßig nicht näher spezifizieren als dass die Kontrolle „effektiv" sein, d. h. jedenfalls eine Prüfung des jeweiligen Grundrechtseingriffs und der Verhältnismäßigkeit umfassen muss.[60]

---

[56] Vgl. *M. Breuer*, in: Karpenstein/Mayer (Hrsg.), EMRK, 2. Aufl. 2015, Art. 13, Rn. 1 f.

[57] Vgl. EGMR, Urt. 18.12.1996, Nr. 21987/93 – *Aksoy/Türkei*, Rn. 95.

[58] Näher *C. Grabenwarter/K. Pabel*, Europäische Menschenrechtskonvention, 6. Aufl. 2016, § 24, Rn. 179.

[59] Wenn man von menschenrechtskonkretisierenden Normen des einfachen Rechts einmal absieht.

[60] Vgl. etwa EGMR, Urt. v. 2.9.2010, Nr. 1537/08 – *Kaushal u. a./Bulgarien*, Rn. 36 unter ausdrücklicher Anerkennung, dass den Behörden bei einer Ausweisung aus Gründen der nationalen Sicherheit zwar an sich ein weiter Einschätzungsspielraum zugestanden werden kann, dass aber im Falle eines Eingriffs in Art. 8 EMRK jedenfalls eine Verhältnismäßigkeitsprüfung zu erfolgen hat, einschließlich einer Kontrolle der Abwägung der öffentlichen Ausweisungsinteressen mit den individuellen Bleibeinteressen: „If expulsion has been ordered by reference to national security considerations, certain procedural restrictions may be necessary to ensure that no leakage detrimental to national security occurs, and any independent appeals authority may have to afford a wide margin of appreciation to the executive. However, these limitations can by no means justify doing away with remedies altogether whenever the executive has chosen to invoke the term 'national security'. There must be some form of adversarial proceedings. Furthermore, the question whether the impugned measure would interfere with the individual's right to respect for his or her family life and, if so, whether a fair

bb) Art. 6 Abs. 1 EMRK – Verfahrensgegenständliche Begrenzung

Das Verhältnis von Art. 13 zu Art. 6 Abs. 1 EMRK hat der EGMR als ein nur teilweises Spezialitätsverhältnis beschrieben. Eine kombinierte Anwendung beider Normen ist in bestimmten Fallkonstellationen möglich. Zwar wird Art. 13 EMRK regelmäßig durch die eigenständige und in der Sache strengere Garantie des Art. 6 Abs. 1 EMRK verdrängt, kann nach dem EGMR aber in bestimmten Fällen in Verbindung mit Art. 6 Abs. 1 EMRK geltend gemacht werden, um wiederum dessen Gewährleistungsinhalte prozessual zu effektivieren.[61] Klassischer Anwendungsfall ist die Rüge einer überlangen Verfahrensdauer.[62] Letztlich zeigt sich auch in dieser kombinierten Anwendung der generell festzuhaltende Befund, dass beide Normen eine unterschiedliche Schutzrichtung aufweisen. Während Art. 13 EMRK den Konventionsrechten durch Sicherstellung einer wirksamen Beschwerde zur prozessualen Durchsetzung auf nationaler Ebene verhelfen soll, verbürgt Art. 6 Abs. 1 EMRK mit dem Recht auf ein faires Verfahren vor einem unabhängigen, unparteiischen und auf Gesetz beruhenden Gericht eine fundamentale Verfahrensgarantie, die einen menschenrechtlichen Mindeststandard aus sich heraus materiell definieren und gewährleisten soll.

Aber auch mit Art. 6 Abs. 1 EMRK hält die Konvention keine umfassende Rechtsschutzgarantie bereit. Obgleich als dogmatisch eigenständige Garantie ausgestaltet, ist die Norm, was gern übersehen wird, in ihrem Anwendungsbereich auf Rechtsstreitigkeiten über „zivilrechtliche Ansprüche und Verpflichtungen" sowie „strafrechtliche Anklagen" begrenzt. Ein vor Jahren geplantes Zusatzprotokoll über Verfahrensgarantien im öffentlichen Recht[63] wurde bislang nicht weiterverfolgt. Auf *verwaltungsrechtliche* Verfahren ist Art. 6 Abs. 1 EMRK damit grundsätzlich nicht anwendbar,[64] sofern nicht ein hinreichender Bezug entweder zum Strafrecht oder zum Zivilrecht hergestellt werden kann.

Eine solche Verbindung wurde in der Rechtspraxis mittlerweile freilich in vielfacher Weise gezogen. Als großzügig erweist sich die Rechtsprechung zu Art. 6 Abs. 1 EMRK bereits bei der Zuordnung zum zivilrechtlichen Bereich, dem sog. *civil limb*.[65] Eine Rechtsstreitigkeit über zivilrechtliche Ansprüche und Verpflichtungen (EN *civil rights and obligations*, FR *droits et obligations de ca-*

---

balance has been struck between the public interest involved and the individual's rights must be examined."

[61] Grundlegend EGMR (GK), Urt. v. 26.10.2000, Nr. 30210/96, NJW 2001, 2694 – *Kudła/Polen*, Rn. 146 ff. Zum Verhältnis von Art. 6 Abs. 1 und Art. 13 EMRK vgl. aus der Literatur *T. Vospernik*, Das Verhältnis zwischen Art. 13 und Art. 6 EMRK – Absorption oder „Apfel und Birne"?, ÖJZ 2001, S. 361 ff.

[62] EGMR (GK), a. a. O.

[63] Dazu *J. Schwarze*, Der Beitrag des Europarates zur Entwicklung von Rechtsschutz und Verfahrensgarantien im Verwaltungsrecht, EuGRZ 1993, S. 377 (381 f.).

[64] Vgl. *F. Meyer*, in: Karpenstein/Mayer (Hrsg.), EMRK, 2. Aufl. 2015, Art. 6, Rn. 12.

[65] Mitunter auch *civil head*.

ractère civil) ist nach dem EGMR vereinfacht gesagt dann gegeben, wenn eine öffentlich-rechtliche Maßnahme unmittelbare Auswirkung auf zivilrechtliche Rechtspositionen zeitigt, wenn der zivilrechtliche Einschlag der Streitigkeit ihren öffentlich-rechtlichen überwiegt oder wenn vermögenswerte Rechtspositionen in Rede stehen.[66] Die stets autonom am Maßstab der EMRK vorzunehmende Einordnung[67] macht vor der innerstaatlichen Qualifikation eines Rechtsverhältnisses als zivil- oder öffentlich-rechtlich keinen Halt[68] und führt in Theorie wie Praxis zu erheblichen Abgrenzungsschwierigkeiten. Letztlich verfolgt der EGMR einen effektivitätsgeleiteten, weit ausgreifenden Ansatz, der zahlreiche Streitigkeiten, die im deutschen Recht als öffentlich-rechtlich qualifiziert werden, dem Anwendungsbereich des Art. 6 Abs. 1 EMRK unterstellt.[69] Die Norm wächst so seit mehreren Jahrzehnten zu einer rechtspraktisch zunehmend bedeutsamen Größe auch in verwaltungsgerichtlichen Verfahren heran.[70]

Nicht weniger unscharf ist die Abgrenzung zum *criminal limb* anhand des Begriffs der strafrechtlichen Anklage (EN *criminal charge*, FR *accusation en matière pénale*).[71] Wenn die Materie nicht bereits nach nationalem Recht formell dem Strafrecht zugeordnet ist, was für die Eröffnung des Anwendungsbereichs von Art. 6 Abs. 1 EMRK genügt, kommt es auch hier auf eine autonome[72] Klassifizierung anhand EMRK-basierter Kriterien an. Dabei können sowohl die Natur des Vergehens als auch der Schweregrad und die Art der Sanktion für sich genommen den strafrechtlichen Charakter begründen.[73] Auf dieser Grundlage ist seit längerem gesichert, dass auch Rechtsstreitigkeiten über Ordnungs-

---

[66] Eingehende Systematisierung der Rechtsprechung bei *C. Grabenwarter*, Verfahrensgarantien in der Verwaltungsgerichtsbarkeit, 1997, S. 41 ff.; *ders./K. Pabel*, Europäische Menschenrechtskonvention, 6. Aufl. 2016, § 24, Rn. 8 ff. mit einer Einteilung der Rechtsprechung in drei Fallgruppen: „Auswirkungsjudikatur“, „Abwägungsjudikatur“ und „Vermögenswertjudikatur“. Einen instruktiven Überblick über die Rechtsprechung bietet der Case Law Guide des EGMR zu Art. 6 EMRK (civil limb) v. 30.4.2013, S. 12 f., abrufbar unter http://www.echr.coe.int/Documents/Guide_Art_6_ENG.pdf (30.6.2016). Vgl. zum Ganzen auch *J.A. Frowein/W. Peukert*, Europäische Menschenrechtskonvention. Kommentar, 3. Aufl. 2009, Art. 6, Rn. 23 ff.

[67] Vgl. klassisch EGMR, Urt. v. 28.6.1978, Nr. 6232/73, EGMR-E 1, 278 – *König/Deutschland*, 86 ff.

[68] Auch wenn durch die Rechtsvergleichung Rückbezüge bestehen bleiben.

[69] Vgl. *E. Schmidt-Aßmann*, in: Maunz/Dürig, GG, Art. 19 IV (72. EL 2014), Rn. 37a.

[70] Eingehend *I. Kraft*, Der Einfluss des Art 6 EMRK auf die deutsche Verwaltungsgerichtsbarkeit, EuGRZ 2014, S. 669 ff. Vgl. auch *J. Schwarze*, Der Beitrag des Europarates zur Entwicklung von Rechtsschutz und Verfahrensgarantien im Verwaltungsrecht, EuGRZ 1993, S. 377 ff.; *M. Tonne*, Effektiver Rechtsschutz durch staatliche Gerichte als Forderung des Europäischen Gemeinschaftsrechts, 1997, S. 159; *O. Dörr/C. Lenz*, Europäischer Rechtsschutz, 2006, S. 183 ff.

[71] Vgl. auch hier den Case Law Guide des EGMR zu Art. 6 EMRK (criminal limb) v. 31.12.2013, S. 7 ff. http://www.echr.coe.int/Documents/Guide_Art_6_criminal_ENG.pdf (30.6.2016).

[72] Vgl. bereits EGMR, Urt. v. 27.6.1968, Nr. 1936/63, EGMR-E 1, 62 – *Neumeister/Österreich*, Rn. 18 im Hinblick auf den Begriff der Anklage („wobei dieser Terminus im Sinne der Konvention verstanden wird“).

[73] Grundlegend EGMR, Urt. v. 8.6.2976, EGMR-E 1, 178 – *Engel u. a./Niederlande*, Rn. 80 ff.

widrigkeiten,[74] straßenverkehrsrechtliche Sanktionen[75] oder steuerrechtliche Strafaufschläge[76] den Anforderungen des Art. 6 Abs. 1 EMRK unterliegen. Im Einzelnen hat sich eine weit verzweigte Kasuistik entwickelt, die dogmatische Stringenz und Vorhersehbarkeit zunehmend vermissen lässt.[77] Für den vorliegenden Kontext zentral ist die in der jüngeren Rechtsprechung vorgenommene Unterscheidung zwischen dem strafrechtlichen Kernbereich (EN *hard core of criminal law*, FR *noyau dur du droit pénal*) und dem strafrechtsähnlichen Bereich, für den die strafrechtsbezogenen Konventionsgarantien nur abgeschwächt gelten sollen.[78] Bei dieser Unterscheidung handelt es sich genaugenommen um ein Korrektiv, das die ansonsten drohende Folgen einer „graduellen Ausdehnung"[79] des *criminal limb* – und damit der Anwendung gleicher Maßstäbe auf kaum noch vergleichbare Sachverhalte – durch eine Ausdifferenzierung abzumildern sucht. Die Anerkennung eines solche Korrektivs ebnet zugleich einer weiteren Ausdehnung des Anwendungsbereich von Art. 6 Abs. 1 EMRK den Weg. So hat der EGMR in jüngerer Zeit kartellbehördliche Geldbußen[80] und auch behördliche Sanktionen im Kontext der Finanzmarkt- und Bankenregulierung[81] dem Schutzbereich des Art. 6 Abs. 1 EMRK unterstellt.

Trotz der sukzessiven Erweiterung des Anwendungsbereichs von Art. 6 Abs. 1 EMRK hat sich der EGMR bislang allerdings keinen generellen Zugriff auf das Verwaltungsrecht eröffnet. Im TK-Regulierungsrecht spielt Art. 6 Abs. 1 EMRK bislang jedenfalls keine nennenswerte Rolle. Und für Verfahren im Bereich des Asyl- und Aufenthaltsrechts, einschließlich aufenthaltsbeendender Maßnahmen, hat der EGMR sogar ausdrücklich und wiederholt die Unanwendbarkeit von Art. 6 Abs. 1 EMRK festgestellt.[82] Bis heute entfaltet die Norm in aufenthaltsrechtlichen Fällen daher praktisch keine Relevanz.[83] An-

---

[74] EGMR, Urt. v. 21.2.1984, Nr. 8544/79, EGMR-E 2, 343 – Öztürk/Deutschland, Rn. 46 ff.

[75] EGMR, Urt. v. 25.8.1987, Nr. 9912/82, EGMR-E 3, 637 – *Lutz/Deutschland*, Rn. 50 ff.

[76] EGMR, Urt. v. 24.2.1994, Nr. 12547/86 – *Bendenoun/Frankreich*, Rn. 44 ff.

[77] Kritisch *S. Trechsel*, Human Rights in Criminal Proceeding, 2005, S. 18 ff.; *F. Meyer*, in: Karpenstein/Mayer (Hrsg.), EMRK, 2. Aufl. 2015, Art. 6, Rn. 24 ff.; *J. A. Frowein/W. Peukert*, Europäische Menschenrechtskonvention. Kommentar, 3. Aufl. 2009, Art. 6, Rn. 44.

[78] Grundlegend EGMR (GK), Urt. v. 23.11.2006, Nr. 73053/01 – *Jussila/Finnland*, Rn. 43.

[79] So die Eigenbeschreibung der Rechtsprechungsentwicklung durch die Große Kammer des EGMR, ebd.: EN *gradual broadening*, FR *extension progressive*.

[80] EGMR, Urt. v. 27.9.2011, Nr. 43509/08 – *Menarini/Italien*, Rn. 44.

[81] Zusammenfassend EGMR, Urt. v. 4.3.2014, Nr. 18640/10, NJOZ 2015, 712 – *Grande Stevens/Italien* , Rn. 100 m. w. N.

[82] St. Rspr., vgl. zuletzt EGMR, Entsch. v. 24.3.2015, Nr. 37074/13, EuGRZ 2015, 464 – *Kerkez/Deutschland*, Rn. 40 sowie zuvor EGMR, Urt. v. 5.10.2000, Nr. 39652/98 – *Maaouia/Frankreich*, Rn. 35 ff.; Urt. v. 16.4.2002, Nr. 65964/01 – *Peñafiel Salgado/Spanien*; Urt. v. 4.2.2005, Nr. 46827/99 u. a. – *Mamatkulov and Askarov/Türkei*, Rn. 81 ff; Urt. v. 13.10.2009, Nr. 11230/07 – *Panjeheighalehei/Dänemark*; EGMR, Urt. v. 17.5.2011, Nr. 43408/08, NVwZ 2012, 686 – *Izevbekhai u. a./Irland*, Rn. 83. In der Tendenz noch anders *B. Huber*, Anwendbarkeit des Art. 6 I MRK auf Asylstreitverfahren, NVwZ 1992, S. 856 (857).

[83] Vgl. bereits *J. Bast*, Aufenthaltsrecht und Migrationssteuerung, 2011, S. 181 f.

forderungen an das Kontrollverfahren können sich hier aber mittelbar aus Art. 13 EMRK ergeben, dessen Anwendungsbereich zwar akzessorietätsbedingt auf die Effektivierung der jeweiligen menschenrechtlichen Kerngarantien begrenzt, nicht aber durch die Rechtsnatur des innerstaatlichen Verfahrensgegenstandes limitiert ist. Im Aufenthalts- und Asylrecht kommt dem Recht auf eine wirksame Beschwerde i.S.d. Art. 13 EMRK vor allem im Kontext von Art. 3 und Art. 8 EMRK Bedeutung zu.[84] So hat der EGMR etwa im Urteil *M.S.S.* aus Art. 13 EMRK nicht nur die Notwendigkeit eines beschleunigten Verfahrens und einer aufschiebenden Wirkung des eingelegten Rechtsmittels abgeleitet, sondern auch eine sorgfältige Prüfung im Hinblick auf das Risiko einer Verletzung von Art. 3 EMRK im Zielstaat eingefordert.[85] Letztendlich bleibt es aber dabei, dass die aus Art. 13 EMRK generierbaren Anforderungen an die Dichte der gerichtlichen Kontrolle diskretionären Verwaltungshandelns äußerst begrenzt sind, weil sie nicht über die prozessuale Effektivierung der (ohnehin voll überprüfbaren) materiellen Kerngarantien hinausweisen. Art. 13 EMRK kann die durch den beschränkten Anwendungsbereich von Art. 6 Abs. 1 EMRK geöffnete Schutzlücke[86] allenfalls limitiert füllen.

b) Grundsatz: Kontrolle der Spielraumgrenzen als Mindestgarantie

In der bereichsübergreifenden Gesamtschau führte die graduelle Ausdehnung des Anwendungsbereichs von Art. 6 Abs. 1 EMRK und der damit verbundene Bedeutungszuwachs der Norm in verwaltungsrechtlichen Verfahren hingegen zu einer vermehrten Auseinandersetzung des EGMR mit der Frage rechtsschutzbezogener Mindeststandards bei der gerichtlichen Kontrolle diskretionären Verwaltungshandelns. So unterschiedlich die Spielraumlehren von Lissabon bis Moskau und von Oslo bis Ankara auch ausfallen mögen, so sehr belegen sie doch das (verfassungsrechtlich abgestützte) Bedürfnis, die Eigenständigkeit der Verwaltung bei der Rechtskonkretisierung hinreichend zu respektieren – auch und gerade gegenüber der kontrollierenden Judikative. Dementsprechend halten die differenzierten Herangehensweisen, die sich in den Vertragsstaaten mit Blick auf die gerichtliche Kontrolle administrativer Entscheidungsspielräume herausgebildet haben, den Anforderungen des Art. 6 Abs. 1 EMRK grundsätzlich stand. Vereinzelt hat der EGMR diesen gemeineuropäischen Wurzelboden[87] in rechtsvergleichender Perspektive sogar ausdrücklich herausgestellt, wenn er

[84] Vgl. etwa EGMR (GK), Urt. v. 9.10.2003, Nr. 48321/99 – *Slivenko/Lettland*, Rn. 99 sowie Urt. v. 18.2.2010, Nr. 54131/08 – *Baysakov u.a./Ukraine*, Rn. 71 ff.

[85] EGMR (GK), Urt. v. 21.1.2011, Nr. 30696/09, NVwZ 2011, 413 – *M.S.S./Belgien u. Griechenland*, Rn. 293.

[86] Die den entsprechenden Willen der Vertragsparteien ausdrückt und deshalb grundsätzlich zu respektieren ist.

[87] Zur gemeineuropäischen Dimension europäischen Verfassungsrecht grundlegend *P. Häberle/M. Kotzur*, Europäische Verfassungslehre, 8. Aufl. 2016, S. 193 ff. (Rn. 240 ff.).

die Konventionskonformität der Besonderheiten des Kontrollumfangs bei Spielraumkontrollen begründete.[88]

Dogmatisch setzt die Spielraumrechtsprechung des EGMR bereits bei der Regelungsdichte des einschlägigen materiellen Rechts an. Während die frühe Rechtsprechung noch vereinzelt suggerierte, dass die gerichtliche Kontrolle der Ermessensausübung bereits dann gegen Art. 6 Abs. 1 EMRK verstoße, wenn der gesetzlichen Ermessensermächtigung keine näheren Vorgaben ermessensdirigierender Art zu entnehmen seien,[89] hat sich die Rechtsprechung mittlerweile dahingehend konsolidiert, dass eine niedrige Regelungsdichte des materiellen Rechts als Grundlage des angefochtenen Verwaltungshandelns nur in extremen Ausnahmefällen unmittelbar auf die Konventionswidrigkeit der nachfolgenden gerichtlichen Kontrolle durchschlägt.[90] Das kann etwa der Fall sein, wenn das Einlegen eines Rechtsbehelfs bereits dadurch seiner Wirksamkeit beraubt wird, dass das fragliche Verwaltungshandeln überhaupt keinen gesetzlichen Vorgaben oder Begründungserfordernissen unterliegt.[91] Umgekehrt hält der EGMR den Anwendungsbereich der Rechtsschutzgarantie im Bereich des *civil limb* aber schon dann für nicht eröffnet, wenn Art und Umfang des Verwaltungsspielraumes gegen die Existenz eines „Anspruches" i. S. d. Art. 6 Abs. 1 EMRK sprechen, etwa im Falle von Härtefallklauseln.[92]

---

[88] EGMR, Urt. v. 22.11.1995, Nr. 19178/91 – *Bryan/Vereinigtes Königreich*, Rn. 47: „... the Court notes that, while the [national court] could not have substituted its own findings of fact for those of the [administrative body], it would have had the power to satisfy itself that the [administrative body]'s findings of fact or the inferences based on them were neither perverse nor irrational ... Such an approach ... is also frequently a feature in the systems of judicial control of administrative decisions found throughout the Council of Europe member States."

[89] EGMR, Urt. v. 28.6.1990, Nr. 11761/85 – *Obermeier/Österreich*, Rn. 70, nichtamtliche Übersetzung der Kanzlei des EGMR: „In dieser Hinsicht muss berücksichtigt werden, dass die einschlägige Gesetzgebung keinerlei genaue materiellrechtliche Bestimmungen bzgl. der von [der Verwaltung] zu treffenden Entscheidungen vorsieht. Aus dem Schweigen des Gesetzes hat der [österreichische] Verwaltungsgerichtshof selbst geschlossen, dass er nur überprüfen könne, ob das den Verwaltungsbehörden eingeräumte Ermessen im Sinne des Zweckes und Zieles des Gesetzes ausgeübt wurde. Dies bedeutet, dass die von den Verwaltungsbehörden getroffene Entscheidung (...) keiner wirksamen Überprüfung durch die Gerichte unterliegt." Zur Problematik dieser Aussage vgl. *J. A. Frowein*, Diskussionsbeitrag, in: ders. (Hrsg.), Die Kontrolldichte bei der gerichtlichen Überprüfung von Handlungen der Verwaltung, 1992, S. 292 (294 f.).

[90] Häufig werden etwaige konventionsrechtliche Anforderungen an die materiell-rechtlichen Grundlagen nationalen Behördenhandelns primär im Kontext des Rechtsaktsvorbehalts des einschlägigen materiellen Menschenrechts relevant werden. Zu diesem Bezug vgl. am Beispiel von Art. 8 Abs. 2 EMRK bereits EGMR, Urt. v. 25.3.1983, Nr. 7116/75 – *Silver u. a./Vereinigtes Königreich*, Rn. 90 (dort aber mit Verweis auf Art. 13 EMRK).

[91] So in Bezug auf die Befreiung der Behörde von dem Begründungserfordernis bei bestimmten Entlassungen aus dem öffentlichen Dienst EGMR, Urt. v. 10.7.2012, Nr. 19554/11 – *K.M.C./Ungarn*, Rn. 34. Das ungarische Verfassungsgericht hatte die fragliche Regelung zuvor für verfassungswidrig erklärt.

[92] Vgl. EGMR, Urt. v. 11.12.2006, Nr. 25553/02 – *Fodor/Deutschland*, Rn. 42–49. Anders gelagert war der Fall etwa in EGMR, Urt. v. 1.3.2005, Nr. 22860/02 – *Wos/Polen*. Zur Typolo-

Die Frage nach konventionsrechtlichen Anforderungen an die Reichweite der gerichtlichen Kontrolle diskretionären Verwaltungshandelns übersetzt sich dogmatisch aber vor allem als Frage nach dem Zugang zu einem unabhängigen „Gericht" i.S.d. Art. 6 Abs. 1 EMRK. Der Gerichtsstatus setzt nach ständiger Rechtsprechung eine Befugnis zur Nachprüfung in rechtlicher und tatsächlicher Hinsicht voraus, sei es mit Blick auf die Kontrolle von Verwaltungsentscheidungen im Bereich des *civil limb*,[93] sei es in Bezug auf die verwaltungsbehördliche Verhängung von Sanktionen im Bereich des *criminal limb*. Speziell für letztere hat der EGMR wiederholt festgestellt, dass das prüfende Gericht nach Art. 6 Abs. 1 EMRK über eine umfassende Nachprüfungsbefugnis (EN *full jurisdiction*, FR *pleine juridiction*)[94] verfügen muss, d.h. über die Rechtsmacht, alle Fragen in tatsächlicher und rechtlicher Hinsicht zu prüfen und die Sanktion selbst aufzuheben oder abzuändern.[95]

Das bedeutet jedoch nicht, dass der EGMR die differenzierten Herangehensweisen in den Mitgliedstaaten durch ein generelles Erfordernis gerichtlicher „Vollkontrolle" überspielen würde. In der Sache ist die gerichtliche Kontrolle diskretionären Verwaltungshandelns nach der EGMR-Rechtsprechung vielmehr dann mit Art. 6 Abs. 1 EMRK vereinbar, wenn das nationale Gericht die rechtlichen Grenzen des Ermessens kontrolliert, wozu allgemein anerkannte Rechts- und Verwaltungsgrundsätze[96] – in erster Linie der Grundsatz der Verhältnismäßigkeit und das Gleichheits- und Willkürverbot – ebenso zählen wie die einfachgesetzlichen Vorgaben der Ermächtigungsgrundlage.[97] Zentrale Konstante der EGMR-Rechtsprechung ist folglich das Erfordernis, dass dis-

---

gie von Härtefallklauseln grundlegend *I. Pernice*, Billigkeit und Härteklauseln im öffentlichen Recht, 1991, S. 214 ff.

[93] EGMR, Urt. v. 13.2.2003, Nr. 49636/99 – *Chevrol/Frankreich*, Rn. 76 f.; Urt. v. 24.11.1994, Nr. 15287/89 – *Beaumartin/Frankreich*, Rn. 38.

[94] Das (im Rahmen der EMRK freilich begrifflich nicht verbindliche) Unionsrecht verwendet in Art. 261 AEUV und in Art. 31 der Kartellverordnung (VO 1/2003) folgende Terminologie: EN *unlimited jurisdiction*; FR *pleine juridiction*, DE *Befugnis zu unbeschränkter (Ermessens-)Nachprüfung*.

[95] EGMR, Urt. v. 4.3.2014, Nr. 18640/10, NJOZ 2015, 712 – *Grande Stevens/Italien*, Rn. 139; Urt. v. 7.6.2012, Nr. 4837/06 – *Segame/Frankreich*, Rn. 55; Urt. v. 27.9.2011, Nr. 43509/08 – *Menarini/Italien*, Rn. 59; Urt. v. 4.3.2004, Nr. 47650/99 – *Silvester's Horeca Service/Belgien*, Rn. 27.

[96] EN *generally recognised legal and administrative principles*, FR *principes juridiques et administratifs généralement reconnus*. Vgl. bereits früh EGMR, Urt. v. 27.10.1987, Nr. 10426/83 – *Pudas/Schweden*, Rn. 34; Urt. v. 25.10.1989, Nr. 10842/84 – *Allan Jacobsson/Schweden I*, Rn. 69; Urt. v. 28.6.1990, Nr. 11309/84, *Mats Jacobsson/Schweden*, Rdnr. 32; Urt. v. 28.6.1990, Nr. 12258/86 – *Skärby/Schweden*, Rn. 20, 28.

[97] Trifft das materielle Recht bestimmte (tatbestandliche) Vorgaben für das Verwaltungshandeln, liegt die fragliche Entscheidung aus Sicht des EGMR dann nicht unzulässigerweise „ausschließlich im Ermessen der Verwaltung" (EN *exclusively within the discretion of the administrative authorities*, FR *acte purement discrétionnaire de l'administration*), vgl. EGMR, Urt. v. 22.9.1993, Nr. 12235/86 – *Zumtobel/Österreich*, Rn. 31; Urt. v. 26.4.1995, Nr. 16922/90 – *Fischer/Österreich*, Rn. 34.

kretionäres Verwaltungshandeln, wenn es dem Art. 6 Abs. 1 EMRK unterfällt, hinsichtlich der Einhaltung der rechtlichen Spielraumgrenzen gerichtlich überprüfbar sein muss.[98] Das entspricht im Kern auch der bereits im Jahr 1980 ausgesprochenen, aber unverbindlichen Empfehlung des Ministerkomitees des Europarates über die Grundsätze für die Ausübung von Ermessensbefugnissen durch die Verwaltung.[99]

c) Jüngere Rechtsprechung: Wie umfassend ist „umfassend"?

In jüngerer Zeit hat die Rechtsprechung des EGMR für den Bereich verwaltungsrechtlicher Sanktionen neue Akzente gesetzt, deren Folgen noch nicht in Gänze absehbar sind. In Deutschland ist diese Entwicklung – allen voran das *Menarini*-Urteil des EGMR aus dem Jahr 2011[100] – bislang nur wenig beachtet worden, betrifft sie doch dem ersten Anschein nach primär das Kartellrecht.[101] Zudem stellte sich eine gerichtliche Überprüfung ermessensbasierter Sanktionsregime durch deutsche Gerichte bislang nicht unmittelbar infrage. Auch liegen die einschlägigen Entscheidungen nur in französischer Sprache vor. Ihr über Art. 47 GRCh vermittelter Einfluss auf das Unionsrecht ist allerdings schon heute erheblich.[102] Die Verfestigung dieser Rechtsprechung einmal unterstellt,[103] könnte ihre Übertragung auf andere Sachbereiche künftig durchaus signifikante Auswirkungen auf die Spielraumkontrollen auf nationaler Ebene zeitigen.

aa) Erstreckung auf Zweckmäßigkeit?

Die hier näher zu betrachtende Rechtsprechungsentwicklung bewegt sich im Bereich des *criminal limb*. Sie konkretisiert die Anforderungen an die gerichtliche Kontrolle von verwaltungsbehördlichen *Sanktionsentscheidungen*, die i. S. v. Art. 6 Abs. 1 EMRK als „strafrechtlich" qualifiziert werden. Für die gerichtliche Nachprüfung solcher Entscheidungen verlangt der EGMR, dass das prü-

---

98 Vgl. in diesem Sinne *C. Grabenwarter*, Verfahrensgarantien in der Verwaltungsgerichtsbarkeit, 1997, S. 438 ff.; *M. Tonne*, Effektiver Rechtsschutz durch staatliche Gerichte als Forderung des Europäischen Gemeinschaftsrechts, 1997, S. 170 f.; *E. Pache*, Tatbestandliche Abwägung und Beurteilungsspielraum, 2001, S. 290 ff.

99 Dazu *H. Hofer-Zeni*, Die Empfehlung des Ministerkomitees des Europarates über die Ausübung von Ermessensbefugnissen als Rechtsquelle, ZfV 1983, S. 497 ff.; *J. Schwarze*, Der Beitrag des Europarates zur Entwicklung von Rechtsschutz und Verfahrensgarantien im Verwaltungsrecht, EuGRZ 1993, S. 377 (383 f.).

100 EGMR, Urt. v. 27.9.2011, Nr. 43509/08 – *Menarini/Italien*, Rn. 57–67.

101 Vgl. im kartellrechtlichen Kontext *E. Bueren*, EU-Kartellbußgeldverfahren und EMRK: Aktuelle Implikationen aus der Rechtsprechung des EGMR, EWS 2012, S. 363 ff.; *U. Soltesz*, Due Process, Gesetzesvorbehalt und richterliche Kontrolle im Europäischen Kartellbußgeldverfahren, WuW 2012, S. 141 ff.; *S. Bürger*, Vollumfängliche Prüfung im europäischen Kartellrecht, NZWiSt 2013, S. 405 ff.

102 Dazu im Kontext von Art. 47 GRCh, vgl. S. 400 ff.

103 Was insbesondere eine Bestätigung durch die Große Kammer voraussetzen würde.

fende Gericht befugt sein muss, die Sanktion nicht nur für gültig oder ungültig zu erklären, sondern sie auch ihrer Art oder Höhe nach abzuändern. Kurzum, das nachprüfende Gericht muss über die Rechtsmacht verfügen, die behördliche Sanktion durch seine eigene zu ersetzen.[104]

Auf dieser Grundlage erklärte die Erste Sektion des EGMR bereits im Jahr 2004 die Überprüfung von steuerbehördlichen Sanktionen durch den Berufungsgerichtshof Brüssel für konventionswidrig, weil dessen (durch den belgischen Kassationsgerichtshof bestätigte) Kontrollbefugnisse sich nur auf die Tatsachenbasis für den begangenen Steuerverstoß sowie die Gesetzmäßigkeit der verhängten behördlichen Sanktionen erstreckten, jedoch ermessensbedingt weder die Nachprüfung der Zweckmäßigkeit bzw. Opportunität (FR *opportunité*)[105] noch die Gewährung eines ganzen oder teilweisen Sanktionserlasses umfassten.[106] Dahinter steht die bereits frühere Urteile anleitende Überlegung, dass eine Behörde, die Sanktionen mit Strafcharakter verhängt, nach Art. 6 Abs. 1 EMRK zwar nicht selbst die Voraussetzungen eines Gerichts erfüllen braucht, dafür aber einer Kontrolle durch eine Instanz unterliegen muss, die über alle Befugnisse in rechtlicher wie tatsächlicher Hinsicht in Bezug auf die Festsetzung oder Abänderung der Strafe verfügt.[107] Dieses Erfordernis ist vom Leitbild der klassischen Strafjustiz beherrscht, in der Strafart und Strafmaß durch den Richter bestimmt werden. Dementsprechend soll es nach Art. 6 Abs. 1 EMRK keine Verhängung einer „Strafe“ geben, ohne dass dem Einzelnen das Recht gewährt würde, ein strafgerichtsäquivalentes Verfahren zu durchlaufen. Im Verwaltungsrecht büßt diese Argumentation freilich umso stärker an Überzeugungskraft ein, je weniger das kontrollierte diskretionäre Verwaltungshandeln als funktionelles Äquivalent zu einer Strafe im Sinne des klassischen Strafrechts gelten kann.[108]

Dass der EGMR eine gerichtliche Nachprüfung ermessensbasierter Verwaltungssanktionen für konventionswidrig erklärt, weil sie sich nicht auf die

[104] EGMR, Urt. v. 4.3.2004, Nr. 47650/99 – *Silvester's Horeca Service/Belgien*, Rn. 28; EGMR, Urt. v. 27.9.2011, Nr. 43509/08 – *Menarini/Italien*, Rn. 65.

[105] In der französischen Verwaltungsrechtsdogmatik entspricht die Rechtsfigur der *opportunité* in der Regel dem deutschen Entschließungsermessen (das im Gefahrenabwehrrecht seinerseits in engem Zusammenhang mit dem Opportunitätsprinzip steht), kann aber auch in einem allgemeinen Sinne als Kern des von den Gerichten nur eingeschränkt überprüfbaren *pouvoir discrétionnaire* verstanden werden, vgl. im Einzelnen *P.-L Frier/J. Petit*, Droit administratif, 10. Aufl. 2015, Rn. 940ff. sowie allgemein Rn. 909.

[106] EGMR, Urt. v. 4.3.2004, Nr. 47650/99 – *Silvester's Horeca Service/Belgien*, Rn. 28. Das Urteil liegt nur auf Französisch vor.

[107] St. Rspr., vgl. bereits EGMR, Urt. v. 21.2.1984, Nr. 8544/79, EGMR-E 2, 343 – Öztürk/ Deutschland, Rn. 56; Urt. v. 23.10.1995, Nr. 15523/89 – *Schmautzer/Österreich*, Rn. 34.

[108] Zum Problem im Bereich des Kartellrechts vgl. *F. Meyer*, Zur Strafrechtsähnlichkeit des Kartellrechts und ihrer Bedeutung im Gefüge europäischen Rechts, ZDAR 2014, S. 100ff. sowie *J. Schwarze*, Rechtsstaatliche Grenzen der gesetzlichen und richterlichen Qualifikation von Verwaltungssanktionen im europäischen Gemeinschaftsrecht, EuZW 2003, S. 261 (264ff.).

opportunité erstreckt, verwundert schon deshalb, weil dies, konsequent zu Ende gedacht, ein konventionsrechtliches Erfordernis voraussetzen würde, die gerichtliche Kontrolle auch auf außerrechtliche Maßstäbe zu erstrecken. Auf das klassische Verwaltungsermessen bezogen, wäre ein nationales Verwaltungsgericht mit Blick auf Art. 6 Abs. 1 EMRK fortan gehalten, nicht nur die Rechtmäßigkeit des auf eine Ermessensermächtigung gestützten Verwaltungshandelns zu überprüfen, sondern auch seine Zweckmäßigkeit. Bestünden mehrere rechtlich gleichermaßen zulässige Handlungsoptionen, müsste das Gericht auch die behördliche Wahl für eine dieser Optionen mitprüfen und somit die Entscheidung der Verwaltung umfassend durch seine eigene ersetzen. Darin läge ein weitreichender Eingriff in die innerstaatliche Gewaltenteilung bzw. (vermittelt über Art. 47 GRCh) in das unionale institutionelle Gleichgewicht, für den sich weder normative Anhaltspunkte in der EMRK noch tragfähige Sachgründe finden lassen, wenn man die funktionelle Überforderung der Judikative durch eine[109] Zweckmäßigkeitskontrolle bedenkt.

bb) Menarini: Verbot der „reinen" Rechtmäßigkeitskontrolle

Das jenseits kartellrechtlicher Spezialabhandlungen kaum beachtete *Menarini*-Urteil trug in diesem heiklen Punkt zur Klärung bei, warf aber zugleich an anderer Stelle Fragen auf. Einerseits gab der EGMR zu erkennen, nicht so weit gehen zu wollen, den Gerichten eine Zweckmäßigkeitskontrolle abzuverlangen. Andererseits lud er durch begriffliche Ambiguitäten geradezu dazu ein, künftig jeden Einzelfall auf den Straßburger Prüfstand des Art. 6 Abs. 1 EMRK zu stellen. Dem entspricht, dass die *Menarini*-Entscheidung eine, gemessen an der bisherigen Straßburger Spielraumrechtsprechung, präzedenzlose Prominenz in der Rechtsprechung des EuGH erlangt hat, auf die im Kontext von Art. 47 GRCh zu rückzukommen ist.

Auf den ersten Blick mutet das *Menarini*-Urteil eher unspektakulär an. Streitig war ein kartellrechtliches Bußgeld in Höhe von sechs Millionen Euro,[110] das einem Unternehmen wegen Rechtsverstößen von der italienischen Kartellbehörde[111] auferlegt worden war. Diese ist, wie auch die italienische Telekommunikationsbehörde,[112] als unabhängige Verwaltungsbehörde (*Autorità amministrativa indipendente*) ausgestaltet,[113] für deren gerichtliche Kontrolle die italienische Rechtsprechung einen differenzierten Ansatz entwickelt hat. Demzufolge sind die Verwaltungsgerichte im Wesentlichen darauf beschränkt, die

---

[109] Zur Verschleifung von Recht- und Zweckmäßigkeit durch die Verhältnismäßigkeitsprüfung s. sogleich.

[110] Sog. *sanzione amministrativa pecuniaria.*

[111] *Autorità Garante della Concorrenza e del Mercato* mit Sitz in Rom.

[112] *Autorità delle telecommunicazioni*, ebenfalls mit Sitz in Rom.

[113] Zu diesen *D. de Pretis*, Grundzüge des Verwaltungsrechts in gemeineuropäischer Perspektive: Italien, in: v. Bogdandy/Cassese/Huber (Hrsg.), IPE V, Heidelberg 2014, § 78, Rn. 35.

technischen Beurteilungen der Behörde in markt- und wettbewerbsbezogenen Fragen, z.B. der Marktabgrenzung, unter den Gesichtspunkten der „Angemessenheit und Konsistenz auf ihre Vertretbarkeit hin" zu prüfen.[114] Ganz im Einklang mit den hier angestellten Überlegungen betont die italienische Rechtsprechung ausdrücklich, dass die abgeschwächte Kontrolle des „technischen Ermessens" in rechtlicher Hinsicht eine *vollständige* ist, wegen ihres Bezugs auf die Einhaltung der rechtlichen Ermessensgrenzen aber nicht zur Ersetzung der behördlichen Entscheidung in Gänze führen kann.[115] Insoweit teilt der Ansatz der italienischen Rechtsprechung einige Merkmale der deutschen Lehre vom Beurteilungsspielraum, freilich ohne dabei zwischen Tatbestands- und Rechtsfolgenseite zu unterscheiden.[116]

In erfreulicher Klarheit stellte die Zweite Sektion des EGMR in *Menarini* heraus, dass sich ein Verwaltungsverfahren in vielerlei Hinsicht von einem klassischen Strafverfahren unterscheide, was die Verpflichtungen der Vertragsstaaten aus dem *criminal limb* des Art. 6 Abs. 1 EMRK zwar nicht ihrem Grunde nach berühre, wohl aber in ihrem Inhalt modifiziere.[117] Auf Basis dieser sachlich gebotenen, aber eben die Ausdehnung des Anwendungsbereichs von Art. 6 Abs. 1 EMRK zugleich katalysierenden Differenzierung, stellte der EGMR die Vereinbarkeit der Kontrolle durch die italienischen Verwaltungsgerichte mit Art. 6 Abs. 1 EMRK fest. Wegen des gesetzlich begründeten Verwaltungsermessens hätten die italienischen Verwaltungsgerichte ihre eigene Entscheidung zwar nicht an die Stelle der Entscheidung der Verwaltung setzen dürfen, seien in ihren Prüfungskompetenzen aber nicht auf eine bloße bzw. „reine Kontrolle der Rechtmäßigkeit"[118] (FR *simple contrôle de légalité*) beschränkt gewesen. Von ihrer Nachprüfungsbefugnis umfasst gewesen sei insbesondere die Frage, ob die Verwaltung „von ihren Befugnissen in angemessener Weise Gebrauch" gemacht hat (FR *usage approprié de ses pouvoirs*).[119] Auch sei die ausgeübte Kontrolle eine „umfassende" gewesen, da die Verwaltungsgerichte die behörd-

---

[114] Ebd., Rn. 177.

[115] Ebd., Rn. 177 unter Auswertung der Rechtsprechung des italienischen Staatsrates.

[116] Eingehend zu Gemeinsamkeiten und Unterschieden zwischen deutschem Beurteilungsspielraum und italienischem technischen Ermessen *C. Fraenkel-Haeberle*, Germania und Italia: Eine verwaltungsrechtliche Wahlverwandtschaft?, DV 48 (2015), S. 309 ff.; *dies.*, Unbestimmte Rechtsbegriffe, technisches Ermessen und gerichtliche Nachprüfbarkeit, DÖV 2005, S. 808 ff.

[117] EGMR, Urt. v. 27.9.2011, Nr. 43509/08 – *Menarini/Italien*, Rn. 62.

[118] So auch der Terminus des EuGH, vgl. jüngst EuGH, Urt. v. 7.9.2016, Rs. C101/15 P – *Pilkington Group*, Rn. 71 (DE *reine Kontrolle der Rechtmäßigkeit*; EN *mere review of the legality*; FR *simple contrôle de légalité*).

[119] EGMR, Urt. v. 27.9.2011, Nr. 43509/08 – *Menarini/Italien*, Rn. 64: „De ce fait, la Cour note que la compétence des juridictions administratives n'était pas limitée à un simple contrôle de légalité. Les juridictions administratives ont pu vérifier si, par rapport aux circonstances particulières de l'affaire, l'AGCM avait fait un usage approprié de ses pouvoirs. Elles ont pu examiner le bien-fondé et la proportionnalité des choix de l'AGCM et même vérifier ses évaluations d'ordre technique."

lich verhängte Sanktion hätten ersetzen dürfen.[120] Speziell der italienische Staatsrat sei im konkreten Fall über eine lediglich externe Kontrolle, d.h. eine bloße Nachprüfung der logischen Schlüssigkeit der Entscheidungsbegründung, hinausgegangen, soweit er die Verhältnismäßigkeit und Angemessenheit der Strafe eingehend geprüft habe.[121]

Man wird daraus schließen dürfen, dass die gerichtliche Kontrolle einer ermessensbasierten Verwaltungssanktion dann mit Art. 6 Abs. 1 EMRK in Einklang steht, wenn die (erstinstanzliche) gerichtliche Nachprüfung sowohl in tatsächlicher als auch in rechtlicher Hinsicht eine Kontrolle der Verwaltungsentscheidung umfasst, wobei das kontrollierende Gericht seine rechtliche Nachprüfung erstens jedenfalls auf die Einhaltung der rechtlichen Spielraumgrenzen einschließlich des Verhältnismäßigkeitsgrundsatzes erstrecken und zweitens über die Befugnis verfügen muss, die behördliche Festsetzung der *Sanktion* – nicht aber notwendig die behördliche *Entscheidung* in ihrer Gesamtheit[122] – durch eine eigene zu ersetzen.[123]

Was – erstens – die Überprüfung der Einhaltung der rechtlichen Ermessensgrenzen anbelangt, erfolgt über die Prüfung der Verhältnismäßigkeit zugleich stets eine Verrechtlichung außerrechtlicher Maßstäbe. Als gerichtliche Kontrolle der administrativen Mittelwahl fungiert sie gewissermaßen als Scharnier zwischen Recht- und Zweckmäßigkeit,[124] weil die Normativierung der Zweck-Mittel-Relation rechtliche und außerrechtliche Maßstäbe miteinander verschleift.[125] Die gerichtliche Kontrolle wirkt damit über den Grundsatz der Verhältnismäßigkeit, obgleich nur mittelbar, auch in die Bereiche der Zweckmäßigkeit hinein. Wo aber der durch die Verhältnismäßigkeit strukturell verrechtlichte Bereich verlassen wird, endet auch die gerichtliche Kontrolle. Auf Grundlage von Art. 6 Abs. 1 EMRK kann es demzufolge nur darum gehen, die gerichtliche Kontrolle umfassend auf die *rechtlich durchdrungenen* Bereiche zu erstrecken. Der EGMR selbst legt dieses Verständnis nahe, wenn er es in *Menarini* für geboten, aber auch für ausreichend erachtet, dass die Behörde daraufhin

---

[120] Ebd., Rn. 65.

[121] Ebd., Rn. 66.

[122] Die dann auch wertende oder prognostische Elemente enthalten kann, auf die sich die gerichtliche Kontrolle nicht bezieht.

[123] So im Kern auch die Deutung des EuGH, Urt. v. 10.7.2014, Rs. C295/12 – *Telefónica*, Rn. 50–54. Dazu näher unter S. 402 ff.

[124] *N. Achterberg*, Allgemeines Verwaltungsrecht, 2. Aufl. 1986, § 19, Rn. 18: „Bindeglied".

[125] Vgl. *R. Pitschas*, Maßstäbe des Verwaltungshandelns, in: Hoffmann-Riem/Schmidt-Aßmann/Voßkuhle (Hrsg.), GVwR II, 2. Aufl. 2012, § 42, Rn. 27; *F. Schoch*, Außerrechtliche Standards des Verwaltungshandelns als gerichtliche Kontrollmaßstäbe, in: Trute/Groß/Möllers/Röhl (Hrsg.), Allgemeines Verwaltungsrecht – zur Tragfähigkeit eines Konzepts, 2008, S. 543 ff. Einen „Verrechtlichungsschub" kann im Übrigen auch der allgemeine Gleichheitssatz bewirken, soweit er zu einer Selbstbindung der Verwaltung führt, vgl. *M. Jestaedt*, Maßstäbe des Verwaltungshandelns, in: Ehlers/Pünder (Hrsg.), Allgemeines Verwaltungsrecht, 15. Aufl. 2016, § 11, Rn. 4.

gerichtlich kontrolliert wird, ob sie von ihren Befugnissen in angemessener Weise Gebrauch gemacht hat.

Gleichwohl verbleibt eine Restunsicherheit, die das Tor zu einem kasuistischen case-by-case-Ansatz aufstößt und in der Praxis bereits dazu geführt hat, dass kaum noch ein kartellrechtliches Rechtsmittelverfahren ohne den Bezug zu *Menarini* auskommt. Auf Maßstabsebene gelingt es dem EGMR nämlich nicht, die Grenze zwischen hinreichender und unzureichender Spielraumkontrolle in der gebotenen Schärfe zu ziehen. Die Dichotomie zwischen konventionskonformer Kontrolle der „Angemessenheit" der behördlichen Ermessensausübung und konventionswidriger „reiner" Kontrolle der Rechtmäßigkeit[126] ist dazu jedenfalls nicht geeignet. Denn zum einen ist die mit Art. 6 Abs. 1 EMRK kompatible Angemessenheitskontrolle, wie gesehen, ihrer Natur nach nichts anderes als eine Rechtmäßigkeitskontrolle. Und zum anderen ist eine die Prüfung der Verhältnismäßigkeit einschließende Rechtmäßigkeitsprüfung keine „unreine". Beide Kontrollarten fallen also letztlich zusammen.

Das besondere, vom EGMR eingeforderte und über eine klassische Rechtmäßigkeits- bzw. Spielraumkontrolle hinausgehende Merkmal liegt vielmehr in der zweiten Kernforderung des EGMR, nämlich in der über die Kassationsbefugnis hinausgehenden Rechtsmacht des (erstinstanzlichen) Gerichts, die Entscheidung der Verwaltung *in Bezug auf die Sanktion* durch seine eigene zu ersetzen. Dergleichen erlaubt das Unionsrecht ausdrücklich in Art. 261 AEUV.[127] Österreich hat seine Verfassungsbestimmung über die gerichtliche Kontrolle des Verwaltungsermessens mit Blick auf Verwaltungssanktionen angepasst.[128]

Der Begriff der „reinen" Rechtmäßigkeitskontrolle dient nach dieser Betrachtungsweise dann als Kontrastfigur, die das Fehlen der spezifischen, allein auf die Festlegung von Art und Höhe der Sanktion bezogenen Ersetzungsbefugnis des Gerichts anzeigt.[129]

d) Zwischenbefund

Als Zwischenbefund kann festgehalten werden, dass sowohl Art. 13 EMRK als auch Art. 6 EMRK in ihrem jeweiligen Anwendungsbereich begrenzt sind. Der deshalb nach wie vor begrenzte Zugriff der EMRK auf die gerichtliche Kontrol-

[126] Vgl. nochmals EGMR, Urt. v. 27.9.2011, Nr. 43509/08 – *Menarini/Italien*, Rn. 64.

[127] Dazu *F. Schmidt*, Die Befugnis des Gemeinschaftsrichters zu unbeschränkter Ermessensnachprüfung, 2004, S. 74 ff.

[128] Nach dem seit 2014 geltenden Art. 130 Abs. 3 B-VG gelten die Einschränkungen der gerichtlichen Kontrolle diskretionären Verwaltungshandelns nicht für „Verwaltungsstrafsachen" und die „zur Zuständigkeit des Verwaltungsgerichtes des Bundes für Finanzen gehörenden Rechtssachen".

[129] In Sinne einer solchen Kontrastfigur verwendet den Begriff auch der EuGH, vgl. Urt. v. 7.9.2016, Rs. C101/15 P – *Pilkington Group*, Rn. 71; Urt. v. 21.6.2016, Rs. C603/13 P – *Galp Energía España*, Rn. 71 ff. sowie zuvor bereits in Ansätzen Urt. v. 15.10.2002, verb. Rs. C-238/99 P u. a. – *Limburgse Vinyl Maatschappij u. a.*, Rn. 692.

le diskretionären Verwaltungshandelns lässt eine genuin menschenrechtliche Lehre gerichtlicher Ermessenskontrolle nur in Ansätzen zu. Selbst unter der Prämisse eines erweiterten, öffentlich-rechtliche Streitigkeiten generell umfassenden Anwendungsbereichs der Rechtsschutzgarantie – etwa im Wege eines Zusatzprotokolls – müsste eine EMRK-basierte Kontrolldoktrin in Bezug auf diskretionäres Verwaltungshandeln systembedingt auf Mindeststandards beschränkt bleiben. Dies gilt schon deshalb, weil ansonsten die Gefahr besteht, die Frage der Kompetenzverteilung zwischen Judikative und Exekutive weg vom (nationalen oder unionalen) Gesetz- bzw. Verfassungsgeber hin zum EGMR zu verlagern. Eine auf die menschenrechtliche Fundamentalgarantie effektiven Rechtsschutzes gestützte Spielraumdoktrin muss ihrerseits in besonderem Maße die *Margin-of-Appreciation*-Doctrine als föderativen Optionenraum achten.[130]

Diese systemimmanenten Limitationen können die zunehmende Bedeutung von Art. 6 Abs. 1 EMRK als ebenenübergreifender Maßstab für die Reichweite der gerichtlichen Kontrolle diskretionären Verwaltungshandelns aber nicht verdecken. Art. 6 Abs. 1 EMRK ist trotz aller rechtlichen Einschränkungen zu einem im Verwaltungsverfahren zunehmend relevanten Maßstab herangereift.[131] Die von Art. 6 Abs. 1 EMRK verbürgte Mindestgarantie bei der Kontrolle diskretionären Verwaltungshandelns umfasst jedenfalls die *gerichtliche Nachprüfung der rechtlichen Spielraumgrenzen*. Das schließt insbesondere die Prüfung der Verhältnismäßigkeit in ihrer besonderen Funktion als Scharnier zwischen Recht- und Zweckmäßigkeit ein. Aber auch die Einhaltung anderer grundlegender Spielraumgrenzen, insbesondere des Gleichheitssatzes, fällt hierunter. Für den Bereich ermessensbasierter Verwaltungssanktionen, denen ein „strafrechtlicher" Charakter i. S. d. Art. 6 Abs. 1 EMRK beigemessen wird, tritt als zweite Kernforderung hinzu, dass das kontrollierende Gericht befugt sein muss, die Verwaltungsentscheidung im Hinblick auf die *Festsetzung der Sanktion* vollständig zu ersetzen. Je weiter der EGMR dazu übergehen wird, diese Rechtsprechung auch auf andere Felder jenseits des Steuer- und Kartellrechts anzuwenden, desto mehr müssten den nationalen (Verwaltungs-)Gerichten folglich auch in diesen Bereichen über eine solche, über die Kassationsbefugnis hinausgehende Ersetzungskompetenz zuerkannt werden.

Über die Ausstrahlung der EMRK in das Unionsrecht könnte die EGMR-Rechtsprechung zudem in Zukunft Bereiche beeinflussen, die dem Anwendungsbereich von Art. 6 Abs. 1 EMRK bislang selbst nicht unterfallen.

---

130 Vgl. dazu bereits S. 60 ff.

131 Vgl. im Ergebnis *I. Kraft*, Der Einfluss des Art 6 EMRK auf die deutsche Verwaltungsgerichtsbarkeit, EuGRZ 2014, S. 669 ff. sowie die Tendenz vorzeichnend bereits *E. Pache*, Tatbestandliche Abwägung und Beurteilungsspielraum, 2001, S. 298 f.; *C. Grabenwarter*, Verfahrensgarantien in der Verwaltungsgerichtsbarkeit, 1997, S. 414 ff.; *M. Tonne*, Effektiver Rechtsschutz durch staatliche Gerichte als Forderung des Europäischen Gemeinschaftsrechts, 1997, S. 171 f.

Art. 47 GRCh – gemäß Art. 52 Abs. 3 GRCh konventionskonform im Lichte der Art. 6 und 13 EMRK auszulegen – ist in seinem Anwendungsbereich weder sachbereichlich limitiert noch in seiner Akzessorietät allein auf die prozessuale Effektivierung menschenrechtlicher Rechtspositionen verengt.[132] Damit ist bereits die Frage nach den ebenenübergreifenden Kontrolldichteanforderungen des Unionsrechts aufgeworfen.

3. Unionsrechtliche Rechtsschutzgarantien

Die unionsrechtlich verbürgten Rechtsschutzgarantien fußen im Wesentlichen auf zwei Säulen: einer aus dem Grundsatz loyaler Zusammenarbeit abgeleiteten und einer genuin individualrechtlichen. Beide sind, obgleich regelmäßig parallel laufend, aufgrund ihrer unterschiedlichen normativen Grundlagen und Funktionen auseinanderzuhalten. Hinsichtlich des Adressatenkreises ist ferner zwischen der europäischen Rechtsschutzebene durch die Unionsgerichte einerseits und der nationalen Rechtsschutzebene durch die mitgliedstaatlichen Gerichte in ihrer Rolle als funktionell europäische Gerichte andererseits zu differenzieren.[133] Im Fokus der vorliegenden Studie stehen primär die aus der unionalen Rechtsschutzgarantie ableitbaren Vorgaben für das mitgliedstaatliche Schutzsystem, d.h. die ebenenübergreifend erhobenen Anforderungen an die Dichte der gerichtlichen Kontrolle diskretionären Verwaltungshandelns im mitgliedstaatlich-dezentralen Verwaltungsvollzug. Zu betrachten ist insoweit ein Ausschnitt der thematisch übergreifenden Diskussion um die unionsrechtlichen Auswirkungen auf den mitgliedstaatlich zu leistenden Rechtsschutz.[134]

a) Schutzgehalte in entwicklungsgeschichtlicher Perspektive

Der Grundsatz effektiven Rechtsschutzes hatte bereits lange Einzug in das Unionsrecht gehalten, bevor Art. 47 GRCh im Jahr 2009 mit dem Inkrafttreten des Vertrages von Lissabon für die Union und ihre Mitgliedstaaten[135] Rechtsverbindlichkeit erlangte.

---

[132] So auch explizit die – ihrerseits bei der Auslegung gemäß Art. 6 Abs. 1 UAbs. 3 EUV u. Art. 52 Abs. 7 GRC bei der Auslegung gebührend zu berücksichtigenden – Charta-Erläuterungen.

[133] Vgl. in erfreulicher Klarheit *A. Eser*, in: Meyer (Hrsg.), Charta der Grundrechte, 4. Aufl. 2014, Art. 47, Rn. 13 f.

[134] Dazu *S. Kadelbach*, Verwaltungskontrollen im Mehrebenen-System der Europäischen Gemeinschaft, in: Schmidt-Aßmann/Hoffmann-Riem (Hrsg.), Verwaltungskontrolle, Baden-Baden 2001, S. 205 (231 ff.); *M. Nettesheim*, Effektive Rechtsschutzgewährleistung im arbeitsteiligen System europäischen Rechtsschutzes, JZ 2002, S. 928 ff.; *F. Schoch*, Die Europäisierung des verwaltungsgerichtlichen Rechtsschutzes, 2000, S. 1 ff.; *M. Tonne*, Effektiver Rechtsschutz durch staatliche Gerichte als Forderung des Europäischen Gemeinschaftsrechts, 1997, S. 191 ff. Speziell in Bezug auf die Überformung von Art. 19 Abs. 4 GG s. *O. Dörr*, Der europäisierte Rechtsschutzauftrag deutscher Gerichte, 2003, S. 201 ff.

[135] Nach Maßgabe des Art. 51 Abs. 1 S. 1 GRCh. Zuweilen überlässt der EuGH die Beur-

aa) Effektiver Rechtsschutz als Gebot loyaler Zusammenarbeit

Speziell im Verhältnis zu den Mitgliedstaaten leitete der EuGH in seiner frühen Rechtsprechung den Auftrag effektiven gerichtlichen Schutzes des Unionsrechts zunächst aus dem Grundsatz loyaler Zusammenarbeit ab. Bereits im Jahr 1976 entschied der Gerichtshof auf Vorlage des BVerwG hin, dass die Aufgabe, den gerichtlichen Schutz unionsrechtlich verliehener Rechtspositionen zu gewährleisten, grundsätzlich den Mitgliedstaaten zufalle, die in Ermangelung unionsrechtlicher Regelungen und im Rahmen der ihnen nach Art. 4 Abs. 3 EUV[136] obliegenden loyalitätsradizierten „Mitwirkungspflicht" die entsprechenden verfahrensrechtlichen Vorkehrungen in den Grenzen der Grundsätze der Äquivalenz und der Effektivität zu treffen hätten.[137]

Diese im Grundsatz loyaler Zusammenarbeit wurzelnde Argumentationsfigur gehört seither zum festen Kanon der EuGH-Rechtsprechung.[138] Die Grundsätze der Effektivität und Äquivalenz folgen normativ aus Art. 4 Abs. 3 EUV[139] und fungieren als Schranken der – in Ermangelung unionsrechtlicher Verfahrensvorgaben vorausgesetzten[140] – verfahrensrechtlichen Ausgestaltungsbefugnis der Mitgliedstaaten. Dabei werden über den Effektivitätsgrundsatz nicht mehr als die für eine wirksame föderative Rechtsdurchsetzung unbedingt gebotenen Mindeststandards verlangt,[141] während über den Äquivalenz-

teilung der Voraussetzungen auch den innerstaatlichen Gerichten, vgl. in Bezug auf die Anwendbarkeit von Art. 47 GRCh etwa EuGH, Urt. v. 17.1.2013, Rs. C-23/12 – *Mahamad Zakaria*, Rn. 40.

136 Vormals Art. 5 EWGV bzw. Art. 10 EG.

137 EuGH, Urt. v. 16.12.1976, Rs. 33/76 – *Rewe-Zentralfinanz eG* u. a., Rn. 5. Man kann bereits erste Anklänge in diese Richtung im Urteil des EuGH v. 5.2.1963, Rs. 26/62 – *Van Gend & Loos* verorten, da die dort in bahnbrechender Weise vorgenommene Postulierung der unmittelbaren Wirkung – und des Einzelnen als Subjekt der supranationalen Rechtsordnung – letztlich zwingend einer prozessualen Flankierung bedarf, vgl. *R. Stotz*, Effektiver Rechtsschutz in der Europäischen Union, in: Zentrum für Europäisches Wirtschaftsrecht (Hrsg.), Vorträge und Berichte – Nr. 206, 2013, S. 4 f.

138 Vgl. u. a. EuGH, Urt. v. 19.6.1990, Rs. C-213/89 – *Factortame I*, Rn. 19 ff; Urt. v. 14.12.1995, Rs. C-312/93 – *Peterbroeck*, Rn. 12; Urt. v. 14.12.1995, verb. Rs. C-430/93 und C-431/93 – *Van Schijndel u. a.*, Rn. 17; Urt. v. 13.3.2007, Rs. C-432/05 – *Unibet*, Rn. 43; Urt. v. 8.3.2011, Rs. C-240/09 – *Lesoochranárske zoskupenie (Braunbärfall)*, Rn. 47 ff.

139 Vgl. *R. Streinz*, in: ders. (Hrsg.), EUV/AEUV, 2. Aufl. 2012, Art. 4 EUV, Rn. 50 ff.; *A. v. Bogdandy/S. Schill*, in: Grabitz/Hilf/Nettesheim (Hrsg.), Das Recht der EU, Art. 4 EUV (51. EL 2013), Rn. 84 ff.; *C. Franzius*, in: Pechstein/Nowak/Häde, Frankfurter Kommentar, 2017 i. E., Art. 4 EUV, Rn. 124 ff. Wenig überzeugend dagegen *A. Wallerman*, Towards an EU law doctrine on the exercise of discretion in national courts?, CMLRev. 53 (2016), S. 339 (342 f., 351 ff.), die das Loyalitätsprinzip und die Grundsätze der Effektivität und Äquivalenz unter völliger dogmatischer Überstrapazierung der untersuchten Rechtsprechung voneinander separiert und zuweilen fehlgehend das Ermessen der Verwaltungsbehörden (etwa nach §§ 48, 51 VwVfG) mit dem gerichtlichen Ermessen verwechselt (so in Bezug auf die *Kühne & Heitz*-Rechtsprechung ebd., S. 349).

140 Zum sog. Grundsatz nationaler Verfahrensautonomie vgl. bereits S. 89 ff.

141 Vgl. als Beispiel EuGH, Urt. v. 11.12.2014, Rs. C-440/13 – *Croce Amica One*, Rn. 40–46.

grundsatz mindestens derjenige Kontrollmodus, der für funktionell äquivalente Rechte des innerstaatlichen Rechtsraums greift, eingefordert wird.

Heute gibt es mit Art. 19 Abs. 1 UAbs. 2 EUV eine Spezialnorm, die den europäischen Rechtsschutzauftrag der nationalen Gerichte als dezentrale Komponente effektiver Rechtsdurchsetzung ausdrücklich im Primärrecht verankert. Die Norm entfaltet nicht zuletzt dort Bedeutung, wo die konzeptionelle Engführung der unionsrechtlichen Individualklage nach Art. 263 Abs. 4 AEUV auf den dezentralen Rechtsschutzauftrag der nationalen Gerichte verweist.[142]

bb) Effektiver Rechtsschutz als individualrechtliche Gewährleistung

Als individualrechtliche Gewährleistung erkannte der EuGH die Garantie effektiven Rechtsschutzes erstmals im Jahr 1986 in seiner Leitentscheidung *Johnston* an.[143] Unter erkenntnisleitendem Bezug auf die gemeinsamen Verfassungstraditionen der Mitgliedstaaten sowie Art. 6 und Art. 13 EMRK nahm der Gerichtshof die Garantie effektiven Rechtsschutzes in den Kanon der allgemeinen Rechtsgrundsätze auf und stellte zugleich erstmals ihre Verletzung durch eine innerstaatliche Regelung fest.[144] Konkret ging es um das einer Verwaltungsbehörde zuerkannte Recht, Ausnahmen vom Grundsatz der geschlechtlichen Gleichbehandlung aus Gründen der öffentlichen Sicherheit letztverbindlich festzustellen.[145] Dieser Leitentscheidung maß nicht zuletzt das BVerfG in seiner *Solange-II*-Entscheidung eine besondere Indikatorfunktion für das – nunmehr als hinreichend erachtete – Grundrechtsniveau auf europäischer Ebene bei.[146]

In der Folge leitete der EuGH zahlreiche weitere Erfordernisse aus der individualrechtlichen Garantie effektiven Rechtsschutzes ab, etwa das Erfordernis einer Entscheidungsbegründung und deren Bekanntgabe gegenüber dem Betroffenen[147]

---

142 Vgl. EuGH, Urt. v. 3.10.2013, Rs. C583/11 P – *Inuit u. a.*, Rn. 100ff. sowie aus der Literatur *B. Wegener*, in: Calliess/Ruffert (Hrsg.), EUV/AEUV, 5. Aufl. 2016, Art. 19 EUV, Rn. 43ff.

143 EuGH, Urt. v. 15.5.1986, Rs. 222/84 – *Johnston*. Zur Herleitung der Rechtsschutzgarantie aus den materiellen Grundrechten *C.-D. Munding*, Das Grundrecht auf effektiven Rechtsschutz im Rechtssystem der Europäischen Union, 2010, S. 136ff. Zur frühen Rechtsprechung auch *T. v. Danwitz*, Die Garantie effektiven Rechtsschutzes im Recht der Europäischen Gemeinschaft, NJW 1993, S. 1108 (1114).

144 EuGH, Urt. v. 15.5.1986, Rs. 222/84 – *Johnston*, Rn. 18ff. Genau genommen legte der EuGH die bereits sekundärrechtlich in Art. 6 der einschlägigen Gleichbehandlungsrichtlinie 76/207 (mittlerweile ersetzt durch die RL 2006/54) fixierte Vorgabe effektiven Rechtsschutzes im Lichte des nunmehr auch primärrechtlich anerkannten allgemeinen Rechtsgrundsatzes aus.

145 Effektuiert wurde das behördliche Letztentscheidungsrecht um eine Beweisregelung, die der behördlichen Bescheinigung über das Vorliegen der Ausnahmegründe die Wirkung eines „unwiderleglichen Beweises“ beimaß.

146 BVerfG, Beschl. v. 22.10.1986, 2 BvR 197/83, BVerfGE 73, 339 (381) – *Solange II*, Rn. 107f. (juris).

147 EuGH, Urt. v. 15.10.1987, Rs. 222/86 – *Unectef/Heylens u. a.*, Rn. 15 sowie aus jüngerer Zeit EuGH, Urt. v. 4.6.2013, Rs. C300/11 – *ZZ*, Rn. 53.

oder die Einhaltung einer angemessenen Verfahrensdauer.[148] Dabei sicherte der Gerichtshof das Individualrecht auf effektiven Rechtsschutz auch gegenüber völkerrechtlich vordeterminierten Handlungen der Union ab.[149] Demgegenüber vermochte der EuGH in der bereits angesprochenen Restriktion der Zulässigkeitsvoraussetzungen des Art. 263 Abs. 4 AEUV angesichts der dezentral über die Mitgliedstaaten eröffneten Rechtsschutzmöglichkeiten keinen Verstoß gegen den Grundsatz effektiven Rechtsschutzes zu erkennen.[150]

Individualrechtliche Zentralnorm der unionalen Garantie effektiven Rechtsschutzes ist heute Art. 47 GRCh. Die Kodifizierung des Grundsatzes effektiven Rechtsschutzes in der seit Inkrafttreten des Vertrags von Lissabon im Jahre 2009 rechtsverbindlichen Grundrechtecharta hat nicht nur zu seiner substanziellen Konsolidierung, sondern zugleich seiner textlich-dogmatischen Ausdifferenzierung beigetragen. Art. 47 GRCh umfasst drei Gewährleistungen: erstens das Recht, bei einem Gericht einen wirksamen Rechtsbehelf einzulegen, wenn die Verletzung unionsrechtlicher Gewährleistungen in Rede steht (Abs. 1), zweitens das Recht, auf ein Verfahren vor einem unabhängigen, unparteiischen und zuvor durch Gesetz errichteten Gericht unter Einhaltung elementarer Verfahrensgarantien (Abs. 2) sowie drittens ein Recht auf Prozesskostenhilfe (Abs. 3). Während sich Art. 47 Abs. 1 GRCh an Art. 13 EMRK anlehnt, entspricht Art. 47 Abs. 2 GRCh strukturell der Garantie aus Art. 6 EMRK.[151]

Sowohl Art. 47 Abs. 1 GRCh als auch Art. 47 Abs. 2 GRCh gehen infolge einer bewussten Entscheidung des Charta-Konvents[152] in ihrem Anwendungsbereich jedoch signifikant über ihre konventionsrechtlichen Pendants hinaus.[153] Zwar ist Art. 47 Abs. 1 GRCh wie Art. 13 EMRK als akzessorisches Recht konzipiert, dient jedoch der prozessualen Effektivierung *sämtlicher* durch das Unionsrecht gewährter Rechtspositionen,[154] einschließlich des Se-

---

[148] Mittlerweile ausdrücklich in Art. 47 Abs. 2 GRCh kodifiziert.

[149] Prägend EuGH, Urt. v. 3.9.2008, verb. Rs. C402/05 P und C415/05 P – *Kadi I*, Rn. 326 und v. 18.7.2013, verb. Rs. C584/10 P, C593/10 P u. C595/10 P – *Kadi II*, Rn. 97 ff. Die gerichtliche Zuständigkeit für die Überprüfung sog. Smart-Sanctions ist mittlerweile in Art. 275 Abs. 2 AEUV geregelt.

[150] Vgl. unter Aufrechterhaltung der *Plaumann*-Formel EuGH, Urt. v. 3.10.2013, Rs. C583/11 P – *Inuit u. a.*, Rn. 89 ff. Eingehend zum Problem *C. Last*, Garantie wirksamen Rechtsschutzes gegen Maßnahmen der Europäischen Union, 2008, S. 147 ff. mit Plädoyer für eine „rechtsschutzfreundliche" Auslegung des Art. 263 AEUV im Lichte des Art. 47 GRCh sowie *C.-D. Munding*, Das Grundrecht auf effektiven Rechtsschutz im Rechtssystem der Europäischen Union, 2010, S. 385 ff.

[151] Vgl. unter Bezugnahme auf die Erläuterungen zur Grundrechtecharta EuGH, Urt. v. 22.12.2010, Rs. C279/09 – *DEB*, Rn. 32.

[152] Zur Entstehungsgeschichte des Art. 47 GRCh *A. Eser*, in: Meyer (Hrsg.), Charta der Grundrechte, 4. Aufl. 2014, Art. 47, Rn. 7 ff. u. 24; *C. Last*, Garantie wirksamen Rechtsschutzes gegen Maßnahmen der Europäischen Union, 2008, S. 30 ff.

[153] Ähnlich *C. Nowak*, Recht auf effektiven Rechtsschutz, in: Heselhaus/Nowak (Hrsg.), Handbuch der Europäischen Grundrechte, 2006, § 51, Rn. 16.

[154] Vgl. die insoweit ausdrücklichen und gemäß Art. 6 Abs. 1 UAbs. 3 EUV und Art. 52

kundärrechts, und garantiert ausdrücklich ein Verfahren vor einer *gerichtsförmigen* Kontrollinstanz.[155] Art. 47 Abs. 2 GRCh wiederum geht in seinem Anwendungsbereich ganz erheblich über Art. 6 EMRK hinaus, da er gerade nicht auf zivil- und strafrechtliche (bzw. als solche deutbare) Rechtspositionen beschränkt ist. Damit kommt Art. 47 GRCh in der Gesamtschau einer umfassenden individualrechtlichen Rechtsschutzgarantie gleich, in der die prozessrechtliche Effektivierung unionsrechtlicher Rechtspositionen mit dem rechtsdogmatisch eigenständigen Fair-trial-Grundsatz zu einem wirkmächtigen Grundrecht auf effektiven Rechtsschutz verschmilzt. Auch wenn Art. 47 GRCh die Judikative in die Pflicht nimmt, fungiert er darüber hinaus auch als Schranke des innerstaatlichen (Umsetzungs-)Gesetzgebers, der zwar die sekundärrechtlich vorgegebenen Zielstellungen zu gewährleisten, gleichzeitig aber die Erfordernisse eines effektiven gerichtlichen Schutzes der den Einzelnen unionsrechtlich verliehenen Rechte einzuhalten hat.[156]

In rechtsempirischer Hinsicht stellt die Geltendmachung einer Verletzung von Art. 47 GRCh heute die mit Abstand am häufigsten erhobene Grundrechtsrüge vor den Unionsgerichten überhaupt dar.[157] Nicht zuletzt aufgrund der bereits erörterten *Menarini*-Rechtsprechung des EGMR und ihrer konzeptionellen Unschärfen zählt die „47er Rüge" mittlerweile zum anwaltlichen Standardrepertoire. Die drohende Inflationierung von Art. 47 GRCh hat den Gerichtshof sogar zu der an einen Gemeinplatz grenzenden Feststellung veranlasst, dass die über Art. 47 GRCh grundrechtlich abgesicherte Effektivität des Rechtsbehelfs nicht bedeuten könne, dass dem Begehren des Klägers (stets) stattgegeben werde.[158]

Gerade für Direktklagen im Bereich des Wettbewerbsrechts hat der EuGH inzwischen wiederholt festgestellt, dass die Dichte der (unions)gerichtlichen Kontrolle den Anforderungen von Art. 47 GRCh genüge. Die der Kommission angesichts der wirtschaftlichen Komplexität der zu treffenden Beurteilungen einzuräumenden administrativen Entscheidungsspielräume[159] führten keineswegs zu einem Kontrollverzicht seitens des Unionsrichters, habe dieser doch

---

Abs. 7 GRCh bei der Auslegung gebührend zu berücksichtigenden Erläuterungen des Präsidiums des Konventspräsidiums zu Art. 47 Abs. 1 GRCh. Zum Anwendungsbereich s. auch *K. Pabel*, Justizgrundrechte, in: Grabenwarter (Hrsg.), in: Grabenwarter (Hrsg.), EnzEuR II – Europäischer Grundrechteschutz, 2014, § 19, Rn. 19 u. 24.

[155] Zum Gerichtsbegriff vgl. (bereits vor Rechtsverbindlichkeit der GRCh) EuGH, Urt. v. 19.9.2006, Rs. C-506/04 – *Wilson*, Rn. 46 ff.

[156] EuGH, Urt. v. 12.2.2015, Rs. C662/13 – *Surgicare*, Rn. 33.

[157] Vgl. mit empirischen Nachweisen *R. Stotz*, Effektiver Rechtsschutz in der Europäischen Union, in: Zentrum für Europäisches Wirtschaftsrecht (Hrsg.), Vorträge und Berichte – Nr. 206, 2013, S. 28 ff.

[158] EuGH, Beschl. v. 28.6.2011, Rs. C-93/11 P – *Verein Deutsche Sprache*, Rn. 31.

[159] Zu Art und Funktion kartellrechtlicher Entscheidungsspielräume der Kommission vgl. *B. Widmer*, Verwaltungsermessen im Recht der Europäischen Union – veranschaulicht anhand des europäischen Kartell- und Gemeinschaftsmarkenrechts, 2014, S. 161 ff. sowie

stets die sachliche Richtigkeit und Kohärenz der von der Kommission angeführten Beweise zu prüfen und ferner zu kontrollieren, ob die Kommission alle für die Beurteilung relevanten Tatsachen herangezogen hat und diese die aus ihnen gezogenen Schlüsse zu stützen vermögen.[160] Speziell für die in *Menarini* adressierten Fallgestaltungen administrativer Sanktionsentscheidungen durch die Kommission hat der EuGH mehrfach betont, dass dem Unionsrichter mit Art. 261 AEUV i. V. m. Art. 31 der Kartellverordnung[161] ausdrücklich die Befugnis verliehen wurde, die Festsetzung des Bußgeldes seitens die Kommission sowohl dem Grunde als auch der Höhe nach durch eine eigene, gerichtliche Entscheidung zu ersetzen.[162] Diese gerichtliche Befugnis zu „unbeschränkter Ermessensnachprüfung und zur Änderung oder Verhängung solcher Maßnahmen", wie es in Art. 261 AEUV wörtlich heißt, ist ihrem Gegenstand nach auf die Entscheidung über das Zwangsmittel, d. h. namentlich die Festsetzung von Geldbußen, beschränkt[163] und auch lediglich für die erste Instanz einzufordern.[164] Sie geht über den klassischen Rahmen einer Spielraumkontrolle hinaus[165] und genügt den bereits erwähnten Anforderungen des EGMR in *Menarini*. Auch für das Dienstrecht und die in diesem Rahmen mitunter verhängten Disziplinarmaßnahmen ist dies von Belang.[166]

U. Immenga, Gestaltungsspielräume der Kommission, in: ders./Körber (Hrsg.), Die Kommission zwischen Gestaltungsmacht und Rechtsbindung, Baden-Baden 2012, S. 113 ff.

160 Für die Vereinbarkeit des gerichtlichen Prüfungsumfangs i.R.d. Verfahrens nach Art. 263 AEUV mit Art. 47 GRCh grundlegend EuGH, Urt. v. 8.12.2011, Rs. C386/10 P – *Chalkor*, Rn. 45–67; Urt. v. 8.12.2011, Rs. C272/09 P – *KME u. a.*, Rn. 94 u. 106 ff.; Urt. v. 6.11.2012, Rs. C199/11 – *Otis u. a.*, Rn. 47. Für den Zeitraum vor Inkrafttreten der GRCh vgl. zudem EuGH, Urt. v. 15.2.2005, Rs. C-12/03 P – *Kommission/Tetra Laval*, Rn. 39.

161 VO 1/2003 des Rates v. 16.12.2002 zur Durchführung der in den Artikeln 81 und 82 des Vertrags niedergelegten Wettbewerbsregeln.

162 Urt. v. 18.7.2013, Rs. C501/11 P – *Schindler Holding u. a.*, Rn. 33–39 und Urt. v. 10.7.2014, Rs. C295/12 P – *Telefónica u. a.*, Rn. 51–57, jeweils in ausdrücklicher Verarbeitung der *Menarini*-Rechtsprechung des EGMR. Vgl. zur Problematik eingehend die Schlussanträge von GA *Wathelet* v. 26.9.2013, Rs. C295/12 P – *Telefónica u. a.*, Rn. 107 ff. Zur Nachprüfung kartellrechtlicher Sanktionsentscheidungen vgl. aus der Literatur *H. P. Nehl*, Kontrolle kartellrechtlicher Sanktionsentscheidungen der Kommission durch die Unionsgerichte, in: Immenga/Körber (Hrsg.), Die Kommission zwischen Gestaltungsmacht und Rechtsbindung, Baden-Baden 2012, S. 113 ff sowie speziell zum *Telefónica*-Urteil *C. Seitz*, Der Grundsatz des effektiven gerichtlichen Rechtsschutzes und die Nachprüfungsbefugnis im System der gerichtlichen Kontrolle, EuZW 2014, S. 774 ff.

163 EuGH, Urt. v. 21.2.2016, Rs. C603/13 P – *Galp Energía España*, Rn. 76.

164 Daraus folgt im Rahmen von Direktklagen zugleich ein unterschiedlicher Prüfungsmaßstab vor EuG und EuGH, vgl. illustrativ EuGH, Urt. v. 7.9.2016, Rs. C101/15 P – *Pilkington Group*, Rn. 71 f.

165 Vgl. sinngemäß bereits *M. Herdegen/S. Richter*, Die Rechtslage in den Europäischen Gemeinschaften, in: Frowein (Hrsg.), Die Kontrolldichte bei der gerichtlichen Überprüfung von Handlungen der Verwaltung, 1993, S. 209 (236) unter Bezugnahme auf EuGH, Urt. v. 13.2.1979, Rs. 85/76 – *Hoffmann-La Roche*, Rn. 140 f.

166 Vgl. EuGöD, Urt. v. 17.7.2012, Rs. F-54/11 – *BG*, Rn. 117.

Im Übrigen kann Art. 47 GRCh auch dergestalt als Grenze behördlicher Spielraumausfüllung wirken, dass er das einer nationalen *Verwaltungs*behörde unmittelbar unionsrechtlich eingeräumte Ermessen reduziert. Allerdings handelt es sich bei dieser Form der Ermessensreduktion gerade nicht um ein aus Art. 47 GRCh abgeleitetes Erfordernis, das Verwaltungshandeln einer umfänglichen *gerichtlichen* Kontrolle zu unterwerfen. Vielmehr hat die Verwaltung ihre Befugnisse – z.B. das Einfrieren von Geldern im Rahmen sog. gezielter Sanktionen im Bereich der Außenpolitik – so auszusüben, dass ein (später eingelegter) gerichtlicher Rechtsbehelf nicht gänzlich vereitelt wird, etwa weil keine finanziellen Ressourcen mehr für eine anwaltliche Vertretung zur Verfügung stehen.[167]

Alles in allem sind die aus Art. 47 GRCh abgeleiteten Kontrolldichtevorgaben aber – dem Leitbild der EMRK folgend – in aller Regel auf einen äußersten Rahmen beschränkt. Ein umfassendes Konzept zur individualrechtlichen Bestimmung der gerichtlichen Kontrolldichte kennt das Unionsrecht bis dato nicht.[168] Ein Bedeutungszuwachs von Art. 47 GRCh bei der Bestimmung der gerichtlichen Kontrolldichte wäre im Übrigen strukturell den gleichen Einwänden ausgesetzt wie eine verfassungsrechtliche (und -gerichtliche) Überfrachtung von Art. 19 Abs. 4 GG.[169]

cc) Parallelität von individualrechtlicher und loyalitätsradizierter Dimension

In den ebenenübergreifenden Konstellationen hat sich die Rechtsprechung des Gerichtshofs zum effektiven Rechtsschutz nie ganz von ihren *effet-utile*-Wurzeln lösen können. So betont der EuGH auch in seiner Rechtsprechung zum individualrechtlich radizierten effektiven Rechtsschutz regelmäßig die Verpflichtung der Mitgliedstaaten, in Ermangelung entsprechender unionsrechtlicher Regelungen einen effektiven gerichtlichen Rechtsschutz in den Grenzen von Effektivität und Äquivalenz sicherzustellen.[170] Eine deutliche Abgrenzung zwischen der individualrechtlichen und der loyalitätsbezogenen Dimension findet nur in seltenen Ausnahmefällen statt.[171] Eine Unterscheidung ist im Grundsatz aber schon deshalb geboten, weil beide Argumentationslinien einer

---

[167] EuGH, Urt. v. 12.6.2014, Rs. C314/13 – *Užsienio reikalų ministerija u. a.*, Rn. 29.

[168] Ähnlich *K. Pabel*, Justizgrundrechte, in: Grabenwarter (Hrsg.), in: Grabenwarter (Hrsg.), EnzEuR II – Europäischer Grundrechteschutz, 2014, § 19, Rn. 46.

[169] Zu diesen Einwänden S. 410 ff.

[170] Vgl. EuGH, Urt. v. 15.5.1986, Rs. 222/84 – *Johnston*, Rn. 19; Urt. v. 21.1.1999, Rs. C-120/97 – *Upjohn II*, Rn. 29 ff.; Urt. v. 13.3.2007, Rs. C-432/05 – *Unibet*, Rn. 43; Urt. v. 3.10.2013, Rs. C583/11 P – *Inuit u. a.*, Rn. 97 ff. In der Gesamteinschätzung ähnlich *R. Stotz*, Effektiver Rechtsschutz in der Europäischen Union, in: Zentrum für Europäisches Wirtschaftsrecht (Hrsg.), Vorträge und Berichte – Nr. 206, 2013, S. 4 f.

[171] So EuGH, Urt. v. 22.12.2010, Rs. C279/09 – *DEB*, Rn. 33, in dem der Gerichtshof die auf den Effektivitätsgrundsatz abzielende Frage des vorlegenden Kammergerichts als eine Frage nach der Auslegung von Art. 47 GRCh umformuliert.

anderen Systemlogik folgen und in bestimmten Fallkonstellationen sogar gegeneinander stehen können.[172] Gleichwohl bleibt der Befund festzuhalten, dass der Gerichtshof regelmäßig beide Begründungsstränge parallel bemüht.

b) Kontrolldichtevorgaben für nationale Verwaltungsgerichte

Während der Gerichtshof wiederholt, obgleich in der Sache zurückhaltend, die von den Unionsgerichten zugrunde gelegte Kontrolldichte am Maßstab von Art. 47 GRCh gemessen und in diesem Rahmen zumindest inzident zur Frage der nach Art. 47 GRCh gebotenen Kontrollintensität Stellung genommen hat, formulierte er Kontrolldichtevorgaben für nationale Verwaltungsgerichte bislang allenfalls vereinzelt und mittelbar.[173]

aa) Keine strengeren Vorgaben als für die Kontrolle der Eigenverwaltung

Noch vor Inkrafttreten der Grundrechtecharta erfolgte eine bis heute zentrale Weichenstellung mit der *Upjohn-II*-Entscheidung aus dem Jahre 1999.[174] Danach verpflichtet das Unionsrecht bei Fehlen spezieller Vorgaben für den dezentralen Rechtsschutz die Mitgliedstaaten nicht, ein gerichtliches Kontrollverfahren zum Schutz unionsrechtlich radizierter Rechtspositionen einzuführen, „das eine weitergehende Nachprüfung umfasst, als sie der Gerichtshof in vergleichbaren Fällen vornimmt".[175] Anders gewendet, der auf nationaler Ebene zu gewährleistende Rechtsschutz braucht hinsichtlich der gerichtlichen Kontrolldichte qualitativ nicht über den der EU-Ebene hinauszureichen.

Somit fungiert die unionsrichterliche Kontrolldichte indirekt als *Akzeptanzniveau* der mitgliedstaatlichen Kontrolldichte. Dies gilt jedenfalls soweit sich die gerichtliche Nachprüfung durch das nationale Gericht auf unionsrechtlich (teil-)determiniertes nationales Verwaltungshandeln bezieht. Diese grundlegende Weichenstellung leitete der Gerichtshof allerdings nicht aus der individualrechtlichen Garantie effektiven Rechtsschutzes ab, sondern aus dem loyalitätsradizierten Rechtsschutzauftrag der mitgliedstaatlichen Gerichte.[176] Daraus resultieren zwei wichtige Erkenntnisse: Erstens ist die in der deutschen Verwaltungsrechtsdogmatik vorherrschende subjektivrechtliche Lesart nicht ungefiltert auf die unionsrechtliche Rechtsschutzgarantie im ebenenübergreifenden Verhältnis von Union und Mitgliedstaaten zu übertragen. Zweitens lässt sich jedenfalls in Bezug auf die Exekutive nicht sagen, dass der Gerichtshof bei

---

[172] Etwa wenn der Grundsatz effektiven Rechtsschutzes zugunsten des Einzelnen seinerseits die Effektivität des materiellen Unionsrechts und dessen Durchsetzung behindern könnte, vgl. exemplarisch EuGH, Urt. v. 21.2.2013, Rs. C472/11 – *Banif Bank Plus*, Rn. 29.

[173] So bereits der Befund bei *T. v. Danwitz*, Verwaltungsrechtliches System und Europäische Integration, 1996, S. 327f.

[174] EuGH, Urt. v. 21.1.1999, Rs. C-120/97 – *Upjohn II.*

[175] Ebd., Rn. 35.

[176] Ebd., Rn. 32.

der Kontrolle der innerstaatlichen Verwaltung strengere Maßstäbe anlegen bzw. von nationalen Gerichten einfordern würde als er dies bei der Kontrolle von Unionsorganen tut.[177]

bb) Konkrete Vorgaben für Kontrollmaßstäbe?

Die Judikatur des Gerichtshofs zur Intensität der EU-internen Spielraumkontrolle[178] kommt damit einer Orientierungsmarke gleich, die von den nationalen Gerichten in ihrer Funktion als dezentrale Unionsgerichte jedenfalls nicht übertroffen werden muss. Unter Verweis auf seine eigenen Kontrollmaßstäbe kann der EuGH von den nationalen Gerichten grundsätzlich – abgesehen von den besagten Sonderfällen im Zusammenhang mit verwaltungsbehördlichen Sanktionen[179] – nicht mehr verlangen als eine Nachprüfung, ob die Verfahrens-, Untersuchungs-, und Begründungserfordernisse eingehalten wurden und ob ein offensichtlicher Beurteilungsfehler bzw. ein Ermessensmissbrauch vorliegt.[180]

Aus der Rückbindung an die unionseigenen Kontrollmaßstäbe folgt, dass die dezentrale Durchsetzung unionsrechtlicher Rechtspositionen nicht schon deshalb als übermäßig erschwert oder praktisch unmöglich eingestuft werden darf, weil die gerichtliche Nachprüfung diskretionären Verwaltungshandelns nicht als Vollkontrolle ausgestaltet ist. Allerdings muss das nationale Kontrollverfahren mindestens so beschaffen sein, dass dem prüfenden Verwaltungsgericht im Rahmen der Rechtmäßigkeitsprüfung die Befugnis zukommt, „die maßgebenden Grundsätze und Vorschriften des Unionsrechts tatsächlich anzuwenden".[181] Das bedeutet letztlich aber nichts anderes als dass die effektive Durchsetzung des Unionsrechts grundsätzlich nur eine umfängliche Nachprüfung der *Rechtmäßigkeit*, d.h. der Anwendung der unionsrechtlichen Rechtsmaßstäbe, durch die nationalen Gerichte verlangt. Dementsprechend hat der Gerichtshof auch die „beschränkte" gerichtliche Überprüfbarkeit tatbestandlicher Beurteilungsspielräume durch die deutschen Verwaltungsgerichte für unionsrechtskonform erklärt, wenn bei der gerichtlichen Kontrolle des Verwaltungs-

---

[177] Eine Asymmetrie zwischen der Kontrollintensität des EuGH gegenüber dem Unionsgesetzgeber einerseits und den Mitgliedstaaten andererseits kritisierend *P. M. Huber*, in: Streinz (Hrsg.), EUV/AEUV, 2. Aufl. 2012, Art. 19 EUV, Rn. 15 unter Bezug auf das Urteil *Johnston*.

[178] Vgl. im Überblick bereits S. 46 ff.

[179] Und der in diesem Zusammenhang geforderten eingeforderten Ersetzungsbefugnis der Gerichte in Bezug auf die Festsetzung der verwaltungsbehördlichen Sanktion, bspw. im Kartellrecht.

[180] St. Rspr., vgl. EuGH, Urt. v. 7.1.2004, verb. Rs. C-204/00 P u.a. – *Aalborg Portland u.a. (Zementkartell)*, Rn. 279; v. 6.10.2009, verb. Rs. C501/06 P u.a. – *GlaxoSmithKline* u.a., Rn. 85; Urt. v. 2.9.2010, Rs. C-399/08 P – *Deutsche Post*, Rn. 97; Urt. v. 2.9.2010, Rs. C290/07 P – *Kommission/Scott*, Rn. 66; Urt. v. 12.10.2016, Rs. C242/15 P – *Land Hessen*, Rn. 28.

[181] St. Rspr. seit EuGH, Urt. v. 21.1.1999, Rs. C-120/97 – *Upjohn II*, Rn. 36. Zusammenfassend jüngst EuGH, Urt. v. 6.10.2015, Rs. C71/14 – *East Sussex County Council*, Rn. 58.

handelns die Einhaltung der maßgeblichen Rechtsmaßstäbe des Unionsrechts geprüft wird.[182] Selbst die wenigen Entscheidungen des Gerichtshofs, die ausdrücklich die Frage der unionsrechtlichen Zulässigkeit bzw. Gebotenheit einer verminderten Kontrolldichte aufwerfen, leiten aus der allgemeinen Rechtsschutzgarantie keine näher spezifizierten Vorgaben hinsichtlich der anzulegenden Kontrollmaßstäbe her. Jenseits der primärrechtlich verankerten Rechtsschutzgarantie kommt es freilich stets auf die jeweilige Ausgestaltung des Sekundärrechts an, das die unionsrechtlich geforderte Wirksamkeit des dezentral gewährleisteten Rechtsschutzniveaus ggf. qualifizieren kann. Das kann z.B. dazu führen, dass die Reduktion der gerichtlichen Kontrolle einer nationalen Ermessensausübung auf eine Willkürkontrolle richtlinienwidrig ist.[183]

Im Positiven lässt sich für die Bestimmung der Kontrollmaßstäbe aus der Rechtsprechung zur EU-Eigenverwaltung zudem ableiten, dass der Gerichtshof für die gerichtliche Kontrolle administrativer Entscheidungsspielräume verstärkten Wert auf eine Kontrolle der Einhaltung der Verfahrensvorschriften und namentlich des Erfordernisses der Entscheidungsbegründung legt.[184] Fehlt es an materiell-rechtlichen Maßstäben seitens der Legislative, muss die Exekutive bei Ausübung ihrer Befugnis zu partieller Selbstprogrammierung den ihr hierbei gezogenen Verfahrensrahmen einhalten und ihre Entscheidung hinreichend begründen. Dies gilt nicht zuletzt deshalb, weil die Begründung ihrerseits der Anknüpfungspunkt für die Rechtskontrolle durch die Judikative ist.

c) Zwischenbefund

Damit bleibt festzuhalten, dass die unionsrechtliche Rechtsschutzgarantie im ebenenübergreifenden Kontext, d.h. zuvörderst hinsichtlich des mitgliedstaatlich-dezentralen Verwaltungsvollzugs, nur einen äußeren Mindestrahmen für die Ausgestaltung des innerstaatlichen Kontrollverfahrens zieht – und zwar sowohl für die aus Art. 47 GRCh erfolgende individualrechtliche als auch für die loyalitätsradizierte Dimension der unionalen Rechtsschutzgarantie. Vor allem der in *Upjohn II* dergestalt vorgenommene Konnex, dass die Kontrolldichte auf nationaler Ebene grundsätzlich nicht das Niveau der Kontrolldichte auf unionaler Ebene überschreiten muss, deckelt den unionsrechtlichen Zugriff auf das innerstaatliche Verfahrensrecht, jedenfalls soweit es an einer sekundärrechtlichen Spezifizierung fehlt.

---

182 Urt. v. 9.6.2005, verb. Rs. C211/03, C299/03 und C316/03 bis C318/03 – *HLH Warenvertrieb und Orthica*, Rn. 79.

183 So in einem vergaberechtlichen Fall EuGH, Urt. v. 18.6.2002, Rs. C-92/00 – *HI*, Rn. 57–64.

184 Grundlegend EuGH, Urt. v. 21.11.1991, Rs. C-269/90 – *Hauptzollamt München/TU München*, Rn. 14. Vgl. aus der Rechtsprechung des EuG zudem Urt. v. 11.9.2002, Rs. T13/99 – *Pfizer Animal Health/Rat*, Rn. 171 sowie Urt. v. 9.9.2008, Rs. T75/06 – *Bayer CropScience u. a.*, Rn. 256 (vorstehendes Urteil wiederholend).

Wegen der im internationalen Vergleich hohen Kontrollintensität deutscher Verwaltungsgerichte werden unionsrechtliche Korrekturen der gerichtlichen Nachprüfung administrativer Entscheidungsspielräume daher nach wie vor die Ausnahme bleiben.[185] Hier offenbart sich eine interessante wissenschaftssoziologische Beobachtung: Die mitunter erheblichen Einflüsse des Unionsrechts auf die administrativen Entscheidungsspielräume der nationalen Ebene geraten der Wissenschaft in Deutschland möglicherweise auch deswegen erstaunlich selten in den Blick, weil sie sich gerade im Bereich der Kontrolldichte am schwächsten auswirken, also genau dort, wo die klassische Spielraumdiskussion bis dato ihren Schwerpunkt hatte.[186]

4. Innerstaatlich: Art. 19 Abs. 4 GG

Die Frage der gerichtlichen Kontrollintensität diskretionären Verwaltungshandelns ist in Deutschland auf das Engste mit der Rechtsschutzgarantie des Art. 19 Abs. 4 GG verbunden.

a) Grundentscheidung für ein judikatives Letztentscheidungsrecht?

Ihre Wurzeln hat die rechtsdogmatische Verbindung der gerichtlichen Kontrolldichte mit der Garantie effektiven Rechtsschutz nach Art. 19 Abs. 4 GG in der Verwaltungsrechtslehre der frühen Bundesrepublik.[187] Der Blick in die Abgründe der nationalsozialistischen Verwaltung und ihrer gerichtlichen Kontrolle führte zu einem Verständnis der Rechtsschutzgarantie, dem jegliche Form administrativer Entscheidungsspielräume grundsätzlich als rechtfertigungsbedürftig erschien.[188] Diese tief verankerte Spielraumskepsis gegenüber der Verwaltung, die nicht zuletzt zur dogmatischen Differenzierung zwischen Ermessens- und Beurteilungsspielraum beigetragen hat, unterscheidet das deutsche Recht grundlegend von zahlreichen anderen europäischen Rechtsordnungen, in denen textlich vergleichbare Gewährleistungen effektiven Rechtsschutzes statuiert werden.[189]

---

[185] Vgl. bereits *J. Schwarze*, Europäische Rahmenbedingungen für die Verwaltungsgerichtsbarkeit, NVwZ 2000, S. 241 (249f.).

[186] Vgl. für die Bedeutung der Handlungsperspektive aber Fn. 4.

[187] Dazu *T. Elsner*, Das Ermessen im Lichte der Reinen Rechtslehre, 2011, S. 41 ff.

[188] Vgl. *C.H. Ule*, Verwaltungsgerichte überstaatlicher und internationaler Organisationen, DVBl 1953, S. 491 (496f.); *ders.*, Zur Anwendung unbestimmter Rechtsbegriffe im Verwaltungsrecht, GS W Jellinek, 1955, S. 309 (314); *H. Reuß*, Das Ermessen – Versuch einer Begriffsklärung, DVBl. 1953, S. 585 (589). Differenzierter indes *O. Bachof*, Beurteilungsspielraum, Ermessen und unbestimmter Rechtsbegriff im Verwaltungsrecht, JZ 1955, S. 97 (99ff.). Vgl. bereits S. 18ff.

[189] Ähnliche Vorschriften finden sich u.a. in §63 Abs. 1 S. 1 der dänischen Verf., §15 der estnischen Verf., §21 der finnischen Verf., Art. 20 Abs. 1 der griechischen Verf.; Art. 113 der italienischen Verf.; Art. 30 der litauischen Verf., Art. 20 der portugiesischen Verf., Art. 21

Auch heute noch entnehmen sowohl die Rechtsprechung des BVerfG[190] als auch die überwiegende Auffassung in der Literatur der Rechtsschutzgarantie des Art. 19 Abs. 4 GG eine verfassungsrechtliche Grundentscheidung zugunsten eines Letztentscheidungsrechts der Gerichte.[191] Die Aussage, Art. 19 Abs. 4 GG „dirigiere"[192] insoweit die gerichtliche Kontrolldichte im Verwaltungsprozess, bedarf freilich stets des ergänzenden Hinweises auf die Gesetzesakzessorietät gerichtlicher Kontrolle.[193] Die über Art. 19 Abs. 4 GG individualrechtlich effektivierte Kontrolle durch die Gerichte kann grundsätzlich nicht weiter reichen als die materiell-rechtlichen Bindungen der kontrollierten Verwaltung.[194] Die Frage der Kontrolldichte stellt sich damit auch unter dem Aspekt des Art. 19 Abs. 4 GG letztlich als eine *kompetenzrechtliche* Frage in einem dreipoligen Verhältnis zwischen Legislative, Exekutive und Judikative dar, im Rahmen des-

---

Abs. 1 der rumänischen Verf., Art. 46 Abs. 1 der slowakischen Verf., Art. 23 der slowenischen Verf. und Art. 24 Abs. 1 der spanischen Verf. Für einen rechtsvergleichenden Überblick vgl. die in Fn. 43 aufgeführte Literatur sowie *M. Brenner*, Allgemeine Prinzipien des verwaltungsgerichtlichen Rechtsschutzes in Europa, DV 31 (1998), S. 1 (6 ff.); *H. Schulze-Fielitz*, in: Dreier (Hrsg.), GG I, 3. Aufl. 2013, Art. 19 IV, Rn. 33 f.; *A. Eser*, in: Meyer (Hrsg.), Charta der Grundrechte, 4. Aufl. 2014, Art. 47, Rn. 6a.

190 BVerfG, Beschl. v. 31.5.2011, 1 BvR 857/07, BVerfGE 129, 1 – *Investitionszulagengesetz I*, Rn. 75 (juris): „Will [der Gesetzgeber] im Übrigen gegenüber von ihm anerkannten subjektiven Rechten die gerichtliche Kontrolle zurücknehmen, hat er zu berücksichtigen, dass im gewaltenteilenden Staat grundgesetzlicher Prägung die letztverbindliche Normauslegung und *auch die Kontrolle der Rechtsanwendung im Einzelfall grundsätzlich den Gerichten vorbehalten ist.* Deren durch Art. 19 Abs. 4 Satz 1 GG garantierte Effektivität darf auch der Gesetzgeber nicht durch zu zahlreiche oder weitgreifende Beurteilungsspielräume für ganze Sachbereiche oder gar Rechtsgebiete aushebeln. Die Freistellung der Rechtsanwendung von gerichtlicher Kontrolle bedarf stets eines hinreichend gewichtigen, am Grundsatz eines wirksamen Rechtsschutzes ausgerichteten Sachgrunds."

191 Wobei die Akzente freilich mitunter unterschiedlich gesetzt werden, vgl. *H. Schulze-Fielitz*, in: Dreier (Hrsg.), GG I, 3. Aufl. 2013, Art. 19 IV, Rn. 116 („Strukturentscheidung"); *F. Schoch*, Gerichtliche Verwaltungskontrollen, in: Hoffmann-Riem/Schmidt-Aßmann/Voßkuhle (Hrsg.), GVwR III, 2. Aufl. 2013, § 50, Rn. 258 ff. („entscheidende Weichenstellung"); *E. Schmidt-Aßmann*, in: Maunz/Dürig, GG, Art. 19 IV (72. EL 2014), Rn. 183 („Grundsatz ... vollständiger richterlicher Rechtskontrolle"); *P. M. Huber*, in: v. Mangoldt/Klein/Starck (Hrsg.), GG I, 6. Aufl. 2010, Art. 19, Rn. 509 ff.; *C. Enders*, in: Epping/Hillgruber (Hrsg.), GG (34. Ed. 2017), Art. 19, Rn. 75; *M. Sachs*, in: ders. (Hrsg), GG Kommentar, 7. Aufl. 2014, Art. 19, Rn. 143 ff.; *H.-J. Papier*, Rechtsschutzgarantie gegen die öffentliche Gewalt, in: Isensee/Kirchhof (Hrsg.), HStR VIII, 3. Aufl. 2010, § 177, Rn. 68 ff.; *M. Gerhardt*, in: Schoch/Schneider/Bier (Hrsg.), VwGO, Vorbem. § 113 (Grundwerk 1997), Rn. 19, jeweils m. w. N.

192 *P. M. Huber*, in: v. Mangoldt/Klein/Starck (Hrsg.), GG I, 6. Aufl. 2010, Art. 19, Rn. 509.

193 So dann auch ebd., Rn. 513 („streng gesetzesakzessorische Kontrolle").

194 St. Rspr., vgl. BVerfG, Beschl. v. 16.12.1992, 1 BvR 167/87, BVerfGE 88, 40 (61) – *Private Grundschulen*, Rn. 55 (juris); Urt. v. 20.02.2001, 2 BvR 1444/00, BVerfGE 103, 142 (156 f.) – *Gefahr im Verzug*, Rn. 51 (juris); Urt. v. 23.05.2006, 1 BvR 2530/04, BVerfGE 116, 1 (18) – *Insolvenzverwalter*, Rn. 47 (juris). Vgl. aus der Literatur prägnant *M. Jestaedt*, Maßstäbe des Verwaltungshandelns, in: Ehlers/Pünder (Hrsg.), Allgemeines Verwaltungsrecht, 15. Aufl. 2016, § 11, Rn. 38 sowie *C. Enders*, in: Epping/Hillgruber (Hrsg.), GG (34. Ed. 2017), Art. 19, Rn. 51.

sen der Rechtsschutzauftrag durch die Legislative funktionsgerecht und leistungsspezifisch zu bestimmen ist.[195]

Nach dem Verständnis der Rechtsprechung und weiter Teile der Literatur gilt das Verhältnis zwischen Exekutive und Judikative gleichwohl durch Art. 19 Abs. 4 GG als zugunsten eines Letztentscheidungsrechts der Judikative präjudiziert. Die Legislative darf zwar von diesem Grundsatz abweichen, unterliegt dabei aber einem verfassungsrechtlichen Rechtfertigungserfordernis,[196] das mit steigender Eingriffsintensität zunimmt.[197] Letztlich geht es also um ein Regel-Ausnahme-Verhältnis zugunsten einer „umfassenden" gerichtlichen Kontrolle.[198] Seine verfassungsrechtliche Bedeutung erlangt Art. 19 Abs. 4 GG in diesem Kontext also vor allem als *Schranke des Gesetzgebers*. Die Konzeption einer verfassungsrechtlich verankerten Grundentscheidung für eine hohe gerichtliche Kontrolldichte ist freilich ihrerseits nur im Kontext der verwaltungsprozessualen Engführung über die Rechtsfigur des subjektiven Rechts zu verstehen,[199] die im Rechtsvergleich ebenfalls ein Alleinstellungsmerkmal des deutschen Verwaltungsrechts darstellt.[200]

Gerade angesichts dieses rechtsvergleichenden Hintergrunds sollte das Ziel rechtsstaatlicher Freiheitssicherung nicht voreilig mit einer hohen gerichtlichen Kontrolldichte gleichgesetzt werden. Mit *Martin Eifert* erfolgt die Freiheitssicherung vielmehr über eine sachangemessene Verteilung der Letztentscheidungsrechte zwischen Exekutive und Judikative und gerade „nicht schematisch über eine Maximierung von Gerichtskontrolle".[201] Daher spricht viel dafür,

---

195 *E. Schmidt-Aßmann*, in: Maunz/Dürig, GG, Art. 19 IV (72. EL 2014), Rn. 180.

196 Besonders klar abermals BVerfG, Beschl. v. 31.5.2011, 1 BvR 857/07, BVerfGE 129, 1 – *Investitionszulagengesetz I*, Rn. 75 (juris).

197 Besonders deutlich *H. Schulze-Fielitz*, in: Dreier (Hrsg.), GG I, 3. Aufl. 2013, Art. 19 IV, Rn. 128: Die Norm enthalte eine „Argumentationslastregel", derzufolge umso „mehr Rechtfertigungsgründe, für die Abkehr vom Regel-Ausnahme-Gehalt des Art. 19 IV GG i. S. eines hinreichend gewichtigen, tragfähigen Sachgrundes erforderlich" seien, je stärker der administrative Entscheidungsspielraum die Gerichtskontrolle einschränke.

198 Ebd. sowie *F. Schoch*, Gerichtliche Verwaltungskontrollen, in: Hoffmann-Riem/Schmidt-Aßmann/Voßkuhle (Hrsg.), GVwR III, 2. Aufl. 2013, § 50, Rn. 261, der aber zugleich betont, dass damit nicht etwa eine verfassungsrechtliche Bedenklichkeit administrativer Entscheidungsspielräume indiziert sei. Vielmehr werde im Sinne „handhabbarer Rechtsdogmatik" klargestellt, „was im Regelfall gilt und dass Ausnahmen hiervon sachlich begründet sein wollen."

199 Das Verhältnis von Klagebefugnis und Kontrolldichte als ein Verhältnis kommunizierender Röhren beschreibend *R. Herzog*, Verfassung und Verwaltungsgerichte – zurück zu mehr Kontrolldichte?, NJW 1992, S. 2601 (2601 f.).

200 Vgl. *S. Neidhardt*, Nationale Rechtsinstitute als Bausteine europäischen Verwaltungsrechts, 2008, S. 87 ff. und *C. D. Classen*, Die Europäisierung der Verwaltungsgerichtsbarkeit, 1996, S. 190. Zu Konvergenzbewegungen zwischen französischem und deutschem Verwaltungsprozessrecht s. aber eingehend *N. Marsch*, Subjektivierung der gerichtlichen Verwaltungskontrolle in Frankreich, 2011, S. 86 ff.

201 *M. Eifert*, Gerichtliche Kontrolle der Entscheidungen der Bundesnetzagentur, ZHR 174 (2010), S. 449 (454).

einer Rechtsschutzgarantie wie Art. 19 Abs. 4 GG jedenfalls keinen materiellen Vorrang der gerichtlichen Vollkontrolle, sondern allenfalls eine Verteilung von Argumentationslasten zu entnehmen.[202]

b) Rechtsprechungskonsolidierung seit 2011

Hier ist indes nicht der Ort, um der Vielzahl an möglichen Implikationen des Art. 19 Abs. 4 GG mit Blick auf die Kontrolldichte auf innerstaatlicher Ebene im Einzelnen nachzuspüren.[203] Es genügt festzuhalten, dass die jüngere Rechtsprechung des BVerfG die viel diskutierten Leitentscheidungen der 1990er Jahre[204] fortführt und in einigen Punkten präzisiert.[205] Letztlich handelt es sich um eine Position, die, von der normativen Ermächtigungslehre ausgehend, die kompetenzzuweisende Funktion der gesetzgeberischen Ausgestaltung im Grundsatz anerkennt, zugleich aber durch Art. 19 Abs. 4 GG begrenzt.

Auf der einen Seite erkennt das BVerfG die Gesetzesakzessorietät gerichtlicher Kontrolle an, wenn es unter Anknüpfung an seine frühere Rechtsprechung ausführt, dass die materiell geschützte Rechtsposition nicht aus der Garantie effektiven Rechtsschutzes selbst folgt, sondern darin vorausgesetzt wird.[206] Gerichtliche Kontrolle könne nicht weiter reichen als die materiell-rechtliche Bindung der kontrollierten Verwaltung und ende folglich „dort, wo das materielle Recht in verfassungsrechtlich unbedenklicher Weise das Entscheidungsverhalten nicht vollständig determiniert und der Verwaltung einen Einschätzungs- und Auswahlspielraum belässt".[207] Daran anknüpfend fordert das BVerfG ganz im Sinne der normativen Ermächtigungslehre eine ausdrückliche oder jedenfalls durch Auslegung zu ermittelnde gesetzliche Grundlage administrativer Entscheidungsspielräume ein.[208]

---

[202] Ebd.

[203] Weiterführend *F. Schoch*, Gerichtliche Verwaltungskontrollen, in: Hoffmann-Riem/Schmidt-Aßmann/Voßkuhle (Hrsg.), GVwR III, 2. Aufl. 2013, § 50, Rn. 258 ff. m. w. N.; *W.-R. Schenke*, Die Bedeutung der verfassungsrechtlichen Rechtsschutzgarantie des Art. 19 Abs. 4 GG, JZ 1988, S. 317 ff. sowie die in Fn. 191 aufgeführte Rechtsprechung.

[204] Namentlich BVerfG, Beschl. v. 27.11.1990, 1 BvR 402/87, BVerfGE 83, 130 – *Josefine Mutzenbacher* und Beschl. v. 17.4.1991, 1 BvR 419/81 u. a., BVerfGE 84, 34 – *Prüfungsentscheidungen* (dazu *K. Redeker*, Verfassungsrechtliche Vorgaben zur Kontrolldichte verwaltungsgerichtlicher Rechtsprechung, NVwZ 1992, S. 305 ff.) und BVerfG, Beschl. v. 16.12.1992, 1 BvR 167/87, BVerfGE 88, 40 – *Private Grundschulen* (dazu *E. Schmidt-Aßmann/T. Groß*, Zur verwaltungsgerichtlichen Kontrolldichte nach der Privatgrundschul-Entscheidung des BVerfG, NVwZ 1993, S. 617 ff.).

[205] Vgl. insbesondere BVerfG, Beschl. v. 31.5.2011, 1 BvR 857/07, BVerfGE 129, 1 – *Investitionszulagengesetz I* und daran anknüpfend Beschl. v. 8.12.2011, 1 BvR 1932/08, NVwZ 2012, S. 694 – *Nachprüfbarkeit von Regulierungsverfügungen*.

[206] BVerfG, Beschl. v. 31.5.2011, 1 BvR 857/07, BVerfGE 129, 1 – *Investitionszulagengesetz I*, Rn. 69 (juris).

[207] Ebd., Rn. 73 (juris).

[208] Ebd., Rn. 74. Dabei lässt das BVerfG aber ausdrücklich offen, ob administrative Entscheidungsspielräume in bestimmten Fällen auch ohne gesetzliche Grundlage verfassungs-

Auf der anderen Seite zieht das BVerfG Art. 19 Abs. 4 GG als Grenze der gesetzgeberischen Ermächtigungsbefugnis heran, wenn es ausführt, „dass im gewaltenteilenden Staat grundgesetzlicher Prägung die letztverbindliche Normauslegung und auch die Kontrolle der Rechtsanwendung im Einzelfall grundsätzlich den Gerichten vorbehalten" sei, deren Effektivität auch der Gesetzgeber wegen Art. 19 Abs. 4 S. 1 GG „nicht durch zu zahlreiche oder weitgreifende Beurteilungsspielräume für ganze Sachbereiche oder gar Rechtsgebiete aushebeln" dürfe.[209] Die Reduktion von gerichtlicher Kontrolle bedürfe deshalb stets „eines hinreichend gewichtigen, am Grundsatz eines wirksamen Rechtsschutzes ausgerichteten Sachgrunds."[210]

Das BVerwG hat diese verfassungsrechtliche Prüfung von Grund und Grenzen administrativer Entscheidungsspielräume in ein dreistufiges Prüfungsprogramm überführt. Danach setzt die Annahme eines behördlichen Entscheidungsspielraumes[211] voraus, dass *erstens* eine entsprechende gesetzliche Ermächtigung erteilt wurde, *zweitens* ein hinreichend gewichtiger Sachgrund mit Blick auf die (in der Verminderung der Kontrolldichte gesehene) Einschränkung von Art. 19 Abs. 4 GG vorliegt und *drittens* die Möglichkeit zu einer substanziellen fachgerichtlichen Kontrolle des Behördenhandelns nicht in Frage gestellt wird.[212]

c) Relevanz in ebenenübergreifenden Fallgestaltungen

In ebenenübergreifenden Konstellationen kann diese strenge Vorgabe aus Art. 19 Abs. 4 GG freilich Aufweichungen erfahren. Insbesondere in unionsrechtlich (teil-)determinierten Sachbereichen findet u. U. eine Modifikation bzw. Verdrängung der Maßstäbe des Art. 19 Abs. 4 GG statt.[213] Dies gilt auch für die Frage der Kontrolldichte, wie das BVerwG jüngst zutreffend im Kontext des Visumrechts festgestellt hat. Demnach werden im Bereich des indirekten Vollzuges die in der deutschen Verwaltungsrechtstradition geltenden Fallgruppen und Maßstäbe hinsichtlich der Spielraumkontrolle vom Unionsrecht über-

---

rechtlich zulässig sind, soweit eine gerichtliche Vollkontrolle „zweifelsfrei an die Funktionsgrenzen der Rechtsprechung stieße", wobei das BVerfG insoweit auf seinen Beschl. v. 17.4. 1991, 1 BvR 419/81 u. a., BVerfGE 84, 34 – *Prüfungsentscheidungen* verweist.

[209] BVerfG, Beschl. v. 31.5.2011, 1 BvR 857/07, BVerfGE 129, 1 – *Investitionszulagengesetz I*, Rn. 75 (juris) für die Konstellation, dass der Gesetzgeber bereits ein subjektives Recht verliehen hat.

[210] Ebd. *H. Schulze-Fielitz*, in: Dreier (Hrsg.), GG I, 3. Aufl. 2013, Art. 19 IV, Rn. 128 knüpft hieran eine „Argumentationslastregel", derzufolge die Rechtsfertigungsbedürftigkeit steige, je stärker Art. 19 Abs. 4 GG eingeschränkt werde.

[211] Konkret ging es um einen tatbestandlichen Beurteilungsspielraum.

[212] BVerwG, Beschl. v. 10.12.2014, 6 C 18/13, BVerwGE 151, 56, Rn. 34 (juris).

[213] Zur Europäisierung des Art. 19 Abs. 4 GG eingehend *O. Dörr*, Der europäisierte Rechtsschutzauftrag deutscher Gerichte, 2003, S. 201 ff. Zur Einwirkung des Unionsrechts instruktiv auch *C. Enders*, in: Epping/Hillgruber (Hrsg.), GG (34. Ed. 2017), Art. 19, Rn. 66 ff.

lagert, da es im Rahmen des Unionsrechts gerade *Aufgabe des Unionsgesetzgebers* ist, die von Art. 47 GRCh, Art. 6 u. 13 EMRK bzw. Art. 19 Abs. 4 GG vorausgesetzten Rechtspositionen auszugestalten.[214] Verlangt das Unionsrecht also, wie im Bereich des TK- oder Visumrechts gezeigt,[215] ein sich auch gegenüber der Judikative manifestierendes Letztentscheidungsrecht der Verwaltung, kann dem Art. 19 Abs. 4 GG nicht entgegengehalten werden.[216]

IV. Föderative Stufungen der Kontrolldichtebestimmung: eine Fallstudie

Die Rechtsprechung zur Begründung administrativer Entscheidungsspielräume zeigt, dass das Unionsrecht, soweit es diagonal auf das Verhältnis der nationalen Exekutive zur nationalen Judikative einwirkt, in aller Regel nur das „Ob" eines solchen behördlichen Letztentscheidungsrechts vorgibt. Demgegenüber überlässt es das „Wie" der gerichtlichen Kontrolle, d. h. die Bestimmung der Fehlerlehre und die daraus abzuleitenden Kontrollmaßstäbe, in aller Regel dem nationalen Recht.[217] Insoweit lässt sich eine *föderative Stufung der Kontrolldichtebestimmung* nachweisen. Das „Ob" erfolgt auf unionaler, das „Wie" auf nationaler Ebene. In der Rechtsprechung der untersuchungsgegenständlichen Referenzgebiete finden sich zahlreiche Beispiele für eine solche föderative Aufgabenverteilung bzw. derlei föderative *Spielräume für die Spielraumkontrolle*. In den vorstehenden Kapiteln wurden die einschlägigen Urteile bereits im Kontext der Begründung, Ausübung und (materiell-rechtlichen) Begrenzung von Spielräumen vorgestellt. Daran anknüpfend werden nun in gebotenere Kürze die jeweils gerichtlich zugrunde gelegten Kontrollmaßstäbe bzw. Fehlertopoi im Sinne des „Wie" aufgezeigt.

1. Spielraumkontrolle bei ordnungsrechtlichem Verwaltungshandeln

Im Bereich des ordnungsrechtlich grundierten Migrationsrechts erweist sich unter dem Gesichtspunkt der Kontrolldichte sowohl die Rechtsprechung zum Ausweisungsrecht als auch zum Visumrecht aufschlussreich.

---

214 BVerwG, Urt. v. 17.9.2015, 1 C 37/14, NVwZ 2016, 161, Rn. 20 (juris).

215 Vgl. S. 230 ff. und S. 243 ff.

216 Über Art. 79 Abs. 3 GG lässt sich jedenfalls eine bestimmte Kontrolldichtekonzeption nicht schützen und daher im Rahmen einer Identitätskontrolle einfordern.

217 Dementsprechend gering fällt die Modifikation der nationalen Fehlerlehre aus, vgl. *S. Kadelbach*, Allgemeines Verwaltungsrecht unter europäischem Einfluss, 1999, S. 453 ff.

a) Fehlerlehre im Visumsrecht

Die Leitentscheidung, mit der das BVerwG den aus seiner Sicht unionsrechtlich gebotenen Beurteilungsspielraum der Visabehörden bei der Prüfung von Gründen für die Erteilungsverweigerung anerkannte,[218] wurde bereits im Kontext der Spielraumbegründung und -ausfüllung betrachtet.[219] Den vom EuGH abstrakt vorgegebenen Entscheidungsspielraum[220] übersetzt das BVerwG in die deutsche Dogmatik im Sinne eines tatbestandlichen Beurteilungsspielraums.[221]

aa) Mehrstufigkeit der Kontrolldichtebestimmung

Mit Blick auf die Bestimmung der Kontrolldichte lohnt es sich, die beiden zentralen Passagen der bundesverwaltungsgerichtlichen Entscheidung hier in ihrem vollen Wortlaut wiederzugeben. Zunächst entnimmt das BVerwG dem Unionsrecht die Grundentscheidung für ein Letztentscheidungsrecht der nationalen Visabehörden im Sinne des „Ob". Etwaige einschränkende Voraussetzungen der nationalen Spielraumlehre, namentlich aus Art. 19 Abs. 4 GG, kämen mit Blick auf die Begründung des Spielraumes nicht mehr in Betracht:

> „Für den Vollzug unionsrechtlicher Normen sind, unabhängig von den im innerstaatlichen Recht anerkannten Fallgruppen von Beurteilungsspielräumen, den Behörden diejenigen Entscheidungsfreiräume zuzugestehen, die ihnen die zu vollziehende Unionsnorm einräumt oder die notwendig sind, um die Ziele der unionsrechtlichen Bestimmung zu erreichen. Die in der deutschen Verwaltungsrechtstradition geltenden Maßstäbe werden insoweit vom Unionsrecht überlagert. Denn im Rahmen des europäischen Rechts ist es *Aufgabe des europäischen Gesetz- bzw. Verordnungsgebers die Rechtspositionen auszugestalten*, die Art. 6 Abs. 3 EUV i. V. m. Art. 13 EMRK und Art. 47 GRC (und im deutschen Rechtskreis Art. 19 Abs. 4 GG) voraussetzen. Wenn, wie hier, die maßgebenden Regelungen des Unionsrechts in der Auslegung durch den Gerichtshof der Europäischen Union bestimmen, dass den zuständigen Behörden eine *Letztentscheidungskompetenz zukommt, ist demnach kein Raum mehr für die in der deutschen Verwaltungsrechtslehre und -rechtsprechung entwickelten einschränkenden Voraussetzungen für die Annahme von Beurteilungsspielräumen.*"[222]

Fortführend stellt das BVerwG fest, dass das einschlägige materielle Unionsrecht in Gestalt des Visakodex (VK) keine näheren Vorgaben über den Umfang der gerichtlichen Kontrolle, d. h. insbesondere über die konkret anzulegenden Kontrollmaßstäbe bzw. Fehlertopoi enthalte. Diese Parameter im Sinne des

---

[218] Hier geht es insofern um einen ordnungsrechtlichen Modus, als die Beurteilung der Rückkehrabsicht bzw. etwaiger Gefahren für die öffentliche Ordnung und Sicherheit in Rede steht.

[219] Siehe S. 248 ff. u. 304 ff.

[220] EuGH, 19.12.2013, Rs. C-84/12 – *Koushkaki*, Rn. 56 ff.

[221] BVerwG, Urt. v. 17.9.2015, 1 C 37/14, NVwZ 2016, 161, Rn. 20 (juris).

[222] Ebd., Hervorh. hinzugefügt.

„Wie" der gerichtlichen Kontrolle seien vielmehr dem nationalen Recht, hier: der deutschen Spielraumdogmatik, zu entnehmen:

„Das hier anwendbare Unionsrecht macht keine Vorgaben für den Umfang der gerichtlichen Kontrolle des als ‚weiten Beurteilungsspielraum' bezeichneten behördlichen Entscheidungsspielraums. … Soweit dem einschlägigen Unionsrecht keine verbindlichen Feststellungen zu der gebotenen Gerichtskontrolle entnommen werden können, sind die Verfahrensmodalitäten, die den Schutz der dem Bürger aus dem Unionsrecht erwachsenen Rechte gewährleisten sollen, nach dem Grundsatz der Verfahrensautonomie der Mitgliedstaaten Sache der innerstaatlichen Rechtsordnung eines jeden Mitgliedstaats. … Der unionsrechtlich vorgegebene Entscheidungsspielraum der zuständigen Behörde wirkt sich aber auf die Intensität der gerichtlichen Kontrolle nach nationalem Recht aus; sie kann nicht weiter reichen als die materiell-rechtliche Bindung der Instanz, deren Entscheidung überprüft werden soll.[223] Die Kontrollmaßstäbe sind daher den Grundsätzen zu entnehmen, die das Bundesverwaltungsgericht zur gerichtlichen Überprüfung von Beurteilungsspielräumen nach deutschem Verwaltungsrecht entwickelt hat".[224]

Damit ist die *Mehrstufigkeit der Kontrolldichtebestimmung* etabliert: Das Unionsrecht gibt den grundsätzlichen Bestand eines administrativen Letztentscheidungsrechts im diagonalen Zugriff auf die nationale Exekutive vor, während das innerstaatliche Recht in Ermangelung unionsrechtlicher Feinvorgaben die konkret anzulegenden Kontrollmaßstäbe bzw. Fehlertopoi bestimmt. Die gerichtliche Kontrolle beschränkt sich nach dem BVerwG nur darauf zu überprüfen, „ob die Behörde die gültigen Verfahrensbestimmungen eingehalten hat, von einem richtigen Verständnis des anzuwendenden Gesetzesbegriffs ausgegangen ist, den erheblichen Sachverhalt vollständig und zutreffend ermittelt hat und sich bei der eigentlichen Beurteilung an allgemeingültige Bewertungsmaßstäbe gehalten, insbesondere das Willkürverbot nicht verletzt hat."[225]

Bei der Rekapitulation der einschlägigen Kontrollmaßstäbe zur Ermittlung etwaiger Beurteilungsfehler verweist das BVerwG im Übrigen explizit auf seine

[223] Diesen Hinweis auf die Rückwirkung der Regelungs- auf die Kontrolldichte könnte man, isoliert betrachtet, auch dahingehend verstehen, dass das BVerwG den unionsrechtlich vorgegebenen Beurteilungsspielraum im Ursprung nur auf das Verhältnis von Exekutive und Legislative bezogen wissen will (Der EuGH war in Sachen *Koushkaki* vom vorlegenden VG Berlin nicht explizit nach der gerichtlichen Kontrolldichte gefragt worden). Dann allerdings würde das BVerwG nicht zuvor von „Letztentscheidungsrecht" sprechen, was notwendig immer auch das Verhältnis der Exekutive zur Judikative einschließt. Ins Leere stieße ansonsten auch das die Spielraumbegründung absichernde Argument, demzufolge die „einschränkenden Voraussetzungen für die Annahme von Beurteilungsspielräumen" nach deutschem Recht wegen des insoweit vorrangigen Unionsrechts vorliegend nicht zum Zuge kommen dürften. Denn diese „einschränkenden Voraussetzungen" sind, wie gesehen, Rechtfertigungserfordernisse, die dem Gesetzgeber aus Art. 19 Abs. 4 GG auferlegt werden, wenn er vom Grundsatz umfassender gerichtlicher Kontrolle abweichen will. Diese Abweichung betrifft aber gerade das Verhältnis von Exekutive und Judikative. Würde dieses vom Unionsrecht gänzlich ausgeklammert, könnte das deutsche Recht insoweit auch nicht unionsrechtlich überlagert werden. Bedauerlicherweise verzichtete das BVerwG auf eine Klärung durch den EuGH (ebd., Rn. 24).

[224] BVerwG, Urt. v. 17.9.2015, 1 C 37/14, NVwZ 2016, 161, Rn. 21 (juris).

[225] Ebd.

Rechtsprechung zum TK-Recht.[226] Dies unterstreicht die Parallelität der sich in beiden Rechtsgebieten stellenden Rechtsfragen. Ähnlich wie der EuGH[227] hebt somit auch die Rechtsprechung des BVerwG zu Beurteilungsspielräumen die Einhaltung der verfahrensrechtlichen Vorgaben hervor. Im Kontext des Visumrechts kann daraus u. a. die Pflicht zu einer umfänglichen Dokumentation abgeleitet werden,[228] die ihrerseits die gerichtliche Kontrolle anhand der soeben rekapitulierten Maßstäbe erlaubt.

bb) Kontrolldichtebestimmung allein durch Unionsrecht

Mittlerweile ist der EuGH in einer Entscheidung der Großen Kammer im Fall *Fahimian* sogar dazu übergegangen, konkrete unionsrechtliche Forderungen an die Intensität der Kontrolle von diskretionärem Verwaltungshandeln durch nationale Gerichte zu formulieren.[229]

Im Bereich des richtlinienbasierten Einwanderungsrechts hat er den nationalen Verwaltungsbehörden nicht nur unter ausdrücklichem Rückbezug auf seine Rechtsprechung zum Visakodex einen weiten Beurteilungsspielraum bei der Erteilung von Studentenvisa zuerkannt,[230] sondern zugleich klargestellt, dass „die gerichtliche Kontrolle der Beurteilung auf die Prüfung offenkundiger Fehler beschränkt“ sein muss, weil die „zuständigen nationalen Behörden bei der Beurteilung des Sachverhalts über einen weiten Spielraum verfügen“.[231] Außerdem müsse „sich die Kontrolle insbesondere auf die Wahrung der Verfahrensgarantien beziehen, der eine grundlegende Bedeutung“ zukomme, wobei zu diesen Garantien insbesondere „die Verpflichtung der Behörden, sorgfältig und unparteiisch alle relevanten Gesichtspunkte des Einzelfalls zu untersuchen (...), sowie die Verpflichtung, ihre Entscheidung hinreichend zu begründen“ gehörten.[232] Damit hat der EuGH auch für die gerichtliche Kontrolle unionsrechtlich induzierten Verwaltungshandelns nationaler Verwaltungsbehörden durch *nationale Gerichte* nicht nur das „Ob“ einer reduzierten Kontrolldichte, sondern zugleich das „Wie“ des gerichtlichen Fehlerprogramms vorgegeben. Diese Fehlerlehre deckt sich, wie gesehen, weitgehend mit dem Ansatz des BVerwG.

Es bleibt aber dabei, dass dort, wo das Unionsrecht keine Vorgaben für die Fehlerlehre trifft und nur das „Ob“ eines administrativen Letztentscheidungsrechts vorgibt, auf die nationale Fehlerlehre zurückzugreifen ist.

---

226 Ebd.

227 Vgl. in Bezug auf die EZB EuGH, Urt. v. 16.6.2015, Rs. C-62/14 – *Gauweiler u. a.*, Rn. 69.

228 So *A. Pfersich*, Urteilsanmerkung, ZAR 2016, S. 37 f.

229 EuGH, Urt. v. 4.4.2017, Rs. C-544/15 – *Fahimian*, Rn. 45 f.

230 Ebd., Rn. 42.

231 Ebd., Rn. 46.

232 Ebd.

cc) Zwischenfazit

Unter dem Strich bleibt festzuhalten, dass die Anwendbarkeit der Fehlerlehre nicht zwingend davon abhängt, welchen formellen Ursprungs die zu vollziehende Norm ist.[233] Demnach ist für den indirekten Vollzug von Unionsrecht durch die Mitgliedstaaten, wie er im Visumrecht eingedenk der transnationalen Behördenkooperation vorherrscht, die nationale Fehlerlehre einschlägig, weil das materielle Unionsrecht diesbezüglich keine konkreten Vorgaben für die Kontrolldichte trifft. Auf den materiellen Regelungsgehalt des Unionsrechts kommt es an, nicht auf die formelle Ebenenzugehörigkeit.

b) Umfassende (Verhältnismäßigkeits-)Kontrolle im Ausweisungsrecht

Anders verhält es sich im Ausweisungsrecht. Zunächst sei unter diesem Gesichtspunkt daran erinnert, dass das zum 1. Januar 2016 reformierte Aufenthaltsgesetz die Ausweisung nunmehr als Ergebnis einer auf Tatbestandsseite vorzunehmenden Abwägung von Ausweisungs- und Bleibeinteressen normiert (§ 53 Abs. 1 AufenthG n. F.).[234] Nach dem ausdrücklichen Willen des Gesetzgebers soll die seither rechtsfolgenseitig gebundene Ausweisungsentscheidung einer umfassenden gerichtlichen Kontrolle unterliegen.[235]

Freilich legten die deutschen Verwaltungsgerichte bereits im Rahmen der alten Rechtslage – d. h. dem System der Ist-, Regel- und Ermessensausweisung in seiner völker- und unionsrechtlichen Überformung – eine hohe Kontrolldichte zugrunde. Denn im grund- und menschenrechtsgeprägten Ausweisungsrecht deckten sich die (völker- und unionsrechtlich geforderte) Einzelfallabwägung der entscheidenden Ausländerbehörden und die Verhältnismäßigkeitsprüfung der nachprüfenden Verwaltungsgerichte schon vor der Reform weitgehend in ihren Maßstäben.[236] Völker- und Unionsrecht forderten – und fordern – eine Einzelfallprüfung unter eingehender Berücksichtigung der Umstände des Einzelfalles,[237] ohne

[233] In diese Richtung aber *S. Kadelbach*, Allgemeines Verwaltungsrecht unter europäischem Einfluss, 1999, S. 453.

[234] Im Einzelnen S. 212 ff. Eingeführt durch Art. 1 Nr. 29 des Gesetzes zur Neubestimmung des Bleiberechts und der Aufenthaltsbeendigung v. 27.7.2015, BGBl. 2015 I, S. 1386 (1392 f.). Sodann erfolgten mehrere Anpassungen des Ausweisungsrechts im Zuge des Asylpakets I und II.

[235] BT-Drs. 18/4097, S. 1, 23, 49.

[236] Siehe S. 208 ff.

[237] Vgl. für die EMRK zum einen EGMR, Urt. v. 2.8.2001, Nr. 54273/00, ZAR 2003, S. 366 – *Boultif/Schweiz*, Rn. 48; Urt. v. 10.7.2003, Nr. 53441/99 – *Benhebba/Frankreich*, Rn. 32 f.; Urt. v. 18.10.2006, Nr. 46410/99, NVwZ 2007, S. 1279 – Üner/Niederlande, Rn. 57 f.; Urt. v. 23.6.2008, Nr. 1638/03, DÖV 2009, S. 37 – *Maslov/Österreich*, Rn. 71; Beschl. v. 22.1.2013, Nr. 66837/11 – *El-Habach/Deutschland*, Rn. 29 ff.; Urt. v. 23.4.2015, Nr. 38030/12 – *Khan/Deutschland*, Rn. 39. Für das Unionsrecht siehe zum anderen EuGH, Urt. v. 29.4.2004, verb. Rs. C-482/01 u. C-493/01 – *Orfanopoulos u. a.*, Rn. 70 f.; Urt. v. 23.11.2010, Rs. C-145/09 – *Tsakouridis*, Rn. 51–55 m. w. N.; Urt. v. 8.12.2011, Rs. C371/08 – *Ziebell*, Rn. 69 ff.

jedoch weitere gewaltenspezifische Vorgaben zu treffen, welcher innerstaatliche Gewaltenzug diese Prüfung letztverantwortlich vorzunehmen hat. Die durch das BVerwG als Reaktion darauf vorgenommene Ausdehnung des Anwendungsbereichs der Ermessensausweisung diente dementsprechend auch vor allem der hinreichenden Berücksichtigungsfähigkeit der gemäß Völker- und Unionsrecht zu würdigenden Belange. Eine Ausdehnung administrativer Entscheidungsspielräume ging mit ihr allenfalls der Form, nicht jedoch der Substanz nach einher. Denn die administrative Einzelfallprüfung entsprach im Kern letztlich einer Verhältnismäßigkeitsprüfung und unterlag in dieser Hinsicht einer umfassenden gerichtlichen Kontrolle.[238]

Auch wenn höchstrichterliche Rechtsprechung zum neuen Ausweisungsrecht noch weitgehend fehlt, bestätigen die ersten Judikate auf OVG-Ebene, dass trotz der rechtsdogmatischen Abkehr von der Ermessensausweisung eine weitreichende Kontinuität zur alten Rechtslage besteht. So entschied der VGH Mannheim im Falle der Ausweisung eines PKK-Unterstützers türkischer Staatsangehörigkeit, dass mit der neuen Generalklausel des § 53 Abs. 1 AufenthG letztlich eine umfassende Prüfung der Verhältnismäßigkeit unter Berücksichtigung aller Umstände des Einzelfalles verlangt wird. Diese bildet folglich auch den gerichtlichen Kontrollmaßstab, was die Entscheidung detailliert veranschaulicht.[239] Die weitgehende Kongruenz von neuer und alter Rechtslage zeigt sich namentlich darin, dass der VGH den mit der Neuregelung erfolgenden Wegfall der Ermessensebene als für den Betroffenen nicht ungünstiger ansieht, weil auch das neue Prüfprogramm eine umfassende Berücksichtigung der den Einzelfall prägenden Umstände garantiere. Der Verlust der einzelfallbezogenen Ermessensebene werde aus Sicht des Betroffenen vielmehr durch die „umfassende gerichtliche Kontrollpflicht in Bezug auf die Frage der Verhältnismäßigkeit aufgewogen".[240]

Man darf hinzufügen, dass das den Ausländerbehörden zuvor im Bereich der Ermessensausweisung eingeräumte Verwaltungsermessen zwar gemäß § 114 S. 1 VwGO formell nur eingeschränkter, gerade hinsichtlich der Einhaltung des Verhältnismäßigkeitsgrundsatzes als Ermessensschranke jedoch ebenfalls umfassender gerichtlicher Kontrolle unterlag.[241] Anders gesagt, die nunmehr tatbestandlich eingeforderte und gerichtlich voll überprüfbare Verhältnismäßigkeitsprüfung unterscheidet sich kaum von den ebenfalls gerichtlich voll über-

---

[238] Vgl. *I. Kraft*, Neuere Rechtsprechung des Bundesverwaltungsgerichts zum Ausländer- und Asylrecht, ZAR 2009, S. 41 (44); *ders.*, Die Rechtsprechung des BVerwG zur Ausweisung im Ausländerrecht, DVBl. 2013, S. 1219 (1225).

[239] VGH Mannheim, Urt. v. 13.1.2016, 11 S 889/15, DVBl 2016, 387, Rn. 50ff. u. 141 (juris).

[240] Ebd., Rn. 151. Dementsprechend stellt der VGH auch keinen Verstoß gegen die Stand-Still-Klausel des Assoziationsrechts (Art. 7 ARB 2/76, des Art. 13 ARB 1/80 bzw. des Art. 41 des Zusatzprotokolls zum Assoziierungsabkommen EWG/Türkei) fest. Daran anknüpfend VGH Mannheim, Beschl. v. 26.9.2016, 11 S 1413/16, Rn. 45 (juris).

[241] Vgl. im Einzelnen *I. Kraft*, Fn. 238, m. w. N.

prüfbaren Grenzen des ehemaligen Ermessens. Nach alter Rechtslage war der noch verbleibende exekutive Entscheidungsspielraum am Ende im Wesentlichen auf das Entschließungsermessen begrenzt. Neben dem Umstand, dass es infolge der gerichtlichen Vollkontrolle nicht mehr darauf ankommt, ob die Ausländerbehörde im erstinstanzlichen Verfahren ihre Ermessenserwägungen in hinreichender Form nachgebessert hat,[242] könnte in der Einführung des tatbestandlichen Abwägungsmodells nur dann eine substanzielle Änderung gesehen werden, wenn mit ihr eine Abschaffung des behördlichen Entschließungsermessens einherginge.[243] Doch auch unter diesem Blickwinkel bestimmt Kontinuität das Bild. Denn die Ausgestaltung der Ausweisungsermächtigung als Norm mit gebundener Rechtsfolge ist von der Frage zu unterscheiden, ob die Behörde bei Kenntniserlangung eines Ausweisungsgrundes zur Einleitung eines Verwaltungsverfahrens verpflichtet ist. Eine derlei generelle Rechtspflicht zur Verfahrenseröffnung lässt sich der Ermächtigungsgrundlage des § 53 Abs. 1 AufenthG aber nicht entnehmen.[244] Dementsprechend steht der Behörde nach der allgemeinen Regel des § 22 Abs. 1 S. 1 VwVfG auch nach neuer Rechtslage ein Entschließungsermessen in Bezug auf die Einleitung eines Ausweisungsverfahrens zu, wobei im Rahmen dieser Opportunitätsentscheidung auch Zweckmäßigkeitserwägungen ins Gewicht fallen können.[245] Folglich ist es von allenfalls zweitrangiger Bedeutung, dass mit dem regelungstechnischen Verzicht auf das Rechtsfolgenermessen nicht an die üblichen rechtsdogmatischen Strukturen des allgemeinen Polizeirechts angeknüpft wird.[246] Der ordnungsrechtliche Modus korreliert eben gerade nicht mit der Festlegung auf das Rechtsfolgenmodell.

2. *Spielraumkontrolle bei gestaltendem Verwaltungshandeln*

Besonders deutlich zeigt sich die föderative Stufung der Kontrolldichtebestimmung im Bereich des TK-Rechts, das durch den Modus gestaltenden Verwaltungshandelns geprägt ist.[247] Anders als im Visumrecht, wo die normative Er-

[242] So jetzt ausdrücklich VGH Mannheim, Urt. v. 13.1.2016, 11 S 889/15, DVBl 2016, 387, Rn. 49 (juris). Vgl. zuvor BVerwG, Urt. v. 13.12.2011, 1 C 20.11.

[243] Dies annehmend *A. Kießling*, Fremdenpolizeirecht im Rechtsstaat(?) – Zu Herkunft und Zukunft des Ausweisungsrechts, ZAR 2016, S. 45 (52).

[244] Wie hier *I. Bauer*, in: Bergmann/Dienelt (Hrsg.), Ausländerrecht, 11. Aufl. 2016, § 53 AufenthG, Rn. 10. Anders jetzt offenbar *A. Funke*, Die Normstruktur im neuen Ausweisungsrecht, ZAR 2016, S. 209 (216): „Die Abwägungsbefugnis ermöglicht der Ausländerbehörde nicht eine rechtliche umhegte *Konfliktentscheidung*, sondern ‚definiert' die Voraussetzungen, unter denen die Behörde überhaupt *handeln* kann" (Hervorh. im Original).

[245] *I. Bauer*, in: Bergmann/Dienelt (Hrsg.), Ausländerrecht, 11. Aufl. 2016, § 53 AufenthG, Rn. 10.

[246] Dies herausstellend indes *A. Kießling*, a.a.O., S. 52 sowie der Änderungsantrag der Bundestagsfraktion Bündnis 90/Die Grünen, Ausschuss-Drs. 18(4)345, abgedruckt in Beschlussempfehlung und Bericht des Innenausschusses (4. Ausschuss) BT Drs. 18/5420, S. 21.

[247] Dazu bereits S. 148 ff. Die grobe Typisierung des Verwaltungshandelns als gestaltend

mächtigung zur administrativen Letztkonkretisierung unmittelbar aus einer mitgliedstaatlich zu vollziehenden Verordnung fließt, ergibt sich die Vorgabe zur Begründung behördlicher Entscheidungsspielräume im TK-Recht aus einer Richtlinie, wendet sich also im Sinne einer Zielvorgabe an den nationalen Umsetzungsgesetzgeber. Auch hier bleibt der Befund festzuhalten: Das Unionsrecht gibt das „Ob" des Letztentscheidungsrechts vor, das „Wie" der gerichtlichen Kontrolle, d.h. namentlich die Fehlerlehre, indes überlässt es dem nationalen Recht. Ebenenübergreifende Vorgaben sind insoweit kaum ausgeprägt. Dementsprechend intensiv ist das „Wie" der Kontrolldichtereduktion in den vergangenen Jahren in den Fokus der bundesverwaltungsgerichtlichen Rechtsprechung gerückt.[248]

a) Spielraumadäquanz der Kontrollmaßstäbe und Fehlerlehren

Die Grundentscheidung für eine reduzierte Kontrolldichte im Bereich der Marktregulierung beruht hauptsächlich auf der Idee, dass die behördliche Entscheidungsfindung in diesem Bereich auf einer dynamisch und im ebenenübergreifenden Verbund zu erzeugenden Wissensbasis beruht und unter hinreichender Berücksichtigung ordnungsfremder Belange – supranational und/oder transnational – erfolgen soll. Anders ausgedrückt, die administrativen Entscheidungsspielräume des Regulierungsrechts sichern die föderative Entfaltung des Gestaltungsauftrags der Regulierungsverwaltung ab. Eine gerichtliche Befugnis zur uneingeschränkten Nachprüfung, d.h. Ersetzung, der Behördenentscheidung in all ihren Teilen, würde diese Grundentscheidung des Unionsgesetzgebers konterkarieren.[249] Allerdings kommt es dann darauf an, die anzulegenden Kontrollmaßstäbe im Rahmen der Fehlerlehre adäquat zu bestimmen.

Soweit es um Rechtsschutz gegen das Unionsrecht als dem hinter der nationalen Entscheidung stehenden Wertungshintergrund geht, etwa in Gestalt der weitestgehend zu berücksichtigenden Märkteempfehlung, kann der verminderten Kontrolldichte in Bezug auf das Handeln der BNetzA[250] auch nicht die Rechtsschutzgarantie aus Art. 47 GRCh bzw. Art. 4 Abs. 1 RRL[251] entgegengehalten werden.[252] Zwar ist die Nichtigkeitsklage gegen bloße Empfehlungen

ersetzt aber, wie gesehen, nicht den jeweils gebotenen Einzelnachweis administrativer Entscheidungsspielräume anhand der einschlägigen gesetzlichen Regelungen.

248 Dies prognostizierend bereits *M. Eifert*, Gerichtliche Kontrolle der Entscheidungen der Bundesnetzagentur, ZHR 174 (2010), S. 449 (485).

249 Vgl. S. 234ff.

250 Klassisch in Bezug auf die Marktdefinition und -analyse BVerwG, Urt. v. 2.4.2008, 6 C 15/07, BVerwGE 131, 41, Rn. 17f. (juris).

251 Vgl. zum systematischen Zusammenhang beider Normen BVerwG, Urt. v. 29.3.2017, BVerwGE 158, 301, Rn. 20ff. (juris) m.w.N.

252 So aber *K.F. Gärditz*, „Regulierungsermessen" und verwaltungsgerichtliche Kontrolle, NVwZ 2009, S. 1005 (1007f.) sowie, ihm folgend, *M. Ludwigs*, Die Bundesnetzagentur auf dem Weg zur Independent Agency?, DV 44 (2011), S. 41 (71).

der Kommission nicht eröffnet, Art. 263 Abs. 1 S. 1 AEUV. Demnach kann die Rechtmäßigkeit einer Kommissionsempfehlung zum Gegenstand einer Gültigkeitsvorlage nach Art. 267 Abs. 1 lit. b) AEUV gemacht werden, das eine handlungsformenbezogene Beschränkung gerade nicht kennt.[253] Eine solche Vorlage würde auch nicht an der Entscheidungserheblichkeit scheitern, da die regulierungsbehördliche Berücksichtigung einer rechtsfehlerhaften Empfehlung der Kommission ihrerseits zur (Teil-)Rechtswidrigkeit der betreffenden Regulierungsverfügung führen würde. Durch die Berücksichtigung einer rechtswidrigen Kommissionsempfehlung überschreitet die BNetzA die rechtlichen Grenzen des ihr zustehenden Beurteilungsspielraums. Der EuGH hätte dann seinerseits den der Kommission unionsrechtlich eingeräumten Spielraum zu respektieren. Darin liegt aber wiederum keine unzulässige Verkürzung des Rechtsschutzes, sondern ein adäquater Zuschnitt der Kontrollmaßstäbe, der den individualrechtlichen Anspruch auf Rechtsschutz mit dem kollektiven Interesse an einer leistungsfähigen Verwaltung in Einklang bringt.

All das belegt, dass es weniger um die Reduktion, als vielmehr um die Suche nach der *Spielraumadäquanz* der gerichtlichen Kontrolle geht. Man kann mit *Claudio Franzius* hier auch von einer Verschiebung sprechen.[254]

Die deutsche Verwaltungsrechtsdogmatik – aber natürlich nicht nur diese[255] – hat im Bemühen um die Herstellung einer solchen Spielraumadäquanz der gerichtlichen Nachprüfung eine Vielzahl an Fehlerkategorien entwickelt, die ihrerseits unterschiedlichen Fehlerkategorien bzw. -gruppen zugeordnet werden können.[256] Die dogmatische Dreiteilung der Fehlerlehre in *Ermessensfehler*, *Beurteilungsfehler* und *Abwägungsfehler*[257] bestimmt dementsprechend auch die Rechtsprechung des BVerwG zum Regulierungsrecht, wobei der Beurteilungs- und Abwägungsfehlerlehre die praktisch größte Bedeutung zukommt. Besonders klar wird die schulbuchmäßige Differenzierung im Urteil des BVerwG vom 25. September 2013 im Bereich der Entgeltregulierung herausgearbeitet …

---

[253] Grundlegend EuGH, Urt. v. 13.12.1989, Rs. C-322/88 – *Grimaldi*, Rn. 8 („ohne jede Ausnahme"). Speziell für Empfehlungen der Kommission vgl. EuGH, Urt. v. 15.6. 1976, Rs. 113/75 – *Frecassetti*, Rn. 8 f. Zur Problematik *N. Marsch*, in: Schoch/Schneider/Bier (Hrsg), VwGO, Anh. § 40 VwGO/Art. 267 AEUV (EL 26, 2014), Rn. 18; *M. Knauff*, Europäisches Soft Law als Gegenstand des Vorabentscheidungsverfahrens, EuR 2011, S. 735 (737 ff.).

[254] *C. Franzius*, Die Bundesnetzagentur zwischen politischer Steuerung und gerichtlicher Kontrolle, DÖV 2013, S. 714 (721), auch in Bezug auf die Anknüpfung der gerichtlichen Kontrolle an die regulierungsrechtlichen Konzepte. Zum Rechtsinstitut der Konzepte *K. Herzmann*, Was sind administrative Konzepte?, VerwArch 104 (2013), S. 429 ff.

[255] Rechtsvergleichend sowie unter Einbeziehung des Völker- und Europarechts *A. Bleckmann*, Ermessensfehlerlehre, 1997, S. 171 ff., 215 ff. u. 248 ff.

[256] Vgl. statt aller *R. Alexy*, Ermessensfehler, JZ 1986, S. 701 ff.; *M. Gerhardt*, in: Schoch/Schneider/Bier (Hrsg.), VwGO, § 114 (Grundwerk 1997), Rn. 4 u. 15 ff.; *K. Rennert*, in: Eyermann, VwGO, 14. Aufl. 2014, § 114, Rn. 16 ff.; *J. Ziekow*, VwVfG, 3. Aufl. 2013, § 40, Rn. 38 ff.; *M. Redeker*, in: Redeker/von Oertzen (Begr.), VwGO, 16. Aufl. 2014, § 114, Rn. 11 ff.

[257] Bzw. Planungsfehler.

„Die Ausübung eines *Beurteilungsspielraums* wird herkömmlich darauf überprüft, ob die Behörde die gültigen Verfahrensbestimmungen eingehalten hat, von einem richtigen Verständnis des anzuwendenden Gesetzesbegriffs ausgegangen ist, den erheblichen Sachverhalt vollständig und zutreffend ermittelt hat und sich bei der eigentlichen Beurteilung an allgemeingültige Wertungsmaßstäbe gehalten, insbesondere das Willkürverbot nicht verletzt hat (...).

Die Ausübung des *Regulierungsermessens* wird vom Gericht beanstandet, wenn eine Abwägung überhaupt nicht stattgefunden hat (Abwägungsausfall), in die Abwägung nicht an Belangen eingestellt worden ist, was nach Lage der Dinge in sie eingestellt werden musste (Abwägungsdefizit), die Bedeutung der betroffenen Belange verkannt worden ist (Abwägungsfehleinschätzung) oder der Ausgleich zwischen ihnen zur objektiven Gewichtigkeit einzelner Belange außer Verhältnis steht (Abwägungsdisproportionalität)“.[258]

... um dann unvermittelt fusioniert zu werden: Es handle sich um einen sogenannten „Beurteilungsspielraum mit Nähe zum Regulierungsermessen“, bei dessen gerichtlicher Überprüfung *beide* Kontrollvarianten gleichermaßen heranzuziehen seien.[259]

Das ist das vielleicht eindeutigste Indiz dafür, dass in Ermangelung unionsrechtlicher Vorgaben die nationale Fehlerlehre zwar den Grundstein für die Bestimmung der Kontrollmaßstäbe legt, in Ansehung der spezifischen Herausforderungen des TK-Rechts aber gleichsam modifiziert wird. Die Modifikation betrifft – jedenfalls in der Rechtsprechung zum TK-Recht – vor allem die Zusammenstellung des Prüfprogramms.

b) Einzelne Kontrollmaßstäbe und Fehlertopoi

Was die Anwendung der einzelnen Kontrollmaßstäbe bzw. Fehlertopoi anbelangt, d.h. die Prüfung einzelner Erscheinungsformen von Ermessens-, Beurteilungs- oder Abwägungsfehlern, folgt das BVerwG weitgehend dem Muster der nationalen Spielraumlehre. Seine mittlerweile umfangreiche Judikatur zum TK-Recht bietet hierfür reichhaltig Anschauungsmaterial.

So attestierte das BVerwG der BNetzA im Vorlagebeschluss vom 10. Dezember 2014 und in dem abschließenden Urteil vom 29. November 2017 zur Vergleichsmarktbetrachtung etwa eine *mangelnde Sachverhaltsaufklärung*.[260] Beide Entscheidungen geben ein Beispiel ab, wie intensiv die gerichtliche Kontrolle trotz der „Beschränkung“ auf eine Spielraumkontrolle ausfallen kann. Aufbauend auf der Rekapitulation der innerstaatlichen Spielraumdogmatik,[261] sezierte

---

[258] BVerwG, Urt. v. 25.9.2013, 6 C 13/12, BVerwGE 148, 48, Rn. 33 (juris.), Hervorh. hinzugefügt. Vgl. zuvor bereits – indes im Kontext der alten Rechtslage – BVerwG, Urt. v. 23.11.2011, 6 C 11/10, NVwZ 2012, 1047, Rn. 38 (juris).

[259] BVerwG, Urt. v. 25.9.2013, 6 C 13/12, BVerwGE 148, 48, Rn. 34 (juris.).

[260] BVerwG, Beschl. v. 10.12.2014, 6 C 18/13, BVerwGE 151, 56, Rn. 55 ff. (juris) sowie Urt. v. 29.11.2017, DVBl. 2018, 447, Rn. 21 ff. (juris).

[261] Nicht zuletzt mit Blick auf Art. 19 Abs. 4 GG, vgl. BVerwG, Beschl. v. 10.12.2014, 6 C 18/13, BVerwGE 151, 56, Rn. 30–42.

das BVerwG die Behördenentscheidung eingehend mit Blick auf etwaige Beurteilungsfehler.[262] Art und Umfang dieser Kontrolle geben ein gutes Beispiel dafür ab, dass es bei der Spielraumkontrolle letztlich um eine funktionsspezifische Modifikation der Maßstäbe und weniger um ein Minus an Kontrolle geht.

Die Entscheidung zeigt zugleich das Gewicht, welches das BVerwG auf das Erfordernis einer *plausiblen und erschöpfenden Begründung* legt.[263] Das BVerwG folgt damit seiner Rechtsprechung zu den Kosten der effizienten Leistungsbereitstellung (KeL) im Bereich der Entgeltregulierung, in der es die besonderen Begründungsanforderungen bereits zuvor in den Mittelpunkt gerückt hatte.[264] Das Erfordernis einer „plausiblen und erschöpfenden" Begründung sichert letztlich das aus Art. 19 Abs. 4 GG abgeleitete Mindestniveau einer „substanziellen" gerichtlichen Kontrolle ab.[265] Eine hinreichende Begründung der Behördenentscheidung ist die Grundlage einer effektiven gerichtlichen Kontrolle, die anderenfalls gegenständlich ins Leere liefe. Denn die gerichtliche Kontrolle eines Entscheidungsspielraums ist grundsätzlich auf diejenigen Erwägungen zu erstrecken und zu beschränken, welche die Verwaltungsbehörde zur Entscheidungsbegründung dargelegt hat.[266]

In der Bedeutung, die das BVerwG dem Begründungserfordernis beimisst, wird zugleich die ebenenübergreifende – vom EuGH geteilte[267] – Prämisse erkennbar, dass die *Einhaltung der Verfahrensbestimmungen* für die gerichtliche Spielraumkontrolle von essenzieller Bedeutung ist. Ausdrücklich gilt das auch für das Art. 7/7a-Verfahren in seiner Funktion als verfahrensrechtliches Bindemittel des europäischen Regulierungsverbundes.[268] Nicht unproblematisch ist dabei, dass das BVerwG § 12 TKG, der Teile des Art. 7/7a-Verfahren umsetzt, als nicht drittschützend betrachtet.[269] Das mag nach der Dogmatik der deutschen Schutznormlehre stringent und folgerichtig sein. Mit Blick auf den unionsrechtlichen Grundsatz der Effektivität ist die damit einhergehende Limitation des Zugangs zu Gericht aber zumindest problematisch, auch wenn das BVerwG konzediert, sich im Rahmen der (einmal eröffneten) Spielraumkon-

---

262 BVerwG, Beschl. v. 10.12.2014, 6 C 18/13, BVerwGE 151, 56, Rn. 43–70, bestätigt in BVerwG, Urt. v. 29.11.2017, DVBl. 2018, 447, Rn. 22 f. und 24 f. (juris).

263 Ebd., Rn. 38 f.

264 BVerwG, Urt. v. 25.9.2013, 6 C 13/12, BVerwGE 148, 48, Rn. 34 f., 37 ff. (juris). Vgl. in der Folge BVerwG, Urt. v. 11.12.2013, 6 C 24/12, NVwZ 2014, 942, Rn. 52 (juris).

265 BVerwG, Beschl. v. 10.12.2014, 6 C 18/13, BVerwGE 151, 56, Rn. 38 (juris).

266 In begrüßenswerter Klarheit BVerwG, Urt. v. 23.11.2011, 6 C 11.10, NVwZ 2012, 1047, Rn. 40 (juris).

267 Vgl. jüngst etwa EuGH, Urt. v. 16.6.2015, Rs. C-62/14 – *Gauweiler u. a.*, Rn. 69.

268 Vgl. den Beschluss des BVerwG zur Einleitung des Vorabentscheidungsverfahrens vor dem EuGH in Sachen Vodafone (C395/14), BVerwG, Beschl. v. 25.6.2014, 6 C 10/13, BVerwGE 150, 74, Rn. 50 (juris) sowie den Vorlagebeschluss nach Art. 100 Abs. 1 GG v. 10.12.2014, 6 C 18/13, BVerwGE 151, 56, Rn. 25 (juris).

269 BVerwG, Beschl. v. 10.12.2014, 6 C 18/13, BVerwGE 151, 56, Rn. 68 (juris).

trolle nicht daran gehindert zu sehen, einen auf einer Nichtbeachtung von Verfahrensvorschriften beruhenden Fehler festzustellen.[270]

Ein Anschauungsbeispiel für einen *Abwägungsausfall* – und damit einen klassischen Unterfall eines Abwägungsfehlers – bietet die Bitstrom-Entscheidung vom 28. Januar 2009.[271] Der Abwägungsausfall war der BNetzA nach überzeugender Auffassung des BVerwG gerade deshalb unterlaufen, weil sich die BNetzA an den Wortlaut von §30 Abs. 1 TKG a.F.[272] gehalten hatte, der entgegen der vom BVerwG geforderten – heute kodifizierten[273] – unionsrechtskonformen Auslegung keinen behördlichen Entscheidungsspielraum eröffnete. Der Fehler des Umsetzungsgesetzgebers, das Regulierungsermessen gänzlich auszuschließen, schlug insoweit unmittelbar auf die Entscheidung der Behörde durch.[274]

Die Rechtsprechung des BVerwG kennt außerdem zahlreiche Beispiele für die Kontrolle und Feststellung von *Abwägungsdefiziten*. So bestätigt das BVerwG in seinem Urteil vom 12. Juni 2013 zum Anschluss-Resale aus dem Bereich der Zugangsregulierung die unterinstanzliche Rechtsprechung, die eine fehlende Berücksichtigung einer ermessensbegrenzenden Abwägungsregel durch die BNetzA festgestellt hatte.[275] Konkret ging es um die behördliche Berücksichtigung der gesetzlichen Vorsteuerung, wonach die Zugangsleistung zum Anschluss-Resale grundsätzlich zu Großhandelsbedingungen zu gewähren ist.[276] Ein weiteres Abwägungsdefizit hat das BVerwG in der fehlenden Einstellung aktueller Tatsachen in die Abwägung gesehen.[277] Eine besondere Bedeutung für die Prüfung etwaiger Abwägungsdefizite erwächst aus dem Planungsrecht entlehnten Gebot der Konfliktbewältigung, welches gerade in Drittschutzkonstellationen relevant wird.[278] Gerade der Fehlertopos des Abwägungsdefizits eignet sich übrigens hervorragend, um etwaige Fehlgewichtungen ordnungsfremder Belange hinreichend zu sanktionieren. Die innerstaatliche Fehlerdogmatik ist, anders gesagt, offen genug, um die mehrebenenspezifischen Herausforderungen verarbeiten zu können.

Bezüglich der *Fehlerfolgen* greift das BVerwG auf die innerstaatliche Dogmatik zurück, etwa wenn es den Rechtsgedanken des §46 VwVfG anwendet, wonach die Aufhebung eines Verwaltungsaktes dann nicht wegen eines Verfah-

---

[270] Ebd.

[271] BVerwG, Urt. v. 28.1.2009, DÖV 2009, 1154, Rn. 39 (juris). Dazu bereits S. 241 ff.

[272] Anstelle der jetzigen Kann-Vorschriften standen zuvor Soll-Vorschriften.

[273] Im Zuge der TKG-Novelle 2012. Näher *A. Groebel*, in: Säcker (Hrsg.), TKG, 3. Aufl. 2013, §30, Rn. 7d sowie zu den Vorläufernormen Rn. 6 u. 7b.

[274] BVerwG, Urt. v. 28.1.2009, DÖV 2009, 1154, Rn. 39 (juris).

[275] BVerwG, Urt. v. 12.6.2013, 6 C 10/12, NVwZ 2013, 1352, Rn. 38 ff. (juris).

[276] §21 Abs. 2 Nr. 3 TKG. Dazu bereits S. 239 f.

[277] BVerwG, Urt. v. 14.12.2011, 6 C 36/10, DVBl 2012, 357, Rn. 39 ff. (juris) in Bezug auf die rückwirkende Anordnung der Genehmigungspflicht im Bereich der Entgeltgenehmigung.

[278] BVerwG, Urt. v. 11.12.2013, 6 C 24/12, NVwZ 2014, 942, Rn. 57 ff. (juris).

rensfehlers verlangt werden darf, wenn keine andere Entscheidung in der Sache hätte getroffen werden können.[279]

c) Mehrebenenspezifische Zusammenstellung des Prüfprogramms

Damit lässt sich für den Bereich des TK-Rechts festhalten, dass die bei der gerichtlichen Spielraumkontrolle zur Anwendung kommenden Kontrollmaßstäbe mehrebenenspezifisch kombiniert werden. Mit anderen Worten, die *Zusammenstellung des Prüfprogramms* weicht von der innerstaatlichen Dogmatik ab. Der Kern der Prüfung aber, d.h. die Prüfung der einzelnen Fehlertopoi, folgt weitgehend der nationalen Spielraumdogmatik. Dies gilt, die Rechtsprechung des BVerwG zeigte es, für Fehler bei der Sachverhaltsaufklärung, der Begründung und der Einhaltung der Verfahrensbestimmungen ebenso wie für die Abwägungsausfälle und -defizite und die daran anknüpfende Fehlerfolgen.

V. Fazit

Es ist nicht ohne Ironie, dass der mitunter tiefgreifende Einfluss des Völker- und Unionsrechts auf die Mehrebenenstruktur administrativer Entscheidungsspielräume häufig vor allem deshalb in seiner Bedeutung verkannt wird, weil er sich unter dem Gesichtspunkt der gerichtlichen Kontrolldichte – und damit der nach wie vor dominierenden Perspektive der Spielraumlehre – am wenigsten bemerkbar macht. Während ebenenübergreifende Einwirkungen oder Schichtungsprobleme im Bereich der Begründung, Ausfüllung und Begrenzung von Spielräumen mitunter erheblich ins Gewicht fallen, ja den administrativen Entscheidungsspielräumen eine neue, mehrebenenspezifische Kontur verleihen, bleibt die gerichtliche Spielraumkontrolle der nationalen Ebene in ihren rechtsdogmatischen Grundlagen auf den ersten Blick weitgehend unangetastet.

1. Geringe Prägekraft der völker- und unionsrechtlichen Rechtsschutzgarantien

Dies beginnt bei der vergleichsweise schwachen Prägekraft der völker- und unionsrechtlichen Rechtsschutzgarantien, jedenfalls gemessen am Einfluss, den die deutsche Rechtsdogmatik Art. 19 Abs. 4 GG beimisst. Eine gewisse Zurückhaltung bei der Ableitung von Kontrolldichteerfordernissen aus individualrechtlichen Rechtsschutzgarantien ist, ganz unabhängig von der Rechtsebene, schon deshalb gerechtfertigt, weil der über die Rechtsschutzgarantie vermittelte prozessuale Schutz denknotwendig eine nähere gesetzliche Ausgestaltung der zu

---

[279] BVerwG, Urt. v. 29.10.2008, 6 C 38/07, NVwZ 2009, 653, Rn. 41 f. (juris) in Bezug auf § 46 VwVfG.

schützenden Rechtsposition voraussetzt. Wer die Rechtsschutzgarantie zum normativen Referenzpunkt für die Bestimmung des gebotenen Maßes an Kontrolldichte stilisiert, drängt zugleich die kompetenzscheidende Funktion des Gesetzes und damit die Gestaltungsbefugnis des Gesetzgebers zurück.

Der Befund geringer Prägekraft gilt zunächst einmal für die EMRK. Obwohl ihr Einfluss auf das Verwaltungsverfahren in den vergangenen Jahren merklich zugenommen hat, bleibt ihre Rückwirkung auf die Dichte der Kontrolle diskretionären Verwaltungshandelns merklich begrenzt. Art. 13 EMRK kann schon infolge seiner Menschenrechtsakzessorietät kaum Anforderungen an die Kontrolldichte mit Blick auf eine Kontrolle am Maßstab des *einfachen* Rechts stellen. Anders als etwa Art. 47 Abs. 1 GRCh, ist Art. 13 EMRK nicht dazu bestimmt, andere als EMRK-rechtlich garantierte Rechtspositionen prozessual zu schützen. Art. 6 EMRK wiederum ist in seinem sachbereichlichen Anwendungsbereich stark eingegrenzt. Soweit er auf öffentlich-rechtliche Sachverhalte überhaupt Anwendung findet, verbürgt er die Mindestgarantie, dass sich die gerichtliche Kontrolle diskretionären Verwaltungshandelns jedenfalls auf die behördliche Einhaltung der Spielraumgrenzen erstrecken muss, was insbesondere die Beachtung der Verhältnismäßigkeit und des Gleichheitsgrundsatzes umfasst. Für den Spezialfall ermessensbasierter Verwaltungssanktionen, die i. S. d. Art. 6 Abs. 1 EMRK als strafrechtlich eingestuft werden, verlangt der EGMR indes eine *pleine juridiction*, d. h. die gerichtliche Befugnis, die Sanktionsentscheidung hinsichtlich der Festsetzung der Sanktion vollständig zu ersetzen.

Der nach wie vor begrenzte Zugriff der EMRK auf die gerichtliche Kontrolle diskretionären Verwaltungshandelns lässt eine rein menschenrechtlich begründete Lehre gerichtlicher Spielraumkontrolle allenfalls in Ansätzen zu. Selbst unter der Prämisse eines künftig generell auf öffentlich-rechtliche Streitigkeiten erweiterten Anwendungsbereichs von Art. 6 EMRK müsste sich eine EMRK-basierte Kontrolldoktrin systembedingt auf Mindeststandards beschränken. Allerdings kann die EMRK qua Ausstrahlungswirkung in das Unionsrecht künftig Felder beeinflussen, die dem Anwendungsbereich von Art. 6 Abs. 1 EMRK selbst nicht unterfallen.

Die *unionsrechtliche Rechtsschutzgarantie* des Art. 47 GRCh ist gemäß Art. 52 Abs. 3 GRCh im Lichte der EMRK-rechtlichen Rechtsschutzgarantien auszulegen, dabei aber weder in ihrem sachlichen Anwendungsbereich limitiert noch in ihrer Akzessorietät allein auf die prozessuale Effektivierung grundrechtlicher Rechtspositionen verengt. Dementsprechend groß ist das Potenzial für die Generierung grundrechtlicher Rahmenbedingungen für die gerichtliche Kontrolle unionsrechtlich (teil-)determinierten diskretionären Verwaltungshandelns.

Im ebenenübergreifenden Kontext, d. h. insbesondere in Bezug auf den mitgliedstaatlich-dezentralen Verwaltungsvollzug, stellt die unionsrechtliche Rechtsschutzgarantie allerdings nur Mindestanforderungen für die Ausgestaltung des innerstaatlichen Kontrollverfahrens auf. Dies gilt für beide, rechtsdogmatisch zu unterscheidenden Dimensionen der Rechtsschutzgarantie, d.h. sowohl für die in Art. 47 GRCh verankerte individualrechtliche als auch für die loyalitätsradizierte. Dass nach dem EuGH die Kontrolldichte auf nationaler Ebene grundsätzlich nicht das Niveau der Kontrolldichte auf unionaler Ebene überschreiten braucht, hält den unionsrechtlichen Zugriff auf das innerstaatliche Verfahrensrecht begrenzt. Gerade in Deutschland werden unionsrechtliche Korrekturen der gerichtlichen Nachprüfung administrativer Entscheidungsspielräume schon angesichts der vergleichsweisen hohen Kontrollintensität durch deutsche Verwaltungsgerichte auf absehbare Zeit eher die Ausnahme bleiben.

2. *Föderative Stufung der Kontrolldichtebestimmung*

Die Bestimmung der Kontrolldichte ist eine Frage der Kompetenzverteilung. Das klassische dreipolige Verhältnis zwischen Exekutive, Judikative und Legislative ist im Mehrebenensystem vielfach über mehrere Ebenen vertikal aufgegliedert, sodass diagonale Verhältnisse zwischen unterschiedlichen Gewaltenzügen entstehen können. Die daraus resultierende Mehrpoligkeit der Kontrolldichtbestimmung ist zweifelsohne eine Herausforderung.

Auffälligste Begleiterscheinung der Mehrpoligkeit ist, dass die legislative Grundentscheidung über den Bestand eines administrativen Letztentscheidungsrechts und die Entscheidung über die konkreten Modalitäten seiner Kontrolle auf verschiedene Rechtsebenen verteilt und in diesem Sinne föderativ aufgestuft sein können. Anders gesagt, die Entscheidung über das Ob des Letztentscheidungsrechts und über das Wie seiner gerichtlichen Kontrolle können auseinanderfallen. Das betrifft namentlich das Verhältnis des Unionsgesetzgebers zum nationalen Gesetzgeber bzw. zur nationalen Verwaltung. So gibt der Unionsgesetzgeber in den untersuchungsgegenständlichen Bereichen ein behördliches Letztentscheidungsrecht der nationalen Verwaltung diagonal vor – im Falle des TK-Rechts durch eine Richtlinie und damit vermittelt über den nationalen Gesetzgeber, im Falle des Visumrechts durch eine unmittelbar anwendbare Verordnung bzw. im Bereich der Studentenvisa ebenfalls richtlinienbasiert.

Soweit der Unionsgesetzgeber das Verhältnis der nationalen Exekutive zur nationalen Judikative mitbestimmt, gibt er häufig nur das Ob eines behördlichen Letztentscheidungsrechts vor. Demgegenüber überlässt er das Wie der gerichtlichen Kontrolle, d.h. die Bestimmung der Fehlerlehre und die daraus abzuleitenden Kontrollmaßstäbe, zumeist der nationalen Ebene und gewährt insoweit einen nicht unerheblichen Spielraum für die Spielraumkontrolle. Im TK- und Migrationsrecht finden sich zahlreiche Beispiele für diese föderative Aufgabenverteilung. Allerdings ist der EuGH in seiner jüngsten Rechtsprechung zum Einwanderungsrecht dazu übergegangen, die Bestimmung der von den nationalen Gerichten bei der Spielraumkontrolle anzulegenden gerichtlichen Kontrollmaßstäbe selbst vorzunehmen.

Determiniert der Unionsgesetzgeber das innerstaatliche Verhältnis von Exekutive und Judikative im Sinne der Begründung eines behördlichen Letztentscheidungsrechts, kommen insbesondere die im Rechtsvergleich strengen Vorgaben des Art. 19 Abs. 4 GG nicht bzw. allenfalls modifiziert zur Anwendung. Im Bereich des indirekten Vollzuges werden die in der deutschen Verwaltungsrechtstradition entwickelten Fallgruppen und Maßstäbe der Spielraumkontrolle unionsrechtlich überlagert. Auch das BVerwG betont, dass es im Anwendungsbereich des Unionsrechts dem Unionsgesetzgeber obliegt, diejenigen Rechtspositionen im Einzelnen auszugestalten, welche von den Rechtsschutzgarantien vorausgesetzt werden.[280]

Bei der Auslegung muss unbedingt genau danach differenziert werden, ob das materielle Unionsrecht auch tatsächlich das Verhältnis der Exekutive zur Judikative im Sinne einer *Letzt*konkretisierungskompetenz der Verwaltung regelt oder ob es demgegenüber nur das Verhältnis zwischen Exekutive und Legislative in den Blick nimmt, etwa durch eine Begrenzung der Rechtsmacht des nationalen Gesetzgebers zur legislativen Vorstrukturierung der Materie. Gerade im Bereich mehrstufiger Rechtsetzung ist stets präzise zu bestimmen, welche Rechtsebene das Kontrollverhältnis von Judikative und Exekutive in welchem Umfang bestimmt.

3. *Anwendbarkeit und Modifikationen der Fehlerlehren*

Trifft die Feststellung zu, dass das Unionsrecht lediglich das Ob eines administrativen Entscheidungsspielraumes vorgibt und dem nationalen Recht demgegenüber das Wie seiner gerichtlichen Kontrolle überlässt, verbleibt als Anschlussfrage, welche Kontrollmaßstäbe bzw. Fehlertopoi im Einzelnen zur Anwendung gelangen sollen.

Die Anwendbarkeit der Fehlerlehre hängt dabei nicht zwingend davon ab, welchen formellen Ursprungs die zu vollziehende Norm ist. Es kommt stets auf den materiellen Regelungsgehalt des Unionsrechts, nicht auf die formelle Ebenenzugehörigkeit an. So ist für den indirekten Vollzug von Unionsrecht durch die Mitgliedstaaten, wie er im Visumrecht eingedenk der transnationalen Behördenkooperation vorherrscht, die nationale Fehlerlehre einschlägig, weil das materielle Unionsrecht diesbezüglich keine konkreten Vorgaben für die Kontrolldichte trifft.

Sowohl im TK- als auch im Migrationsrecht stützt sich das BVerwG bei der Maßstabsbildung grundsätzlich auf die innerstaatliche Fehlerlehre. Die Prüfung der einzelnen Fehlertopoi, wie z.B. die Verletzung von Verfahrens- oder

---

280 BVerwG, Urt. v. 17.9.2015, 1 C 37/14, NVwZ 2016, 161, Rn. 20 (juris).

Begründungserfordernissen oder das Vorliegen eines Abwägungsdefizits, folgt ganz weitgehend der nationalen Spielraumdogmatik. Allerdings werden die zur Anwendung kommenden Kontrollmaßstäbe bzw. Fehlertopoi mitunter neu kombiniert, um den Besonderheiten der Materie gerecht zu werden. Im Bereich des TK-Rechts ist das etwa der Fall, wenn das BVerwG die sonst getrennten Prüfungsansätze der Beurteilungsfehler und der Abwägungsfehler zusammenwirft. Es lässt sich also eine von der innerstaatlichen Dogmatik abweichende *Zusammenstellung des Prüfprogramms* beobachten. Daraus ergibt sich letztendlich eine behutsame Modifikation der innerstaatlichen Spielraumdogmatik.

Schlussbetrachtung

§ 9 Zusammenfassung in Thesen

Entscheidungsspielräume der Verwaltung dienen heute vielfach der rechtlichen Interessenverarbeitung im Mehrebenensystem. Unter den besonderen Rahmenbedingungen des Zusammenspiels von nationalem, europäischem und internationalem Öffentlichen Recht wandelt sich das klassische Rechtsinstitut des Verwaltungsermessens zu einer *Verbundstruktur.* Die Eigenständigkeit der Verwaltung bei der Rechtskonkretisierung erhält eine föderative Dimension. In ihrem Zuge tritt die Verwaltung in *diagonale*, d. h. sowohl ebenen- als auch gewaltenübergreifende, Wechselbeziehungen. Der Versuch einer rechtswissenschaftlichen Durchdringung dieser *föderativen Dimension* diskretionären Verwaltungshandelns am Beispiel des Migrations- und TK-Regulierungsrechts führt zu den im Folgenden thesenartig verdichteten Ergebnissen. Auf der Grundlage eines konzeptionell einheitlich verstandenen, über die deutsche Binnendogmatik hinausweisenden Ermessensbegriffs (dazu I.) legte die Untersuchung die föderativen Rahmenbedingungen administrativer Entscheidungsspielräume im modernen Mehrebenensystem offen (dazu II.) und stellte die beiden Referenzgebiete in ihrer Eigenart als spielraumgeprägtes Mehrebenenrecht dar (dazu III.). Darauf aufbauend arbeitete die Studie die aus dem Mehrebenensystem folgenden Besonderheiten und Modifikationen diskretionären Verwaltungshandelns unter den Gesichtspunkten der Begründung (dazu IV.), der Ausfüllung (dazu V.), der Begrenzung (dazu VI.) und der Kontrolle (dazu VII.) administrativer Entscheidungsspielräume heraus.

I. Verwaltungsermessen

I.1. Der Begriff des Verwaltungsermessens im hier verwendeten *unitarischen Sinne* bezeichnet ganz allgemein die Befugnis der Verwaltung, Rechtsnormen aufgrund – und in den Grenzen – einer normativen Ermächtigung letztverbindlich zu konkretisieren. Die Ausübung von Verwaltungsermessen unterliegt eingeschränkter, d. h. auf die Einhaltung der rechtlichen Spielraumgrenzen begrenzter Nachprüfung durch die Gerichte. Die Lokalisierung des Spielraums im Tatbestand oder in der Rechtsfolge ist von nachrangiger Bedeutung. Im Kern ist das Ermessensproblem ein einheitlich zu denkendes Kompetenzproblem im Verhältnis der drei Gewalten zueinander, wobei dieses dreipolige Verhältnis im

Mehrebenensystem vielfach *föderativ aufgestuft* ist. Daraus folgen diagonale Wechselbeziehungen.

I.2.a) Administrative Entscheidungsspielräume weisen in *rechtsvergleichender Perspektive* eine bemerkenswerte Formenvielfalt auf. Indes ist eine Gegenüberstellung von grundsätzlich voll überprüfbarem tatbestandlichem Beurteilungsspielraum und eingeschränkt überprüfbarem Rechtsfolgenermessen im Sinne einer dogmatisch strikt einzuhaltenden, weil kompetenzscheidenden Dichotomie so nur in Deutschland zu beobachten. Auch verfassungsrechtlich radizierte Vorbehalte gegenüber administrativen Entscheidungsspielräumen bestehen andernorts nicht in vergleichbarem Umfang.

I.2.b) Die maßgeblich durch den EuGH geprägte *Ermessenslehre des Unionsrechts* wurzelt in der Tradition des französischen Verwaltungsrechts und begründet ein grundsätzlich weites Anwendungsfeld diskretionären Verwaltungshandelns. Die eigentliche Besonderheit der unionsrechtlichen Ermessenslehre aber liegt in der konzeptionellen Verarbeitung des föderativen Normvollzugs im Europäischen Verwaltungsverbund. Neben dem EU-Eigenverwaltungsrecht erfasst sie auch den dezentralen Vollzug durch die Mitgliedstaaten und ist in diesem Sinne föderativ ausdifferenziert. In beiden Strängen – dem ebenenimmanenten ebenso wie dem ebenenübergreifenden – zeichnen sich in jüngerer Zeit zwei Tendenzen ab. Erstens misst der EuGH dem konkreten sekundärrechtlichen Regelungsarrangement und damit der Entscheidung des Unionsgesetzgebers eine gestiegene Bedeutung bei der Begründung administrativer Entscheidungsspielräume bei. Zweitens ist in der Gesamtschau, trotz aller sachspezifischen Partikularitäten, eine Intensivierung der Kontrolldichte zu verzeichnen.

I.2.c) Im *Völkerrecht* haben sich administrative Entscheidungsspielräume im Gegensatz zum nationalen und europäischen Öffentlichen Recht bislang nicht in einem bereichsübergreifenden Sinne entwickelt. Eine umfangreiche Judikatur zum Verwaltungsermessen hat sich aber im Dienstrecht der internationalen Organisationen herausgebildet. In den untersuchungsgegenständlichen ebenenübergreifenden Rechtsverhältnissen entfalten vor allem die menschenrechtlichen Rechtsschutzgarantien des Völkerrechts Einfluss auf die Kontrolldichte im nationalen und supranationalen Raum, bleiben aber trotz zunehmender Bedeutung in jüngerer Zeit in ihrem Anwendungsbereich limitiert.

I.3. In *methodischer Hinsicht* muss das Rechtsinstitut des Verwaltungsermessens aus unterschiedlichen, zueinander *komplementären Perspektiven* erschlossen werden. Neben der klassischen judikativen Kontrollperspektive versprechen sowohl die legislative Steuerungsperspektive als auch die administrative Handlungsperspektive einen zusätzlichen Erkenntnisgewinn. Während die judikative Kontrollperspektive das Verwaltungsermessen aus dem Blickwinkel der Rechtsprechung, d.h. als Problem der Kontrolldichte betrachtet, fragt die legislative Steuerungsperspektive nach der inhaltlichen Vorstrukturierung des

Behördenhandelns durch den Gesetzgeber und akzentuiert die kompetenzrechtliche Verteilungsentscheidung des Gesetzgebers in Bezug auf das Verhältnis von Verwaltung und Gerichten. Die insbesondere von der Neuen Verwaltungsrechtswissenschaft betonte administrative Handlungsperspektive erfasst das Verwaltungsermessen schließlich aus dem Blickwinkel der agierenden, spielraumausfüllenden Verwaltung, d. h. gewissermaßen von innen.

II. Föderativer Rahmen

II.1. Der *föderative Rahmen* diskretionären Verwaltungshandelns wird im Wesentlichen durch drei Gesichtspunkte bestimmt: erstens das übergeordnete Phänomen föderativer Optionenräume, zweitens die vollzugsrechtlichen Rahmenbedingungen und drittens die mehrebenenspezifischen Legitimationsstrukturen.

II.2.a) *Föderative Optionenräume* sind eine besondere Kategorie von Entscheidungsspielräumen, die das Spannungsverhältnis von Einheit und Vielfalt im Mehrebenensystem aufnehmen. Sie umfassen in einem allgemeinen Sinne Entscheidungsspielräume aller Gewalten, also legislativer, exekutiver und judikativer Art. Auch können sie in ihrer Funktion variieren. Regelmäßig entfalten sie eine vielfaltswahrende Funktion, etwa als Umsetzungsspielraum oder *margin of appreciation*. Sie fungieren somit als spezifisches Instrument zur Verwirklichung eines Prozesses föderativ gestufter Rechtserzeugung. In speziellen Fällen können sie aber auch vereinheitlichende Effekte zeitigen, etwa wenn Raum für Entscheidungen in speziellen ebenenübergreifenden Kooperations- oder Verbundmodi freigehalten werden soll, die ihrerseits kohärenzstiftend wirken. In beiderlei Hinsicht fungieren föderative Optionenräume als Verbundtechniken, wobei unter Verbund im vorliegenden Kontext ein normatives Konzept verstanden wird, das auf der rechtspluralistischen Prämisse einer Getrenntheit der einzelnen Rechtsordnungen bzw. Ebenen fußt, aber deren funktionelles Zusammenspiel betont. Die wechselseitige Zuerkennung von Spielräumen ist ein Wesensmerkmal eines dergestalt pluralistisch konzipierten Verbundes.

II.2.b) Die *verwaltungsvollzugsrechtlichen Rahmenbedingungen* im Europäischen Verwaltungsverbund sind insbesondere durch den Umstand gekennzeichnet, dass die nationale Verwaltung regelmäßig das Recht mehrerer Ebenen konkretisiert und verfahrensabschließende Entscheidungen aus einer Pluralität des Rechts heraus trifft. Die Vollzugsmodi der europäischen Mehrebenenverwaltung sind heute weitaus weniger auf Separierung als auf Verschränkung und wechselseitige Komplementarität angelegt. Die ursprünglich strikte rechtsdogmatische Trennung zwischen direktem und indirektem Vollzug wurde durch Hinzutreten immer neuer Formen vertikaler und horizontaler Verwaltungskooperation zunehmend durchlässig. Die Verflechtung ist dabei nicht nur in ihrem Grad skalierbar, sondern auch in ihrem Ebenenbezug variabel. Eine für die Verbundstruktur administrativer Entscheidungsspielräume relevante Besonderheit liegt hier in der Möglichkeit diagonaler Rechtsverhältnisse. Das Recht der Ebene A trifft Vorgaben über die Gewaltenzuordnung der Ebene B. Im Europäischen Verwaltungsverbund ist das etwa der Fall, wenn der Unionsgesetzgeber der nationalen Verwaltung Entscheidungsspielräume unmittelbar qua Verordnung oder mittelbar qua Richtlinie verleiht und damit die Mitgliedstaaten in ihrer Institutionenwahl einschränkt. Die nationale Verfahrensautonomie kann dem grundsätzlich nicht entgegengehalten werden, da sie lediglich als rechtsempirischer Normalfall vorausgesetzt, nicht aber als normative Kompetenzschranke vorgegeben ist. Stets kommt es auf die Auslegung der Kompetenzgrundlage des einschlägigen Sachrechts an, wobei es dem Unionsgesetzgeber in den Grenzen der Kompetenzausübungsschranken grundsätzlich zusteht, das einschlägige Sachrecht verfahrensrechtlich zu flankieren.

II.2.c) Die *Pluralisierung der Legitimationsstrukturen* stellt eine besondere Herausforderung für die Konzipierung administrativer Entscheidungsspielräume im Mehrebenensystem dar. Das beginnt bei der mehrebenentypischen Maßstabsvielfalt. Überschneiden sich die Wirkungskreise von Rechtserzeugungsorganen unterschiedlicher Ebenen, kommt es im Bereich überlappender politischer Entscheidungsverantwortungen zu einer Multiplikation der (verfassungsrechtlichen) Maßstäbe für die Legitimation des Verwaltungshandelns. Hinzu tritt das im Angesicht wachsender administrativer Ausdifferenzierung zunehmend verblassende Leitbild einer durch Gesetz und Hierarchie zentral gesteuerten Verwaltung. Schon für den Bundesstaat grundgesetzlicher Prägung erweist sich die Idee einer Rückführbarkeit auf den zum Gesetz geronnenen Steuerungswillen eines einzigen Gesetzgebers als fraglich. Noch komplexer nehmen sich die Legitimationsstrukturen im überstaatlichen Bereich aus. Zwar ist im Europäischen Verwaltungsverbund auf den Machtzuwachs des Europäischen Parlamentes sowie die zunehmende Bedeutung des unionsrechtlichen Gesetzesvorbehaltes hinzuweisen. Geprägt ist das Bild indes auch hier nicht von einer legislativen Zentralsteuerung des Verwaltungshandelns, sondern von einer Vielzahl komplementärer Legitimationsbausteine, deren Zusammenspiel und Akzentuierung im Einzelnen hochgradig klärungsbedürftig ist.

III. Referenzgebiete

III.1. Die beiden betrachteten Referenzgebiete, das Migrationsrecht und das TK-Regulierungsrecht, sind trotz ihrer grundverschiedenen Struktur und Regelungsgegenstände beide in charakterprägender Weise durch diskretionäre Normstrukturen und eine Verteilung der maßgebenden Normen auf die internationale, unionale und nationale Rechtsebene gekennzeichnet.

III.2. Unterschiede im Aufgabenprofil der Verwaltungen (Massenverwaltung v. Marktregulierung) und in der primären Zwecksetzung der ihnen eingeräumten Spielräume (Einzelfallgerechtigkeit v. Gestaltung) schlagen indes nicht grundsätzlich auf die rechtsdogmatische Figur der verwendeten Entscheidungsspielräume durch. Weder dominiert im Migrationsrecht das Rechtsfolgenermessen, noch sind im TK-Recht Beurteilungsspielräume vorherrschend. Vielmehr finden sich beide Rechtsinstitute in ähnlicher Weise auf beide Rechtsgebiete verteilt. Das Migrationsrecht zeigt anhand des Ausweisungsrechts, wie ein vormals ermessensbasiertes System später ohne grundlegende Änderungen in der Sache durch eine Generalklausel mit tatbestandlicher Abwägung ersetzt werden kann, während die TK-rechtliche Rechtsfigur des Regulierungsermessens die konzeptionelle Durchlässigkeit beider Spielraumtypen akzentuiert. Beides unterstreicht das letztlich unvermeidbare unitarische Verständnis von Verwaltungsermessen.

IV. Spielraumbegründung

IV.1. Die Begründung administrativer Entscheidungsspielräume ist heute vielfach *ebenenübergreifend zu konzipieren*. Die Begründung administrativer Entscheidungsspielräume erfolgt dabei primär durch das legislativ erzeugte Recht der jeweiligen Rechtsebene. Anders gesagt, die Begründung eines administrativen Entscheidungsspielraums und damit die Entscheidung über die Kompetenzverteilung zwischen Verwaltung und Gerichten obliegt – in den Grenzen höherrangigen Rechts – dem Gesetzgeber der jeweiligen Ebene. Nicht nur BVerfG und BVerwG, sondern zunehmend auch der EuGH rücken daher das materielle Recht als Produkt der legislativen Entscheidung über die Kompetenzverteilung in den Fokus.

IV.2. Die *normative Ermächtigungslehre* mit ihrer Fokussierung auf das materielle (Gesetzes-)Recht ist *mehrebenenspezifisch fortzuentwickeln bzw. zu sensibilisieren*. Die Übersetzung der normativen Ermächtigungslehre in das europäische Mehrebenensystem verlangt zunächst nach einer genauen Bestimmung des ebenenübergreifenden Verhältnisses der Legislativen. Dies gilt insbesondere dort, wo sich die Wirkungskreise der Rechtsetzungszentren unterschiedlicher Ebenen überschneiden und das Recht der einen Ebene Vorgaben für das Verhältnis der Gewalten einer anderen Ebene trifft. Solche *diagonalen Einwirkungen* der unionalen Legislative auf das innerstaatliche Gewaltengefüge sind durch den Grundsatz nationaler Verfahrensautonomie kompetenzrechtlich keineswegs ausgeschlossen. Die ebenenübergreifenden Einwirkungen sind vielmehr die Begleiterscheinung eines Verwaltungsverbundes, der den Verwaltungsvollzug nicht primär auf Trennung, sondern *Verschränkung* ausrichtet. Die konzeptionellen Herausforderungen des europäischen Mehrebenensystems liegen dementsprechend vor allem in Phänomenen der Verschränkung und Überlappung.

IV.2.a) Der Zugriff des überstaatlichen Rechts auf die nationale Exekutive kann erstens deren *Verhältnis zum nationalen Gesetzgeber* betreffen. Dabei geht es um die Frage, wieviel Raum das Völker- und Unionsrecht dem nationalen Gesetzgeber zur Programmierung des Verwaltungshandelns belassen. Die der nationalen Legislative mitunter gezogenen Grenzen werden im TK-Recht besonders deutlich. Die Befugnis des nationalen Gesetzgebers, das Handeln der Verwaltung legislativ vorzustrukturieren, wird durch den Unionsgesetzgeber limitiert, der die Rechtskonkretisierung in wichtigen Fragen der nationalen Regulierungsverwaltung anvertraut. Der Unionsgesetzgeber schränkt die mitgliedstaatlichen Legislativen in ihrem Regelungsspielraum bewusst ein, wenn er eine unabhängige Regulierungsverwaltung auf nationaler Ebene einfordert, die als operativer Akteur der Marktregulierung fungieren und hierzu über weite Gestaltungsspielräume verfügen soll. Ganz im Sinne der normativen Ermächtigungslehre leitet der EuGH die administrativen Entscheidungsspielräume in diesem Bereich aus der *legislativen Ausgestaltung der Sachmaterie* durch den Unionsgesetzgeber ab – freilich ohne diese legislative Ausgestaltung ihrerseits an der unionalen Rechtsschutzgarantie zu messen. Auch das migrationsrechtliche Ausweisungsrecht liefert eindrückliche Beispiele für die völker- und unionsrechtliche Begrenzung der Steuerungskraft nationaler Legislativen, hier allerdings grund- und menschenrechtsbedingt. Die an sich zur Grundrechtskonkretisierung berufenen Gesetzgeber sind in diesem Bereich in ihrem Aktionsradius erheblich eingeschränkt, weil das überstaatliche Recht regelmäßig eine Einzelfallprüfung verlangt, die sich naturgemäß einer abstrakt-generellen Steuerung entzieht. Daraus kann, soweit nicht der Unionsgesetzgeber in diese Lücke stößt, ein Verlust an demokratischer Steuerungsfähigkeit resultieren, der aber seinerseits durch den rechtsstaatlich-individualisierenden Legitimationstypus im Rahmen einer legitimatorischen Gesamtbetrachtung ausgeglichen werden kann.

IV.2.b) Der Zugriff des überstaatlichen Rechts auf die nationale Exekutive kann zweitens deren *Verhältnis zur nationalen Judikative* betreffen. Auch hier darf das Problem nicht schon im Ansatz durch einen pauschalen Rekurs auf die nationale Verfahrensautonomie ausgeblendet werden. Regelmäßig werden Beschränkungen der legislativen Vorstrukturierung zugleich auf die Reichweite der (nationalen) gerichtlichen Kontrolle durchschlagen, da gerichtliche Kontrolle grundsätzlich nur so weit reichen kann, wie das für sie maßstäbliche materielle Recht. Eine judikative Letztkonkretisierung soll folglich u. a. dort ausgeschlossen werden, wo der Gesetzgeber für eine Einbeziehung außerrechtlicher Entscheidungsrationalitäten optiert.

IV.2.c) Eine der Besonderheiten der Begründung administrativer Entscheidungsspielräume im Mehrebenensystem ist das potenzielle *Auseinanderfallen der Entscheidungsebenen* hinsichtlich der legislativen Vorstrukturierung des Verwaltungshandelns einerseits und der Dichte der gerichtlichen Kontrolle andererseits. Die Entscheidung über die Reichweite legislativer Vorstrukturierung kann auf einer anderen Ebene getroffen werden als die der Entscheidung über die judikative Kontrolldichte. Verlangen Völker- und Unionsrecht einen gewissen Grad an administrativer Eigenständigkeit, ist deshalb stets genau zu prüfen, in welcher Gewaltenrelation sich diese entfalten soll, insbesondere ob sie auch ein Letztentscheidungsrecht gegenüber der Judikative impliziert. Das Ausweisungsrecht liefert hier ein prägnantes Beispiel für die zuweilen anzutreffende Gewaltenneutralität des einschlägigen Völker- und Unionsrechts in puncto Letztentscheidungsrecht. Vorgegeben wird die (innerstaatliche) Gewährleistung von Einzelfallgerechtigkeit, nicht aber eine Präferenz, durch welchen Gewaltenzug diese letztverbindlich herzustellen und zu verantworten ist. Der nationale Gesetzgeber wird durch die überstaatlichen Grund- und Menschenrechte zwar weitgehend an legislativen Vorstrukturierungen des Verwaltungshandelns gehindert. Seine Befugnis zur innerstaatlichen Ausgestaltung des Verhältnisses von Verwaltung und Gerichten – und damit des Letztentscheidungsrechts – bleibt aber weitgehend unangetastet. So hat sich der Bundesgesetzgeber im Zuge der Reform des Ausweisungsrechts für eine hohe gerichtliche Kontrolldichte entschieden. Das Verwaltungsgericht kann die von der Ausländerbehörde vorgenommene Ausweisungsabwägung durch seine eigene ersetzen.

IV.3. Die gesetzgeberische Entscheidung, Letztentscheidungsrechte der vollziehenden Gewalt zu eröffnen, kann spezifisch mehrebenenbedingte Gründe haben. Allgemein geht es den Gesetzgebern darum, die Verwaltung zu bestimmten Formen ebenenübergreifender Rechtskonkretisierung zu ermächtigen, die nicht durch eine gerichtliche Entscheidung substituiert werden sollen. Das ist aus Sicht der Gesetzgeber insbesondere der Fall, wenn eine die Verwaltungsentscheidung in all ihren Teilen vollständig ersetzende gerichtliche Entscheidung einen legislativ bezweckten ebenenübergreifenden Kooperationseffekt konterkarieren würde.

IV.3.a) Eine erste mehrebenenspezifische Motivation für die Begründung exekutiver Letztentscheidungsrechte liegt dementsprechend darin, die *Perspektivenpluralität der Entscheidungsfindung im Mehrebenensystem* abzubilden. Verwaltungsermessen sichert dann den föderativen Charakter administrativer Rechtskonkretisierung ab. So soll die im europäischen Regulierungsverbund bezweckte supra- und transnationale Behördenkooperation konkret gegenüber der nationalen Judikative abgeschirmt werden. Die im Ausgangspunkt dezentrale, weil von den nationalen Regulierungsbehörden vorzunehmende Marktregulierung erfolgt hier zwecks Einbeziehung supranationaler und transnationaler öffentlicher Interessen unter weitestgehender Berücksichtigung der EU-Behörden sowie der jeweils anderen nationalen Regulierungsbehörden. Das Verwaltungsermessen verarbeitet hier letztlich die Pluralisierung öffentlicher

Interessen im Mehrebenensystem. Eine vergleichbare Überlegung liegt der Rechtsprechung im Visumrecht zugrunde, wenn das BVerwG den deutschen Auslandsvertretungen einen Beurteilungsspielraum hinsichtlich bestimmter Verweigerungsgründe für die Visaerteilung gerade deshalb zuerkennt, weil das Unionsrecht eine transnationale Kooperation der mitgliedstaatlichen Auslandsvertretungen vor Ort erforderlich macht.

IV.3.b) Ein weiterer mehrebenenspezifischer Grund für die Eröffnung administrativer Entscheidungsspielräume liegt in der *Gewährleistung einer* föderativ organisierte*n Wissensproduktion* der Verwaltung und ihrer Abschirmung gegenüber (nationaler) gerichtlicher Kontrolle. Die gesetzliche Vorgabe besteht in diesem Fall darin, die für die Entscheidung notwendige Wissensproduktion der Verwaltung im Rahmen eines ebenenübergreifenden Prozesses zu generieren, der eine durch Sachverständige nicht reproduzierbare Perspektivenpluralität ermöglicht. Auch dies lässt sich anhand des TK-Rechts illustrieren. Bereits für sich genommen besitzt die nationale Regulierungsverwaltung eine besondere Fähigkeit zur Generierung und Fortschreibung des entscheidungsnotwendigen Wissens, das von einem vor Gericht hinzugezogenen Sachverständigen weder erzeugt noch unter Rekurs auf einen festen Kanon an Fachwissen abgerufen werden könnte. Im europäischen Regulierungsverbund soll das für die Entscheidung notwendige Regulierungswissen aber nicht nur dynamisch und zukunftsgerichtet, sondern – mit Blick auf die transnationalen und supranationalen Implikationen der Entscheidung – gerade auch ebenenübergreifend erzeugt werden.

IV.4. Diskretionäre Normstrukturen leisten im Mehrebenensystem einen Beitrag zur Verarbeitung der Pluralisierung öffentlicher Interessen und damit zu einer *gestuften Gemeinwohlkonkretisierung* im Mehrebenensystem. Sowohl das ordnungsrechtlich grundierte Ausweisungsrecht als auch das regulierungsrechtliche TK-Recht veranschaulichen, wie die Eigenständigkeit der Verwaltung durch administrative Entscheidungsspielräume in föderativer Weise zur Entfaltung gebracht werden kann.

IV.4.a) Im TK-Recht ist die nationale Regulierungsverwaltung zur Verwirklichung eines ebenenübergreifenden behördlichen Gestaltungsauftrags verpflichtet. Die nationale Regulierungsverwaltung soll im Verbund mit der Europäischen Kommission, dem GEREK und den Regulierungsbehörden der jeweils anderen Mitgliedstaaten die Marktregulierung bedarfsorientiert und flexibel vornehmen. Diese Verkopplung verlangt eine *wechselseitige Einbeziehung der jeweils ordnungsfremden Belange* und trägt transnational der Einbeziehung der Interessen anderer Mitgliedstaaten sowie supranational den durch die Kommission vertretenen Unionsinteressen Rechnung.

IV.4.b) Das Ausweisungsrecht ist demgegenüber durch das Fehlen einer behördlichen Letztentscheidungsbefugnis gekennzeichnet. Gleichwohl wird hier ein ebenenübergreifend aufgestelltes Erfordernis von Einzelfallgerechtigkeit über den Modus einer offenen Abwägung verarbeitet, in deren Rahmen rechtsordnungsdifferierende Belange einzustellen und miteinander in Einklang zu bringen sind. Rechtsdogmatisch stellt sich die Ausweisungsentscheidung somit als *ebenenübergreifender Abwägungs- und Konkordanzraum* dar. Besonders aufschlussreich erweist sich das Ausweisungsrecht deswegen, weil dort seit mehreren Jahren ein offener Feldversuch über die richtigen Modi der Herstellung ebenenübergreifender Einzelfallgerechtigkeit stattfindet. Nach der graduellen Ausweitung der ermessensbasierten Ausweisung zur Umsetzung eines vor allem völker- und unionsrechtlich erhobenen Einzelfallerfordernisses optierte der Bundesgesetzgeber schließlich für ein Modell tatbestandlicher Abwägung, das die administrative Ausweisungsentscheidung als Ergebnis einer tatbestandlichen Abwägung der Bleibe- und Ausweisungsinteressen normiert.

IV.5.a) Sowohl das Migrations- als auch das TK-Recht erhärten die These, dass *Tatbestands- und Rechtsfolgenmodell rechtstechnisch weitgehend austauschbar sind.* Im TK-Recht bezeugt die Figur des Regulierungsermessens, dass es einer Verschmelzung beider Modelle bedarf, um dem als einheitlich verstandenen Vorgang der Ermessensausübung und Abwägung konzeptionell gerecht zu werden. Auch wenn das BVerwG in seiner jüngeren Rechtsprechung zu erkennen gibt, die überkommenen Spielraumkategorien und insbesondere die Unterscheidung zwischen Beurteilungsspielraum und Ermessen begrifflich nicht fallen zu lassen, räumt es doch ein, dass diese Unterschiede eher begrifflich tradiert als konzeptionell folgenreich sind.

IV.5.b) Im Ausweisungsrecht illustrieren die Spielraummetamorphosen der vergangenen Jahre die weitgehende Austauschbarkeit von rechtsfolgenseitigem und tatbestandlichem Spielraummodell. Die verbleibenden Unterschiede sind in der Gesamtschau weitaus geringer als es die in Deutschland rechtsdogmatisch tradierte Dichotomie von rechtsfolgenseitigem Ermessen und tatbestandlichem Beurteilungsspielraum erwarten ließe. Entgegen des ersten Eindrucks, der Bundesgesetzgeber habe das Ausweisungsrecht zum Jahr 2016 durch die Ersetzung des rechtsfolgeseitigen Ausweisungsermessens durch ein tatbestandliches Abwägungsmodell grundlegend umgestaltet, ist das Bild bei näherer Betrachtung vielmehr von Kontinuität bestimmt.

V. Spielraumausfüllung

V.1. Administrative Spielraumausfüllung erfolgt im Mehrebenensystem unter der Prämisse formell getrennter, aber materiell ineinander verzahnter Rechtsebenen. Die rechtsdogmatischen Herausforderungen der Ermessensausübung resultieren folglich aus Ebenenverschränkungen bzw. *Ebenenkopplungen.* Die Verwaltung der einen Ebene vollzieht das Recht einer anderen Ebene oder sogar mehrerer Ebenen gleichzeitig. Ist sie hierbei mit ebenenfremden Verwaltungseinheiten föderativ verkoppelt, wird die administrative Rechtsproduktion im

Bereich diskretionären Verwaltungshandelns, aus der Handlungsperspektive der Verwaltung betrachtet, zur Verbundaufgabe. Mitunter unterliegt die Verwaltung aber auch föderativ motivierten *Entkopplungserfordernissen*. Das gilt insbesondere dort, wo die Verwaltung bei der (gestaltenden) Rechtskonkretisierung vor bestimmten (politischen) Einflüssen abgeschirmt werden soll, was gerade im Falle einer geringen legislativen Vorsteuerung relevant wird. Im TK-Recht wirken beide Faktoren, entkoppelnde wie verkoppelnde, auf die nationalen Regulierungsbehörden ein. Es erfolgt sowohl die Herauslösung aus dem nationalen Interessenpartikularismus als auch die Eingliederung in einen mehrdimensionalen Verbund mit der Fähigkeit zum vertikalen und horizontalen Interessenausgleich. Aus dieser Spannungslage resultiert die besondere Stellung der Regulierungsverwaltung im Gefüge des Mehrebenensystems. Sie ist eine funktionell nationale und europäische Verwaltung mit regulatorischem Gestaltungsauftrag. Dagegen dominieren im Migrationsrecht Formen der horizontalen Verkopplung. Die transnationale Dimension der Spielraumausfüllung zeigt sich hier besonders plastisch in den Beurteilungsspielräumen der nationalen Konsularbehörden im Visumrecht sowie im Selbsteintrittsermessen nach dem Dublin-System.

V.2. Verkoppelnde Strukturen können vertikal, horizontal (bzw. transnational) oder als genuine Verbundstruktur in Erscheinung treten. Administrative Rechtskonkretisierung verläuft dabei in Konkretisierungsstufen vom Abstrakten zum Konkreten. Sind die *Konkretisierungsstufen auf unterschiedliche Rechtsebenen verteilt*, erhält der Prozess der Rechtserzeugung ein föderatives Moment.

V.2.a) *Vertikale Kopplungen* sind in sehr unterschiedlicher Intensität zu beobachten. Während der Einfluss der supranationalen Exekutive auf den nationalen Normvollzug im Migrationsrecht vergleichsweise begrenzt ist, fällt er im TK-Recht ungleich stärker aus. Die Europäische Kommission nimmt hier verstärkt abstrakt-generelle Vorstrukturierungen vor, die zwar nicht rechtsverbindlich sind, aber mit qualifizierten Berücksichtigungspflichten verbunden sind. Auf der untersten Stufe der Normkonkretisierung erfolgt die konkrete Einzelfallentscheidung, die im europäischen Regulierungsverbund primär der nationalen Verwaltung vorbehalten ist. Aber selbst hier gilt keine Ebenenexklusivität, da die Kommission im Wege von Stellungnahmen und in Teilbereichen sogar per Veto-Entscheidung in den Prozess der konkret-individuellen Entscheidungsfindung eingreifen kann. Die Intensität vertikaler Verfahrensbeiträge variiert mitunter deutlich. So hält das TK-Recht einen ausdifferenzierten Instrumentenkasten bereit, der von weitestgehend zu berücksichtigenden Empfehlungen, Leitlinien und Stellungnahmen bis hin zu rechtsverbindlichen Veto- bzw. Entscheidungsrechten reicht.

V.2.b) Die Verwaltung kann bei der Spielraumausfüllung aber auch in *transnationale Verwaltungsstrukturen* eingebunden sein. Im Migrationsrecht sind diese Strukturen besonders ausgeprägt, wie das Instrument der transnationalen Verwaltungsentscheidung zeigt. Exemplarisch hierfür steht das Schengen-Visum, welches von der Auslandsvertretung eines Mitgliedstaats ausgestellt wird, aber als einheitliches Visum für das gesamte Schengen-Gebiet gilt. Das für die transnationale Wirkung vorauszusetzende Mindestmaß an Kohärenz wird neben dem hohen Grad an legislativer Regelungsdichte durch die Schengen-Zusammenarbeit vor Ort gewährleistet, die u.a. durch administrative Letztentscheidungsrechte abgesichert wird. Anders stellt sich die horizontale Vernetzung der Verwaltung im Bereich des Regulierungsrechts dar. Hier sind die Regulierungsbehörden wechselseitig und dialogisch mittelbar in den diskretionären Rechtskonkretisierungsprozess ihrer jeweiligen Pendants eingebunden.

V.2.c) Wo vertikale und horizontale Formen der Behördenkooperation funktional aufeinander bezogen und miteinander verschränkt sind, emergiert aus dem ebenenübergreifenden Zusammenwirken der Verwaltungsbehörden eine *umfassende Verbundstruktur*, die auch die diskretionären Normbereiche prägt. So formt das im TK-Recht zentrale Art. 7/7a-Verfahren den regulatorischen Gestaltungsauftrag der Verwaltung letztlich im Sinne einer Verbundaufgabe aus. Die nationale Regulierungsverwaltung hat im Zuge der Spielraumausfüllung vertikale, horizontal mediatisierte und rein horizontale Verfahrensbeiträge in einem auf wechselseitige Berücksichtigung und Perspektivenvielfalt ausgerichteten Entscheidungsprozess zu verarbeiten. Die administrative Spielraumausfüllung durch die nationale Verwaltung wird so durch verfahrensrechtlich abgesicherte Interessenartikulationen gleichermaßen horizontal wie vertikal eingefangen. Die gegenüber dem Regulierungsadressaten ergehende Entscheidung bildet dabei lediglich den Abschluss eines mehrstufigen Konkretisierungsvorganges, der rechtliche Verfahrensbeiträge aus unterschiedlichen Ebenen zusammenführte.

V.3.a) Diskretionäres Verwaltungshandeln kann aber auch durch organisations- und verfahrensrechtliche Regelungen gelenkt bzw. gesichert werden. Von besonderer Bedeutung sind in diesem Zusammenhang *Unabhängigkeitserfordernisse*, die dazu dienen, bestimmte Steuerungsfaktoren von der Verwaltung fernzuhalten und deren Entscheidungsspielraum zu sichern. Im Mehrebenensystem kann das vor allem dort relevant werden, wo die Verwaltung von spezifischen, ebenenimmanenten Einflüssen abgeschirmt werden soll, etwa dem politischen Kräftefeld auf nationaler Ebene.

V.3.b) Zwischen dem Rechtsinstitut des administrativen Entscheidungsspielraumes und der *administrativen Unabhängigkeit* bestehen innere Zusammenhänge, aber auch grundlegende Unterschiede. So geht das Konzept administrativer Unabhängigkeit weit über die Frage der Rechtskonkretisierung hinaus und umfasst unterschiedlichste Formen der Entkopplung von Rechtfertigungs- und Verantwortungszusammenhängen. Aus administrativer Unabhängigkeit lässt sich nicht zwingend auf einen Entscheidungsspielraum schließen, während ein

Entscheidungsspielraum umgekehrt nur in begrenztem Umfang Rückschlüsse auf Art und Umfang administrativer Unabhängigkeit erlaubt. Beide Konzepte können sich aber wechselseitig ergänzen, wie etwa das TK-Recht im Hinblick auf die Verwirklichung des Gestaltungsauftrags der Regulierungsverwaltung zeigt.

V.3.c) Administrative Unabhängigkeit gibt es in unterschiedlichen Formen. Im Falle des TK-Rechts soll die Verwaltung gerade dort, wo ihr der Gesetzgeber einen weit gefassten Gestaltungsspielraum einräumt, von bestimmten, die Spielraumausfüllung beeinflussenden Faktoren funktionell wie politisch abgekoppelt werden. Da die Regulierer speziell aus dem innerstaatlichen politischen Prozess herausgelöst werden sollen, beruht das Entkopplungsgebot letztlich auf einem *föderativen Schutzzweck*. Die Entkopplung vom nationalen politischen Prozess soll zudem nicht nur die Neutralität und fachlich-inhaltliche Güte der Regulierungsentscheidungen, sondern auch die Europafunktion der nationalen Regulierungsverwaltung absichern.

VI. Spielraumbegrenzung

VI.1. Die Begrenzung administrativer Entscheidungsspielräume wirft im Mehrebenensystem zum einen die Frage nach *spezifisch föderativen Grenzen* und zum anderen das Problem der *Schichtung von Ermessensgrenzen unterschiedlicher Ordnungen* auf.

VI.2. Die Frage nach *spezifisch föderativen Grenzen* ist im Kern darauf gerichtet, wie transnationale Wirkungen administrativer Spielraumausfüllung eingehegt werden können. Jenseits der klassischen materiell-rechtlichen Spielraumgrenzen, wie etwa den Grund- und Menschenrechten, ist die Ausübung von Verwaltungsermessen im Mehrebenensystem durch mehrebenenspezifische Grenzen limitiert.

VI.2.a) Als föderative Grenze fungiert vor allem der Grundsatz loyaler Zusammenarbeit. Dies gilt nicht nur für das vertikale Verhältnis zwischen nationaler und unionaler Verwaltung, sondern auch für das horizontale Verhältnis der nationalen Verwaltungen untereinander. Der *Grundsatz loyaler Zusammenarbeit begrenzt extraterritoriale Effekte der Ermessensausübung.* Diese loyalitätsradizierten Grenzen stecken den äußersten Aktionsradius der Spielraumausfüllung im Bereich des (indirekten) Vollzuges von Unionsrecht mit transnationaler Wirkung für andere Mitgliedstaaten ab. Das Dubliner Selbsteintrittsermessen ist das prägnanteste Beispiel aus dem Bereich des Migrationsrechts. Seine Ausübung droht jedenfalls dort an föderative Grenzen zu stoßen, wo substanzielle Grundentscheidungen allein der nationalen Exekutive überantwortet oder als nationaler Alleingang gestaltet werden. Im Übrigen folgt aus dem Loyalitätsprinzip ein Verbot der transnationalen Perpetuierung mitgliedstaatlicher Rechtsverstöße. Wo die der Verwaltung eingeräumten Entscheidungsspielräume an Grenzen stoßen, ist eine Intervention des Unionsgesetzgebers erforderlich, der zugleich die notwendige Repräsentationsleistung auf europäischer Ebene zu erbringen hat – durch Europäisches Parlament und Rat. Das Politische findet hier seinen Ort.

VI.2.b) Föderative Spielraumgrenzen können aber auch eine *kohärenzwahrende Funktion* erfüllen, soweit sie die im Wege dezentraler Ermessensausübung entstehenden Zentrifugalkräfte beschränken. Das Beispiel des europäischen Regulierungsverbundes zeigt, dass die Kohärenzwahrung keineswegs über starre materiell-rechtliche Vorgaben erfolgen muss, sondern im Sinne eines dynamischen, stets neu zu verhandelnden Gleichgewichts im Wege der Prozeduralisierung erreichbar ist.

VI.3. Als grundlegendes Problem stellt sich aber vor allem die *Schichtung ebenendifferierender Grenzen* dar. Fallen mehrere gleichzeitig anwendbare Spielraumschranken unterschiedlicher Rechtsordnungszugehörigkeit bei gleichzeitiger Anwendbarkeit auf einen Fall inhaltlich auseinander, mündet dies, der rechtspluralistischen Prämisse folgend, in eine potenziell unauflösbare Normenkollision. Als besonders schwerwiegend stellen sich die Auswirkungen einer solchen Kollision im Bereich fundamentaler Rechtssätze dar, wie etwa der Grund- und Menschenreche. Das Dublin-System veranschaulicht diese Problematik anhand der unterschiedlichen Ausprägungen, welche die menschenrechtlich radizierten Überstellungsverbote auf den einzelnen Rechtsebenen erfahren haben. Aus Perspektive der vollziehenden Verwaltung und der sie kontrollierenden Gerichte ist es in diesem Bereich kaum noch möglich, die negativen Grenzziehungen der sekundärrechtlich begründeten administrativen Entscheidungsspielräume in widerspruchsfreier und vorhersehbarer Weise zu bestimmen. In der Praxis mündet dies in eine hochgradig erratische Einzelfalljudikatur.

VII. Spielraumkontrolle

VII.1. Auch die *gerichtliche Kontrolldichte* einschließlich der damit verbundenen *Ermessensfehlerlehren* muss auf die Besonderheiten des Mehrebenensystems ausgerichtet werden. Allerdings machen sich die mitunter tiefgreifenden Einflüsse des Völker- und Unionsrechts unter dem Gesichtspunkt der gerichtlichen Kontrolldichte noch am wenigsten bemerkbar. Vielleicht fliegen die mehrebenenspezifischen Modifikationen administrativer Entscheidungsspielräume auch deshalb noch regelmäßig unter dem Radar wissenschaftlicher Aufmerksamkeit, ist die Kontrollperspektive doch jedenfalls in Deutschland nach wie vor der dominierende Blickwinkel auf diskretionäres Verwaltungshandeln. Während ebenenübergreifende Einwirkungen oder Schichtungsprobleme im Bereich der Begründung, Ausfüllung und Begrenzung von Verwaltungsermessen erheblich ins Gewicht fallen und den administrativen Entscheidungsspielräumen zuweilen eine gänzlich neue Kontur verleihen, bleibt die gerichtliche Spielraumkontrolle der nationalen Ebene in ihren rechtsdogmatischen Grundlagen auf den ersten Blick weitgehend unangetastet. Bei genauerem Hinsehen besteht allerdings auch hier die Notwendigkeit einer zumindest partiellen Rekalibrierung.

VII.2.a) Gemessen an Art. 19 Abs. 4 GG kommt den völkerrechtlichen Rechtsschutzgarantien eine vergleichsweise schwache Prägekraft zu. Gerade die *EMRK kennt keine umfassende Rechtsschutzgarantie.* Obwohl ihr Einfluss auf das Verwaltungsverfahren in den vergangenen Jahren merklich zugenommen hat, bleibt ihre Rückwirkung auf die Dichte der Kontrolle diskretionären Verwaltungshandelns nach wie vor begrenzt. Art. 13 EMRK kann schon infolge seiner Menschenrechtsakzessorietät kaum Anforderungen an die Intensität der gerichtlichen Kontrolle am Maßstab des *einfachen* Rechts stellen. Art. 6 EMRK wiederum ist in seinem sachlichen Anwendungsbereich stark eingegrenzt. Soweit er auf öffentlich-rechtliche Sachverhalte Anwendung findet, verbürgt er jedoch die Mindestgarantie, dass die gerichtliche Kontrolle diskretionären Verwaltungshandelns sich jedenfalls auf die behördliche Einhaltung der Spielraumgrenzen erstrecken muss. Für den Spezialfall ermessensbasierter Verwaltungssanktionen mit Strafcharakter verlangt der EGMR darüber hinausgehend sogar eine gerichtliche Befugnis, die Sanktionsentscheidung hinsichtlich der Festsetzung der Sanktion vollständig aufzuheben oder durch eine eigene zu ersetzen.

VII.2.b) Demgegenüber ist die *unionsrechtliche Rechtsschutzgarantie* des Art. 47 GRCh weder in ihrem sachlichen Anwendungsbereich limitiert noch in ihrer Akzessorietät allein auf die prozessuale Effektivierung (unions-)grundrechtlicher Rechtspositionen verengt. Dementsprechend groß ist das Potenzial für die Generierung von Rahmenbedingungen für die gerichtliche Kontrolle unionsrechtlich (teil-)determinierten diskretionären Verwaltungshandelns. Gleichwohl hat der EuGH in den hier besonders interessierenden ebenenübergreifenden Fallgestaltungen bislang allenfalls Mindestanforderungen für die Ausgestaltung des innerstaatlichen Kontrollverfahrens aus Art. 47 GRCh abgeleitet. Dass nach dem EuGH die Kontrolldichte auf nationaler Ebene grundsätzlich nicht das Niveau der Kontrolldichte auf unionaler Ebene überschreiten braucht, hält den unionsrechtlichen Zugriff auf das innerstaatliche Verfahrensrecht begrenzt.

VII.3.a) Die Bestimmung der Kontrolldichte kann im Mehrebenensystem mehrstufig erfolgen. Die legislative Grundentscheidung über den Bestand eines administrativen Letztentscheidungsrechts und die Entscheidung über die konkreten Modalitäten seiner Kontrolle sind dann auf verschiedene Rechtsebenen verteilt und in diesem Sinne föderativ aufgestuft. Die *Mehrstufigkeit der Kontrolldichtebestimmung* besteht also darin, dass die Entscheidung über das Ob des Spielraums und über das Wie seiner gerichtlichen Kontrolle auf unterschiedlichen Ebenen getroffen werden.

VII.3.b) Soweit der Unionsgesetzgeber das Verhältnis der nationalen Exekutive zur nationalen Judikative mitregelt, gibt er zumeist nur das Ob des behördlichen Letztentscheidungsrechts vor, überlässt jedoch das Wie, d.h. die Fehlerlehre und die daraus abzuleitenden Kontrollmaßstäbe, dem nationalen Recht. Soweit das materielle Unionsrecht keine konkreten Vorgaben für die Kontrolldichte trifft, kommt dementsprechend die nationale Fehlerlehre zum Zuge. Die *Anwendbarkeit der Fehlerlehre* hängt also nicht zwingend vom formellen Ursprung der zu vollziehenden Norm ab. Im TK- und Migrationsrecht finden sich zahlreiche Beispiele für eine föderative Aufgabenverteilung, nach der das Unionsrecht den Bestand eines administrativen Entscheidungsspielraums vorgibt, die nationalen Gerichte aber im Rahmen ihrer Kontrolltätigkeit die innerstaatliche Fehlerlehre heranziehen. Die Prüfung der einzelnen Fehlertopoi, wie z.B. die Verletzung von Verfahrens- oder Begründungserfordernissen oder das Vorliegen eines Abwägungsdefizits, folgt dann weitgehend der nationalen Spielraumdogmatik.

VII.3.c) *Modifikationen bzw. Überlagerungen der nationalen Fehlerlehren* können zum einen daraus resultieren, dass die zur Anwendung kommenden Kontrollmaßstäbe bzw. Fehlertopoi neu kombiniert werden müssen, um den Besonderheiten der Materie gerecht zu werden. Die Zusammenstellung des Prüfprogramms weicht dann von der innerstaatlichen Spielraumdogmatik ab. So wirft das BVerwG etwa im Bereich des TK-Rechts die Kontrollparameter für Beurteilungs- und Abwägungsfehler zusammen. Zum anderen ist der EuGH in seiner jüngsten Rechtsprechung zum Einwanderungsrecht dazu übergegangen, die Bestimmung der von den nationalen Gerichten bei der Spielraumkontrolle anzulegenden gerichtlichen Kontrollmaßstäbe selbst vorzunehmen, also nicht mehr nur das Ob, sondern auch das Wie der gerichtlichen Spielraumkontrolle vorzugeben. Bestimmt der Unionsgesetzgeber das innerstaatliche Verhältnis von Exekutive und Judikative im Sinne der Begründung eines behördlichen Letztentscheidungsrechts mit, kommen die vergleichsweise strengen Vorgaben des Art. 19 Abs. 4 GG nicht bzw. allenfalls modifiziert zur Anwendung. Wie auch das BVerwG betont, obliegt es im Anwendungsbereich des Unionsrechts dem Unionsgesetzgeber, diejenigen Rechtspositionen im Einzelnen auszugestalten, welche von den Rechtsschutzgarantien vorausgesetzt werden.

Literaturverzeichnis

Abels, Gabriele/Eppler, Annegret, Auf dem Weg zum „Mehrebenenparlamentarismus", in: dies. (Hrsg.), Auf dem Weg zum Mehrebenenparlamentarismus, 2011, S. 17 ff.

Achterberg, Norbert, Probleme der Funktionenordnung, München 1970.

– Allgemeines Verwaltungsrecht, 2. Aufl., Heidelberg u. a. 1986.

Adam, Winfried Anselm, Die Kontrolldichte-Konzeption des EuGH und deutscher Gerichte. Eine vergleichende Untersuchung der gerichtlichen Kontrolle im Dienst-, Außen- und Binnenwirtschaftsrecht, Baden-Baden 1993.

Akehurst, Michael, Equity and General Principles of Law, ICLQ 1976, S. 801 ff.

Albi, Anneli, EU Enlargement and the Constitutions of Central and Eastern Europe, CUP, Cambridge 2005.

Alegre, Susie/Leaf, Marisa, Mutual Recognition in European Judicial Cooperation: A Step Too Far Too Soon? Case Study – the European Arrest Warrant, ELJ 10 (2004), S. 200 ff.

Alexy, Robert, Ermessensfehler, JZ 1986, S. 701 ff.

Alexy, Robert/Koch, Hans-Joachim/Kuhlen, Lothar/Rüßmann, Helmut (Hrsg.), Elemente einer juristischen Begründungslehre. Baden-Baden 2003.

Alleweldt, Ralf, Schutz vor Abschiebung bei drohender Folter oder unmenschlicher oder erniedrigender Behandlung oder Strafe, Berlin u. a. 1996.

Alter, Karen, The European Court's Political Power. Selected Essays, OUP, Oxford 2009.

Amerasinghe, Chittharanjan F, The Law of the International Civil Service: As Applied by International Administrative Tribunals, 2. Aufl. (in 2 Bänden), Oxford 1994.

– Discretion in Disciplinary Cases, in: Ziadé (Hrsg.), Problems of International Administrative Law, 2008, S. S. 37 ff.

Armstrong, Kenneth A., Mutual Recognition, in: Barnard/Scott (Hrsg.), The Law of the Single European Market. Unpacking the Premises, Oxford 2002, S. 225 ff.

Arnauld, Andreas von, Völkerrecht, 3. Aufl., Heidelberg 2016.

Arndt, Hans-Wolfgang/Fetzer, Thomas/Scherer, Joachim/Graulich, Kurt (Hrsg.), Telekommunikationsgesetz, 2. Aufl., Berlin 2015.

Aschinger, Gerhard, Regulierung und Deregulierung, Wirtschaftswissenschaftliches Studium 1985, S. 545 ff.

Attendorn, Thorsten, Die Regulierungsbehörde als freier Marktgestalter und Normsetzer?, Möhnesee 2008.

– TK-Zugangsregulierung und Drittschutz, MMR 2008, S. 444 ff.

– Das „Regulierungsermessen" – Ein deutscher „Sonderweg" bei der gerichtlichen Kontrolle TK-rechtlicher Regulierungsentscheidungen?, MMR 2009, S. 238 ff.

Attendorn, Thorsten/Geppert, Martin, in: Geppert/Schütz (Hrsg.), Beck'scher TKG-Kommentar, 4. Aufl., München 2013, § 116.

Augsberg, Ino, Informationsverwaltungsrecht. Zur kognitiven Dimension der rechtlichen Steuerung von Verwaltungsentscheidungen, Tübingen 2014.

Augsberg, Steffen, Europäisches Verwaltungsorganisationsrecht und Vollzugsformen, in: Terhechte (Hrsg.), Verwaltungsrecht der Europäischen Union, Baden-Baden 2011, § 4.
Aust, Helmut, Complicity and the Law of State Responsibility, Cambridge 2011.
– Das Recht der globalen Stadt, Tübingen 2017.
Bachof, Otto, Die verwaltungsgerichtliche Ermessenskontrolle, Süddeutsche JZ 1948, S. 742 ff.
– Beurteilungsspielraum, Ermessen und unbestimmter Rechtsbegriff im Verwaltungsrecht, JZ 1955, S. 97 ff.
Badura, Peter, Die parlamentarische Demokratie, in: Isensee/Kirchhof (Hrsg.), HStR II, 3. Aufl., Heidelberg 2004, § 25.
Bäcker, Matthias, Das Grundgesetz als Implementationsgarant der Unionsgrundrechte, EuR 2015, S. 389 ff.
Baer, Susanne, „Der Bürger" im Verwaltungsrecht, Tübingen 2006.
Baldus, Manfred, Transnationales Polizeirecht – Verfassungsrechtliche Grundlagen und einfach-gesetzliche Ausgestaltung polizeilicher Eingriffsbefugnisse in grenzüberschreitenden Sachverhalten, Baden-Baden 2001.
Baldwin, Robert/Cave, Martin, Understanding Regulation, Oxford 1999.
Baldwin, Robert/Cave, Martin/Lodge, Martin, Regulation: The Field and the Developing Agenda, in: dies. (Hrsg.), The Oxford Handbook of Regulation, 2010, S. 3 ff.´
Baldwin, Robert/Cave, Martin/Lodge, Martin (Hrsg.), The Oxford Handbook of Regulation, Oxford 2010.
Bamforth, Nicholas/ Leyland, Peter (Hrsg.), Public Law in a Multi-Layered Constitution, Hart, Oxford 2003.
Bank, Roland/Hruschka, Constantin, Die EuGH-Entscheidung zu Überstellungen nach Griechenland und ihre Folgen für Dublin-Verfahren (nicht nur) in Deutschland, ZAR 2012, S. 182 ff.
Bast, Jürgen, Internationalisierung und De-Internationalisierung der Migrationsverwaltung, in: Möllers/Voßkuhle/Walter (Hrsg.), Internationales Verwaltungsrecht, Tübingen 2007, S. 279 ff.
– Transnationale Verwaltung des europäischen Migrationsraums: Zur horizontalen Öffnung der EU-Mitgliedstaaten, Der Staat 46 (2007), S. 1 ff.
– Handlungsformen und Rechtsschutz, in: v. Bogdandy/Bast (Hrsg.), Europäisches Verfassungsrecht, 2. Aufl., Berlin u. a. 2009, S. 489 ff.
– Aufenthalt und Migrationssteuerung, Tübingen 2011.
– Solidarität im europäischen Einwanderungs- und Asylrecht, in: Knodt/Tews (Hrsg.), Solidarität in der EU, Baden-Baden, 2014, S. 143 ff.
Battjes, Hemme, European Asylum Law and International Law, Leiden u. a. 2006.
– The Soering Threshold: Why Only Fundamental Values Prohibit *Refoulement* in ECHR Case Law, EJML 11 (2009), S. 205 ff.
Bauer, Hartmut/Czybulka, Detlef/Kahl, Wolfgang/Voßkuhle, Andreas (Hrsg.), Wirtschaft im offenen Verfassungsstaat, FS Reiner Schmidt, München 2006.
Bauer, Hartmut/Huber, Peter M./Sommermann Karl-Peter (Hrsg.), Demokratie in Europa, Tübingen 2005.
Bauer, Ina, in: Bergmann/Dienelt (Hrsg.), Ausländerrecht. Kommentar, 11. Aufl. 2016, Vorb §§ 53–56 AufenthG.
Beaud, Olivier, Théorie de la fédération, 2. Aufl., Paris 2009.
Becker, Ulrich, Freizügigkeit in der EU – auf dem Weg vom Begleitrecht zur Bürgerfreiheit, EuR 1999, S. 522 ff.

Beichel, Stephan, Ausweisungsschutz und Verfassung, Berlin 2001.
Bell, John, Comparing Public Law, in: Harding/Örücün (Hrsg.), Comparative Law in the 21st Century, London 2002, S. 235 ff.
Benz, Arthur, Verwaltung als Mehrebenensystem, in: Blanke u. a. (Hrsg.), Handbuch zur Verwaltungsreform, 4. Aufl., Wiesbaden 2011, S. 11 ff.
Berger-Kögler, Ulrike/Cornils, Matthias, in: Geppert/Schütz (Hrsg.), Beck'scher TKG-Kommentar, 4. Aufl., München 2013, § 35.
Bergmann, Jan, Abschied vom deutschen Ausländerrecht? – Europarechtliche Provokationen, ZAR 2013, S. 318 ff.
– Das Dublin-Asylsystem, ZAR 2015, S. 81 ff.
– in: Bergmann/Dienelt (Hrsg.), Ausländerrecht, 11. Aufl. 2016, § 27a und § 34a AsylG.
Bergmann, Jan/Dienelt, Klaus (Hrsg.), Ausländerrecht, München, 11. Aufl. 2016.
Bergmann, Michael, Anmerkung zu BVerwG, Beschl. v. 5.5.2014, 6 B 46/13, NVwZ 2014, S. 1038 ff.
Berlit, Uwe-Dietmar, Ausländerrecht im Wandel – Neuere Rechtsprechung zum Ausländerrecht, ZAR 2014, S. 261 ff.
– Flüchtlingsrecht in Zeiten der Krise, Baden-Baden 2017.
Bernatzik, Edmund, Rechtsprechung und materielle Rechtskraft. Verwaltungsrechtliche Studien, Wien 1886.
Bernhardt, Rudolf (Hrsg.), Encyclopedia of Public International Law, 1981–2001.
Bernsdorff, Norbert, in: Meyer (Hrsg.), Charta der Grundrechte, 4. Aufl. 2014, Art. 19.
Berringer, Christian, Regulierung als Erscheinungsform der Wirtschaftsaufsicht, München 2004, S. 94 ff.
Besson, Samantha, The Extraterritoriality of the European Convention on Human Rights: Why Human Rights Depend on Jurisdiction and What Jurisdiction Amounts to, LJIL 2012, S. 857 ff.
Biaggini, Giovanni, Grundverständnisse von Staat und Verwaltung, in: v. Bogdandy/Cassese/Huber (Hrsg.), IPE III, Heidelberg 2010, §53.
Biernat, Stanisław/Dąbek, Dorota, Grundzüge des Verwaltungsrechts in gemeineuropäischer Perspektive: Polen, in: v. Bogdandy/Cassese/Huber (Hrsg.), IPE V, Heidelberg 2014, § 80.
Birkinshaw, Patrick, European Public Law, Beccles u. a. 2003.
Blackstone, William, Commentaries on the Laws of England Buch 4, Kapitel 5, 1769, abrufbar unter http://avalon.law.yale.edu/18th_century/blackstone_bk4ch5.asp (30.9. 2016).
Blake, Nicholas, The Dublin Convetion and Rights of Asylum Seekers in the EU, in: Guild/Harlow (Hrsg.), Implementing Amsterdam: Immigration and Asylum Rights in the EU, Hart, Oxford 2001, S. 94 ff.
Blanke, Bernhard/Bandemer, Stephan von/Nullmeier, Frank/Wewer, Göttrik (Hrsg.), Handbuch zur Verwaltungsreform, 4. Aufl., Wiesbaden 2011.
Bleckmann, Albert, Zur Anerkennung ausländischer Verwaltungsakte im Europäischen Gemeinschaftsrecht, JZ 1985, S. 1072 ff.
– Ermessensfehlerlehre, Köln u. a. 1997.
Böckenförde, Ernst-Wolfgang, Demokratie als Verfassungsprinzip, in: Isensee/Kirchhof (Hrsg.), HStR II, 3. Aufl., Heidelberg 2004, § 24.
– Demokratische Willensbildung und Repräsentation, in: Isensee/Kirchhof (Hrsg.), HStR III, 3. Aufl., Heidelberg 2005, § 34.

Bogdandy, Armin von, Supranationaler Föderalismus als Wirklichkeit und Idee einer neuen Herrschaftsform. Zur Gestalt der Europäischen Union nach Amsterdam, Baden-Baden 1999.

– Gubernative Rechtsetzung. Eine Neubestimmung der Rechtsetzung und des Regierungssystems unter dem Grundgesetz in der Perspektive gemeineuropäischer Dogmatik, Tübingen 2000.

– Beobachtungen zur Wissenschaft vom Europarecht. Strukturen, Debatten und Entwicklungsperspektiven der Grundlagenforschung zum Recht der Europäischen Union, Der Staat 40 (2001), S. 3 ff.

– Demokratie, Globalisierung, Zukunft des Völkerrechts – Eine Bestandsaufnahme, ZaöRV 2003, S. 853 ff.

– Prolegomena zu Prinzipien internationalisierter und internationaler Verwaltung, in: Trute/Groß/Möllers/Röhl (Hrsg.), Allgemeines Verwaltungsrecht – zur Tragfähigkeit eines Konzepts, Tübingen 2008, S. 683 ff.

– Verwaltungsrecht im europäischen Rechtsraum – Perspektiven einer Disziplin, in: ders./Cassese/Huber (Hrsg.), IPE IV, Heidelberg 2011, § 57.

– Die Informationsbeziehungen im europäischen Verwaltungsverbund, in: Hoffmann-Riem/Schmidt-Aßmann/Voßkuhle (Hrsg.), Grundlagen des Verwaltungsrechts, Band II, 2. Aufl., München 2012, § 25.

Bogdandy, Armin von/Cassese, Sabino/Huber, Peter M. (Hrsg.), Handbuch Ius Publicum Europaeum, Bd. III, Verwaltungsrecht in Europa: Grundlagen, Heidelberg 2010.

– (Hrsg.), Handbuch Ius Publicum Europaeum, Bd. IV, Verwaltungsrecht in Europa: Wissenschaft, Heidelberg 2011.

– (Hrsg.), Handbuch Ius Publicum Europaeum, Bd. V, Verwaltungsrecht in Europa: Grundzüge, Heidelberg 2014.

Bogdandy, Armin von/Cruz Villalón, Pedro/Huber, Peter M. (Hrsg.), Handbuch Ius Publicum Europaeum, Bd. I, Grundlagen und Grundzüge staatlichen Verfassungsrechts, Heidelberg 2007.

– (Hrsg.), Handbuch Ius Publicum Europaeum, Bd. II, Offene Staatlichkeit – Wissenschaft vom Verfassungsrecht, Heidelberg 2008.

Bogdandy, Armin von/Schill, Stephan, in: Grabitz/Hilf/Nettesheim (Hrsg.), Das Recht der Europäischen Union, Loseblatt, Art. 4 EUV (21. EGL 2013).

Bogdandy, Armin von/Venzke, Ingo, In wessen Namen?, Internationale Gerichte in Zeiten globalen Regierens. Suhrkamp, Berlin, 2014.

Börger, Laura, Die gerichtliche Kontrolldichte bei der Überprüfung von Entscheidungen der Europäischen Kommission auf dem Gebiet der Fusionskontrolle, Frankfurt a. M. 2015.

Borowsky, Martin, in: Meyer (Hrsg.), Charta der Grundrechte, 4. Aufl. 2014, Art. 52.

Bosch, Klaas, Die Kontrolldichte der gerichtlichen Überprüfung von Marktregulierungsentscheidungen der Bundesnetzagentur nach dem Telekommunikationsgesetz, Frankfurt a. M., 2010.

Böse, Martin, Der Grundsatz der gegenseitigen Anerkennung unter dem Vertrag von Lissabon, in: Ambos, Kai (Hrsg.), Europäisches Strafrecht post-Lissabon, Göttingen 2011, S. 57 ff.

Bosman, Matthias, Die Beschlußkammern der Regulierungsbehörde für Telekommunikation und Post: Organisationsrechtliche Erfassung und Verfahrensgestaltung nach dem TKG, Münster 2003.

Bovens, Mark, Analysing and Assessing Accountability: A Conceptual Framework, ELJ 13 (2007), S. 447 ff.
Bovens, Mark, Curtin, Deirdre/'t Hart, Paul (Hrsg.), The Real World of EU Accountability: What Deficit?, Oxford 2010.
Braibant, Guy/Stirn, Bernard, Le droit administratif français, 7. Aufl., Paris 2005.
Bredt, Stephan, Die demokratische Legitimation unabhängiger Institutionen: vom funktionalen zum politikfeldbezogenen Demokratieprinzip, Tübingen 2006.
Brenner, Michael, Der Gestaltungsauftrag der Verwaltung in der Europäischen Union, Tübingen 1996.
– Allgemeine Prinzipien des verwaltungsgerichtlichen Rechtsschutzes in Europa, DV 31 (1998), S. 1 ff.
Breuer, Rüdiger, Konditionale und finale Rechtssetzung, AöR 127 (2002), S. 523 ff.
Breuer, Marten, in: Karpenstein/Mayer (Hrsg.), EMRK – Kommentar, 2. Aufl., München 2015, Art. 13, Rn. 5.
Breyer, Stephen G./Stewart, Richard B./Sunstein, Cass R./Vermeule, Adrian/Herz, Michael, Administrative Law and Regulatory Policy: Problems, Text, and Cases, 7. Aufl, New York u. a. 2011.
Brinktrine, Ralf, Verwaltungsermessen in Deutschland und England, C.F. Müller, Heidelberg 1998.
Britz, Gabriele, Vom Europäischen Verwaltungsverbund zum Regulierungsverbund? – Europäische Verwaltungsentwicklung am Beispiel der Netzzugangsregulierung bei Telekommunikation, Energie und Bahn, EuR 2006, S. 46 ff.
Brohm, Winfried, Ermessen und Beurteilungsspielraum im Grundrechtsbereich. Zugleich ein Beitrag zu den Genehmigungsvorbehalten zur Sicherung von Stadtfunktionen (§§ 22, 172 BauGB), JZ 1995, S. 369 ff.
Bryde, Brun-Otto, Die Einheit der Verwaltung als Rechtsproblem, VVDStRL 46 (1988), S. 181 ff.
– Die bundesrepublikanische Volksdemokratie als Irrweg der Demokratietheorie, StWStP 1994, S. 505 ff.
Bueren, Eckart, EU-Kartellbußgeldverfahren und EMRK: Aktuelle Implikationen aus der Rechtsprechung des EGMR, EWS 2012, S. 363 ff.
Bühler, Ottmar, Die subjektiven öffentlichen Rechte und ihr Schutz in der deutschen Verwaltungsrechtsprechung, Leipzig 1914.
Bullinger, Martin, Das Ermessen der öffentlichen Verwaltung. Entwicklung, Funktionen, Gerichtskontrolle, JZ 1984, S. 1001 ff.
– Verwaltungsermessen im modernen Staat – Landesbericht Bundesrepublik Deutschland, in: ders. (Hrsg.), Verwaltungsermessen im modernen Staat, Baden-Baden 1986, S. 131 ff.
– Regulierung als modernes Instrument zur Ordnung liberalisierter Wirtschaftszweige, DVBl. 2003, S. 1355 ff.
Bullinger, Martin (Hrsg.), Verwaltungsermessen im modernen Staat. Landesberichte und Generalbericht der Tagung für Rechtsvergleichung 1985 in Göttingen, Baden-Baden 1986.
Bumke, Susanne, Frequenzvergabe nach dem Telekommunikationsgesetz – unter besonderer Berücksichtigung der Integration ökonomischer Handlungsrationalität in das Verwaltungsverfahren, Berlin 2006.
Burchardt, Dana, Die Rangfrage im europäischen Normverbund, Tübingen 2015.

Bürger, Sebastian, Vollumfängliche Prüfung im europäischen Kartellrecht – Grundrechtliche Implikationen des Art. 47 Abs. 2 GRC und aktuelle Rechtsprechungstendenzen nach Schindler und Menarini, NZWiSt 2013, S. 405 ff.

Burgi, Martin, Das subjektive Recht im Energieregulierungsverwaltungsrecht, DVBl. 2006, S. 269 ff.

Callewaert, Johan, Grundrechtsschutz und gegenseitige Anerkennung im Raum der Freiheit, der Sicherheit und des Rechts, ZEuS 2014, S. 79 ff.

Calliess, Christian, Subsidiaritäts- und Solidaritätsprinzip in der Europäischen Union, 2. Aufl., Baden-Baden 1999.

– in: ders./Ruffert (Hrsg.), EUV/AEUV, 5. Aufl. 2016, Art. 4 GRCh.

Calliess, Christian (Hrsg.), Verfassungswandel im europäischen Staaten- und Verfassungsverbund, Tübingen 2007.

Calliess, Christian/Ruffert Matthias (Hrsg.), EUV/AEUV, 5. Aufl., München 2016.

Campbell, Dennis (Hrsg.), Internationale Telecommunications Regulatory Law, 2. Aufl., New York 2011, Loseblatt, in zwei Bänden.

Cananea, Giacinto della, Beyond the State: the Europeanization and Globalization of Procedural Administrative Law, EPL 2003, S. 563 ff.

– The European Union's Mixed Administrative Proceedings, LCP 68-1 (2004), S. 197 ff.

– Verwaltungsrechtliche Paradigmen im europäischen Rechtsraum, in: v. Bogdandy/Cassese/Huber (Hrsg.), IPE III, Heidelberg 2010, § 52.

Canor, Iris, Solange horizontal – Der Schutz der EU-Grundrechte zwischen Mitgliedstaaten, ZaöRV 2013, S. 249 ff.

Cassese, Sabino, Administrative Law without the State? The Challenge of Global Regulation, JILP 37 (2005), S. 663 ff.

– Global Standards for National Administrative Procedure CLP 68-3/4 (2005), S. 109 ff.

– Global Administrative Law: The State of the Art, ICON 2015, S. 465 ff.

– Research Handbook on Global Administrative Law, Cheltenham 2016.

Cassese, Sabino/Carotti, Bruno/Casini, Lorenzo/Cavalieri, Eleonora/MacDonald, Euan (Hrsg.), Global Administrative Law: The Case Book, 3. Aufl., New York 2012.

Chimni, B. S., Co-Option and Resistance: Two Faces of Global Administrative Law, JILP 37 (2005), S. 799 ff.

Chiti, Edoardo, The Emergence of a Community Administration: The Case of European Agencies, CMLRev. 37 (2000), S. 309 ff.

– Administrative Proceedings Involving European Agencies, LCP 68-1 (2004), S. 219 ff.

Chiti, Edoardo/Mattarella, Bernardo G. (Hrsg.), Global Administrative and EU Administrative Law, Berlin u. a. 2011.

Choudhry, Sujit, Migration as a new metaphor in comparative constitutional law, in: ders. (Hrsg.), The Migration of Constitutional Ideas, Cambridge 2006, S. 1 ff.

Christiansen, Neele Ann, Optimierung des Rechtsschutzes im Telekommunikations- und Energierecht. Vereinheitlichung oder systemimmanente Reform, Tübingen 2013.

Claes, Monica, The National Courts' Mandate in the European Constitution, Oxford 2006, S. 594 ff.

Classen, Claus D., Sichere Drittstaaten – ein Beitrag zur Bewältigung des Asylproblems?, DVBl. 1993, S. 700 ff.

– Asylrecht in Frankreich: Zur Bedeutung der verfassungs- und völkerrechtlichen Vorgaben, DÖV 1993, S. 227 ff.

– Der Verweis auf Drittstaaten – eine offene Flanke der europäischen Asylrechtsabkommen?, AVR 33 (1995), S. 219 ff.

– Die Europäisierung der Verwaltungsgerichtsbarkeit, Tübingen 1996.
– Das nationale Verwaltungsverfahren im Kräftefeld des Europäischen Gemeinschaftsrechts, DV 30 (1997), S. 307 ff.
– Demokratische Legitimation im offenen Rechtsstaat: zur Beeinflussung des Demokratieprinzips durch Rechtsstaatlichkeit und internationale Offenheit, Tübingen 2009.
– Unabhängigkeit und Eigenständigkeit der Verwaltung – zu den Anforderungen des Europarechts an das nationale Verwaltungsrecht, in: Müller-Graff/Schmahl/Skouris (Hrsg.), Europäisches Recht zwischen Bewährung und Wandel: Festschrift für Dieter H. Scheuing, Baden-Baden 2011, S. 293 ff.
– Gegenseitige Anerkennung und gegenseitiges Vertrauen im europäischen Rechtsraum, in: Becker, Ulrich u. a. (Hrsg.), Verfassung und Verwaltung in Europa – Festschrift für Jürgen Schwarze zum 70. Geburtstag, Baden-Baden 2014, S. 556 ff.
Cloots, Elke/Baere, Geert de/Sottiaux, Stefan (Hrsg.), Federalism in the European Union, Oxford u. a. 2012.
Coleman, Nils, Renewed review of the status of the principle of non-refoulement as customary international law, European Journal of Migration and Law 2003, S. 23 ff.
Coomans, Fons/Kamminga, Menno T. (Hrsg.), Extraterritorial application of human rights treaties, Maastricht 2004.
Cornils, Matthias, Staatliche Infrastrukturverantwortung und kontingente Marktvoraussetzungen, AöR 131 (2006), S. 378 ff.
– Geschichte und Entwicklung des deutschen Telekommunikationsrechts, in: Geppert/Schütz (Hrsg.), Beck'scher TKG-Kommentar, 4. Aufl., München 2013, Einleitung – A.
– Schrankendogmatik, in: Grabenwarter (Hrsg.), EnzEuR II – Europäischer Grundrechteschutz, Baden-Baden 2014, § 5.
Costello, Cathryn, Administrative Governance and the Europeanisation of Asylum and Immigration Policy, in: Hofmann/Türk (Hrsg.), EU Administrative Governance, Cheltenham 2006, S. 287 ff.
– Courting Access to Asylum in Europe: Recent Supranational Jurisprudence Explored, HRLRev. 2012, S. 287 ff.
– The Human Rights of Migrants and Refugees in European Law, Oxford 2016.
Costello, Cathryn/Mouzourakis Minos, Reflections on reading Tarakhel, Asiel- en Migrantenrecht 2014, S. 404 ff.
Cowhey, Peter F., The International Telecommunications Regime: The Political Roots of Regimes for High Technology, International Organization 1990, S. 169 ff.
Craig, Paul, Discretionary power in modern administration – Landesbericht Großbritannien, in: Bullinger (Hrsg.), Verwaltungsermessen im modernen Staat, Baden-Baden 1986, S. 79 ff.
– Administrative Law, 7. Aufl., London 2012.
– EU Administrative Law, 2. Aufl., Oxford University Press, Oxford 2012.
– Grundzüge des Verwaltungsrechts in gemeineuropäischer Perspektive: Großbritannien, in: v. Bogdandy/Cassese/Huber (Hrsg.), IPE V, Heidelberg 2014, § 77.
– Law, Fact and Discretion in the UK, EU and the USA, abrufbar unter http://www.sciencespo.fr/chaire-madp/sites/sciencespo.fr.chaire-madp/files/paul_craig.pdf (30.10.2016)
– The Administrative System and Administrative Law Principle in the UK, in: Trute/Groß/Möllers/Röhl (Hrsg.), Allgemeines Verwaltungsrecht – zur Tragfähigkeit eines Konzepts, Tübingen 2008, S. 699 ff.
Craig, Paul/Tomkins, Adam (Hrsg.), The Executive and Public Law, Oxford 2006.

Cremer, Wolfgang, in: Calliess/Ruffert (Hrsg.), EUV/AEUV, 5. Aufl. 2016, Art. 263 AEUV.
Cruz Villalón, Pedro, Grundlagen und Grundzüge staatlichen Verfassungsrechts, in: v. Bogdandy/Cruz Villalón/Huber (Hrsg.), IPE I, Heidelberg 2007, § 13 Vergleich.
Curtin, Deirdre, Holding (Quasi-)Autonomous EU Administrative Actors to Public Account, ELJ 13 (2007), S. 523 ff.
– Executive Power of the European Union, Oxford 2009.
Czermak, Fritz, Zum gerichtlichen Beurteilungsspielraum im Verwaltungsrecht, JZ 1963, S. 276 ff.
Dann, Philipp, Parlamente im Exekutivföderalismus. Eine Studie zum Verhältnis von föderaler Ordnung und parlamentarischer Demokratie in der Europäischen Union, Berlin u. a. 2004.
Danwitz, Thomas von, Die Gestaltungsfreiheit des Verordnungsgebers: Zur Kontrolldichte verordnungsgeberischer Entscheidungen, Berlin 1989.
– Die Garantie effektiven Rechtsschutzes im Recht der Europäischen Gemeinschaft – Zur Verbesserung des Individualrechtsschutzes vor dem EuGH, NJW 1993, S. 1108 ff.
– Verwaltungsrechtliches System und Europäische Integration, Tübingen 1996.
– Systemgedanken eines Rechts der Verwaltungskooperation, in: Schmidt-Aßmann/Hoffmann-Riem (Hrsg.), Strukturen des Europäischen Verwaltungsrechts, Baden-Baden 1999, S. 171 ff.
– Was ist eigentlich Regulierung?, DÖV 2004, S. 977 ff.
– Europäisches Verwaltungsrecht, Berlin u. a. 2008.
Davis, Kenneth Culp, Discretionary Justice: a Preliminary Inquiry, Chicago u. a. 1969
– Discretionary Justice in Europe and America, The Annals of the American Academy of Political and Social Science, 1976, S. 134 ff.
Davy, Ulrike, Das neue Zuwanderungsrecht, ZAR 2002, S. 171 ff.
– Einbürgerungen in Deutschland, DV 41 (2008), S. 31 ff.
– Für Drittstaatsangehörige weniger Gleichheit? Zum eingeschränkten Zugang zu sozialen Rechten für langfristig Aufenthaltsberechtigte im Unionsrecht, in: FS Eberhard Eichenhofer, 2015, S. 122 ff.
Davy, Ulrike (Hrsg.), Die Integration von Einwanderern, Frankfurt u. a. 2001.
Debus, Alfred G. u. a. (Hrsg.), Verwaltungsrechtsraum Europa, Baden-Baden 2011
Decker, Andreas, in: Posser/Wolff (Hrsg.), Beck'scher Online-Kommentar VwGO, 36. Edition 2016, § 114.
Delbrück, Jost, Transnational Federalism: Problems and Prospects of Allocating Public Authority Beyond the State, Indiana Journal of Global Legal Studies 11 (2004), S. 31 ff.
Depenheuer, Otto/Grabenwarter, Christoph (Hrsg.), Der Staat in der Flüchtlingskrise. Zwischen gutem Willen und geltendem Recht, Paderborn 2016.
Desens, Marc, Auslegungskonkurrenzen im europäischen Mehrebenensystem – Probleme und Lösungsmöglichkeiten exemplifiziert anhand von Normenkollisionen zwischen Grundfreiheiten und nationalen Gesetzen, in: Matz-Lück/Hong (Hrsg.), Grundrechte und Grundfreiheiten im Mehrebenensystem, Heidelberg 2012, S. 203 ff.
Di Fabio, Udo, Risikoentscheidungen im Rechtsstaat. Zum Wandel der Dogmatik im öffentlichen Recht, insbesondere am Beispiel der Arzneimittelüberwachung, Tübingen 1994.
– Die Ermessensreduzierung. Fallgruppen, Systemüberlegungen und Prüfprogramm, VerwArch. 86 (1995), S. 214 ff.
– Verwaltung und Verwaltungsrecht zwischen gesellschaftlicher Selbstregulierung und staatlicher Steuerung, VVDStRL 56 (1997), S. 235 ff.

– Migrationskrise als föderales Verfassungsproblem, Gutachten im Auftrag des Freistaates Bayern v. 8.1.2016, S. 81 f., abrufbar unter http://bayern.de/Gutachten_Prof_Di_Fabio (30.9.2016).
Dicke, Klaus u. a. (Hrsg.), Weltinnenrecht – Liber amicorum Jost Delbrück, Berlin 2005.
Dienelt, Klaus, in: Bergmann/Dienelt (Hrsg.), Ausländerrecht, 11. Aufl. 2016, § 27 AufenthG u. § 6 FreizügG/EU.
Dimitropoulos, Georgios, Zertifizierung und Akkreditierung im Internationalen Verwaltungsverbund : internationale Verbundverwaltung und gesellschaftliche Administration, Tübingen 2012.
Doehring, Karl, Neuregelungen des deutschen Fremdenrechts durch das Ausländergesetz von 1965, ZaöRV 1965, S. 478 ff.
Döhler, Marian, Das Modell der unabhängigen Regulierungsbehörde im Kontext des deutschen Regierungs- und Verwaltungssystems, Die Verwaltung 34 (2001), S. 59 ff.
Dolzer, Rudolf, Verwaltungsermessen und Verwaltungskontrolle in den Vereinigten Staaten, DÖV 1982, S. 578 ff.
Dörig, Harald/ Langenfeld, Christine, Vollharmonisierung des Flüchtlingsrechts in Europa, NJW 2016, S. 1 ff.
Dörr, Oliver, Das deutsche Vergaberecht unter dem Einfluss von Art. 19 Abs. 4 GG, DÖV 2001, S. 1014 ff.
– Der europäisierte Rechtsschutzauftrag deutscher Gerichte, Tübingen 2003.
– in: Grabitz/Hilf/Nettesheim (Hrsg.), Das Recht der Europäischen Union, Loseblatt, Art. 263 AEUV (49. EL 2012).
Dörr, Oliver/Lenz, Christofer, Europäischer Rechtsschutz, Baden-Baden 2006.
Dougan, Michael, The Constitutional Dimension of the Case Law on Union Citizenship, ELRev. 31 (2006), S. 613 ff.
Dreier, Horst, Hierarchische Verwaltung im demokratischen Staat. Genese, aktuelle Bedeutung und funktionelle Grenzen eines Bauprinzips der Exekutive, Tübingen 1991.
– Zur „Eigenständigkeit" der Verwaltung, Die Verwaltung 25 (1992), S. 137 ff.
– Grundlagen und Grundzüge staatlichen Verfassungsrechts, in: v. Bogdandy/Cruz Villalón/Huber (Hrsg.), IPE I, Heidelberg 2007, § 1 Deutschland.
– in: ders. (Hrsg.) Grundgesetz – Kommentar, Bd. II, 3. Aufl., Tübingen 2015, Art. 20 GG.
Dreier, Horst (Hrsg.), Grundgesetz – Kommentar, Bd. I, 3. Aufl., Tübingen, 2013.
– (Hrsg.), Grundgesetz – Kommentar, Bd. II, 3. Aufl., Tübingen 2015.
– (Hrsg.), Grundgesetz – Kommentar, Bd. III, 2. Aufl., Tübingen 2008.
Dreier, Johannes, Die normative Steuerung der planerischen Abwägung: strikte Normen, generelle Planungsleitbegriffe, Planungsleitlinien und Optimierungsgebote, Berlin 1995.
Dreyer, Domenica, Europäische Gerichte als Akteure einer individualrechtlich orientierten Asylpolitik, ZAR 2014, S. 358 ff.
Durner, Wolfgang, Schutz der Verbraucher durch Regulierungsrecht, VVDStRL 70 (2011), S. 401 ff.
– Anmerkung zur Entscheidung des BVerfG vom 08.12.2011(1 BvR 1932/08, DVBl 2012, 229), DVBl 2012, S. 299 ff.
Düvell, Franck, Europäische und internationale Migration: Einführung in historische, soziologische und politische Analysen, Hamburg 2006, S. 93 ff.
Eberle, Carl-Eugen (Hrsg.), Der Wandel des Staates vor den Herausforderungen der Gegenwart: Festschrift für Winfried Brohm zum 70. Geburtstag, München 2002, S. 169 ff.

Ebinger, Barbara, Der unbestimmte Rechtsbegriff im Recht der Technik. Eine Untersuchung anhand des Beispiels der Gefahren, erheblichen Nachteile oder Belästigungen im Anlagengenehmigungsverfahren, Berlin 1993.

Eckertz-Höfer, Marion, Neuere Entwicklungen in Gesetzgebung und Rechtsprechung zum Schutz des Privatlebens [in zwei Teilen], ZAR 2008, S. 41 ff. und 93 ff.

Efstratiou, Pavlos-Michael, Grundzüge des Verwaltungsrechts in gemeineuropäischer Perspektive: Griechenland, in: v. Bogdandy/Cassese/Huber (Hrsg.), IPE V, Heidelberg 2014, § 76.

Ehlers, Dirk/Pünder, Herrmann (Hrsg.), Allgemeines Verwaltungsrecht, 16. Aufl., Berlin u. a. 2016.

Ehmke, Horst, „Ermessen" und „unbestimmter Rechtsbegriff" im Verwaltungsrecht. Reihe Recht und Staat in Geschichte und Gegenwart 230/231, Tübingen 1960.

Ehrike, Ulrich, in: Streinz (Hrsg.), EUV/AEUV, 2. Aufl., München 2012, Art. 263 AEUV.

Eichenhofer, Johannes, Begriff und Konzept der Integration im Aufenthaltsgesetz, Baden-Baden 2013.

– Die „Integration von Ausländern" als Verwaltungsaufgabe, DÖV 2014, S. 776 ff.

Eifert, Martin, Grundversorgung mit Telekommunikationsleistungen im Gewährleistungsstaat, Baden-Baden 1998.

– Regulierte Selbstregulierung und die lernende Verwaltung, in: Regulierte Selbstregulierung, Beiheft 4, Die Verwaltung 2001, S. 137 ff.

– Electronic Government. Das Recht der elektronischen Verwaltung, Baden-Baden 2006.

– Das Verwaltungsrecht zwischen klassischem dogmatischen Verständnis und steuerungswissenschaftlichem Anspruch, VVDStRL 67 (2008), S. 286 ff.

– Legitimationsstrukturen internationaler Verwaltung, in: Trute/Groß/Möllers/Röhl (Hrsg.), Allgemeines Verwaltungsrecht – zur Tragfähigkeit eines Konzepts, Tübingen 2008, S. 307 ff.

– Letztentscheidungsbefugnisse der Verwaltung: Ermessen, Beurteilungsspielräume sowie Planungsentscheidungen und ihre gerichtliche Kontrolle, ZJS 2008, S. 336 ff.

– Die gerichtliche Kontrolle der Entscheidungen der Bundesnetzagentur, in: Zeitschrift für das gesamte Handelsrecht und Wirtschaftsrecht (ZHR), 174 (2010), S. 449 ff.

– Telekommunikationsrecht, in: Ehlers/Fehling/Pünder (Hrsg.), Besonderes Verwaltungsrecht, Band 1, 3. Aufl., Heidelberg 2012, § 23.

– Regulierungsstrategien, in: Hoffmann-Riem/Schmidt-Aßmann/Voßkuhle (Hrsg.), Grundfragen des Verwaltungsrechts, Band I, München, 2. Aufl. 2012, § 19.

– BVerwGE 130, 39 – „Regulierungsermessen" als einheitlicher Gestaltungsspielraum bei Regulierungsverfügungen der Bundesnetzagentur nach § 13 TKG, in: Steinbach (Hrsg.), Verwaltungsrechtsprechung, Tübingen 2017, S. 134 ff.

Eifert, Martin/Hoffmann-Riem, Wolfgang (Hrsg.), Innovation und rechtliche Regulierung, Baden-Baden 2002.

Elkettani, Eunike, in: Säcker (Hrsg.), Telekommunikationsgesetz – Kommentar, 3. Aufl., Frankfurt a. M. 2013, Einleitung III – Internationales Telekommunikationsrecht.

Elkettani, Eunike/Holdampf-Wendel, Adél, in: Säcker (Hrsg.), Telekommunikationsgesetz – Kommentar, 3. Aufl., Frankfurt a. M. 2013, Vor § 9.

Ellger, Reinhard/Kluth, Thomas S., Das Wirtschaftsrecht der Internationalen Telekommunikation in der Bundesrepublik Deutschland, Baden-Baden 1992.

Ellinghaus, Ulrich, Die Regulierungsverfügung in der verwaltungsgerichtlichen Praxis, CR 2009, S. 87 ff.

Elsner, Thomas, Das Ermessen im Lichte der Reinen Rechtslehre, Berlin 2011.

Enders, Christoph, Die Menschenwürde in der Verfassungsordnung – Zur Dogmatik des Art. 1 GG, Tübingen 1997.
– Art. 19 GG, in: Epping/Hillgruber (Hrsg.), Beck'scher Online Kommentar zum Grundgesetz, 34. Ed. (2017).
Engelhardt, Hanna, Regulierung des Telekommunikationssektors, Münster u. a. 2013.
Epping, Volker/Hillgruber, Christian (Hrsg.), Beck'scher Online Kommentar zum Grundgesetz, 34. Ed. (2017).
Erichsen, Hans-Uwe, Unbestimmter Rechtsbegriff und Beurteilungsspielraum, VerwArch 63 (1972), S. 337 ff.
Eser, Albin, Art. 47, in: Meyer (Hrsg.), Charta der Grundrechte, 4. Aufl., Baden-Baden 2014.
Everling, Ulrich, Auf dem Weg zu einem europäischen Verwaltungsrecht, NVwZ 1987, S. 1 ff.
Eyermann, Erich (Begr.), Verwaltungsgerichtsordnung. Kommentar, 14. Aufl., München 2014.
Fademrecht, Thomas/Fetzer, Thomas, in: Arndt u. a. (Hrsg.), TKG, 2. Aufl., Berlin 2015, § 116.
Farahat, Anuscheh, Progressive Inklusion, Springer, Heidelberg u. a. 2014.
Fastenrath, Ulrich, Die veränderte Stellung der Verwaltung und ihr Verhältnis zum Bürger unter dem Einfluss des Gemeinschaftsrechts, DV 31 (1998), S. 277 ff.
Fehling, Michael, Verwaltung zwischen Unparteilichkeit und Gestaltungsaufgabe, Tübingen 2001.
– Das Verhältnis von Recht und außerrechtlichen Maßstäben, in: Trute/Groß/Möllers/Röhl (Hrsg.), Allgemeines Verwaltungsrecht – zur Tragfähigkeit eines Konzepts, Tübingen 2008, S. 461 ff.
– Europäisches Verwaltungsverfahren und Verwaltungsprozessrecht, in: Terhechte (Hrsg.), Verwaltungsrecht der Europäischen Union, Baden-Baden 2011, § 12.
Fehling, Michael/Ruffert, Matthias (Hrsg.), Regulierungsrecht, Tübingen 2010.
Feldgen, Dagmar, Das neue Ausländerbeschäftigungsrecht – Zugang zum Arbeitsmarkt für Drittstaatsangehörige, ZAR 2006, S. 168 ff.
Feller, Erika/Türk, Volker/Nicholson, Frances (Hrsg.), Refugee protection in international law, Cambridge 2003.
Fetzer, Thomas, Staat und Wettbewerb in dynamischen Märkten, Tübingen 2013.
– Telekommunikationsrecht, in: Schulte/Kloos, Handbuch zum Öffentlichen Wirtschaftsrecht, München, 2015.
Fichtmüller, Carl Peter, Zulässigkeit ministerialfreien Raums in der Bundesverwaltung, AöR 91 (1966), S. 297 ff.
Fiddian-Qasmiyeh u. a. (Hrsg.), The Oxford Handbook of Refugee and Forced Migration Studies, Oxford 2014.
Filzwieser, Christian/Sprung, Andrea, Dublin-III-Verordnung. Das Europäische Asylzuständigkeitssystem, Berlin 2014.
Fischer-Lescano, Andreas, Monismus, Dualismus? – Pluralismus. Selbstbestimmung des Weltrechts bei Hans Kelsen und Niklas Luhmann, in: Brunkhorst/Voigt (Hrsg.), Rechts-Staat, 2007, S. 203 ff.
Fleiner, Fritz, Institutionen des Deutschen Verwaltungsrechts, 8. Aufl, Tübingen 1928.
Forsthoff, Ernst, Lehrbuch des Verwaltungsrechts, Bd. 1 – Allgemeiner Teil, 10. Aufl., München 1973.
Fraenkel-Haeberle, Cristina, Unbestimmte Rechtsbegriffe, technisches Ermessen und gerichtliche Nachprüfbarkeit, DÖV 2005, S. 808 ff.

– Germania und Italia: Eine verwaltungsrechtliche Wahlverwandtschaft?, DV 48 (2015), S. 309 ff.
Franchini, Claudio, European Principles Governing National Administrative Proceedings, LCP 68-1 (2004), S. 183 ff.
Francioni, Francesco, Equity in International Law, in: Wolfrum (Hrsg.), MPEPIL 6/2013.
Franz, Fritz, Zur Reform des Ausländer-Polizeirechts, DVBl. 1963, S. 797 ff.
Franzius, Claudio, Gewährleistung im Recht: Grundlagen eines europäischen Regelungsmodells öffentlicher Dienstleistungen, Tübingen 2009.
– Wer hat das letzte Wort im Telekommunikationsrecht?, DVBl. 2009, S. 409 ff.
– Modalitäten und Wirkungsfaktoren der Steuerung durch Recht, in: Hoffmann-Riem/Schmidt-Aßmann/Voßkuhle (Hrsg.), Grundlagen des Verwaltungsrechts, Band I, 2. Aufl., München 2012, § 4.
– Die Bundesnetzagentur zwischen politischer Steuerung und gerichtlicher Kontrolle, DÖV 2013, S. 714 ff.
– Recht und Politik in der transnationalen Konstellation, Frankfurt a. M. u. a. 2014.
– Regulierung und Innovation im Mehrebenensystem. Was kann und muss europäisches Energie- und Klimaschutzrecht leisten und welche Handlungsfreiheiten brauchen die Mitgliedstaaten?, Die Verwaltung 2015, S. 175 ff.
– Grundrechtsschutz in Europa. Zwischen Selbstbehauptungen und Selbstbeschränkungen der Rechtsordnungen und ihrer Gerichte, ZaöRV 2015, S. 383 ff.
– Modernisierung des subjektiven öffentlichen Rechts. Zum Funktionswandel der Verwaltungsgerichtsbarkeit, UPR 2016 i. E.
– Nachhaltigkeit und Regulierung, in: Gramlich/Manger-Nestler (Hrsg.), Kontinuität und Wandel bei europäisierten Aufsichts- und Regulierungsstrukturen, Baden-Baden 2016 i. E.
– in: Pechstein/Nowak/Häde, Frankfurter Kommentar, Art. 4 EUV, Rn. 92 ff., 2017 i. E.
Fratzscher, Marcel/König, Philipp/Lambert, Claudia, Credit provision and banking stability after the Great Financial Crisis: The role of bank regulation and the quality of governance, Journal of International Money and Finance 66 (2016), S. 113 ff.
Friedrich, Carl Joachim, Nationaler und internationaler Föderalismus in Theorie und Praxis, PVS 1964, S. 154 ff.
Frier, Pierre-Laurent/Petit, Jacques, Droit administratif, 10. Aufl., Paris 2015.
Fröhlich, Daniel, Das Asylrecht im Rahmen des Unionsrechts, Tübingen 2011.
Fromont, Michel, Rechtsschutz gegenüber der Verwaltung in Deutschland, Frankreich und dem Europäischen Gemeinschaftsrecht, Köln u. a.1969.
– L'intensité du contrôle du juge sur les décisions administratives en France et en Allemagne, in: Mouvement du droit public: Du droit administratif au droit constitutionnel, du droit français aux autres droits. Mélanges en l'honneur de Franck Moderne, Paris 2004, S. 1117 ff.
– Droit administratif des Etats européens, Paris 2006.
– Typen staatlichen Verwaltungsrechts in Europa, in: v. Bogdandy/Cassese/Huber (Hrsg.), IPE III, Heidelberg 2010, § 55.
Frowein, Jochen A., Diskussionsbeitrag, in: ders. (Hrsg.), Die Kontrolldichte bei der gerichtlichen Überprüfung von Handlungen der Verwaltung, Berlin u. a. 1993, S. 292 ff.
– UN-Verwaltung gegenüber dem Individuum – legibus absolutus?, in: Trute/Groß/Möllers/Röhl (Hrsg.), Allgemeines Verwaltungsrecht – zur Tragfähigkeit eines Konzepts, Tübingen 2008, S. 333 ff.

Frowein, Jochen A. (Hrsg.), Die Kontrolldichte bei der gerichtlichen Überprüfung von Handlungen der Verwaltung, Berlin u. a. 1993.

Frowein, Jochen/Peukert, Wolfgang, Europäische Menschenrechtskonvention. Kommentar, 3. Aufl., Kehl 2009.

Funke, Andreas, Die Normstruktur im neuen Ausweisungsrecht, ZAR 2016, S. 209 ff.

Funke-Kaiser, Michael, in: Fritz/Vormeier (Hrsg.), Gemeinschaftskommentar zum Asylverfahrensgesetz, Neuwied, 103. EGL, Mai 2015, §§ 2 und § 27a.

Gaitanides, Charlotte/Kadelbach, Stefan/Rodríguez Iglesias, Gil Carlo (Hrsg.), Europa und seine Verfassung – Festschrift für Manfred Zuleeg, Baden-Baden 2005.

Gärditz, Klaus F., „Regulierungsermessen" und verwaltungsgerichtliche Kontrolle, NVwZ 2009, S. 1005 ff.

– Anmerkung zu EuGH, Urteil v. 3.12.2009, C-424/07 – *Kommission/Deutschland*, JZ 2010, S. 198 ff.

– Europäisches Regulierungsverwaltungsrecht auf Abwegen, AöR 135 (2010), S. 251 ff.

– Gestaltungsspielräume und Gestaltungsverantwortung des nationalen Gesetzgebers im europäischen Telekommunikationsregulierungsrecht – Zur Umsetzung der Richtlinie 2009/140/EG („TK-Review"), N&R Beilage 2/2011, S. 1 ff.

– Die Rolle des parlamentarischen Gesetzgebers im Regulierungsrecht – ein Werkstattbericht, in: Kurth/Schmoeckel (Hrsg.), Regulierung im Telekommunikationssektor, Tübingen 2012, S. 67 ff.

– Entwicklungen und Entwicklungsperspektiven des Verwaltungsprozessrechts zwischen konstitutioneller Beharrung und unionsrechtlicher Dynamisierung, DV 46 (2013), S. 257 ff.

– Regulierungsermessen im Energierecht, DVBl 2016, S. 399 ff.

Gassner, Erich, Methoden und Maßstäbe für die planerische Abwägung, Köln 1993.

Gaudemet, Yves, Pouvoir discretionnaire de l'administration moderne – Landesbericht Frankreich, in: Bullinger (Hrsg.), Verwaltungsermessen im modernen Staat, Baden-Baden 1986, S. 113 ff.

Geiger, Harald, Nochmals: Der Kampf um Art. 19 Abs. 4 GG, ZRP 1998, S. 252 ff.

Gentot, Michel, Le contrôle du pouvoir discrétionnaire par les tribunaux administratifs internationaux, in: Ziadé (Hrsg.), Problems of International Administrative Law, Leiden 2008, S. 23 ff.

Geppert, Martin/Schütz, Raimund (Hrsg.), Beck'scher TKG-Kommentar, 4. Aufl., München 2013.

Gerards, Janneke, Pluralism, Deference and the Margin of Appreciation Doctrine, ELJ 2011, S. 80 ff.

Gerhardt, Michael, Normkonkretisierende Verwaltungsvorschriften, NJW 1989, S. 2233 ff.

– in: Schoch/Schneider/Bier (Hrsg.), VwGO, München, § 114 (Grundwerk 1997).

– Verfassungsgerichtliche Kontrolle der Verwaltungsgerichtsbarkeit als Parameter der Konstitutionalisierung des Verwaltungsrechts, in: Trute/Groß/Möllers/Röhl (Hrsg.), Allgemeines Verwaltungsrecht – zur Tragfähigkeit eines Konzepts, Tübingen 2008, S. 735 ff.

Gerontas, Angelos S., Europäisierung und Internationalisierung des Verwaltungshandelns – Am Beispiel der einwanderungsrechtlichen Rückführungspolitik, Baden-Baden 2011.

Gersdorf, Hubertus, Öffentliche Unternehmen im Spannungsfeld zwischen Demokratie und Wirtschaftlichkeitsprinzip. Eine Studie zur verfassungsrechtlichen Legitimation der wirtschaftlichen Betätigung der Öffentlichen Hand, Berlin 2000.

– Art. 87f GG, in: v. Mangoldt/Klein/Starck (Hrsg.), Kommentar zum Grundgesetz, Band 3, 6. Auflage, München 2010.
– in: Spindler/Schuster (Hrsg.), Recht der elektronischen Medien, 3. Aufl. 2015, § 10 TKG.
– Regulierung von Entgelten und Gebühren in Netzwirtschaften, ZWeR 2016, 113 ff.

Gerstner, Stephan, Die Drittschutzdogmatik im Spiegel des französischen und britischen Verwaltungsgerichtsverfahrens. Eine vergleichende Untersuchung zur öffentlich-rechtlichen Klagebefugnis am Beispiel des Umweltrechts, Berlin 1995.

Glaser, Andreas, Die Entwicklung des Europäischen Verwaltungsrechts aus der Perspektive der Handlungsformenlehre, Tübingen 2013.

Glaser, Markus A., Internationale Verwaltungsbeziehungen, Tübingen 2010.
– Rechtsraum als Konzeption – Entwurf eines Grundlegung des Europäischen Verwaltungsrechts, in: Debus u. a. (Hrsg.), Verwaltungsrechtsraum Europa, Baden-Baden 2011, S. 285 ff.

Glenn, H. Patrick, Comparative Legal Families and Comparative Legal Traditions, in: Reimann/Zimmermann (Hrsg.), The Oxford Handbook of Comparative Law, Oxford 2006, S. 421 ff.

Gonod, Pascale, Grundzüge des Verwaltungsrechts in gemeineuropäischer Perspektive: Frankreich, in: v. Bogdandy/Cassese/Huber (Hrsg.), IPE V, Heidelberg 2014, § 75.
– Über den Rechtsexport des deutschen Verwaltungsrechts aus französischer Sicht, DV 48 (2015), S. 337 ff.

Goodwin-Gill, Guy S., The International Law of Refugee Protection, in: Fiddian-Qasmiyeh u. a. (Hrsg.), The Oxford Handbook of Refugee and Forced Migration Studies, Oxford 2014, S. 36 ff.

Goodwin-Gill, Guy S./McAdam, Jane, The Refugee in International Law, Oxford, 3. Aufl. 2007.

Görisch, Christoph, Demokratische Verwaltung durch Unionsagenturen – Ein Beitrag zur Konkretisierung der europäischen Verfassungsstrukturprinzipien, Tübingen 2009.

Gornig, Gilbert-Hanno, Das Refoulement-Verbot im Völkerrecht, Berlin 1987, S. 45 ff.

Götz, Volkmar, Der Grundsatz der gegenseitigen Anerkennung im europäischen Binnenmarkt in: ders./Selmer/Wolfrum (Hrsg.), Liber amicorum Günther Jaenicke – Zum 85. Geburtstag, Berlin u. a. 1998, S. 763 ff.

Götz, Volkmar/Klein, Hans Hugo/Starck, Christian (Hrsg.), Die öffentliche Verwaltung zwischen Gesetzgebung und richterlicher Kontrolle, München 1985.

Grabenwarter, Christoph, Verfahrensgarantien in der Verwaltungsgerichtsbarkeit. Eine Studie zu Artikel 6 EMRK auf der Grundlage einer rechtsvergleichenden Untersuchung der Verwaltungsgerichtsbarkeit Frankreichs, Deutschlands und Österreichs, Wien u. a. 1997.
– Ermessenslehren, in: v. Bogdandy/Cassese/Huber (Hrsg.), IPE V, Heidelberg 2014, § 90.

Grabenwarter, Christoph/Pabel, Katharina, Europäische Menschenrechtskonvention, 6. Aufl., München u. a., 2016.

Grabitz, Eberhard, Der Grundsatz der Verhältnismäßigkeit in der Rechtsprechung des Bundesverfassungsgerichts, AöR 98 (1973), S. 568 ff.
– Europäisches Verwaltungsrecht. Gemeinschaftliche Grundsätze des Verwaltungsverfahrensrechts, NJW 1989, S. 1766 ff.

Gramlich, Ludwig, Sollen und können nationale Regulierungsspielräume in der Telekommunikation gewahrt werden?,
Graßhof, Malte, in: Kluth/Heusch (Hrsg.), Beck'scher Online-Kommentar Ausländerrecht, 10. Edition 2016, § 53 AufenthG.
Groebel, Annegret, in: Säcker (Hrsg.), Telekommunikationsgesetz – Kommentar, 3. Aufl., Frankfurt a. M. 2013, §§ 30, 31, 123a.
Groß, Thomas, Europäische Grundrechte als Vorgaben für das Einwanderungs- und Asylrecht, KJ 2001, S. 100 ff.
– Das Kollegialprinzip in der Verwaltungsorganisation, Tübingen 1999.
– Konvergenzen des Verwaltungsrechtsschutzes in der Europäischen Union, Die Verwaltung 33 (2000), S. 415 ff.
– Die Kooperation zwischen europäischen Agenturen und nationalen Behörden, EuR 2005, S. 54 ff.
– Die deutsche Ermessenslehre im europäischen Kontext, ZÖR 61 (2006), S. 625 ff.
– Verantwortung und Effizienz in der Mehrebenenverwaltung, VVDStRL 66 (2007), S. 152 ff.
– Unabhängige EU-Agenturen – eine Gefahr für die Demokratie?, JZ 2012, S. 1087 ff.
– Das Ausländerrecht zwischen obrigkeitsstaatlicher Tradition und menschenrechtlicher Herausforderung, AöR 139 (2014), S. 420 ff.
– Ist die Wirtschaftskrise ein Katalysator für das Entstehen unabhängiger Behörden?, DV 47 (2014), S. 197 ff.
– Die Legitimation der polyzentralen EU-Verwaltung, Tübingen 2015.
Groß, Thomas/Tryjanows, Alexandra, Der Status von Drittstaatsangehörigen im Migrationsrecht der EU – eine kritische Analyse, Der Staat 2009, S. 259 ff.
Grote, Rainer, Ermessenslehre und Ermessenspraxis in Frankreich, NVwZ 1986, S. 269 ff.
– Rechtskreise im öffentlichen Recht, AöR 126 (2001), S. 10 ff.
Grünhoff, Simone, Rechtsschutz in der Entgeltregulierung des Telekommunikationsgesetzes. Die Drittschutzproblematik auf Seiten der Wettbewerber des marktbeherrschenden Unternehmens, Berlin 2004.
Grußmann, Wolf-Dietrich/Honekamp, Roland, Europarechtliche Grundlagen, in: Geppert/Schütz (Hrsg.), Beck'scher TKG-Kommentar, 4. Aufl., München 2013, Einleitung – B.
Grzeszick, Bernd, in: Maunz/Dürig (Begr.), GG – Kommentar, Art. 20 GG (57. EL 2010).
Guild, Elspeth/Harlow, Carol (Hrsg.), Implementing Amsterdam: Immigration and Asylum Rights in the EU, Hart, Oxford 2001.
Gundel, Jörg, Europäisches Energieverwaltungsrecht, in: Terhechte (Hrsg.), Verwaltungsrecht der Europäischen Union, Baden-Baden 2011, § 23.
Gurlit, Elke, in: Säcker (Hrsg.), Telekommunikationsgesetz – Kommentar, 3. Aufl., Frankfurt a. M. 2013, § 13.
Gurlt, Hermann, Das polizeilich Ermessen und seine Grenzen in Preußen, Leipzig 1917.
Gusy, Christoph, Die Bedeutung des verfassungsrechtlichen Bestimmtheitsgebots im Ausländerrecht, DVBl. 1979, S. 575 ff.
– Administrativer Vollzugsauftrag und justizielle Kontrolldichte im Recht der Technik, DVBl. 1987, S. 498 ff.
– Ermessen und Ermessensbindung im Ausländerrecht, VBlBW 1984, S. 393 ff.
– Verwaltung zwischen parlamentarischer Steuerung und Partizipation Privater – von einem deutschen Standpunkt aus betrachtet, EuGRZ 2006, S. 353 ff.

Gutmann, Amy (Hrsg.), A Matter of Interpretation: Federal Courts and the Law, Princeton 1997.
Haack, Stefan, Individuelles Einbezogensein und europarechtliche Ordnung: Grundprobleme der Europarechtstheorie im Hinblick auf die Stellung des Einzelnen im „Raum der Freiheit, der Sicherheit und des Rechts" nach dem Lissabonner Vertrag, EuR 2009, S. 282 ff.
– Staatsangehörigkeit – Unionsbürgerschaft – Völkerrechtssubjektivität, in: Isensee/Kirchhof (Hrsg.), HStR X, 3. Aufl., Heidelberg 2012, § 205.
Habermas, Jürgen, Zur Prinzipienkonkurrenz von Bürgergleichheit und Staatengleichheit im supranationalen Gemeinwesen, Der Staat 2014, S. 167 ff.
Häberle, Peter, Öffentliches Interesse als juristisches Problem, Bad Homberg 1970.
– Gemeineuropäisches Verfassungsrecht, EuGRZ 1991, S. 261 ff.
– Rechtsvergleichung im Kraftfeld des Verfassungsstaates, Berlin 1992.
Häberle, Peter/Kotzur, Markus, Europäische Verfassungslehre, 8. Aufl., Baden-Baden 2016.
Haguenau-Moizard, Catherine, Offene Staatlichkeit, in: v. Bogdandy/Cruz Villalón/Huber (Hrsg.), IPE II, Heidelberg 2008, § 15 Frankreich.
Hailbronner, Kay, Das Gesetz zur Neuregelung des Ausländerrechts, NJW 1990, S. 2153 ff.
– European Immigration and Asylum Law under the Amsterdam Treaty, CMLRev. 1998, S. 1047 ff.
– Die Reform des deutschen Staatsangehörigkeitsrechts, NVwZ 1999, S. 1273 ff.
– Langfristig aufenthaltsberechtigte Drittstaatsangehörige, ZAR 2004, S. 163 ff.
– Ausländerrecht, Kommentar, Heidelberg, 67. EGL 2010.
– Asyl- und Ausländerrecht, Kohlhammer, Stuttgart, 3. Aufl. 2013.
– Eine Krise des Rechts? Die Migrationskrise aus der Perspektive des europäischen und des nationalen Rechts, in: Uhle (Hrsg.), Migration und Integration – Die Migrationskrise als Herausforderung des Rechts, Berlin 2017, S. 57 ff.
Hailbronner, Kay/Thiery, Claus, Schengen II und Dublin – Der zuständige Asylstaat in Europa, ZAR 1997, S. 51 ff.
Hailbronner, Kay/Thym, Daniel, Vertrauen im europäischen Asylsystem, NVwZ 2012, S. 406 ff.
– Chapter IV Asylum – Legal Framework for EU Asylum Policy, in: dies. (Hrsg.), EU Immigration and Asylum Law. Commentary, 2. Aufl. 2016.
Hailbronner, Kay/Thym, Daniel (Hrsg.), EU Immigration and Asylum Law. Commentary, 2. Aufl. 2016.
Halberstam, Daniel, „Unabhängige Behörden" als Verfassungsergänzung in Deutschland, Frankreich und den USA, in: Masing/Marcou (Hrsg.), Unabhängige Regulierungsbehörden, Tübingen 2010, S. 405 ff.
Happe, Claus-Michael, Die grenzüberschreitende Wirkung von nationalen Verwaltungsakten – Zugleich ein Beitrag zur Anerkennungsproblematik nach der Cassis de Dijon-Rechtsprechung des Europäischen Gerichtshofes, Frankfurt a. M. 1987.
Harlow, Carol, Accountability in the European Union, Oxford 2002.
– Global Administrative Law: The Quest for Principles and Values, EJIL 2006, S. 187 ff.
Hartwig, Matthias, Landesbericht Italien, in: Frowein (Hrsg.), Die Kontrolldichte bei der gerichtlichen Überprüfung von Handlungen der Verwaltung, Berlin u. a. 1993, S. 59 ff.
Hathaway, James C./Foster, Michelle, The Law of Refugee Status, Cambridge University Press, Cambridge, 2. Aufl. 2014.

Hatje, Armin, Die gemeinschaftsrechtliche Steuerung der Wirtschaftsverwaltung. Grundlagen, Erscheinungsformen, verfassungsrechtliche Grenzen am Beispiel der Bundesrepublik Deutschland, Baden-Baden 1998.

Haug, Sonja, Soziales Kapital und Kettenmigration, Wiesbaden 2000, S. 107 ff.

Hecker, Jan, Grundgesetz und horizontale Öffnungen des Staates, AöR 127 (2002), S. 291 ff.

Heinig, Hans M., Verfassung im Nationalstaat: Von der Gesamtordnung zur europäischen Teilordnung?, VVDStRL 75 (2016), S. 65 ff.

Heintschel von Heinegg, Wolff, Quellenübergreifende Probleme, in: Ipsen (Hrsg.), Völkerrecht, 6. Aufl. 2014, § 19.

Heinz, Wolfgang S., Terrorismusbekämpfung und Menschenrechtsschutz in Europa, Berlin 2007, abrufbar unter http://www.institut-fuer-menschenrechte.de/uploads/tx_commerce/studie_terrorismusbekaempfung_und_mrschutz_in_europa.pdf

Held-Daab, Ulla, Das freie Ermessen: von den vorkonstitutionellen Wurzeln zur positivistischen Auflösung der Ermessenslehre, Berlin 1996.

Helmes, Patrick, Wirksamer und effizienter Rechtsschutz vor den Verwaltungsgerichten in Marktregulierungsverfahren? Eine Untersuchung der Rechtsbehelfe gegen Entscheidungen der BNetzA nach verfassungs- und europarechtlichen Maßstäben, CR 2006, S. 583 ff.

Henseler-Unger, Iris, Harmonisierung und Wettbewerb der Systeme: Regulierung der Netzwirtschaften in Europa, WiVerw 2010, S. 111 ff.

Herdegen, Matthias, Beurteilungsspielraum und Ermessen im strukturellen Vergleich, JZ 1991, S. 747 ff.

– Landesbericht Großbritannien, in: Frowein (Hrsg.), Die Kontrolldichte bei der gerichtlichen Überprüfung von Handlungen der Verwaltung, Berlin u. a. 1993, S. 38 ff.

Herdegen, Matthias/Richter, Stefan, Die Rechtslage in den Europäischen Gemeinschaften, in: Frowein (Hrsg.), Die Kontrolldichte bei der gerichtlichen Überprüfung von Handlungen der Verwaltung, Berlin u. a. 1993, S. 209 ff.

Hermann, Mathias, Das Dublin System. Eine Analyse der europäischen Regelungen über die Zuständigkeit der Staaten zur Prüfung von Asylanträgen unter besonderer Berücksichtigung der Assoziation der Schweiz, Schulthess, Zürich 2008.

Hermes, Georg, Legitimationsprobleme unabhängiger Behörden, in: Bauer/Huber/Sommermann (Hrsg.), Demokratie in Europa, Tübingen 2005, S. 457 ff.

– in: Dreier (Hrsg.), Grundgesetz Kommentar, Band III, 2. Auflage, Tübingen 2008, Art. 83 und 84.

– Abhängige und unabhängige Verwaltungsbehörden – ein Überblick über die Bundesverwaltung, in: Masing/Marcou (Hrsg.), Unabhängige Regulierungsbehörden, Tübingen 2010, S. 53 ff.

– Europäisierung und Internationalisierung des Verwaltungsverfahrens, in: Appel/Hermes/Schönberger (Hrsg.), Öffentliches Recht im offenen Staat – Festschrift für Rainer Wahl zum 70. Geburtstag, Berlin 2011, S. 689 ff.

– Gemeinschaftsrecht, „neutrale" Entscheidungsträger und Demokratieprinzip, in: FS Zuleeg, Baden-Baden 2005, S. 410 ff.

Herrmann, Christoph, Richtlinienumsetzung durch die Rechtsprechung, Berlin 2003.

Herrmann, Christoph/Streinz, Thomas, Die EU als Mitglied der WTO, in: v. Arnauld (Hrsg.), Enzyklopädie des Europarechts, Band 10, Europäische Außenbeziehungen, Baden-Baden 2014, § 11.

Herrmann, Christoph/Weiß, Wolfgang/Ohler, Christoph, Welthandelsrecht, 2. Aufl., München 2007.
Herzmann, Karsten, Zur Kooperation der Energieregulierungsbehörden in Europa – Ein Überblick und Vergleich mit dem Telekommunikationssektor, ZNER 2005, S. 216 ff.
– Konsultationen: eine Untersuchung von Prozessen kooperativer Maßstabskonkretisierung in der Energieregulierung, Tübingen 2010.
– Was sind administrative Konzepte?, VerwArch 104 (2013), S. 429 ff.
Herzog, Roman, Gesetzgeber und Verwaltung, VVDStRL 24 (1966), S. 183 ff.
– Verfassung und Verwaltungsgerichte zurück zu mehr Kontrolldichte?, NJW 1992, S. 2601 ff.
Heselhaus, Sebastian F./Nowak, Carsten (Hrsg.), Handbuch der Europäischen Grundrechte, 2. Aufl., München 2017, i. E.
Hesse, Konrad, Der unitarische Bundesstaat, Karlsruhe 1962.
Heun, Sven-Erik (Hrsg.), Handbuch Telekommunikationsrecht, 3. Aufl., Köln 2016.
Heun, Werner, in: Dreier (Hrsg.), Grundgesetz – Kommentar, Band III, 2. Aufl., Tübingen 2008, Art. 114 GG
Heuschling, Luc, Etat de droit, Rechtsstaat, Rule of Law, Paris 2002.
– Verwaltungsrecht und Verfassungsrecht, in: v. Bogdandy/Cassese/Huber (Hrsg.), IPE III, Heidelberg 2010, § 54.
Hill, Hermann/Pitschas, Rainer (Hrsg.), Europäisches Verwaltungsverfahrensrecht, Berlin 2004.
Hinricher, Jens, The Law-Making of the International Telecommunication Union (ITU) – Providing a New Source of International Law?, ZaöRV 2004, S. 489 ff.
Hochhuth, Martin, Schwächung der Demokratie durch verselbständigte Mehrebenensysteme, in: Appel/Hermes/Schönberger (Hrsg.), Öffentliches Recht im offenen Staat – Festschrift für Rainer Wahl zum 70. Geburtstag, Berlin 2011, S. 723 ff.
Hofer-Zeni, Herbert, Das Ermessen im Spannungsfeld von Rechtsanwendung und Kontrolle, Wien 1981.
– Die Empfehlung des Ministerkomitees des Europarates über die Ausübung von Ermessensbefugnissen als Rechtsquelle, ZfV 1983, S. 497 ff.
Hoffmann, Reinhard, Das Ermessen der Verwaltungsbehörden in Frankreich, Berlin 1967.
Hoffmann-Riem, Wolfgang, Strukturen des Europäischen Verwaltungsrechts – Perspektiven der Systembildung, in: Schmidt-Aßmann/Hoffmann-Riem (Hrsg.), Strukturen des Europäischen Verwaltungsrechts, Baden-Baden 1999, S.
– Telekommunikationsrecht als europäisiertes Verwaltungsrecht, DVBl. 1999, S. 125 ff.
– Verwaltungskontrolle – Perspektiven, in: Schmidt-Aßmann/Hoffmann-Riem (Hrsg.), Verwaltungskontrolle, Baden-Baden 2001, S. 271 ff.
– Eigenständigkeit der Verwaltung, in: ders./Schmidt-Aßmann/Voßkuhle (Hrsg.), Grundlagen des Verwaltungsrechts, Band I, 2. Aufl., München 2012, § 10.
– Gesetz und Gesetzesvorbehalt im Umbruch: Zur Qualitäts-Gewährleistung durch Normen, AöR 130 (2005), S. 5 ff.
– Kohärenzvorsorge hinsichtlich verfassungsrechtlicher Maßstäbe für die Verwaltung in Europa, in: Trute/Groß/Möllers/Röhl (Hrsg.), Allgemeines Verwaltungsrecht – zur Tragfähigkeit eines Konzepts, Tübingen 2008, S. 749 ff.
Hoffmann-Riem, Wolfgang/Schmidt-Aßmann, Eberhard/Schuppert, Gunnar (Hrsg.), Reform des allgemeinen Verwaltungsrechts – Grundfragen, Baden-Baden 1993.

Hoffmann-Riem, Wolfgang/Schmidt-Aßmann, Eberhard/Voßkuhle, Andreas (Hrsg.), Grundlagen des Verwaltungsrechts, Band I – Methoden, Maßstäbe, Aufgaben, Organisation, 2. Aufl., München 2012.

– (Hrsg.), Grundlagen des Verwaltungsrechts, Band II – Informationsordnung, Verwaltungsverfahren, Handlungsformen, 2. Aufl., München 2012.

– (Hrsg.), Grundlagen des Verwaltungsrechts, Band III – Personal, Finanzen, Kontrolle, Sanktionen, Staatliche Einstandspflichten, 2. Aufl., München 2013.

Hoffmeister, Frank, Die EMRK als Grundrechtsverfassung und ihre Bedeutung in Deutschland, Der Staat 40 (2001), S. 349 ff.

Höfling, Wolfram, Die Prüfungsentscheidungen des Bundesverfassungsgerichts und die Dogmatik des exekutiven Beurteilungsspielraums, RdJB 1995, S. 387 ff.

Hofmann, Ekkehard, Abwägung im Recht. Chancen und Grenzen numerischer Verfahren im Öffentlichen Recht, Tübingen 2006.

Hofmann, Herwig/Türk, Alexander, The Development of Integrated Administration in the EU and its Consequences, ELJ 13 (2007), S. 253 ff.

Hofmann, Jens, Rechtsschutz und Haftung im Europäischen Verwaltungsverbund, Berlin 2004.

– Rechtsschutz und Haftung im Europäischen Verwaltungsverbund, in: Schöndorf-Haubold/Schmidt-Aßmann (Hrsg.), Der Europäische Verwaltungsverbund, Tübingen 2005, S. 353 ff.

Hofmann, Rainer, Landesbericht Schweden, in: Frowein (Hrsg.), Die Kontrolldichte bei der gerichtlichen Überprüfung von Handlungen der Verwaltung, Berlin u. a. 1993, S. 105 ff.

– Landesbericht Spanien, in: Frowein (Hrsg.), Die Kontrolldichte bei der gerichtlichen Überprüfung von Handlungen der Verwaltung, Berlin u. a. 1993, S. 149 ff.

Hofmann, Rainer M. (Hrsg.), Ausländerrecht: AufenthG, FreizügG/EU, AsylVfG, StAG – Handkommentar, Baden-Baden, 2. Aufl. 2015.

Holoubek, Michael, Kooperative Entscheidungen im europäischen Behördenverbund – von der Tatbestandswirkung zum kooperativen Verwaltungsakt, in: ders./Lang (Hrsg.), Verfahren der Zusammenarbeit von Verwaltungsbehörden in Europa, Wien 2012, S. 349 ff.

– Grundzüge des Verwaltungsrechts in gemeineuropäischer Perspektive: Österreich, in: v. Bogdandy/Cassese/Huber (Hrsg.), IPE V, Heidelberg 2014, § 79.

Holznagel, Bernd/Schumacher, Pascal, Europäischer Regulierer für den Telekommunikations- und Energiewirtschaftssektor?, DVBl. 2007, S. 409 ff.

Hombergs, Anne, Europäisches Verwaltungskooperationsrecht auf dem Sektor der elektronischen Kommunikation, Münster 2006.

Hong, Matthias, Asylgrundrecht und Refoulementverbot, Baden-Baden 2008.

– Caroline von Hannover und die Folgen – Meinungsfreiheit im Mehrebenensystem zwischen Konflikt und Kohärenz, in: Matz-Lück/Hong (Hrsg.), Grundrechte und Grundfreiheiten im Mehrebenensystem, 2012, S. 251 ff.

Hoppe, Michael, Neuere Tendenzen in der Rechtsprechung zur Aufenthaltsbeendigung?, ZAR 2008, S. 251 ff.

– Eilrechtsschutz gegenüber Dublin II-Überstellungen. Zugleich eine Neujustierung des Konzepts der normativen Vergewisserung gemäß Art. 16a GG, Baden-Baden, 2013.

Höppner, Thomas, Die Regulierung der Netzstruktur. Elektrizität, Gas, Eisenbahn, Telekommunikation, Baden-Baden 2009.

Hörich, Carsten, Abschiebungen nach europäischen Vorgaben – Die Auswirkungen der Rückführungsrichtlinie auf das deutsche Aufenthaltsrecht, Baden-Baden 2015.
Huber, Bertold, Das neue Ausländerrecht, NVwZ 1990, S. 1113 ff.
– Anwendbarkeit des Art. 6 I MRK auf Asylstreitverfahren, NVwZ 1992, S. 856 ff.
– Das Zuwanderungsgesetz, NVwZ 2005, S. 1 ff.
– Umsetzung ausländer- und flüchtlingsrechtlicher Richtlinien der EU und die neue Dublin III-VO, NVwZ 2014, S. 548 ff.
Huber, Peter M., Europäisches und nationales Verfassungsrecht, VVDStRL 60 (2001), S. 194 ff.
– Regierung und Opposition, in: Isensee/Kirchhof (Hrsg.), HStR III, 3. Aufl., Heidelberg 2005, § 47.
– Die gleiche Freiheit der Unionsbürger, ZaöRV 2008, S. 307 ff.
– Offene Staatlichkeit, in: v. Bogdandy/Cruz Villalón/Huber (Hrsg.), IPE II, Heidelberg 2008, § 26 Vergleich.
– Art. 19 GG, in: v. Mangoldt/Klein/Starck (Hrsg.), Kommentar zum Grundgesetz, Band 1, 6. Aufl., München 2010.
– Art. 19 EUV, in: Streinz (Hrsg.), EUV/AEUV, 2. Aufl., München 2012.
– Grundzüge des Verwaltungsrechts in Europa – Problemaufriss und Synthese, in: v. Bogdandy/Cassese/Huber (Hrsg.), IPE V, Heidelberg 2014, § 73.
– Der Rechtsstaat unter Druck in: Depenheuer/Grabenwarter (Hrsg.), Der Staat in der Flüchtlingskrise. Zwischen gutem Willen und geltendem Recht, Paderborn 2016, S. 40 ff.
Hummel, Herrmann, Gerichtsschutz gegen Prüfungsbewertungen. Rechtsweggarantie – Rechtliches Gehör – Beurteilungsspielraum, Berlin 1969.
Hwang, Shu-Perng, Gesetzesbindung durch unbestimmte Rechtsbegriffe. Eine kompetenzielle Überlegung, VerwArch 102 (2011), S. 185 ff.
– Beurteilungsspielräume zugunsten außerrechtlicher Bewertung? Kritische Bemerkungen zur Einräumung behördlicher Beurteilungsspielräume im Umwelt- und im Telekommunikationsrecht, VerwArch 103 (2012), S. 365 ff.
– Bestimmte Bindung unter Unbestimmtheitsbedingungen. Eine institutionelle Analyse zur Funktion der unbestimmten Rechtsbegriffe im Umwelt- und im Telekommunikationsrecht, Tübingen 2014.
Ibler, Martin, Rechtspflegender Rechtsschutz im Verwaltungsrecht: Zur Kontrolldichte bei wertenden Behördenentscheidungen; vom Preußischen Oberverwaltungsgericht bis zum modernen Gerichtsschutz im Prüfungsrecht, Tübingen 1999.
Immenga, Ulrich, Gestaltungsspielräume der Kommission, in: ders./Körber (Hrsg.), Die Kommission zwischen Gestaltungsmacht und Rechtsbindung, Baden-Baden 2012, S. 113 ff.
Immenga, Ulrich/Körber, Tobias (Hrsg.), Die Kommission zwischen Gestaltungsmacht und Rechtsbindung, Baden-Baden 2012.
Ipsen, Knut, Deutschland in internationalen Fachorganisationen, in: Isensee/Kirchhof (Hrsg.), HStR X, 3. Aufl., Heidelberg 2012, § 220.
Ipsen, Knut (Hrsg.), Völkerrecht, 6. Aufl., München 2016.
Isensee, Josef, Die staatsrechtliche Stellung der Ausländer in der Bundesrepublik Deutschland, VVDStRL 32 (1974), S. 49 ff.
– Subsidiaritätsprinzip und Verfassungsrecht: eine Studie über das Regulativ des Verhältnisses von Staat und Gesellschaft", Berlin, 2. Aufl. 2001.

Isensee, Josef/Kirchhof, Paul (Hrsg.), Handbuch des Staatsrechts, Band 2 – Verfassungsstaat, 3. Aufl., Heidelberg 2004.
– (Hrsg.), Handbuch des Staatsrechts, Band 3 – Demokratie, Bundesorgane, 3. Aufl., Heidelberg 2005.
– (Hrsg.), Handbuch des Staatsrechts, Band 4 – Aufgaben des Staates, 3. Aufl., Heidelberg 2006.
– (Hrsg.), Handbuch des Staatsrechts, Band 5 – Rechtsquellen, Organisation, Finanzen, 3. Aufl., Heidelberg 2007.
– (Hrsg.), Handbuch des Staatsrechts, Band 6 – Bundesstaat, 3. Aufl., Heidelberg 2008.
– (Hrsg.), Handbuch des Staatsrechts, Band 8 – Grundrechte: Wirtschaft, Verfahren, Gleichheit, 3. Aufl., Heidelberg 2010.
– (Hrsg.), Handbuch des Staatsrechts, Band 10 – Deutschland in der Staatengemeinschaft, 3. Aufl., Heidelberg 2012.
Jaag, Tobias, Grundzüge des Verwaltungsrechts in gemeineuropäischer Perspektive: Schweiz, in: v. Bogdandy/Cassese/Huber (Hrsg.), IPE V, Heidelberg 2014, § 83.
Janis, Mark W., Equity in International Law, in: Bernhardt (Hrsg.), EPIL II (1995), S. 109ff.
Janssens, Christine, The Principle of Mutual Recognition in EU Law, Oxford 2013.
Jellinek, Georg, Allgemeine Staatslehre, 3. Aufl., Berlin 1929 (Nachdruck).
– Das System der subjektiven Rechte, 2. Aufl., Tübingen 1905 (Nachdruck Aalen 1964).
Jellinek, Walter, Gesetz, Gesetzesanwendung und Zweckmäßigkeitserwägung. Eine staats- u. verwaltungsrechtliche Untersuchung – zugleich ein System der Ungültigkeitsgründe von Polizeiverordnungen und -verfügungen, Tübingen 1913 (Nachdruck Aalen 1963).
– Verwaltungsrecht, 3. Aufl., Heidelberg 1931 (Nachdruck, Offenburg 1948).
Jesch, Dietrich, Unbestimmter Rechtsbegriff und Ermessen in rechtstheoretischer und verfassungsrechtlicher Sicht, AöR 82 (1957), S. 163ff.
– Gesetz und Verwaltung. Eine Problemstudie zum Wandel des Gesetzmäßigkeitsprinzipes, 2. Aufl., Tübingen 1968.
Jestaedt, Matthias, Demokratieprinzip und Kondominialverwaltung: Entscheidungsteilhabe Privater an der öffentlichen Verwaltung auf dem Prüfstand des Verfassungsprinzips Demokratie, Berlin 1993.
– Grundrechtsentfaltung im Gesetz. Studien zur Interdependenz von Grundrechtsdogmatik und Rechtsgewinnungstheorie, Tübingen 1999.
– Bundesstaat als Verfassungsprinzip, in: Isensee/Kirchhof (Hrsg.), HStR II, 3. Aufl., Heidelberg 2004, § 29.
– Der europäische Verfassungsverbund – Verfassungstheoretischer Charme und rechtstheoretische Insuffizienz einer Unschärferelation, in: Krause/Veelken/Vieweg (Hrsg.), Recht der Wirtschaft und der Arbeit in Europa. Gedächtnisschrift für Wolfgang Blomeyer, Berlin 2004, S. 637ff.
– Maßstäbe des Verwaltungshandelns, in: Ehlers/Pünder (Hrsg.), Allgemeines Verwaltungsrecht, Berlin u. Boston, 15. Aufl. 2016, § 11.
Joerges, Christian, Integration durch Entrechtlichung?, in: Schuppert/Zürn (Hrsg.), Governance in einer sich wandelnden Welt, PVS Sonderheft 41/2008, S. 213ff.
Jouanjan, Olivier, Diskussionsbeitrag, in: Frowein (Hrsg.), Die Kontrolldichte bei der gerichtlichen Überprüfung von Handlungen der Verwaltung, 1993, S. 309ff.
– Grundlagen und Grundzüge staatlichen Verfassungsrechts, in: v. Bogdandy/Cruz Villalón/Huber (Hrsg.), Handbuch Ius Publicum Europaeum, Band I, Heidelberg 2007, § 2 Frankreich.

Jöhr, Eduard, Die verwaltungsgerichtliche Überprüfung des administrativen Ermessens, Aarau 1931.

Kadelbach, Stefan, Allgemeines Verwaltungsrecht unter europäischem Einfluss, Tübingen 1999.

– Verwaltungskontrollen im Mehrebenen-System der Europäischen Gemeinschaft, in: Schmidt-Aßmann/Hoffmann-Riem (Hrsg.), Verwaltungskontrolle, Baden-Baden 2001, S. 205 ff.

Kaffenberger, Knut, Das intendierte Ermessen, München 2002.

Kahl, Wolfgang, Parlamentarische Steuerung der internationalen Verwaltungsvorgänge, in: Trute/Groß/Möllers/Röhl (Hrsg.), Allgemeines Verwaltungsrecht – zur Tragfähigkeit eines Konzepts, Tübingen 2008, S. 71 ff.

– Der Europäische Verwaltungsverbund: Strukturen – Typen – Phänomene, Der Staat 50 (2011), S. 353 ff.

– Begriff, Funktionen und Konzepte von Kontrolle, in: Hoffmann-Riem/Schmidt-Aßmann/Voßkuhle (Hrsg.), Grundlagen des Verwaltungsrechts, Band III, 2. Aufl., München 2013, § 47.

– Grundzüge des Verwaltungsrechts in gemeineuropäischer Perspektive: Deutschland, in: v. Bogdandy/Cassese/Huber (Hrsg.), IPE V, Heidelberg 2014, § 74.

– in: Calliess/Ruffert (Hrsg.), EUV/AEUV, 5. Aufl. 2016, Art. 4 EUV.

Kaiser, Anna-Bettina, Wissensmanagement im Mehrebenensystem, in: Schuppert/Voßkuhle (Hrsg.), Governance von und durch Wissen, Baden-Baden 2008, S. 217 ff.

– Die Kommunikation der Verwaltung: Diskurse zu den Kommunikationsbeziehungen zwischen staatlicher Verwaltung und Privaten in der Verwaltungsrechtswissenschaft der Bundesrepublik Deutschland, Baden-Baden 2009.

Kaiser, Joseph H., Vergleichung im öffentlichen Recht, ZaöRV 1964, S. 391 ff.

Kälin, Walter, Das Prinzip des non-refoulement, Bern 1982.

Kälin, Walter u.a., Article 33 para. 1, in: Zimmermann (Hrsg.), The 1951 Convention Relating to the Status of Refugees and its 1967 Protocol: A Commentary, 2011, S. 1327 ff.

Kanitz, Ralf/Wendel, Mattias, Gemeinschaftsrechtlich gebotene Grenzen der Bestandskraftdurchbrechung im europäisierten Verwaltungsverfahren?, EuZW 2008, S. 231 ff.

Karpenstein, Ulrich/Mayer, Franz C. (Hrsg.), EMRK – Kommentar, 2. Aufl. München 2015.

Kaufhold, Ann-Katrin, Gegenseitiges Vertrauen – Wirksamkeitsbedingung und Rechtsprinzip der justiziellen Zusammenarbeit im Raum der Freiheit, der Sicherheit und des Rechts, EuR 2012, S. 408 ff.

Kaufmann, Marcel, Europäische Integration und Demokratieprinzip, Baden-Baden 1997.

Kayser, Martin, Rechtsschutz und Kontrolle, *in:* v. Bogdandy/Cassese/Huber (Hrsg.), IPE V, Heidelberg 2014, § 91.

Kellner, Hugo, Neue Erkenntnisse zum sogenannten Beurteilungsspielraum?, DÖV 1972, S. 801 ff.

Kelsen, Hans, Hauptprobleme der Staatsrechtslehre. Entwickelt aus der Lehre vom Rechtssatze, 2. Aufl., Tübingen 1923 (Nachdruck, Aalen 1984).

– Allgemeine Staatslehre, Wien 1925 (Nachdruck, Wien 1993).

Kempny, Simon, Verwaltungskontrolle. Zur Systematisierung der Mittel zur Sicherung administrativer Rationalität unter besonderer Berücksichtigung der Gerichte und der Rechnungshöfe, Tübingen 2017.

Kersten, Jens, Herstellung von Wettbewerb als Verwaltungsaufgabe, VVDStRL 69 (2010), S. 288 ff.

Kießling, Andrea, Die Abwehr terroristischer und extremistischer Gefahren durch Ausweisung, Baden-Baden 2012.
– Fremdenpolizeirecht im Rechtsstaat(?) – Zu Herkunft und Zukunft des Ausweisungsrechts, ZAR 2016, S. 45 ff.
– Ein „neues" Instrument der Terrorismusabwehr: die Auferstehung der Abschiebungsanordnung nach § 58 a AufenthG, NVwZ 2017, S. 1019 ff.
Kingreen, Thorsten, Die Grundrechte des Grundgesetzes im europäischen Grundrechtsföderalismus, JZ 2013, S. 801 ff.
– Ne bis in idem: Zum Gerichtswettbewerb um die Deutungshoheit über die Grundrechte, EuR 2013, S. 446 ff.
– Vorrang und Vorbehalt der Verfassung, in: Isensee/Kirchhof (Hrsg.), HStR XII, 3. Aufl., Heidelberg 2014, § 263.
– in: Calliess/Ruffert (Hrsg.), EUV/AEUV, 5. Aufl., München 2016, Art. 52 GRCh.
Kingsbury, Benedict/Krisch, Nico, Introduction: Global Governance and Global Administrative Law in the International Legal Order, EJIL 2006, S. 1 ff.
Kingsbury, Benedict/Krisch, Nico/Stewart, Richard B., The Emergence of Global Administrative Law, LCP 68-3/4 (2005), S. 15 ff.
Kirchhof, Ferdinand, in: Maunz/Dürig (Begr.), GG – Kommentar, Art. 84 (61. EGL 2011).
Kirchhof, Paul, Richterliche Rechtsfindung, gebunden an ‚Gesetz und Recht', NJW 1986, S. 2275 ff.
Kischel, Uwe, Die Begründung. Zur Erläuterung staatlicher Entscheidungen gegenüber dem Bürger, Tübingen 2003.
Klatt, Matthias/Schmidt, Johannes, Spielräume im öffentlichen Recht. Zur Abwägungslehre der Prinzipientheorie, Tübingen 2010.
Klein, Eckart, Die verfassungsrechtliche Problematik des ministerialfreien Raumes: ein Beitrag zur Dogmatik der weisungsfreien Verwaltungsstellen, Berlin 1974.
Kloepfer, Michael, Gesetzgebung im Rechtsstaat, VVDStRL 40 (1982), S. 63 ff.
– Der Vorbehalt des Gesetzes im Wandel, JZ 1984, S. 685 ff.
Klotz, Robert, Der Europäische Rechtsrahmen für die elektronische Kommunikation, in: Säcker (Hrsg.), Telekommunikationsgesetz – Kommentar, 3. Aufl., Frankfurt a. M. 2013, Einl. II.
Klotz, Robert/Brandenberg, Alexandra, Der novellierte EG-Rechtsrahmen für elektronische Kommunikation, MMR 2010, S. 147 ff.
Klumpp, Dieter/Kubicek, Herbert/Roßnagel, Alexander/Schulz, Wolfgang (Hrsg.), Medien, Ordnung und Innovation, Berlin u. a. 2006.
Kluth, Winfried, Anwesenheit und Zugehörigkeit. Zur grundrechtsdogmatischen Verortung von Verwurzelung als neuem Topos des Aufenthaltsrechts, ZAR 2009, S. 381 ff.
– Migrationsgerechtigkeit, ZAR 2011, S. 329 ff.
– Das Asylverfahrensbeschleunigungsgesetz – Zielsetzungen, wesentliche Inhalte, Kritikpunkte, ZAR 2015, S. 337 ff.
– Das Asylpaket II – eine Gesetzgebung im Spannungsfeld zwischen politischen Versprechen und rechtlich-administrativer Wirklichkeit, ZAR 2016, S. 121 ff.
– Zum transdisziplinären Verständnis von Integration, ZAR 2016, S. 336 ff.
– Ziele und Bedingungen von Integration, in: Uhle (Hrsg.), Migration und Integration – Die Migrationskrise als Herausforderung des Rechts, Berlin 2017, S. 87 ff.
Kluth, Winfried/Heusch, Andreas (Hrsg.), Ausländerrecht, München 2016.
Kment, Martin, Grenzüberschreitendes Verwaltungshandeln, Tübingen 2010.

Knauff, Matthias, Regulierungsverwaltungsrechtlicher Rechtsschutz, VerwArch 98 (2007), S. 382 ff.
– Der Regelungsverbund: Recht und Soft Law im Mehrebenensystem, Tübingen 2010.
– Europäisches Soft Law als Gegenstand des Vorabentscheidungsverfahrens, EuR 2011, S. 735 ff.
Knodt, Michèle/Tews, Anne (Hrsg.), Solidarität in der EU, Baden-Baden, 2014.
Koch, Charles H., Judicial Review of Administrative Discretion, The George Washington Law Review 1986, S. 469 ff., abrufbar unter http://scholarship.law.wm.edu/cgi/viewcontent.cgi?article=1569&context=facpubs (30.10.2016)
Koch, Hans-Joachim, Unbestimmte Rechtsbegriffe und Ermessensermächtigungen im Verwaltungsrecht: eine logische und semantische Studie zur Gesetzesbindung der Verwaltung, Frankfurt a. M. 1979.
– Abwägungsvorgang und Abwägungsergebnis als Gegenstände gerichtlicher Plankontrolle, DVBl. 1989, S. 399 ff.
Koch, Johannes, Verwaltungsrechtsschutz in Frankreich. Eine rechtsvergleichende Untersuchung zu den verwaltungsinternen und verwaltungsgerichtlichen Rechtsbehelfen des Bürgers gegenüber der Verwaltung, Berlin 1998.
Koenig, Christian, Zur gerichtlichen Kontrolle sogenannter Beurteilungsspielräume im Prüfungsrecht, VerwArch 83 (1992), S. 351 ff.
Koenig, Christian/Neumann, Andreas/Senger, Marion, Gesetzliche Ausgestaltung des regulierungsbehördlichen Ermessens im Telekommunikationsrecht, MMR 2006, S. 365 ff.
Kokott, Juliane, Europäisierung des Verwaltungsprozeßrechts, DV 30 (1997), S. 335 ff.
Kollmar, Frederike/Hoffmann, Jan M., Harmonisierung durch Subsidiarität? – Das 15. und 16. Zusatzprotokoll zur EMRK im Spiegel des Unionsrechts, DVBl 2015, S. 725 ff.
Kotzur, Markus, Grenznachbarschaftliche Zusammenarbeit in Europa. Der Beitrag von Art. 24 Abs. 1a GG zu einer Lehre vom kooperativen Verfassungs- und Verwaltungsstaat, Berlin 2004.
– Die Demokratiedebatte in der deutschen Verfassungsrechtslehre, in: Bauer/Huber/Sommermann (Hrsg.), Demokratie in Europa, Tübingen 2005, S. 351 ff.
– Ex Aequo et Bono, in: Wolfrum (Hrsg.), MPEPIL 7/2009.
Koutnatzis, Stylianos-Ioannis/Weilert, Katarina, Fragen der menschlichen Reproduktion vor dem EGMR – Zugleich eine kritische Würdigung der Lehre vom staatlichen Beurteilungsspielraum (Margin of Appreciation), AVR 2013, S. 72 ff.
Kraft, Ingo, Neuere Rechtsprechung des Bundesverwaltungsgerichts zum Ausländer- und Asylrecht, ZAR 2009, S. 41 ff.
– Die Rechtsprechung des BVerwG zur Ausweisung im Ausländerrecht, DVBl. 2013, S. 1219 ff.
– Der Einfluss des Art 6 EMRK auf die deutsche Verwaltungsgerichtsbarkeit, EuGRZ 2014, S. 669 ff.
– Vom Konflikt zur Konvergenz – Zur Rezeption der ausländerrechtlichen Rechtsprechung des EGMR durch die deutschen Verwaltungsgerichte, NVwZ 2014, S. 969 ff.
Krajewski, Markus, Grundstrukturen des Rechts öffentlicher Dienstleistungen, Berlin u. a. 2011.
Krämer, Hannes, in: Stern/Sachs (Hrsg.), GRCh, München 2016, Art. 52 Abs. 3.
Krebs, Walter, Kontrolle in staatlichen Entscheidungsprozessen. Ein Beitrag zur rechtlichen Analyse von gerichtlichen, parlamentarischen und Rechnungshof-Kontrollen, Heidelberg 1984.

– Verwaltungsorganisation, in: Isensee/Kirchhof (Hrsg.), HStR V, 3. Aufl., Heidelberg 2007, § 108.
Krieger, Heike, Zur gerichtlichen Kontrolldichte bei sicherheitspolitischen Entscheidungen im Mehrebenensystem, DVBl 2009, S. 1469 ff.
– Die UN Kinderrechtskonvention und die Handlungsfähigkeit unbegleiteter Minderjähriger im deutschen Asyl- und Ausländerrecht, Recht der Jugend und des Bildungswesen 2012, S. 206 ff.
– Positive Verpflichtungen unter der EMRK: Unentbehrliches Element einer gemeineuropäischen Grundrechtsdogmatik, leeres Versprechen oder Grenze der Justitiabilität?, ZaöRV 2014, S. 187 ff.
Krisch, Niko, The Pluralism of Global Administrative Law, EJIL 2006, S. 247 ff.
– Das Migrationsrecht und die Internationalisierung des Verwaltungsrechts, in: Möllers/Voßkuhle/Walter (Hrsg.), Internationales Verwaltungsrecht, Tübingen 2007, S. 313 ff.
Kröger, Malte/Pilniok, Arne (Hsrg.), Unabhängiges Verwalten in der Europäischen Union, Tübingen 2016.
Krönke, Christoph, Die Verfahrensautonomie der Mitgliedstaaten in der Europäischen Union, Tübingen 2013.
Kühling, Jürgen, Sektorspezifische Regulierung in den Netzwirtschaften: Typologie, Wirtschaftsverwaltungsrecht, Wirtschaftsverfassungsrecht, München 2004.
– Europäisches Telekommunikationsverwaltungsrecht, in: Terhechte (Hrsg.), Verwaltungsrecht der Europäischen Union, Baden-Baden 2011, § 24.
– Telekommunikationsrecht, in: Ruffert (Hrsg.), Enzyklopädie des Europarechts, Band 5 – Europäisches Sektorales Wirtschaftsrecht, Baden-Baden 2012, § 4.
Kühling, Jürgen/Neumann, Andreas, in: Säcker (Hrsg.), Telekommunikationsgesetz – Kommentar, 3. Aufl., Frankfurt a. M. 2013, § 25 TKG.
Kuhlmann, Sabine/Wollmann Helmut, Verwaltung und Verwaltungsreformen in Europa: Einführung in die vergleichende Verwaltungswissenschaft, Springer, Wiesbaden, 2013.
Kumm, Mattias, The Jurisprudence of Constitutional Conflict: Constitutional Supremacy in Europe before and after the Constitutional Treaty, ELJ 11 (2005), S. 262 ff.
Kurth, Matthias/Schmoeckel, Mathias (Hrsg.), Regulierung im Telekommunikationssektor, Tübingen 2012.
Laas, Matthias, Die Entstehung eines europäischen Migrationsverwaltungsraumes – Eine Untersuchung aus der Perspektive des deutschen und des spanischen Rechts, Baden-Baden 2008.
Laband, Paul, Das Staatsrecht des Deutschen Reiches. Handbuch des Öffentlichen Rechts Band II.1, 3. Aufl., Tübingen 1902.
Ladenburger, Clemens, Verfahrensfehlerfolgen im französischen und im deutschen Verwaltungsrecht, Berlin 1999.
– Evolution oder Kodifikation eines allgemeinen Verwaltungsrechts in der EU, in: Trute/Groß/Möllers/Röhl (Hrsg.), Allgemeines Verwaltungsrecht – zur Tragfähigkeit eines Konzepts, Tübingen 2008, S. 107 ff.
Ladeur, Karl-Heinz, Die Internationalisierung des Verwaltungsrechts: Versuch einer Synthese, in: Möllers/Voßkuhle/Walter (Hrsg.), Internationales Verwaltungsrecht, Tübingen 2007, S. 375 ff.
– Die Bedeutung des Allgemeinen Verwaltungsrechts für ein Europäisches Verwaltungsrecht, in: Trute/Groß/Möllers/Röhl (Hrsg.), Allgemeines Verwaltungsrecht – zur Tragfähigkeit eines Konzepts, Tübingen 2008, S. 795 ff.

Ladeur, Karl-Heinz (Hrsg.), The Europeanization of Administrative Law: Transforming National Decision-Making Procedures, Aldershot 2002.

Ladeur, Karl-Heinz/Möllers, Christoph, Der europäische Regulierungsverbund der Telekommunikation im deutschen Verwaltungsrecht, DVBl. 2005, S. 525 ff.

Langenfeld, Christine, Integration und kulturelle Identität zugewanderter Minderheiten, Tübingen 2001.

– Die Stellung der EMRK im nationalen Verfassungsrecht der BRD, in: Bröhmer (Hrsg.), Der Grundrechtsschutz in Europa: wissenschaftliches Kolloquium aus Anlass des 65. Geburtstages von Prof. Dr. Dr. Dr. h.c. mult. Georg Ress, Baden-Baden 2002, S. 95 ff.

Last, Christina, Garantie wirksamen Rechtsschutzes gegen Maßnahmen der Europäischen Union – zum Verhältnis von Art. 47 Abs. 1, 2 GRCh und Art. 263 ff. AEUV, Tübingen 2008.

Laun, Rudolf (von),[1] Das freie Ermessen und seine Grenzen, Leipzig u. a. 1910.

– Bemerkungen zum freien Ermessen und zum détournement de pouvoir im staatlichen und im Völkerrecht, in: Kruse/Kraus (Hrsg.), Mensch und Staat in Recht und Geschichte: Festschrift für Herbert Kraus zur Vollendung seines 70. Lebensjahres dargebracht von Freunden, Schülern und Mitarbeitern, Kitzingen 1954, S. 128 ff.

Lauterpacht, Elihu, Equity, Evasion, Equivocation and Evolution in International Law, Proc. ABILA 1997/78, S. 33 ff.

Lauterpacht, Elihu/Bethlehem, Daniel, The Scope and Content of the Principle of non-refoulement, in: Feller u. a. (Hrsg.), Refugee protection in international law, Cambridge 2003, S. 87 ff.

Lehner, Roman, Grenze auf, Grenze zu? Die transnationale Wirkung von Rechtsverstößen im Dublin-System, VerfBlog v. 30.10.2015.

– Grenze zu, dank Art. 20 Abs. 4 Dublin-III-VO? Eine Replik, VerfBlog v. 26.2.2016.

Lehner, Roman/Wapler, Friederike (Hrsg.), Die herausgeforderte Rechtsordnung – Aktuelle Probleme der Flüchtlingspolitik, Berlin 2017.

Lehnert, Matthias, Frontex und operative Maßnahmen an den europäischen Außengrenzen. Verwaltungskooperation – materielle Rechtsgrundlagen – institutionelle Kontrolle, Baden-Baden 2014.

– Menschenrechtliche Vorgaben an das Aufenthaltsrecht in der jüngeren Rechtsprechung des EGMR, NVwZ 2016, S. 896 ff.

Lehnert, Matthias/Markard, Nora, Mittelmeerroulette – Das Hirsi-Urteil des EGMR und die europäische Grenzschutzpolitik auf See, ZAR 2012, S. 194 ff.

Lehnert, Matthias/Pelzer, Marei, Der Selbsteintritt der Mitgliedstaaten im Rahmen des EU-Asylzuständigkeitssystems der Dublin II-Verordnung, NVwZ 2010, S. 613 ff.

Lenaerts, Koen, Federalism in 3D, in: Cloots/de Baere/Sottiaux (Hrsg.) Federalism in the European Union, 2012. S. 13 ff.

– In Vielfalt geeint – Grundrechte als Basis des europäischen Integrationsprozesses, EuGRZ 2015, S. 353 ff.

– La vie après l'avis: Exploring the Principle of Mutual (yet not blind) Trust, CMLRev. 54 (2017), S. 805 ff.

Lepsius, Oliver, Verwaltungsrecht unter dem Common Law. Amerikanische Entwicklungen bis zum New Deal, Tübingen 1997.

– Steuerungsdiskussion, Systemtheorie und Parlamentarismuskritik, Tübingen 1999.

[1] Auf die Führung des Adelstitels hat *Rudolf (v.) Laun* ab 1915 verzichtet.

– Risikosteuerung durch Verwaltungsrecht: Ermöglichung oder Begrenzung von Innovationen?, VVDStRL 63 (2004), S. 264 ff.
– Standardsetzung und Legitimation, Möllers/Voßkuhle/Walter (Hrsg.), Internationales Verwaltungsrecht, Tübingen 2007, S. 345 ff.
– Regulierungsrecht in den USA: Vorläufer und Modell, in: Fehling/Ruffert (Hrsg.), Regulierungsrecht, Tübingen 2010, § 1.
– Verfassungsrechtlicher Rahmen der Regulierung, in: Fehling/Ruffert (Hrsg.), Regulierungsrecht, Tübingen 2010, § 4.

Lerche, Clemens, Die Kontrolldichte hinsichtlich der Tatsachenfeststellung, in: Frowein (Hrsg.), Die Kontrolldichte bei der gerichtlichen Überprüfung von Handlungen der Verwaltung, Berlin u. a. 1993, S. 249 ff.
– Landesbericht Frankreich, in: Frowein (Hrsg.), Die Kontrolldichte bei der gerichtlichen Überprüfung von Handlungen der Verwaltung, Berlin u. a. 1993, S. 1 ff.

Linke, Christine E., Europäisches Internationales Verwaltungsrecht, Frankfurt a. M. u. a. 2001.

Lipowicz, Irena, Einfluss des deutschen Verwaltungsrechts auf die Lehre des Verwaltungsrechts in Polen, DV 48 (2015), S. 365 ff.

Lock, Tobias, Walking on a tightrope: The draft ECHR accession agreement and the autonomy of the EU legal order, CMLRev. 2011, S. 1025 ff.

Loewenstein, Karl, The Balance between Legislative and Executive Power: A Study in Comparative Constitutional Law, U.Chi.L.Rev. 5 (1938), S. 566 ff.

Lohse, Eva M., Einräumung von Verwaltungsermessen durch unionsrechtliche Richtlinien. Zur Interpretation der Umsetzungsvorgaben in Richtlinien am Beispiel von Art. 24 Abs. 1 2008/50/EG (Luftqualitätsrichtlinie), DV 46 (2013), S. 221 ff.

Lorz, Ralph A., Interorganrespekt im Verfassungsrecht, Tübingen 2001.

Lorz, Ralph A./Sauer, Heiko, Wann genau steht Art. 3 EMRK einer Auslieferung oder Ausweisung entgegen?, EuGRZ 2010, S. 389 ff.

Loschelder, Wolfgang, Weisungshierarchie und persönliche Verantwortung in der Exekutive, in: Isensee/Kirchhof (Hrsg.), HStR V, 3. Aufl., Heidelberg 2007, § 107.

Loughlin, Martin, In Defence of Staatslehre, Der Staat 48 (2009), S. 1 ff.

Lübbe, Anna, „Systemische Mängel" in Dublin-Verfahren, ZAR 2014, S. 105 ff.
– Dublin ist gescheitert: Thesen zum Umbau des europäischen Asylsystems, VerfBlog v. 19.05.2015.
– „Mutual trust" und die Folgen des Aufenthaltsbeendigungshandelns, NVwZ 2017, S. 674 ff.

Lübbe-Wolff, Gertrude, Der Grundrechtsschutz nach der Europäischen Menschenrechtskonvention bei konfligierenden Individualrechten – Plädoyer für eine Korridor-Lösung, in: Hochhuth (Hrsg.), Nachdenken über Staat und Recht. Kolloquium zum 60. Geburtstag von Dietrich Murswiek, Berlin 2010, S. 193 ff.

Ludwigs, Markus, Das Regulierungsermessen als Herausforderung für die Letztentscheidungsdogmatik im Verwaltungsrecht, JZ 2009, S. 290 ff.
– Die Bundesnetzagentur auf dem Weg zur Independent Agency?, Die Verwaltung 44 (2011), S. 41 ff.
– Regulierungsermessen: Spielräume gerichtlich eingeschränkter Kontrolle im Regulierungsrecht, RdE 2013, S. 297 ff.
– EU-rechtliche Vorgaben und nationale Gestaltungsspielräume – Behördenunabhängigkeit und Regulierungsermessen als Sicherung der effektiven Umsetzung von EU-

Recht?, in: Säcker/Schmidt-Preuß (Hrsg.), Grundsatzfragen des Regulierungsrechts, Baden-Baden 2015, S. 251 ff.

Luhmann, Niklas, Lob der Routine, VerwArch 55 (1964), S. 5 ff.

– Legitimation durch Verfahren, Frankfurt a. M. 1983 (Suhrkamp, textidentisch mit der im Luchterhandverlag erschienenen 3. Aufl. 1978).

Maduro, Miguel Poiares, Contrapunctual Law: Europe's Constitutional Pluralism in Action, in: N. Walker (Hrsg.), Sovereignty in Transition, Oxford 2003, S. 501 ff.

– So Close and Yet So Far: The Paradoxes of Mutual Recognition, Journal of EPP 14 (2007), S. 814 ff.

Mager, Ute, Die europäische Verwaltung zwischen Hierarchie und Netzwerk, in: Trute/Groß/Möllers/Röhl (Hrsg.), Allgemeines Verwaltungsrecht – zur Tragfähigkeit eines Konzepts, Tübingen 2008, S. 369 ff.

Magiera, Siegfried, Der Rechtsstatus der Unionsbürger, in: Dicke u. a. (Hrsg.), Weltinnenrecht – Liber amicorum Jost Delbrück, Berlin 2005, S. 429 ff.

– in: Streinz (Hrsg), EUV/AEUV, 2. Aufl., München 2012, Art. 21 AEUV.

Majone, Giandomenico, Mutual Recognition in Federal Type Systems, in: Mullins/Saunders (Hrsg.), Economic Union in Federal Systems, Sydney 1994, S. 69 ff.

– Europe's 'Democratic Deficit': The Question of Standards, ELJ 4 (1998), S. 5 ff.

– Regulatory Legitimacy in the United States and the European Union, in: Nicolaidis/Howse (Hrsg.), The Federal Vision: Legitimacy and Levels of Governance in the United States and in the European Union, Oxford 2001, S. 252 ff.

Mangold, Anna K./Wahl, Rainer, Das europäisierte deutsche Rechtsschutzkonzept, Die Verwaltung 2015, S. 1 ff.

Mangoldt, Herrmann von/Klein, Eckart/Starck, Christian (Hrsg.), Kommentar zum Grundgesetz, Bde. 1–3, 6. Aufl., München 2010.

Marais, Bertrand du, Die Reichweite zwingenden materiellen Rechts für die Arbeit unabhängiger Regulierungsbehörden, in: Masing/Marcou (Hrsg.), Unabhängige Regulierungsbehörden, Tübingen 2010, S. 267 ff.

Marcou, Gérard, Verwaltungsbehörden und die Einflussnahme der öffentlichen Hand, in: Masing/Marcou (Hrsg.), Unabhängige Regulierungsbehörden, Tübingen 2010, S. 99 ff.

– Die Verwaltung und das demokratische Prinzip, in: v. Bogdandy/Cassese/Huber (Hrsg.), IPE V, Heidelberg 2014, § 92.

Marcusson, Lena, Grundzüge des Verwaltungsrechts in gemeineuropäischer Perspektive: Schweden, in: v. Bogdandy/Cassese/Huber (Hrsg.), IPE V, Heidelberg 2014, § 82.

Markard, Nora, Kriegsflüchtlinge – Gewalt gegen Zivilpersonen in bewaffneten Konflikten als Herausforderung für das Flüchtlingsrecht und den subsidiären Schutz, Tübingen 2012.

– Ein neues Schutzkonzept? Der Einfluss der Menschenrechte auf den internationalen Schutz, ZAR 2015, S. 56 ff.

Marsch, Nikolaus, Subjektivierung der gerichtlichen Verwaltungskontrolle in Frankreich – Eilverfahren und Urteilsimplementation im objektiv-rechtlich geprägten Kontrollsystem, Baden-Baden 2011.

– in: Schoch/Schneider/Bier (Hrsg), VwGO, Anh. § 40 VwGO/Art. 267 AEUV (EL 26, 2014).

– Rechtsetzung, in: ders./Vilain/Wendel (Hrsg.), Französisches und Deutsches Verfassungsrecht, Berlin u. a. 2015, § 5.

Marsch, Nikolaus/Tünsmeyer, Vanessa, The Principle of Proportionality in German Administrative Law, in: Ranchordas/de Waard (Hrsg.), The Judge and the Proportionate Use of Discretion, London u. New York 2015, S. 13 ff.
Marsch, Nikolaus/Vilain, Yoan/Wendel, Mattias (Hrsg.), Französisches und Deutsches Verfassungsrecht, Berlin u. a. 2015.
Marx, Reinhard, Solidarität im grundrechtskonformen europäischen Asylsystem, NVwZ 2012, S. 409 ff.
– Änderungen im Dublin-Verfahren nach der Dublin III-Verordnung, ZAR 2014, S. 5 ff.
– AsylVfG, Kommentar, Köln, 8. Aufl. 2014, § 27a.
Masing, Johannes, Die Mobilisierung des Bürgers für die Durchsetzung des Rechts. Europäische Impulse für eine Revision der Lehre vom subjektiv-öffentlichen Recht, Berlin 1997.
– Die US-amerikanische Tradition der Regulated Industries und die Herausbildung eines europäischen Regulierungsverwaltungsrechts – Constructed Markets on Networks vor verschiedenen Rechtstraditionen, AöR 128 (2003), S. 558 ff.
– Grundstrukturen eines Regulierungsverwaltungsrechts – Regulierung netzbezogener Märkte am Beispiel Bahn, Post, Telekommunikation und Strom, DV 36 (2003), S. 1 ff.
– Die Regulierungsbehörde im Spannungsfeld von Unabhängigkeit und parlamentarischer Verantwortung, in: Bauer/Czybulka/Kahl/Voßkuhle (Hrsg.), Wirtschaft im offenen Verfassungsstaat, FS Reiner Schmidt, München 2006, S. 521 ff.
– Soll das Recht der Regulierungsverwaltung übergreifend geregelt werden?, in: Verhandlungen des 66. Deutschen Juristentages 2006, Bd. 1 – Gutachten, München 2006, Gutachten D.
– Post und Telekommunikation, in: Isensee/Kirchhof (Hrsg.), HStR IV, 3. Aufl., Heidelberg 2006, § 82.
– Unabhängige Behörden und ihr Aufgabenprofil, in: Masing/Marcou (Hrsg.), Unabhängige Regulierungsbehörden, Tübingen 2010, S. 181 ff.
– Einheit und Vielfalt des europäischen Grundrechtsschutzes, JZ 2015, S. 477 ff.
Masing, Johannes/Marcou, Gérard (Hrsg.), Unabhängige Regulierungsbehörden, Tübingen 2010.
Massey, Douglas S., Economic Development and International Migration in Comparative Perspective, Popoulation and Development Review 1988, S. 383 ff.
Mattarella, Bernardo G., The Influence of European and Global Administrative Law on National Administrative Acts, in: Chiti/Mattarella (Hrsg.), Global Administrative and EU Administrative Law, Berlin u. a. 2011, S. 61 ff.
Maunz, Theodor/Dürig, Günter (Begr.), GG – Kommentar, München, Loseblatt, 78. EL 2016.
Maurer, Hartmut, Allgemeines Verwaltungsrecht, 18. Aufl., München 2011.
Mayen, Thomas, Verwaltung durch unabhängige Einrichtungen, DÖV 2004, S. 45 ff.
– Marktregulierung nach dem novellierten TKG, CR 2005, S. 21 ff.
– Das planungsrechtliche Abwägungsgebot im Telekommunikationsrecht, NVwZ 2008, S. 835 ff.
Mayer, Franz C., Kompetenzüberschreitung und Letztentscheidung, München 2000.
– Wer soll Hüter der europäischen Verfassung sein?, AöR 129 (2004), S. 411 ff.
– Die Internationalisierung des Verwaltungsrechts, Manuskript 2005.
– Internationalisierung des Verwaltungsrechts? in: Möllers/Voßkuhle/Walter (Hrsg.), Internationales Verwaltungsrecht, Tübingen 2007, S. 49 ff.

– in: Grabitz/Hilf/Nettesheim (Hrsg.), Das Recht der Europäischen Union, Loseblatt, Art. 19 EUV (41. EGL 2010).
– Europäisches Verwaltungsrecht und nationales Verfassungsrecht, in: Terhechte (Hrsg.), Verwaltungsrecht der Europäischen Union, Baden-Baden 2011, § 8.
– Verfassung im Nationalstaat: Von der Gesamtordnung zur europäischen Teilordnung?, VVDStRL 75 (2016), S. 7 ff.
Mayer, Franz C./Wendel, Mattias, Multilevel Constitutionalism and Constitutional Pluralism, in: Avbelj/Komárek (Hrsg.), Constitutional Pluralism in the European Union and Beyond, Oxford 2012, S. 127 ff.
– Die verfassungsrechtlichen Grundlagen des Europarechts, in: Hatje/Müller-Graff (Hrsg.), Enzyklopädie des Europarechts, Band 1 – Europäisches Organisations- und Verfassungsrecht, Baden-Baden 2014, § 4.
Mayer, Friedrich Franz, Grundsätze des Verwaltungsrechts, mit besonderer Rücksicht auf gemeinsames deutsches Recht sowie auf neuere Gesetzgebung und bemerkenswerte Entscheidungen der obersten Behörden zunächst der Königsreiche Preußen, Baiern und Württemberg, Tübingen 1862.
Mayer, Karl-Georg, Systemwechsel im Ausweisungsrecht – der Schutz „faktischer Inländer“ mit und ohne familiäre Bindungen nach dem Grundgesetz und der Europäischen Menschenrechtskonvention (EMRK), VerwArch 2010, S. 482 ff.
Mayer, Otto, Deutsches Verwaltungsrecht, I. und II. Band, Nachdruck d. 3. Aufl. 1924, Berlin 2004.
Mayntz, Renate, Föderalismus und die Gesellschaft der Gegenwart, AöR 115 (1990), S. 223 ff.
– Soziale Dynamik und politische Steuerung: theoretische und methodologische Überlegungen, Frankfurt a. M. 1997.
Megzari, Abdelaziz, The Internal Justice of the United Nations. A Critical History, Leiden 2015.
Mendes, Joana, Administrative Law Beyond the State: Participation at the Intersection of Legal Systems, in: Chiti/Mattarella (Hrsg.), Global Administrative and EU Administrative Law, Berlin u. a. 2011, S. 111 ff.
– Discretion, care and public interests in the EU administration: Probing the limits of law, CMLRev. 53 (2016), S. 419 ff.
Menzel, Jörg, Internationales Öffentliches Recht – Verfassungs- und Verwaltungsgrenzrecht in Zeiten offener Staatlichkeit, Tübingen 2011.
Merkl, Adolf, Demokratie und Verwaltung, Wien, Leipzig 1923.
– Allgemeines Verwaltungsrecht, Wien u. a. 1927, Nachdruck Wien 1999.
– Die Rechtseinheit des österreichischen Staates. Eine staatsrechtliche Untersuchung auf Grund der Lehre von der lex posterior, AöR 37 (1918), S. 56 ff.
Meyer, Frank, Zur Strafrechtsähnlichkeit des Kartellrechts und ihrer Bedeutung im Gefüge europäischen Rechts, ZDAR 2014, S. 100 ff.
– in: Karpenstein/Mayer (Hrsg.), EMRK – Kommentar, 2. Aufl., München 2015, Art. 6.
Meyer, Jürgen (Hrsg.), Charta der Grundrechte der Europäischen Union, 4. Aufl., Baden-Baden 2014.
Michaels, Ralf, The Functional Method of Comparative Law, in: Reimann/Zimmermann (Hrsg.), The Oxford Handbook of Comparative Law (2006), S. 340 ff.
Milanovic Marko, Extraterritorial application of human rights treaties: law, principles and policy, Oxford 2011.

Mir, Oriol, Grundzüge des Verwaltungsrechts in gemeineuropäischer Perspektive: Spanien, in: v. Bogdandy/Cassese/Huber (Hrsg.), IPE V, Heidelberg 2014, § 84.
Mitsilegas, Valsamis, The Constitutional Implications of Mutual Recognition in Criminal Matters in the EU, CMLR 43 (2006), S. 1277 ff.
– The Limits of Mutual Trust in Europe's Area of Freedom, Security and Justice: From Automatic Inter-State Cooperation to the Slow Emergence of the Individual, YEL 31 (2012), S. 319 ff.
Mitzman, Elena, Administrative Tribunals and the Review of Discretionary Powers: A Case from the Council of Europe Administrative Tribunal, in: Cassese u. a. (Hrsg.), Global Administrative Law: The Case Book, 3. Aufl. 2012, V.11.
Moll, Frank/Pohl,Christian, Das Drittstaatenkonzept im unionsrechtlichen Kontext, ZAR 2012, S. 102 ff.
Möllers, Christoph, Gewaltengliederung. Legitimation und Dogmatik im nationalen und übernationalen Rechtsvergleich, Tübingen 2005.
– Transnationale Behördenkooperation – Verfassungs- und völkerrechtliche Probleme transnationaler administrativer Standardsetzung, ZaöRV 2005, S. 351 ff.
– Dogmatik der grundgesetzlichen Gewaltengliederung, AöR 132 (2007), S. 493 ff.
– Internationales Verwaltungsrecht, in: Möllers/Voßkuhle/Walter (Hrsg.), Internationales Verwaltungsrecht, Tübingen 2007, S. 1 ff.
– Materielles Recht – Verfahrensrecht – Organisationsrecht, in: Trute/Groß/Möllers/Röhl (Hrsg.), Allgemeines Verwaltungsrecht – zur Tragfähigkeit eines Konzepts, Tübingen 2008, S. 489 ff.
– Allgemeines Verwaltungsrecht in einer doppelt gegliederten Rechtsordnung, in: Gusy/Kersten (Hrsg.), Allgemeines Verwaltungsrecht. Institute, Kontexte, System. Festschrift für Ulrich Battis, München 2014, S. 101 ff.
– Demokratische Ebenengliederung, in: Appel/Hermes/Schönberger (Hrsg.), Öffentliches Recht im offenen Staat – Festschrift für Rainer Wahl zum 70. Geburtstag, Berlin 2011, S. 759 ff.
– Verwaltungsrecht und Politik, in: v. Bogdandy/Cassese/Huber (Hrsg.), IPE V, Heidelberg 2014, § 93.
– Ten Years of Global Administrative Law, ICON 2015, S. 469 ff.
Möllers, Christoph/Terhechte, Jörg P, Europäisches Verwaltungsrecht und Internationales Verwaltungsrecht, in: Terhechte (Hrsg.), Verwaltungsrecht der Europäischen Union, Baden-Baden 2011, § 40.
Möllers, Christoph/Voßkuhle, Andreas/Walter, Christian (Hrsg.), Internationales Verwaltungsrecht, Tübingen 2007.
Monar, Jörg, Der Raum der Freiheit, der Sicherheit und des Rechts, in: v. Bogdandy/Bast (Hrsg.), Europäisches Verfassungsrecht – Theoretische und dogmatische Grundzüge, 2. Aufl., Berlin u. a. 2009, S. 749 ff.
Moravcsik, Andrew, Federalism in the European Union: Rhetoric and Reality, in: Nicolaidis/Howse (Hrsg.), The Federal Vision. Legitimacy and Levels of Governance in the United States and in the European Union, Oxford 2001, S. 161 ff.
Möstl, Markus, in: Maunz/Dürig (Begr.), GG – Kommentar, Art. 87f (60. EGL 2010).
– Preconditions and Limits of Mutual Recognition, CMLR 47 (2010), S. 405 ff.
Mrozek, Anna, Grenzschutz als supranationale Aufgabe: der Schutz der europäischen Außengrenzen unter der Beteiligung der Bundespolizei, Baden-Baden 2013.

Müller-Graff, Peter-Christian/Schmahl, Stefanie/Skouris, Vassilios (Hrsg.), Europäisches Recht zwischen Bewährung und Wandel: Festschrift für Dieter H. Scheuing, Baden-Baden 2011.

Müller-Mall, Sabine, Verwaltungsrechtsraum Europa – Zur Möglichkeit seiner rechtswissenschaftlichen Erschließung, in: Debus u.a. (Hrsg.), Verwaltungsrechtsraum Europa, Baden-Baden 2011, S. 9ff.

Munding, Christoph-David, Das Grundrecht auf effektiven Rechtsschutz im Rechtssystem der Europäischen Union – Überlegungen zur Rechtsnatur und Quellenhermeneutik der unionalen Rechtsschutzgarantie sowie zur Wirksamkeit des Systems primären Individualrechtsschutzes gegen normative EG-Rechtsakte, Berlin 2010.

Napolitano, Giulio, Handlungsformen, in: v. Bogdandy/Cassese/Huber (Hrsg.), IPE V, Heidelberg 2014, § 89.

Nehl, Hans P., Kontrolle kartellrechtlicher Sanktionsentscheidungen der Kommission durch die Unionsgerichte, in: Immenga/Körber (Hrsg.), Die Kommission zwischen Gestaltungsmacht und Rechtsbindung, Baden-Baden 2012, S. 113ff.

Neidhardt, Stephan, Nationale Rechtsinstitute als Bausteine europäischen Verwaltungsrechts, Tübingen 2008.

Neidhardt, Stephan/Ehrbeck, Thorsten, Das BVerfG als Beschwerdeinstanz in Dublin-Eilsachen? Zur aktuellen Reformdebatte im Asylprozessrecht, NVwZ 2015, S. 761ff.

Nell, Martin W., Beurteilungsspielräume zugunsten Privater. Die Übertragung der herkömmlichen Rechtsfigur auf das Verfahren regulierter Selbstregulierung im Jugendmedienschutz-Staatsvertrag (JMStV) zugunsten von Einrichtungen der freiwilligen Selbstkontrolle (EFS), Berlin 2010.

Neßler, Volker, Der transnationale Verwaltungsakt – Zur Dogmatik eines neuen Rechtsinstituts, NVwZ 1995, S. 863ff.

Nettesheim, Martin, Effektive Rechtsschutzgewährleistung im arbeitsteiligen System europäischen Rechtsschutzes, JZ 2002, S. 928ff.

– Europäischer Verfassungsverbund? Zwischen Selbststand und Amalgamierung der verfassungsrechtlichen Grundordnungen in Europa, in: Depenheuer/Heintzen/Jestaedt (Hrsg.), Staat im Wort. Festschrift für Josef Isensee, Heidelberg 2007, 733ff.

– in: Grabitz/Hilf/Nettesheim (Hrsg.), Das Recht der Europäischen Union, Loseblatt, Art. 288 AEUV (48. EL 2012).

– Anmerkung (zu BVerfG – Europäischer Haftbefehl II), JZ 2016, S. 424ff.

Neuhaus, Patrick A., Regulierung in Deutschland und den USA. Eine Bewertung der Regulierungssysteme in der Telekommunikation mit einem Ausblick auf den Energiesektor, Frankfurt a.M. 2009.

Neumann, Andreas/Thomaschki, Kathrin, in: Säcker (Hrsg.), Telekommunikationsgesetz – Kommentar, 3. Aufl., Frankfurt a.M. 2013, § 21 TKG.

Neumeyer, Karl, Internationales Verwaltungsrecht IV – Allgemeiner Teil, München u.a. 1936 (Nachdruck, München u.a. 1980).

Neundorf, Kathleen/Brings, Tobias, Neubestimmung des Bleiberechts und der Aufenthaltsbeendigung, ZRP 2015, S. 145ff.

Nicolaidis, Kalypso/Howse, Robert (Hrsg.), The Federal Vision. Legitimacy and Levels of Governance in the United States and in the European Union, Oxford 2001.

Niehof, Roland, Der Grundsatz der gegenseitigen Anerkennung im Gemeinschaftsrecht, Berlin 1994.

Noll, Gregor, Negotiating Asylum: the EU acquis, extraterritorial protection and the common market of deflection, Den Haag 2000, S. 263 ff.
Nolte, Georg, Der Wert formeller Kontrolldichtemaßstäbe, in: Frowein (Hrsg.), Die Kontrolldichte bei der gerichtlichen Überprüfung von Handlungen der Verwaltung, Berlin u. a. 1993, S. 278 ff.
– Landesbericht Vereinigte Staaten von Amerika, in: Frowein (Hrsg.), Die Kontrolldichte bei der gerichtlichen Überprüfung von Handlungen der Verwaltung, Berlin u. a. 1993, S. 172 ff.
Nolte, Norbert, in: Säcker (Hrsg.), Telekommunikationsgesetz – Kommentar, 3. Aufl. 2013, § 18.
Nowak, Carsten, Europäisches Verwaltungsrecht und Grundrechte, in: Terhechte (Hrsg.), Verwaltungsrecht der Europäischen Union, Baden-Baden 2011, § 14.
– Rechtsschutz im europäischen Verwaltungsrecht, in: Terhechte (Hrsg.), Verwaltungsrecht der Europäischen Union, Baden-Baden 2011, § 13.
– Recht auf effektiven Rechtsschutz, in: Heselhaus/Nowak (Hrsg.), Handbuch der Europäischen Grundrechte, 2. Aufl. München 2017 i. E., § 51.
Nußberger, Angelika, Menschenrechtsschutz im Ausländerrecht, NVwZ 2013, S. 1305 ff.
O'Leary, Síofra, The Relationship Between Community Citizenship and the Protection of Fundamental Rights in Community Law, CMLRev. 1995, S. 529 ff.
Oebbecke, Janbernd, Weisungs- und unterrichtungsfreie Räume in der Verwaltung, Köln 1986.
– Verwaltungszuständigkeit, in: Isensee/Kirchhof (Hrsg.), HStR VI, 3. Aufl., Heidelberg 2008, § 136.
Oertel, Klaus, Die Unabhängigkeit der Regulierungsbehörde nach §§ 66 ff. TKG, Berlin 2000.
Oeter, Stefan, Die Kontrolldichte hinsichtlich unbestimmter Rechtsbegriffe und des Ermessens, in: Frowein (Hrsg.), Die Kontrolldichte bei der gerichtlichen Überprüfung von Handlungen der Verwaltung, Berlin u. a. 1993, S. 266 ff.
– Landesbericht Schweiz, in: Frowein (Hrsg.), Die Kontrolldichte bei der gerichtlichen Überprüfung von Handlungen der Verwaltung, Berlin u. a. 1993, S. 121 ff.
– Integration und Subsidiarität im deutschen Bundesstaatsrecht: Untersuchungen zu Bundesstaatstheorie unter dem Grundgesetz, Tübingen 1998.
– Föderalismus und Demokratie, in: v. Bogdandy/Bast (Hrsg.), Europäisches Verfassungsrecht, 2. Aufl., Berlin u. a. 2009, S. 73 ff.
Ohler, Christoph, Die Kollisionsordnung des Allgemeinen Verwaltungsrechts, Tübingen 2005.
– Europäisches und nationales Verwaltungsrecht, in: Terhechte (Hrsg.), Verwaltungsrecht der Europäischen Union, Baden-Baden 2011, § 9.
Orrego Vicua, Francisco, Le contrôle du pouvoir discrétionnaire de l'administration par les tribunaux administratifs internationaux, in: Ziadé (Hrsg.), Problems of International Administrative Law, 2008, S. 43 ff.
Ossenbühl, Fritz, Der Vorbehalt des Gesetzes und seine Grenzen, in: Götz/Klein/Starck, Die öffentliche Verwaltung zwischen Gesetzgebung und richterlicher Kontrolle, 1985, S. 9 ff.
– Gedanken zur Kontrolldichte in der verwaltungsgerichtlichen Rechtsprechung, in: Bender/Breuer/Ossenbühl/Sendler (Hrsg.), Rechtsstaat zwischen Sozialgestaltung und Rechtsschutz: Festschrift für Konrad Redeker zum 70. Geburtstag, München 1993, S. 55 ff.

– Autonome Rechtsetzung der Verwaltung, in: Isensee/Kirchhof (Hrsg.), HStR V, 3. Aufl., Heidelberg 2007, § 104.
– Vorrang und Vorbehalt des Gesetzes, in: Isensee/Kirchhof (Hrsg.), HStR V, 3. Aufl., Heidelberg 2007, § 101.
Oster, Jan, Marktdefinition und Marktanalyse im System des Rechtsschutzes, MMR 2009, S. 454 ff.
– Normative Ermächtigungen im Regulierungsrecht. Eine vergleichende Untersuchung behördlicher Entscheidungsspielräume in der deutschen und amerikanischen Netzinfrastrukturregulierung, Baden-Baden 2010.
Pabel, Katharina, Justizgrundrechte, in: Grabenwarter (Hrsg.), Enzyklopädie des Europarechts, Band 2 – Europäischer Grundrechteschutz, Baden-Baden 2014, § 19.
Pache, Eckhard, Die Kontrolldichte in der Rechtsprechung des Gerichtshofs der Europäischen Gemeinschaften, DVBl. 1998, S. 380 ff.
– Tatbestandliche Abwägung und Beurteilungsspielraum. Zur Einheitlichkeit administrativer Entscheidungsfreiräume und zu deren Konsequenzen im verwaltungsgerichtlichen Verfahren – Versuch einer Modernisierung, Tübingen 2001.
– Die Europäische Menschenrechtskonvention und die deutsche Rechtsordnung, EuR 2004, S. 393 ff.
– Verantwortung und Effizienz in der Mehrebenenverwaltung, VVDStRL 66 (2007), S. 106 ff.
Pacteau, Bernard, Le juge de l'excès de pouvoir et les motifs de l'acte administratif, Paris 1977.
Papademetriou, Demetrios G., Beyond Asylum: Rethinking Protection Policies to Meet Sharply Escalating Needs, Migration Policy Institute 2015, abrufbar unter http://www.migrationpolicy.org/research/beyond-asylum-rethinking-protection-policies-meet-sharply-escalating-needs-transatlantic.
Papier, Hans-Jürgen, Der Vorbehalt des Gesetzes und seine Grenzen, in: Götz/Klein/Starck, Die öffentliche Verwaltung zwischen Gesetzgebung und richterlicher Kontrolle, 1985, S. 36–67.
– Rechtsschutzgarantie gegen die öffentliche Gewalt, in: Isensee/Kirchhof (Hrsg.), HStR VIII, 3. Aufl., Heidelberg 2010, § 177.
Partsch, Karl Josef, Die Anwendung des Völkerrechts im innerstaatlichen Recht. Überprüfung der Transformationslehre, Karlsruhe 1964.
Pätzold, Juliane, in: Karpenstein/Mayer (Hrsg.), EMRK, 2. Aufl. 2015, Art. 8.
Paulweber, Michael, Regulierungszuständigkeiten in der Telekommunikation. Sektorspezifische Wettbewerbsaufsicht nach dem TKG durch die Regulierungsbehörde im Verhältnis zu den allgemeinen kartellrechtlichen Kompetenzen des Bundeskartellamts und der Europäischen Kommission, Baden-Baden 1999.
Pauly, Walter, Der Methodenwandel im deutschen Spätkonstitutionalismus. Ein Beitrag zu Entwicklung und Gestalt der Wissenschaft vom Öffentlichen Recht im 19. Jahrhundert, Tübingen 1993.
Peers, Steve, Mutual Recognition and Criminal Law in the European Union: Has the Council Got it Wrong?, CMLR 41 (2004), S. 5 ff.
Peers, Steve/Guild, Elspeth/Acosta, Diego/Groenendijk, Kees/Moreno-Lax, Violeta (Hrsg.), EU Immigration and Asylum Law (Text and Commentary) – Volume 2: EU Immigration Law, Leiden, 2. Aufl. 2012.

Peers, Steve/Guild, Elspeth/Tomkin, Jonathan (Hrsg.), EU Immigration and Asylum Law (Text and Commentary) – Volume 1: Visas and Border Controls, Leiden, 2. Aufl. 2012.

Peers, Steve/Moreno-Lax, Violeta/Garlick, Madeline/Guild, Elspeth (Hrsg.), EU Immigration and Asylum Law (Text and Commentary) – Volume 3: EU Asylum Law, Leiden, 2. Aufl. 2015.

Pereira da Silva, Vasco/Salgado de Matos, André, Grundzüge des Verwaltungsrechts in gemeineuropäischer Perspektive: Portugal, in: v. Bogdandy/Cassese/Huber (Hrsg.), IPE V, Heidelberg 2014, § 81.

Pernice, Ingolf, Billigkeit und Härteklauseln im öffentlichen Recht, Baden-Baden 1991.

– Bestandssicherungen der Verfassungen: Verfassungsrechtliche Mechanismen zur Wahrung der Verfassungsordnung, in: Bieber/Widmer (Hrsg.), L'espace constitutionnel européen, 1995, S. 225

– Europäisches und nationales Verfassungsrecht, VVDStRL 60 (2001), S. 148 ff.

– Die horizontale Dimension des Europäischen Verfassungsverbundes – Europäische Justizpolitik im Lichte von Pupino und Darkanzali, in: Derra (Hrsg.), Freiheit, Sicherheit und Recht – Festschrift für Jürgen Meyer zum 70. Geburtstag, Baden-Baden 2005, S. 359 ff.

– Das Verhältnis europäischer zu nationalen Gerichten im europäischen Verfassungsverbund, Berlin 2006.

– in: Dreier (Hrsg.), Grundgesetz – Kommentar, Band II, 2. Aufl., Tübingen 2006, Art. 23 GG.

– Soll das Recht der Regulierungsverwaltung übergreifend geregelt werden? Europarechtliche Aspekte, WHI-Paper 3/06.

– Theorie und Praxis des Europäischen Verfassungsverbundes, in: Calliess (Hrsg.), Verfassungswandel im europäischen Staaten- und Verfassungsverbund, 2007, S. 61 ff.

– in: Dreier (Hrsg.), Grundgesetz – Kommentar, Band III, 2. Aufl., Tübingen 2008, Art. 88 GG.

– The Treaty of Lisbon: Multilevel Constitutionalism in Action, ColJEL 15 (2009), S. 349 ff.

Peuker, Enrico, Bürokratie und Demokratie in Europa: Legitimität im Europäischen Verwaltungsverbund, Tübingen 2011.

Pfersich, Andreas, Urteilsanmerkung zu BVerwG, Urt. v. 17.9.2015, ZAR 2016, S. 37 f.

Pietzcker, Jost, Zuständigkeitsordnung und Kollisionsrecht im Bundesstaat, in: Isensee/Kirchhof (Hrsg.), HStR VI, 3. Aufl., Heidelberg 2008, § 134.

Pitschas, Rainer, Der Kampf um Art. 19 Abs. 4 GG, ZRP 1998, S. 96 ff.

– Maßstäbe des Verwaltungshandelns, in: Hoffmann-Riem/Schmidt-Aßmann/Voßkuhle (Hrsg.), Grundlagen des Verwaltungsrechts, Band II, 2. Aufl., München 2012, § 42.

Pöcker, Markus, Unabhängige Regulierungsbehörden und die Fortentwicklung des Demokratieprinzips, VerwArch 99 (2008), S. 388 ff.

Polakiewicz, Jörg, Landesbericht Österreich, in: Frowein (Hrsg.), Die Kontrolldichte bei der gerichtlichen Überprüfung von Handlungen der Verwaltung, Berlin u. a. 1993, S. 80 ff.

Poscher, Ralf, Geteilte Missverständnisse. Theorie der Rechtsanwendung und des Beurteilungsspielraums der Verwaltung – zugleich eine Kritik der normativen Ermächtigungslehre, in: Appel/Hermes/Schönberger (Hrsg.), Öffentliches Recht im offenen Staat – Festschrift für Rainer Wahl zum 70. Geburtstag, Berlin 2011, S. 527 ff.

Posser, Herbert/Wolff, Heinrich Amadeus (Hrsg.), Beck'scher Online-Kommentar VwGO, 36. Edition 2016.

Potacs, Michael, Herstellung von Wettbewerb als Verwaltungsaufgabe, VVDStRL 69 (2010), S. 254 ff.

Pretis, Daria de, Grundzüge des Verwaltungsrechts in gemeineuropäischer Perspektive: Italien, in: v. Bogdandy/Cassese/Huber (Hrsg.), IPE V, Heidelberg 2014, § 78.

Proelß, Alexander, Das Regulierungsermessen – eine Ausprägung des behördlichen Letztentscheidungsrechts?, AöR 136 (2011), S. 402 ff.

Pünder, Hermann, Zu den Grundzügen des Verwaltungsrechts in Europa, DV 48 (2015), S. 405 ff.

Püttner, Günter, Ermessen und Ermessensausübung. Gedanken zur Weiterentwicklung der Ermessenslehre, ZÖR 2008, S. 345 ff.

Quabeck, Christian, Dienende Funktion des Verwaltungsverfahrens und Prozeduralisierung, Tübingen 2010.

Rabenschlag, David, Leitbilder der Unionsbürgerschaft – Die Auslegung der Unionsbürgerschaft durch den EuGH im Spiegel umstrittener Konzeptionen eines europäischen Bürgerrechts, Baden-Baden 2009.

Ramsauer, Ulrich, Rechtsschutz durch nachvollziehende Kontrolle, in: Schmidt-Aßmann u. a. (Hrsg.), Festgabe 50 Jahre Bundesverwaltungsgericht, Heymann, Köln u. a. 2003.

Randelzhofer, Albrecht, in: Maunz/Dürig (Begr.), GG – Kommentar, Art. 16a (49. EL 2007).

Rausch, Rolf, Die Kontrolle von Tatsachenfeststellungen und -würdigungen durch den Gerichtshof der Europäischen Gemeinschaften. Zur gerichtlichen Nachprüfung von Kommissionsentscheidungen im Vergleich zum deutschen und französischen Recht, Berlin 1994.

Redeker, Konrad, Verfassungsrechtliche Vorgaben zur Kontrolldichte verwaltungsgerichtlicher Rechtsprechung, NVwZ 1992, S. 305 ff.

Redeker, Konrad/Oertzen, Hans-Joachim von (Begr.), Verwaltungsgerichtsordnung. Kommentar, 16. Aufl., Stuttgart 2014.

Redeker, Martin in: Redeker/von Oertzen (Begr.), VwGO, Kommentar, 16. Aufl., Stuttgart 2014, § 114.

Reestman, Jan-Herman/Besselink, Leonard, After *Åkerberg Fransson* and *Melloni:* Editorial, EuConst 2013, S. 169 ff.

Reimann, Mathias/Zimmermann, Reinhard (Hrsg.), The Oxford Handbook of Comparative Law, Oxford 2006.

Reinbacher, Tobias/Wendel, Mattias, Menschenwürde und Europäischer Haftbefehl – Zum ebenenübergreifenden Schutz grundrechtlicher Elementargarantien im europäischen Auslieferungsverfahren, EuGRZ 2016, S. 333 ff.

Rengeling, Hans-Werner, Rechtsgrundsätze beim Verwaltungsvollzug des Europäischen Gemeinschaftsrechts: zu den Grundlagen des Verwaltungsvollzuges sowie zur Theorie und Konkretisierung der Rechtsgrundsätze unter besonderer Berücksichtigung der Rechtsvergleichung, Köln u. a. 1977.

Rennert, Klaus, in: Eyermann (Begr.), Verwaltungsgerichtsordnung. Kommentar, 14. Aufl., München 2014, *§ 114*.

– Funktionswandel der Verwaltungsgerichtsbarkeit?, DVBl 2015, S. 793 ff.

Research Network on EU Administrative Law – ReNEUAL (Hrsg.), ReNEUAL – Musterentwurf für ein EU-Verwaltungsverfahrensrecht, München 2015.

Reuß, Herrmann, Das Ermessen – Versuch einer Begriffsklärung, DVBl. 1953, S. 585 ff.
– Der unbestimmte Rechtsbegriff. Seine Bedeutung und seine Problematik, DVBl. 1953, S. 649 ff.
Ricken, Robin, Beurteilungsspielräume und Ermessen im Vergaberecht, Baden-Baden 2014.
Rieckhoff, Henning, Der Vorbehalt des Gesetzes im Europarecht, Tübingen 2007.
Riedel, Eibe, Rechtliche Optimierungsgebote oder Rahmensetzungen für das Verwaltungshandeln?, VVDStRL 58 (1999), S. 180 ff.
Rittstieg, Helmut, Grenzen ausländerbehördlichen Ermessens, JZ 1971, S. 113 ff.
Röder, Sonja, Der Gesetzesvorbehalt der Charta der Grundrechte der Union im Lichte einer europäischen Wesentlichkeitstheorie, Baden-Baden 2007.
Roellecke, Gerd, Die Bindung des Richters an Gesetz und Verfassung, VVDStRL 34 (1976), S. 7 ff.
Roeser, Thomas, Die Rechtsprechung des Bundesverfassungsgerichts zum Grundrecht auf Asyl zum Ausländerrecht (einschließlich Auslieferungsrecht) in den Jahren 2007 und 2008, EuGRZ 2009, S. 177 ff.
– Die Rechtsprechung des Bundesverfassungsgerichts zum Grundrecht auf Asyl zum Ausländerrecht (einschließlich Auslieferungsrecht) in den Jahren 2009 und 2010, EuGRZ 2011, S. 445 ff.
Roggemann, Herwig, Einführung. Verfassungsentwicklung und Verfassungsrecht in Mittel- und Osteuropa, in: ders (Hrsg.), Die Verfassungen Mittel- und Osteuropas, Berlin 1999, S. 41 ff.
Röhl, Hans C., Akkreditierung und Zertifizierung im Produktsicherheitsrecht: zur Entwicklung einer neuen europäischen Verwaltungsstruktur, Berlin u. a. 2000.
– Soll das Recht der Regulierungsverwaltung übergreifend geregelt werden?, JZ 2006, S. 831 ff.
– Verantwortung und Effizienz in der Mehrebenenverwaltung, DVBl. 2006, S. 1070 ff.
– Internationale Standardsetzung, in: Möllers/Voßkuhle/Walter (Hrsg.), Internationales Verwaltungsrecht, Tübingen 2007, S. 319 ff.
– Ausgewählte Verwaltungsverfahren, in: in: Hoffmann-Riem/Schmidt-Aßmann/Voßkuhle (Hrsg.), GVwR II, 2. Aufl., München 2012, § 30.
Röhl, Matthias, Die Regulierung der Zusammenschaltung, Frankfurt a. M. 2002.
Römer, Lutz, Europäisierter und internationalisierter Verwaltungsrechtsschutz gegen Überstellungen nach der Dublin III-Verordnung, Baden-Baden 2015.
Romes, Marion, Supranationale Intervention in nationale Regulierungsverfahren – Kompetenzverschiebung, Verwaltungsvollzug und Rechtsschutz im Telekommunikationsrecht, Baden-Baden 2011.
Rose-Ackerman, Susan, The Regulatory State, in: Rosenfeld/Sajó (Hrsg.), The Oxford Handbook of Comparative Constitutional Law, 2012, S. 671 ff.
Rosenfeld, Michael/Sajó, András (Hrsg.), The Oxford Handbook of Comparative Constitutional Law, Oxford 2012.
Rozek, Jochen, Neubestimmung der Justitiabilität von Prüfungsentscheidungen, NVwZ 1992, S. 343 ff.
Rudolf, Walter, Kooperation im Bundesstaat, in: Isensee/Kirchhof (Hrsg.), HStR VI, 3. Aufl., Heidelberg 2008, § 141.
– Völkerrecht und deutsches Recht, Tübingen 1967.
Ruffert, Matthias, Dogmatik und Praxis des subjektiv-öffentlichen Rechts unter dem Einfluss des Gemeinschaftsrechts, DVBl. 1998, S. 69 ff.

– Regulierung im System des Verwaltungsrechts – Grundstrukturen des Privatisierungsfolgenrechts der Post und Telekommunikation, AöR 124 (1999), S. 237 ff.
– Der transnationale Verwaltungsakt, DV 34 (2001), S. 453 ff.
– Die unionsverfassungsrechtlichen Grundlagen des Raums der Freiheit, der Sicherheit und des Rechts, in: Pache (Hrsg.), Die Europäische Union – Ein Raum der Freiheit, der Sicherheit und des Rechts?, Baden-Baden 2005, S. 14 ff.
– Von der Europäisierung des Verwaltungsrechts zum Europäischen Verwaltungsverbund, DÖV 2007, S. 761 ff.
– Verselbständigte Verwaltungseinheiten: Ein europäischer Megatrend im Vergleich, in: Trute/Groß/Möllers/Röhl (Hrsg.), Allgemeines Verwaltungsrecht – zur Tragfähigkeit eines Konzepts, Tübingen 2008, S. 431 ff.
– Begriff, in Fehling/Ruffert (Hrsg.), Regulierungsrecht, Tübingen 2010, § 7.
– Comparative Perspectives of Administrative Legitimacy, in: ders. (Hrsg.), Legitimacy in European Administrative Law: Reform and Reconstruction, Groningen 2011, S. 351 ff.
– Die neue Unabhängigkeit: Zur demokratischen Legitimation von Agenturen im europäischen Verwaltungsrecht, in: Müller-Graff/Schmahl/Skouris (Hrsg.), Europäisches Recht zwischen Bewährung und Wandel: Festschrift für Dieter H. Scheuing, Baden-Baden 2011, S. 399 ff.
– Rechtsquellen und Rechtsschichten des Verwaltungsrechts, in: Hoffmann-Riem/Schmidt-Aßmann/Voßkuhle (Hrsg.), Grundlagen des Verwaltungsrechts, Band I, 2. Aufl., München 2012, § 17.
– Verwaltungsrecht im Europäischen Verwaltungsverbund, DV 48 (2015), S. 547 ff.
– Art. 290 u. Art. 291 AEUV, in: Calliess/Ruffert (Hrsg.), EUV/AEUV, 5. Aufl. 2016.
Ruffert, Matthias (Hrsg.), Enzyklopädie des Europarechts, Band 5 – Europäisches Sektorales Wirtschaftsrecht, Baden-Baden 2012.
– Legitimacy in European Administrative Law: Reform and Reconstruction, Groningen 2011.
Rung, Christoph, Strukturen und Rechtsfragen europäischer Verbundplanungen, Tübingen 2013.
Rupp, Hans Heinrich, Grundfragen der heutigen Verwaltungslehre: Verwaltungsnorm und Verwaltungsrechtsverhältnis, 2. Aufl., Tübingen 1991.
Sachs, Michael, in: ders. (Hrsg.), Grundgesetz – Kommentar, 7. Aufl., München 2014, Art. 19 und 20 GG.
– in: Stelkens/Bonk/Sachs (Hrsg.), VwVfG – Kommentar, 8. Aufl. 2014, § 40.
Sachs, Michael (Hrsg.), Grundgesetz – Kommentar, 7. Aufl., München 2014.
Sachs, Michael/Jasper, Christian, Regulierungsermessen und Beurteilungsspielräume – Verfassungsrechtliche Grundlagen, NVwZ 2012, S. 649 ff.
Säcker, Franz Jürgen, Das Regulierungsrecht im Spannungsfeld von öffentlichem und privatem Recht: Zur Reform des deutschen Energie- und Telekommunikationsrechts, AöR 130 (2005), S. 180 ff.
Säcker, Franz Jürgen (Hrsg.), Telekommunikationsgesetz – Kommentar, 3. Aufl., Frankfurt a. M. 2013.
Säcker, Franz Jürgen/Schmidt-Preuß, Matthias (Hrsg.), Grundsatzfragen des Regulierungsrechts, Baden-Baden 2015.
Sander, Dirk, Der Schutz des Aufenthalts durch Artikel 8 der Europäischen Menschenrechtskonvention, Berlin 2008.
Sasse, Thorsten, Regulierungsermessen, VR 2014, S. 309 ff.

Sauer, Heiko, Jurisdiktionskonflikte in Mehrebenensystemen, Springer, Berlin u. a. 2008.
Saurer, Johannes, Die Ausweitung sicherheitsrechtlicher Regelungsansprüche im Kontext der Terrorismusbekämpfung, NVwZ 2005, S. 275 ff.
– Der Einzelne im europäischen Verwaltungsrecht, Tübingen 2014.
Scalia, Antonin, Common-Law Courts in a Civil-Law System: The Role of United States Federal Courts in Interpreting the Constitution and Laws, in: A. Gutmann (Hrsg.), A Matter of Interpretation: Federal Courts and the Law, Princeton 1997.
Schaefer, Jan Philipp, Die Umgestaltung des Verwaltungsrechts. Kontroversen reformorientierter Verwaltungsrechtswissenschaft, Tübingen 2016.
Scharpf, Fritz W., Die Politikverflechtungsfalle: Europäische Integration und deutscher Föderalismus im Vergleich, PVS 26 (1985), S. 232 ff.
– Europäisches Demokratiedefizit und deutscher Föderalismus, StWStP 3 (1992), S. 293 ff.
Schebstadt, Arnd, Sektorspezifische Regulierung – Im Grenzgebiet zwischen Marktaufsicht und Marktgestaltung, WuW 2005, S. 6 ff.
Schenk, Karlheinz, Die Entwicklung des Asylrechts in der 50-jährigen Rechtsprechung des BVerfG, NVwZ 2002, S. 801 ff.
Schenke, Wolf-Rüdiger, Die Bedeutung der verfassungsrechtlichen Rechtsschutzgarantie des Art. 19 Abs. 4 GG, JZ 1988, 317 ff.
Scherer, Joachim/Heinickel, Caroline, Die TKG-Novelle 2012, NVwZ 2012, S. 585 ff.
Scheuner, Ulrich, Zur Frage der Grenzen der Nachprüfung des Ermessens durch die Gerichte, VerwArch 33 (1928), S. 68 ff.
Scheurle, Klaus-Dieter/Mayen, Thomas (Hrsg.), Telekommunikationsgesetz. Kommentar, 3. Aufl., München 2017, i. E.
Schilling, Theodor, Rang und Geltung von Normen in gestuften Rechtsordnungen, Berlin 1994.
Schiedermair, Stephanie, Selbstkontrollen der Verwaltung, in: Hoffmann-Riem/Schmidt-Aßmann/Voßkuhle (Hrsg.), Grundlagen des Verwaltungsrechts, Band III, 2. Aufl., München 2013, § 48.
Schindler, Benjamin, Verwaltungsermessen. Gestaltungskompetenzen der öffentlichen Verwaltung in der Schweiz, Zürich/St. Gallen 2010.
Schlette, Volker, Die verwaltungsgerichtliche Kontrolle von Ermessensakten in Frankreich, Baden-Baden 1991.
Schlink, Bernhard, Abwägung im Verfassungsrecht, Berlin 1976.
Schmid, Christian/Bartels, Romy, Handbuch zum Dubliner Übereinkommen, NWV, Wien 2001.
Schmid, Christian/Filzwieser, Christian, Dublin-II-Verordnung. Das Europäische Asylzuständigkeitssystem, Wien 2004.
Schmid-Drüner, Marion, Der Begriff der öffentlichen Sicherheit und Ordnung im Einwanderungsrecht ausgewählter EU-Mitgliedstaaten, Baden-Baden 2007.
Schmidt, Christian, Von der RegTP zur Bundesnetzagentur – Der organisationsrechtliche Rahmen der neuen Regulierungsbehörde, DÖV 2005, S. 1025 ff.
– Neustrukturierung der Bundesnetzagentur – Verfassungs- und verwaltungsrechtliche Probleme, NVwZ 2006, S. 907 ff.
Schmidt, Florian, Die Befugnis des Gemeinschaftsrichters zu unbeschränkter Ermessensnachprüfung. Die „pleine juridiction" im europäischen Gemeinschaftsrecht unter besonderer Berücksichtigung des Bußgeldverfahrens im Kartellrecht, Baden-Baden 2004.

Schmidt, Jörg, Die demokratische Legitimationsfunktion der parlamentarischen Kontrolle: eine verfassungsrechtliche Untersuchung über Grundlage, Gegenstand und Grenzen der parlamentarischen Kontrolle unter besonderer Berücksichtigung der ministerialfreien Räume und der Privatisierung, Berlin 2007.

Schmidt-Aßmann, Eberhard, Verwaltungsverantwortung und Verwaltungsgerichtsbarkeit, VVDStRL 34 (1976), S. 221 ff.

– Verwaltungslegitimation als Rechtsbegriff, AöR 116 (1991), S. 329 ff.

– Deutsches und Europäische Verwaltungsrecht, DVBl. 1993, S. 924 ff.

– Zur Reform des Allgemeinen Verwaltungsrechts – Reformbedarf und Reformansätze, in: Hoffmann-Riem/Schmidt-Aßmann/Schuppert (Hrsg.), Reform des allgemeinen Verwaltungsrechts – Grundfragen, Baden-Baden 1993, S. 14 ff.

– Verwaltungskooperation und Verwaltungskooperationsrecht in der Europäischen Gemeinschaft, EuR 1996, S. 270 ff.

– Die Kontrolldichte der Verwaltungsgerichte: Verfassungsgerichtliche Vorgaben und Perspektiven, DVBl. 1997, S. 281 ff. (Zweitveröffentlichung in: *ders.*, Aufgaben und Perspektiven verwaltungsrechtlicher Forschung, S. 363 ff.)

– Das allgemeine Verwaltungsrecht als Ordnungsidee, 2. Aufl. Springer, Heidelberg u. a. 2004.

– Aufgaben und Perspektiven verwaltungsrechtlicher Forschung. Aufsätze 1975–2005, Tübingen 2006.

– Verfassungsprinzipien für den Europäischen Verwaltungsverbund, in: Hoffmann-Riem/Schmidt-Aßmann/Voßkuhle (Hrsg.), Grundlagen des Verwaltungsrechts, Band I, 2. Aufl., München 2012, § 5.

– in: Maunz/Dürig (Begr.), GG – Kommentar, Art. 19 Abs. 4 GG (72. EL 2014).

– Einheit und Kohärenz der europäischen Mehrebenenrechtsordnung, EuGRZ 2016, S. 85 ff.

Schmidt-Aßmann, Eberhard/Dagron, Stéphanie, Deutsches und französisches Verwaltungsrecht im Vergleich ihrer Ordnungsideen – Zur Geschlossenheit, Offenheit und gegenseitigen Lernfähigkeit von Rechtssystemen, ZaöRV 2007, S. 395 ff.

Schmidt-Aßmann, Eberhard/Groß, Thomas, Zur verwaltungsgerichtlichen Kontrolldichte nach der Privatgrundschul-Entscheidung des BVerfG, NVwZ 1993, S. 617 ff.

Schmidt-Aßmann, Eberhard/Hoffmann-Riem, Wolfgang (Hrsg.), Methoden der Verwaltungsrechtswissenschaft, Baden-Baden 2004.

– Strukturen des Europäischen Verwaltungsrechts, Baden-Baden 1999.

Schmidt-Eichstaedt, Gerd, Ermessen, Beurteilungsspielraum und eigenverantwortliches Handeln der Verwaltung, AöR 98 (1973), S. 173 ff.

Schmidt-Preuß, Matthias, Regulierung – Reflexionen aus Anlass der Liberalisierung von Strom- und Gassektor, in: Bauer/Czybulka/Kahl/Voßkuhle (Hrsg.), Wirtschaft im offenen Verfassungsstaat, FS Reiner Schmidt, München 2006, S. 547 ff.

Schmidt-Salzer, Joachim, Der Beurteilungsspielraum der Verwaltungsbehörden. Zum Verhältnis zwischen Verwaltung und Verwaltungsgerichtsbarkeit, Berlin 1968.

Schmieder, Sandra, Risikoentscheidungen im Gentechnikrecht – Beurteilungsspielräume der Verwaltung gegenüber den Gerichten?, Berlin 2004.

Schmoeckel, Mathias, Von den independent regulatory agencies zur Regulierungsbehörde – Zur Rezeption des Regulierungsrechts am Beispiel des Telekommunikationsbereichs, in: Kurth/Schmoeckel (Hrsg.), Regulierung im Telekommunikationssektor, Tübingen 2012, S. 5 ff.

Schneider, Jens-Peter, Liberalisierung der Stromwirtschaft durch regulative Marktorganisation, Baden-Baden 1999.
– Flexible Wirtschaftsregulierung durch unabhängige Behörden im deutschen und britischen Telekommunikationsrecht, ZHR 2000, S. 513 ff. (zweitabgedruckt in: Schmidt-Aßmann/Dolde (Hrsg.), Beiträge zum öffentlichen Wirtschaftsrecht: Verfassungsrechtliche Grundlagen, Liberalisierung und Regulierung öffentlicher Unternehmen, Frankfurt a. M. 2005, S. 39 ff.).
– Rechtsschutz im Regulierungsverwaltungsrecht, in: Fehling/Ruffert (Hrsg.), Regulierungsrecht, Tübingen 2010, § 22.
– Telekommunikation, in: Fehling/Ruffert (Hrsg.), Regulierungsrecht, Tübingen 2010, § 8.
Schoch, Friedrich, Die europäische Perspektive des Verwaltungsverfahrens- und Verwaltungsprozessrechts, in: Schmidt-Aßmann/Hoffmann-Riem (Hrsg.), Strukturen des Europäischen Verwaltungsrechts, Baden-Baden 1999, S. 279 ff.
– Die Europäisierung des verwaltungsgerichtlichen Rechtsschutzes, Berlin u. a. 2000.
– Das verwaltungsbehördliche Ermessen, Jura 2004, S. 462 ff.
– Der unbestimmte Rechtsbegriff im Verwaltungsrecht, Jura 2004, S. 612 ff.
– Außerrechtliche Standards des Verwaltungshandelns als gerichtliche Kontrollmaßstäbe, in: Trute/Groß/Möllers/Röhl (Hrsg.), Allgemeines Verwaltungsrecht – zur Tragfähigkeit eines Konzepts, Tübingen 2008, S. 543 ff.
– Gerichtliche Verwaltungskontrollen, in: Hoffmann-Riem/Schmidt-Aßmann/Voßkuhle (Hrsg.), Grundlagen des Verwaltungsrechts, Band III, 2. Aufl., München 2013, § 50.
Schoch, Friedrich/Schneider, Jens-Peter/Bier, Wolfgang (Hrsg.), Verwaltungsgerichtsordnung. Kommentar, Loseblatt, 30. EGL 2016.
Scholz, Rupert, Verwaltungsverantwortung und Verwaltungsgerichtsbarkeit, VVDStRL 34 (1976), S. 145 ff.
Schönberger, Christoph, Die Europäische Union als Bund – Zugleich ein Beitrag zur Verabschiedung des Staatenbund-Bundesstaat-Schemas, AöR 129 (2004), S. 81 ff.
– Unionsbürger – Europas föderales Bürgerrecht in vergleichender Sicht, Tübingen 2005.
– Die Europäische Union zwischen „Demokratiedefizit“ und Bundesstaatsverbot, Der Staat 2009, S. 535 ff.
– Verwaltungsrechtsvergleichung: Eigenheiten, Methoden und Geschichte, in: v. Bogdandy/Cassese/Huber (Hrsg.), IPE IV, Heidelberg 2011, § 71.
Schöndorf-Haubold, Bettina/Schmidt-Aßmann, Eberhard, Der Europäische Verwaltungsverbund, Tübingen 2005.
Schorkopf, Frank, Regulierung nach den Grundsätzen des Rechtsstaates. Zielvorstellungen guter Ordnung im neueren Verwaltungsrecht, JZ 2008, S. 20 ff.
Schramm, Theodor, Beurteilungen im Prüfungs-, Schul- und Beamtenrecht: Grundsätze, Beurteilungsspielraum, Rechtsschutz, Köln 1975.
Schröder, Birgit, Das Dubliner Übereinkommen, Frankfurt u. a. 2004.
Schüler, Erhard, Die Ermessensentscheidung der Ausländerbehörde, erörtert anhand der Verwaltungspraxis in Berlin, Berlin 1974.
Schulte, Martin/Kloos, Joachim (Hrsg.), Handbuch zum Öffentlichen Wirtschaftsrecht, München, 2015.
Schulz, Andrea, Zuständigkeit und gerichtliches Ermessen in Mehrrechtssystemen: Zur Verfahrensabgabe über Jurisdiktionsgrenzen am Beispiel der USA, Kanadas und Australiens, RabelsZ 2005, S. 419 ff.

Schulz, Wolfgang, Beurteilungsspielräume als Wissensproblem – am Beispiel Regulierungsverwaltung, RW 2012, S. 330 ff.
Schulze-Fielitz, Helmuth, Neue Kriterien für die verwaltungsgerichtliche Kontrolldichte bei der Anwendung unbestimmter Rechtsbegriffe, JZ 1993, S. 772 ff.
– Einheitsbildung durch Gesetz oder Pluralisierung durch Vollzug, in: Trute/Groß/Möllers/Röhl (Hrsg.), Allgemeines Verwaltungsrecht – zur Tragfähigkeit eines Konzepts, Tübingen 2008, S. 135 ff.
– in: Dreier (Hrsg.), Grundgesetz – Kommentar, Band I, 3. Aufl., Tübingen 2013, Art. 19 IV.
Schuppert, Gunnar F., Die Erfüllung öffentlicher Aufgaben durch verselbständigte Verwaltungseinheiten: eine verwaltungswissenschaftliche Untersuchung, Göttingen 1981.
– Verwaltungswissenschaft: Verwaltung, Verwaltungsrecht, Verwaltungslehre, Baden-Baden 2000.
– Die Rolle des Gesetzgebers in der Governancetheorie, in: Trute/Groß/Möllers/Röhl (Hrsg.), Allgemeines Verwaltungsrecht – zur Tragfähigkeit eines Konzepts, Tübingen 2008, S. 161 ff.
– Verwaltungsorganisation und Verwaltungsorganisationsrecht als Steuerungsfaktoren, in: Hoffmann-Riem/Schmidt-Aßmann/Voßkuhle (Hrsg.), Grundlagen des Verwaltungsrechts, Band I, 2. Aufl. 2012, § 16.
Schütz, Raimund, Gerichtliche Kontrolle von Regulierungsentscheidungen, MMR-Beilage 12/2002, S. 18 ff.
– Kommunikationsrecht: Regulierung von Telekommunikation und elektronischen Medien, München 2005.
Schütze, Marc/Salevic, Marc, Checks&Balances: Begrenzung des Regulierungsermessens durch EU-Konsolidierung oder subjektiven Rechtsschutz, CR 2010, S. 80 ff.
Schütze, Robert, From Dual to Cooperative Federalism, Oxford 2009.
– Federalism as Constitutional Pluralism: "Letter from America", in: Avbelj/Komárek (Hrsg.), Constitutional Pluralism in the European Union and Beyond, Oxford 2012, S. 185 ff.
Schwarz, Michael, Grundlinien der Anerkennung im Raum der Freiheit, der Sicherheit und des Rechts, Tübingen 2016.
Schwarze, Jürgen, Der Beitrag des Europarates zur Entwicklung von Rechtsschutz und Verfahrensgarantien im Verwaltungsrecht, EuGRZ 1993, S. 377 ff.
– Grundlinien und neuere Entwicklungen des Verwaltungsrechtsschutzes in Frankreich und Deutschland, NVwZ 1996, S. 22 ff.
– Die Entwicklung der französischen Verwaltungsgerichtsbarkeit aus deutscher Sicht, DVBl. 1999, S. 261 ff.
– Europäische Rahmenbedingungen für die Verwaltungsgerichtsbarkeit, NVwZ 2000, S. 241 ff.
– Rechtsstaatliche Grenzen der gesetzlichen und richterlichen Qualifikation von Verwaltungssanktionen im europäischen Gemeinschaftsrecht, EuZW 2003, S. 261 ff.
– Europäisches Verwaltungsrecht, 2. Aufl., Baden-Baden 2005.
Schwarze, Jürgen (Hrsg.), Das Verwaltungsrecht unter europäischem Einfluss, Baden-Baden 1996.
– (Hrsg.), Die rechtsstaatliche Einbindung der europäischen Wirtschaftsverwaltung, Baden-Baden 2002.
– (Hrsg.), EU-Kommentar, 3. Aufl., Baden-Baden 2012.

Schwarze, Jürgen/Schmidt-Aßmann, Eberhard (Hrsg.), Das Ausmaß der gerichtlichen Kontrolle im Wirtschaftsverwaltungs- und Umweltrecht, Baden-Baden 1992.

Schwind, Manuel P., Netzwerke im Europäischen Verwaltungsrecht. Ein Beitrag zu Theorie und Dogmatik der Behördenkooperation in der EU, Tübingen 2017.

Seitz, Claudia, Der Grundsatz des effektiven gerichtlichen Rechtsschutzes und die Nachprüfungsbefugnis im System der gerichtlichen Kontrolle, EuZW 2014, S. 774 ff.

Shapiro, Martin, "Deliberative", "Independent" Technocracy v. Democratic Politics: Will the Globe Echo the E.U.?, LCP 68-3/4 (2005), S. 341 ff.

Shockley, Tamara A., The Evolution of a New International System of Justice in the United Nations: The First Sessions of the United Nations Appeals Tribunal, San Diego International Law Journal 13 (2011/2012), S. 521 ff.

Siegel, Thorsten, Entscheidungsfindung im Verwaltungsverbund. Horizontale Entscheidungsvernetzung und vertikale Entscheidungsstufung im nationalen und europäischen Verwaltungsverbund, Tübingen 2009.

Simantiras, Nikolaos, Netzwerke im europäischen Verwaltungsverbund: ein Beitrag zu Theorie und Dogmatik der Behördenkooperation in der EU, Tübingen 2016.

Sodan, Helge/Ziekow, Jan (Hrsg.), VwGO, Kommentar, 4. Aufl., Baden-Baden 2014, § 114.

Soell, Hermann, Das Ermessen der Eingriffsverwaltung, Heidelberg 1973.

Soltesz, Ulrich, Due Process, Gesetzesvorbehalt und richterliche Kontrolle im Europäischen Kartellbußgeldverfahren, WuW 2012, S. 141 ff.

Sommermann, Karl-Peter, Völkerrechtlich garantierte Menschenrechte als Maßstab der Verfassungskonkretisierung, AöR 114 (1989), S. 391 ff.

– Die Bedeutung der Rechtsvergleichung für die Fortentwicklung des Staats- und Verwaltungsrechts in Europa, DÖV 52 (1999), S. 1017 ff.

– Konvergenzen im Verwaltungsverfahrens- und Verwaltungsprozeßrecht europäischer Staaten, DÖV 2002, S. 133 ff.

– Europäische Rechtsetzung und mitgliedstaatliche Beteiligung, in: ders. (Hrsg.), Aktuelle Fragen zu Verfassung und Verwaltung im europäischen Mehrebenensystem, 2. Aufl. 2003, S. 87

– Prinzipien des Verwaltungsrechts, in: v. Bogdandy/Cassese/Huber (Hrsg.), IPE V, Heidelberg 2014, § 86.

– Gemeineuropäische Verwaltungskultur als Gelingensbedingung europäischer Integration?, DÖV 2015, S. 449 ff.

Spies, Axel, ITU-Konferenz in Dubai 2012 – Regulierung des Internet?, MMR-Aktuell 23/2012, 339462.

Spindler, Gerald/Schuster, Fabian, (Hrsg.), Recht der elektronischen Medien, 3. Aufl., München 2015.

Stamm, Barbara, Die Entgeltregulierung im Telekommunikationsgesetz, Berlin 2001.

Starck, Christian, Die Bindung des Richters an Gesetz und Verfassung, VVDStRL 34 (1976), S. 43 ff.

– Verwaltungsermessen im modernen Staat – Rechtsvergleichender Generalbericht, in: Bullinger (Hrsg.), Verwaltungsermessen im modernen Staat, Baden-Baden 1986, S. 15 ff.

Steiger, Dominik, A Constitutional Theory of Imperative Participation: Delegated Rulemaking, Citizens' Participation and the Separation of Powers Doctrine, Albany Law Review 79 (2015/16), S. 1 ff.

Stelkens, Ulrich, Vers la reconnaissance de principe généraux paneuropéens du droit administratif dans l'Europe des 47?, in: Auby/Dutheil de la Rochère (Hrsg.), Traité de droit administratif européen, 2. Aufl. 2014, S. 713 ff.
Stern, Klaus, Ermessen und unzulässige Ermessensausübung: Eine Analyse d. subjektiven u. objektiven Elemente. Studien und Gutachten aus dem Institut für Staatslehre, Staats- und Verwaltungsrecht der Freien Universität Berlin, Heft 4, Berlin 1964.
Stewart, Richard B., The normative dimensions and performance of global administrative law, ICON 2015, S. 499 ff.
Stier-Somlo, Fritz, Das freie Ermessen in Rechtsprechung und Verwaltung, in: Festgabe für Paul Laband zum fünfzigsten Jahrestage der Doktor-Promotion, Bd. 2, Tübingen 1908, S. 445 ff.
Stoll, Peter-Tobias, Sicherheit als Aufgabe von Staat und Gesellschaft – Verfassungsordnung, Umwelt- und Technikrecht im Umgang mit Unsicherheit und Risiko, Tübingen 2003.
Stone Sweet, Alec, Constitutional Dialogues in the European Community, in: Slaughter/Stone Sweet/Weiler (Hrsg.), The European Court and National Courts, Oxford 1998, S. 305 ff.
– A Cosmopolitan Legal Order: Constitutional Pluralism and Rights Adjudication in Europe, Global Constitutionalism 1 (2012), S. 53 ff.
Stotz, Rüdiger, Effektiver Rechtsschutz in der Europäischen Union, in: Zentrum für Europäisches Wirtschaftsrecht (Hrsg.), Vorträge und Berichte – Nr. 206, Bonn 2013.
Streinz, Rudolf, in: ders. (Hrsg.), EUV/AEUV, 2. Aufl., München 2012, Art. 4 EUV.
– Vollzug des europäischen Rechts durch deutsche Staatsorgane, in: Isensee/Kirchhof (Hrsg.), HStR X, 3. Aufl., Heidelberg 2012, § 218.
Streinz, Rudolf (Hrsg.), EUV/AEUV, 2. Aufl., München 2012.
Sußmann, Alexandra, in: Bergmann/Dienelt (Hrsg.), *Ausländerrecht, 11. Aufl. 2016, § 18 AufenthG.*
Sydow, Gernot, Die Harmonisierung des mitgliedstaatlichen Vollzugs des Europarechts in mehrstufigen Verwaltungsverfahren, DV 34 (2001), S. 517 ff.
– Verwaltungskooperation in der Europäischen Union, Tübingen 2004.
– Der Vollzug des europäischen Unionsrechts im Wege der Kooperation nationaler und europäischer Behörden, DÖV 2006, S. 66 ff.
Szente, Zoltán, Grundzüge des Verwaltungsrechts in gemeineuropäischer Perspektive: Ungarn, in: v. Bogdandy/Cassese/Huber (Hrsg.), IPE V, Heidelberg 2014, § 85.
Tegge, Andreas, Die Internationale Telekommunikations-Union, Baden-Baden 1994.
Terhechte, Jörg P., Europäisches Verwaltungsrecht und europäisches Verfassungsrecht, in: ders. (Hrsg.), Verwaltungsrecht der Europäischen Union, Baden-Baden 2011, § 7.
Terhechte, Jörg P. (Hrsg.), Verwaltungsrecht der Europäischen Union, Baden-Baden 2011.
Tezner, Friedrich, Zur Lehre von dem freien Ermessen der Verwaltungsbehörden als Grund der Unzuständigkeit der Verwaltungsgerichte, Wien 1888.
– Die deutschen Theorien der Verwaltungsrechtspflege – Eine kritisch-orientierende Studie, VerwArch 9 (1901), S. 159 ff.
– Das freie Ermessen der Verwaltungsbehörden: kritisch-systematisch erörtert auf Grund der österreichischen verwaltungsgerichtlichen Rechtsprechung, Wien 1924.
Thierbach, Rudolf, Die Rechtsprechung des Bundesverwaltungsgerichts zum Flüchtlingsstatus – Ein Beitrag zur Behandlung unbestimmter Rechtsbegriffe bei Verpflichtungsklagen und zum Problem des Beurteilungsspielraumes, Troisdorf 1964.

Thurin, Oliver, Der Schutz des Fremden vor rechtswidriger Abschiebung: Das Prinzip des Non-Refoulement nach Artikel 3 EMRK, Wien 2009.
Thym, Daniel, Ungleichzeitigkeit im europäischen Verfassungsrecht, Baden-Baden, 2004.
– Menschenrecht auf Legalisierung des Aufenthalts? Rechtsprechung des EGMR zum Schutz des Privat- und Familienlebens nach Art 8 EMRK und deren Verhältnis zum nationalen Ausländerrecht, EuGRZ 2006, S. 541 ff.
– Abschied von Ist- und Regelausweisung bei Verwurzelung, DVBl. 2008, S. 1346 ff.
– Migrationsverwaltungsrecht, Tübingen 2010.
– Menschenrechtliche Feinjustierung des Dublin-Systems zur Asylzuständigkeitsabgrenzung – Zu den Folgewirkungen des Straßburger M.S.S.-Urteils, ZAR 2011, S. 368 ff.
– Freizügigkeit in Europa als Modell? EU-Migrationspolitik zwischen Offenheit und Abschottung, EuR 2011, S. 487 ff.
– Zulässigkeit von Dublin-Überstellungen nach Italien, ZAR 2013, S. 331 ff.
– Entscheidungsanmerkung (Puid), NVwZ 2014, S. 130 ff.
– in: Grabitz/Hilf/Nettesheim (Hrsg.), Das Recht der Europäischen Union, Loseblatt, Art. 77, Art. 78 u. Art. 79 AEUV (57. EL 2015).
– Vereinigt die Grundrechte!, JZ 2015, S. 53 ff.
– Schnellere und strengere Asylverfahren – Die Zukunft des Asylrechts nach dem Beschleunigungsgesetz, NVwZ 2015, S. 1625 ff.
Thym, Daniel u. a., Ein „Königsteiner Schlüssel" für die EU-Flüchtlingspolitik, VerfBlog v. 11.10.2013.
Tiedemann, Paul, Flüchtlingsrecht, Berlin u. a. 2015.
– Rückführung von Asylbewerbern nach Italien, NVwZ 2015, S. 121 ff.
Tietje, Christian, Internationalisiertes Verwaltungshandeln, Berlin 2001.
Tohidipur, Timo, Europäisches Migrationsverwaltungsrecht, in: Terhechte (Hrsg.), Verwaltungsrecht der Europäischen Union, Baden-Baden 2011, § 33.
Tomuschat, Christian, Der Verfassungsstaat im Geflecht der internationalen Beziehungen, VVDStRL 36 (1978), S. 7 ff.
Tonne, Michael, Effektiver Rechtsschutz durch staatliche Gerichte als Forderung des Europäischen Gemeinschaftsrechts, Heymann, Köln u. a. 1997.
Trechsel, Stefan, Human Rights in Criminal Proceeding, Oxford 2005.
Triantafyllou, Dimitris, Vom Vertrags- zum Gesetzesvorbehalt, Baden-Baden 1996.
Trute, Hans-Heinrich, Regulierung – am Beispiel des Telekommunikationsrechts, in: Eberle (Hrsg.), Der Wandel des Staates vor den Herausforderungen der Gegenwart: Festschrift für Winfried Brohm zum 70. Geburtstag, München 2002, S. 169 ff.
– Das Telekommunikationsrecht – Eine Herausforderung für die Verwaltungsgerichte, in: Schmidt-Aßmann u. a. (Hrsg.), Festgabe 50 Jahre Bundesverwaltungsgericht, Köln 2003, S. 857 ff.
– Der europäische Regulierungsverbund in der Telekommunikation: ein neues Modell europäisierter Verwaltung, in: Osterloh/Schmidt/Weber (Hrsg.), Staat, Wirtschaft, Finanzverfassung – Festschrift für P. Selmer zum 70. Geburtstag, Berlin 2004, S. 565 ff.
– Methodik der Herstellung und Darstellung veraltungsrechtlicher Entscheidungen, in: Schmidt-Aßmann/Hoffmann-Riem (Hrsg.), Baden-Baden 2004, S. 293 ff.
– Die konstitutive Rolle der Rechtsanwendung, in: Trute/Groß/Möllers/Röhl (Hrsg.), Allgemeines Verwaltungsrecht – zur Tragfähigkeit eines Konzepts, Tübingen 2008, S. 211 ff.

– Die demokratische Legitimation der Verwaltung, in: Hoffmann-Riem/Schmidt-Aßmann/Voßkuhle (Hrsg.), GVwR I, 2. Aufl., München 2012, § 6.
– Verwaltungskompetenzen im deutschen Bundesstaat, in: Härtel, (Hrsg.), Handbuch Föderalismus, Bd. 2, Heidelberg 2012, § 28.
Trute, Hans-Heinrich/Broemel, Roland, Die Regulierung des Zugangs in den Netzwirtschaften, ZHR 170 (2006), S. 706 ff.
Trute, Hans-Heinrich/Groß, Thomas/Möllers, Chrstoph/Röhl, Hans C. (Hrsg.), Allgemeines Verwaltungsrecht – zur Tragfähigkeit eines Konzepts, Tübingen 2008.
Trute, Hans-Heinrich/Spoerr, Wolfgang/Bosch, Wolfgang (Hrsg.), Telekommunikationsgesetz mit FTEG: Kommentar, Berlin 2001.
Tschentscher, Axel, Dialektische Rechtsvergleichung – Zur Methode der Komparatistik im öffentlichen Recht, JZ 2007, S. 807 ff.
Uerpmann-Wittzack, Robert, Rechtsfragen und Rechtsfolgen des Beitritts der Europäischen Union zur EMRK, in: EuR-Beiheft 2/2012, S. 167 ff.
Uhle, Arnd, Auslieferung und Grundgesetz – Anmerkungen zu Art. 16 Abs. 2 GG, NJW 2001, S. 1889 ff.
– Innere Integration, in: Isensee/Kirchhof (Hrsg.), HStR IV, 3. Aufl., Heidelberg 2006, § 82.
– Integration als Staatsaufgabe, in: Depenheuer/Grabenwarter (Hrsg.), Der Staat in der Flüchtlingskrise. Zwischen gutem Willen und geltendem Recht, Paderborn 2016, S. 250 ff.
Uhle, Arnd (Hrsg.), Migration und Integration. Die Migrationskrise als Herausforderung des Rechts, Berlin 2017.
Ule, Carl H., Verwaltungsgerichte überstaatlicher und internationaler Organisationen, DVBl. 1953, S. 491 ff.
– Ermessen und unbestimmter Rechtsbegriff, DVBl. 1955, S. 148 f.
– Zur Anwendung unbestimmter Rechtsbegriffe im Verwaltungsrecht, in: Bachof/Drath/Gönnewein/Walz (Hrsg.), Forschungen und Berichte aus dem Öffentlichen Recht. Gedächtnisschrift für Walter Jellinek, München 1955, S. 309 ff.
– Anmerkung (zu EuGH, Urt. v. 10.10.1985, Rs. 183/84 – *Rheingold*), DVBl. 1986, S. 93 ff.
Ullrich, Gerhard, Das Dienstrecht der Internationalen Organisationen, Berlin 2009.
Valticos, Nicolas, A propos du contrôle du pouvoir discrétionnaire par les tribunaux administratifs internationaux, in: Ziadé (Hrsg.), Problems of International Administrative Law, Leiden 2008, S. 31 ff.
Velasco, Francisco, Die Rezeption des deutschen Verwaltungsrechts in der spanischen Rechtsordnung, DV 48 (2015), S. 383 ff.
Veljanovski, Cento, Economic Approaches to Regulation, in: Baldwin/Cave/Lodge (Hrsg.), The Oxford Handbook of Regulation, Oxford 2010, S. 17 ff.
Viellechner, Lars, Responsiver Rechtspluralismus, Der Staat 2012, S. 559 ff.
– Transnationalisierung des Rechts, Weilerswist 2013.
Vilain, Yoan, Demokratische Legitimität und Verfassungsmäßigkeit unabhängiger Regulierungsbehörden: Von den ursprünglichen Bedenken bis zur richterlichen Eingliederung in das französische Verwaltungssystem, in: Masing/Marcou (Hrsg.), Unabhängige Regulierungsbehörden, Tübingen 2010, S. 9 ff.
– Verfassungsprinzipien, in: Marsch/Vilain/Wendel (Hrsg.), Französisches und Deutsches Verfassungsrecht, Berlin u. a. 2015, § 3.
Vilain, Yoan/Wendel, Mattias, Parlament – Präsident – Regierung, in: Marsch/Vilain/Wendel (Hrsg.), Französisches und Deutsches Verfassungsrecht, Berlin u. a. 2015, § 4.

Villiger, Mark, Die Billigkeit im Völkerrecht – Neuere Entwicklungen in der Rechtsprechung und der Staatenpraxis, AVR 25 (1987), S. 174 ff.
Vogel, Klaus, Gesetzgeber und Verwaltung, VVDStRL 24 (1966), S. 125 ff.
– Administrative Law, International Aspects, in: Bernhardt (Hrsg.), Encyclopedia of Public International Law I, Amsterdam 1992, S. 22 ff.
Volkmann, Uwe, Fremdbestimmung – Selbstbehauptung – Befreiung. Das BVerfG in der Frage der Sicherungsverwahrung, JZ 2011, S. 835 ff.
– Grundzüge einer Verfassungslehre der Bundesrepublik Deutschland, Tübingen 2013.
Vospernik, Tanja, Das Verhältnis zwischen Art. 13 und Art. 6 EMRK – Absorption oder „Apfel und Birne“? Unter besonderer Berücksichtigung der jüngsten Judikaturänderung des EGMR, ÖJZ 2001, S. 361 ff.
Voßkuhle, Andreas, Das Kompensationsprinzip: Grundlagen einer prospektiven Ausgleichsordnung für die Folgen privater Freiheitsbetätigung – zur Flexibilisierung des Verwaltungsrechts am Beispiel des Umwelt- und Planungsrechts, Tübingen 1999.
– Entscheidungsspielräume der Verwaltung (Ermessen, Beurteilungsspielraum, planerische Gestaltungsfreiheit), JuS 2008, S. 117 ff.
– Der europäische Verfassungsgerichtsverbund, NVwZ 2010, S. 1 ff.
– Neue Verwaltungsrechtswissenschaft, in: Hoffmann-Riem/Schmidt-Aßmann/Voßkuhle (Hrsg.), Grundlagen des Verwaltungsrechts, Band I, 2. Aufl. 2012, § 1.
Wacup, Gesine, Das freie Ermessen und der Beurteilungsspielraum im unbestimmten Rechtsbegriff im Verwaltungsrecht, Köln 1963.
Wade, William/Forsyth, Christopher, Administrative Law, 11. Aufl. Oxford 2014.
Wahl, Rainer, Verwaltungsverfahren zwischen Verwaltungseffizienz und Rechtsschutzauftrag, VVDStRL 41 (1983), S. 151 ff.
– Rechtsschutz in der Fachplanung, NVwZ 1990, S. 923 ff.
– Risikobewertung der Exekutive und richterliche Kontrolldichte – Auswirkungen auf das Verwaltungs- und das gerichtliche Verfahren, NVwZ 1991, S. 409 ff.
– Die Aufgabenabhängigkeit der Verwaltung, in: Hoffmann-Riem/Schmidt-Aßmann/Schuppert (Hrsg.), Reform des allgemeinen Verwaltungsrechts – Grundfragen, Baden-Baden 1993, S. 177 ff.
– Europäisierung: Die miteinander verbundenen Entwicklungen von Rechtsordnungen als ganzen, in: Trute/Groß/Möllers/Röhl (Hrsg.), Allgemeines Verwaltungsrecht – zur Tragfähigkeit eines Konzepts, Tübingen 2008, S. 869 ff.
Wallerman, Anna, Towards an EU law doctrine on the exercise of discretion in national courts? The Member States' self-imposed limits on national procedural autonomy, CMLRev. 53 (2016), S. 339 ff.
Walter, Christian, Die EMRK als Konstitutionalisierungsprozeß, ZaöRV 1999, S. 961 ff.
Weber, Albrecht, Menschenrechtlicher Schutz von Bootsflüchtlingen, ZAR 2012, S. 265 ff.
Weber, Karl-Heinz, Regelungs- und Kontrolldichte im Atomrecht, Baden-Baden 1984.
Wegener, Bernhard, in: Calliess/Ruffert (Hrsg.), EUV/AEUV, 5. Aufl. 2016, Art. 19 EUV, Rn. 43 ff.
Wegmann, Winfried, Regulierte Marktöffnung in der Telekommunikation: die Steuerungsinstrumente des Telekommunikationsgesetzes (TKG) im Lichte „regulierter Selbstregulierung“, Baden-Baden 2001.
Weiler, Joseph H. H., The Transformation of Europe, YLJ 100 (1991), S. 2403 ff.
– European Citizenship and Human Rights, in: Winter u. a. (Hrsg.), Reforming the Treaty on European Union, Den Haag 1996, S. 57 ff.

– Federalism without Constitutionalism: Europe's *Sonderweg*, in: Nicolaidis/Howse (Hrsg.), The Federal Vision, 2001, S. 54 ff.

Weiß, Wolfgang, Schnittstellenprobleme des Europäischen Mehrebenenverwaltungsrechts, Die Verwaltung 38 (2005), S. 517 ff.

– Der europäische Verwaltungsverbund – Grundfragen, Kennzeichen, Herausforderungen, Berlin 2010.

– in: Streinz (Hrsg.), EUV/AEUV, 2. Aufl., München 2012, Art. 78 u. 79 AEUV.

Wendel, Mattias, Renaissance der historischen Auslegungsmethode im europäischen Verfassungsrecht?, ZaöRV 2008, S. 803 ff.

– Permeabilität im europäischen Verfassungsrecht – Verfassungsrechtliche Integrationsnormen auf Staats- und Unionsebene im Vergleich, Tübingen 2011.

– Neue Akzente im europäischen Grundrechtsverbund. Die fachgerichtliche Vorlage an den EuGH als Prozessvoraussetzung der konkreten Normenkontrolle, EuZW 2012, S. 213 ff.

– Unionsbürgerrecht, Freizügigkeit, in: C. Grabenwarter (Hrsg), Enzyklopädie des Europarechts, Band 2 – Europäischer Grundrechteschutz, Baden-Baden 2014, § 18.

– Aufenthalt als Mittel zum Zweck: zu Grund und Grenzen derivativer Aufenthaltsrechte, DÖV 67 (2014), S. 133 ff.

– Kompetenzrechtliche Grenzgänge: Karlsruhes *Ultra-vires*-Vorlage an den EuGH, ZaöRV 2014, S. 615 ff.

– Der EMRK-Beitritt als Unionsrechtsverstoß, NJW 2015, S. 921 ff.

– Menschenrechtliche Überstellungsverbote: Völkerrechtliche Grundlagen und verwaltungsrechtliche Konkretisierung, DVBl. 2015, S. 731 ff.

– Potenziale und Grenzen des Verbundmodells im europäischen Parlamentarismus, in: Franzius/Mayer/Neyer (Hrsg.), Modelle des Parlamentarismus im 21. Jahrhundert, 2015, S. 229 ff.

– Verfassungsrecht – Völkerrecht – Europarecht, in: Marsch/Vilain/Wendel (Hrsg.), Französisches und Deutsches Verfassungsrecht, Berlin u. a. 2015, § 8.

– Asylrechtlicher Selbsteintritt und Flüchtlingskrise, JZ 2016, S. 332 ff.

Werkmeister, Christoph, Die gerichtliche Prüfungsdichte bei behördlichen Marktregulierungs-Entscheidungen nach dem TKG, K&R 2011, S. 558 ff.

– Kommentar zu BVerwG vom 05.05.2014 – 6B46.13, K&R 2014, S. 545 ff.

Westermann, Eike, Legitimation im europäischen Regulierungsverbund. Zur demokratischen Verwaltungslegitimation im europäischen Regulierungsverbund für elektronische Kommunikation, Tübingen 2017.

Widmer, Barbara, Verwaltungsermessen im Recht der Europäischen Union – veranschaulicht anhand des europäischen Kartell- und Gemeinschaftsmarkenrechts, München 2014.

Wiedemann, Richard, Unabhängige Verwaltungsbehörden und die Rechtsprechung des Bundesverfassungsgerichts zur demokratischen Legitimation, in: Masing/Marcou (Hrsg.), Unabhängige Regulierungsbehörden, Tübingen 2010, S. 39 ff.

Wieland, Joachim, in: Dreier (Hrsg.), Grundgesetz Kommentar, Band III, 2. Auflage, Tübingen 2008, Art. 87 f.

– Regulierungsermessen im Spannungsverhältnis zwischen deutschem und Unionsrecht, DÖV 2011, S. 705 ff.

Wille, Anchrit, The European Commission's Accountability Paradox, in: Bovens/Curtin/'t Hart (Hrsg.), The Real World of EU Accountability: What Deficit?, Oxford 2010, S. 63 ff.

Wilms, Heinrich/Masing, Johannes/Jochum, Georg (Hrsg.), Telekommunikationsgesetz. Kommentar, 2008, Loseblatt.
Wimmer, Norbert, Kontrolldichte – Beobachtungen zum richterlichen Umgang mit Entscheidungsprärogativen, JZ 2010, S. 433 ff.
Windthorst, Kay, Der Universaldienst im Bereich der Telekommunikation. Eine öffentlichrechtliche Betrachtung unter Einbezug des amerikanischen Rechts, Berlin 2000.
– in: Sachs (Hrsg.), Grundgesetz Kommentar, 7. Aufl., München 2014, Art. 87 f.
Winkelmann, Holger, in: Bergmann/Dienelt, Ausländerrecht, 11. Aufl. 2016, § 6 AufenthG u. § 18 AsylG.
Wißmann, Hinnerk, Richterliche Kontrolldichte im öffentlichen Wirtschaftsrecht – Zur Harmonisierung von Regulierungs- und Kartellrechtsordnung, in: Bauer/Czybulka/Kahl/Voßkuhle (Hrsg.), Wirtschaft im offenen Verfassungsstaat, FS Reiner Schmidt, München 2006, S. 627 ff.
– Generalklauseln. Verwaltungsbefugnisse zwischen Gesetzmäßigkeit und offenen Normen, Tübingen 2008.
Wittreck, Fabian, in: Dreier (Hrsg.), Grundgesetz – Kommentar, 3. Aufl., Tübingen 2013, Art. 16a GG.
Woehrling, Jean-Marie, Die deutsche und die französische Verwaltungsgerichtsbarkeit an der Schwelle zum 21. Jahrhundert, NVwZ 1998, S. 462 ff.
Wolff, Heinrich A., in: Sodan/Ziekow (Hrsg.), VwGO, Kommentar, 4. Aufl. 2014, § 114.
Wolfrum, Rüdiger (Hrsg.), Max Planck Encyclopedia of Public International Law, 2008–2017 (online).
Wollenschläger, Ferdinand, Grundfreiheit ohne Markt, Tübingen 2007.
Wouters, Cornelis W., International Legal Standards for the Protection from Refoulement, Leiden 2009.
Zacharias, Diana, Der Begriff des Verwaltungsrechts in Europa, in: v. Bogdandy/Cassese/Huber (Hrsg.), IPE IV, Heidelberg 2011, § 72.
Ziekow, Jan, Über Freizügigkeit und Aufenthalt. Paradigmatische Überlegungen zum grundrechtlichen Freiheitsschutz in historischer und verfassungsrechtlicher Perspektive, Tübingen 1997.
– Verwaltungsverfahrensgesetz, 3. Aufl., Stuttgart 2013.
Ziller, Jacques, Verwaltungsorganisation, in: v. Bogdandy/Cassese/Huber (Hrsg.), IPE V, Heidelberg 2014, § 87.
Zimmermann, Andreas, Das neue Grundrecht auf Asyl: verfassungs- und völkerrechtliche Grenzen und Voraussetzungen, Berlin u. a. 1994.
Zuleeg, Manfred, Deutsches und europäisches Verwaltungsrecht – wechselseitige Einwirkungen, VVDStRL 53 (1994), S. 154 ff.
– Die föderativen Grundsätze der Europäischen Union, NJW 2000, S. 2846 ff.
Zwaan, Jaap W. de, EU Asylum and Immigration Law and Policy, in: ders./Goudappel (Hrsg.), Freedom, Security and Justice in the European Union, Den Haag 2006, S. 91 ff.
Zweigert, Konrad/Kötz, Hein, Einführung in die Rechtsvergleichung auf dem Gebiete des Privatrechts, 3. Aufl., Tübingen 1996.

Sach- und Personenverzeichnis

Jus Publicum

Beiträge zum Öffentlichen Recht

Die Schriftenreihe *Jus Publicum. Beiträge zum öffentlichen Recht* (JusPubl) soll den öffentlichrechtlichen Habilitationsschriften, aber auch Monographien der Ordinarien, eine ansprechende Heimstatt geben. Die Reihe deckt die „klassischen" Felder des öffentlichen Rechts ab, insbesondere also das Verfassungsrecht (einschließlich Grundrechtstheorie, Methodenlehre und Allgemeiner Staatslehre) und das Verwaltungsrecht. Das schließt fächerübergreifende, aber auch fachgebietsübergreifende Themenstellungen nicht aus, solange der Schwerpunkt der Arbeit im Öffentlichen Recht zu finden ist. Kaum eine Arbeit beschränkt sich auf das deutsche Recht, denn die Fragestellungen sind oft vom Europarecht beeinflusst und auch der rechtsvergleichende Blick in fremde Rechtsordnungen gewinnt zunehmend an Bedeutung; dies gilt auch für das Völkerrecht. Die anspruchsvolle und auch äußerlich ansprechende Reihe bietet mehr als nur einen zufälligen Ausschnitt gegenwärtiger Forschung im öffentlichen Recht: Sie spiegelt auch den Standard dessen wider, was (öffentlichrechtliche) Rechtswissenschaft gegenwärtig in Deutschland bedeutet und ist deshalb schon in kurzer Zeit im In- und Ausland zu einem Begriff geworden.

ISSN: 0941-0503
Zitiervorschlag: JusPubl

Alle lieferbaren Bände finden Sie unter *www.mohrsiebeck.com/juspubl*

Mohr Siebeck
www.mohrsiebeck.com